清代达斡尔族档案辑录

黑龙江将军衙门

达斡尔族满文档案选编

3

乾隆朝

中国第一历史档案馆
内蒙古自治区少数民族古籍征集研究室
呼伦贝尔市民族事务委员会
莫力达瓦达斡尔族自治旗人民政府
编

辽宁民族出版社

目　录

二三二　值月正蓝满洲蒙古汉军三旗为查明齐齐哈尔正白旗达斡尔佐领布拉尔等佐领源流事咨黑龙江将军衙门文

乾隆九年四月二十三日 ……1

二三三　布特哈索伦达斡尔总管纳木球等为报送正黄旗达斡尔佐领密济尔等员遗缺数目事呈黑龙江将军衙门文

乾隆九年五月初二日 ……7

二三四　布特哈索伦达斡尔总管纳木球等为造送布特哈索伦达斡尔等捕貂丁及贡貂数目册事呈黑龙江将军衙门文

乾隆九年五月初二日 ……9

二三五　布特哈索伦达斡尔总管纳木球等为报布特哈八旗索伦达斡尔等捕貂数目事呈黑龙江将军衙门文

乾隆九年五月初二日 ……11

二三六　黑龙江将军衙门为严禁索伦达斡尔等拣选貂皮前买卖貂皮事札布特哈总管纳木球等文

乾隆九年五月初二日 ……12

二三七　黑龙江副都统衙门为造送镶红旗达斡尔世管佐领内色图等佐领源流册事咨黑龙江将军衙门文

乾隆九年五月初十日 ……14

二三八　值月正蓝三旗为查明镶黄旗达斡尔佐领阿弥拉等源流并造送家

谱事咨黑龙江将军衙门文

乾隆九年五月十三日 ……16

二三九　正白满洲旗为查明达斡尔三等侍卫达济赉佐领源流事咨黑龙江将军衙门文

乾隆九年五月十三日 ……29

二四〇　黑龙江将军衙门为令解送布特哈正白旗达斡尔佐领塔锡塔等源流册事札布特哈索伦达斡尔总管纳木球等文

乾隆九年五月十九日 ……34

二四一　兵部为办理布特哈正白旗达斡尔世管佐领索希纳等承袭事宜事咨黑龙江将军等文

乾隆九年五月二十三日 ……37

二四二　正白满洲旗为办理布特哈正白旗达斡尔世管佐领索希纳等承袭佐领事宜事咨黑龙江将军衙门文

乾隆九年五月二十三日 ……68

二四三　镶黄满洲旗为黑龙江镶黄旗达斡尔罗尔布哈尔佐领作为公中佐领事咨黑龙江将军衙门文（附咨文一件）

乾隆九年五月二十三日 ……103

二四四　黑龙江将军衙门为修订布特哈正黄旗达斡尔罗尔奔泰佐领源流册事咨正白旗满洲都统衙门文

乾隆九年五月二十九日 ……138

二四五　黑龙江将军衙门为查明布特哈正白旗达斡尔佐领托多尔凯等世管佐领源流事咨理藩院文

乾隆九年六月二十六日 ……141

二四六　黑龙江将军衙门为令解送布特哈正白旗达斡尔索希纳等世管佐领源流册事札布特哈索伦达斡尔总管纳木球等文

乾隆九年六月二十六日 ……145

二四七　黑龙江将军傅森等题请查明齐齐哈尔正红旗达斡尔斐色佐领源

流本

乾隆九年七月初二日 ……153

二四八 黑龙江将军衙门为查明镶黄旗达斡尔阿弥拉等佐领源流解送家谱事咨值月正蓝三旗都统衙门文

乾隆九年七月十九日 ……170

二四九 黑龙江将军衙门为咨复查明布特哈正白旗达斡尔托多尔凯等世管佐领源流事咨兵部文

乾隆九年七月二十日 ……193

二五〇 黑龙江副都统衙门为镶黄旗达斡尔公中佐领罗尔布哈尔等缺拣员补放事咨黑龙江将军衙门文

乾隆九年七月二十一日 ……199

二五一 黑龙江将军衙门为解送呼伦贝尔正白旗达斡尔塔锡塔等佐领源流册事咨理藩院文

乾隆九年七月二十二日 ……202

二五二 布特哈索伦达斡尔总管纳木球等为报索伦达斡尔等捕貂丁数并派员解送貂皮事呈黑龙江将军衙门文

乾隆九年七月二十三日 ……207

二五三 布特哈索伦达斡尔总管纳木球等为报整饬布特哈索伦达斡尔等旗分牛录情形事呈黑龙江将军衙门文

乾隆九年七月二十五日 ……209

二五四 黑龙江副都统衙门为解送黑龙江镶黄旗达斡尔公中佐领罗尔布哈尔佐领源流册事咨黑龙江将军衙门文

乾隆九年八月初八日 ……214

二五五 黑龙江副都统衙门为黑龙江达斡尔佐领达彦等赴齐齐哈尔核查佐领源流事咨黑龙江将军衙门文

乾隆九年八月初八日 ……220

二五六 黑龙江将军衙门为齐齐哈尔正白旗达斡尔布拉尔拟补佐领送部

引见事咨兵部文
乾隆九年八月初九日 ……224
二五七 黑龙江将军衙门为报索伦达斡尔等捕貂丁数并派员赴京解送貂皮事咨理藩院文
乾隆九年八月初九日 ……232
二五八 值月正黄三旗为催解布特哈正白旗达斡尔托多尔凯等佐领源流册事咨黑龙江将军衙门文
乾隆九年八月十四日 ……235
二五九 黑龙江将军衙门为齐齐哈尔镶蓝旗达斡尔佐领巴赉降级调用事咨镶蓝旗满洲都统衙门文
乾隆九年八月十九日 ……237
二六〇 布特哈索伦达斡尔总管纳木球等为解送布特哈正白旗达斡尔塔锡塔等佐领源流册事呈黑龙江将军衙门文
乾隆九年九月初五日 ……243
二六一 正白满洲旗为知会解送布特哈正黄旗达斡尔世管佐领罗尔奔泰源流册事咨黑龙江将军衙门文
乾隆九年九月十六日 ……246
二六二 布特哈索伦达斡尔总管纳木球等为报布特哈达斡尔佐领密济尔源流事呈黑龙江将军衙门文
乾隆九年九月二十七日 ……251
二六三 兵部为令派遣布特哈索伦达斡尔兵丁巡查博尔多至兴安岭地方卡伦事咨黑龙江将军等文
乾隆九年十月十二日 ……254
二六四 正红满洲旗为解送家谱查明齐齐哈尔正红旗达斡尔世管佐领斐色源流事咨黑龙江将军文
乾隆九年十一月初二日 ……263
二六五 黑龙江将军衙门为布特哈正白旗达斡尔索希纳承袭世管佐领并

解送家谱源流册事咨镶黄旗满洲都统衙门文

乾隆九年十一月三十日 ……267

二六六 黑龙江将军衙门为布特哈正白旗达斡尔索希纳承袭世管佐领并解送家谱源流册事咨理藩院文

乾隆九年十一月三十日 ……272

二六七 兵部为令查明镶黄旗达斡尔佐领阿弥拉等源流并办理承袭事宜事咨黑龙江将军等文

乾隆九年十二月初四日 ……276

二六八 镶黄满洲旗为查明镶黄旗达斡尔佐领托尼逊丹巴等源流事咨黑龙江将军衙门文

乾隆九年十二月初四日 ……290

二六九 黑龙江将军衙门为请核查布特哈镶黄旗达斡尔佐领托尼逊等崇德年间档册事咨兵部文

乾隆九年十二月十三日 ……298

二七〇 黑龙江将军衙门为令解送布特哈正白旗达斡尔世管佐领托多尔凯等家谱源流册事札布特哈索伦达斡尔总管纳木球等文

乾隆九年十二月十六日 ……306

二七一 值月正蓝三旗为解送正白旗达斡尔布拉尔等世管佐领源流册家谱事咨黑龙江将军衙门文

乾隆十年正月十五日 ……317

二七二 黑龙江将军衙门为齐齐哈尔正白旗布拉尔佐领下达斡尔骁骑校等缺拣员补放事咨黑龙江副都统衙门文（附名单一件）

乾隆十年正月二十一日 ……321

二七三 黑龙江将军衙门为达斡尔总管巴里孟古等出缺拣员补放事札布特哈索伦达斡尔总管纳木球等文

乾隆十年正月二十一日 ……325

二七四 黑龙江将军衙门为复查黑龙江达斡尔斐色佐领源流事咨正红旗

满洲都统衙门文
乾隆十年正月二十四日 ……326
二七五 正白满洲旗为查明布特哈正黄旗达斡尔罗尔奔泰佐领源流并造册解送事咨黑龙江将军衙门文
乾隆十年二月初五日 ……335
二七六 黑龙江将军衙门为黑龙江正蓝旗达斡尔骁骑校阿济勒图等缺拣员补放事咨黑龙江副都统文
乾隆十年二月十五日 ……340
二七七 黑龙江副都统衙门为报黑龙江驻防八旗官缺堪以拣选补放人员履历考语事咨黑龙江将军衙门文
乾隆十年二月十六日 ……342
二七八 黑龙江将军衙门为镶白旗达斡尔骁骑校噶勒布等出缺拣员补放事咨黑龙江副都统文
乾隆十年二月十六日 ……349
二七九 布特哈索伦达斡尔总管纳木球等为达斡尔总管等出缺拣员补放事呈黑龙江将军衙门文
乾隆十年二月十七日 ……351
二八〇 兵部为镶黄旗达斡尔三等侍卫锡通阿赴黑龙江探母病情事咨黑龙江将军等文
乾隆十年二月二十四日 ……353
二八一 暂护墨尔根副都统印务协领克锡布为镶白旗达斡尔骁骑校等出缺拣员补放事呈黑龙江将军衙门文
乾隆十年二月二十七日 ……355
二八二 黑龙江将军衙门为严饬正黄旗达斡尔佐领赛木布尔擅离职守事札布特哈索伦达斡尔总管纳木球等文
乾隆十年二月二十七日 ……359
二八三 布特哈索伦达斡尔总管纳木球等为请将骁骑校巴磊等从正白旗

达斡尔佐领托多尔凯家谱除名事呈黑龙江将军衙门文

乾隆十年三月初一日 ……362

二八四　黑龙江副都统衙门为正蓝旗达斡尔骁骑校等出缺拣员补放事咨黑龙江将军衙门文

乾隆十年三月初三日 ……376

二八五　黑龙江副都统衙门为镶白旗达斡尔骁骑校等出缺拣员补放事咨黑龙江将军衙门文

乾隆十年三月初三日 ……379

二八六　黑龙江将军衙门为镶蓝旗达斡尔佐领巴赉降级调用送部引见事咨兵部文

乾隆十年三月初五日 ……381

二八七　黑龙江将军傅森等奏请查明齐齐哈尔镶白旗达斡尔佐领塔里乌勒源流并解送家谱折

乾隆十年三月初十日 ……390

二八八　黑龙江将军傅森等奏请查明墨尔根镶白旗达斡尔佐领安泰源流并解送家谱折

乾隆十年三月初十日 ……409

二八九　黑龙江副都统衙门为解送黑龙江正蓝旗达斡尔佐领巴里克萨等源流册事咨黑龙江将军衙门文

乾隆十年三月十七日 ……421

二九〇　黑龙江将军衙门为镶黄旗三等达斡尔侍卫锡通阿赴黑龙江探母病情事札布特哈索伦达斡尔总管纳木球等文

乾隆十年三月二十日 ……439

二九一　正黄满洲旗为达斡尔前锋费扬古图遗孀昂噶锡携子回原籍安葬亡夫事咨黑龙江将军衙门文

乾隆十年三月三十日 ……441

二九二　镶黄满洲旗为送回布特哈正白旗达斡尔世管佐领索希纳家谱源

流册事咨黑龙江将军文

乾隆十年四月初一日 ……………………………………………………………………445

二九三 正红满洲旗为查明齐齐哈尔达斡尔佐领斐色源流并解送家谱册事咨黑龙江将军文

乾隆十年四月初一日 ……………………………………………………………………451

二九四 布特哈索伦达斡尔总管纳木球等为领取布特哈索伦达斡尔总管等员俸禄钱粮事呈黑龙江将军衙门文

乾隆十年四月初一日 ……………………………………………………………………456

二九五 黑龙江将军衙门为令查明正白旗达斡尔佐领布拉尔等源流并解送家谱事咨黑龙江副都统文

乾隆十年四月初三日 ……………………………………………………………………460

二九六 黑龙江将军衙门为布特哈正白旗达斡尔索希纳承袭世管佐领并解送源流册家谱事咨理藩院文

乾隆十年四月初八日 ……………………………………………………………………466

二九七 黑龙江将军衙门为支拨布特哈索伦达斡尔官兵应领俸禄钱粮事札布特哈索伦达斡尔总管纳木球等文

乾隆十年四月初九日 ……………………………………………………………………473

二九八 黑龙江将军衙门为报达斡尔前锋费扬古图遗孀携子送亡夫尸骨抵达齐齐哈尔日期事咨正黄旗满洲都统衙门文

乾隆十年四月十四日 ……………………………………………………………………475

二九九 黑龙江将军衙门为解送镶白旗达斡尔安泰佐领下自军营返回兵丁名册事札暂护墨尔根副都统印务协领克锡布文

乾隆十年四月十五日 ……………………………………………………………………479

三〇〇 暂护墨尔根副都统印务协领克锡布为解送镶白旗达斡尔安泰佐领下自军营返回兵丁名册事呈黑龙江将军衙门文

乾隆十年四月二十一日 …………………………………………………………………481

三〇一 黑龙江将军衙门为送回黑龙江正白旗达斡尔佐领达彦源流册并

重造新册解送事咨黑龙江副都统文

乾隆十年四月二十四日 ······483

三〇二 黑龙江将军衙门为送回布特哈正白旗达斡尔佐领托多尔凯源流册并重造新册解送事咨黑龙江副都统文

乾隆十年四月二十四日 ······485

三〇三 黑龙江将军衙门为解送黑龙江正白旗达斡尔佐领达彦源流册事咨正白旗满洲都统衙门文

乾隆十年四月二十八日 ······487

三〇四 黑龙江将军衙门为解送墨尔根镶白旗达斡尔世管佐领安泰源流册家谱事咨镶白旗满洲都统衙门文

乾隆十年四月二十八日 ······490

三〇五 暂护墨尔根副都统印务协领克锡布为选派索伦达斡尔兵丁随进木兰围并造送花名册事呈黑龙江将军衙门文

乾隆十年五月初三日 ······492

三〇六 黑龙江副都统衙门为选派索伦达斡尔兵丁随进木兰围并解送花名册事咨黑龙江将军衙门文

乾隆十年五月初五日 ······494

三〇七 暂护黑龙江副都统印务协领达冲阿为造送雍正年间出征巴里坤索伦达斡尔官兵花名册事呈黑龙江将军衙门文

乾隆十年五月初六日 ······496

三〇八 暂护黑龙江副都统印务协领达冲阿为造送正白旗达斡尔佐领托多尔凯等员源流册家谱事呈黑龙江将军衙门文

乾隆十年五月初六日 ······501

三〇九 暂护黑龙江副都统印务协领达冲阿为造送正白旗达斡尔佐领布拉尔达彦等源流册家谱事呈黑龙江将军衙门文

乾隆十年五月初六日 ······519

三一〇 布特哈索伦达斡尔总管纳木球等为报索伦达斡尔各旗所出官缺

数目事呈黑龙江将军衙门文
乾隆十年五月十五日 ……526
三一一 镶黄满洲旗为知会未查到镶黄旗达斡尔佐领托尼逊源流事咨黑龙江将军文
乾隆十年五月十七日 ……529
三一二 布特哈索伦达斡尔总管纳木球等为解送正白旗达斡尔托多尔凯佐领源流册家谱事呈黑龙江将军衙门文
乾隆十年五月十七日 ……532
三一三 黑龙江将军衙门为令解送齐齐哈尔正蓝旗达斡尔喀勒扎等佐领源流册事札暂护黑龙江副都统印务协领克锡布文
乾隆十年六月初一日 ……541
三一四 黑龙江将军衙门为报赴木兰围场效力镶黄旗达斡尔佐领阿弥拉等启程日期事咨兵部文
乾隆十年六月初六日 ……544
三一五 墨尔根副都统衙门为解送墨尔根镶红旗达斡尔库勒敦佐领源流册事咨黑龙江将军衙门文
乾隆十年六月初七日 ……551
三一六 呼兰城守尉博罗纳为解送正蓝旗达斡尔喀勒扎佐领源流册事呈黑龙江将军衙门文
乾隆十年六月初九日 ……554
三一七 黑龙江将军衙门为咨送赴木兰围场效力索伦达斡尔兵丁花名册事咨理藩院文
乾隆十年六月十五日 ……557
三一八 理藩院为送回布特哈正白旗达斡尔佐领索希纳家谱源流册事咨黑龙江将军文
乾隆十年六月十七日 ……561
三一九 布特哈索伦达斡尔总管纳木球等为查报布特哈索伦达斡尔牧放

马匹数目事呈黑龙江将军衙门文
乾隆十年六月十七日 ……568
三二〇　兵部为遵旨令齐齐哈尔镶蓝旗原达斡尔佐领巴赉降级调任骁骑校事咨黑龙江将军等文
乾隆十年六月十八日 ……570
三二一　镶蓝满洲旗为知会齐齐哈尔镶蓝旗原达斡尔佐领巴赉降级调任骁骑校事咨黑龙江将军衙门文
乾隆十年六月十八日 ……572
三二二　布特哈索伦达斡尔总管纳木球等为报厄尔济苏接任索伦达斡尔总管日期事呈黑龙江将军衙门文
乾隆十年六月二十日 ……579
三二三　正白满洲旗为咨催查明达斡尔布拉尔等佐领源流事咨黑龙江将军衙门文
乾隆十年六月二十七日 ……580
三二四　黑龙江将军衙门为未查到镶黄旗达斡尔佐领托尼逊等源流事咨值月镶黄三旗都统衙门文
乾隆十年七月初一日 ……585
三二五　布特哈索伦达斡尔总管乌察喇勒图等为报索伦达斡尔等捕貂丁数并派员解送貂皮事呈黑龙江将军衙门文
乾隆十年七月初一日 ……594
三二六　黑龙江将军衙门为查报达斡尔布拉尔等佐领源流事咨正白旗满洲都统衙门文
乾隆十年七月初二日 ……597
三二七　黑龙江将军衙门为查明黑龙江达斡尔斐色佐领源流并解送家谱事咨正红旗满洲都统衙门文
乾隆十年七月初二日 ……606
三二八　正红满洲旗为知会核办索伦达斡尔等世管佐领源流情形事咨黑

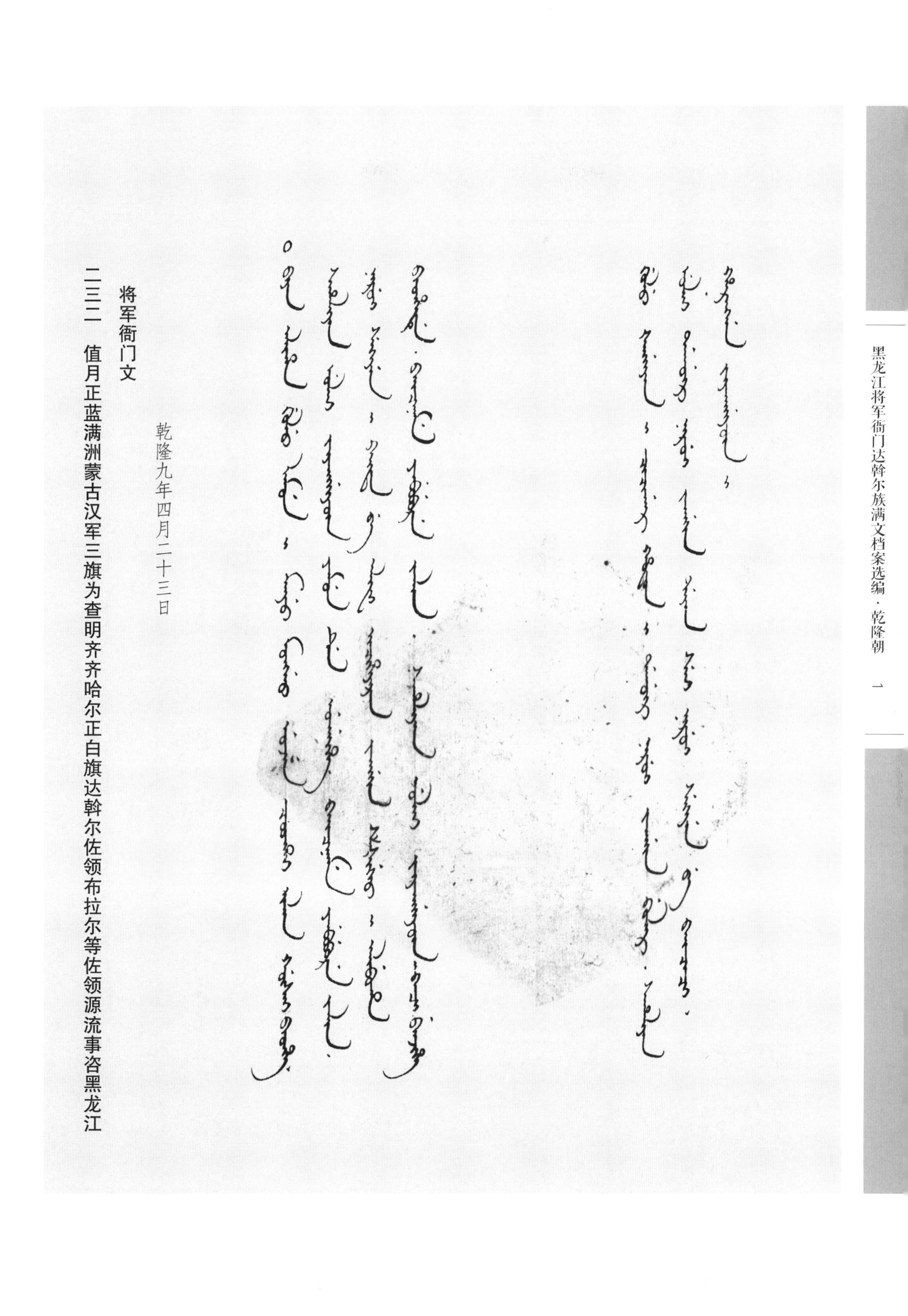

二三二　值月正蓝满洲蒙古汉军三旗为查明齐齐哈尔正白旗达斡尔佐领布拉尔等佐领源流事咨黑龙江将军衙门文

乾隆九年四月二十三日

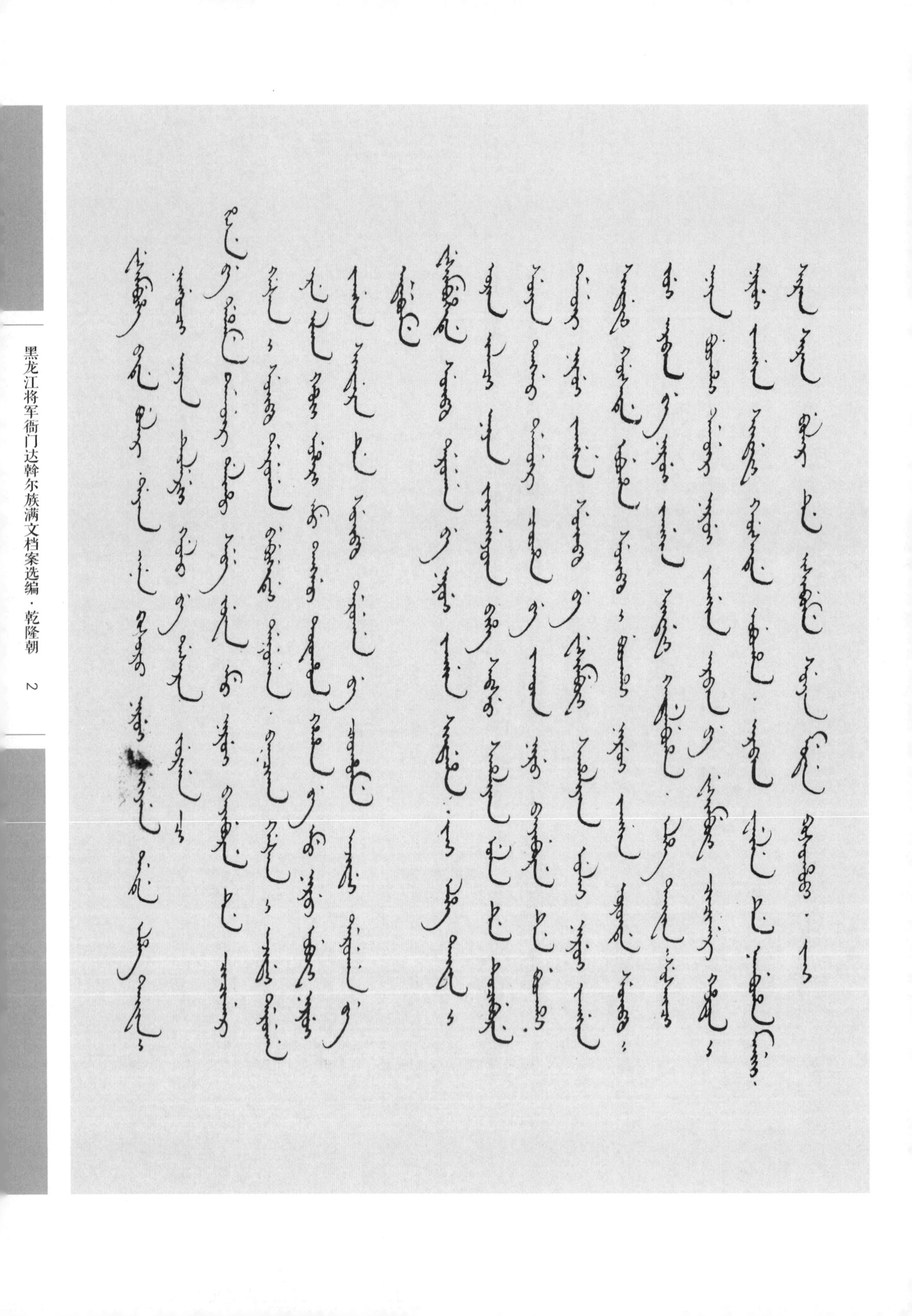

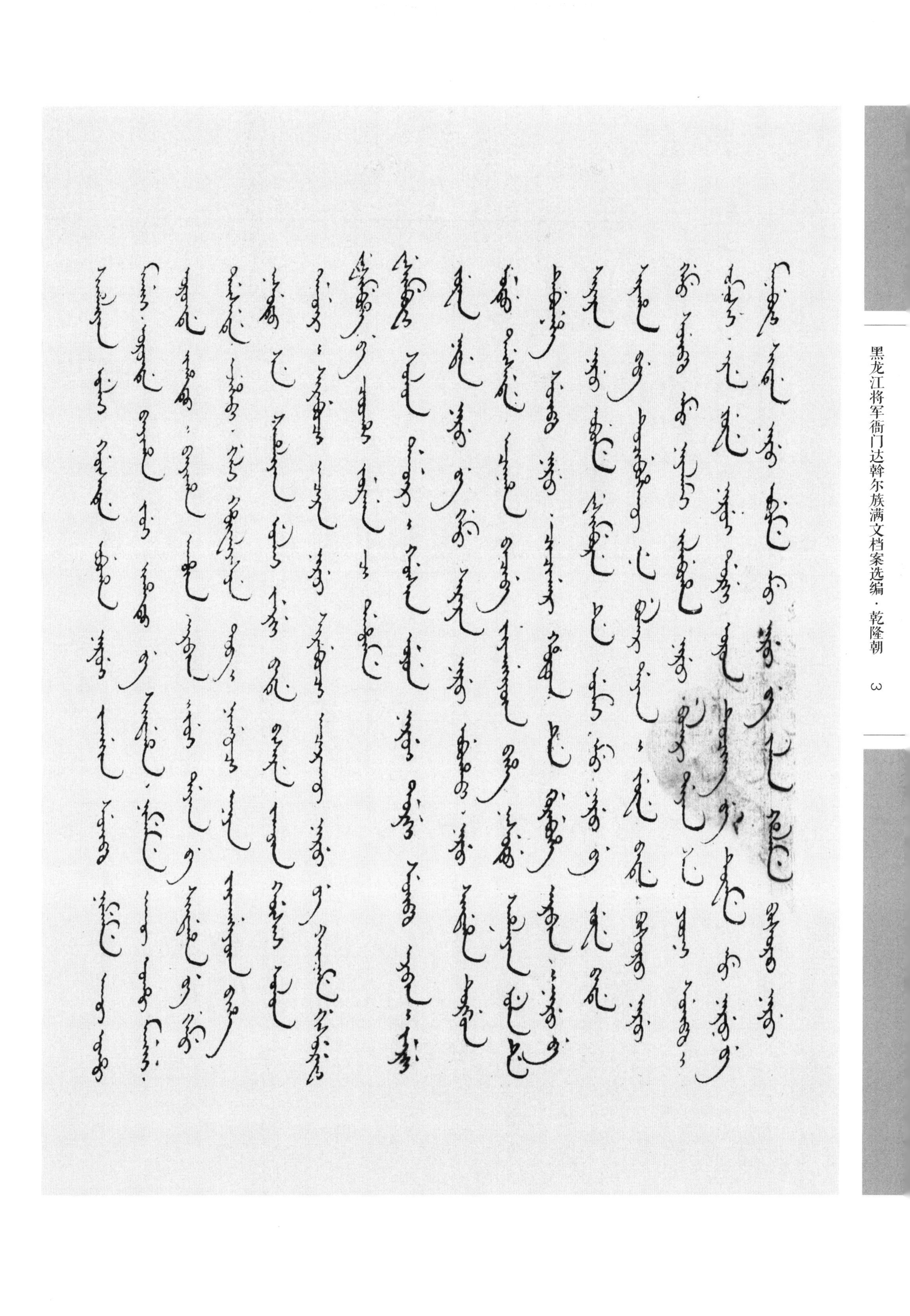

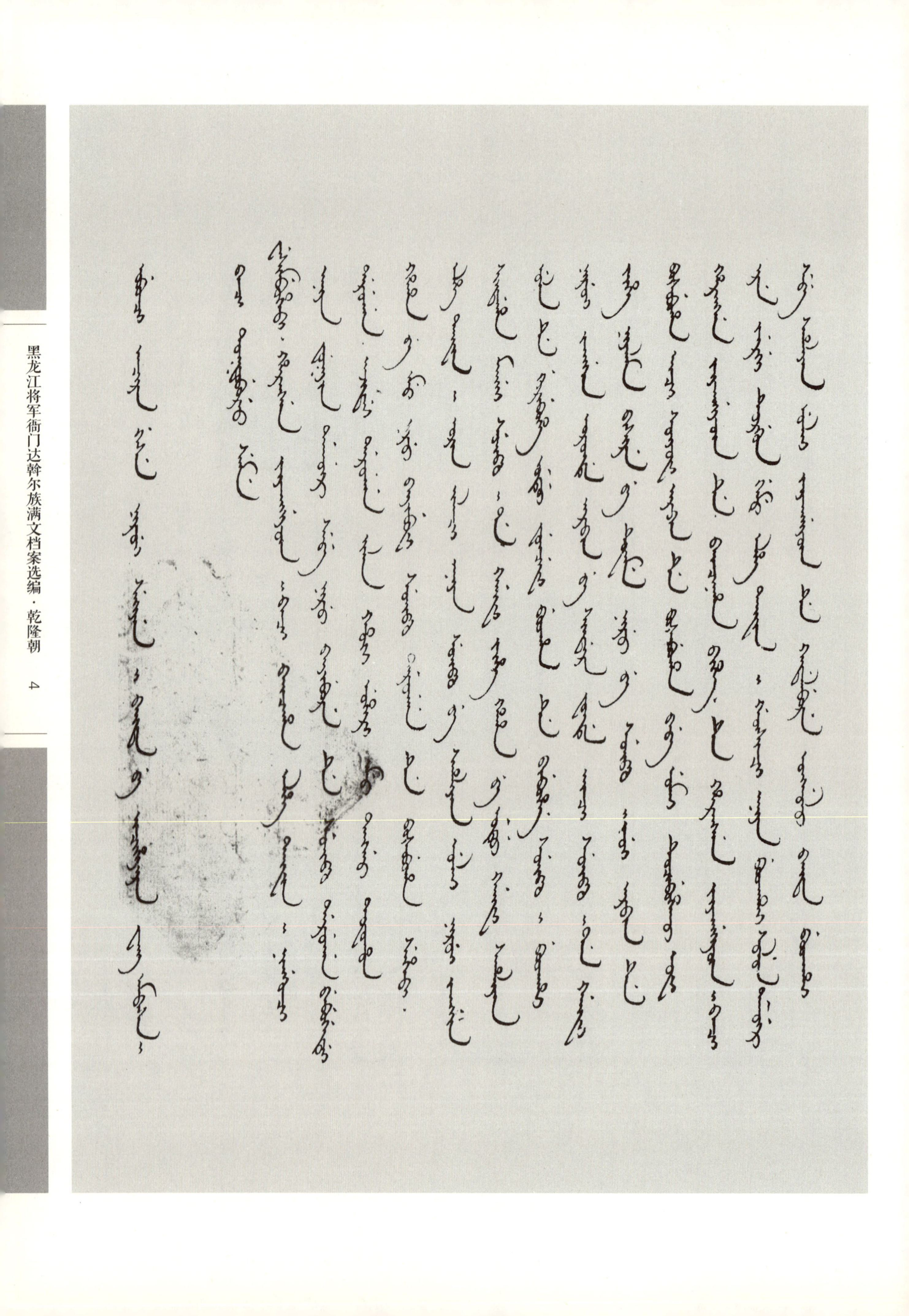

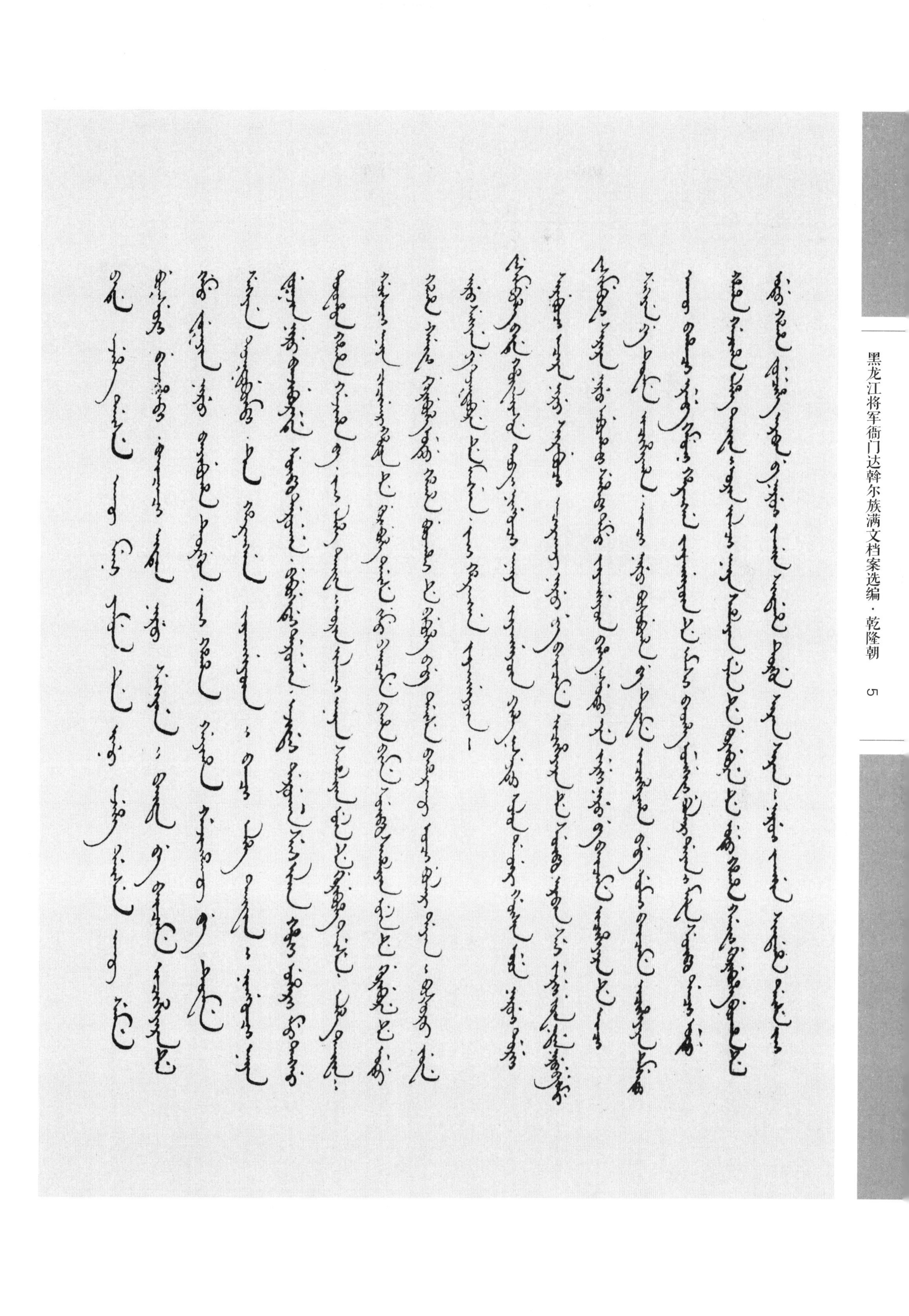

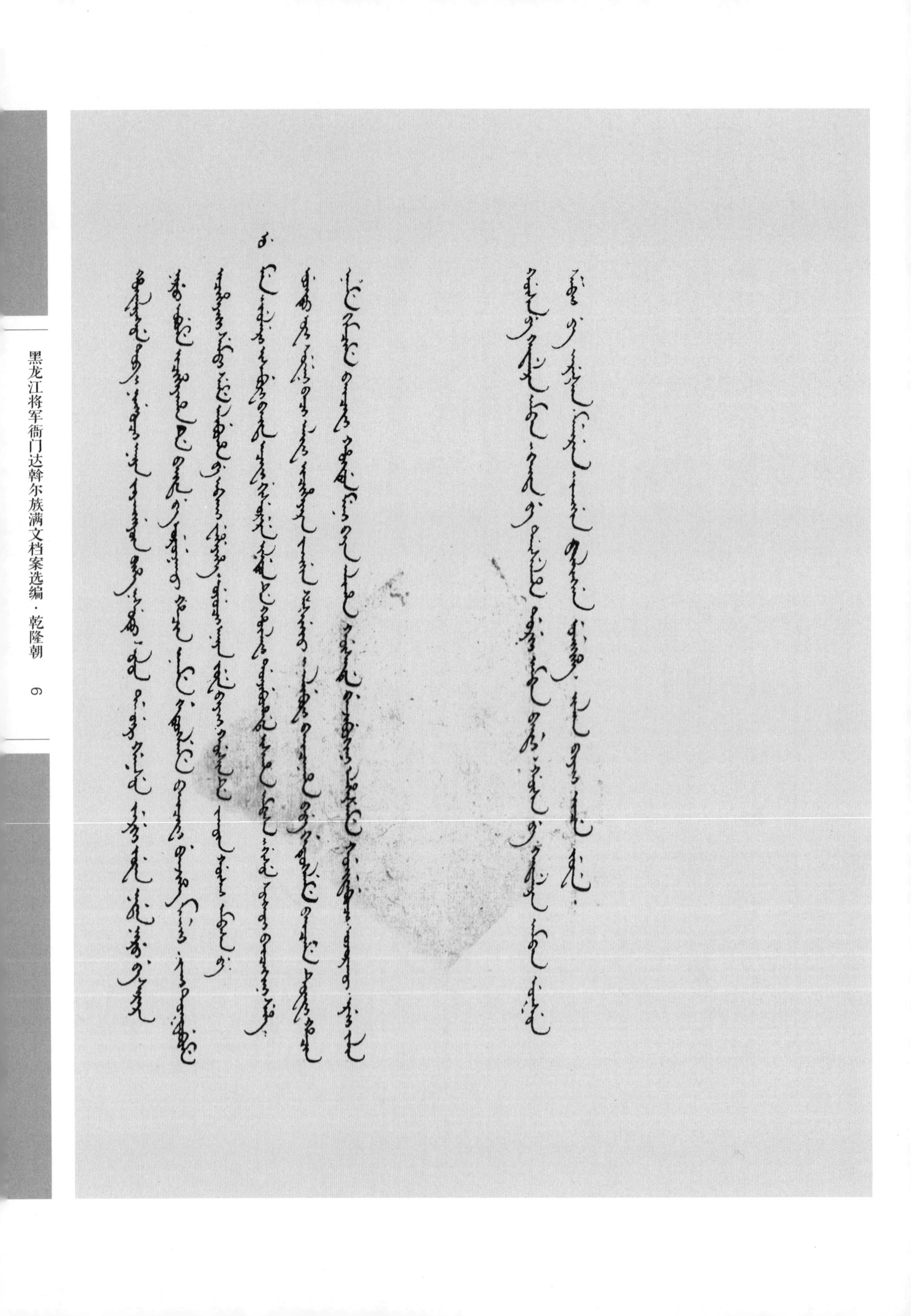

[illegible]

二三三 布特哈索伦达斡尔总管纳木球等为报送正黄旗达斡尔佐领密济尔等员遗缺数目事呈黑龙江将军衙门文

乾隆九年五月初二日

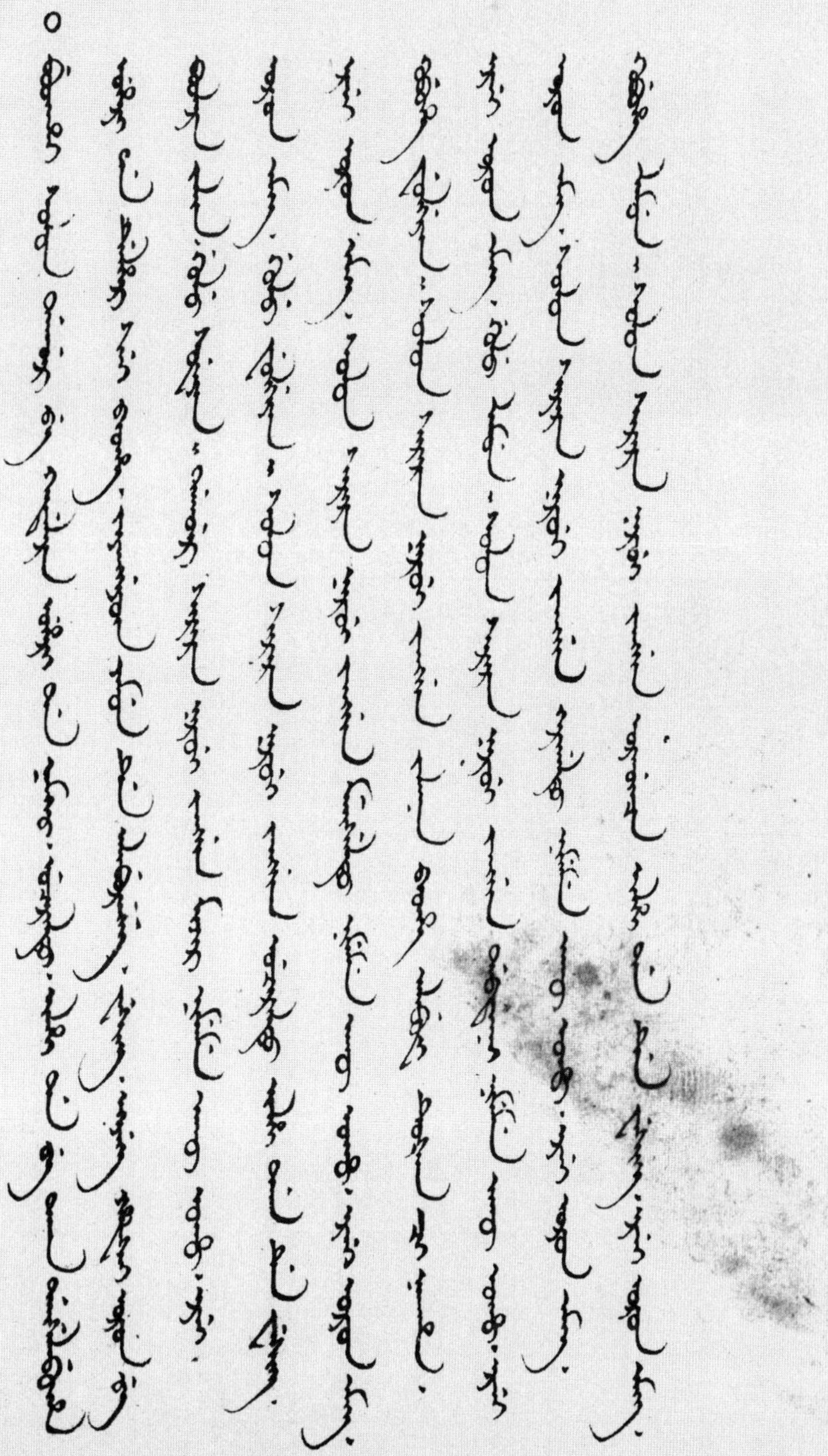

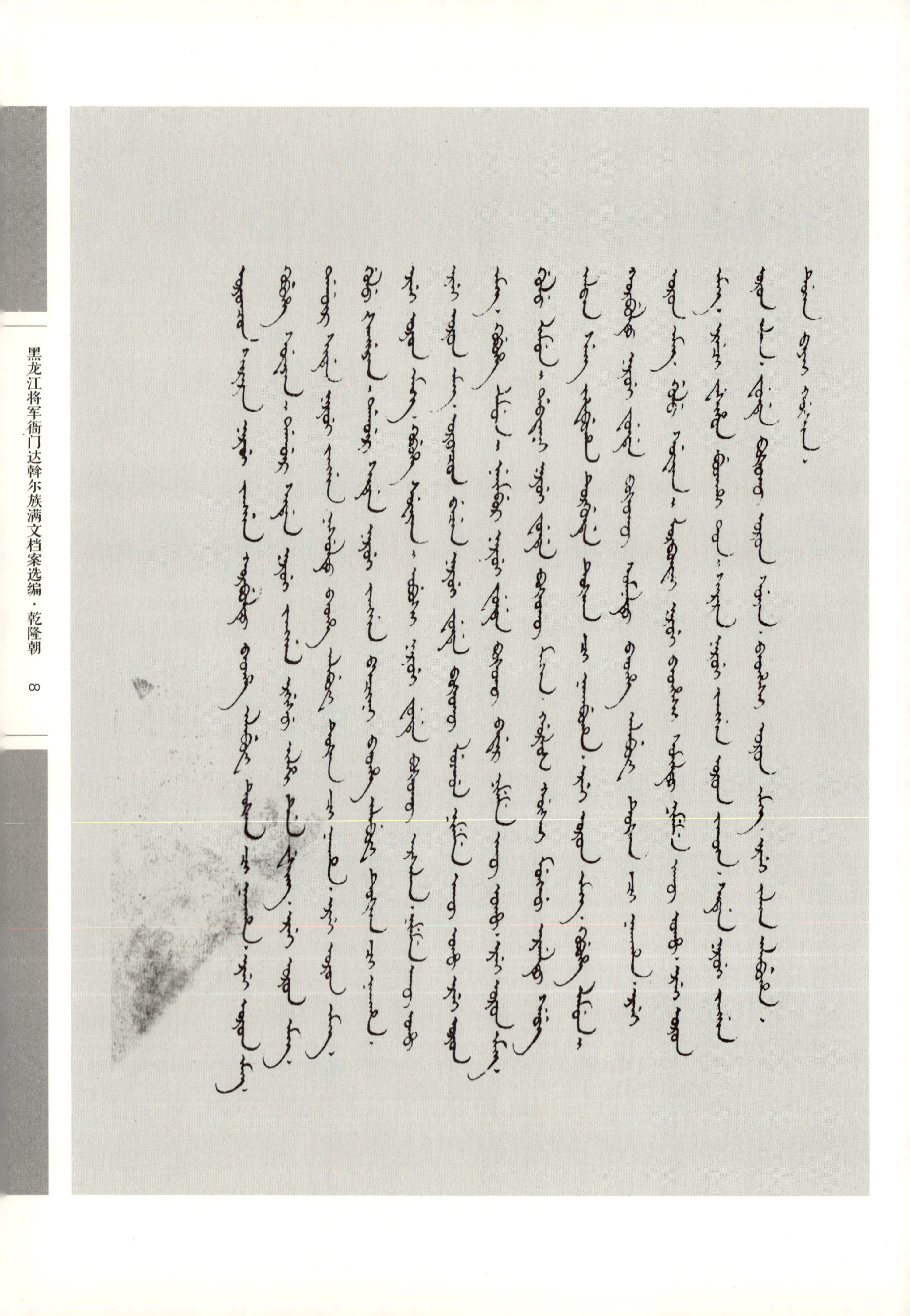

二三四　布特哈索伦达斡尔总管纳木球等为造送布特哈索伦达斡尔等捕貂丁及贡貂数目册事呈黑龙江将军衙门文

乾隆九年五月初二日

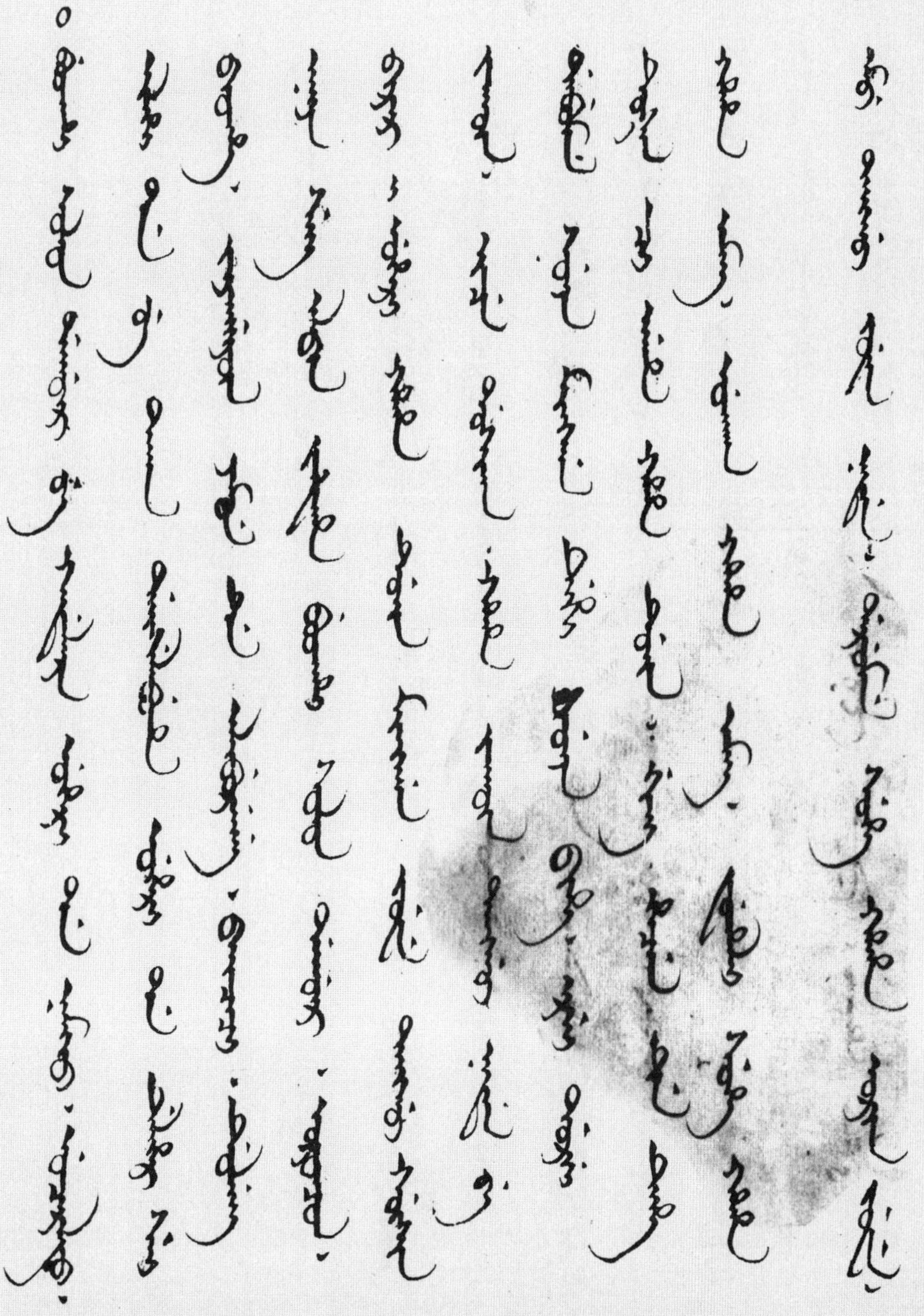

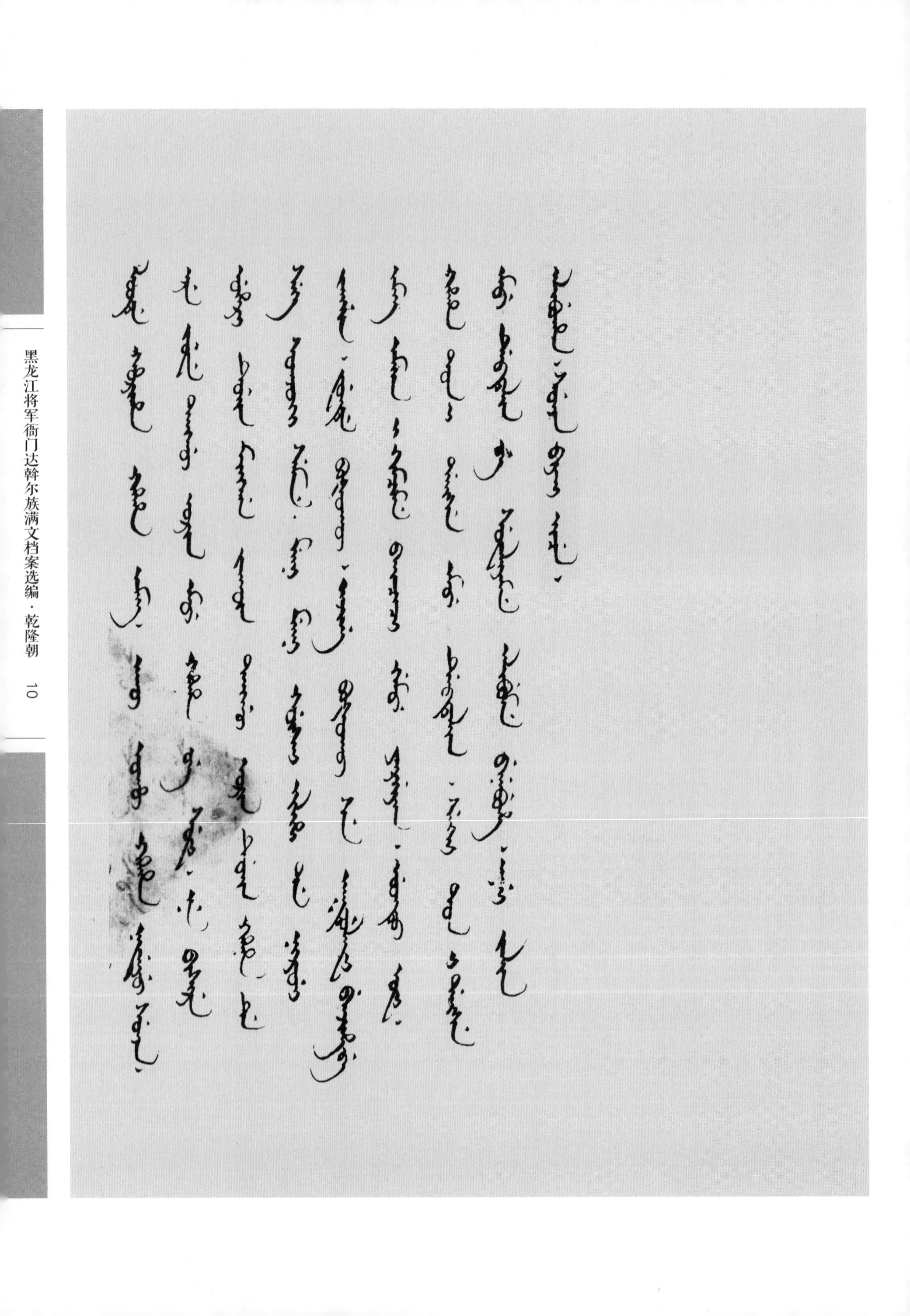

二三五 布特哈索伦达斡尔总管纳木球等为报布特哈八旗索伦达斡尔等捕貂数目事呈黑龙江将军衙门文

乾隆九年五月初二日

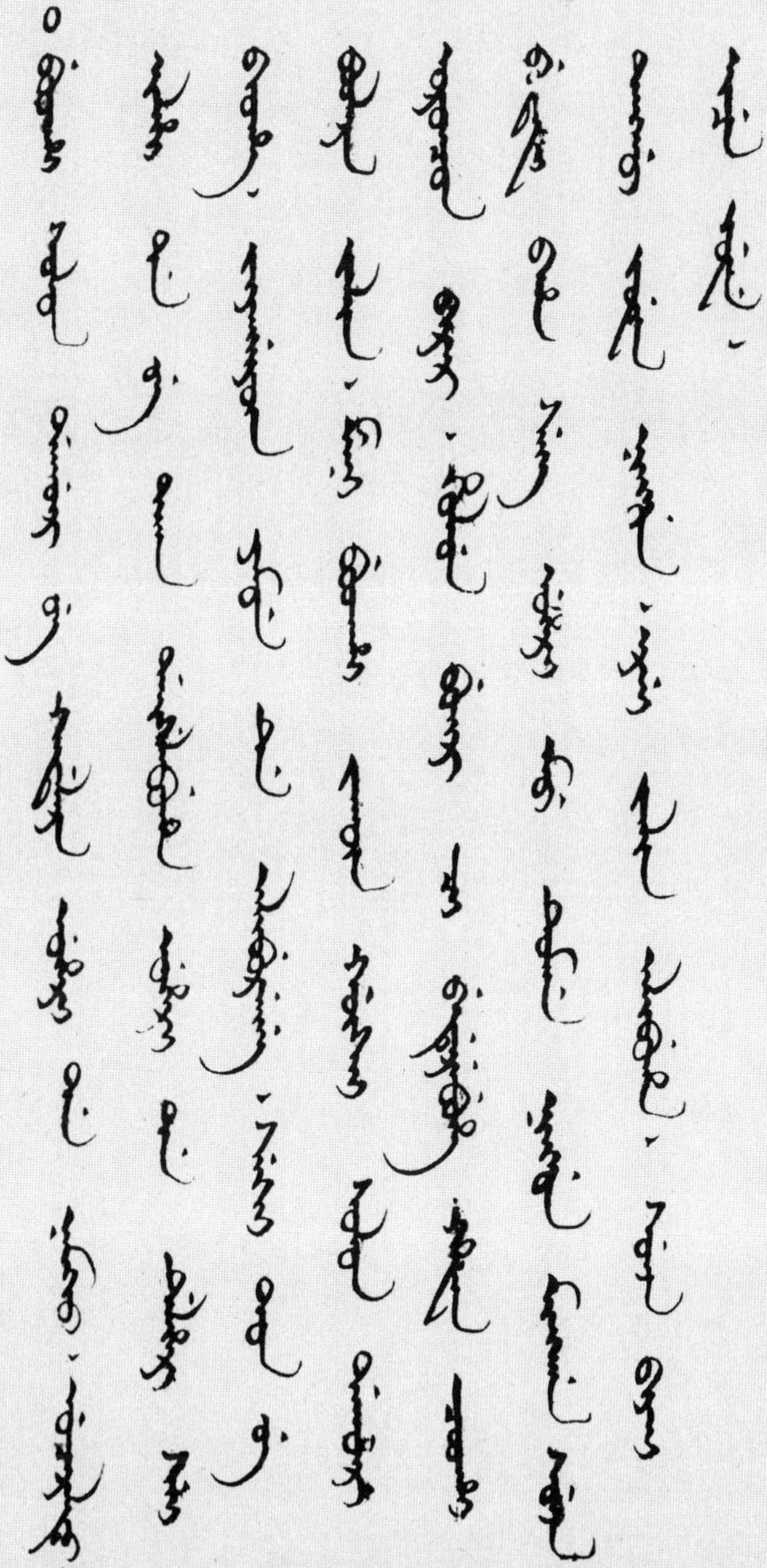

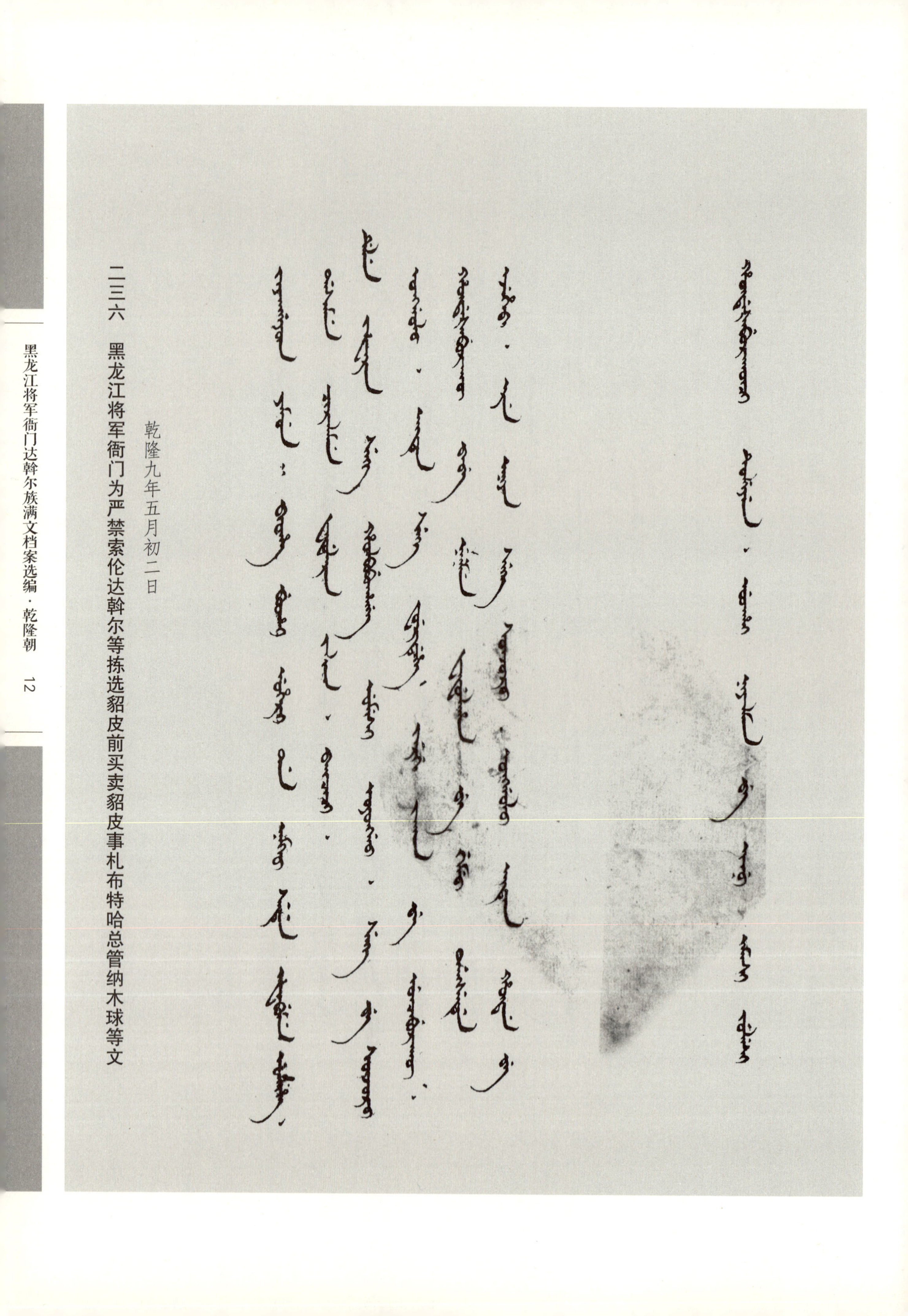

二三六　黑龙江将军衙门为严禁索伦达斡尔等拣选貂皮前买卖貂皮事札布特哈总管纳木球等文

乾隆九年五月初二日

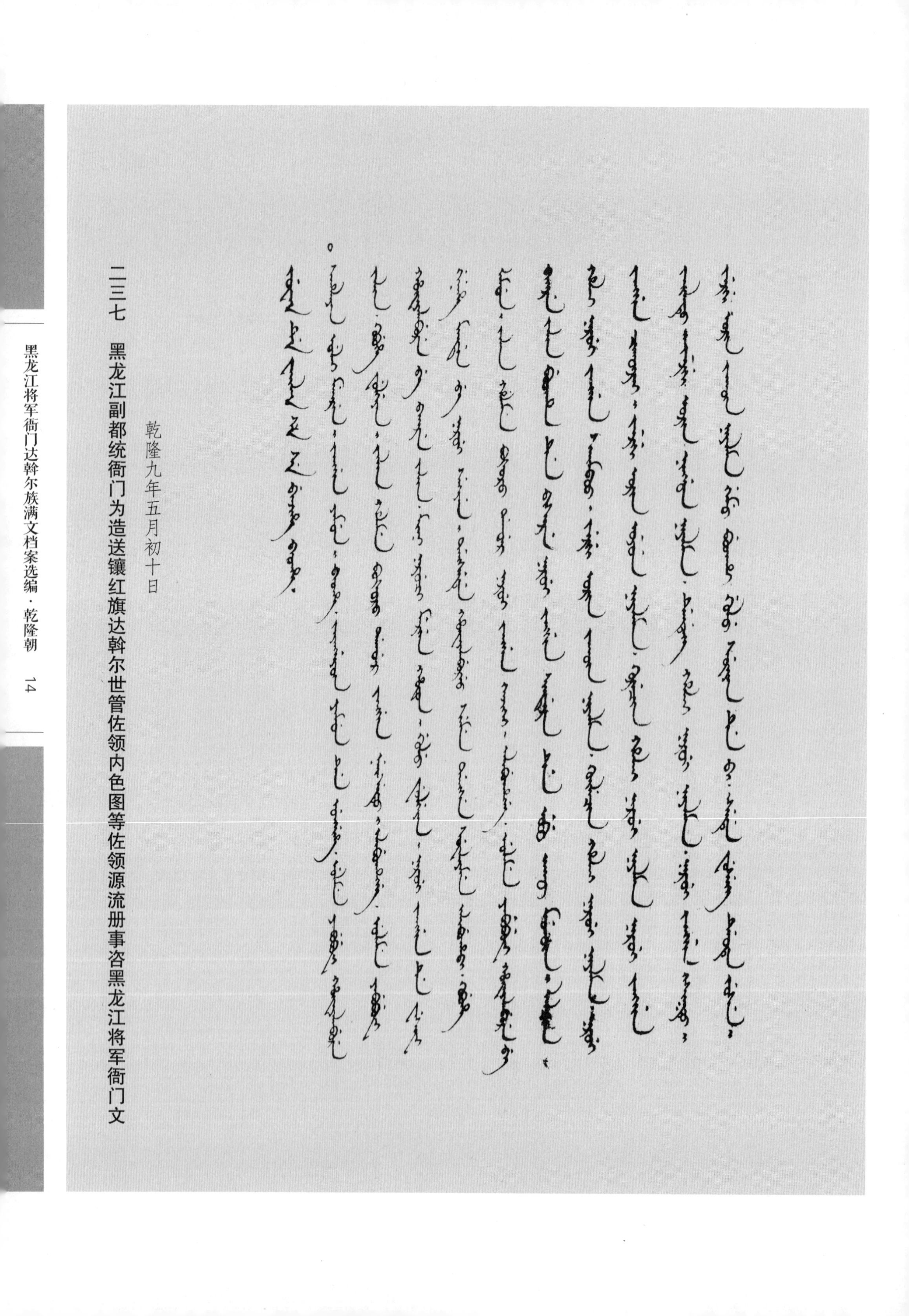

二三七 黑龙江副都统衙门为造送镶红旗达斡尔世管佐领内色图等佐领源流册事咨黑龙江将军衙门文

乾隆九年五月初十日

[illegible]

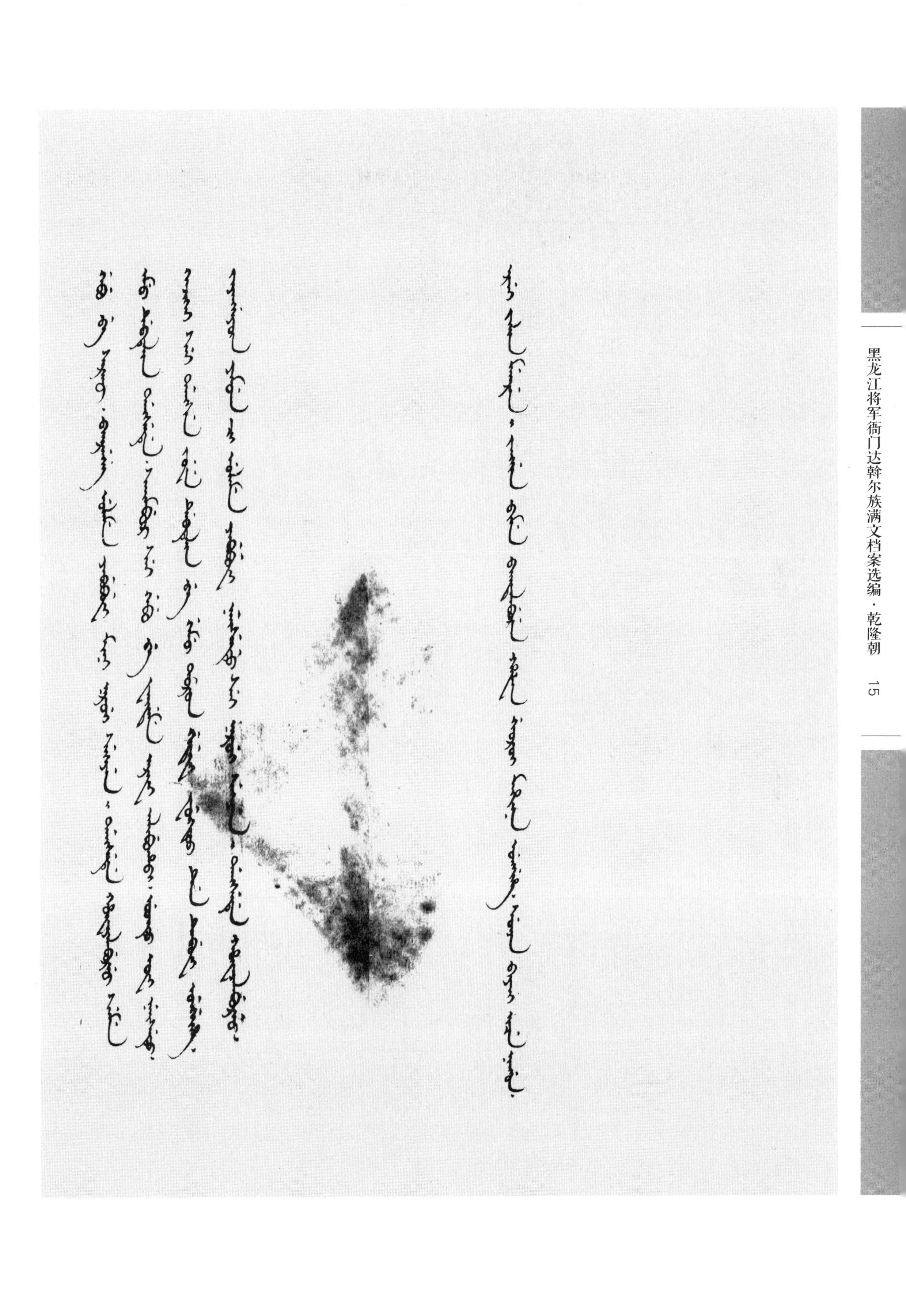

二三八 值月正蓝三旗为查明镶黄旗达斡尔佐领阿弥拉等源流并造送家谱事咨黑龙江将军衙门文

乾隆九年五月十三日

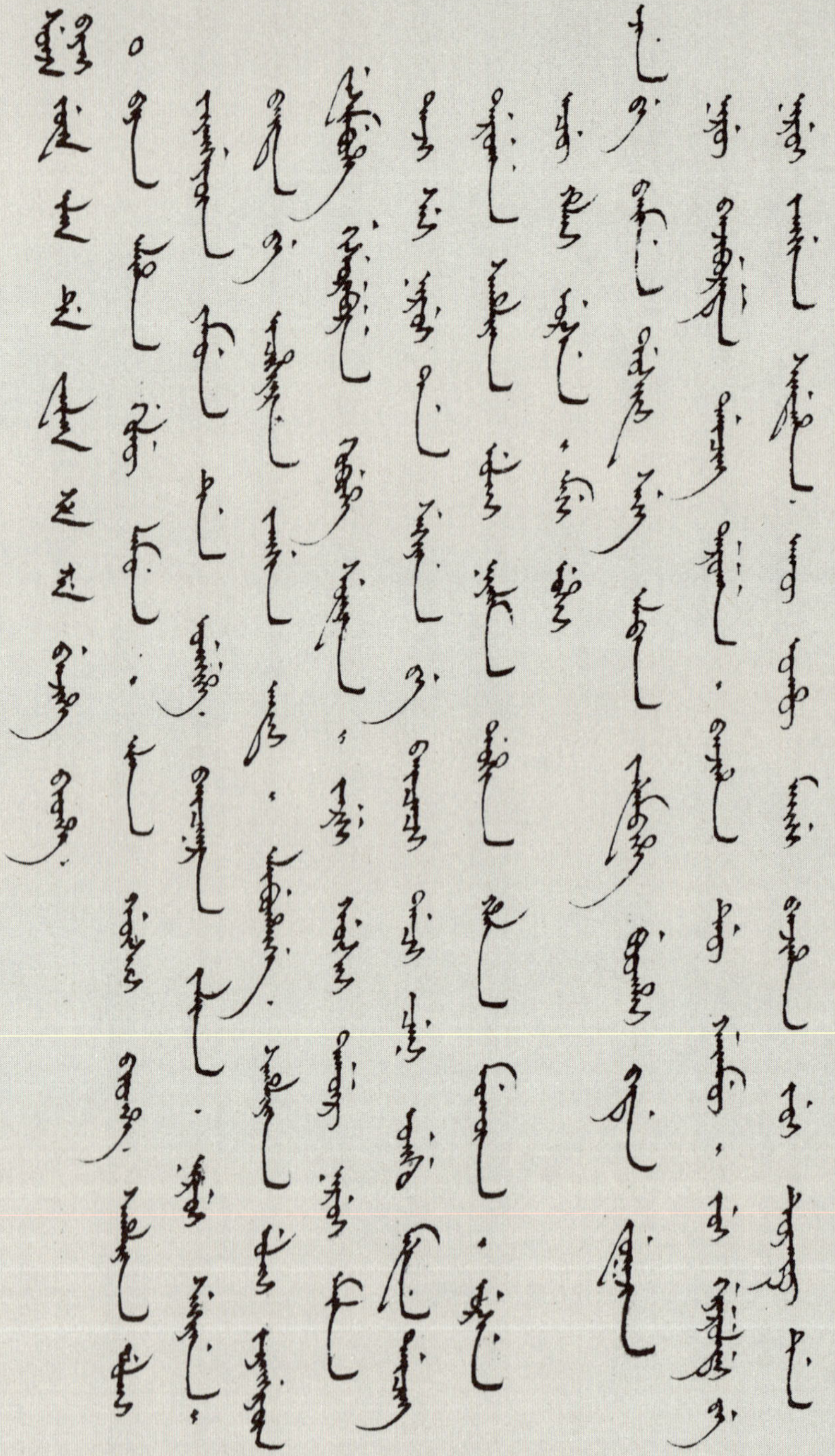

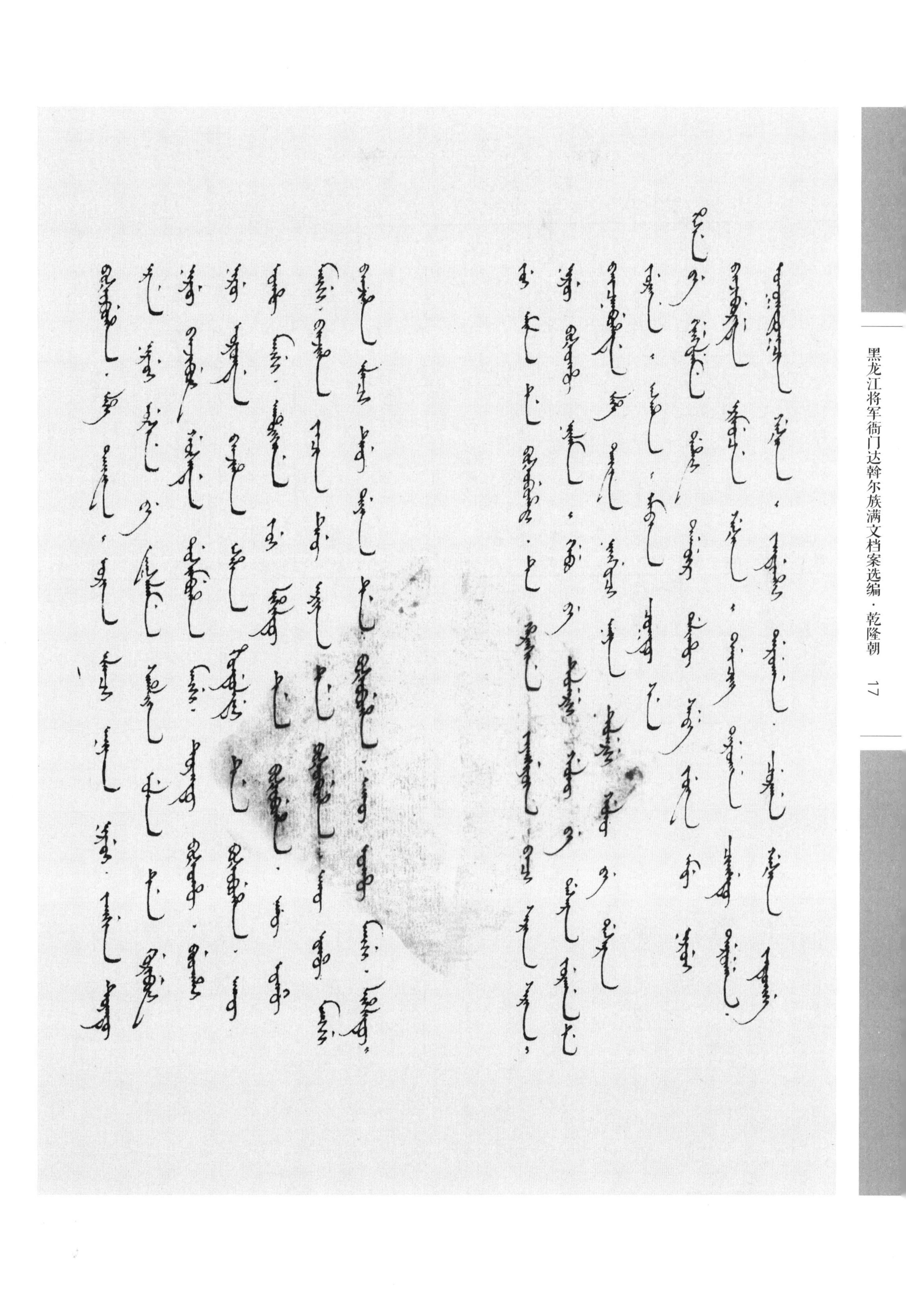

[illegible]

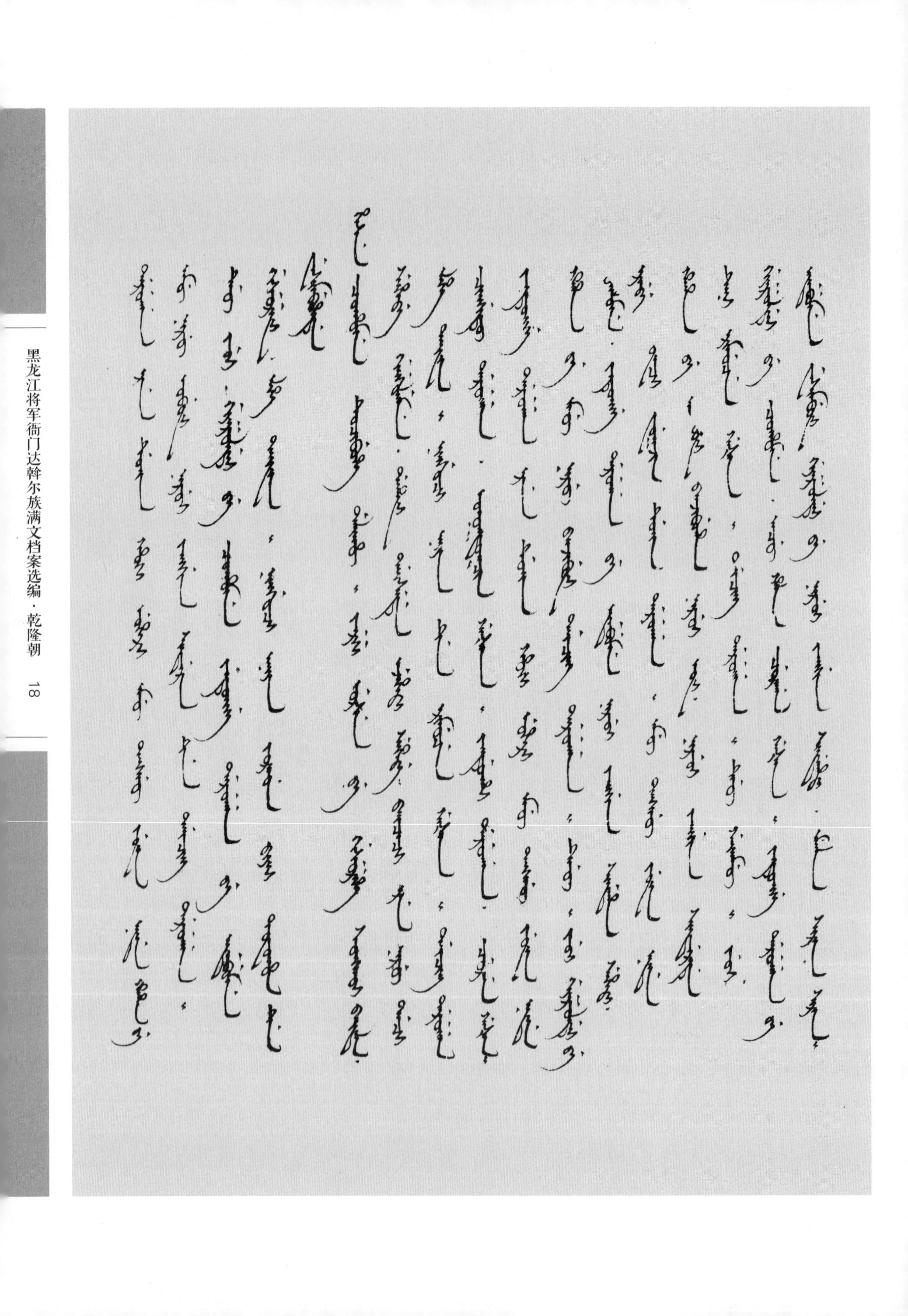

[illegible]

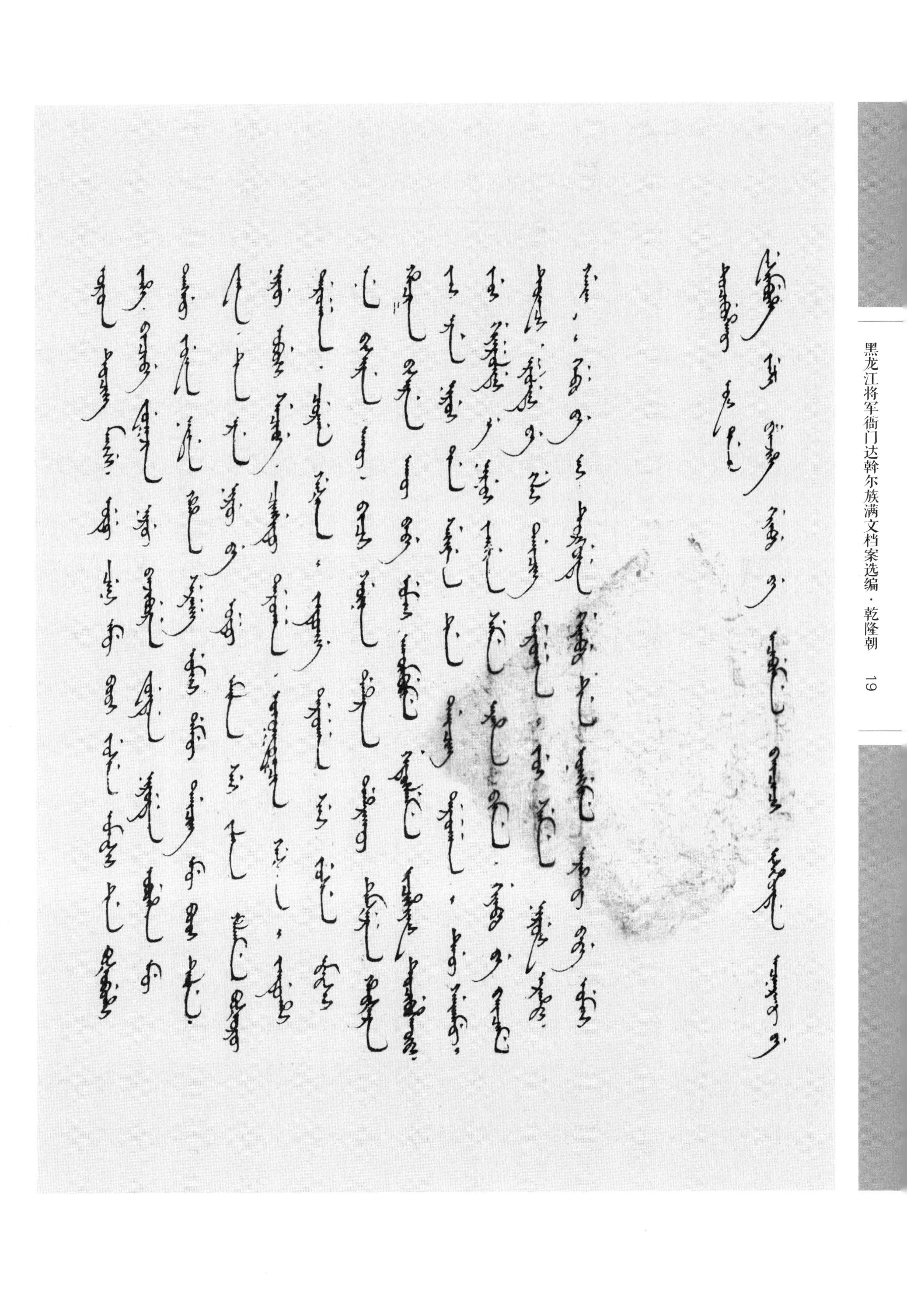

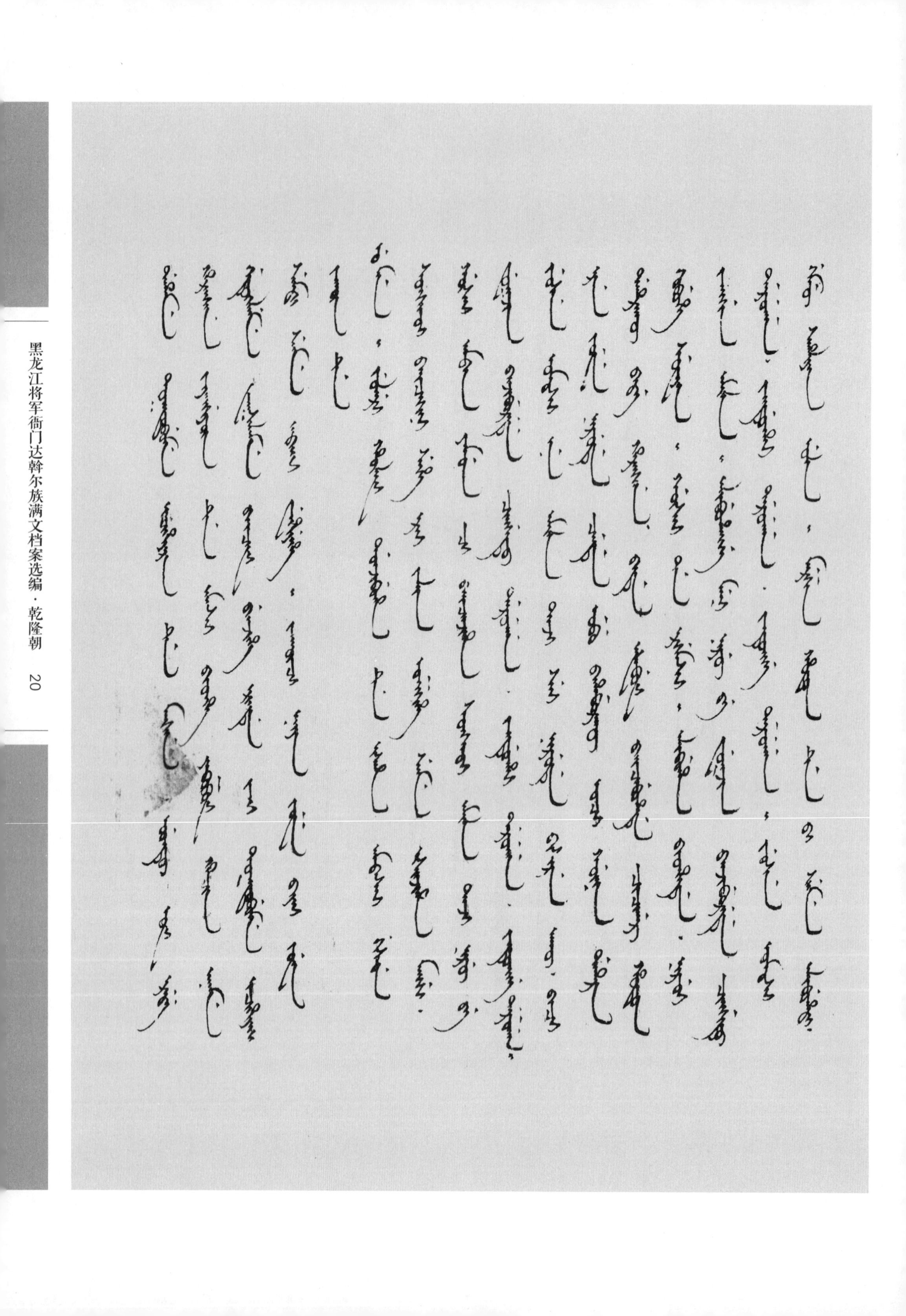

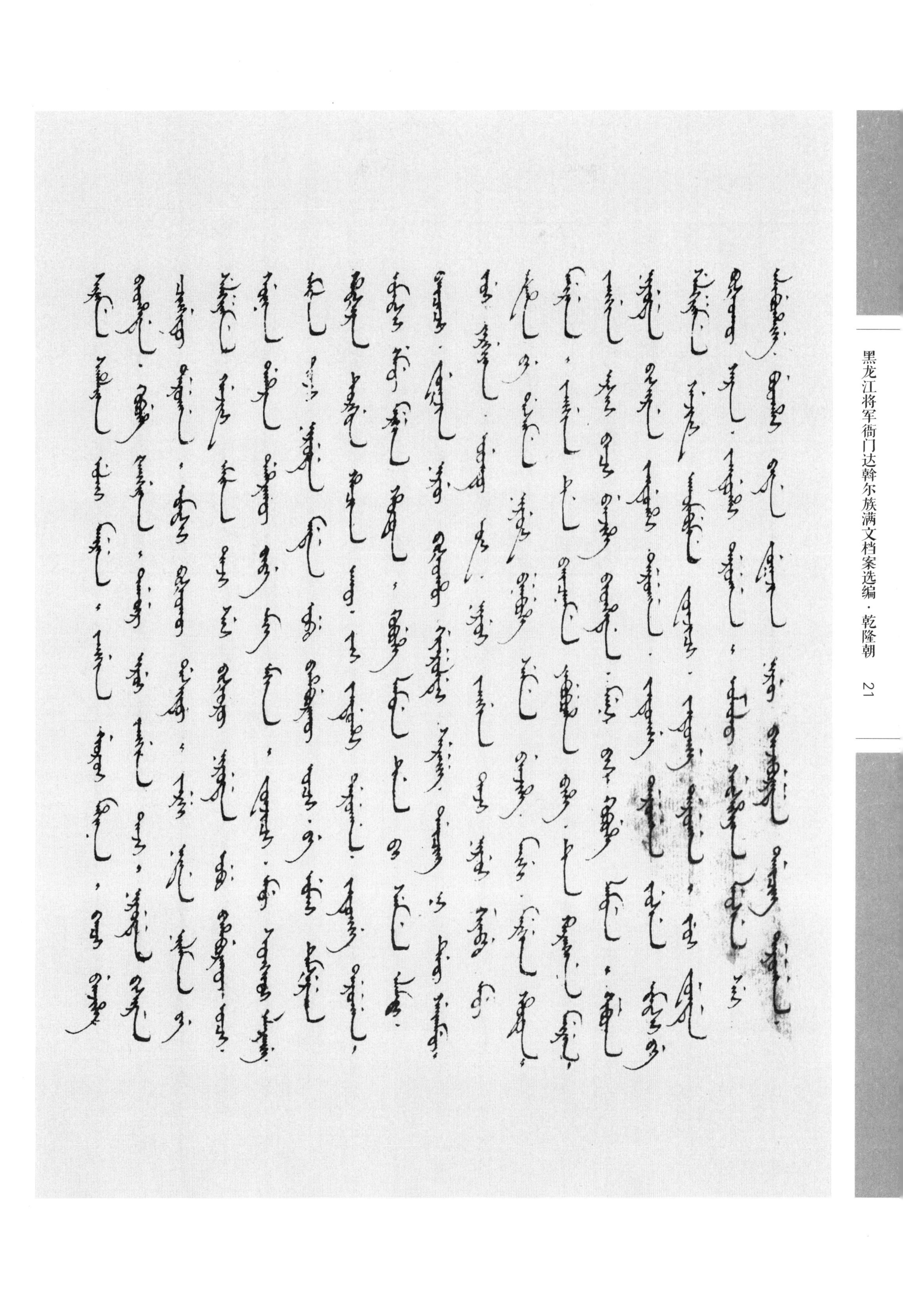

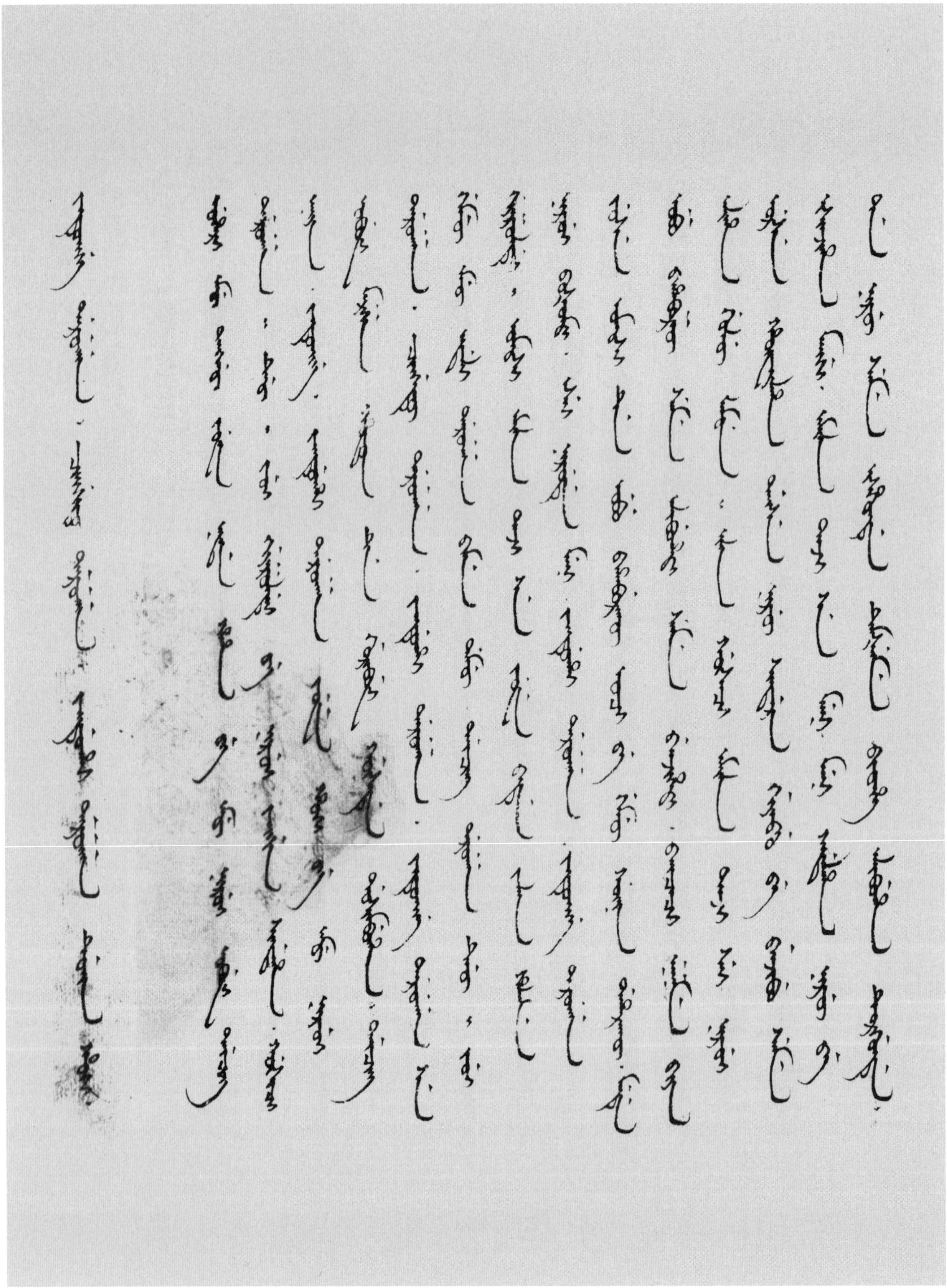

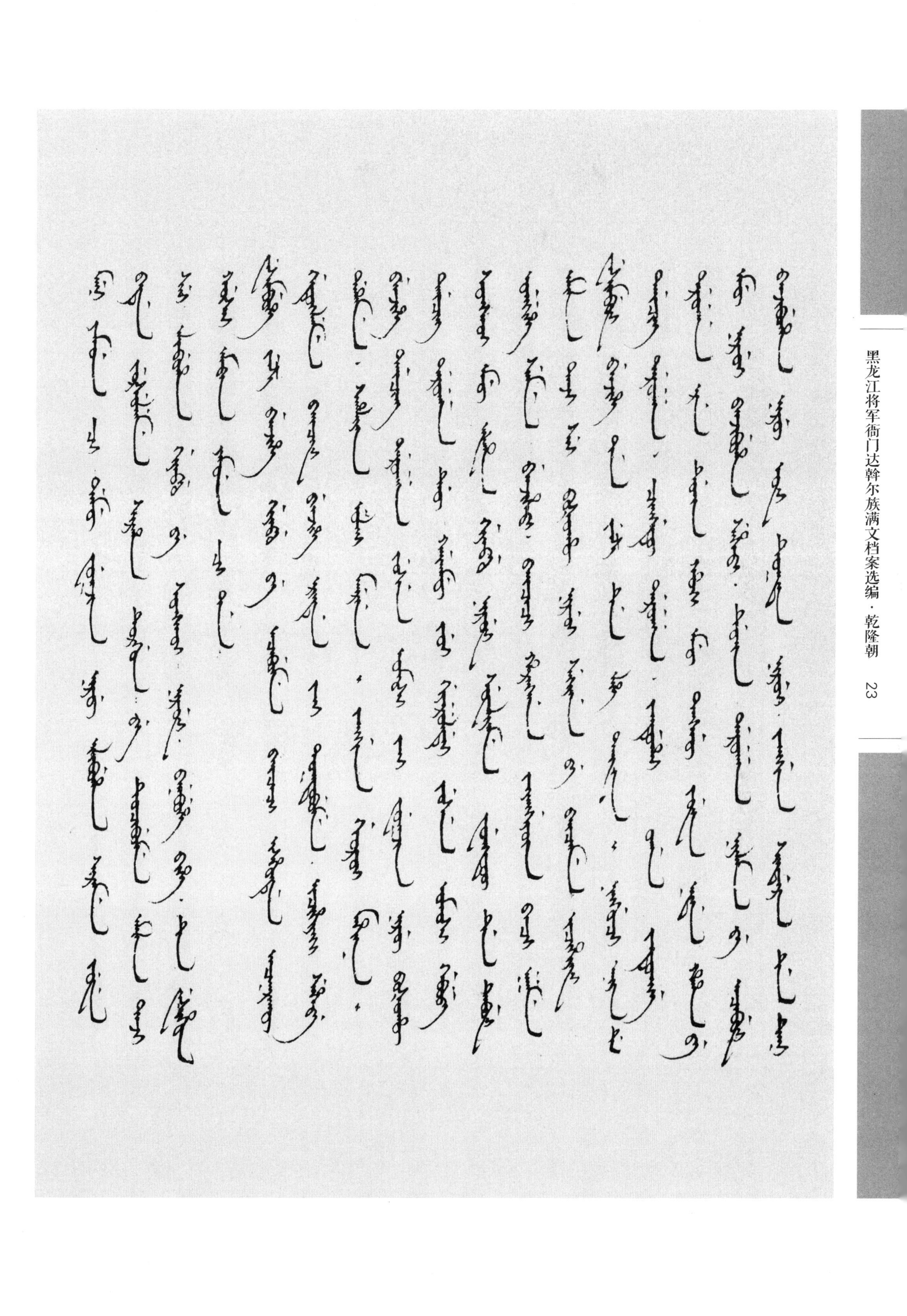

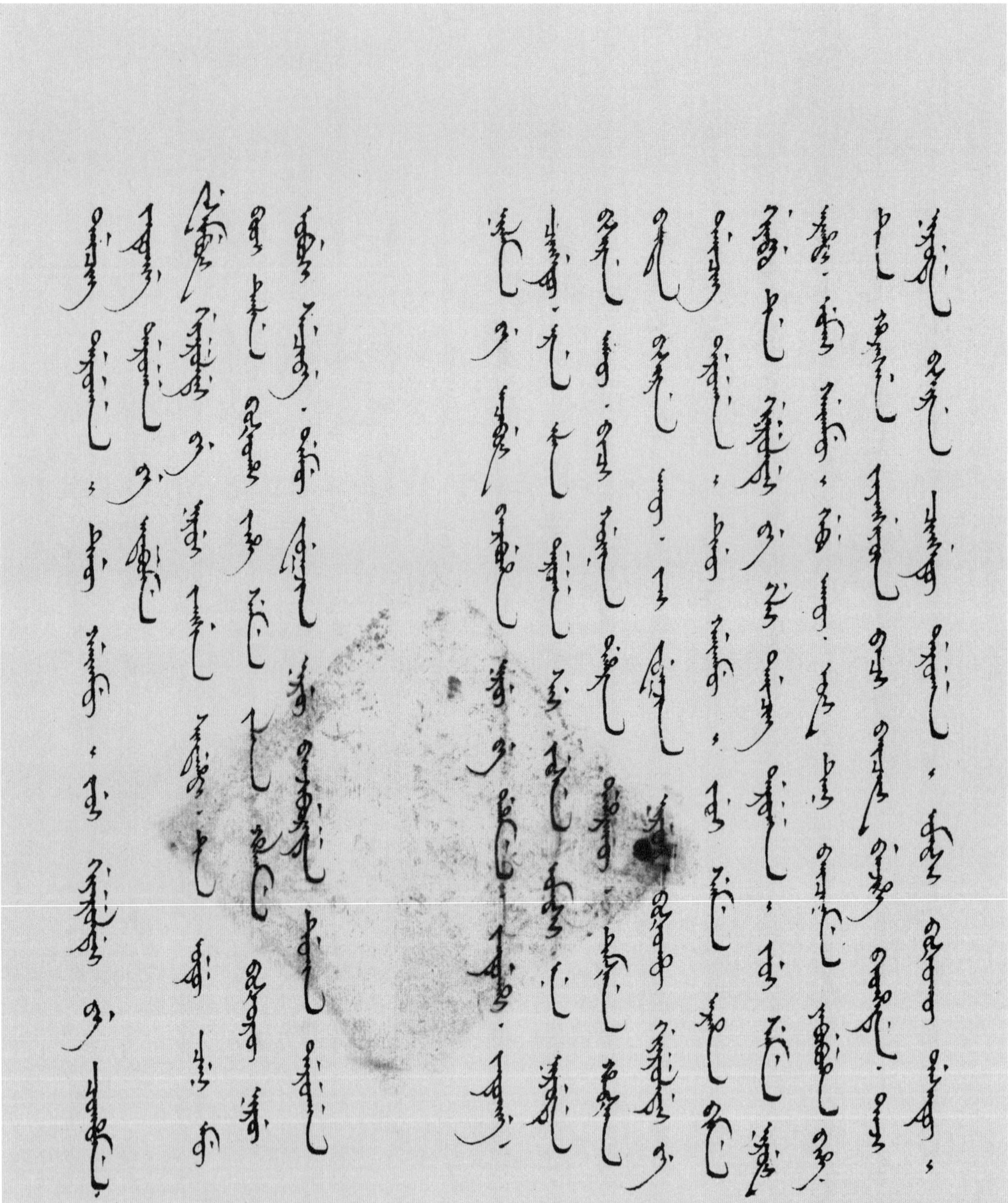

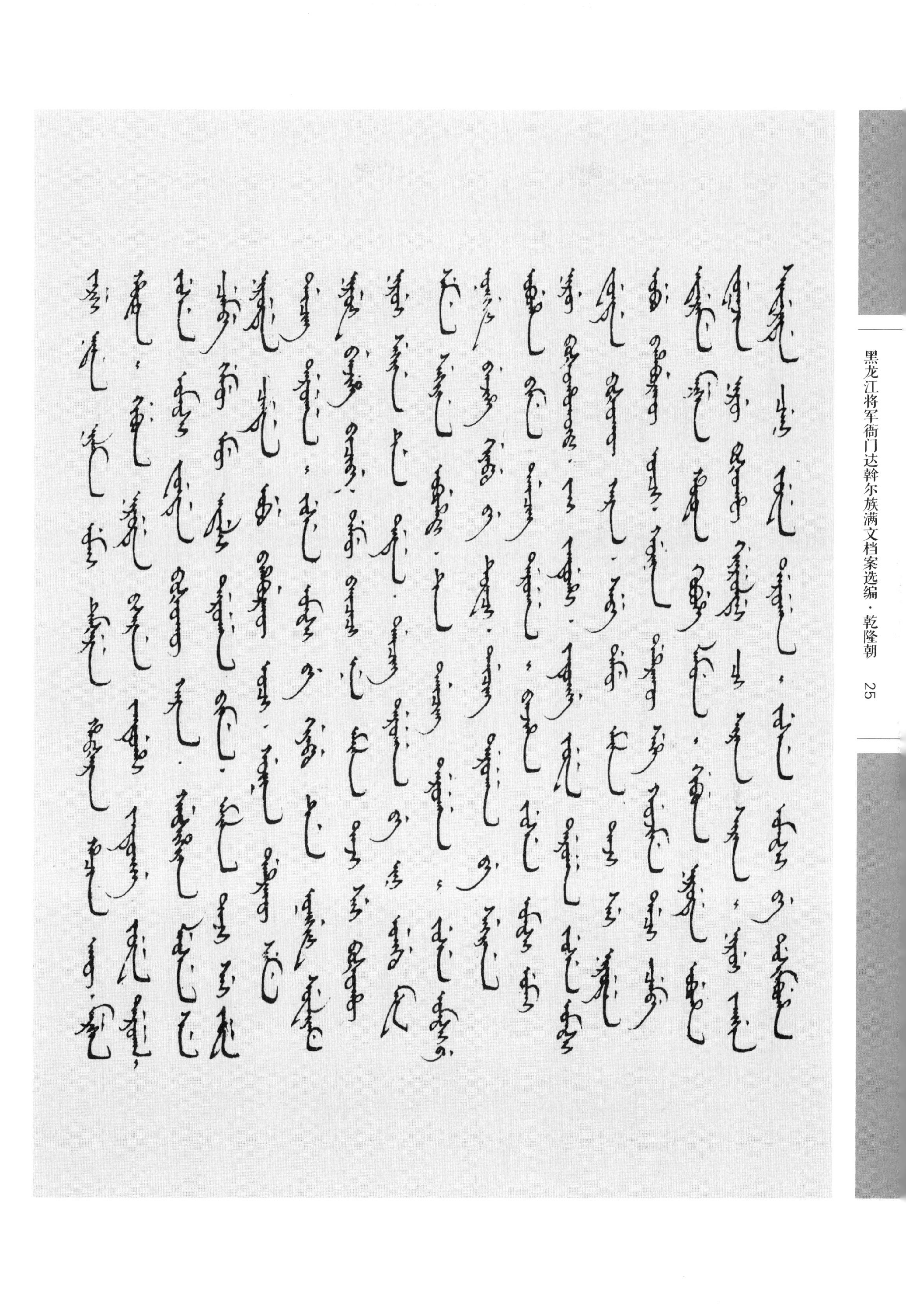

[illegible]

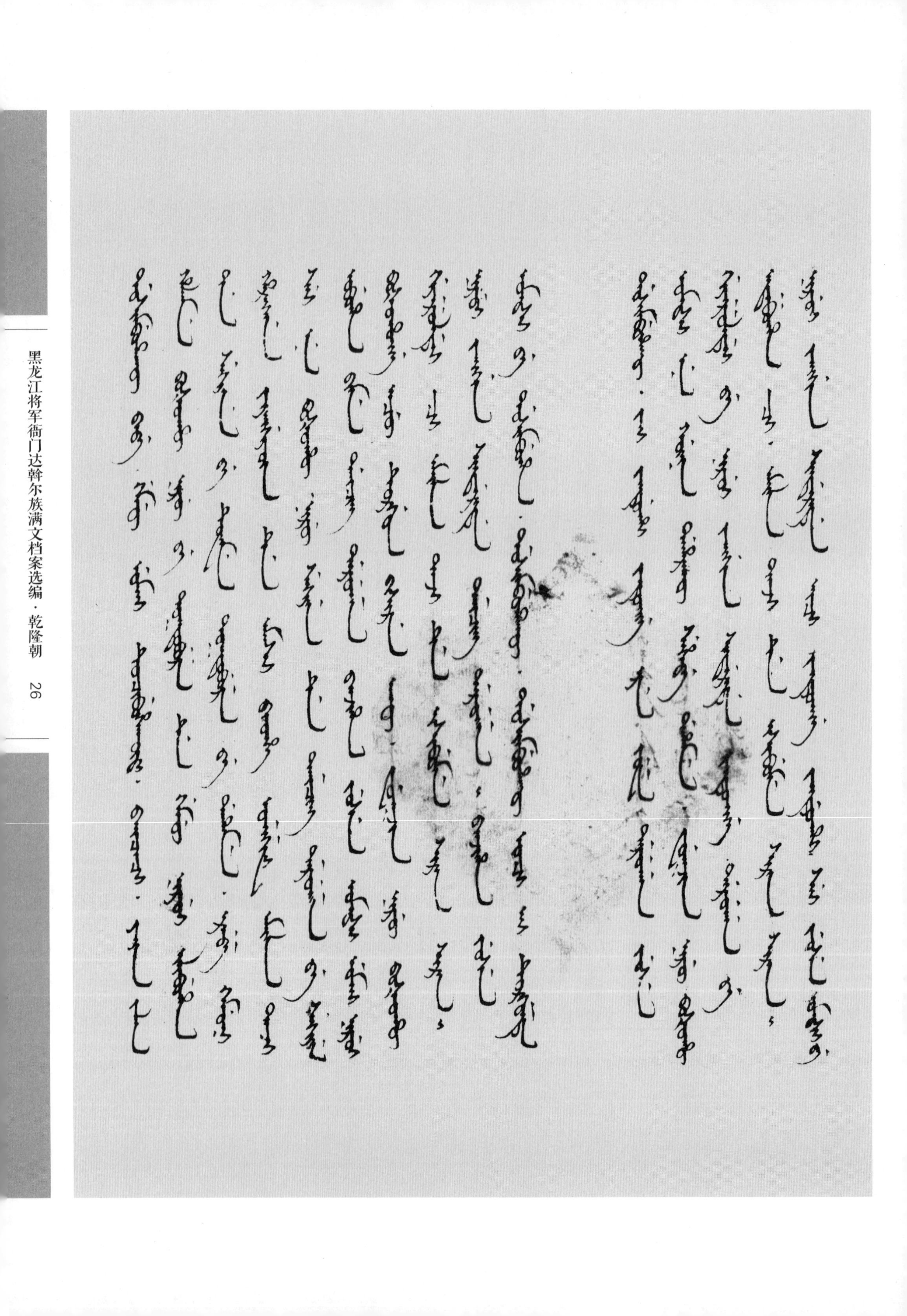

[illegible]

[illegible]

[illegible]

[illegible]

[illegible]

[illegible]

[illegible]

[illegible]

[illegible]

[illegible]

[illegible]

[illegible]

[illegible]

[illegible]

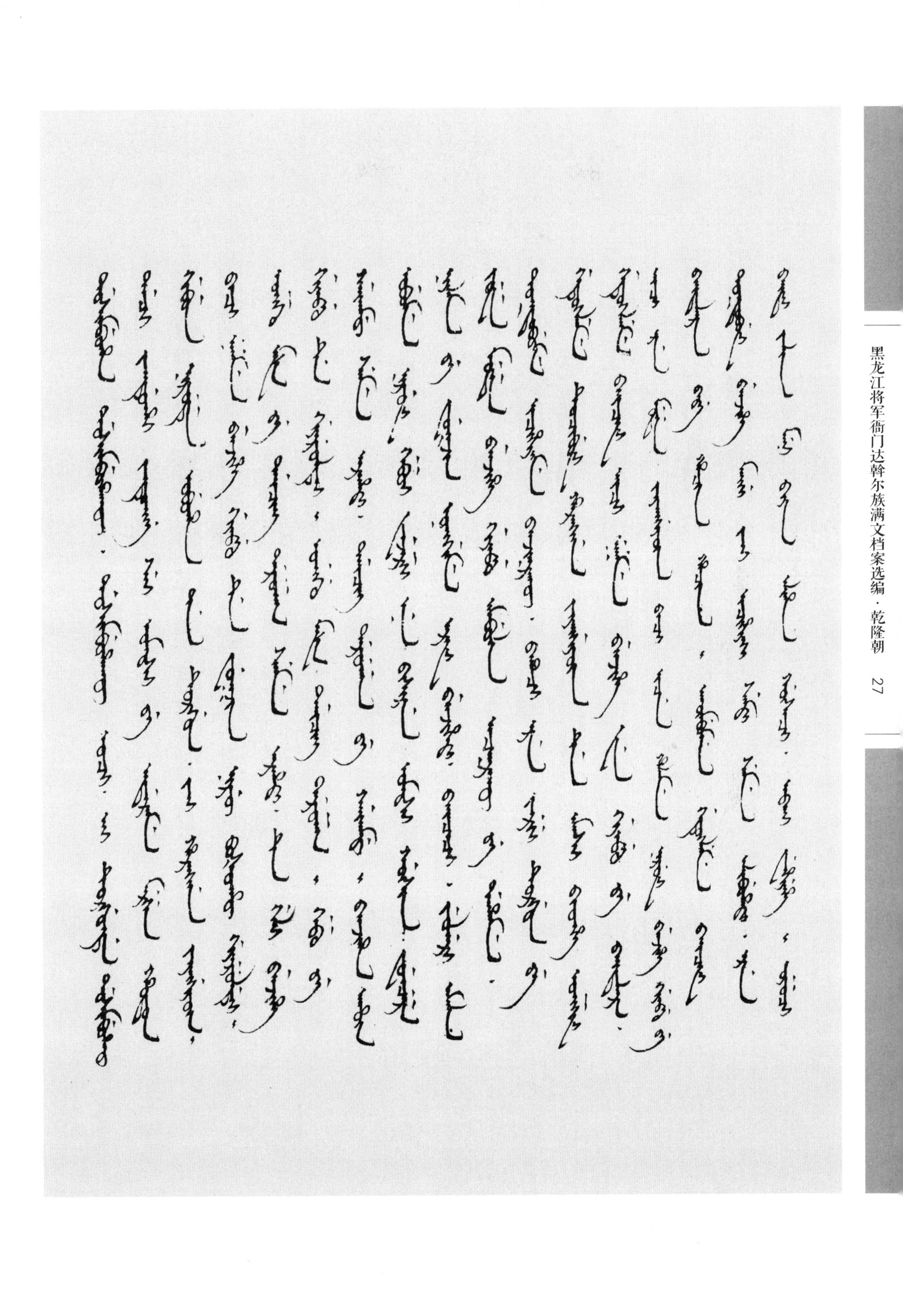

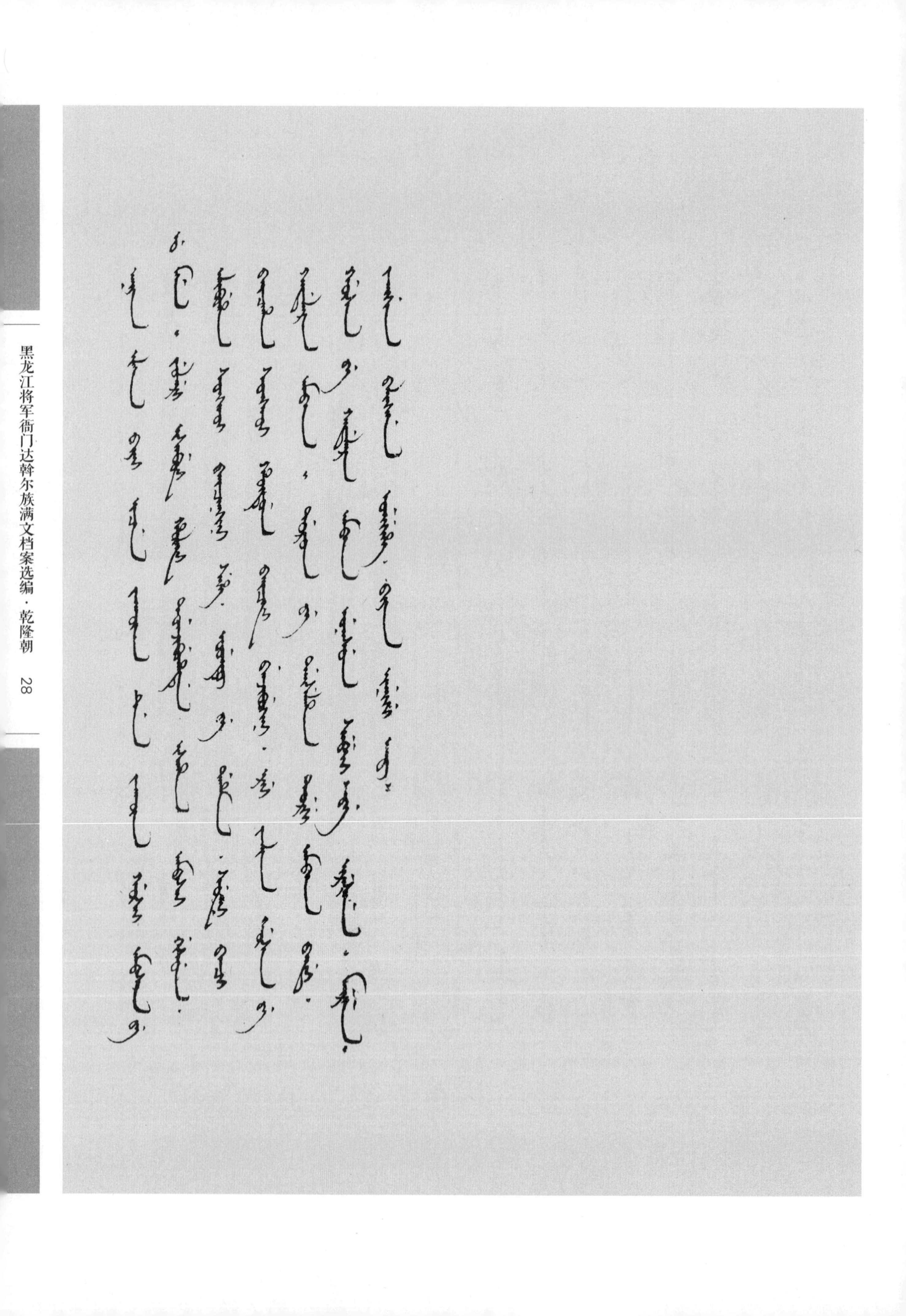

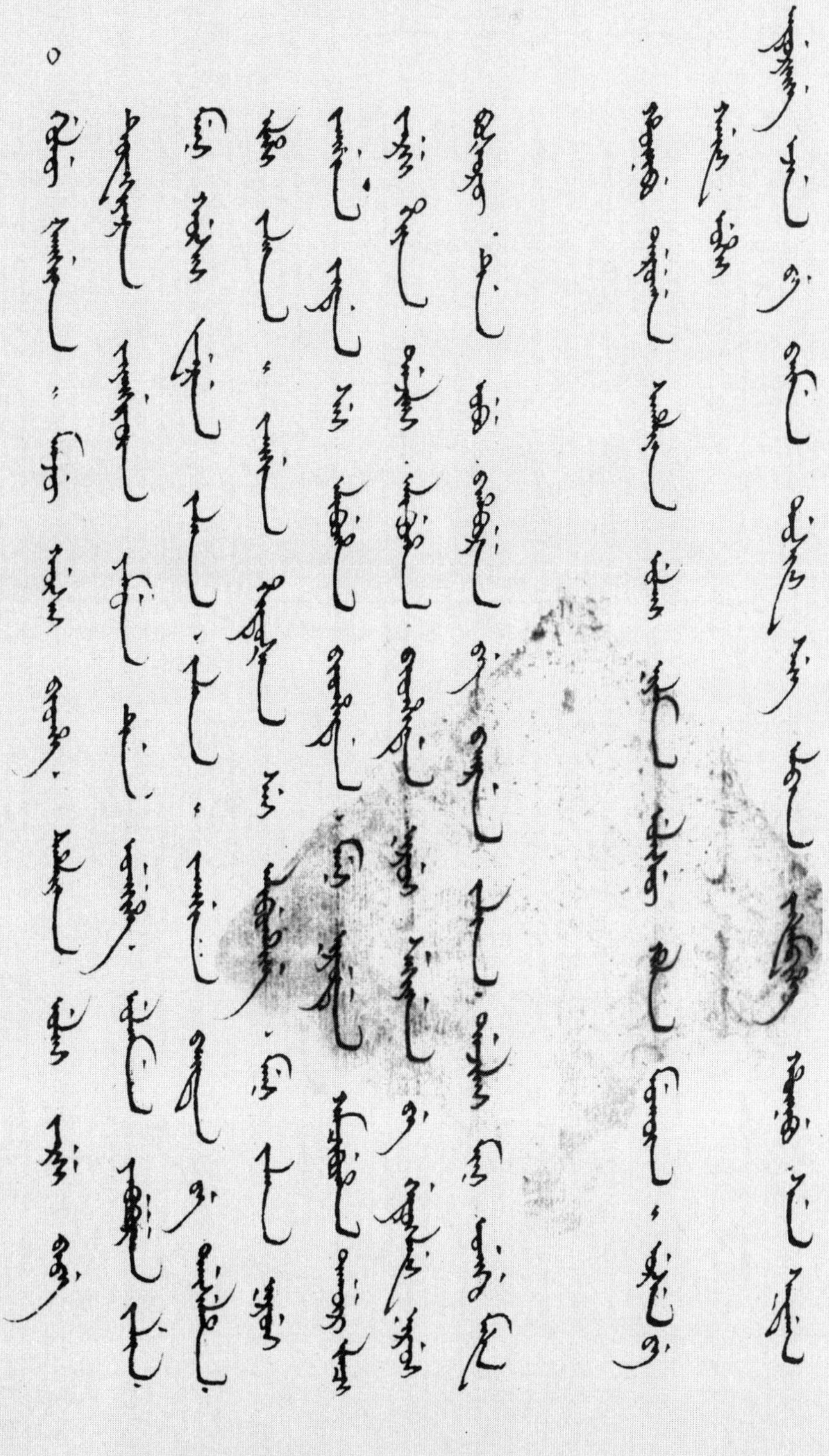

乾隆九年五月十三日

二三九 正白满洲旗为查明达斡尔三等侍卫达济赉佐领源流事咨黑龙江将军衙门文

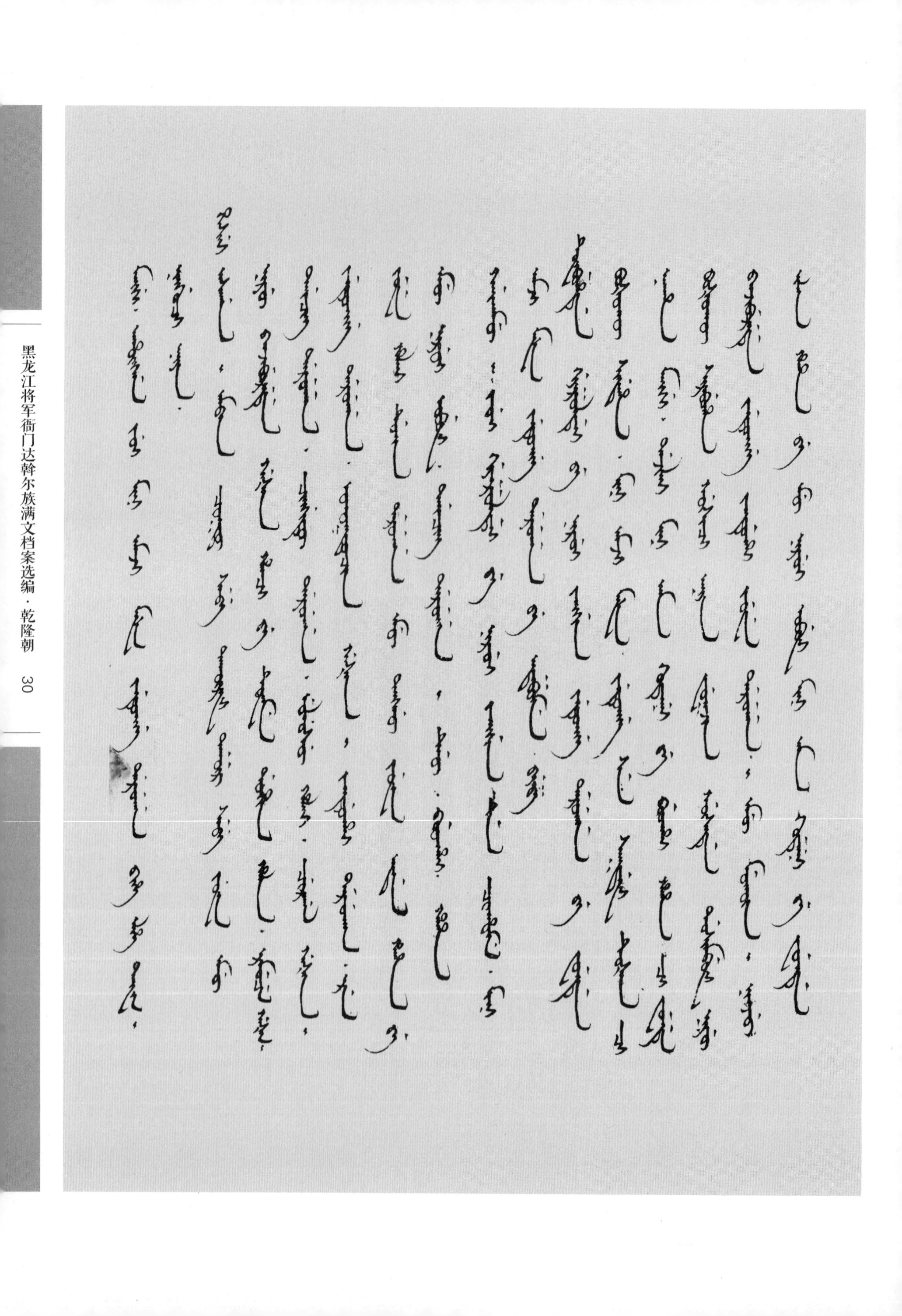

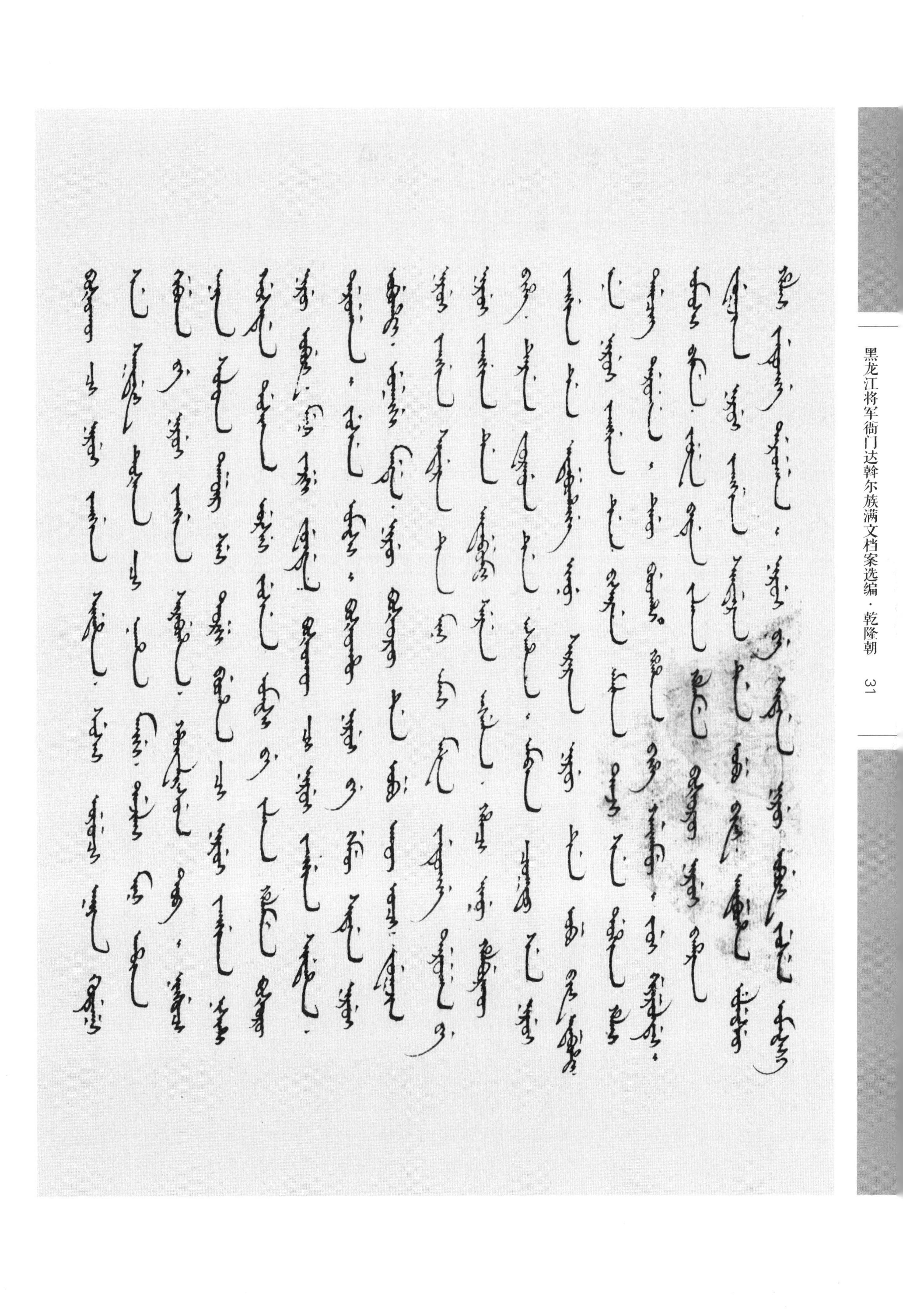

[illegible]

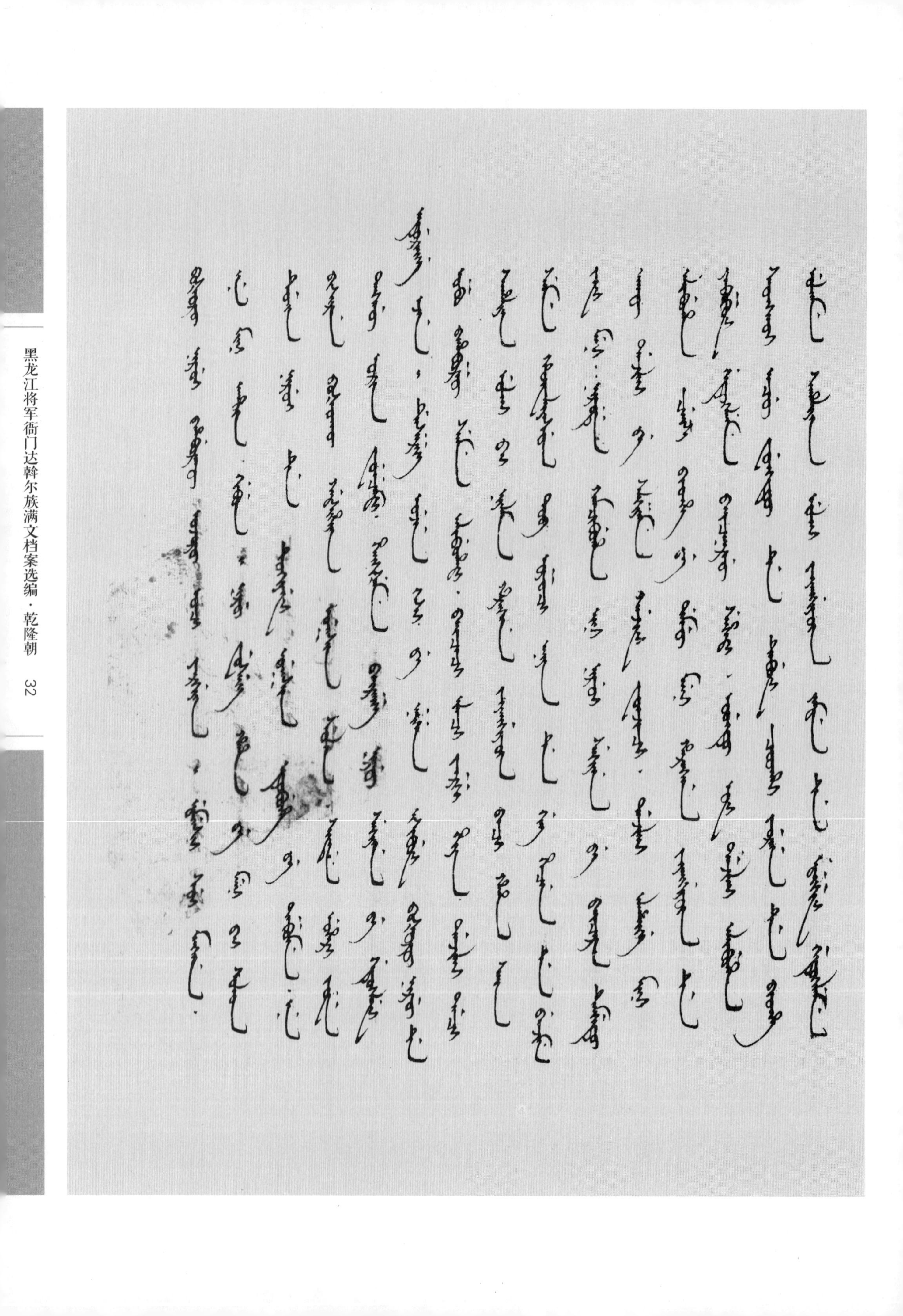

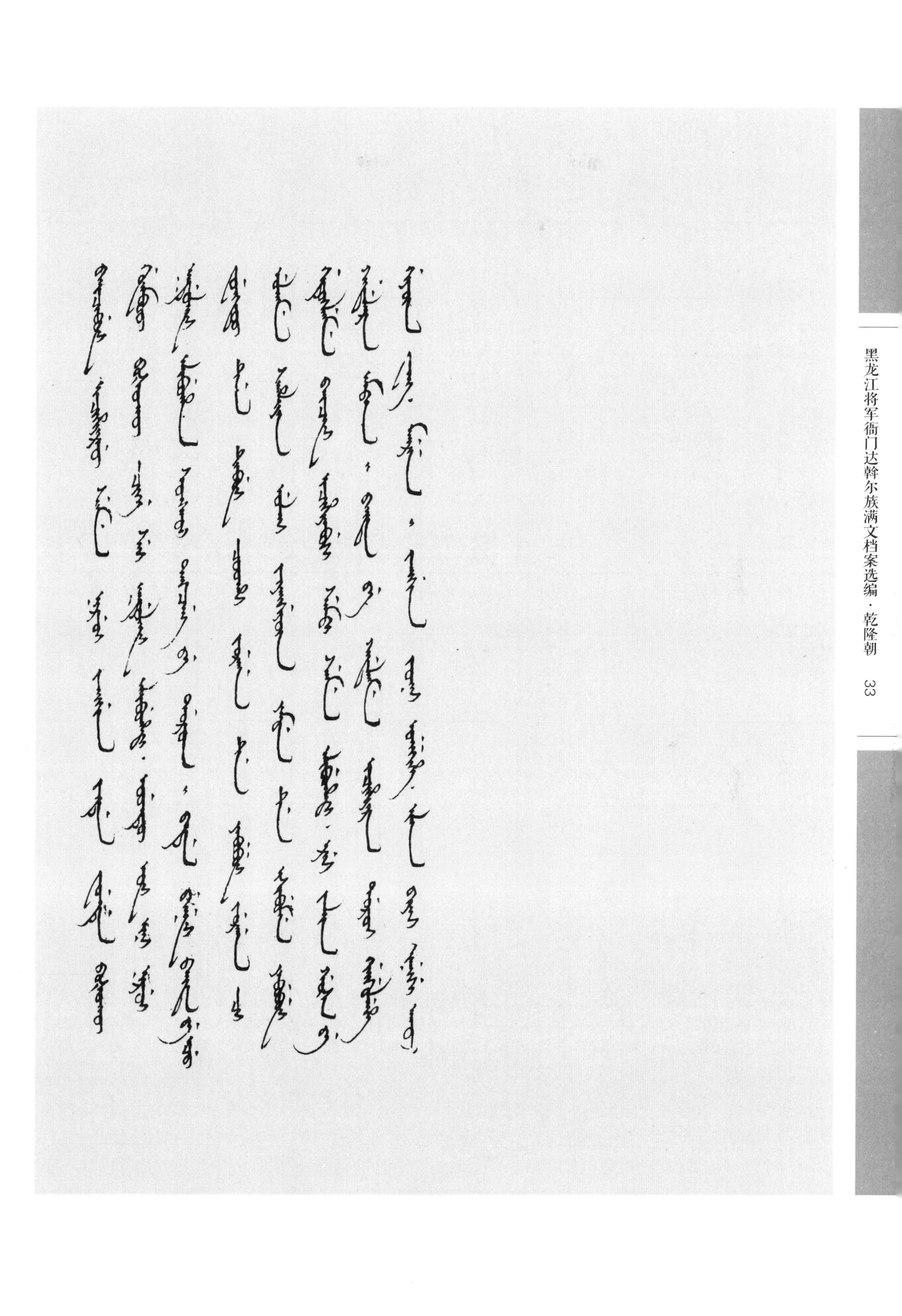

[illegible]

[illegible]

[illegible]

[illegible]

[illegible]

[illegible]

[illegible]

[illegible]

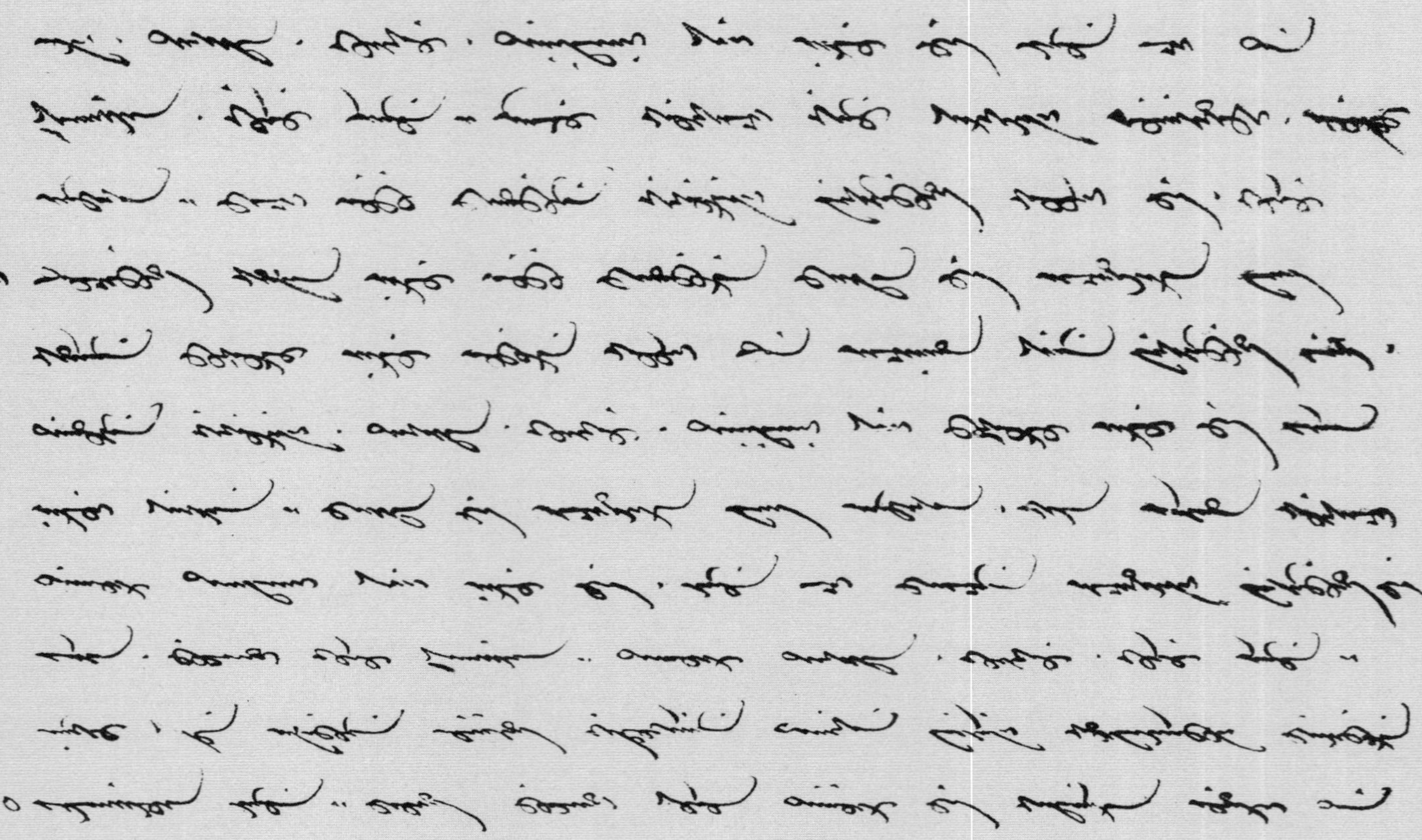

二四〇 黑龙江将军衙门为令解送布特哈正白旗达斡尔佐领塔锡塔等源流册事札布特哈索伦达斡尔总管纳木球等文

乾隆九年五月十九日

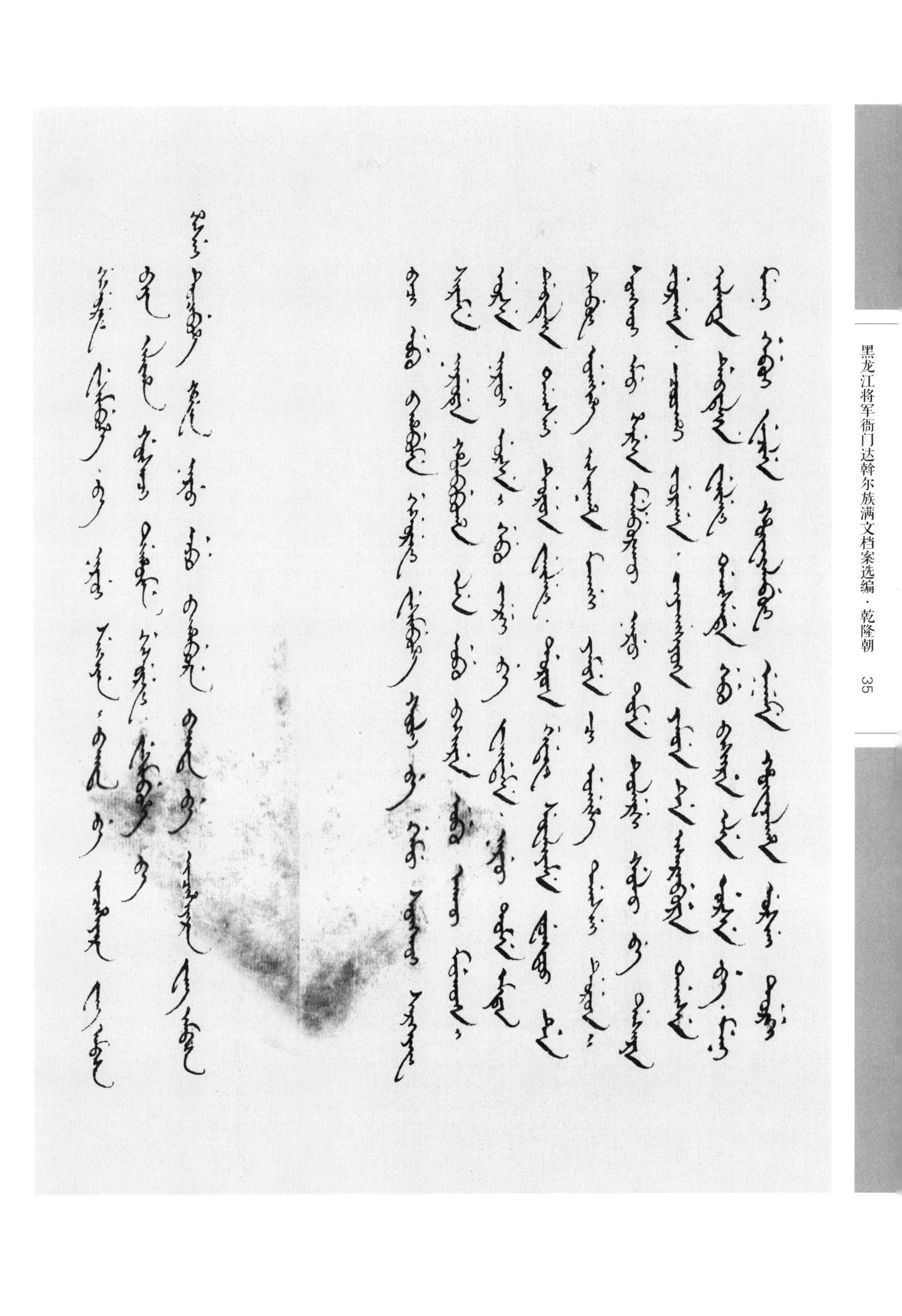

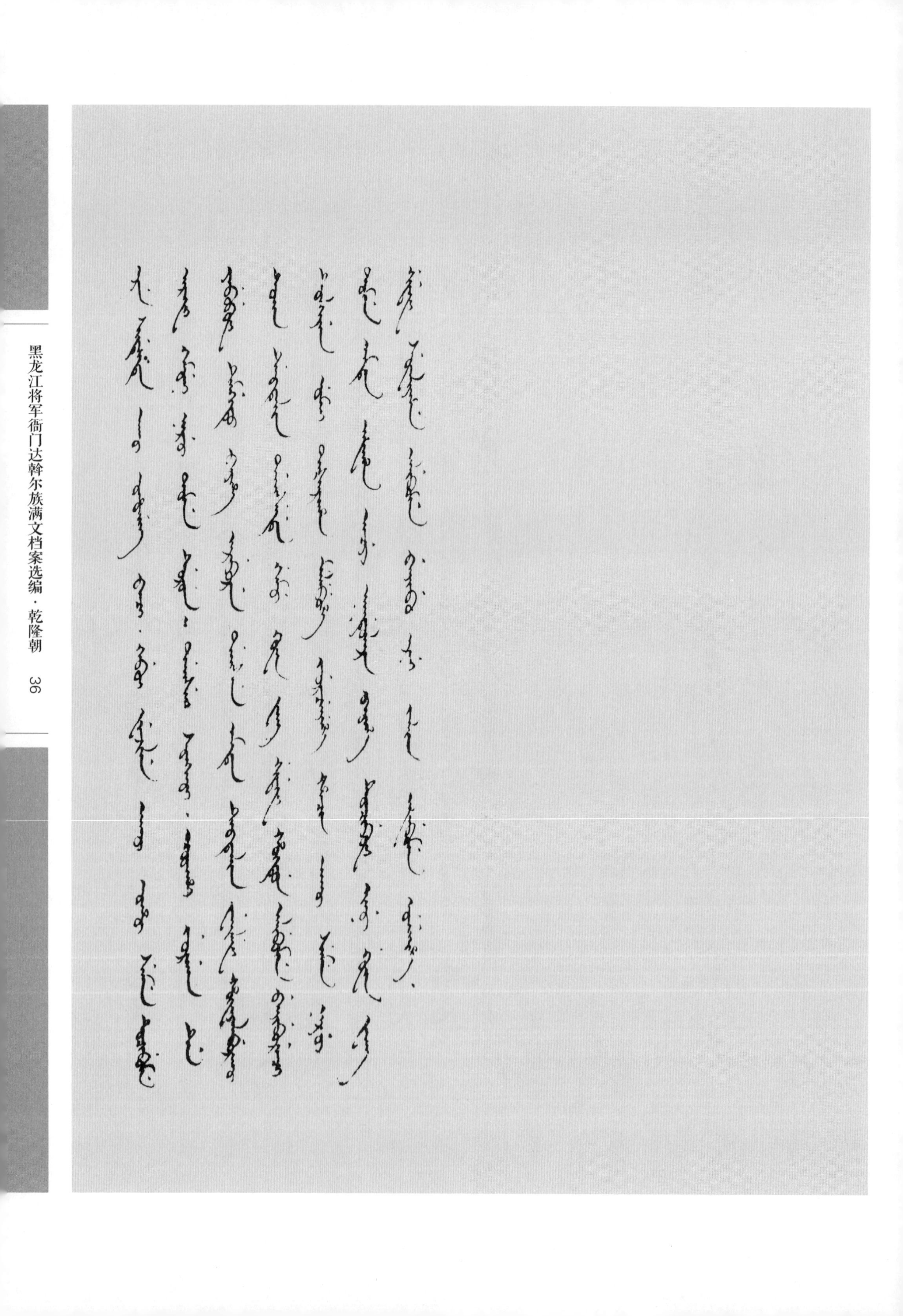

[illegible]

[illegible]

[illegible]

[illegible]

[illegible]

[illegible]

[illegible]

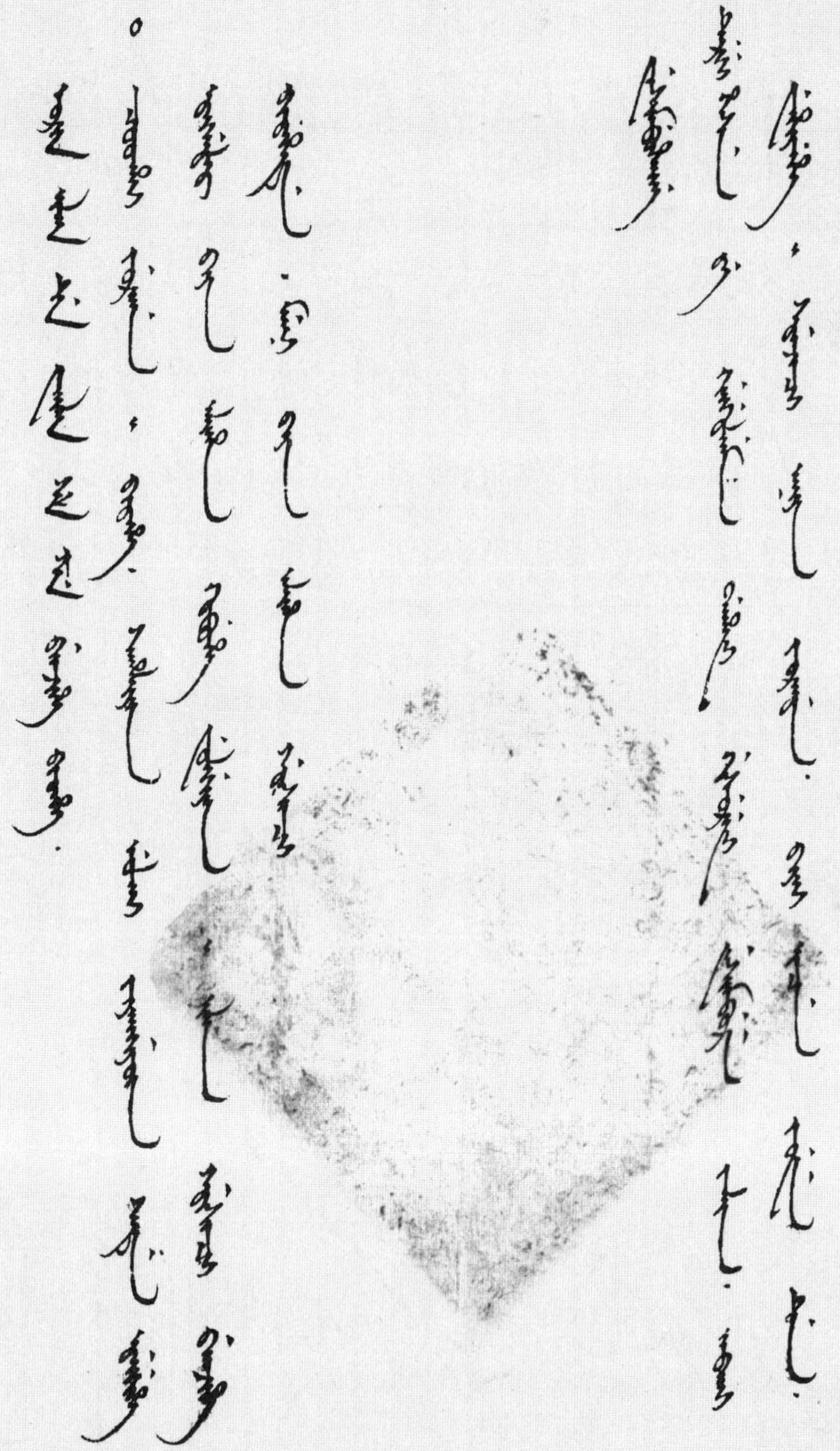

二四一　兵部为办理布特哈正白旗达斡尔世管佐领索希纳等承袭事宜事咨黑龙江将军等文

乾隆九年五月二十三日

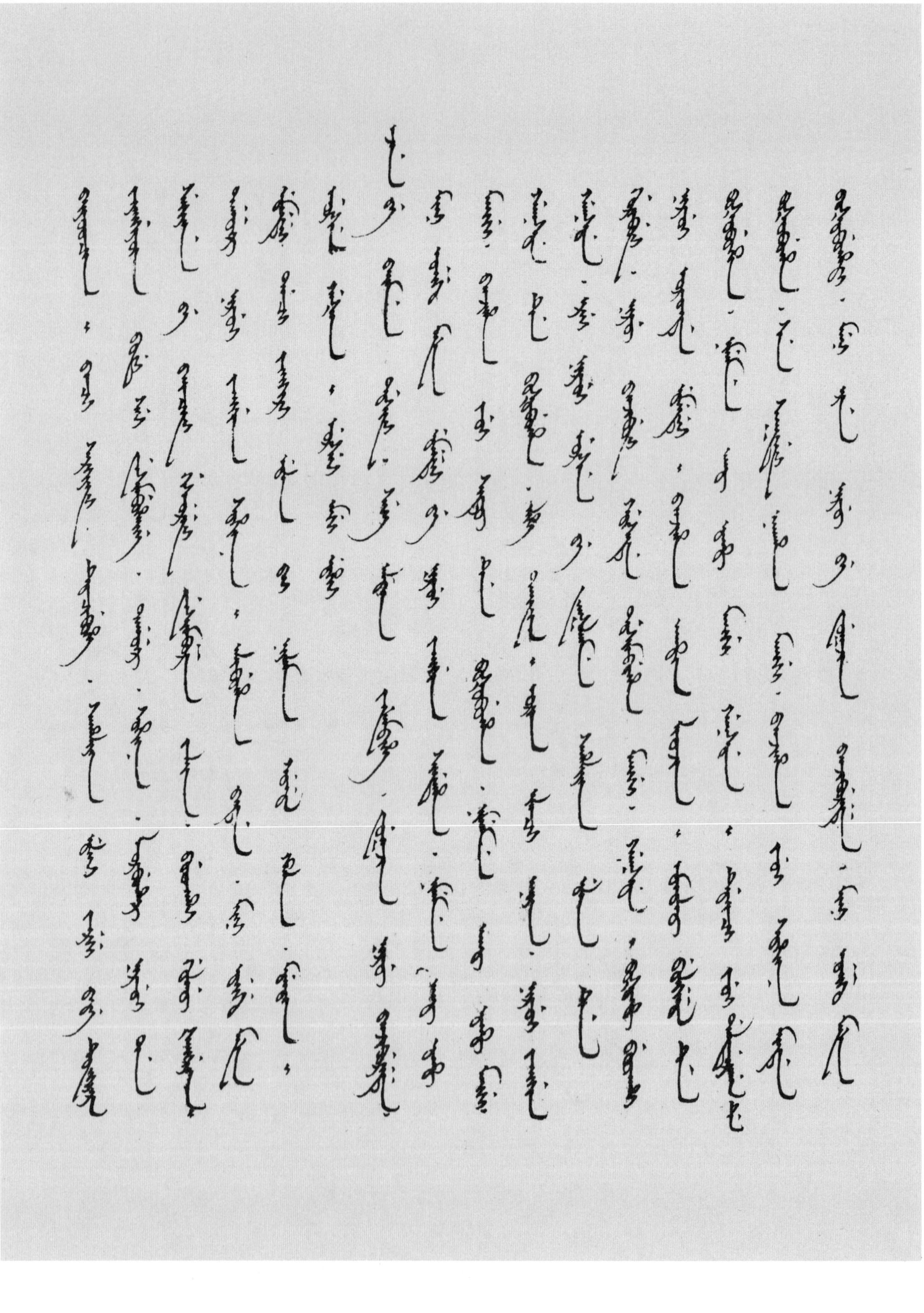

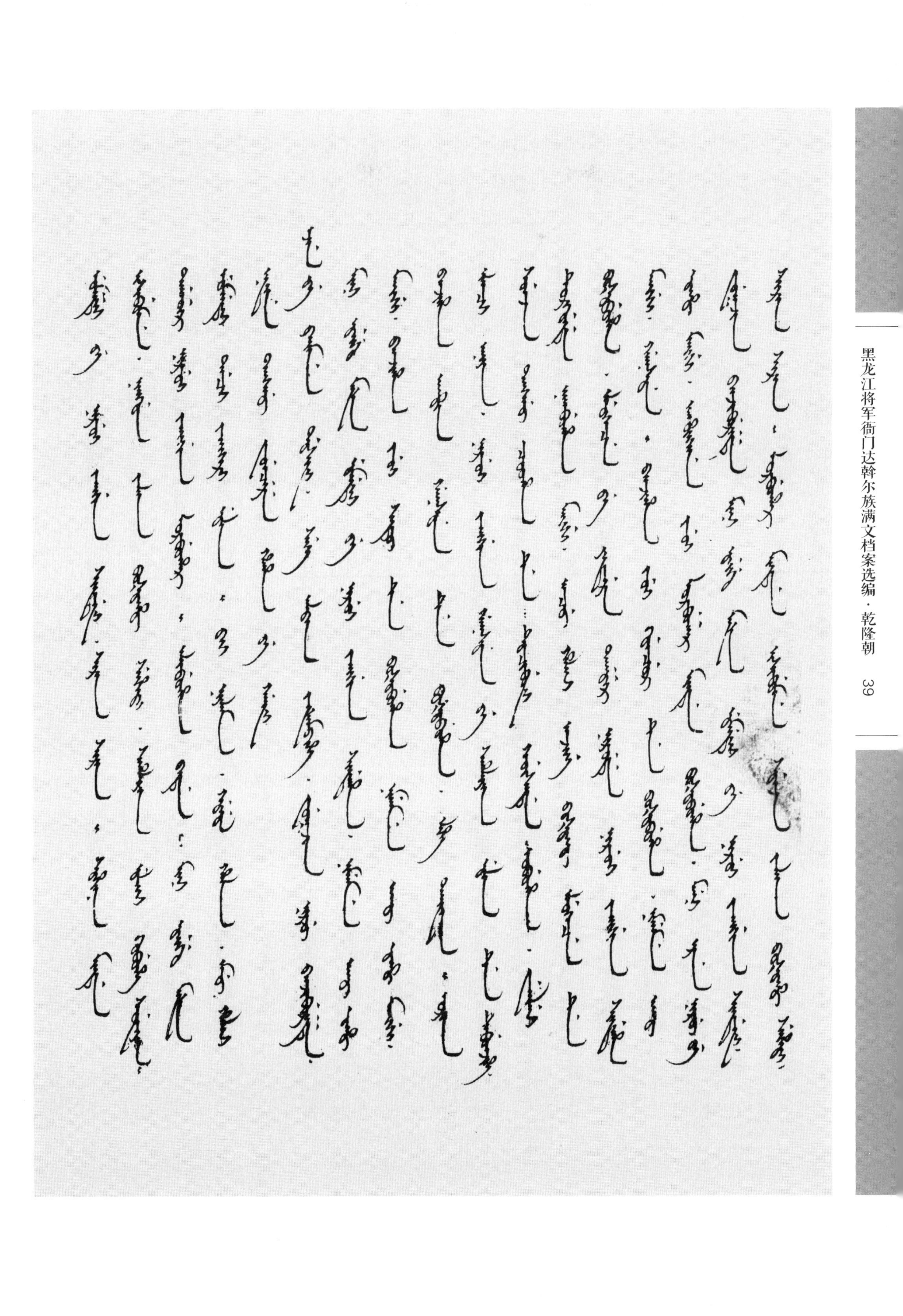

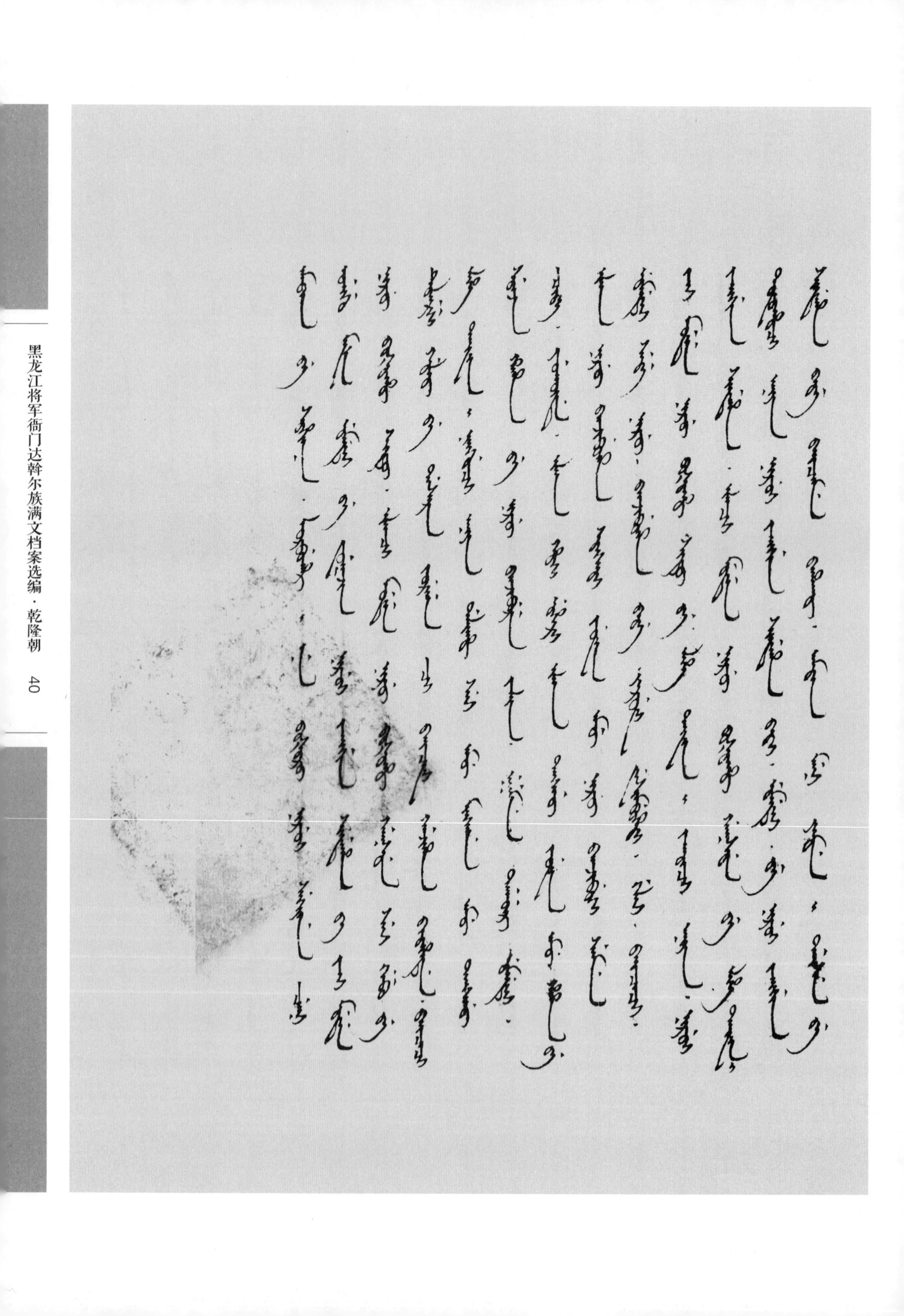

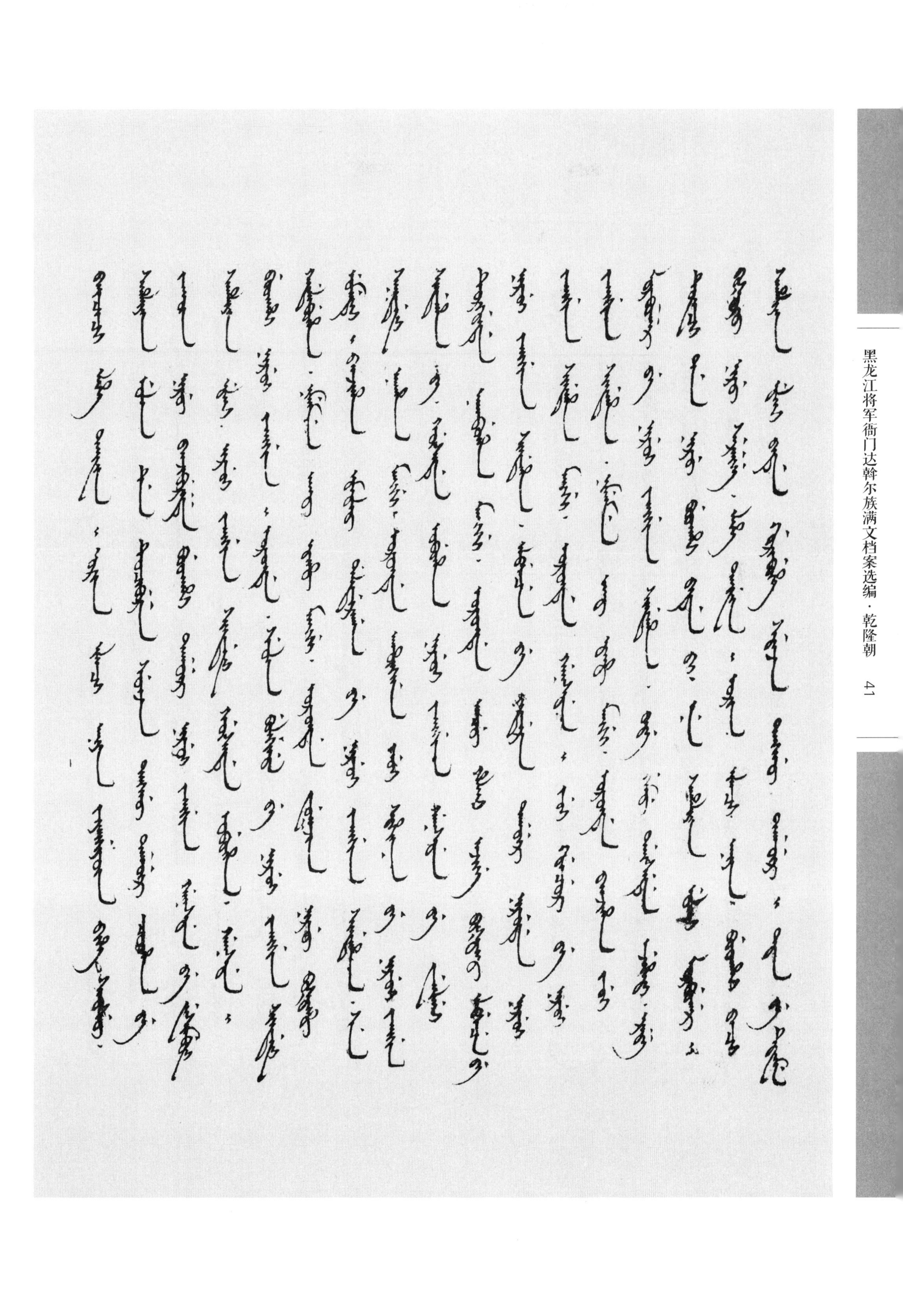

[illegible]

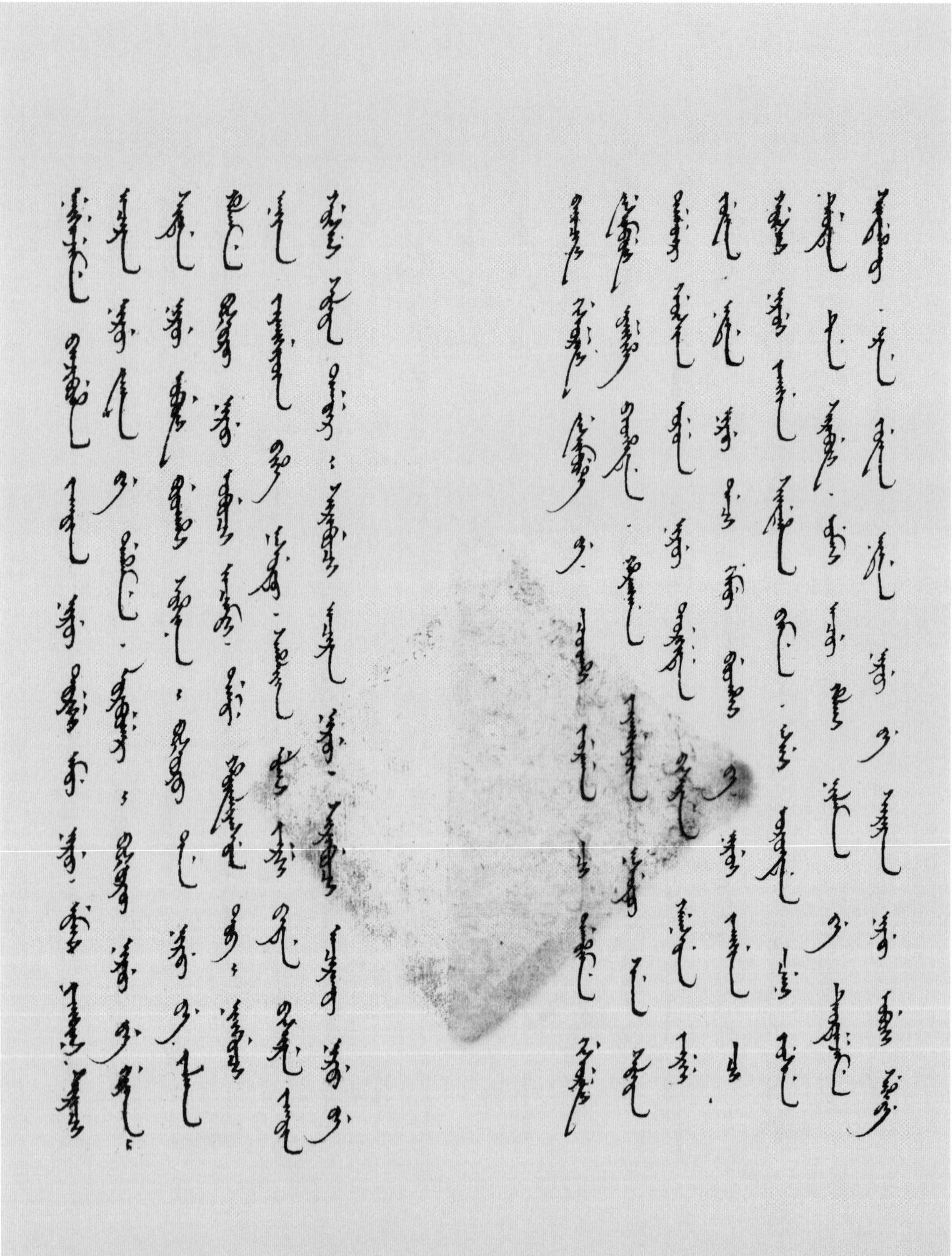

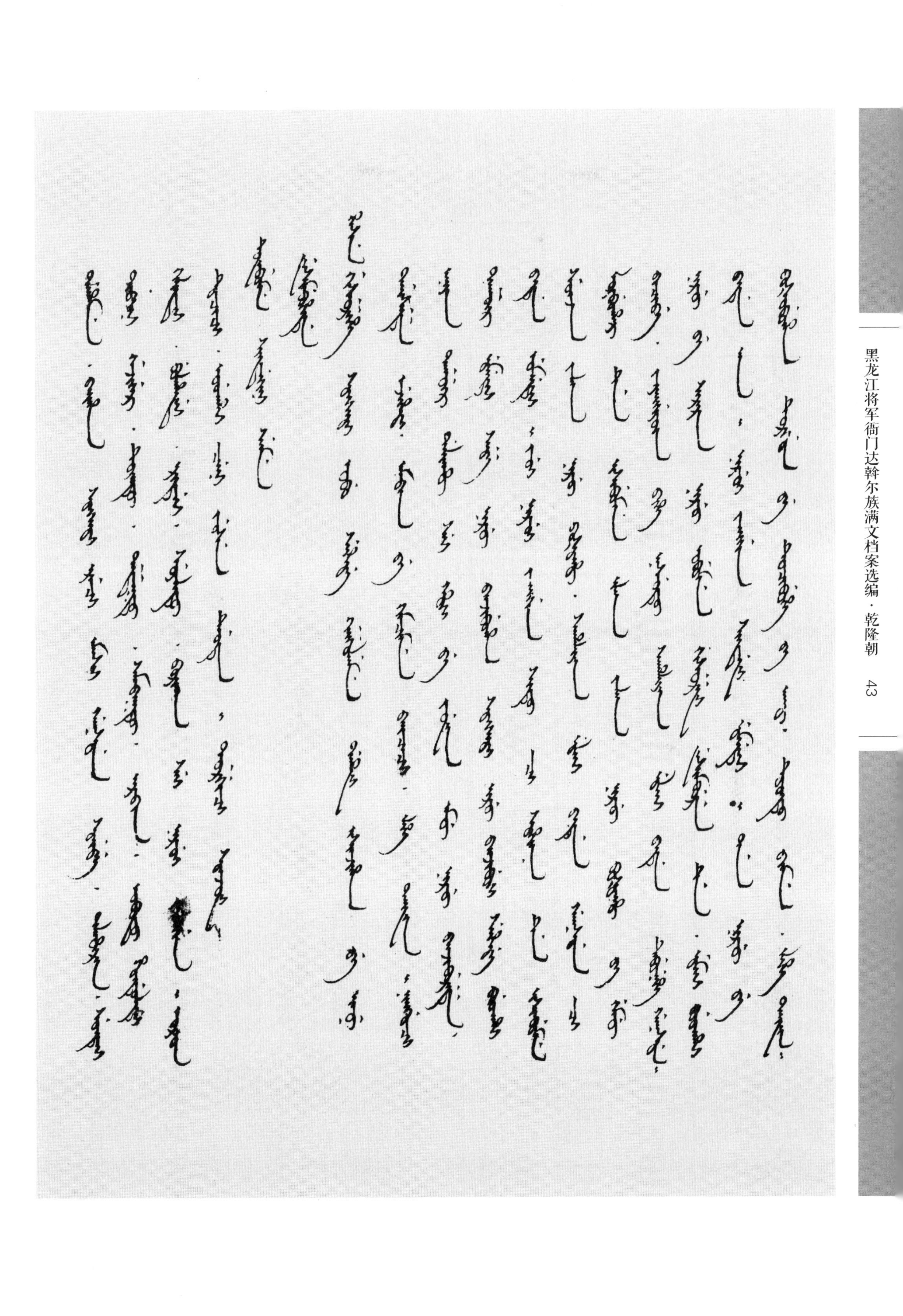

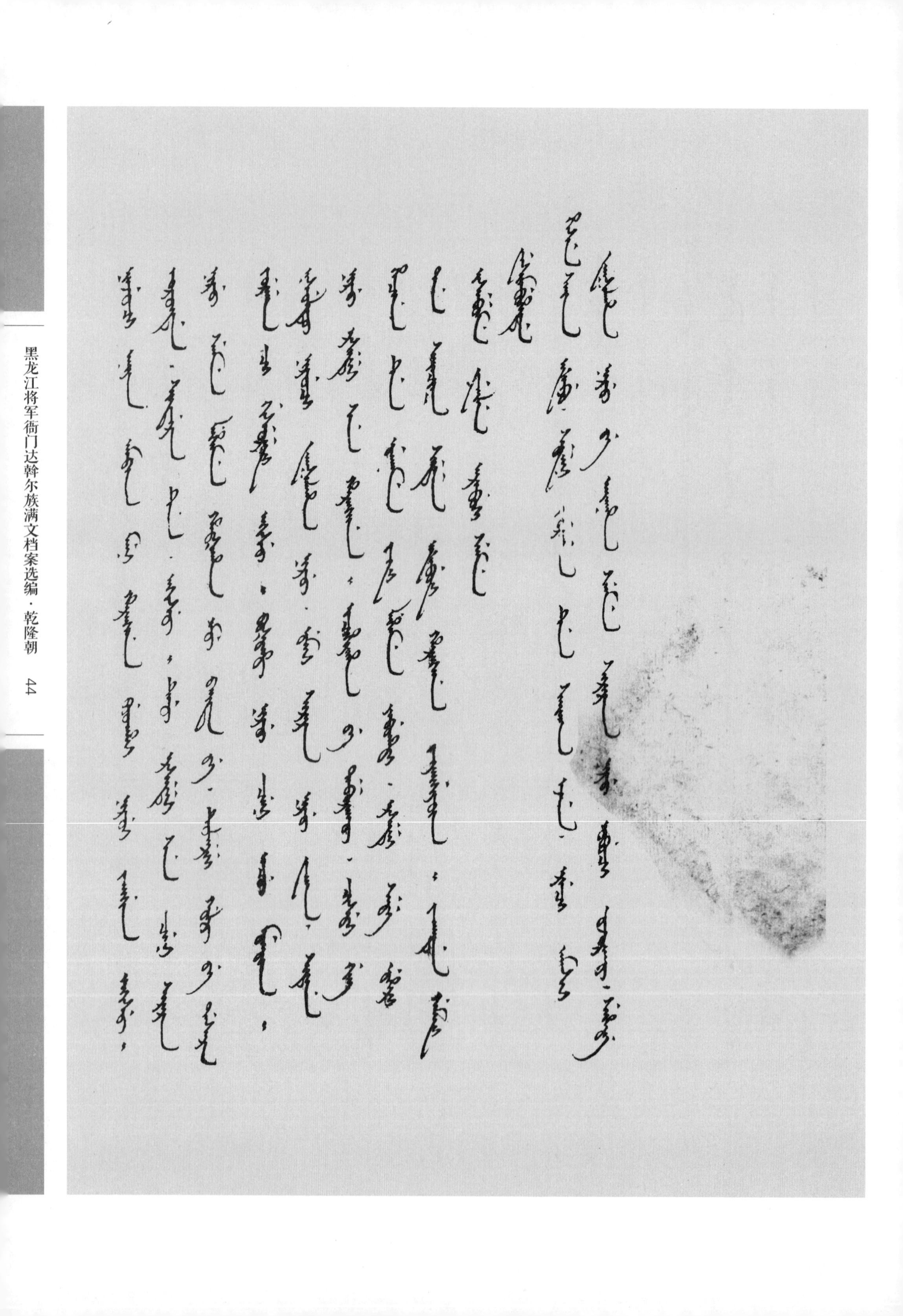

[illegible]

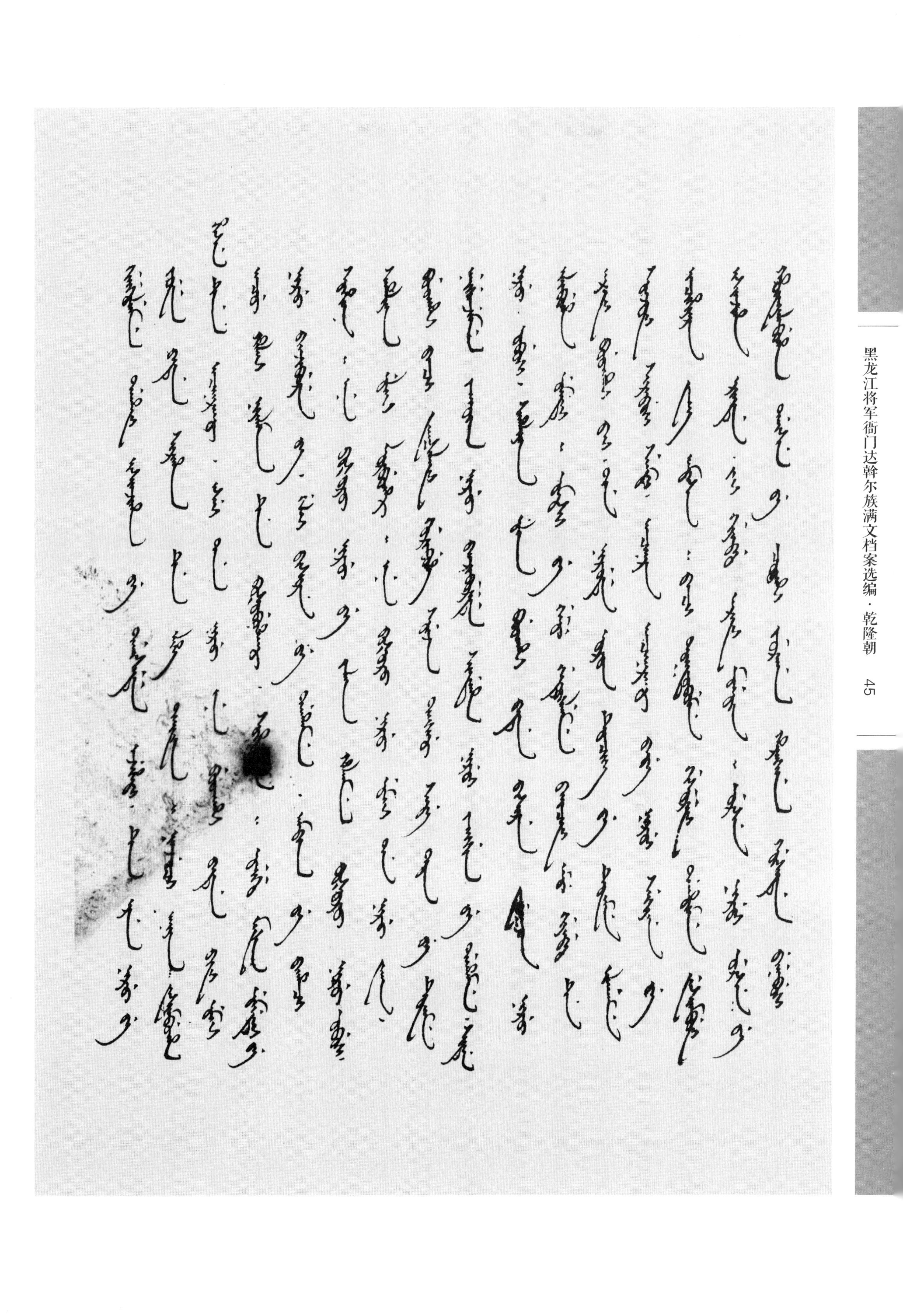

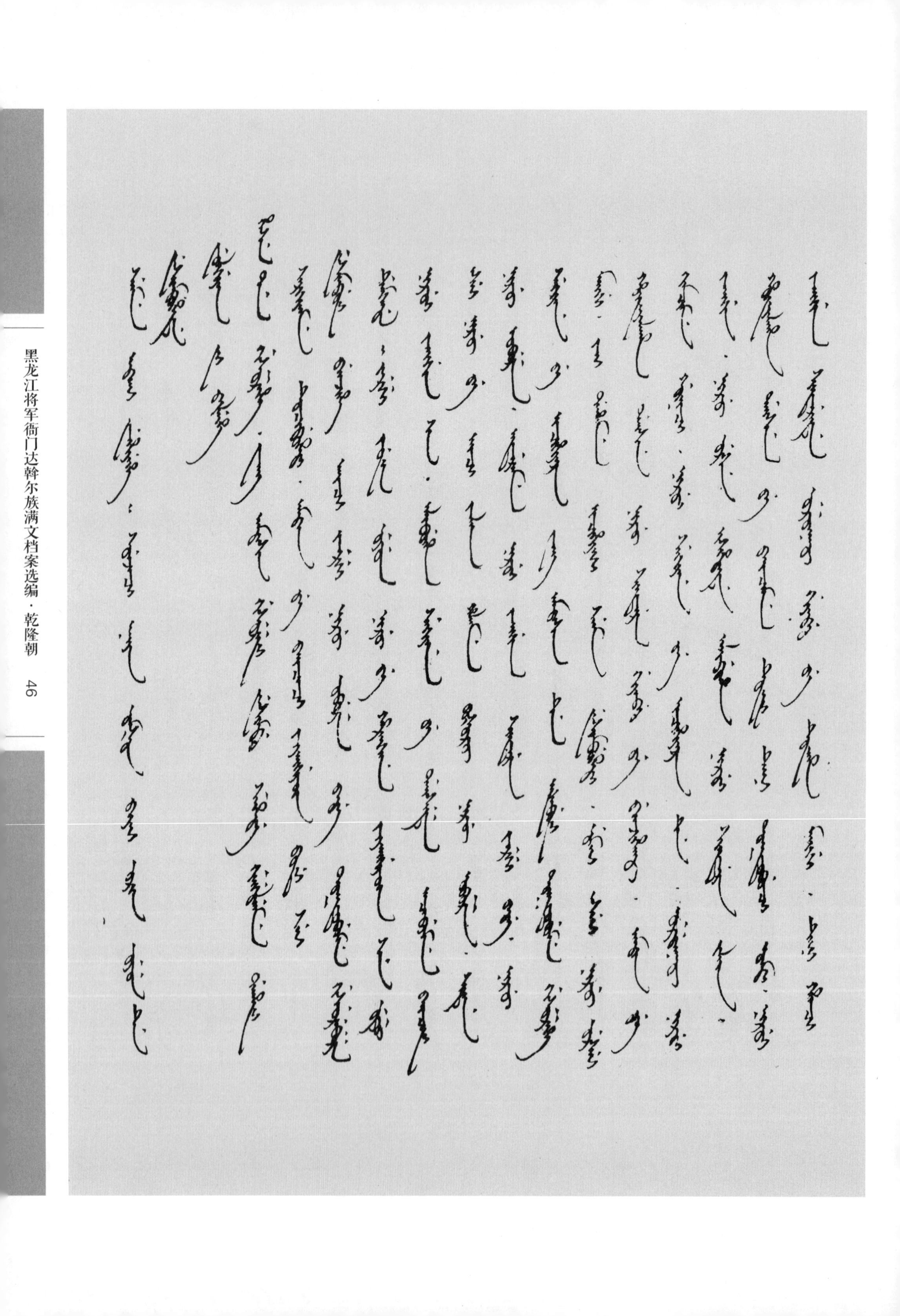

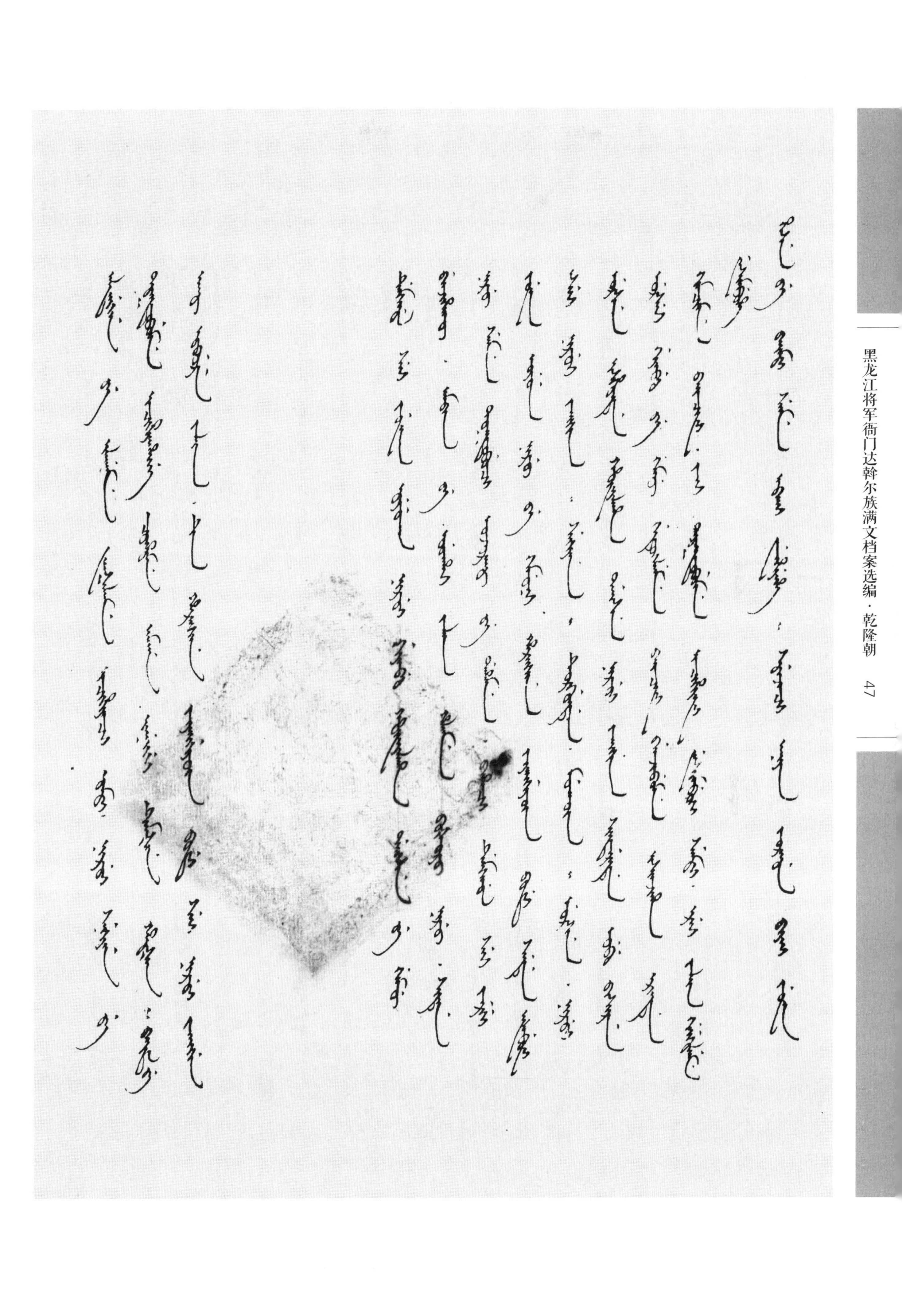

[illegible]

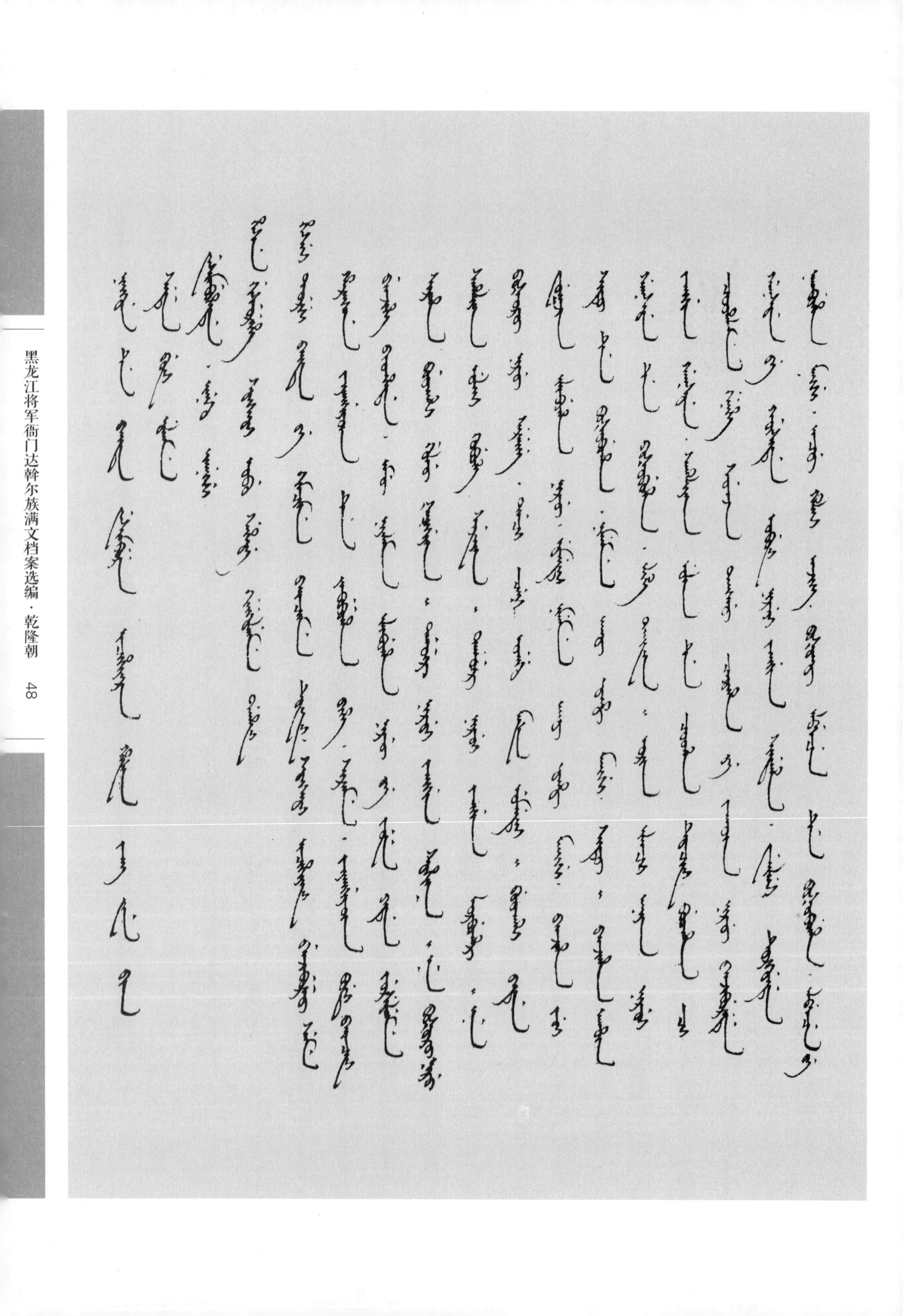

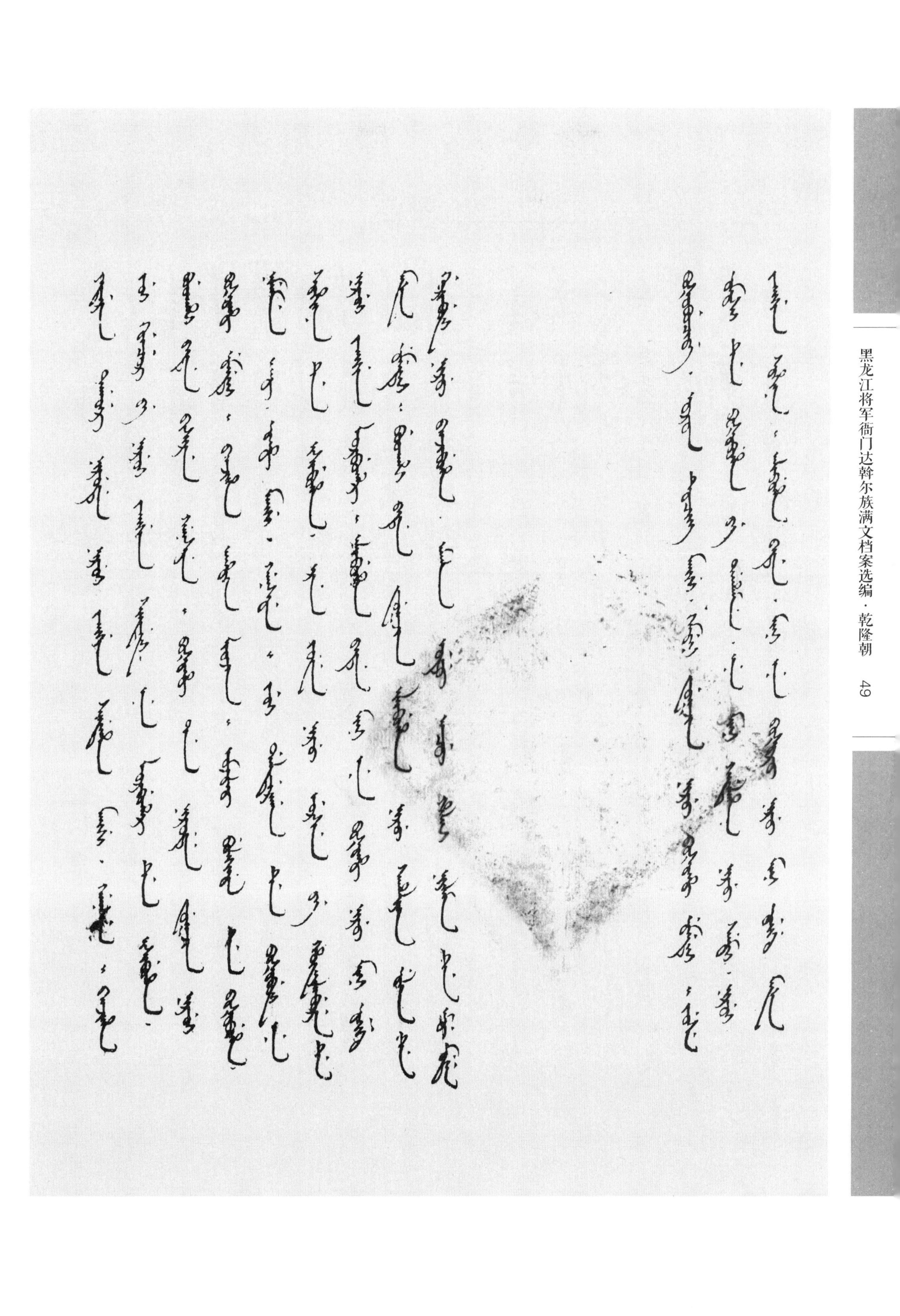

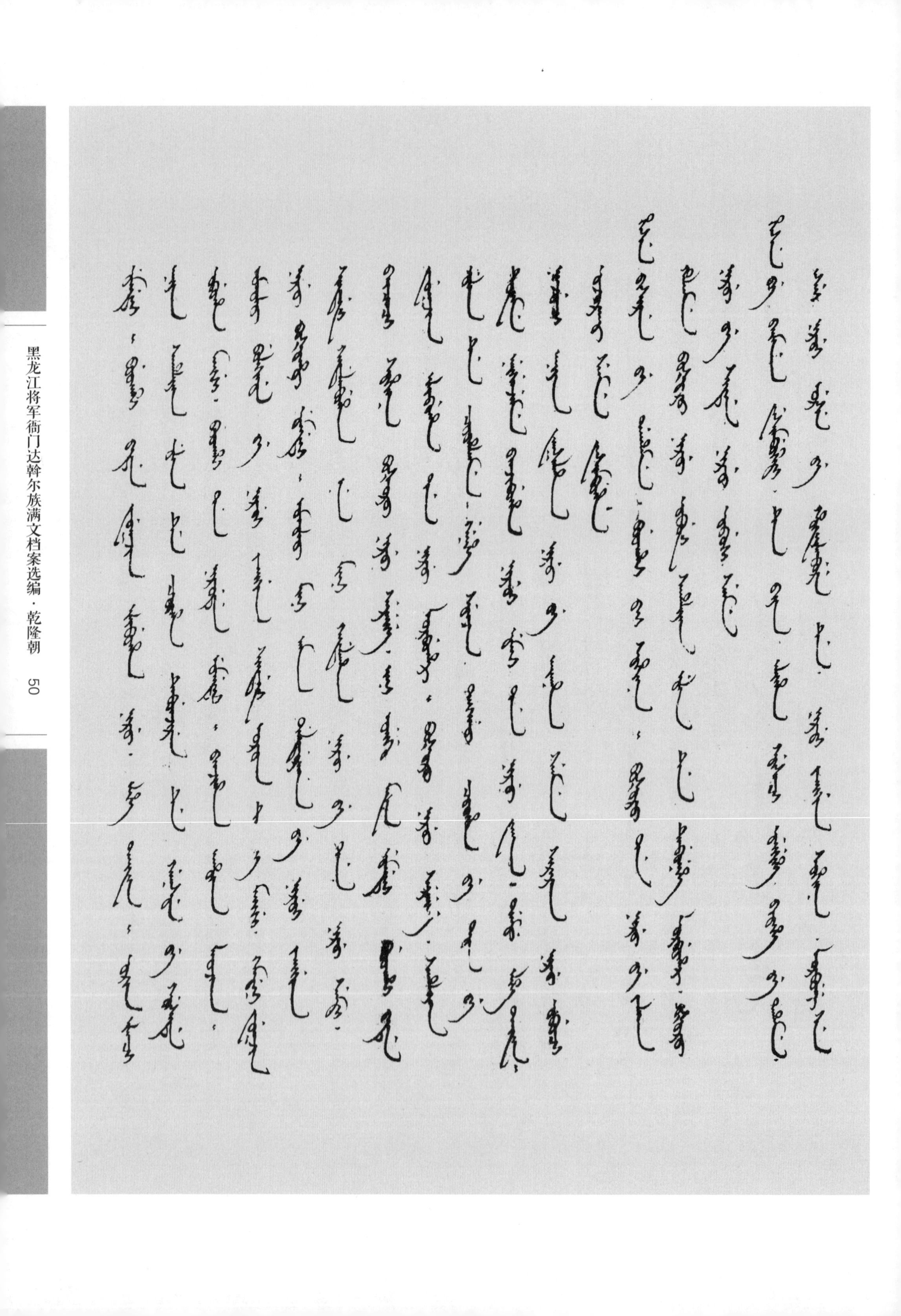

[illegible]

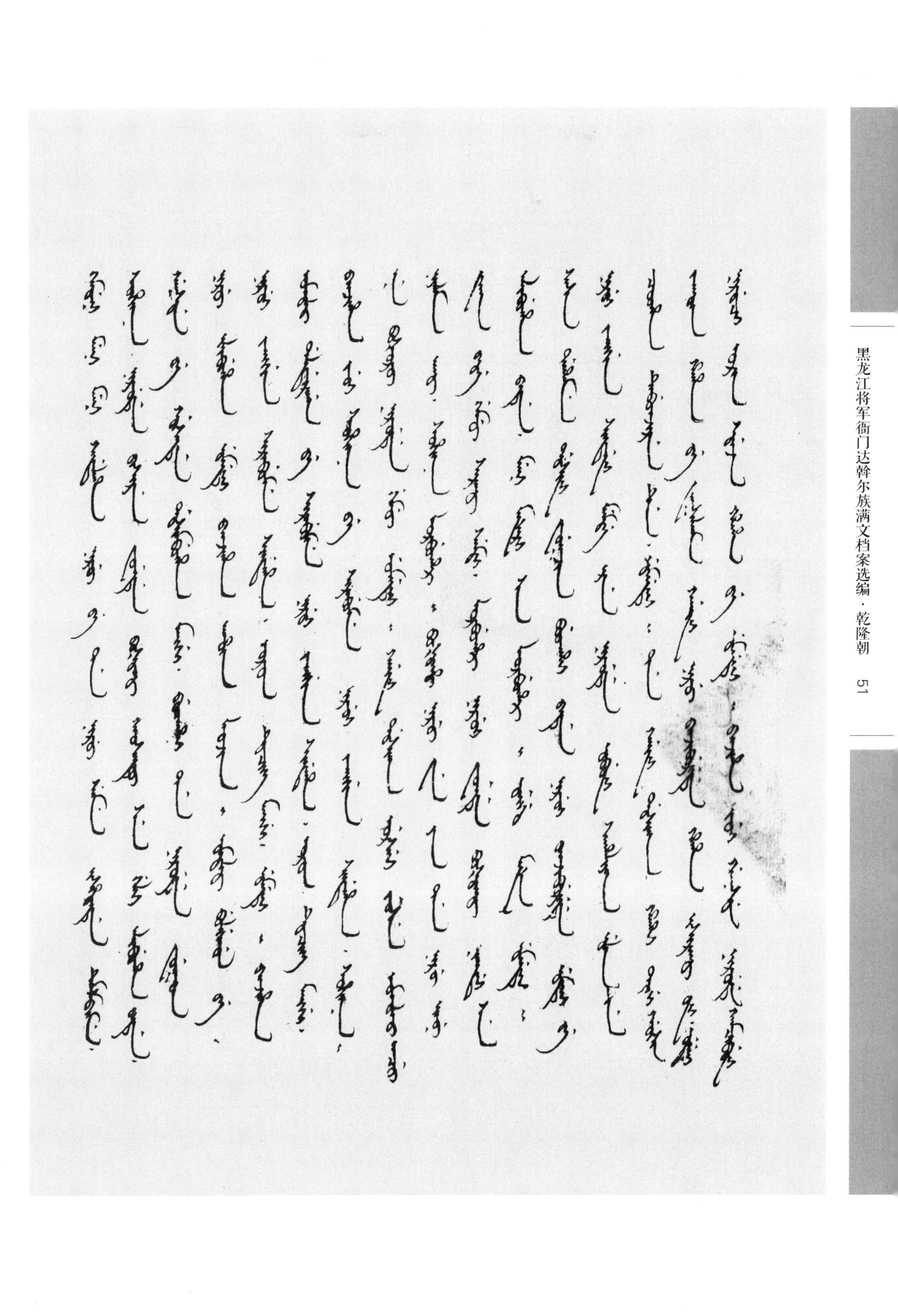

[illegible]

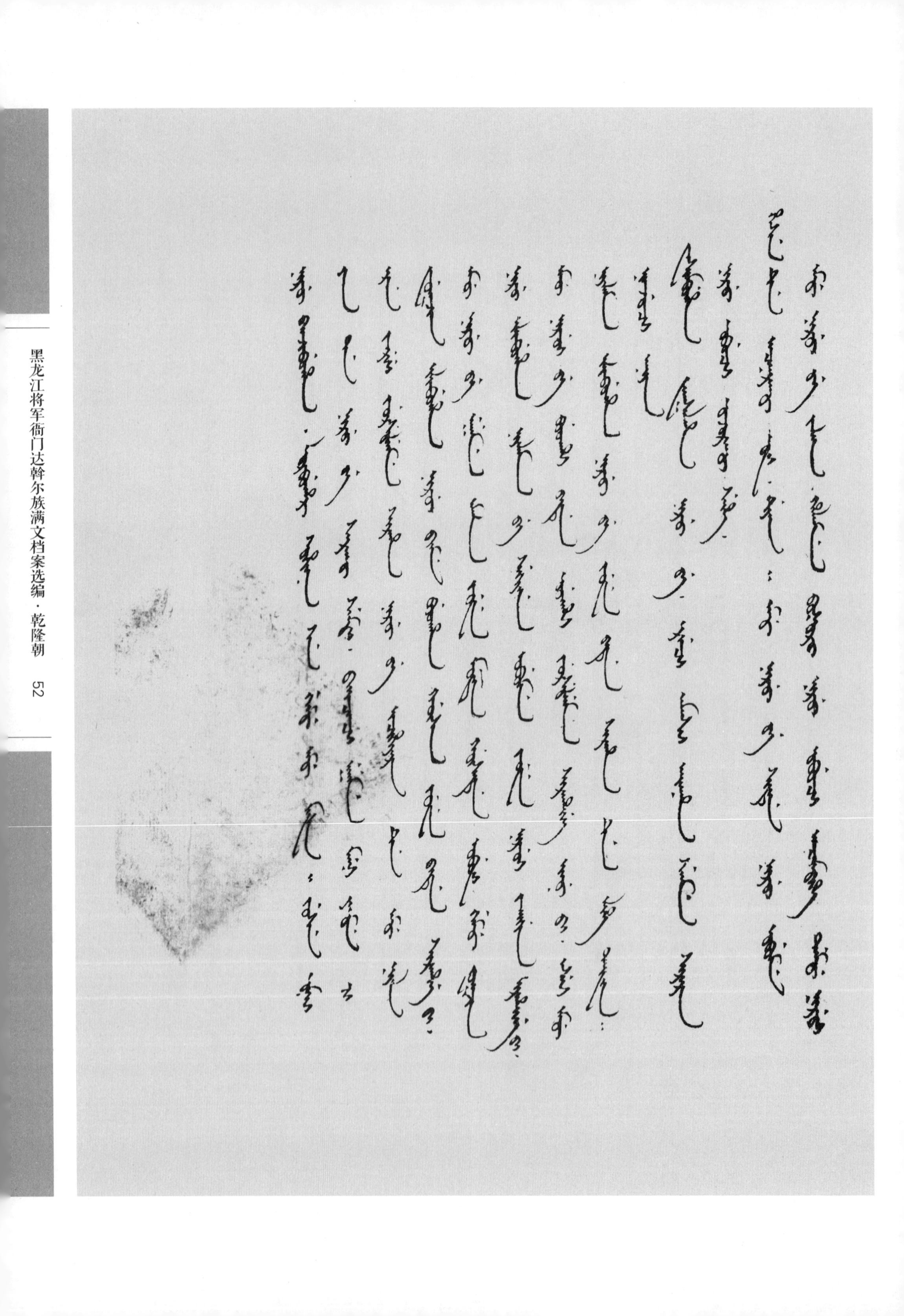

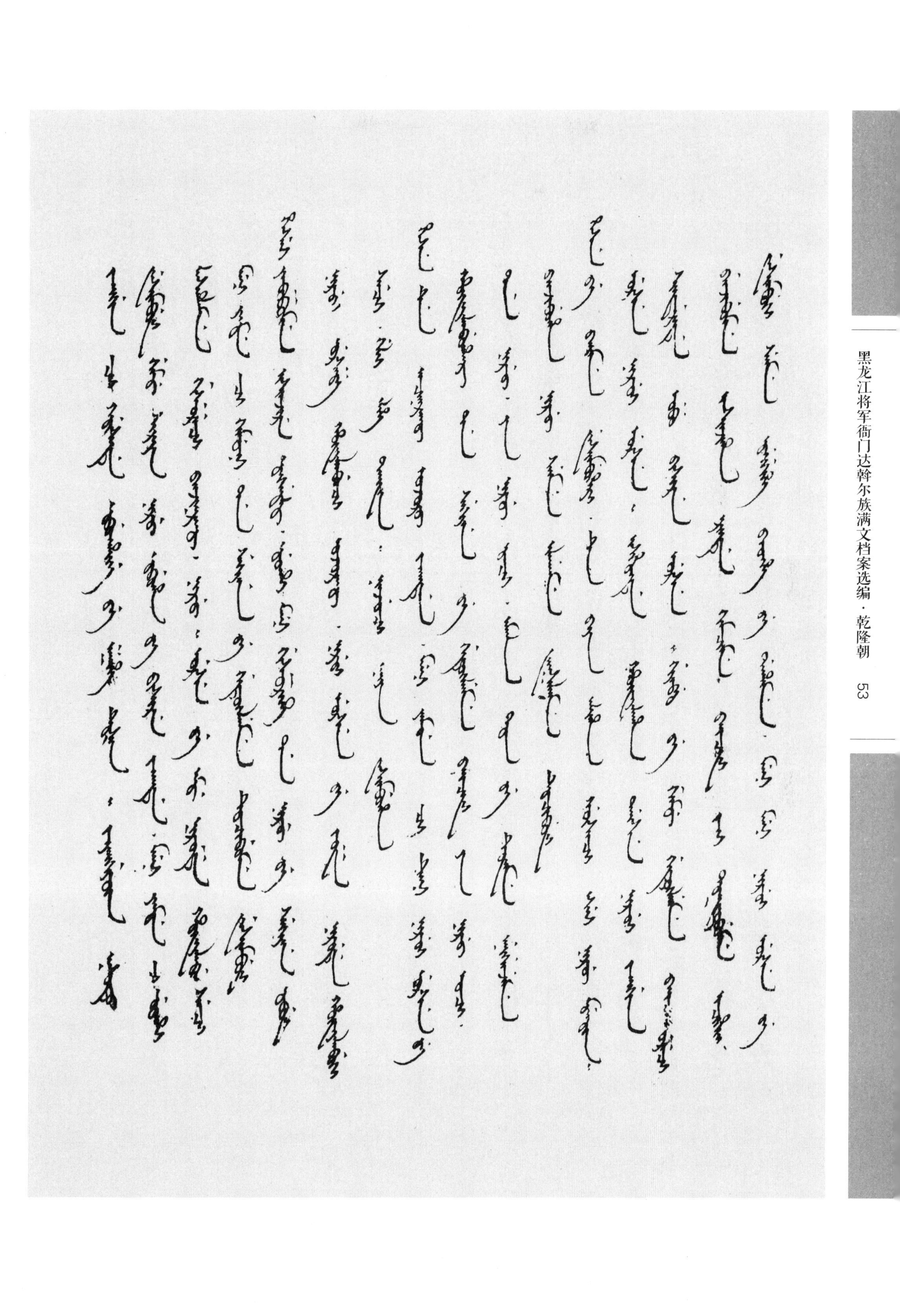

[illegible]

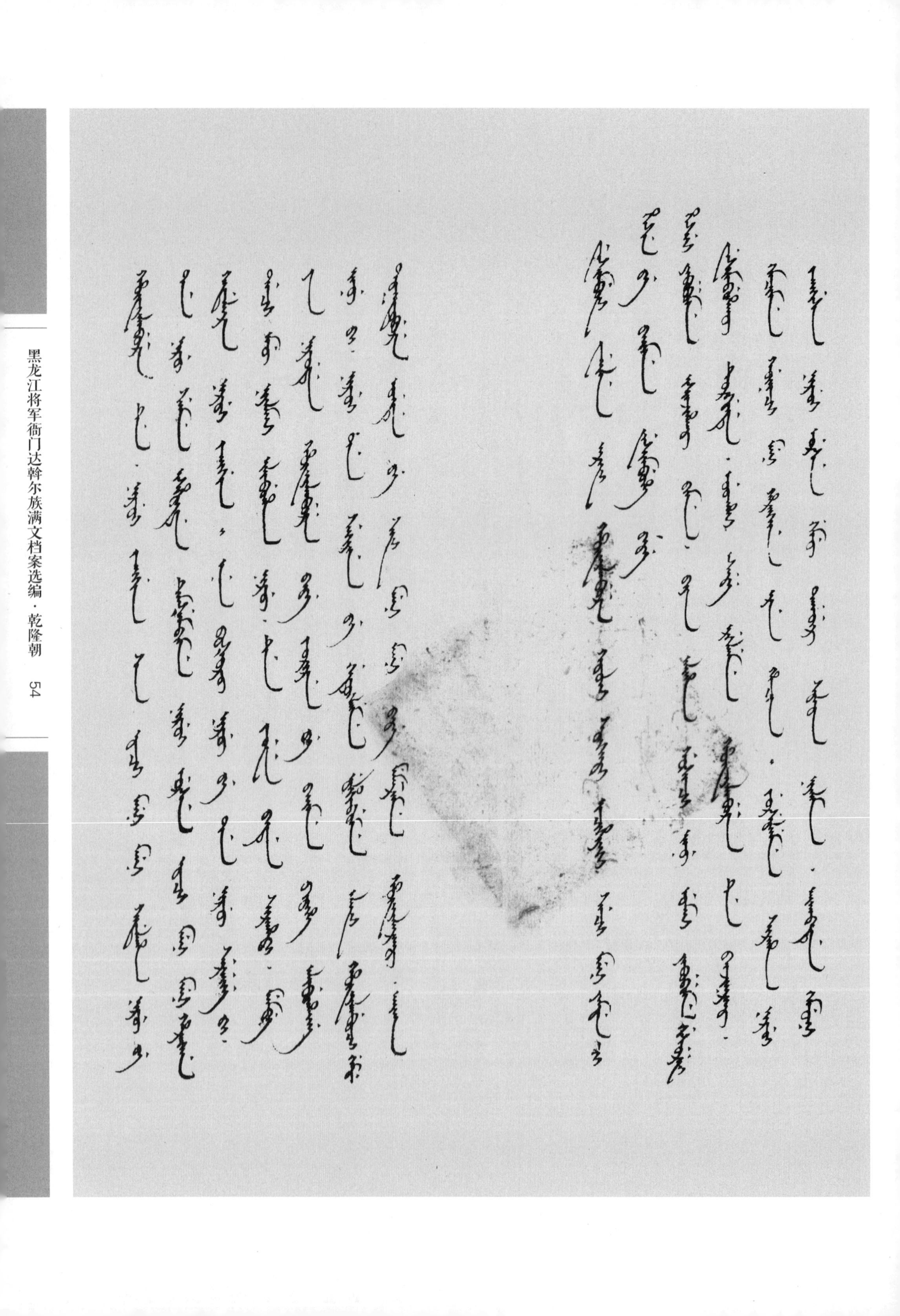

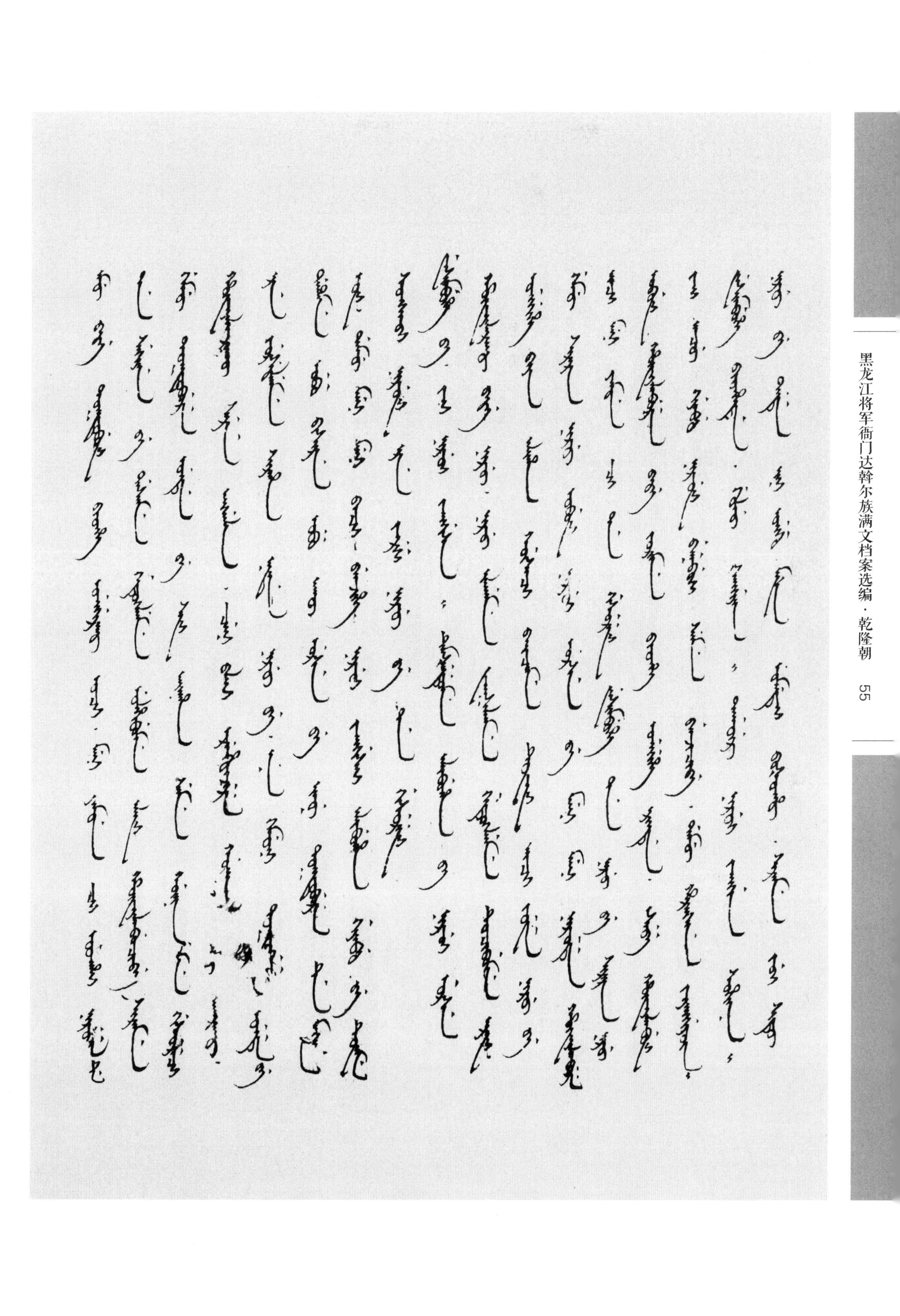

[illegible]

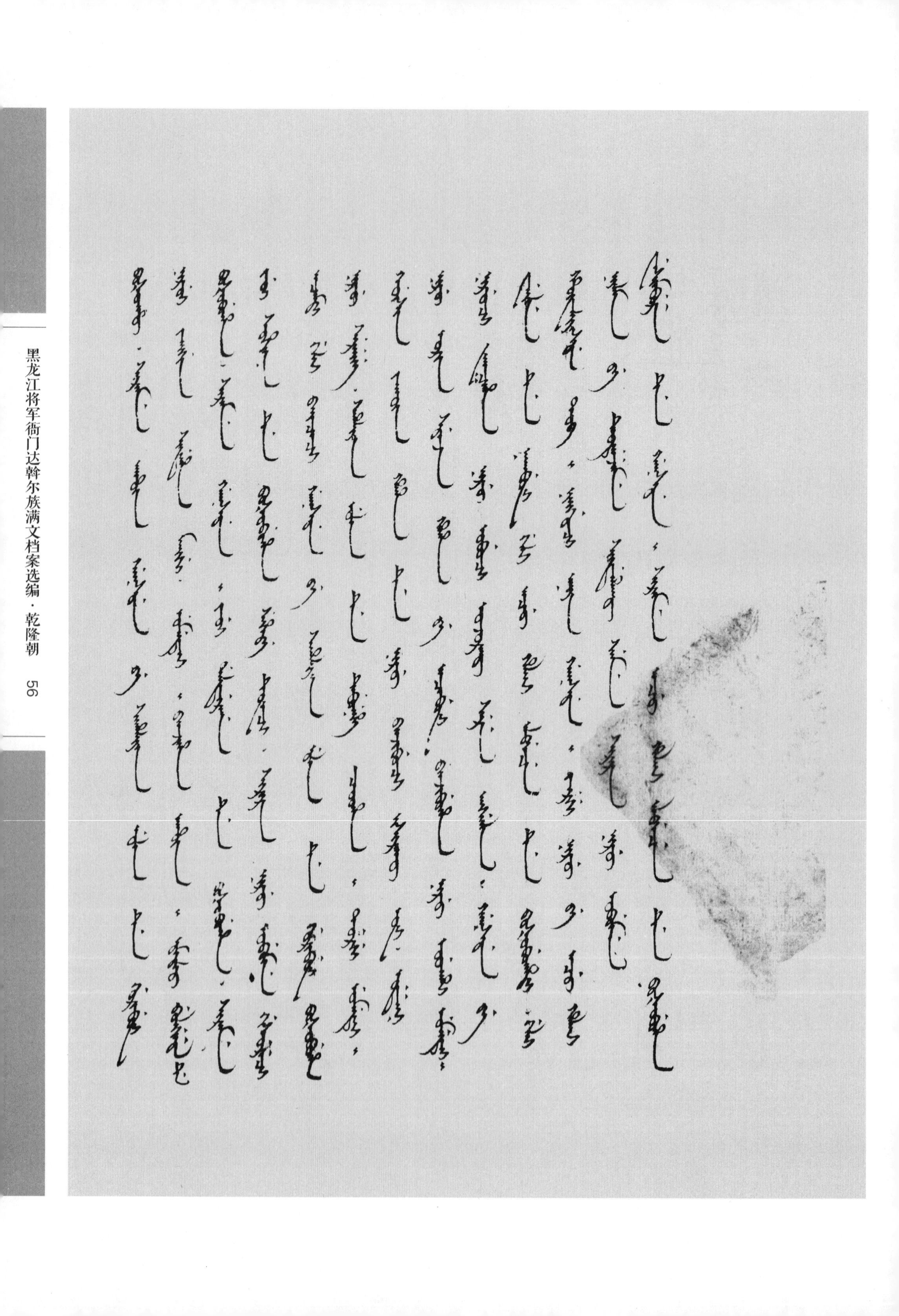

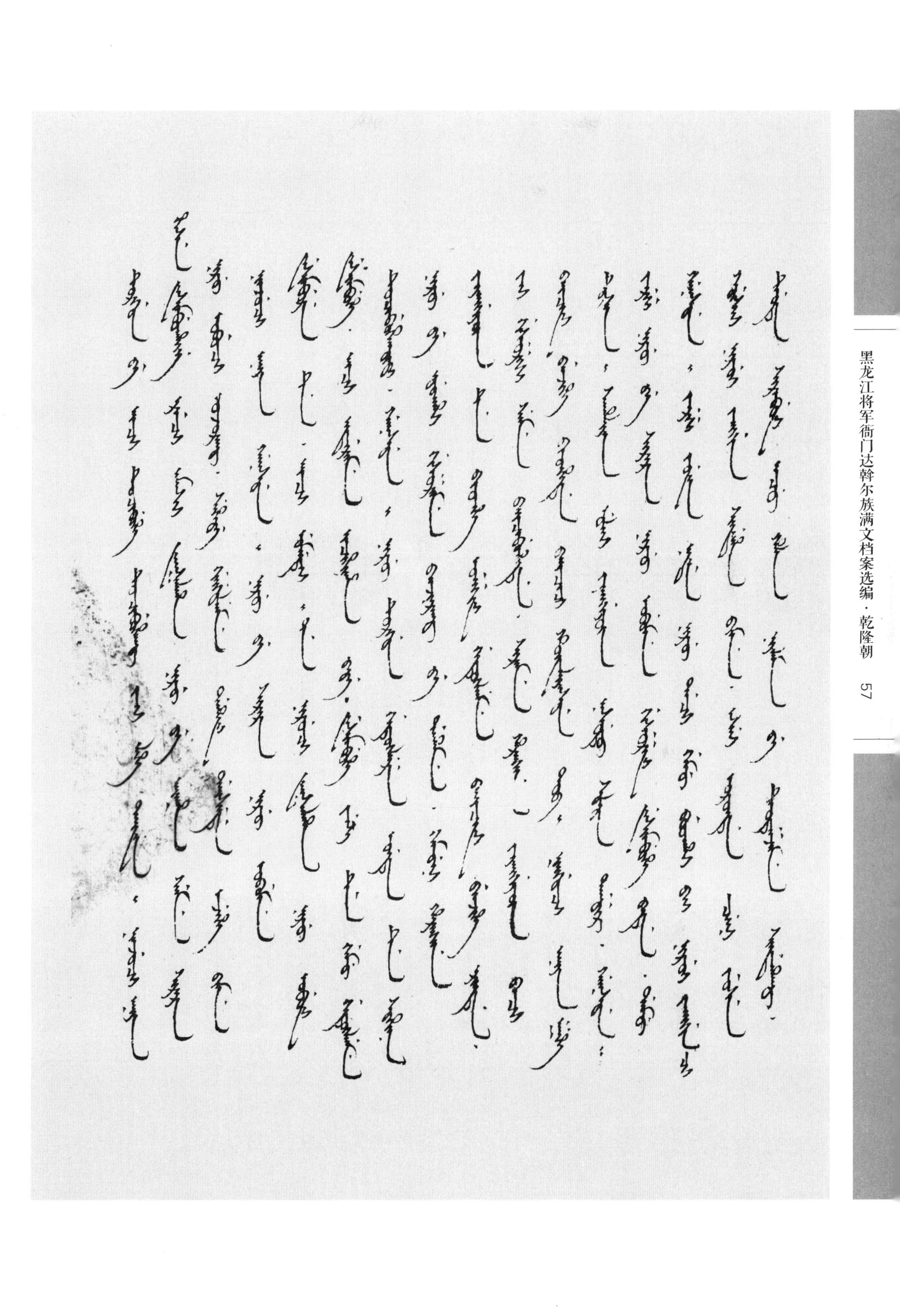

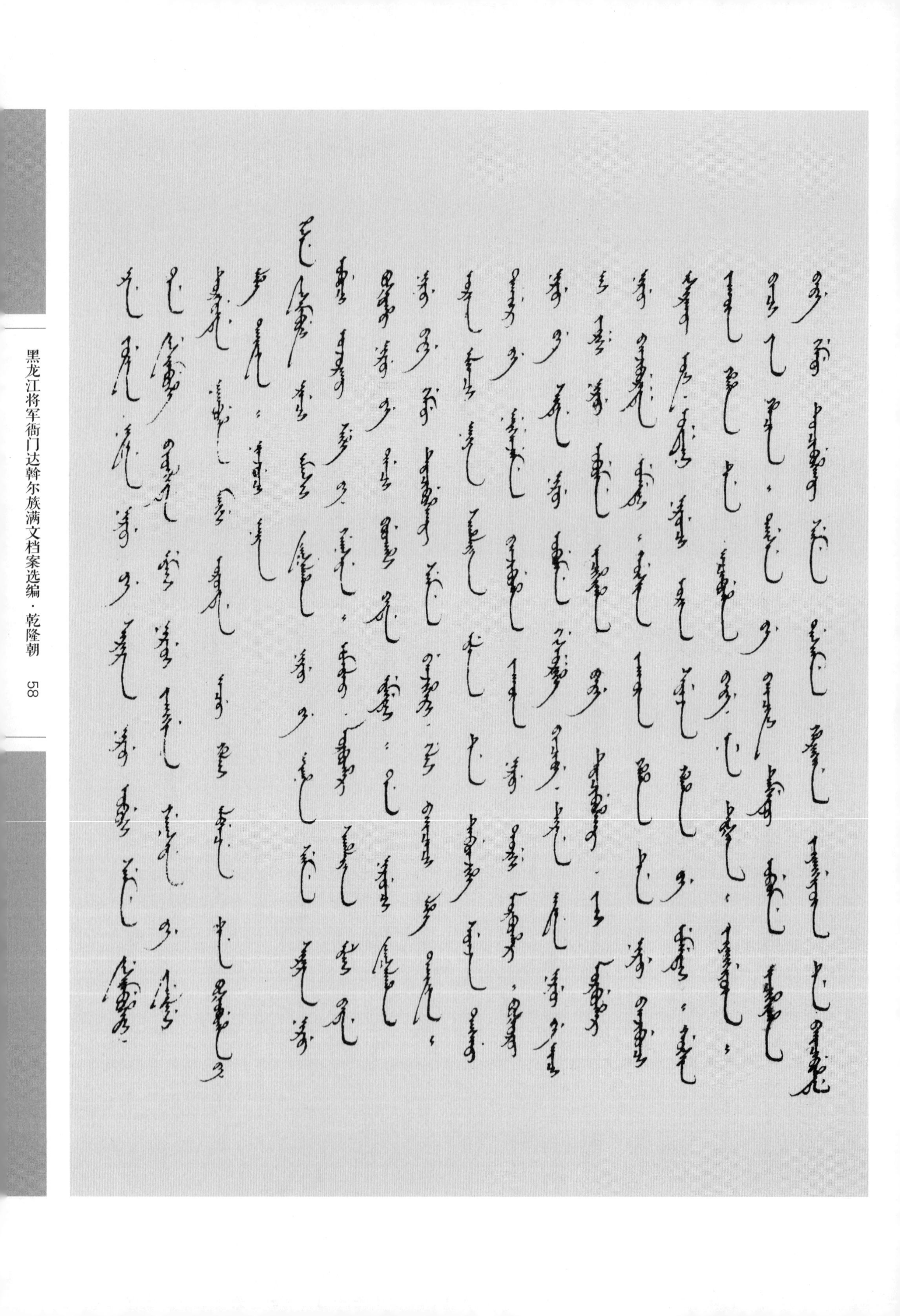

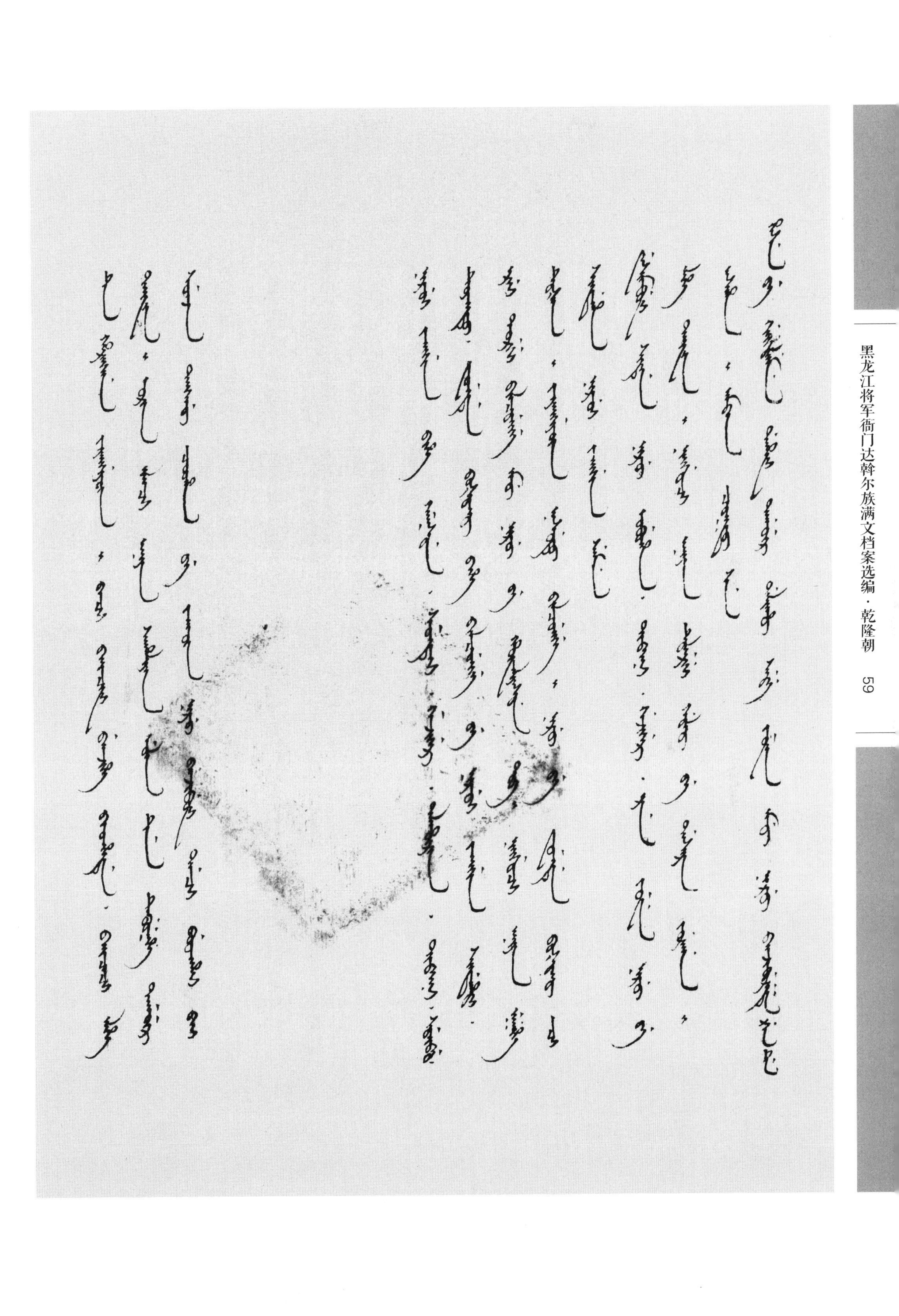

[illegible]

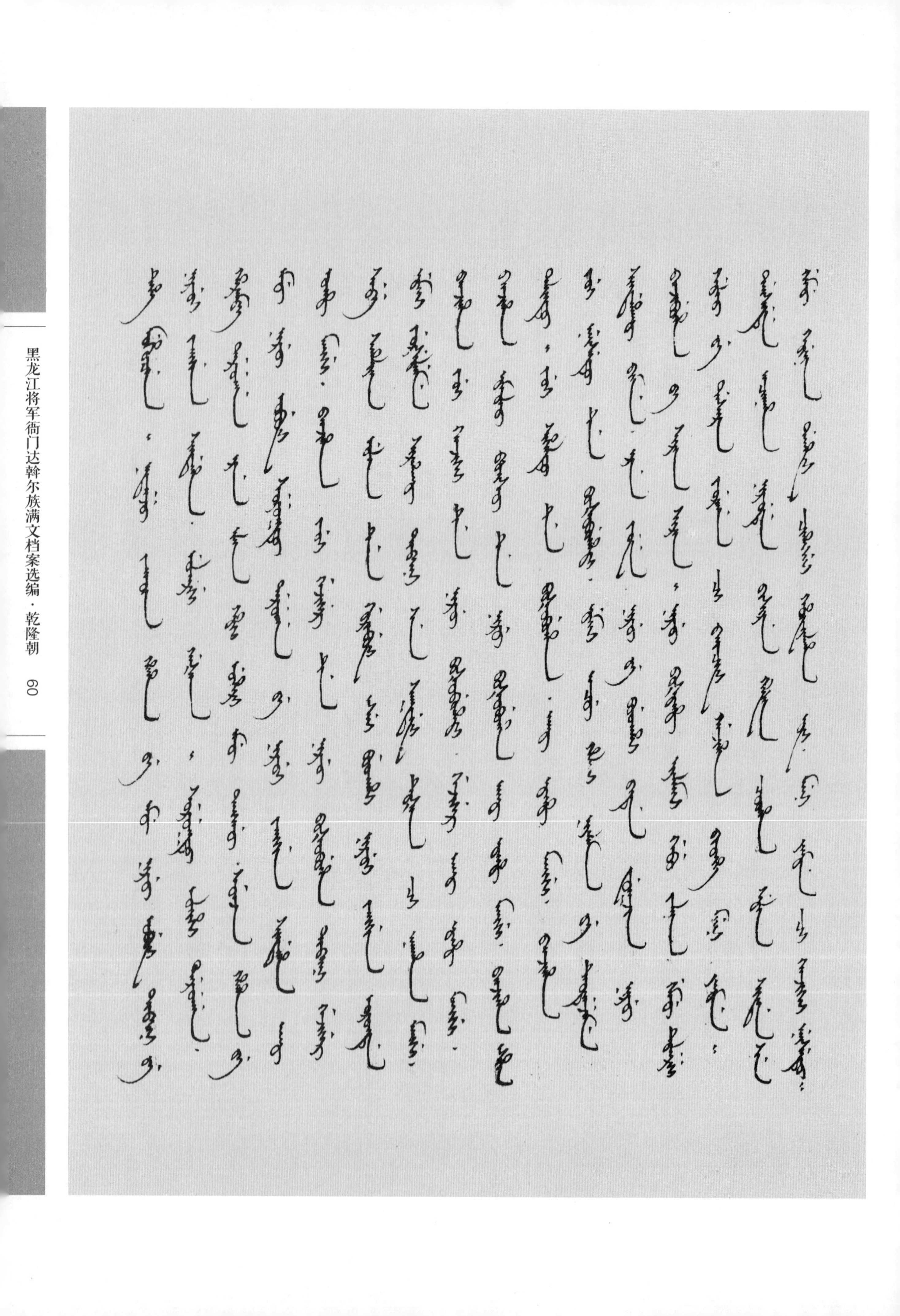

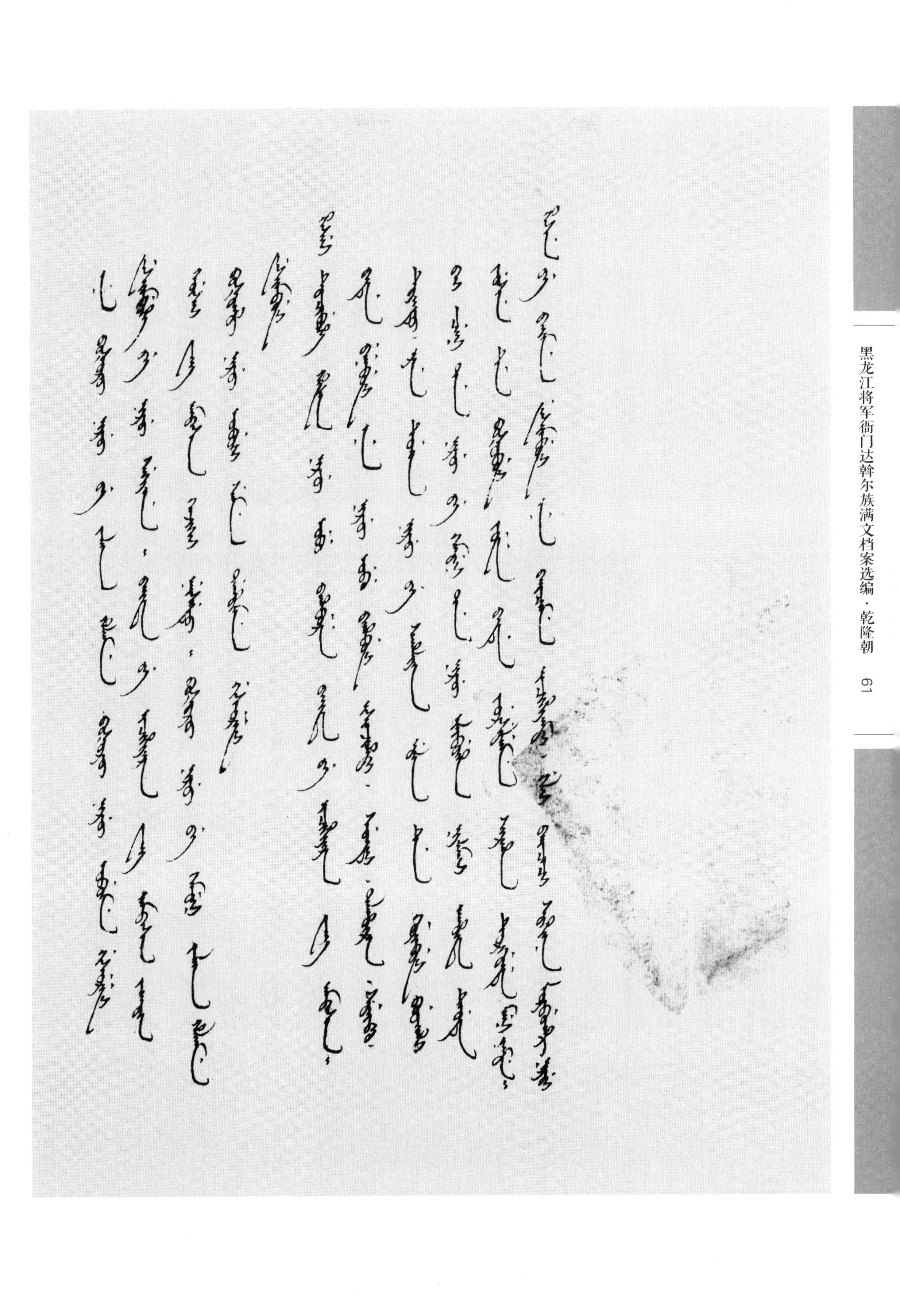

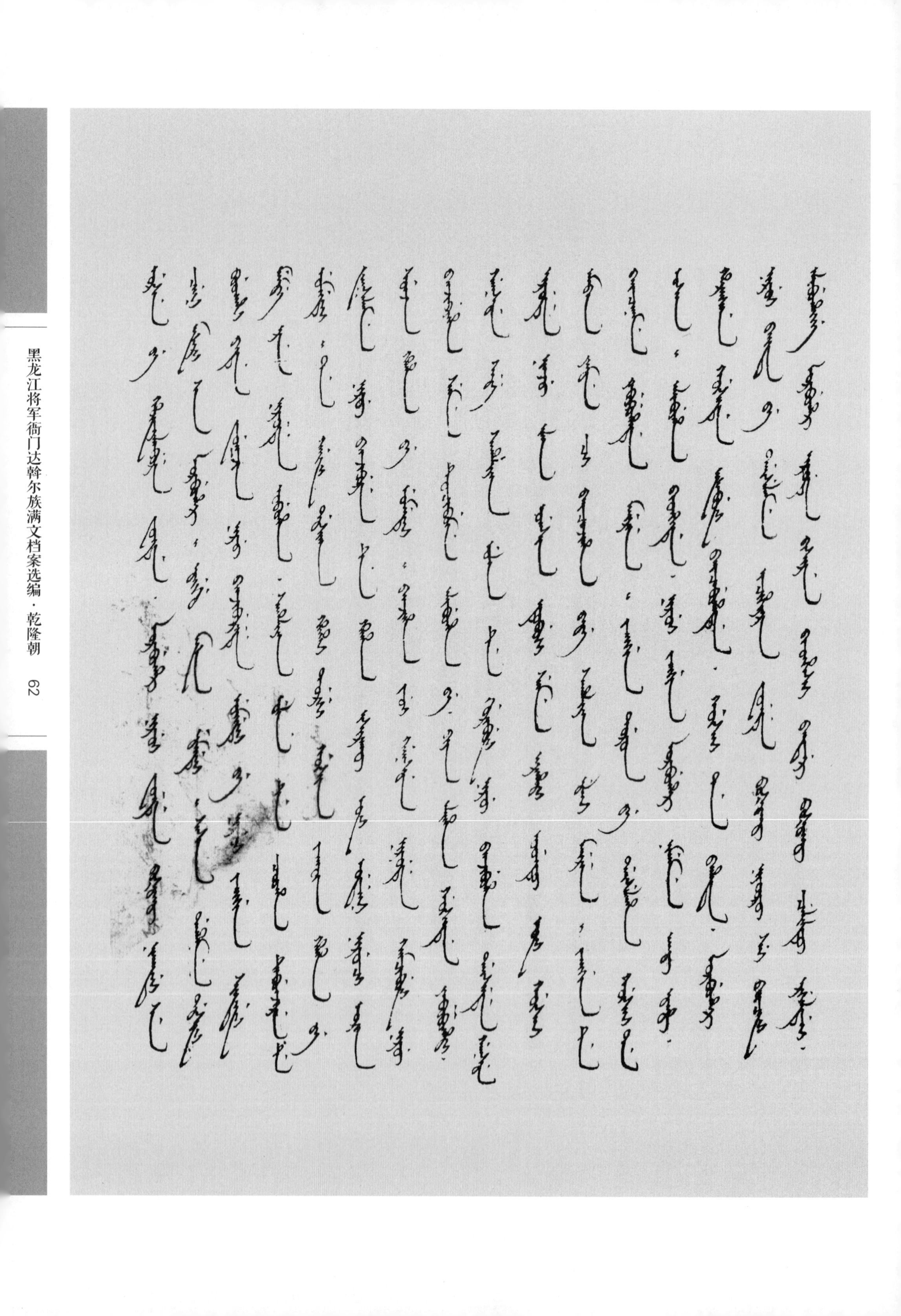

[illegible]

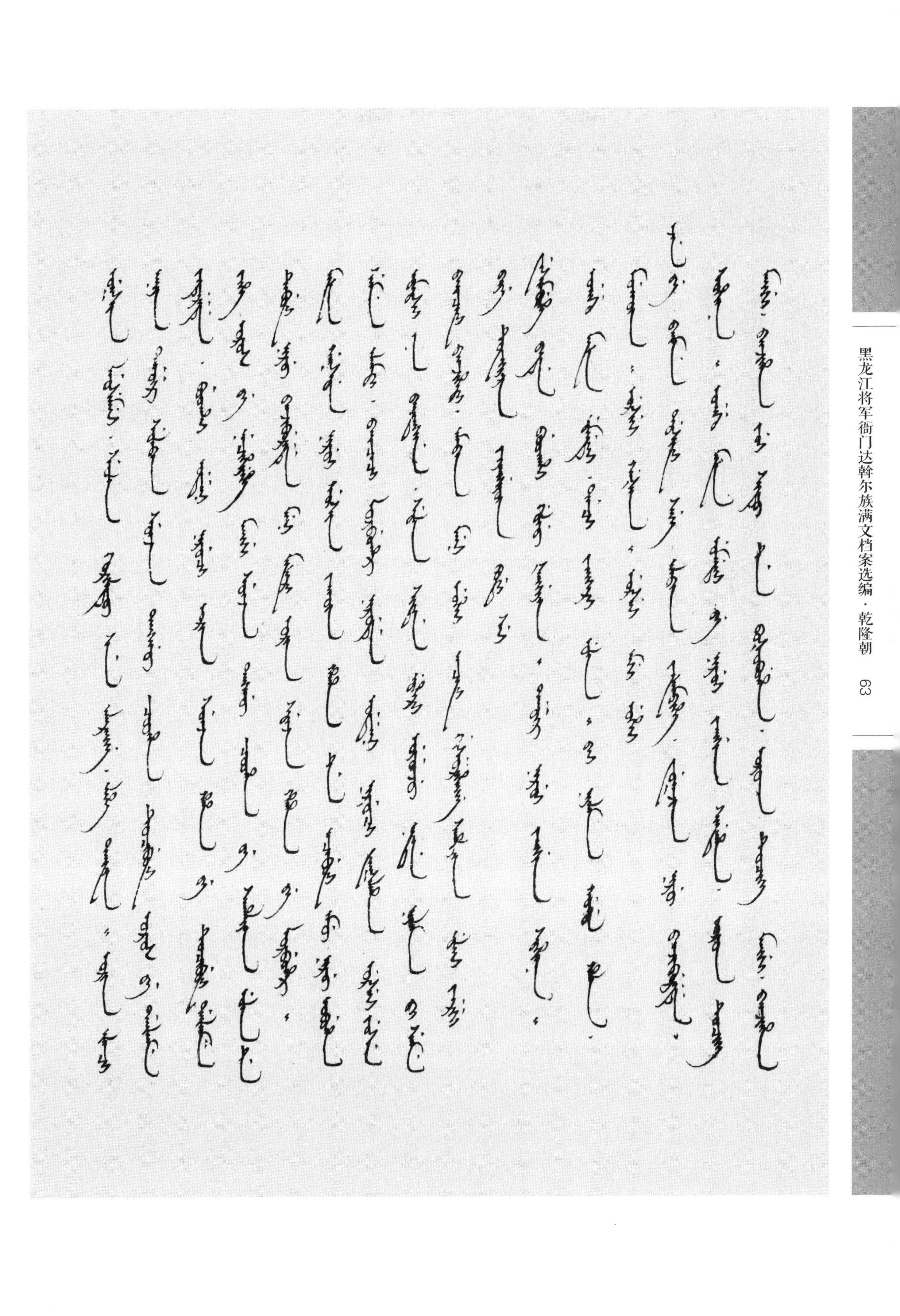

[illegible]

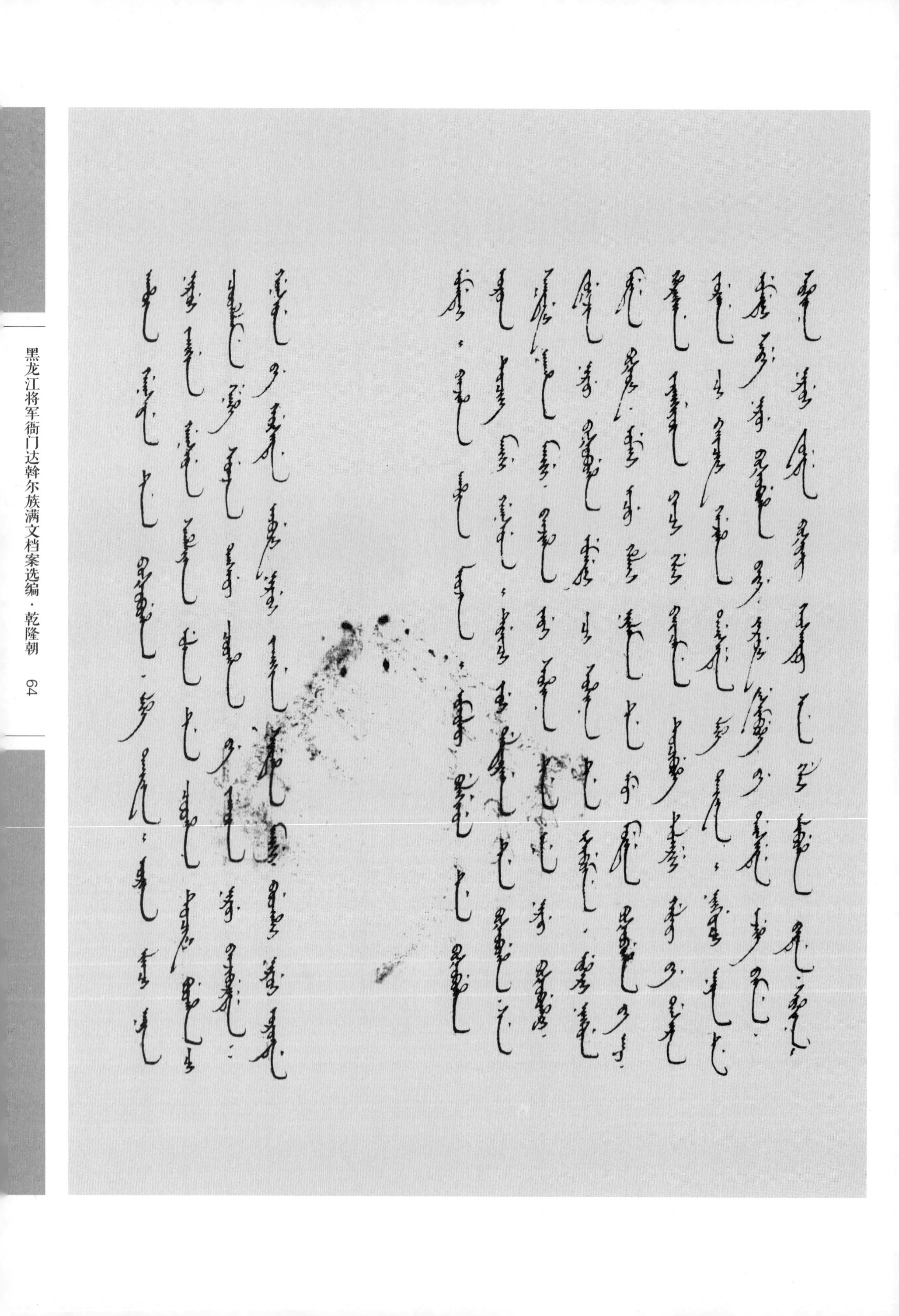

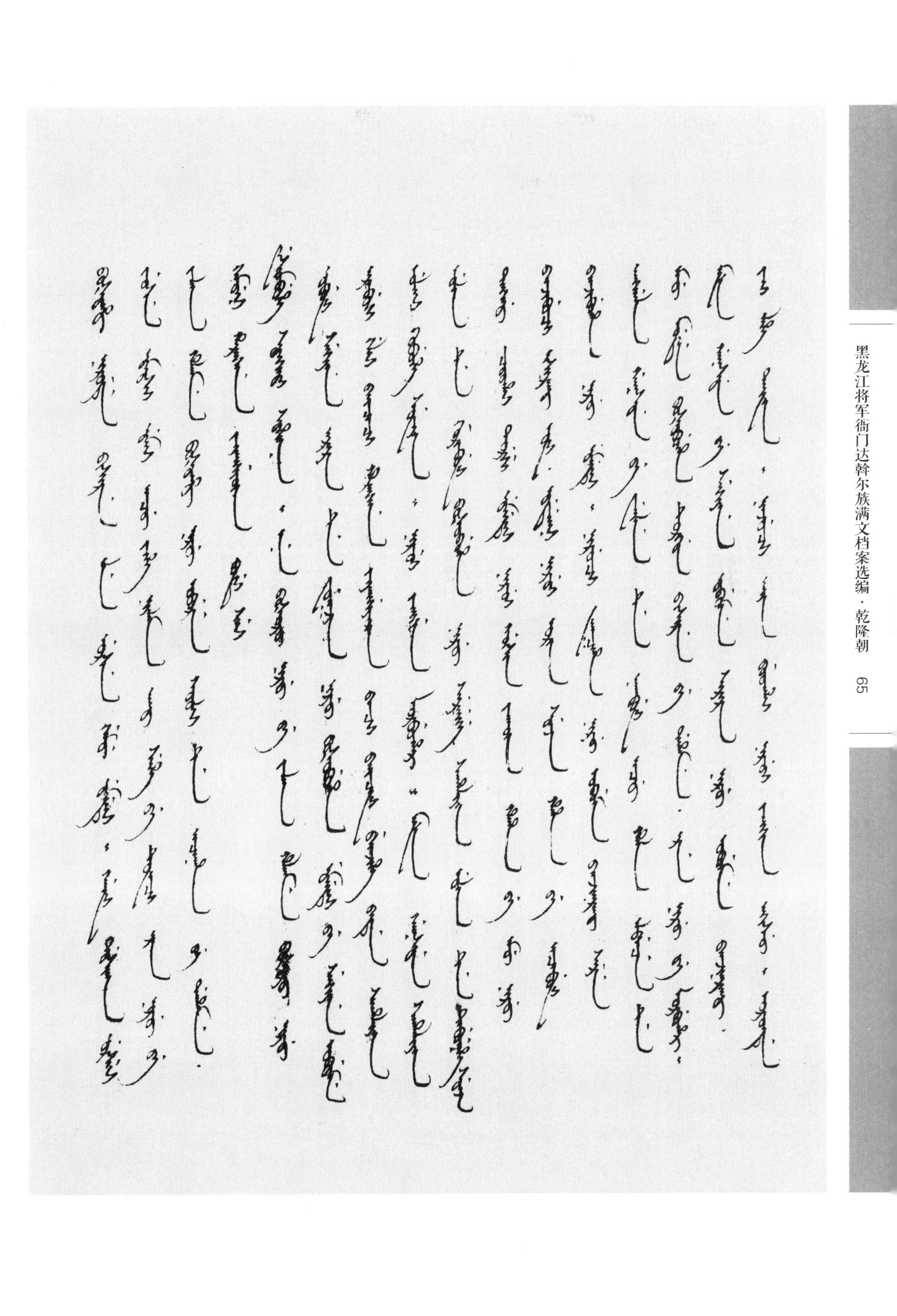

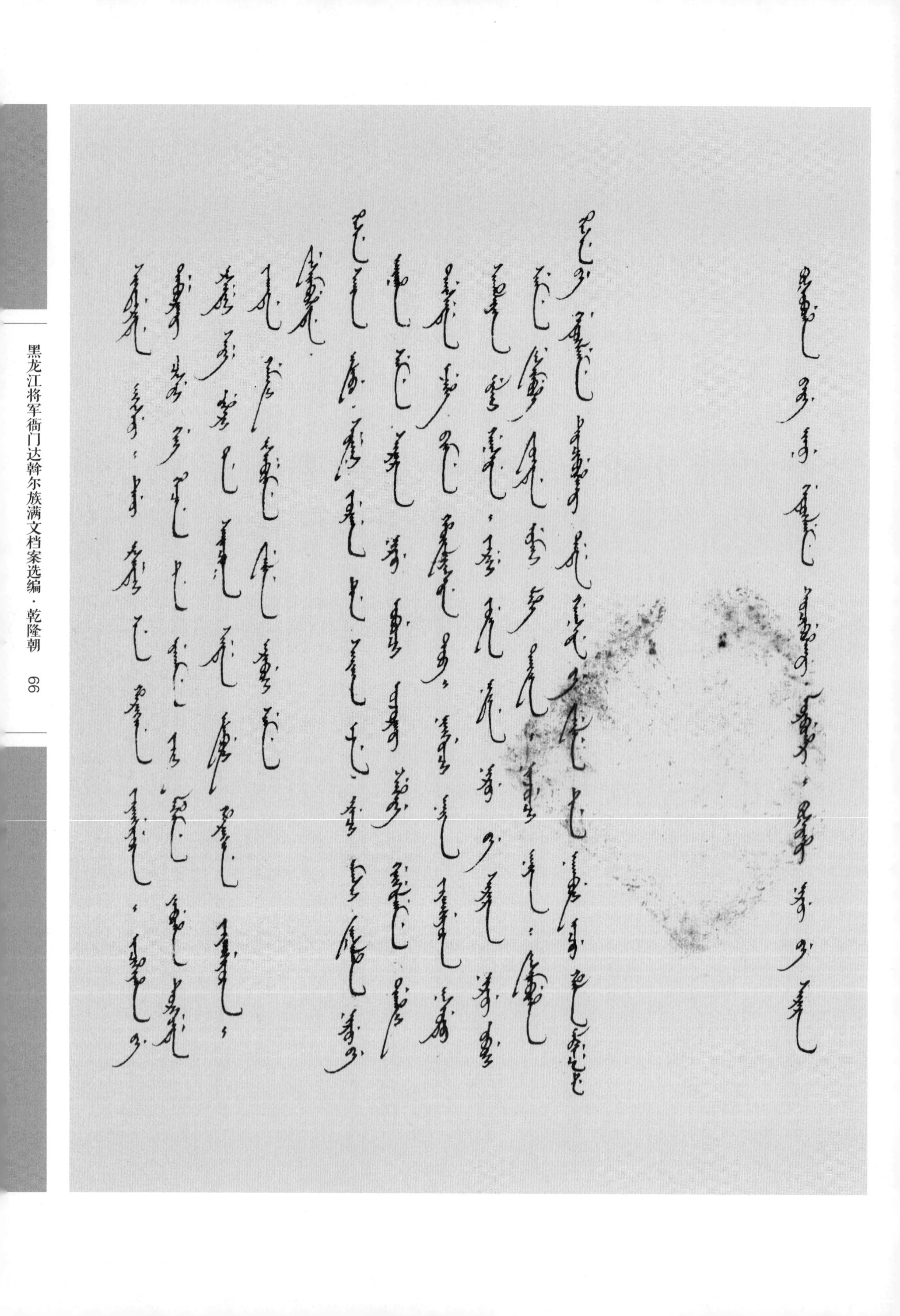

[illegible]

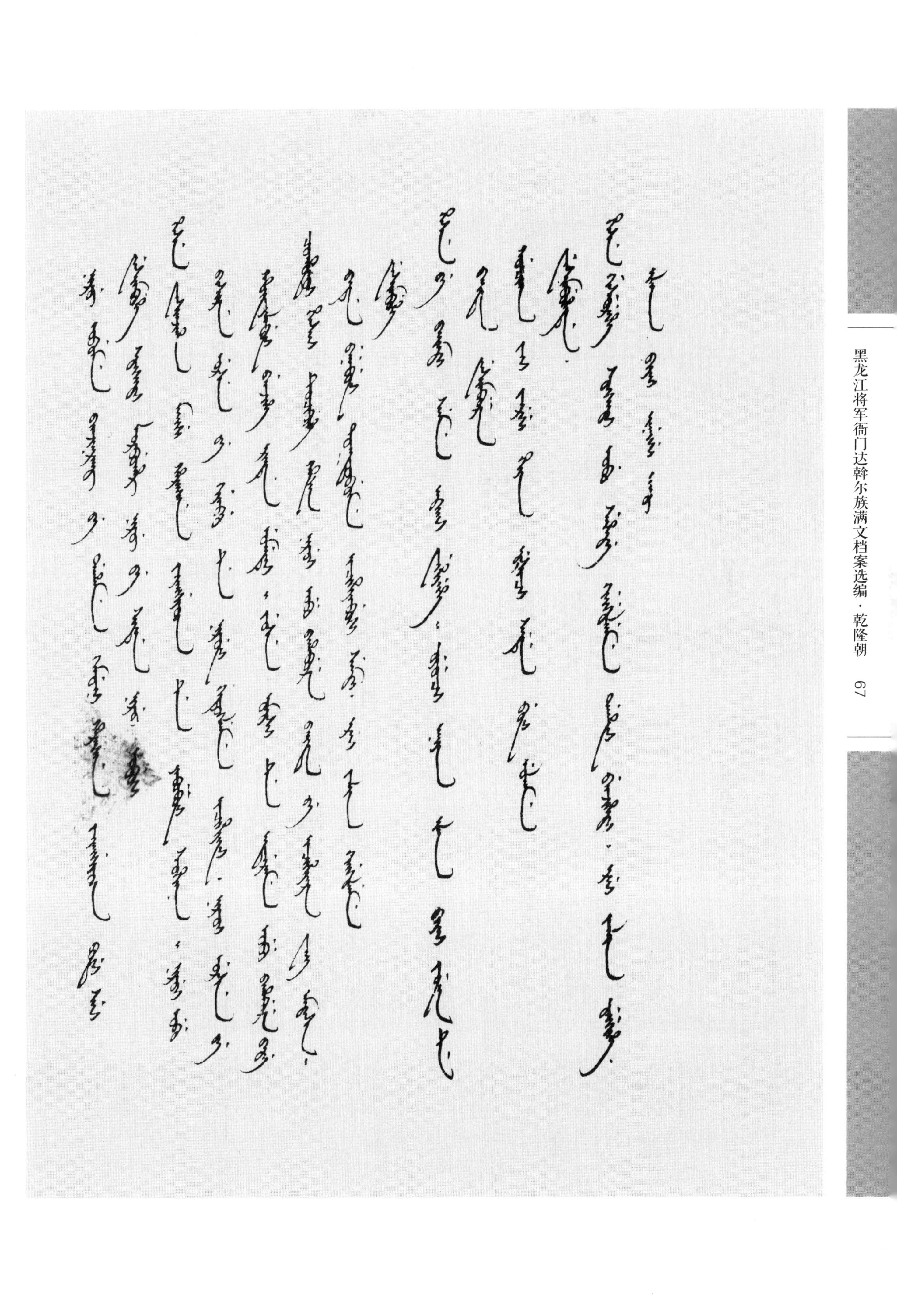

二四二 正白满洲旗为办理布特哈正白旗达斡尔世管佐领索希纳等承袭佐领事宜事咨黑龙江将军衙门文

乾隆九年五月二十三日

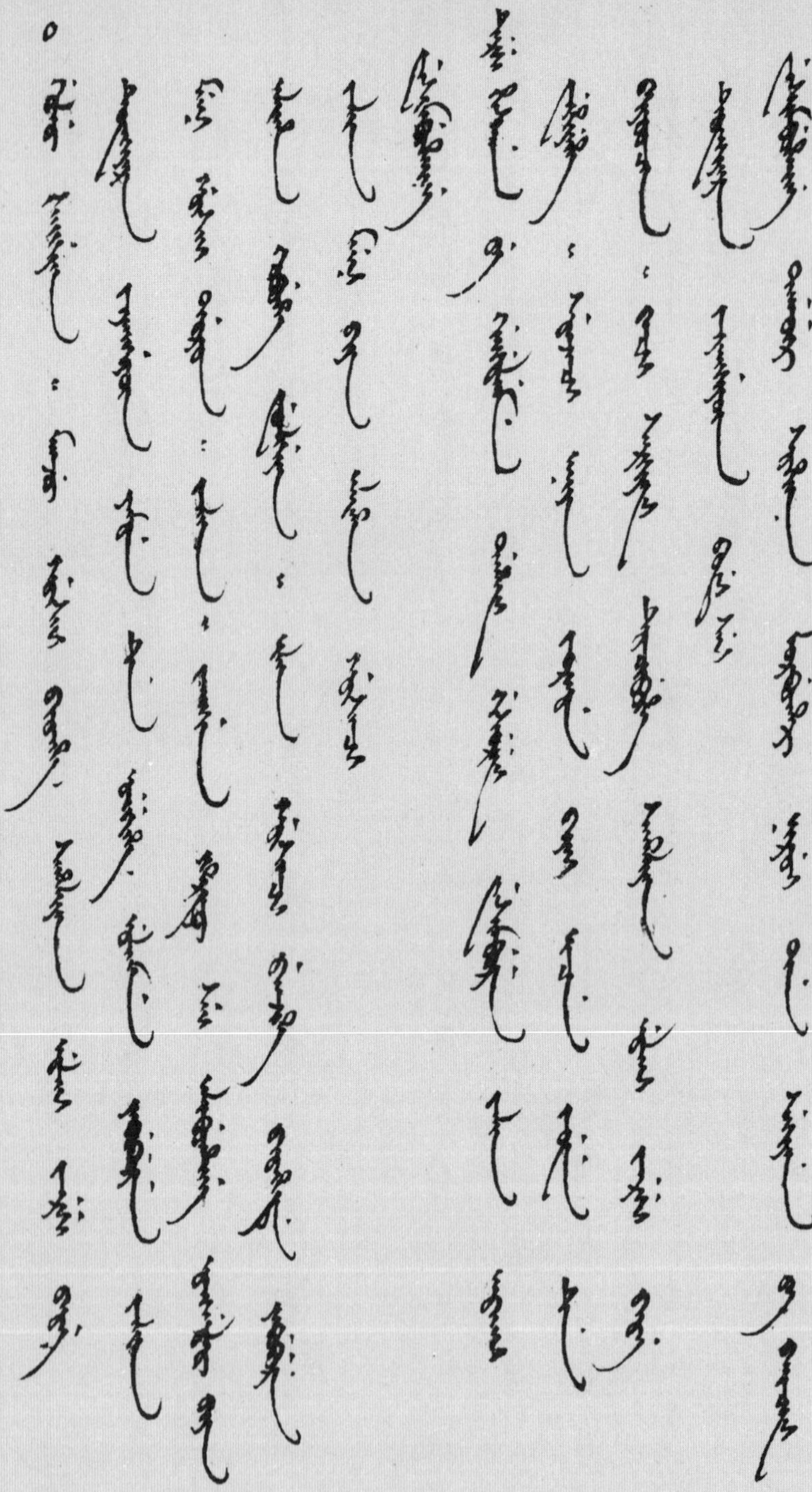

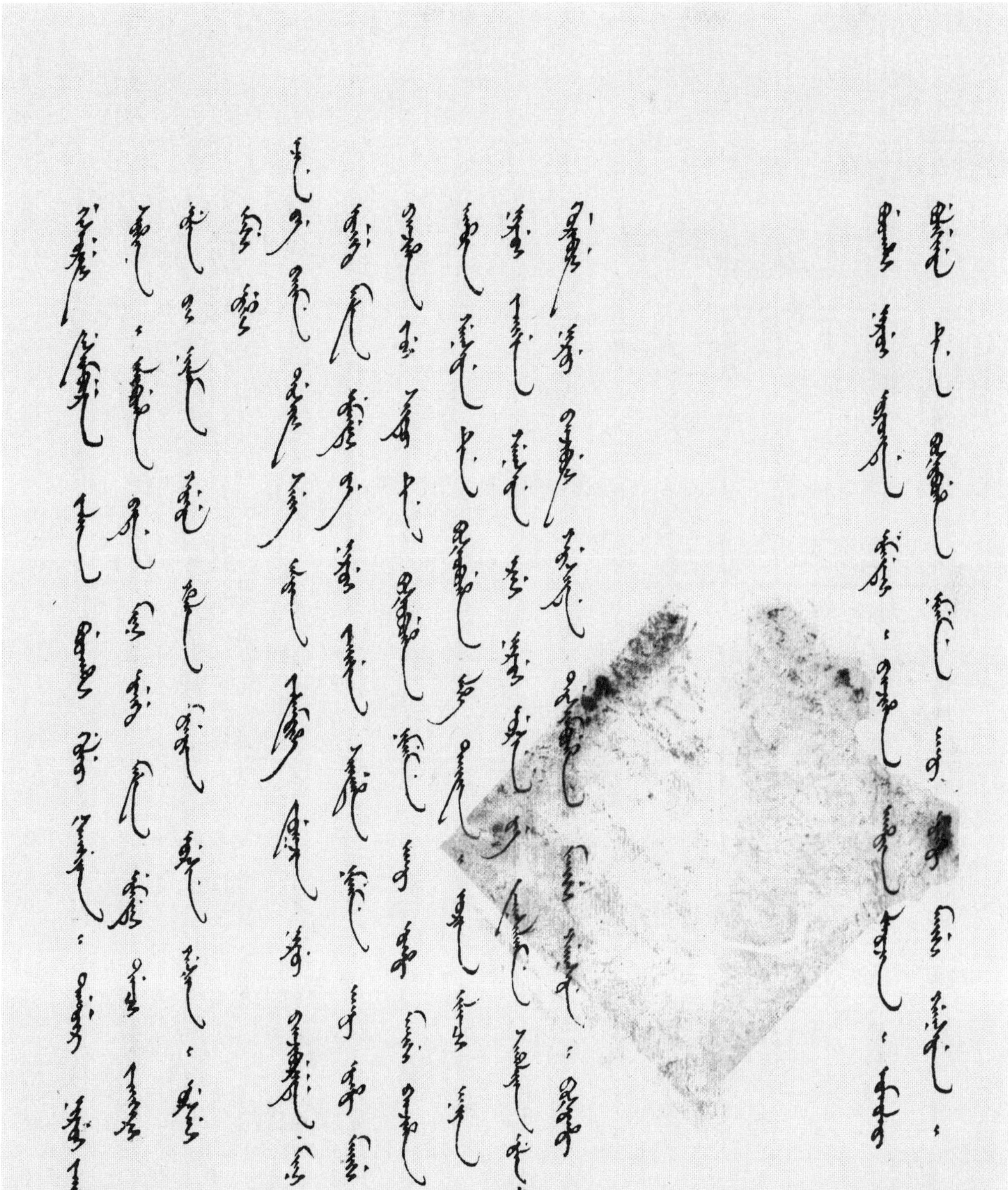

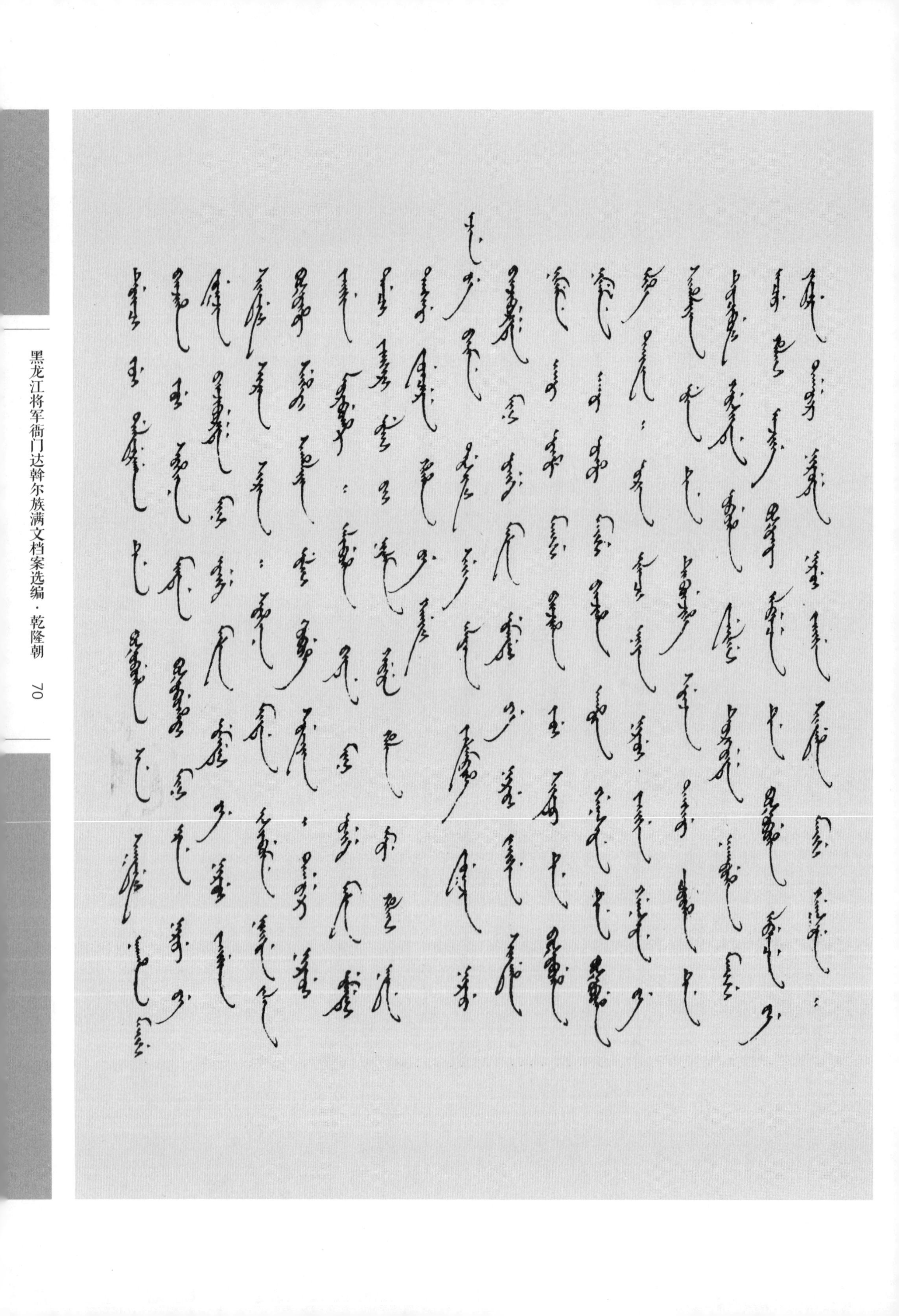

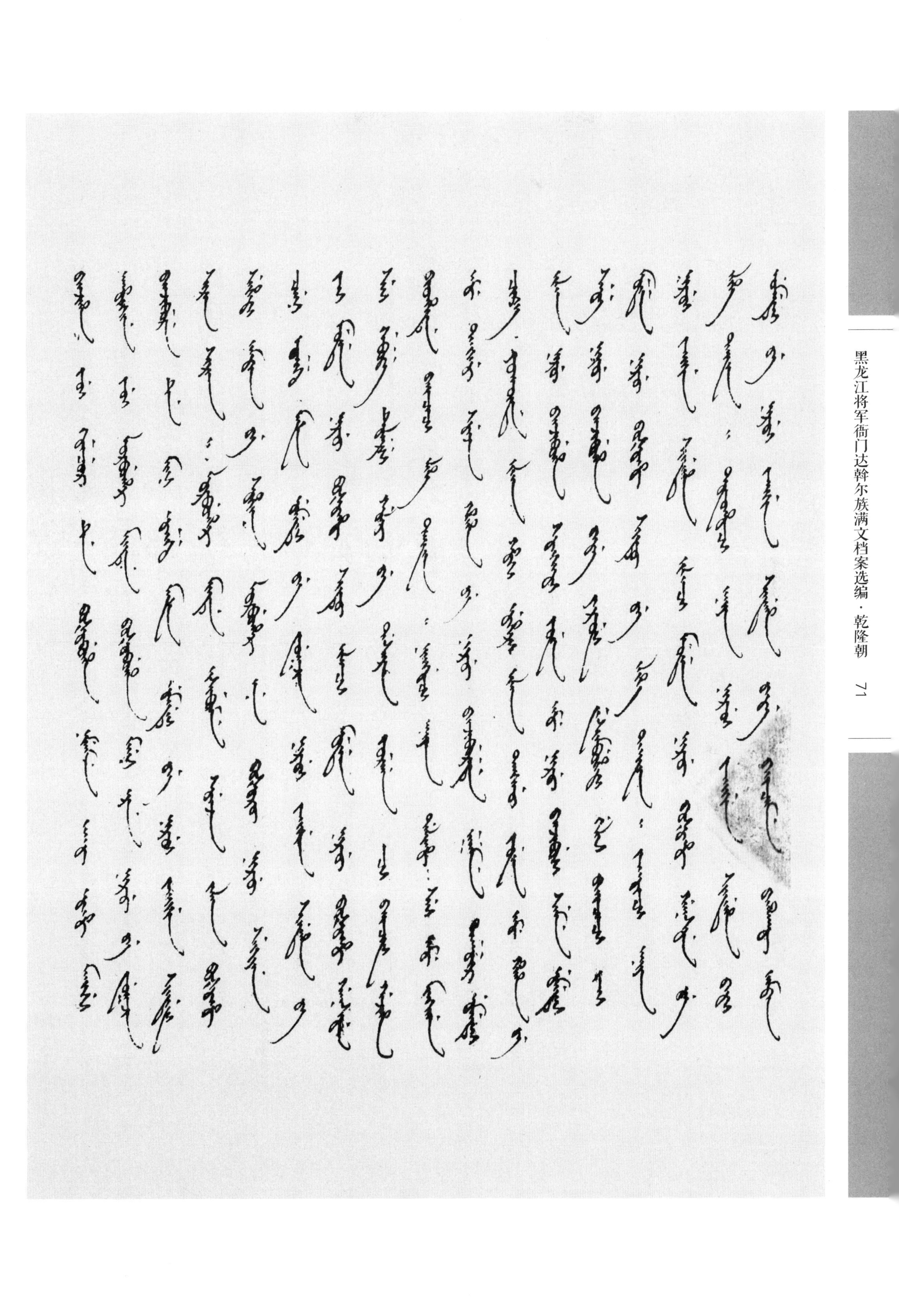

[illegible]

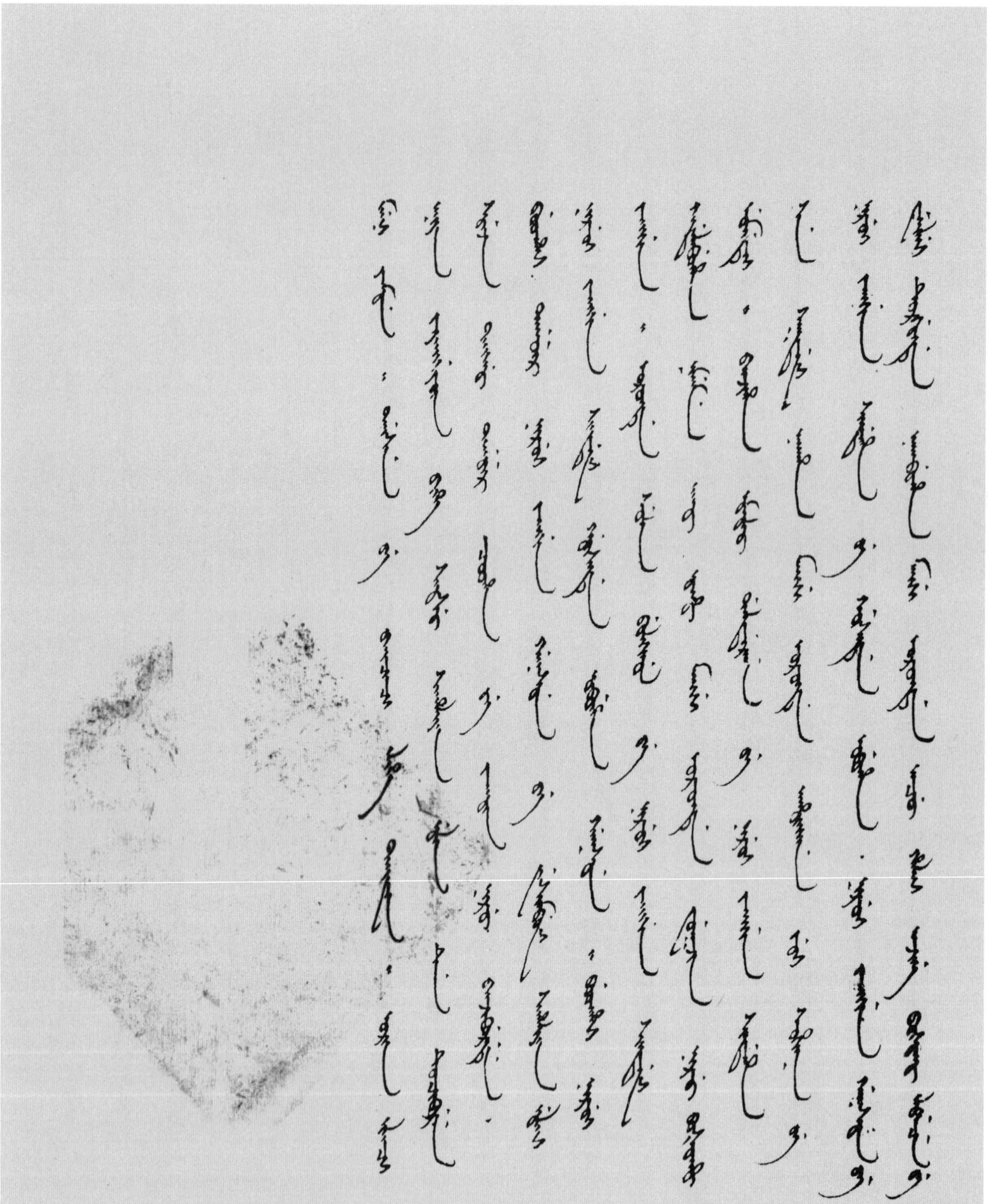

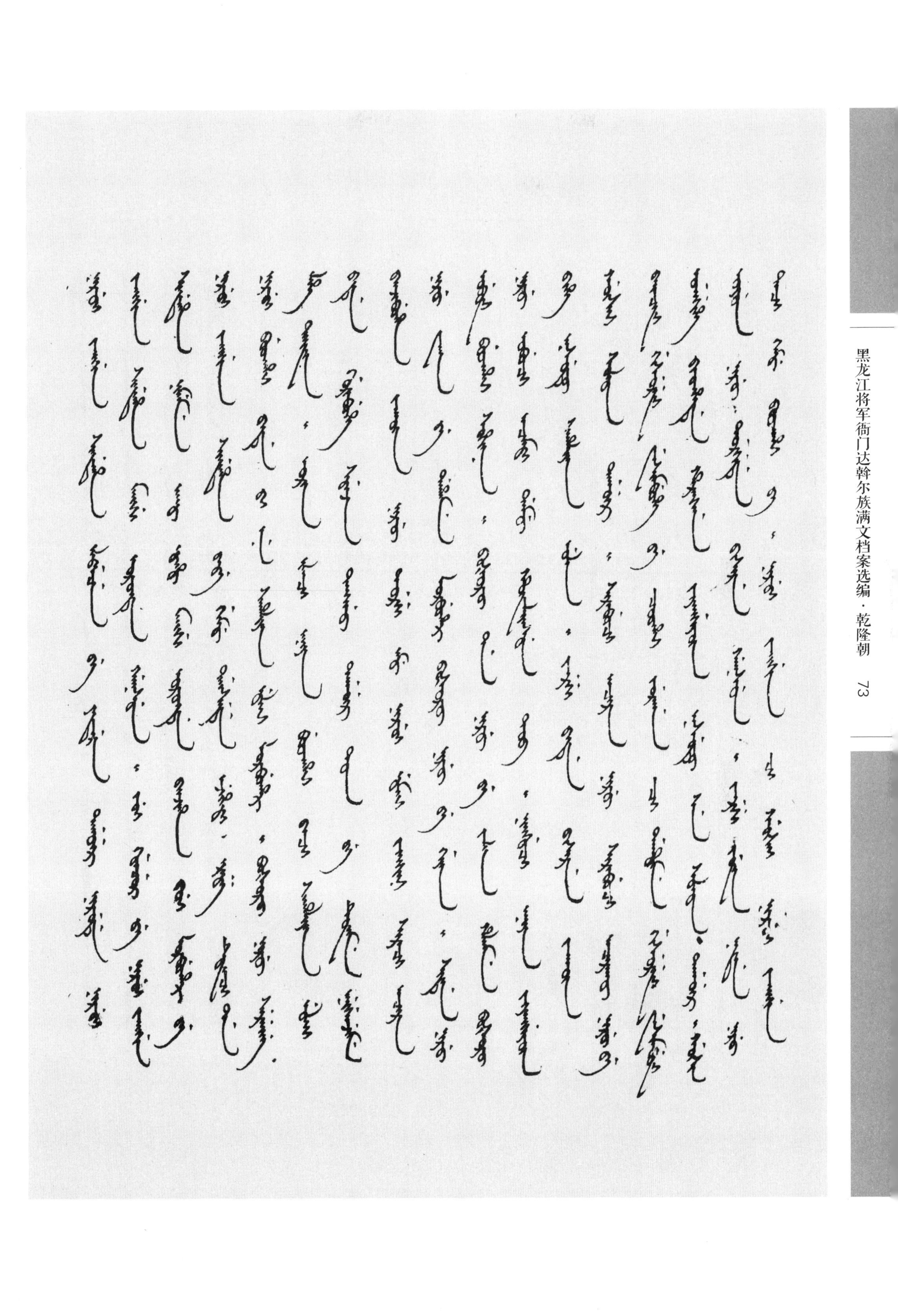

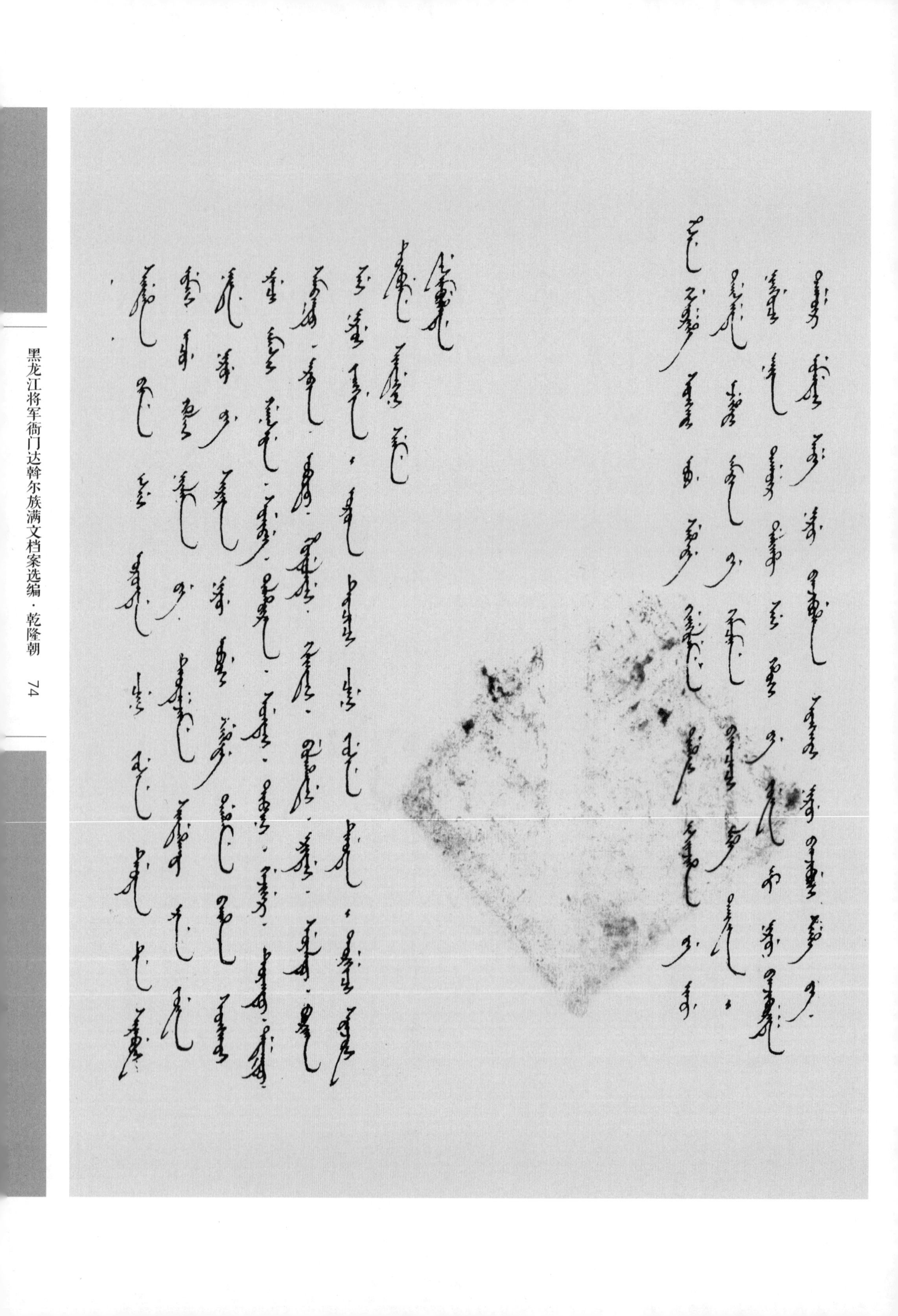

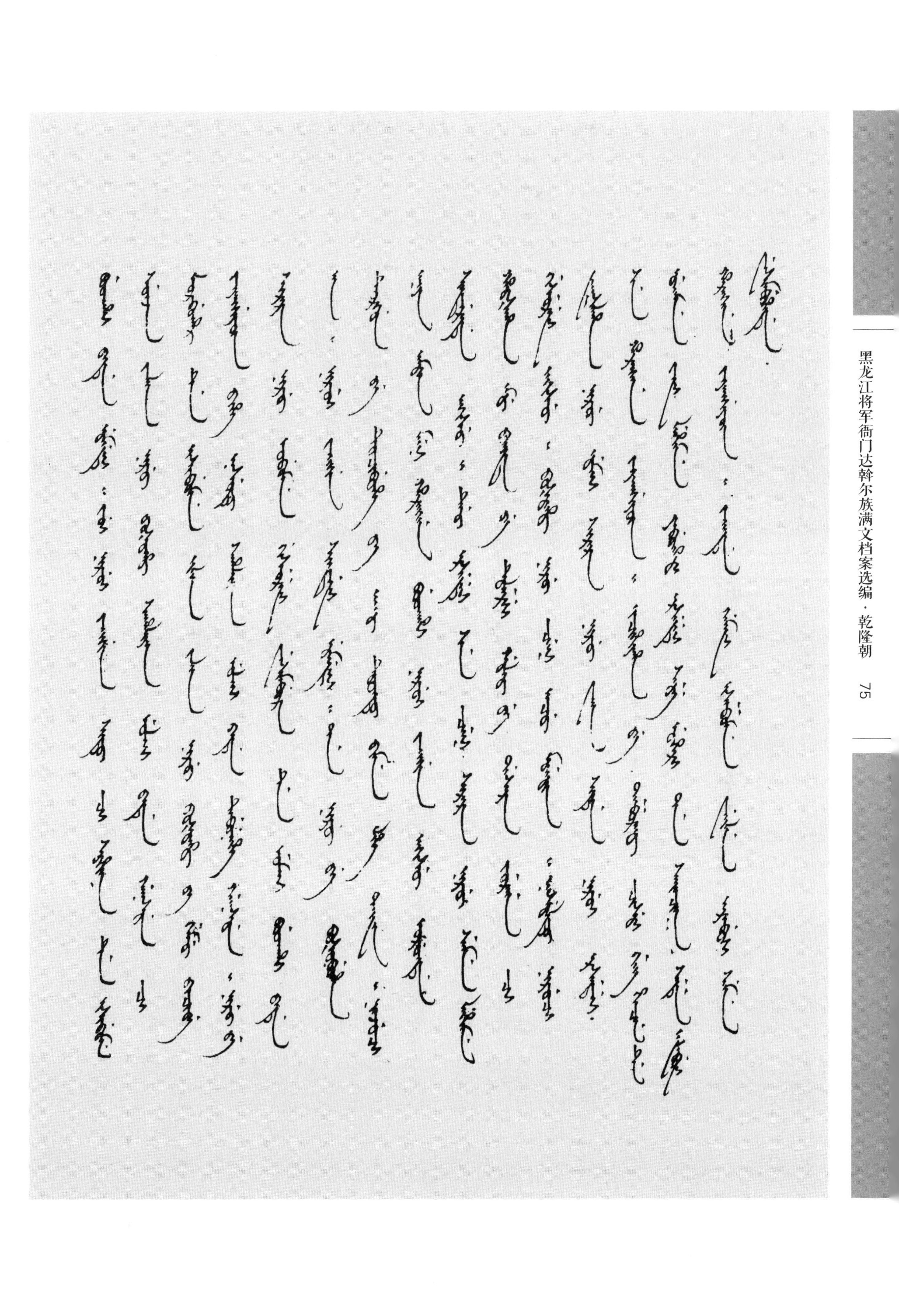

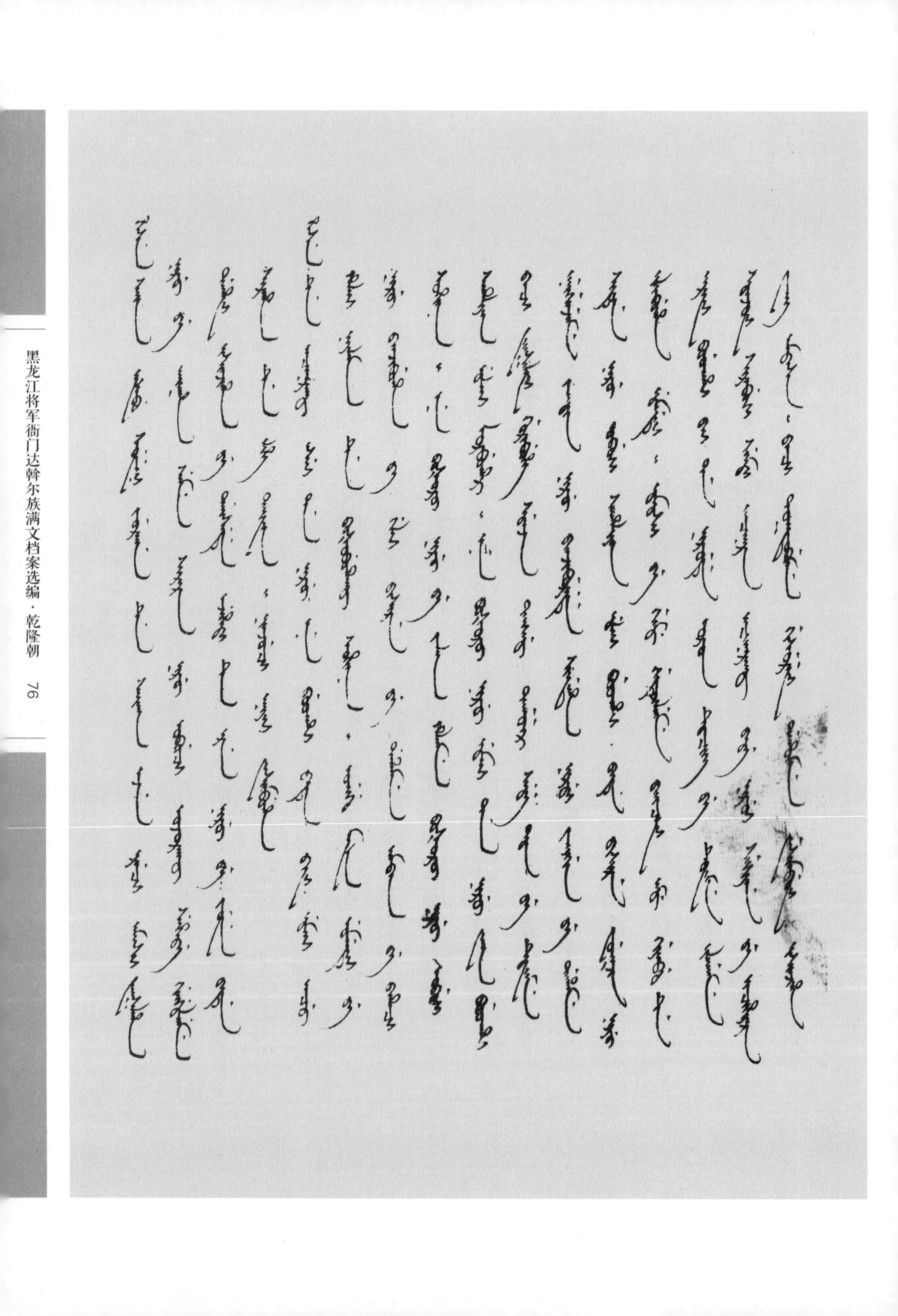

[illegible]

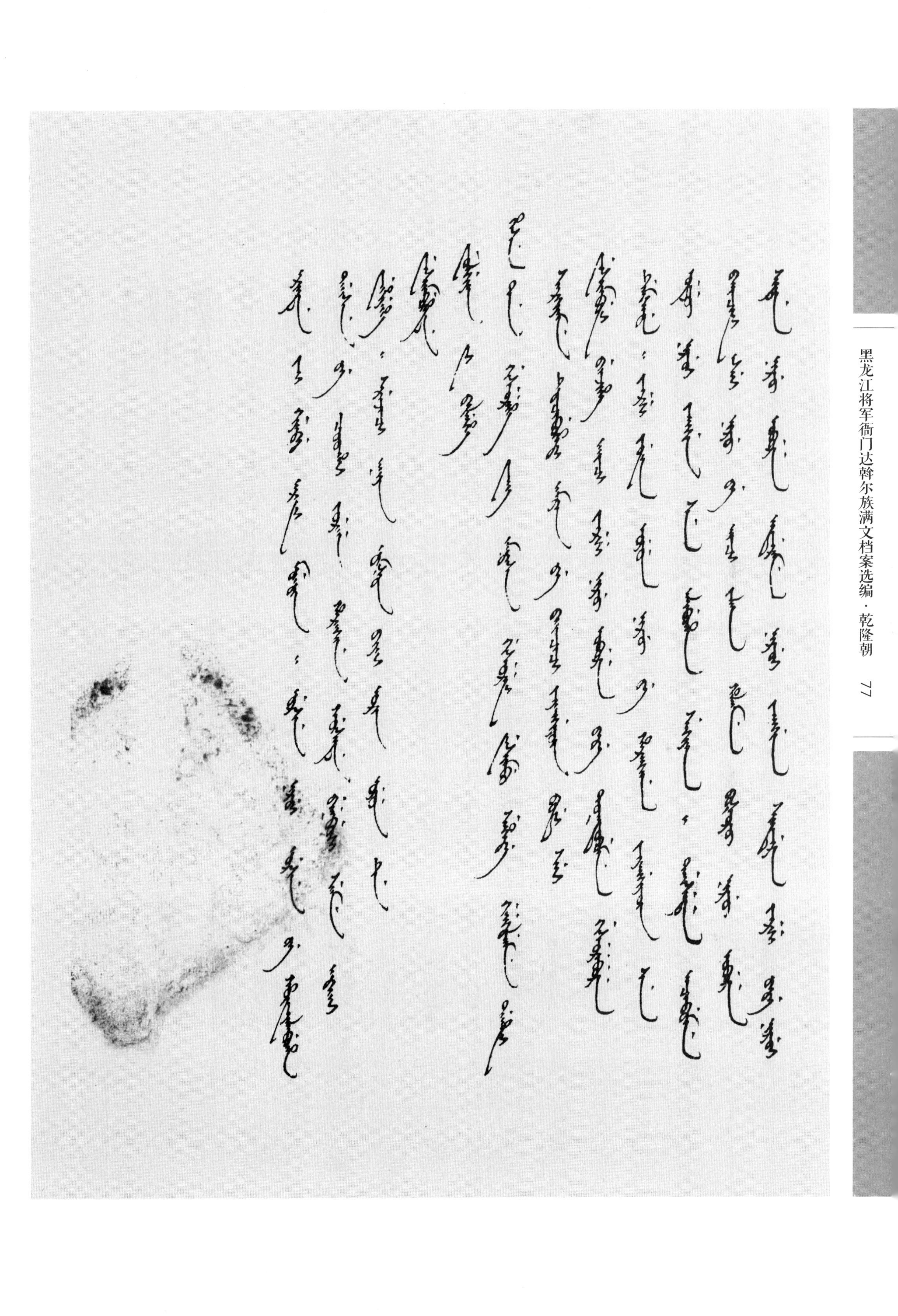

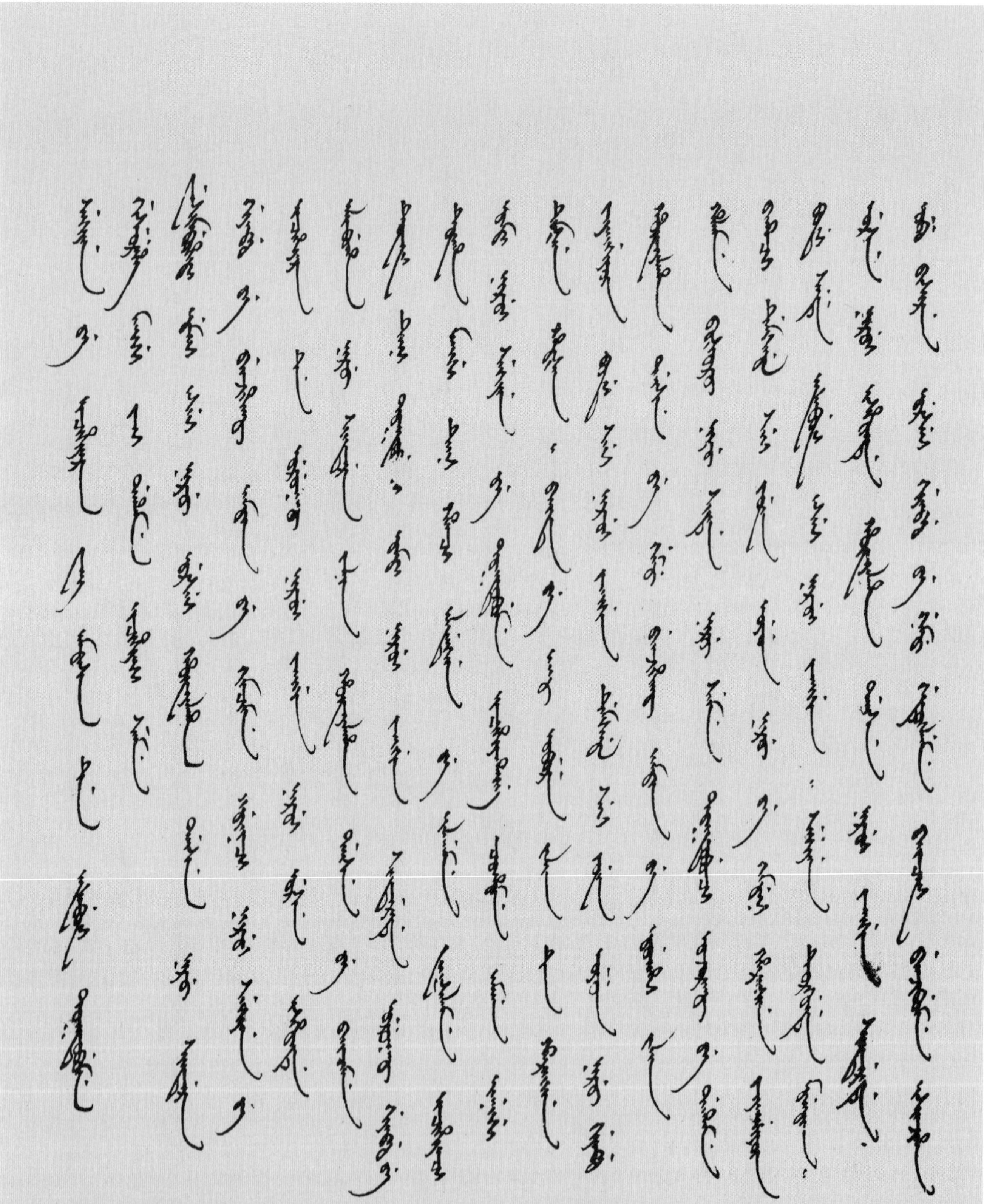

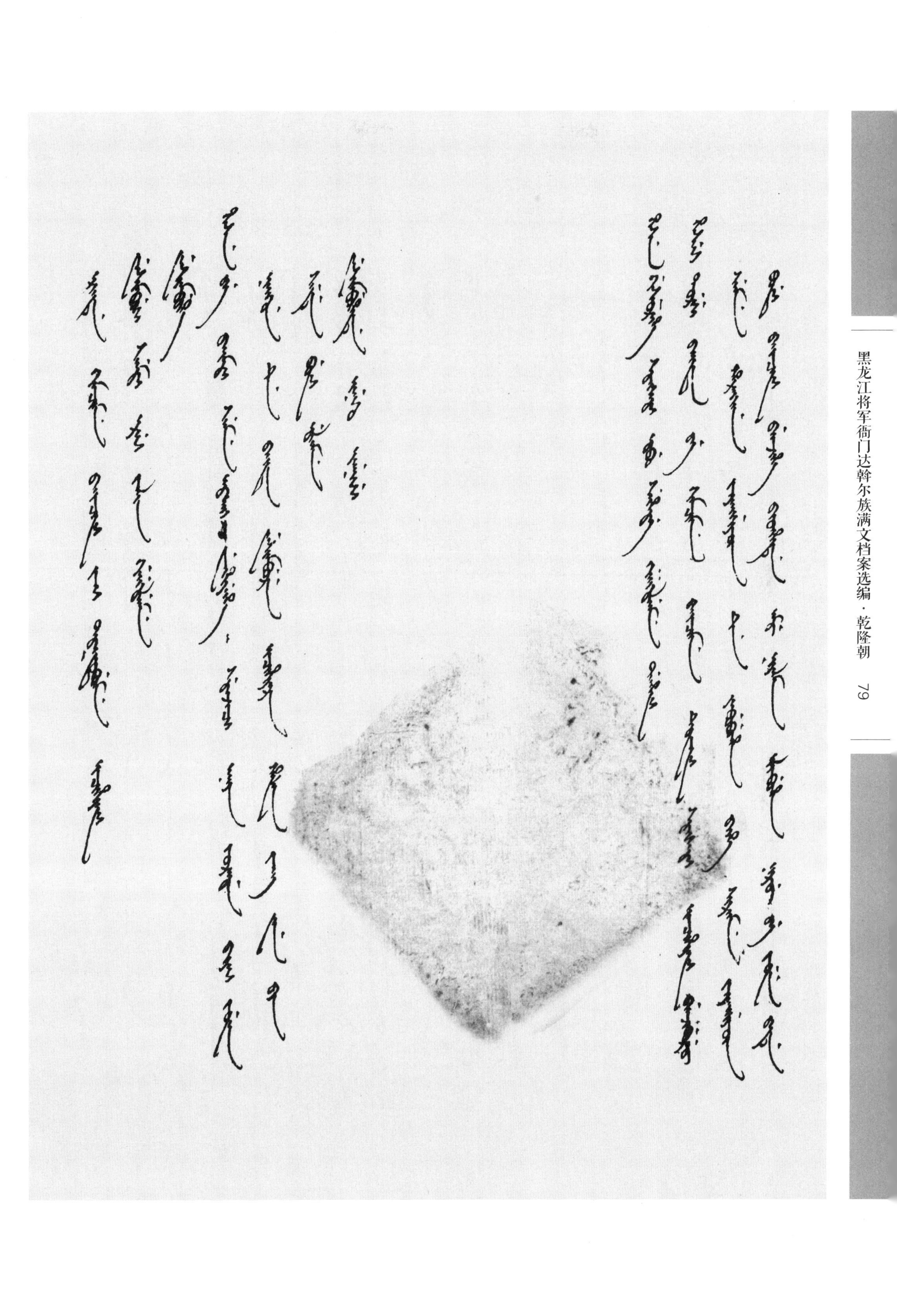

[illegible]

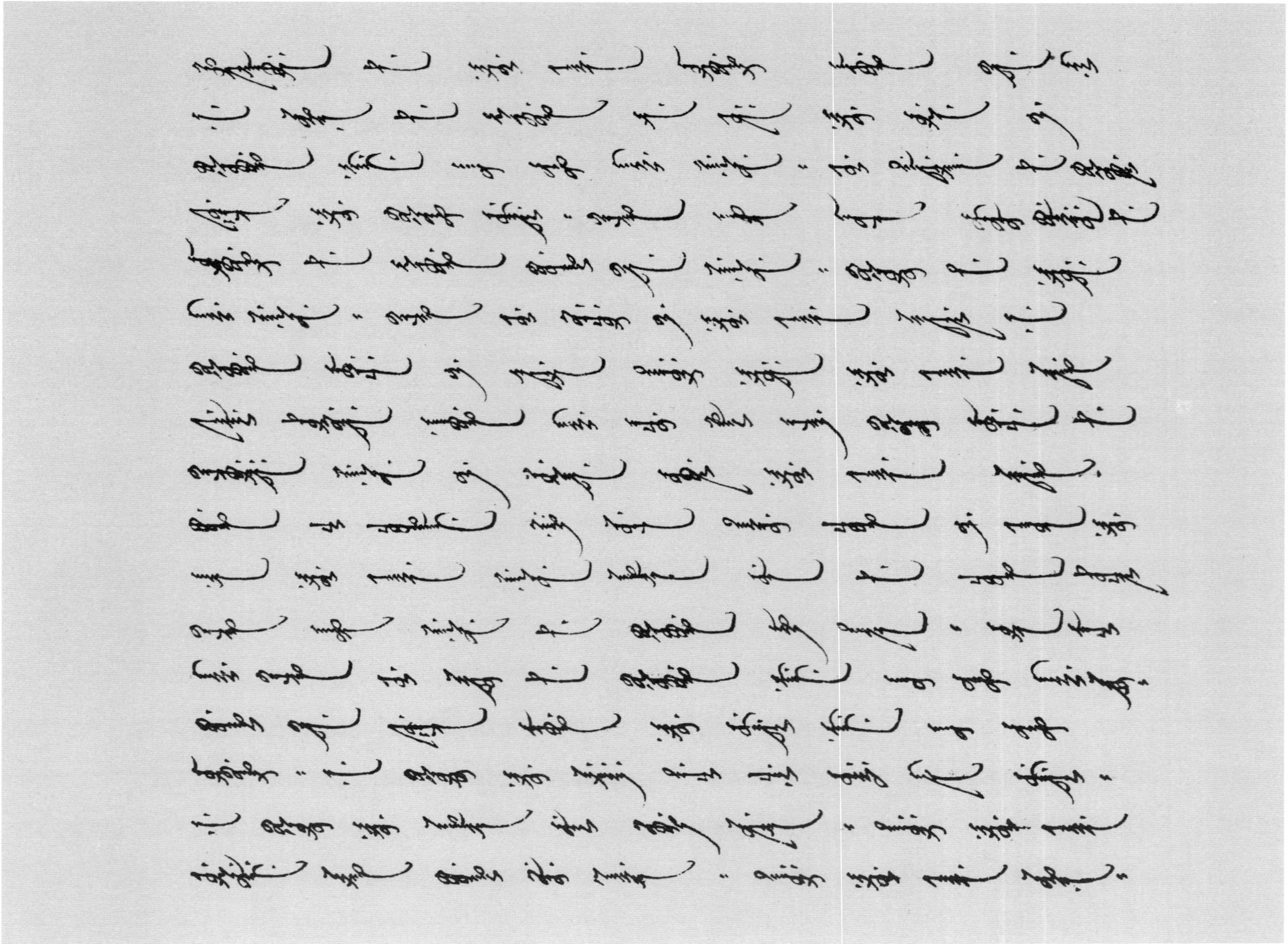

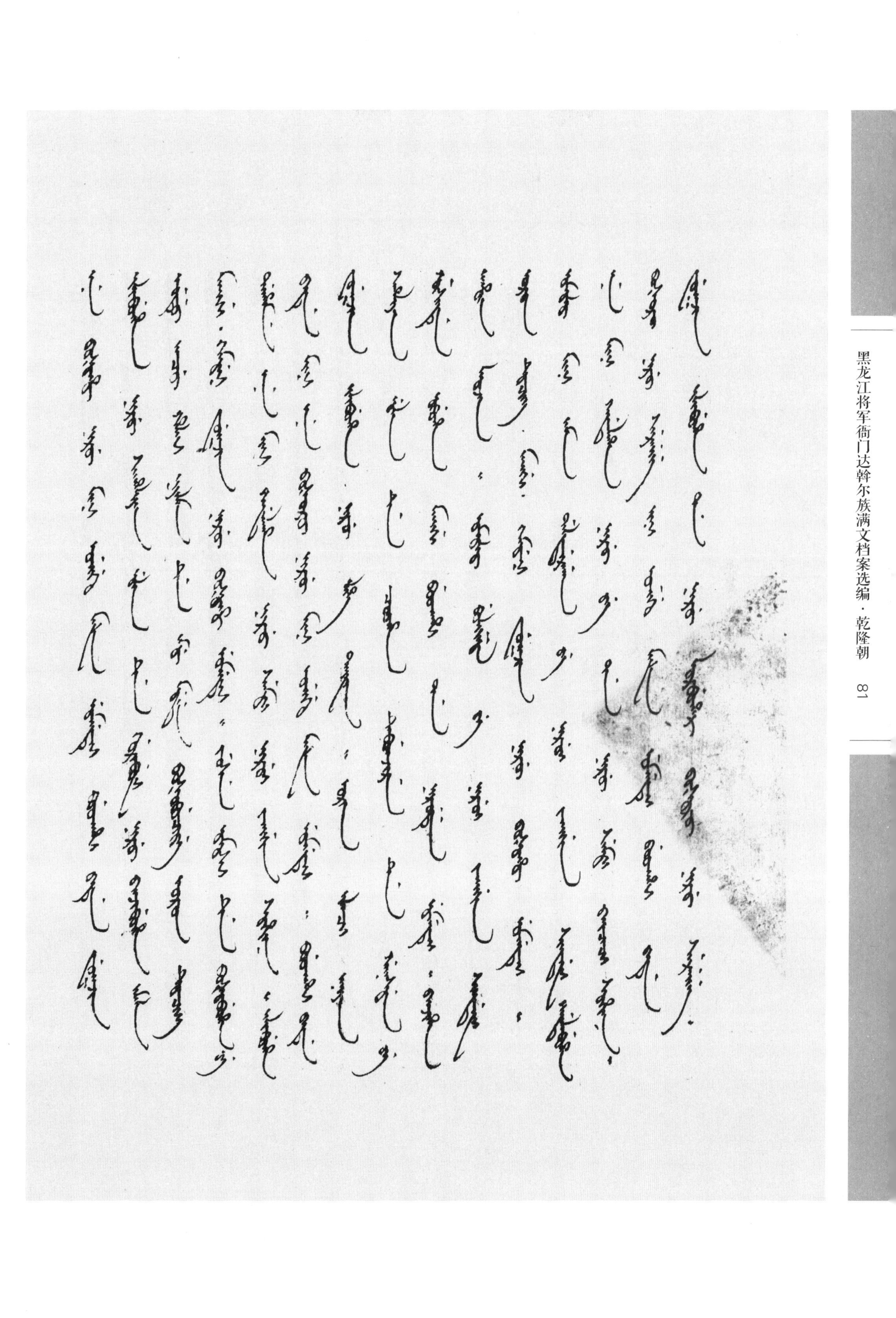

[illegible]

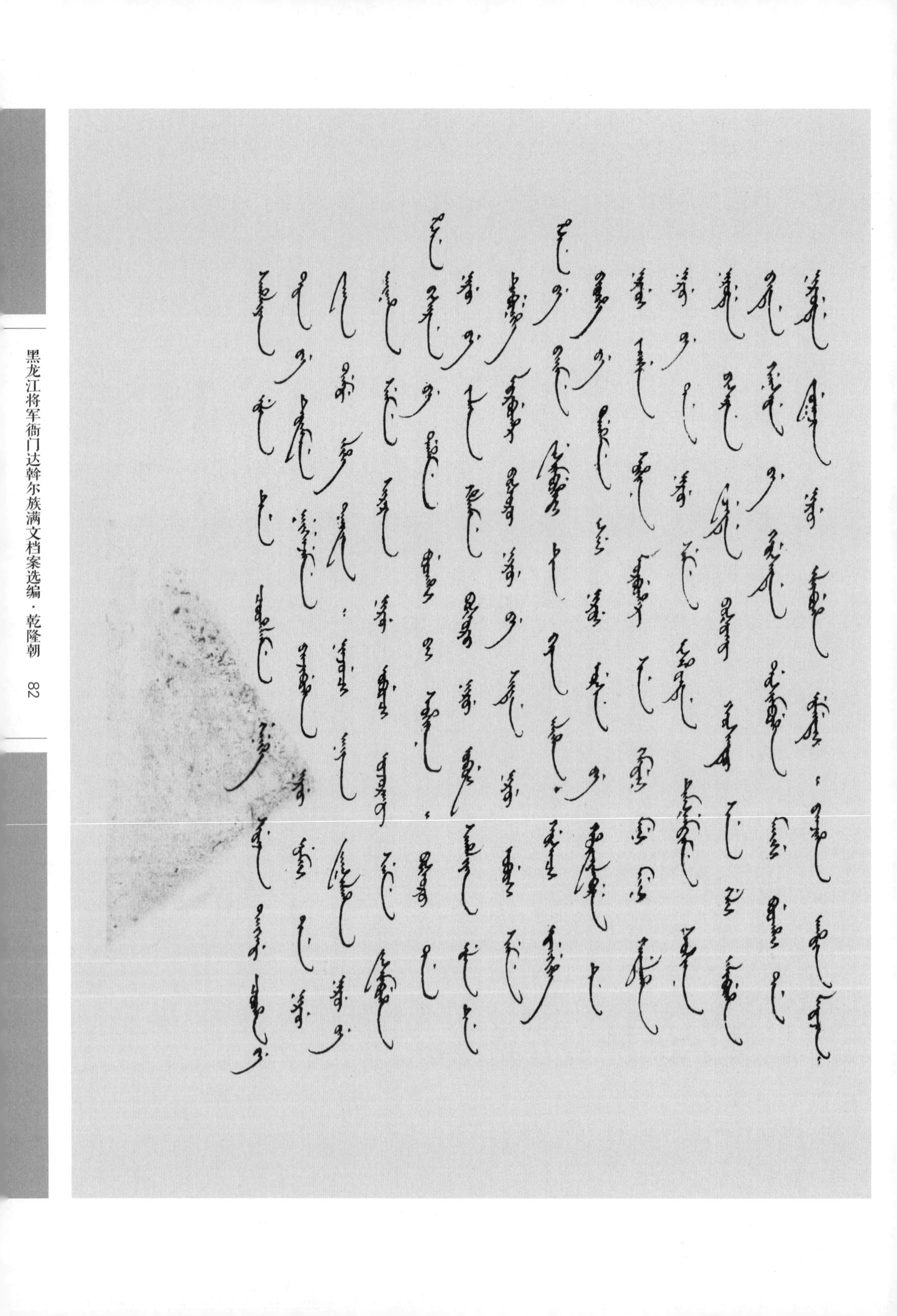

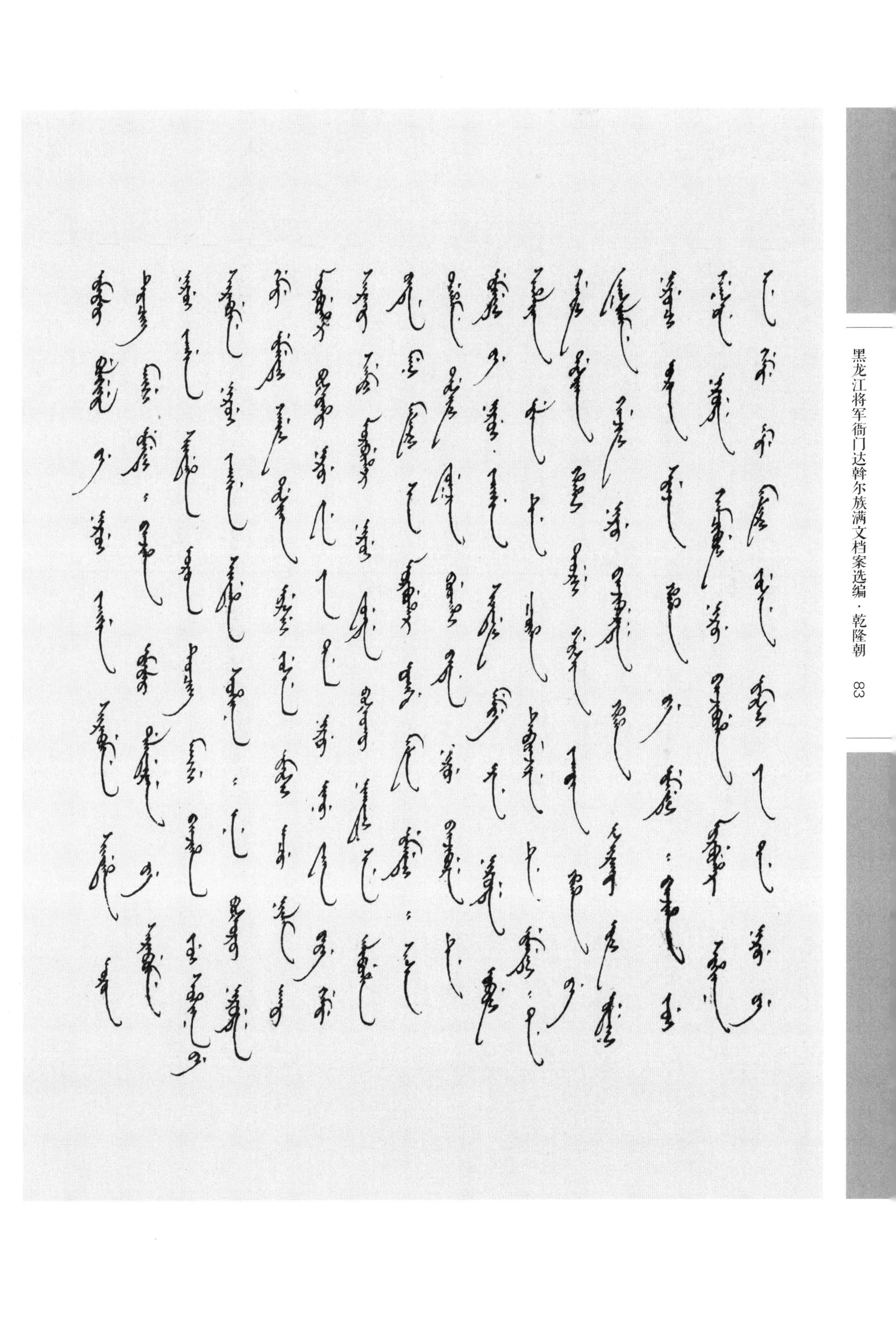

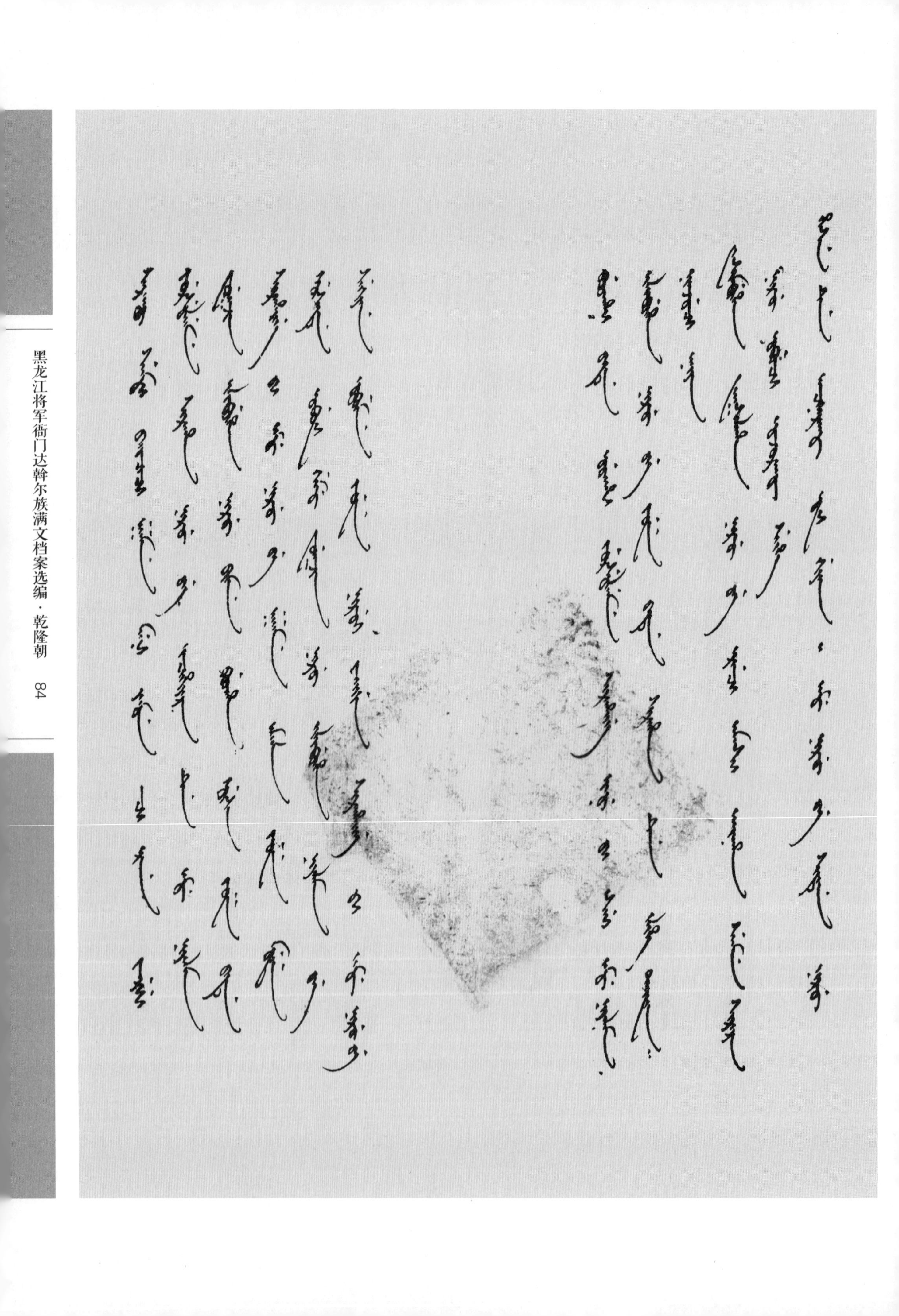

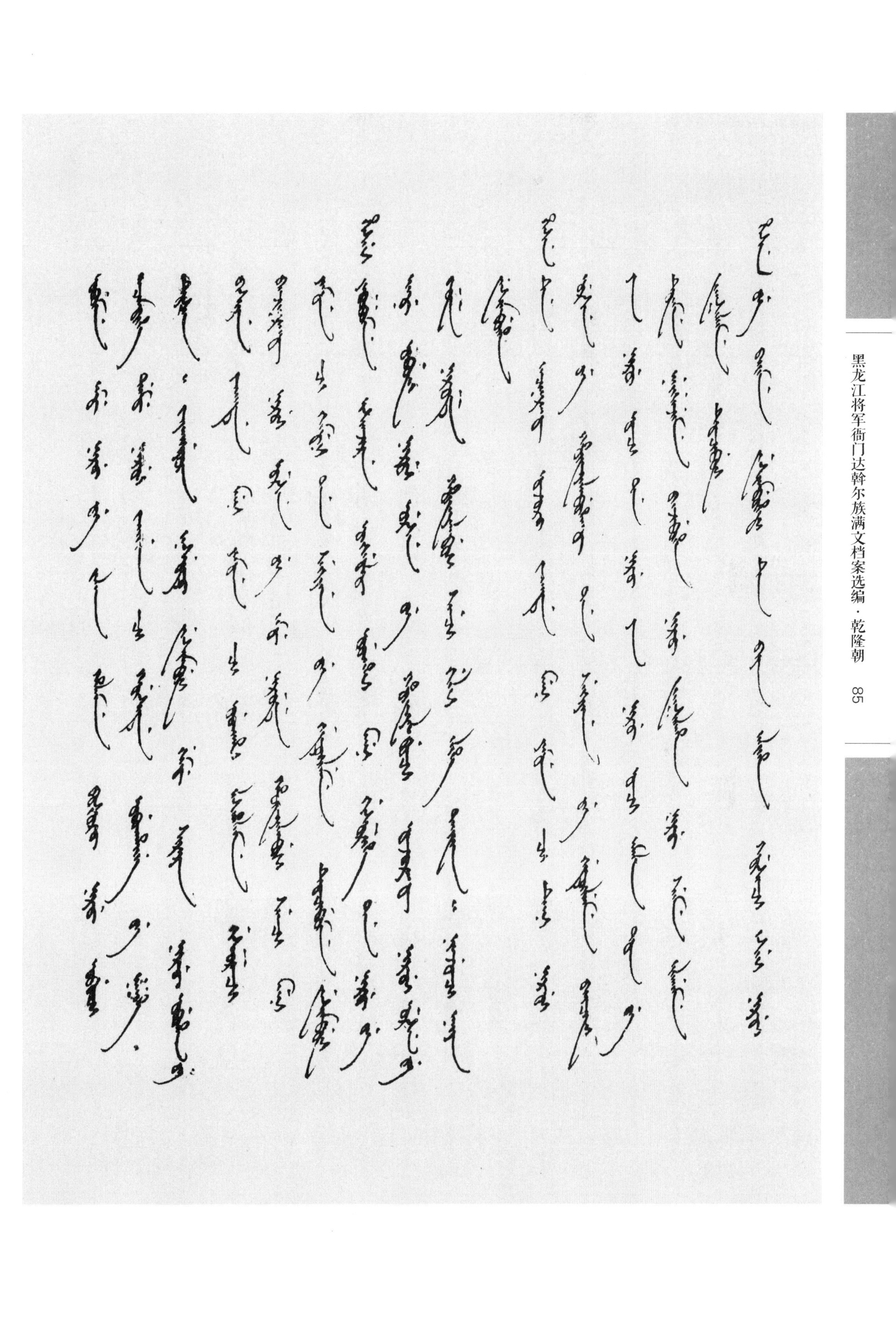

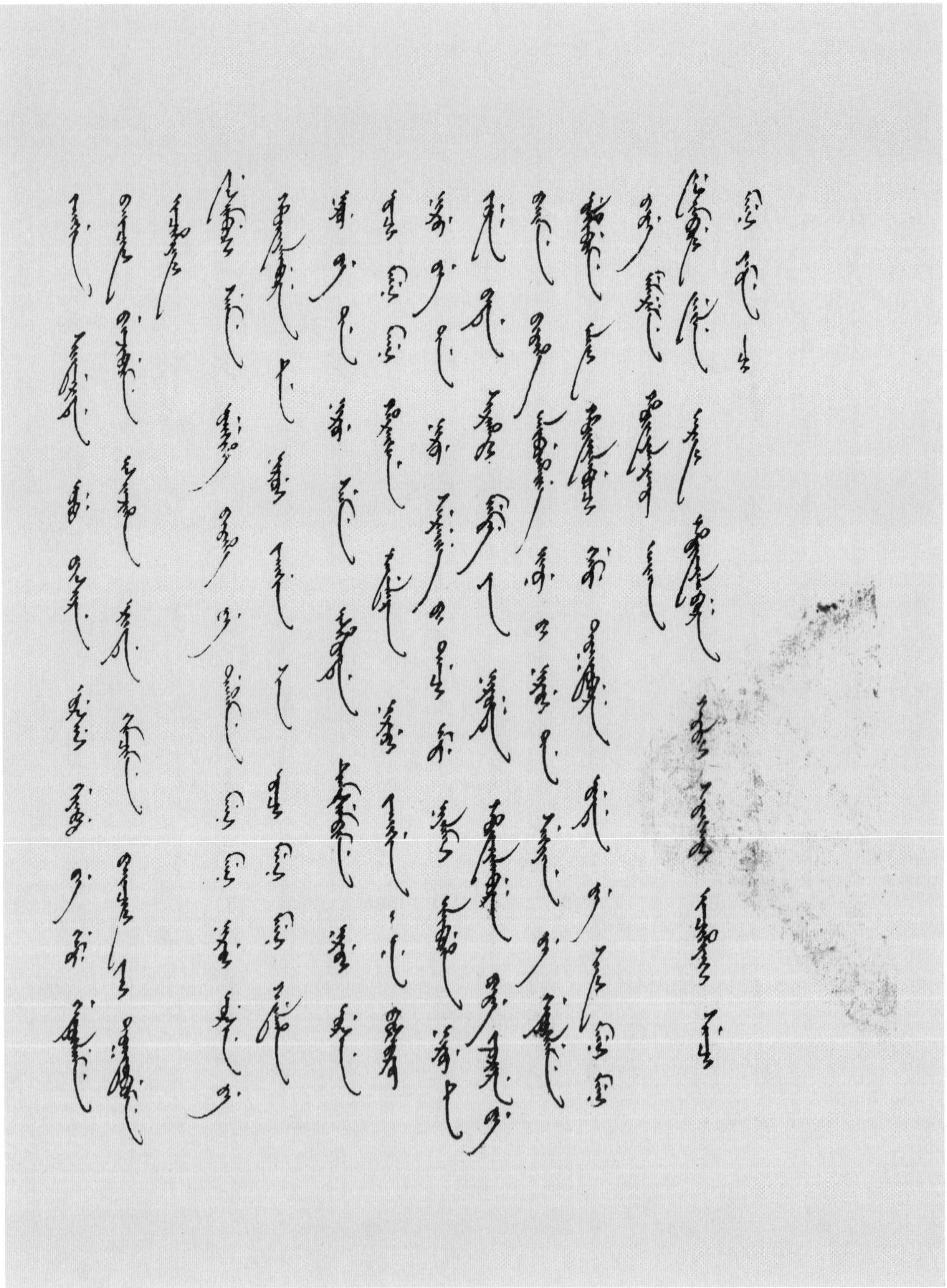

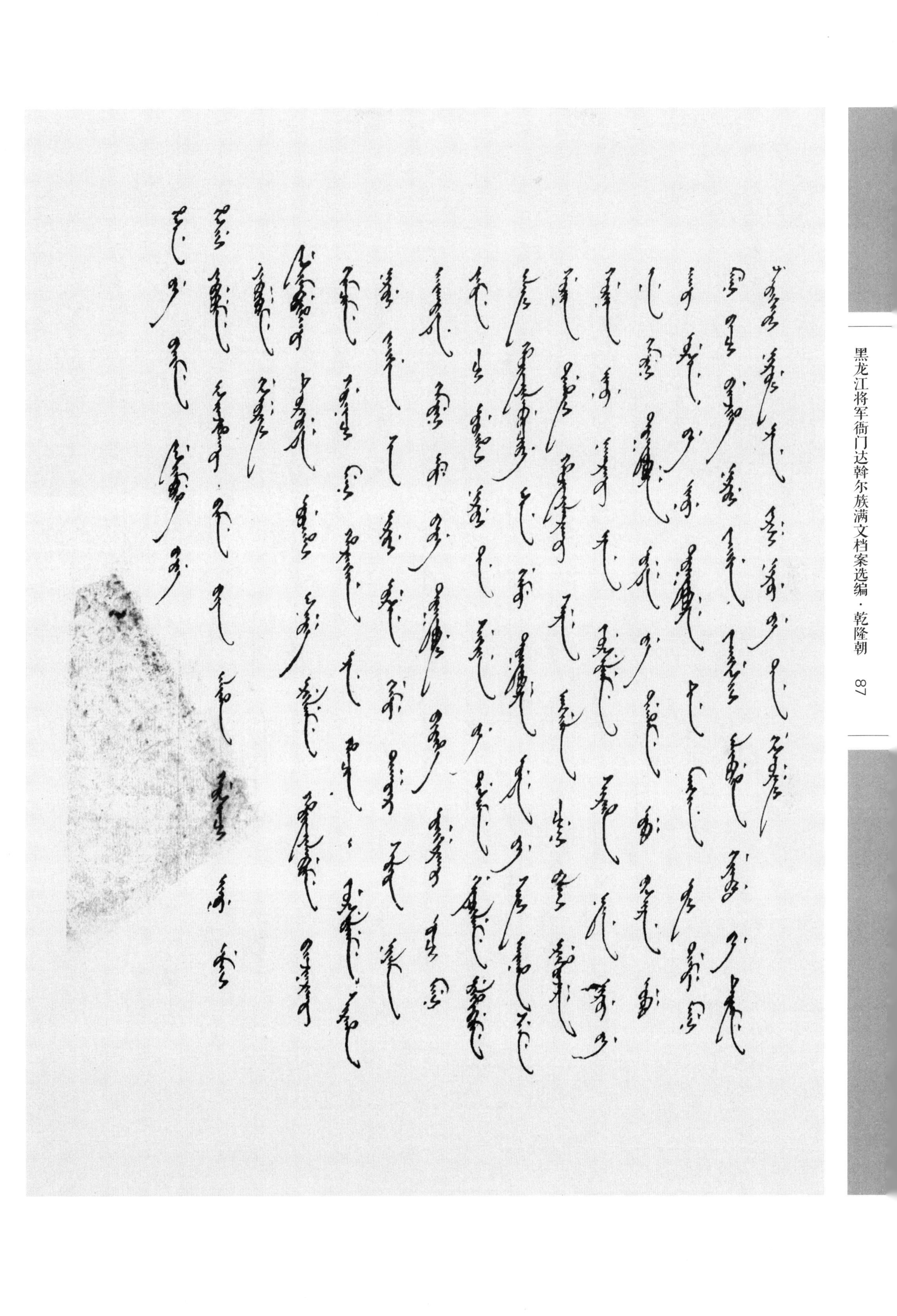

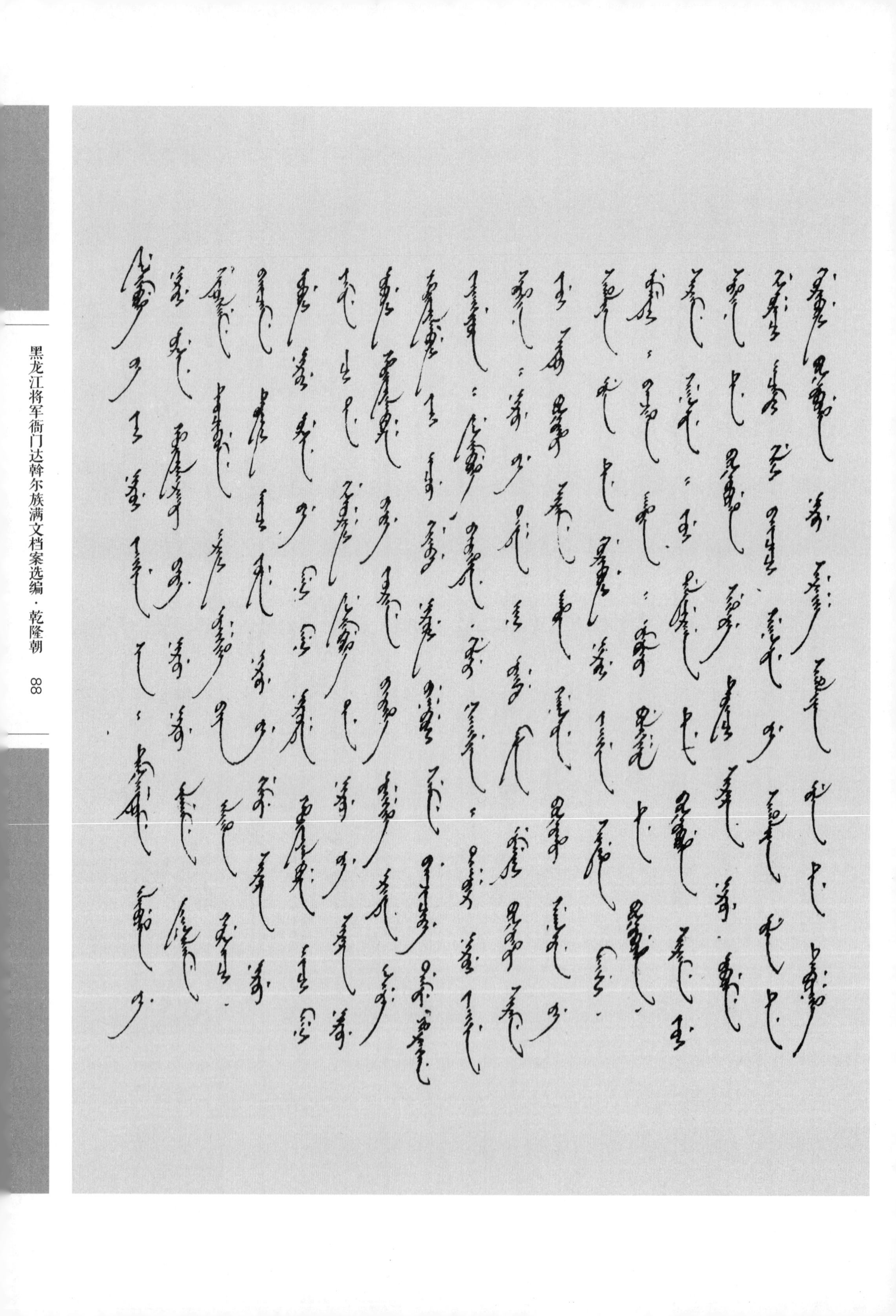

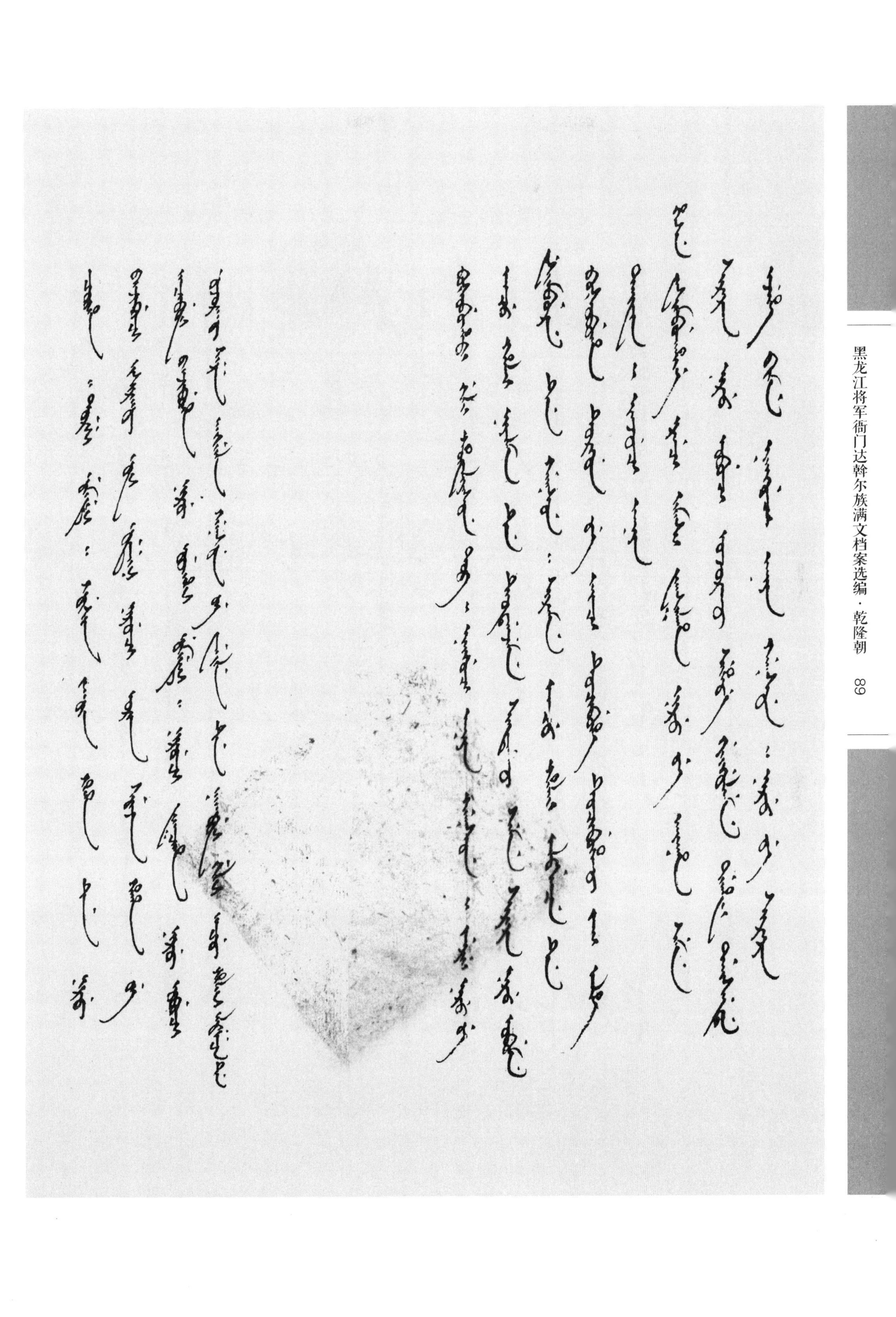

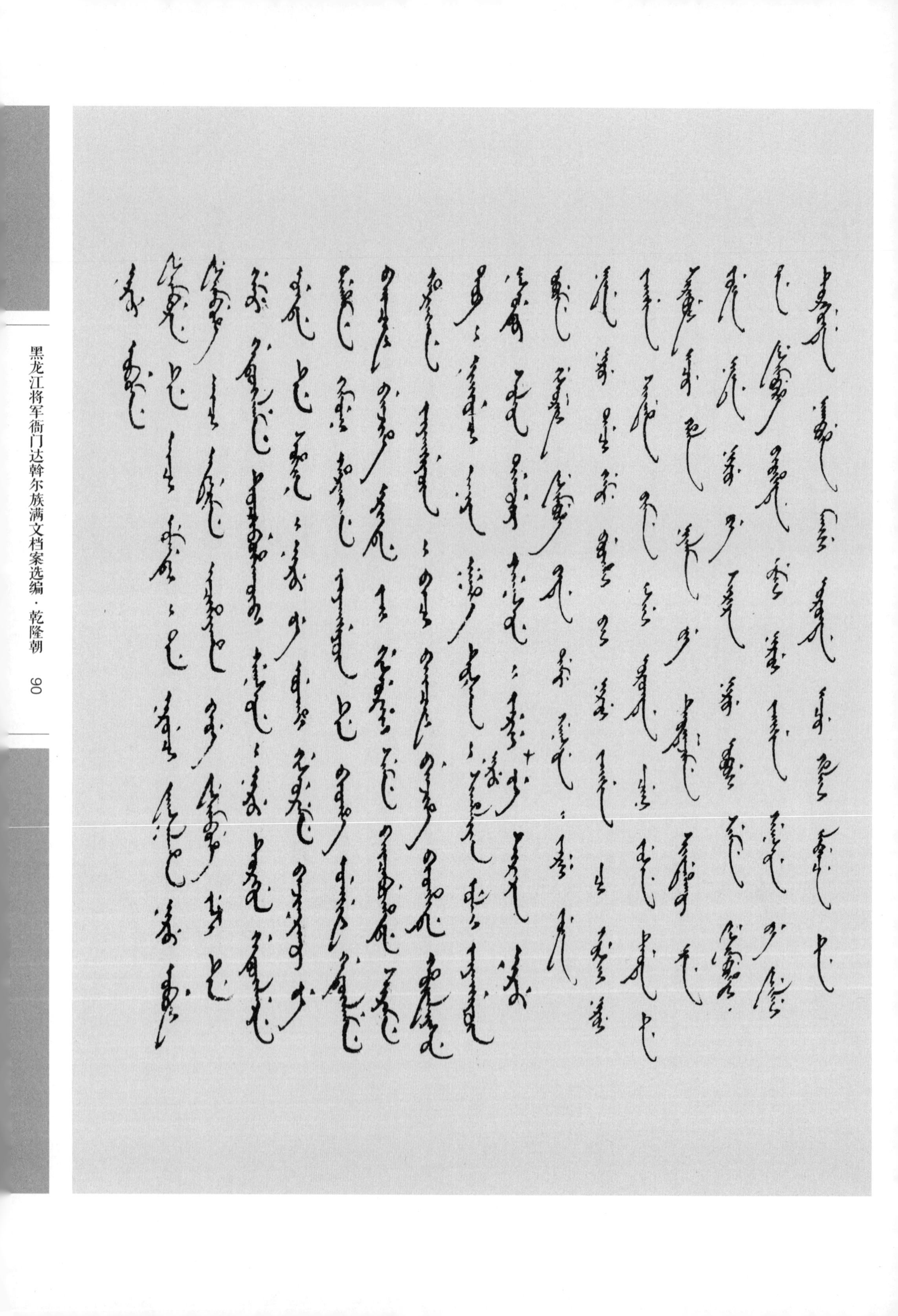

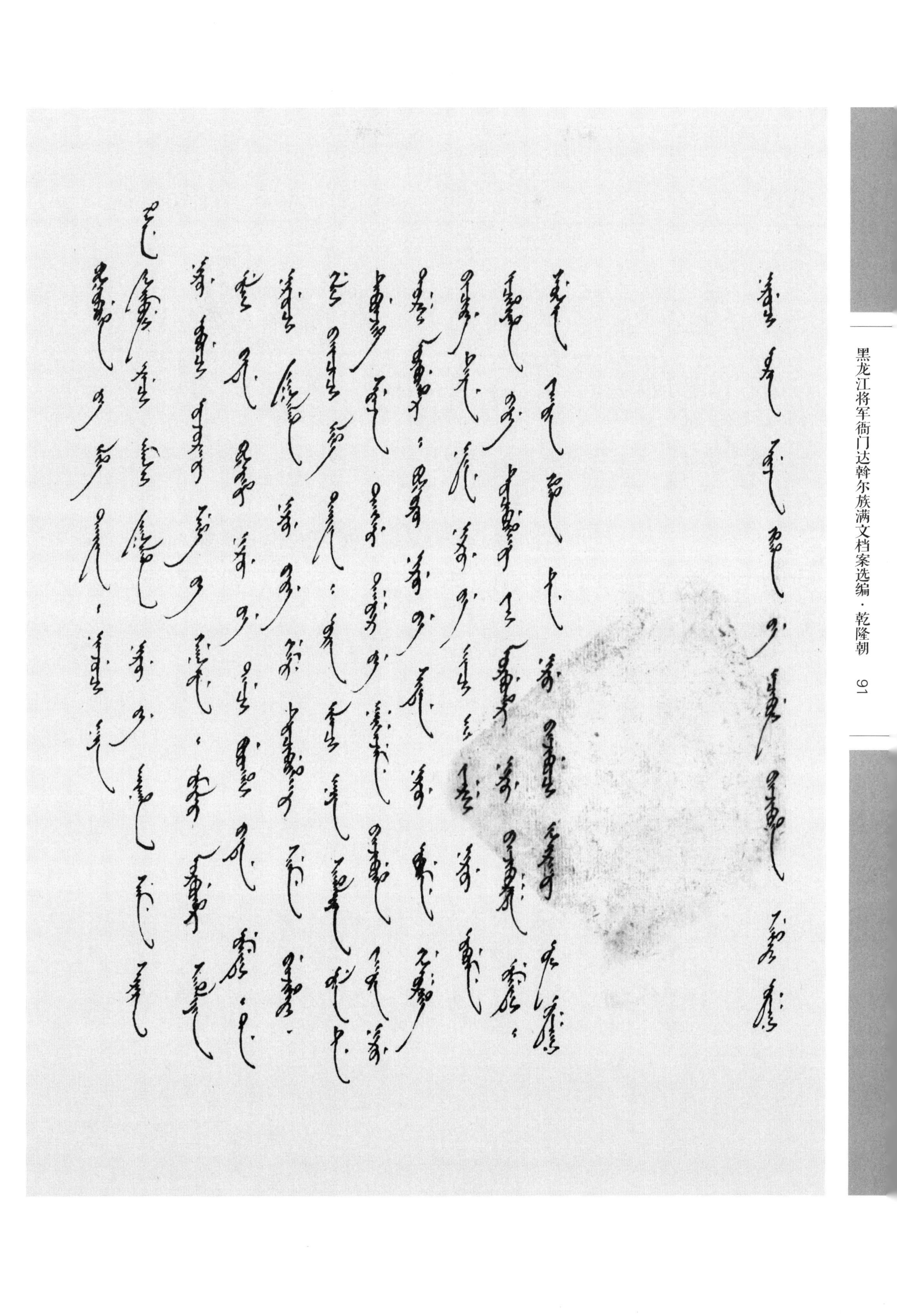

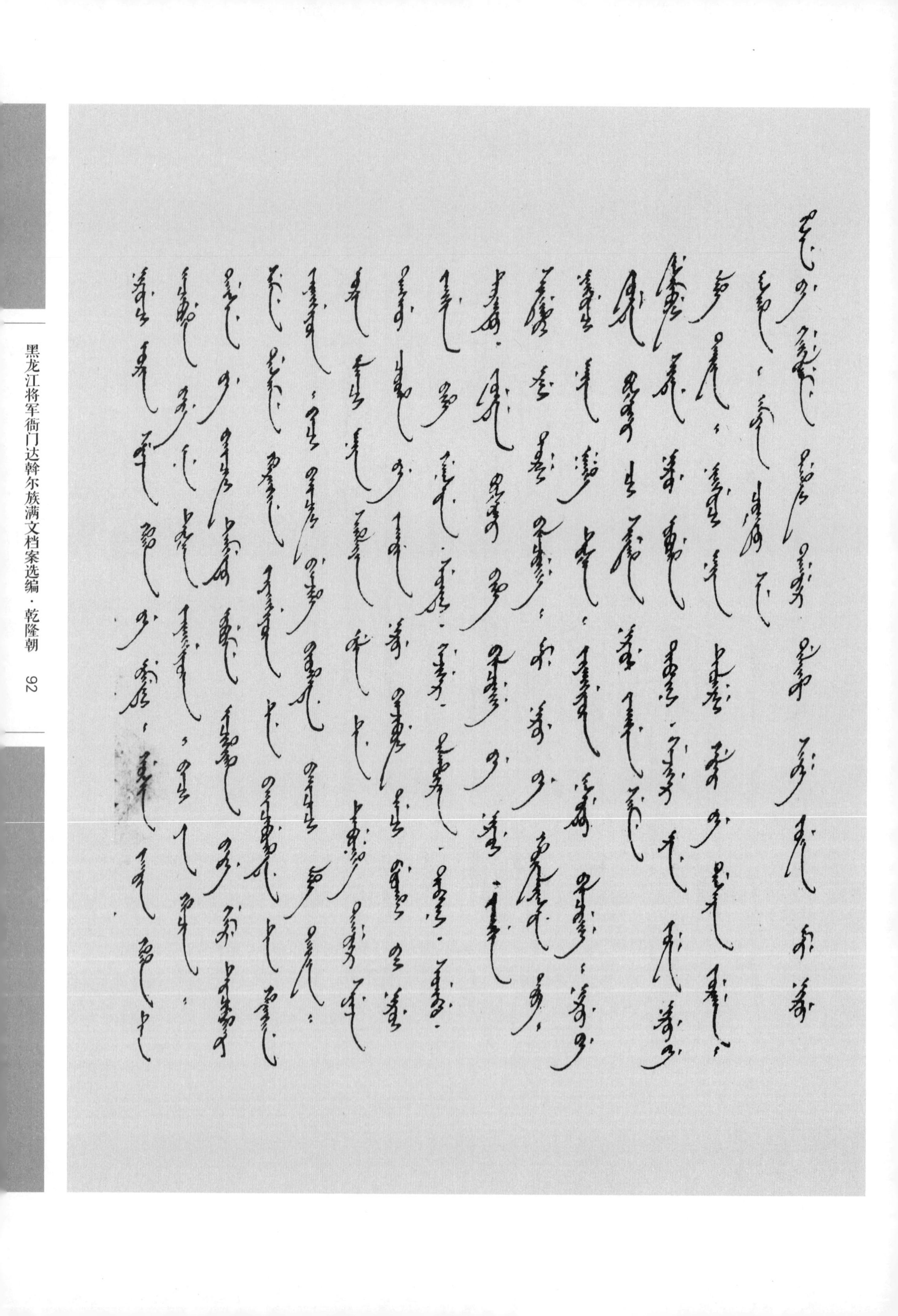

[illegible]

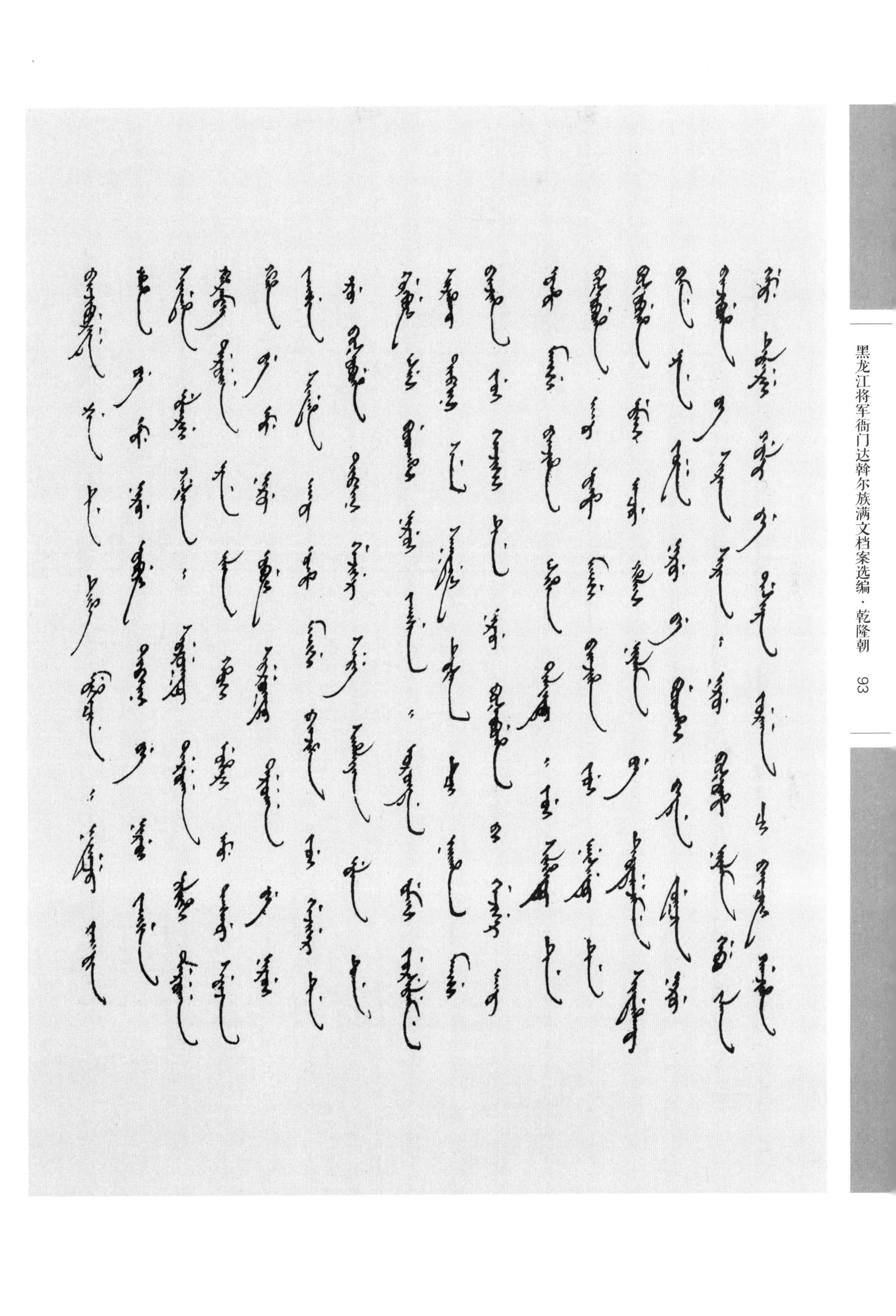

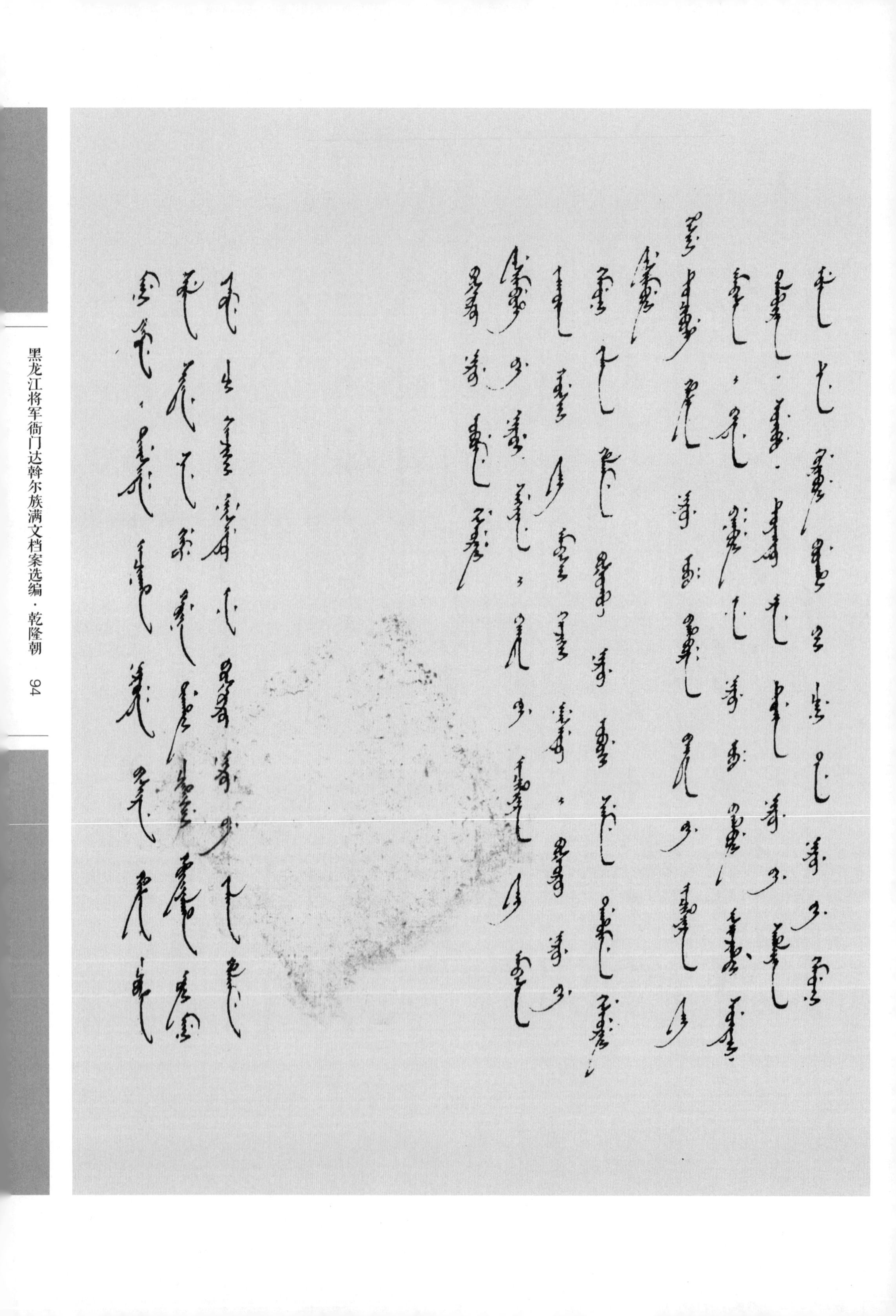

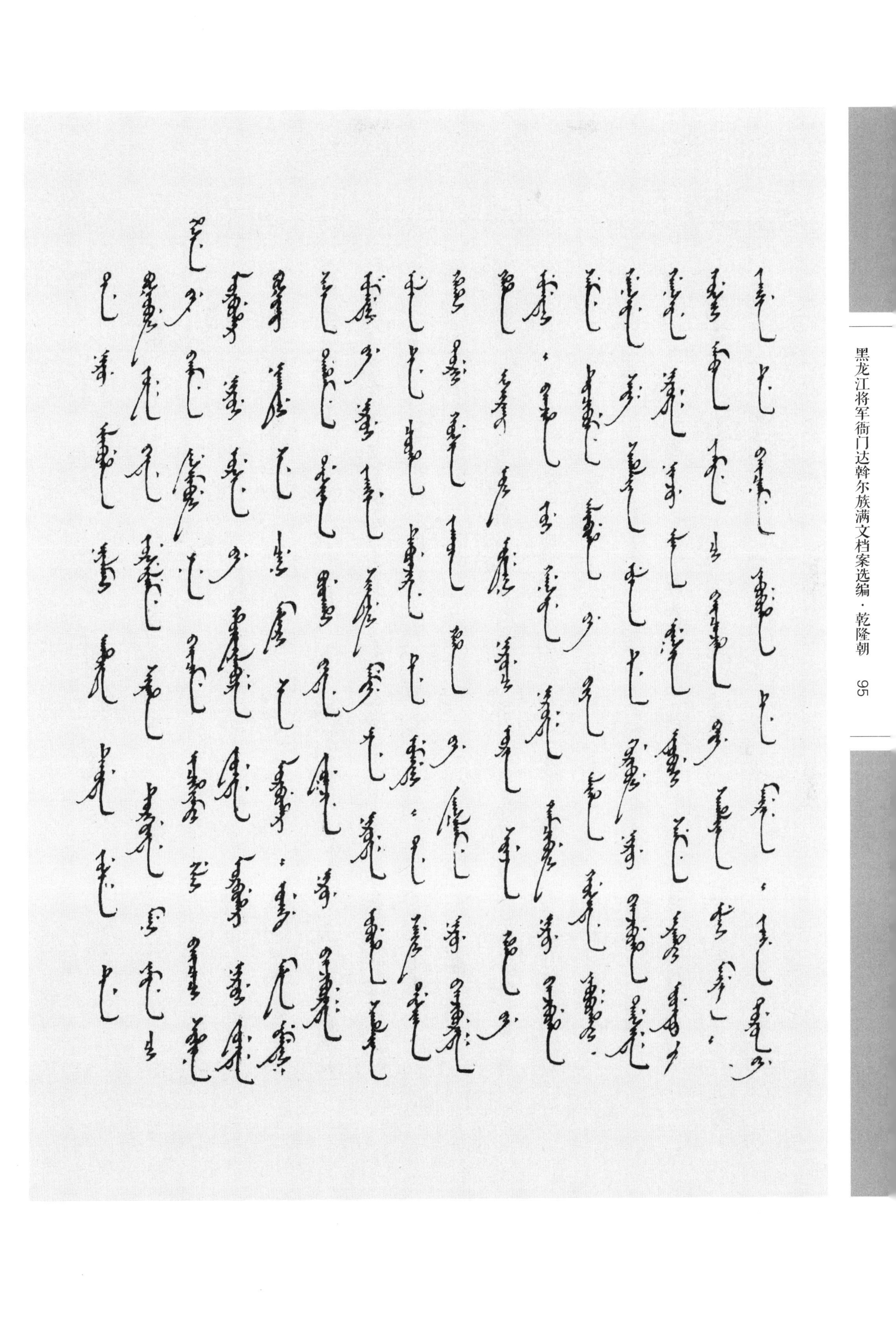

[illegible]

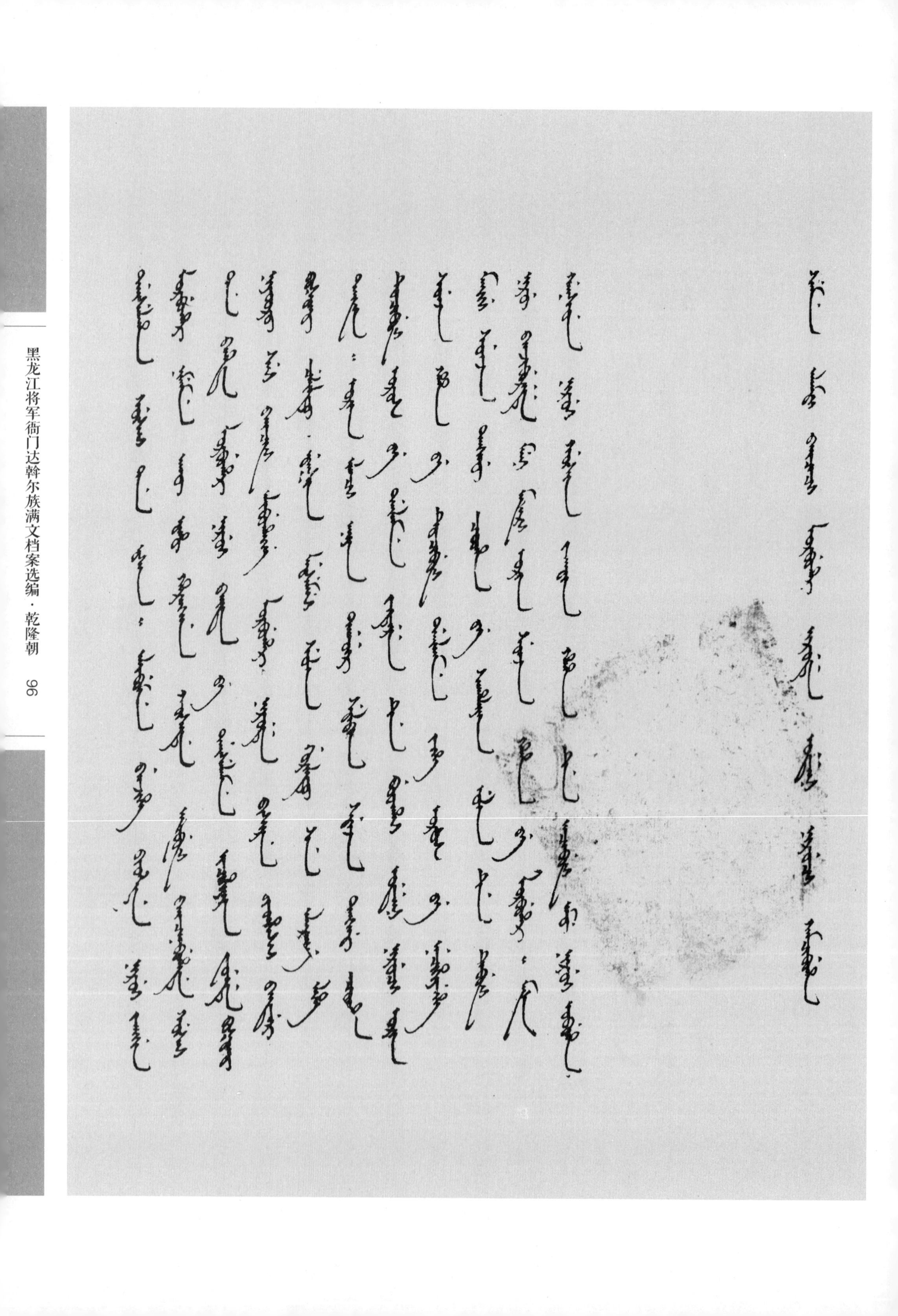

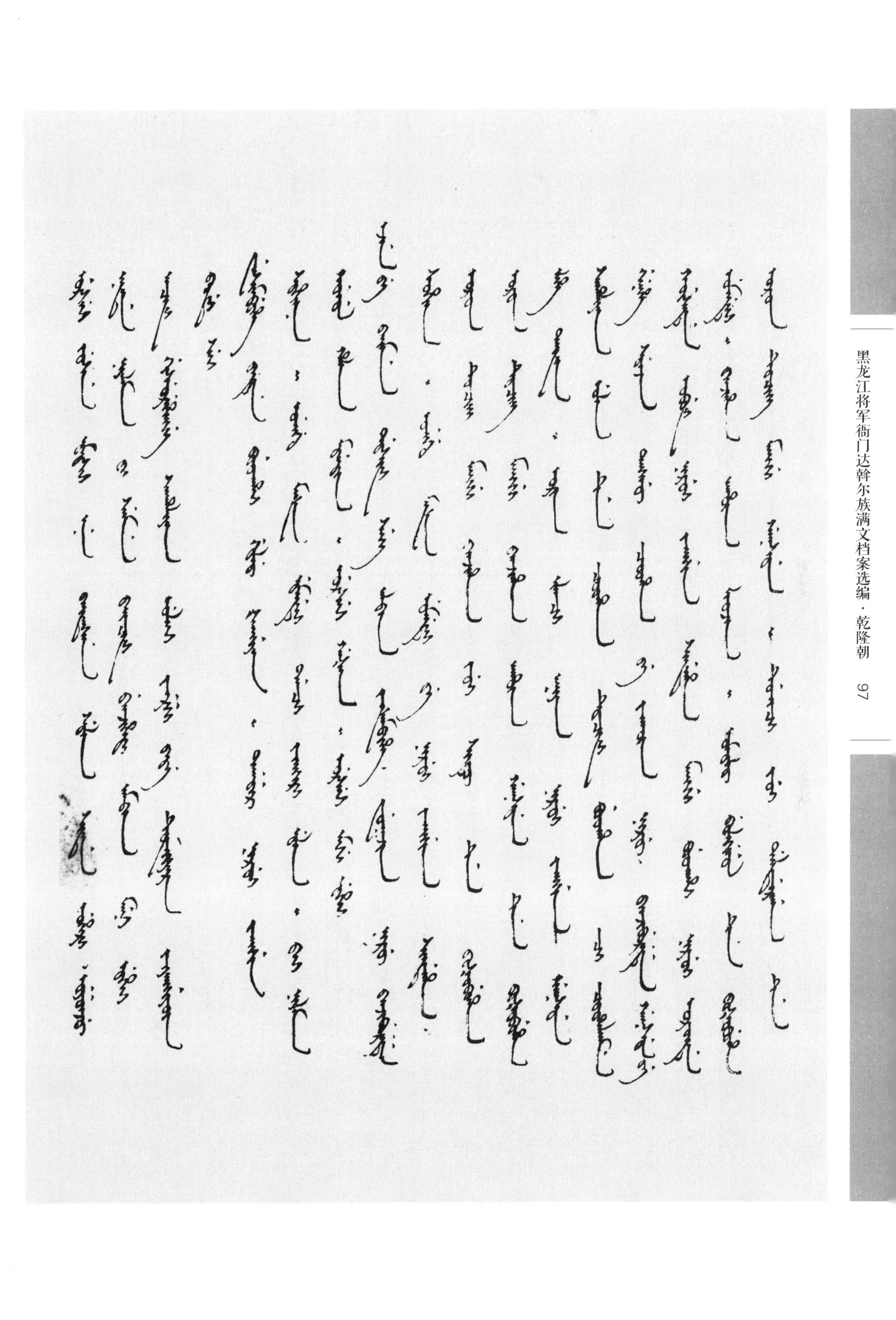

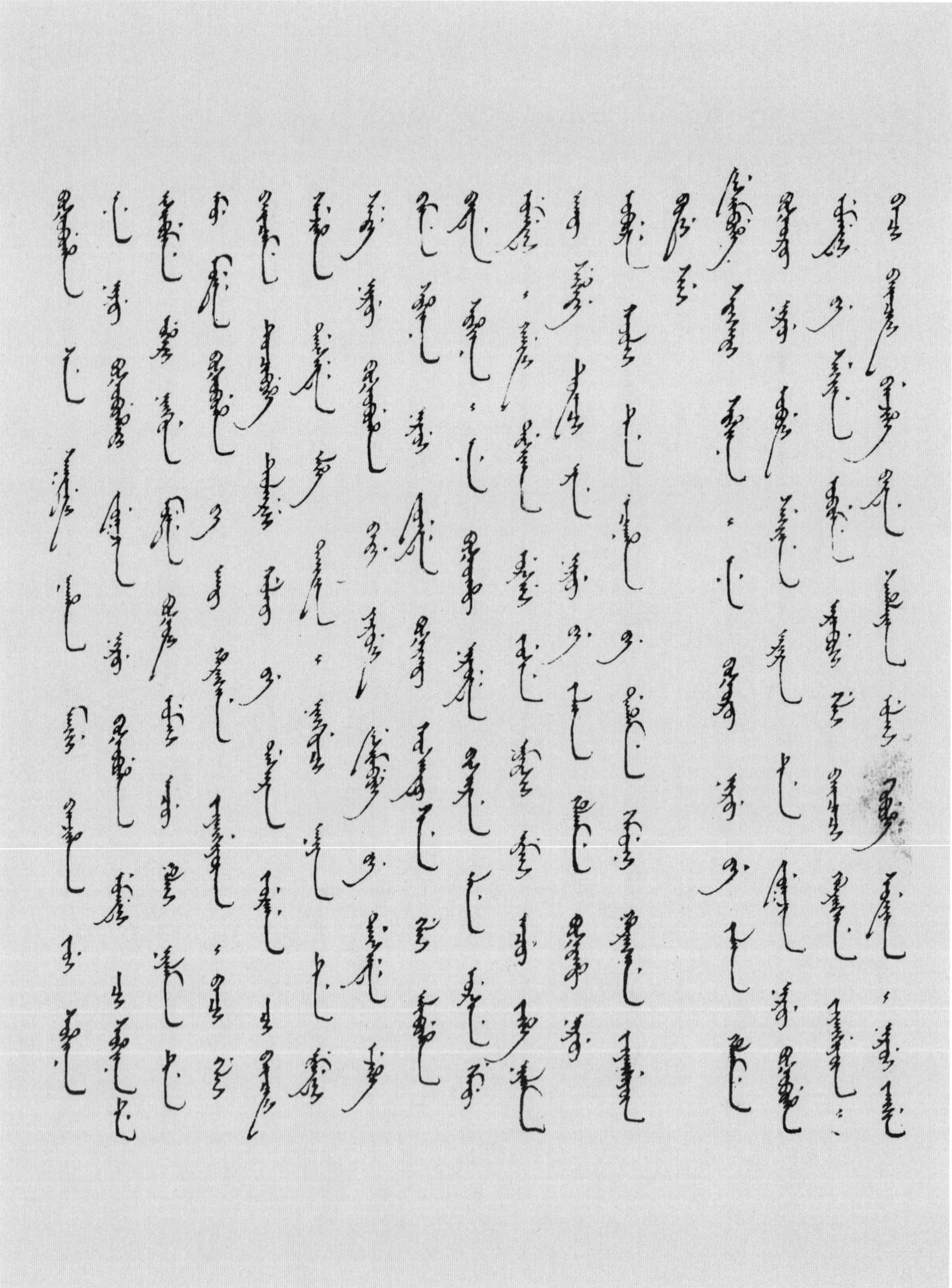

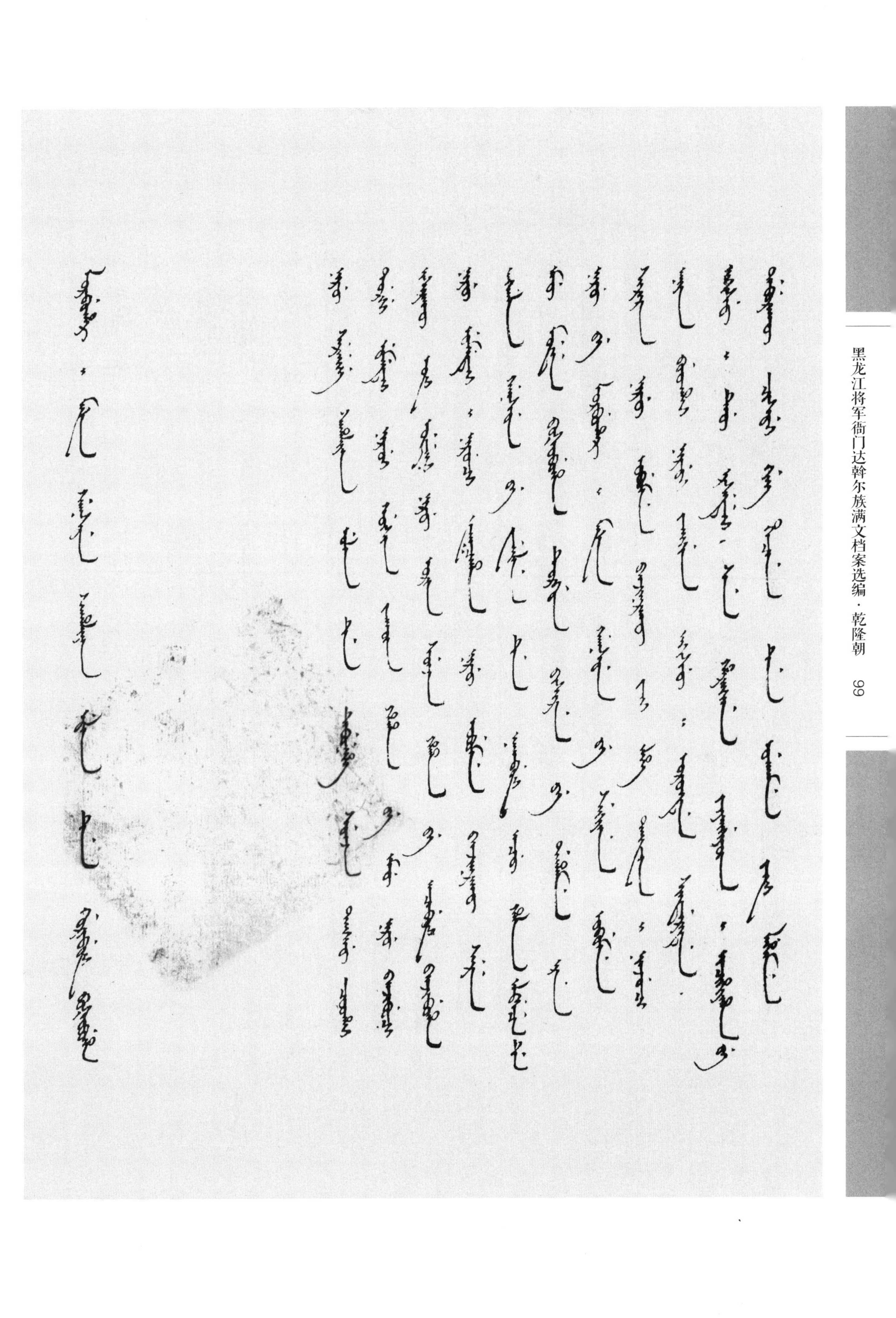

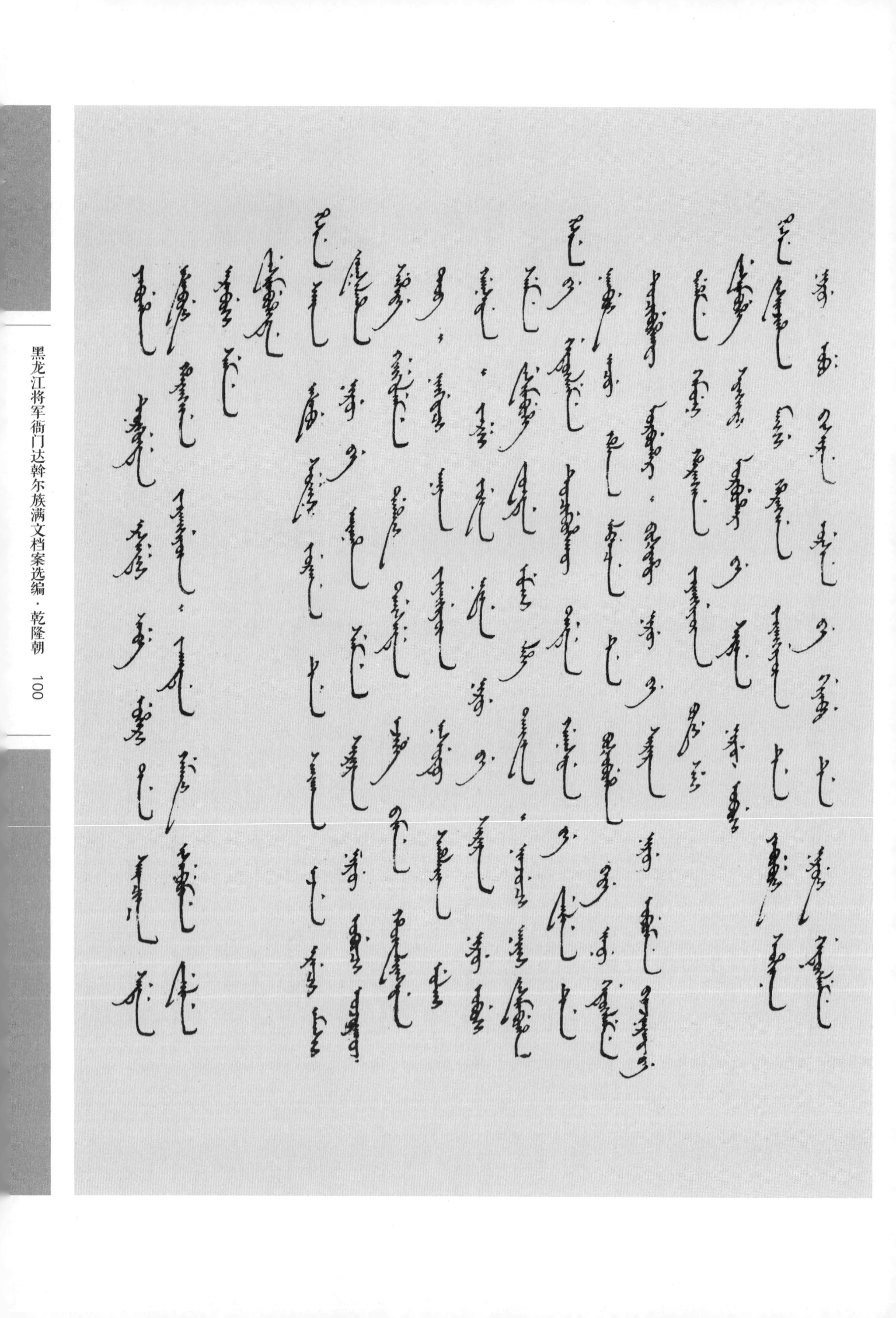

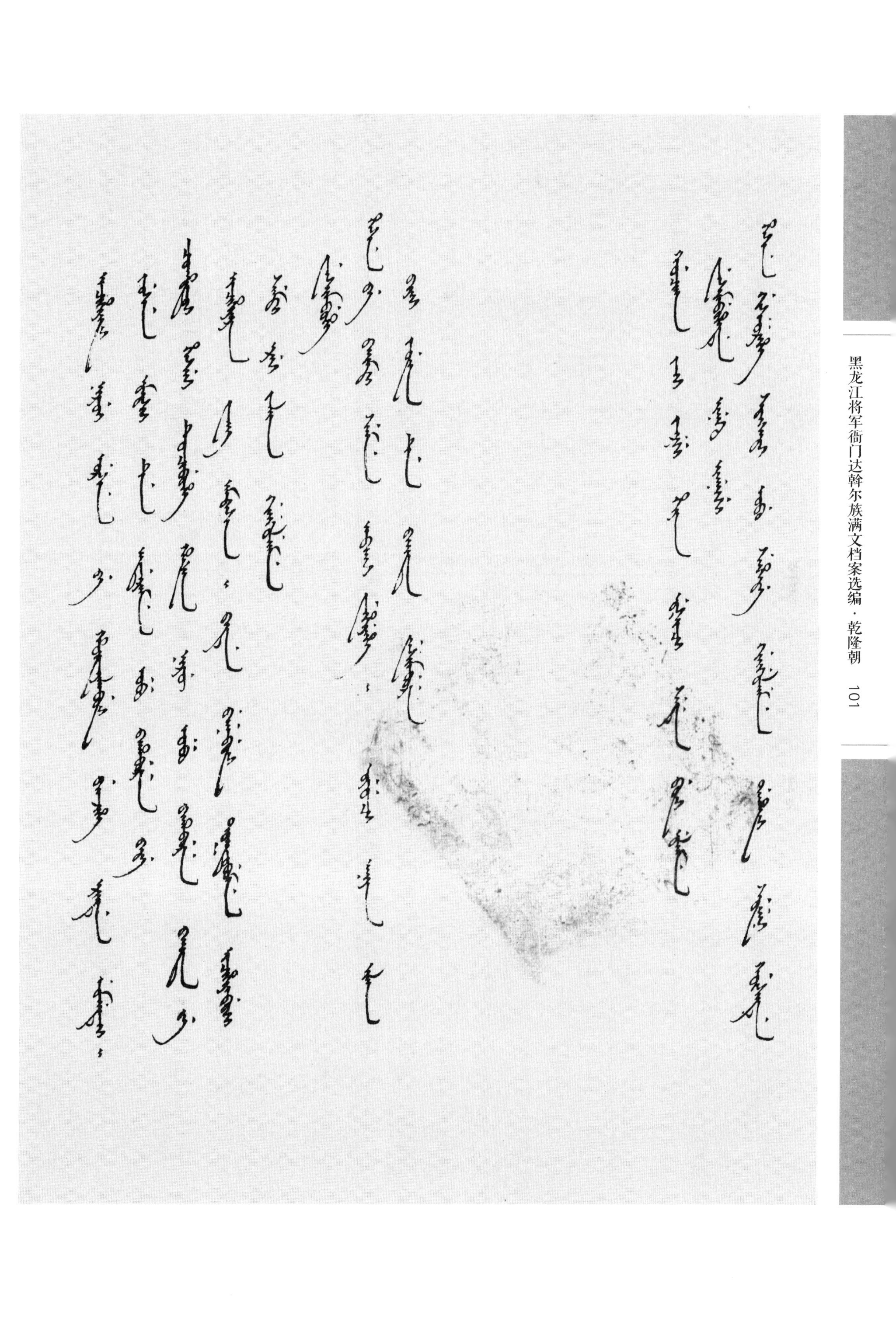

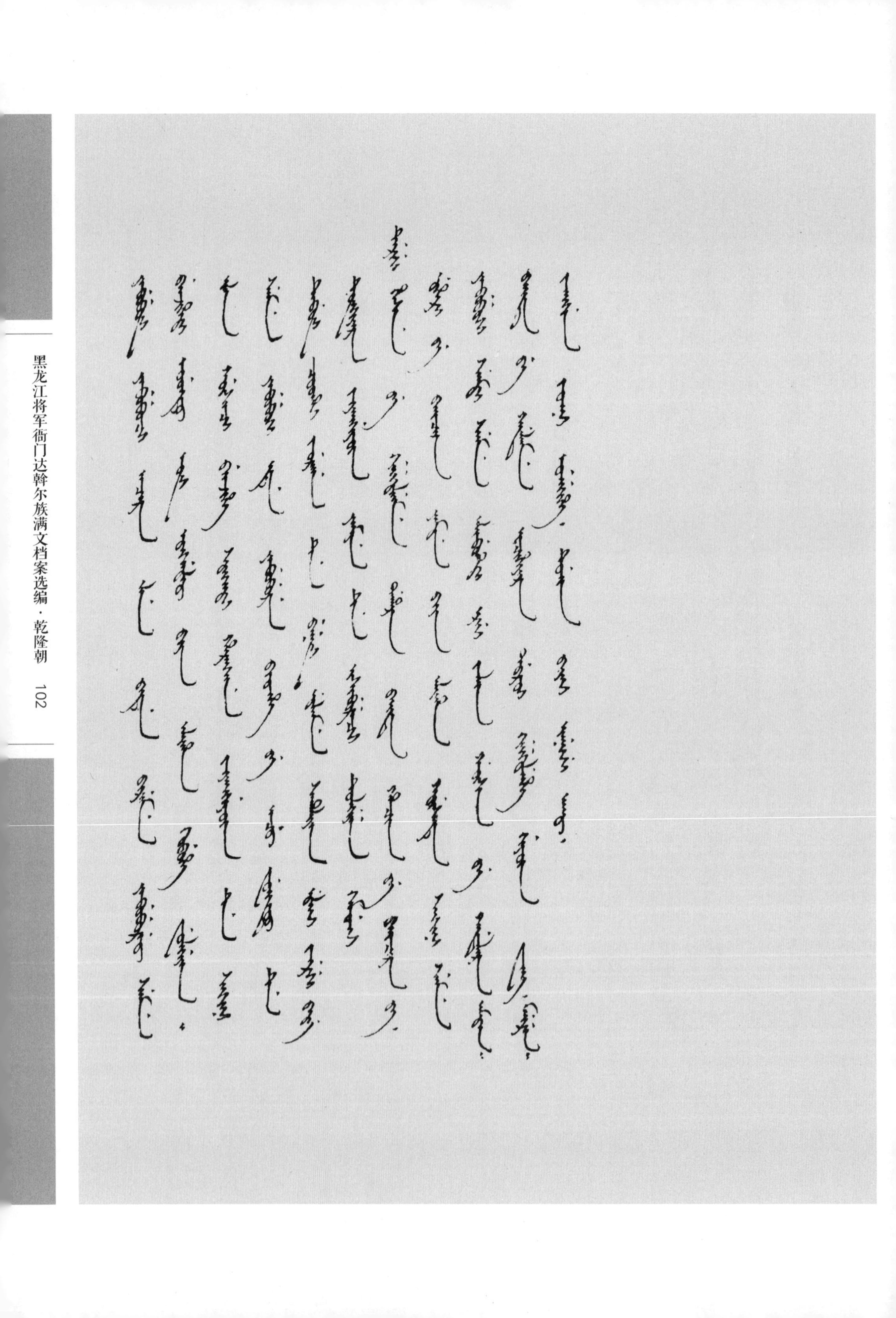

二四三 镶黄满洲旗为黑龙江镶黄旗达斡尔罗尔布哈尔佐领作为公中佐领事咨黑龙江将军衙门文（附咨文一件）

乾隆九年五月二十三日

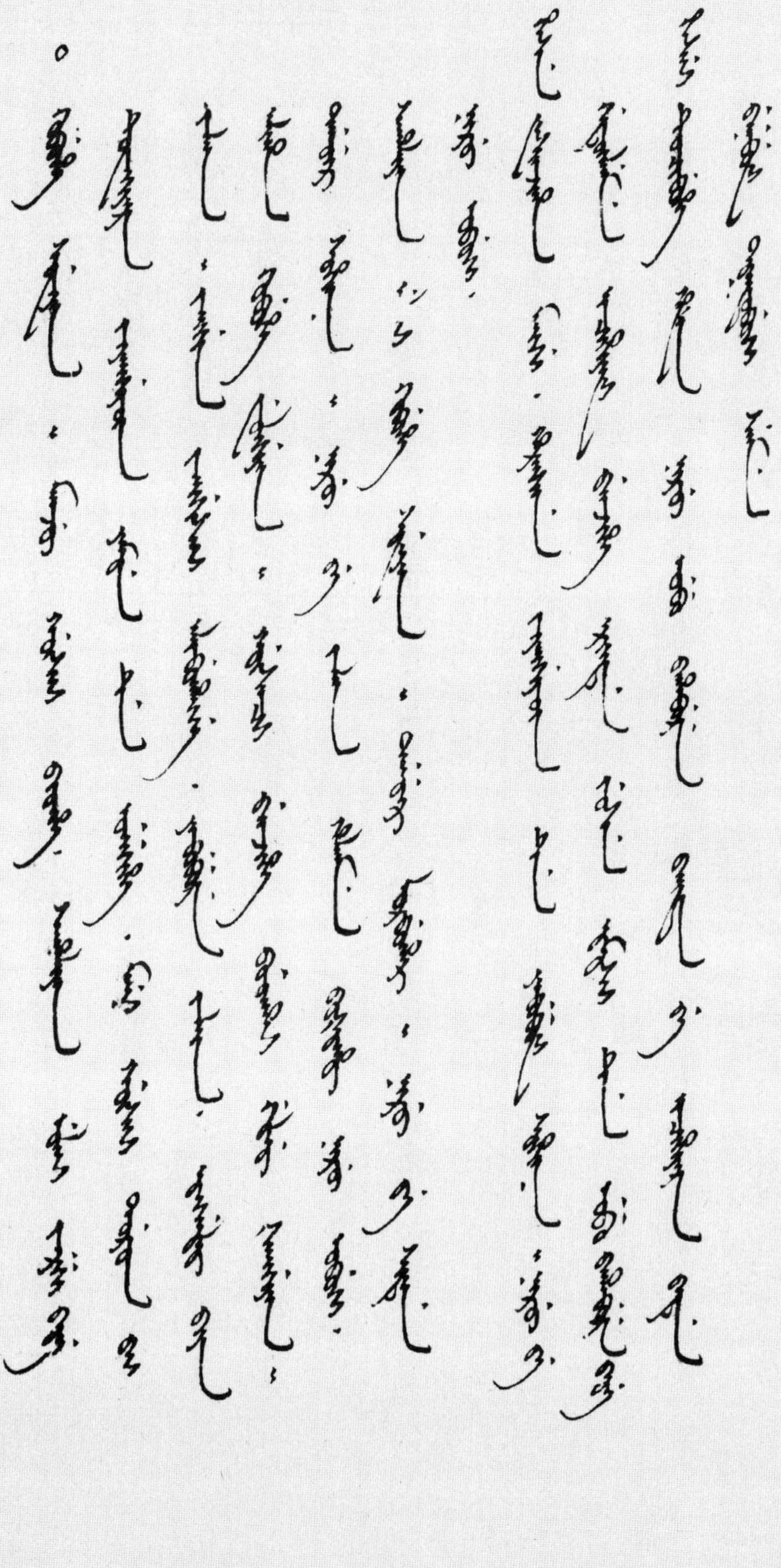

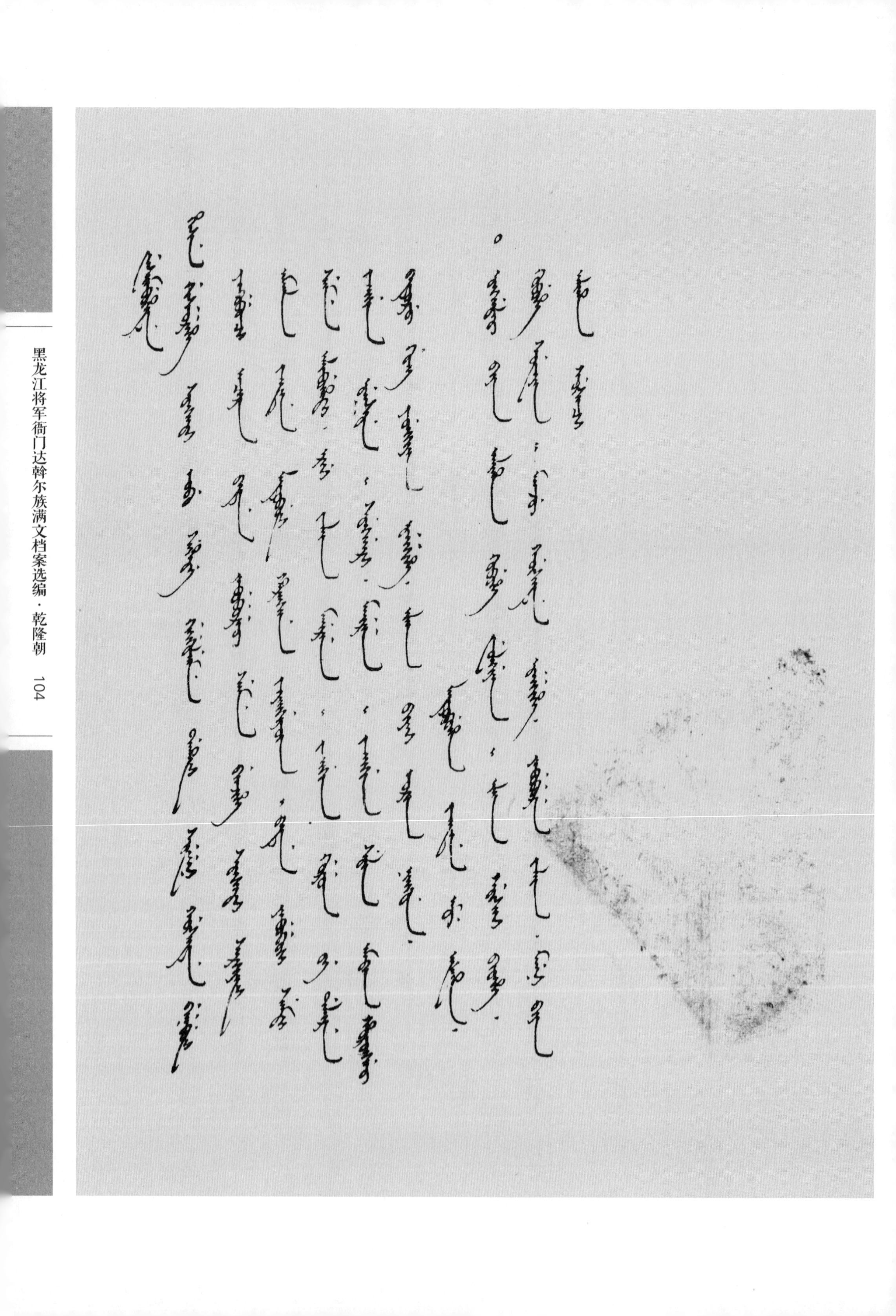

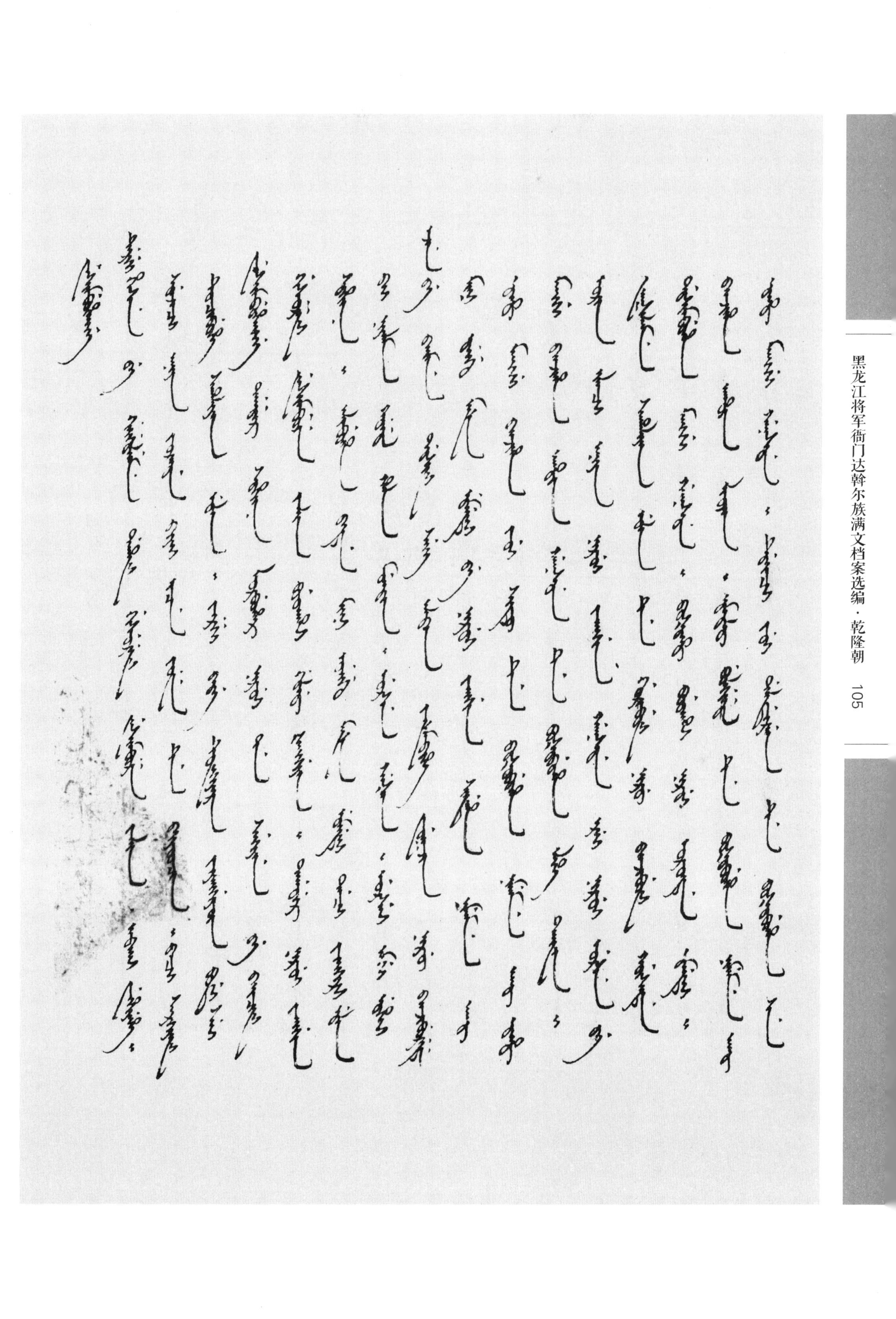

[illegible]

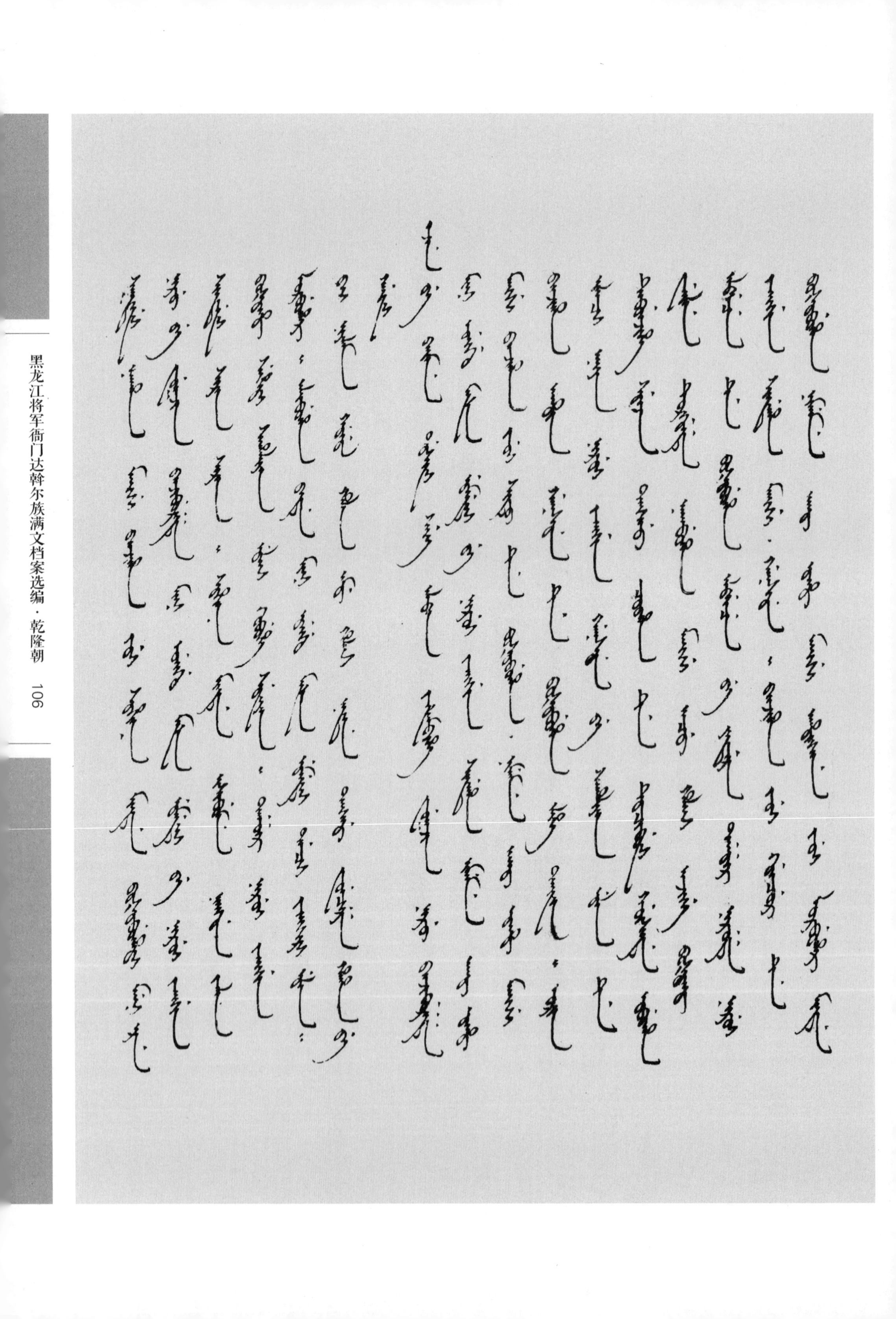

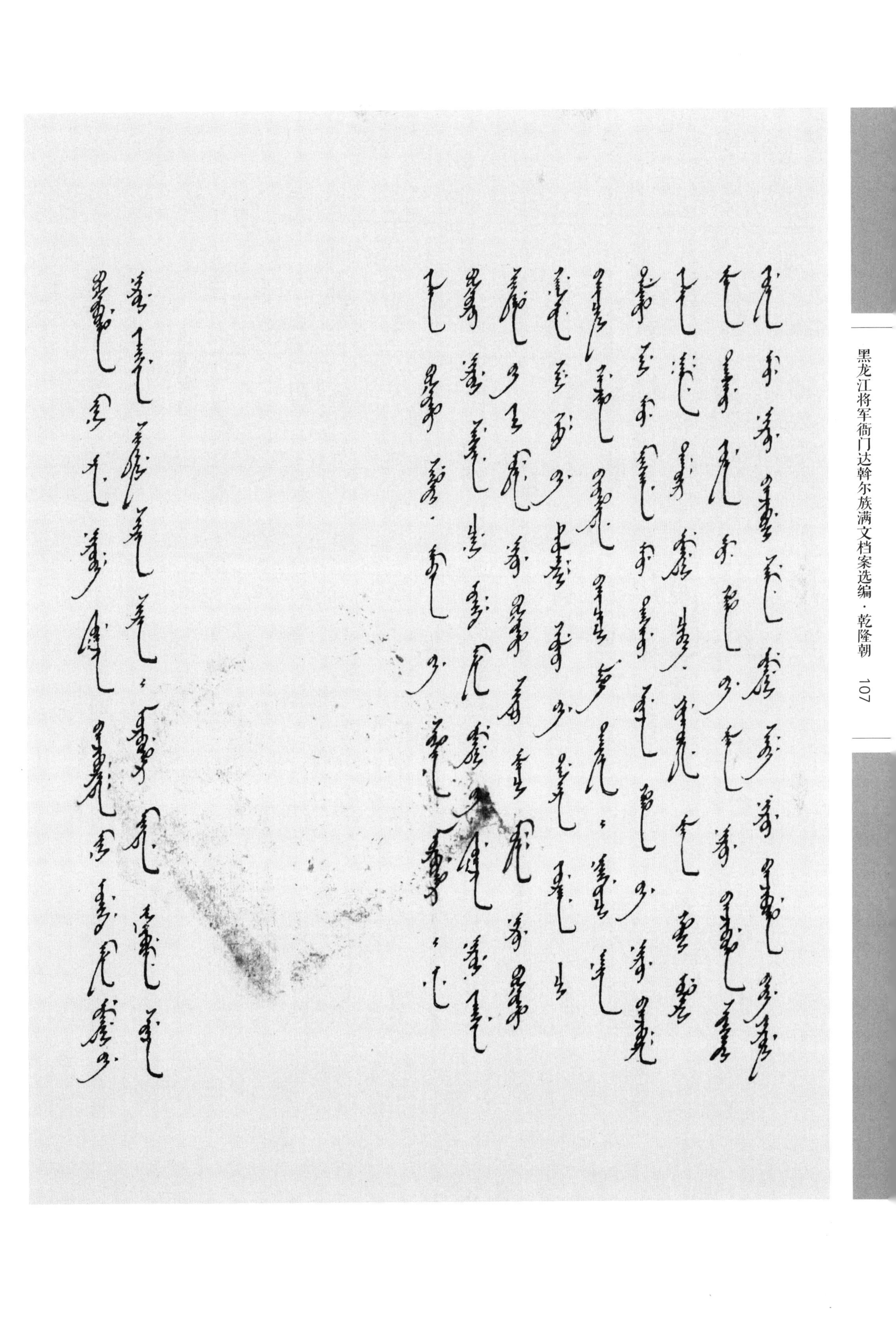

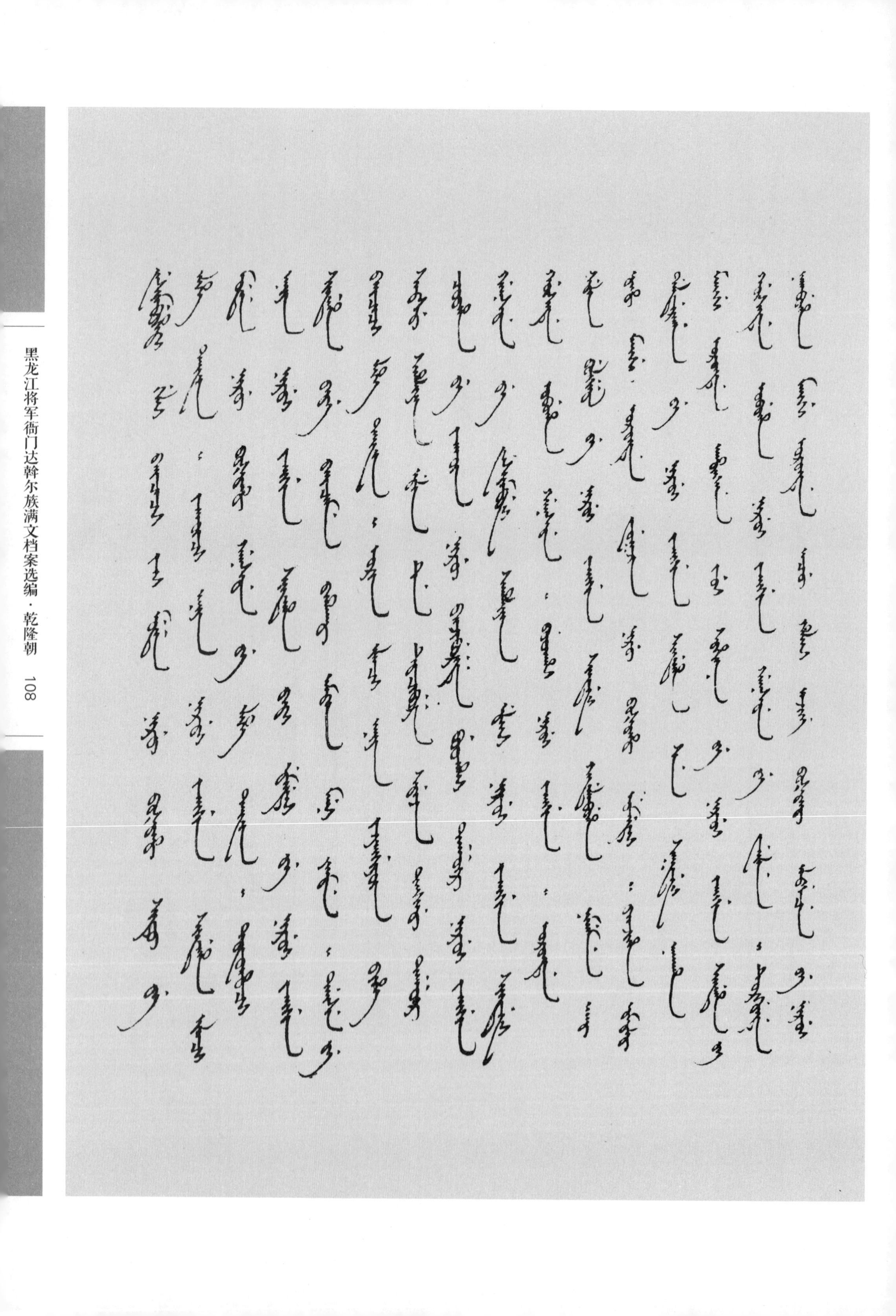

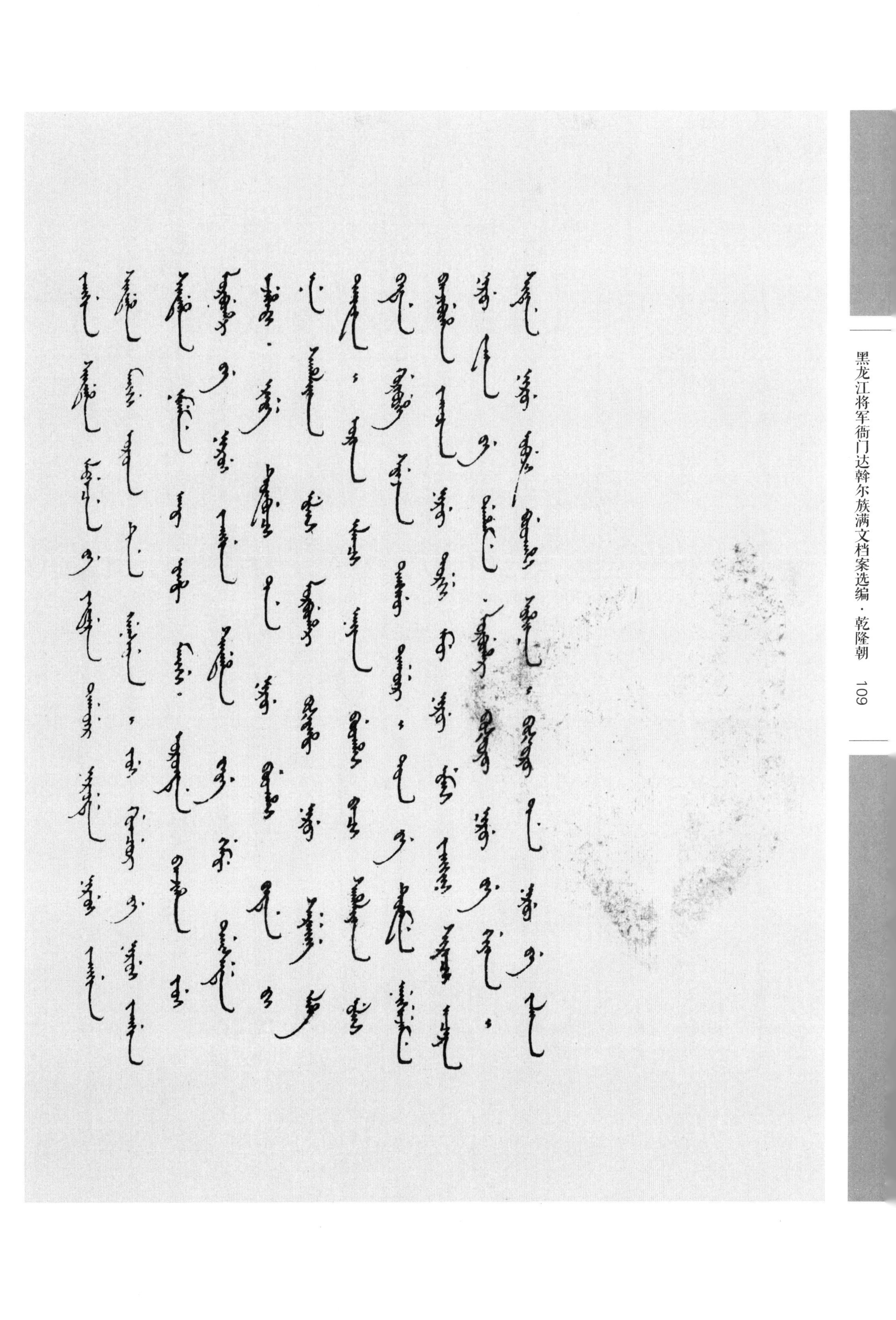

[illegible]

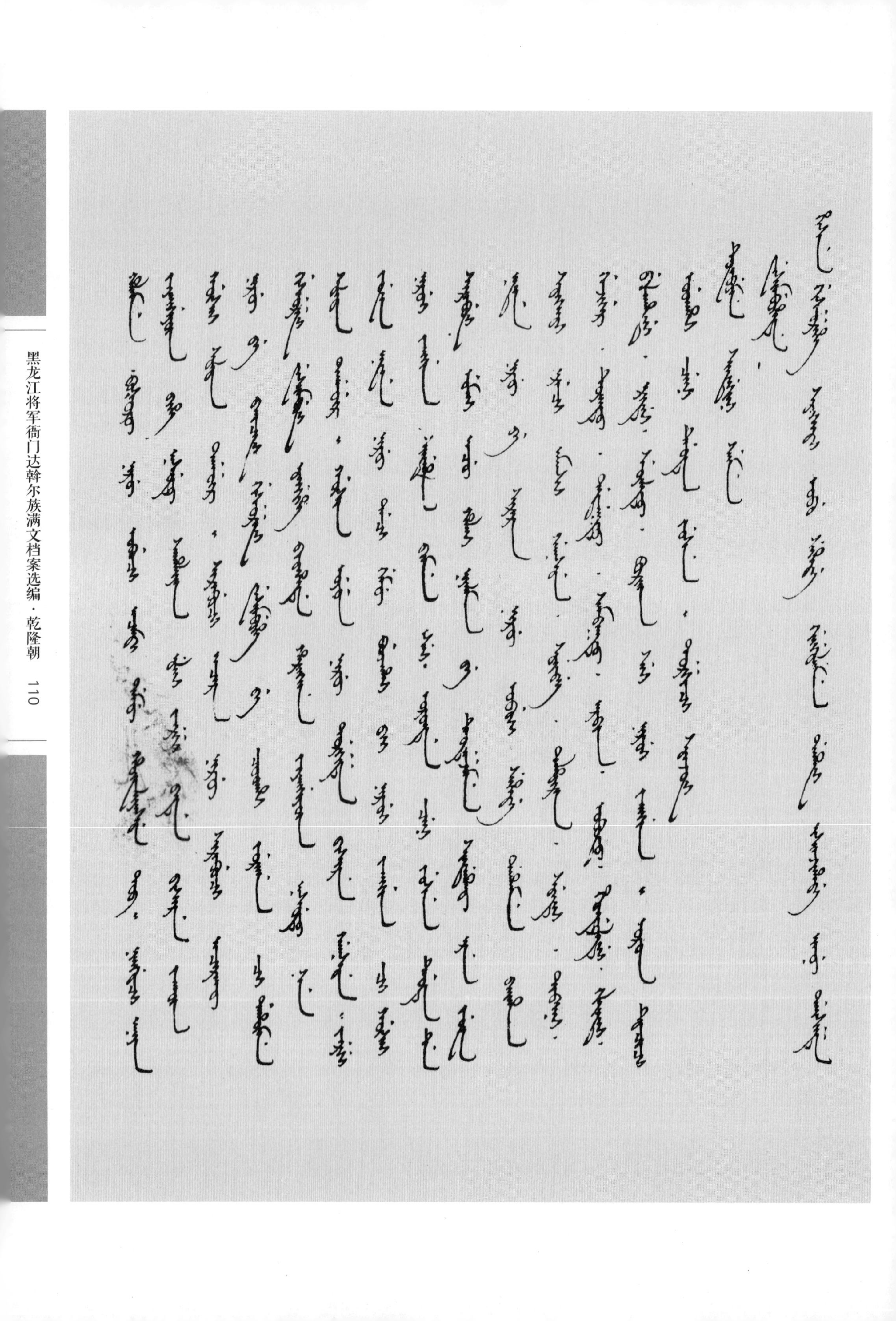

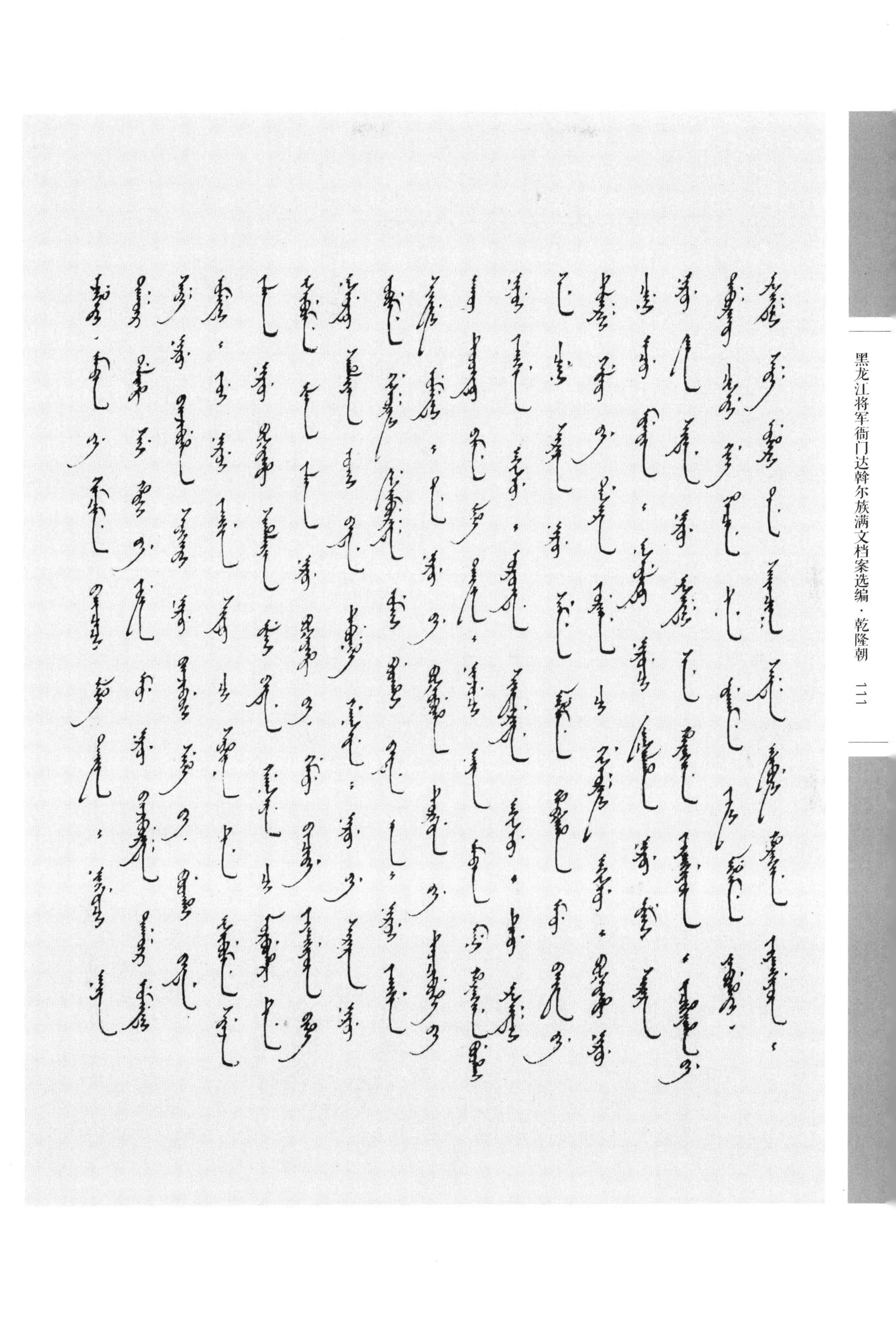

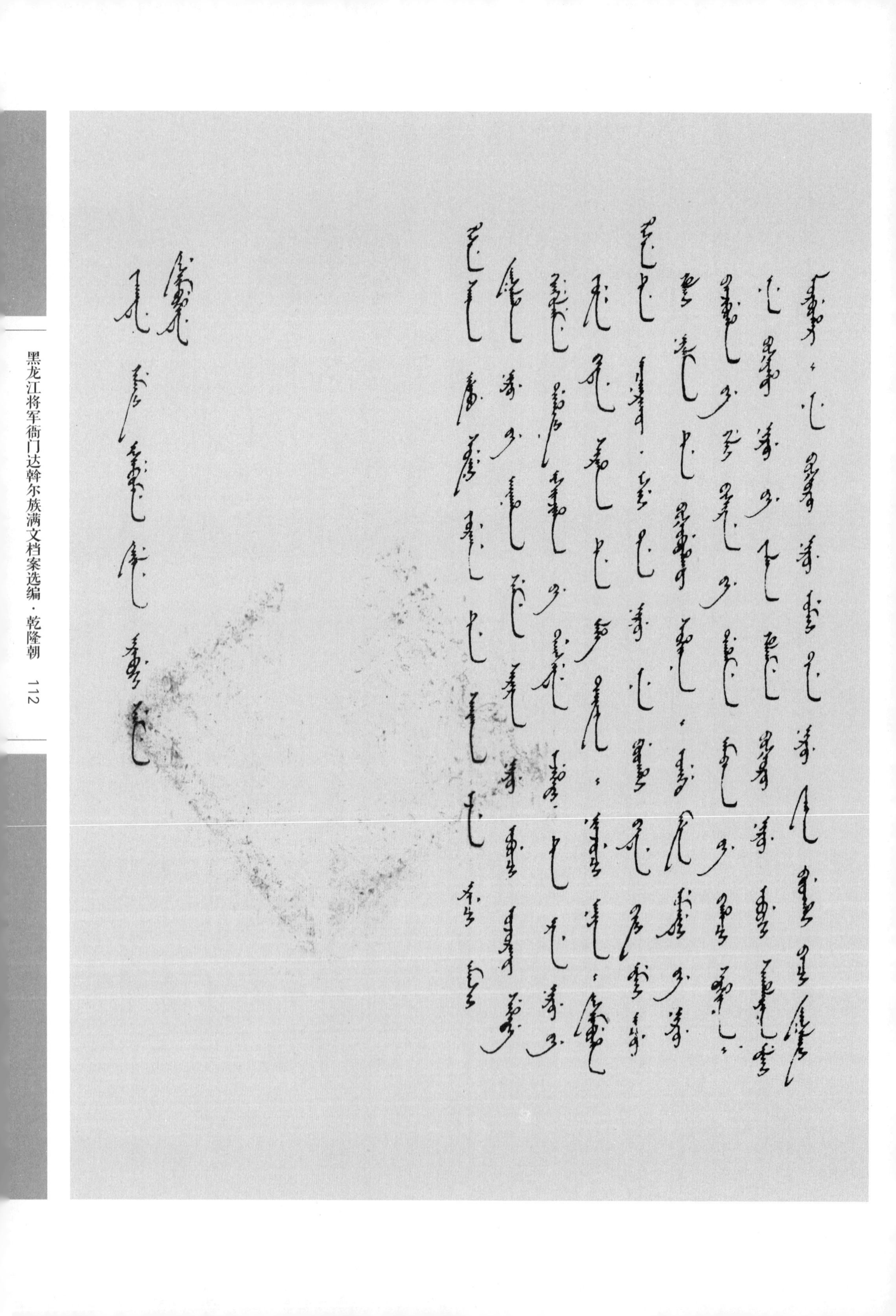

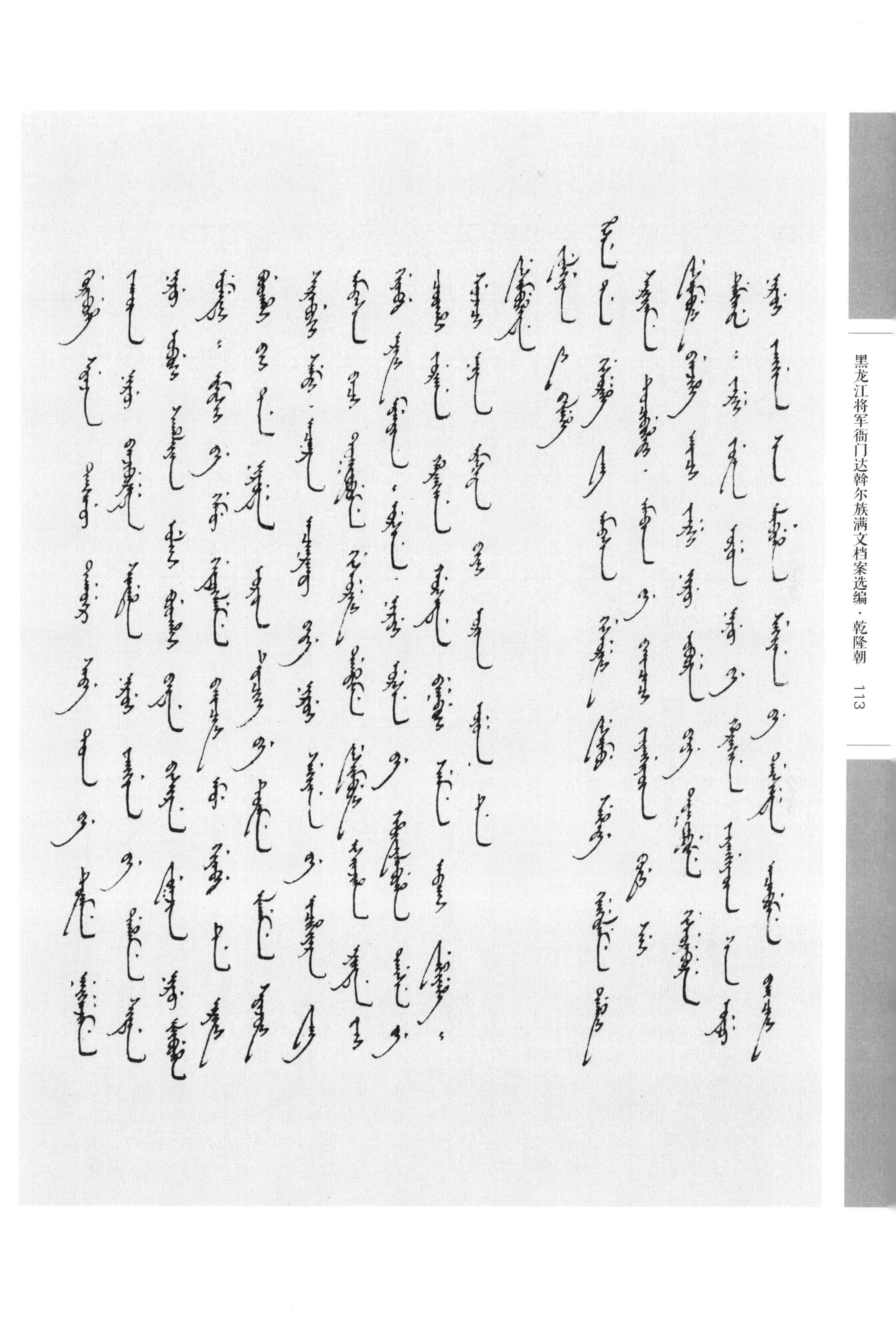

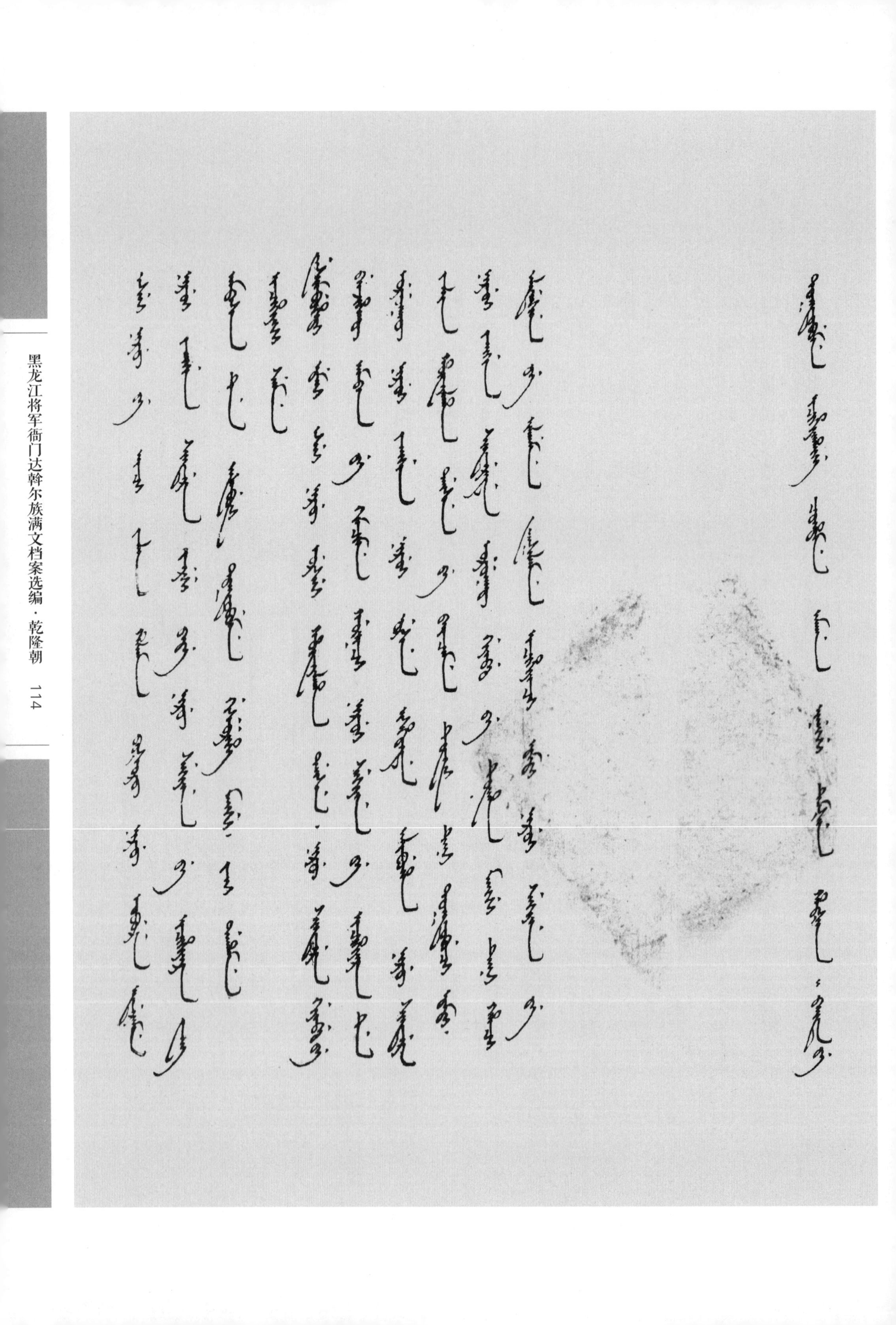

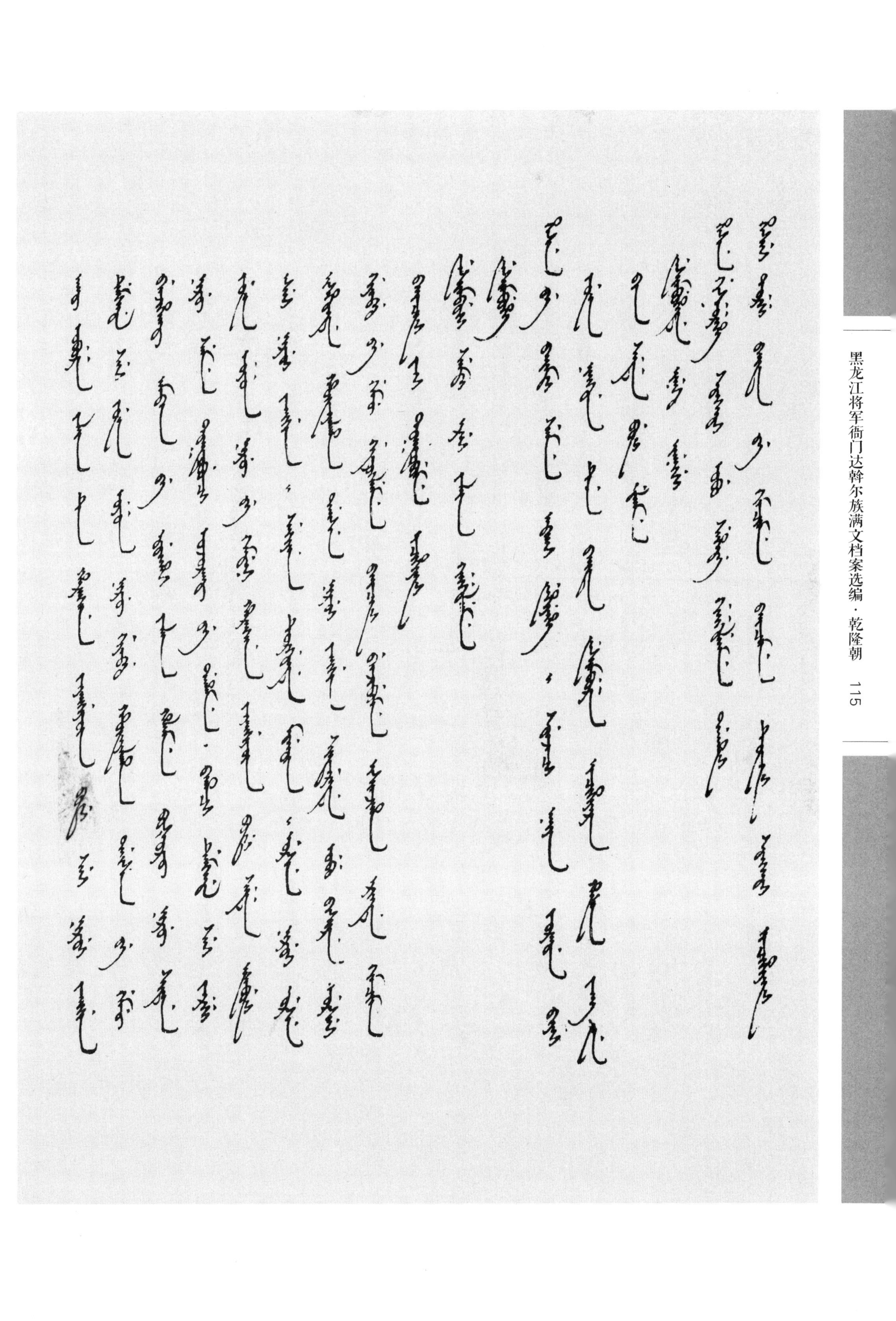

[illegible]

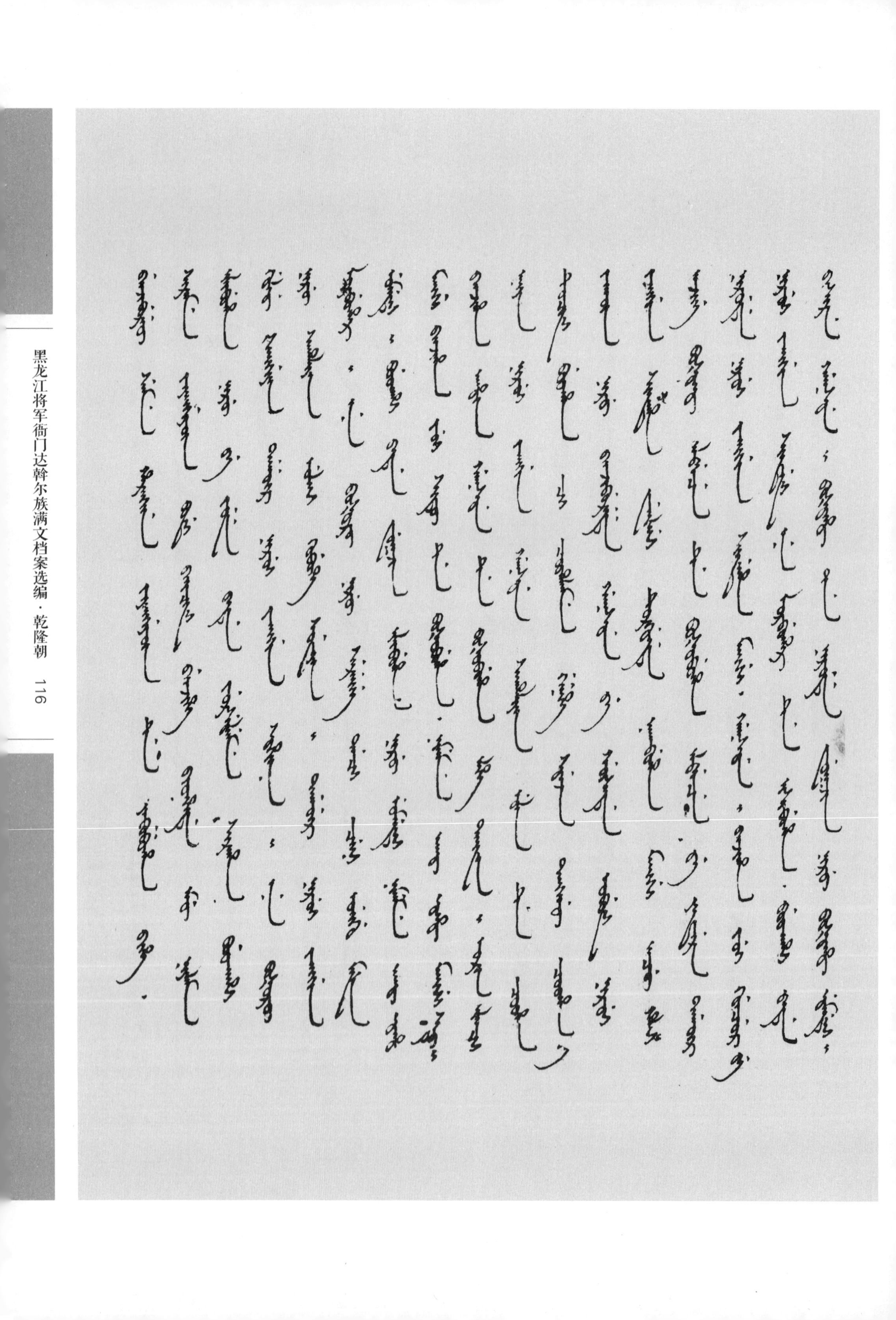

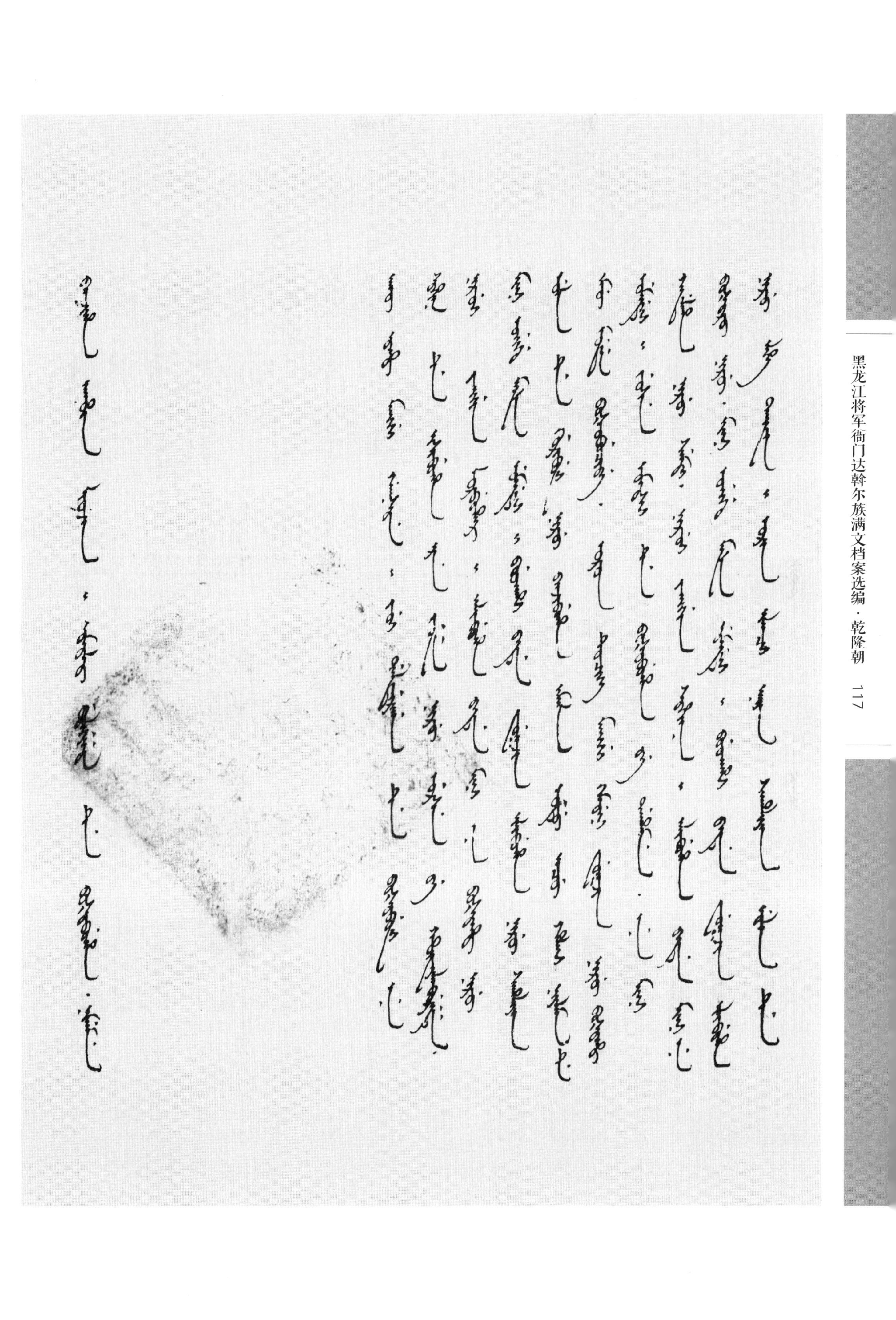

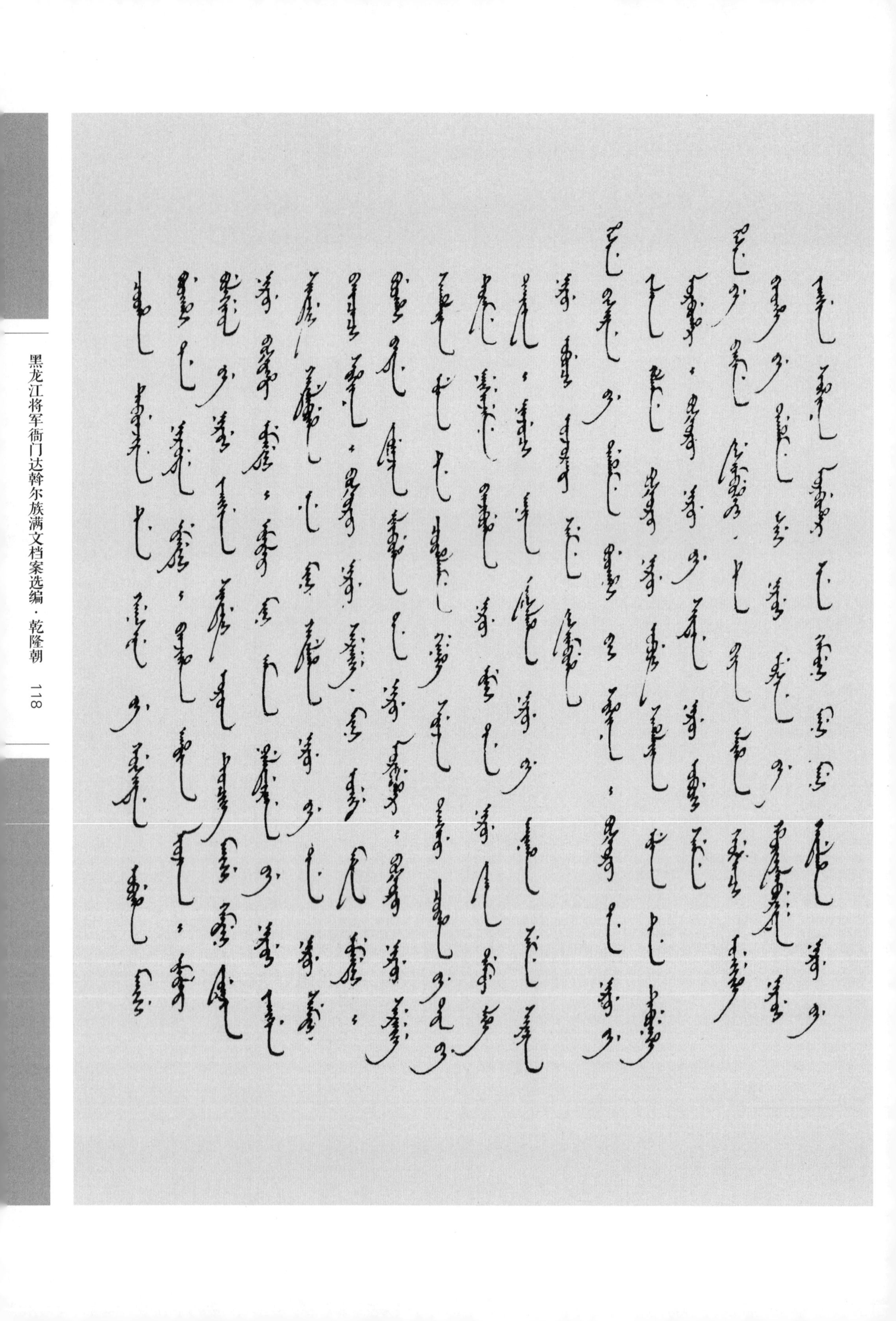

[illegible]

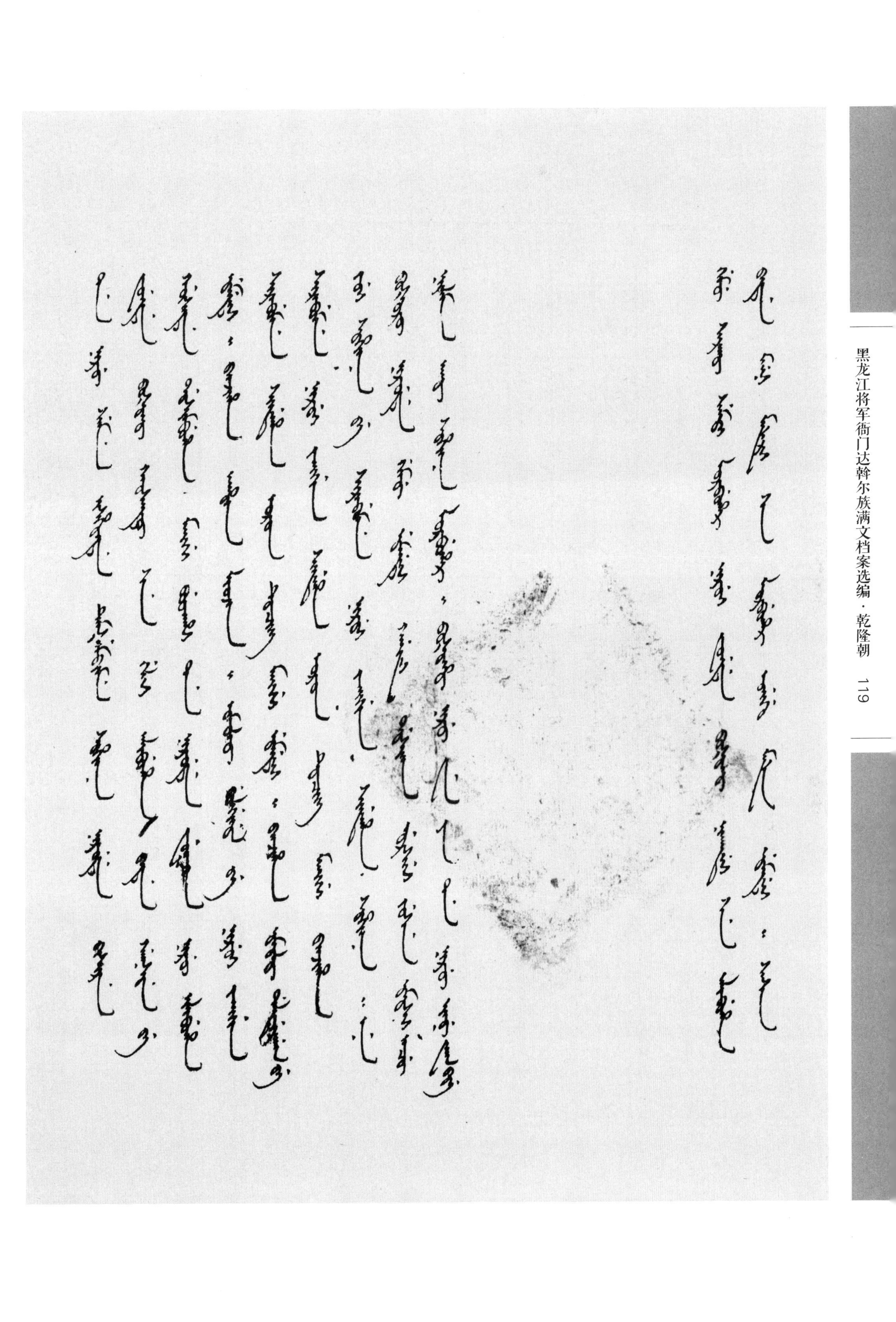

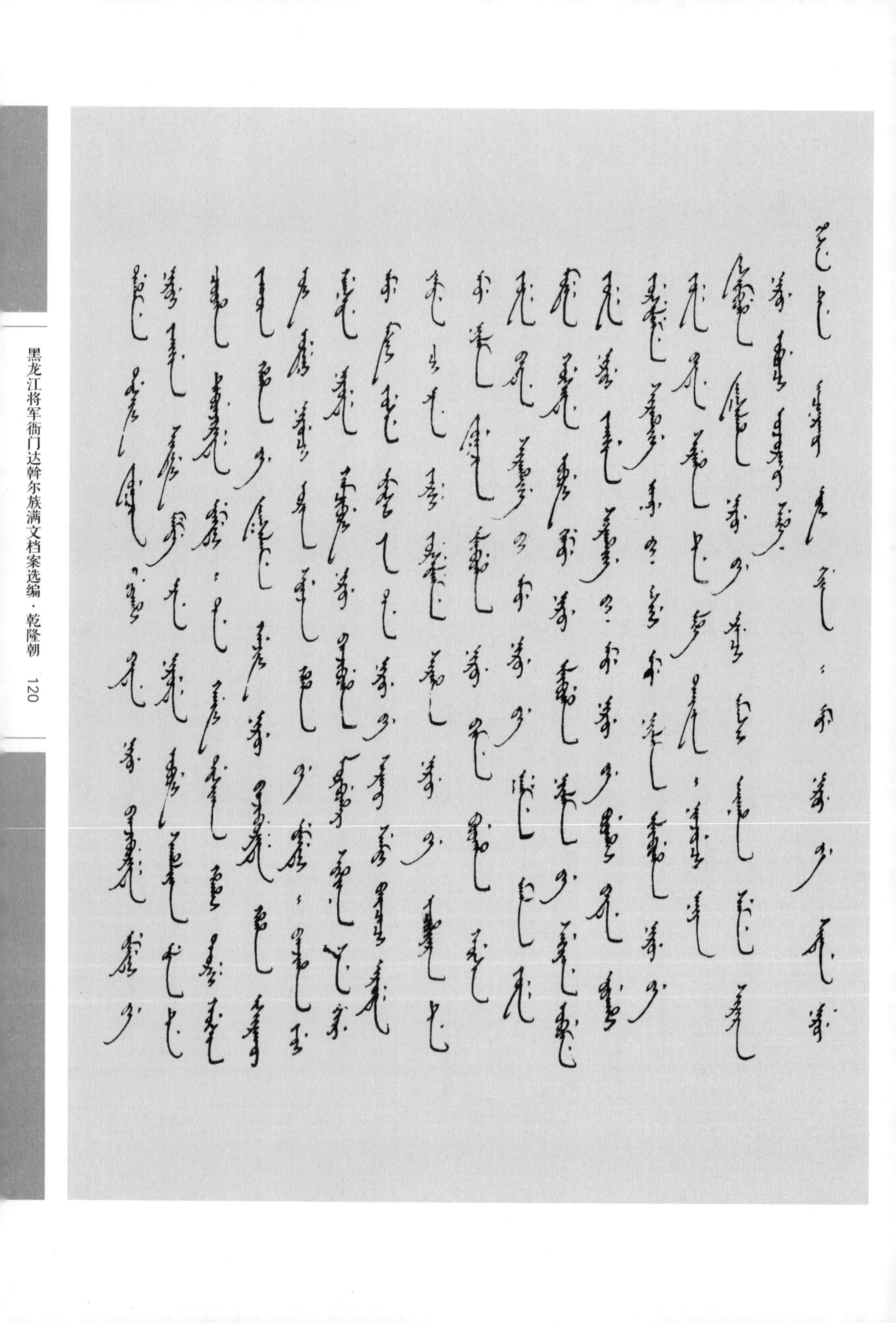

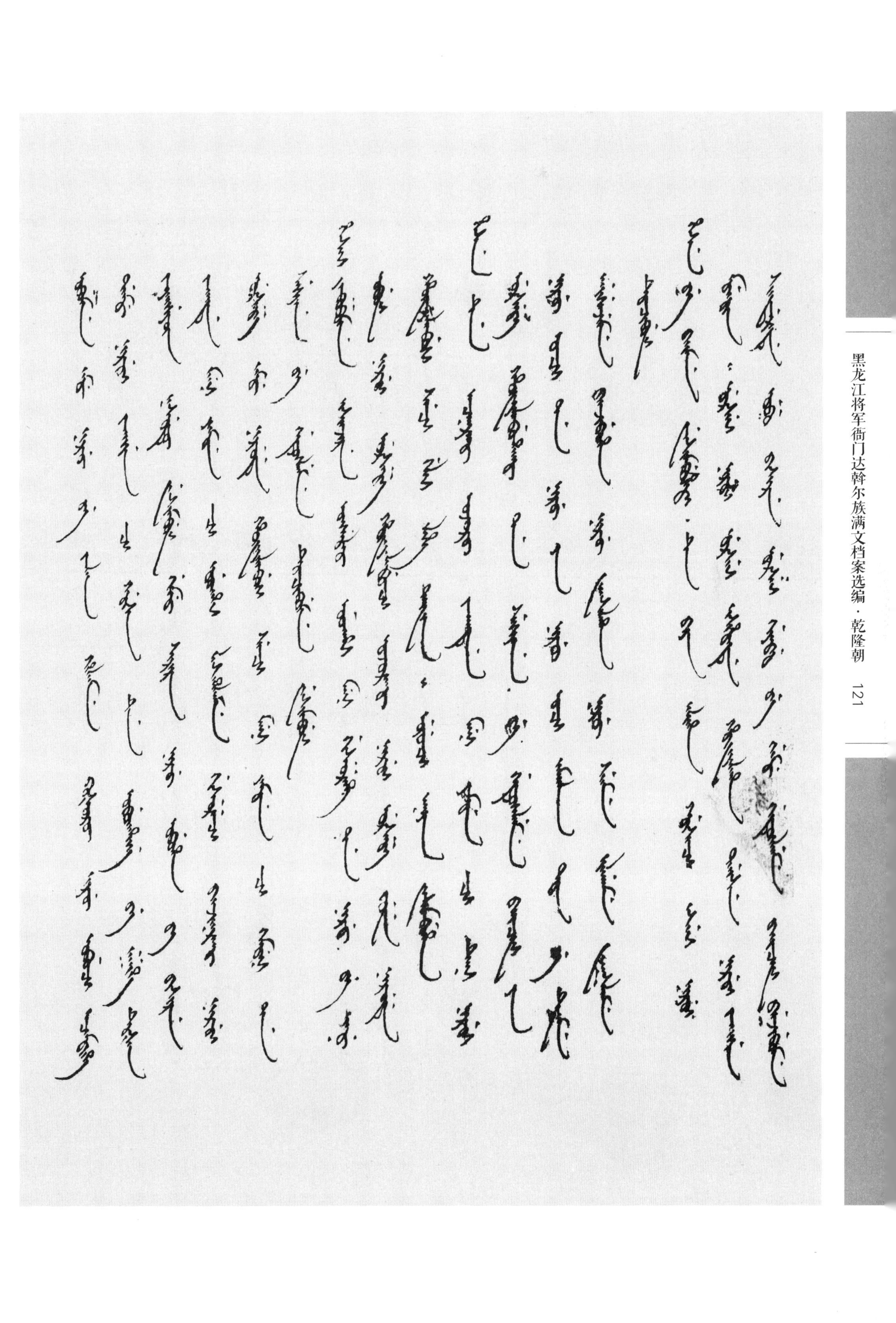

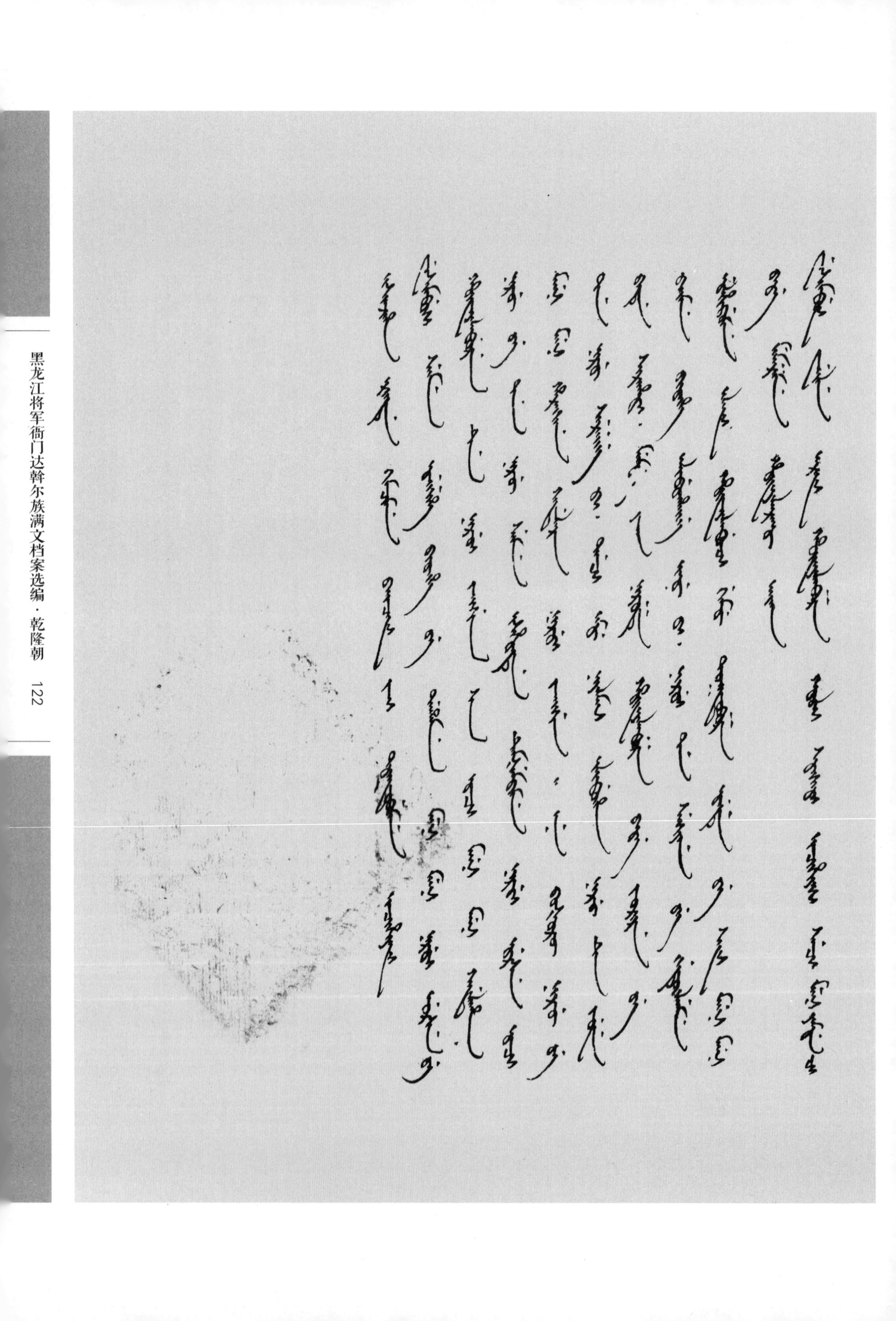

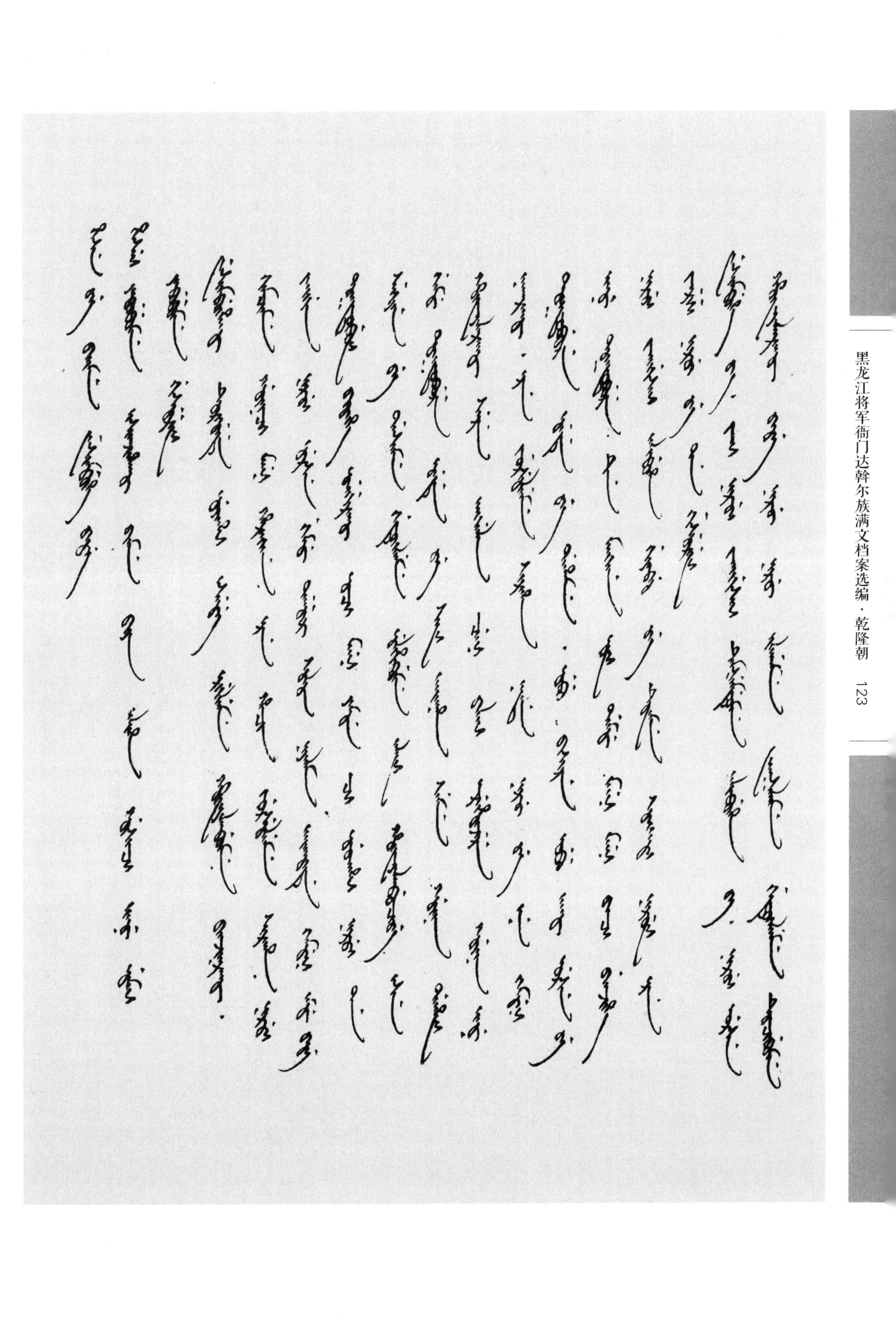

[illegible]

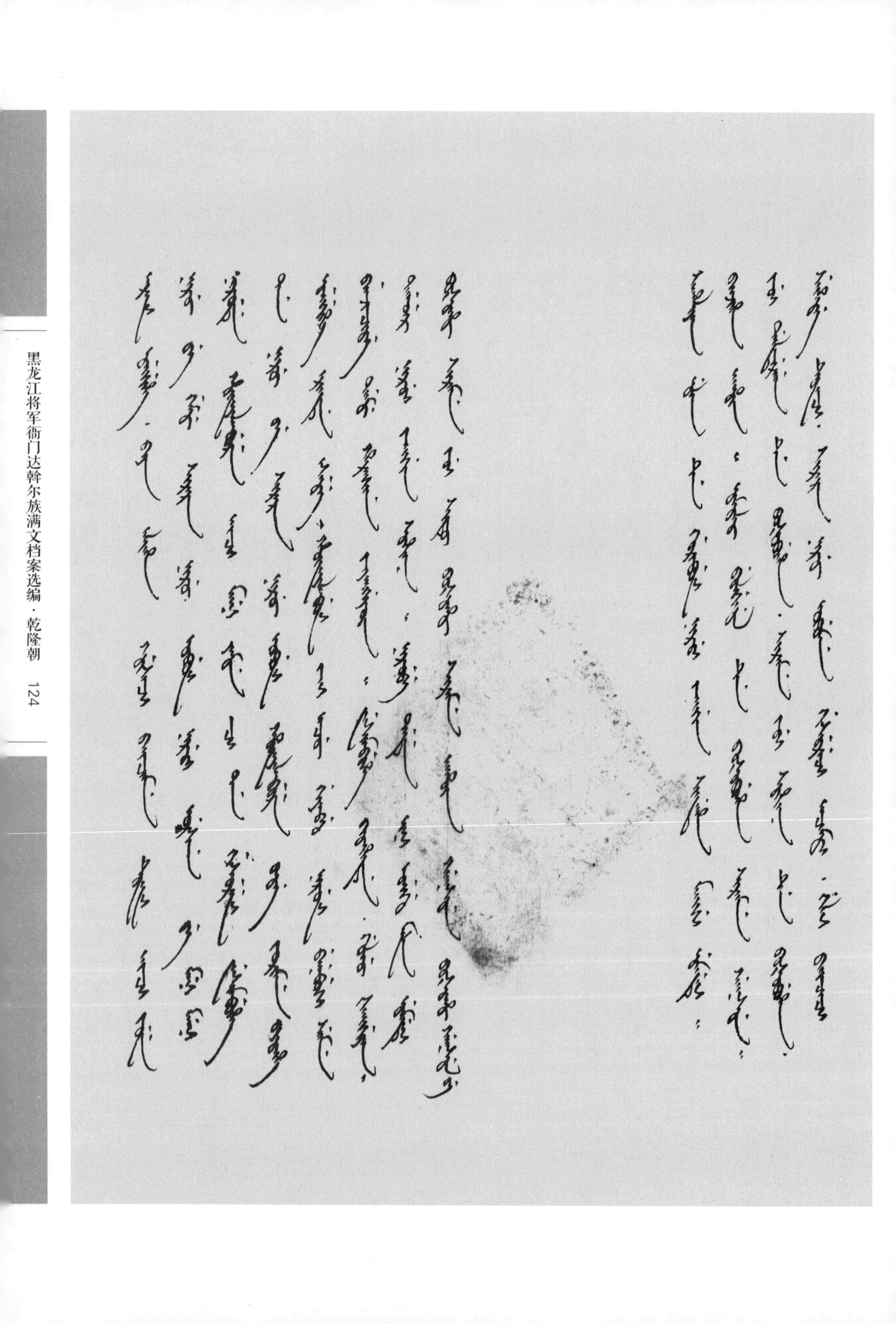

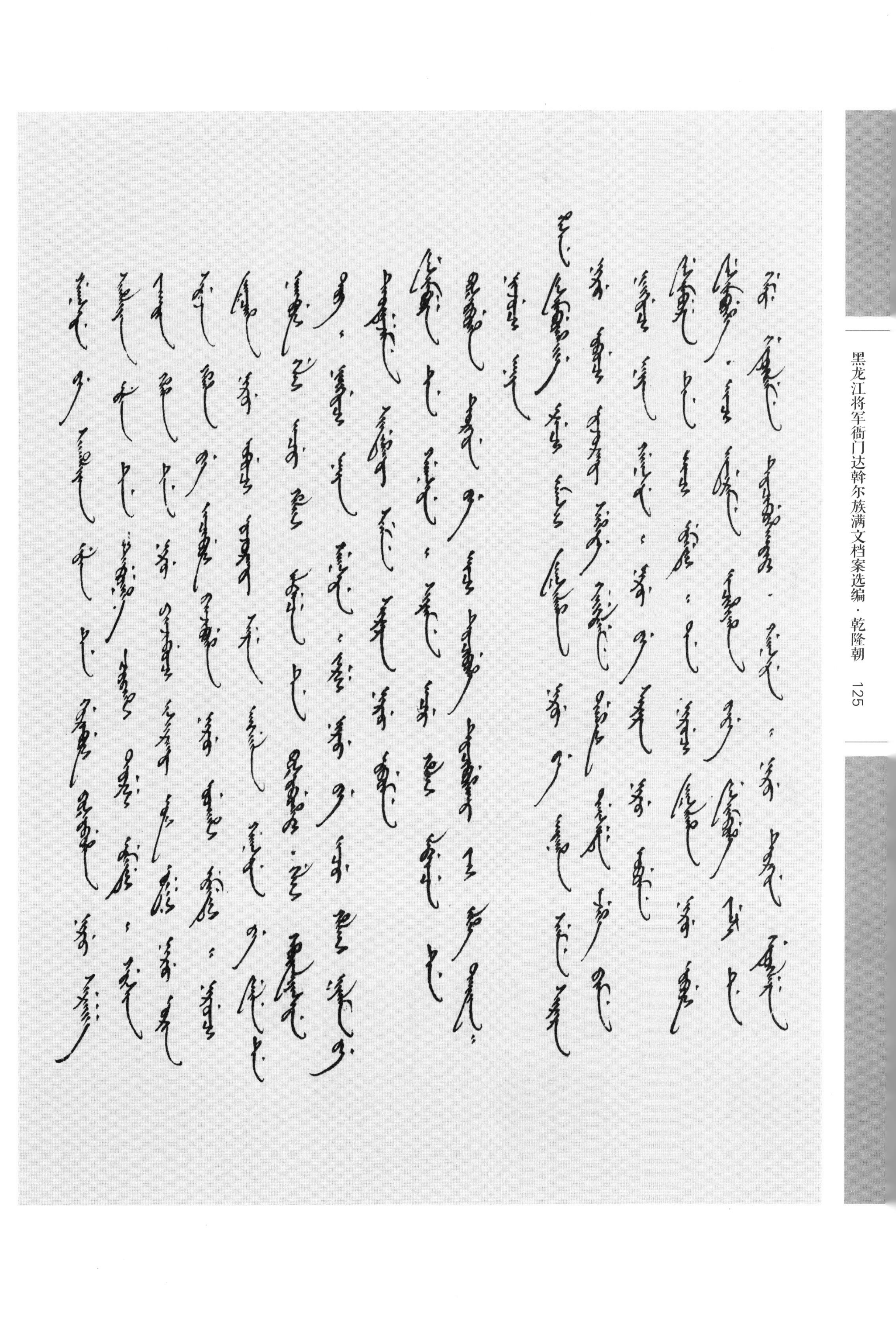

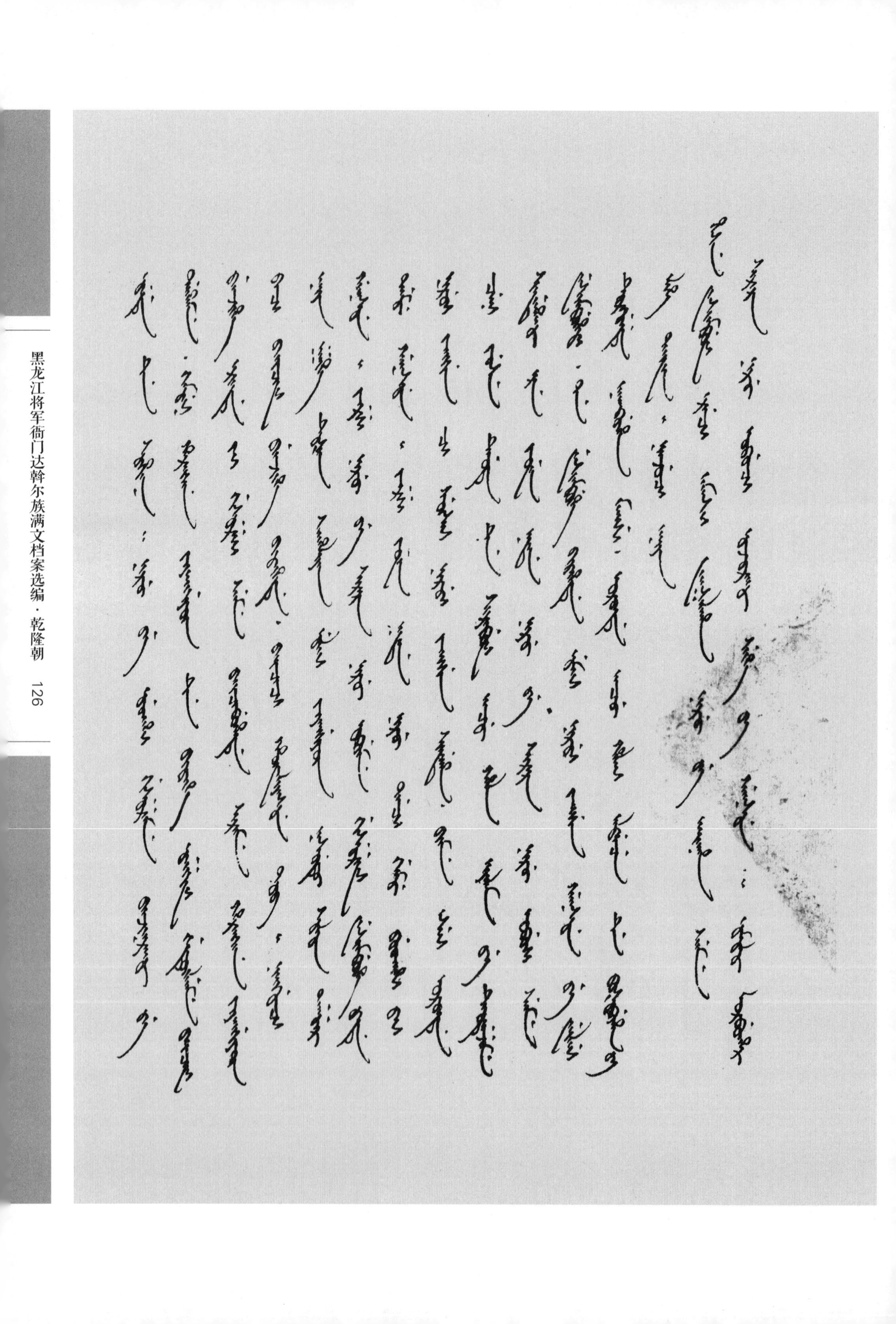

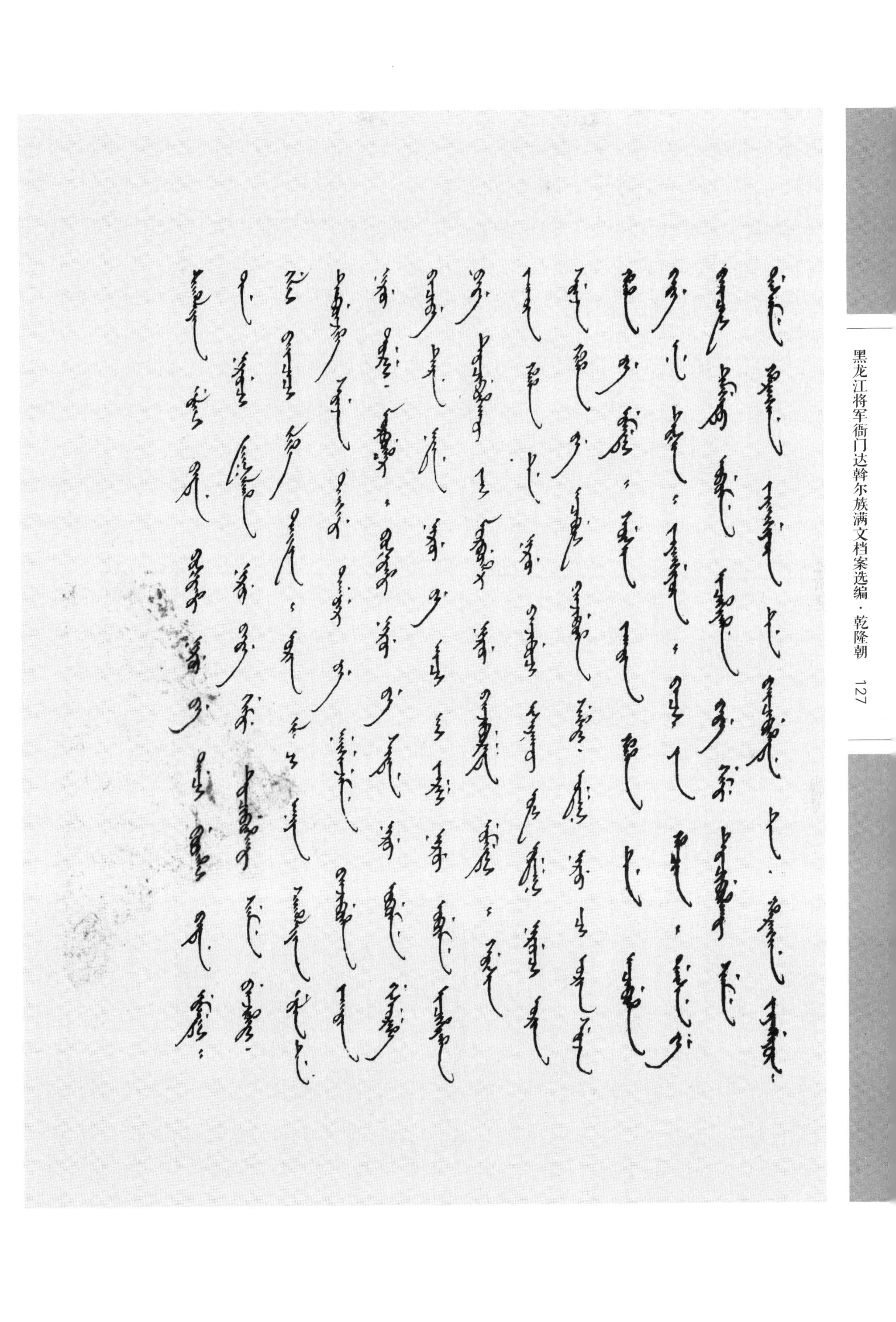

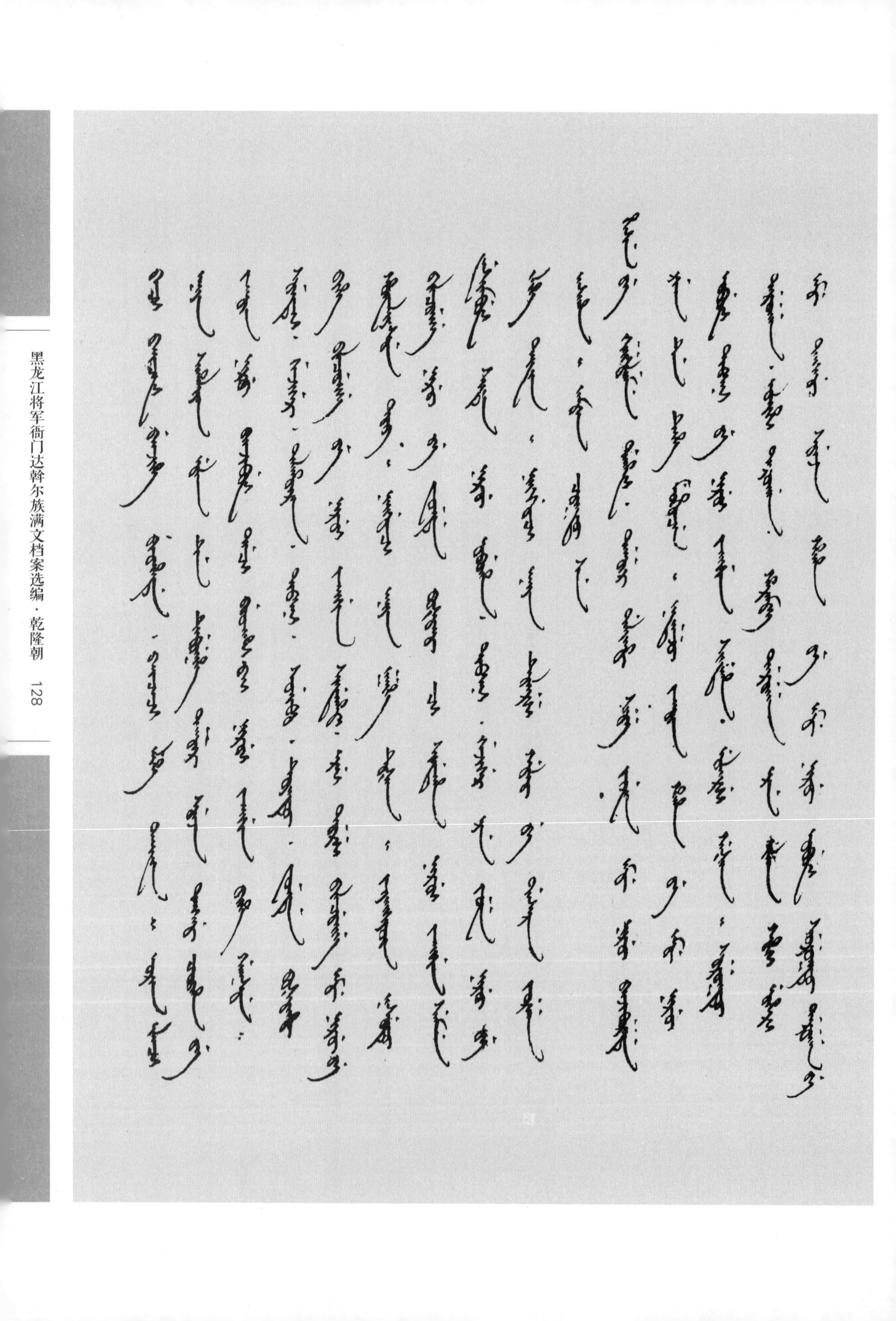

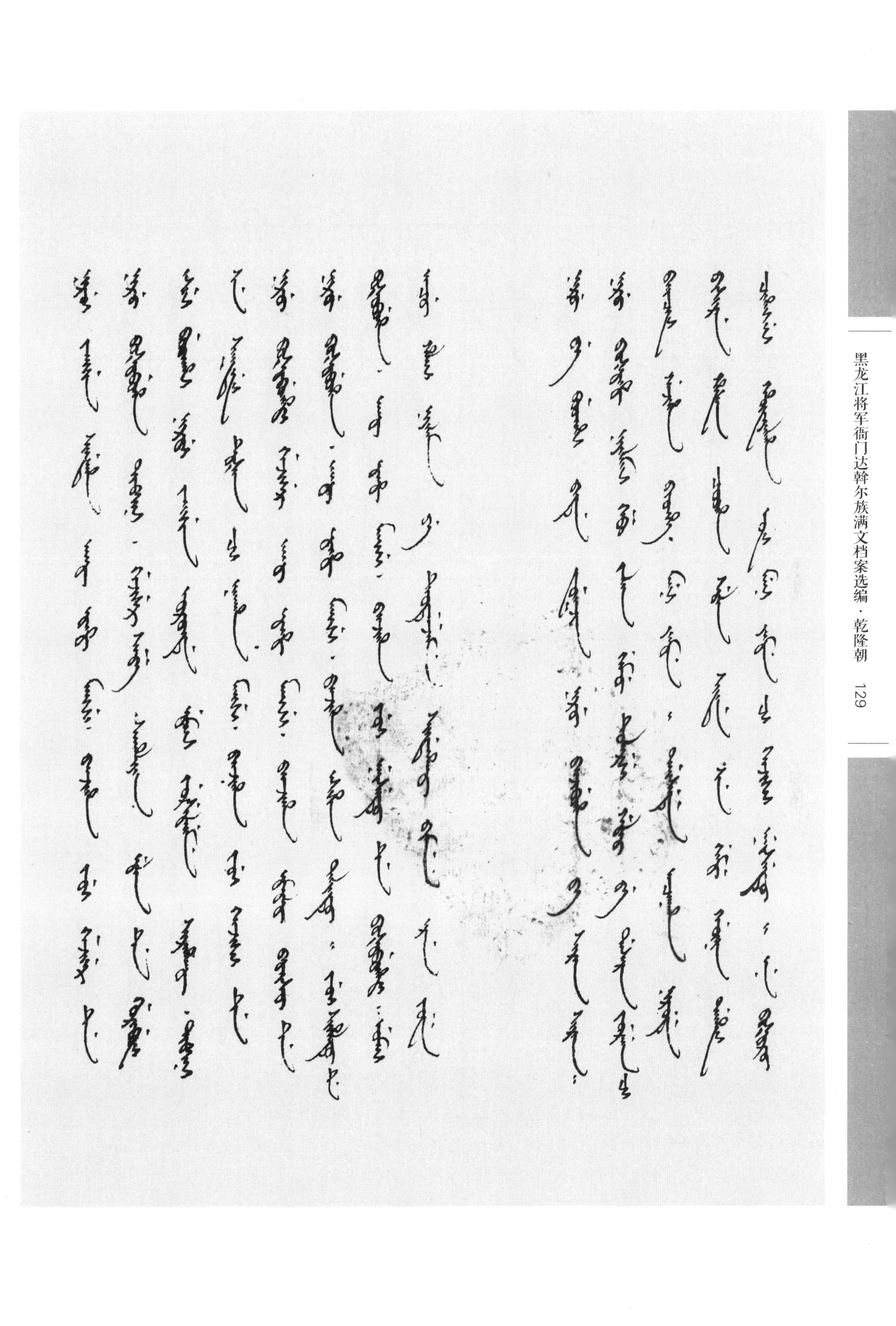

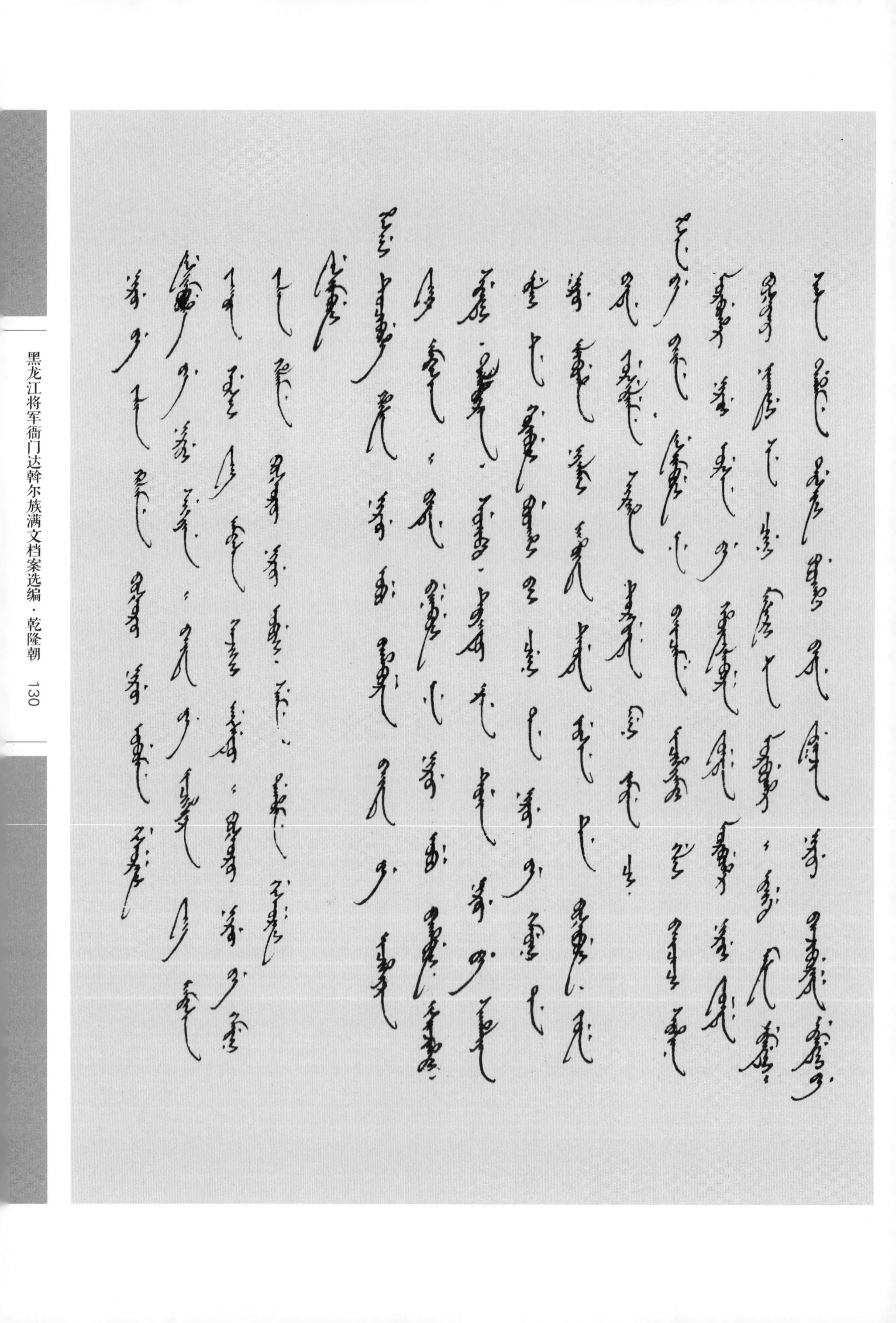

[illegible]

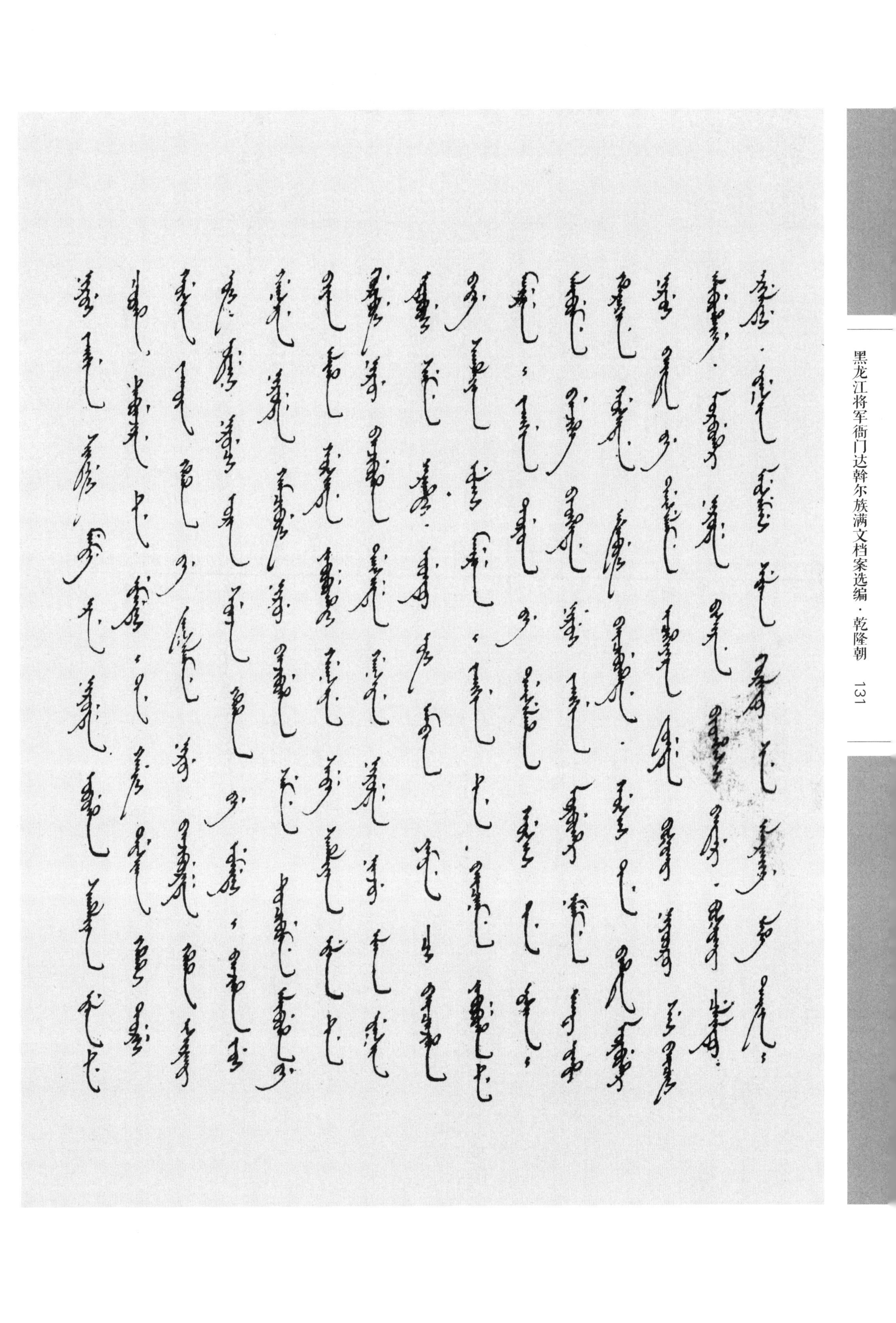

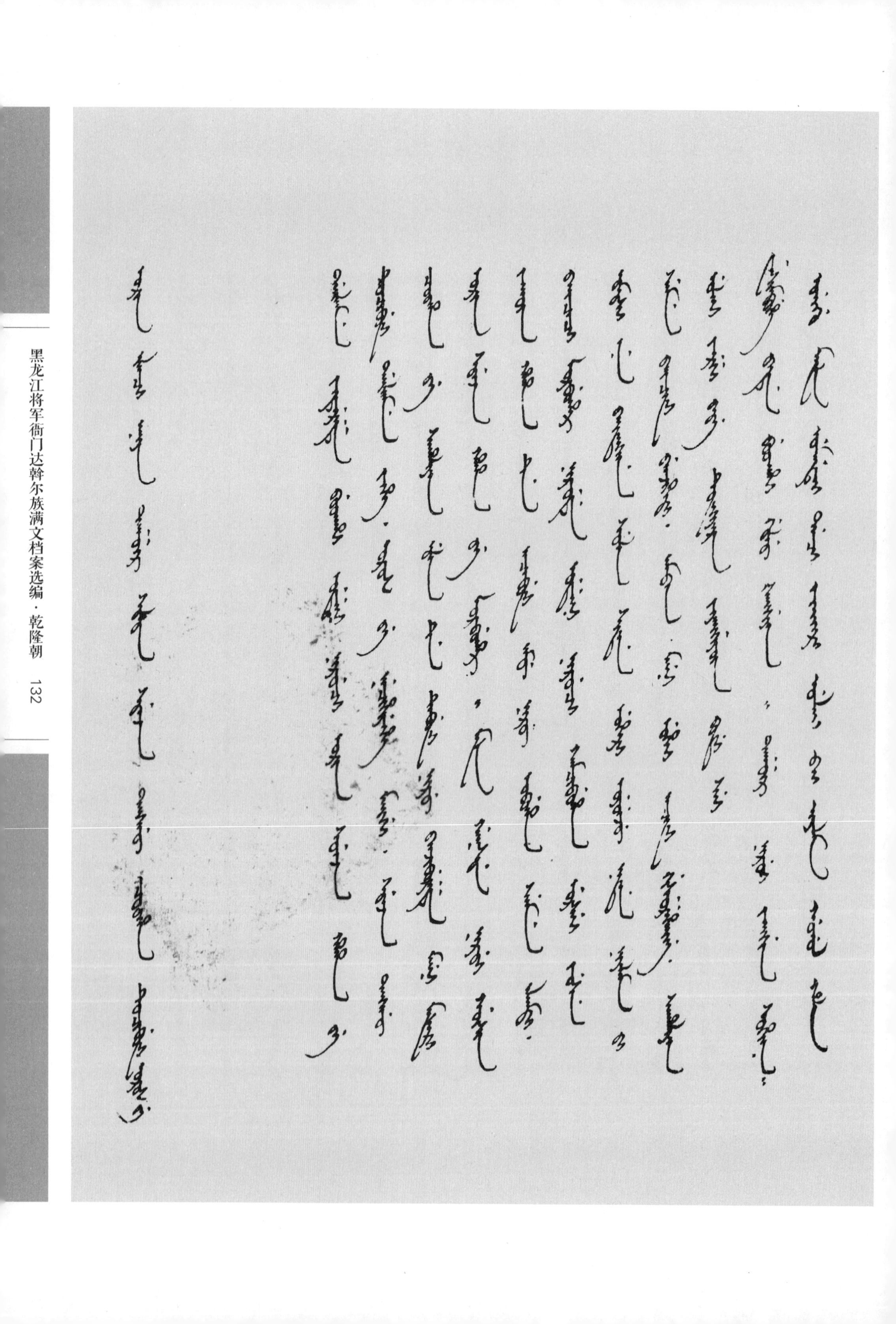

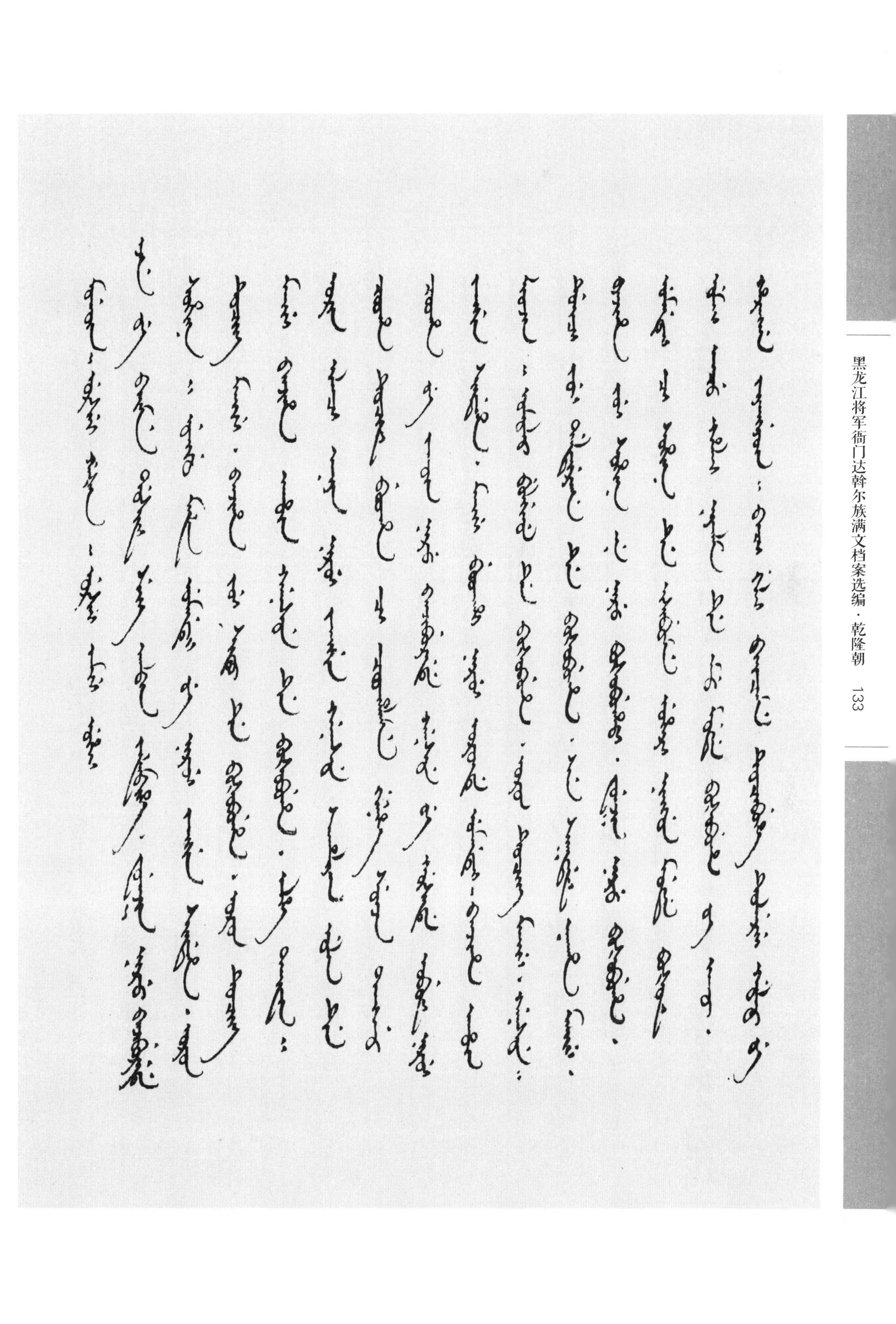

[illegible]

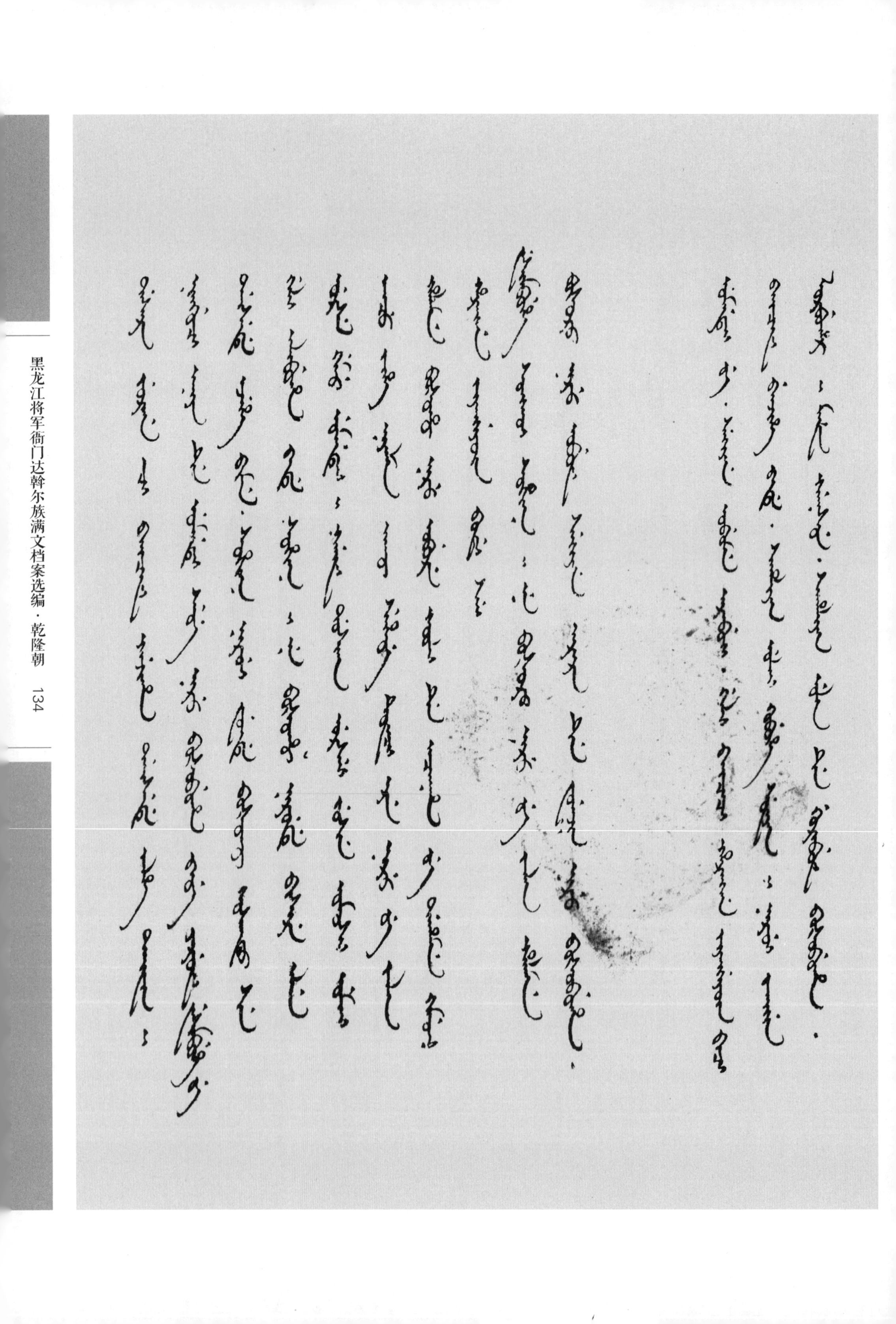

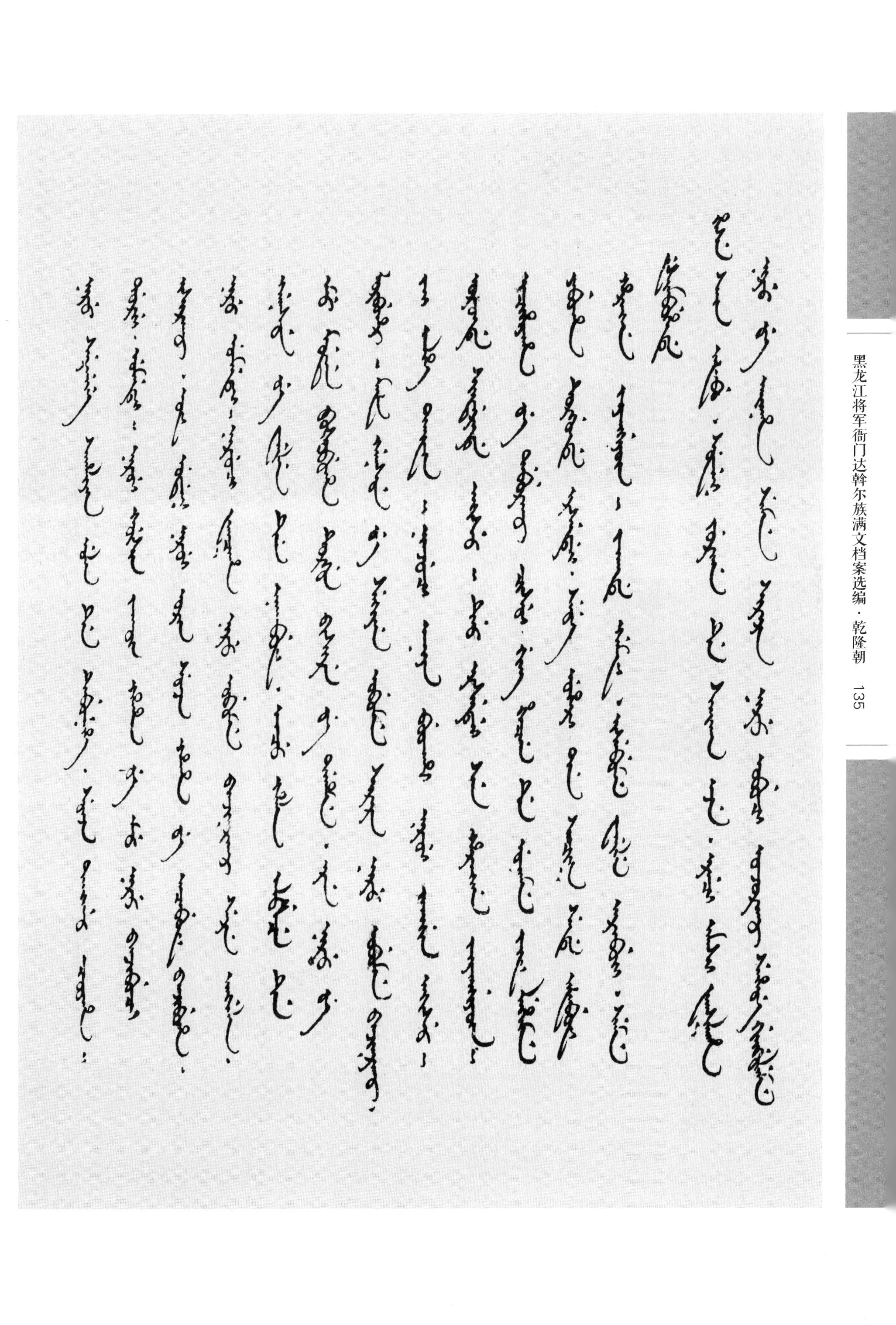

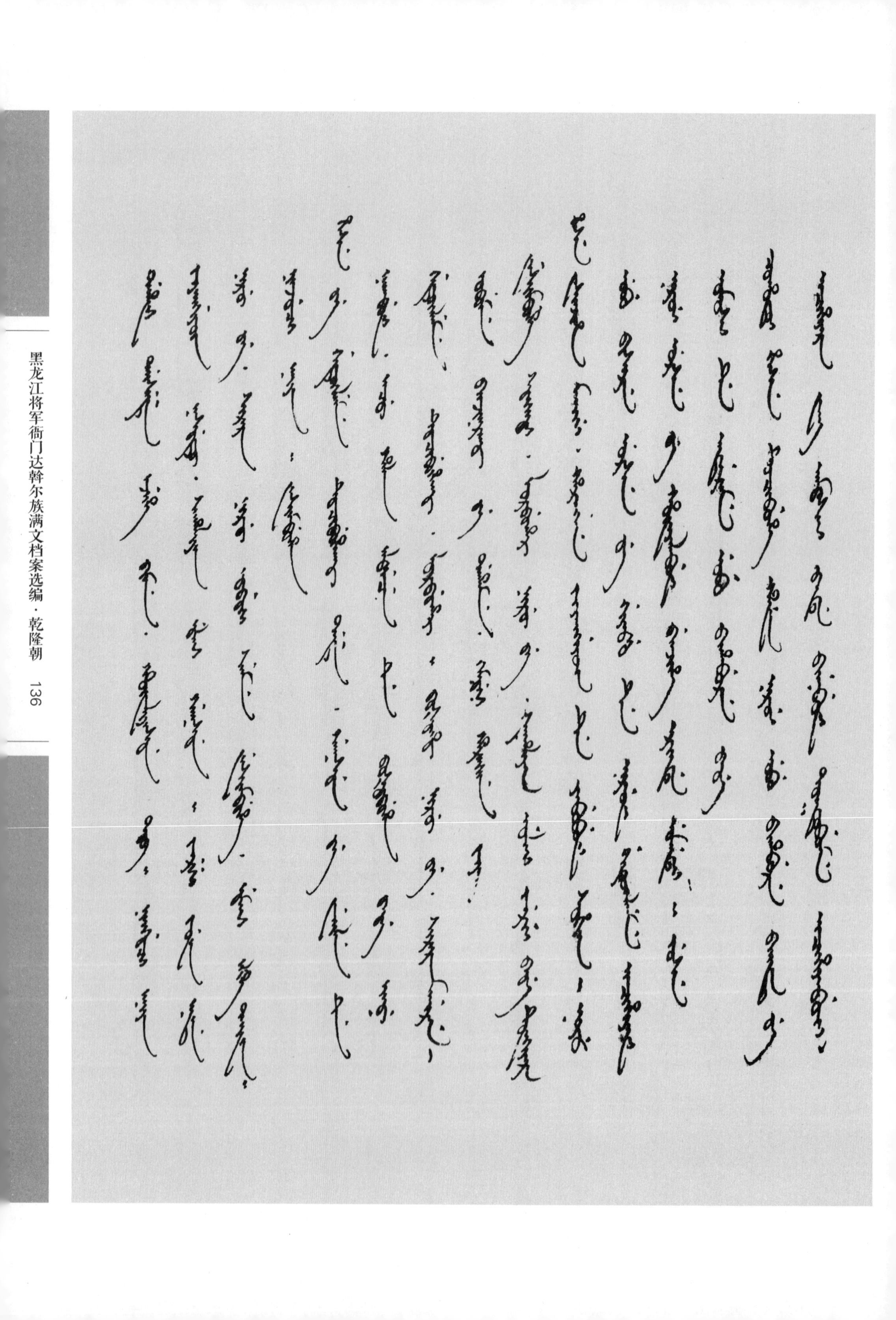

[illegible]

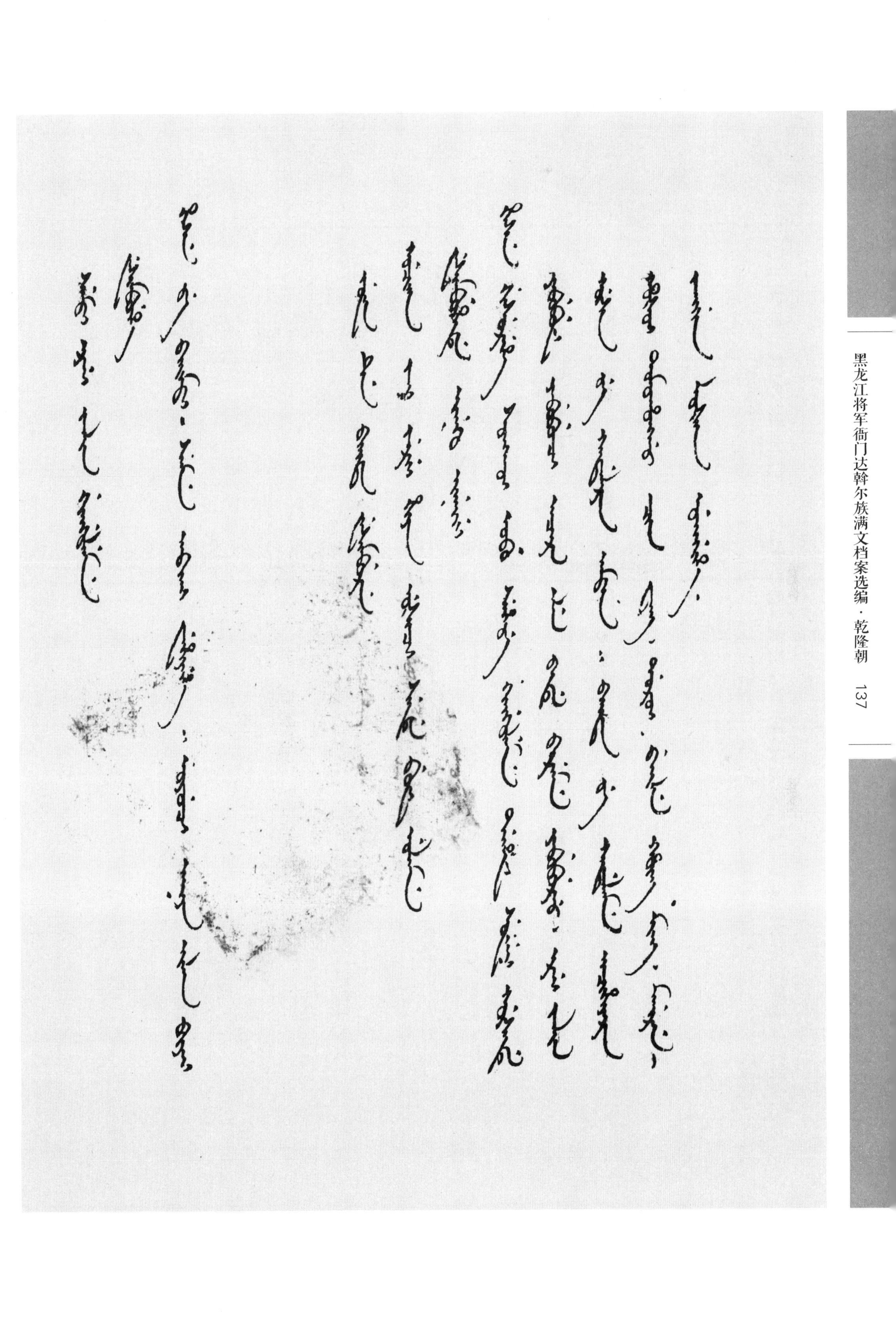

[illegible]

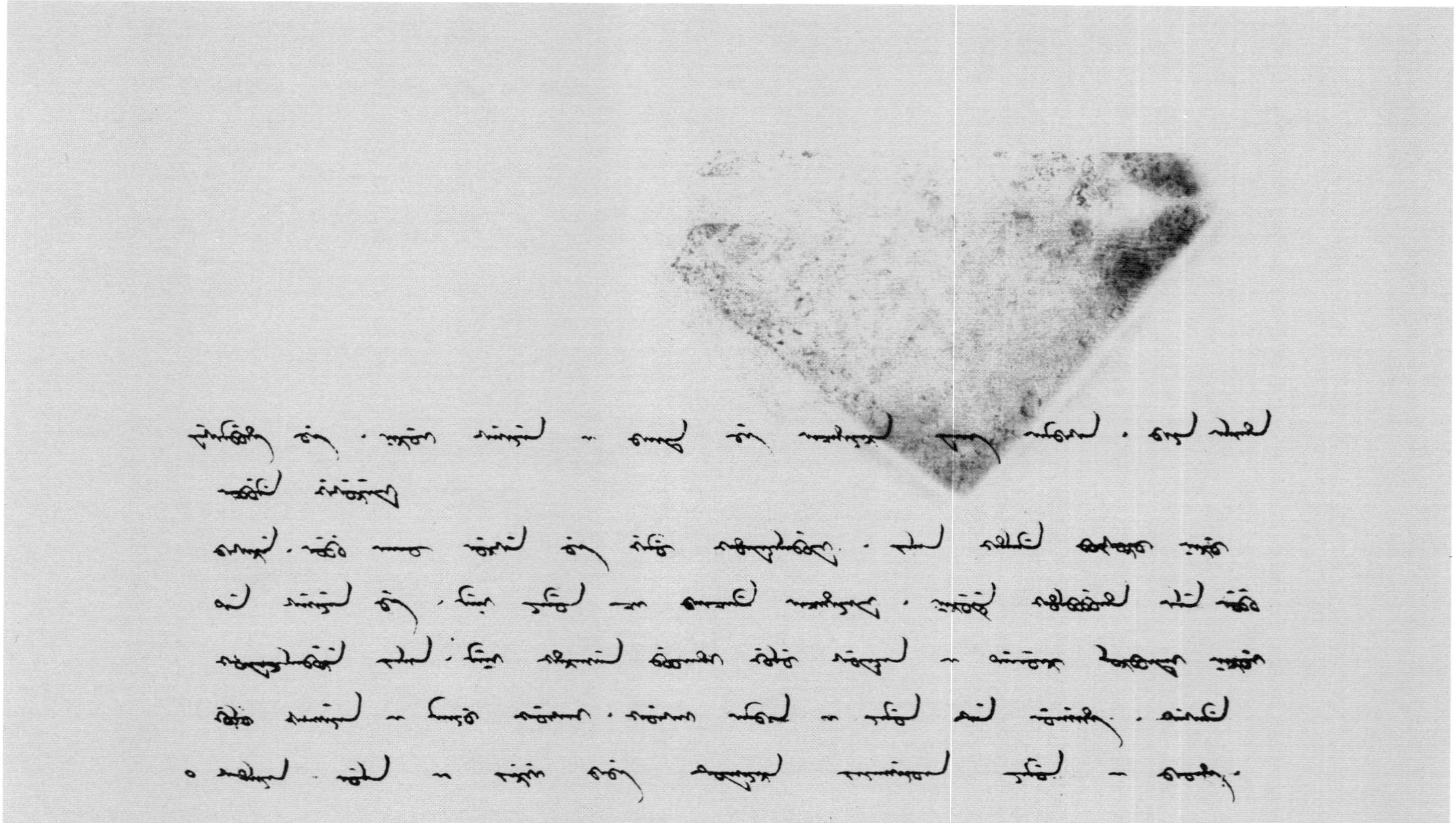

乾隆九年五月二十九日

二四四　黑龙江将军衙门为修订布特哈正黄旗达斡尔罗尔奔泰佐领源流册事咨正白旗满洲都统衙门文

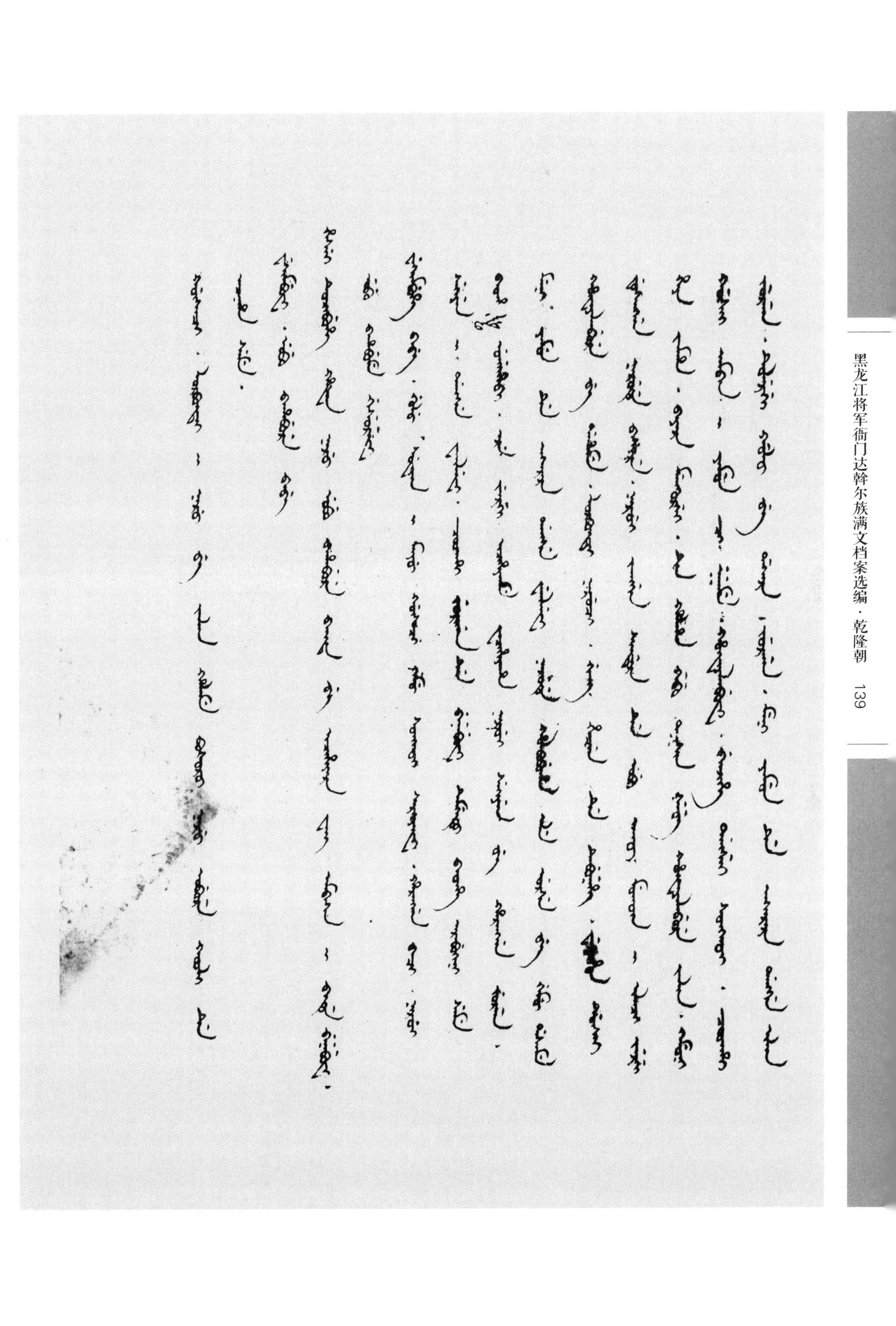

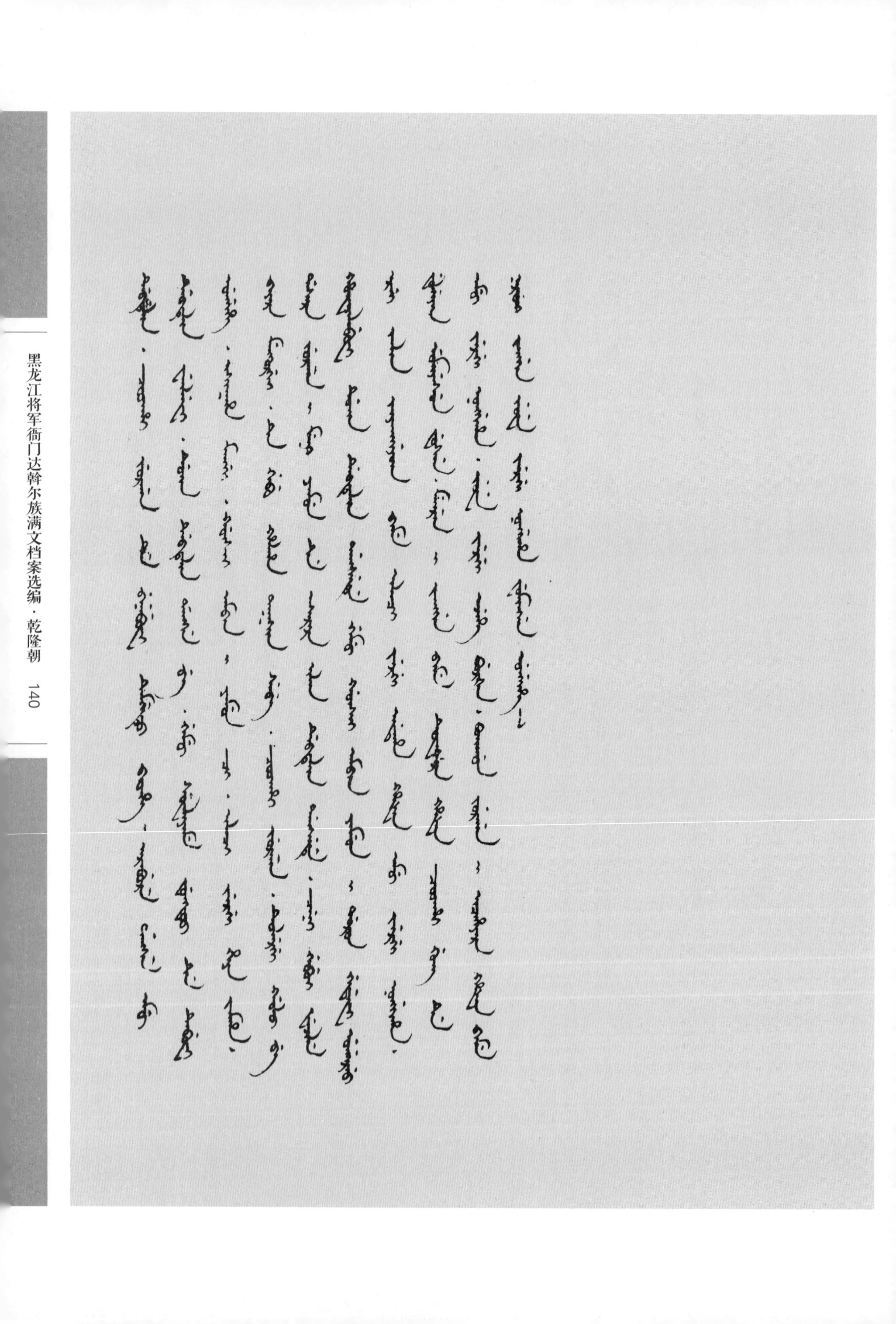

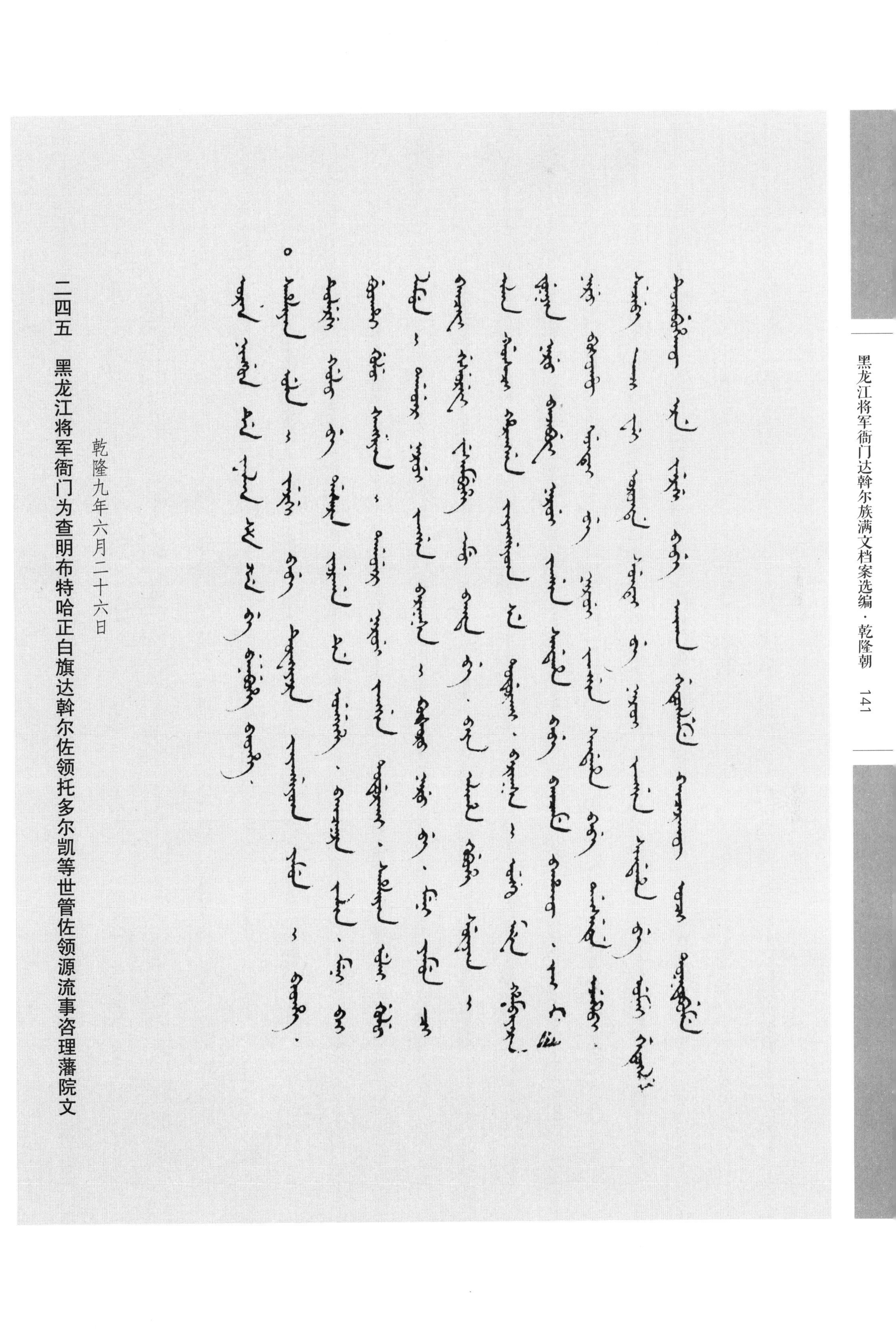

二四五 黑龙江将军衙门为查明布特哈正白旗达斡尔佐领托多尔凯等世管佐领源流事咨理藩院文

乾隆九年六月二十六日

[illegible]

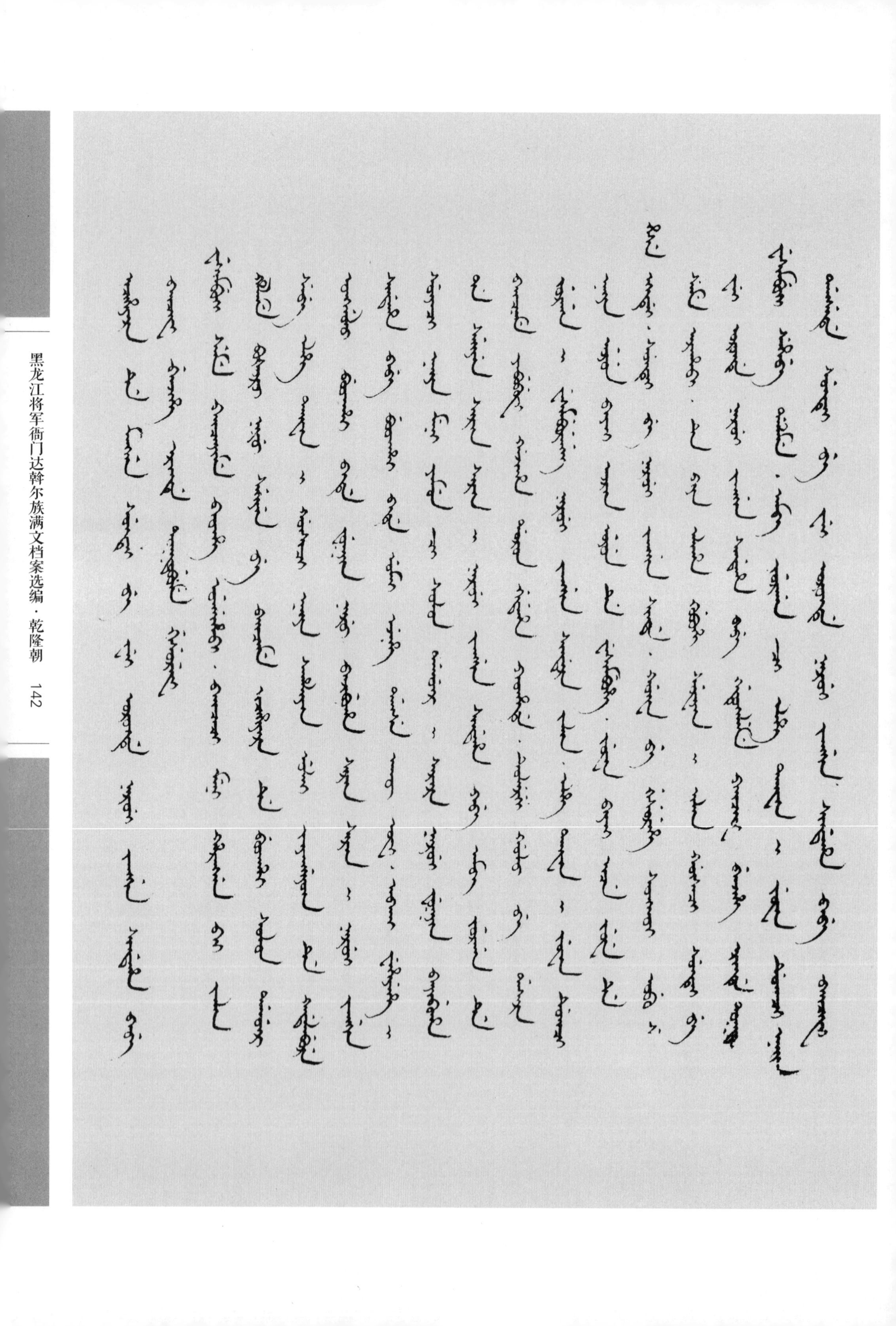

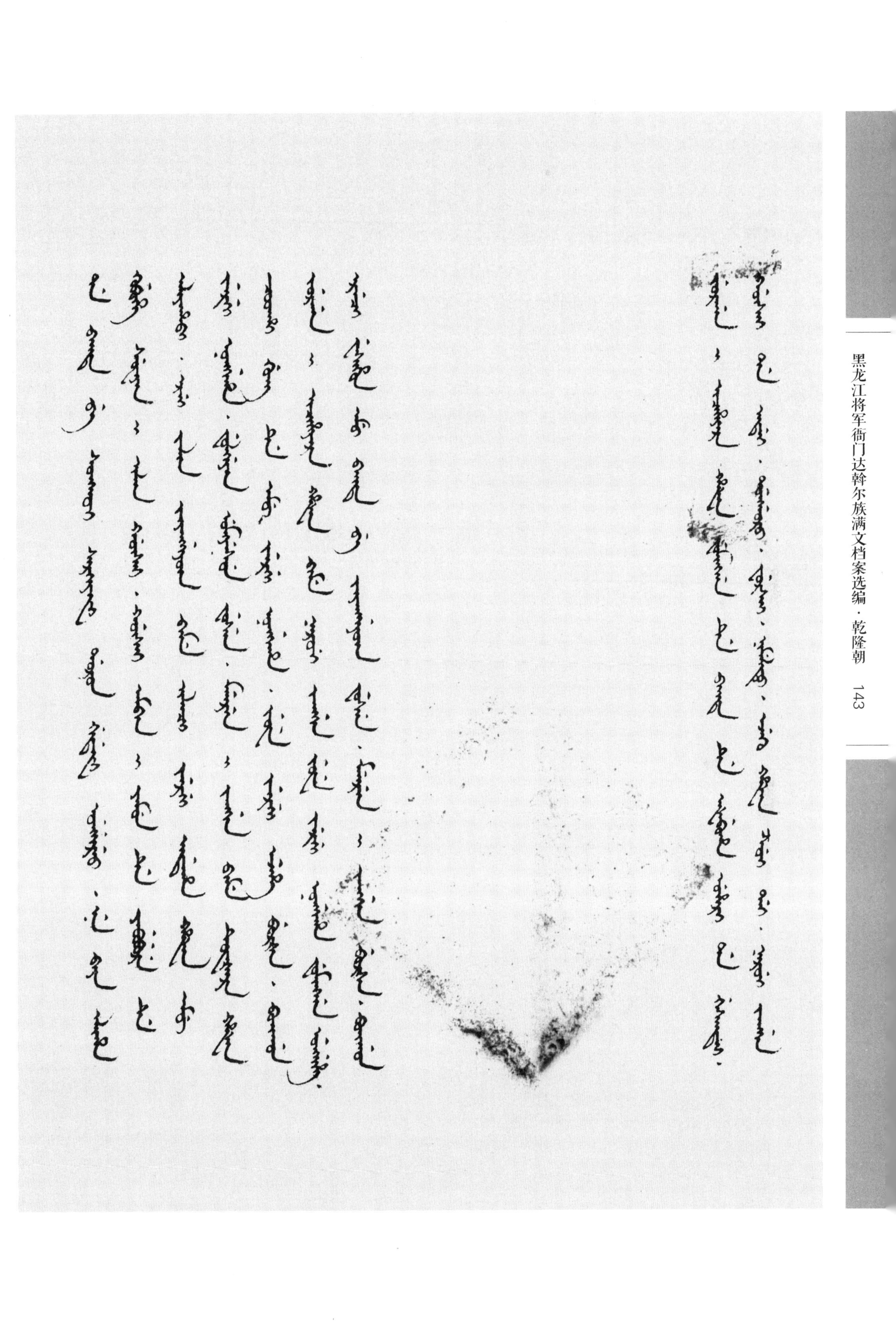

[illegible]

[illegible]

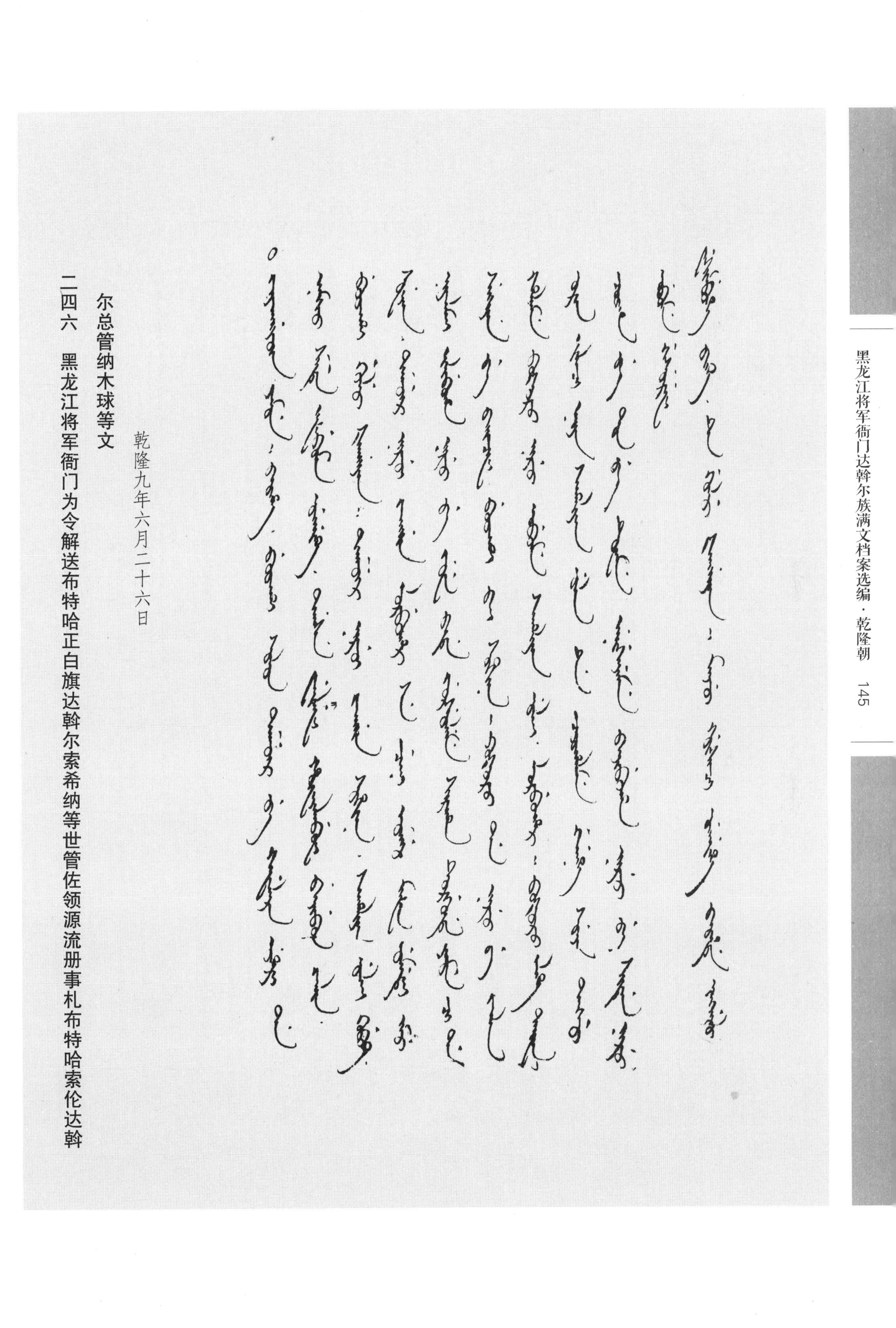

乾隆九年六月二十六日

二四六 黑龙江将军衙门为令解送布特哈正白旗达斡尔索希纳等世管佐领源流册事札布特哈索伦达斡尔总管纳木球等文

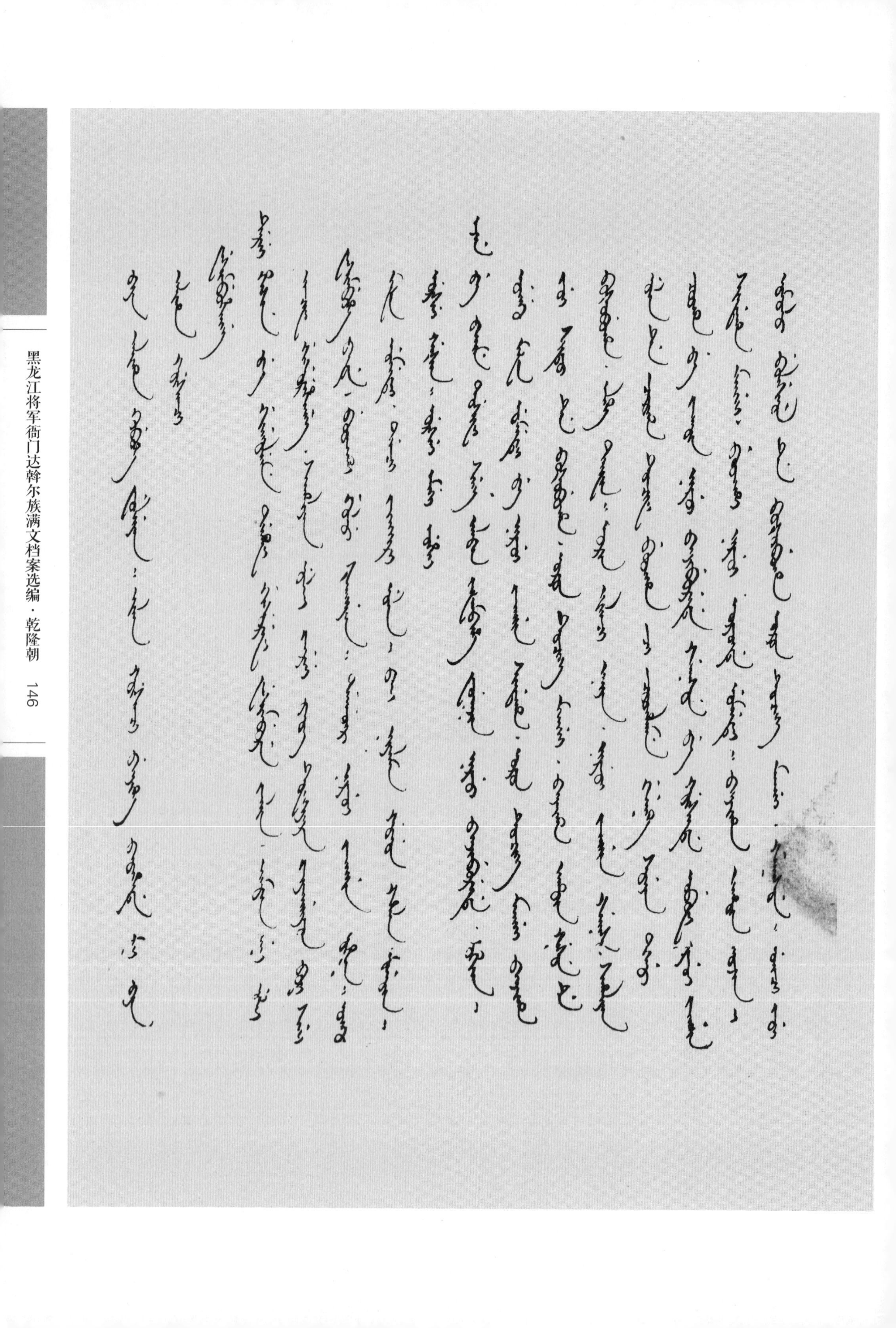

[illegible]

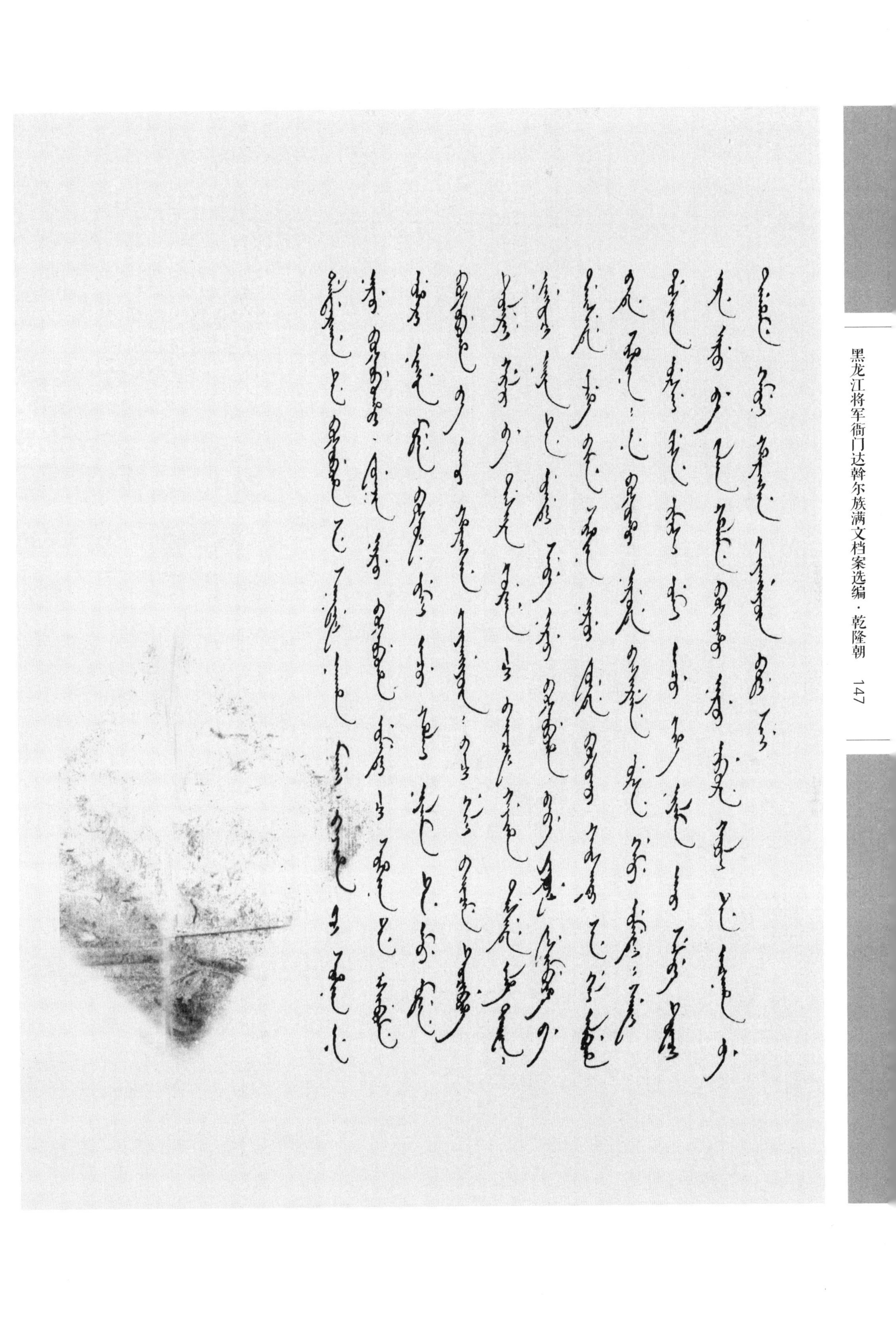

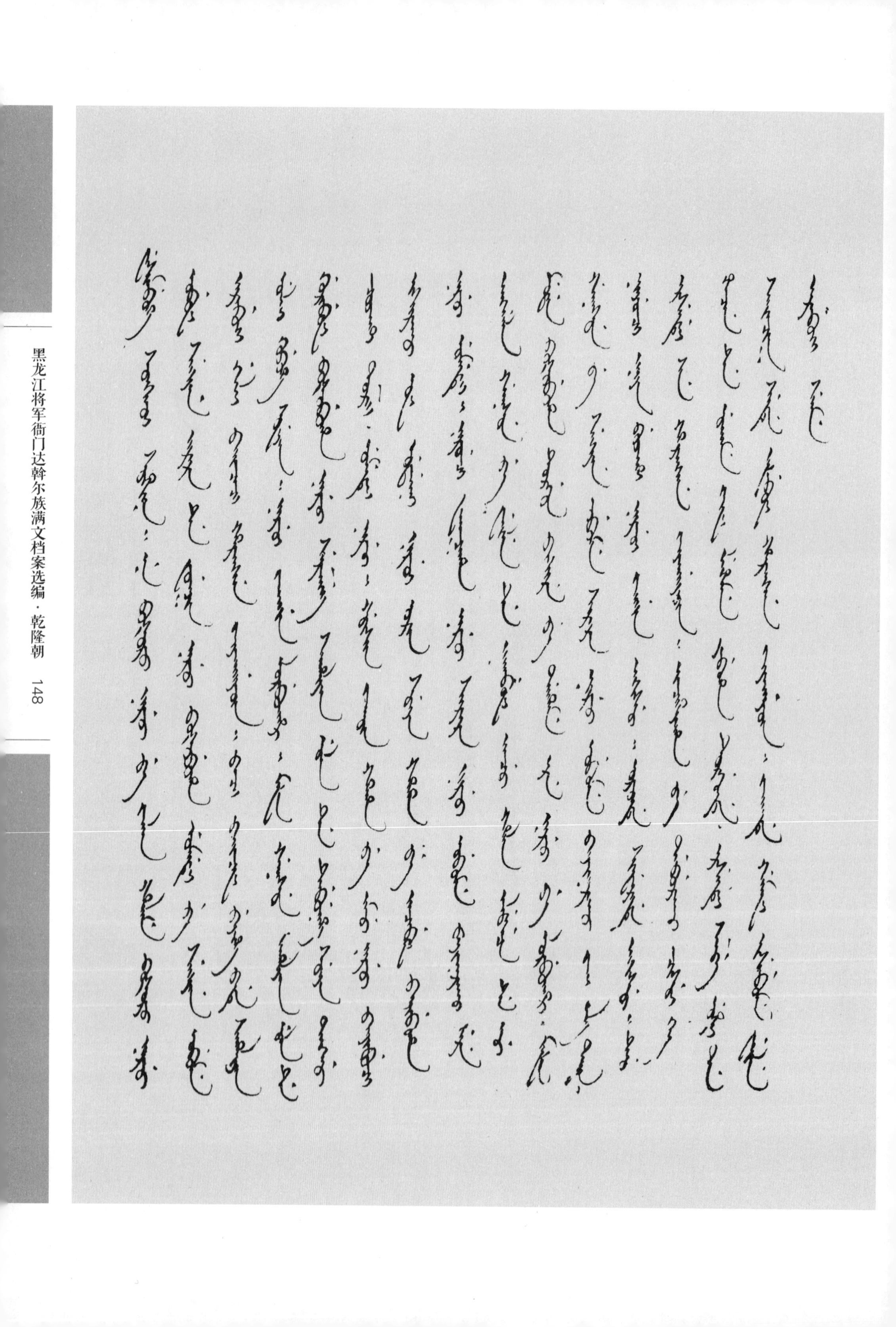

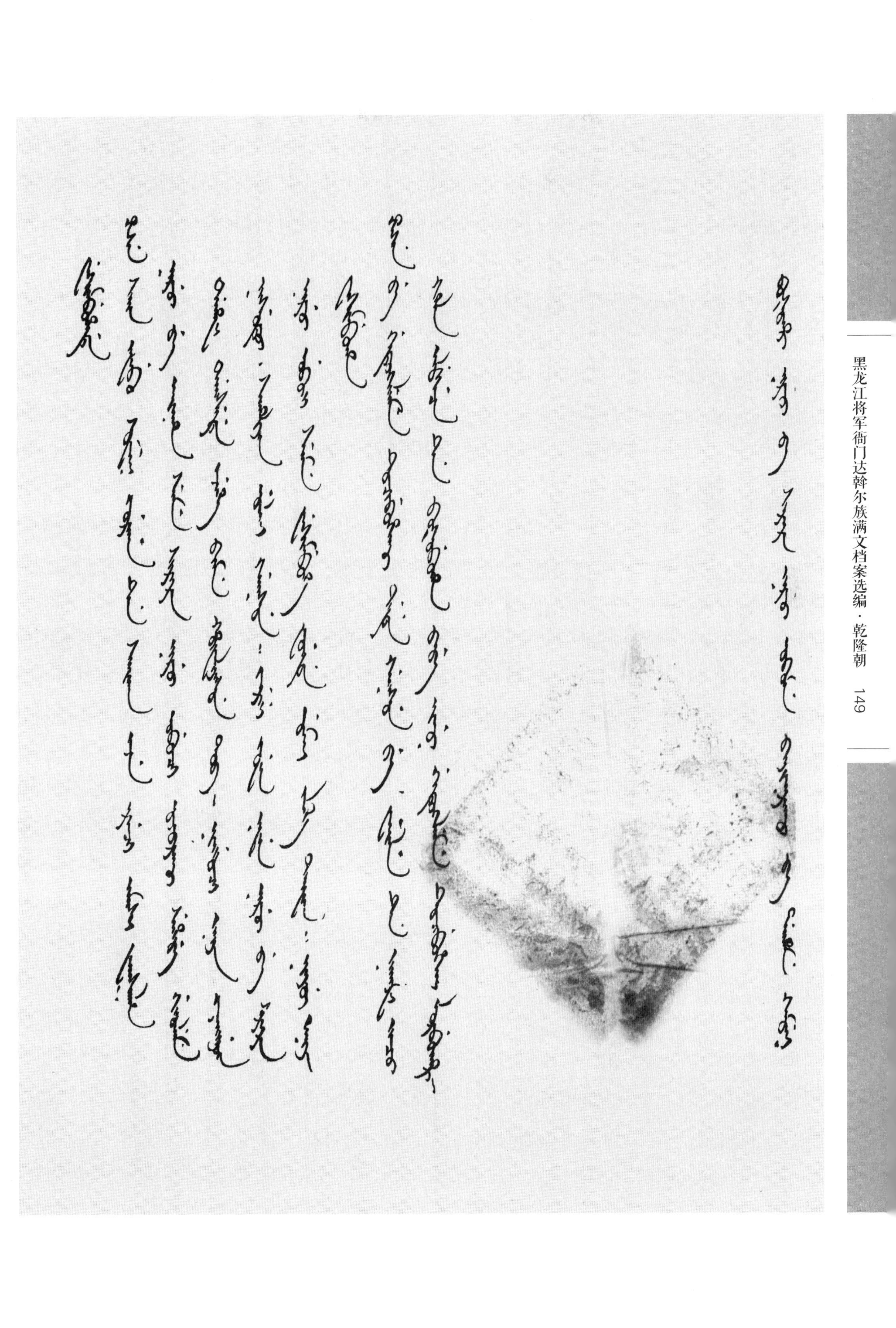

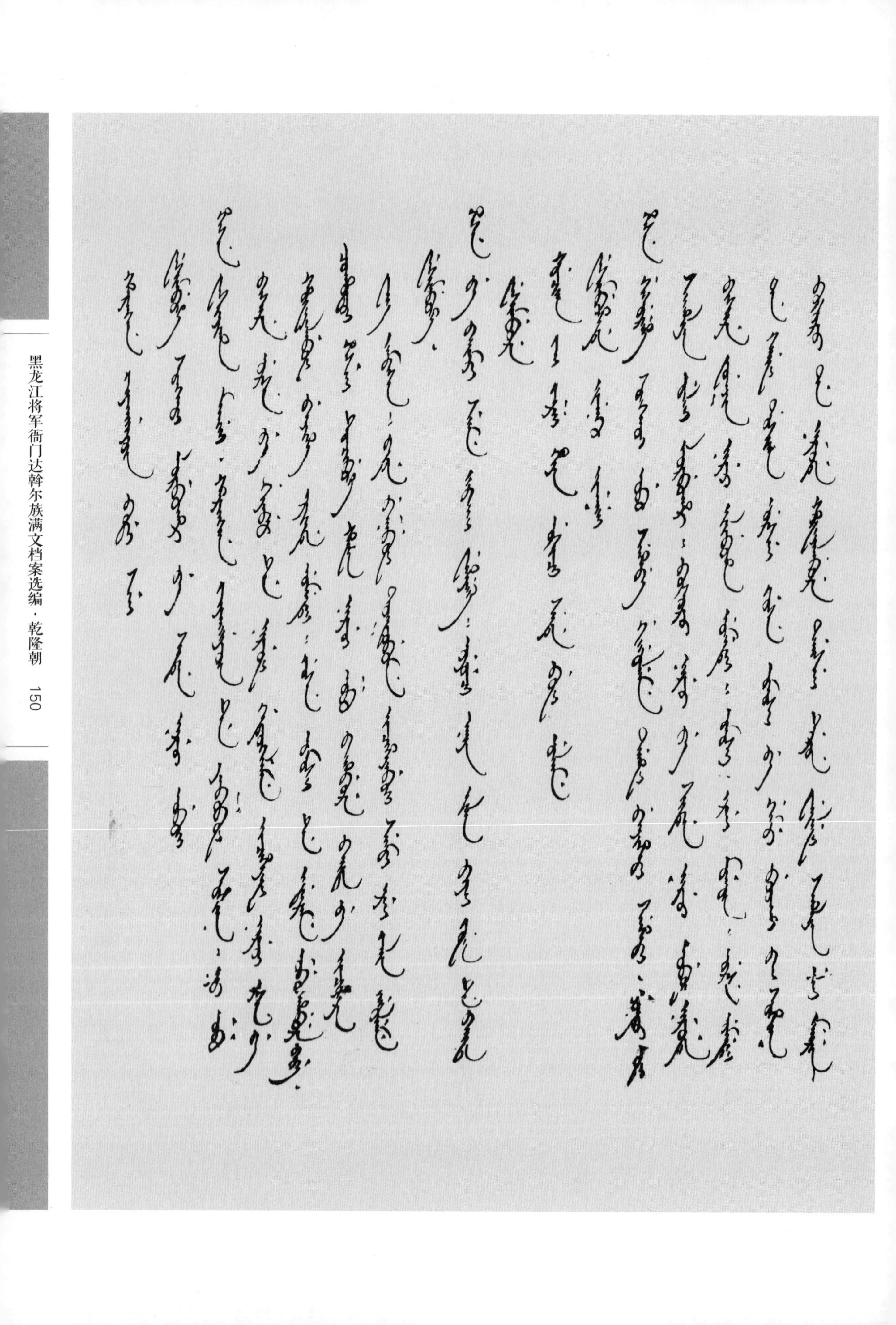

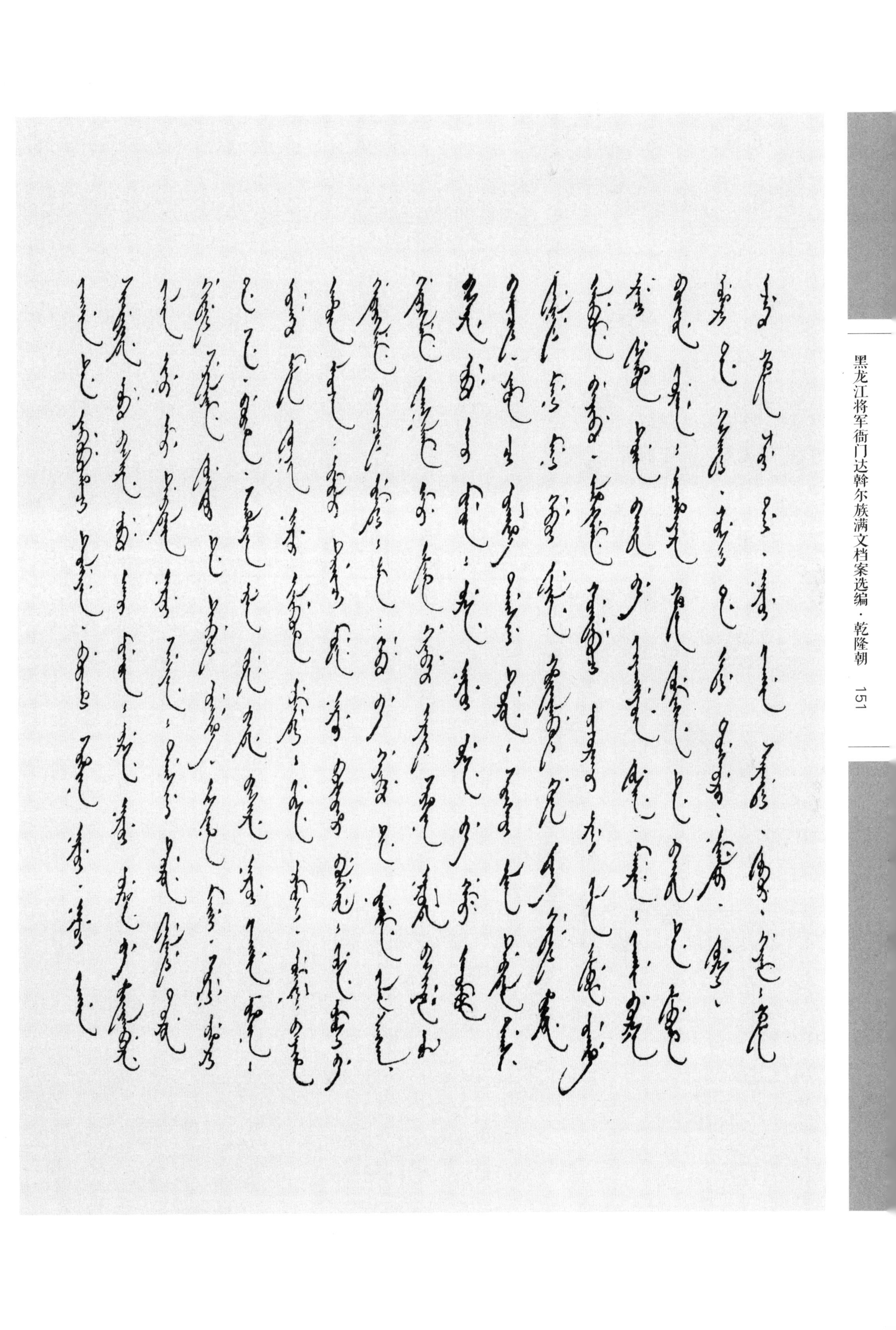

[illegible]

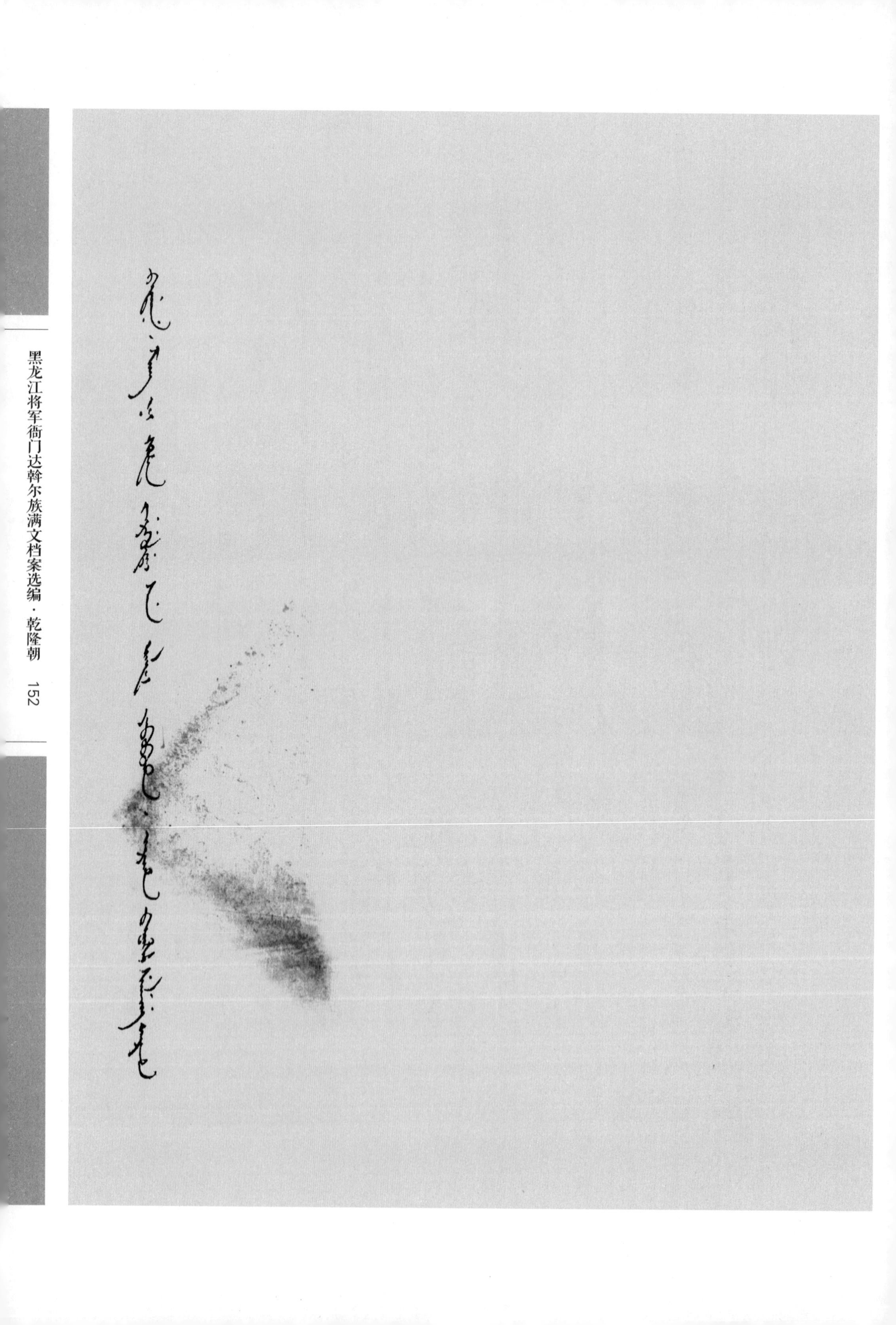

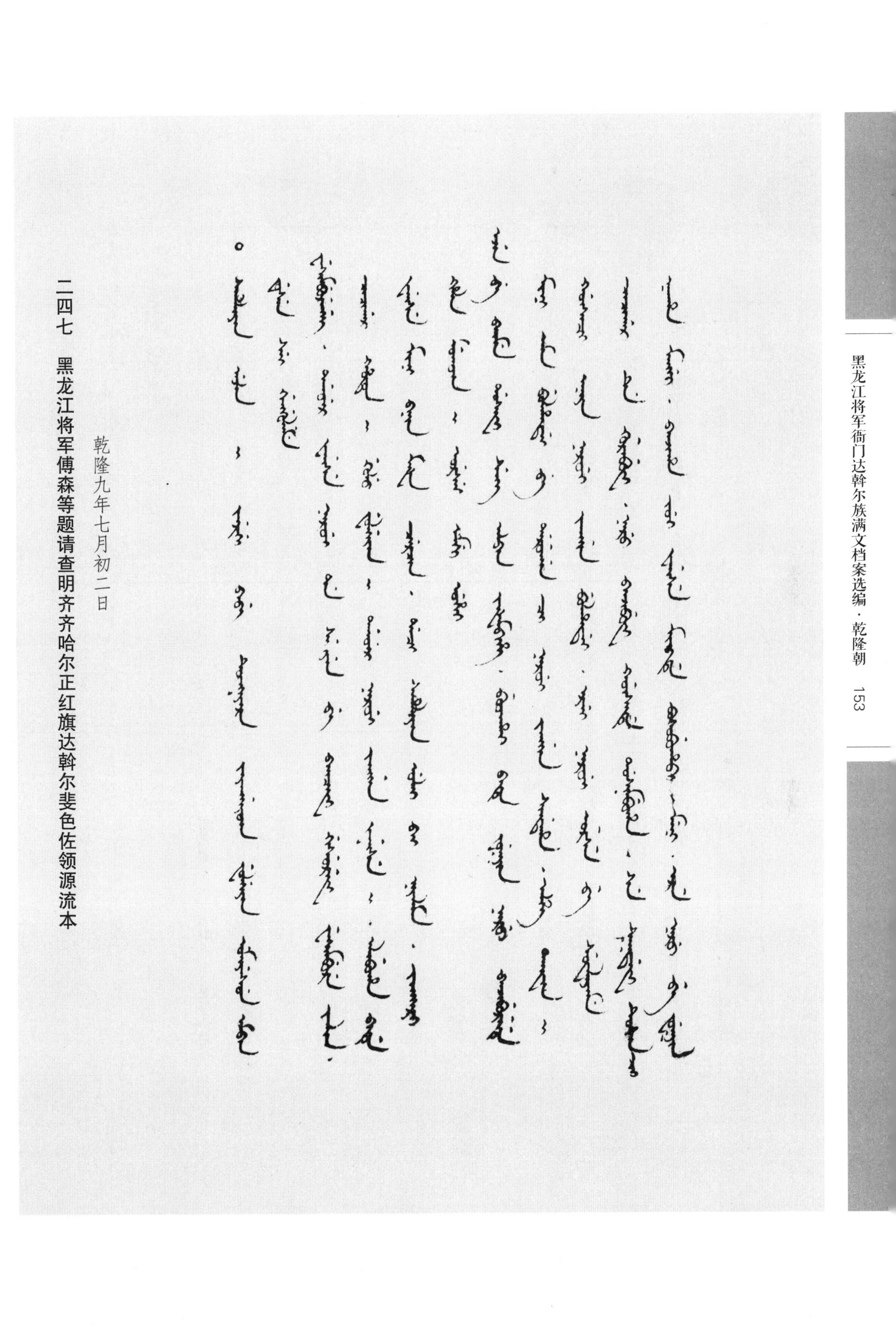

二四七　黑龙江将军傅森等题请查明齐齐哈尔正红旗达斡尔斐色佐领源流本

乾隆九年七月初二日

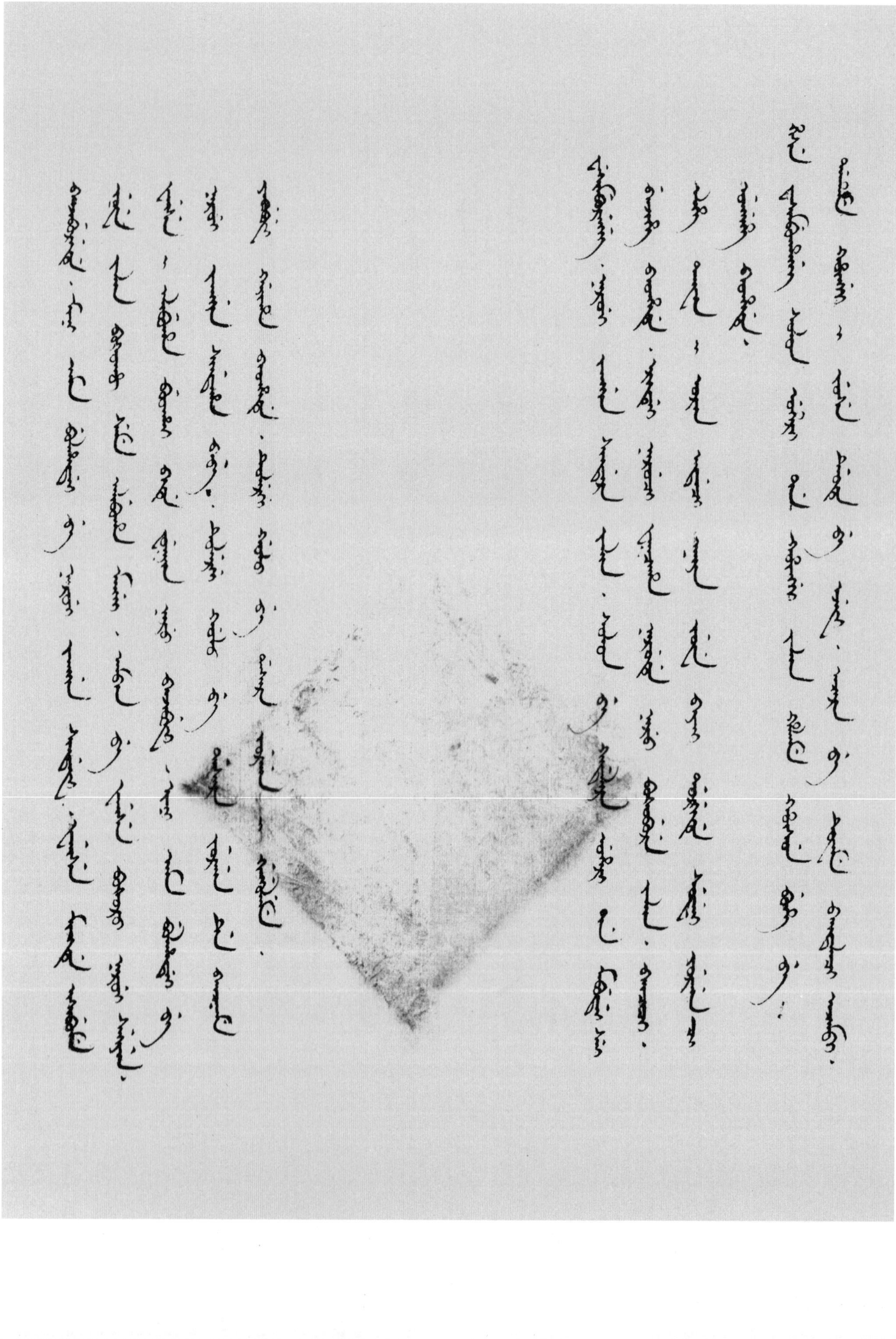

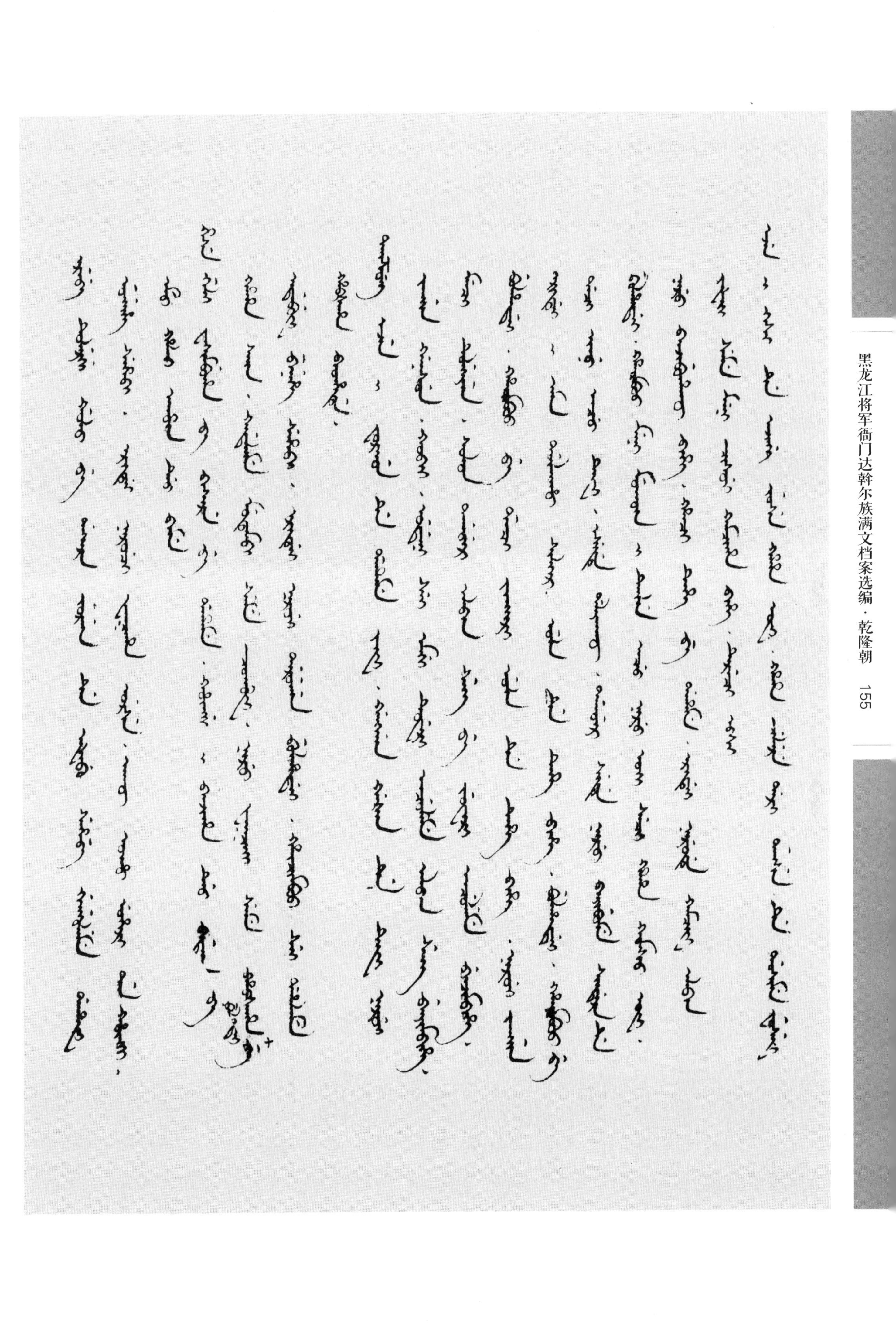

[illegible]

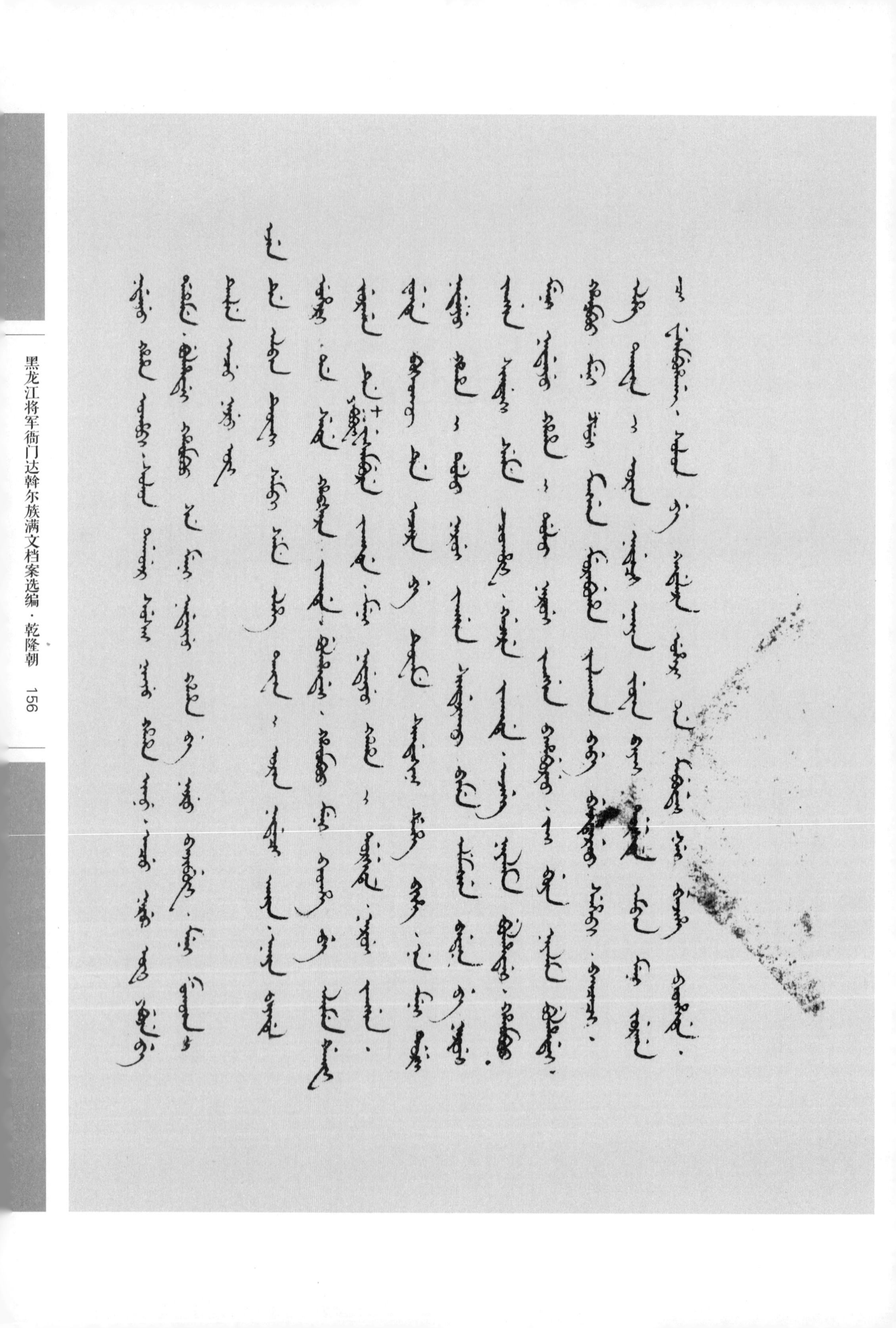

[illegible]

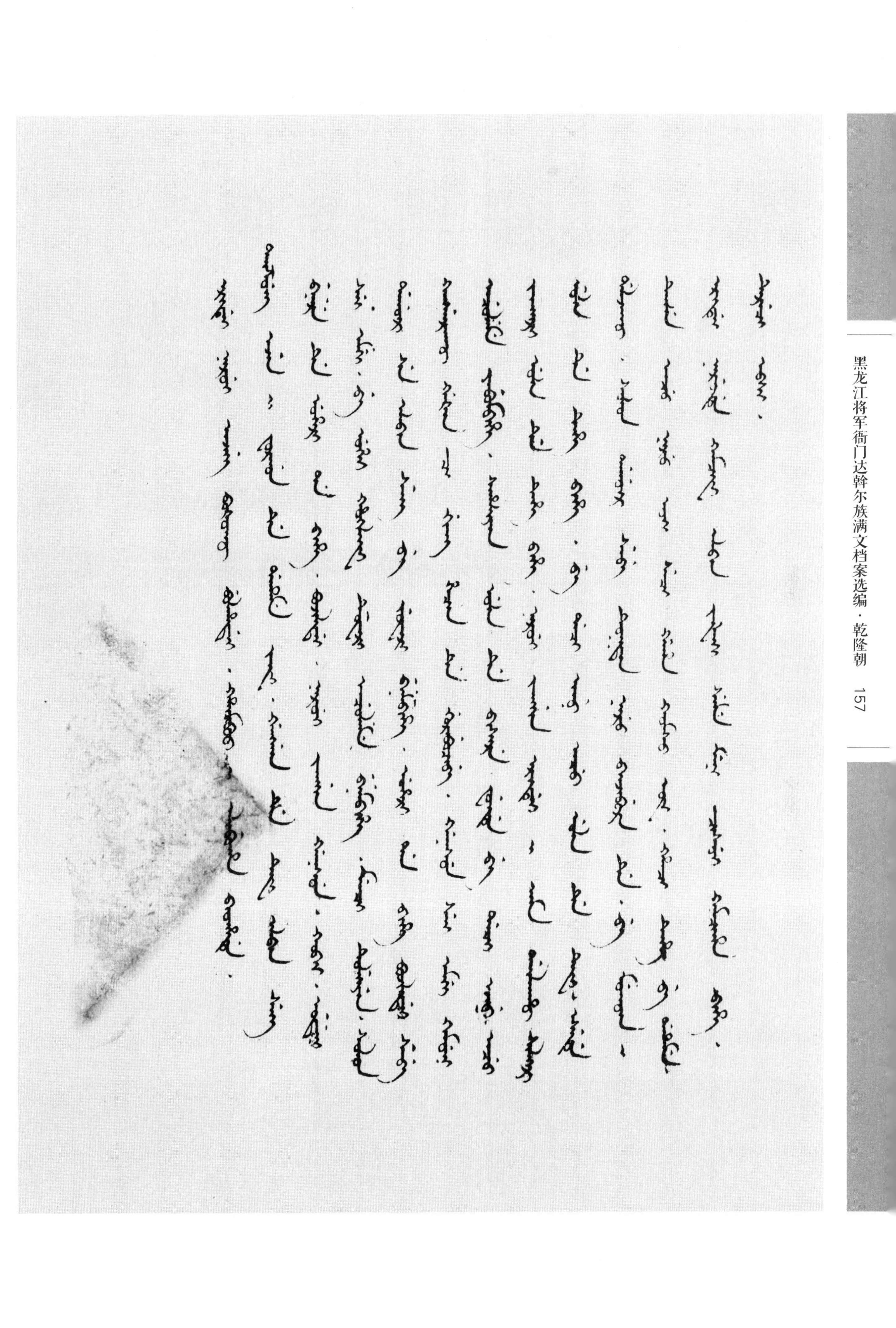

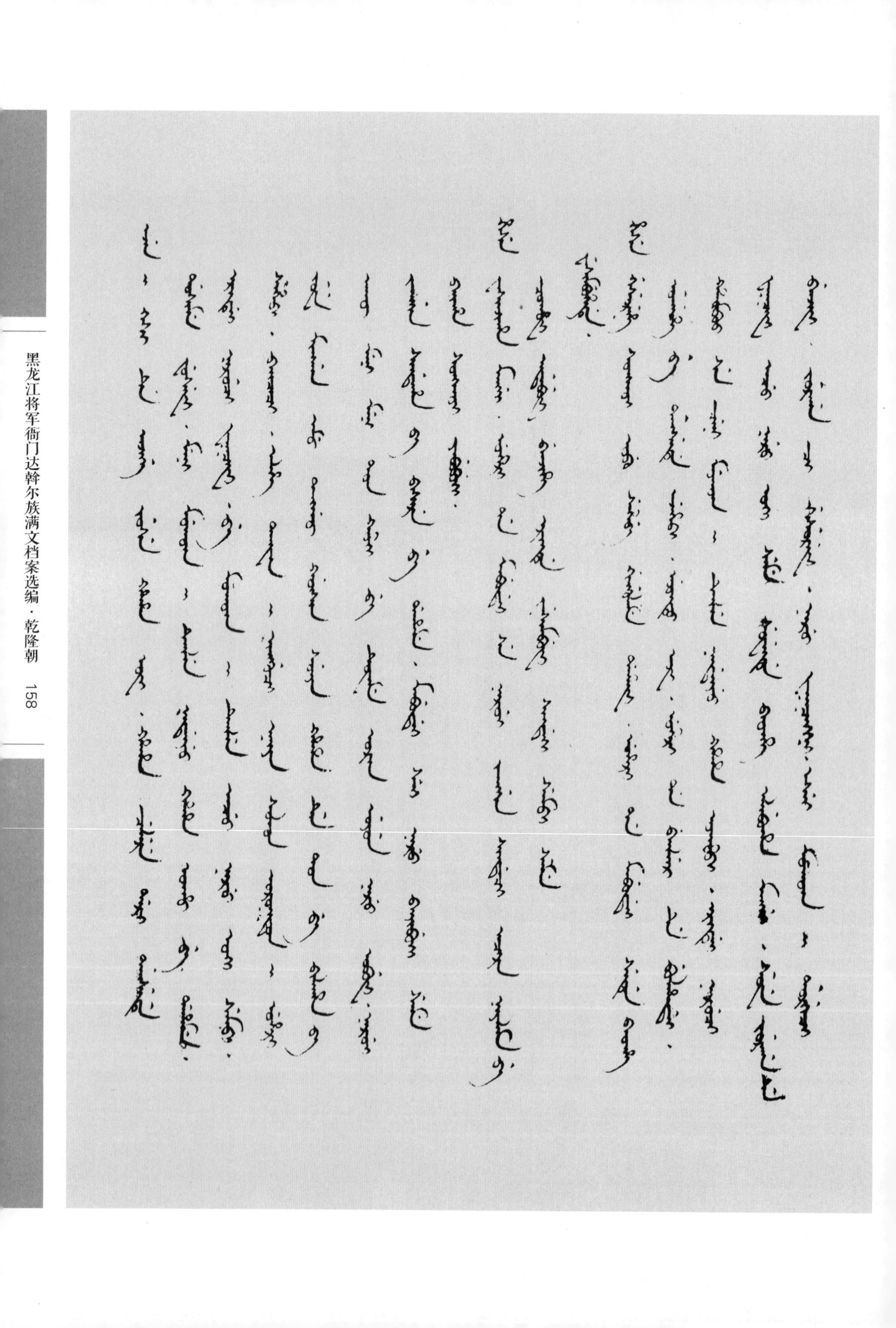

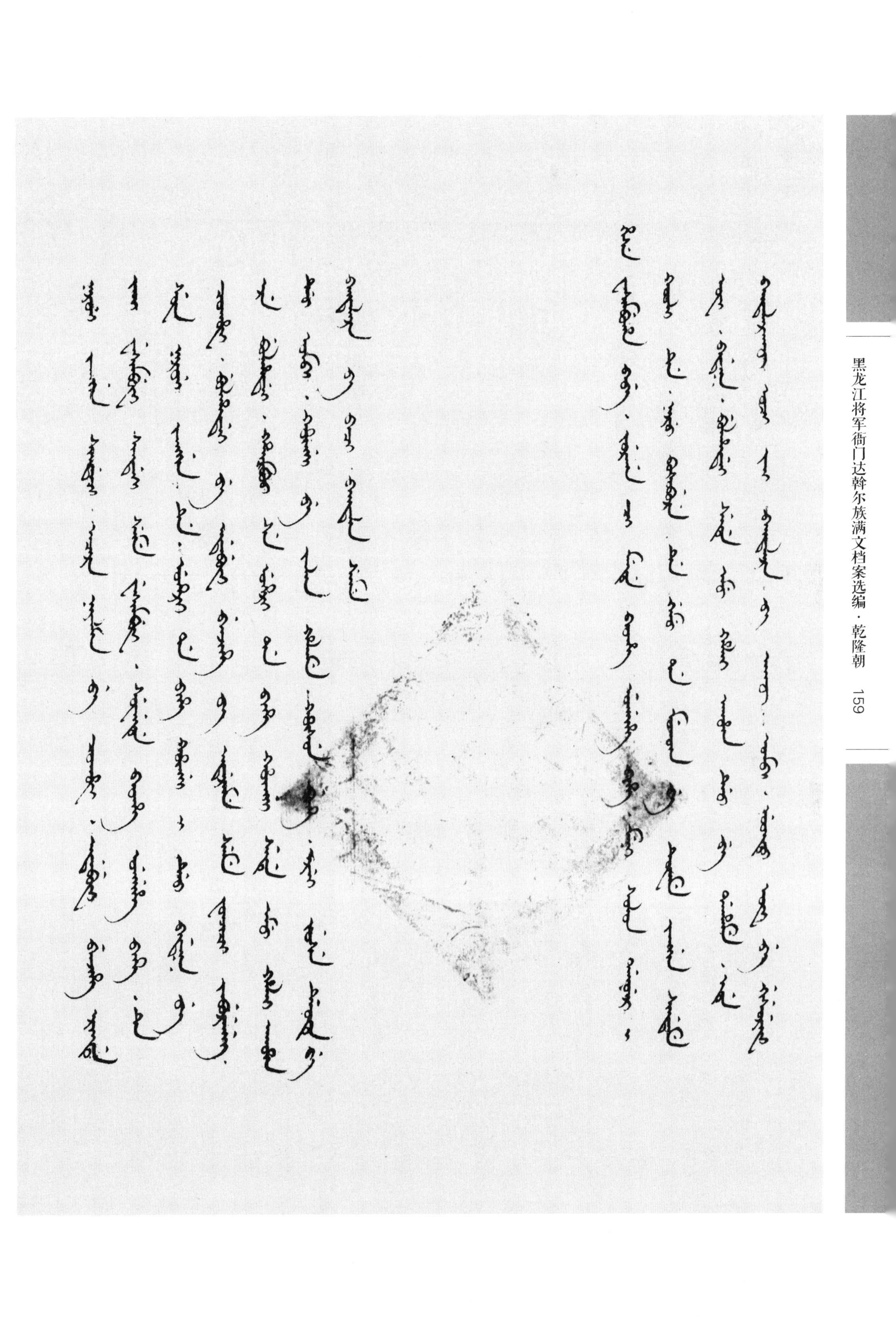

[illegible]

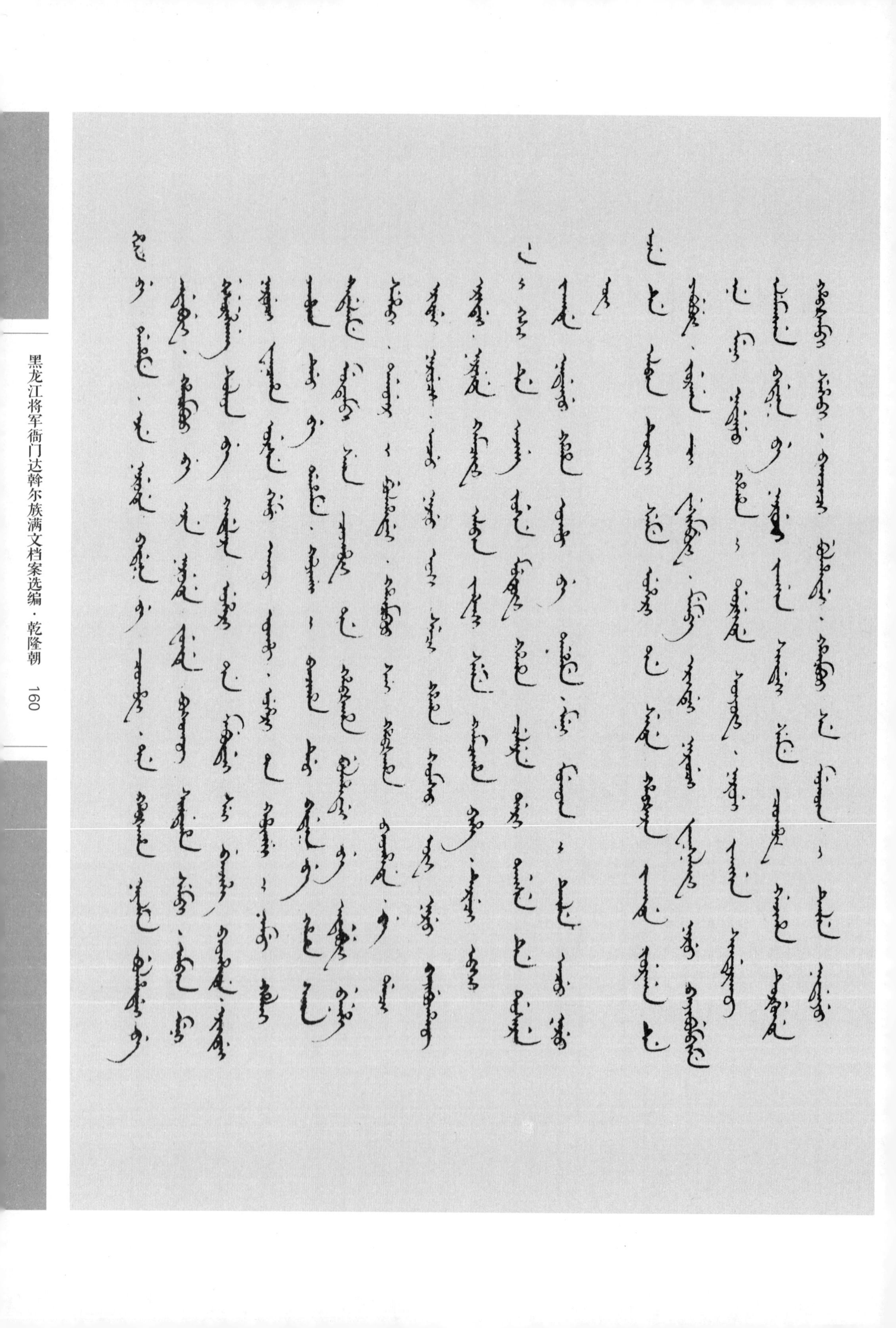

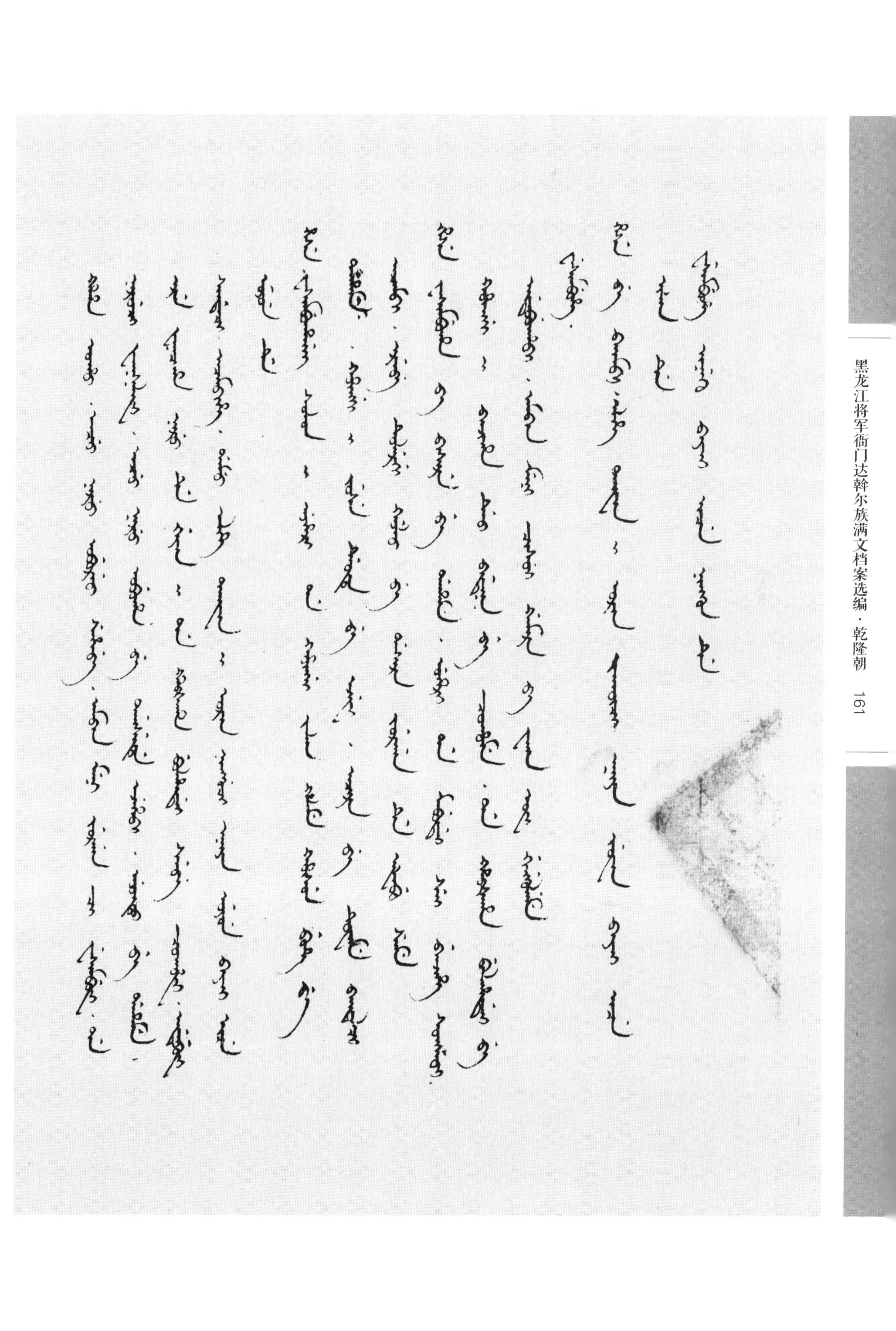

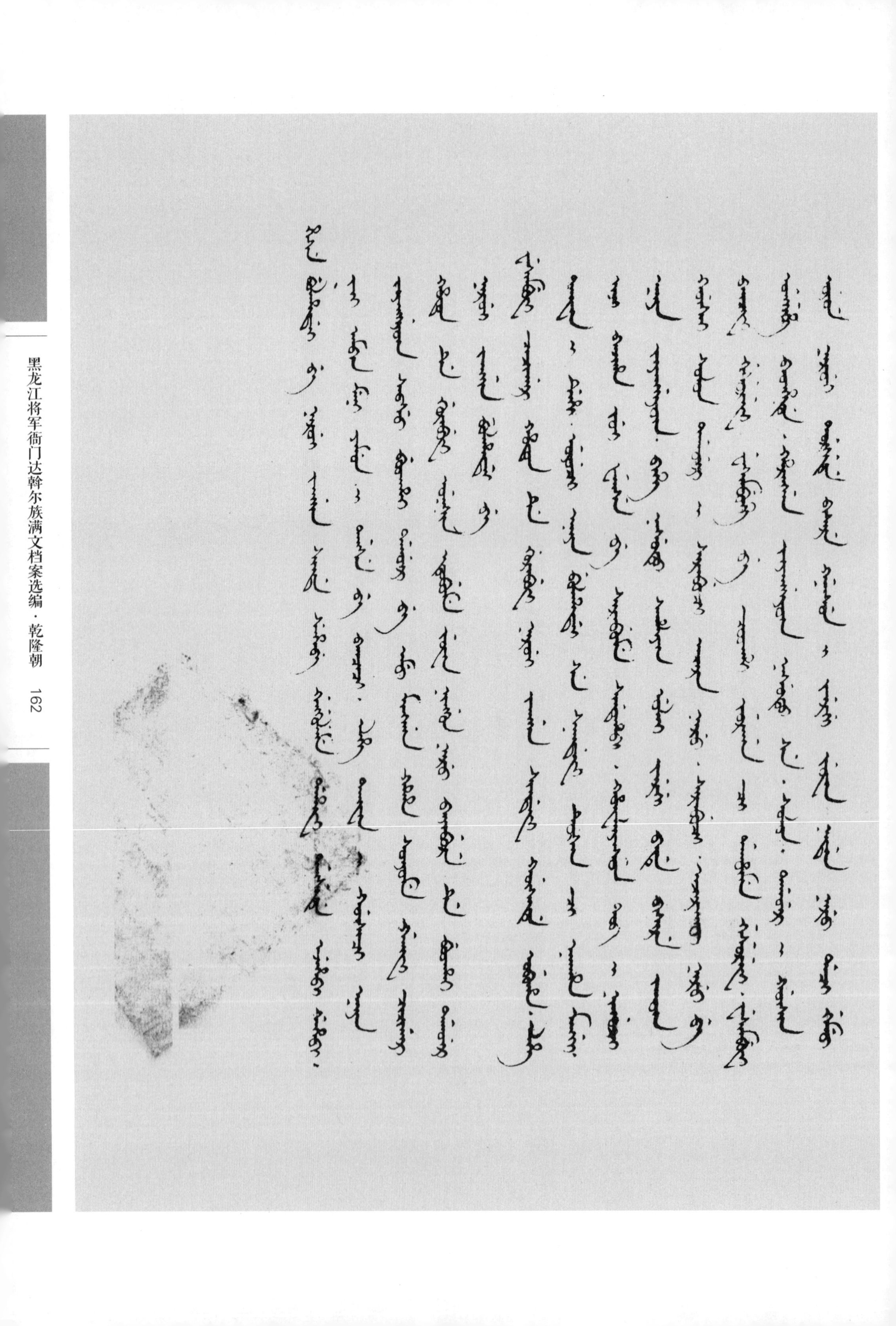

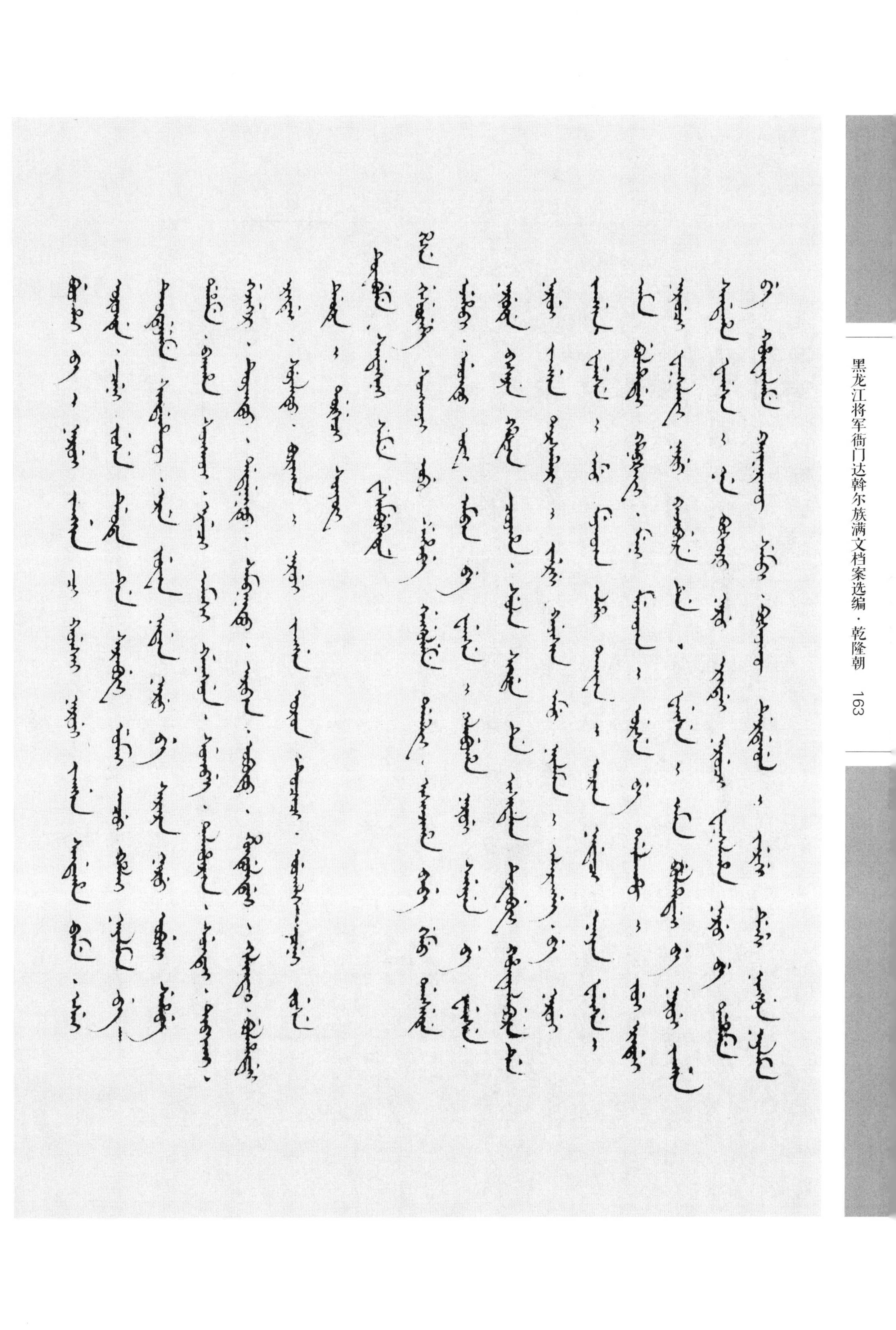

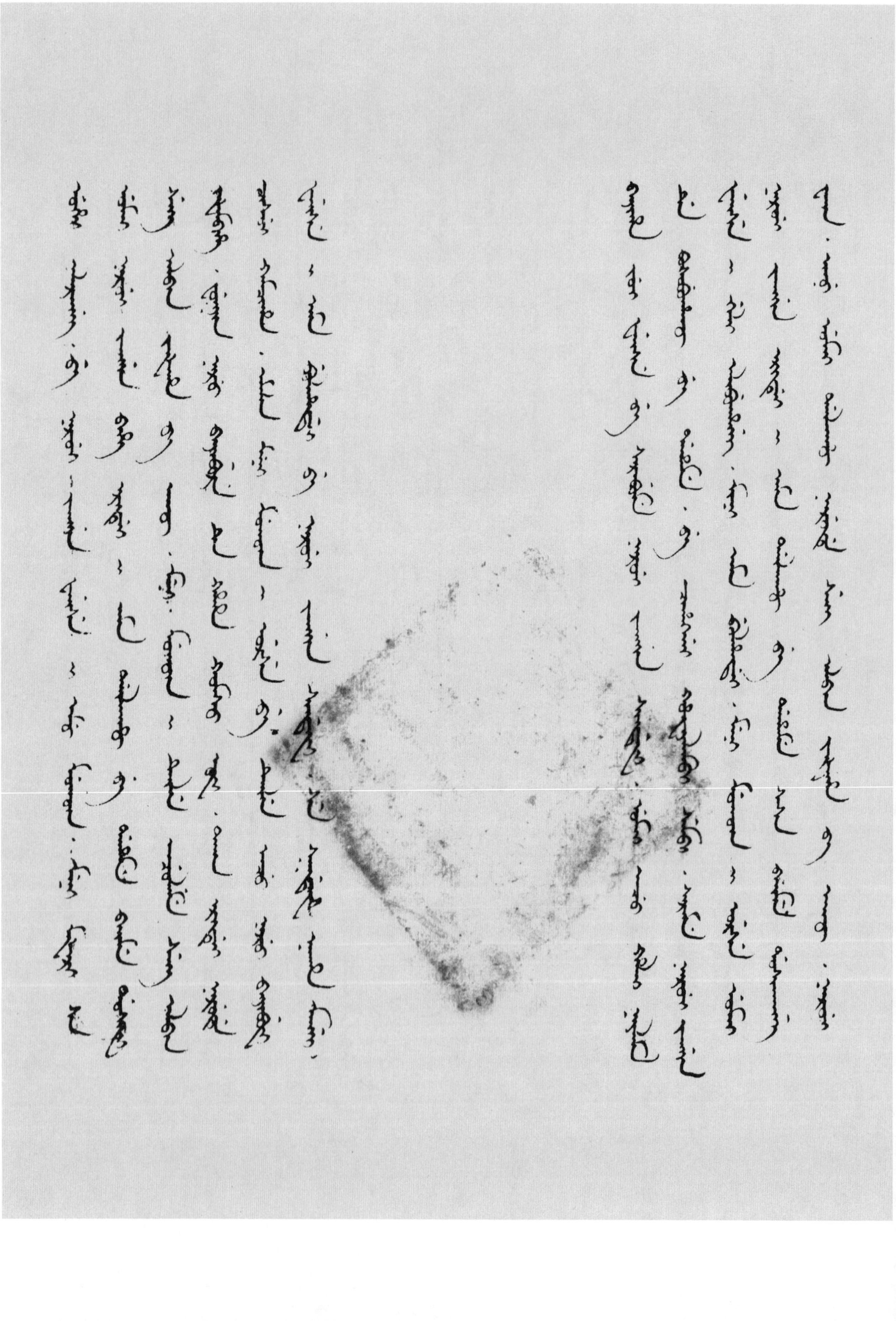

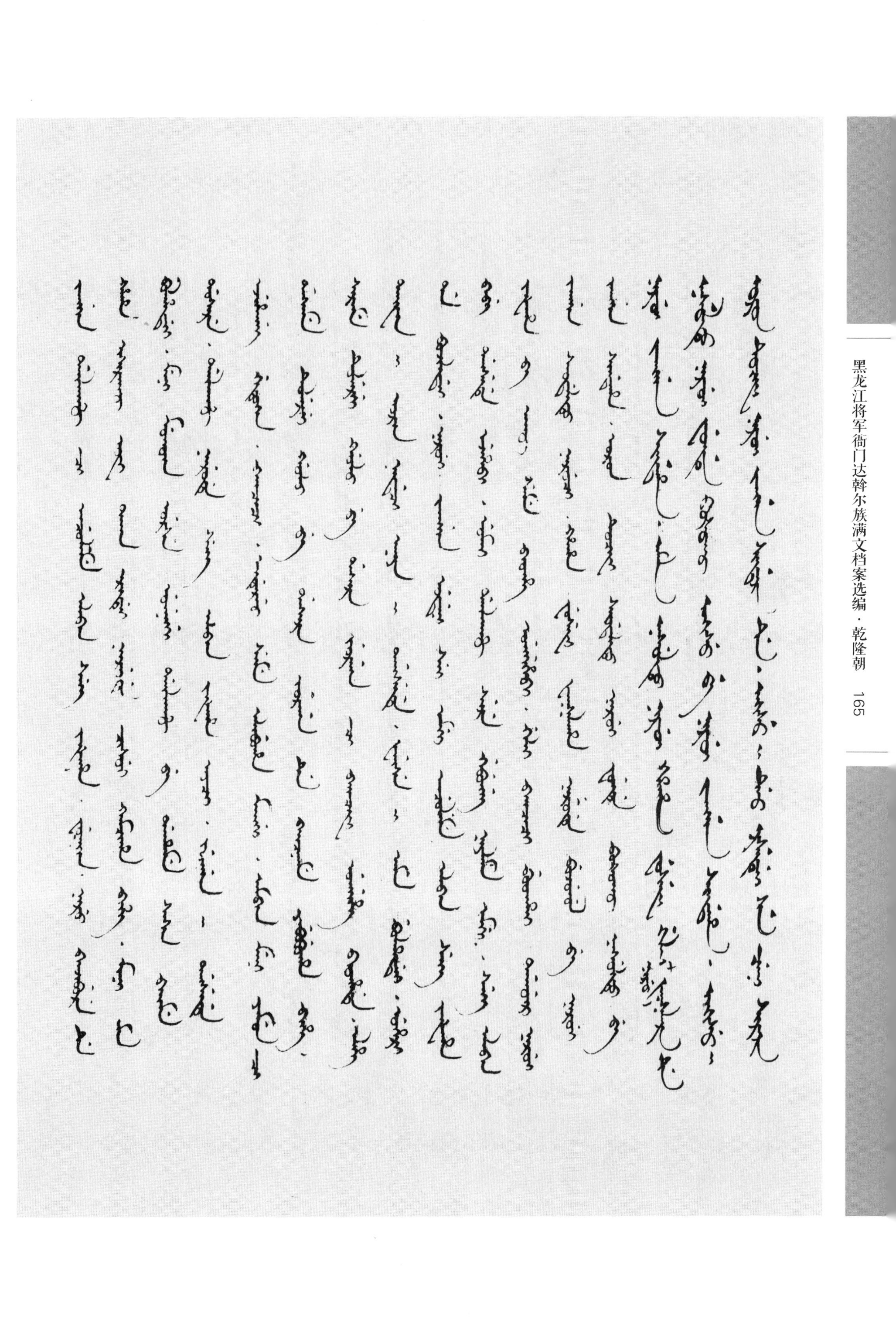

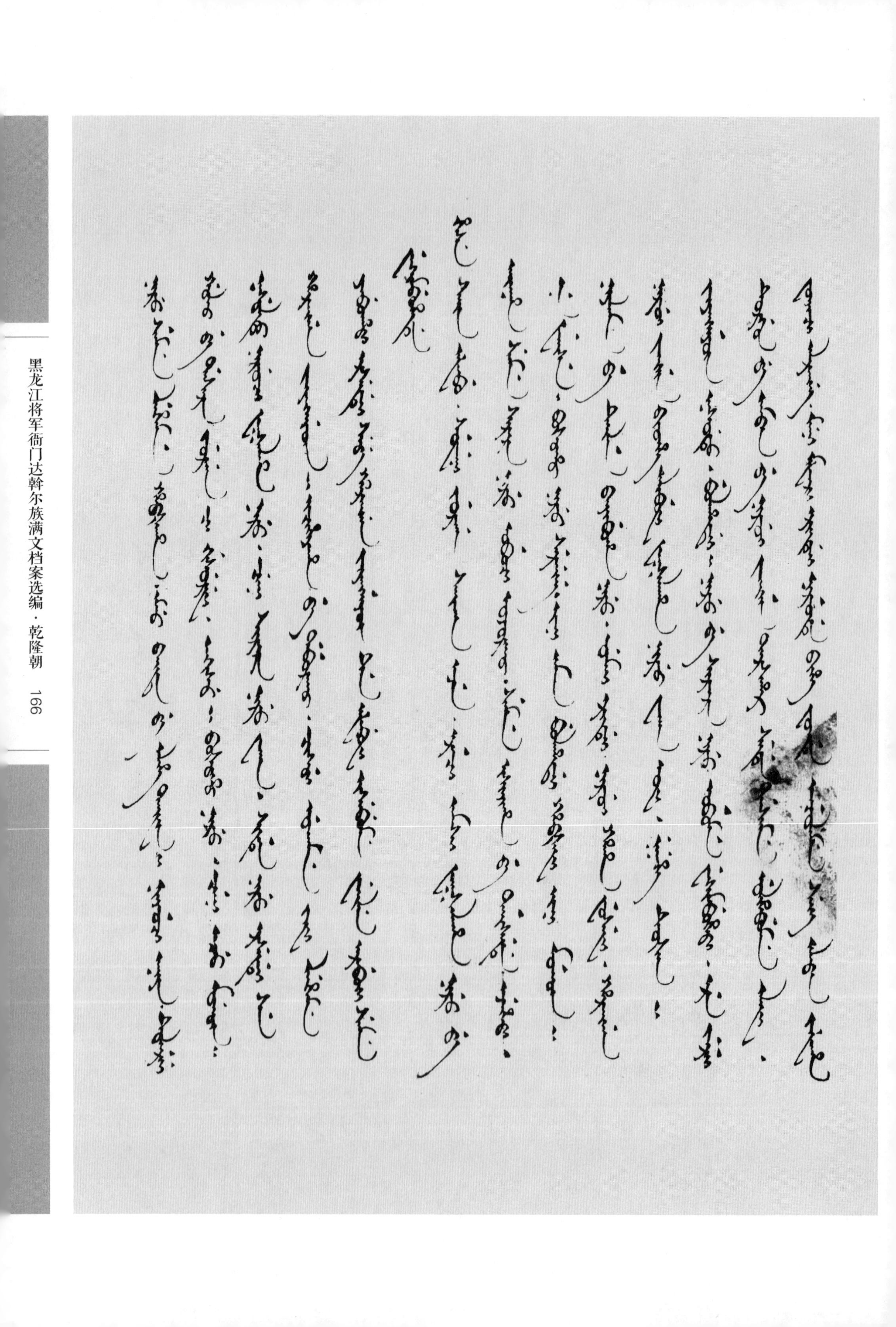

[illegible]

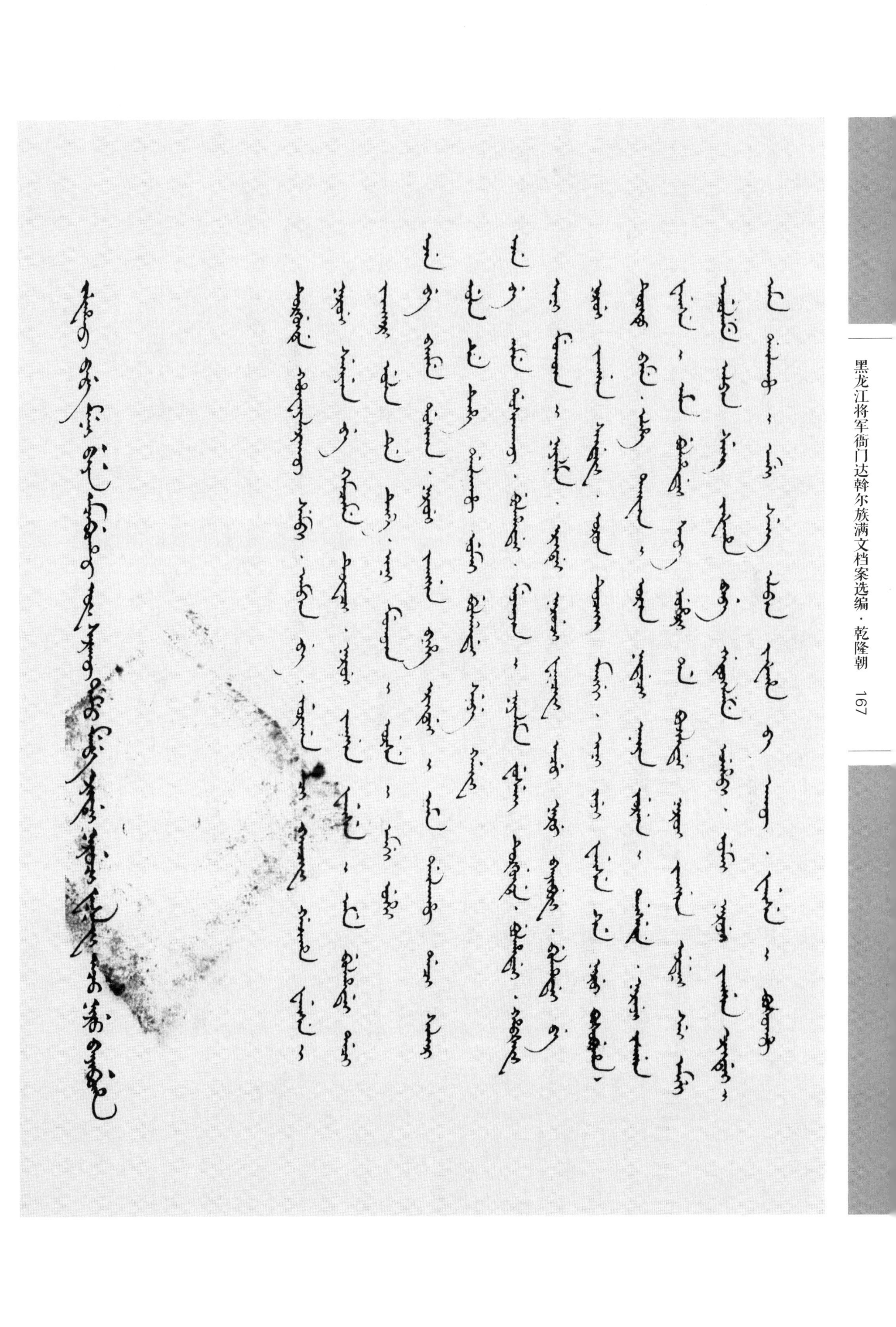

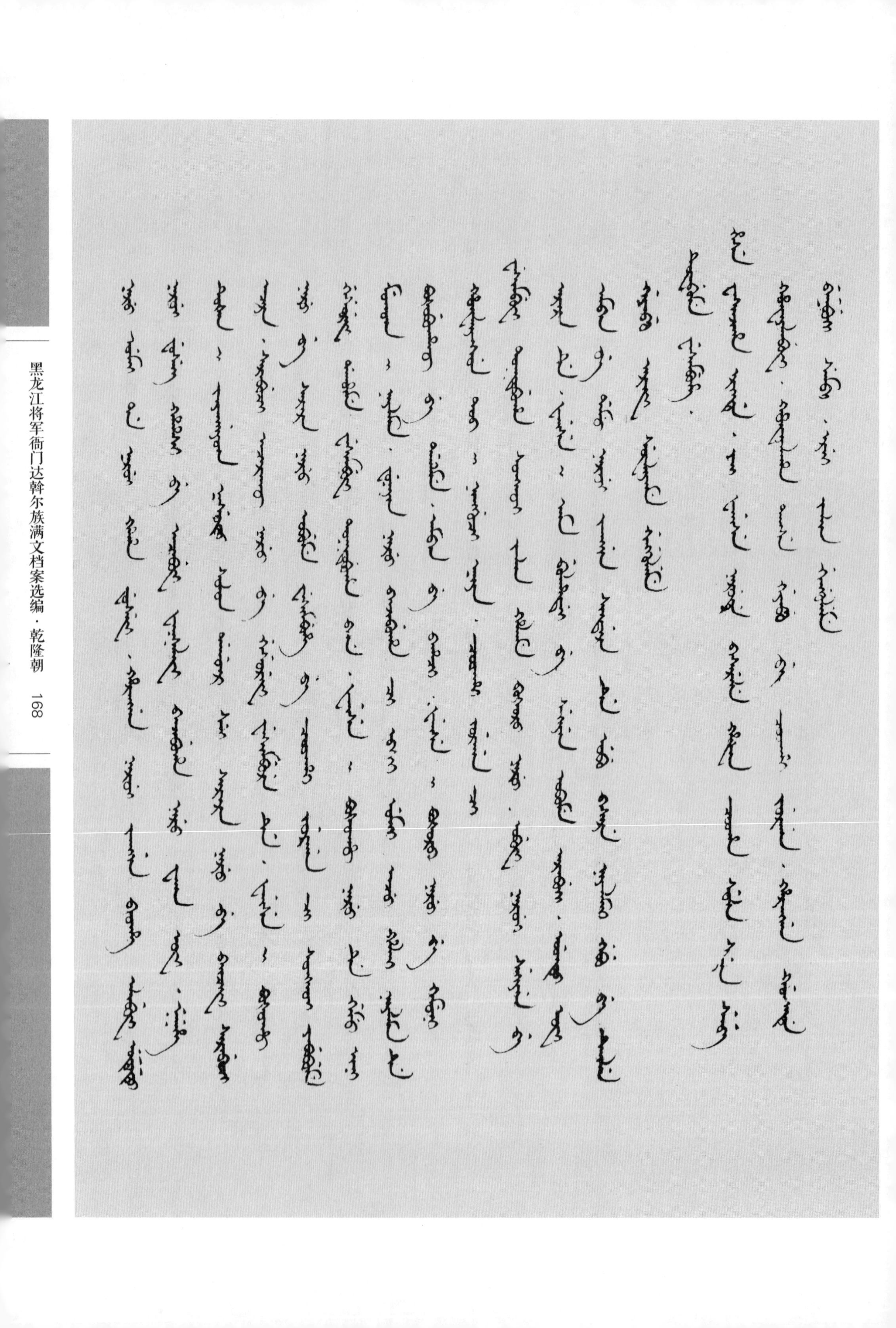

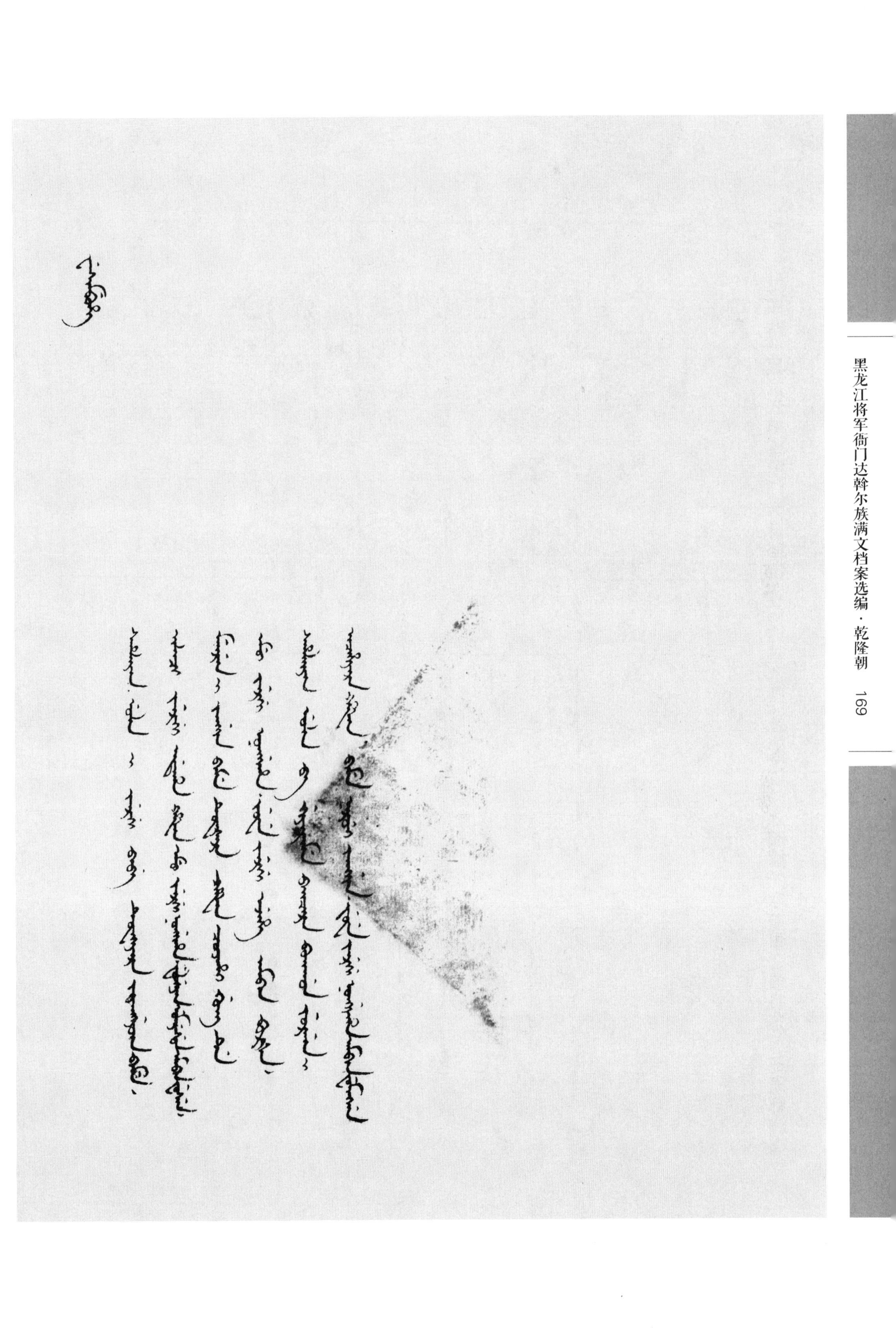

二四八 黑龙江将军衙门为查明镶黄旗达斡尔阿弥拉等佐领源流解送家谱事咨值月正蓝三旗都统衙门文

乾隆九年七月十九日

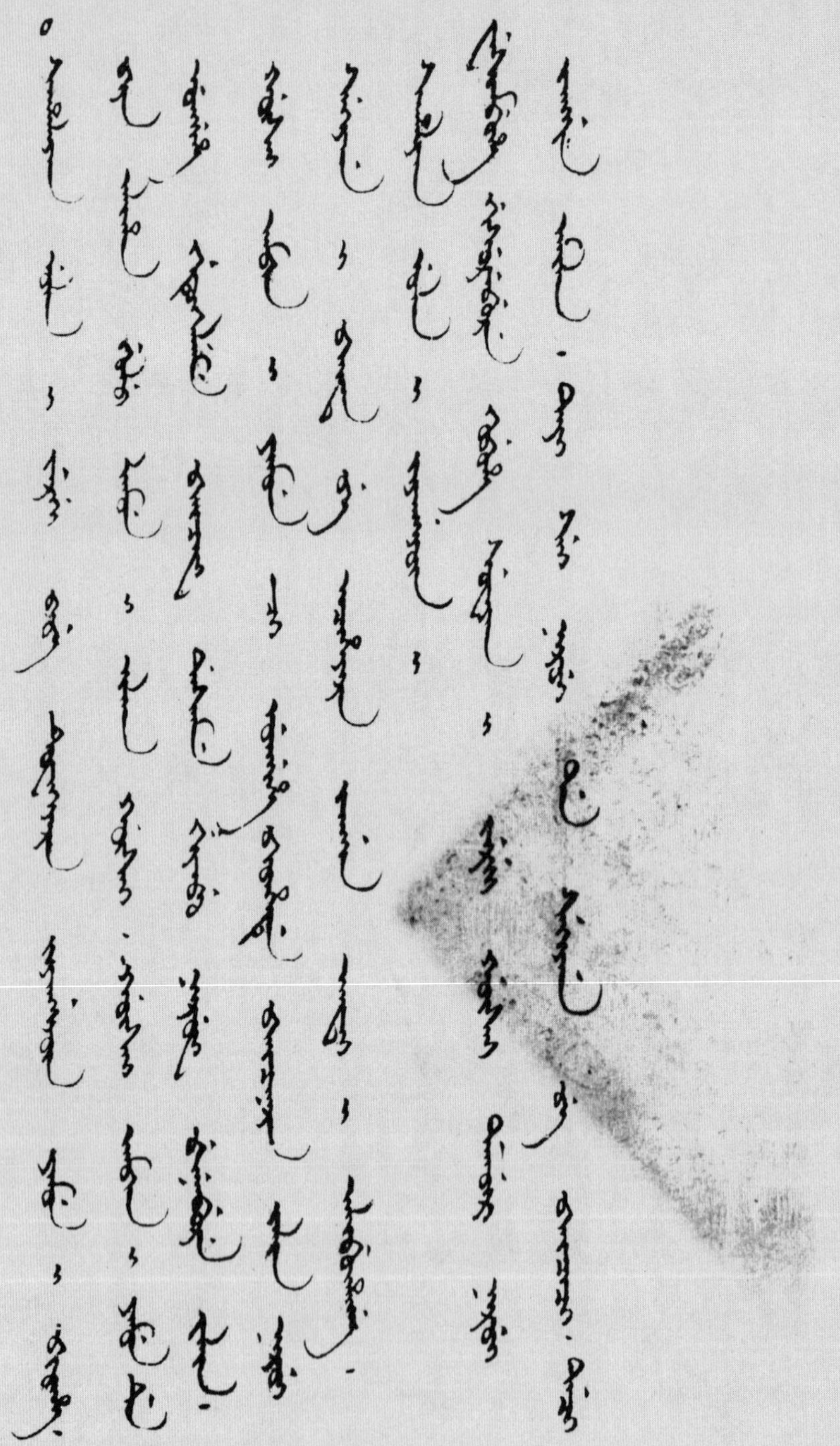

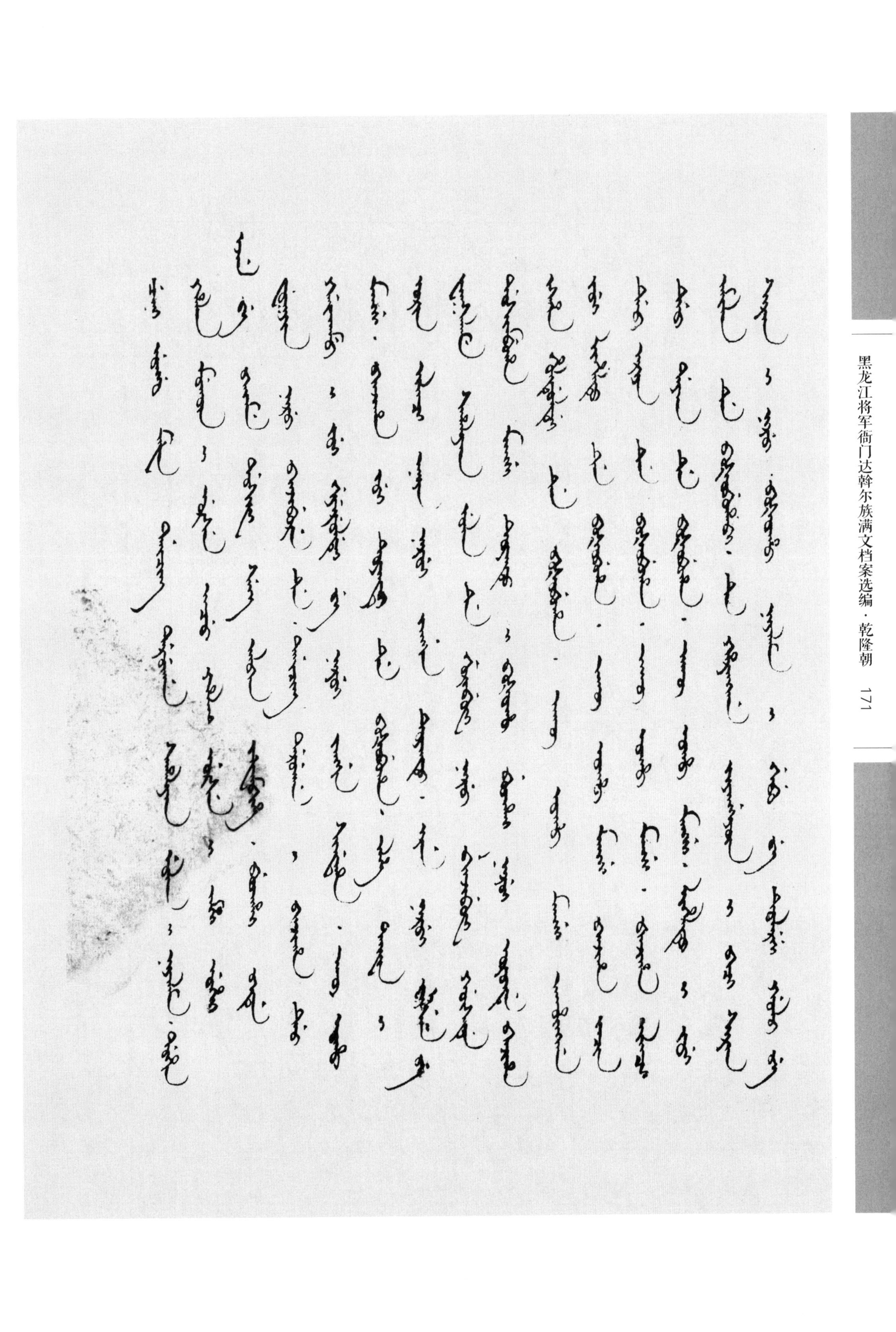

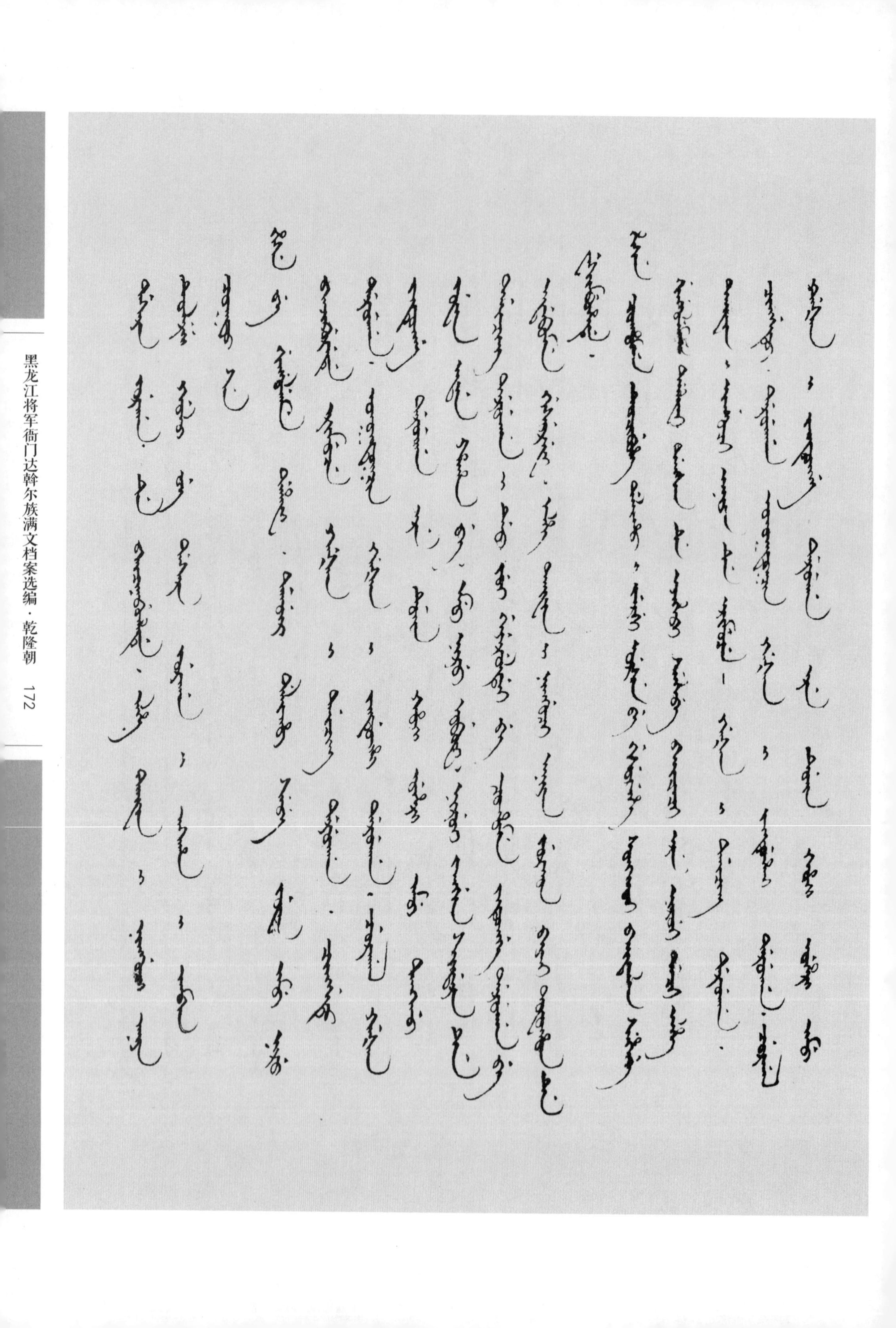

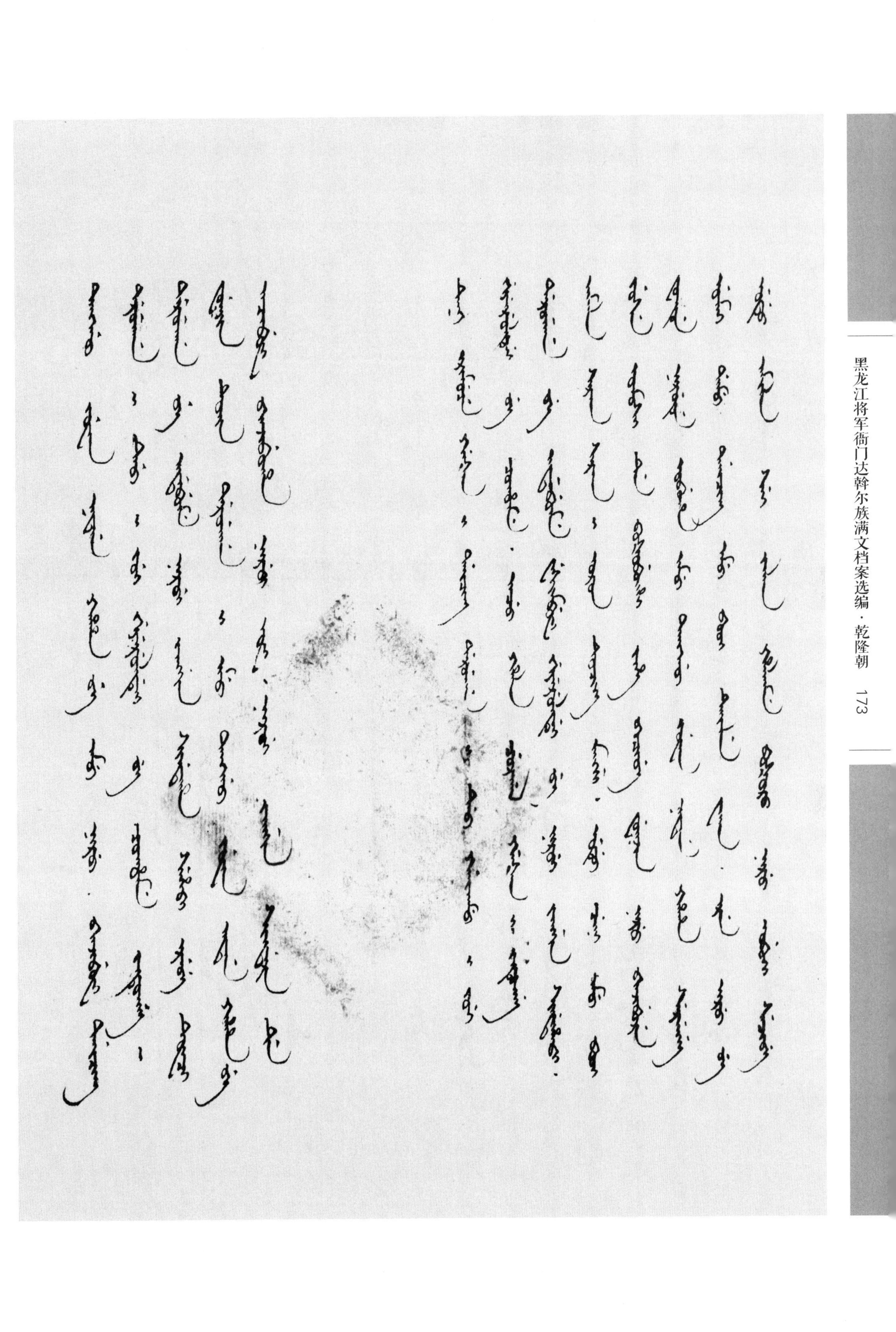

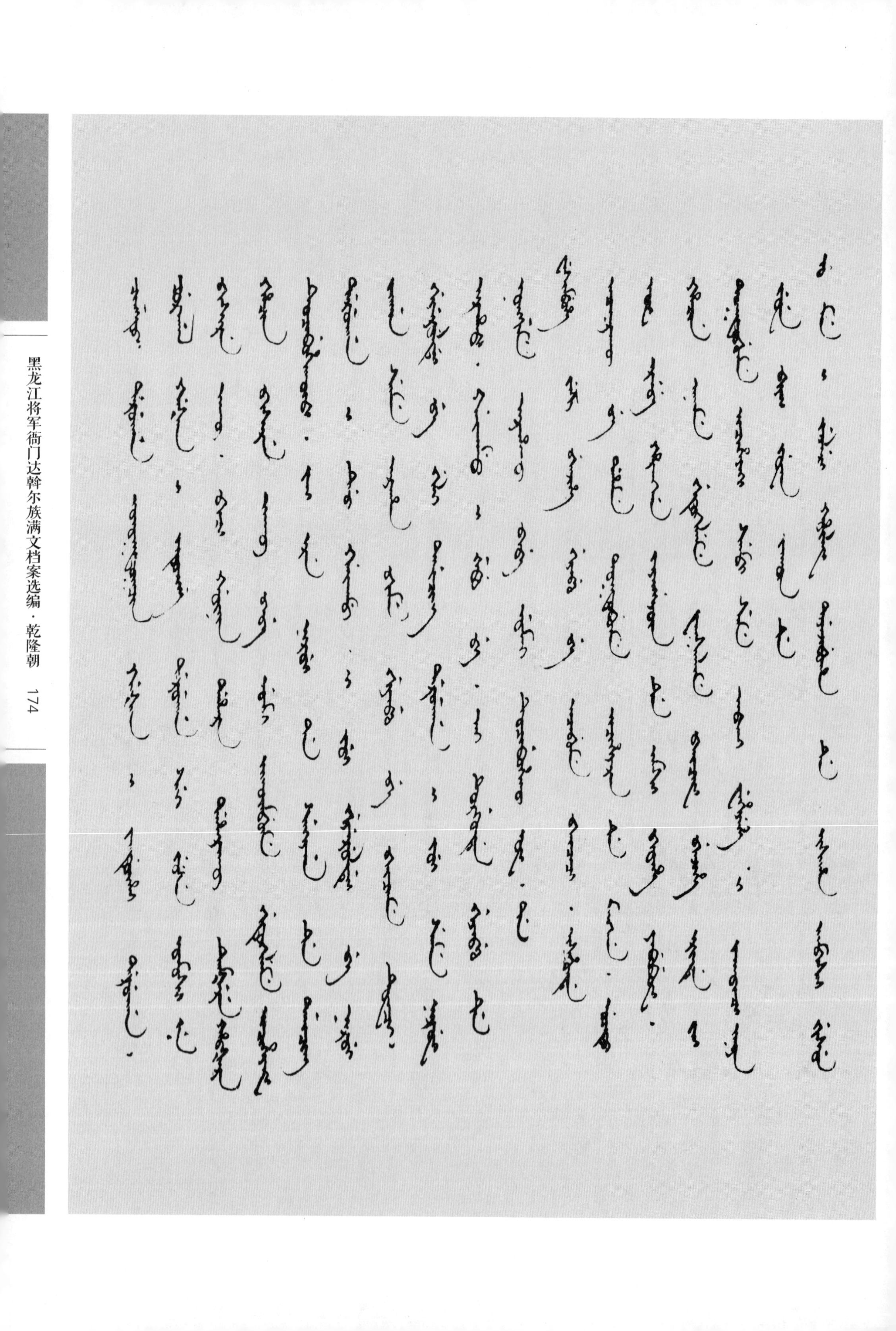

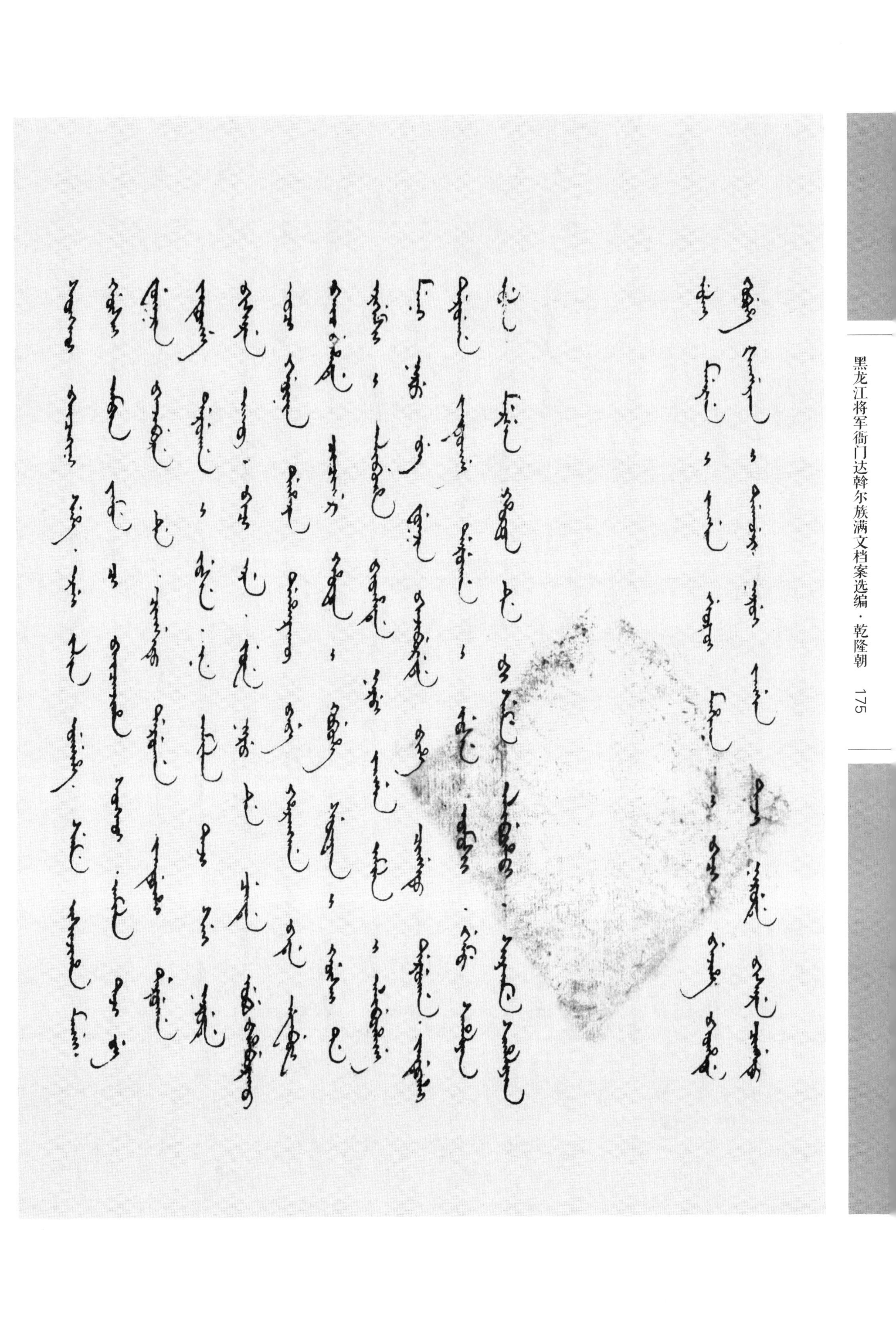

[illegible]

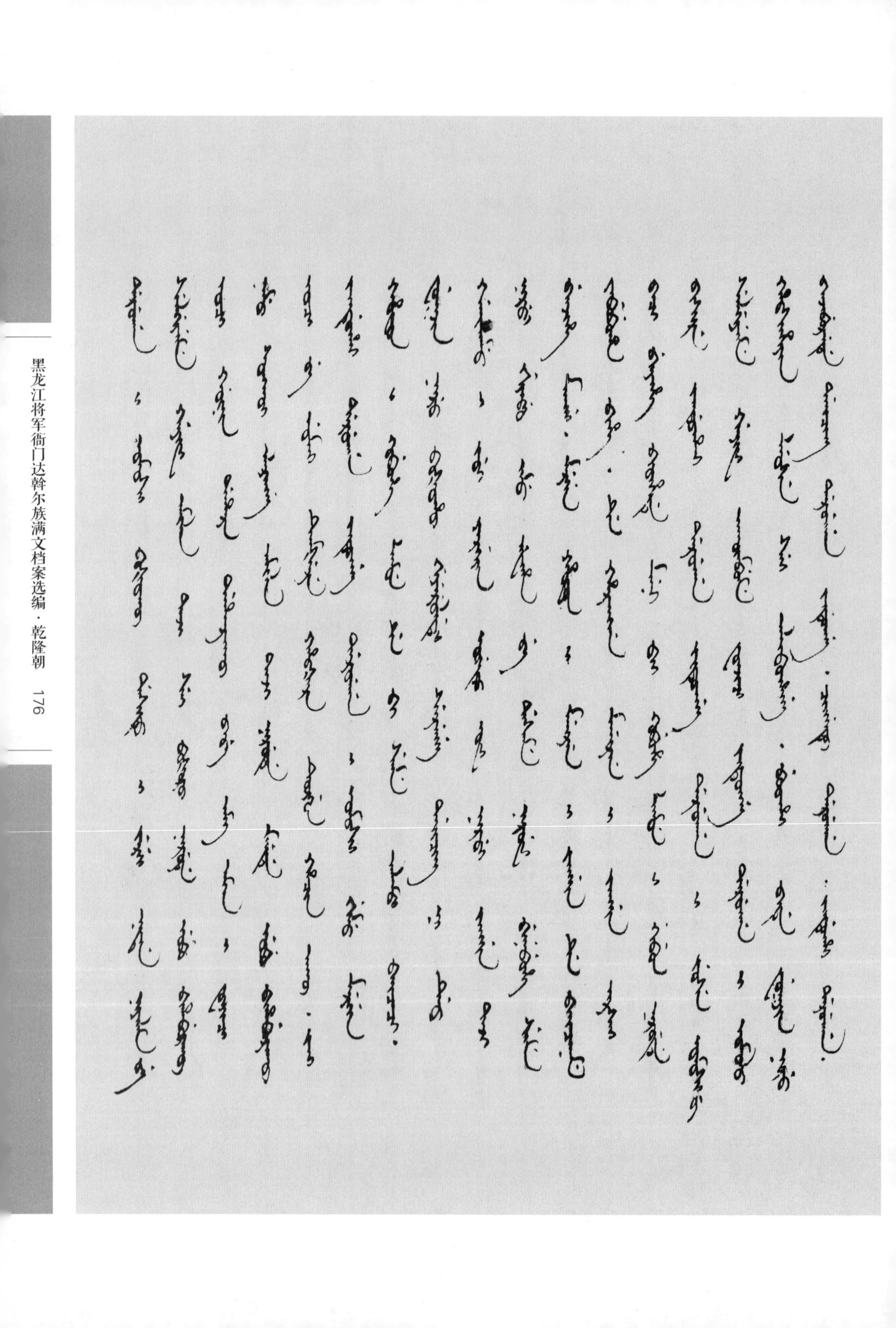

[illegible]

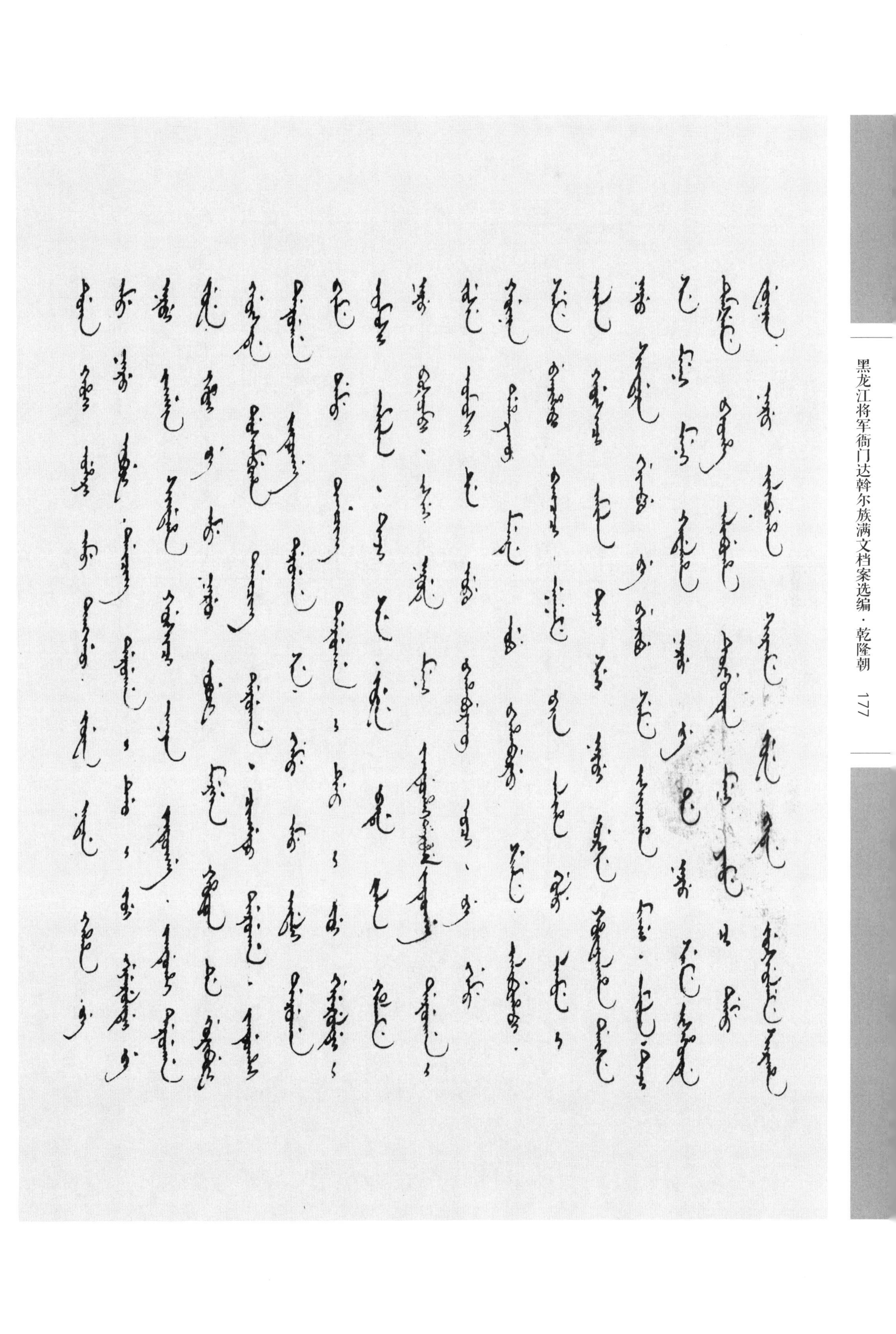

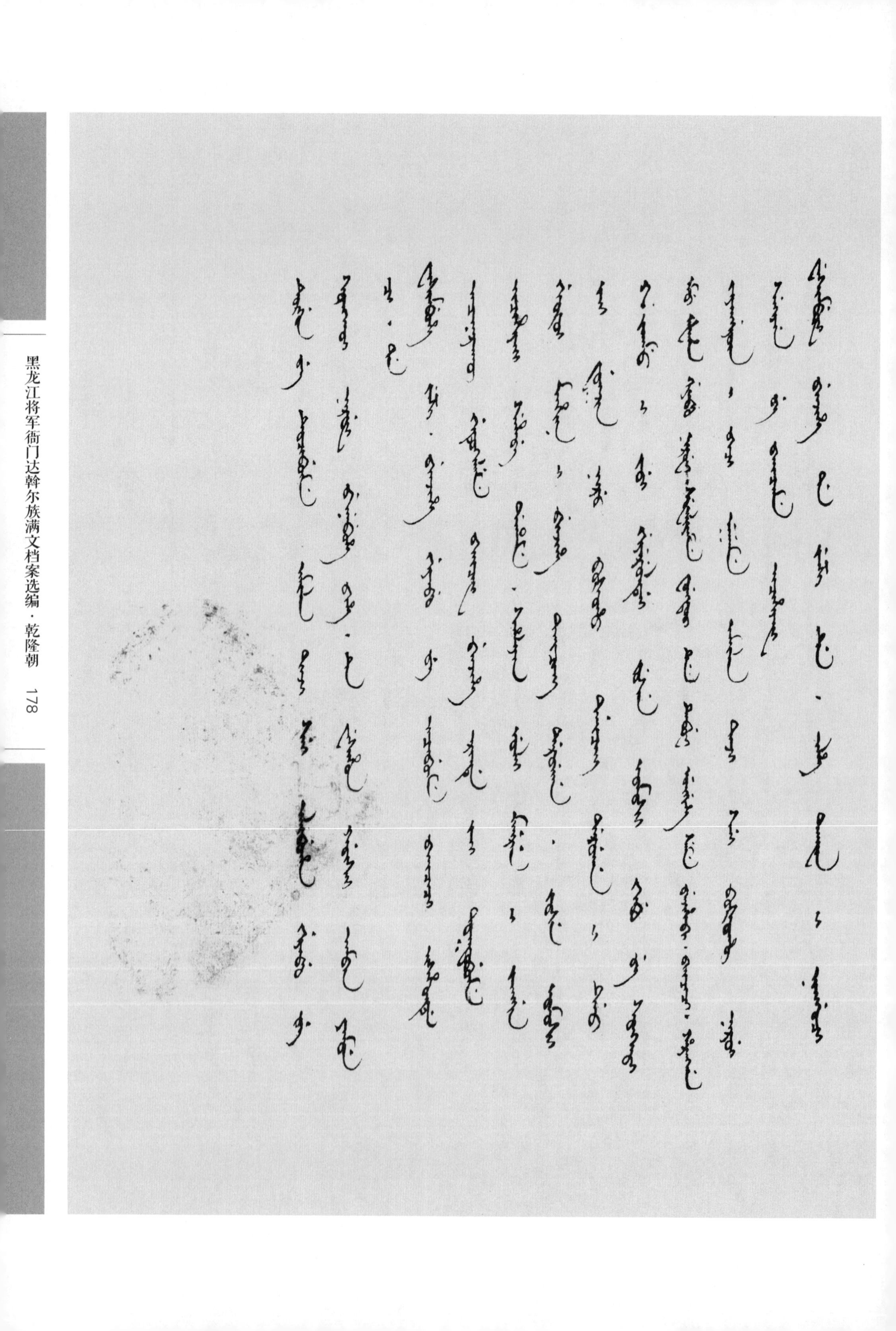

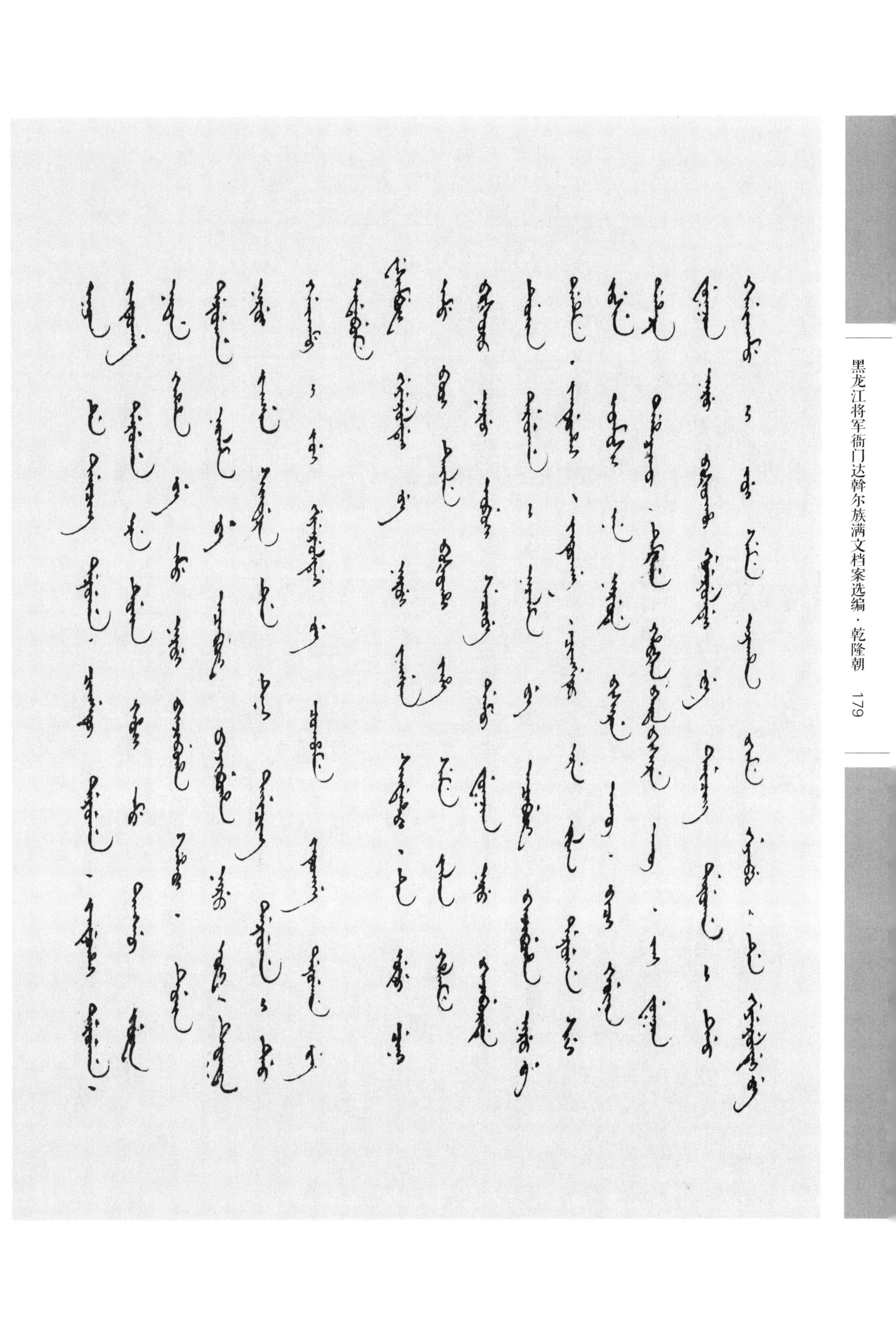

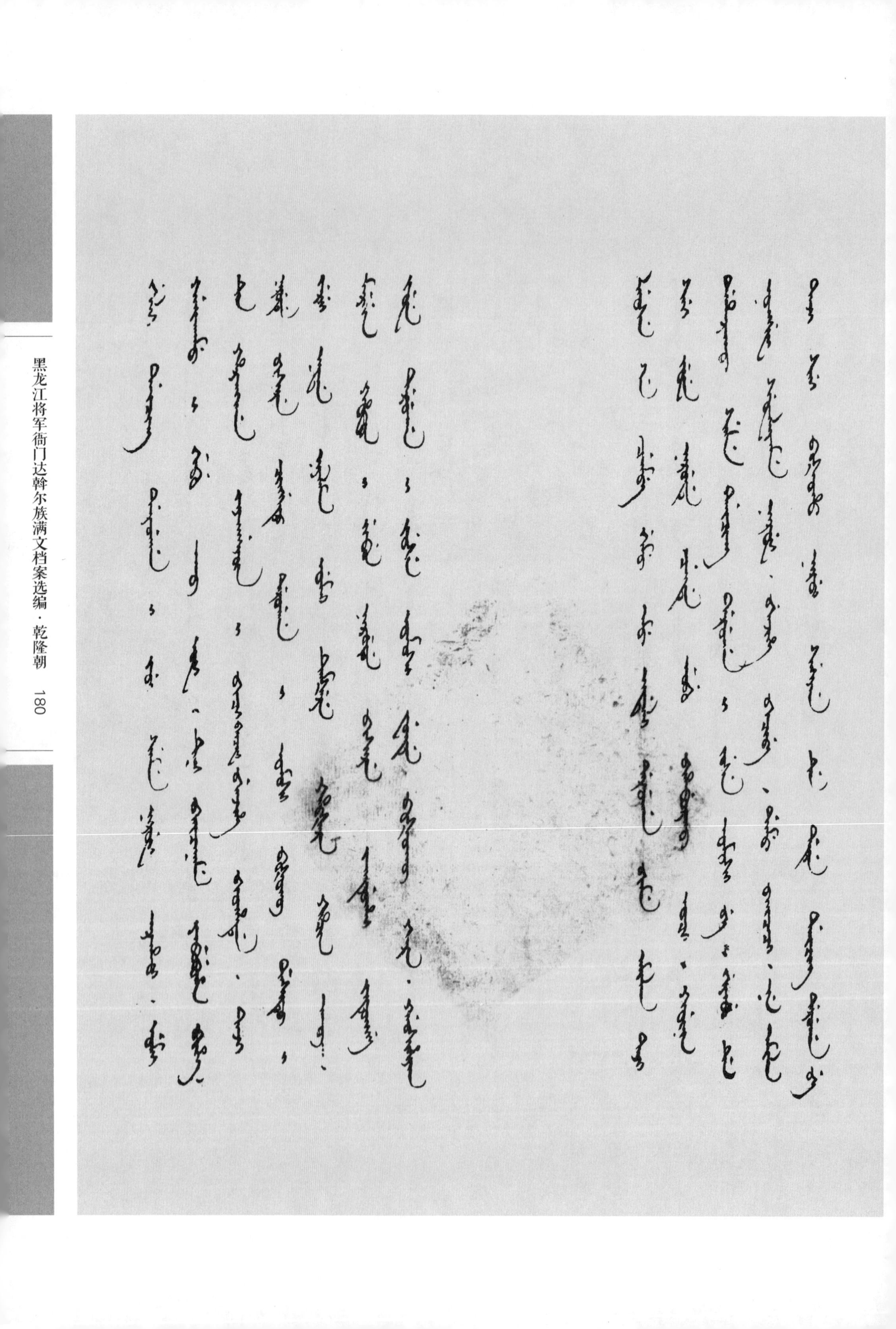

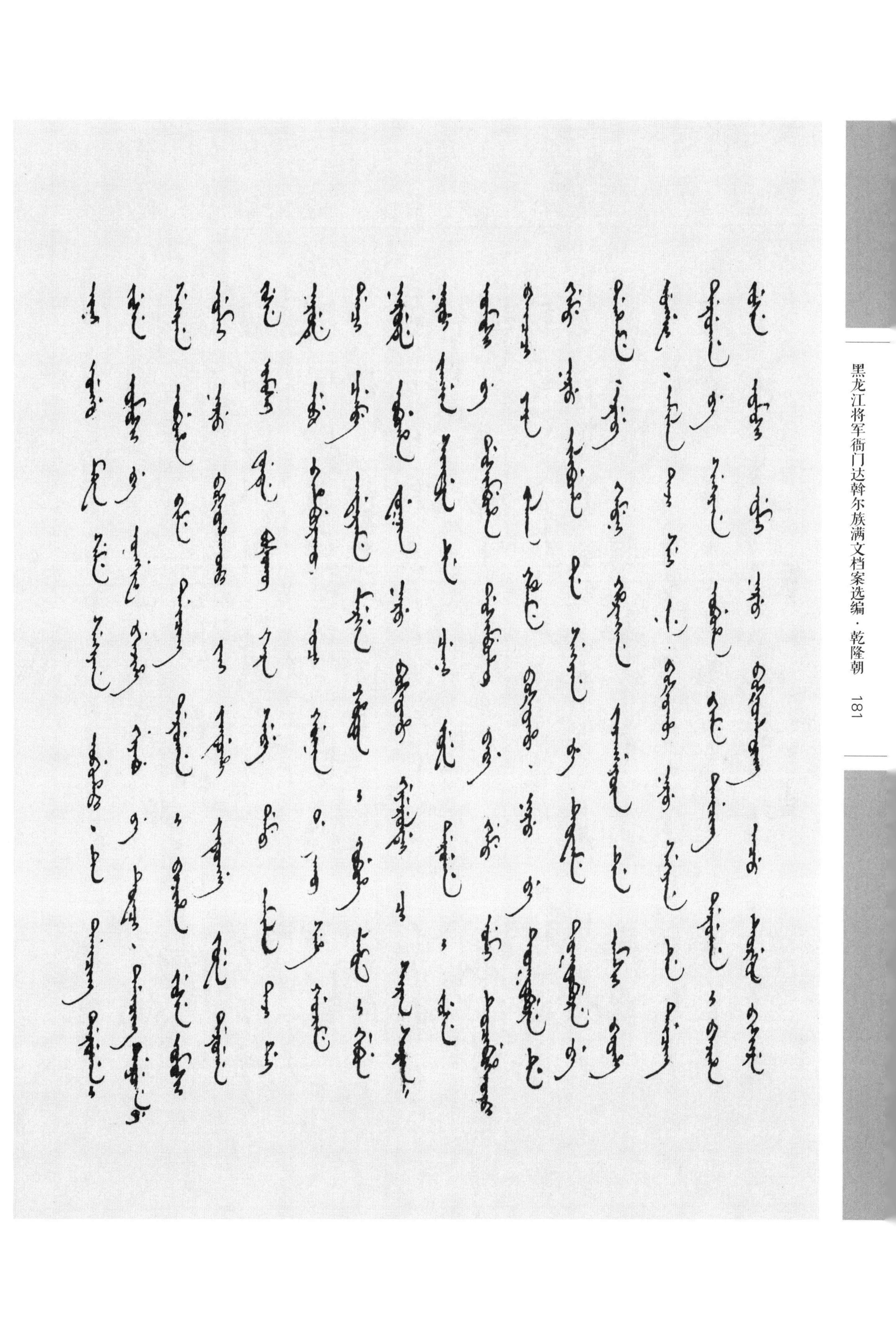

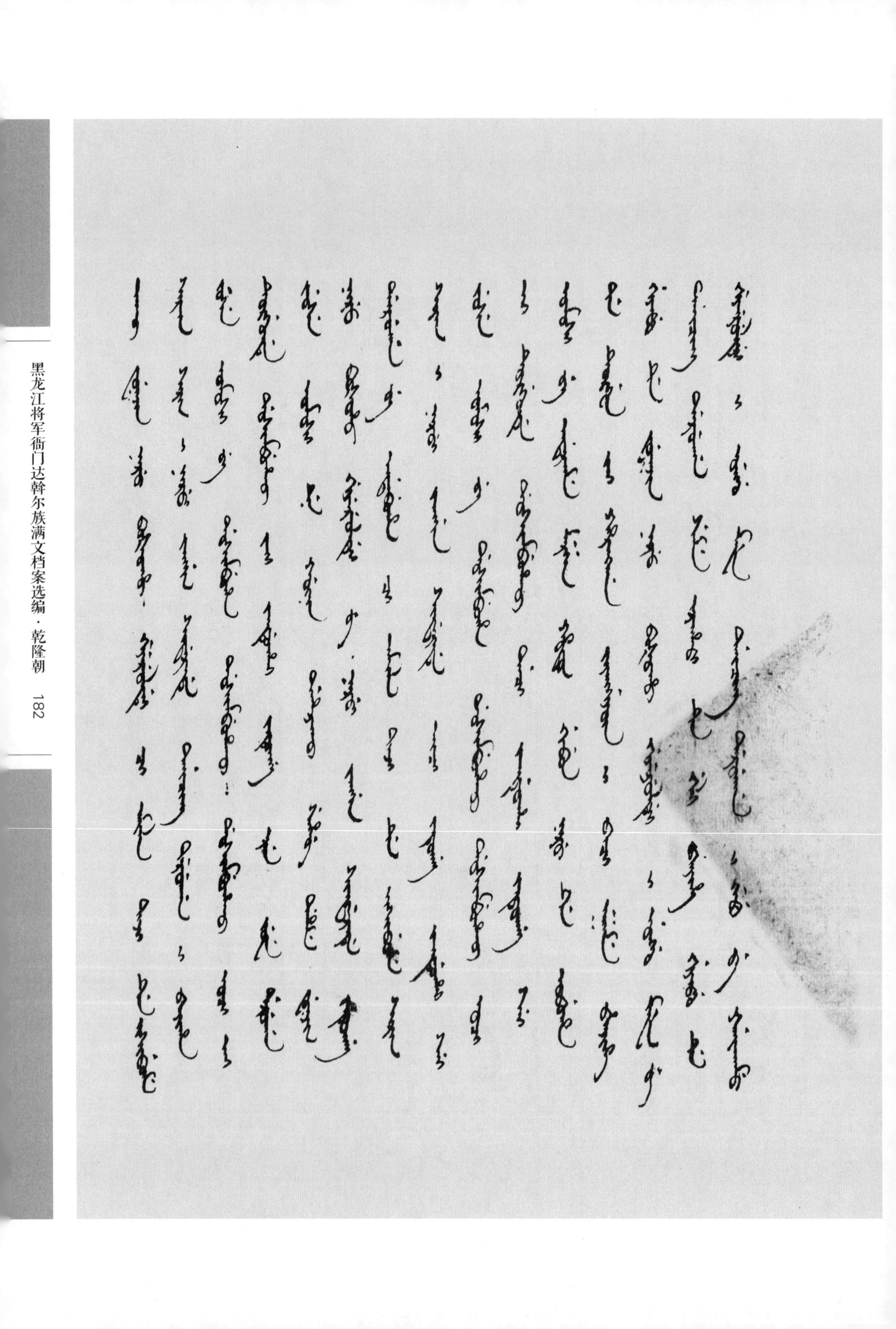

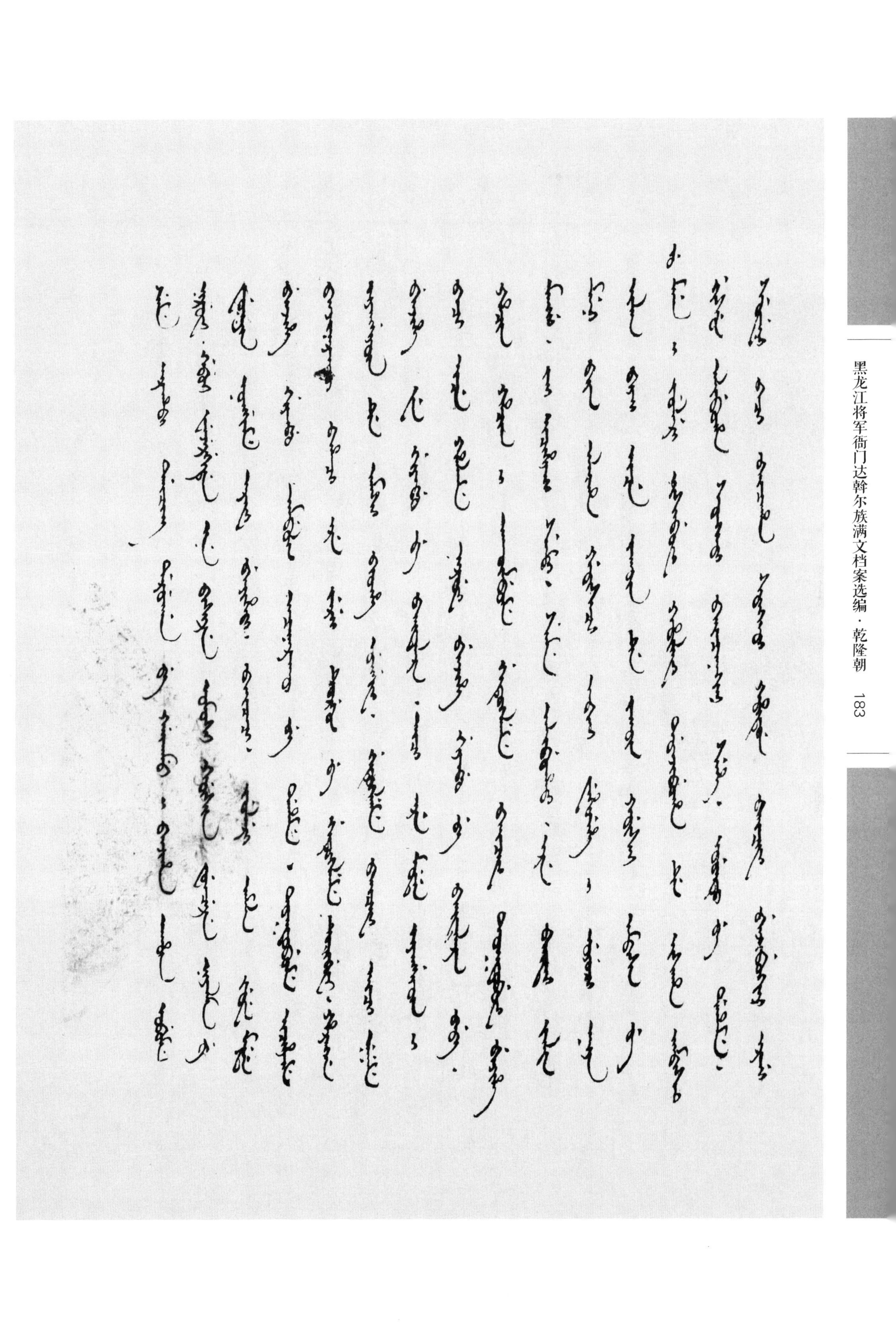

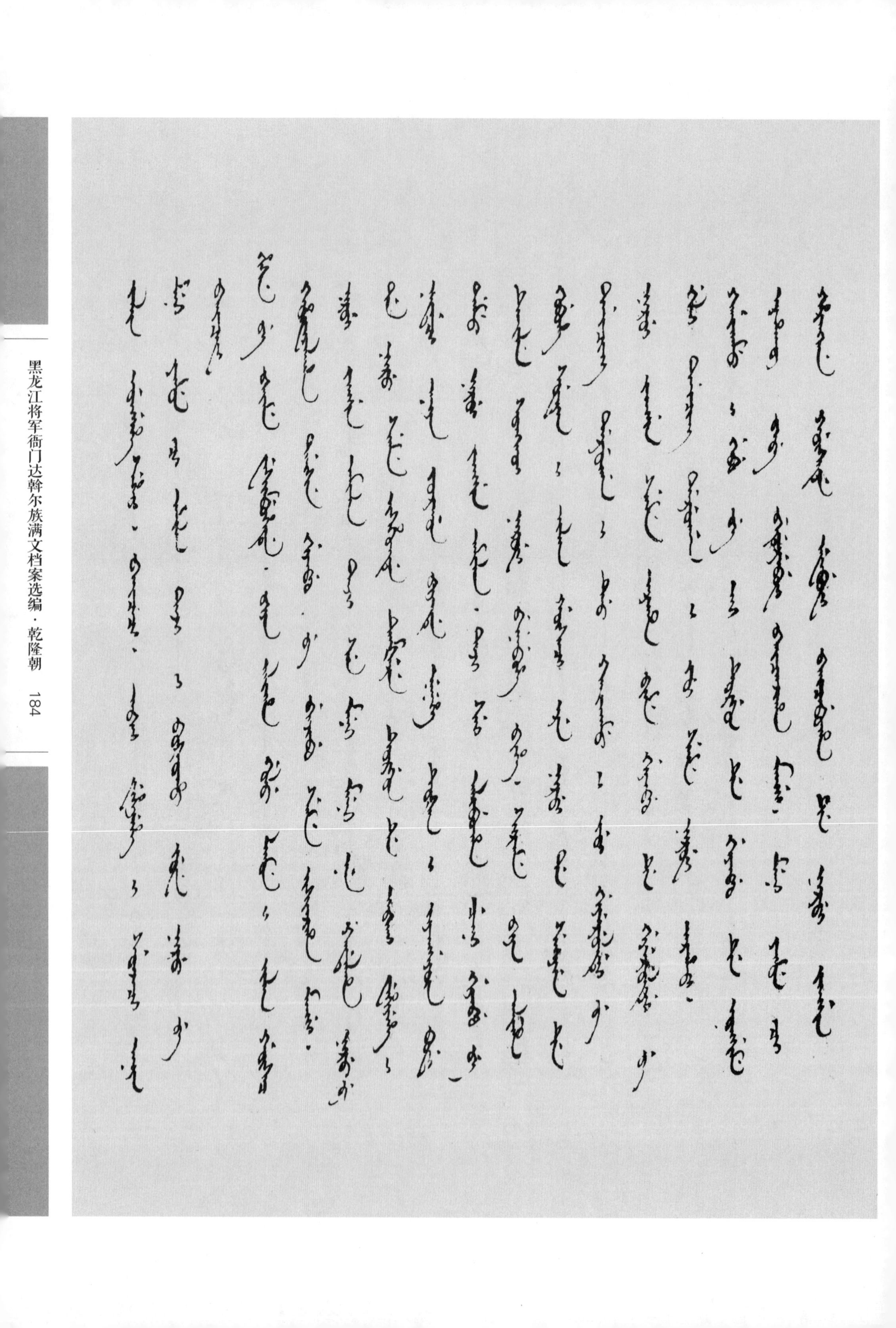

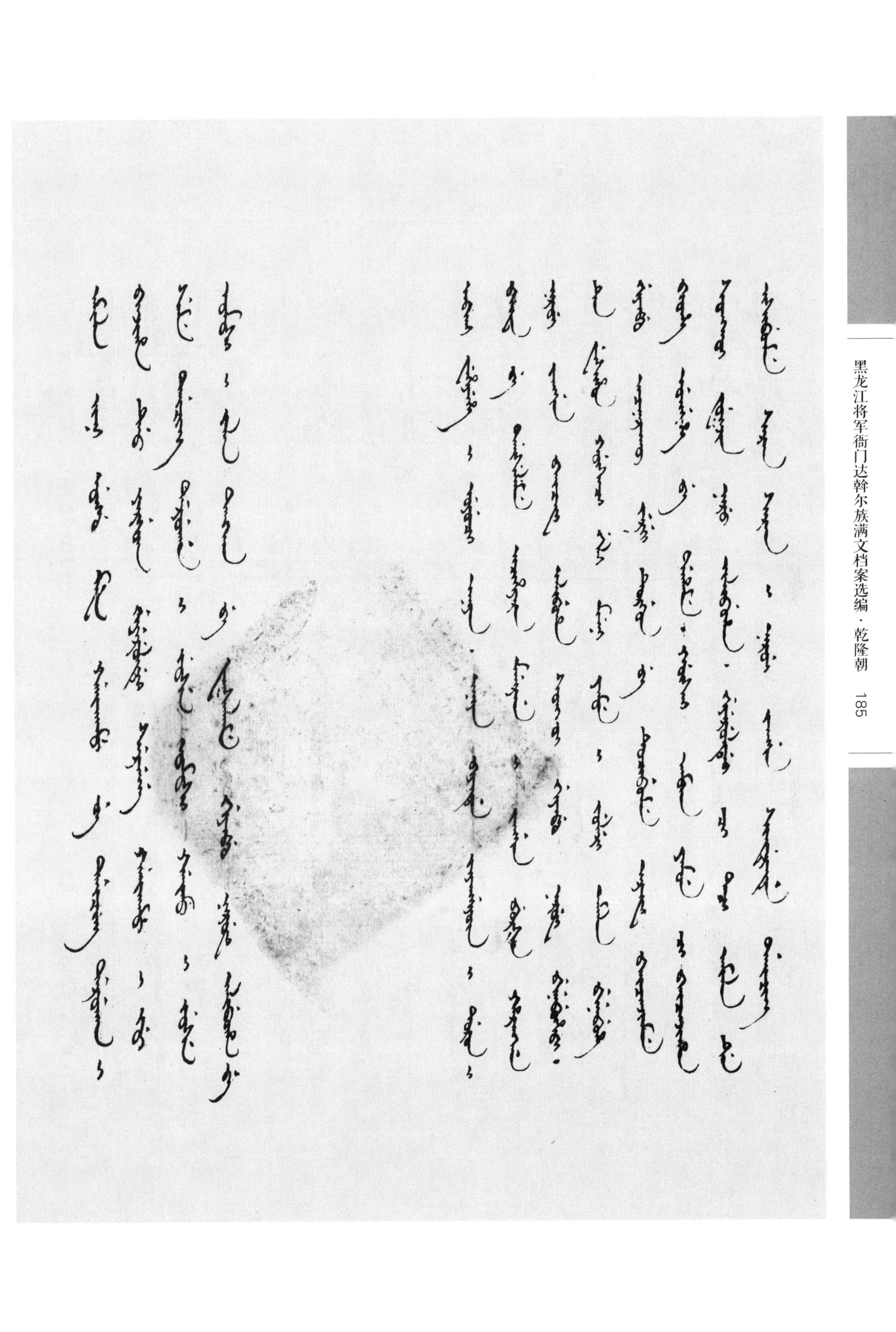

[illegible]

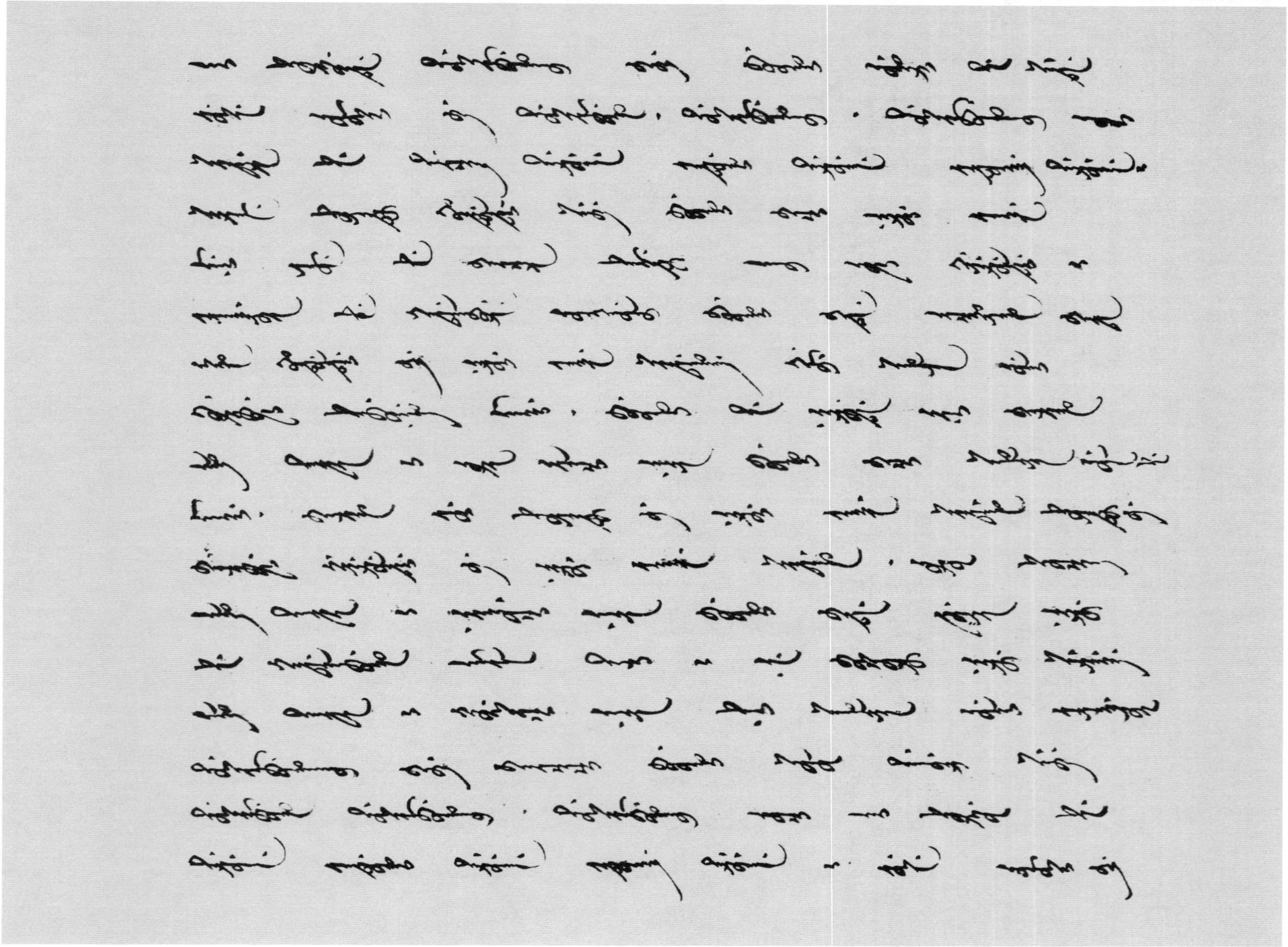

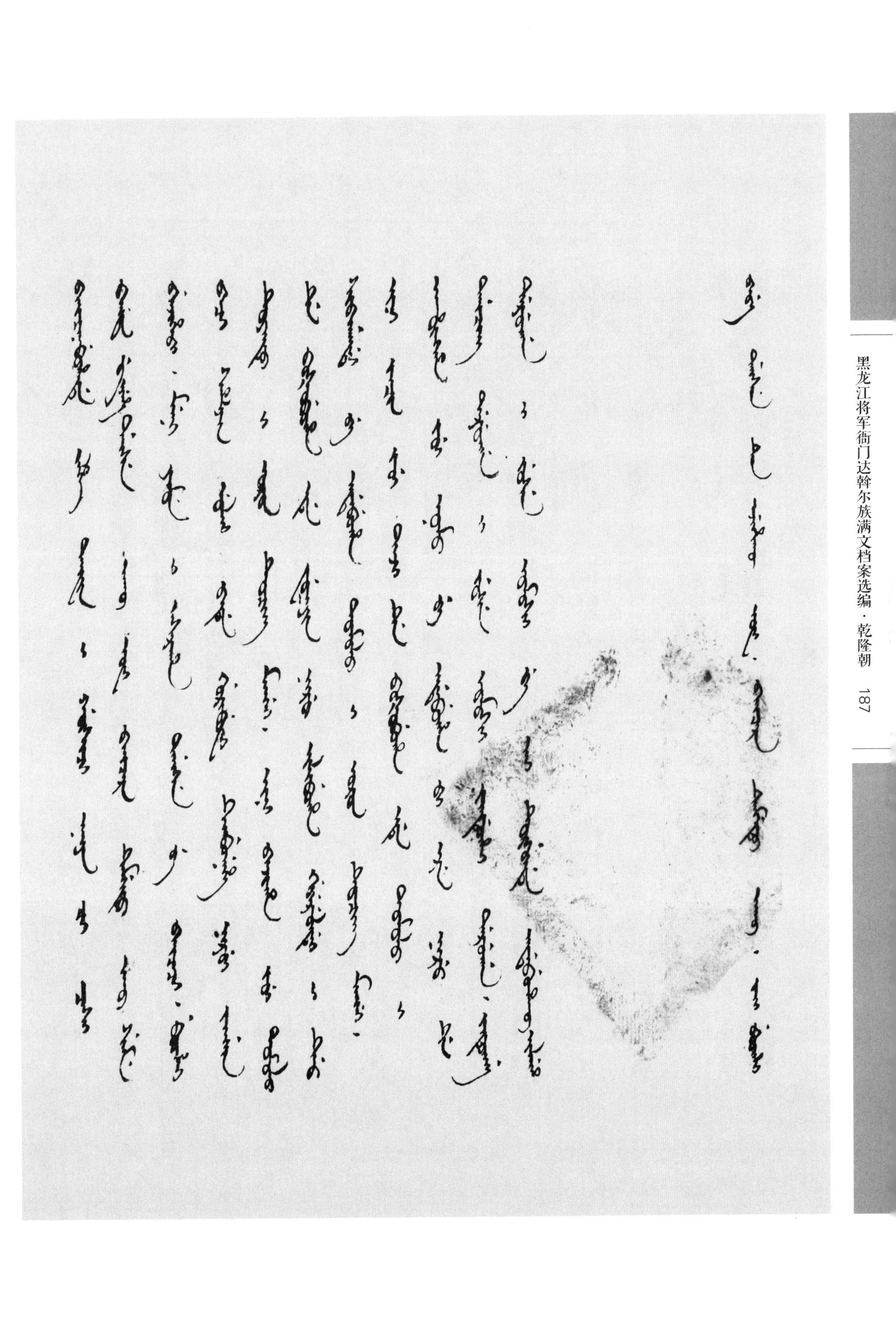

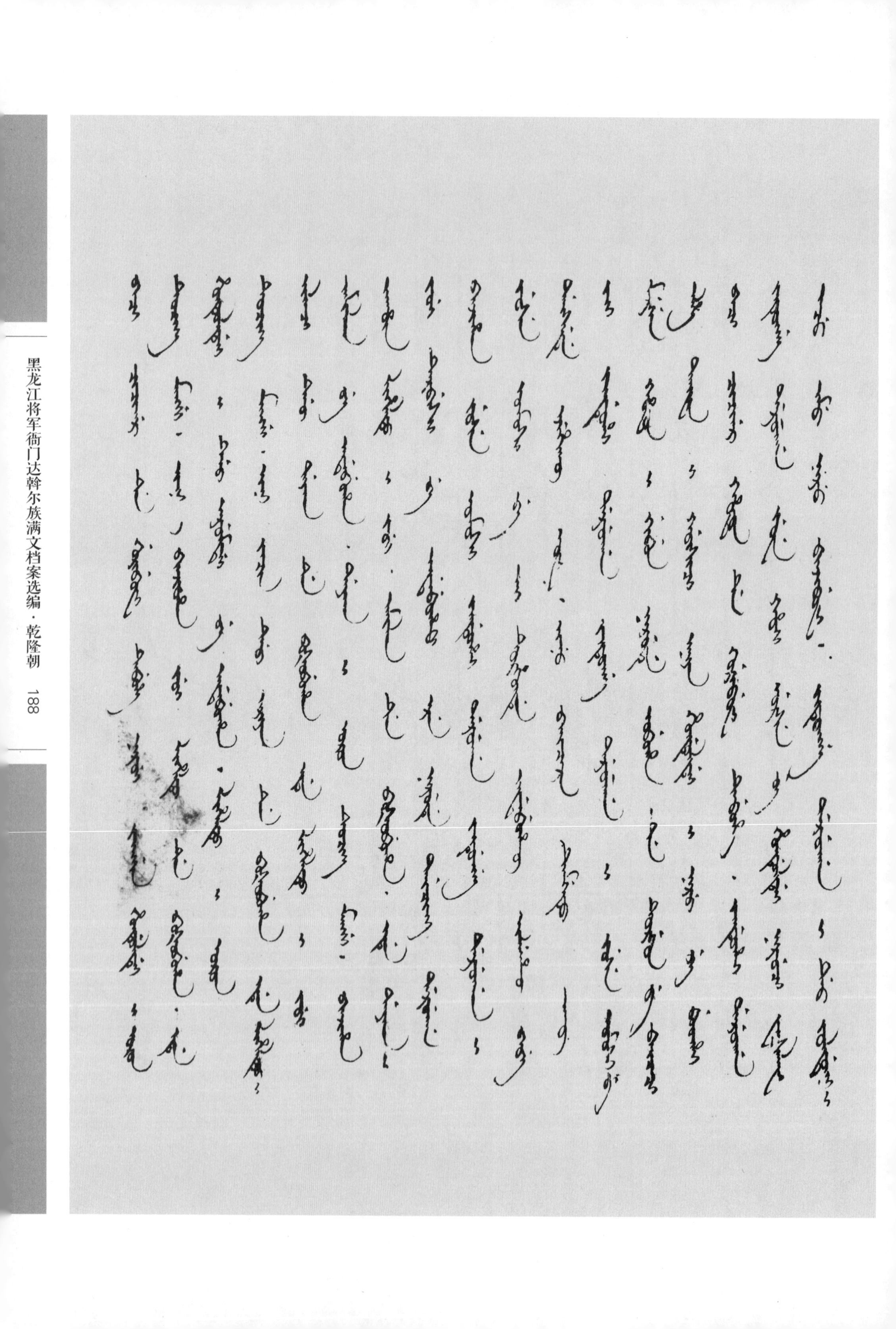

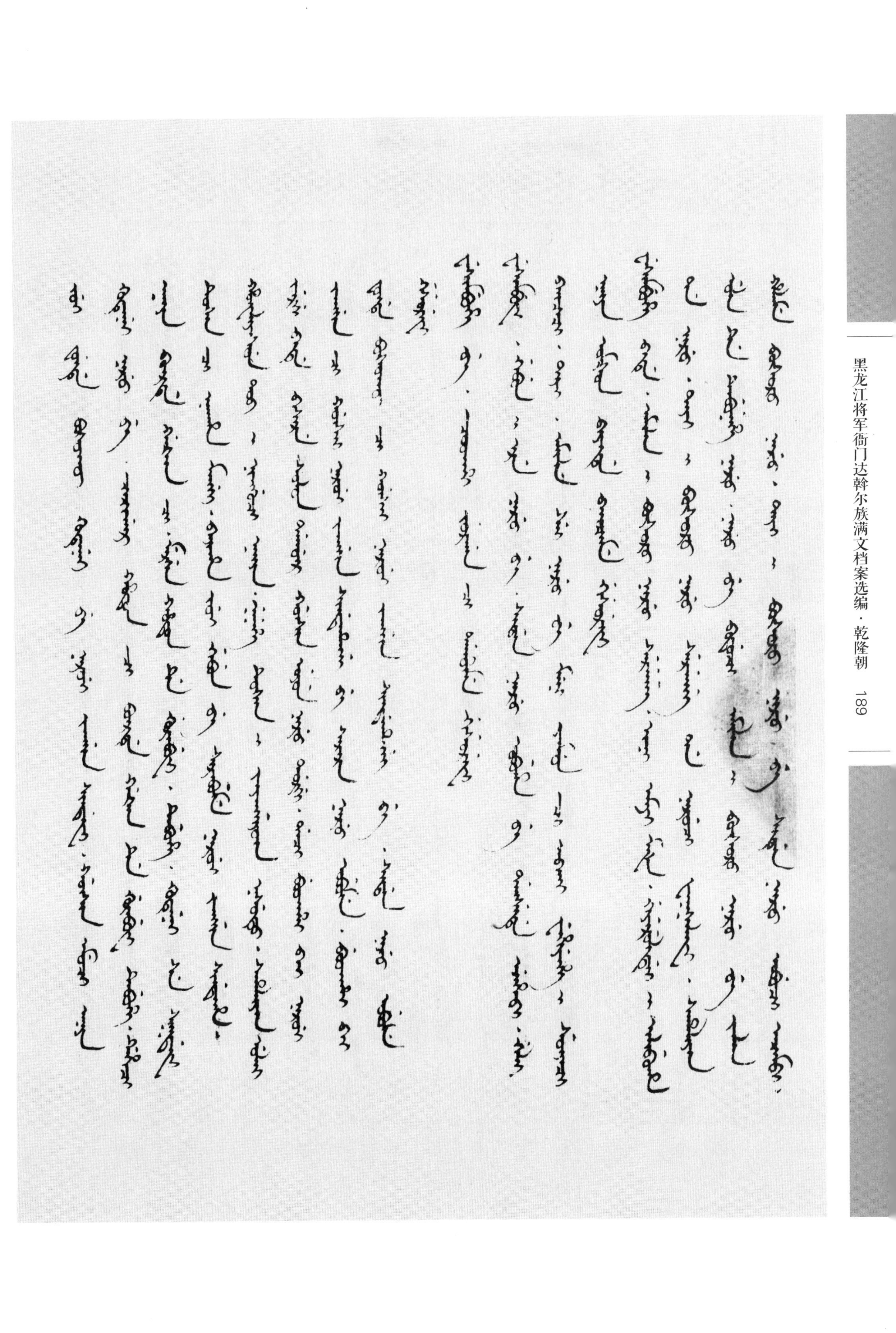

[illegible]

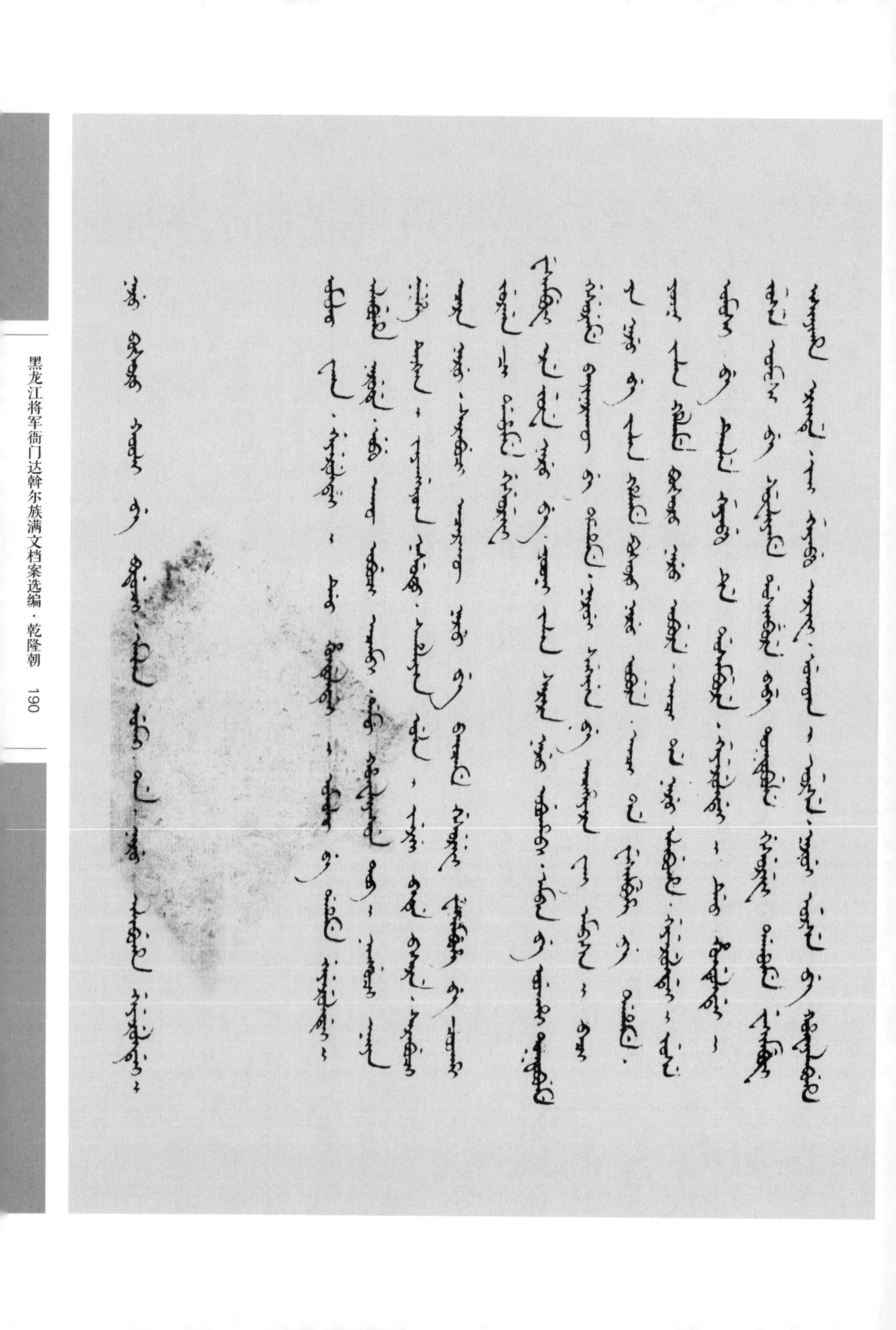

[illegible]

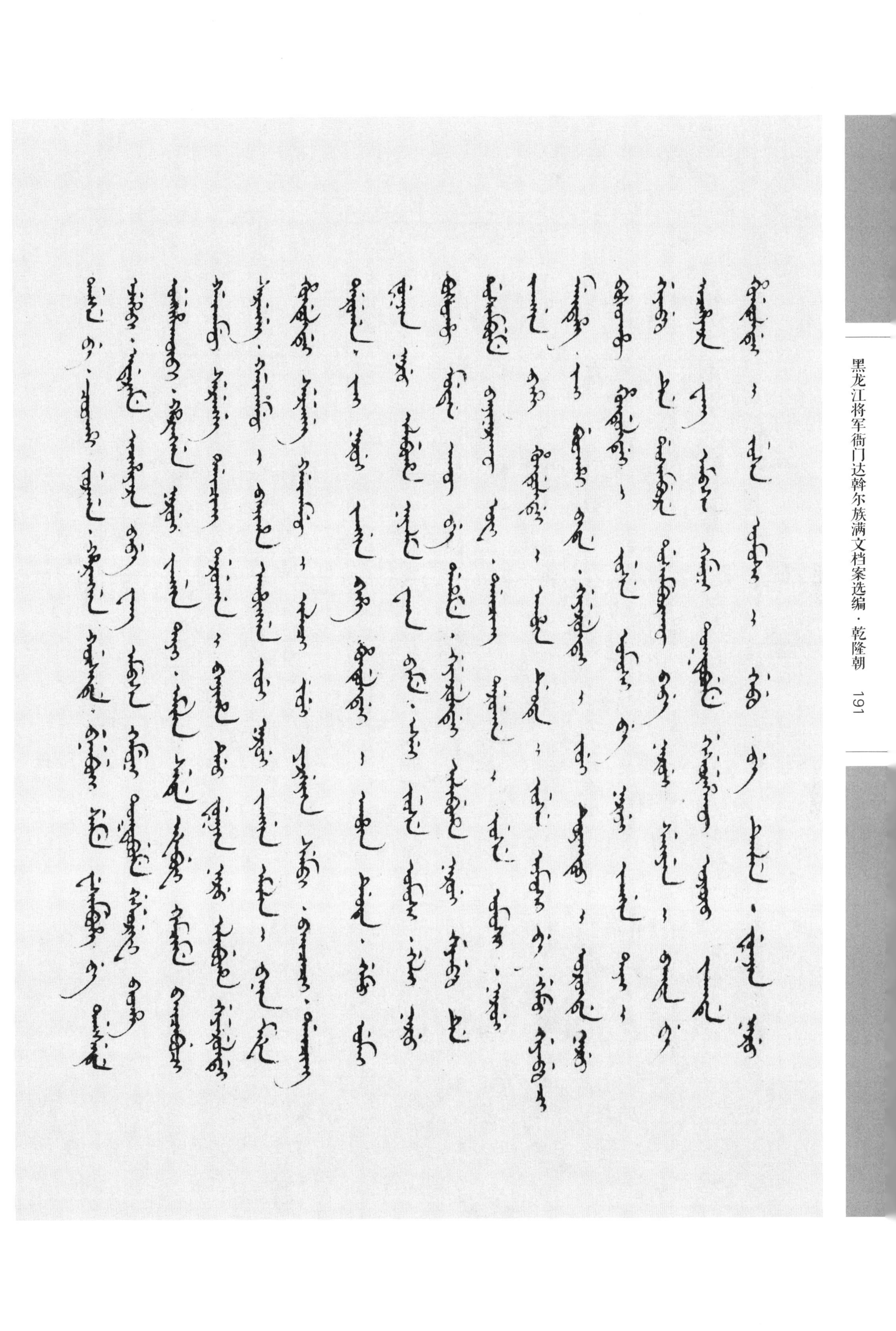

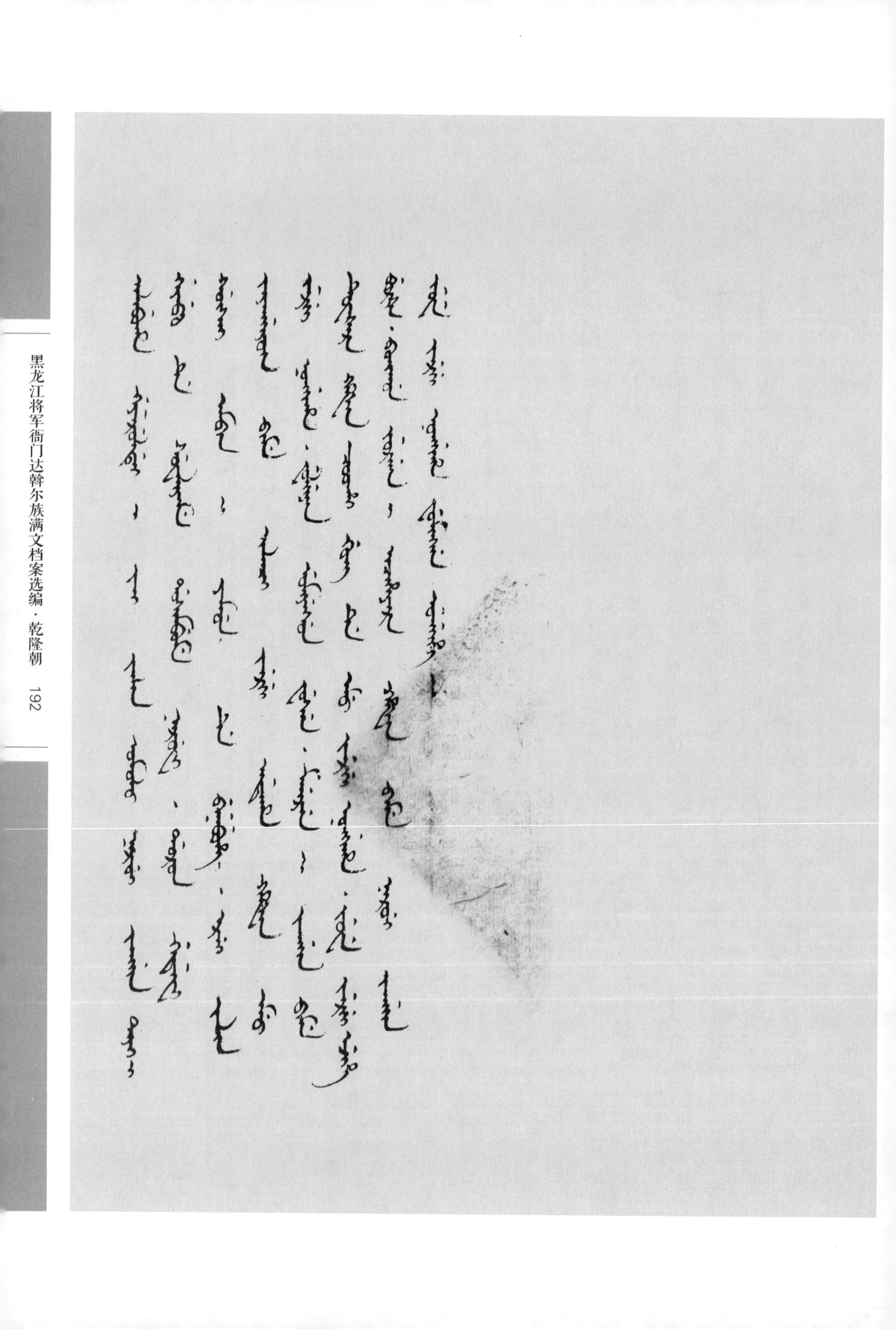

[illegible]

二四九　黑龙江将军衙门为咨复查明布特哈正白旗达斡尔托多尔凯等世管佐领源流事咨兵部文

乾隆九年七月二十日

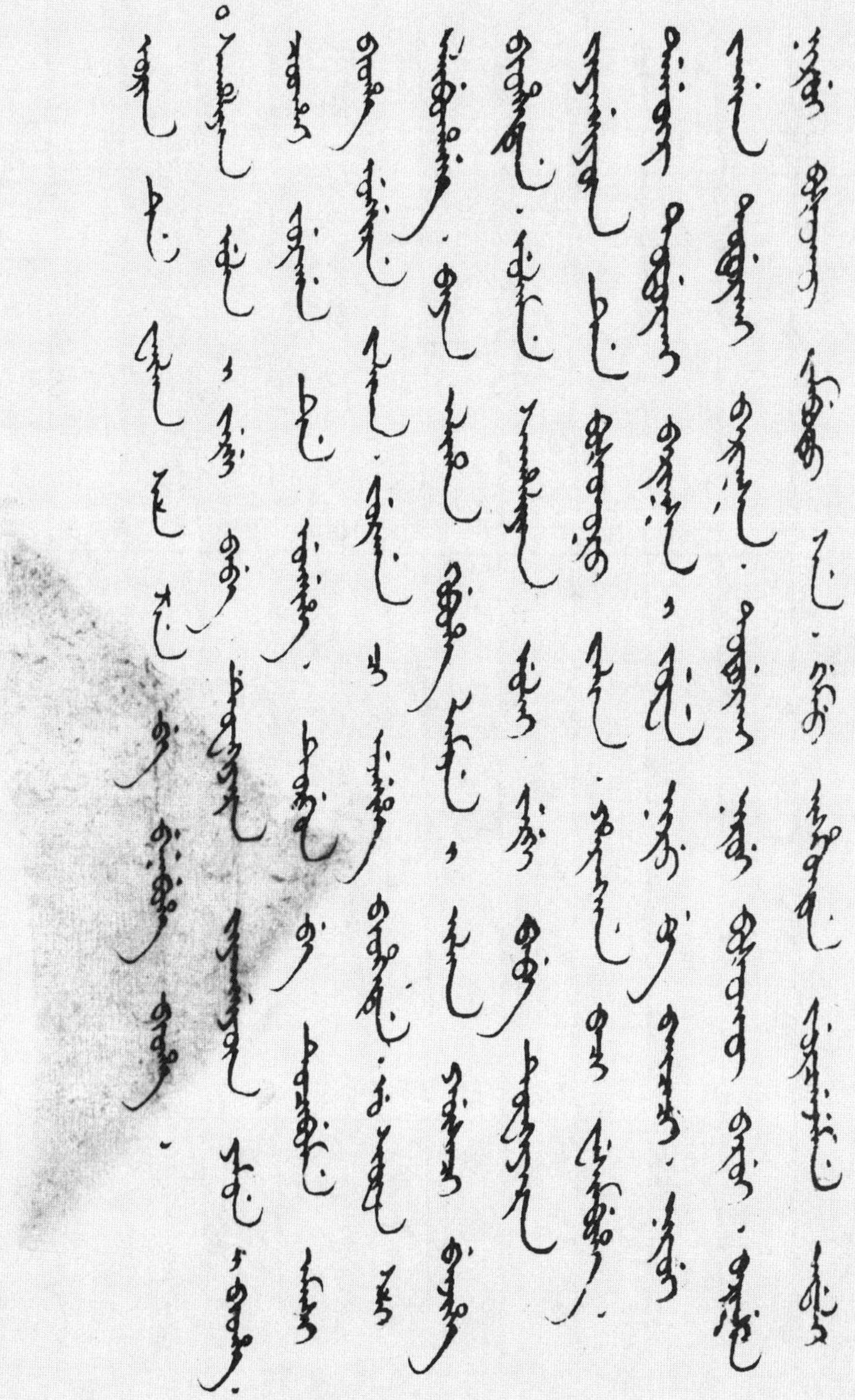

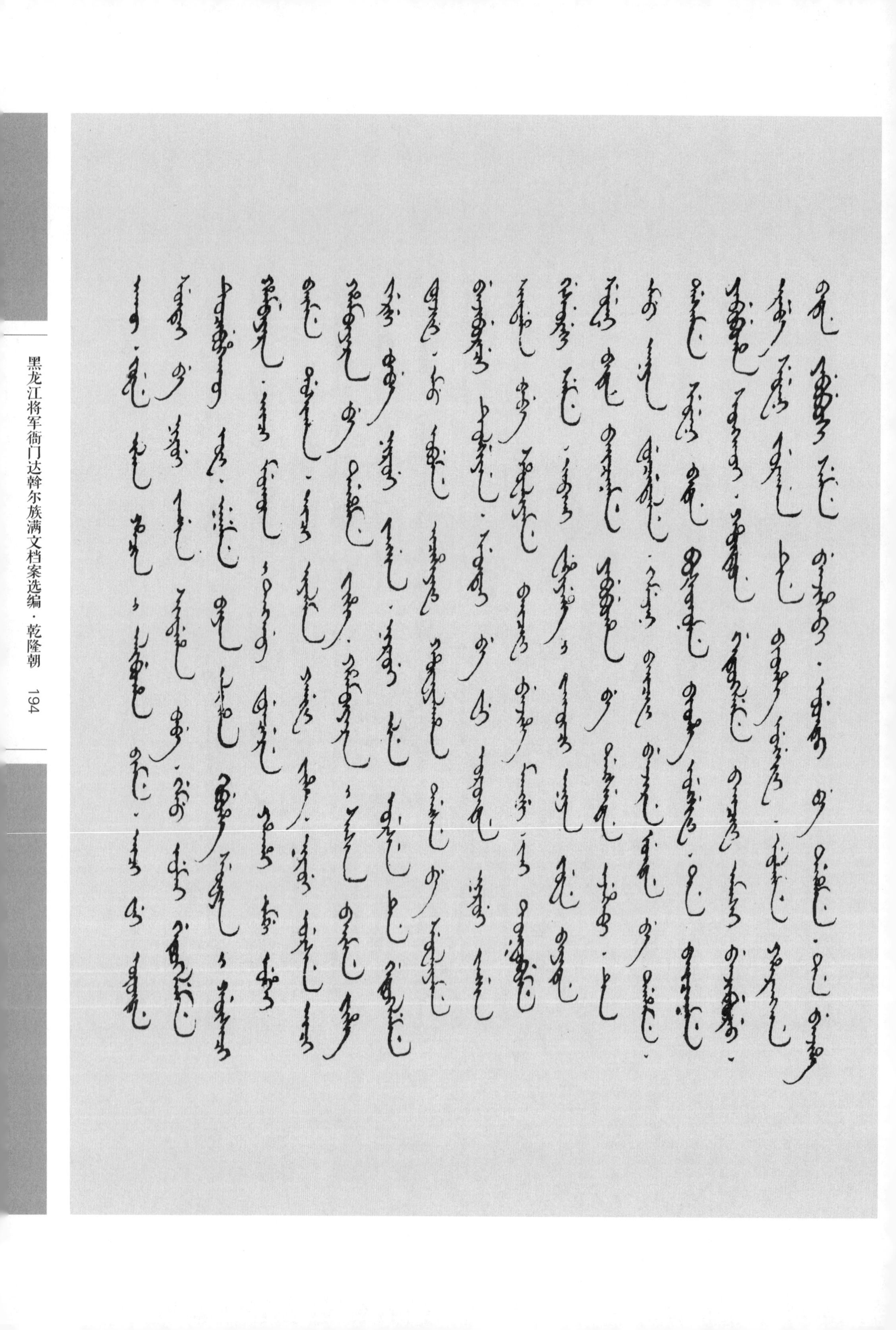

[illegible]

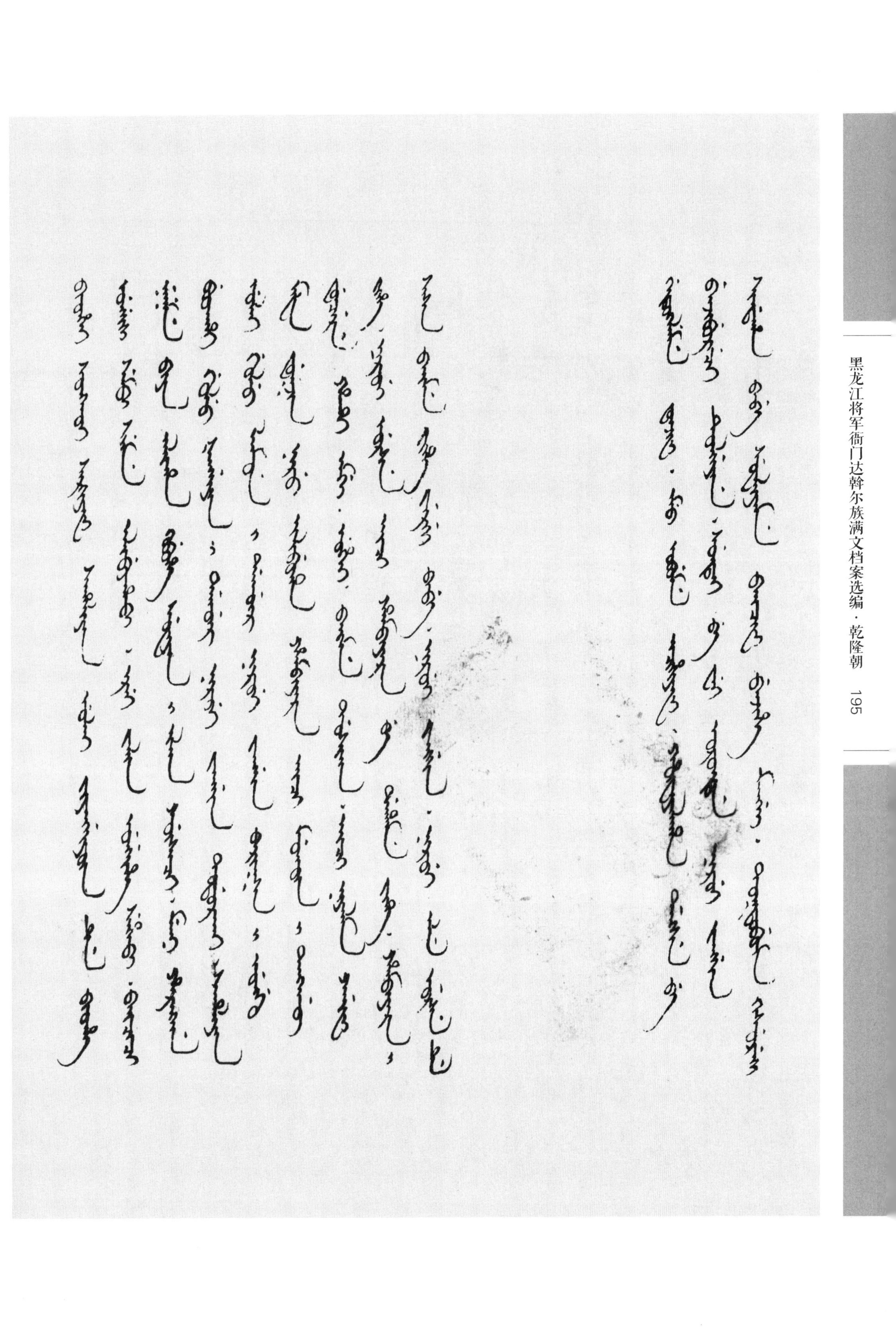

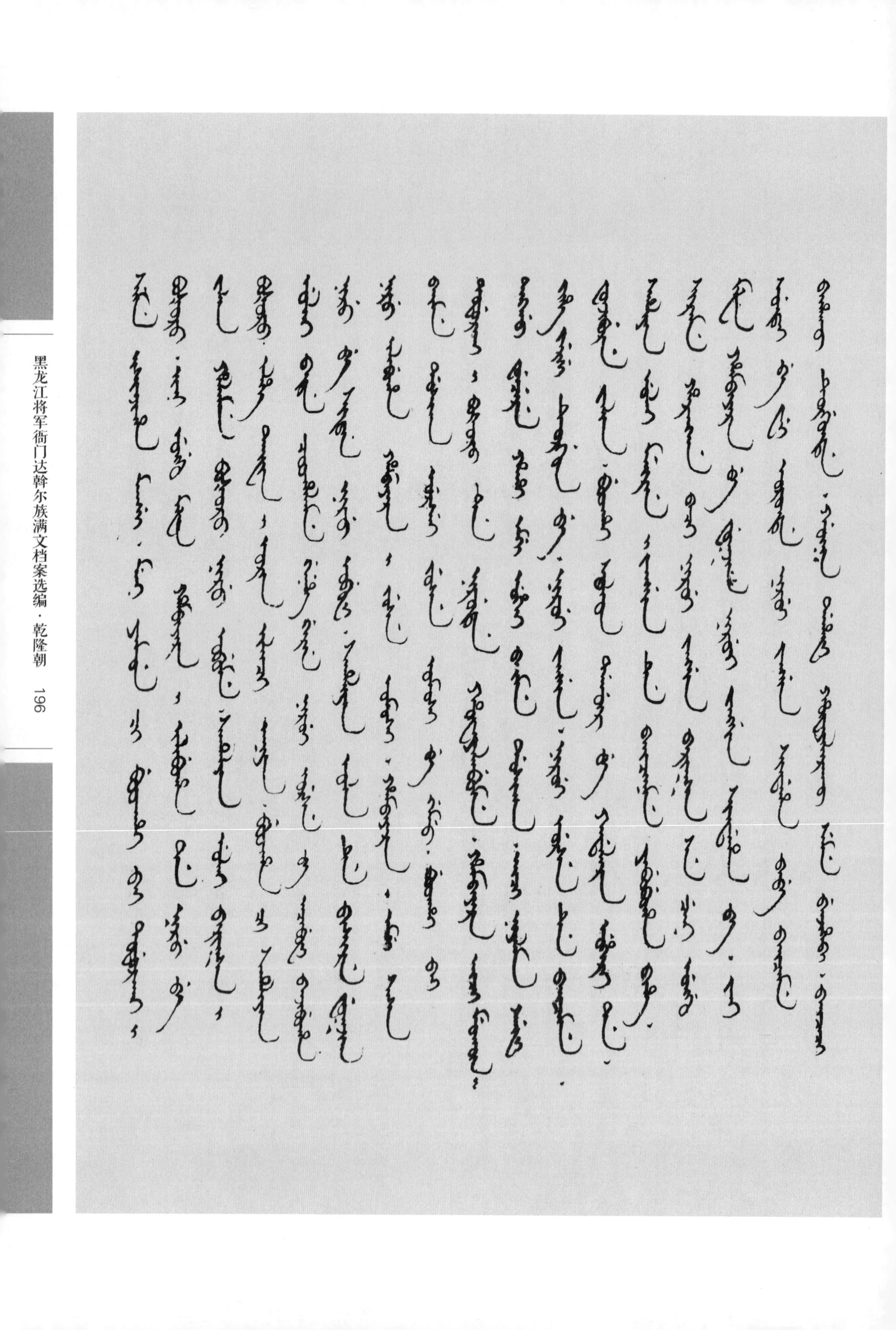

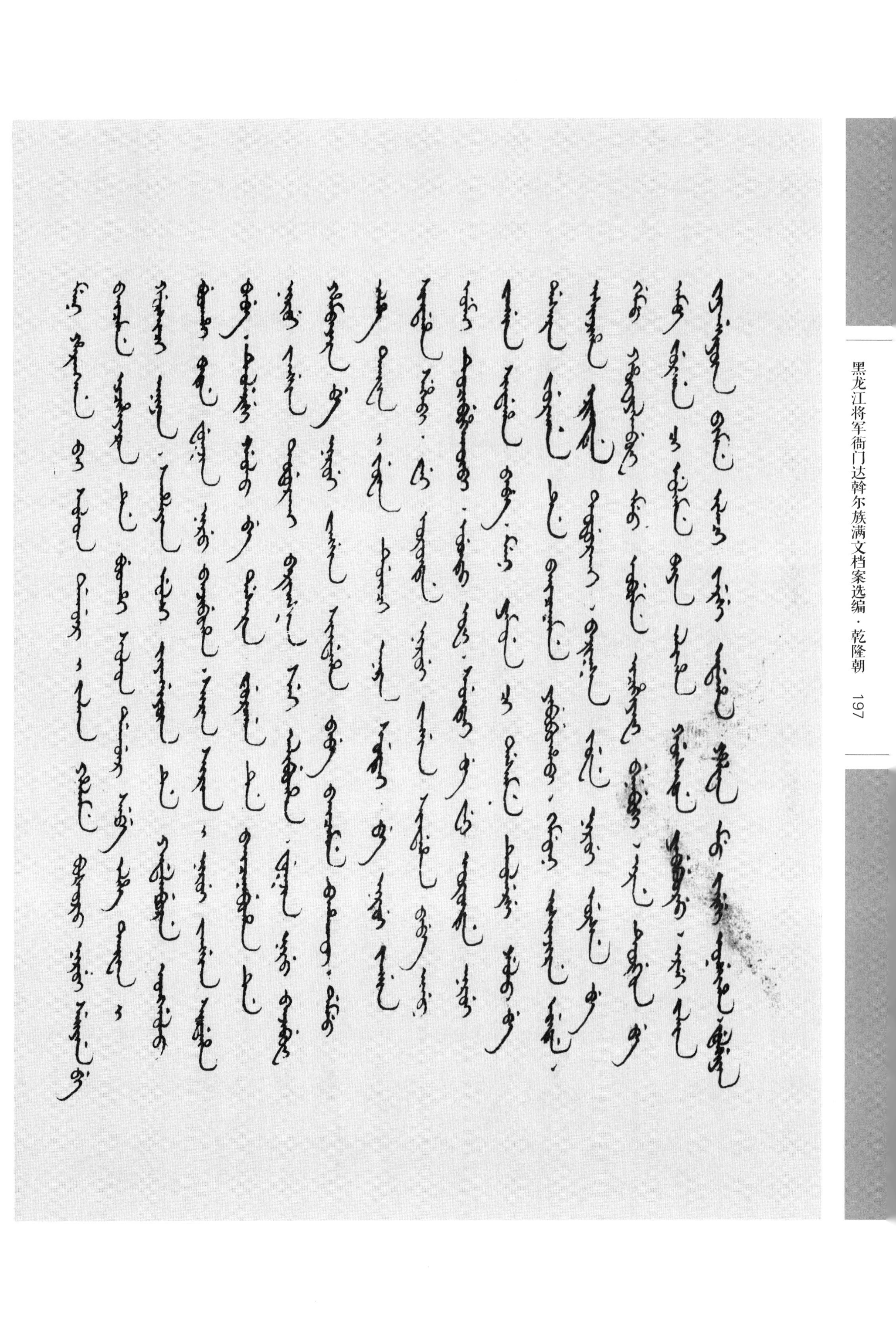

[illegible]

[illegible]

[illegible]

二五〇　黑龙江副都统衙门为镶黄旗达斡尔公中佐领罗尔布哈尔等缺拣员补放事咨黑龙江将军衙门文

乾隆九年七月二十一日

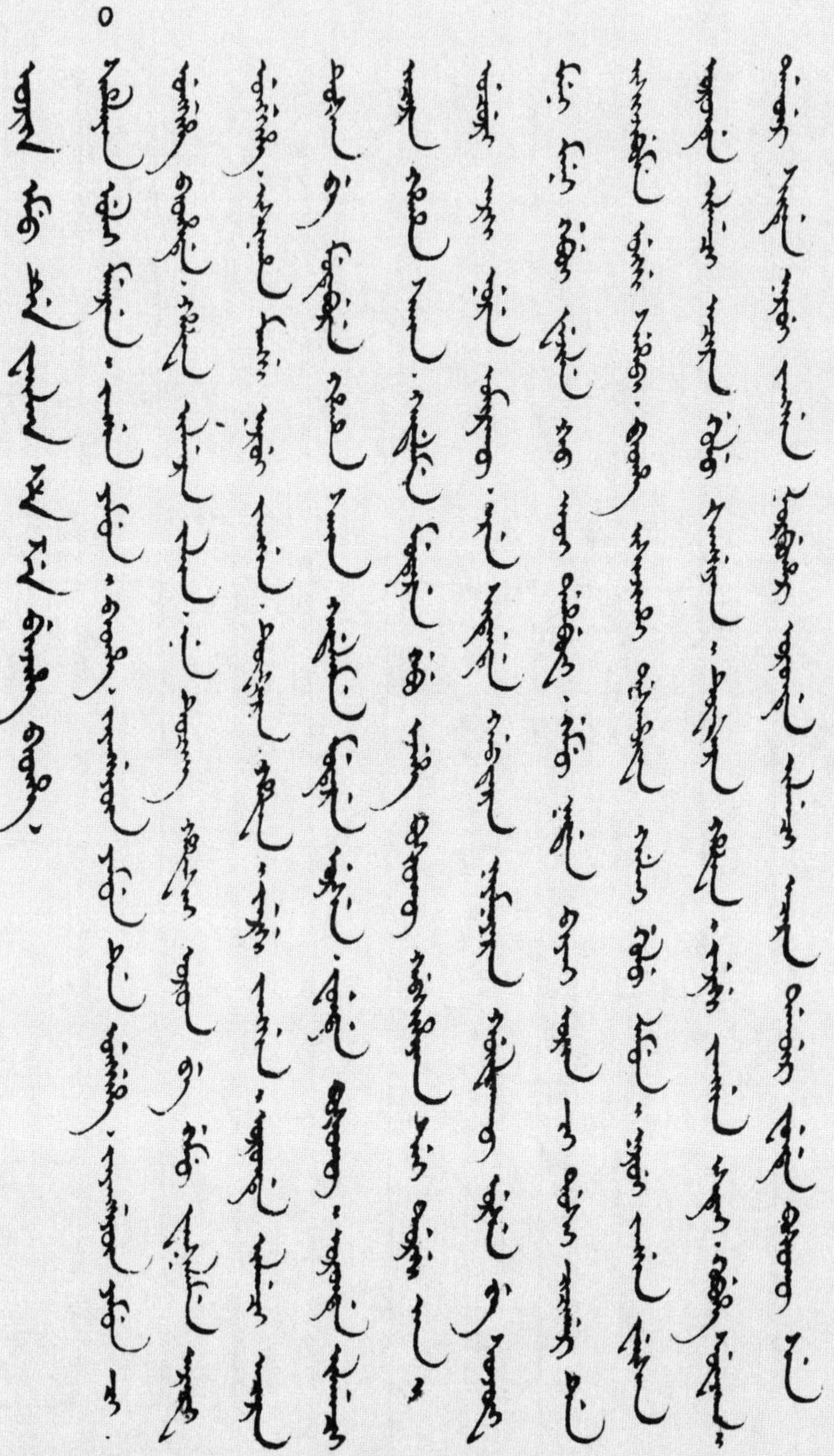

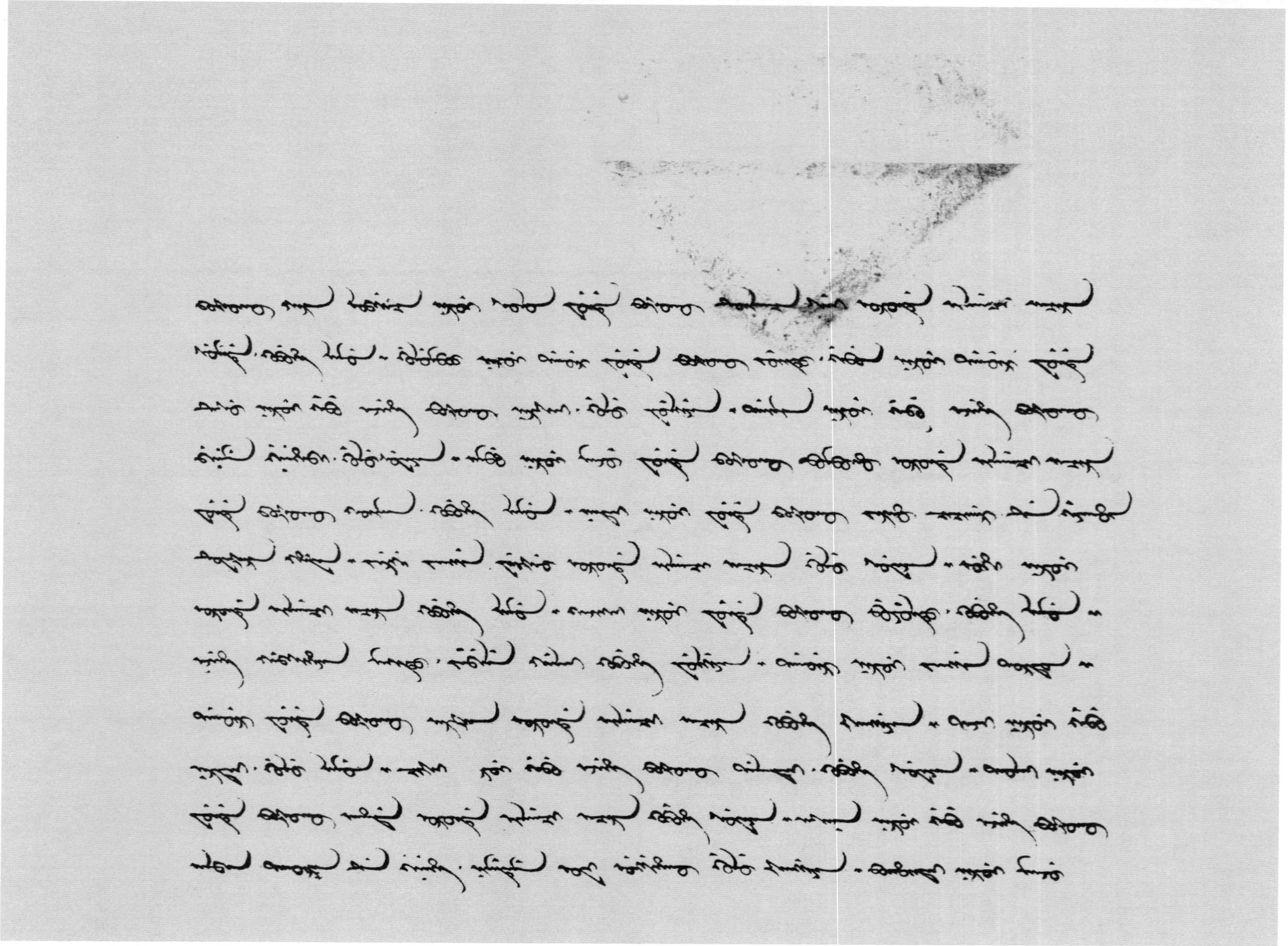

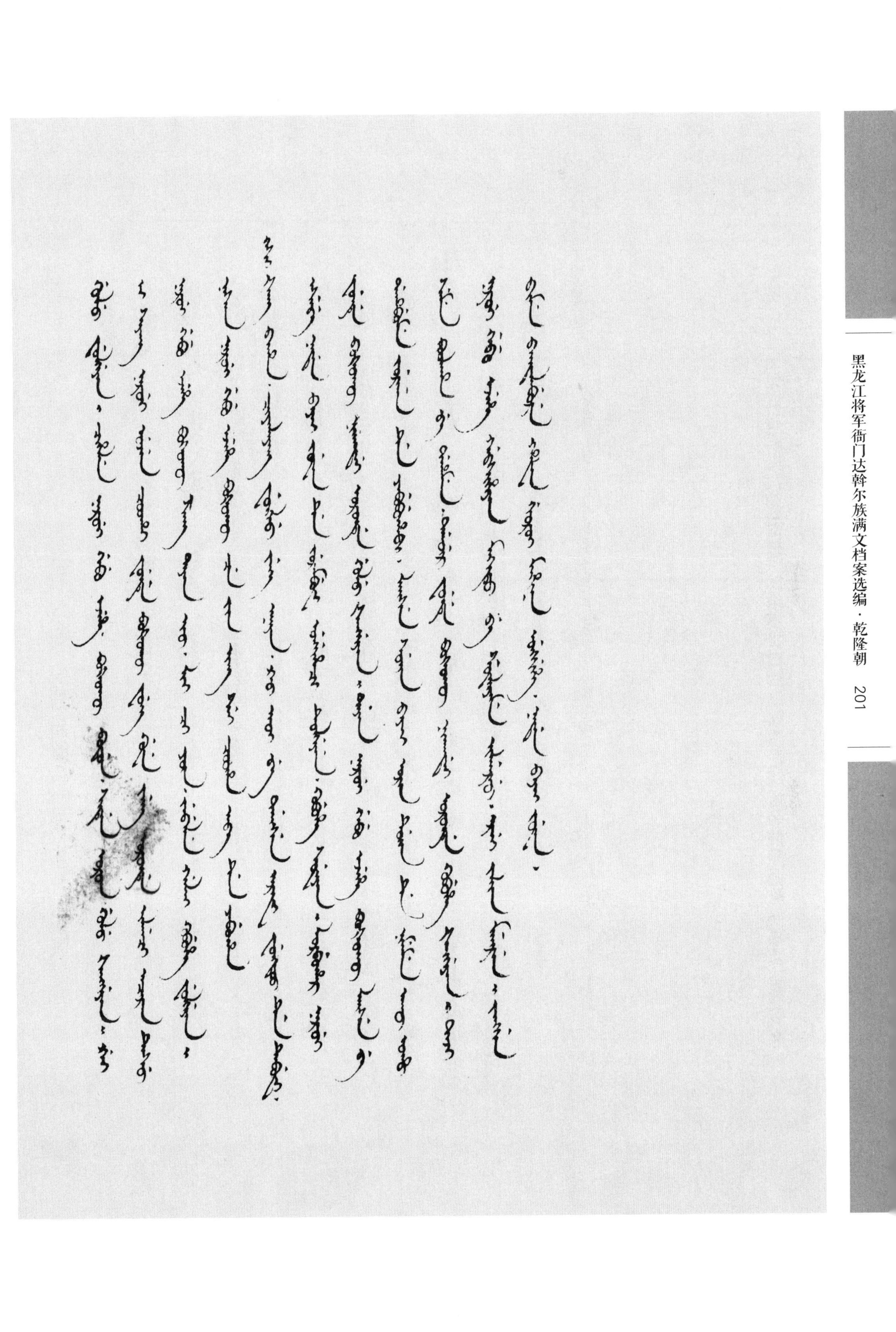

二五一 黑龙江将军衙门为解送呼伦贝尔正白旗达斡尔塔锡塔等佐领源流册事咨理藩院文

乾隆九年七月二十二日

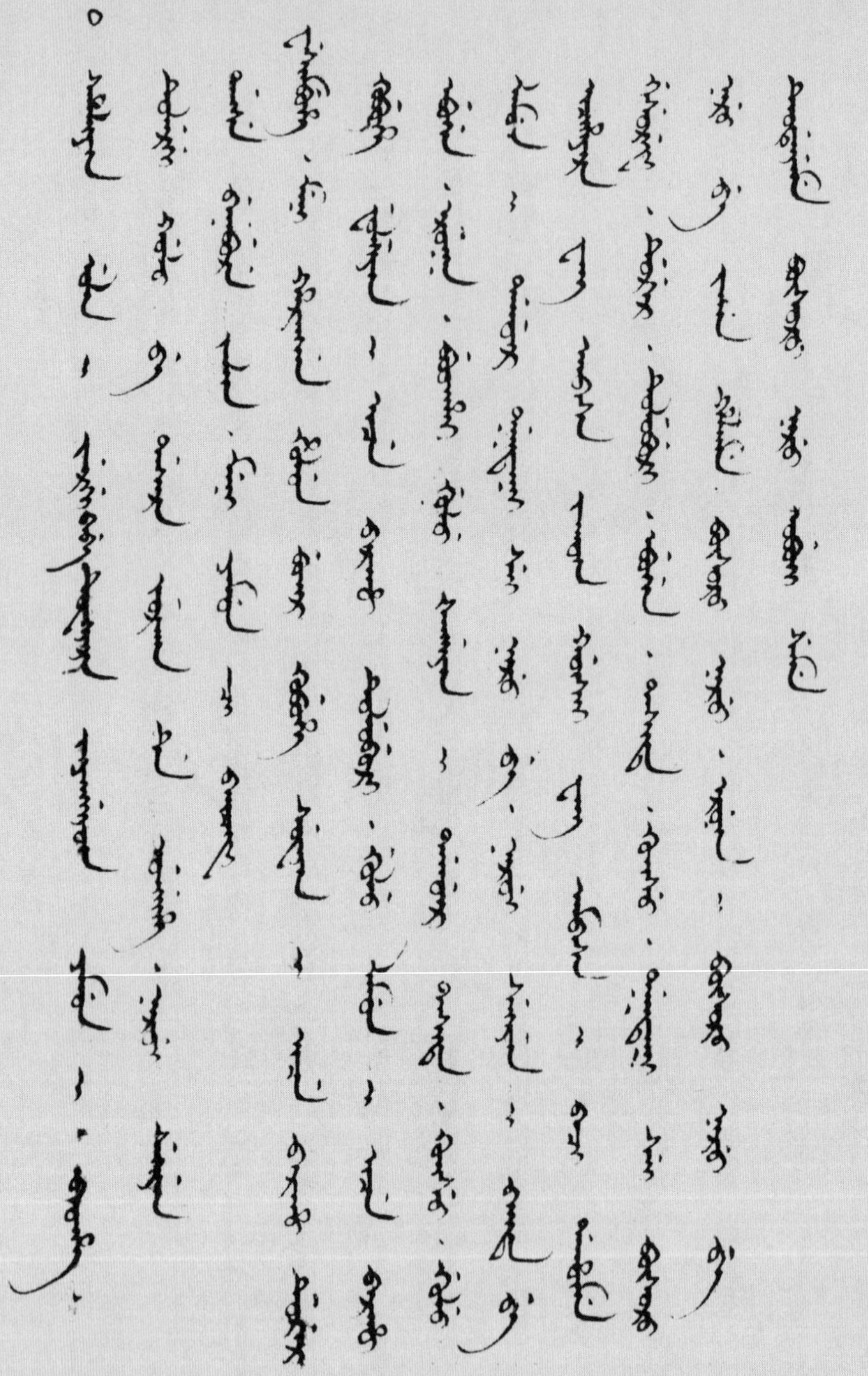

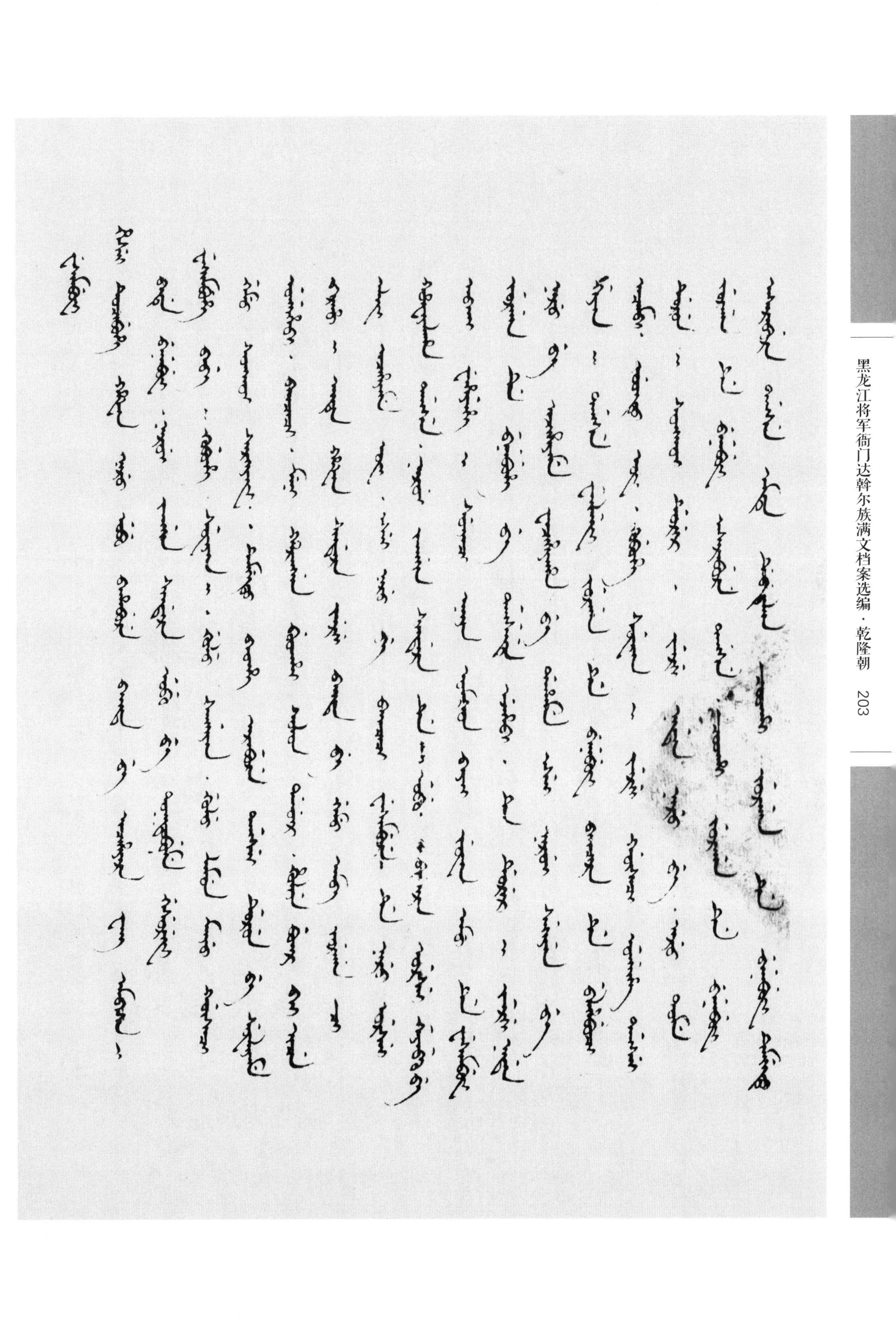

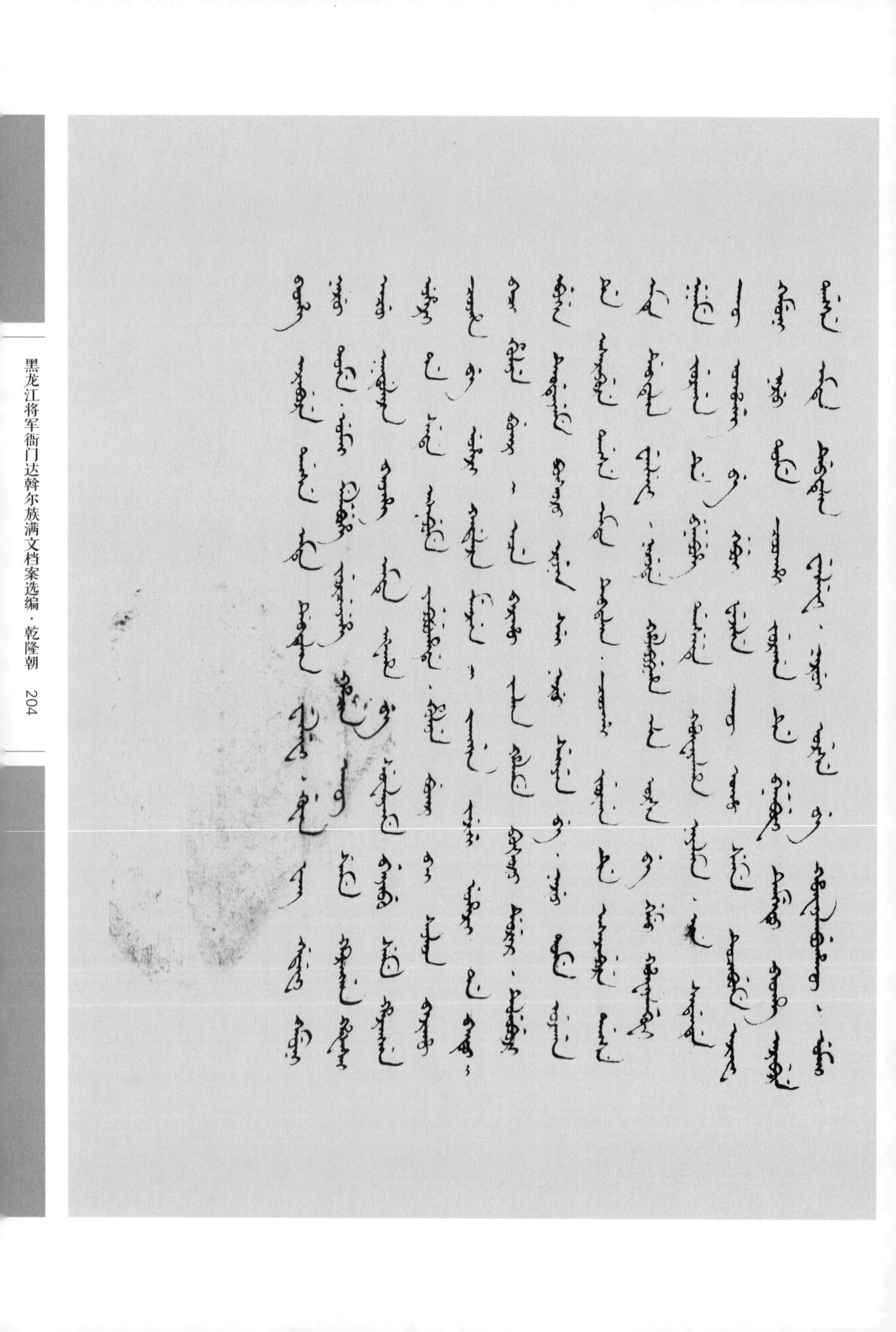

[illegible]

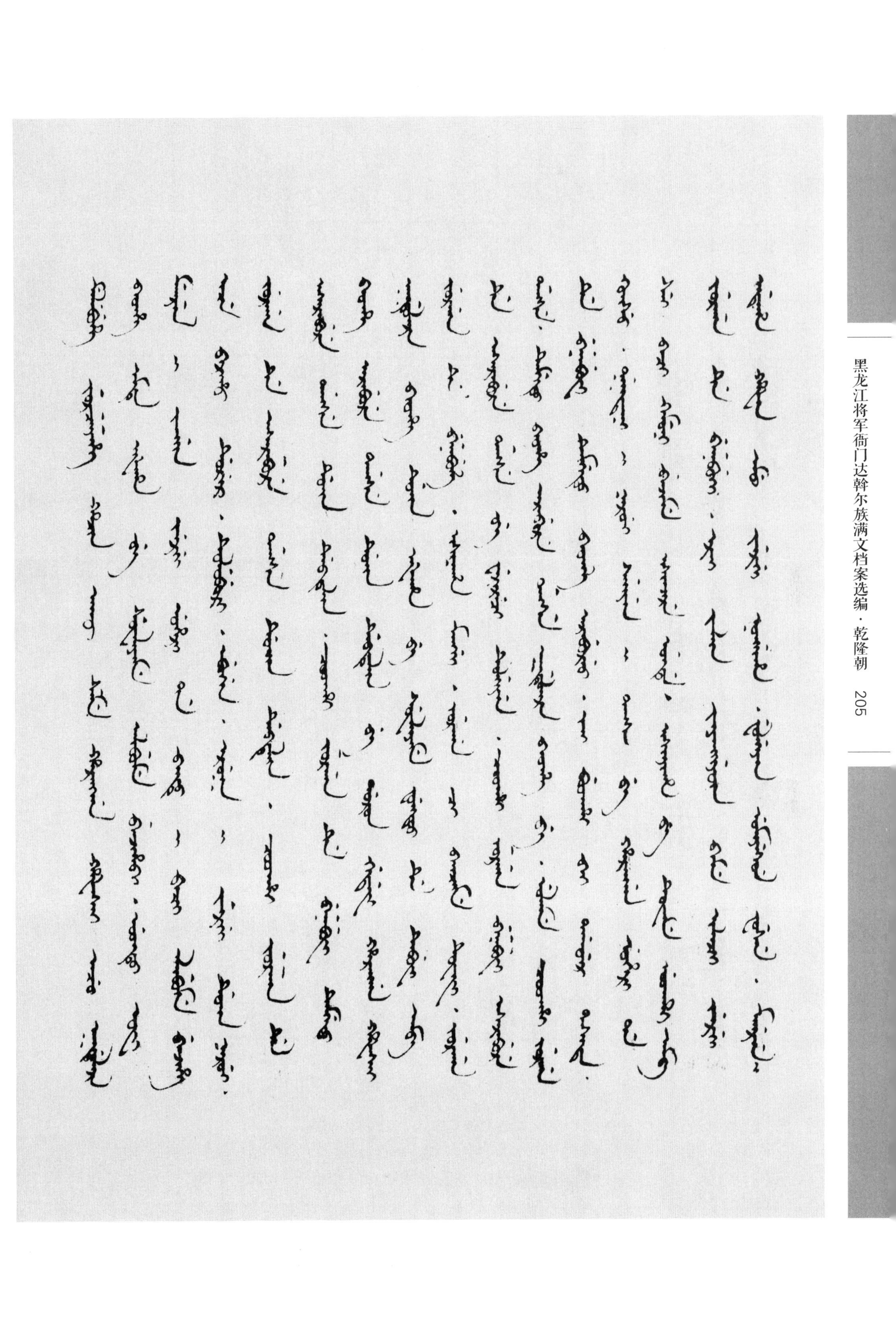

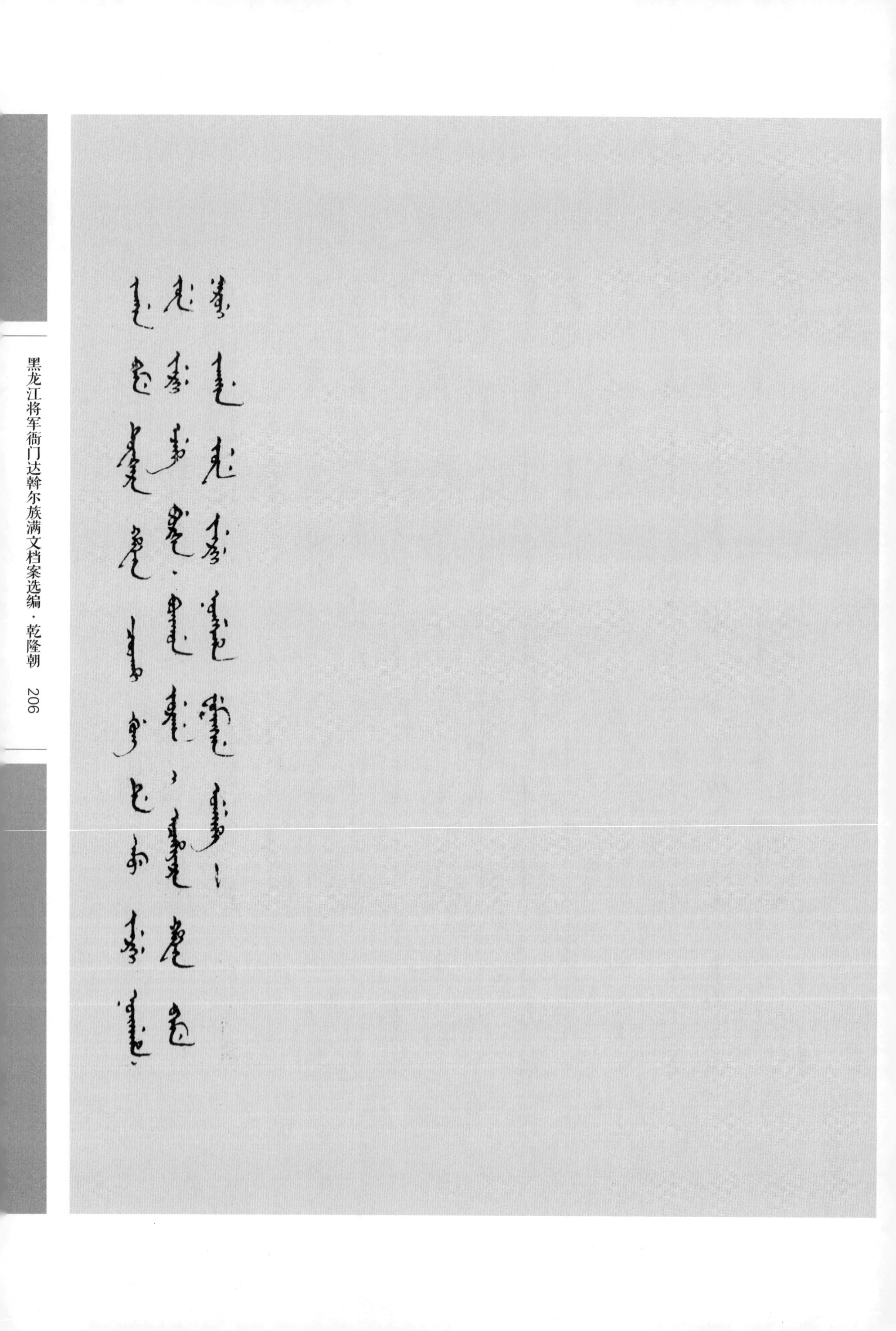

二五二　布特哈索伦达斡尔总管纳木球等为报索伦达斡尔等捕貂丁数并派员解送貂皮事呈黑龙江将军衙门文

乾隆九年七月二十三日

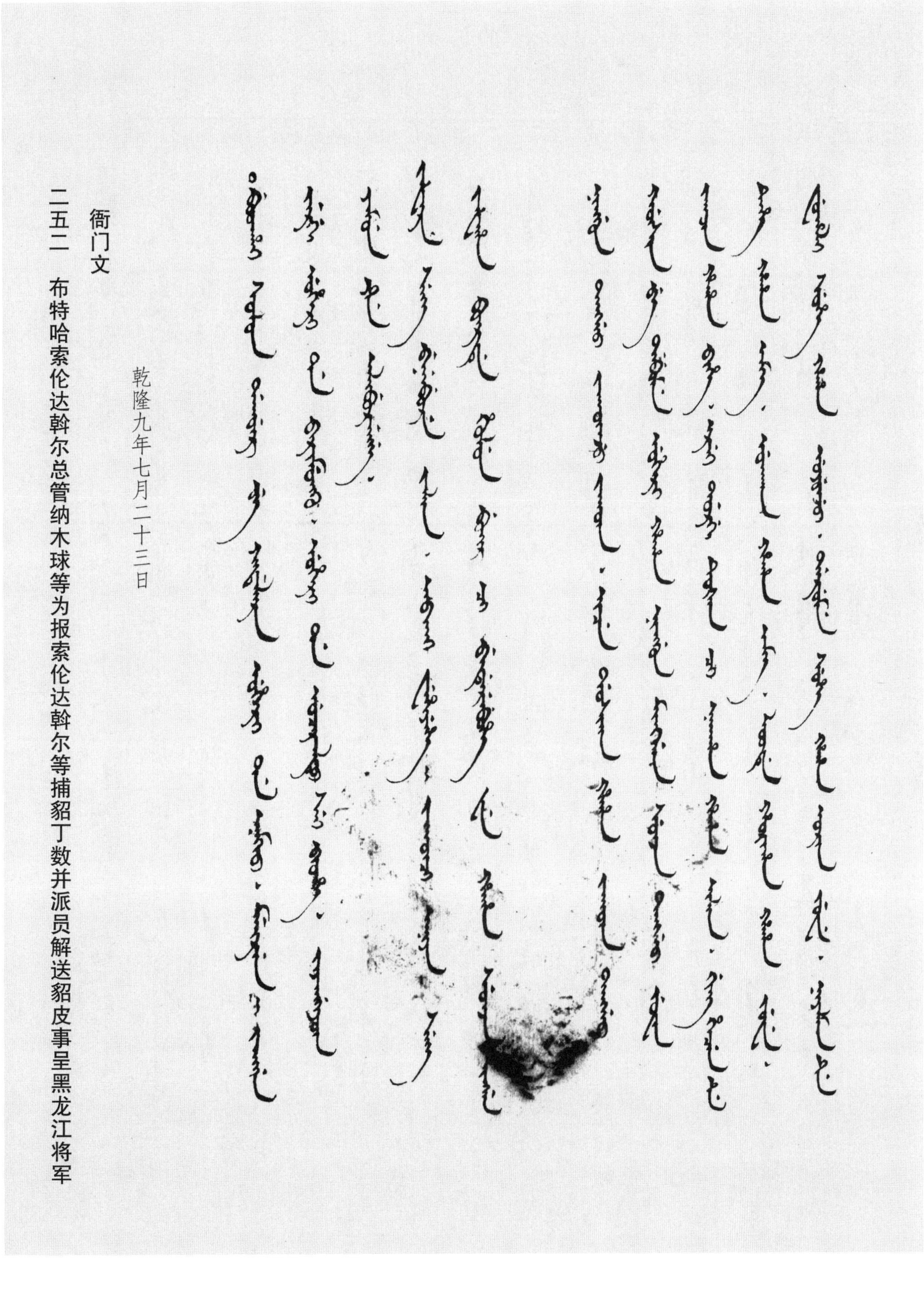

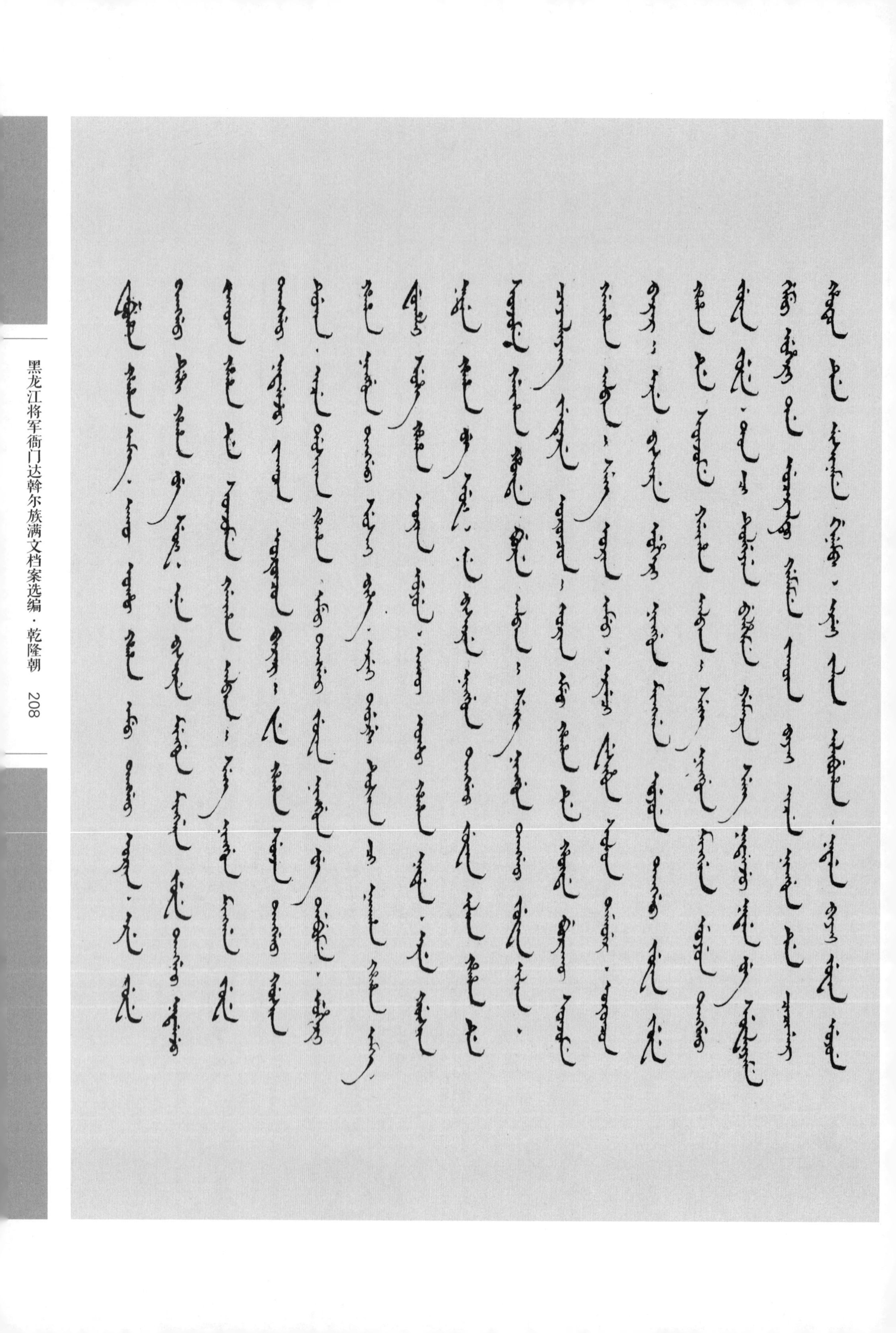

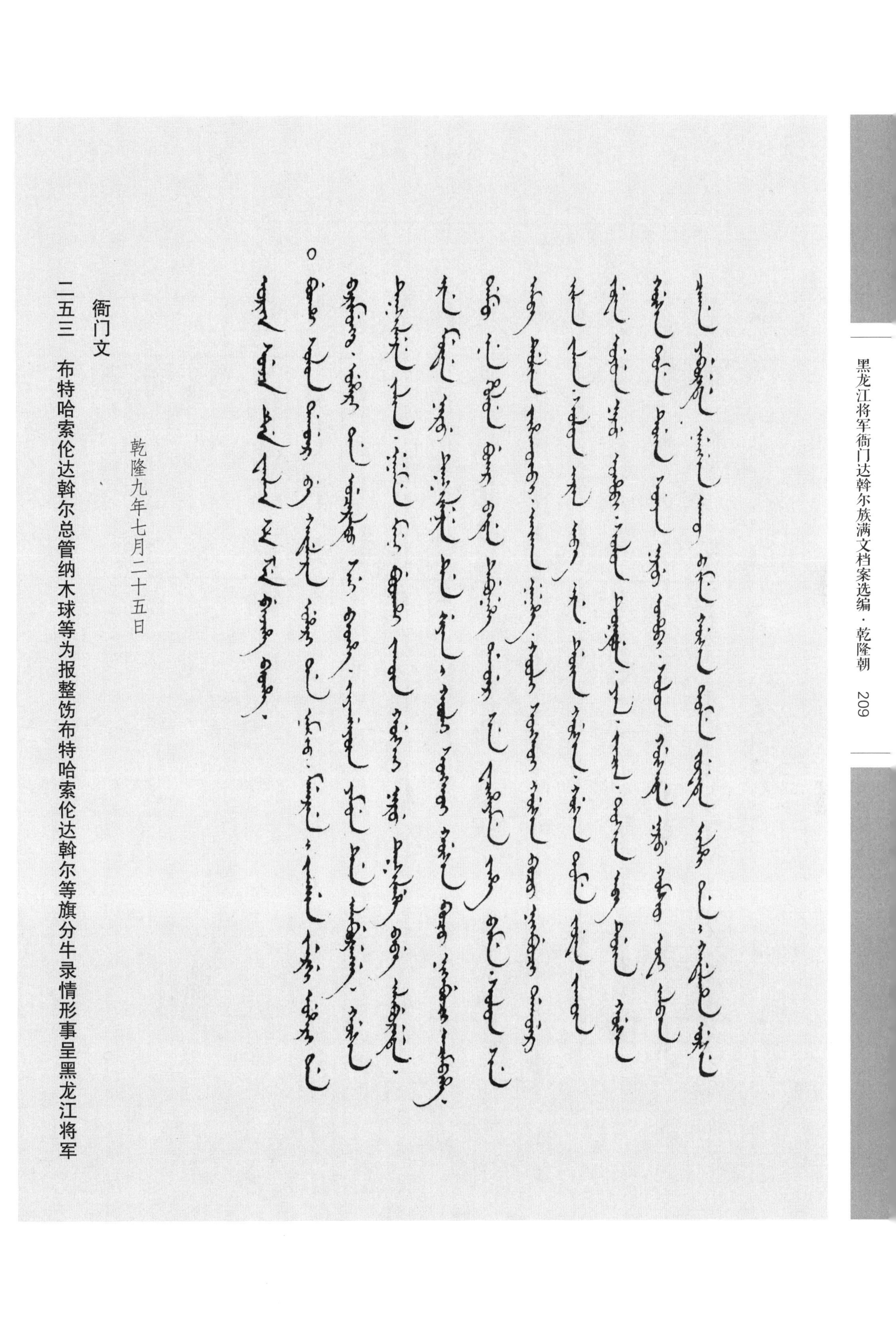

二五三　布特哈索伦达斡尔总管纳木球等为报整饬布特哈索伦达斡尔等旗分牛录情形事呈黑龙江将军衙门文

乾隆九年七月二十五日

[illegible]

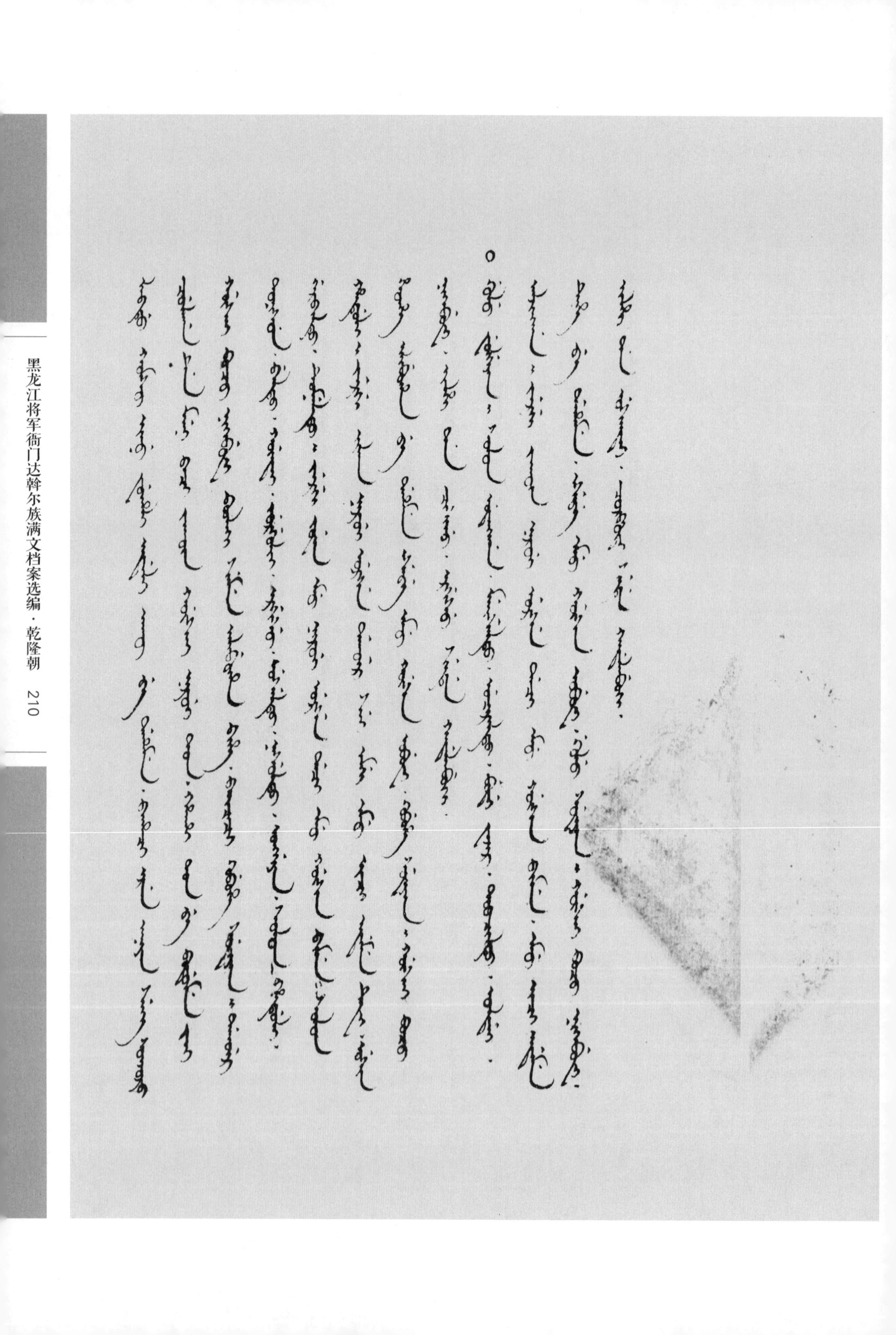

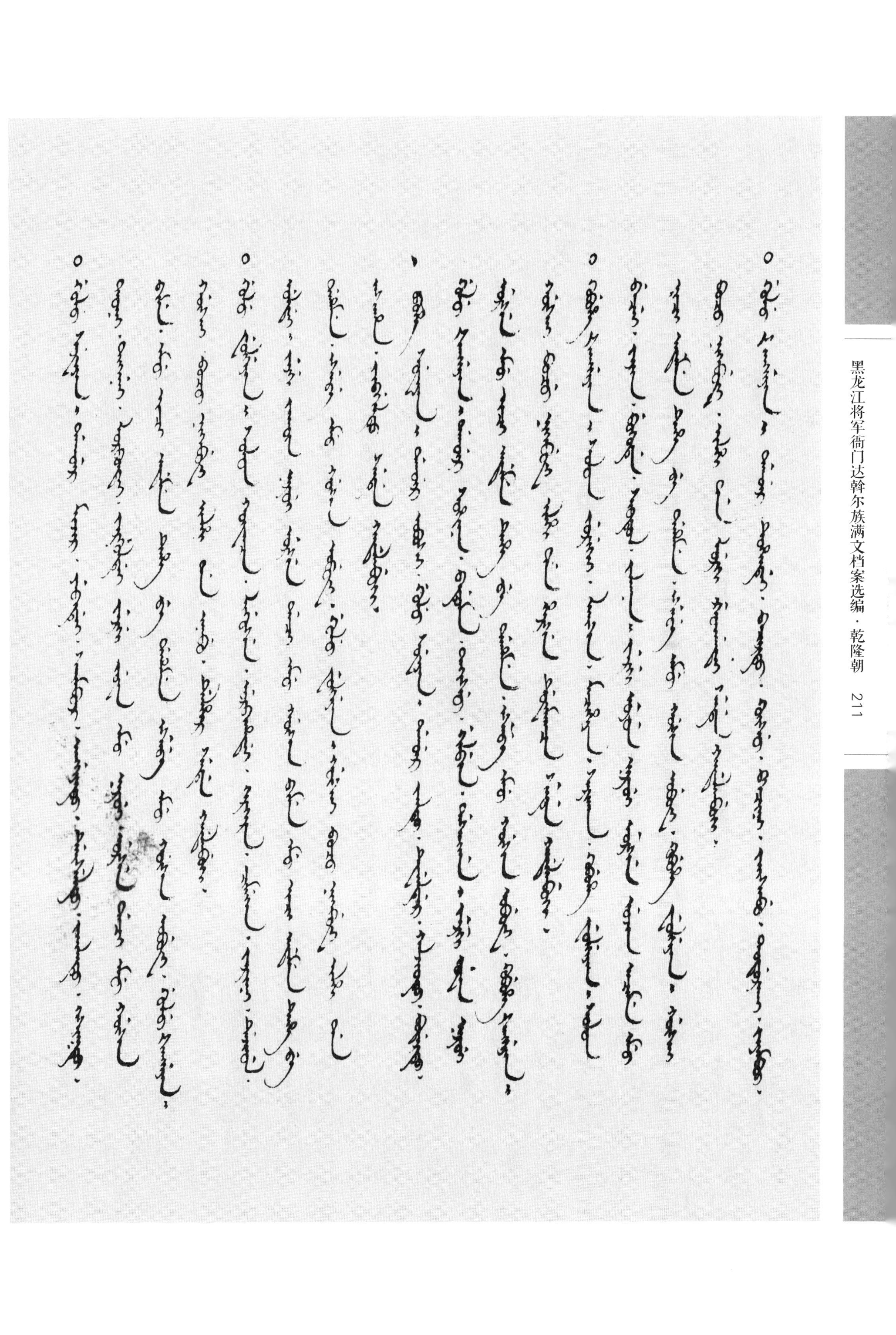

o [illegible]

o [illegible]

、[illegible]

o [illegible]

o [illegible]

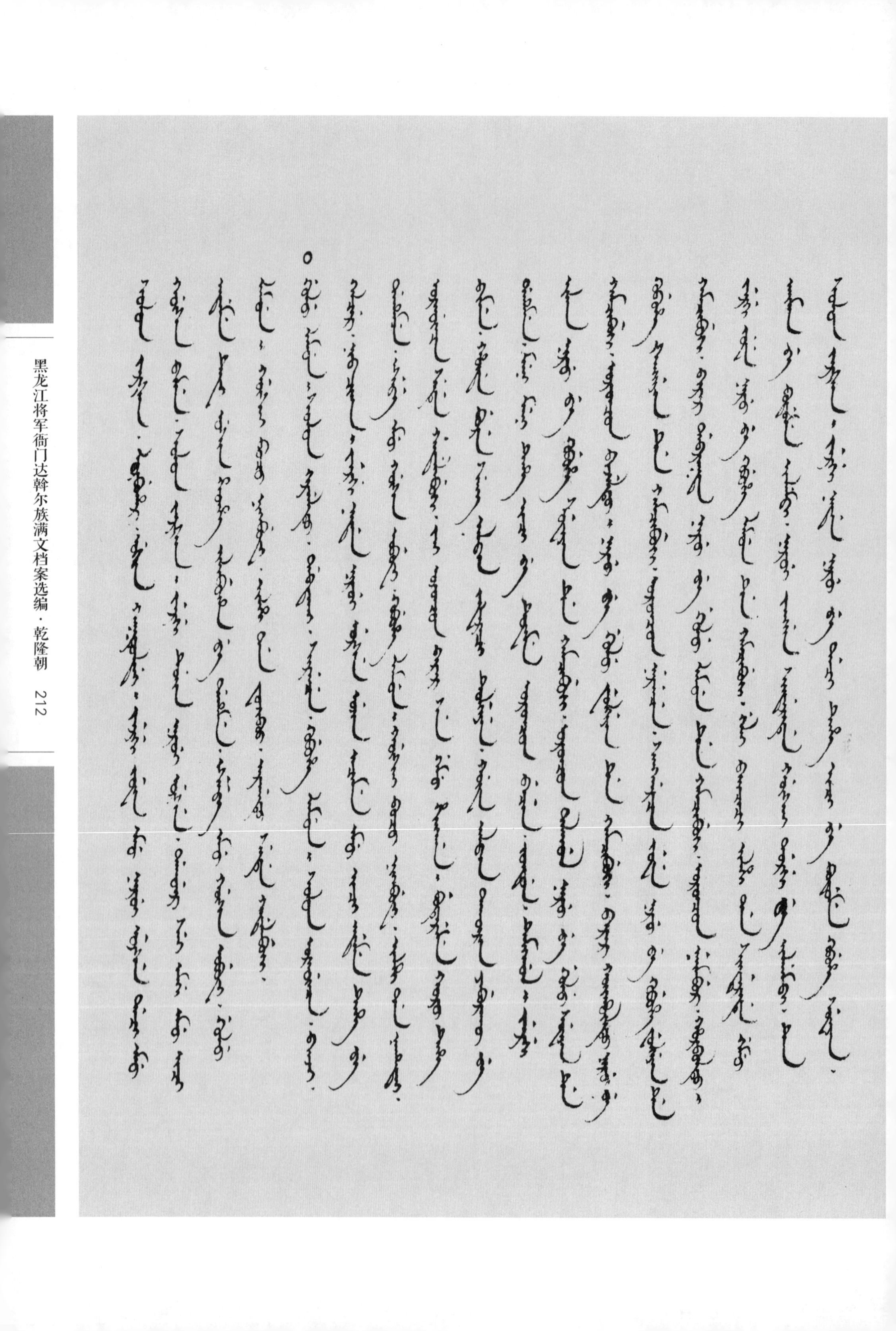

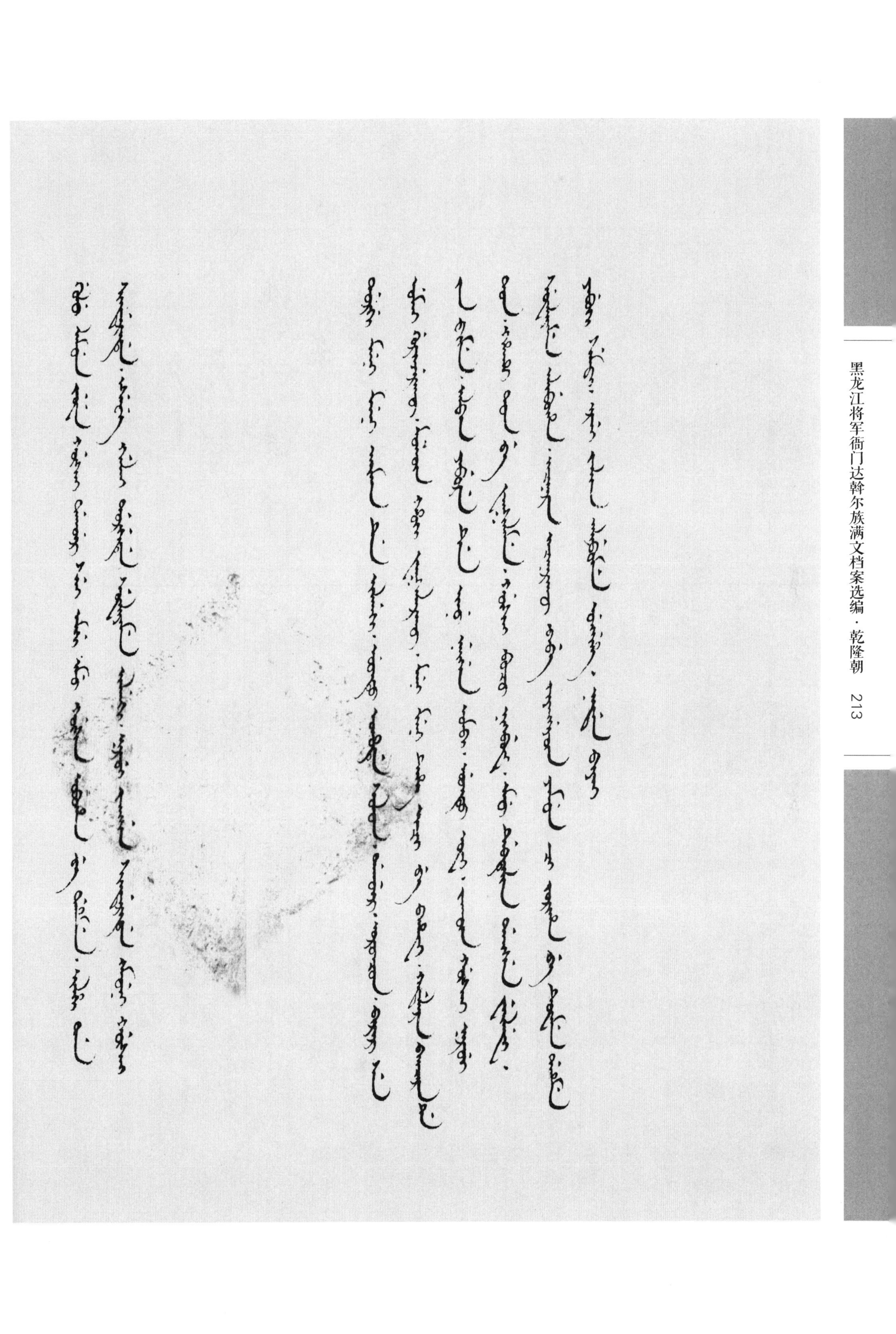

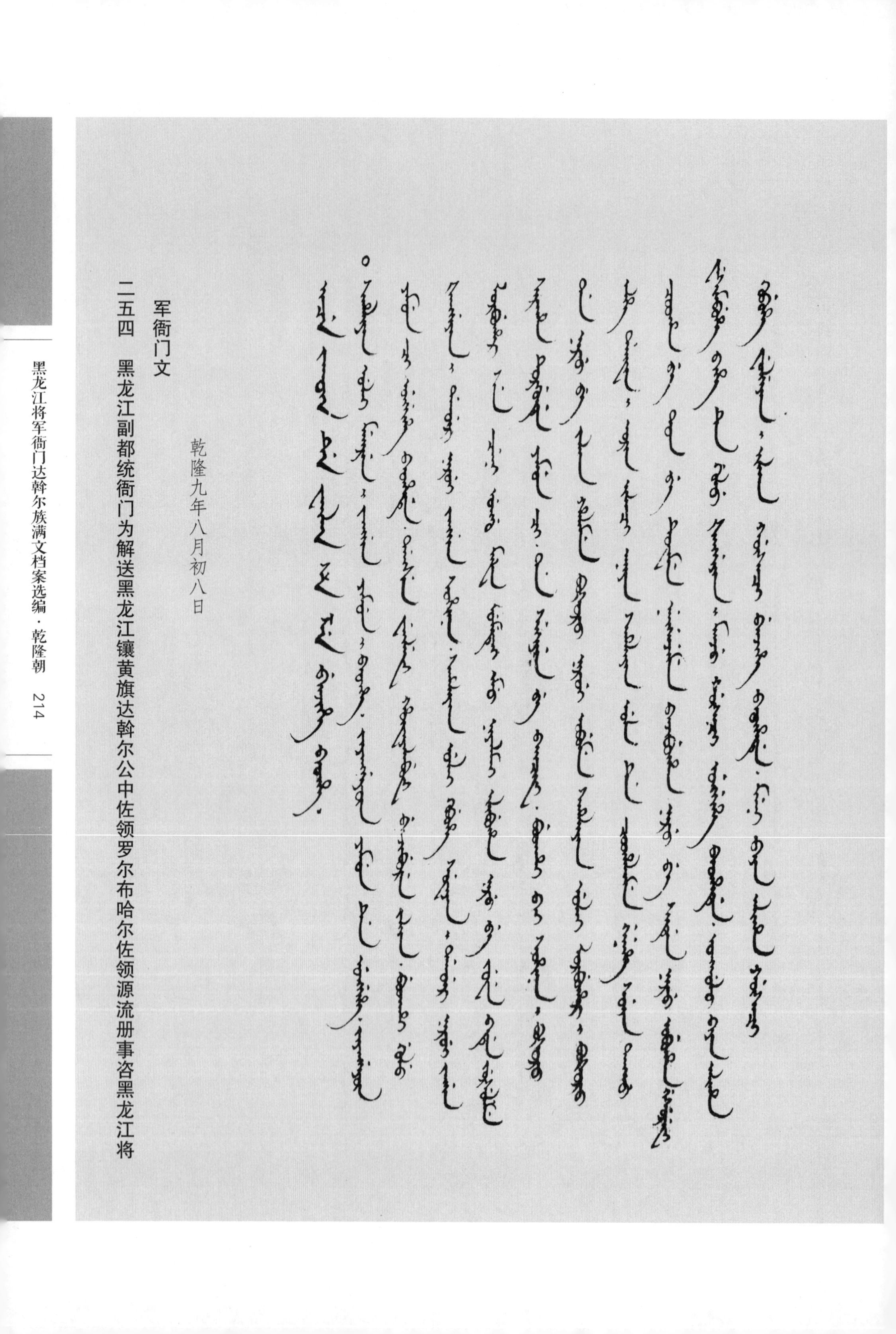

二五四 黑龙江副都统衙门为解送黑龙江镶黄旗达斡尔公中佐领罗尔布哈尔佐领源流册事咨黑龙江将军衙门文

乾隆九年八月初八日

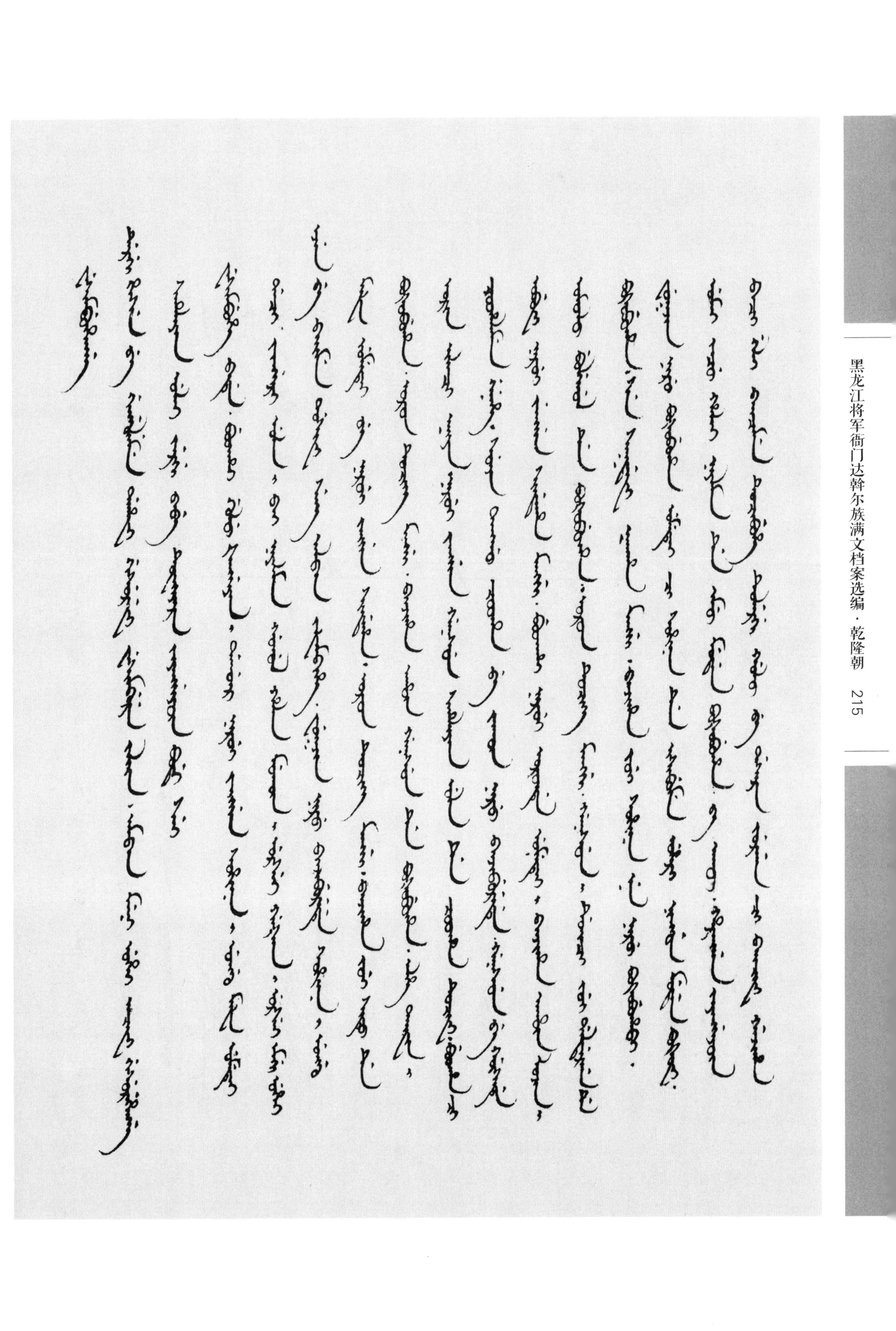

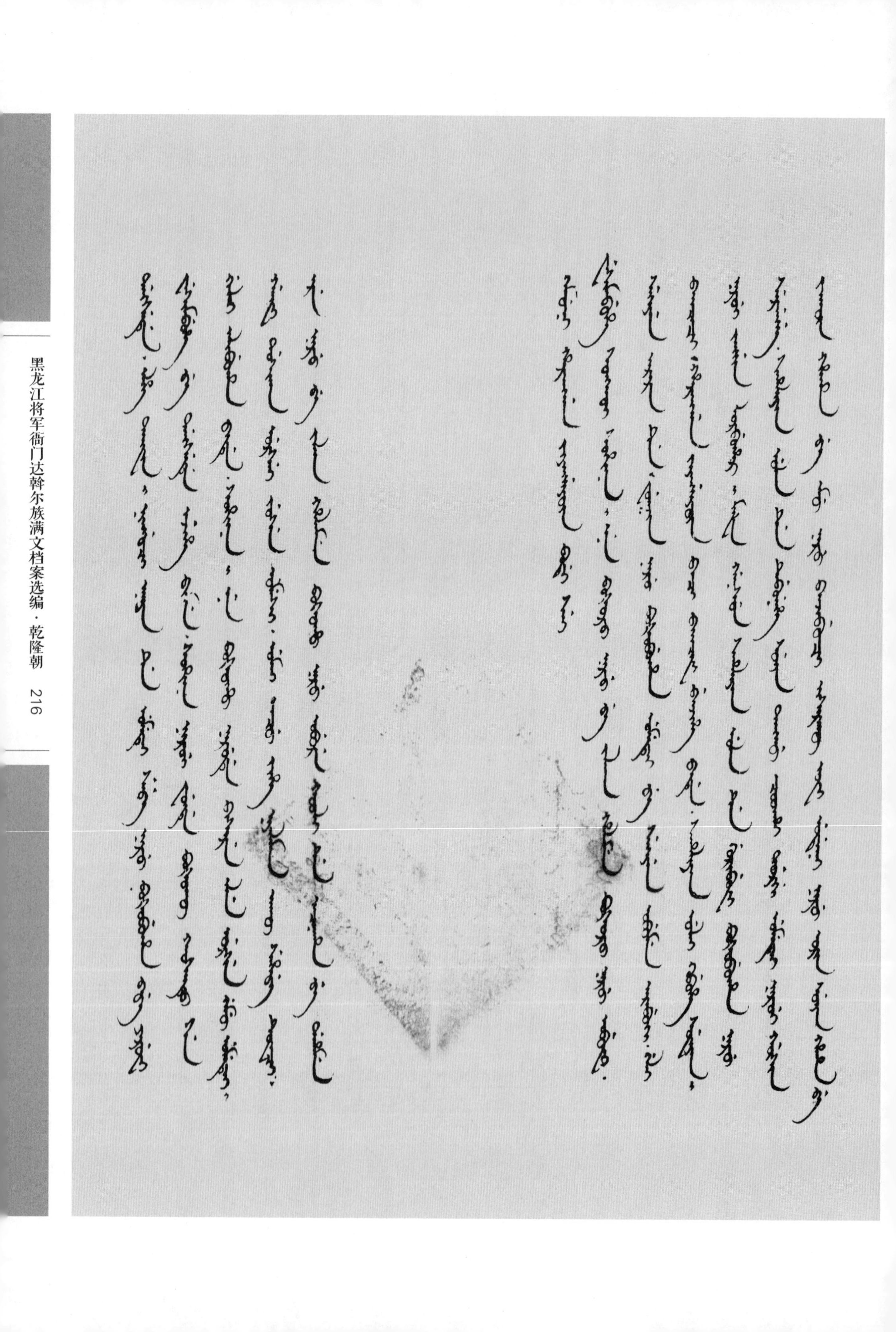

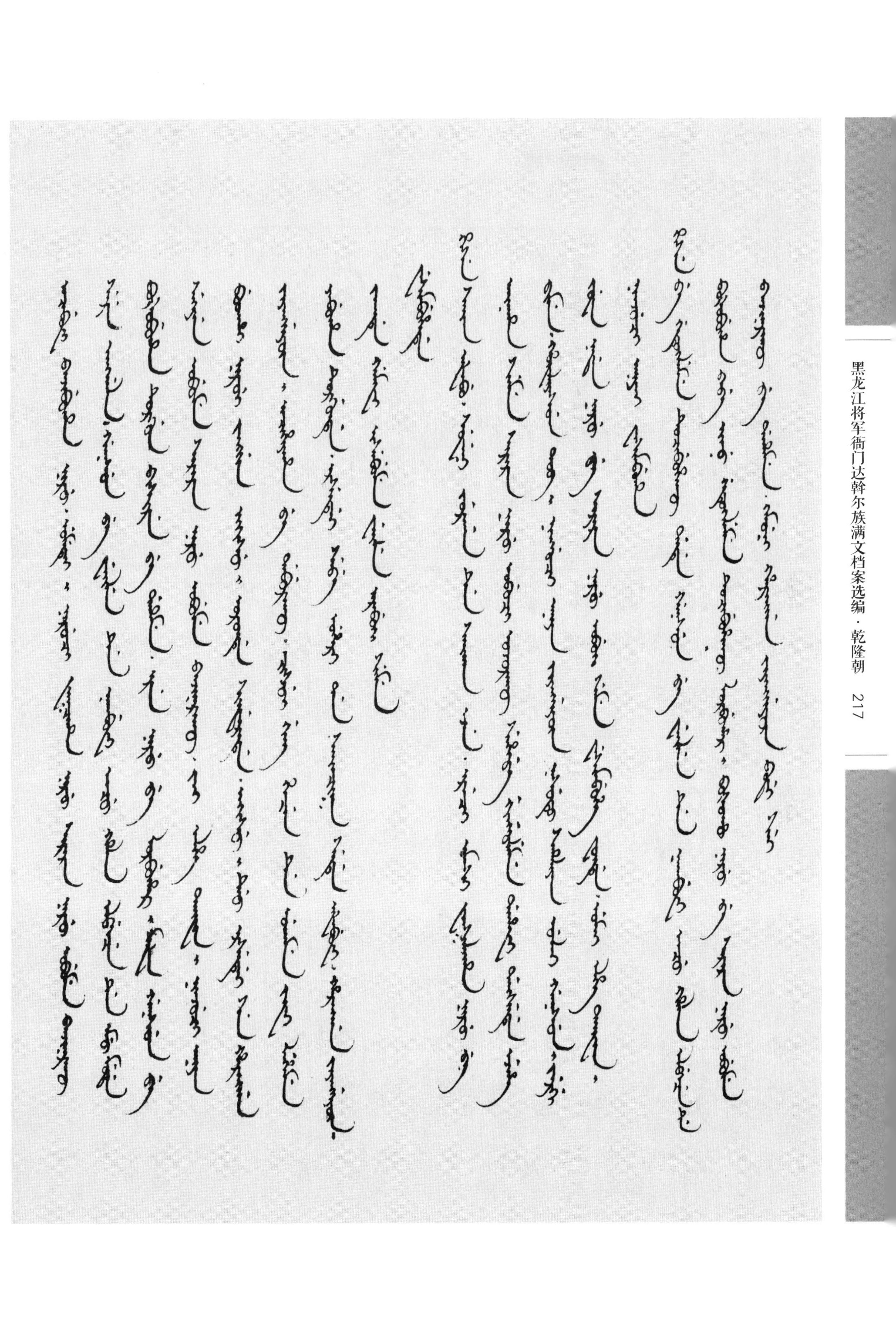

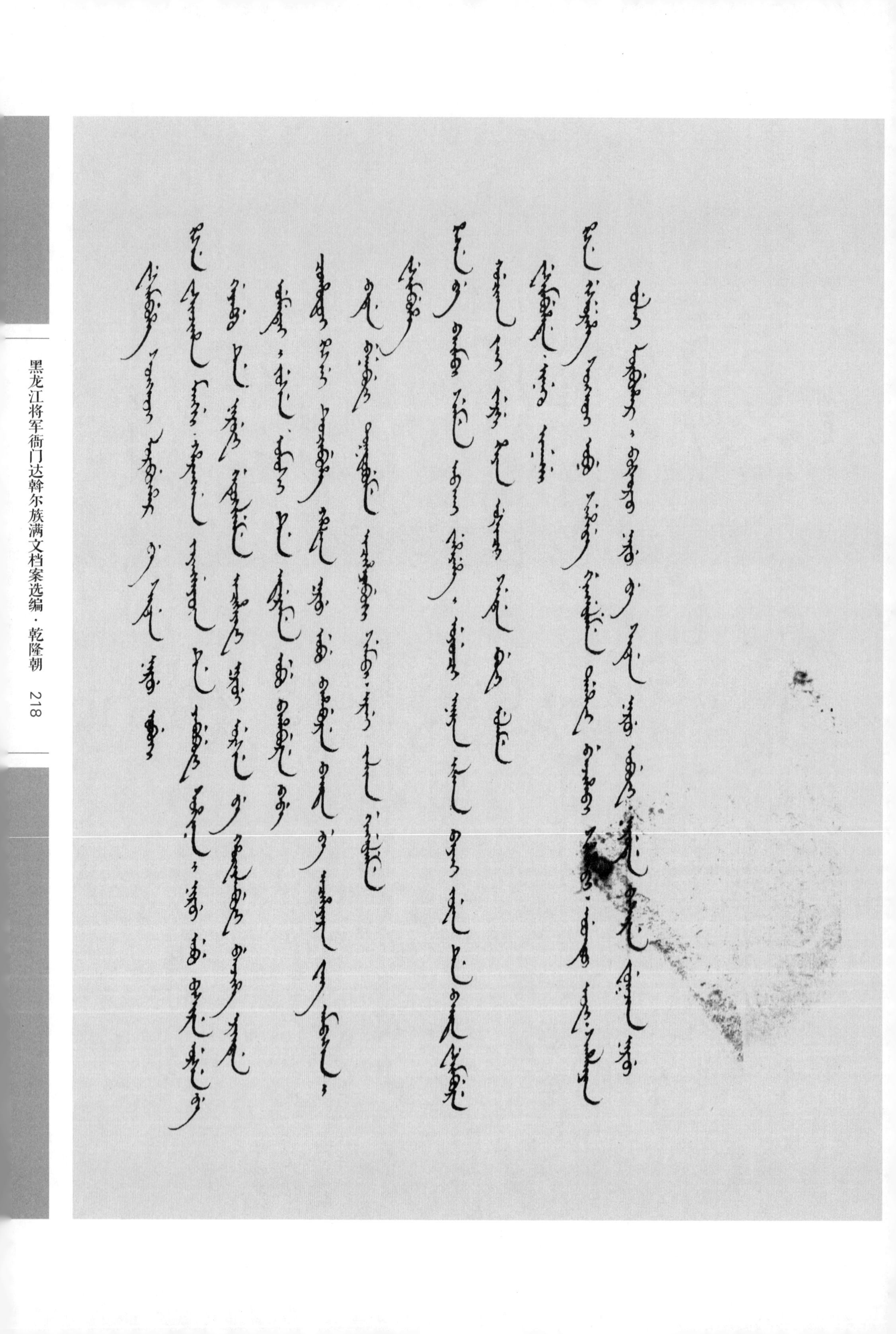

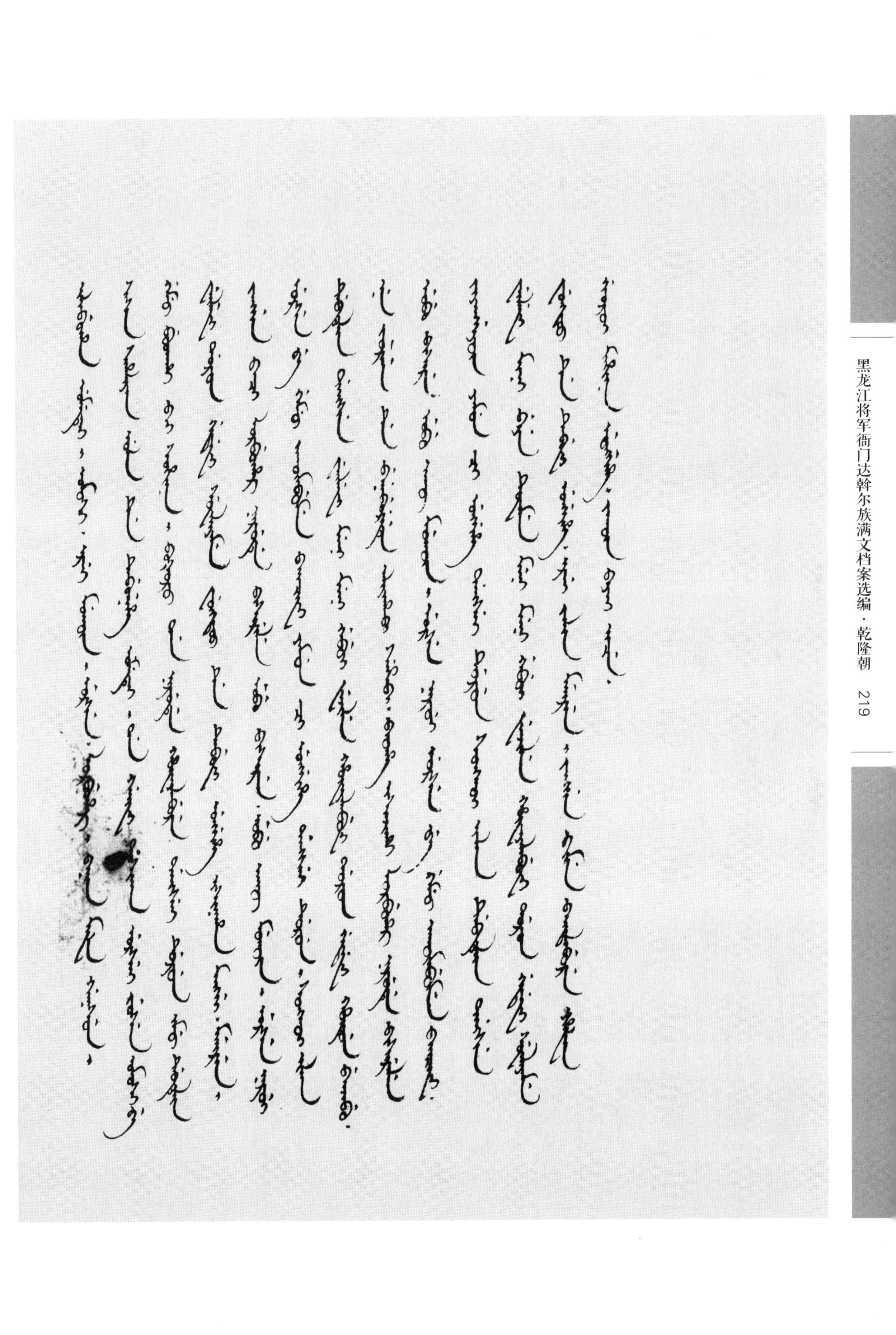

二五五 黑龙江副都统衙门为黑龙江达斡尔佐领达彦等赴齐齐哈尔核查佐领源流事咨黑龙江将军衙门文

乾隆九年八月初八日

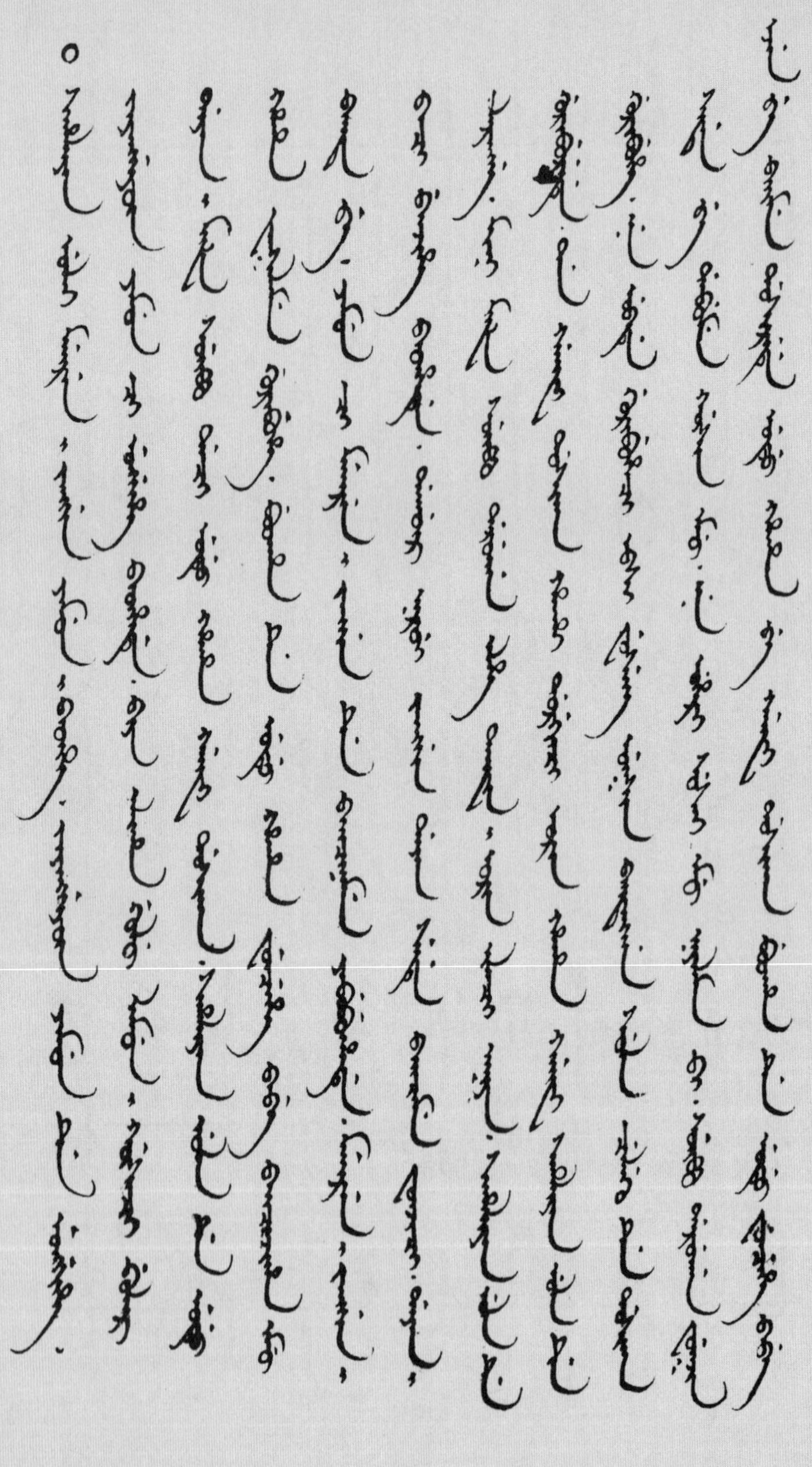

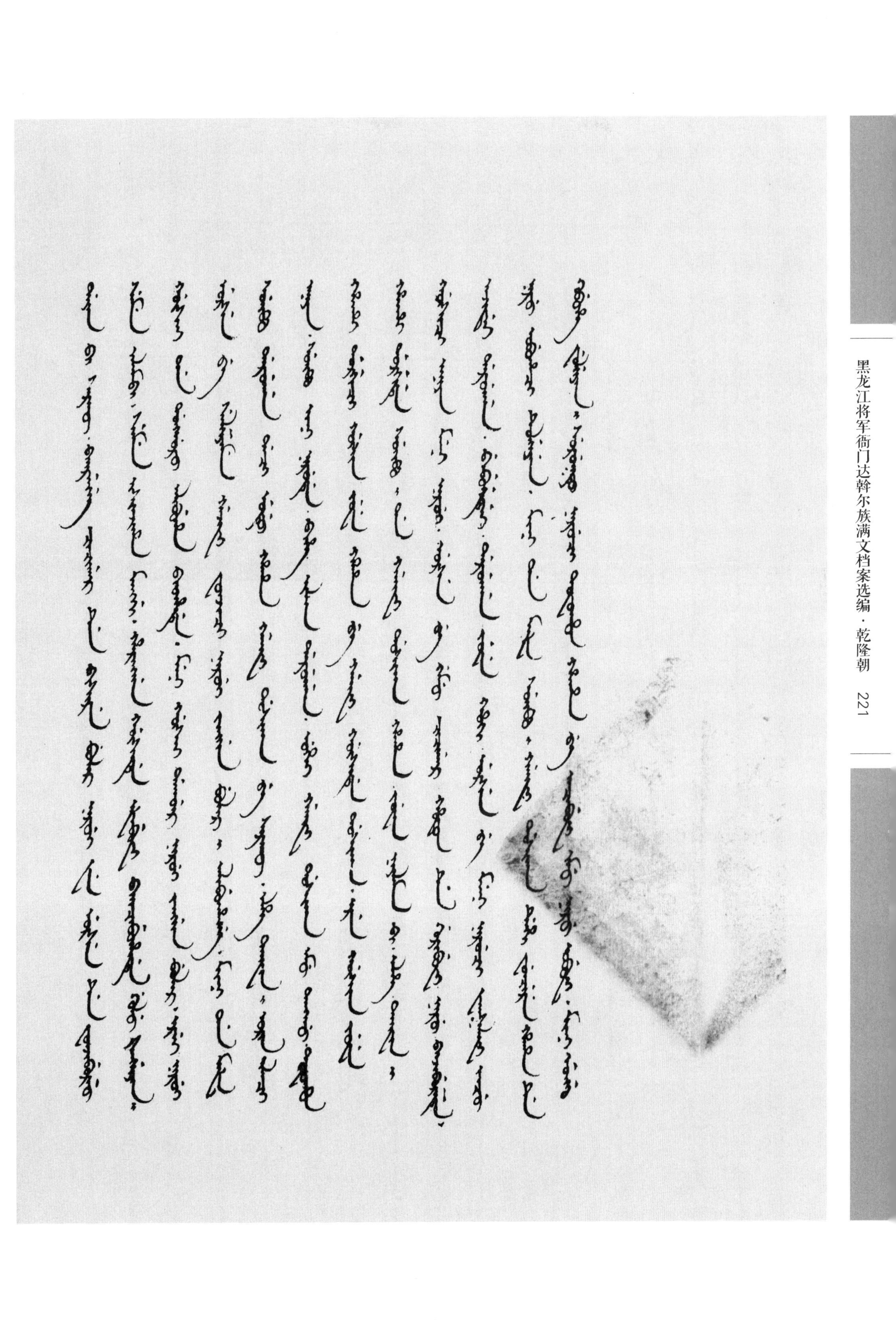

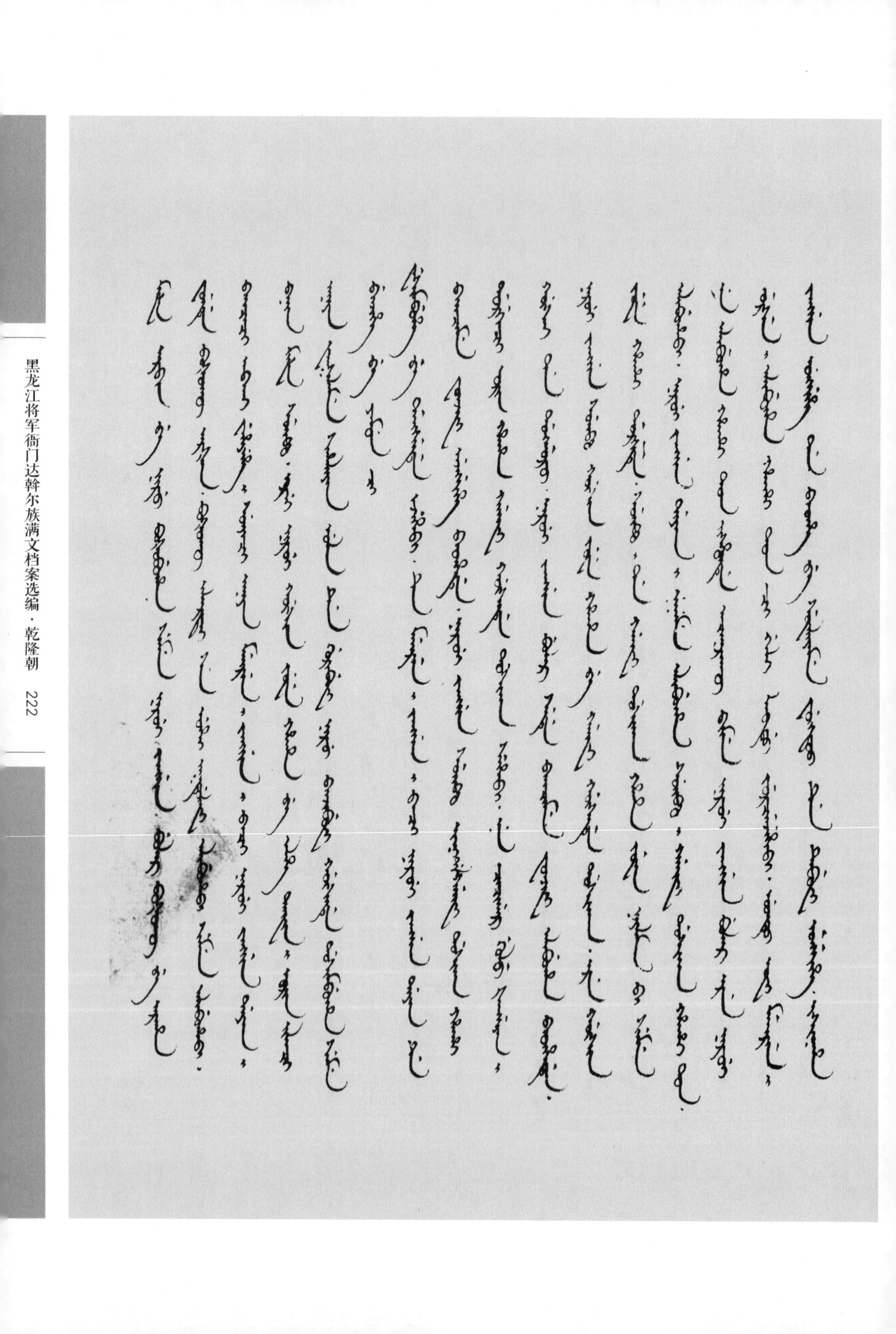

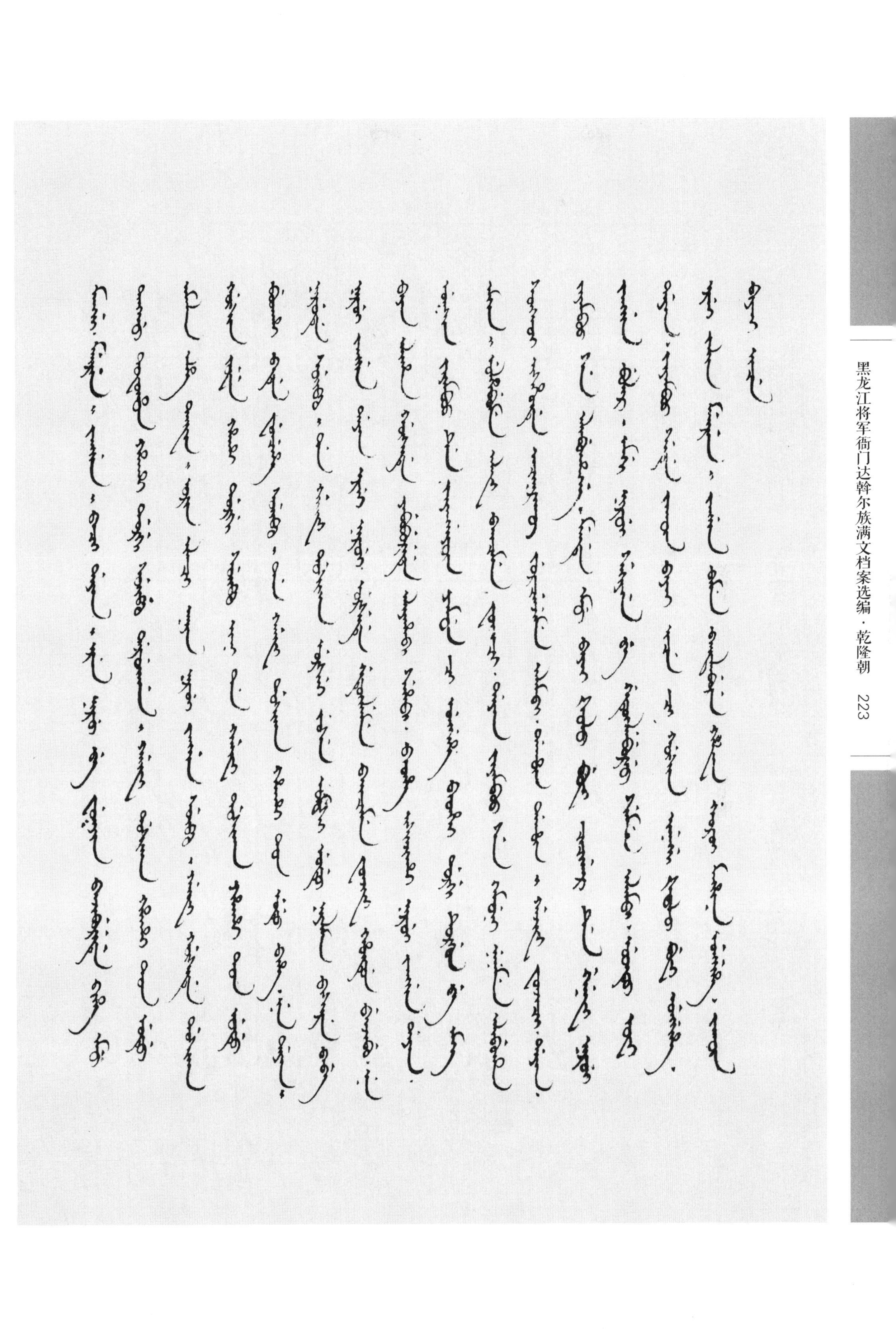

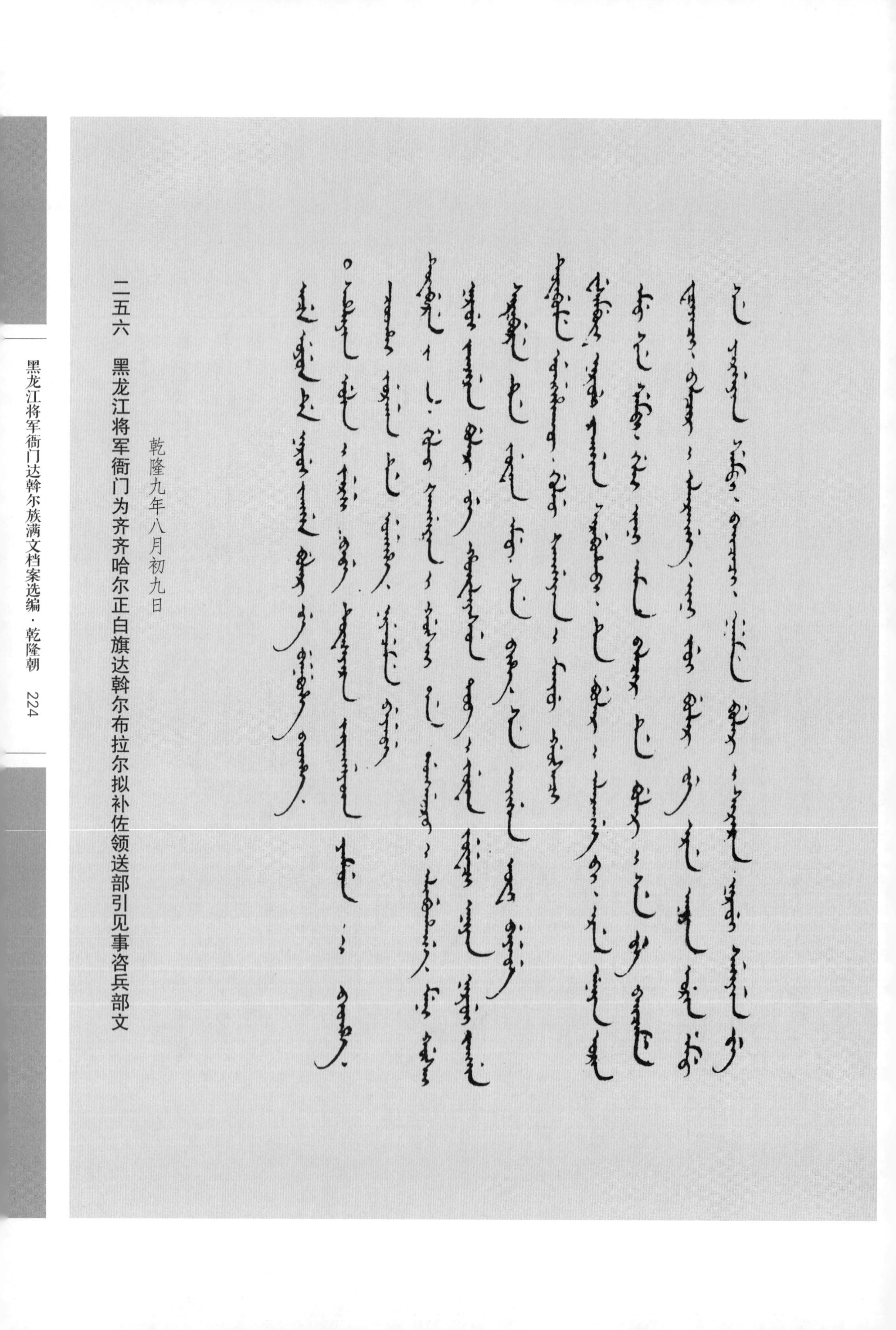

二五六　黑龙江将军衙门为齐齐哈尔正白旗达斡尔布拉尔拟补佐领送部引见事咨兵部文

乾隆九年八月初九日

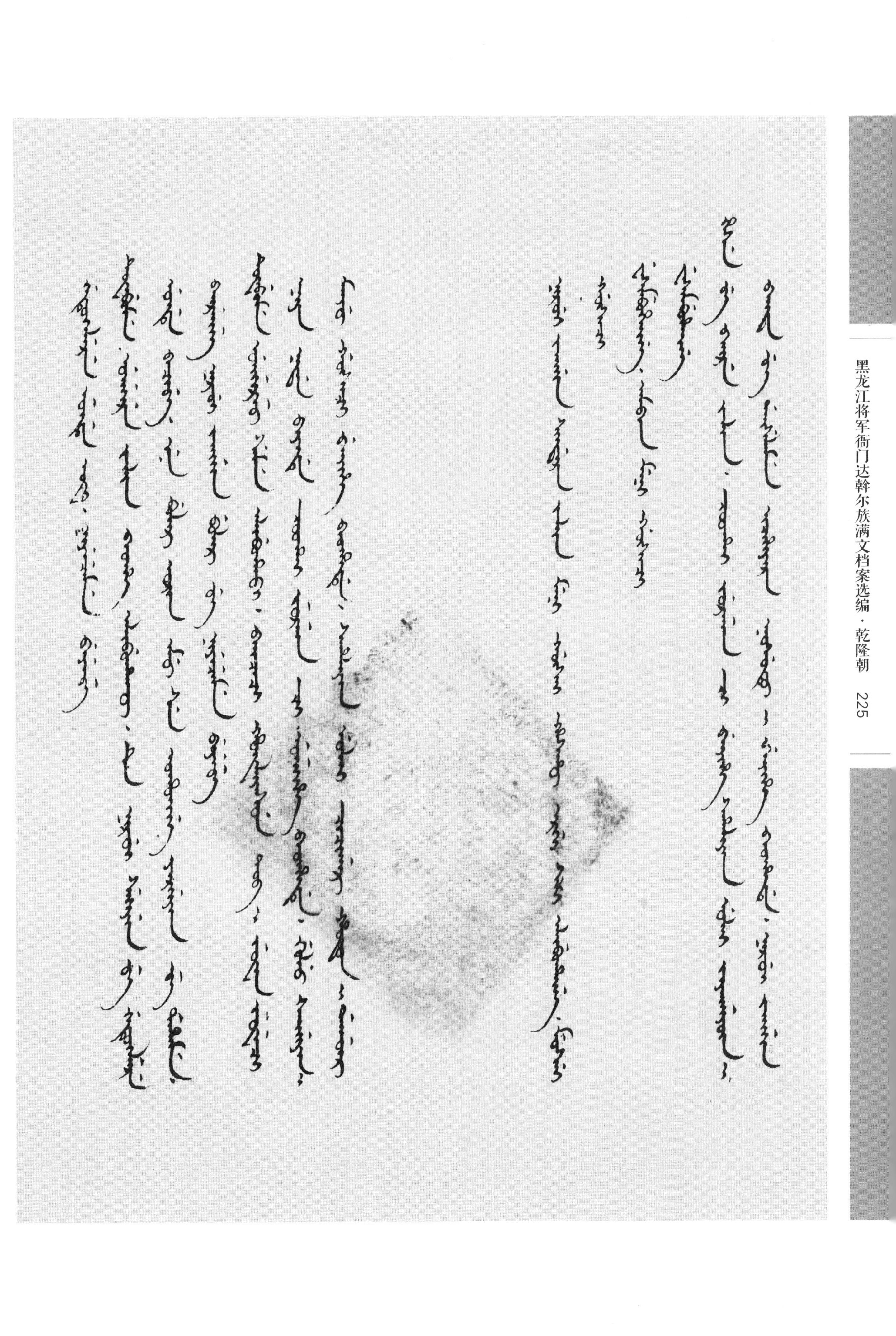

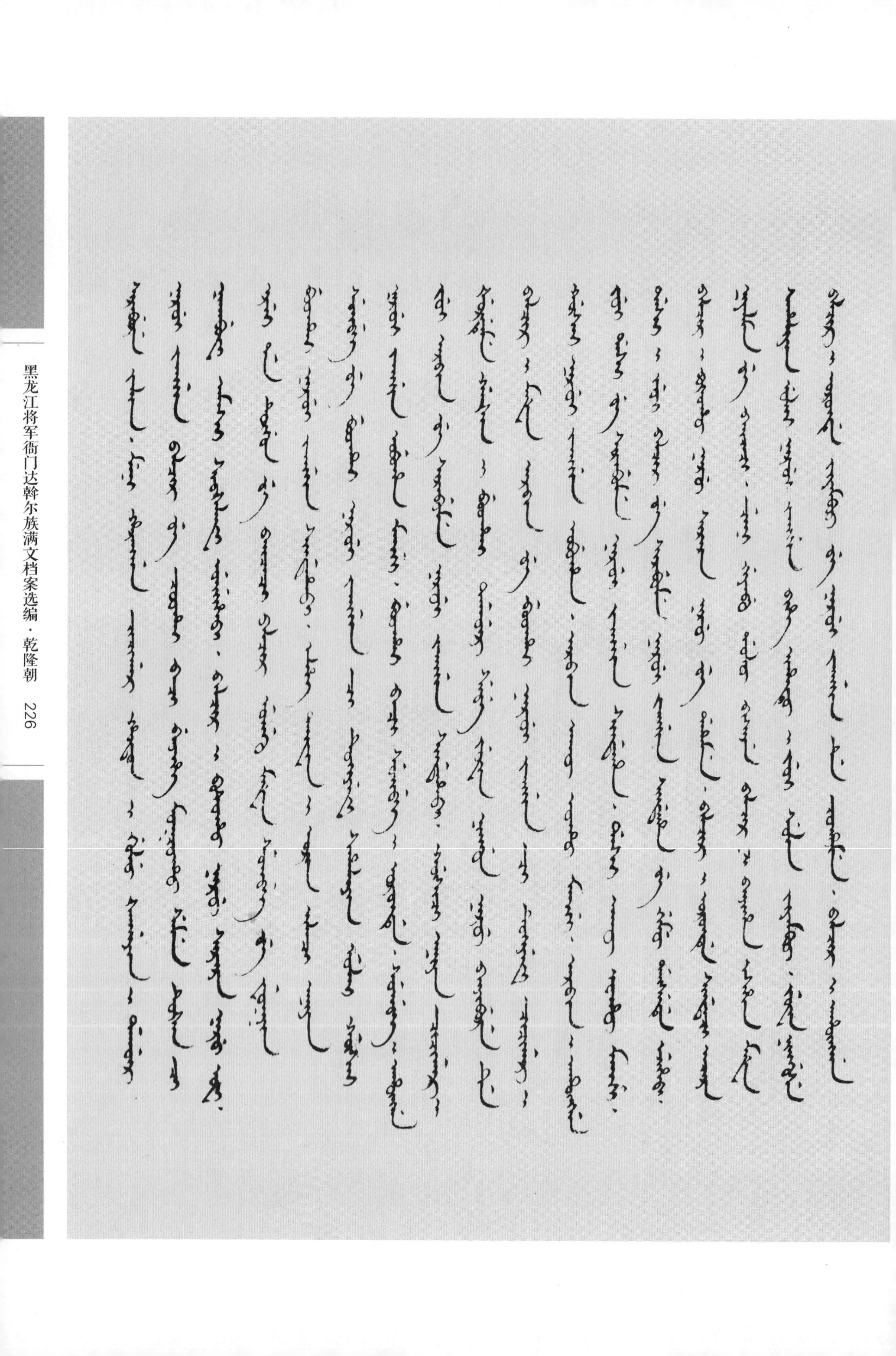

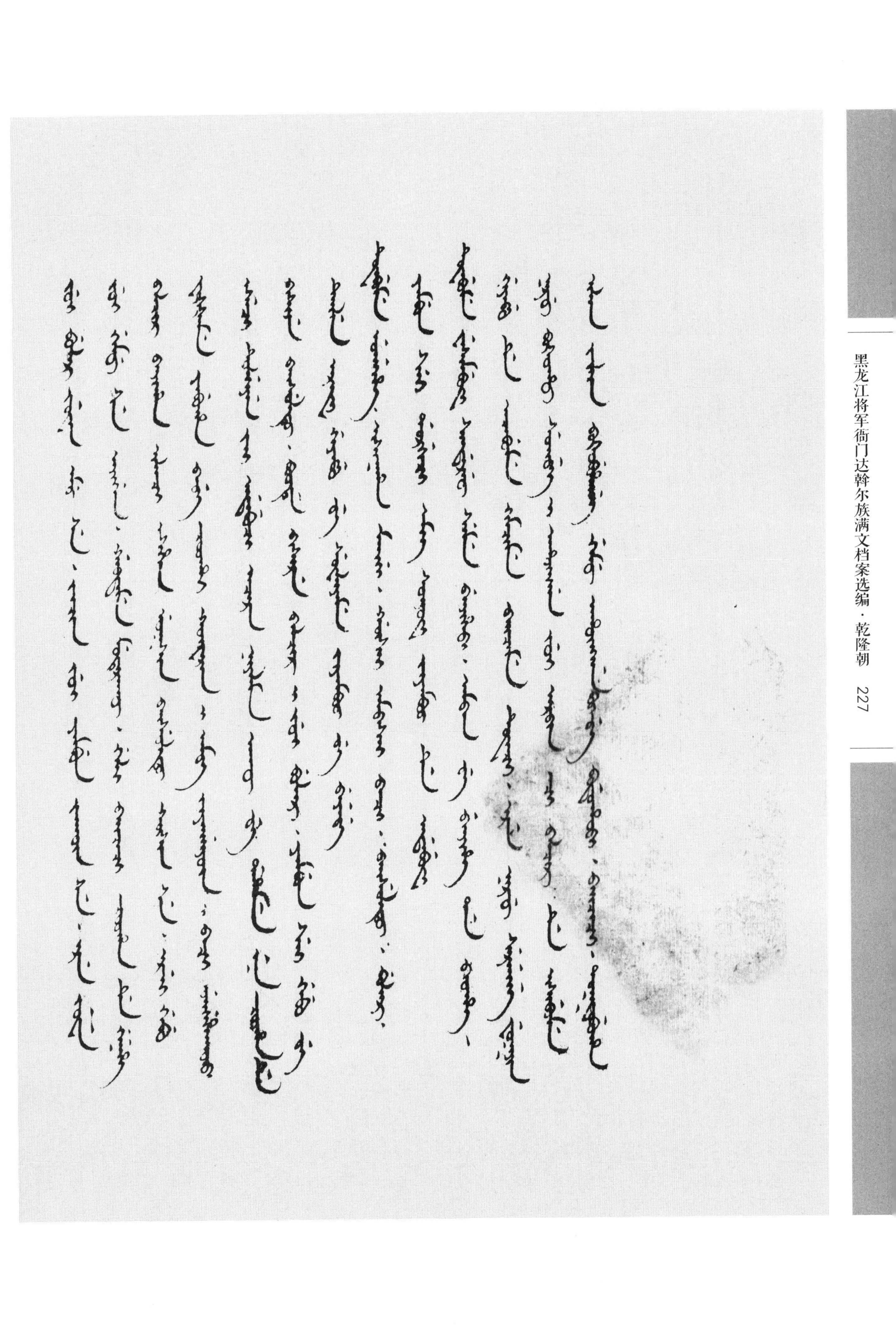

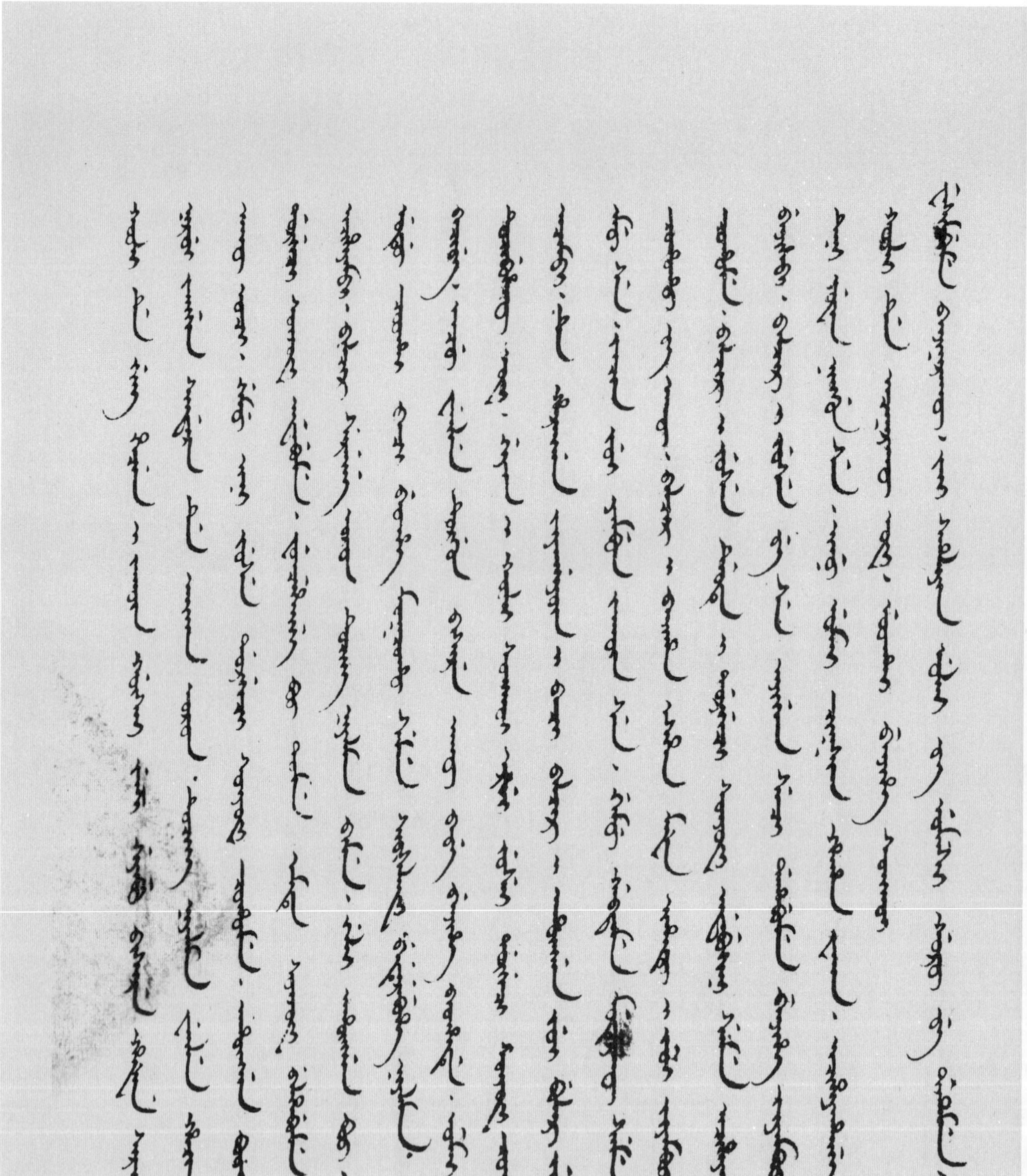

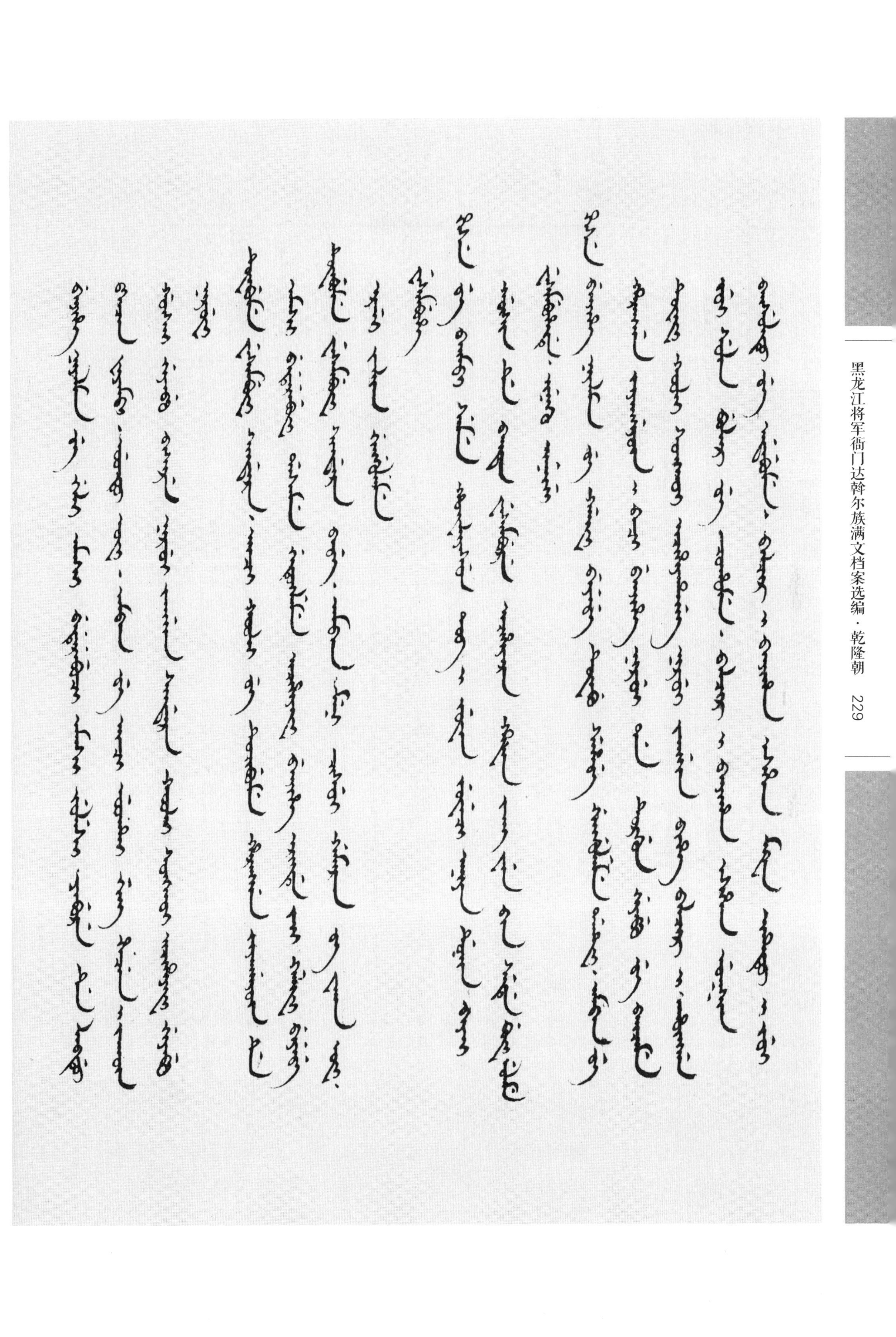

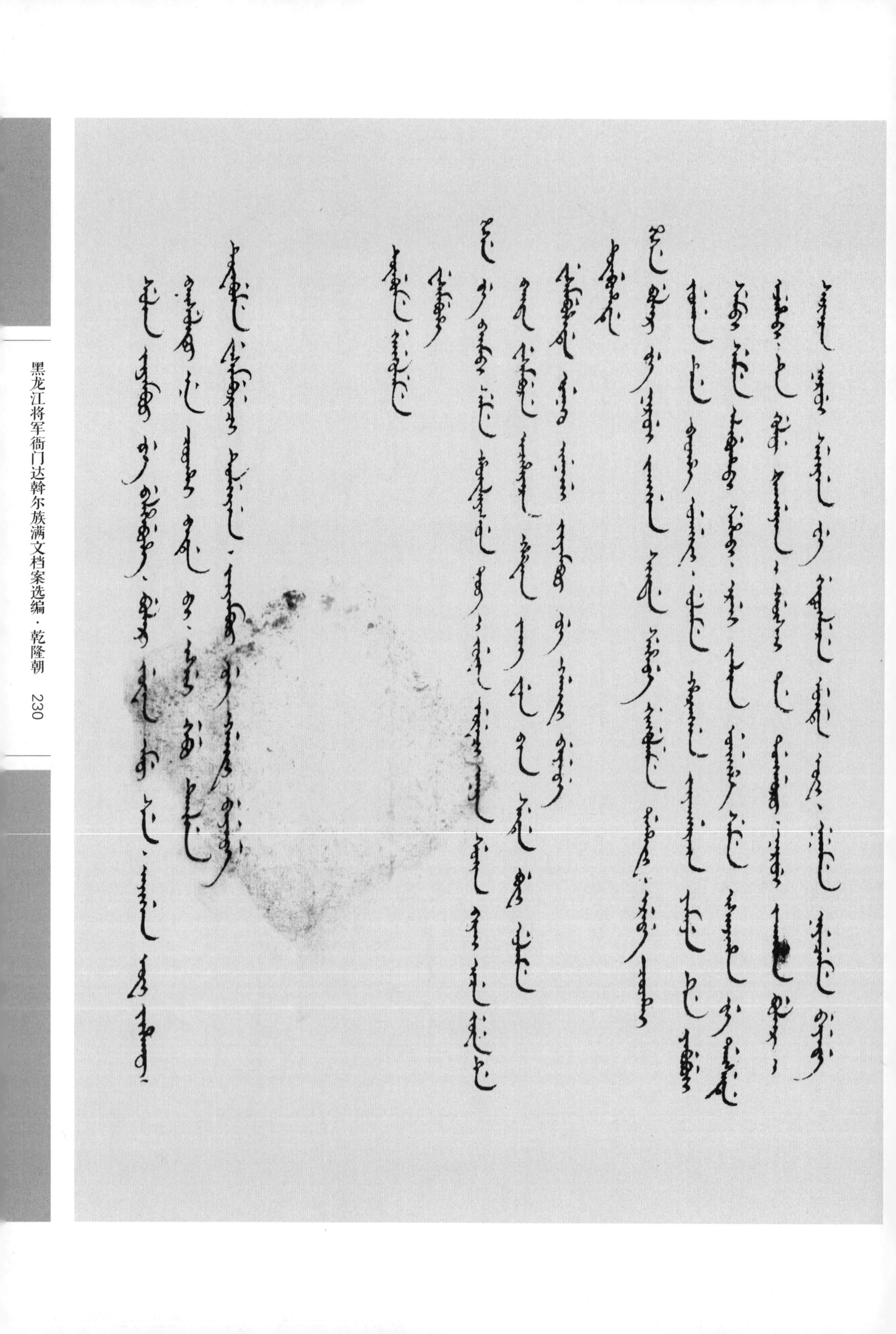

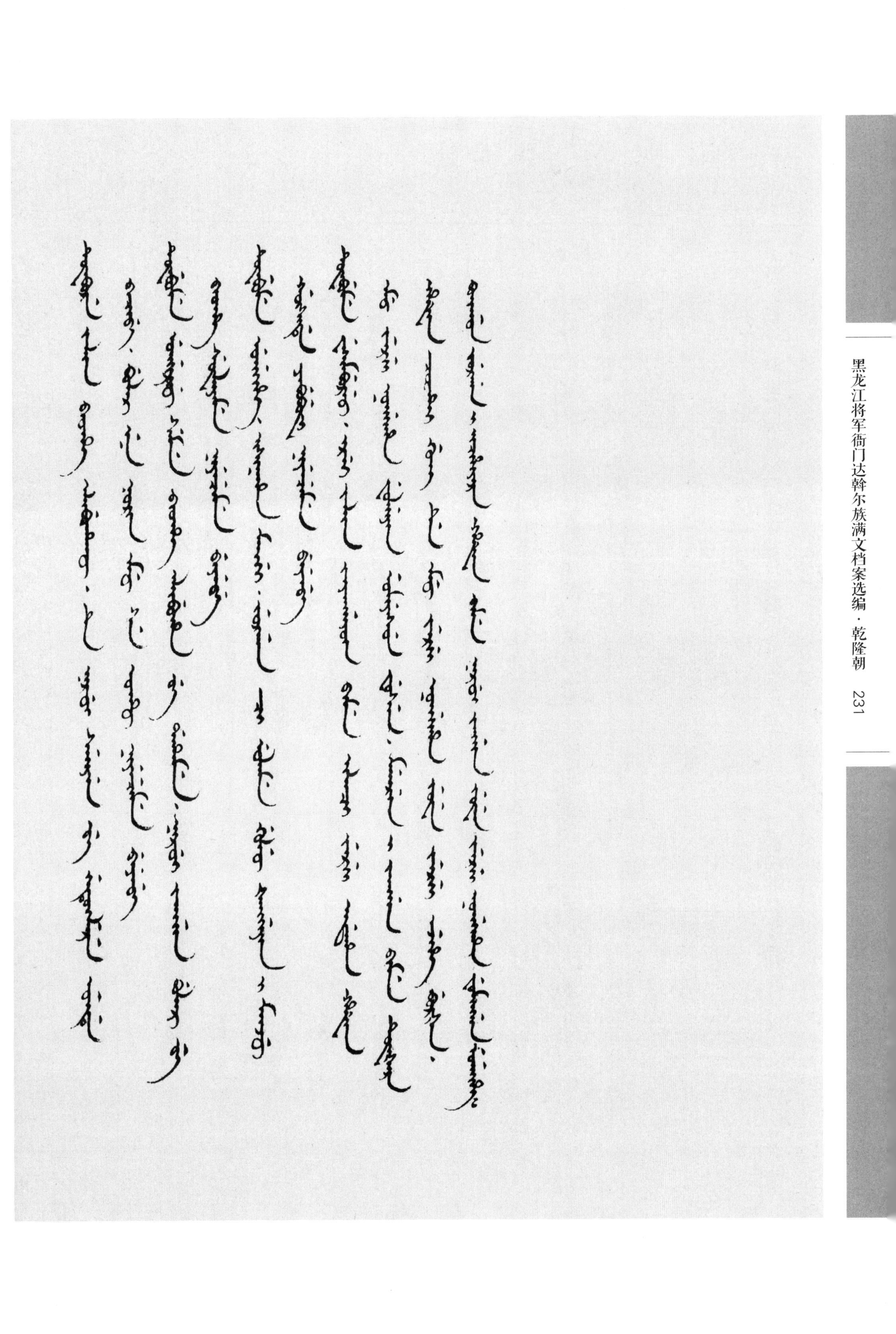

[illegible]

二五七 黑龙江将军衙门为报索伦达斡尔等捕貂丁数并派员赴京解送貂皮事咨理藩院文

乾隆九年八月初九日

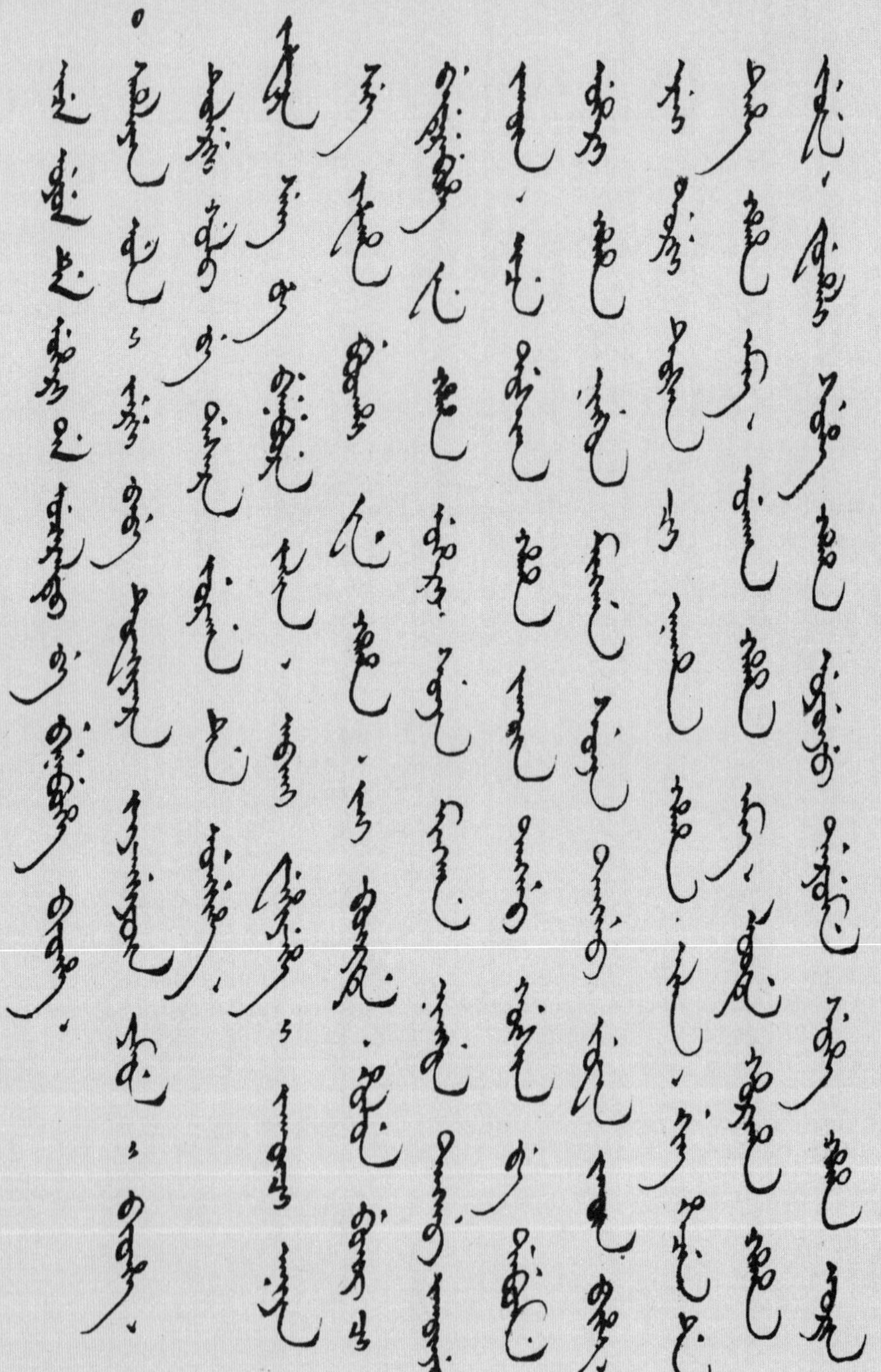

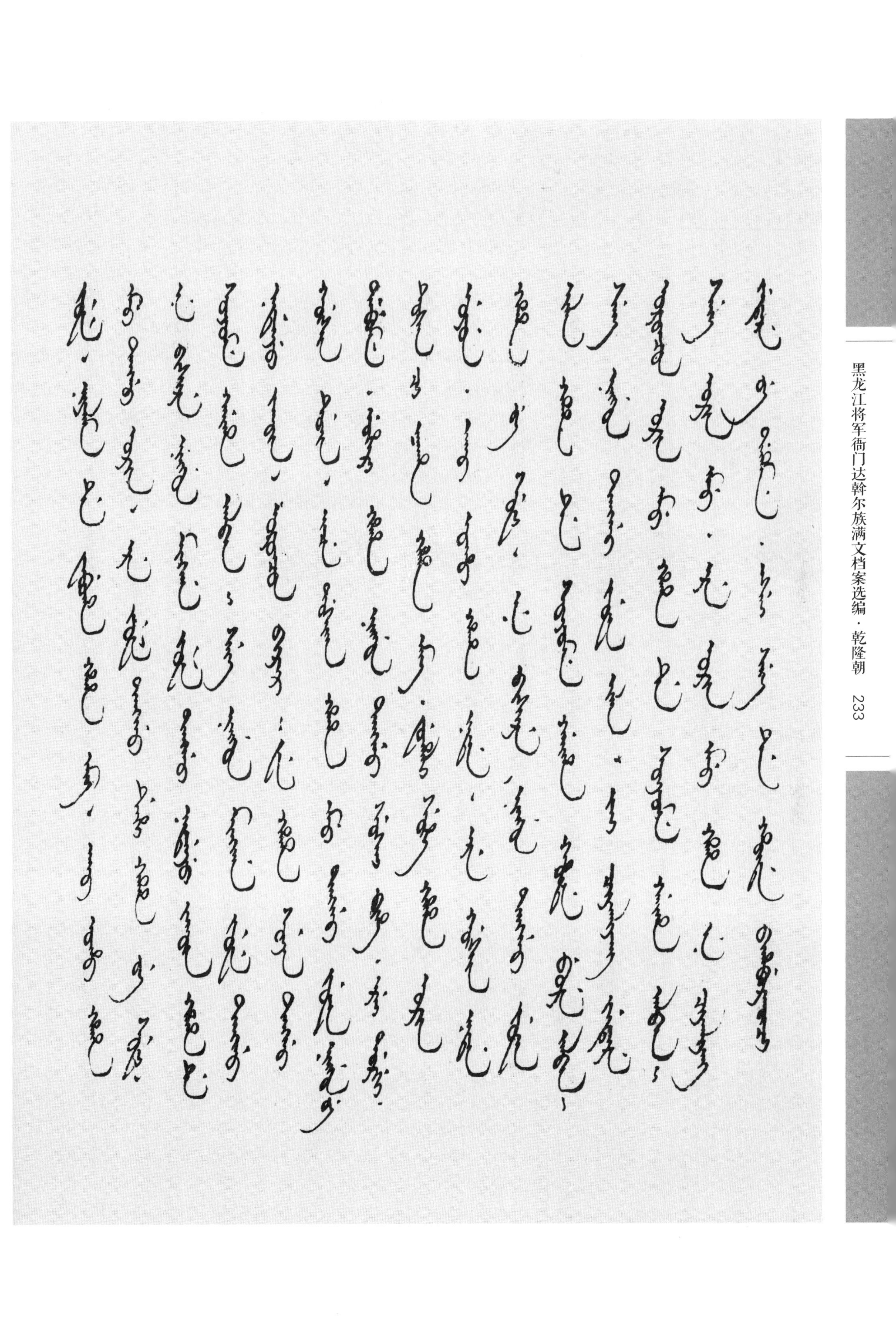

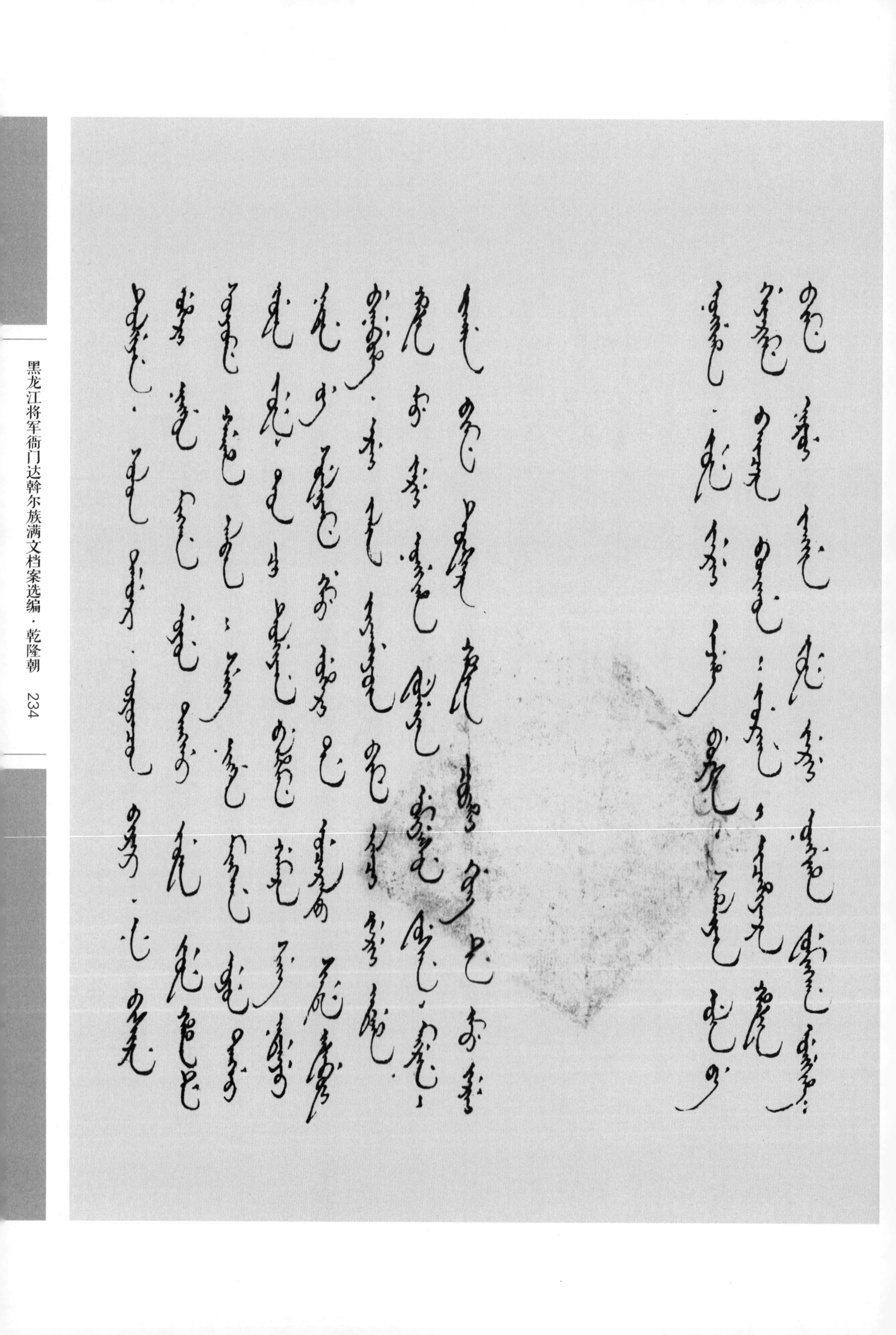

[illegible]

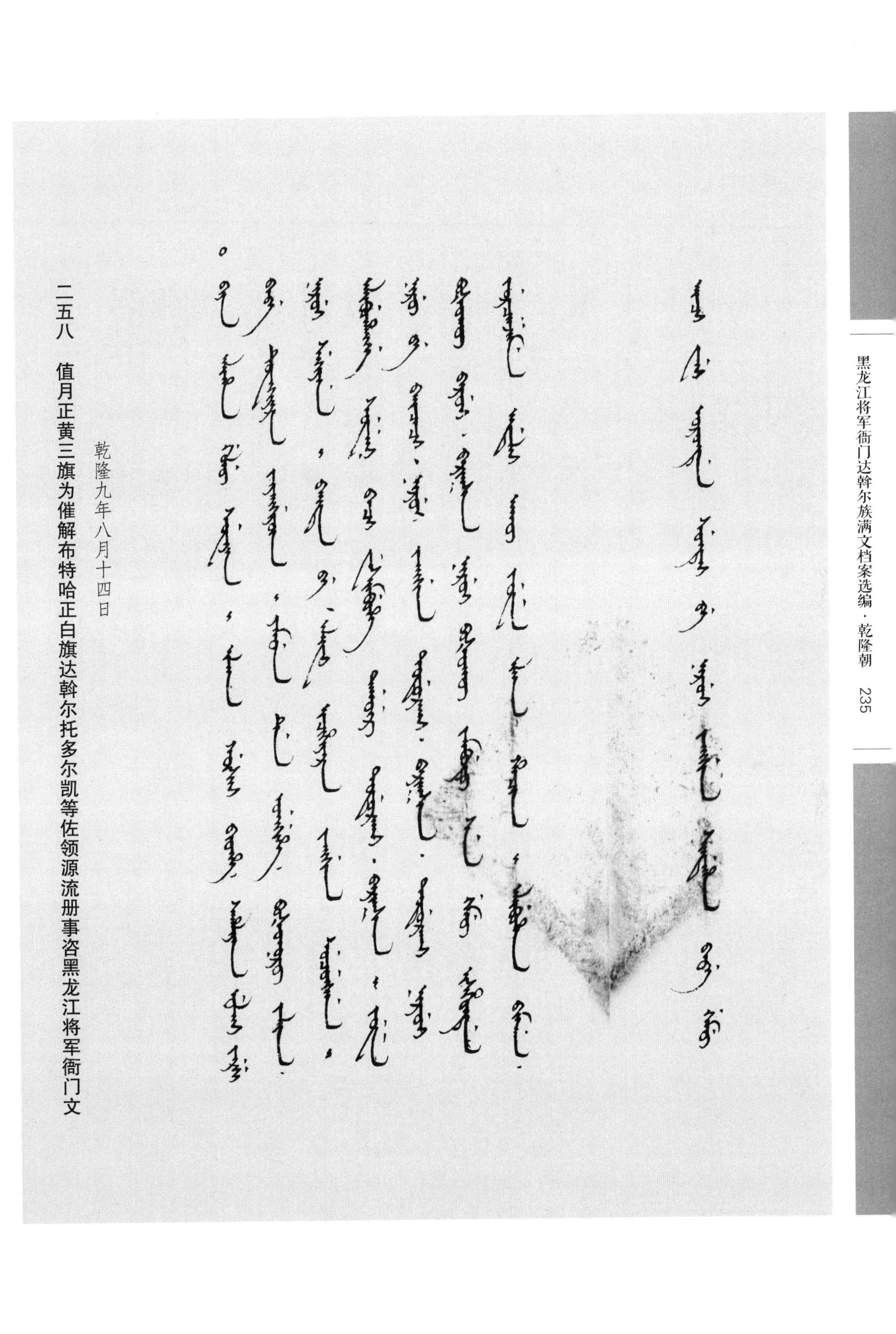

二五八 值月正黄三旗为催解布特哈正白旗达斡尔托多尔凯等佐领源流册事咨黑龙江将军衙门文

乾隆九年八月十四日

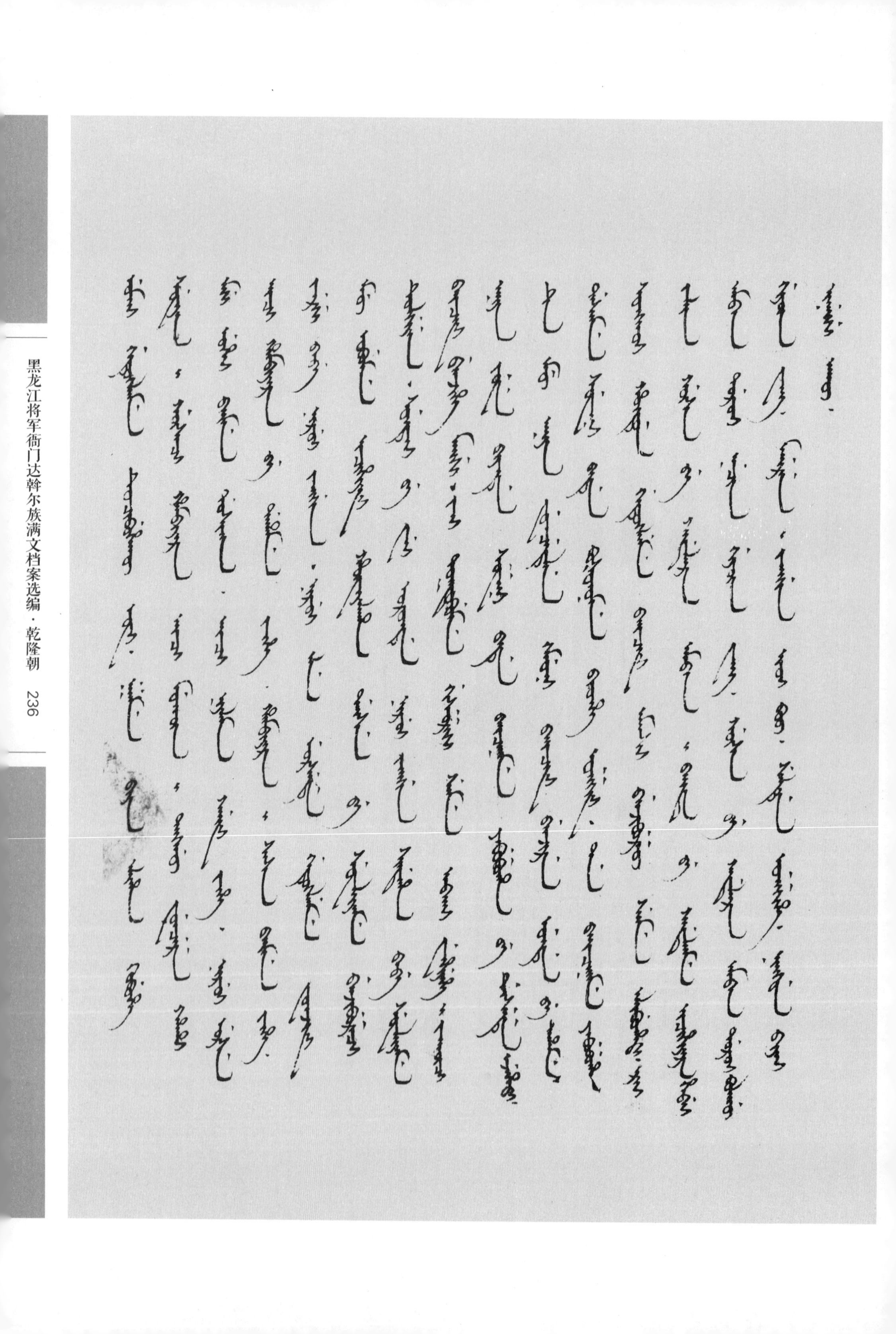

[illegible]

二五九 黑龙江将军衙门为齐齐哈尔镶蓝旗达斡尔佐领巴赉降级调用事咨镶蓝旗满洲都统衙门文

乾隆九年八月十九日

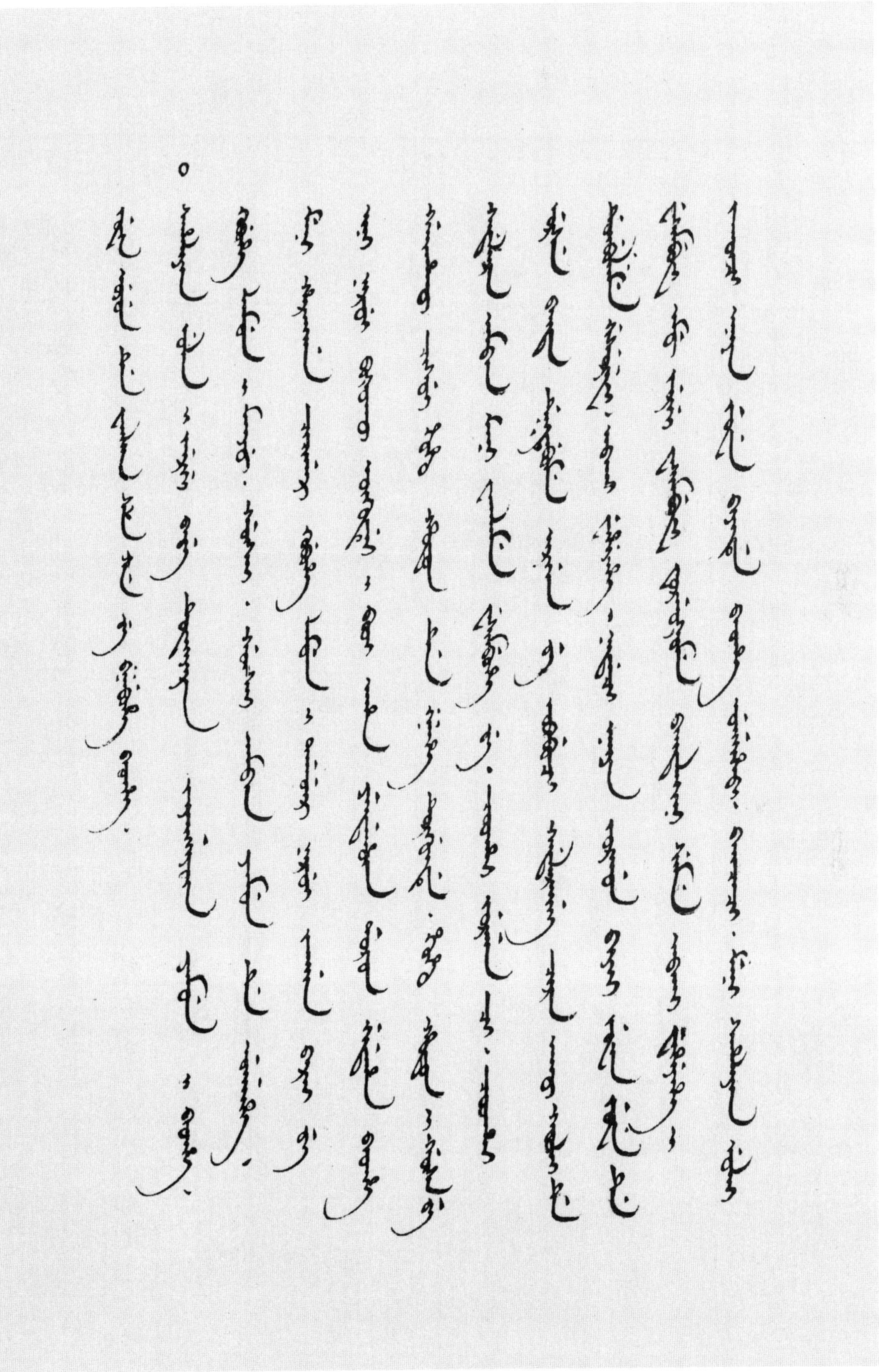

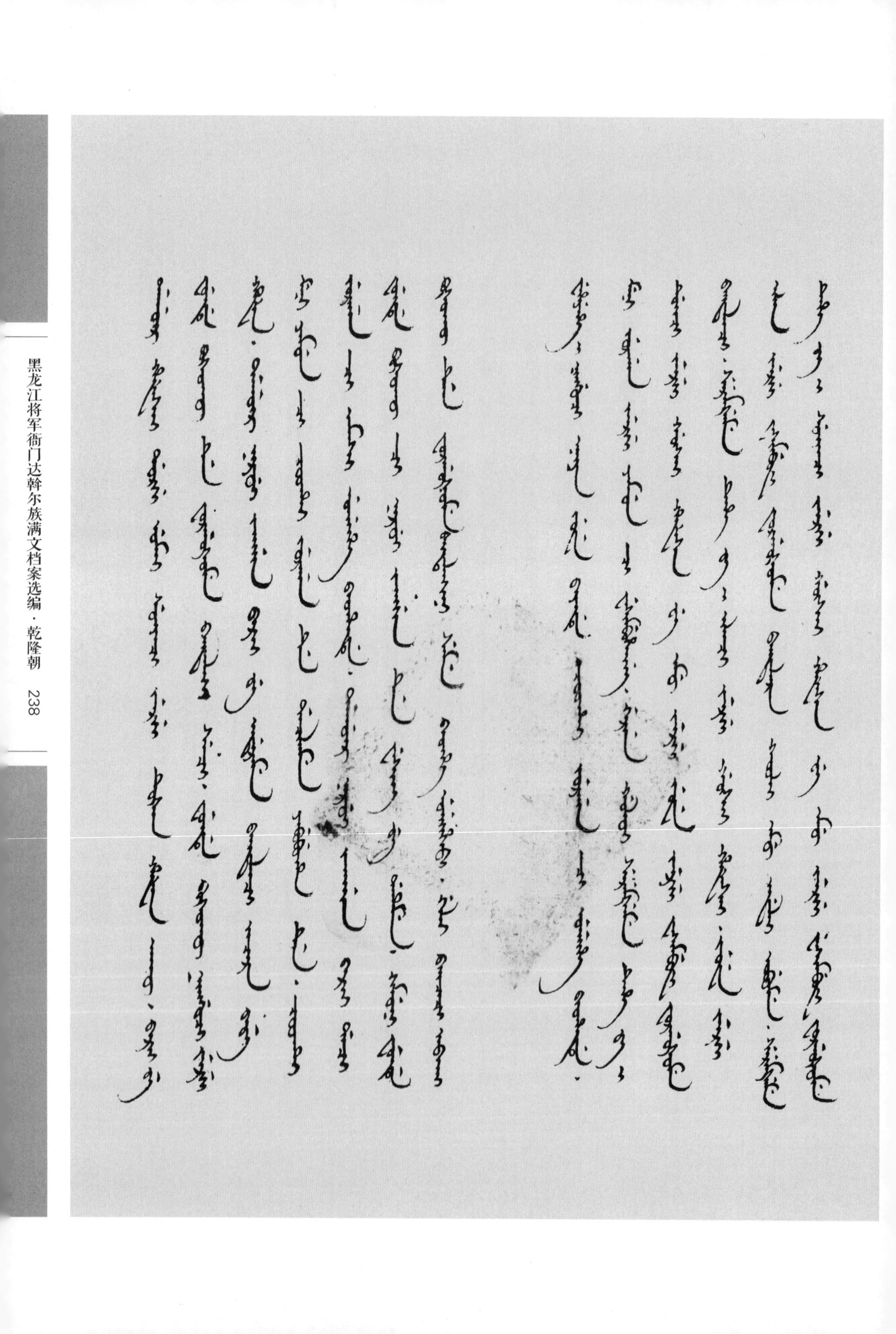

[illegible]

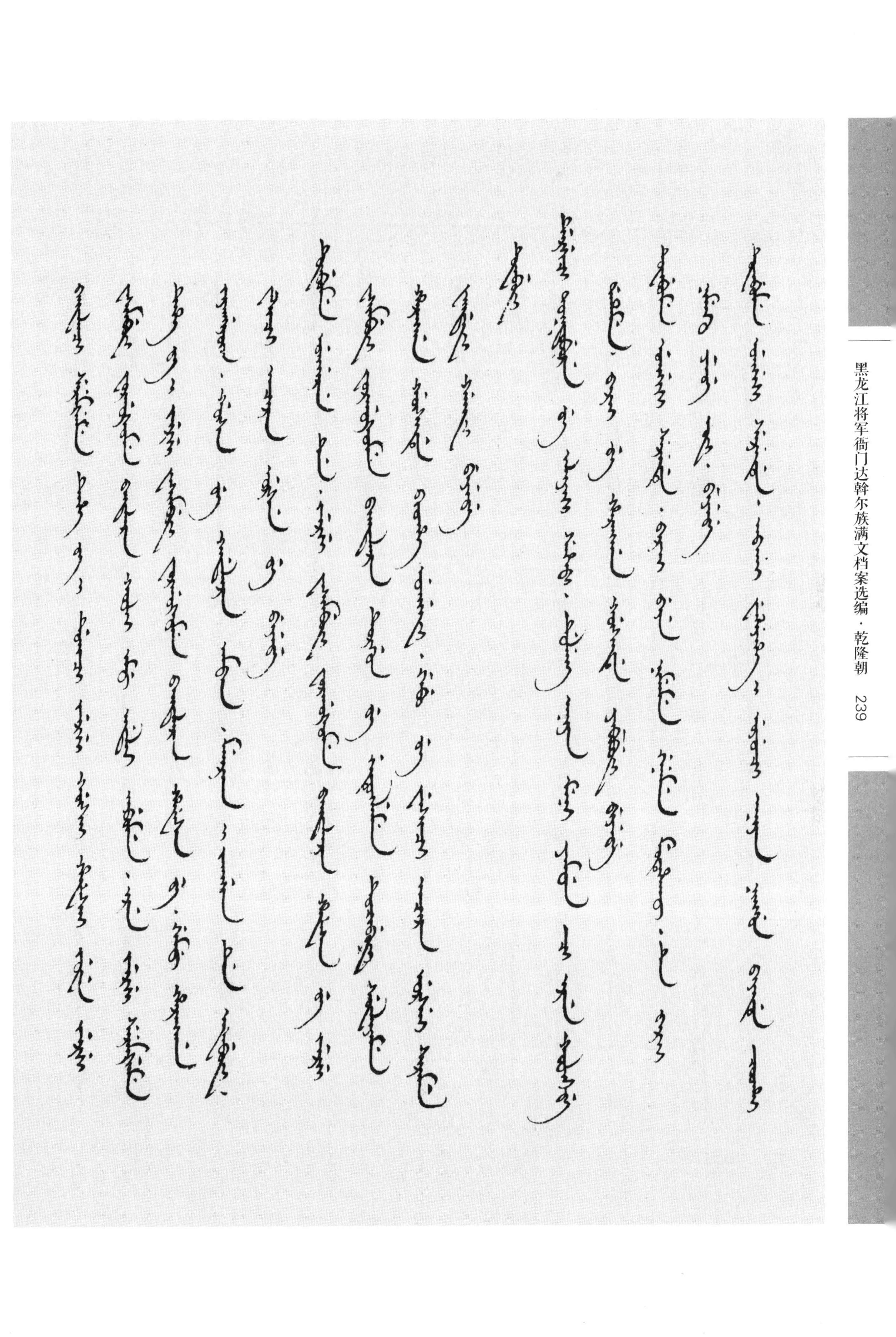

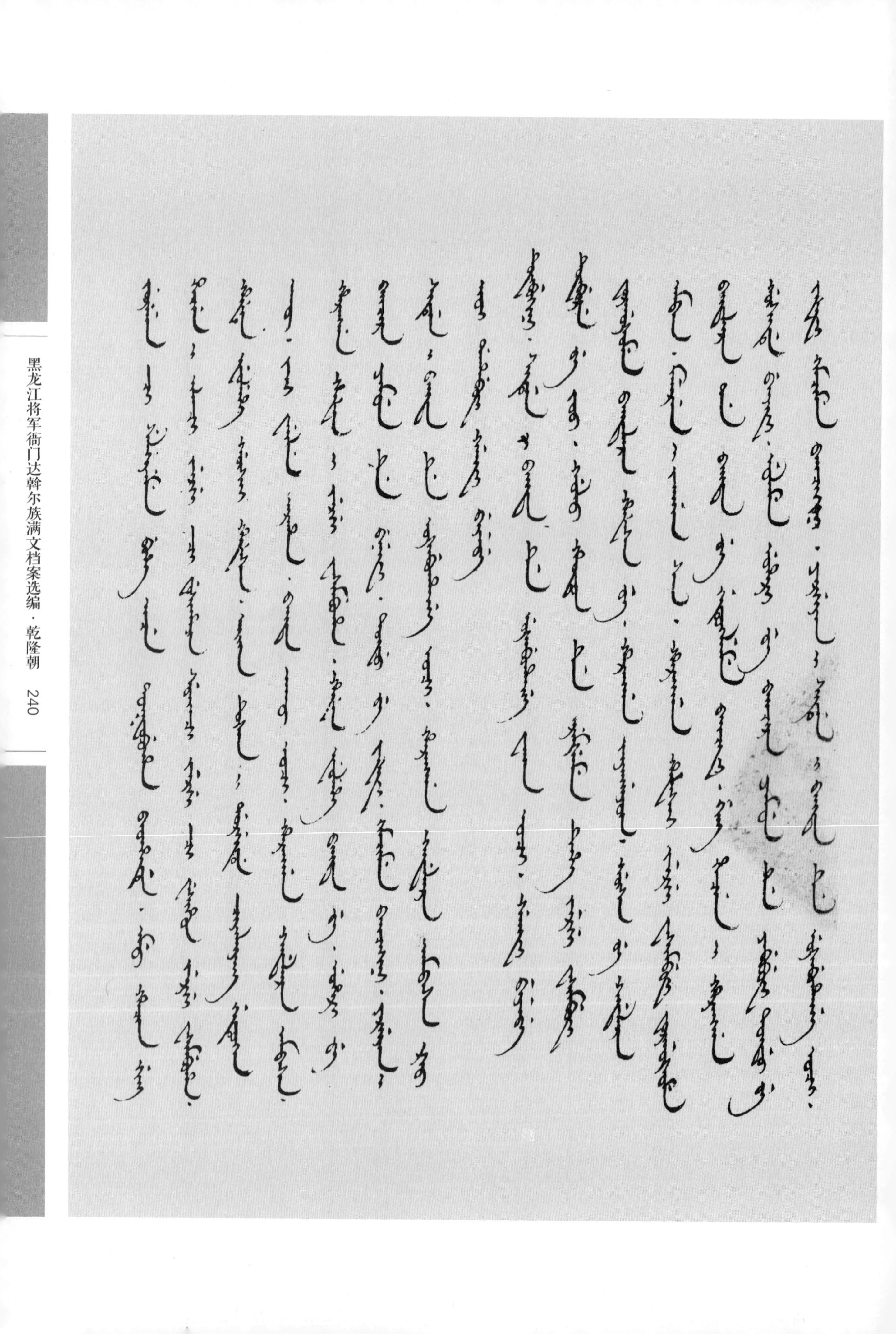

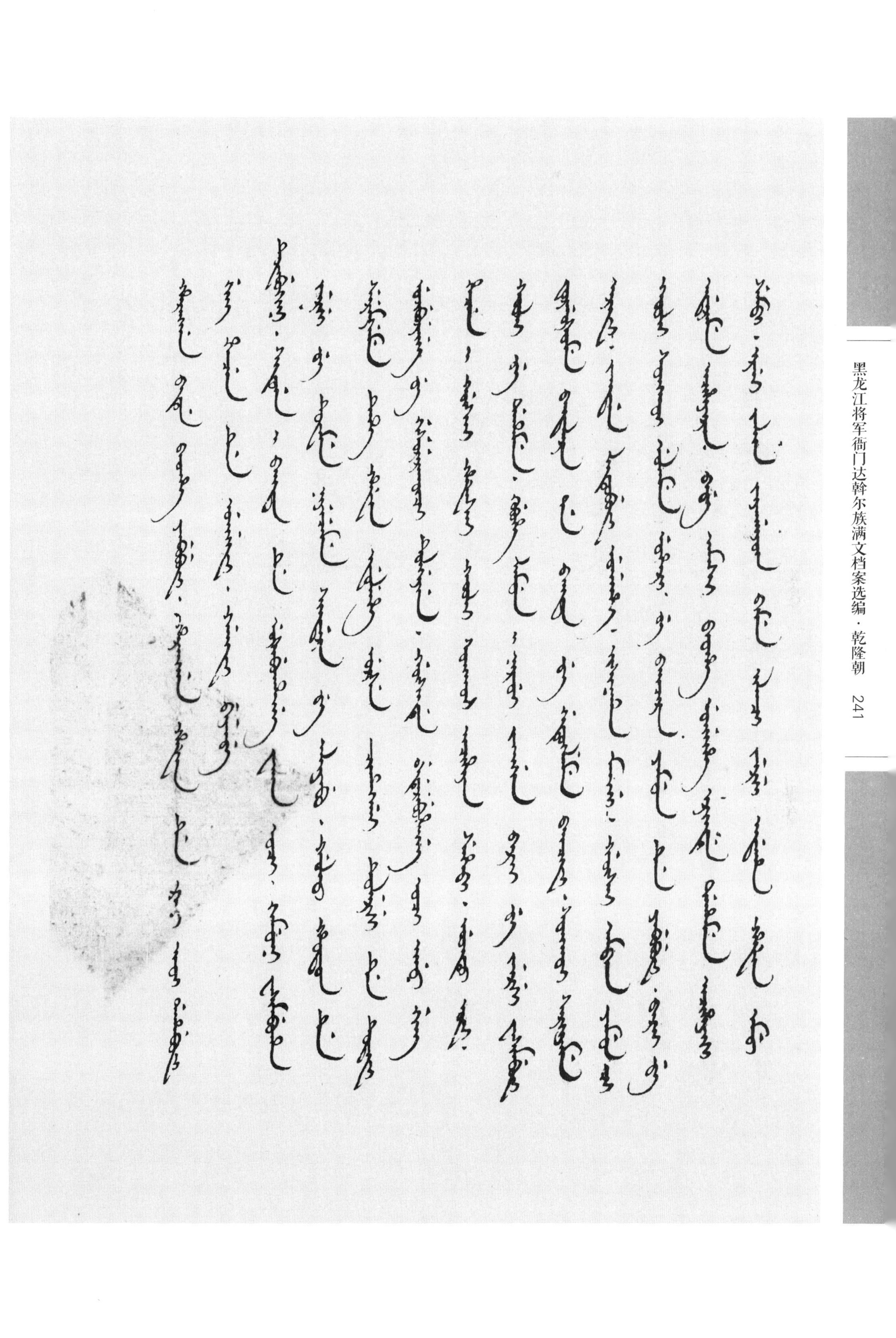

[illegible]

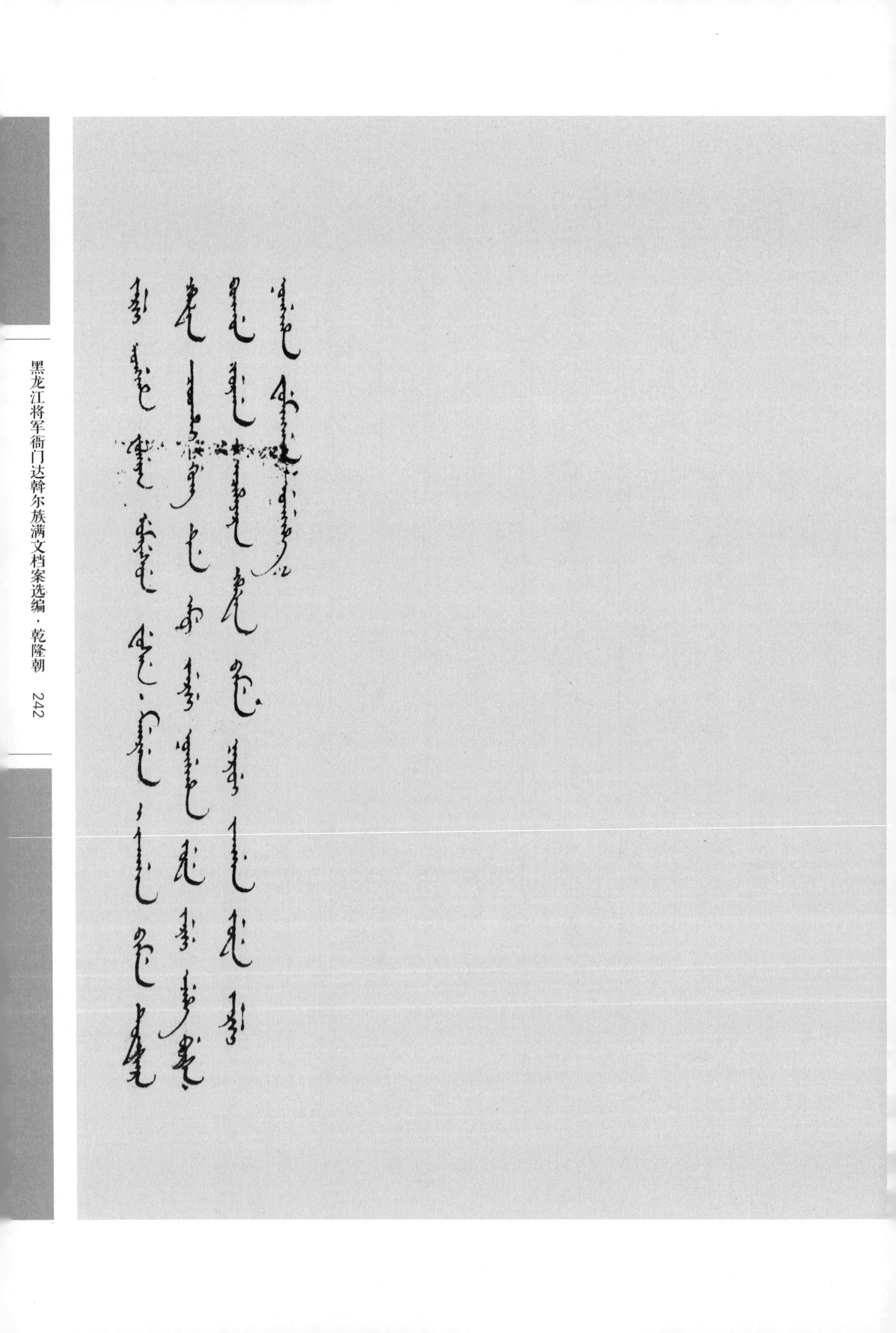

[illegible]

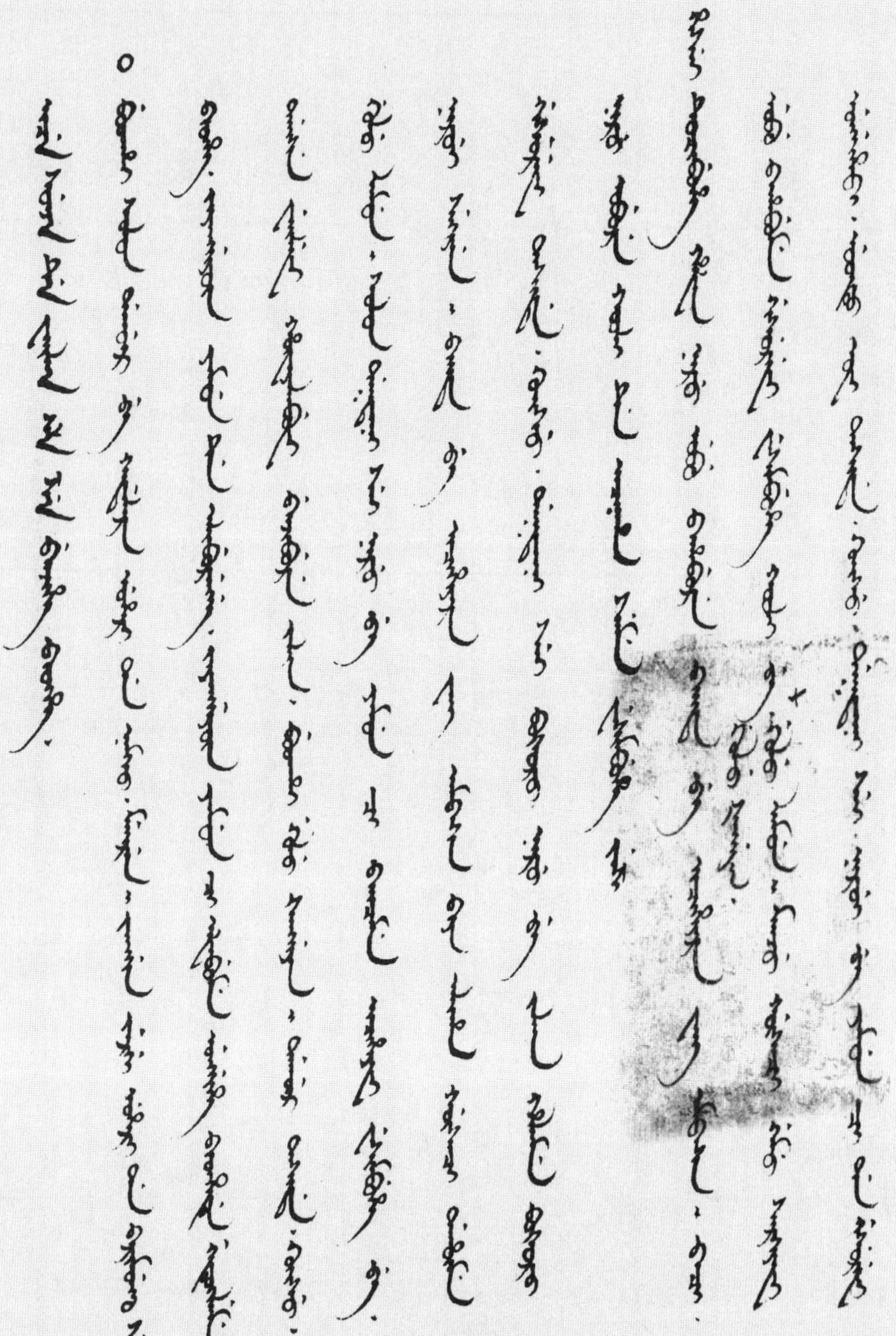

乾隆九年九月初五日

二六〇 布特哈索伦达斡尔总管纳木球等为解送布特哈正白旗达斡尔塔锡塔等佐领源流册事呈黑龙江将军衙门文

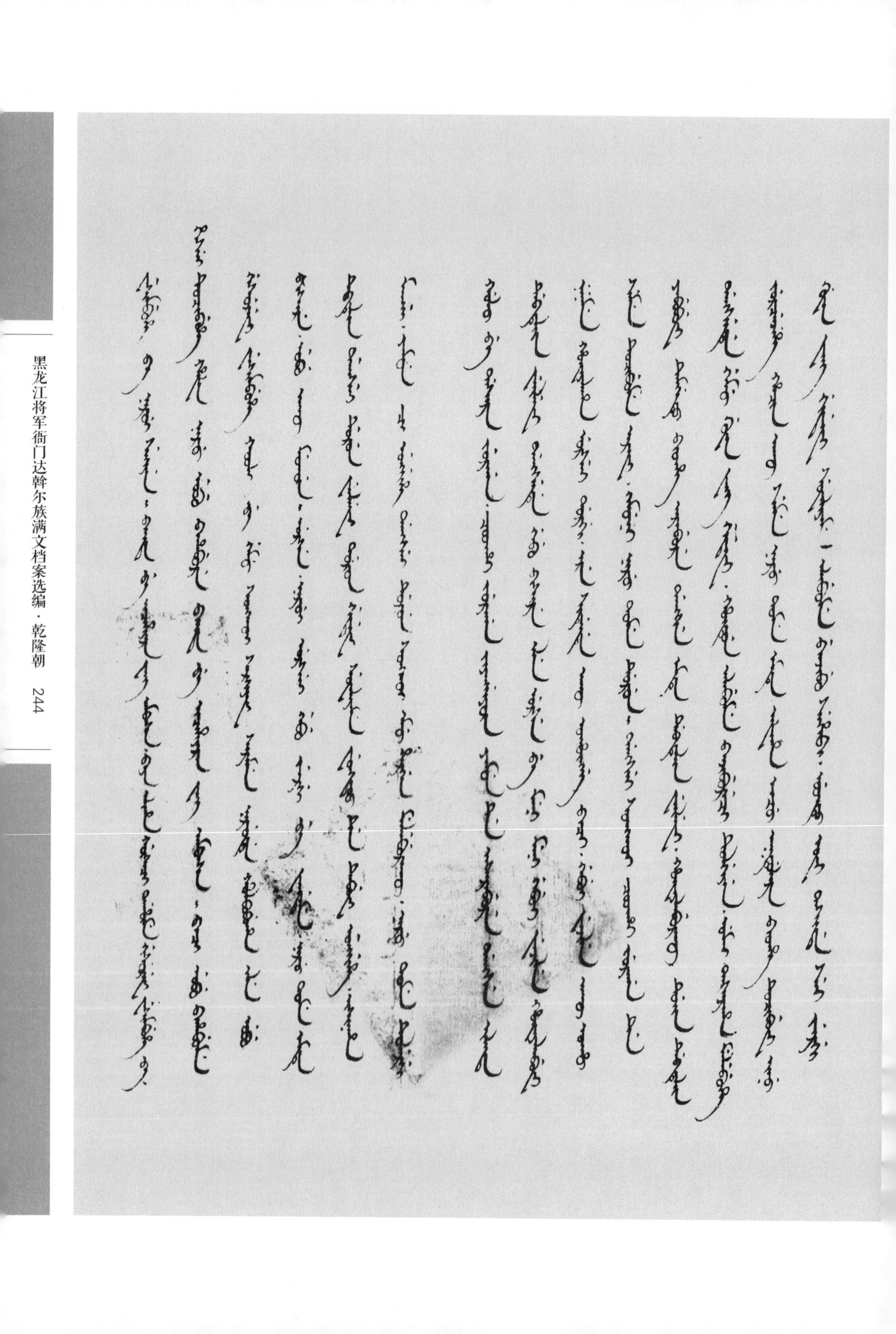

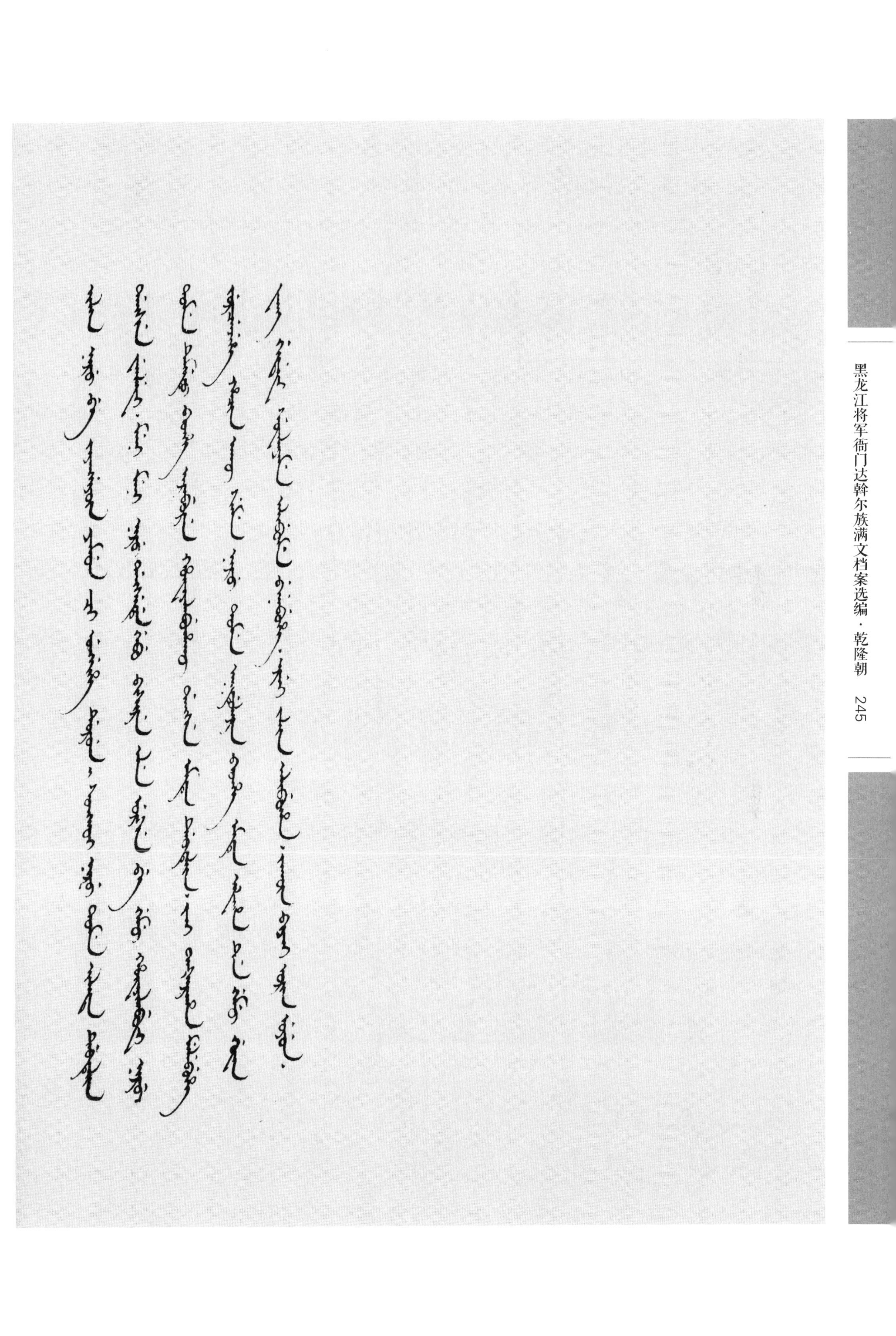

二六一 正白满洲旗为知会解送布特哈正黄旗达斡尔世管佐领罗尔奔泰源流册事咨黑龙江将军衙门文

乾隆九年九月十六日

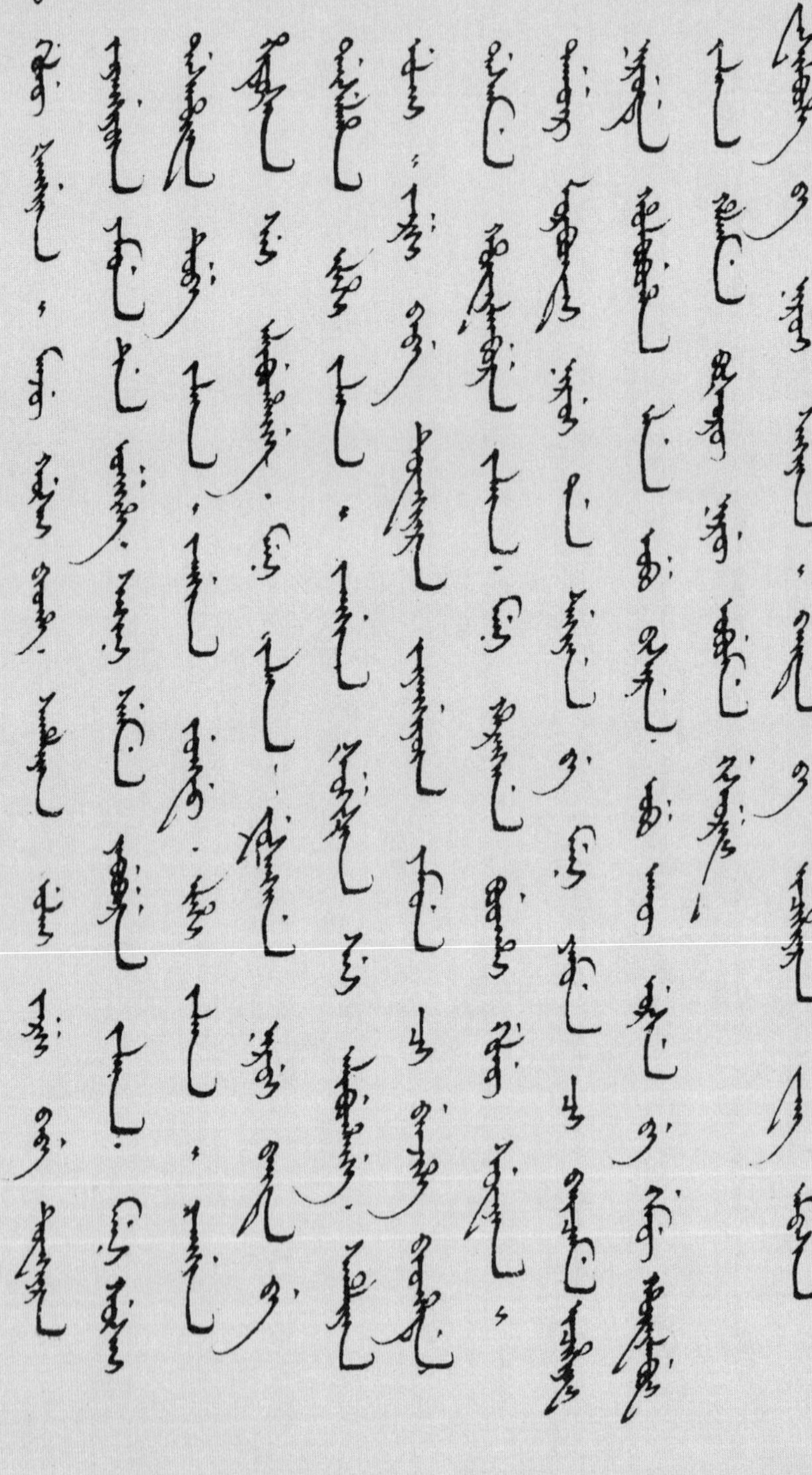

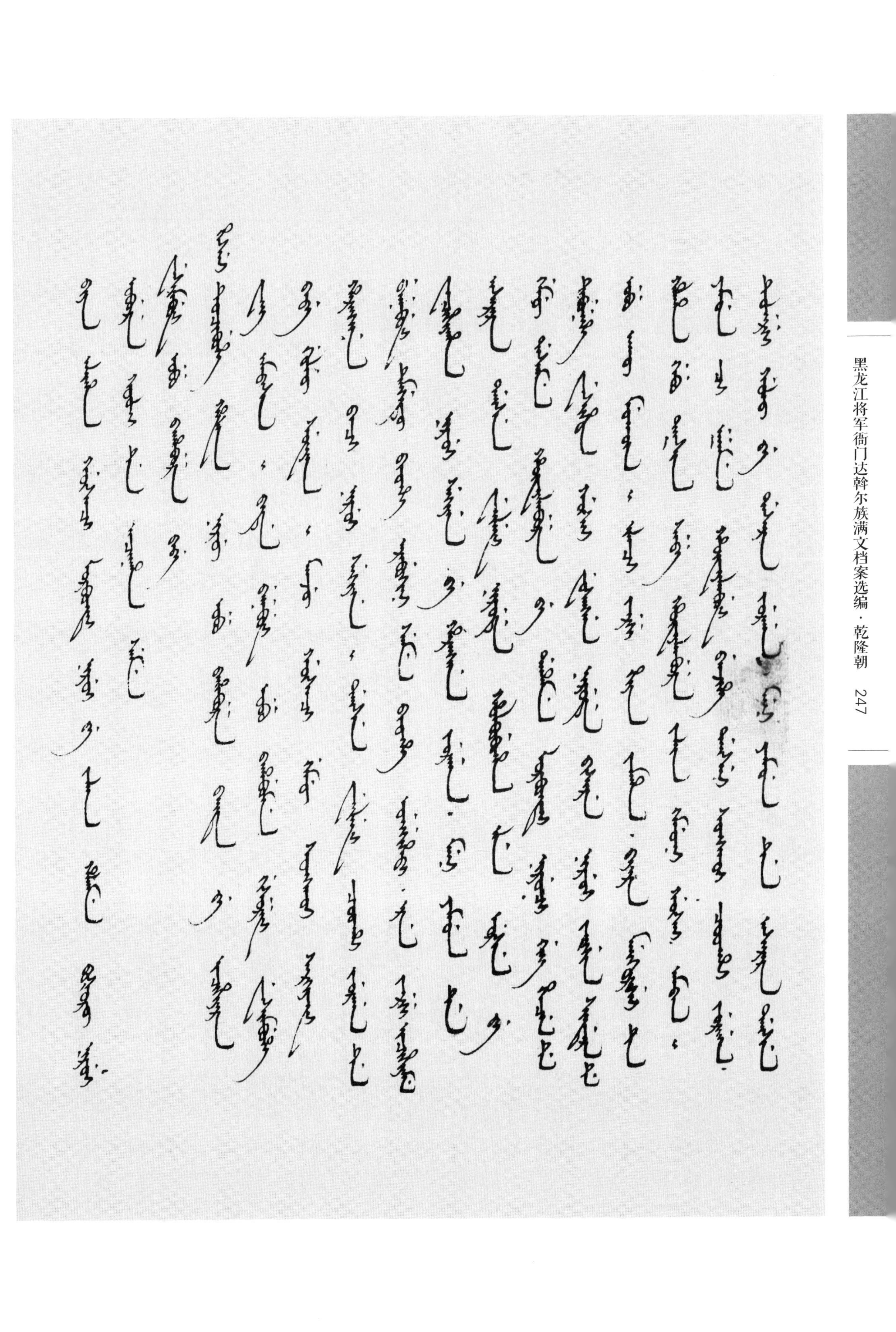

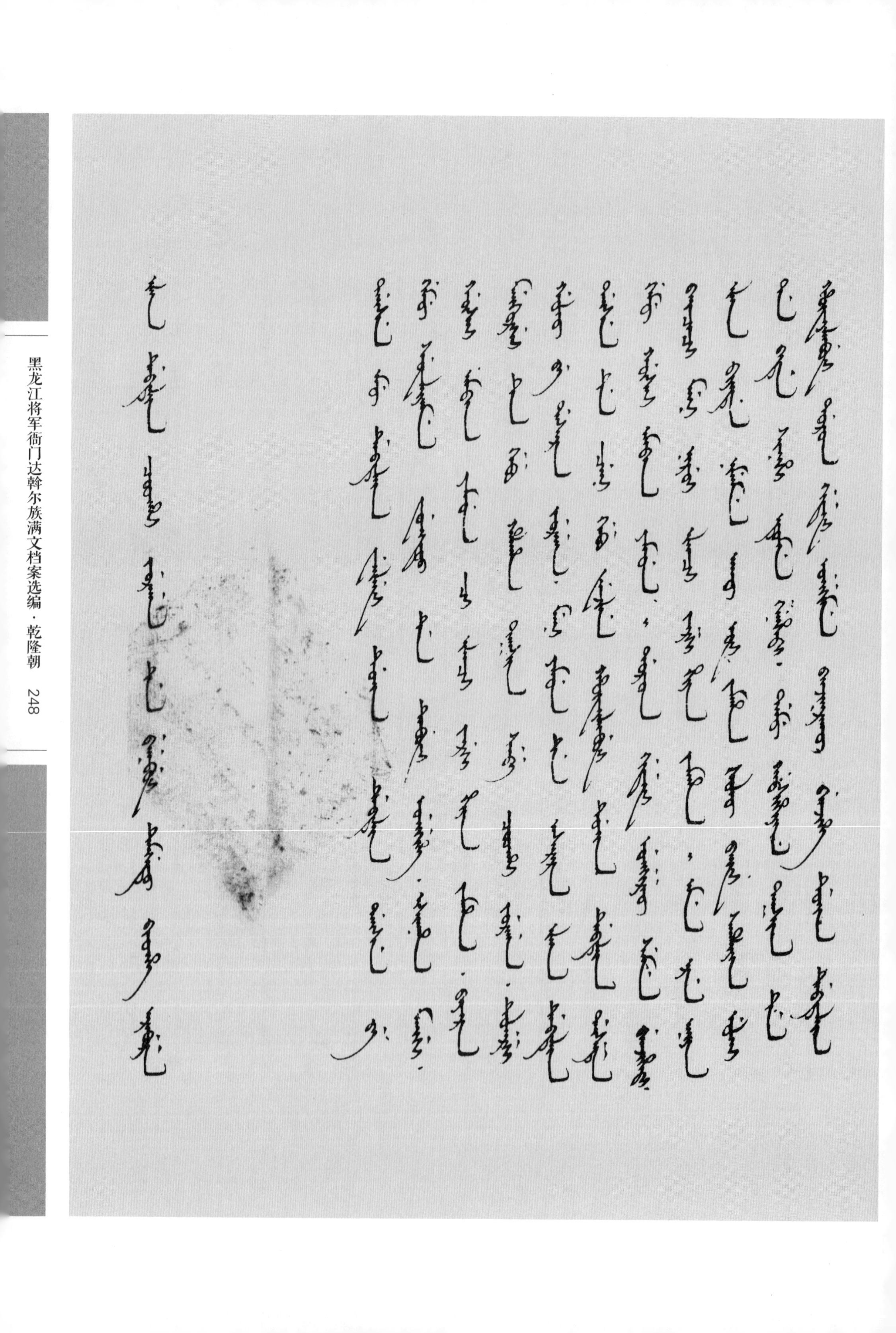

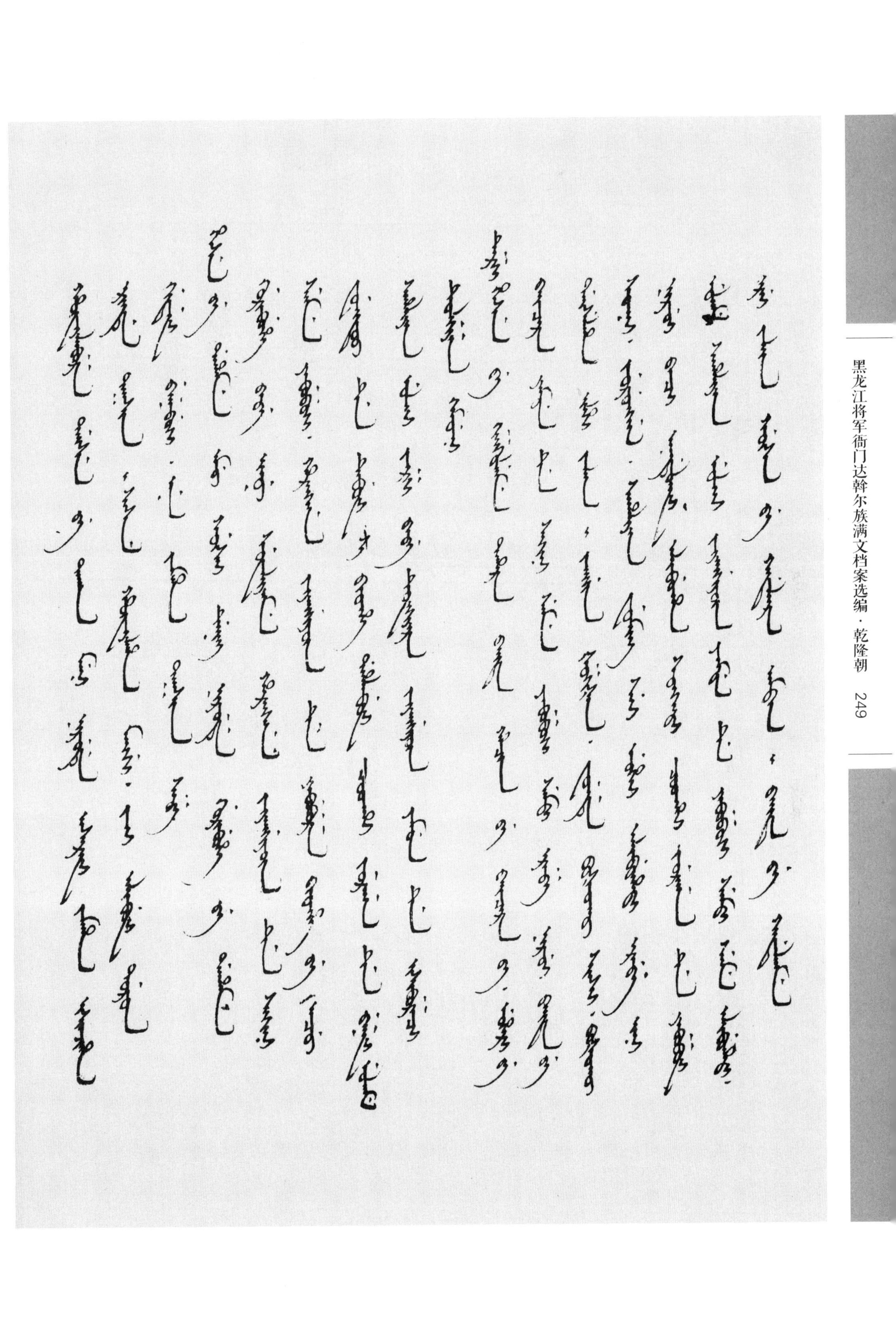

hesei baime wesimbuhe.

abkai wehiyehe i juwan nadaci aniya juwe biya. orin. ilan de wesimbuhe.

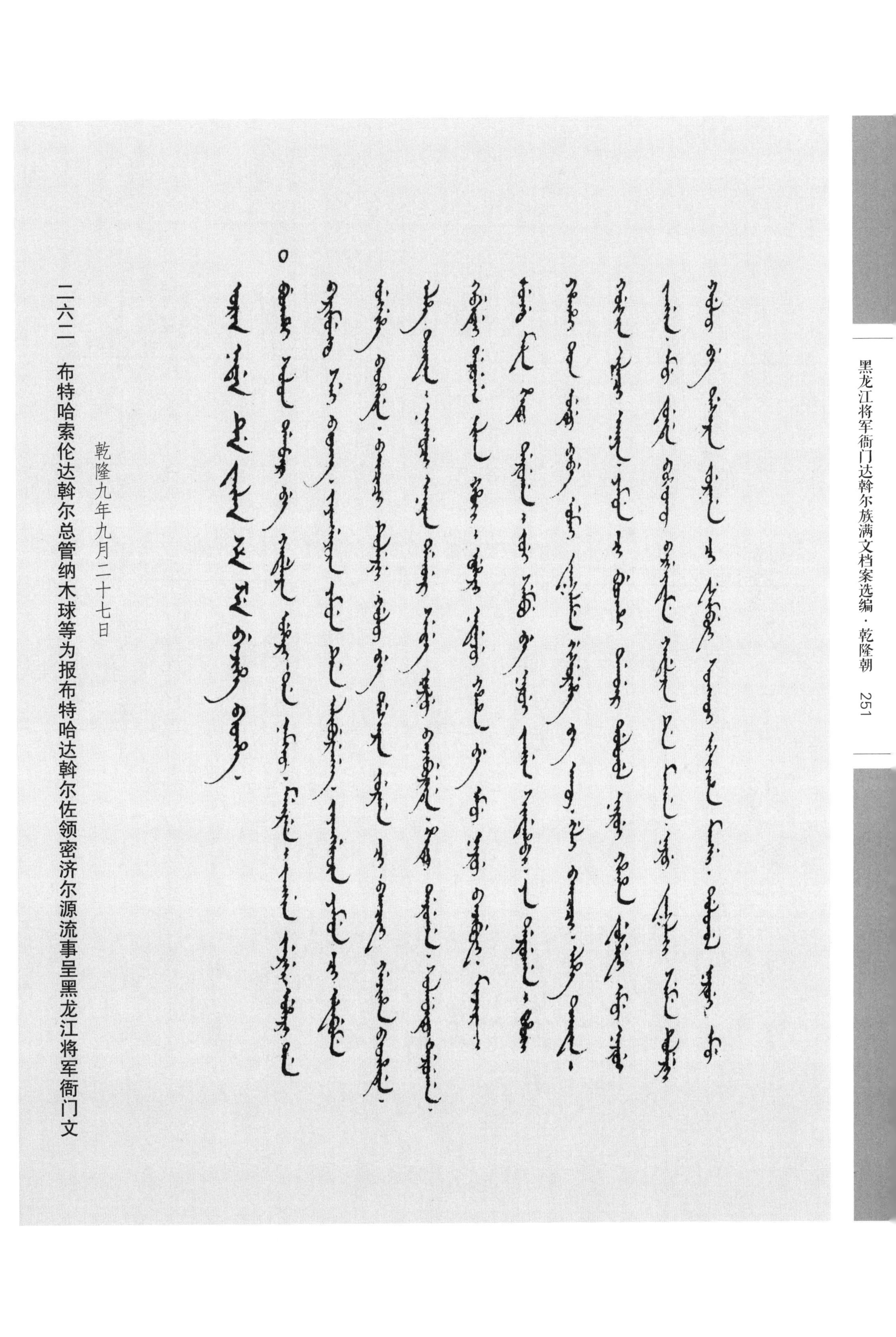

二六二 布特哈索伦达斡尔总管纳木球等为报布特哈达斡尔佐领密济尔源流事呈黑龙江将军衙门文

乾隆九年九月二十七日

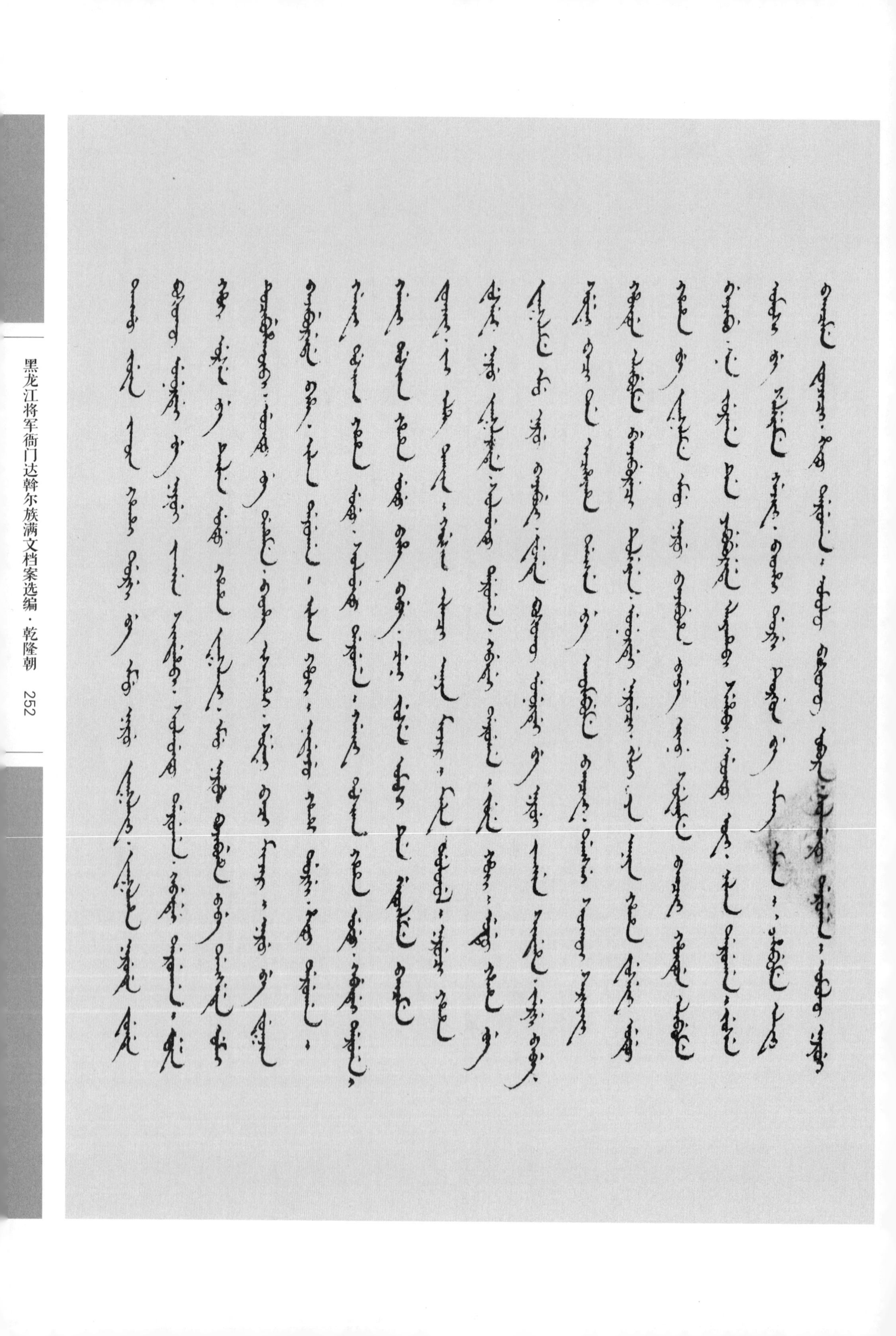

[illegible]

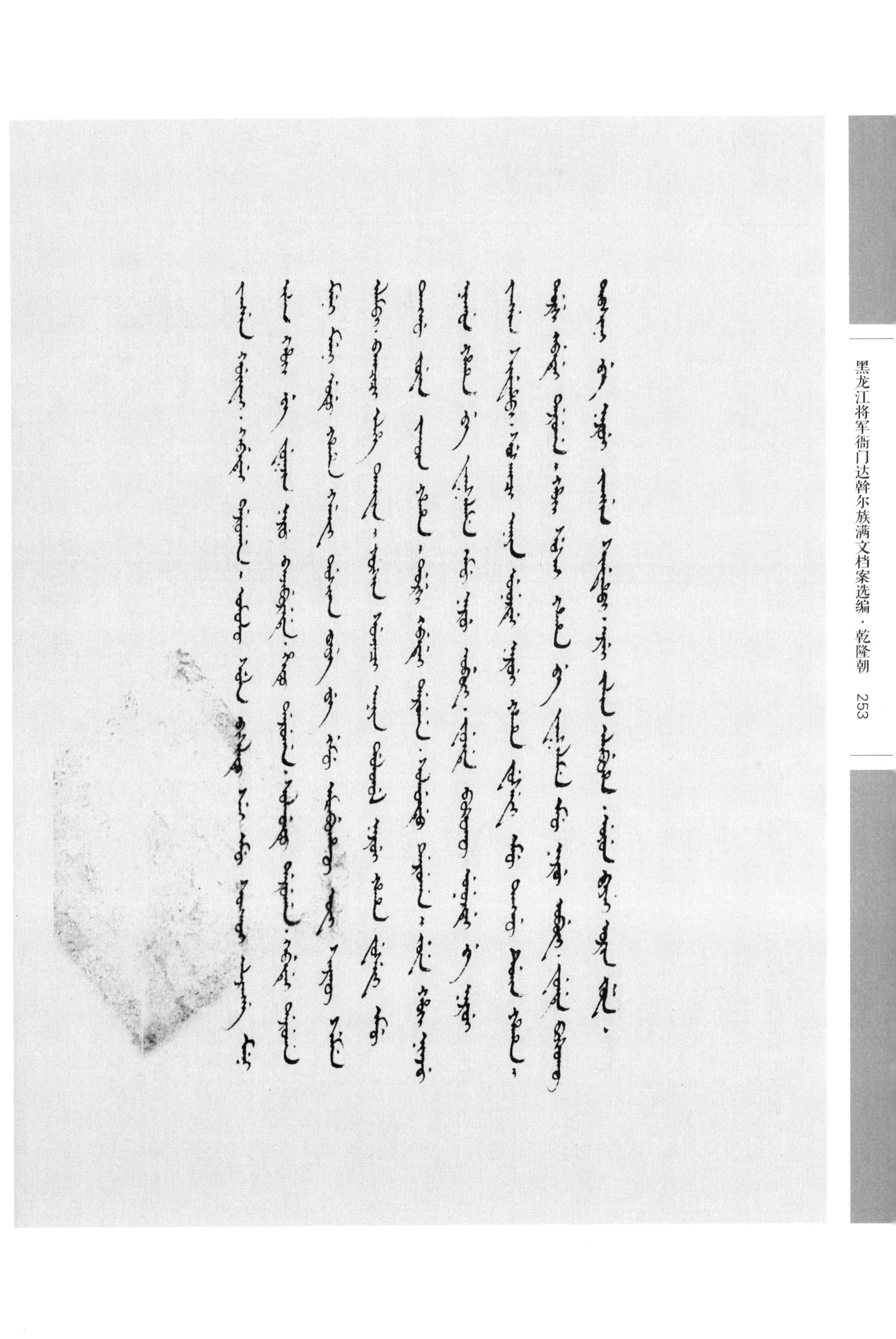

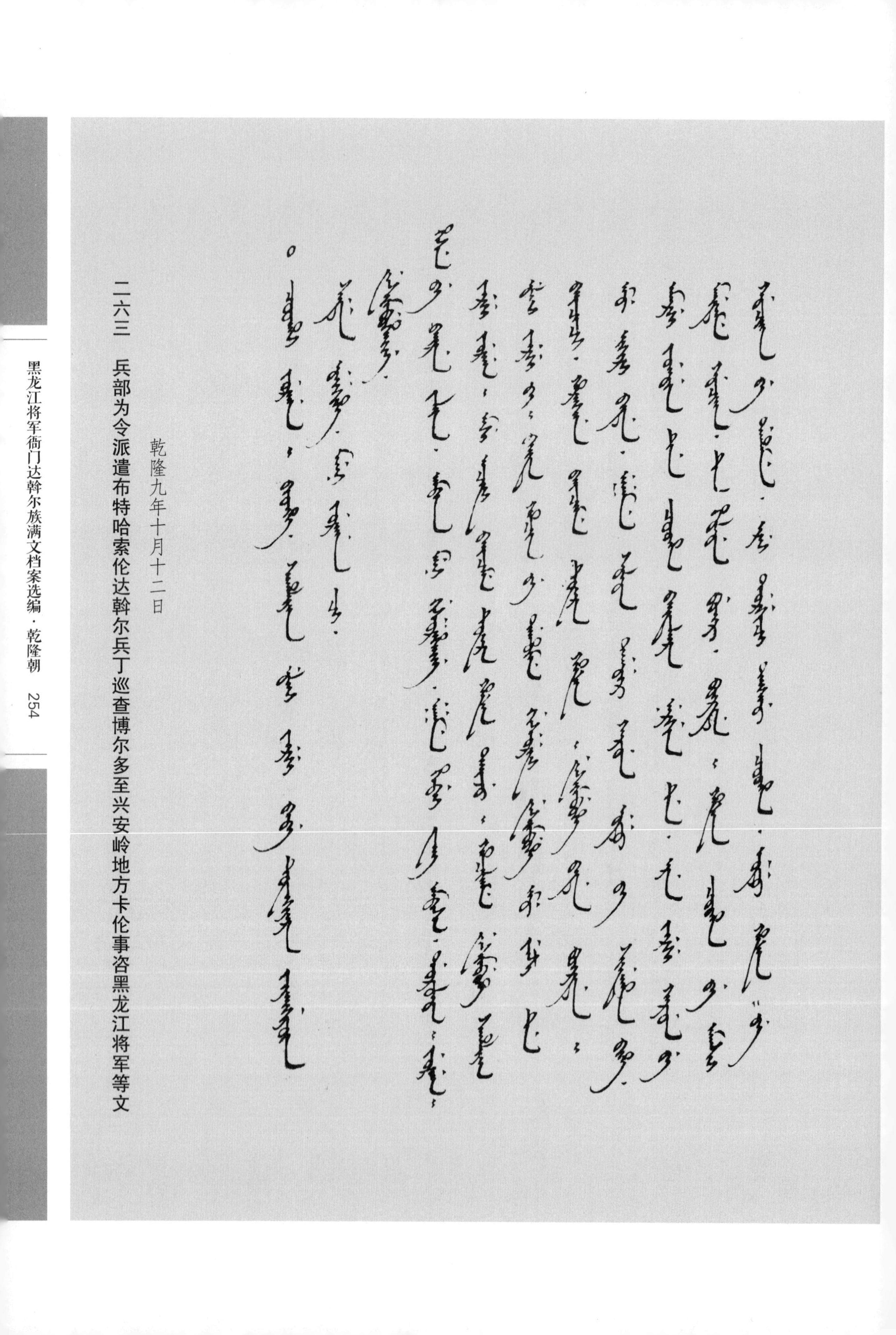

二六三　兵部为令派遣布特哈索伦达斡尔兵丁巡查博尔多至兴安岭地方卡伦事咨黑龙江将军等文

乾隆九年十月十二日

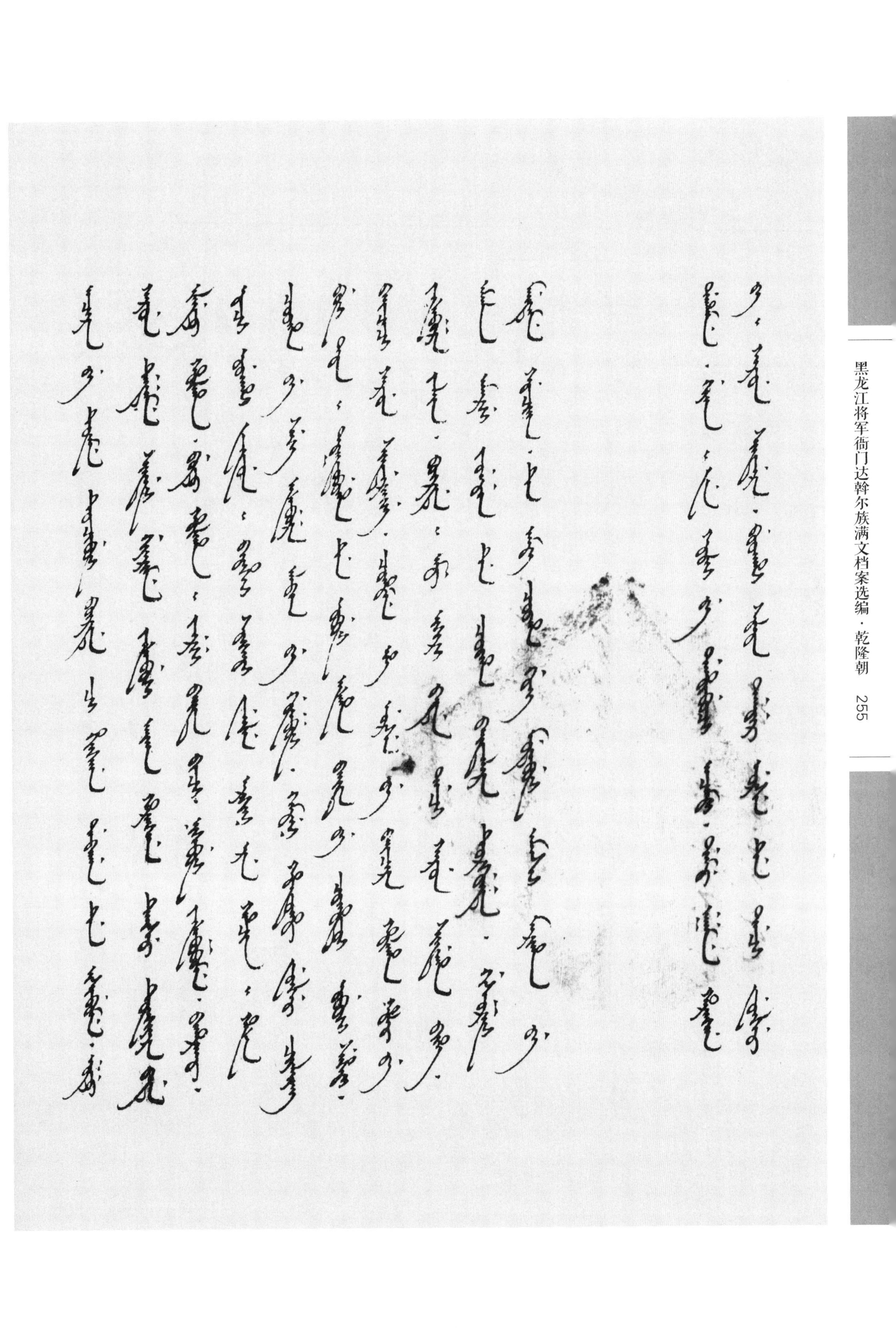

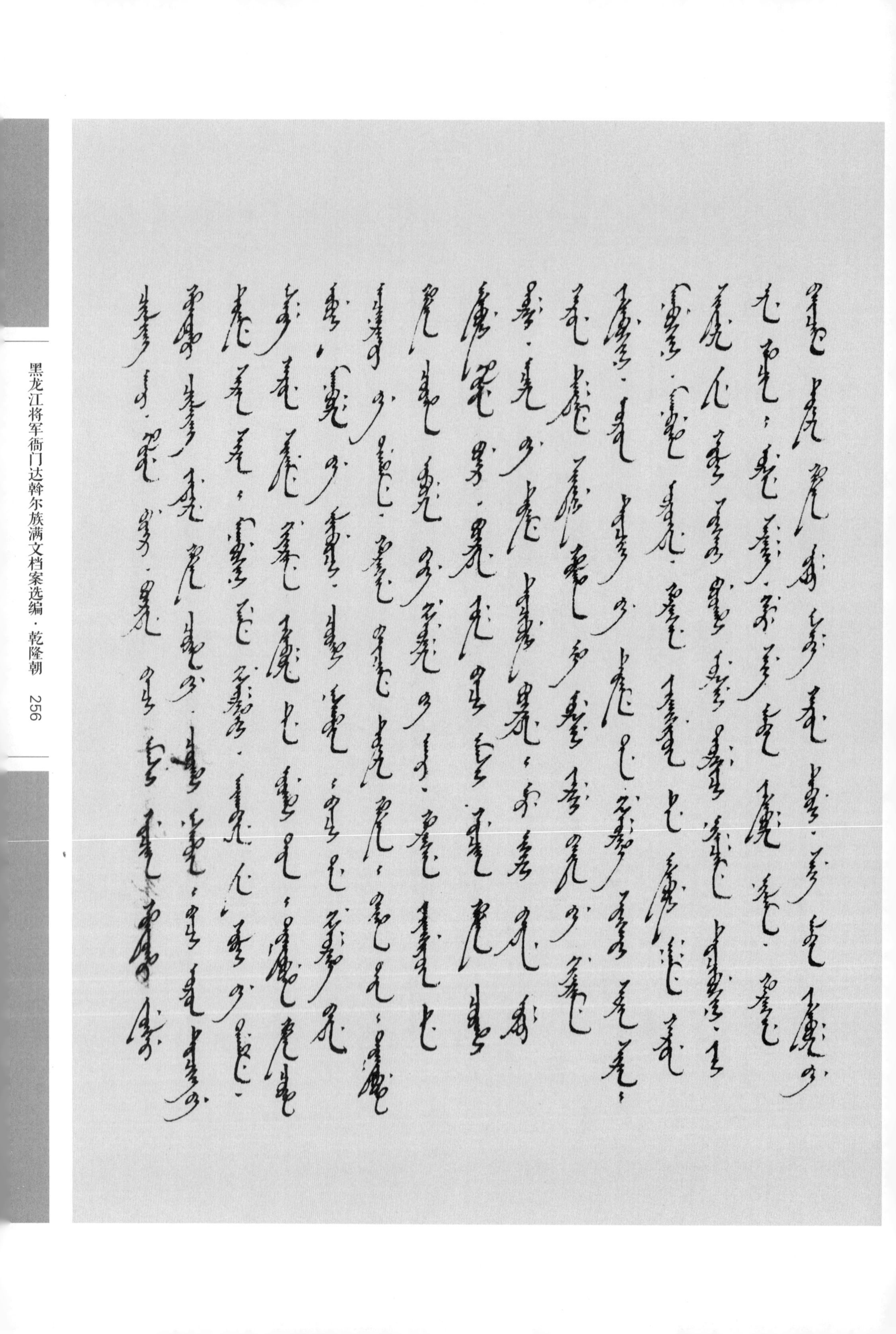

[illegible]

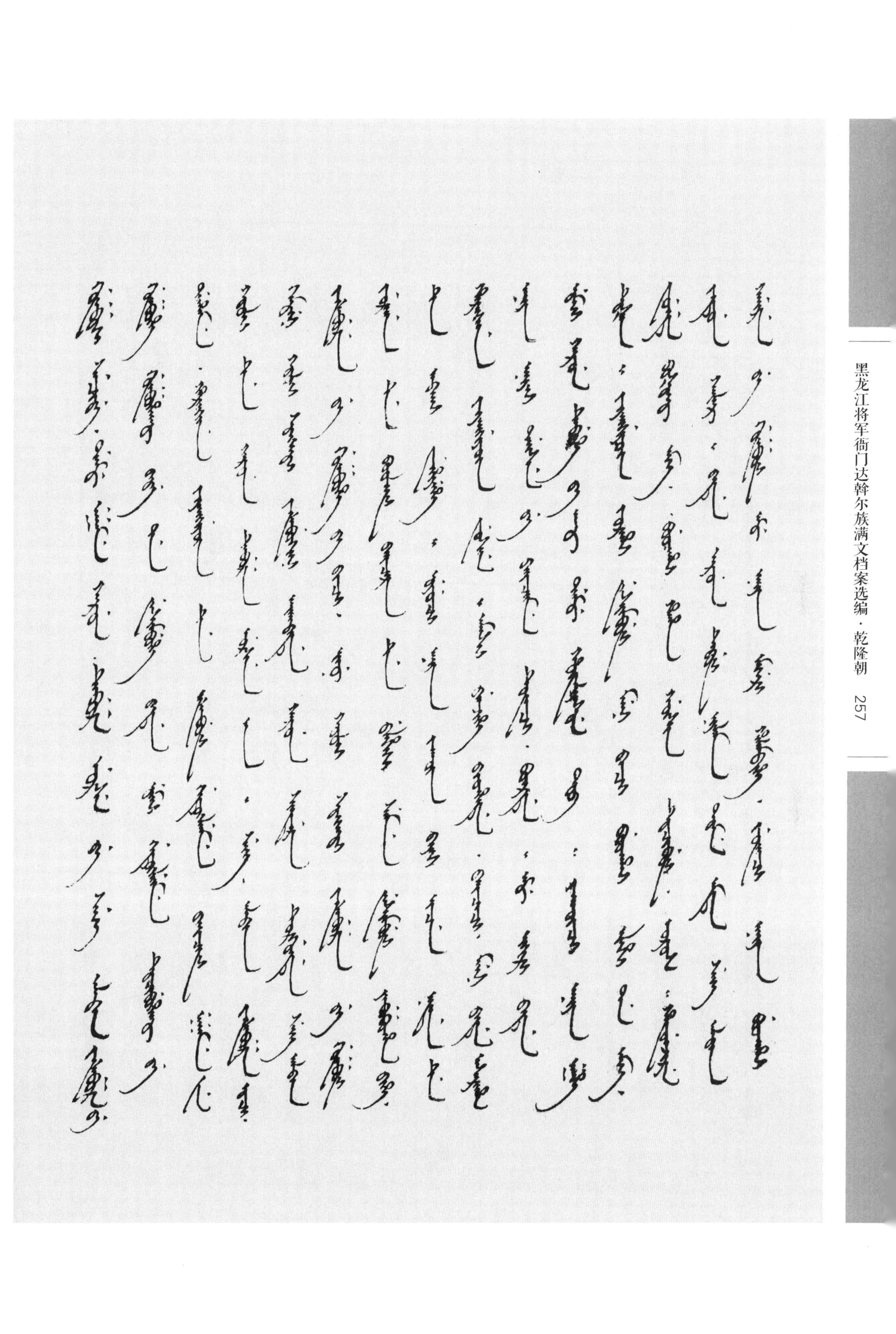

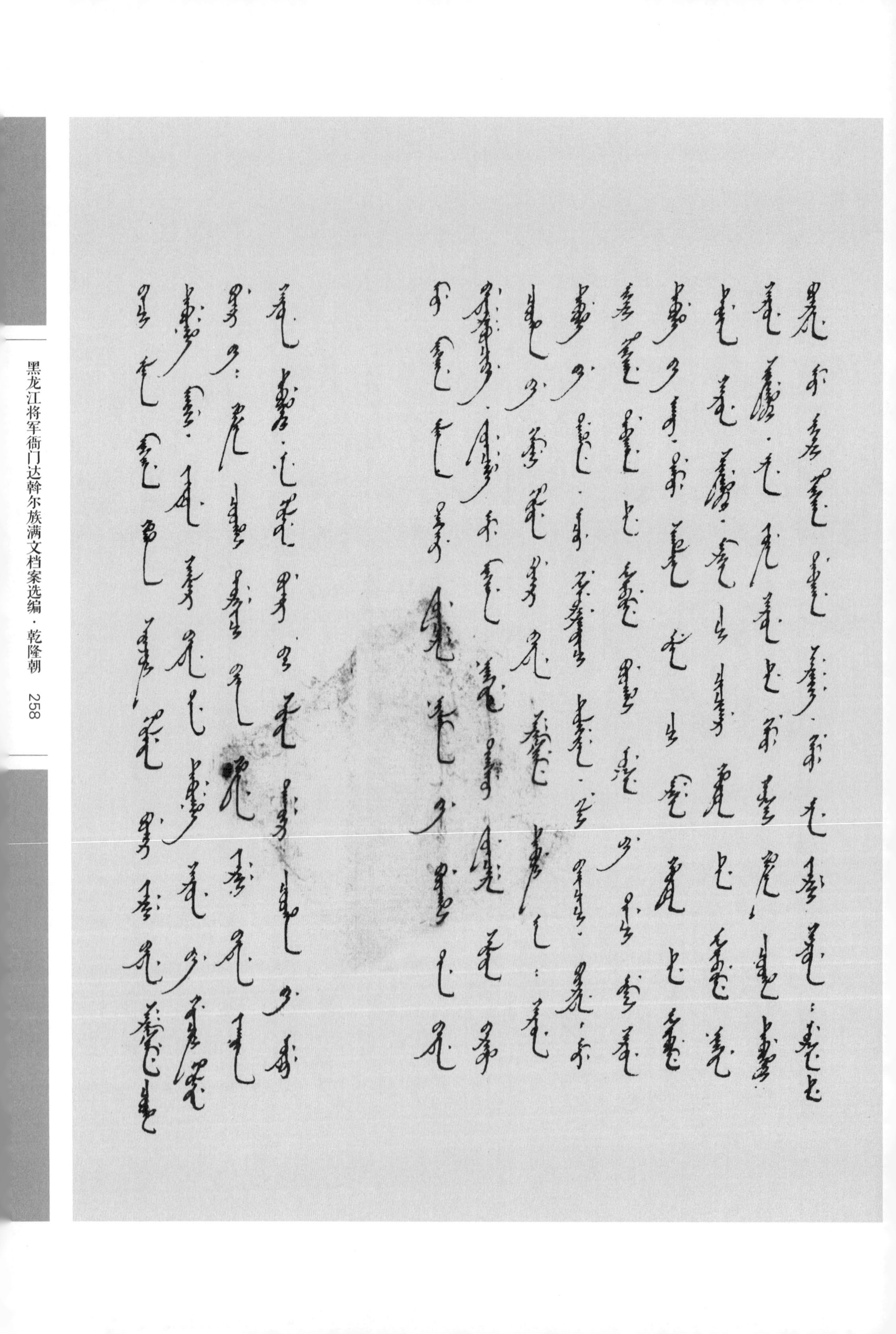

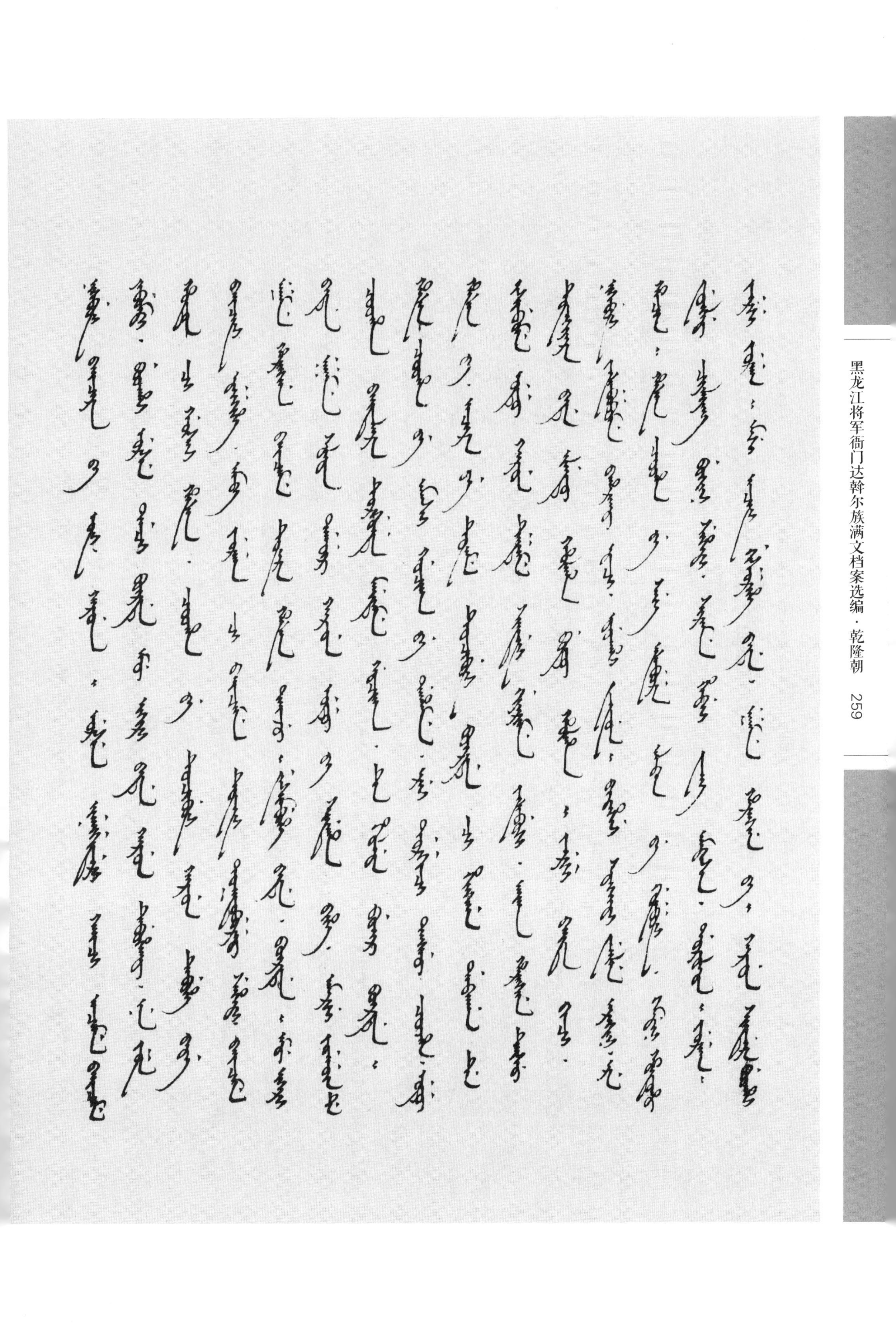

[illegible]

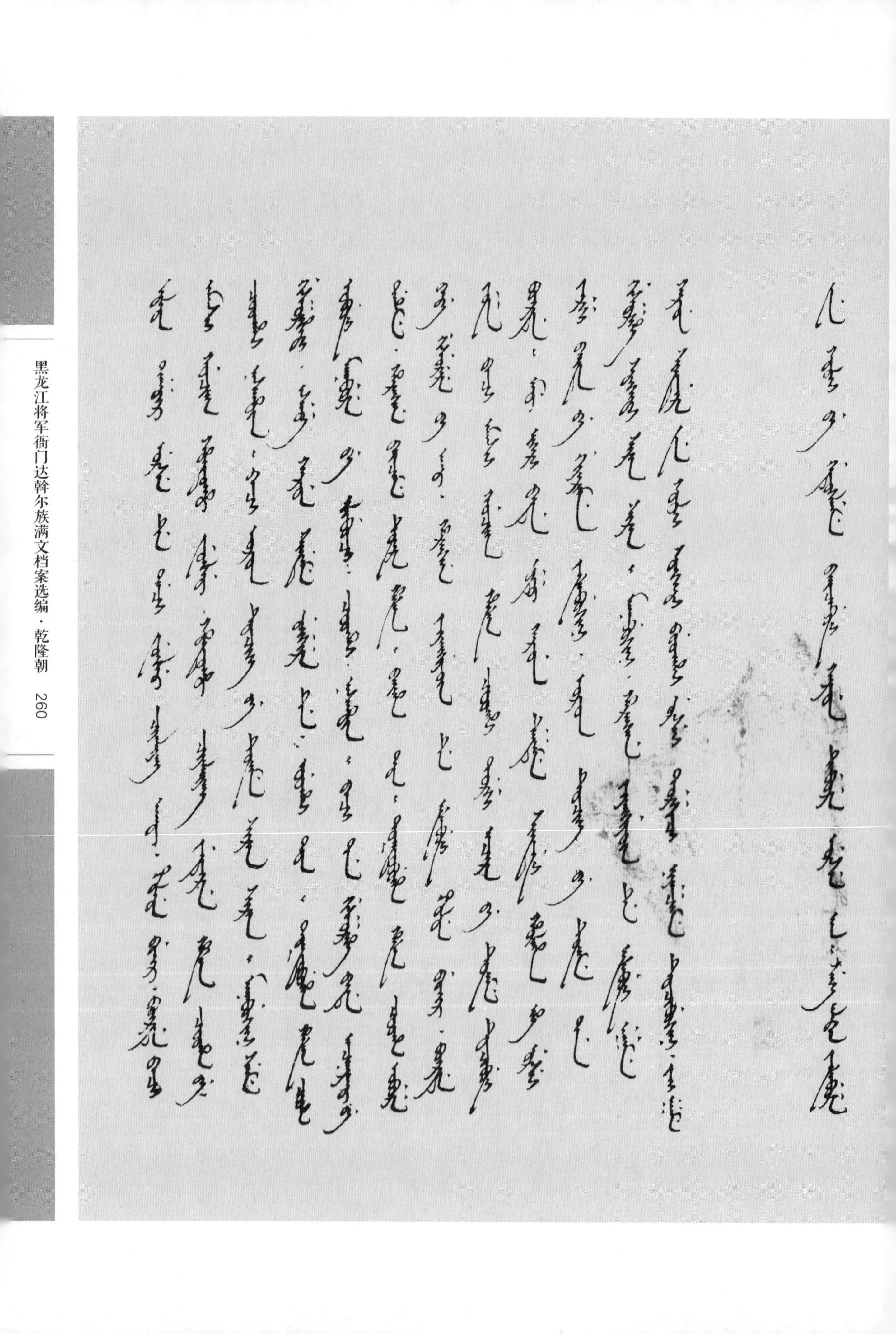

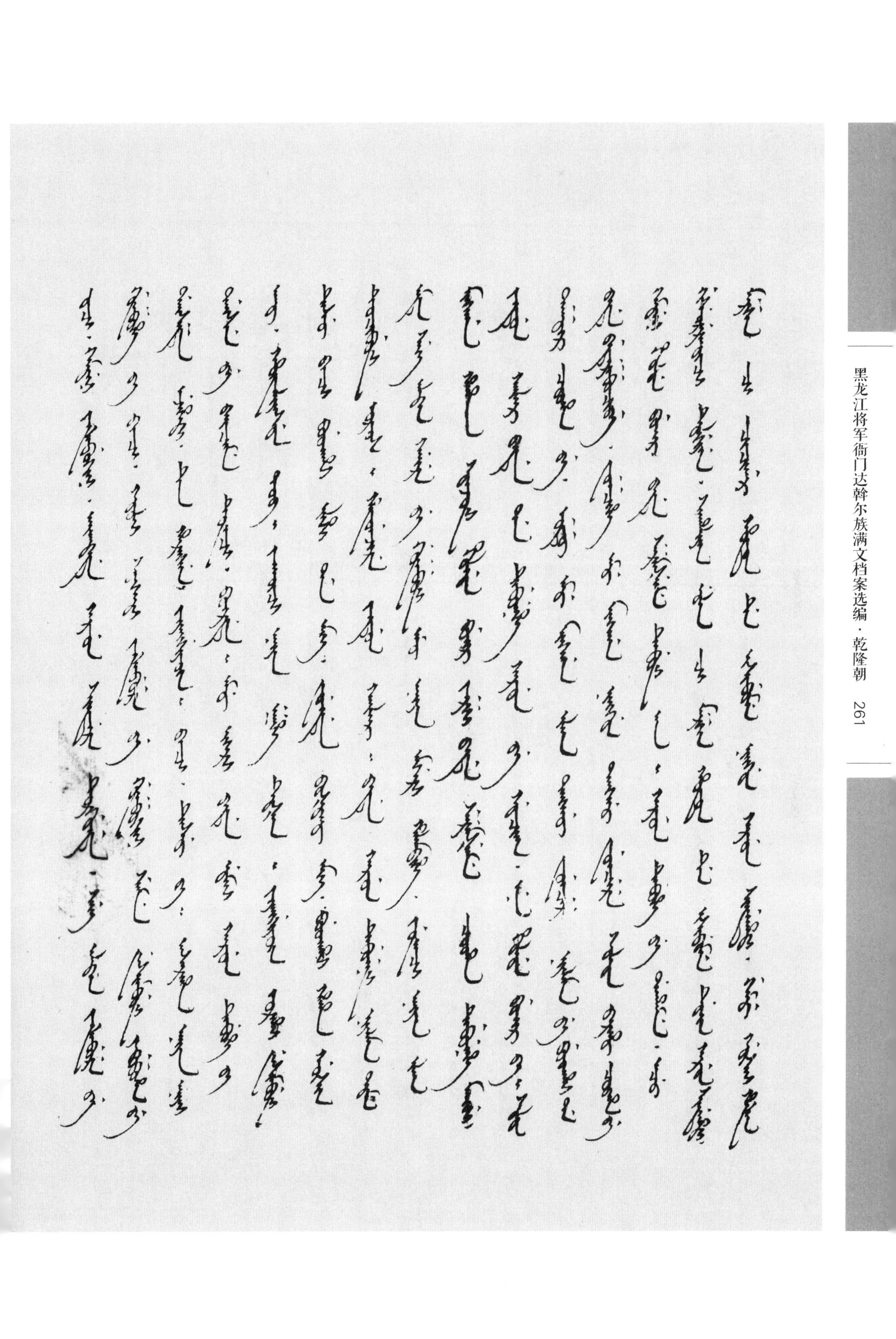

[illegible]

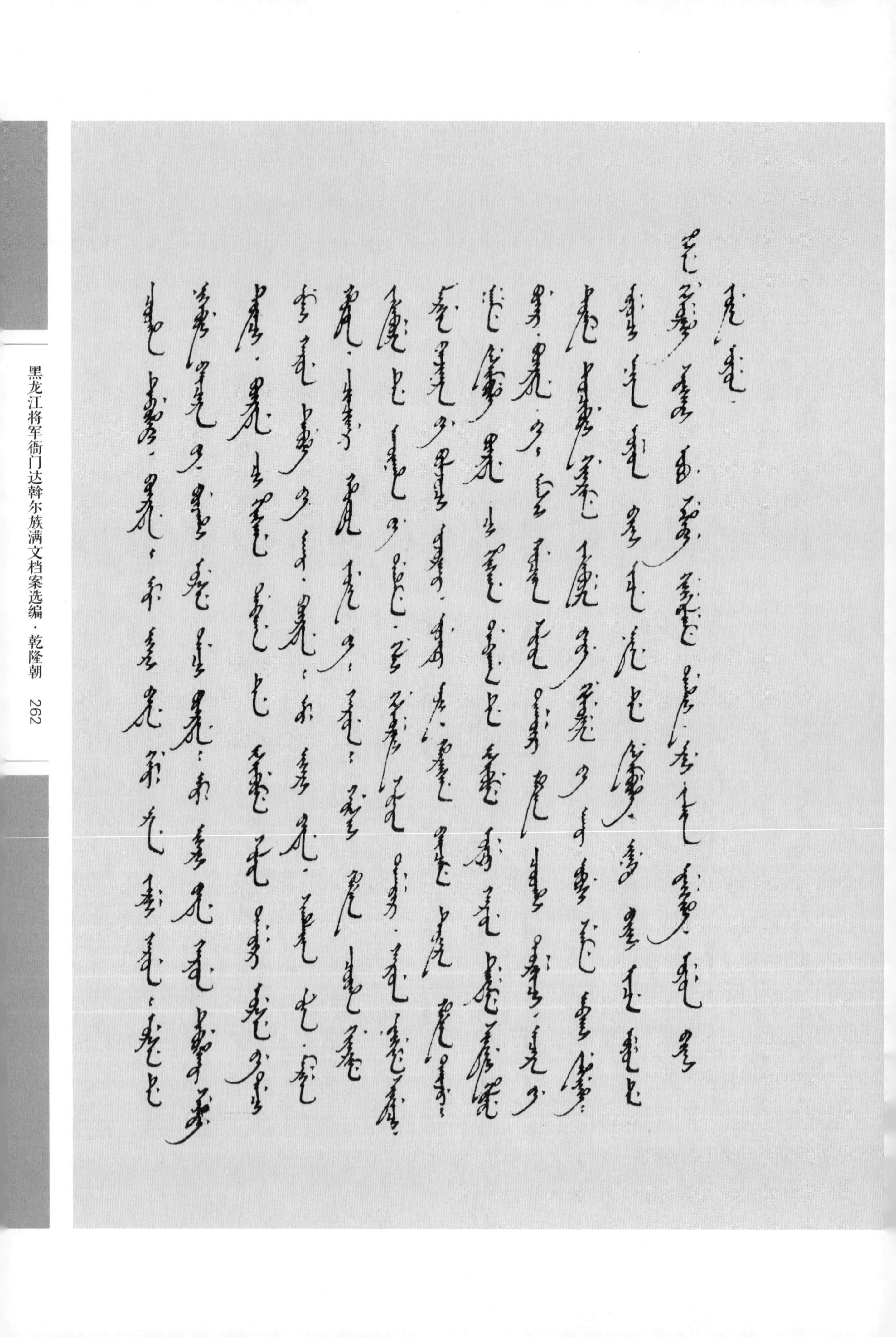

二六四 正红满洲旗为解送家谱查明齐齐哈尔正红旗达斡尔世管佐领斐色源流事咨黑龙江将军文

乾隆九年十一月初二日

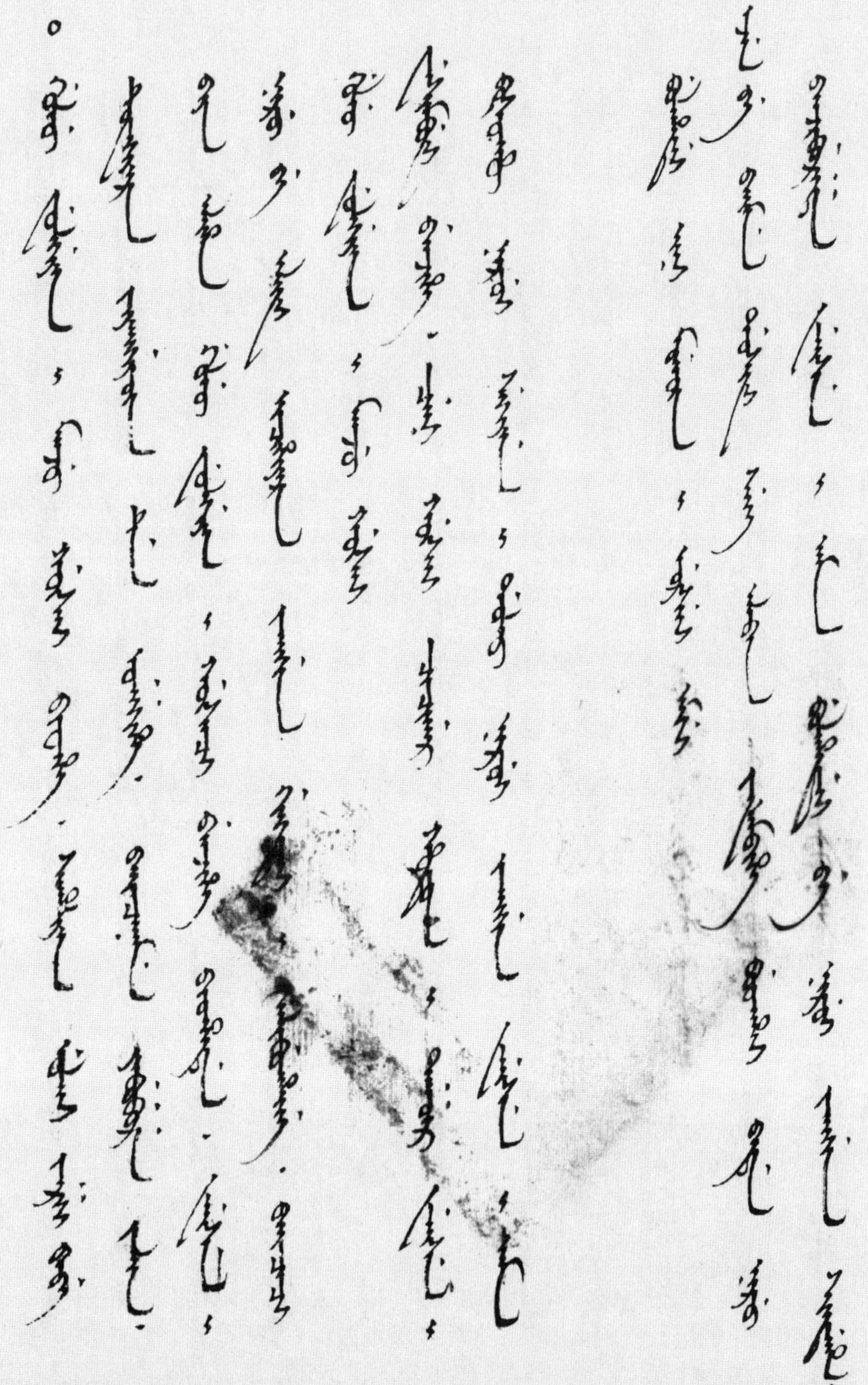

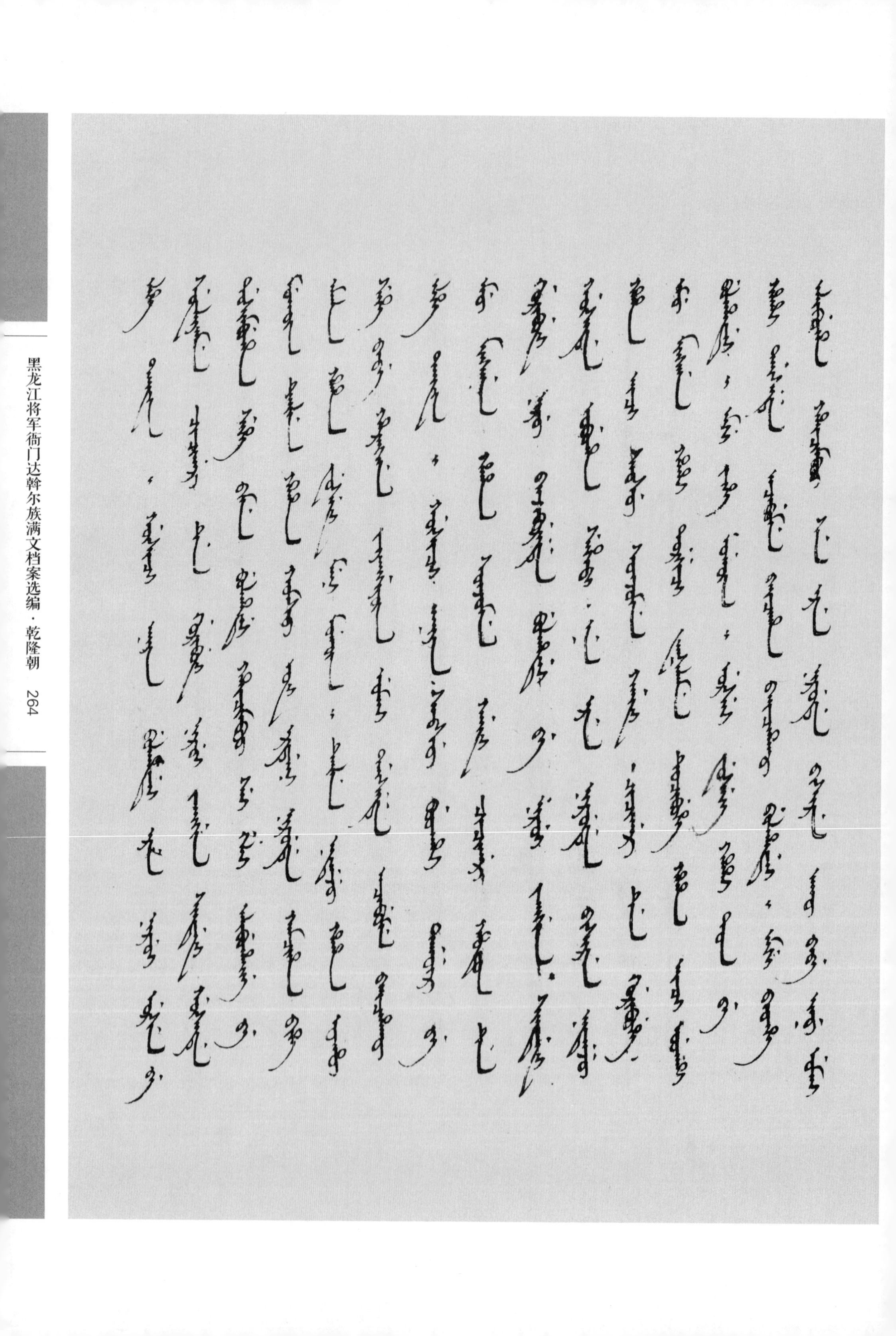

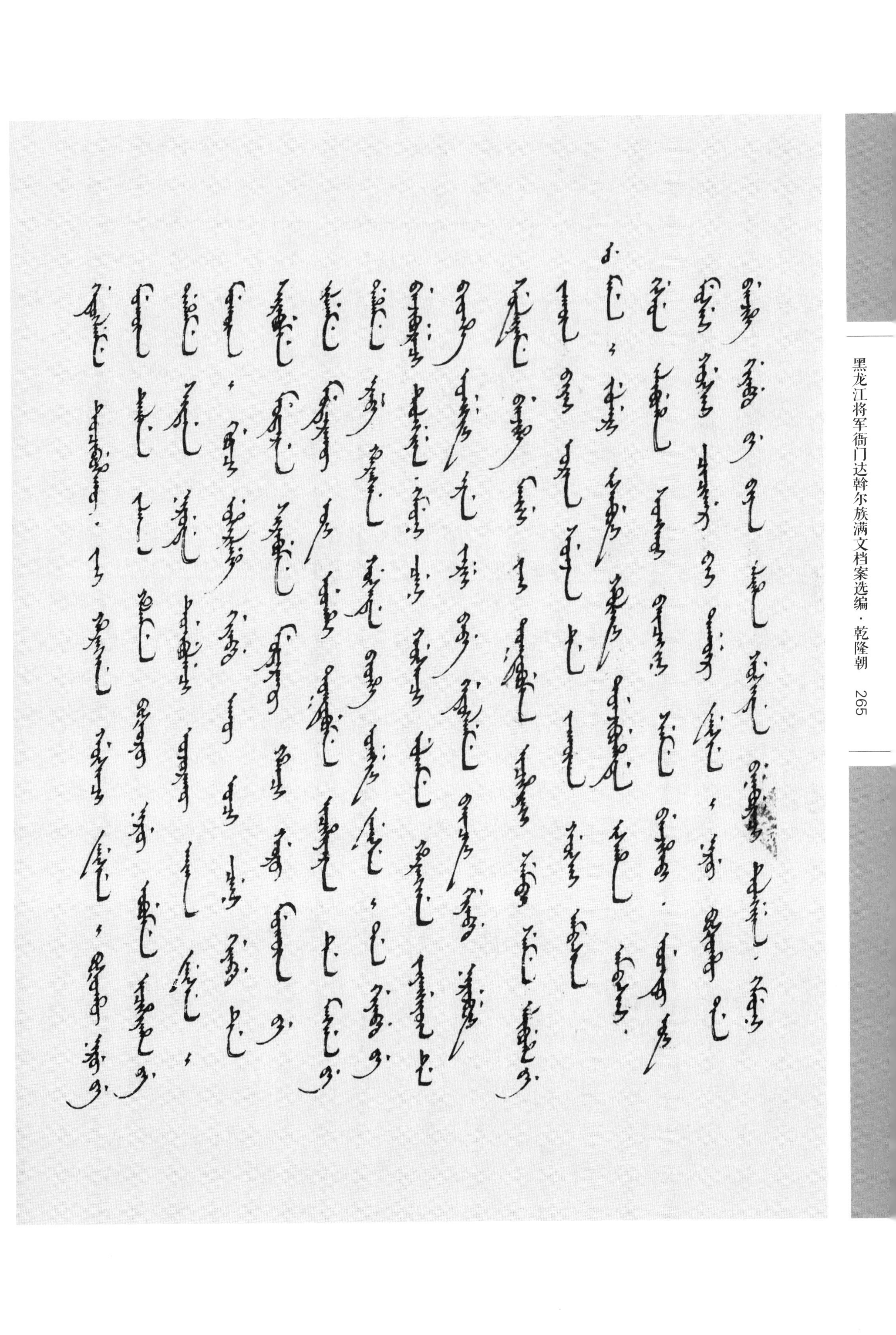

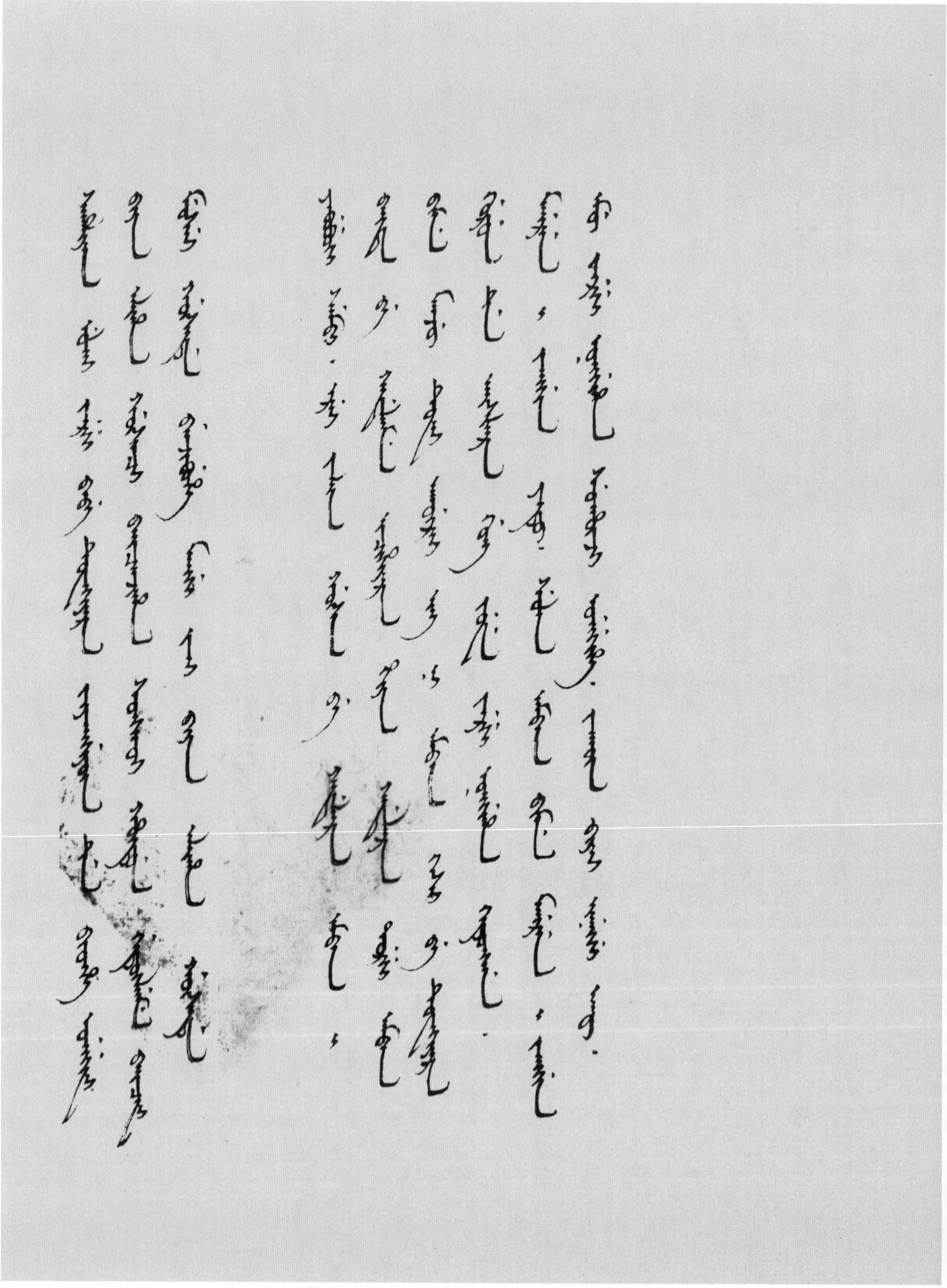

二六五　黑龙江将军衙门为布特哈正白旗达斡尔索希纳承袭世管佐领并解送家谱源流册事咨镶黄旗满洲都统衙门文

乾隆九年十一月三十日

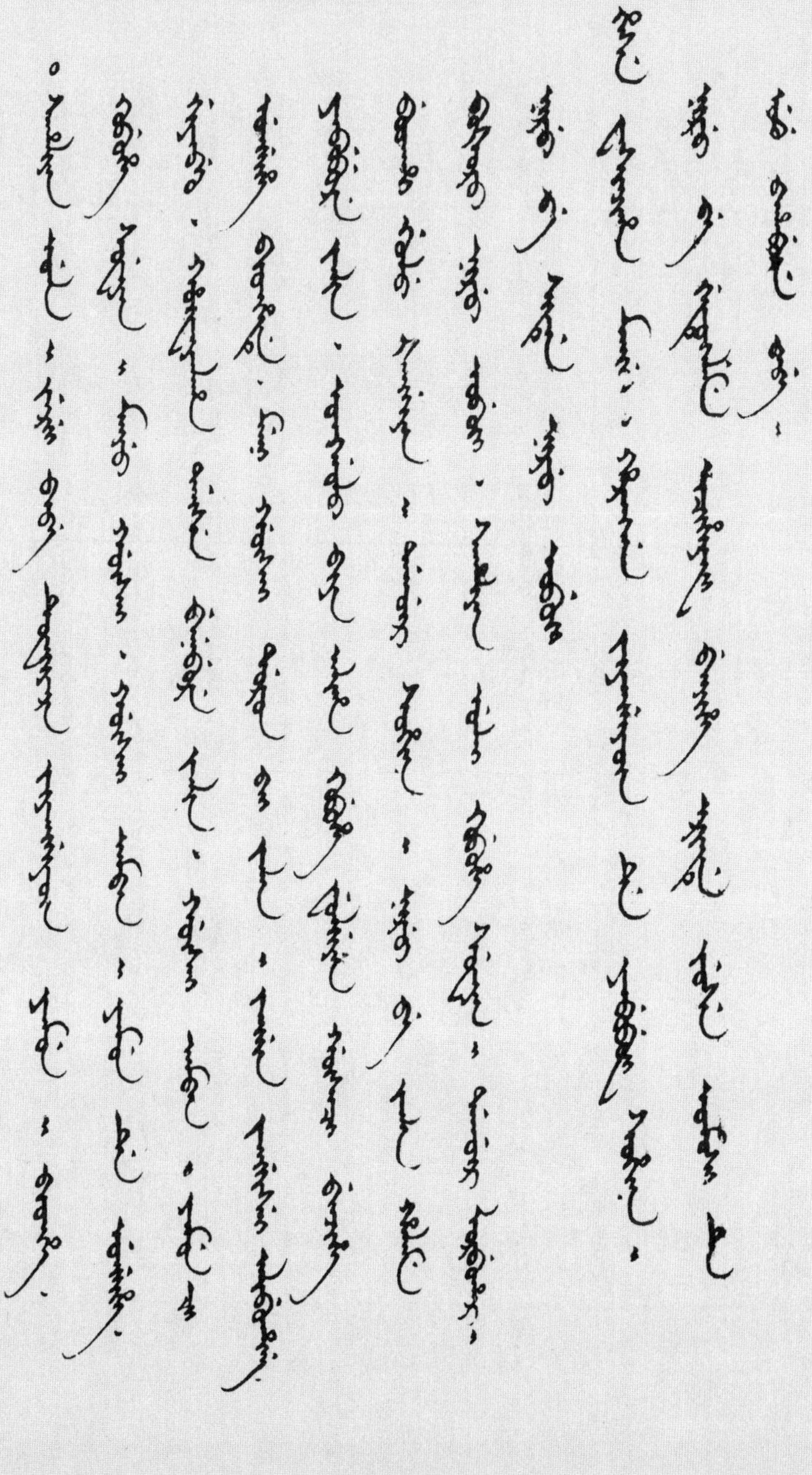

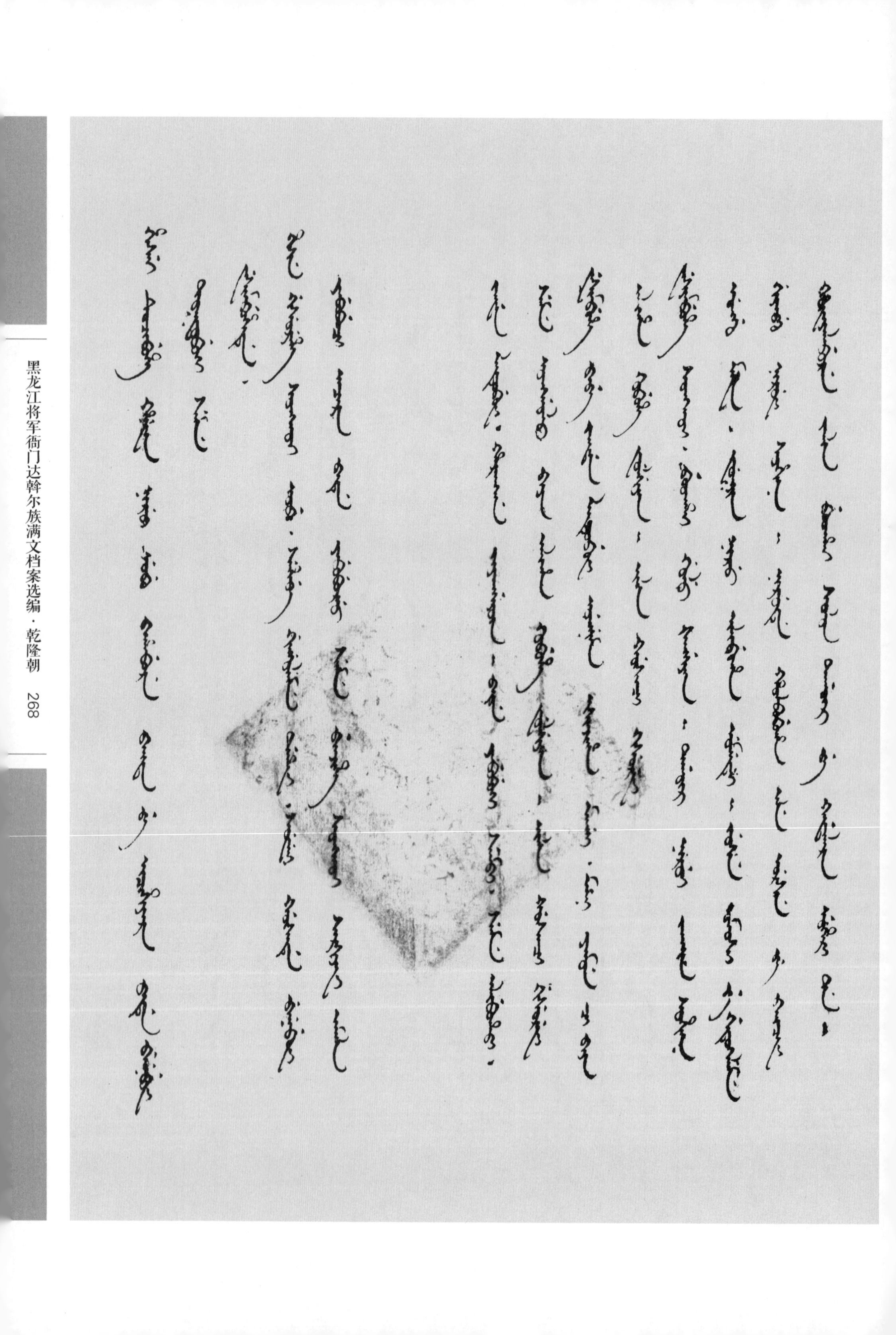

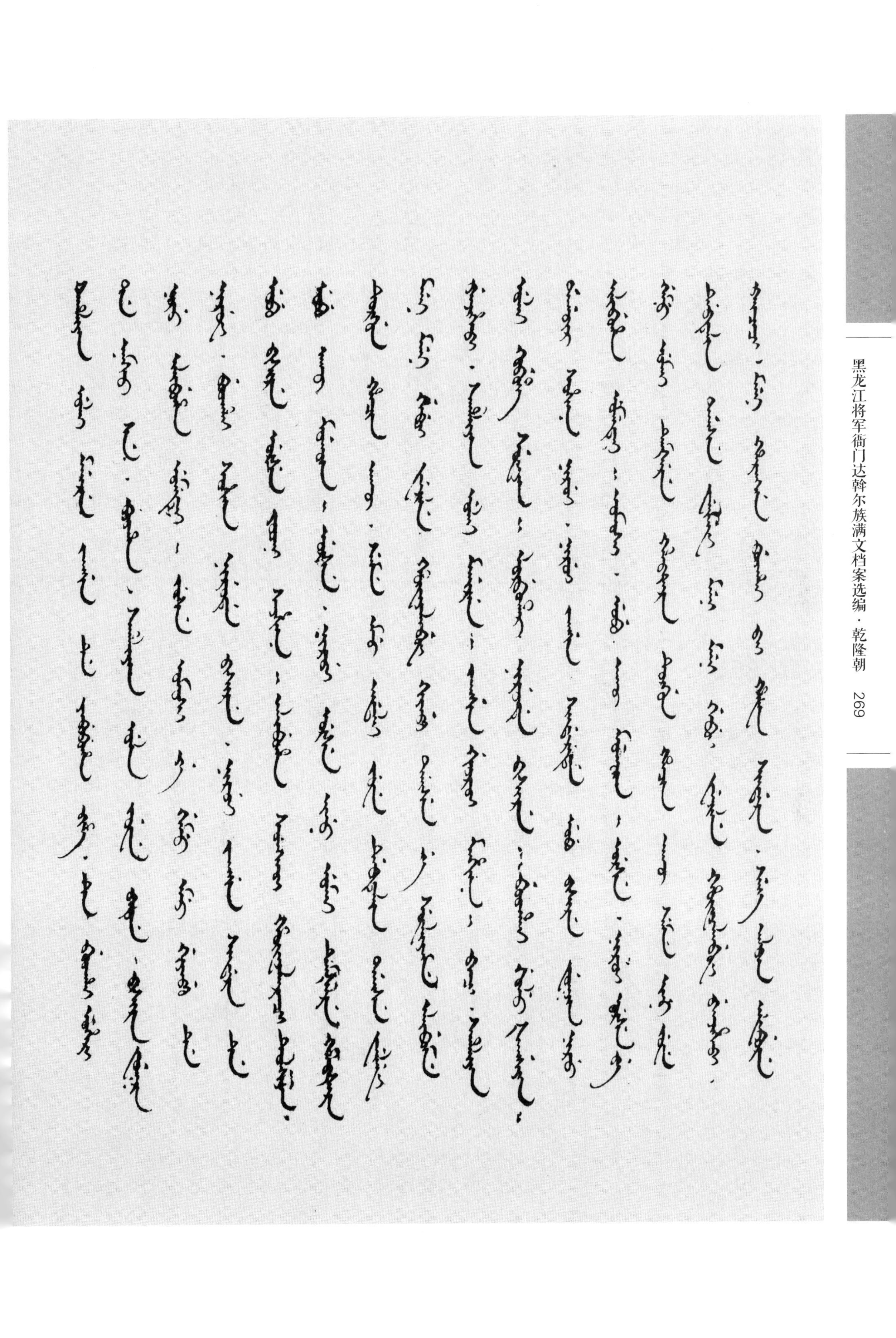

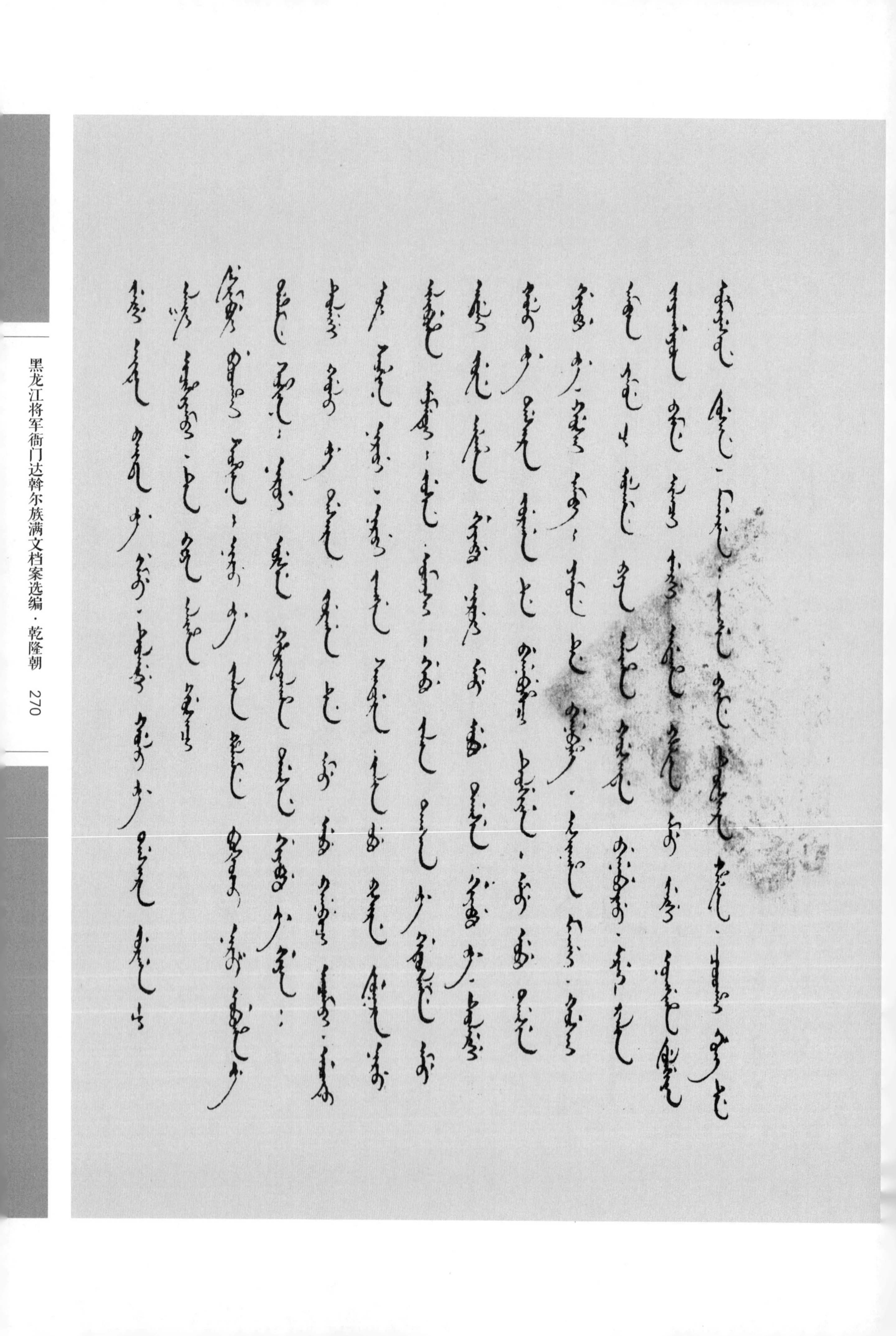

二六六 黑龙江将军衙门为布特哈正白旗达斡尔索希纳承袭世管佐领并解送家谱源流册事咨理藩院文

乾隆九年十一月三十日

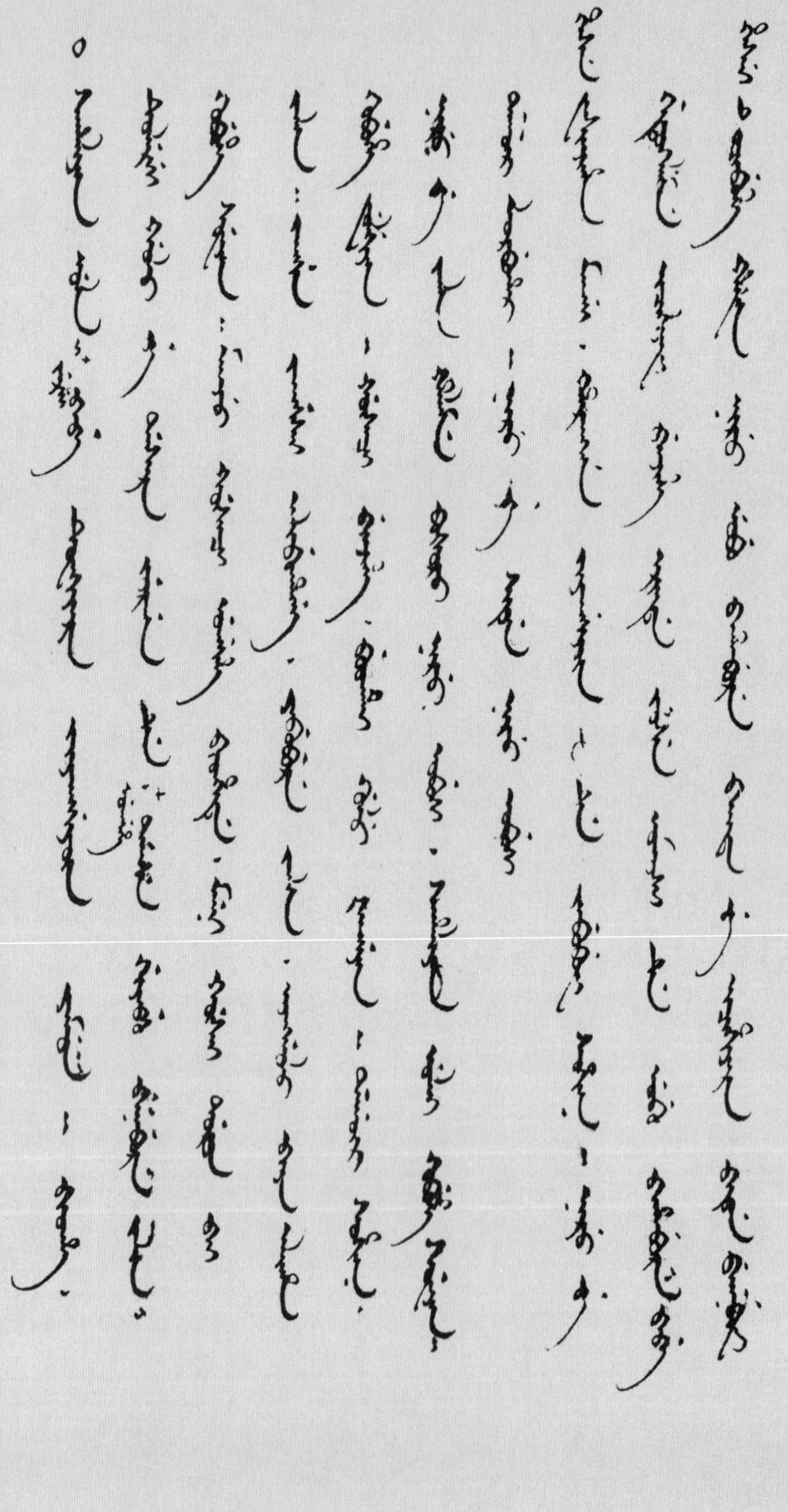

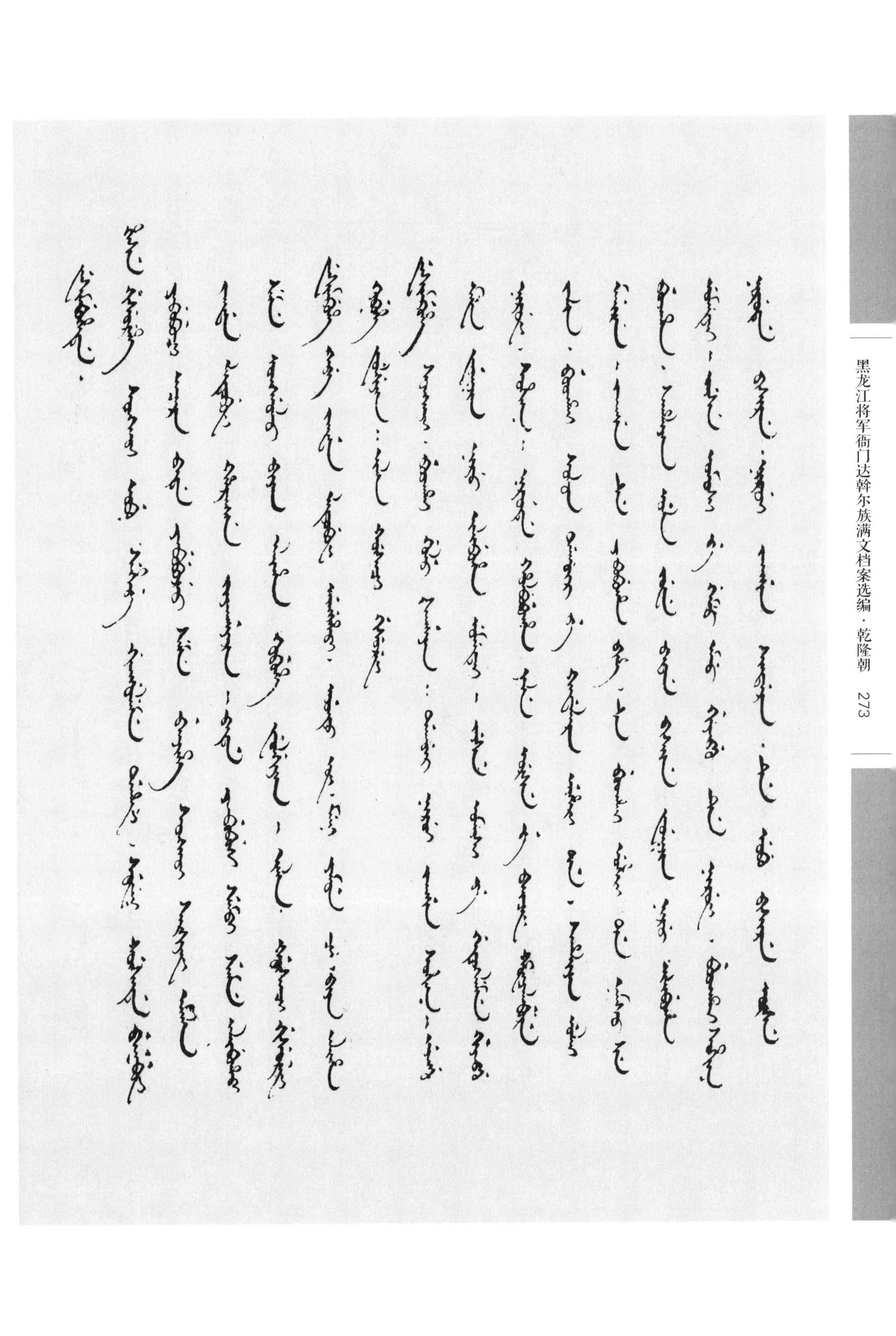

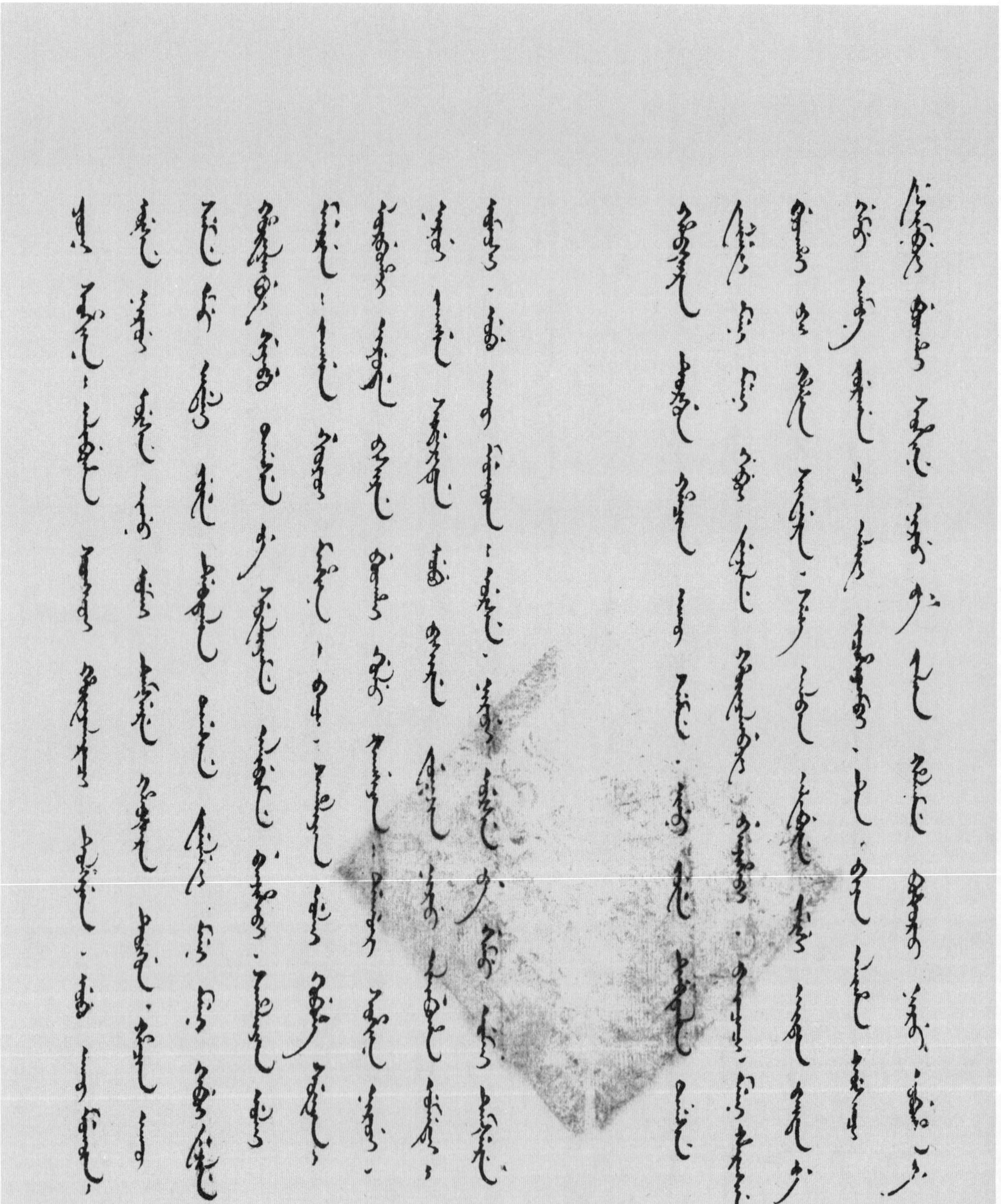

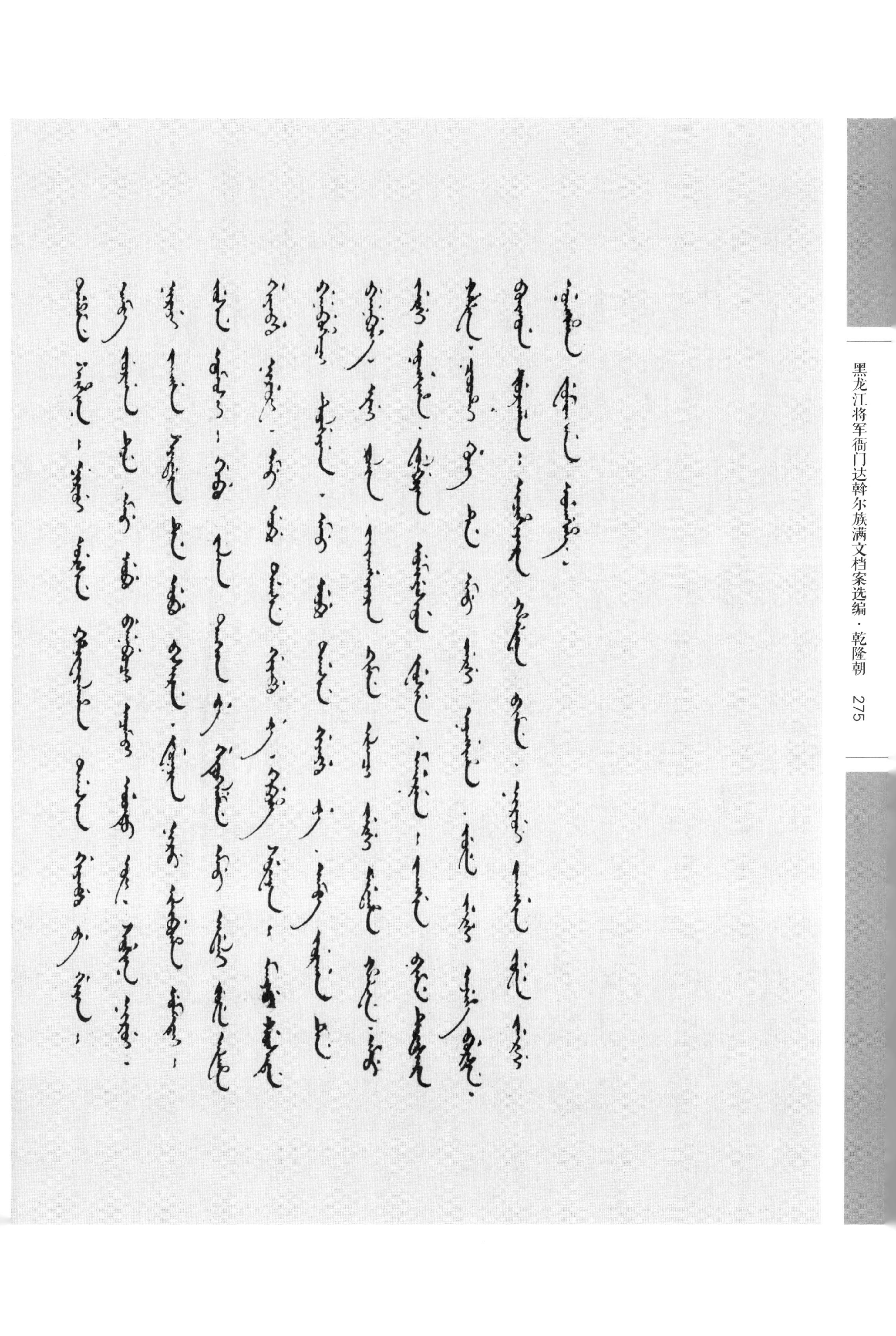

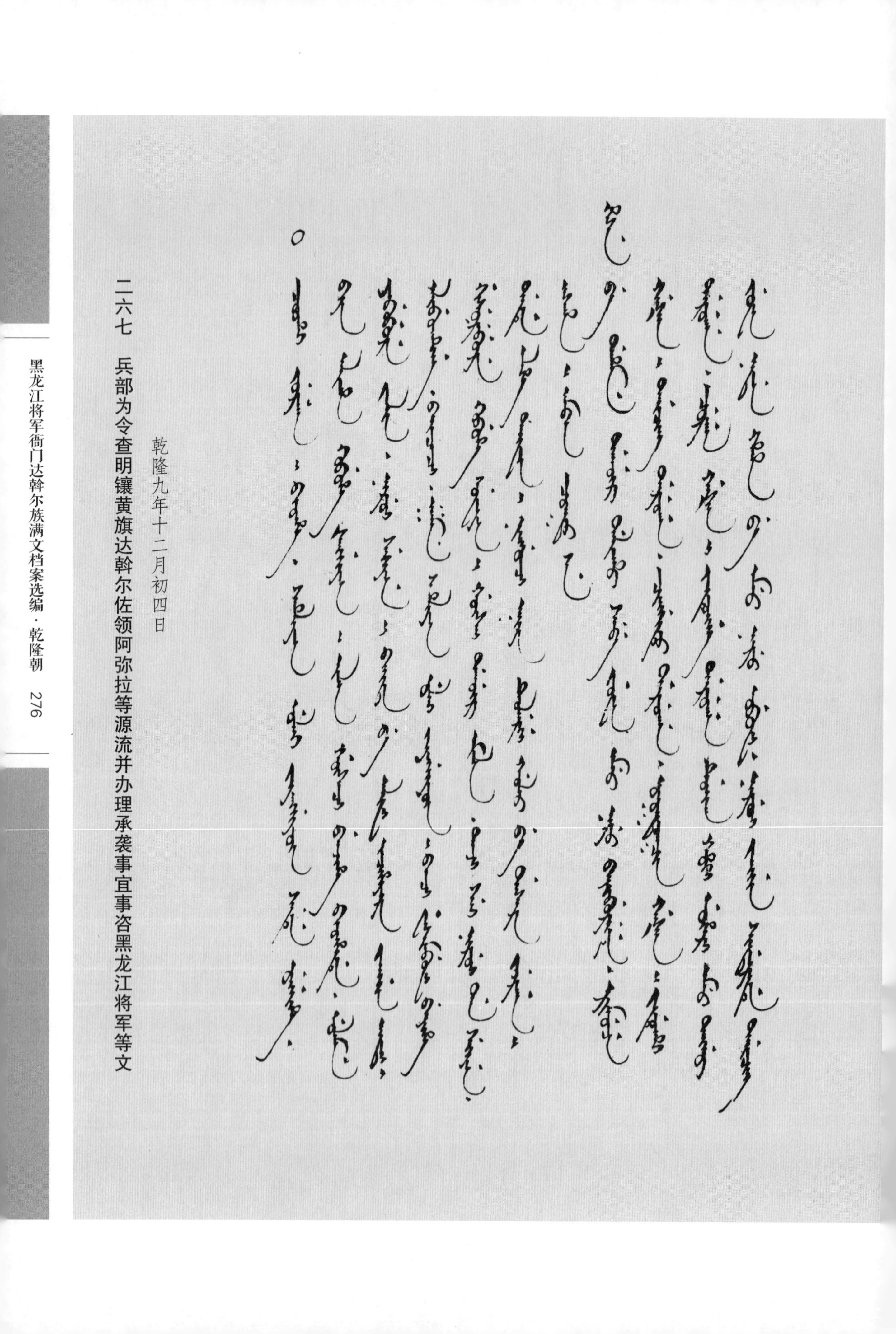

二六七 兵部为令查明镶黄旗达斡尔佐领阿弥拉等源流并办理承袭事宜事咨黑龙江将军等文

乾隆九年十二月初四日

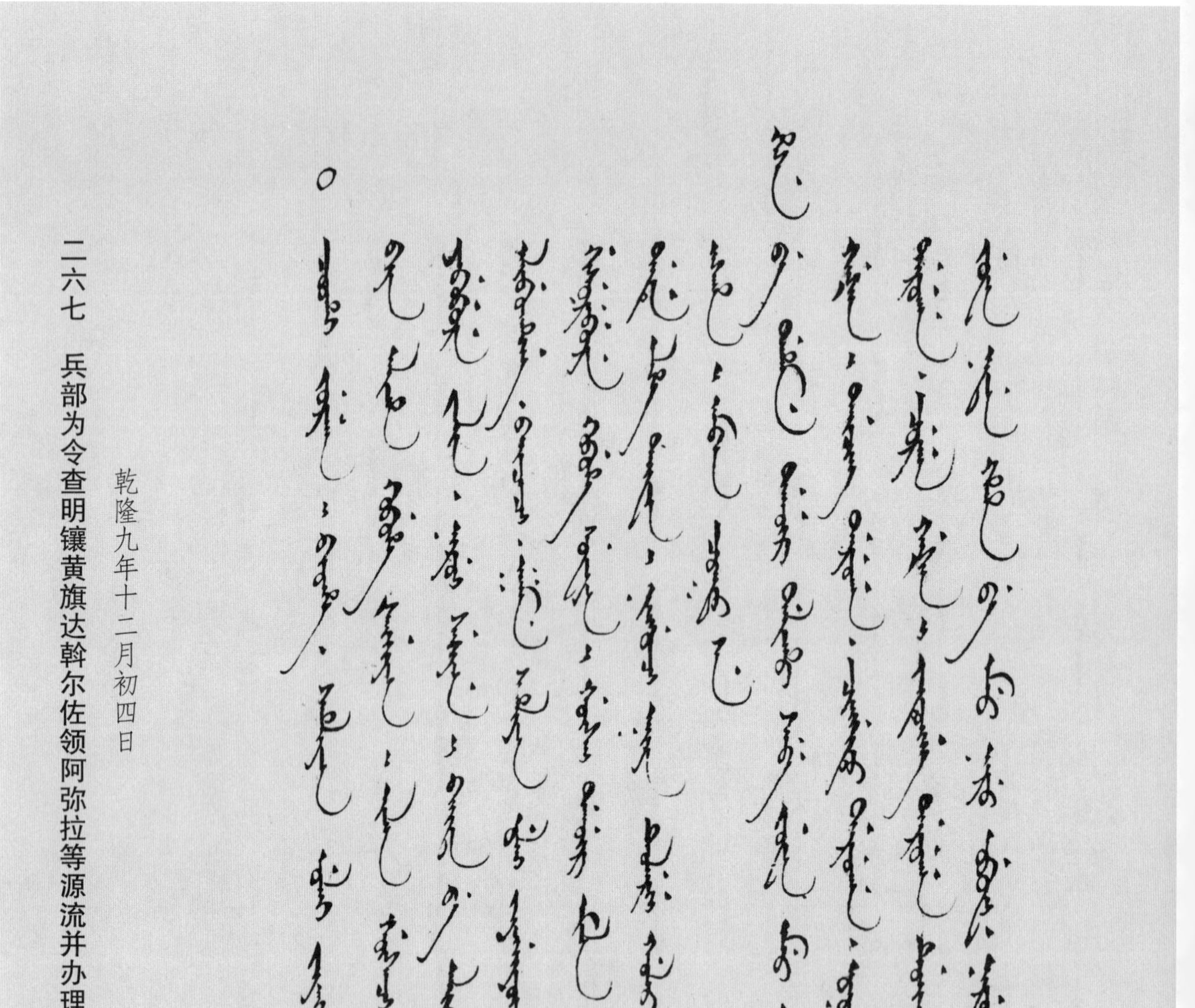

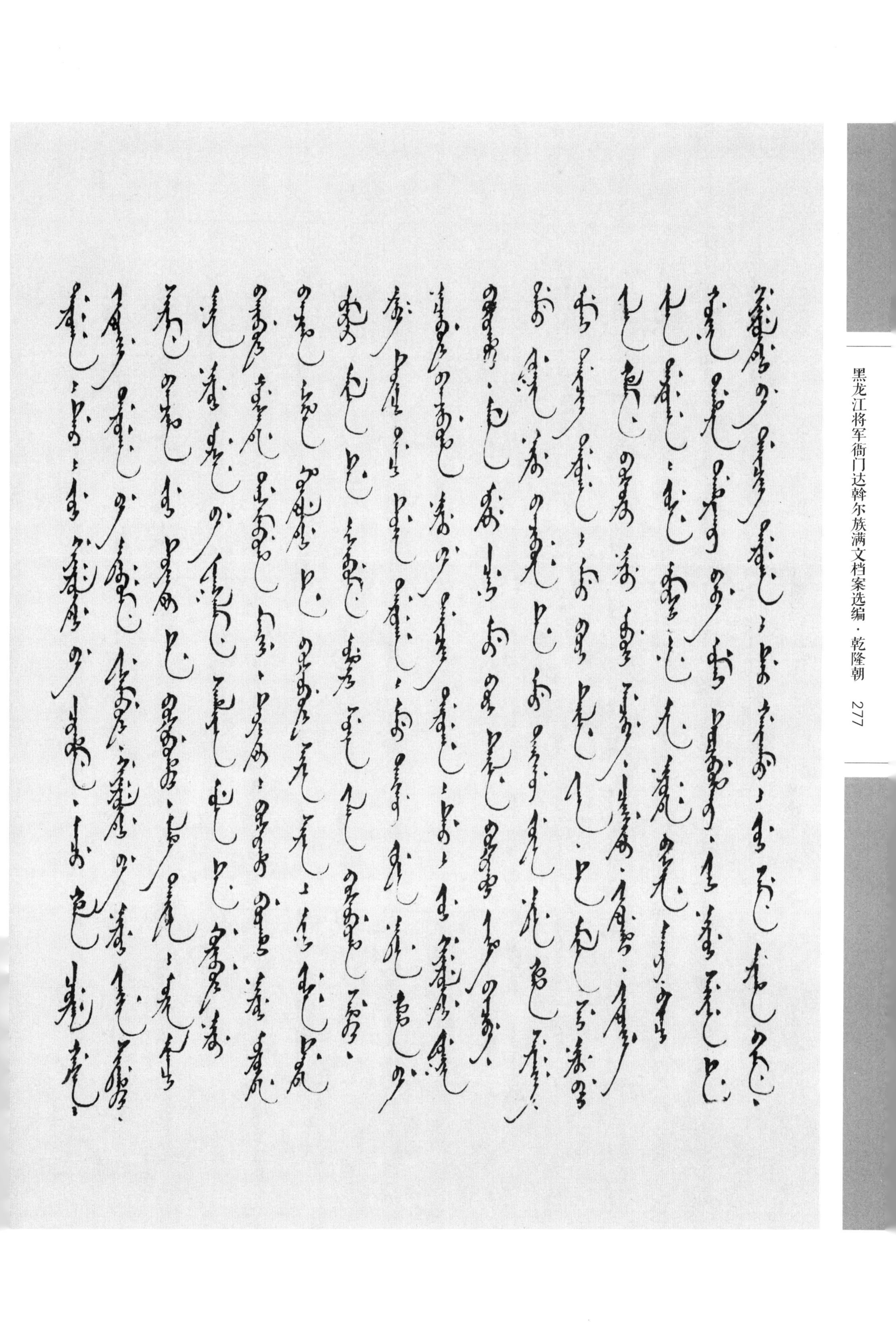

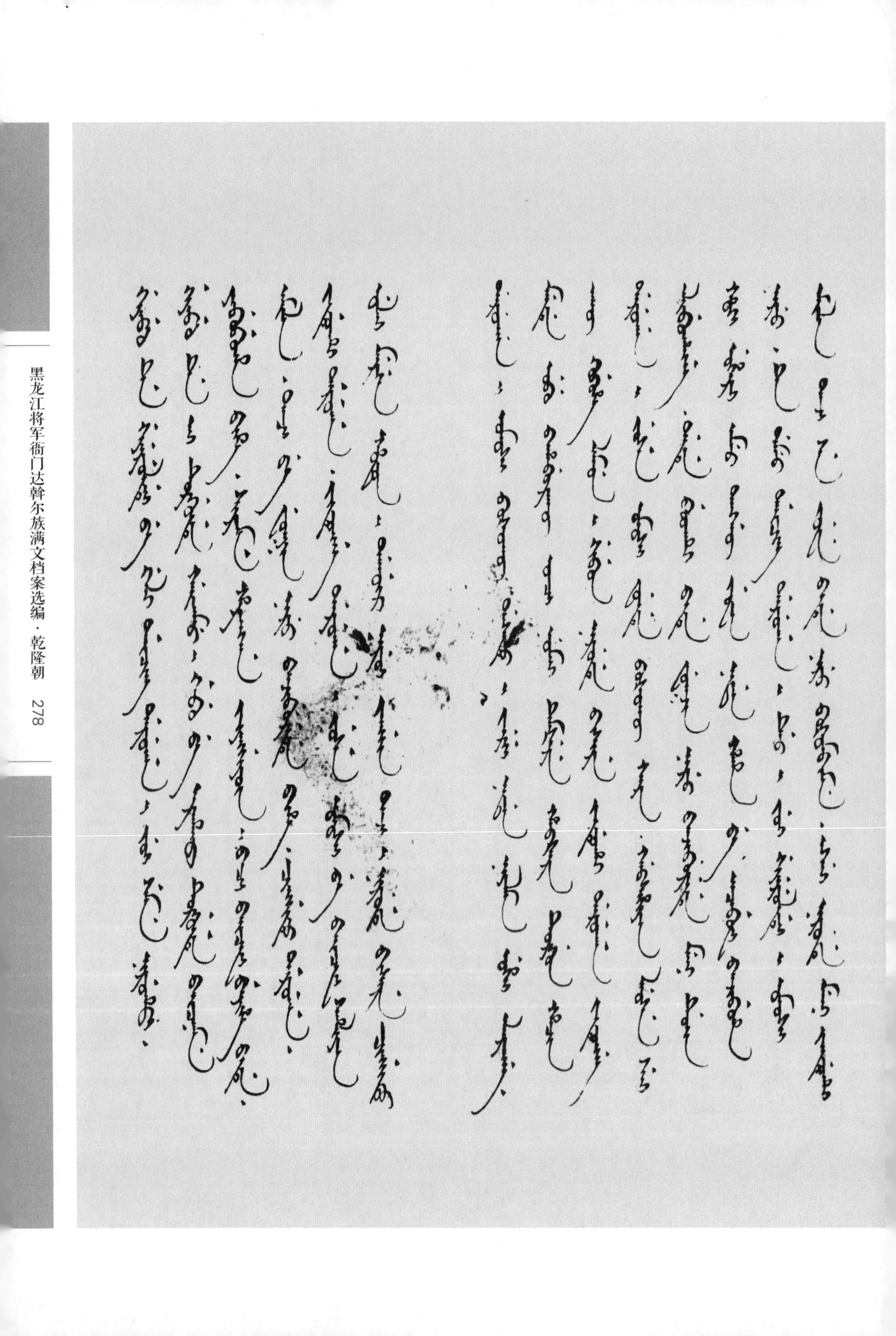

[illegible]

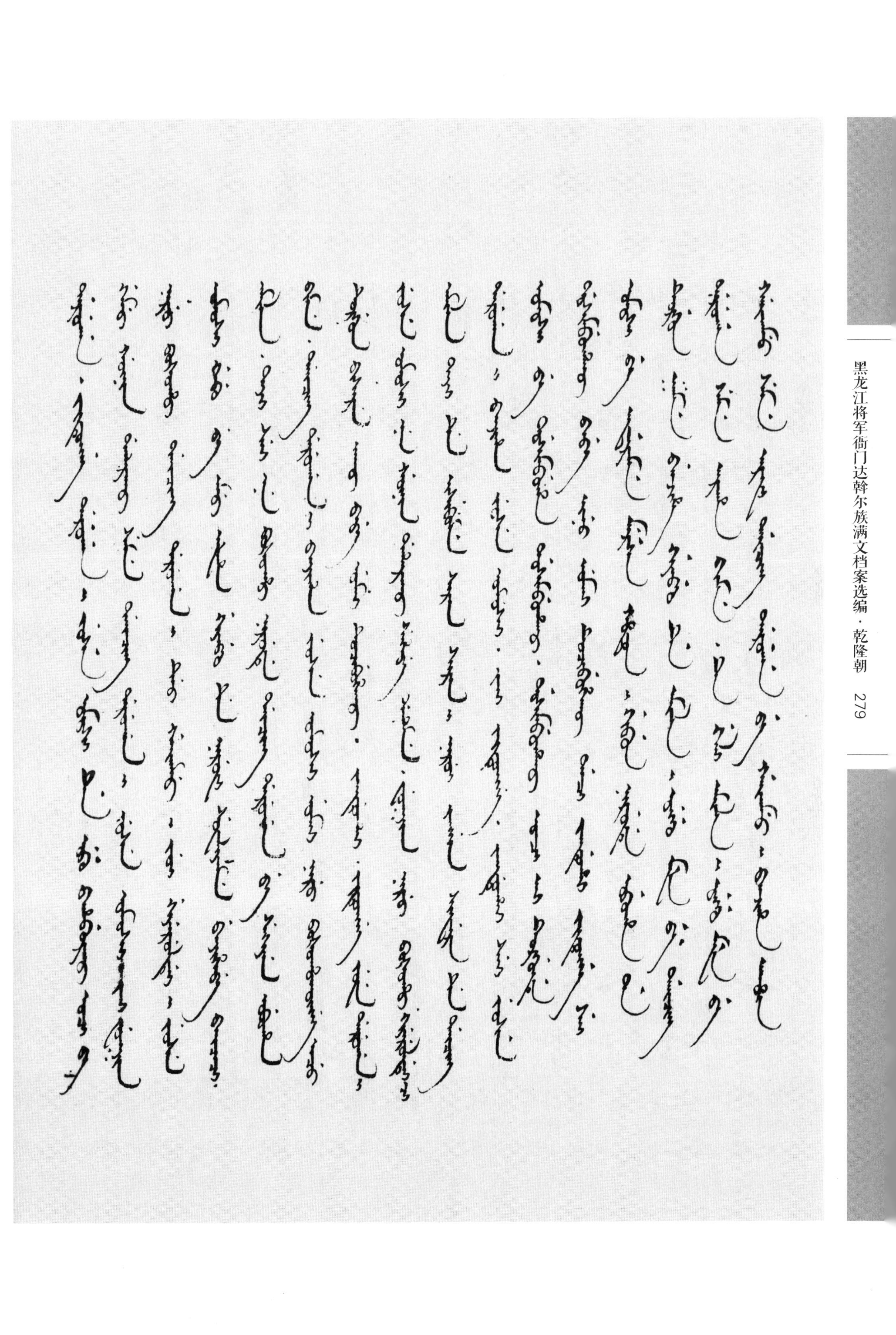

[illegible]

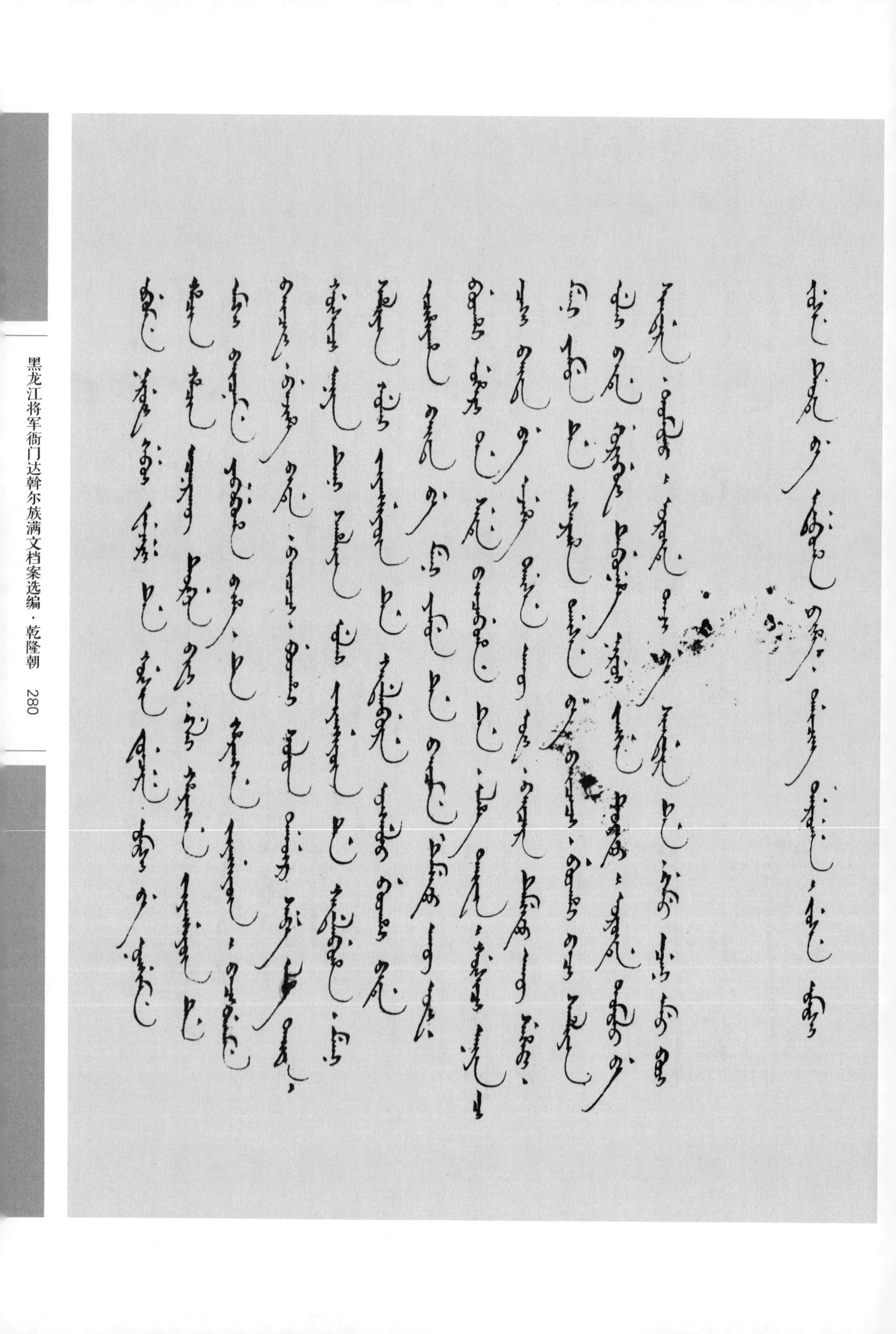

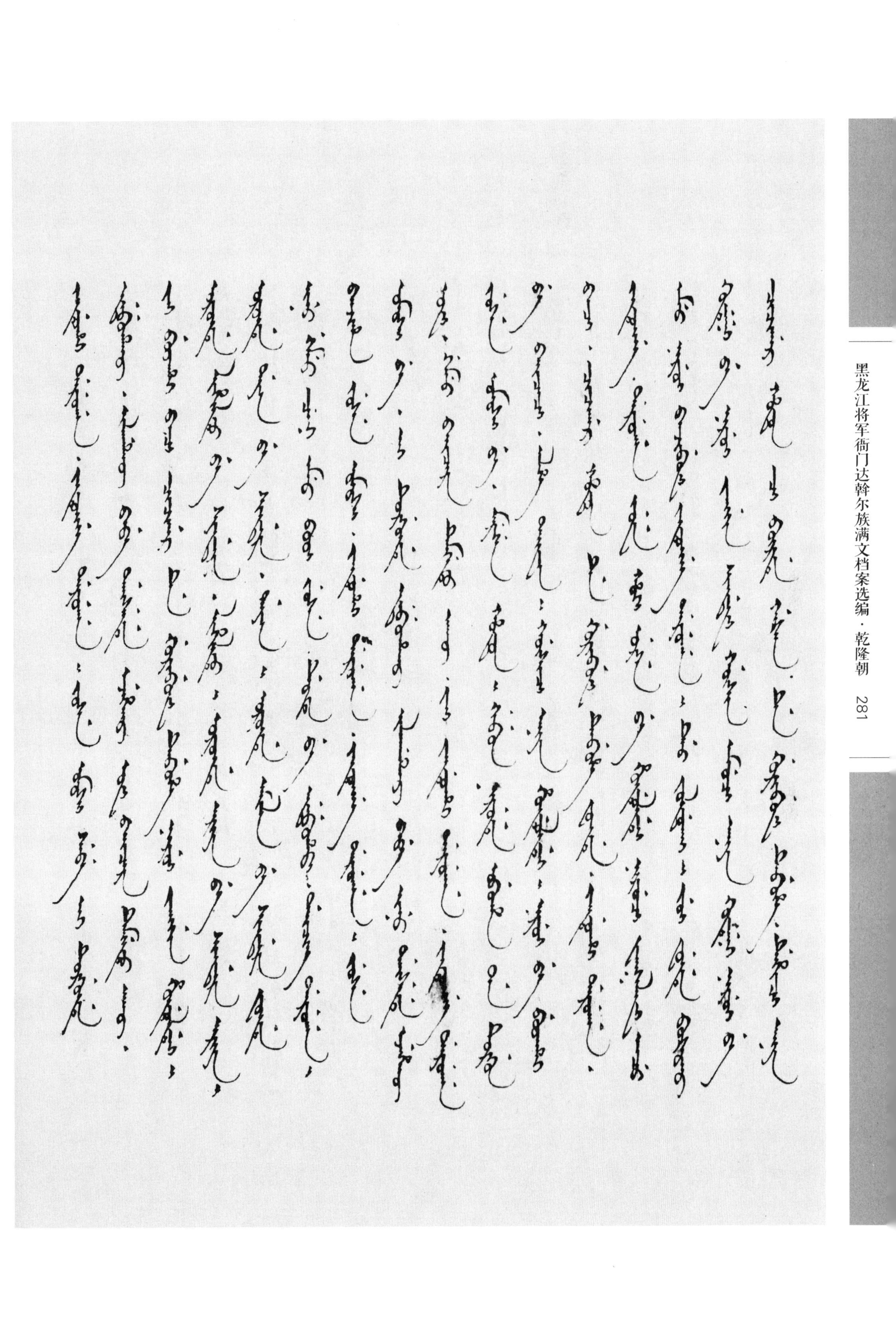

[illegible]

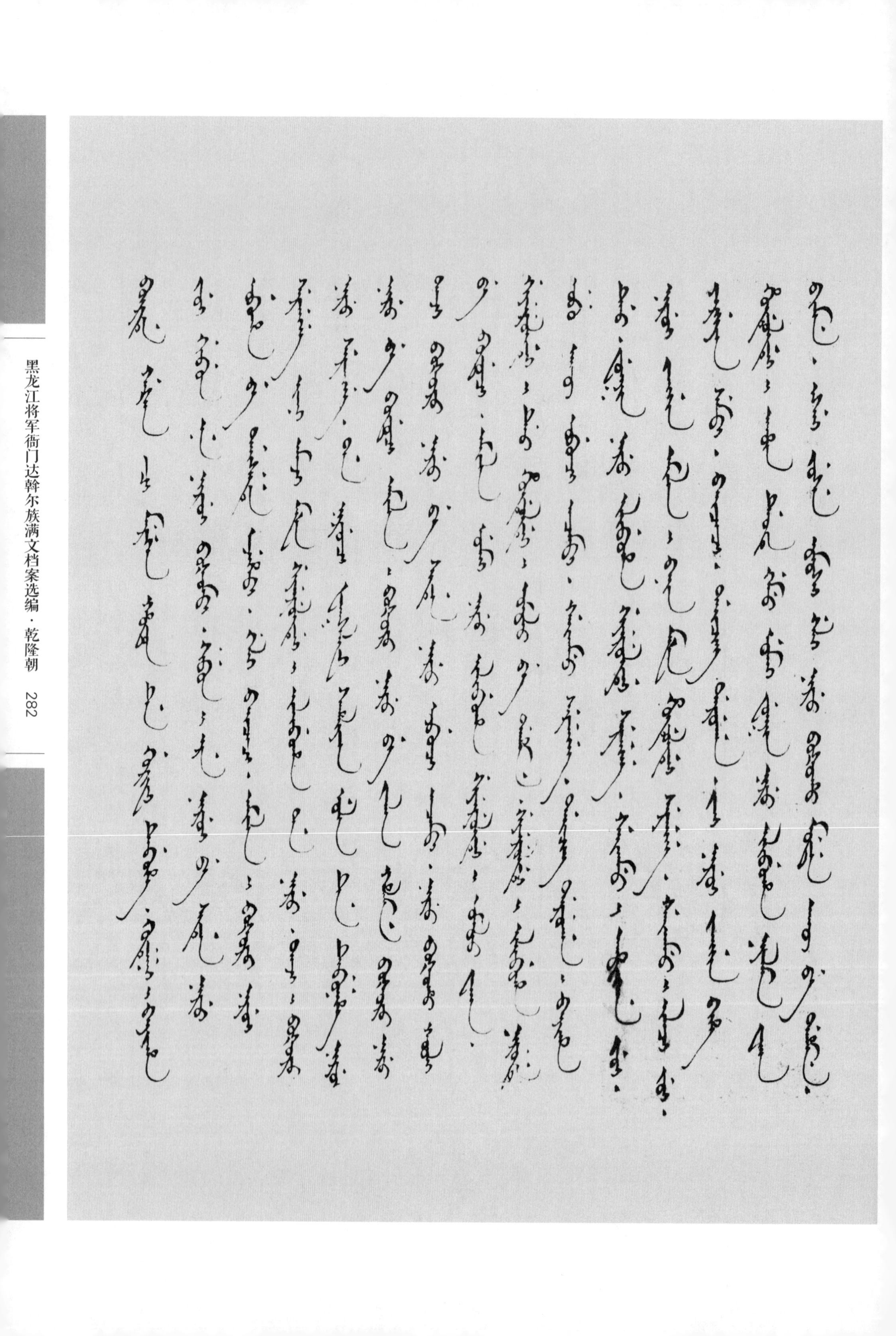

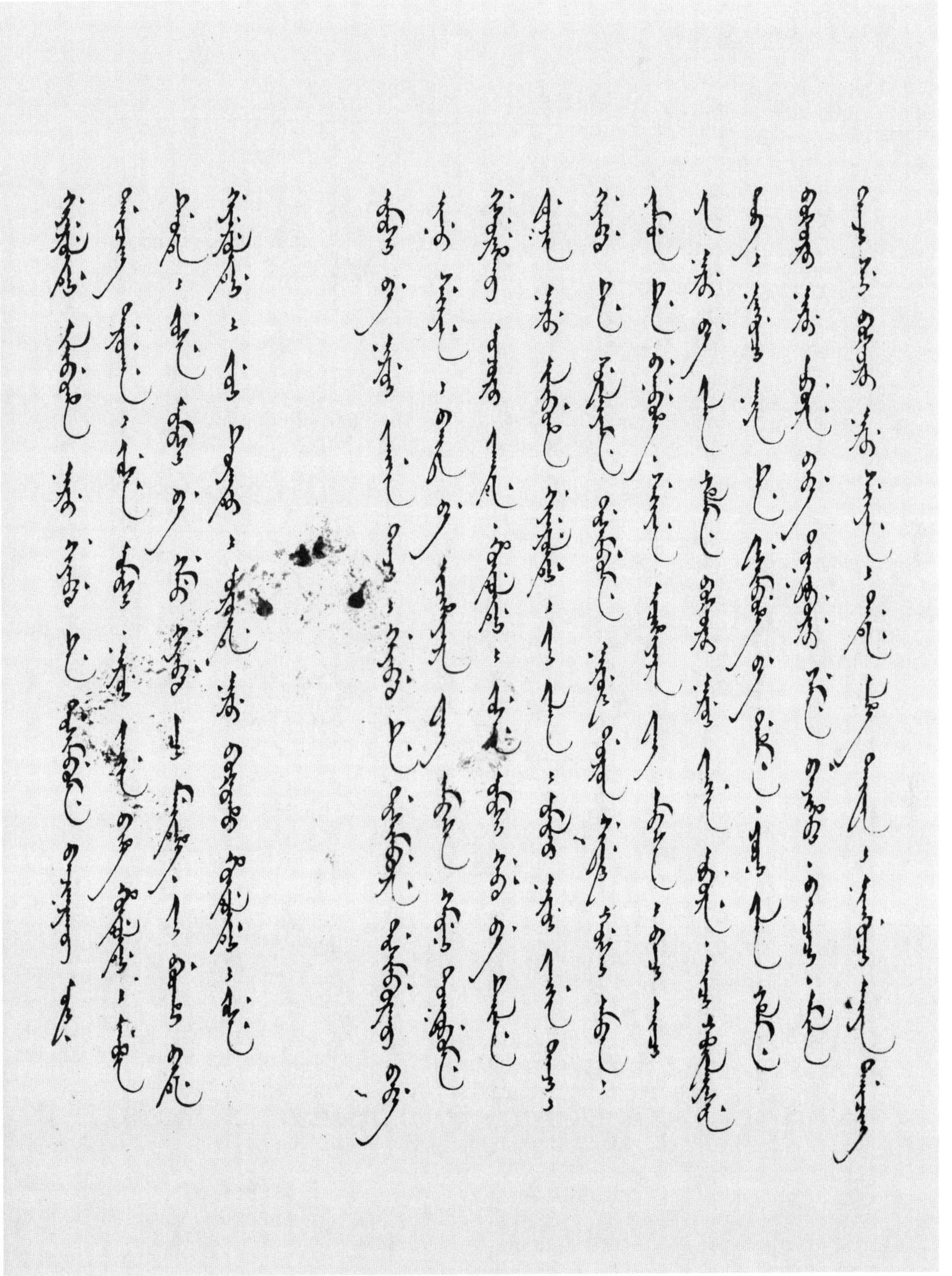

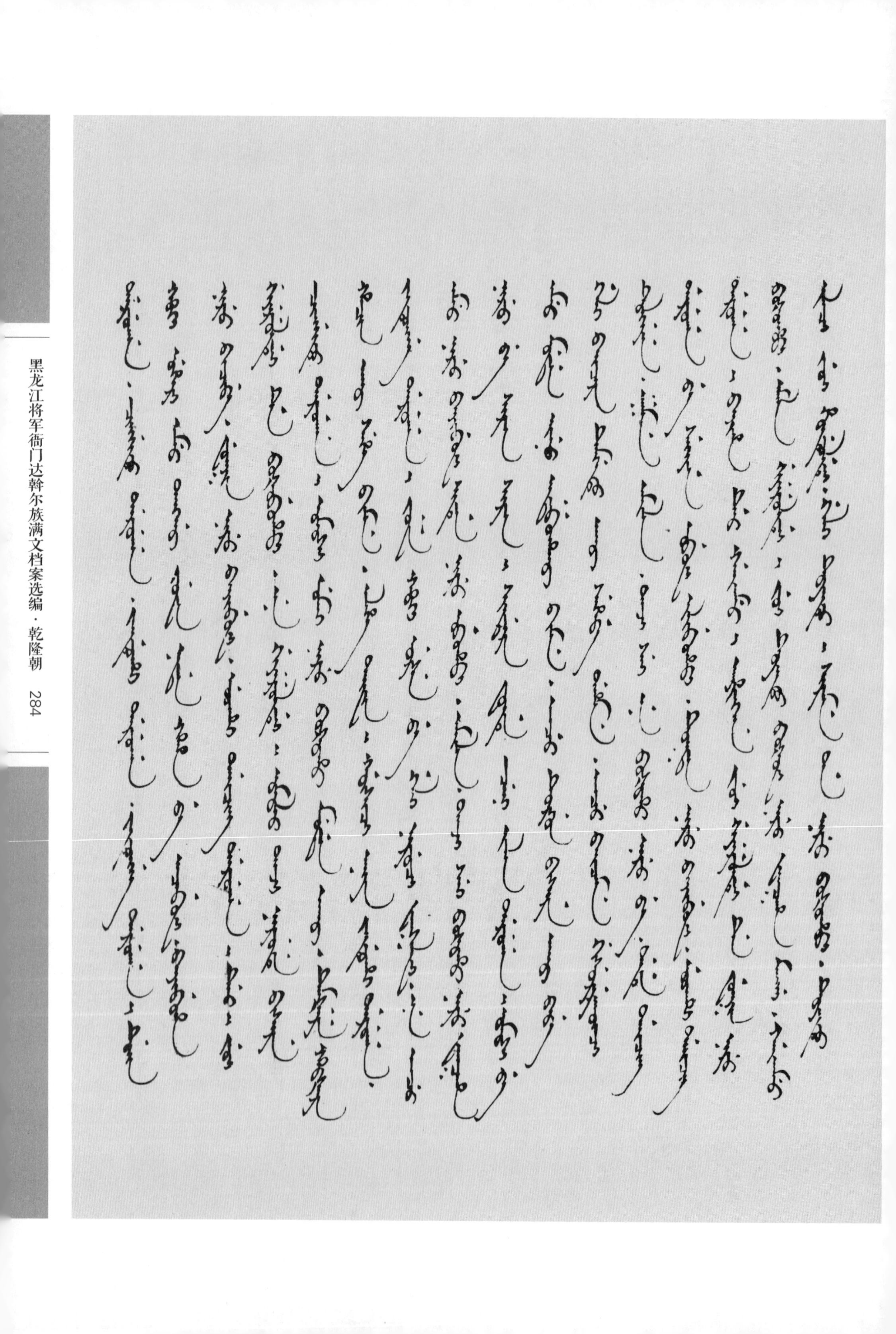

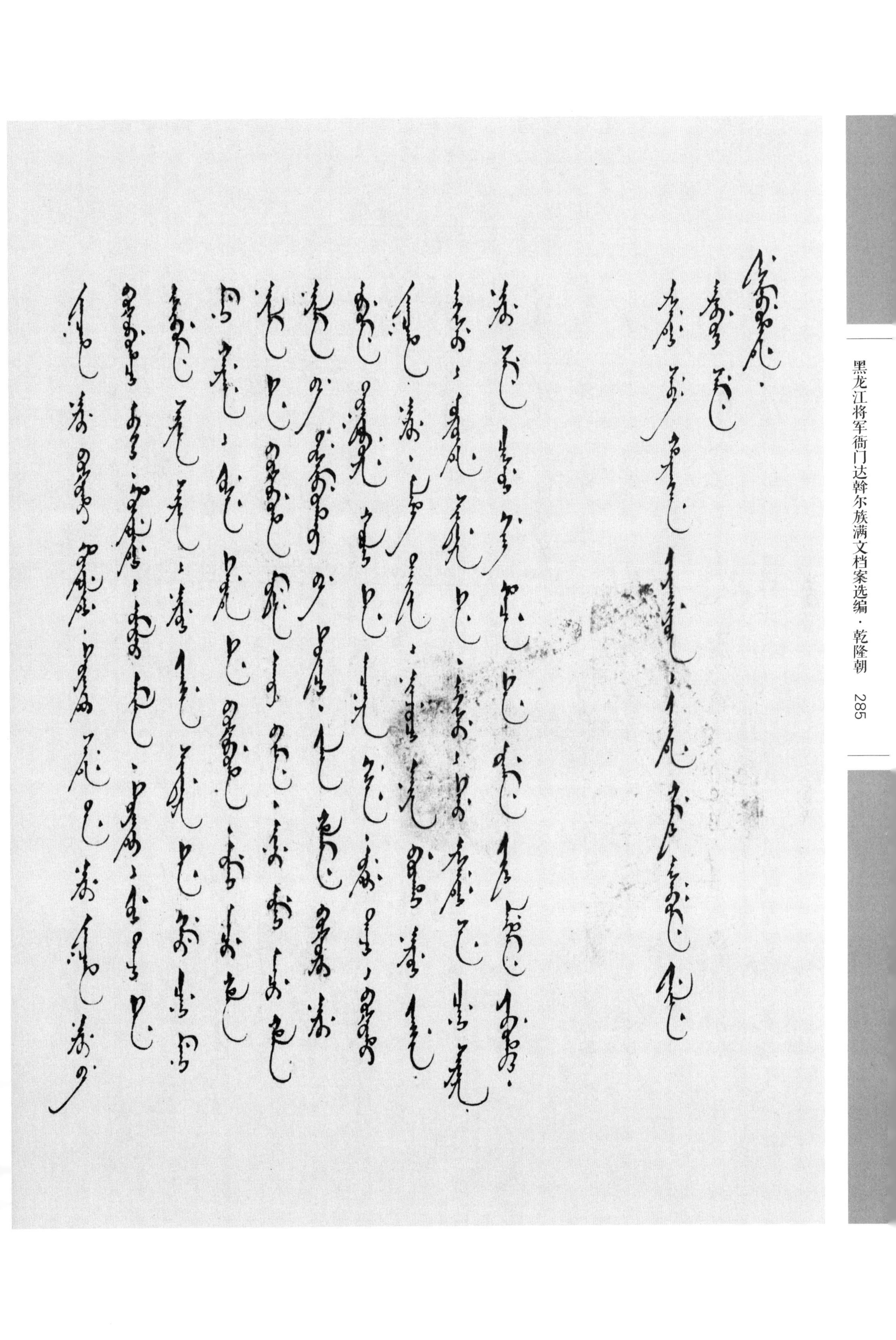

[illegible]

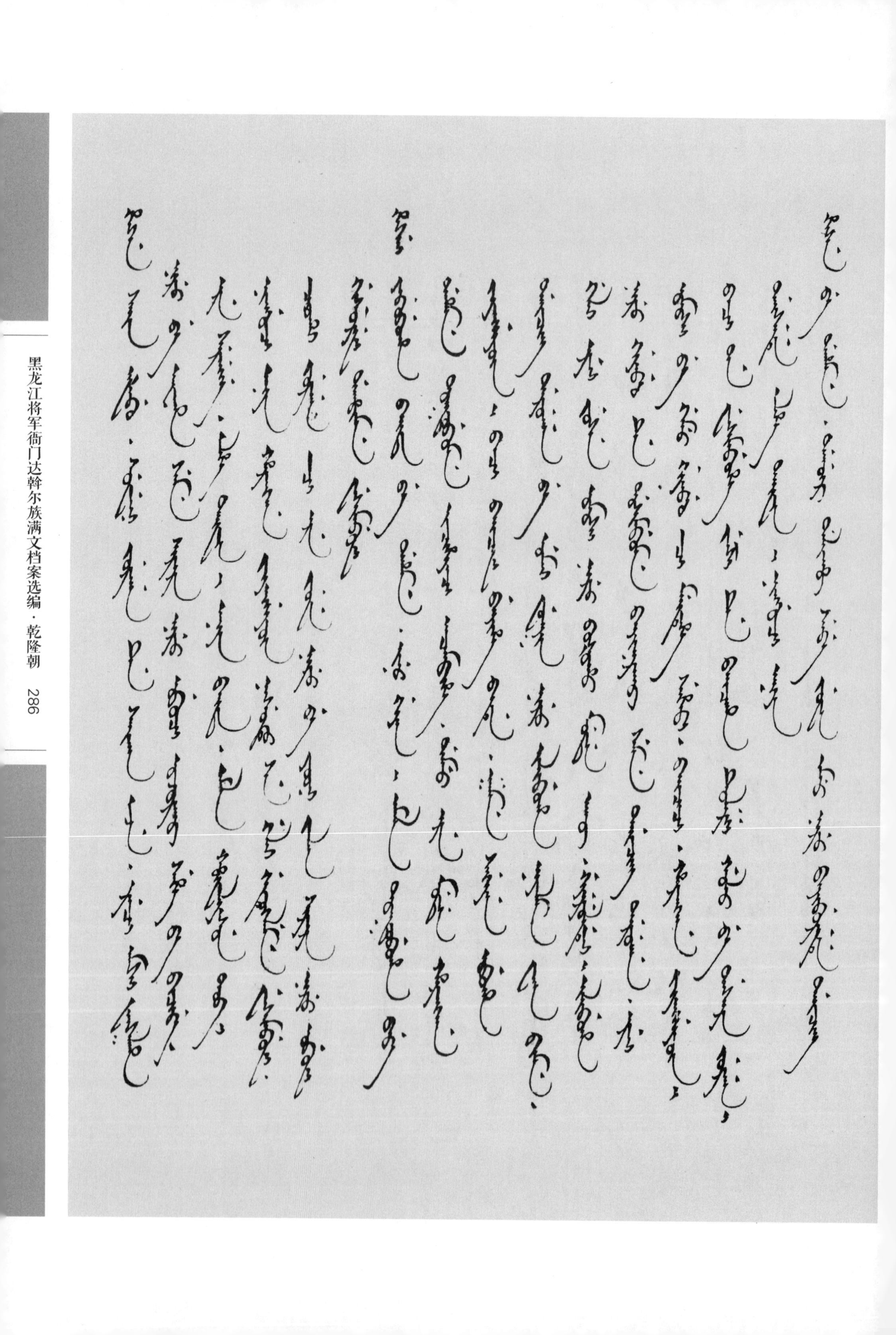

[illegible]

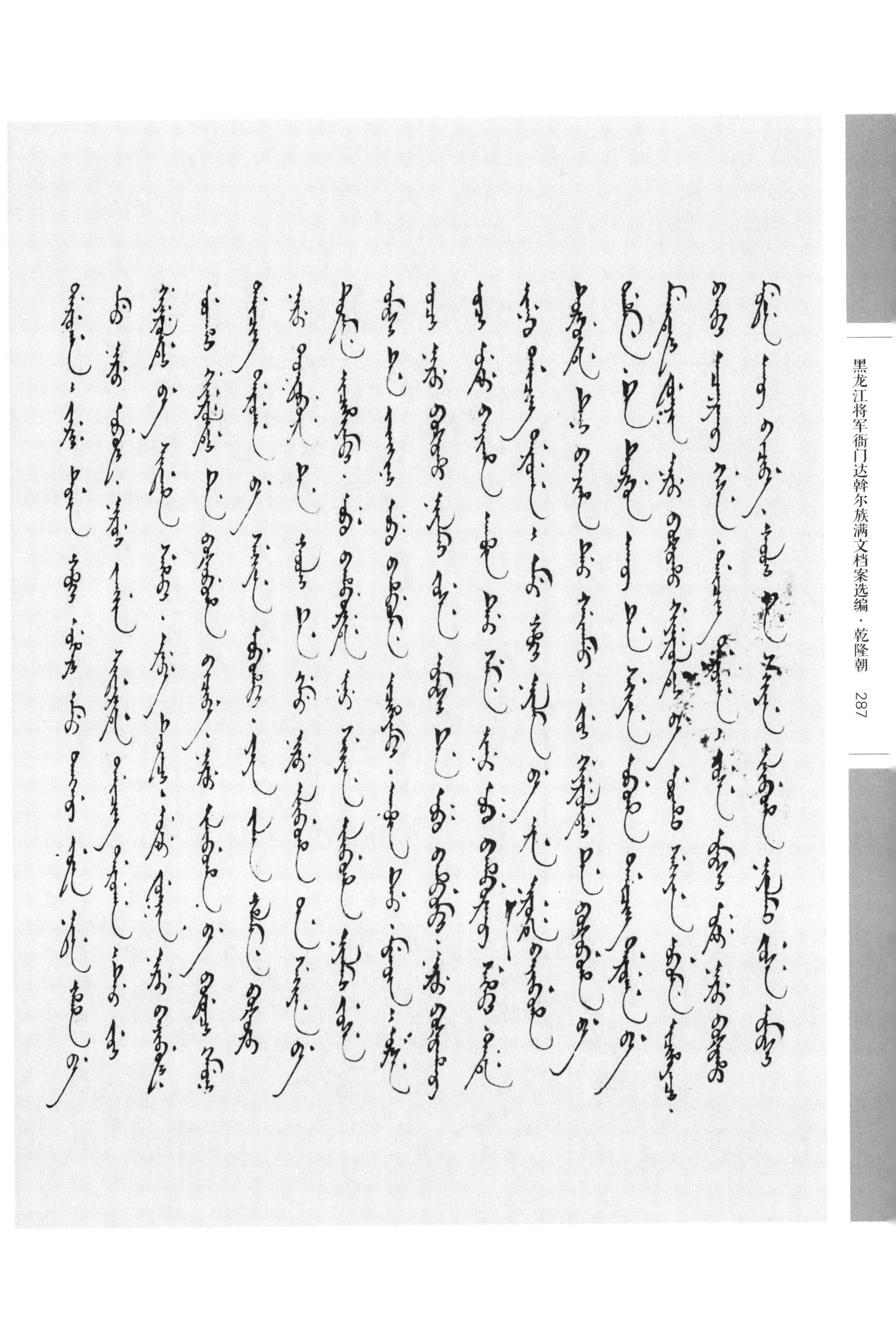

[illegible]

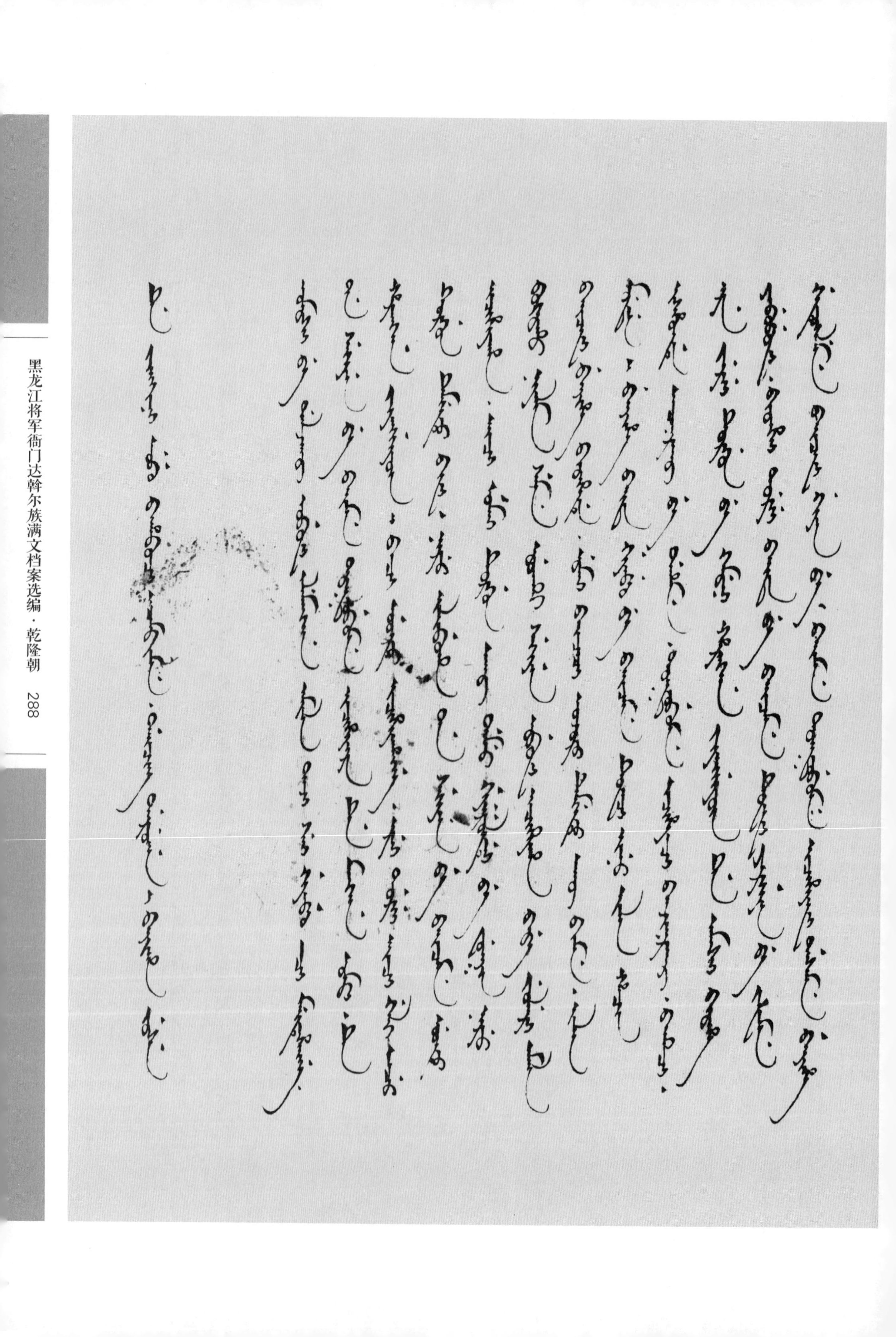

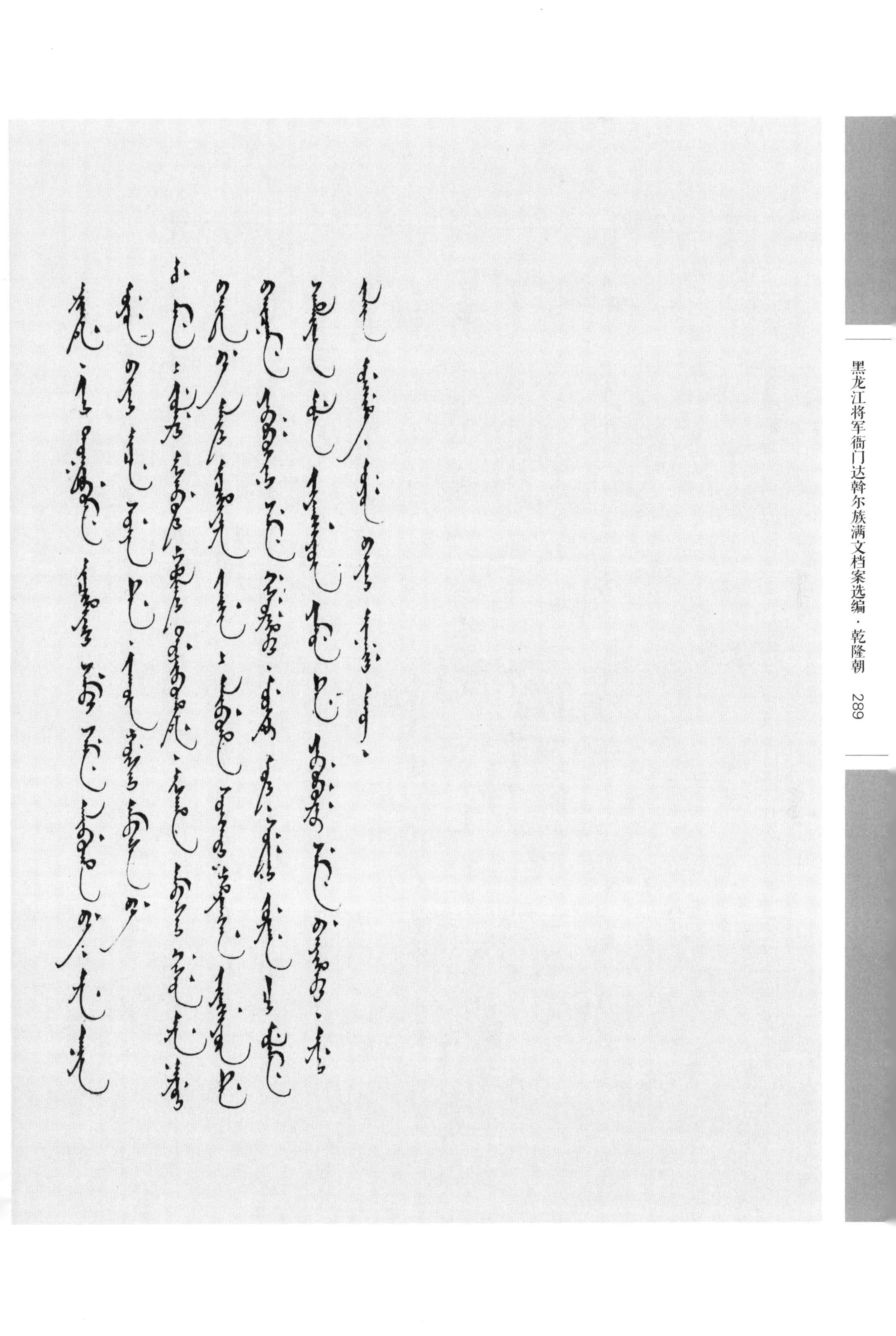

[illegible]

二六八　镶黄满洲旗为查明镶黄旗达斡尔佐领托尼逊丹巴等源流事咨黑龙江将军衙门文

乾隆九年十二月初四日

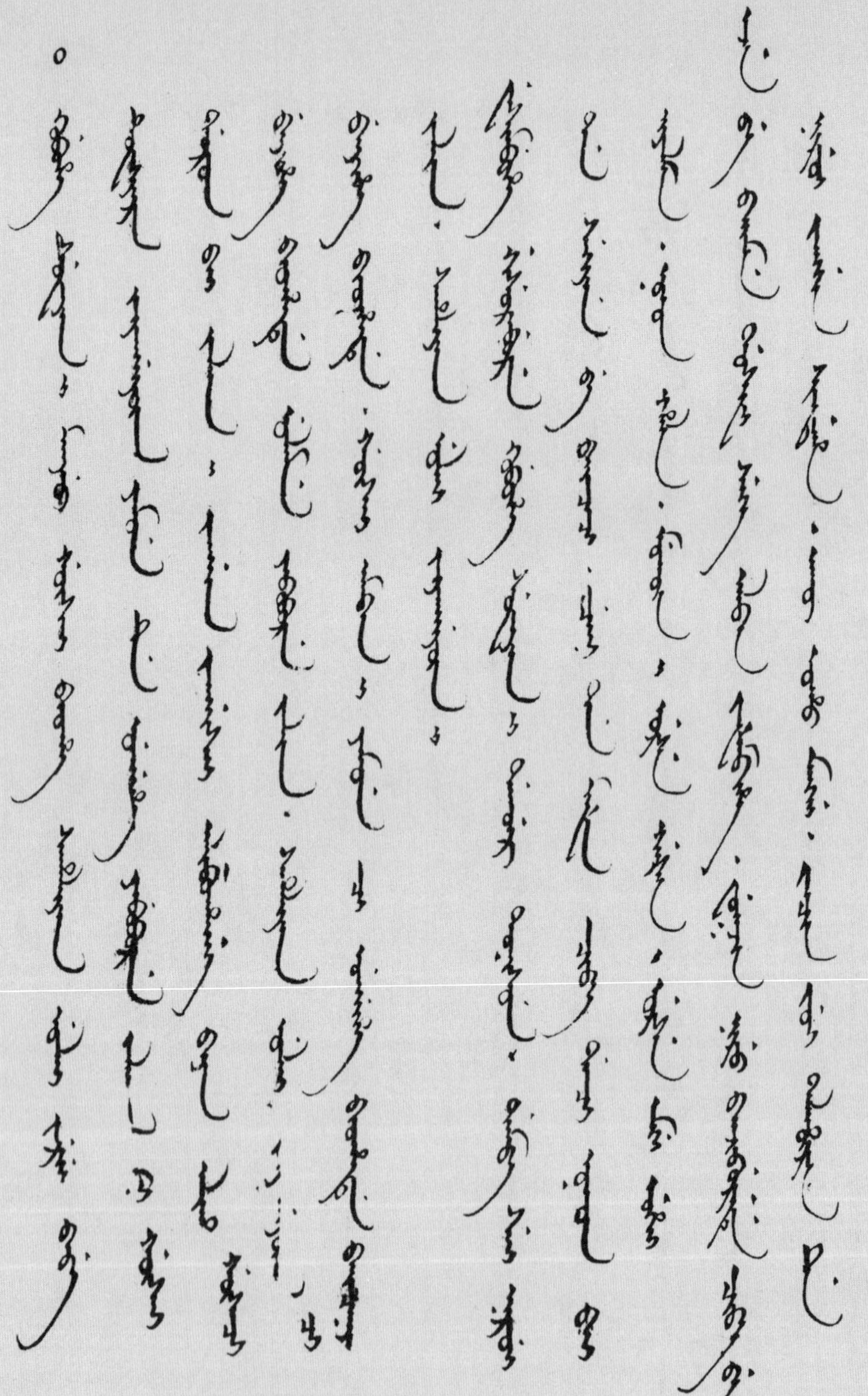

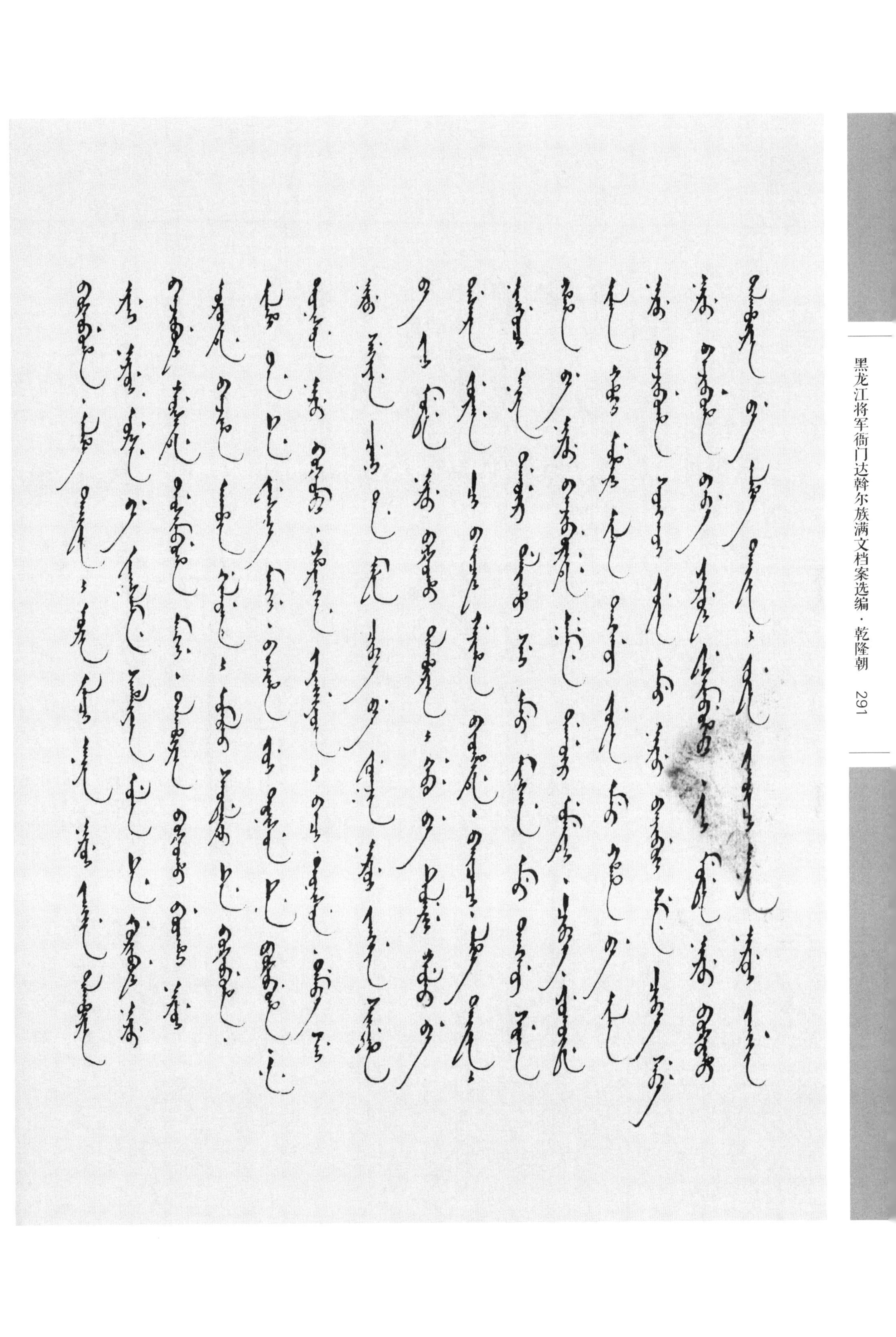

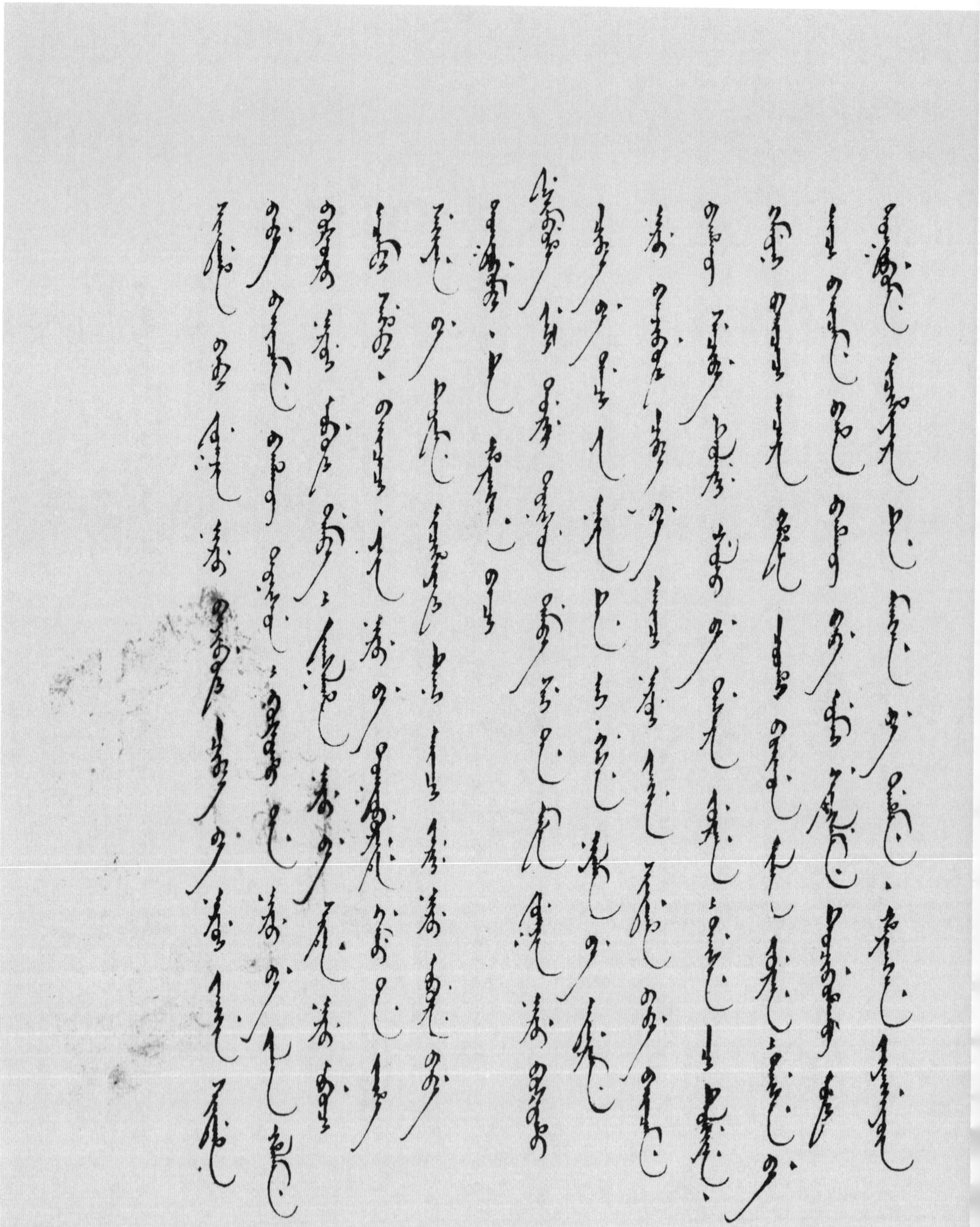

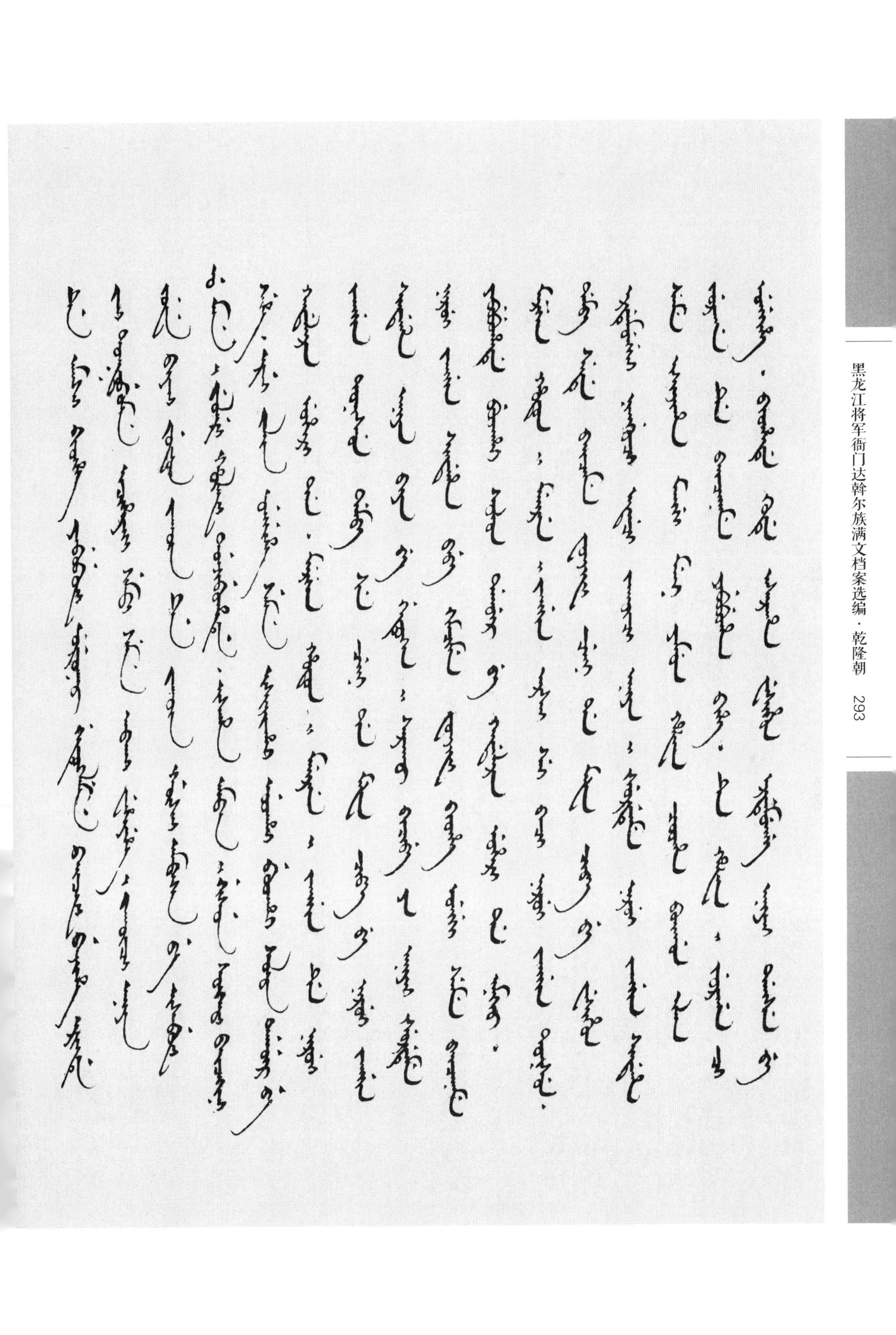

[illegible]

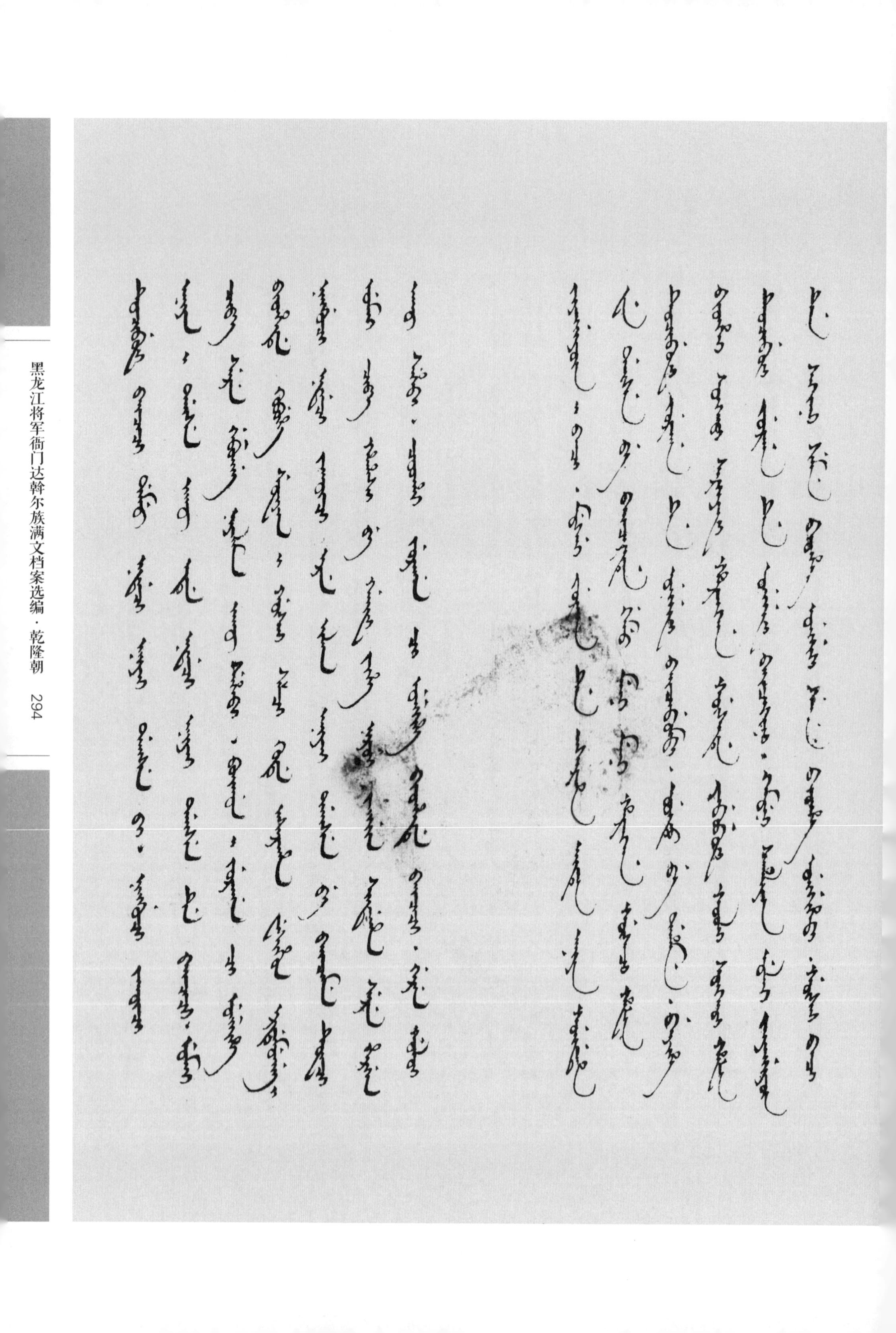

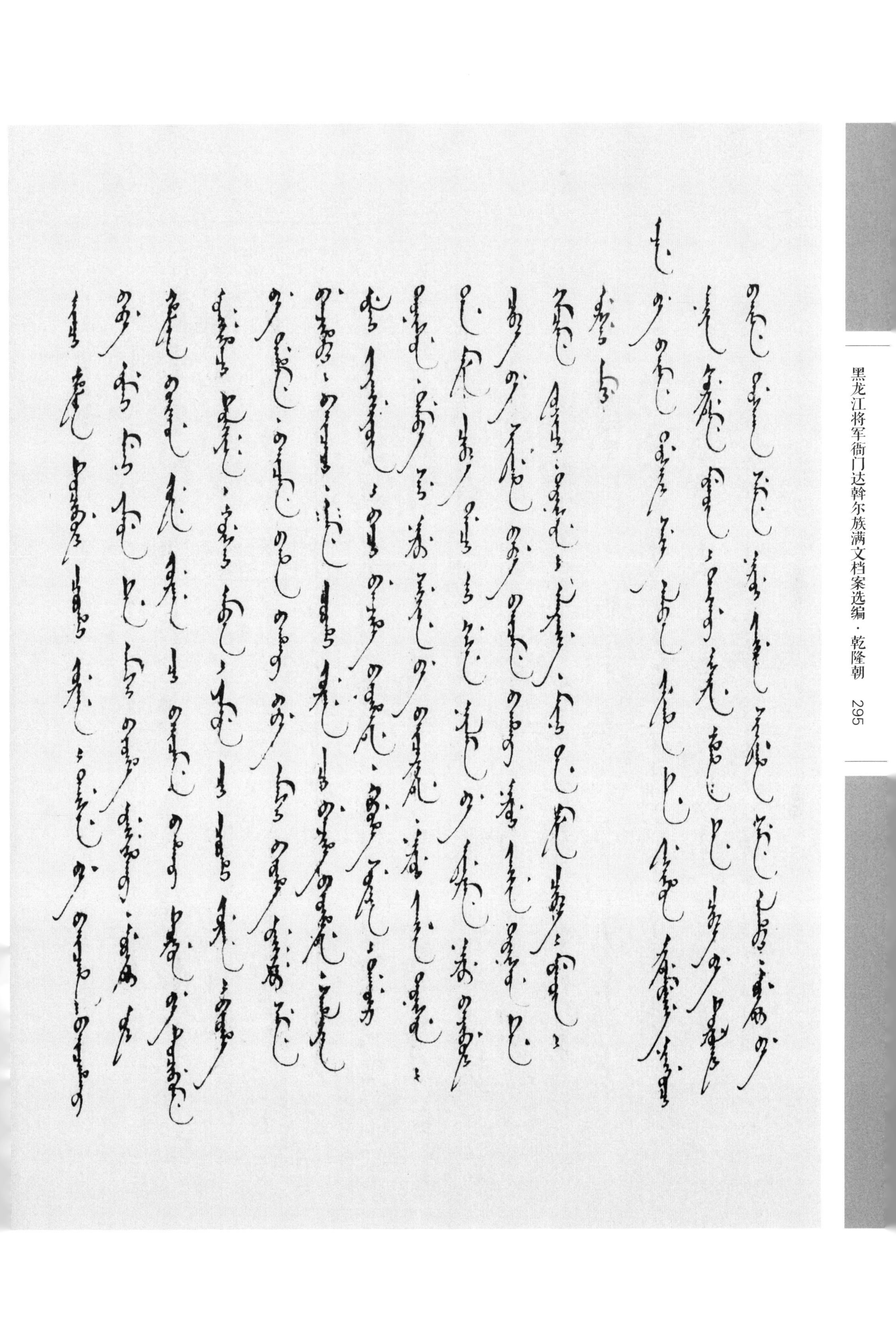

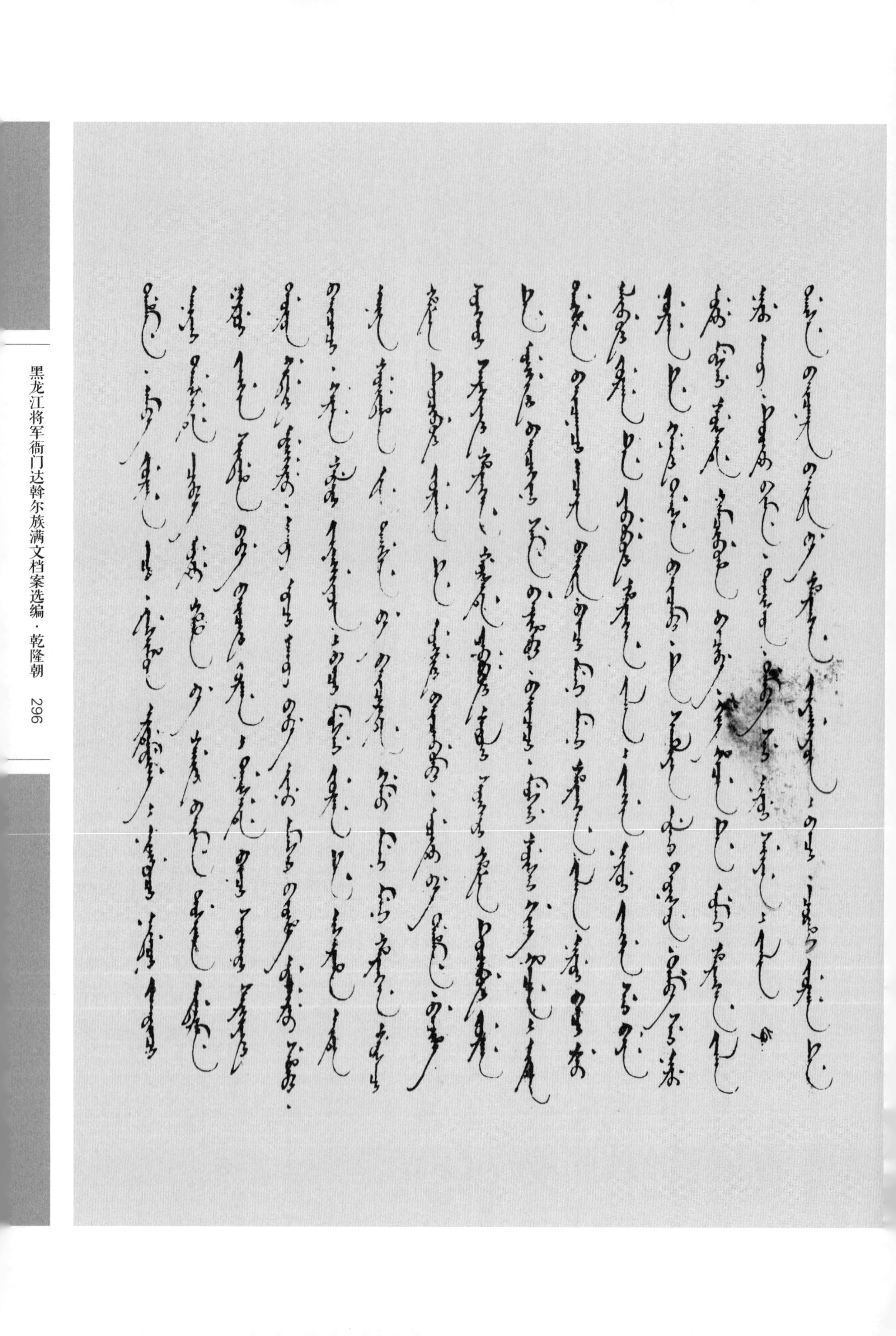

[illegible]

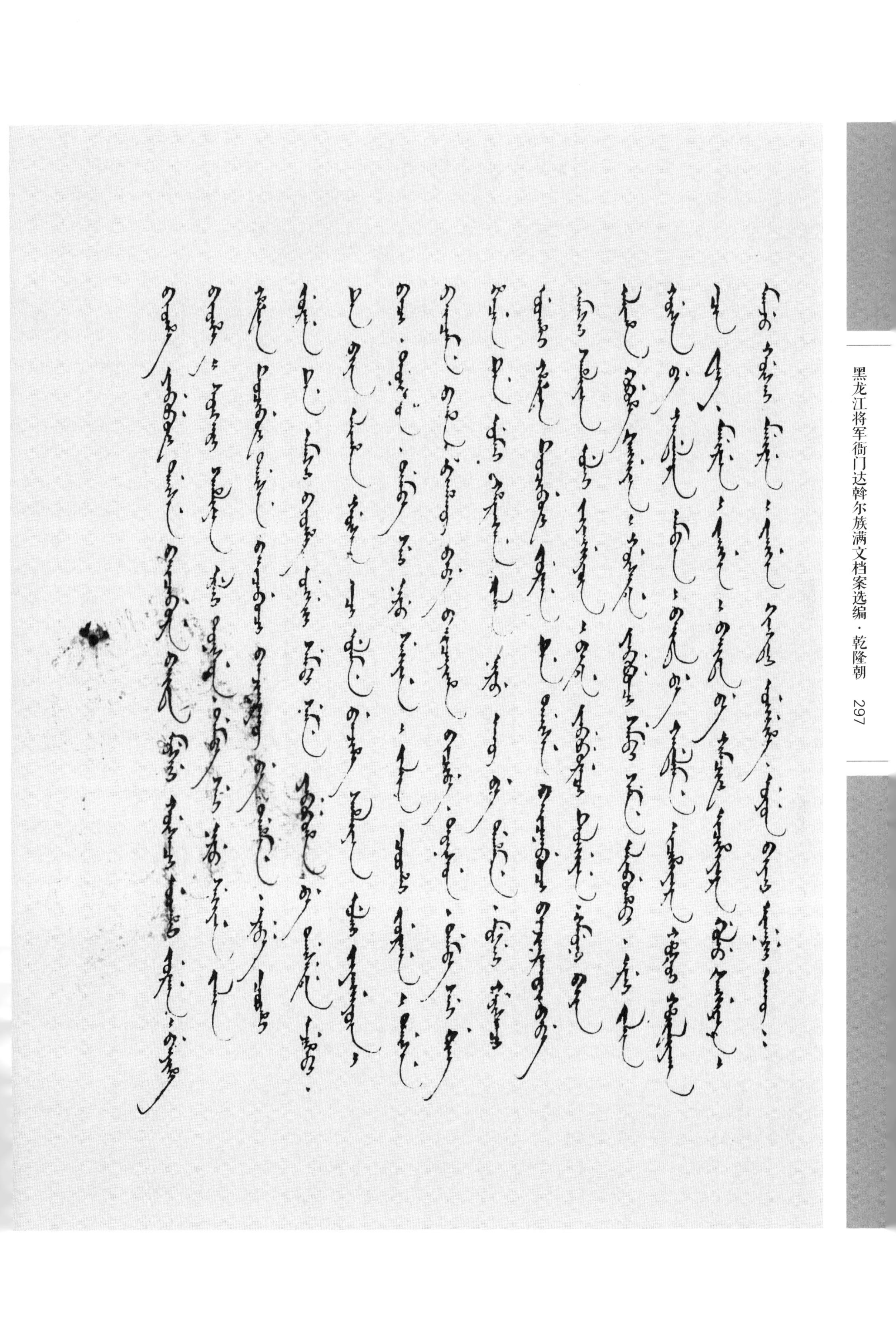

[illegible]

二六九 黑龙江将军衙门为请核查布特哈镶黄旗达斡尔佐领托尼逊等崇德年间档册事咨兵部文

乾隆九年十二月十三日

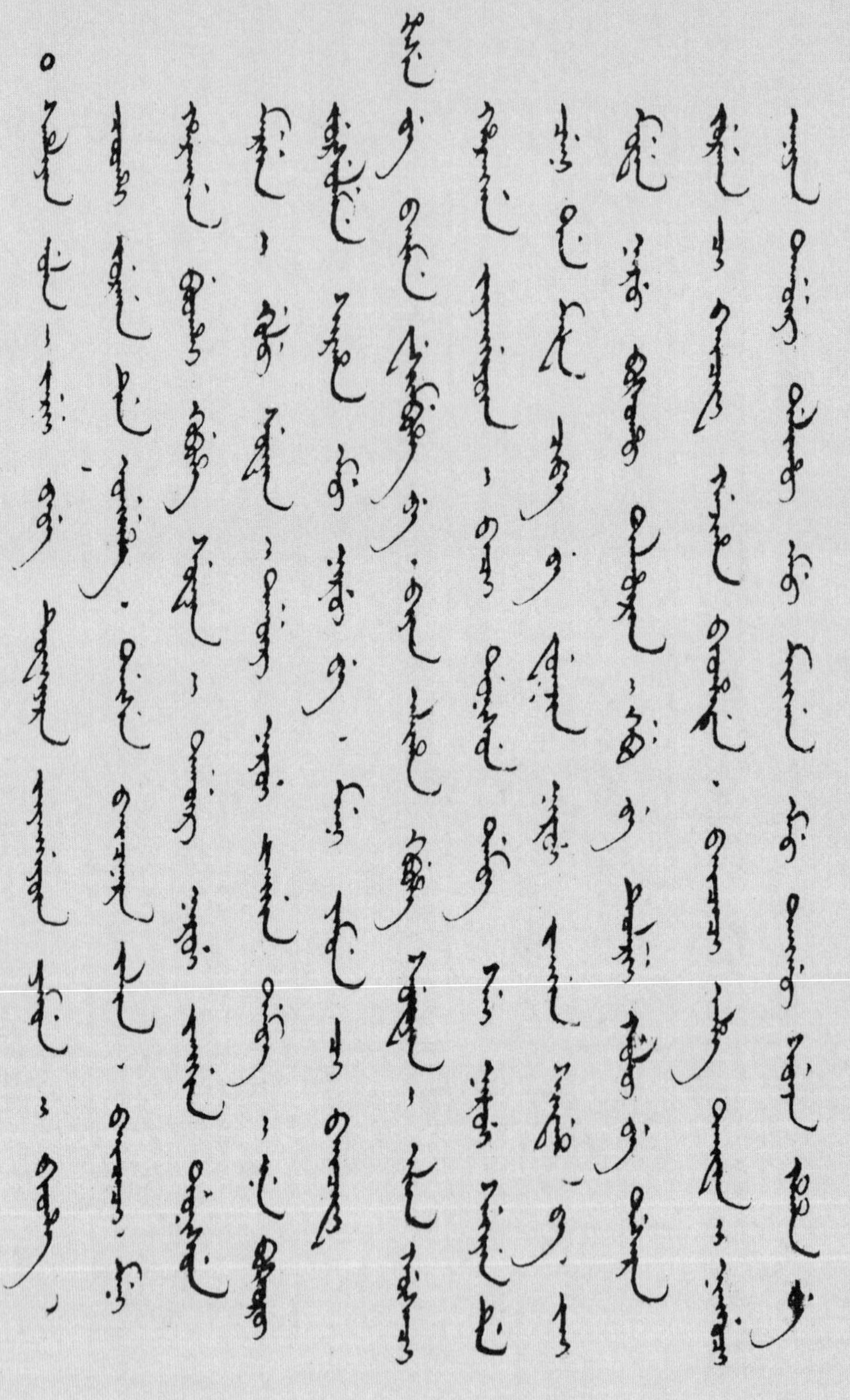

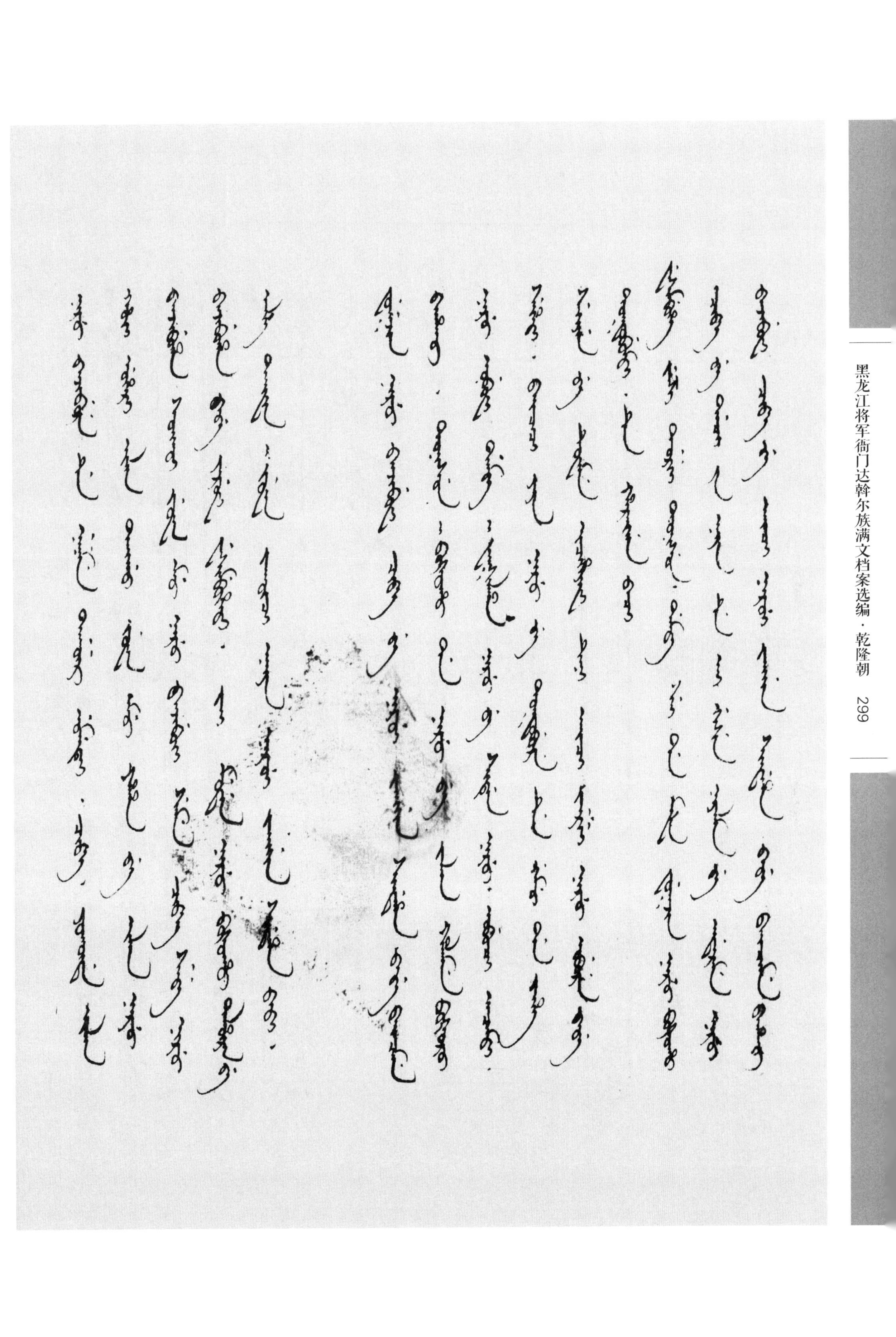

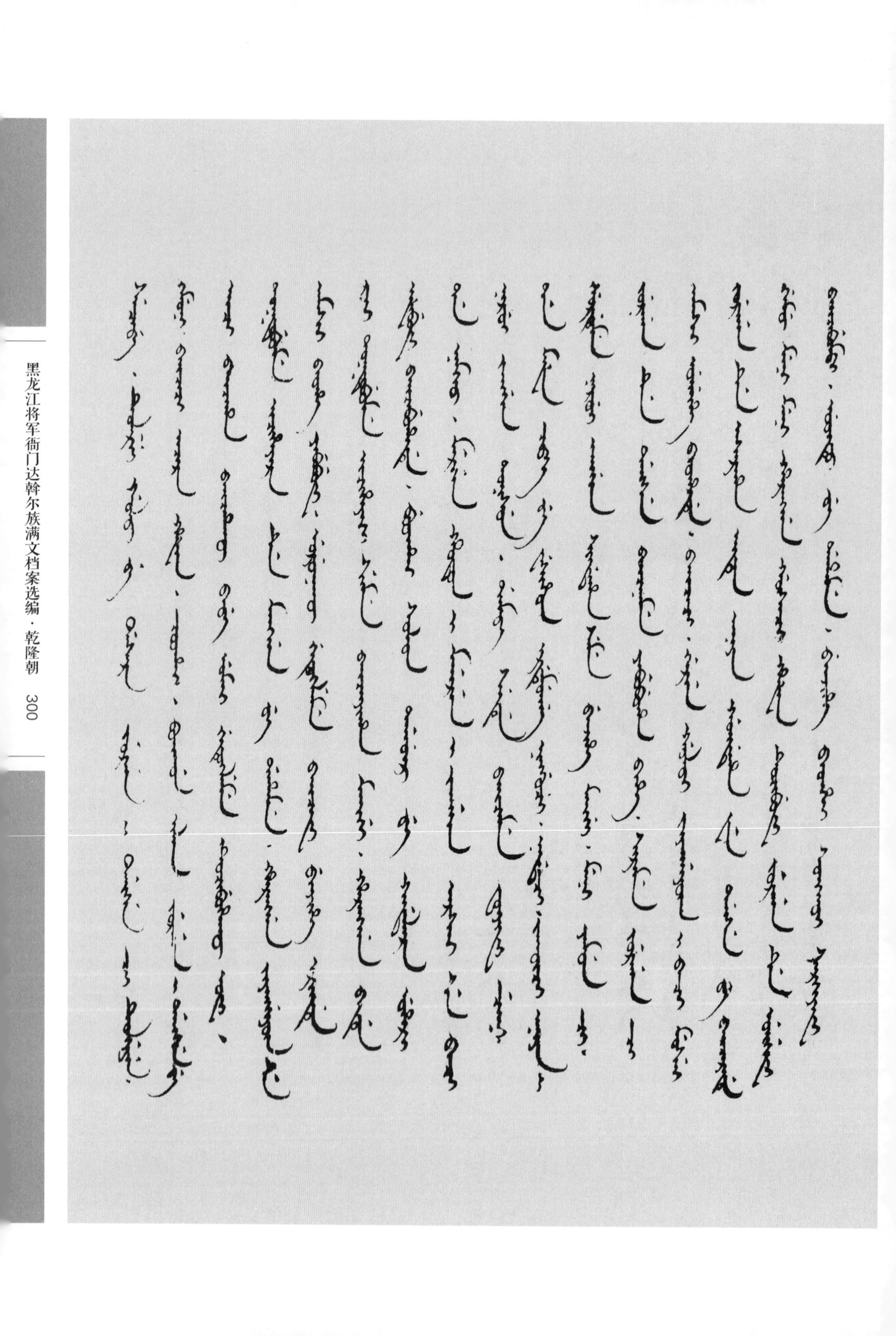

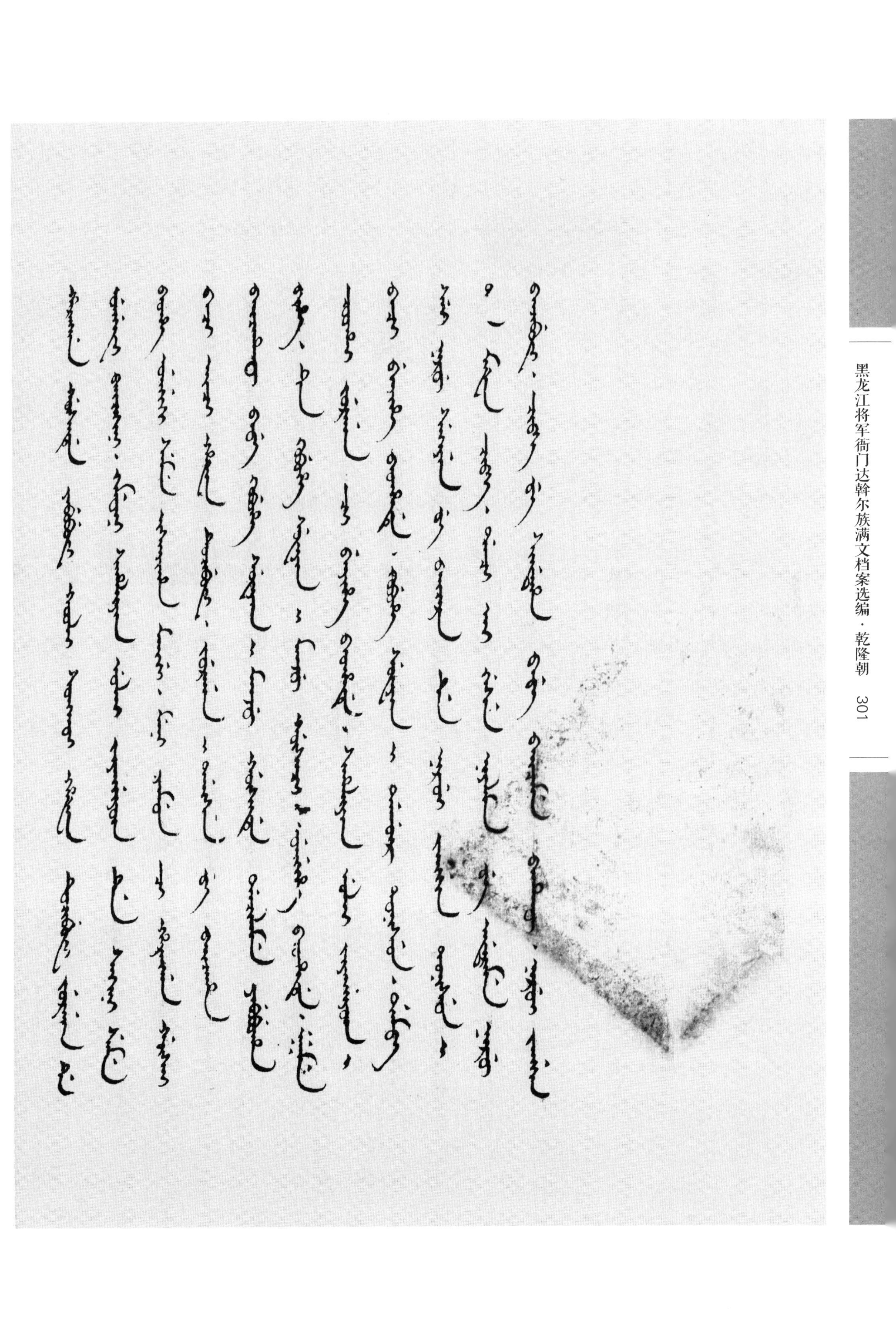

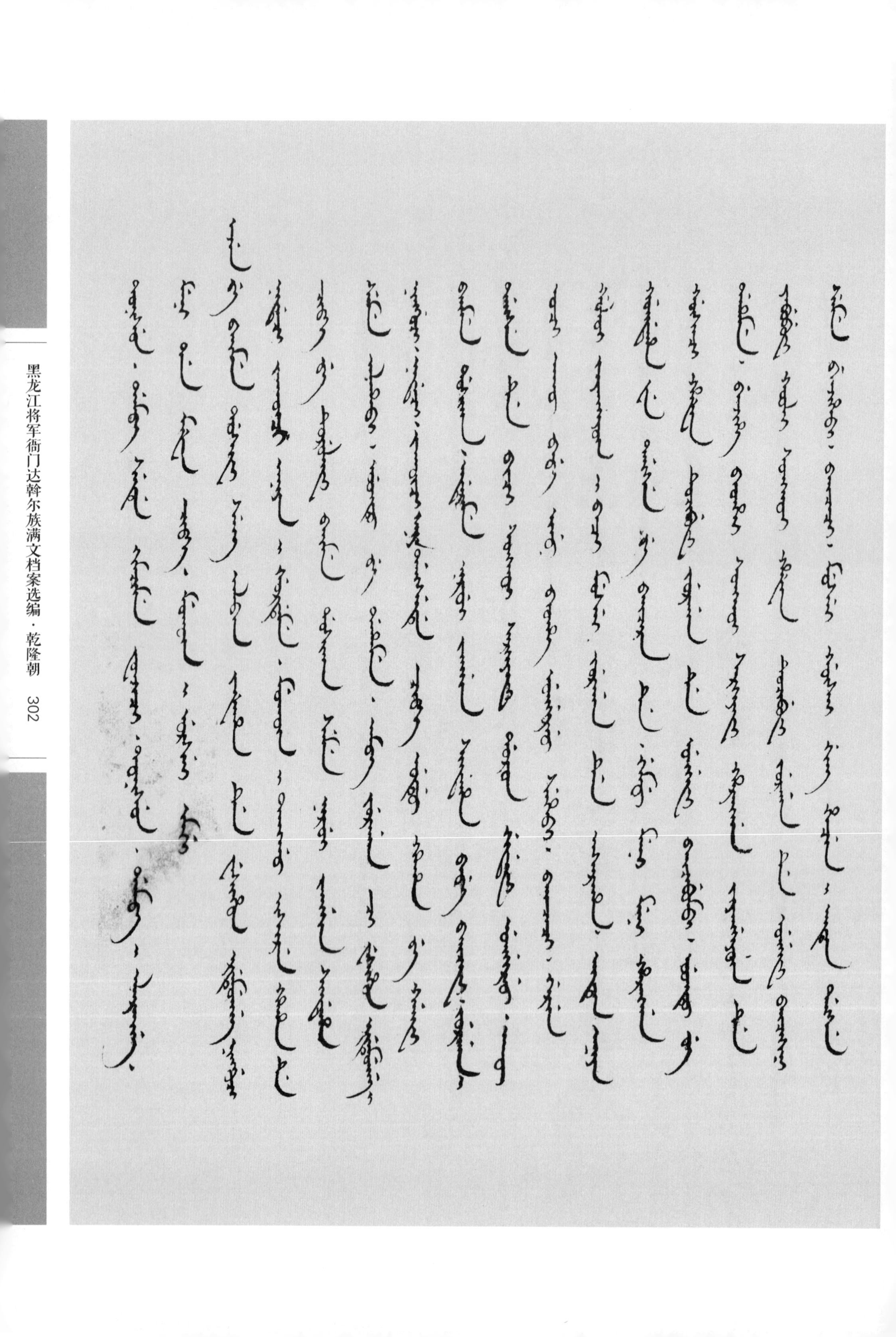

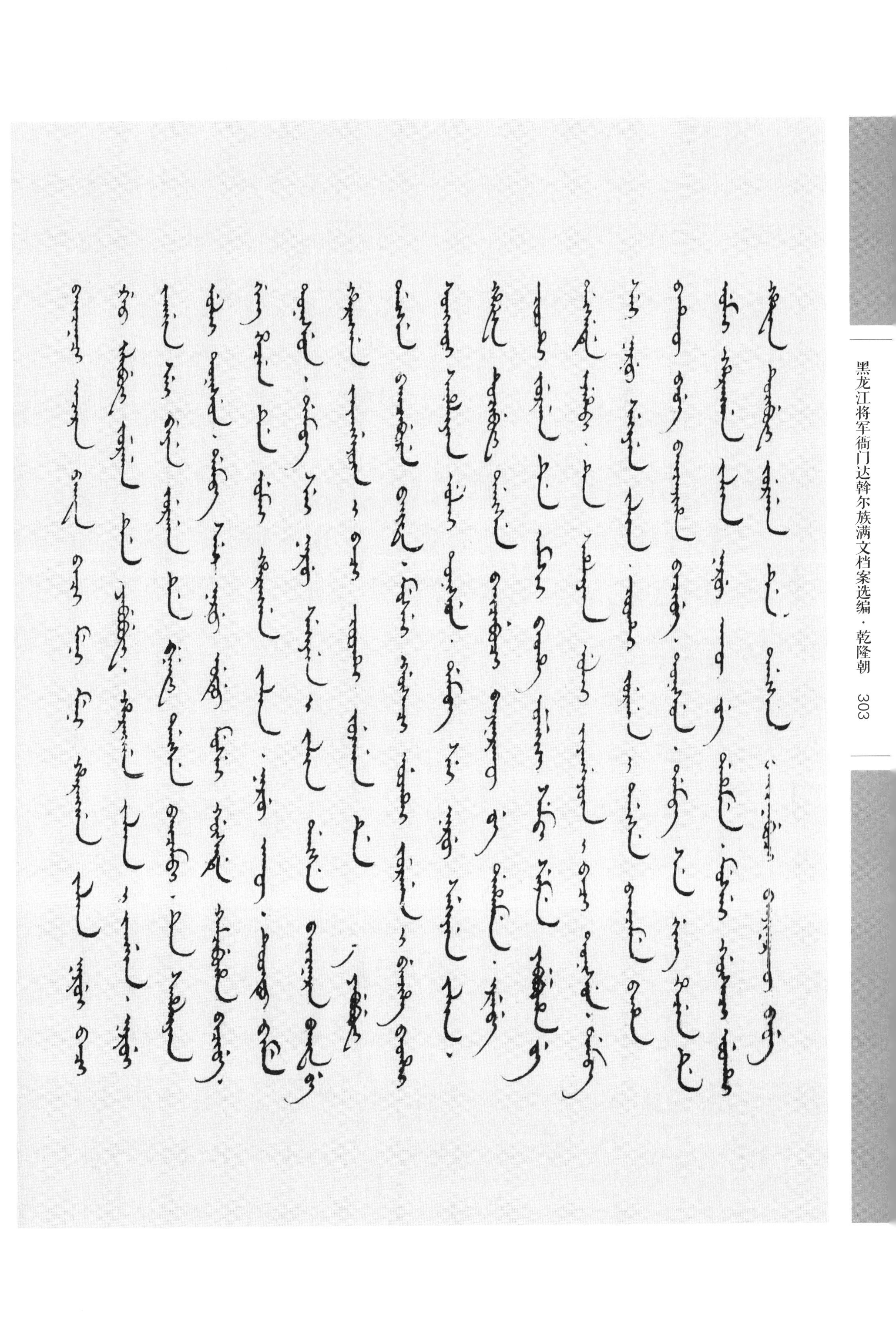

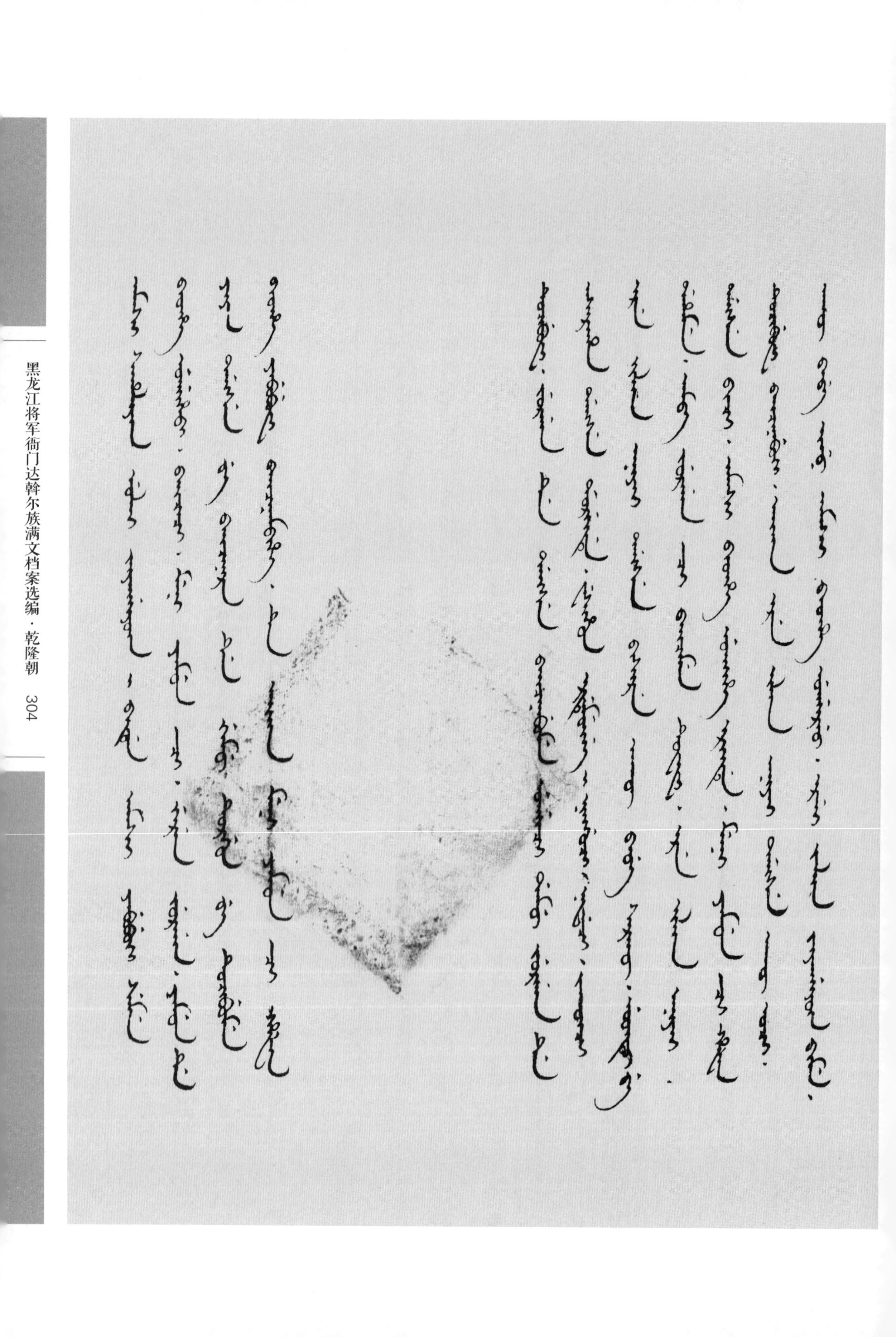

[illegible]

[illegible]

[illegible]

[illegible]

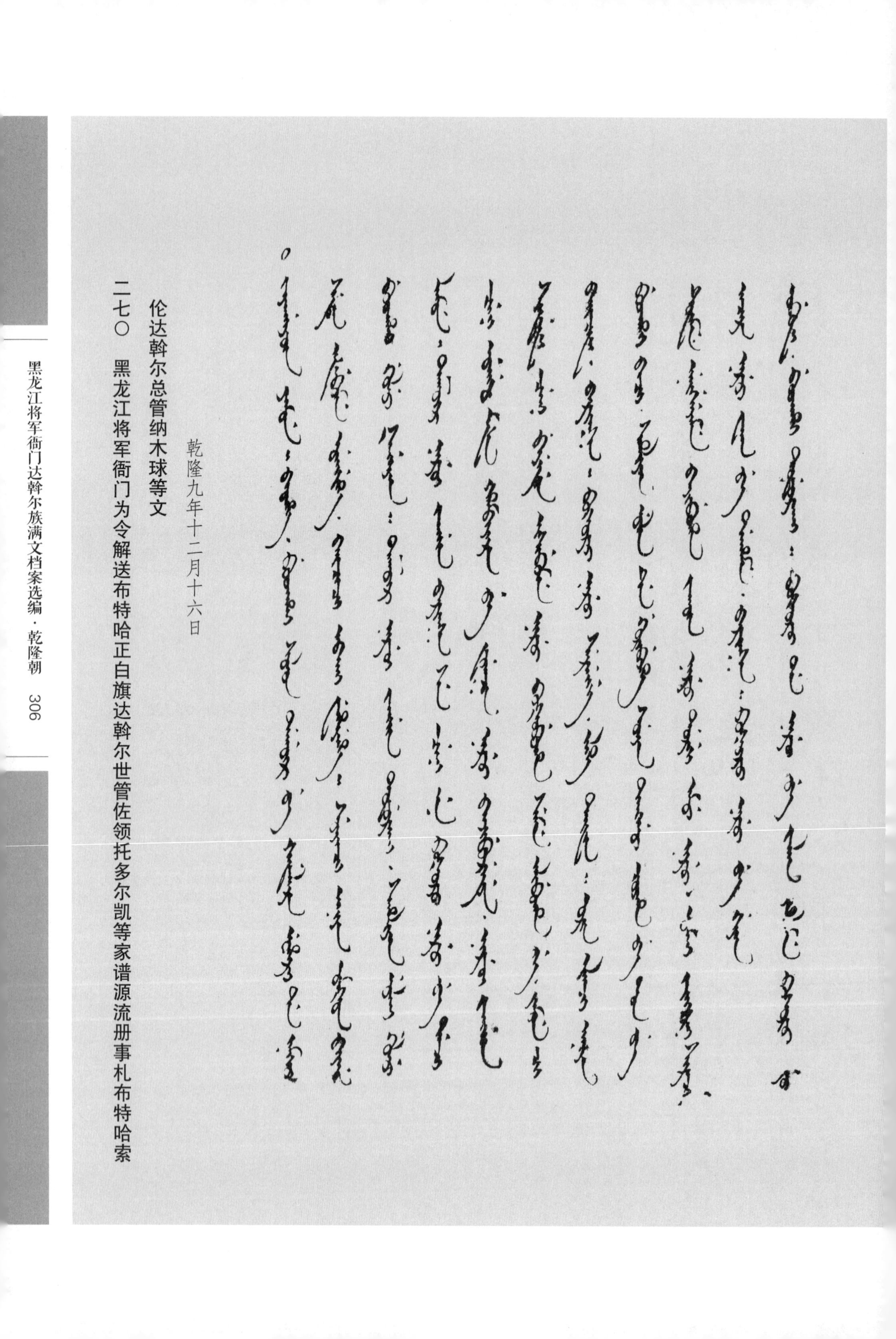

二七〇　黑龙江将军衙门为令解送布特哈正白旗达斡尔世管佐领托多尔凯等家谱源流册事札布特哈索伦达斡尔总管纳木球等文

乾隆九年十二月十六日

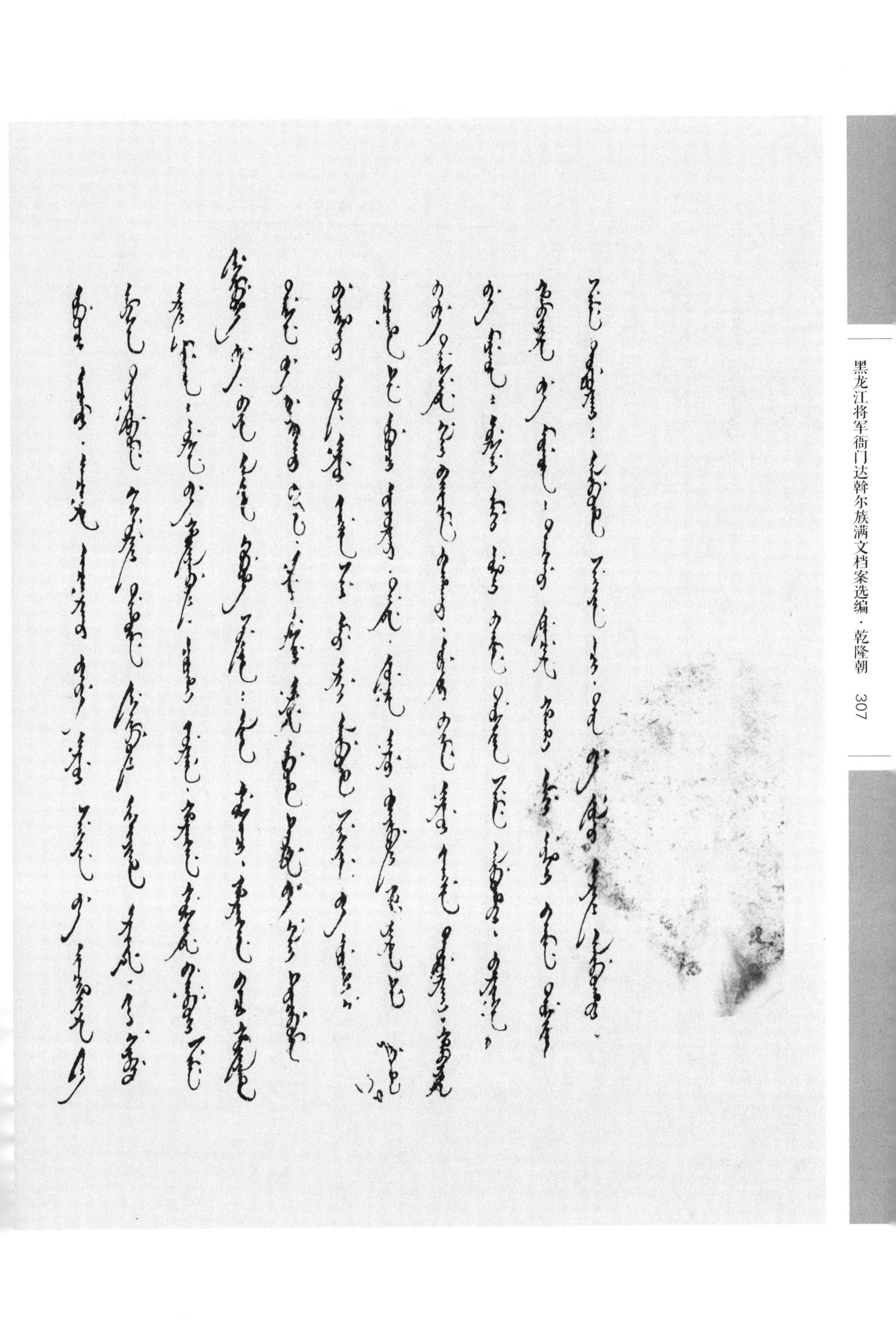

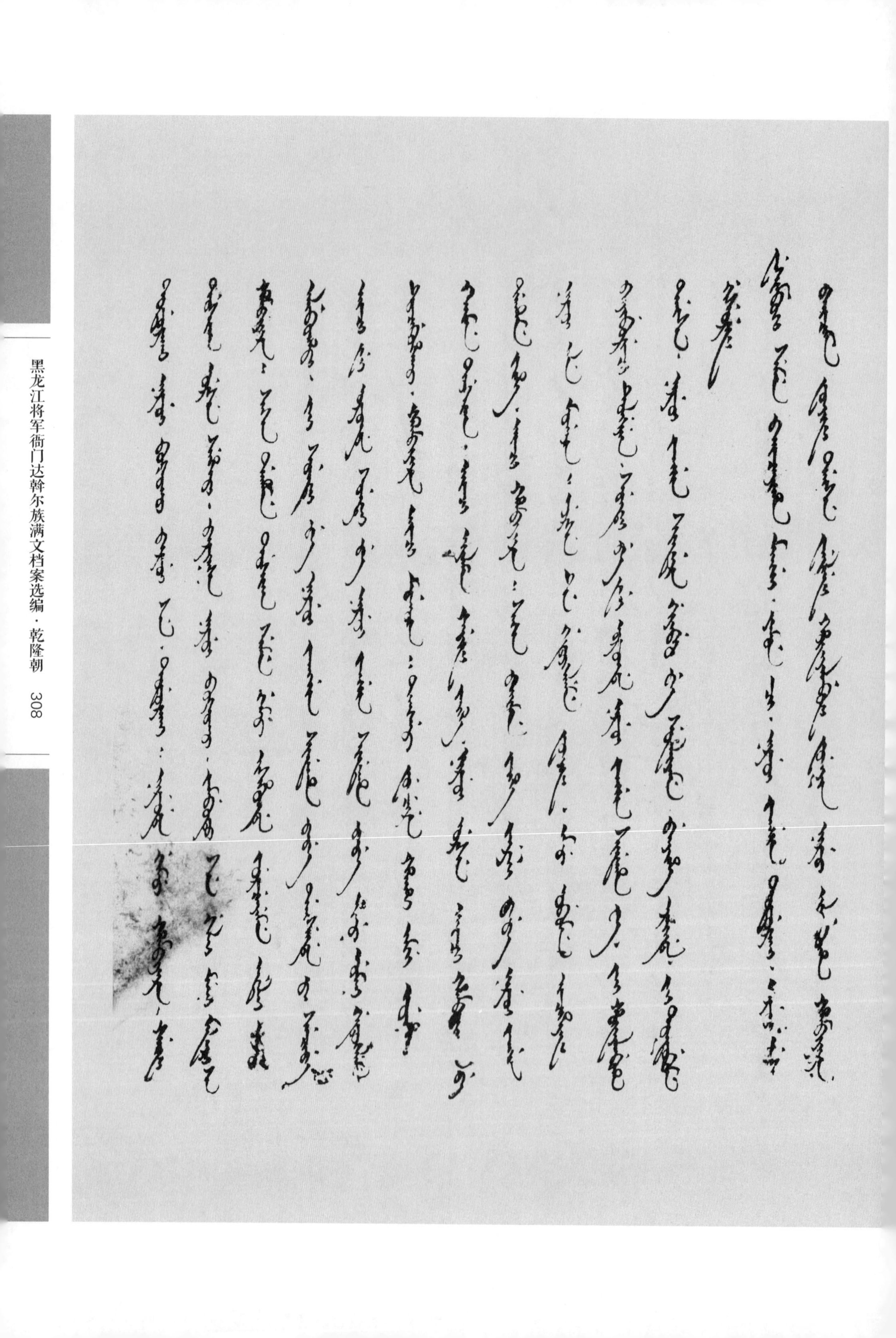

[illegible]

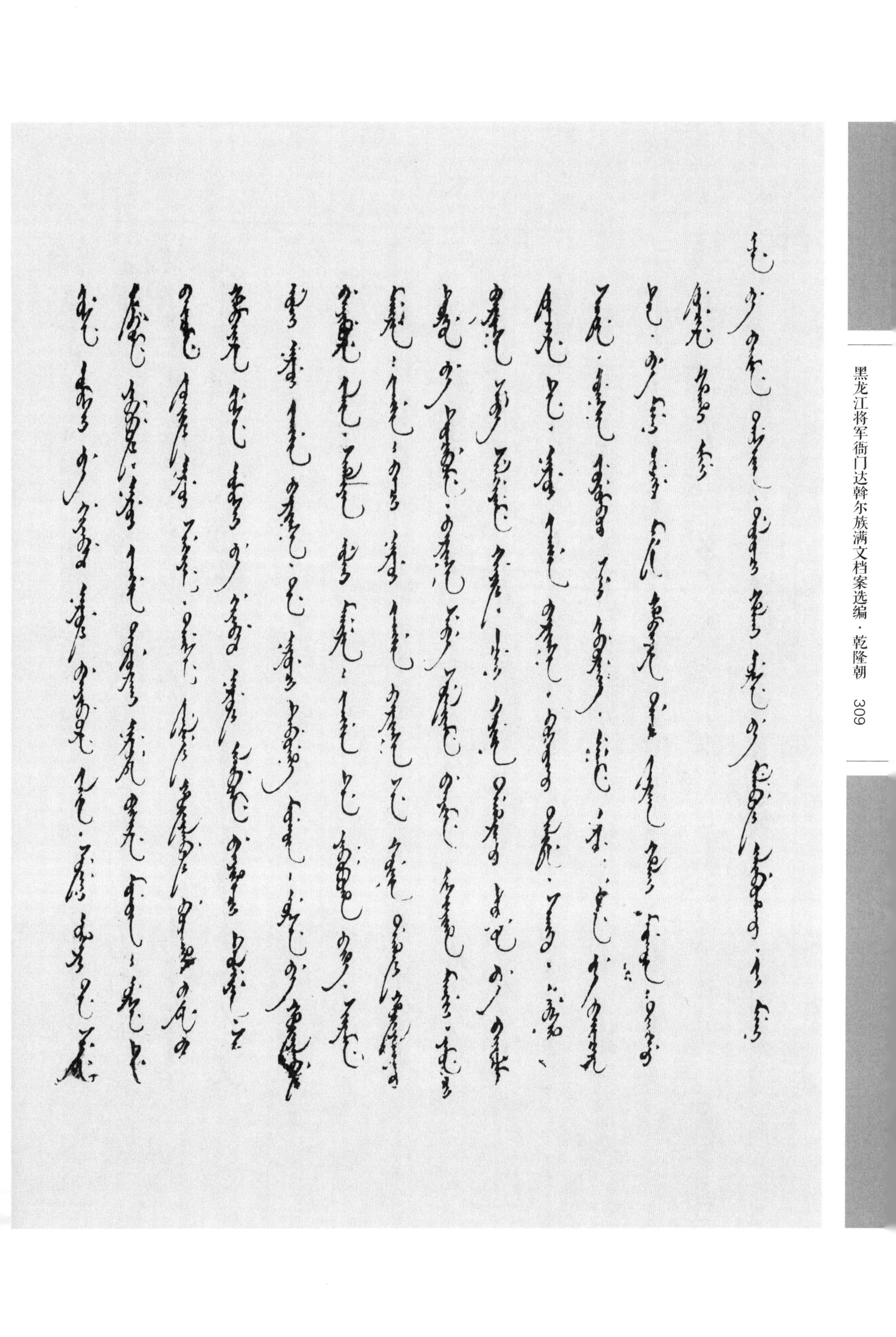

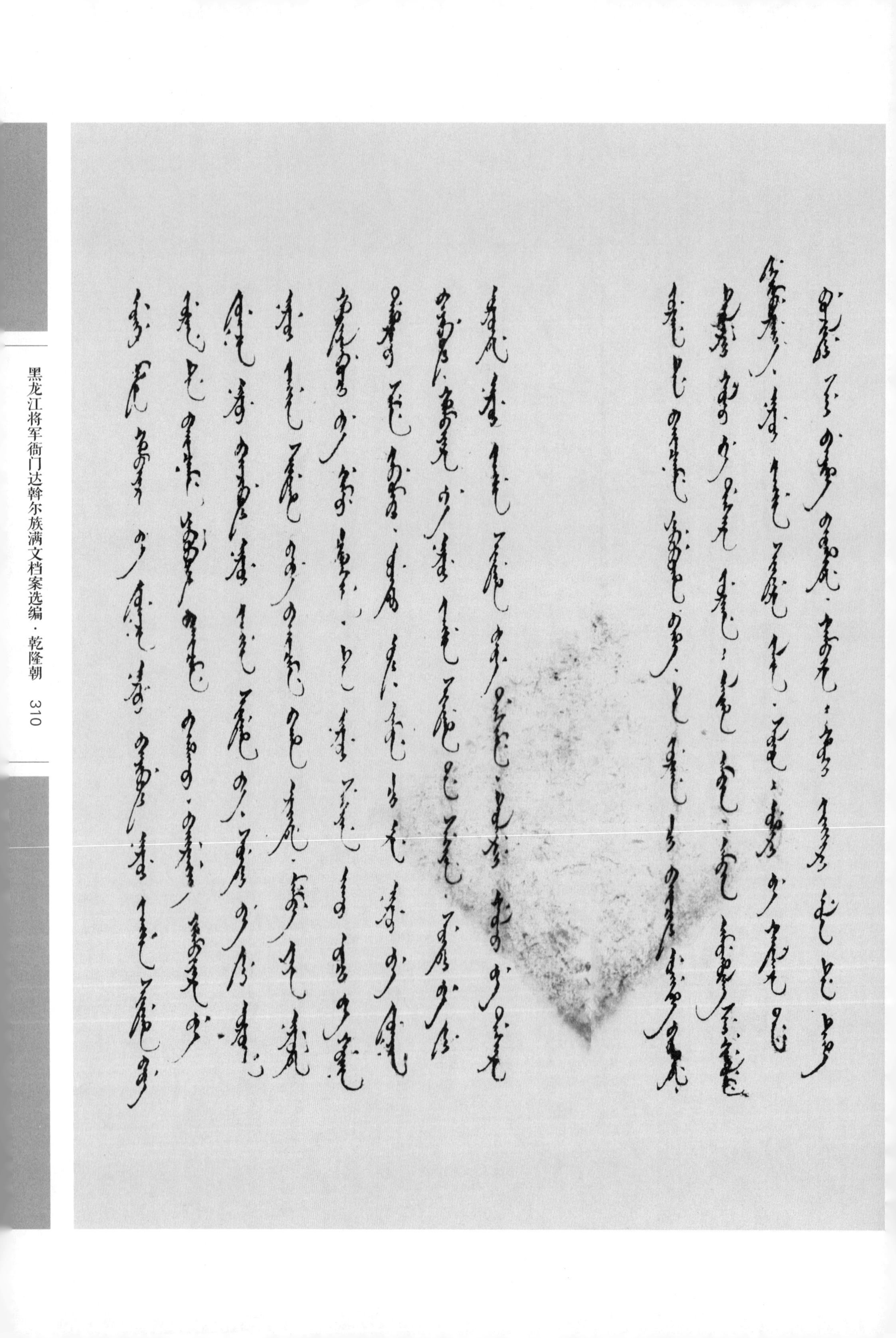

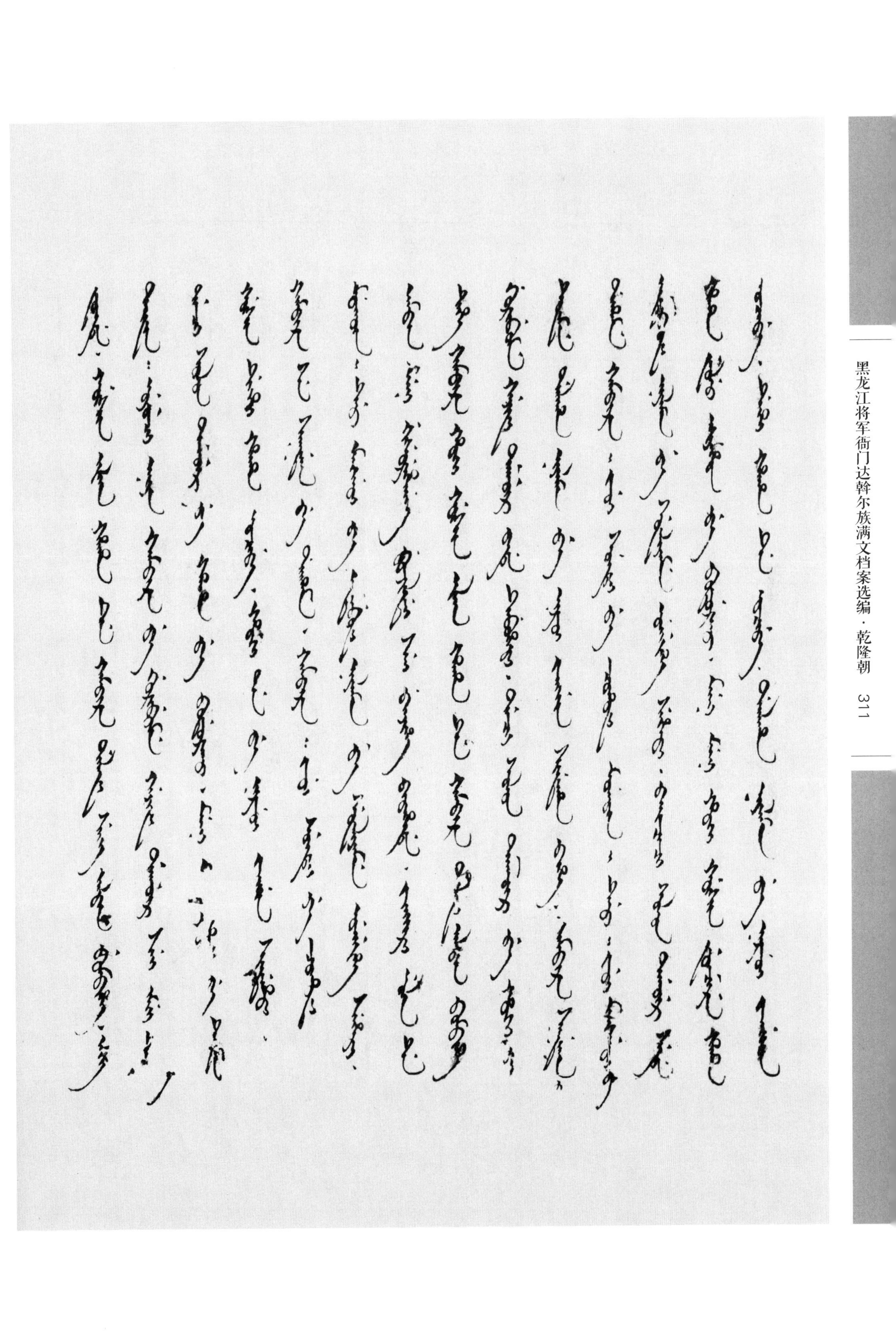

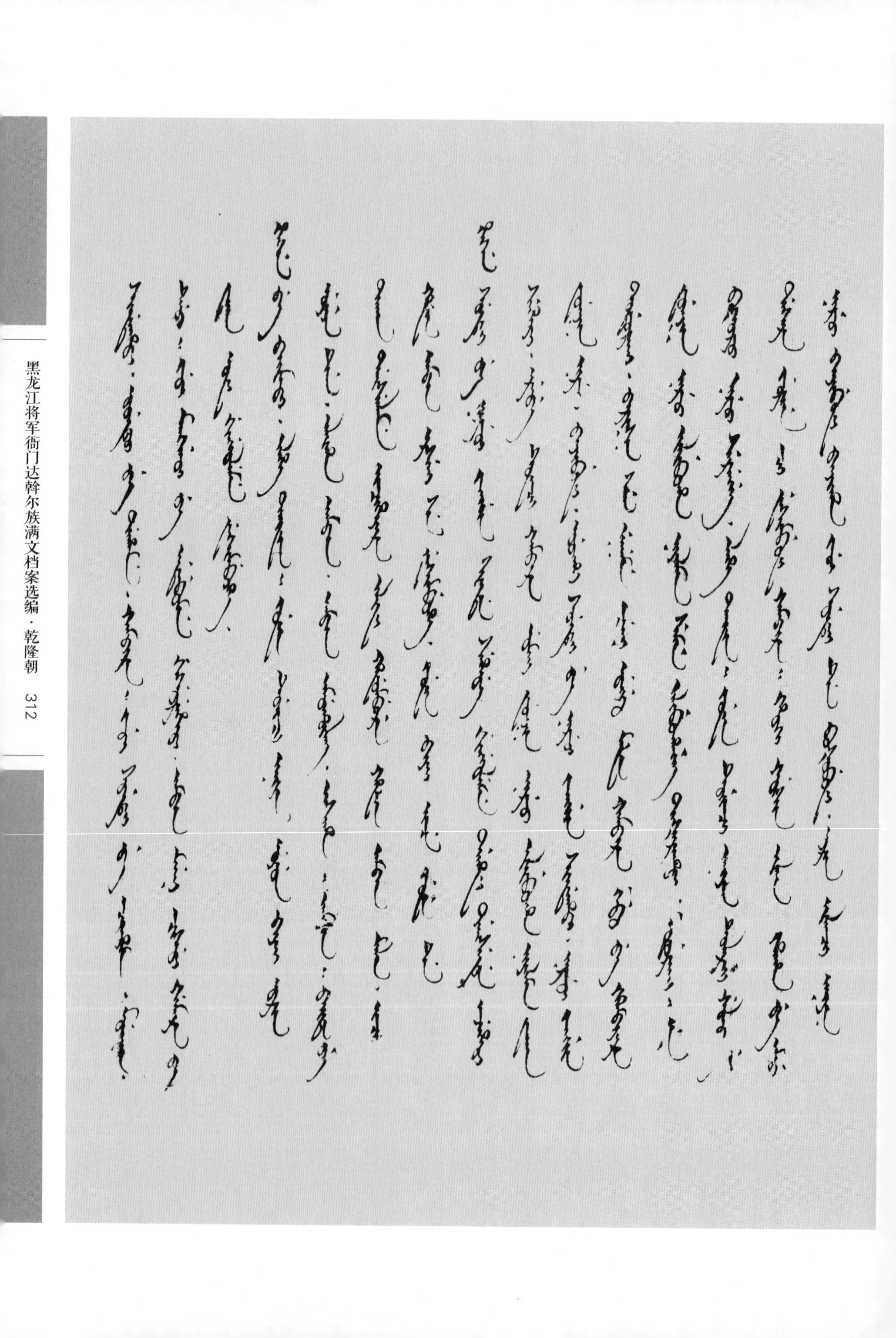

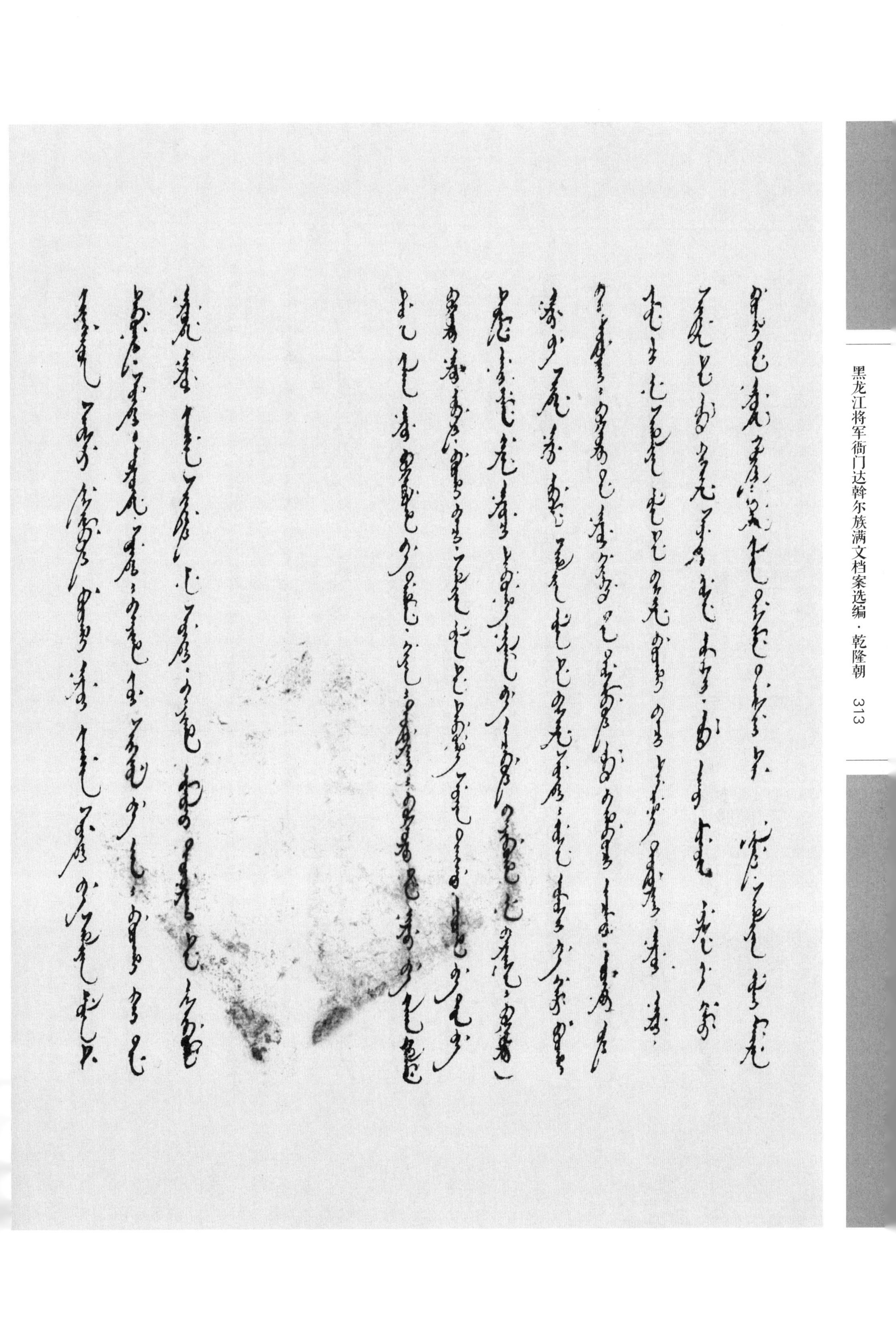

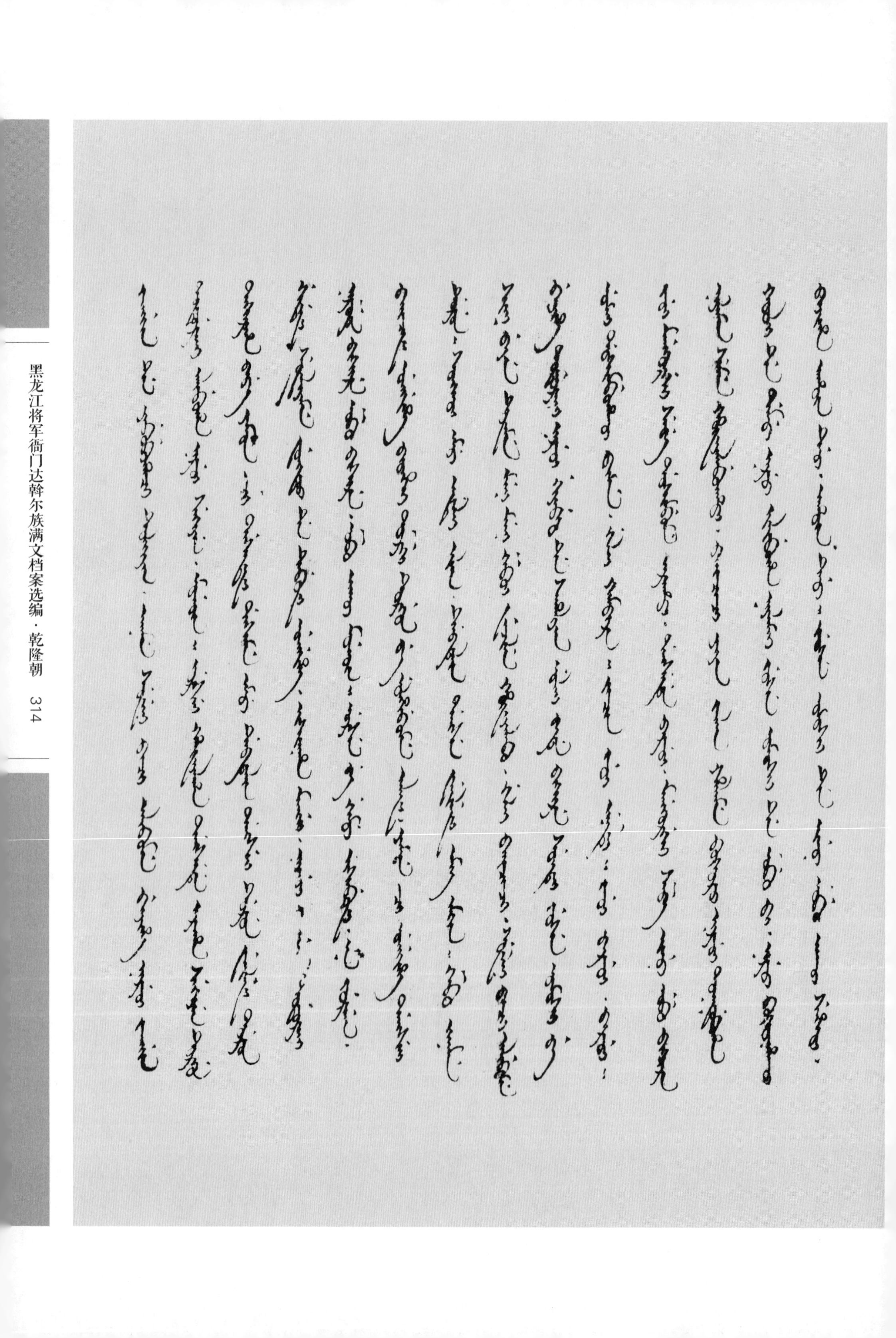

[illegible]

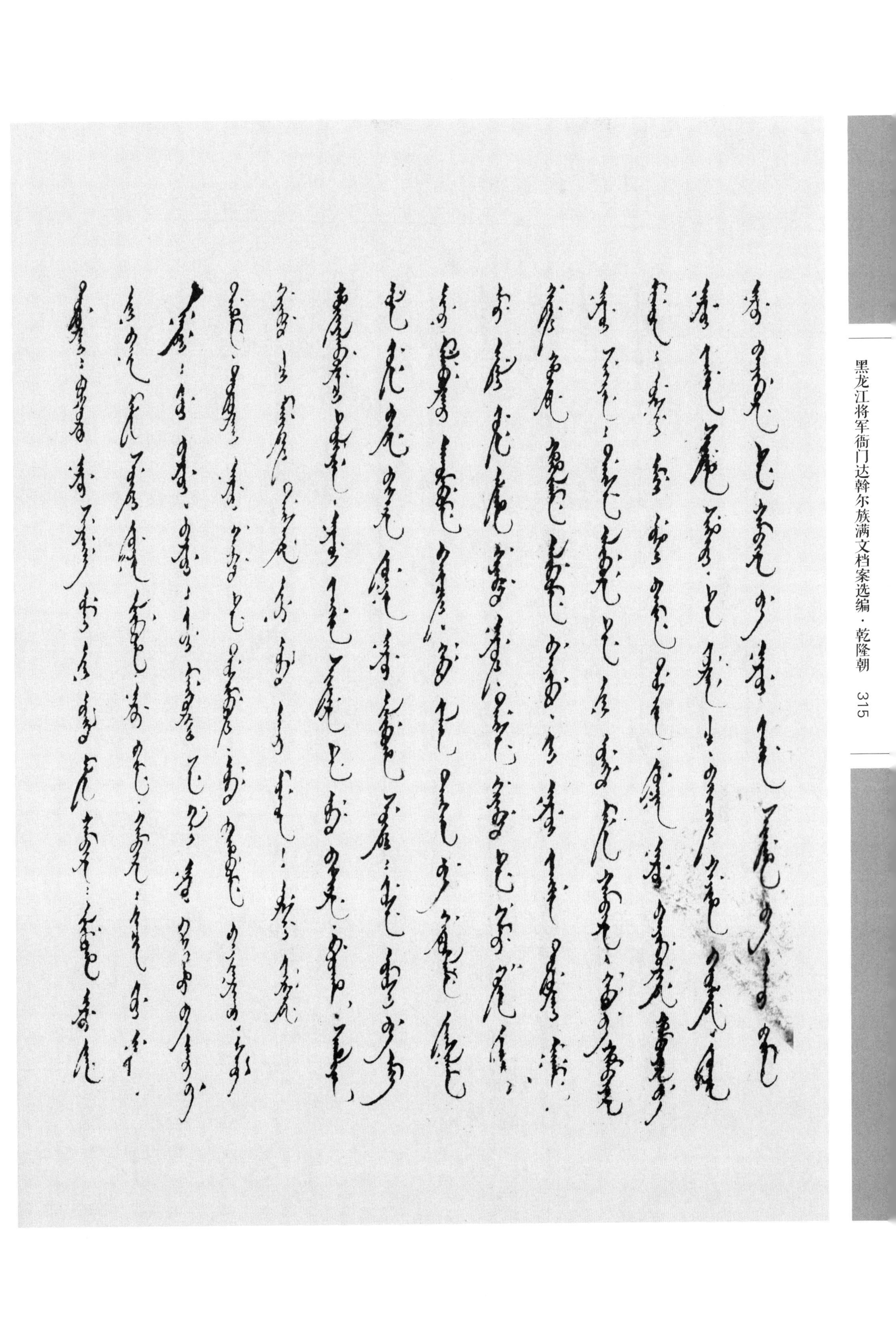

[illegible]

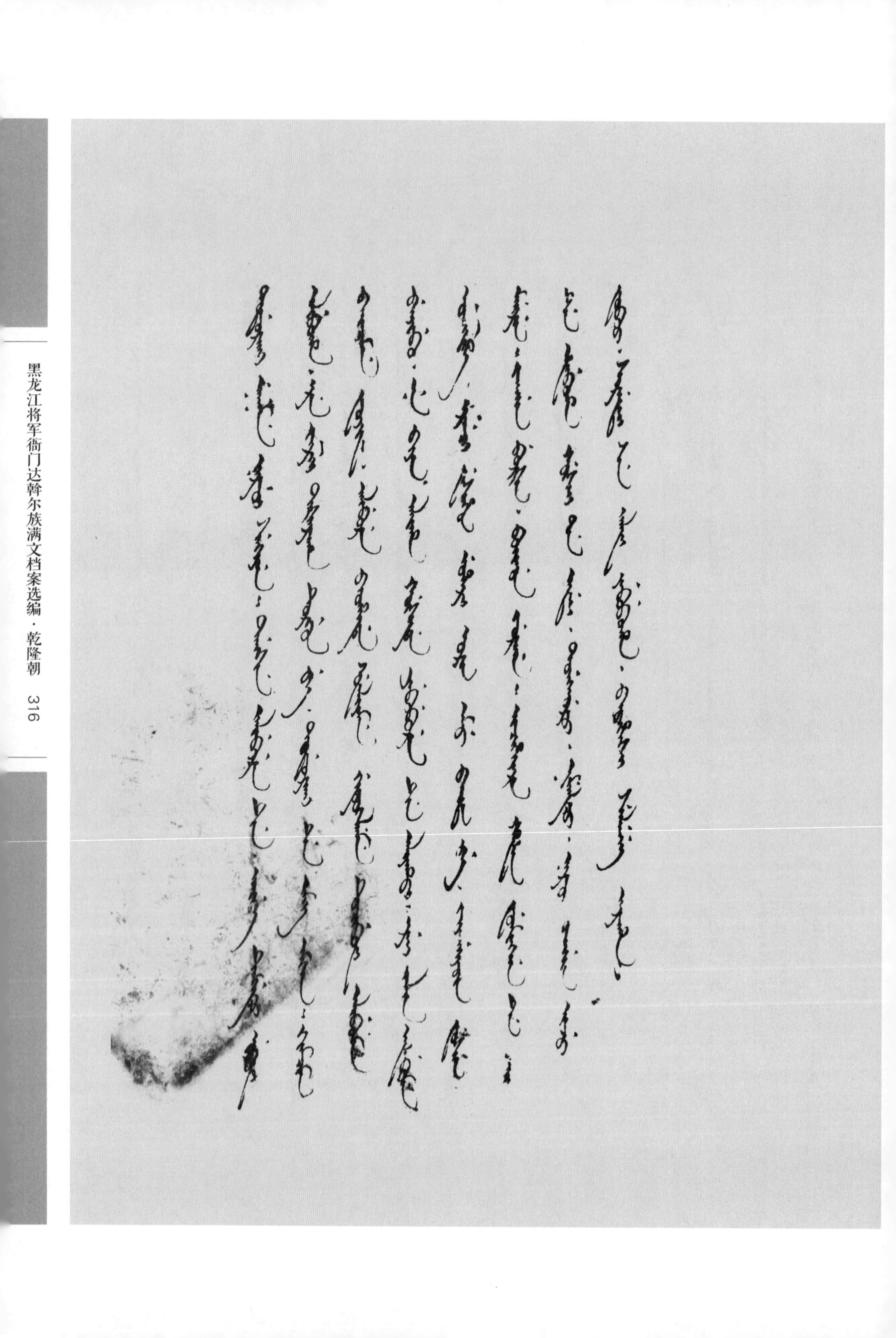

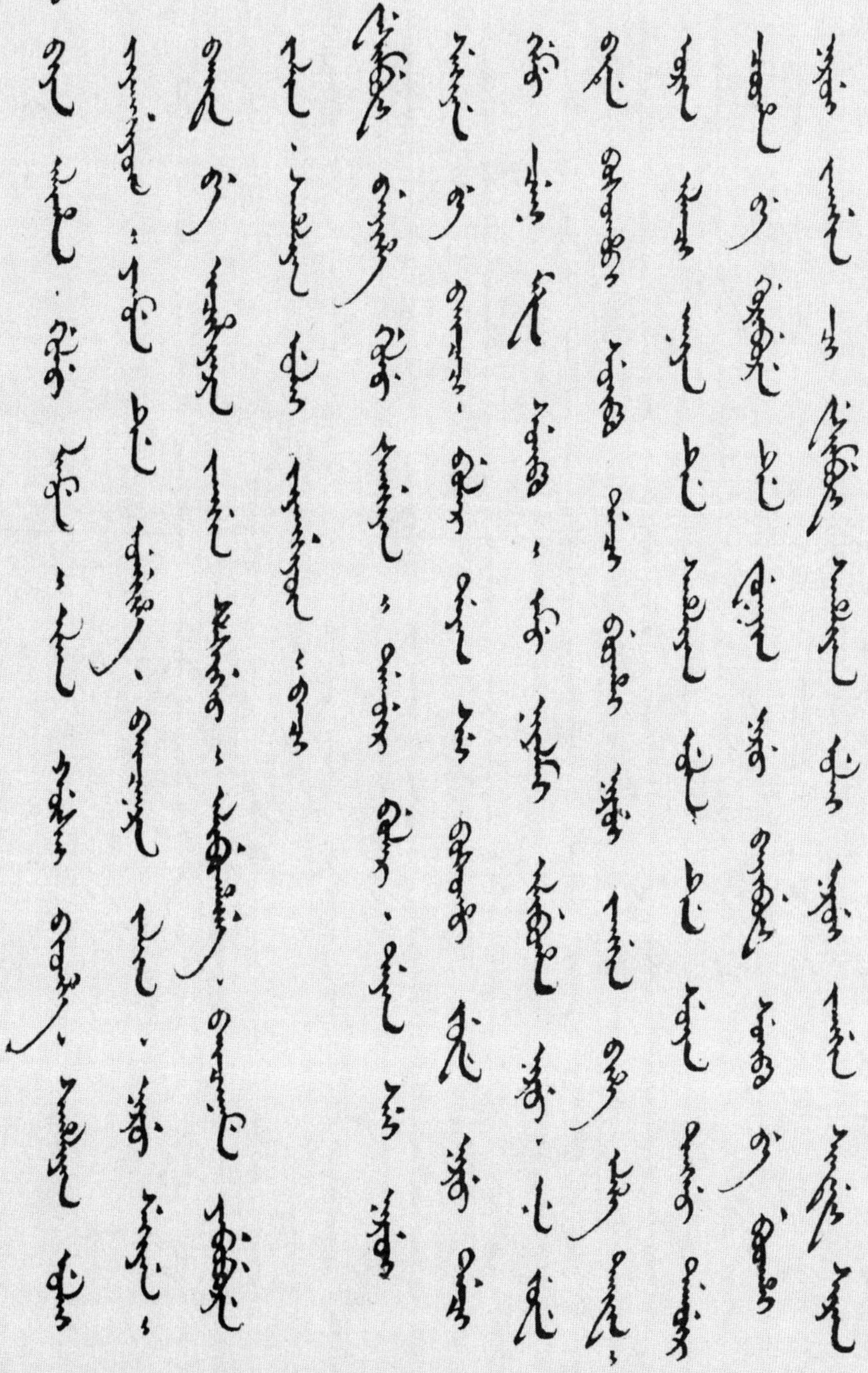

二七一 值月正蓝三旗为解送正白旗达斡尔布拉尔等世管佐领源流册家谱事咨黑龙江将军衙门文

乾隆十年正月十五日

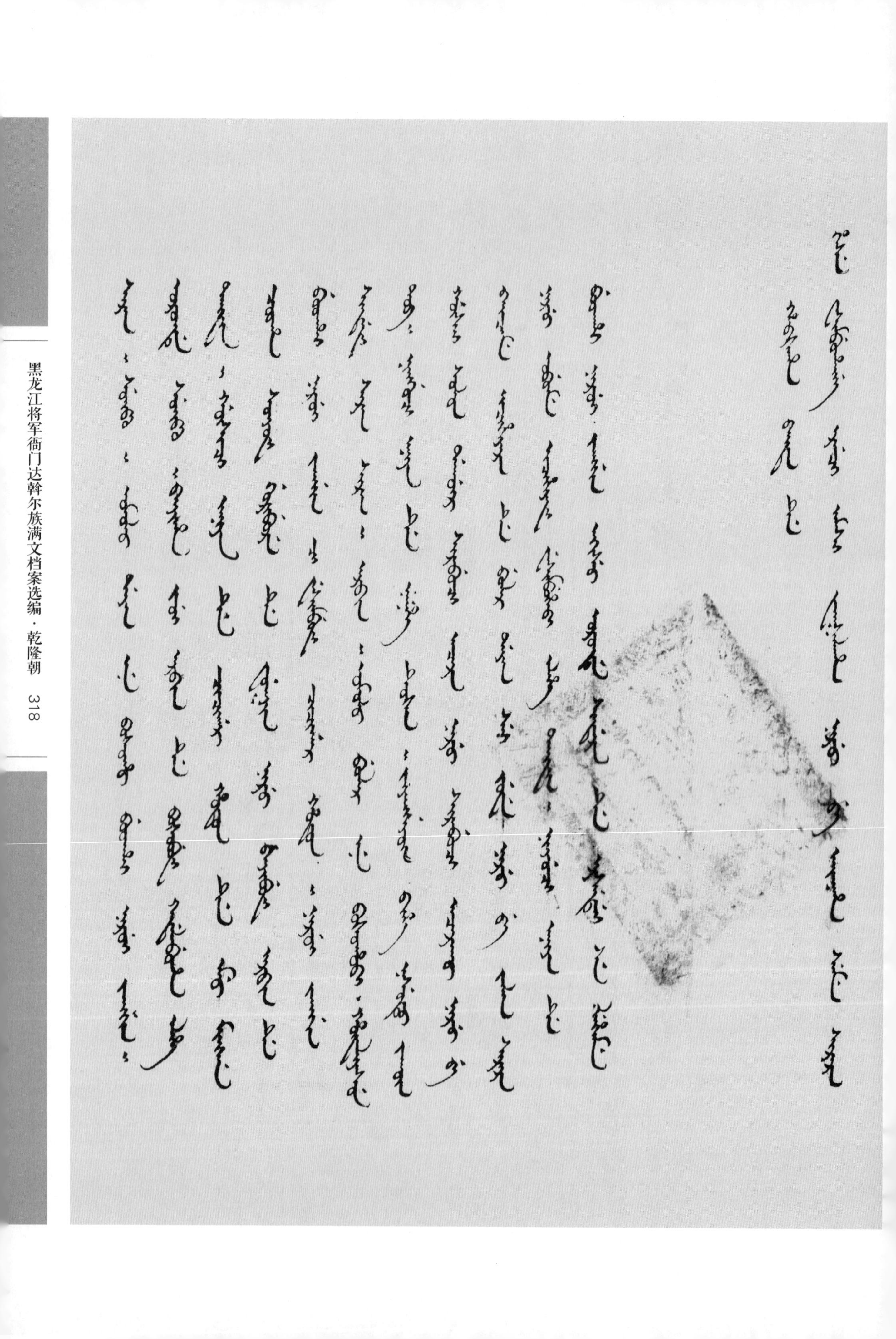

[illegible]

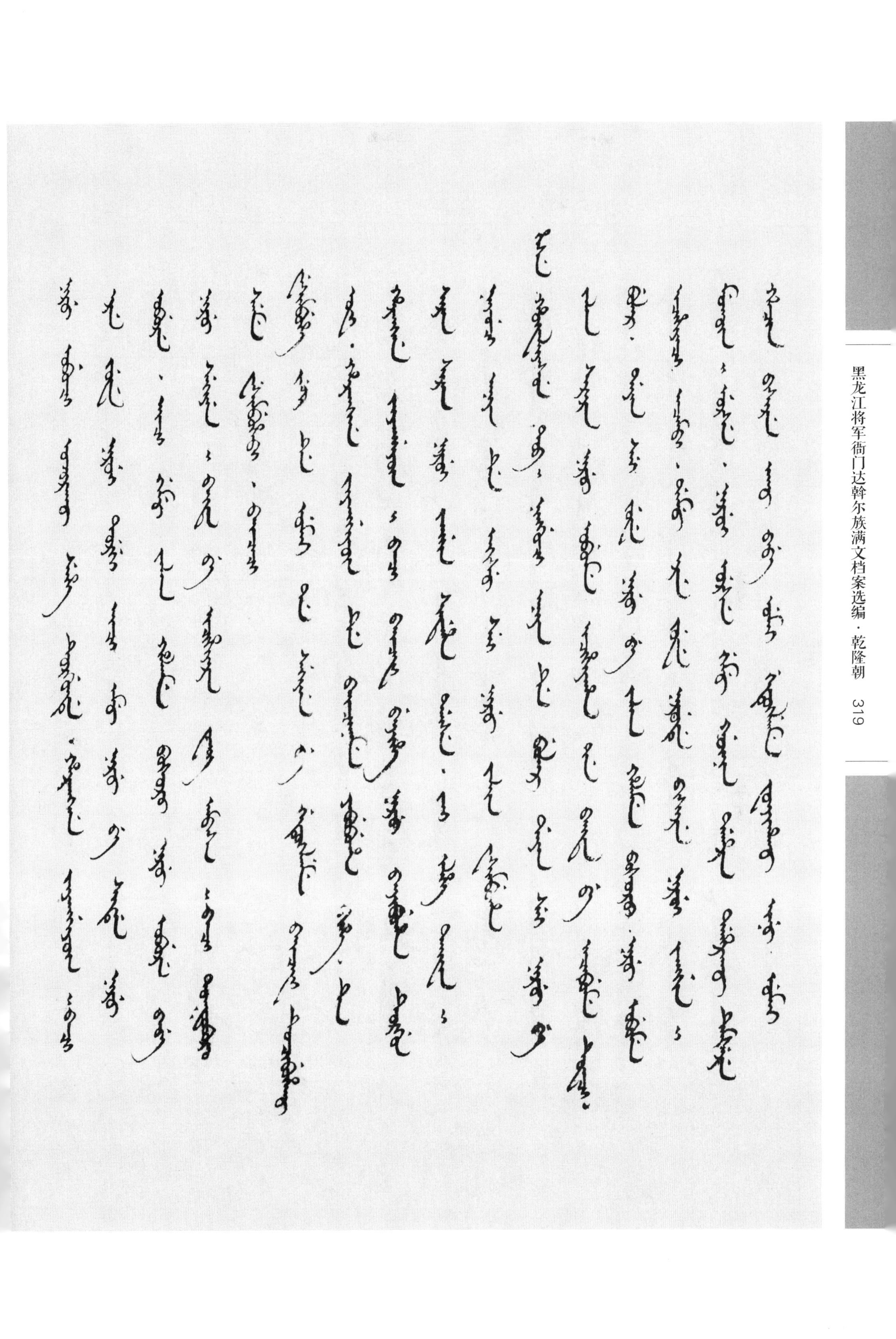

[illegible]

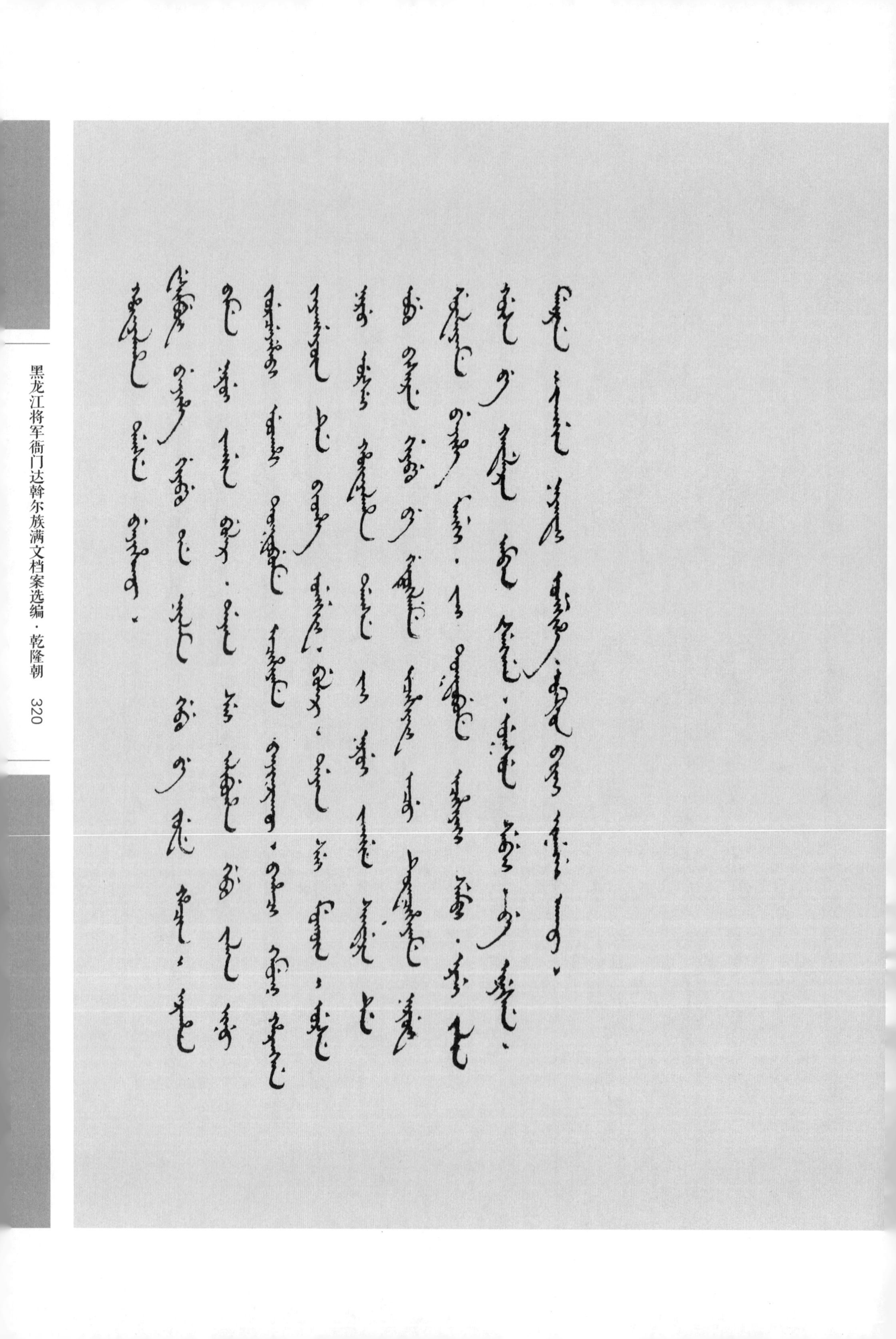

[illegible]

二七二　黑龙江将军衙门为齐齐哈尔正白旗布拉尔佐领下达斡尔骁骑校等缺拣员补放事咨黑龙江副都统衙门文（附名单一件）

乾隆十年正月二十一日

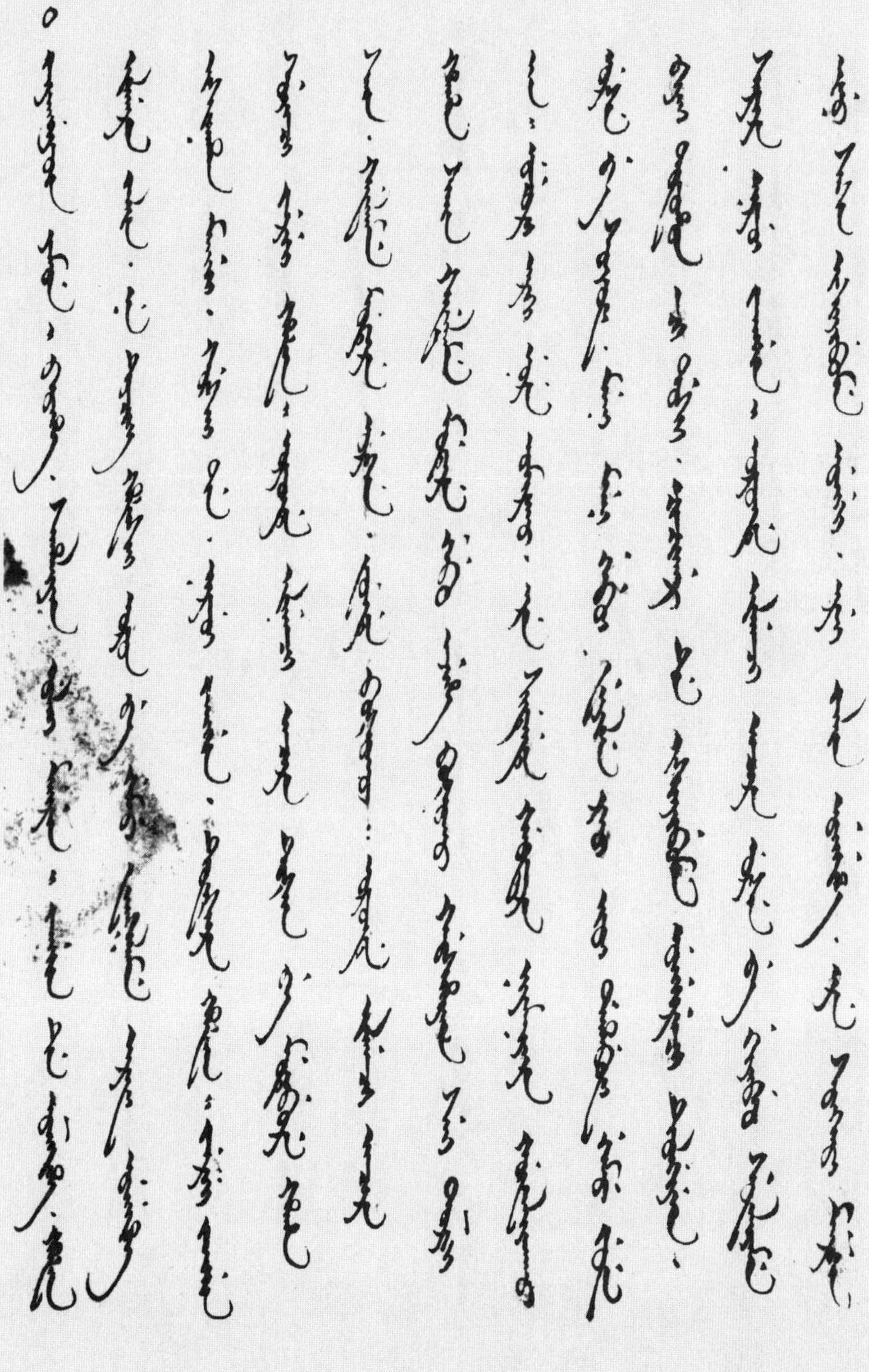

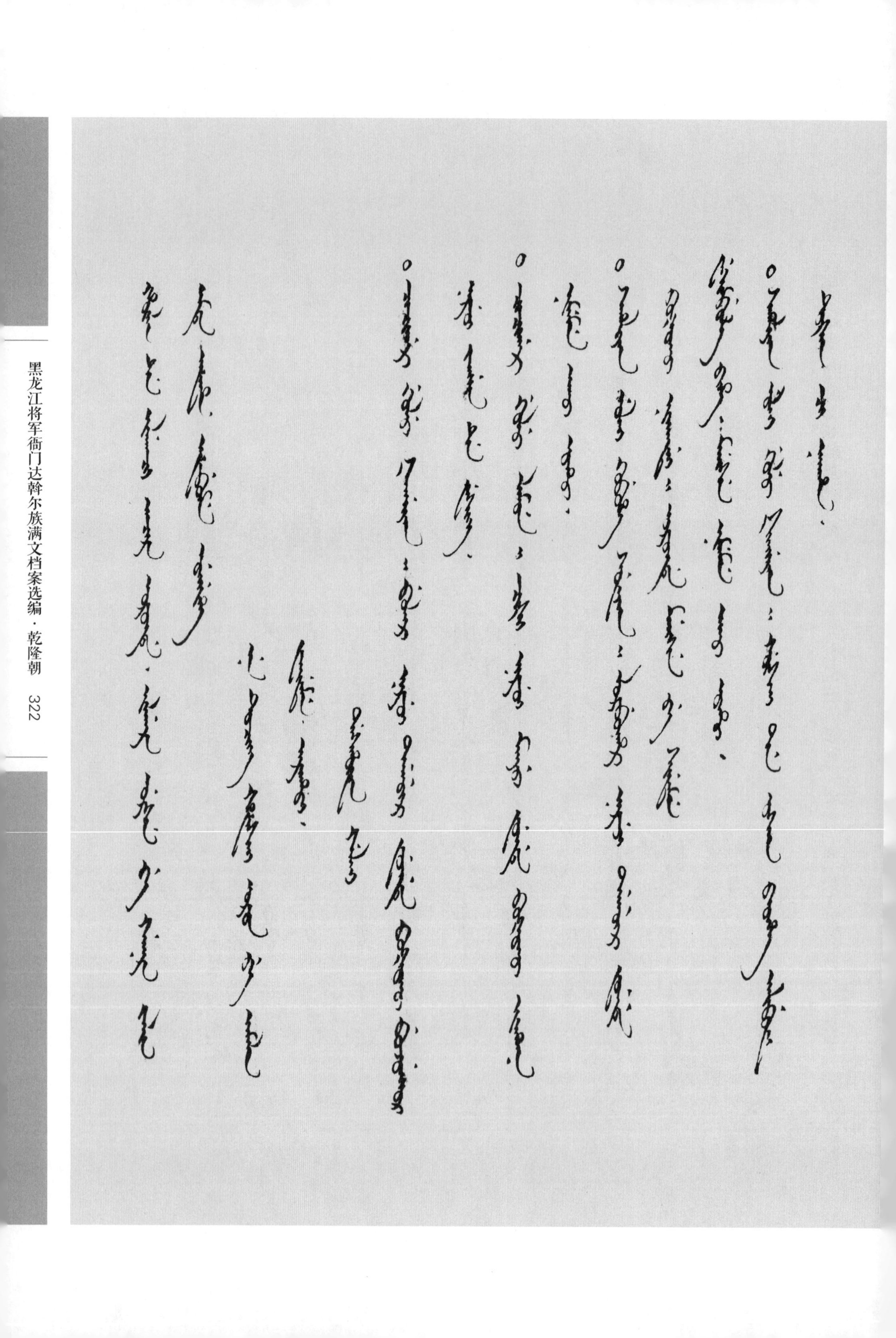

[illegible]

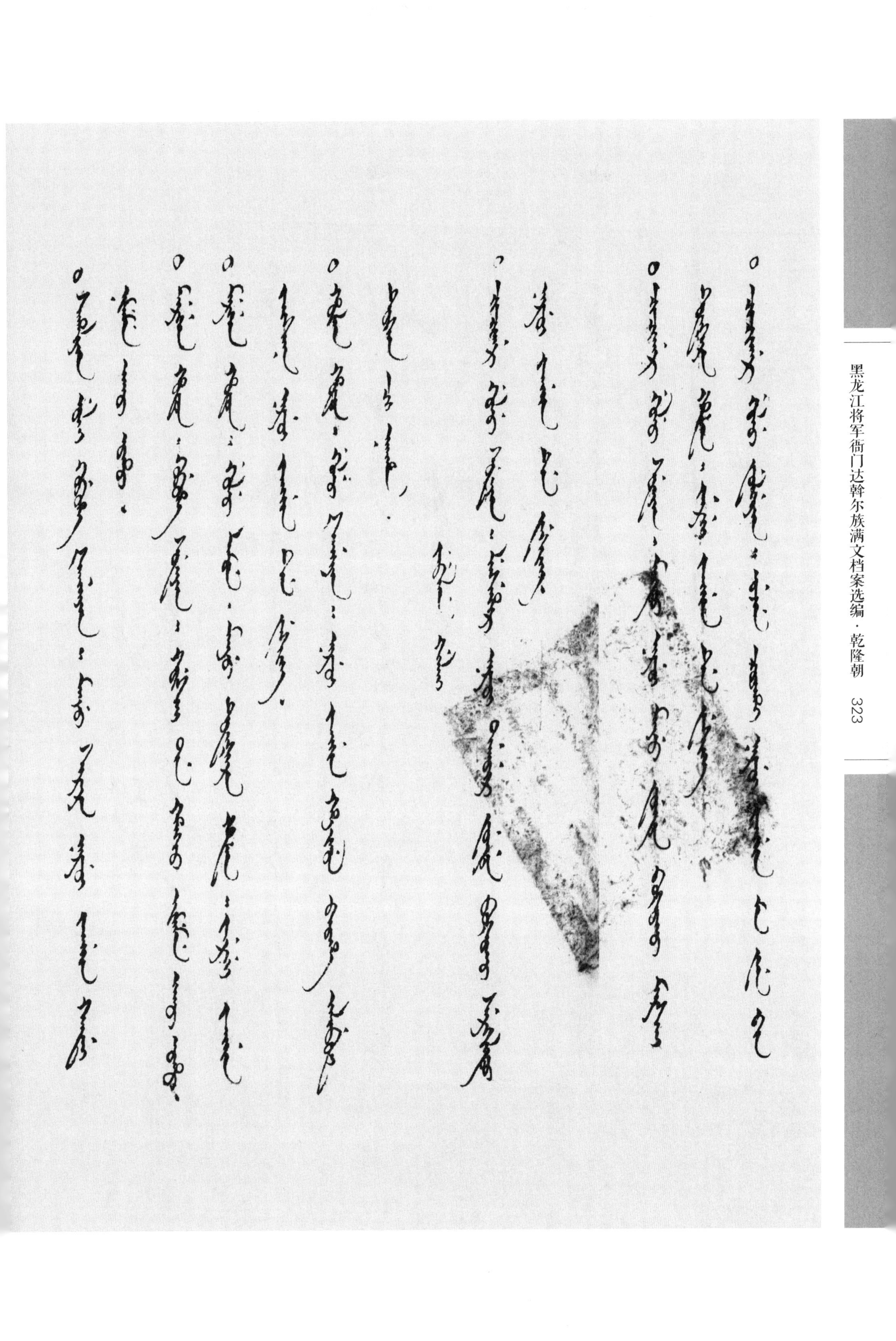

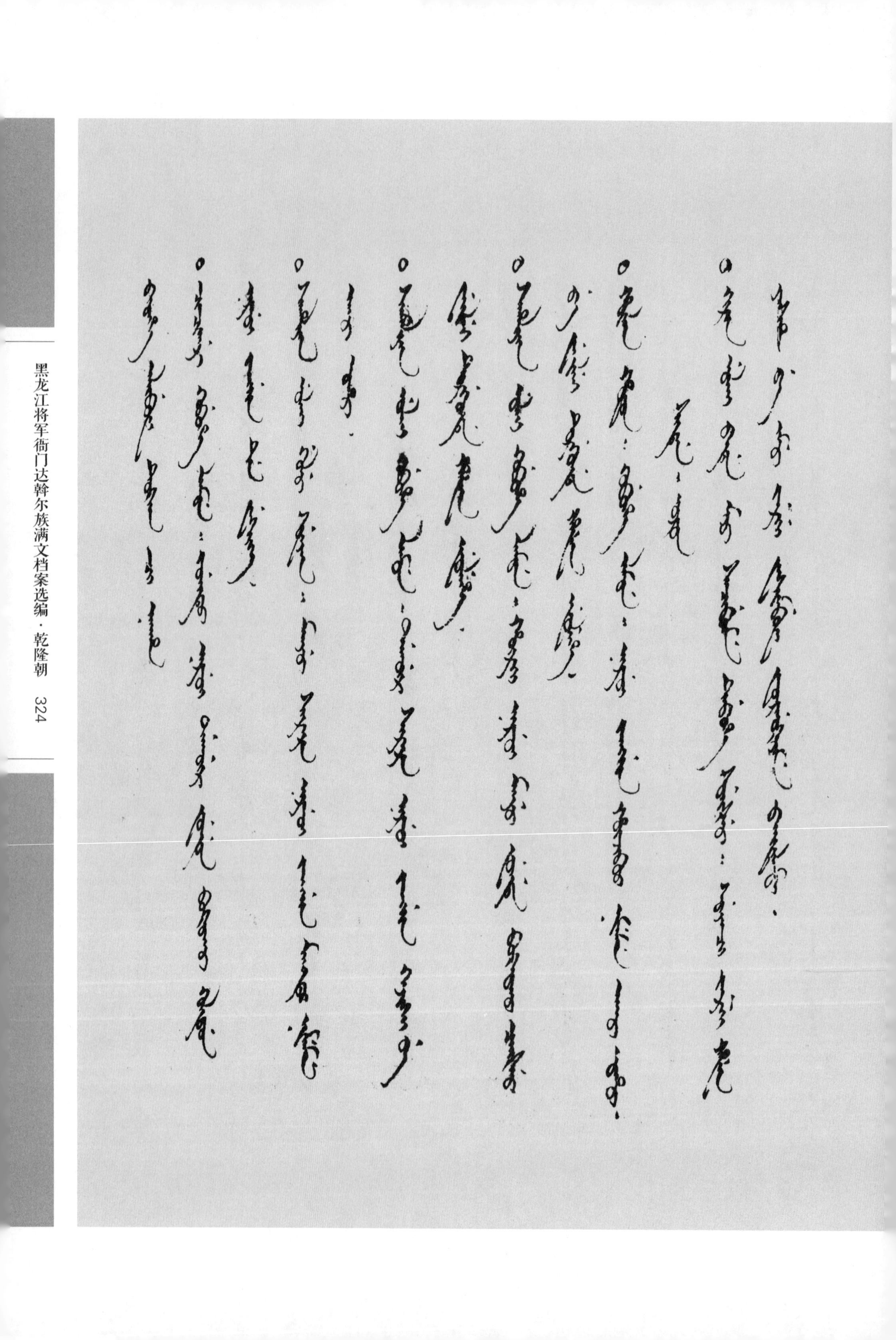

[illegible]

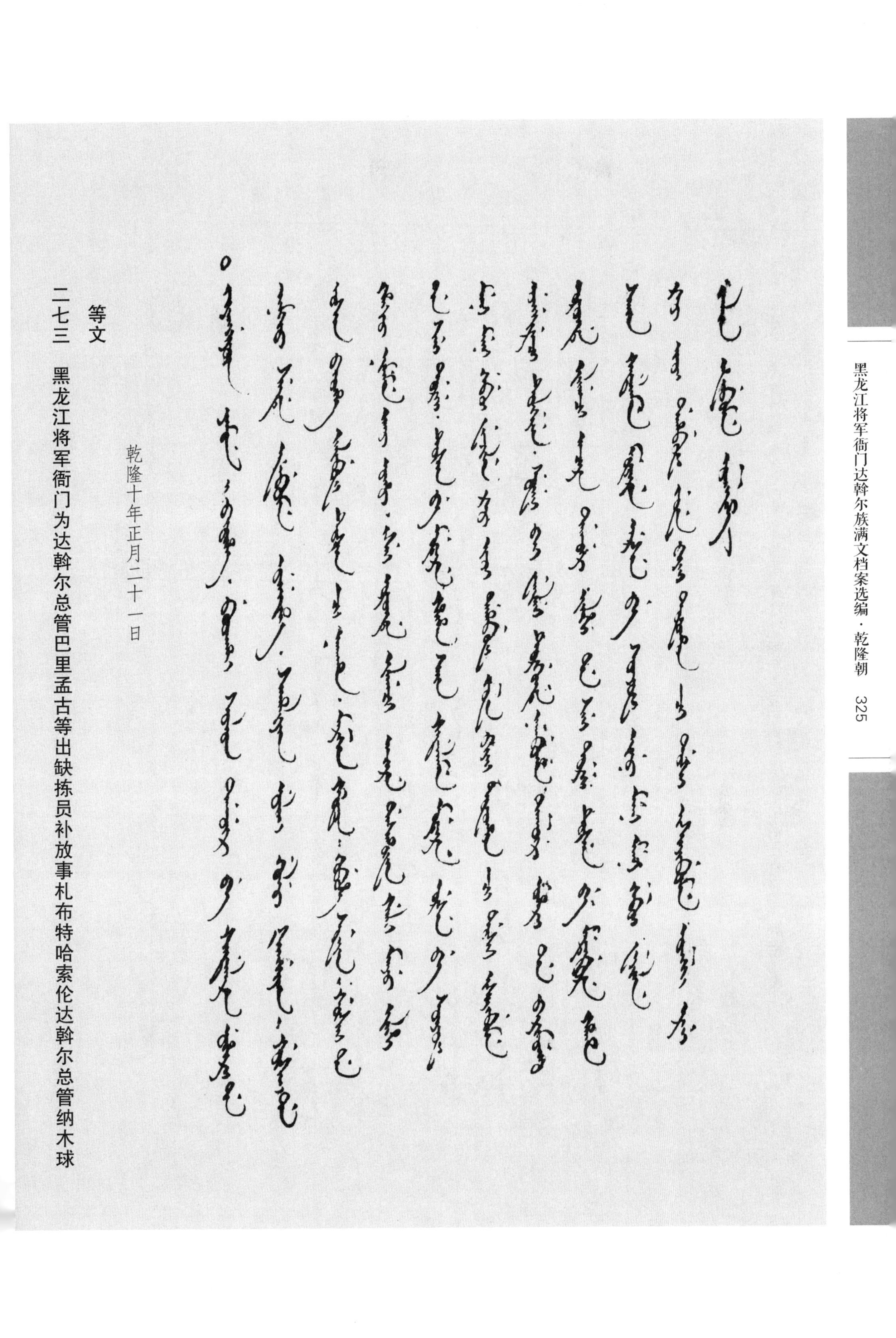

二七三 黑龙江将军衙门为达斡尔总管巴里孟古等出缺拣员补放事札布特哈索伦达斡尔总管纳木球等文

乾隆十年正月二十一日

[illegible]

二七四 黑龙江将军衙门为复查黑龙江达斡尔斐色佐领源流事咨正红旗满洲都统衙门文

乾隆十年正月二十四日

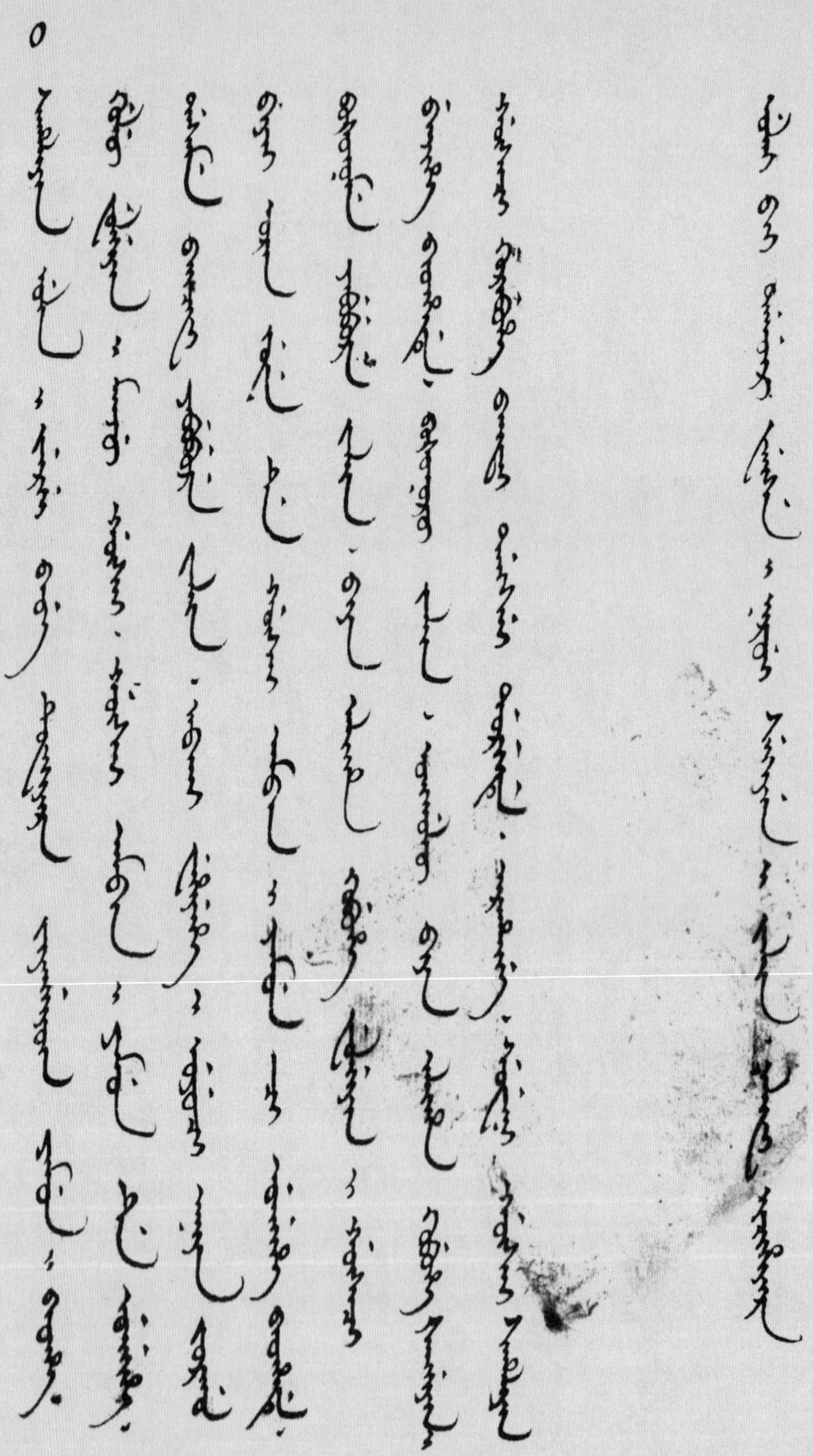

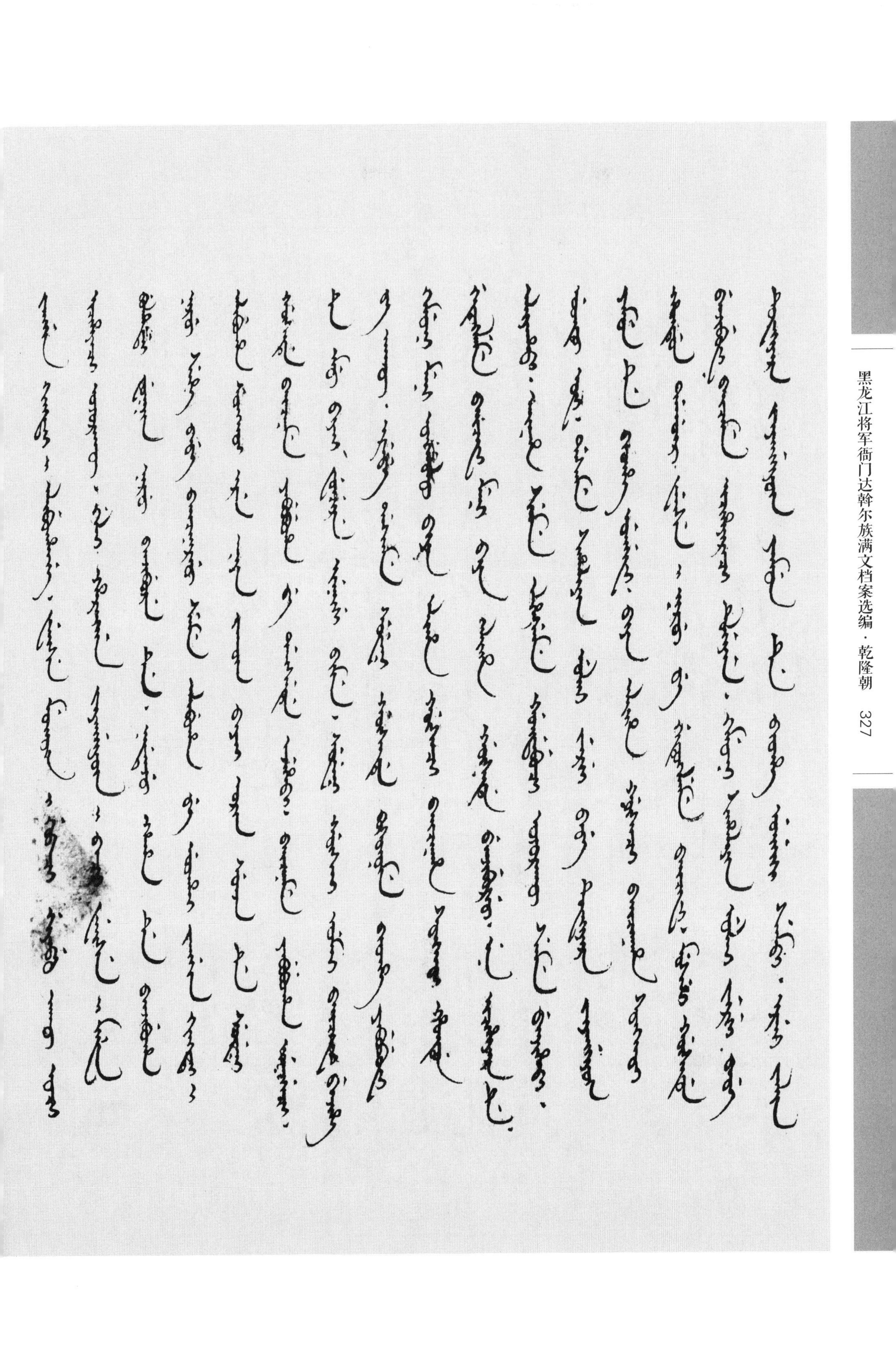

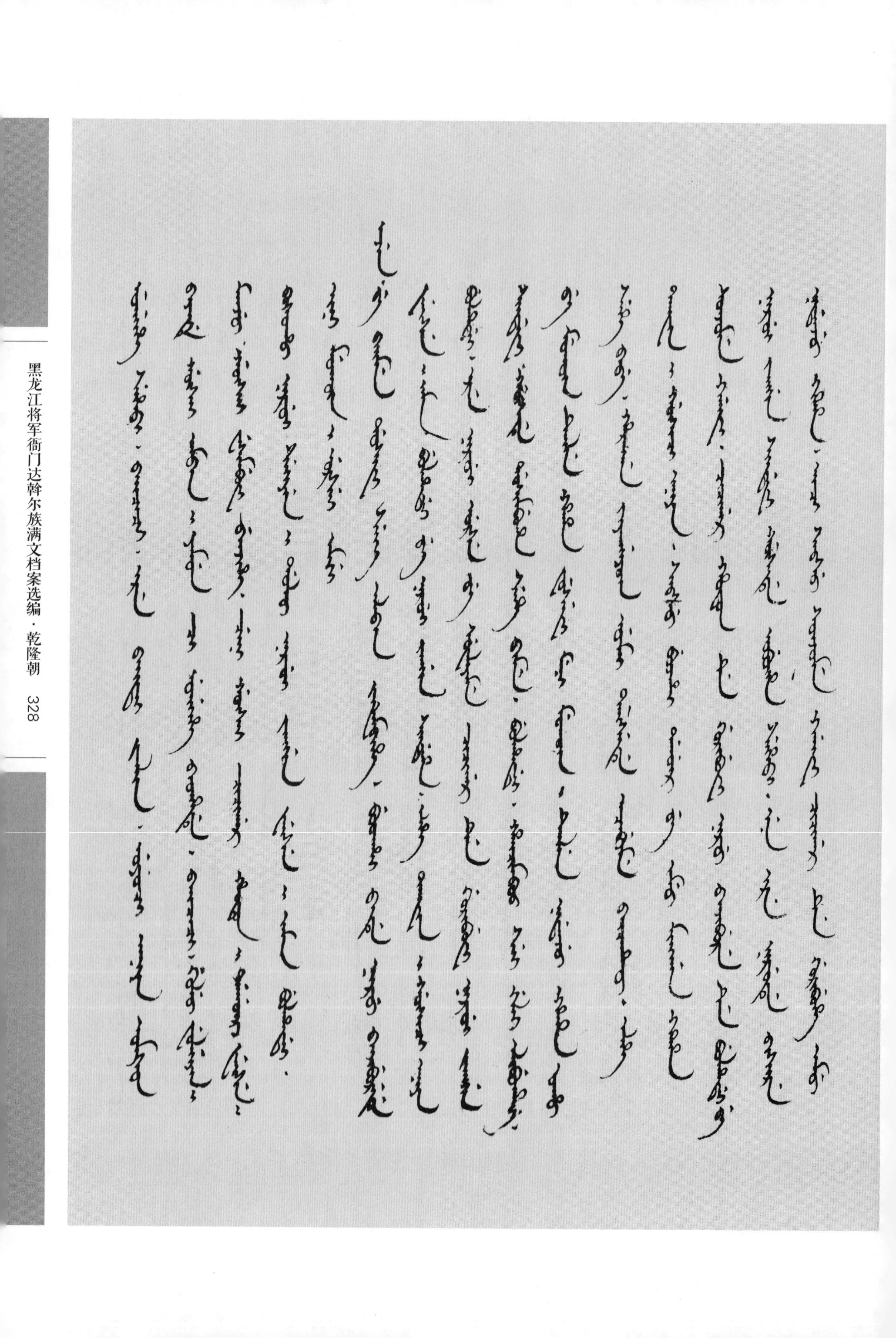

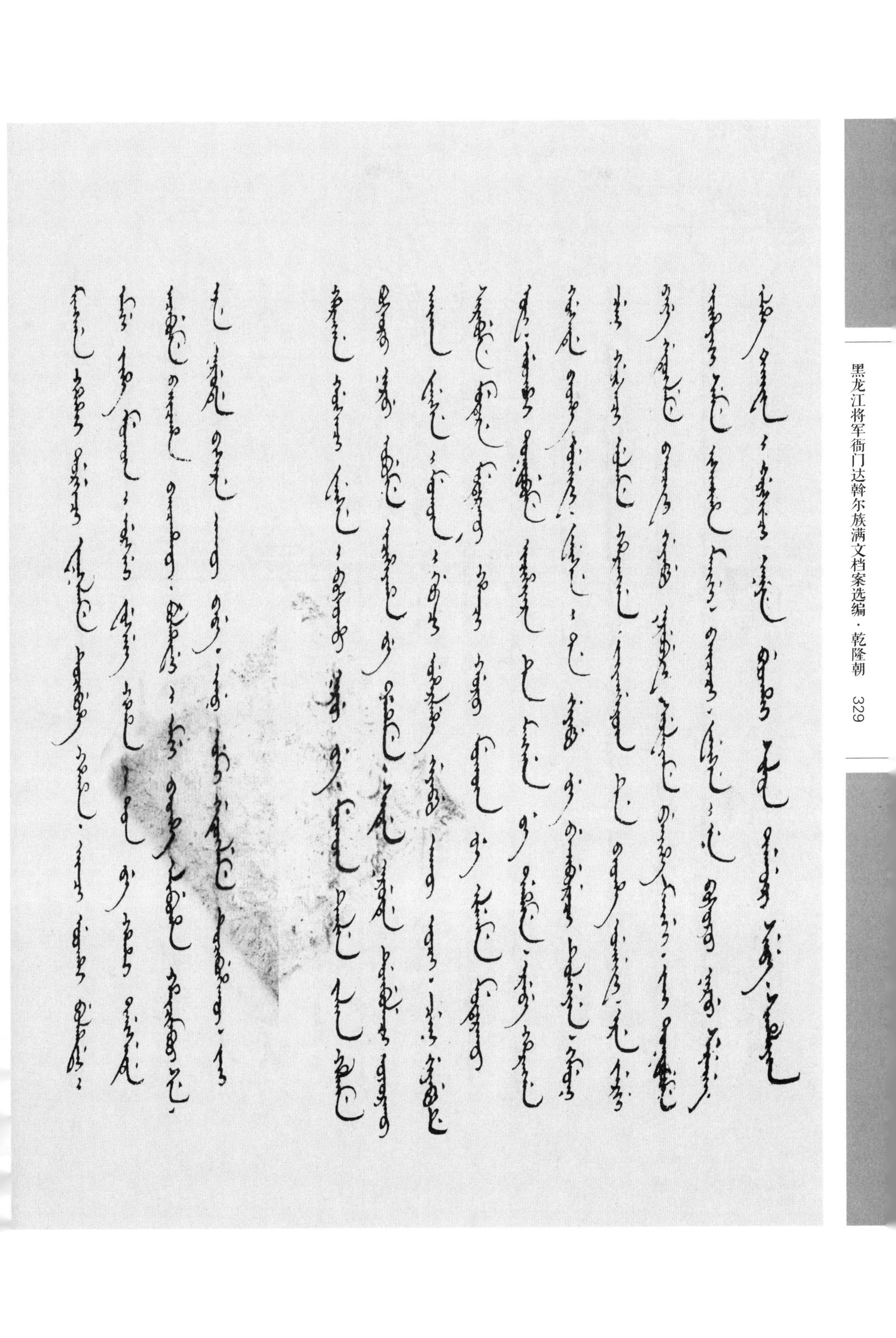

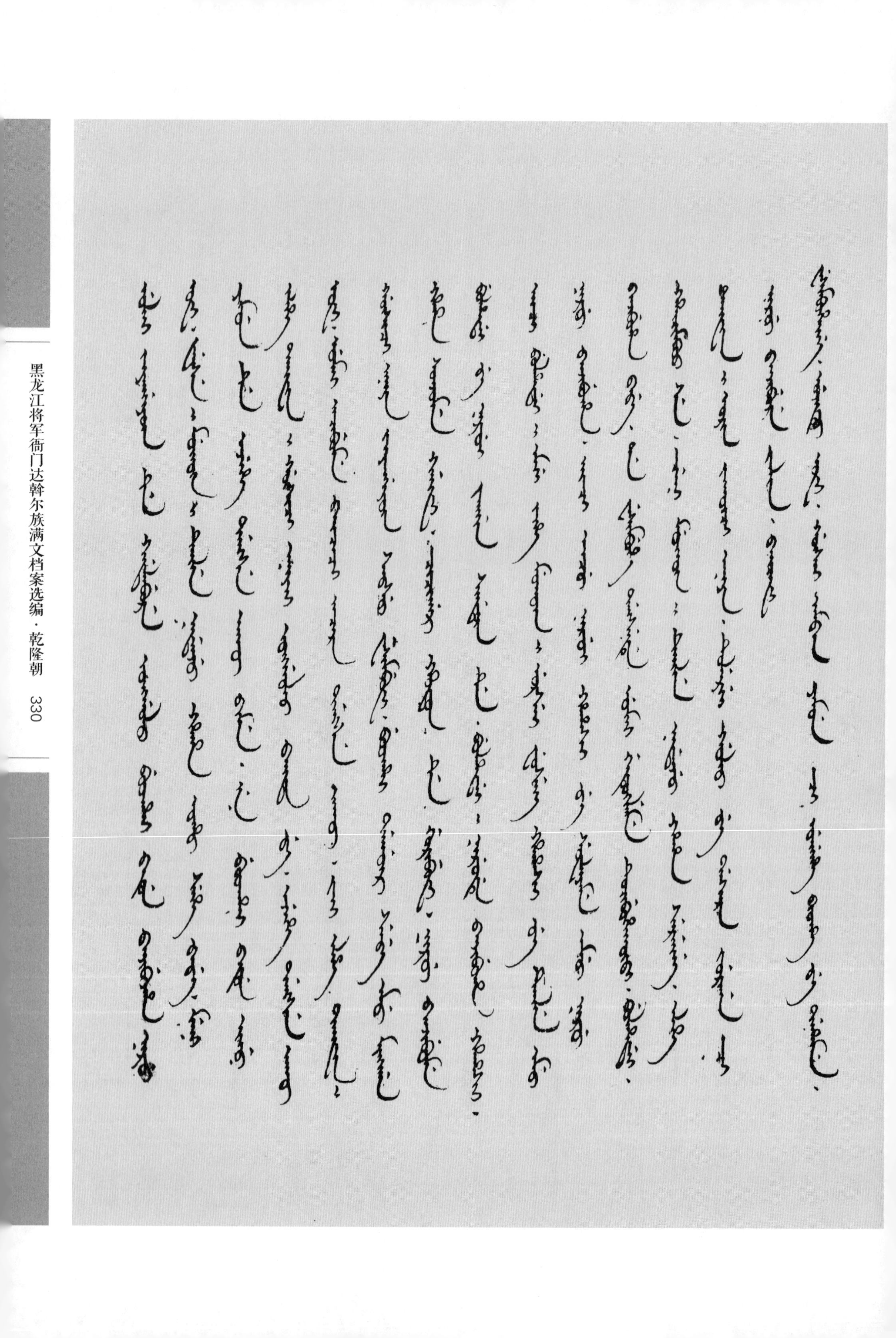

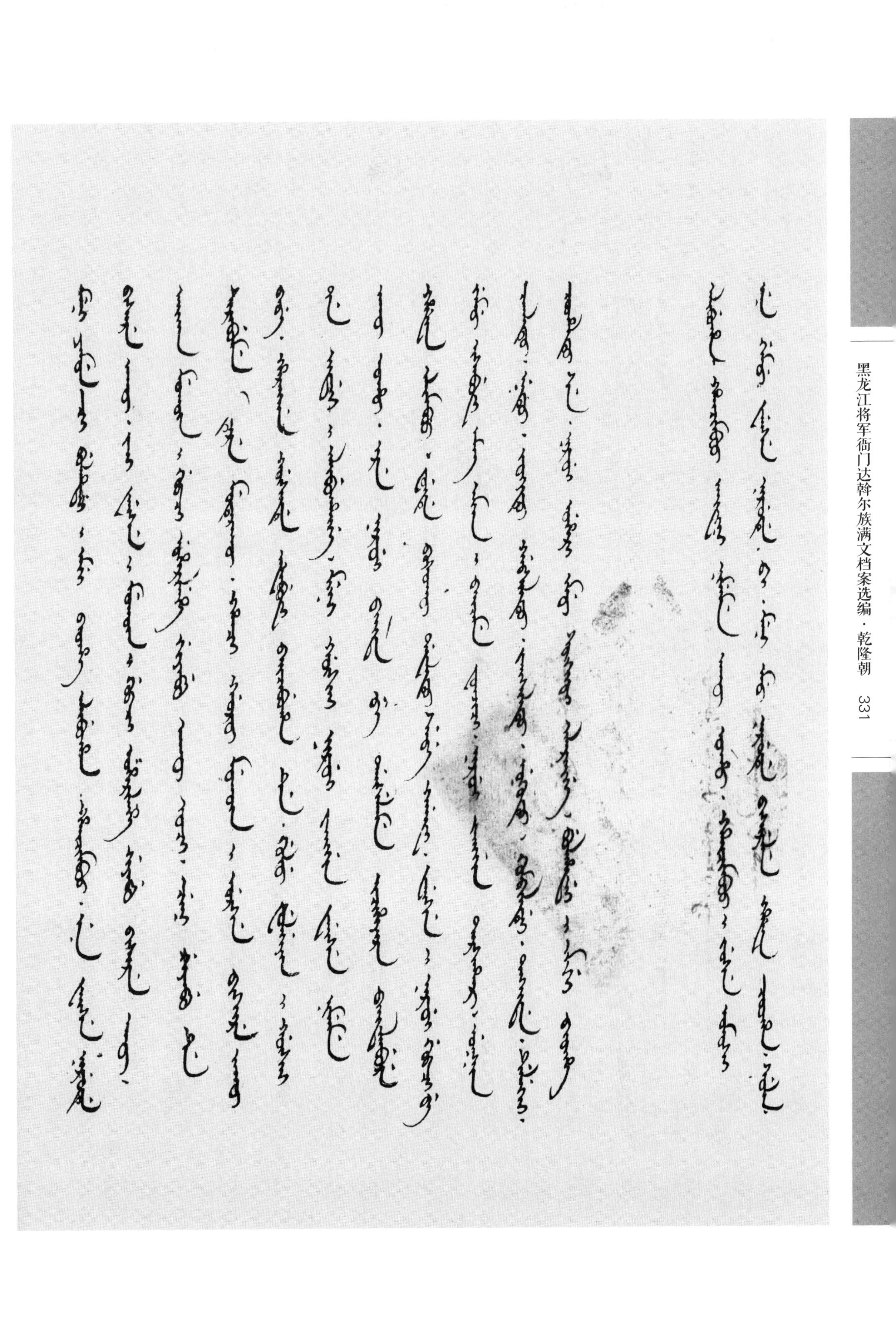

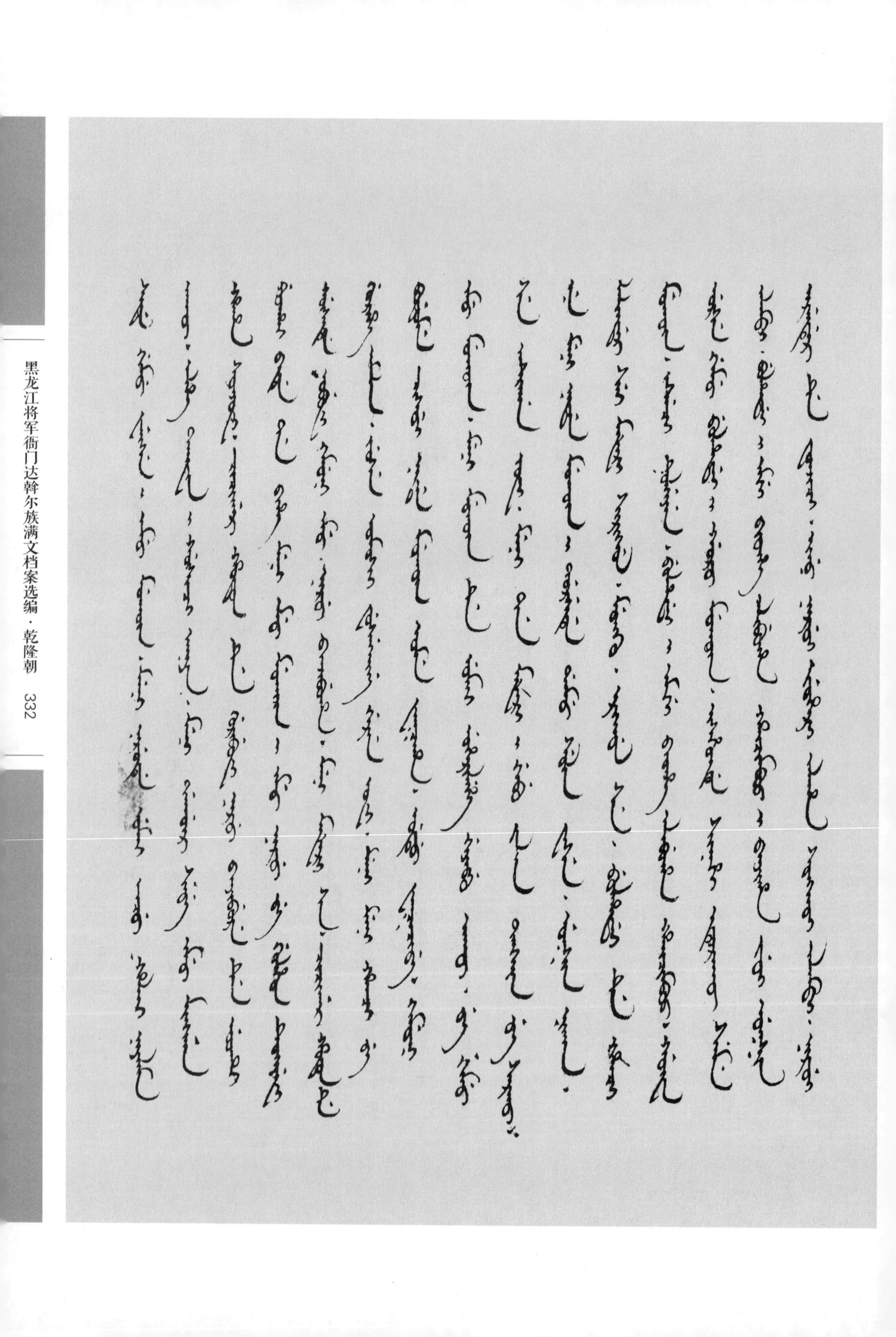

[illegible]

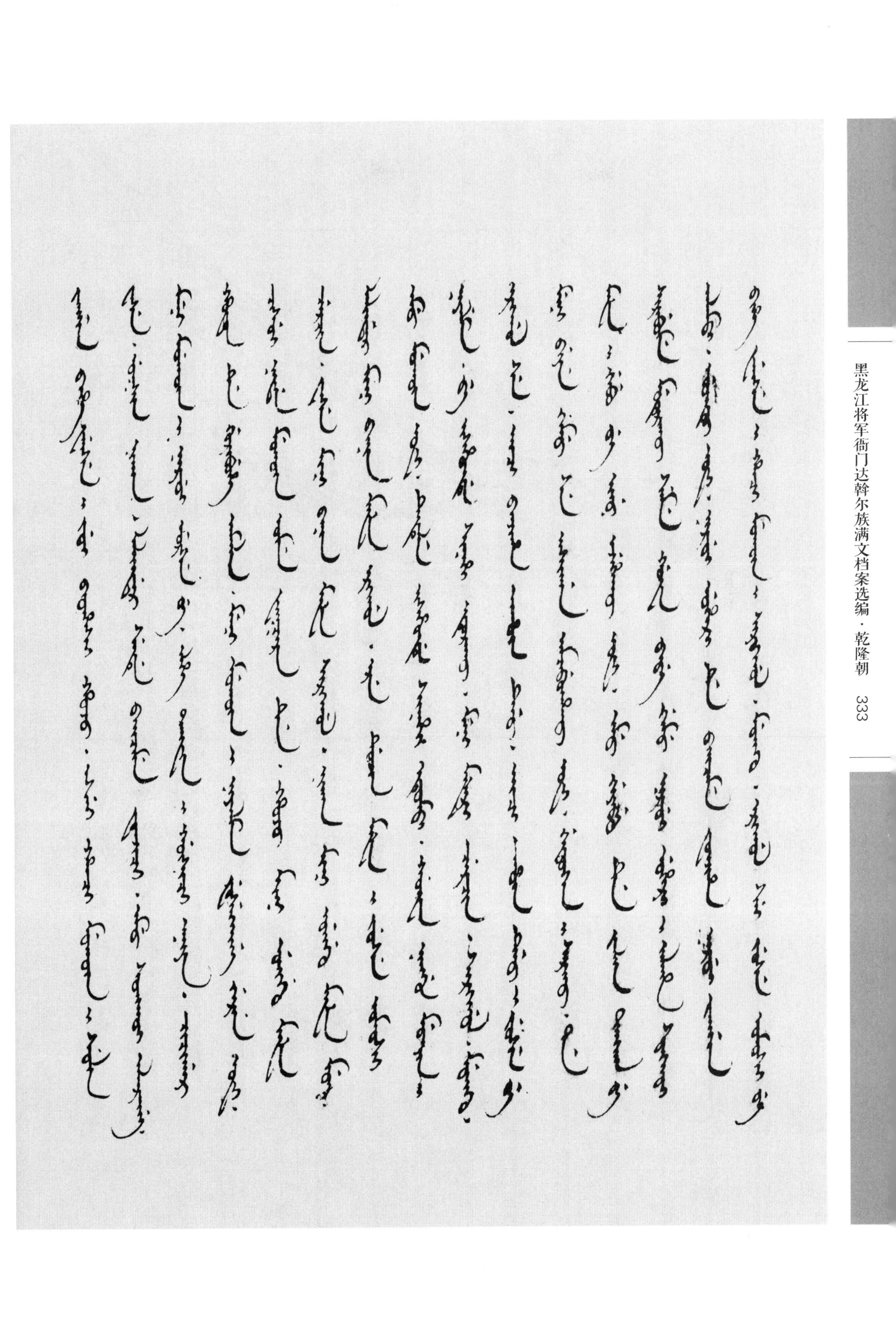

[illegible]

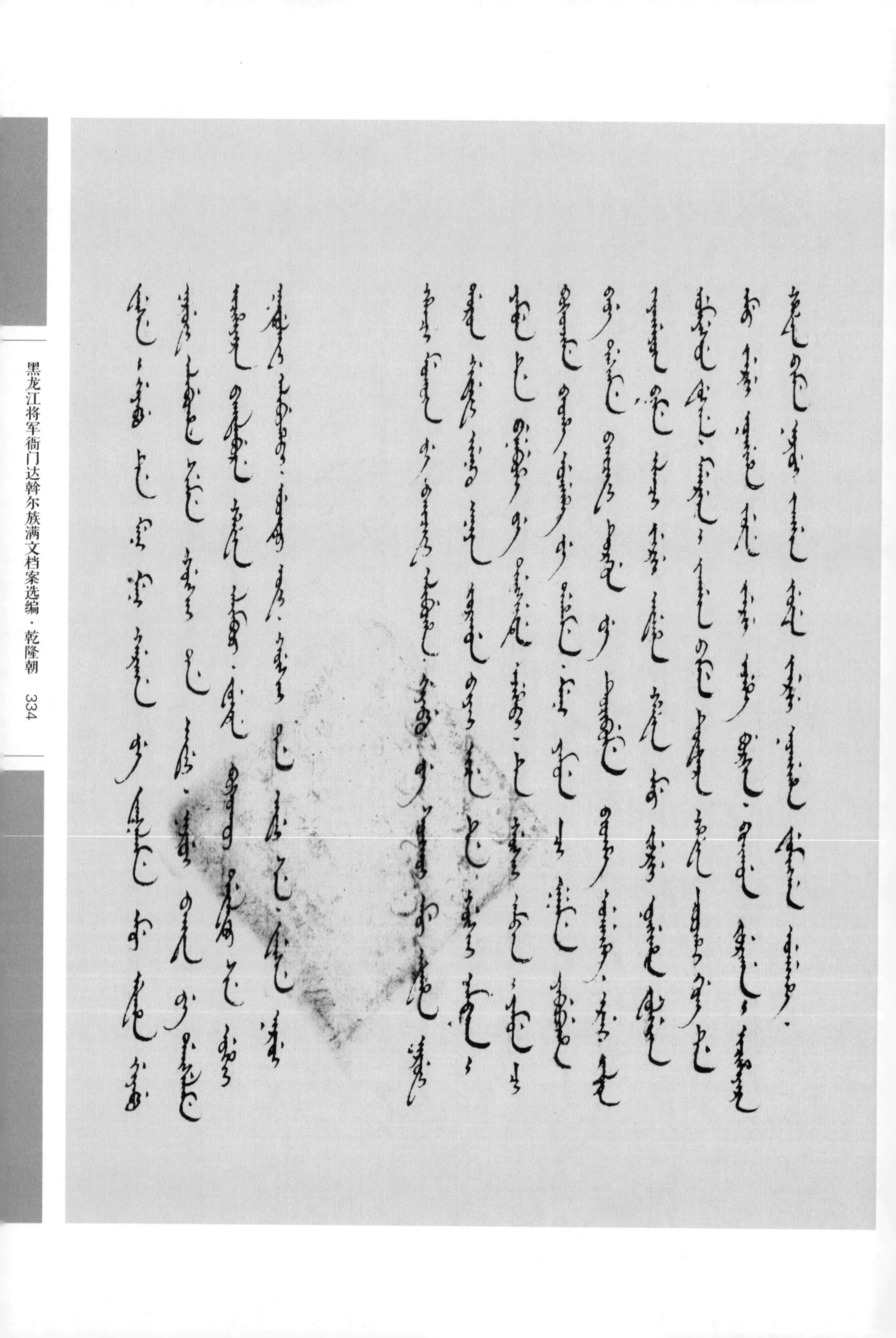

[illegible]

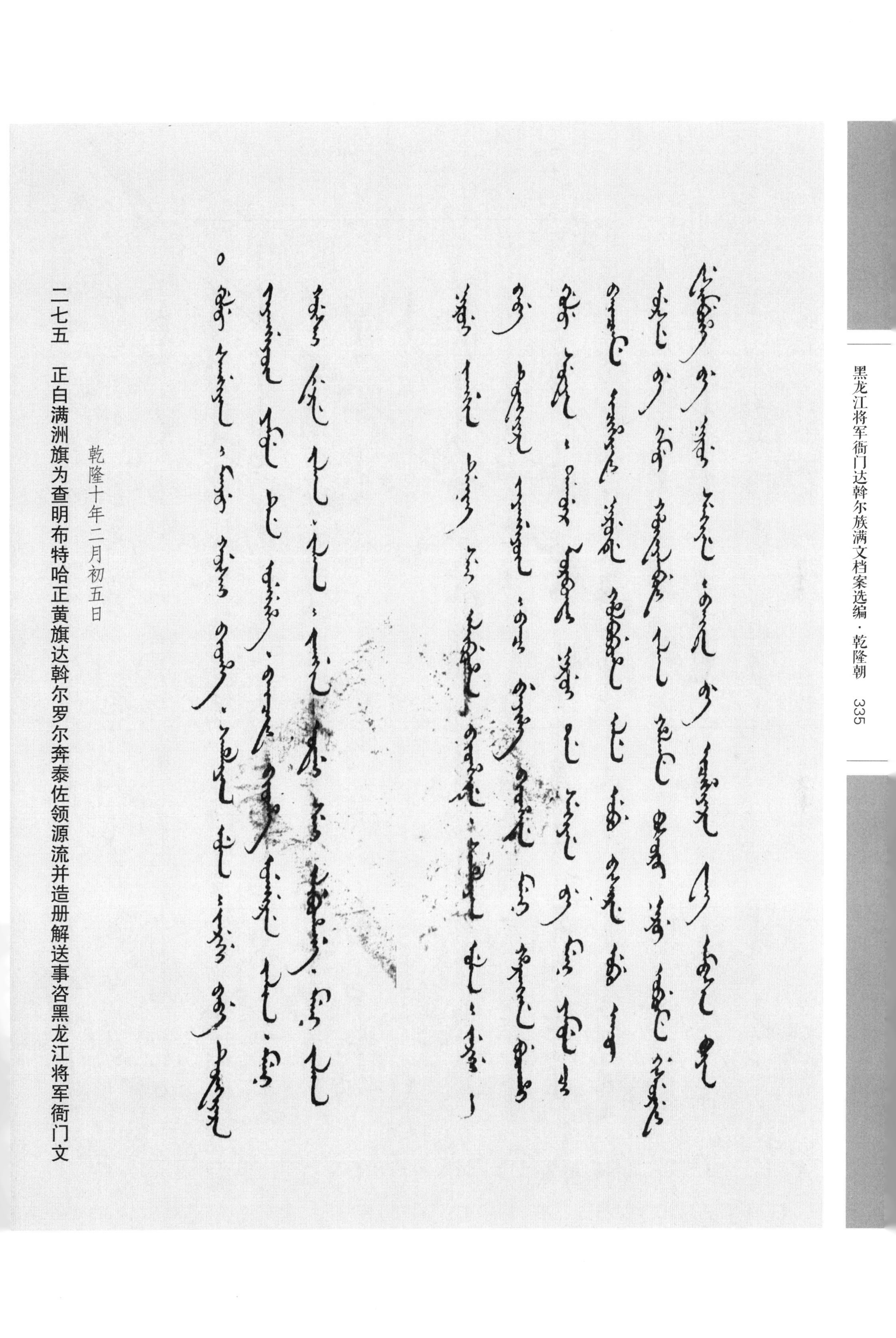

二七五 正白满洲旗为查明布特哈正黄旗达斡尔罗尔奔泰佐领源流并造册解送事咨黑龙江将军衙门文

乾隆十年二月初五日

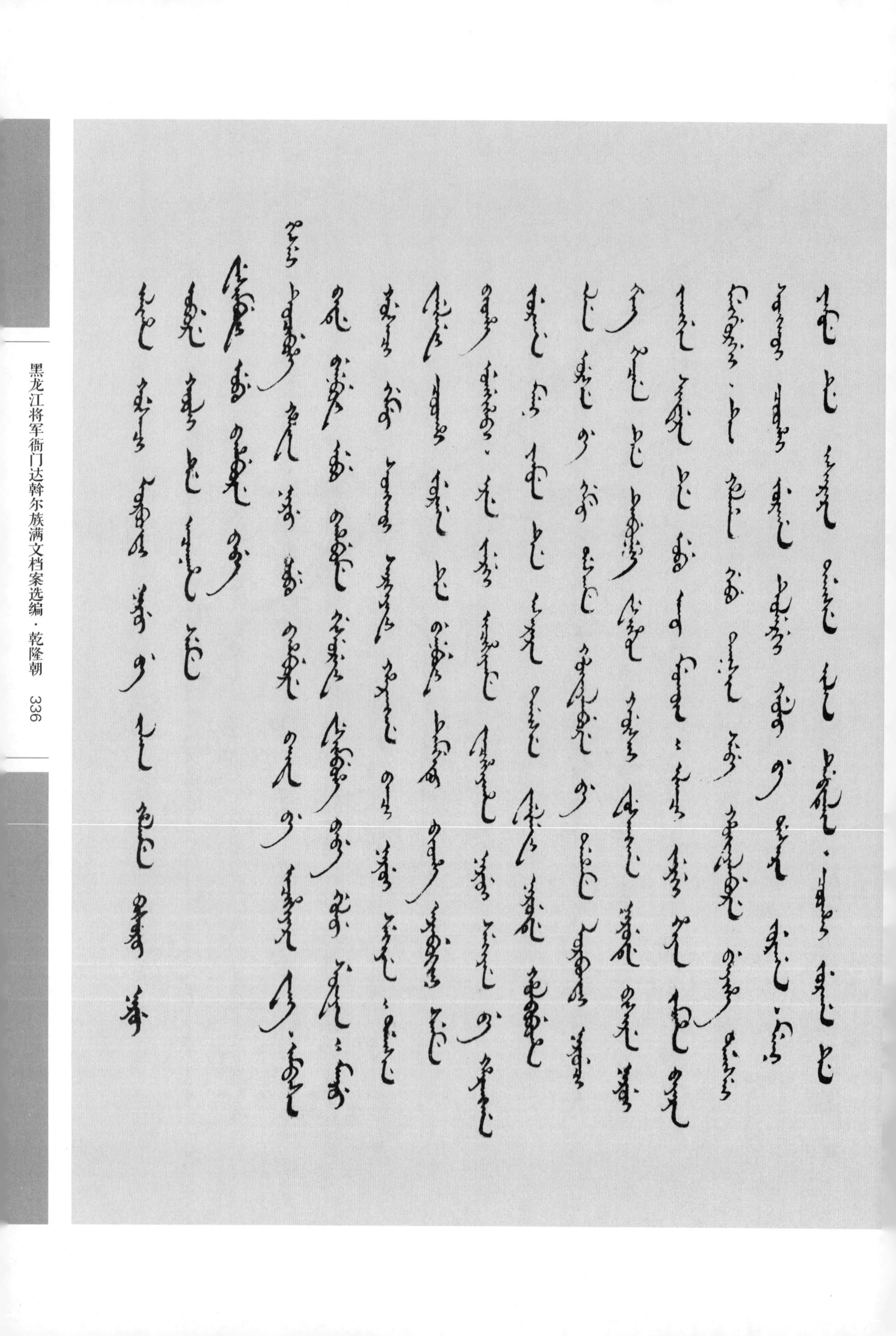

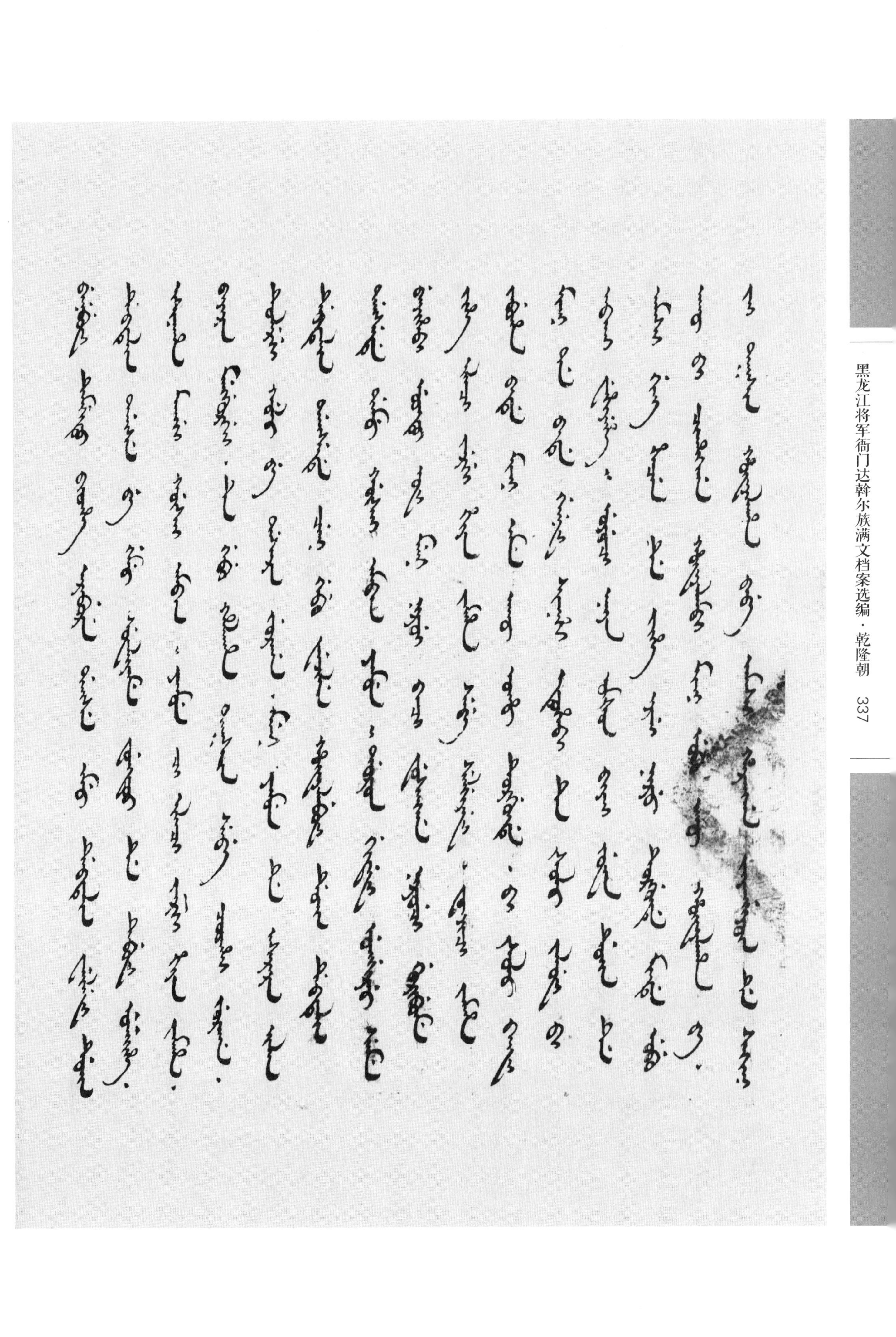

[illegible]

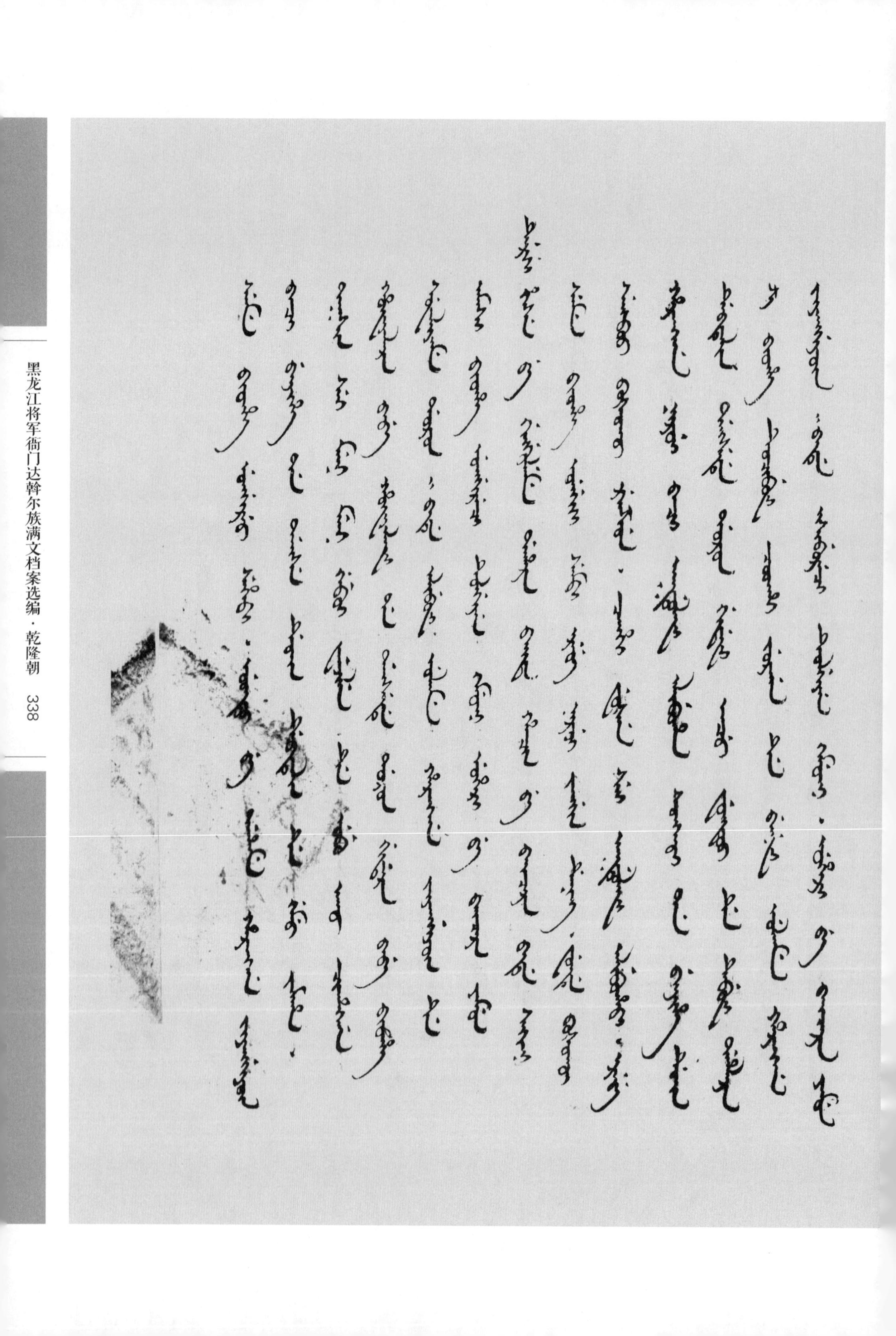

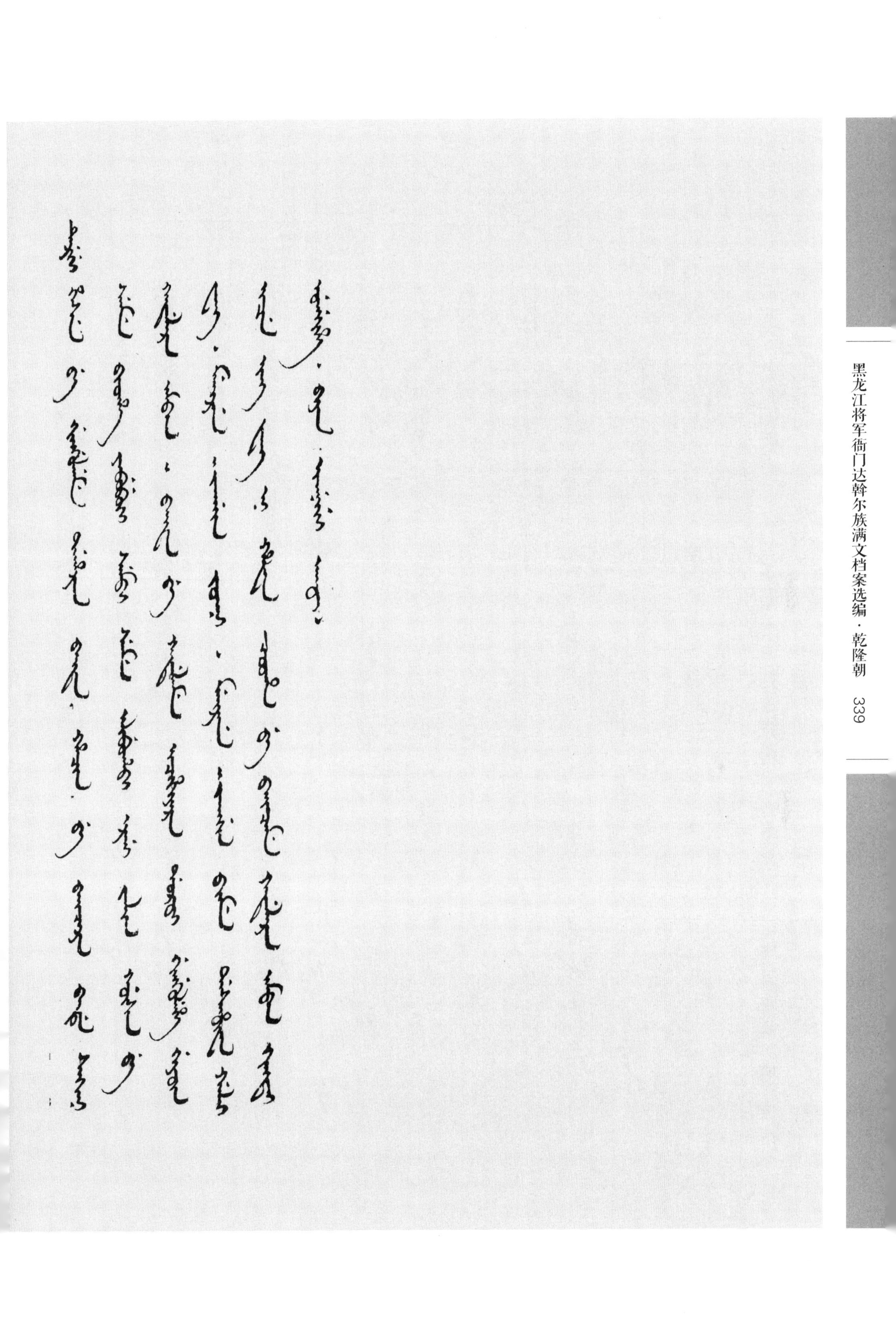

二七六　黑龙江将军衙门为黑龙江正蓝旗达斡尔骁骑校阿济勒图等缺拣员补放事咨黑龙江副都统文

乾隆十年二月十五日

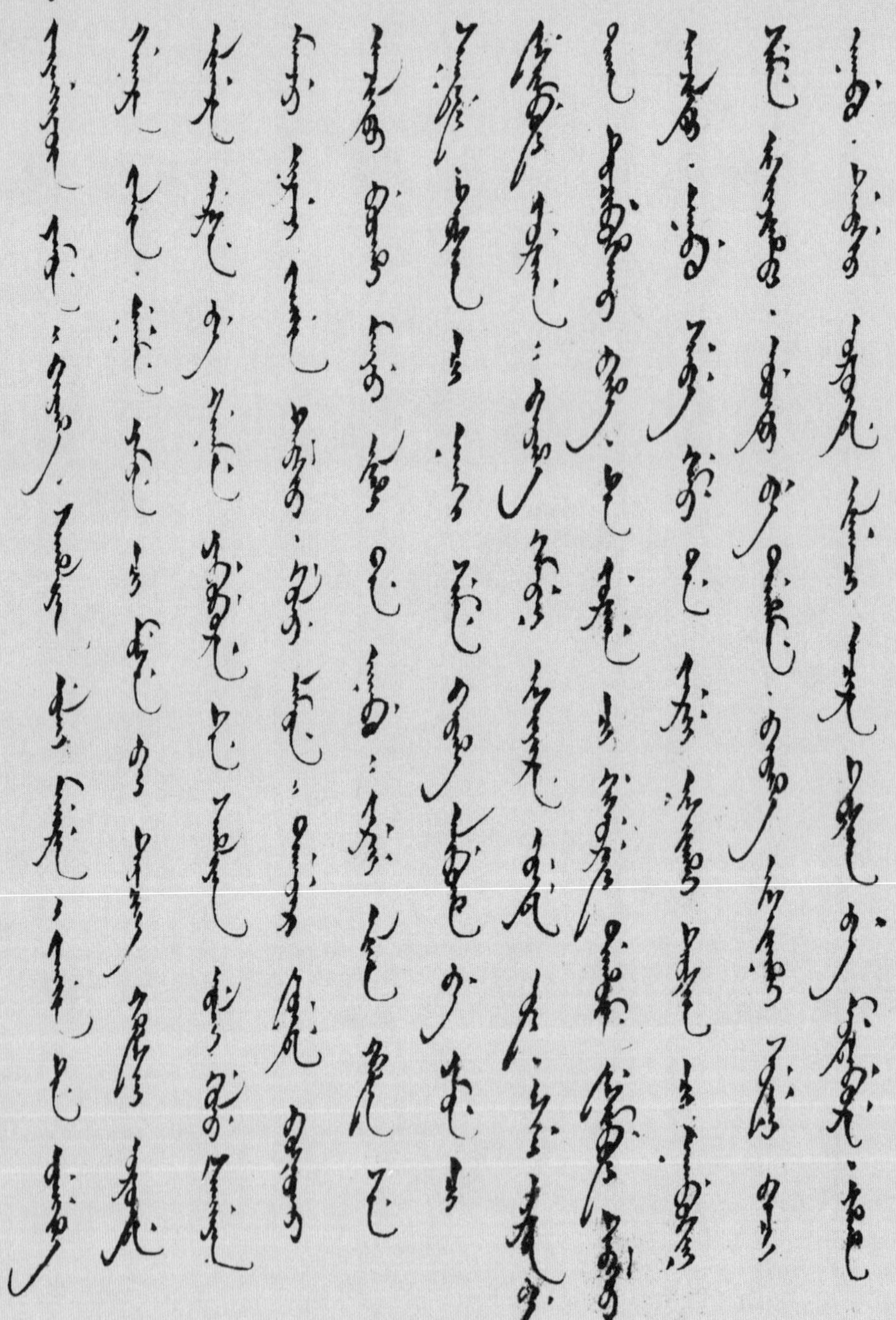

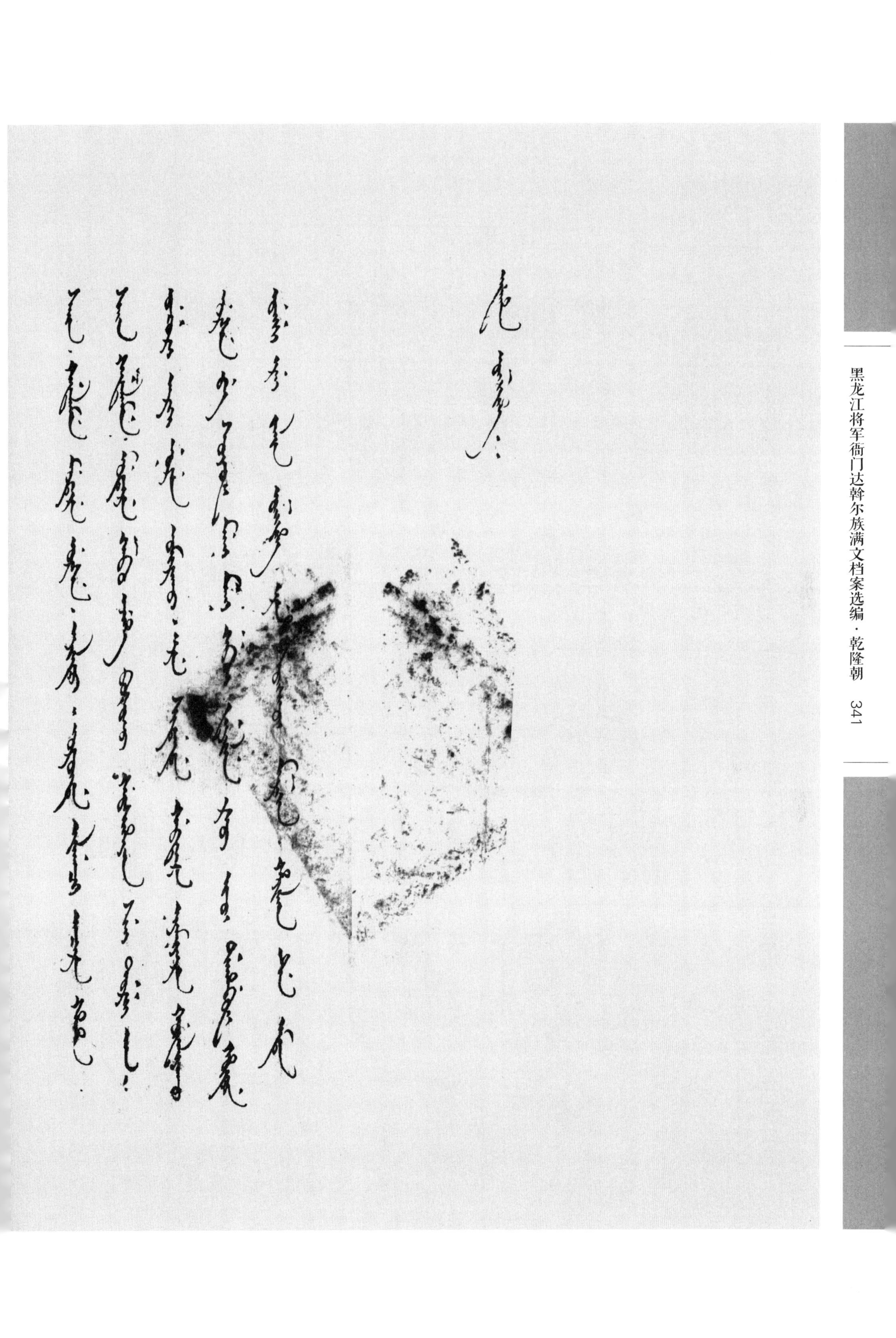

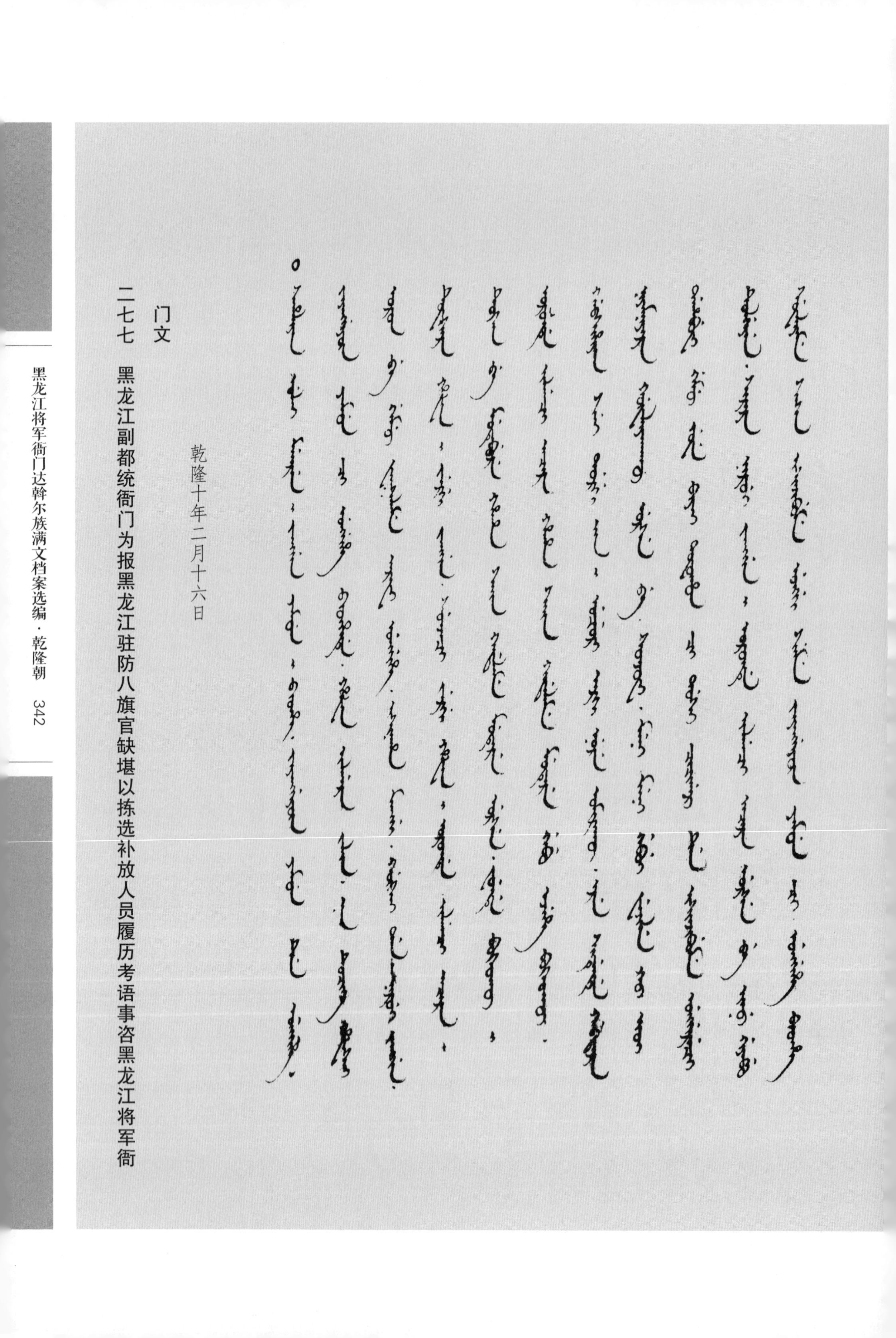

二七七　黑龙江副都统衙门为报黑龙江驻防八旗官缺堪以拣选补放人员履历考语事咨黑龙江将军衙

门文

乾隆十年二月十六日

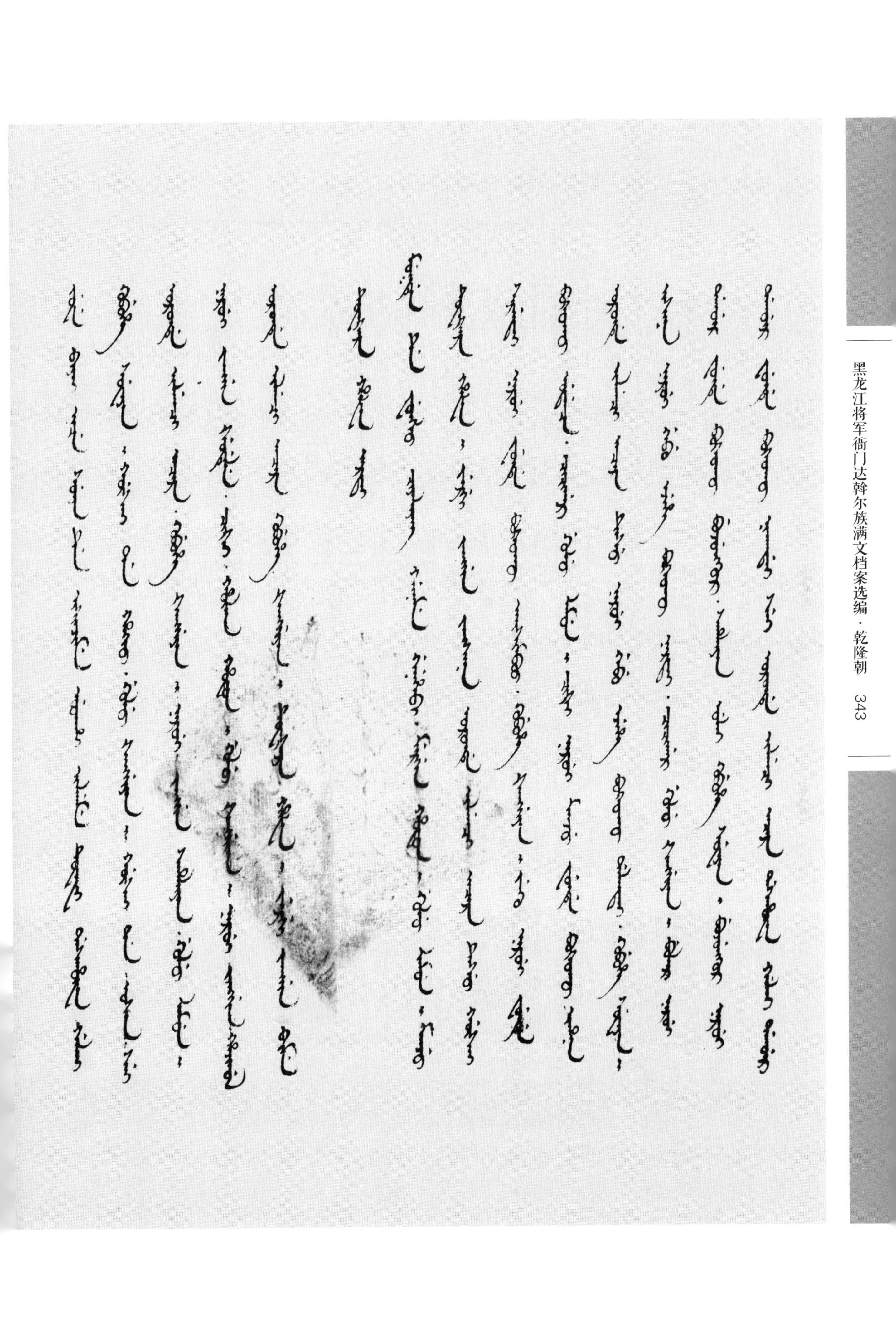

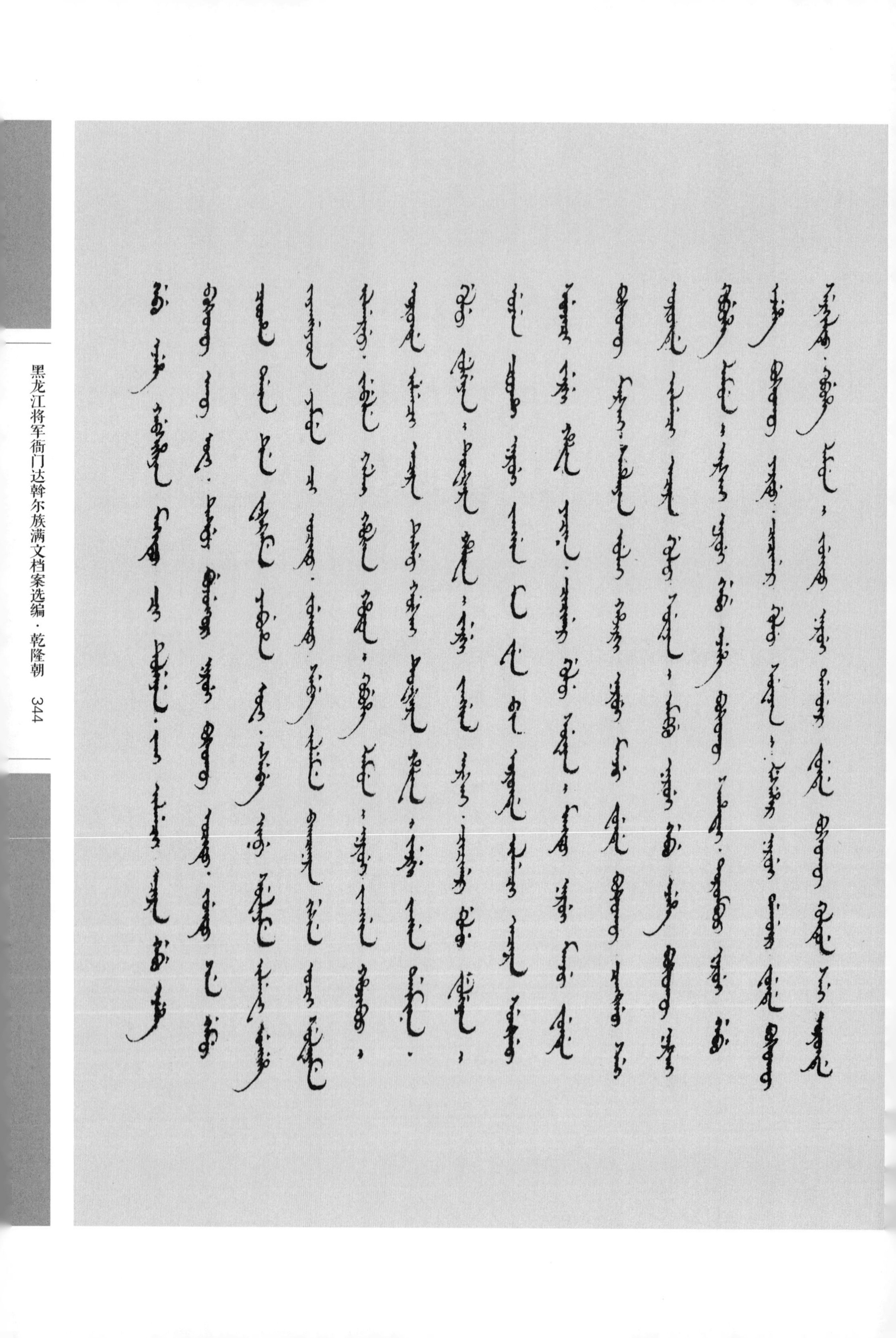

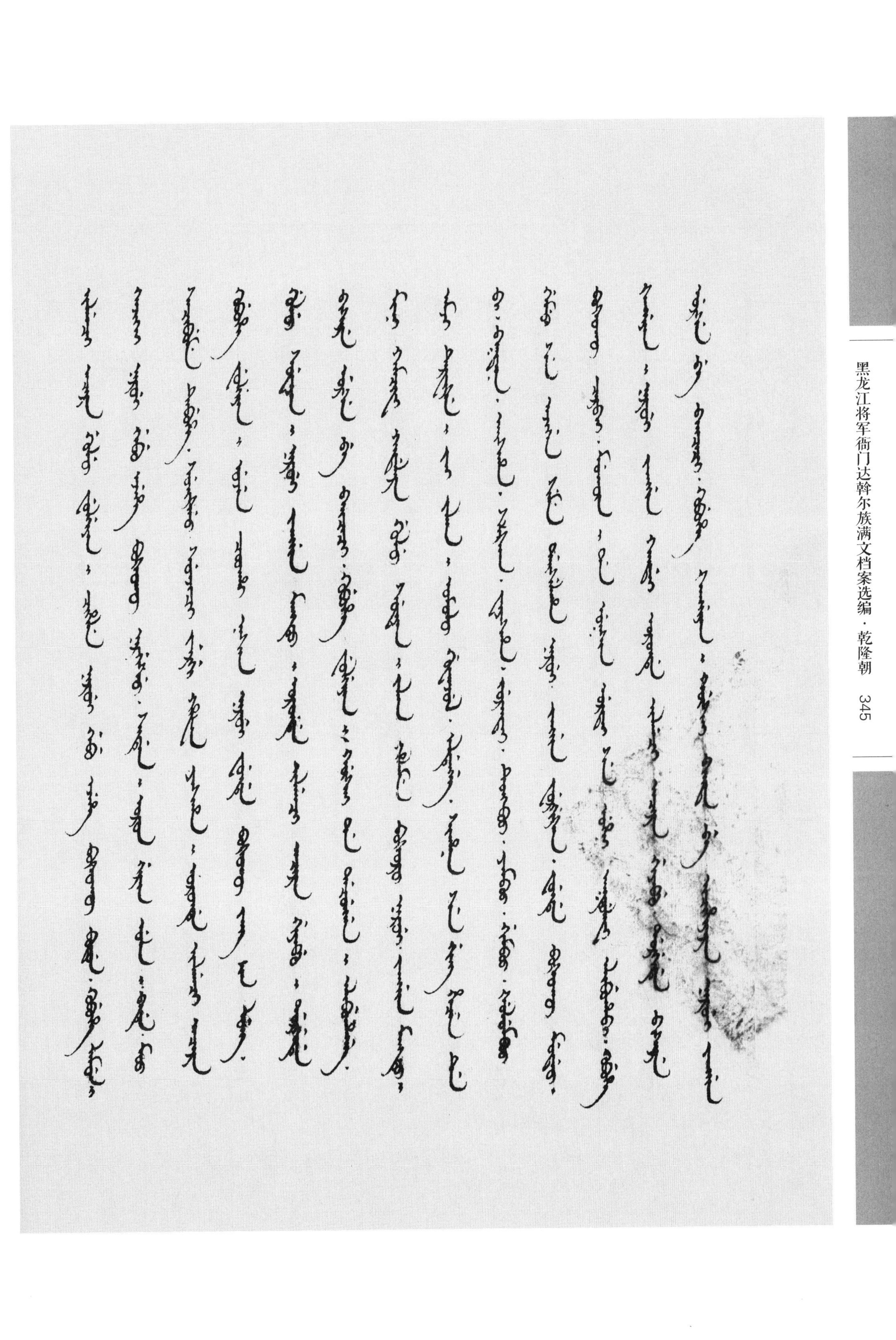

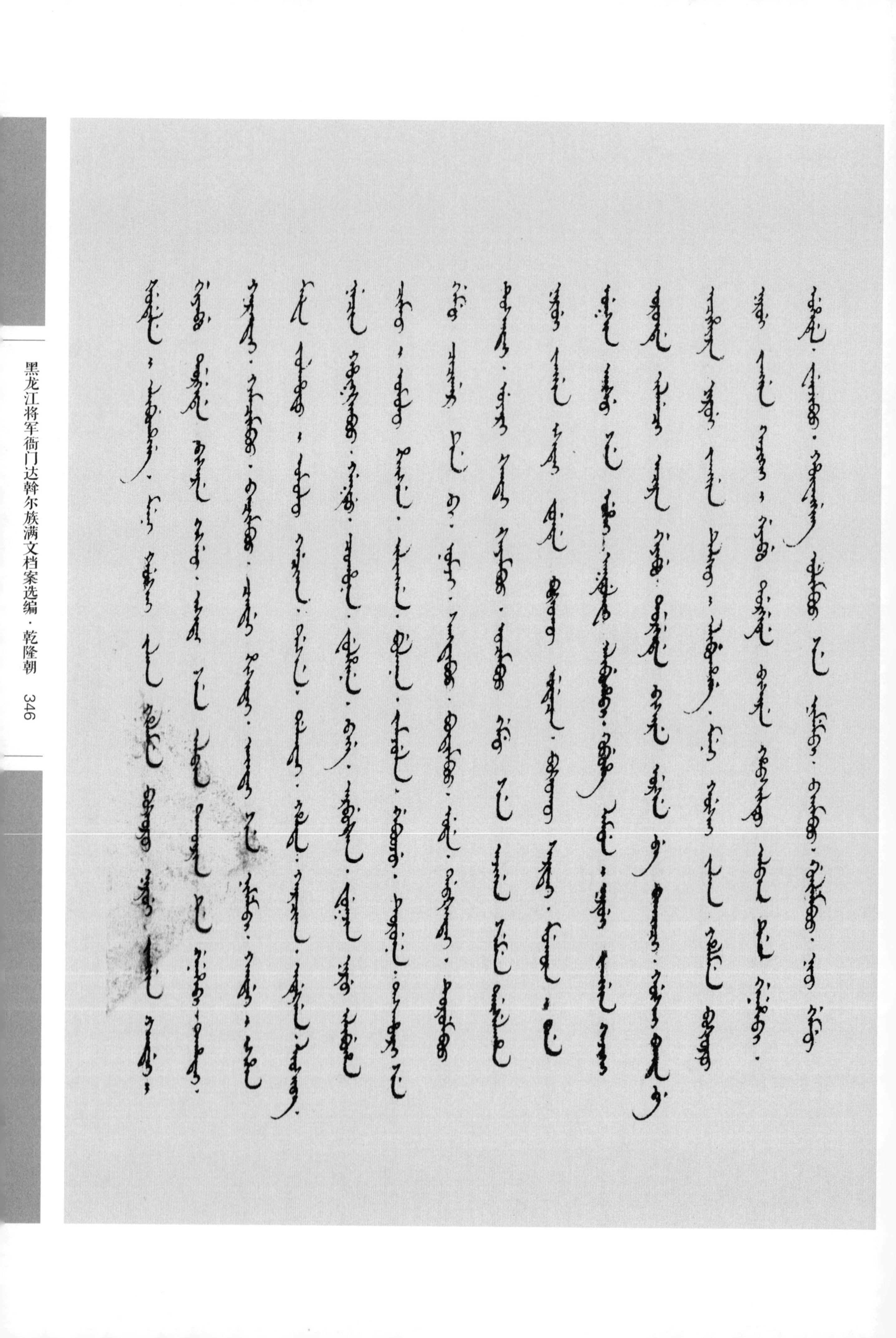

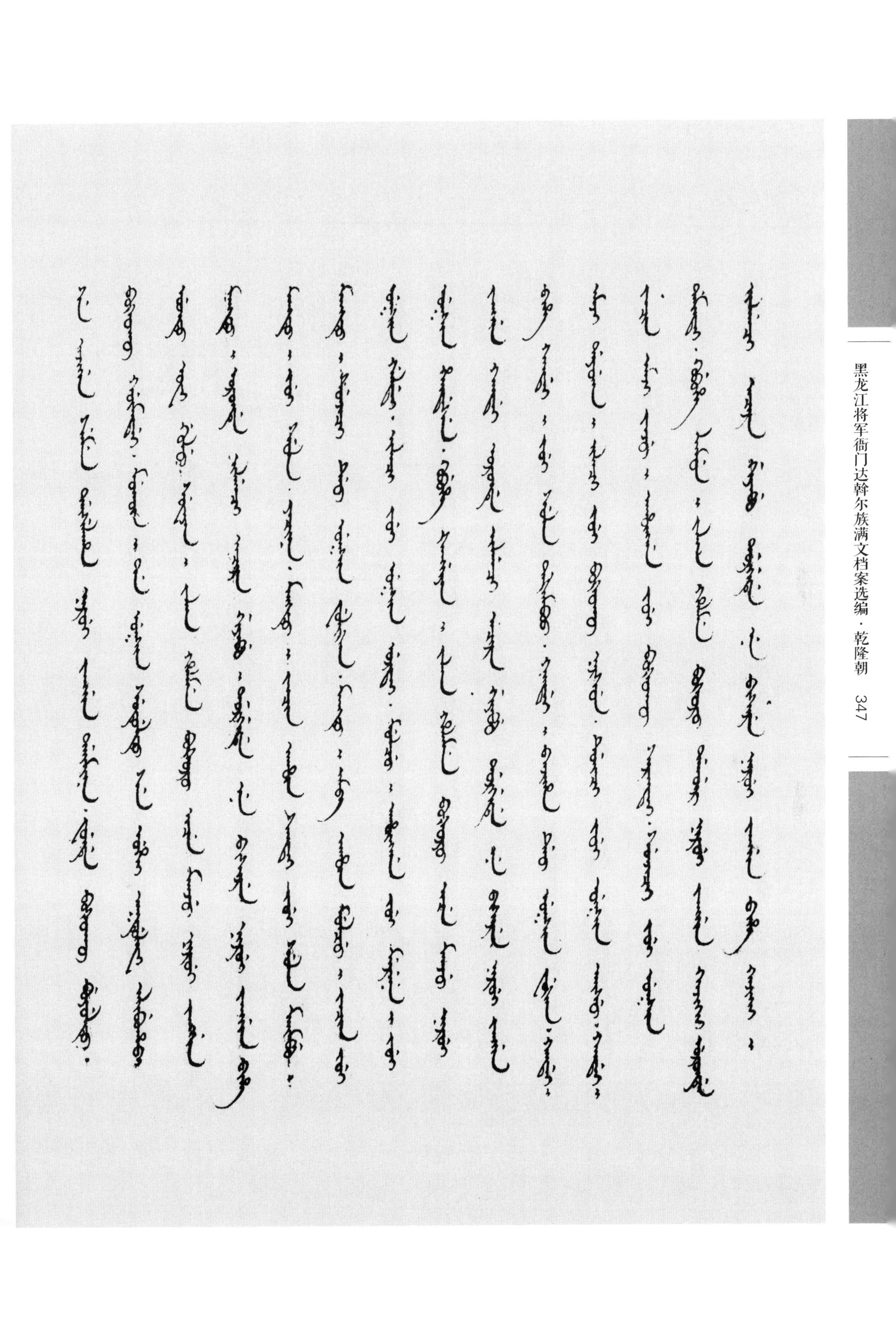

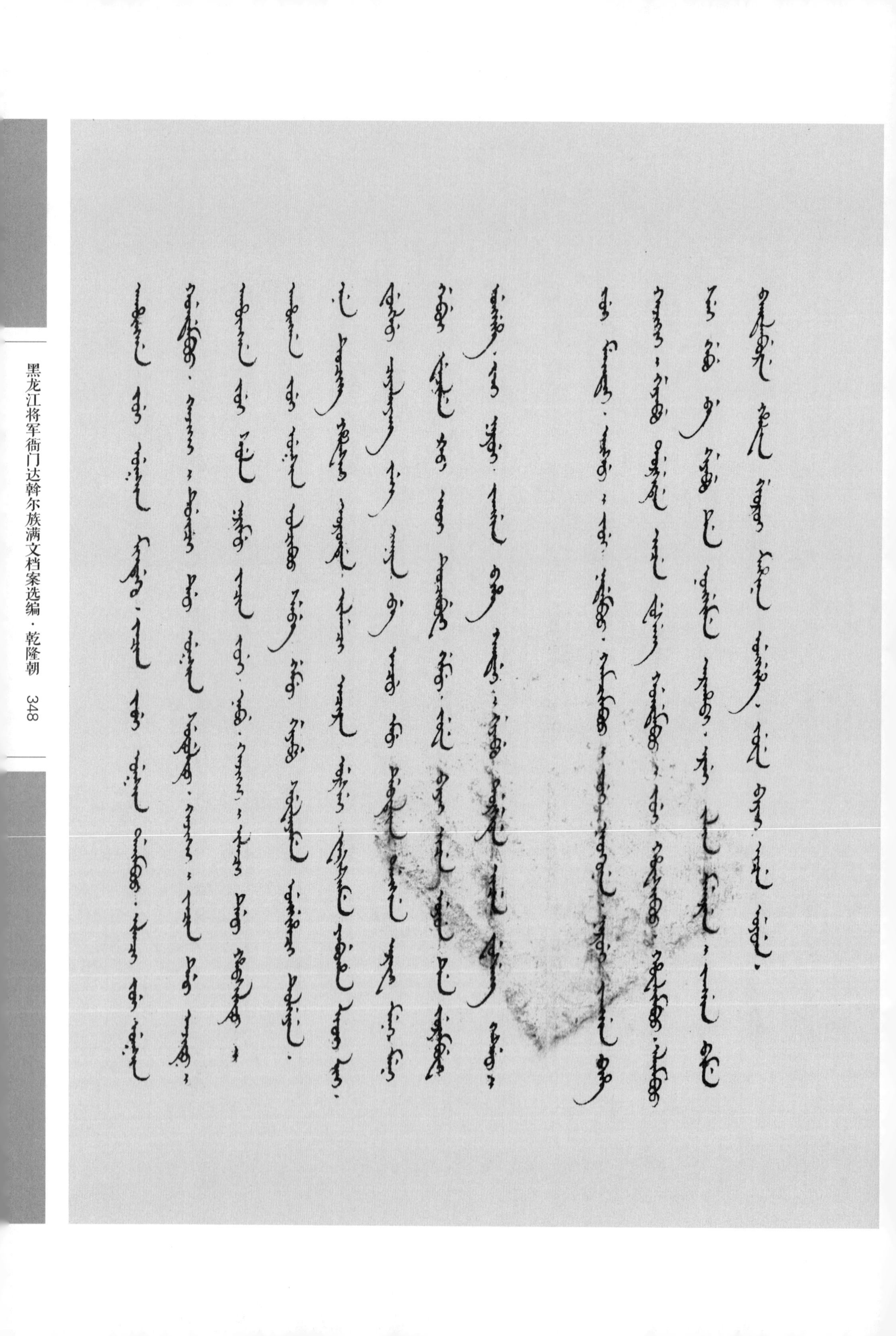

[illegible]

二七八 黑龙江将军衙门为镶白旗达斡尔骁骑校噶勒布等出缺拣员补放事咨黑龙江副都统文

乾隆十年二月十六日

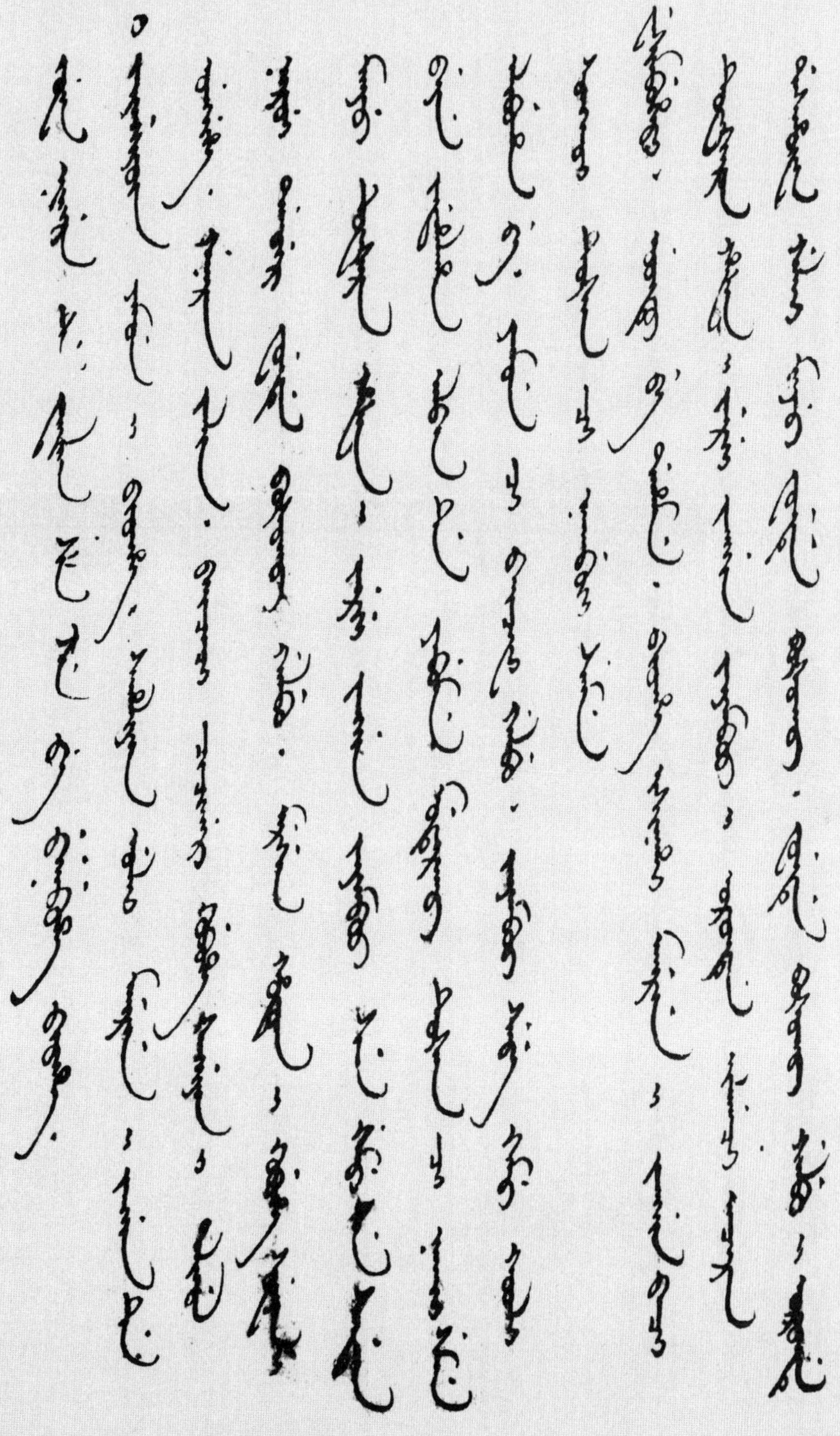

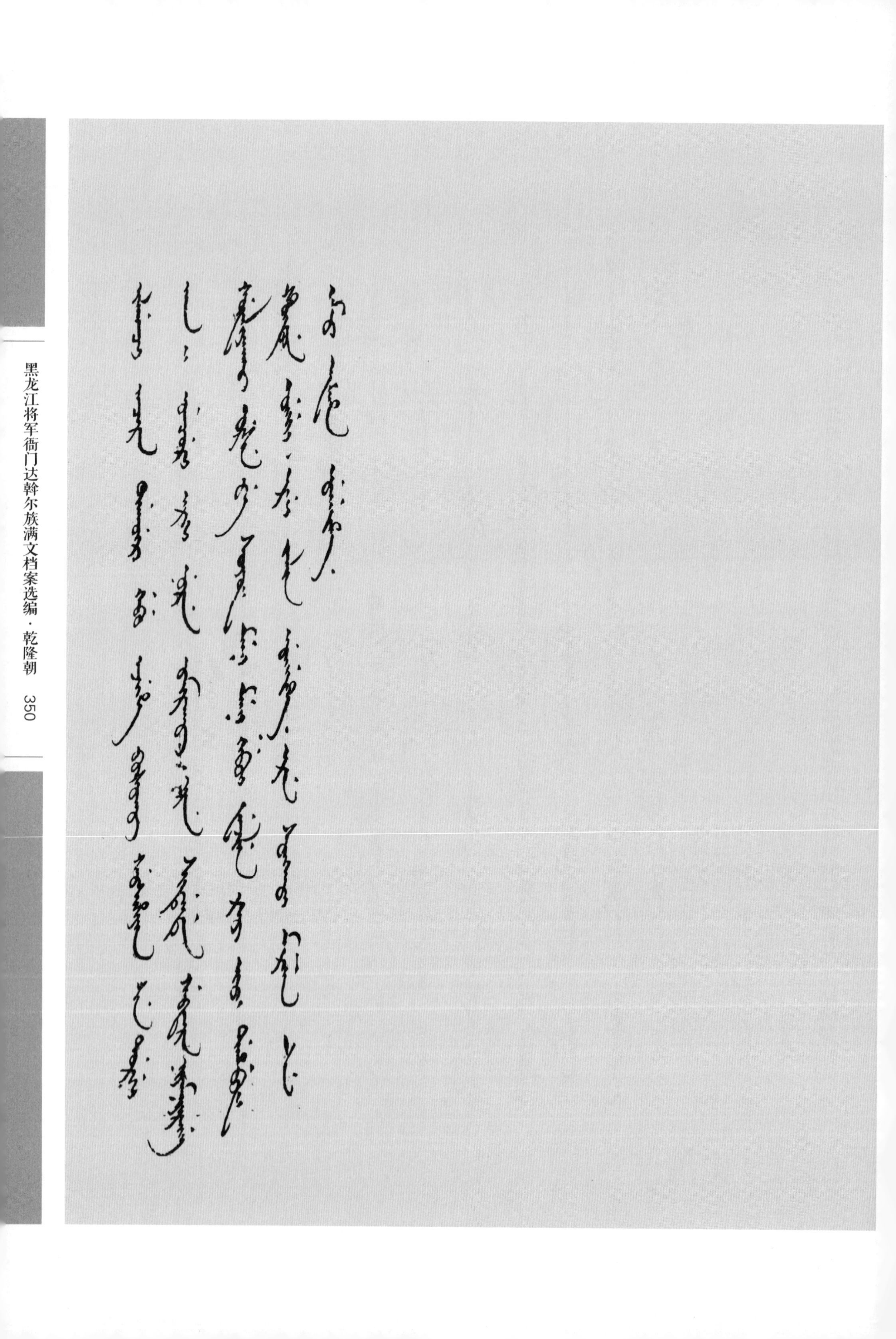

[illegible]

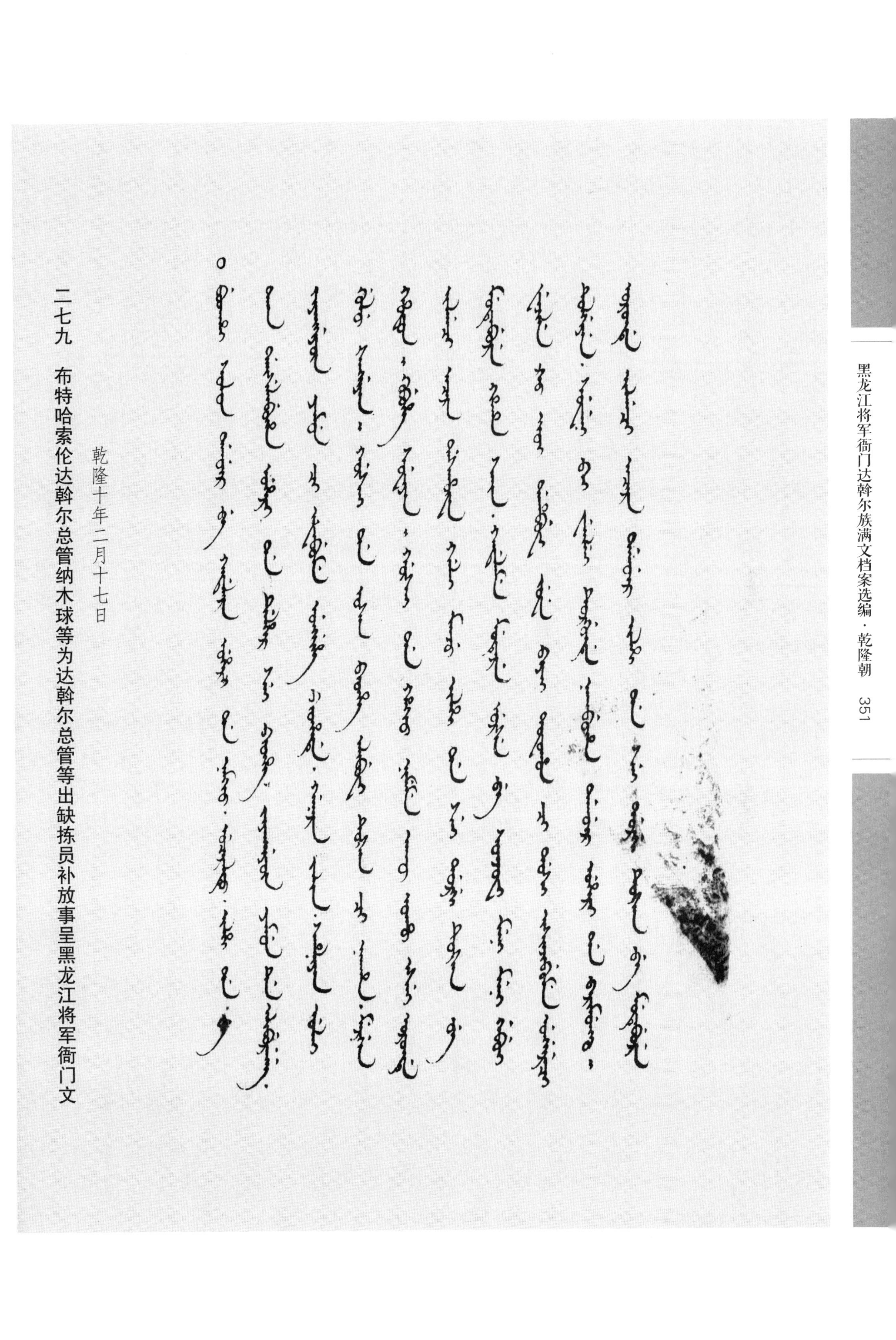

二七九　布特哈索伦达斡尔总管纳木球等为达斡尔总管等出缺拣员补放事呈黑龙江将军衙门文

乾隆十年二月十七日

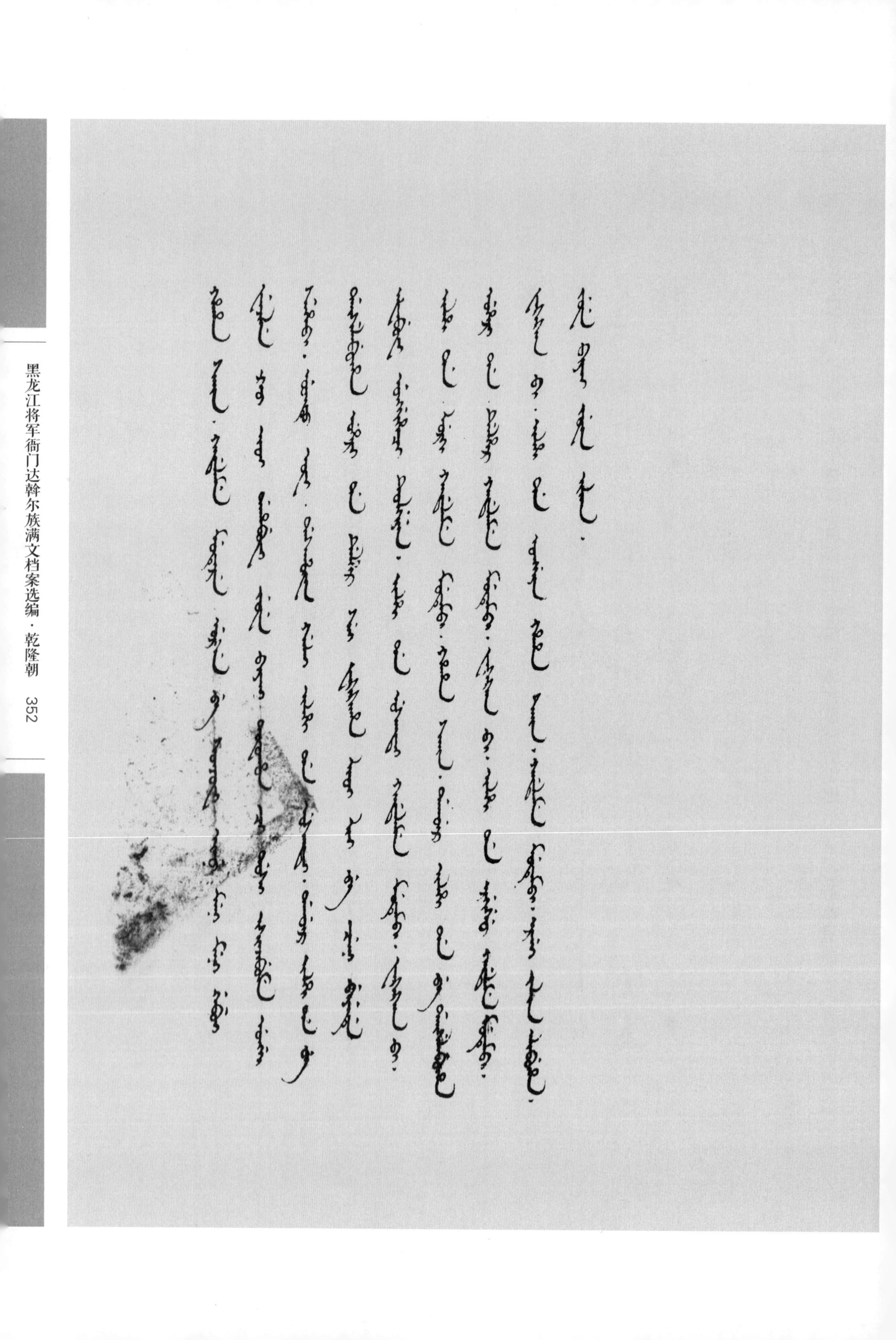

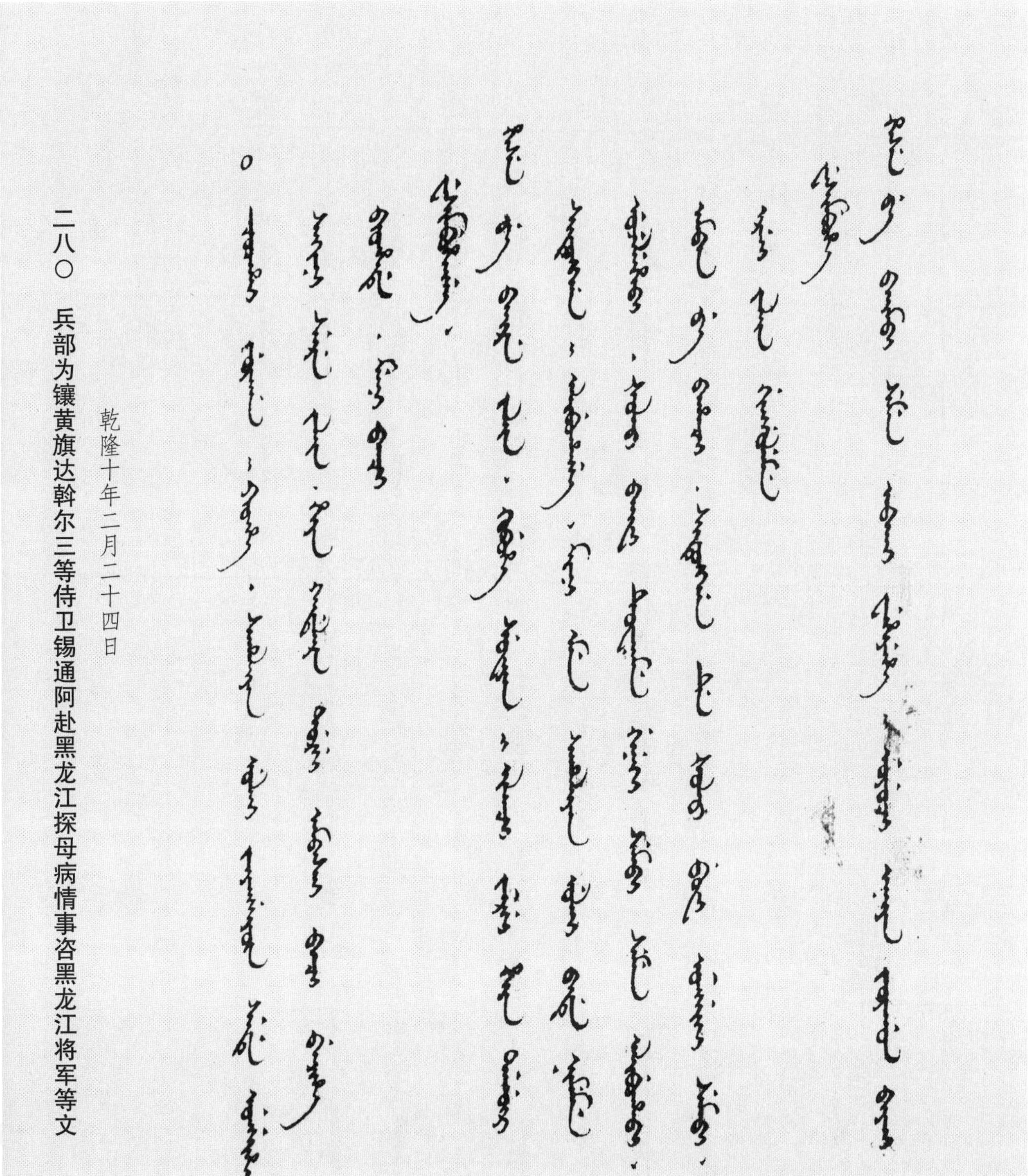

二八〇 兵部为镶黄旗达斡尔三等侍卫锡通阿赴黑龙江探母病情事咨黑龙江将军等文

乾隆十年二月二十四日

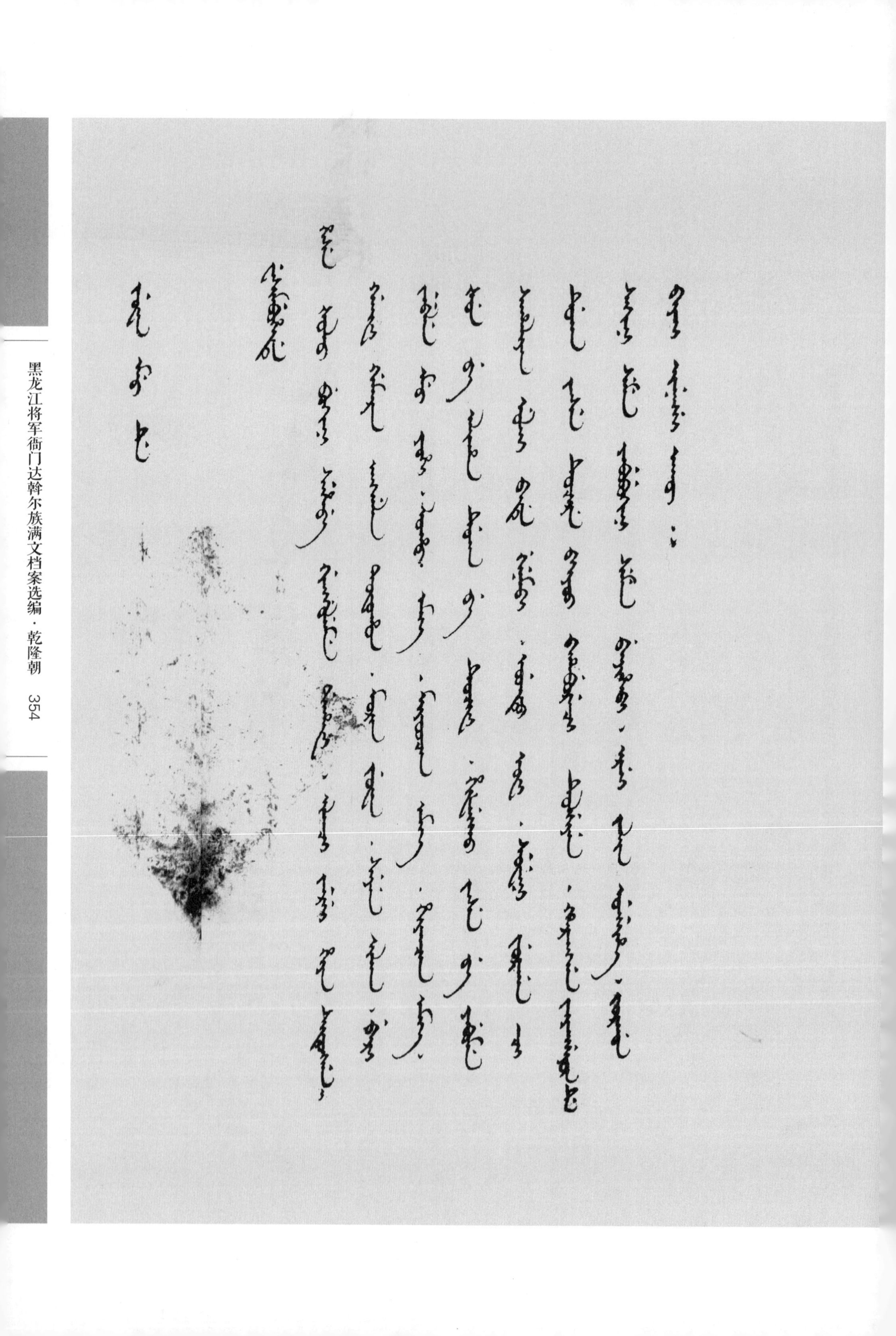

[illegible]

[illegible]

[illegible]

[illegible]

[illegible]

[illegible]

[illegible]

[illegible]

[illegible]

[illegible]

二八一　暂护墨尔根副都统印务协领克锡布为镶白旗达斡尔骁骑校等出缺拣员补放事呈黑龙江将军衙门文

乾隆十年二月二十七日

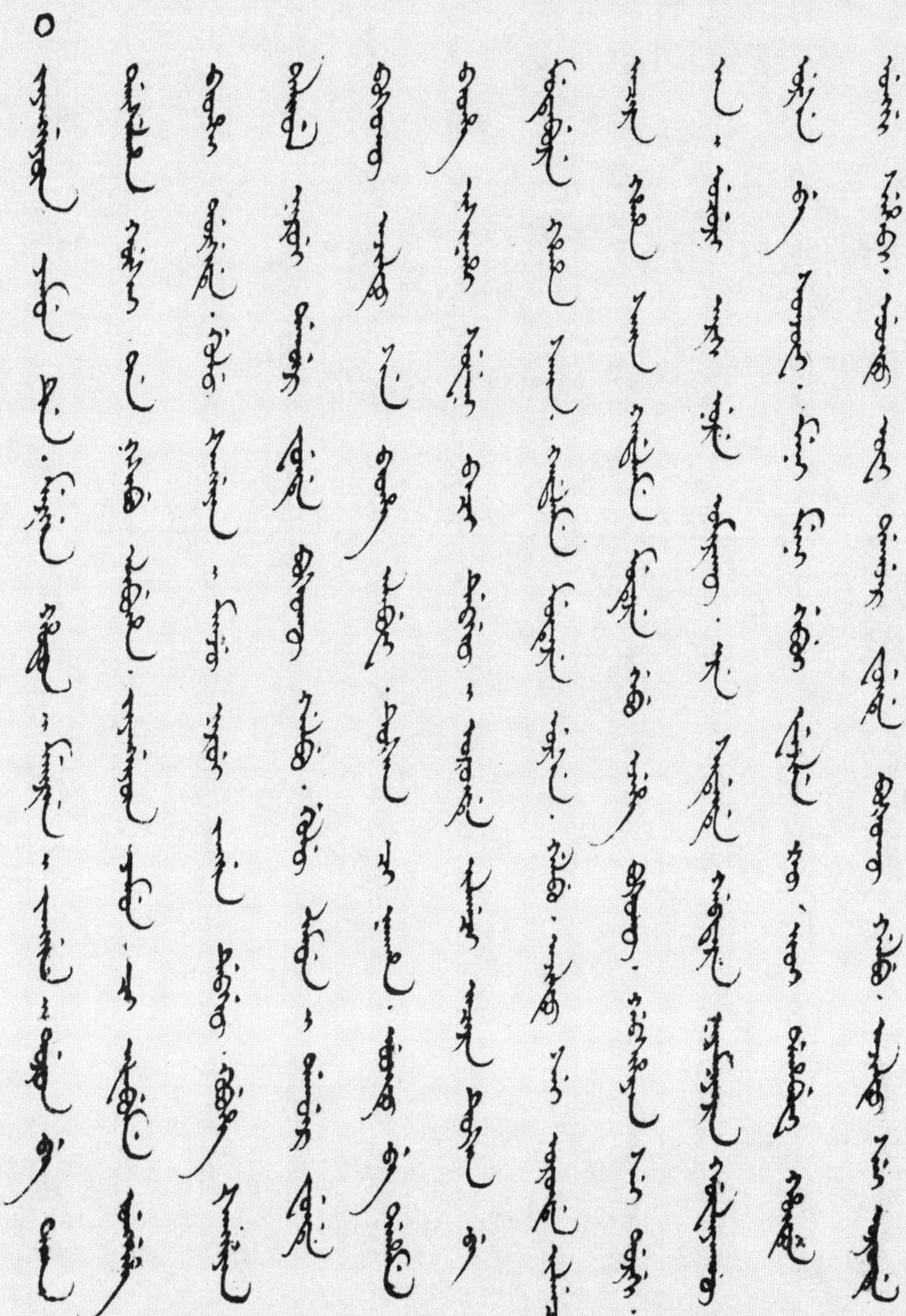

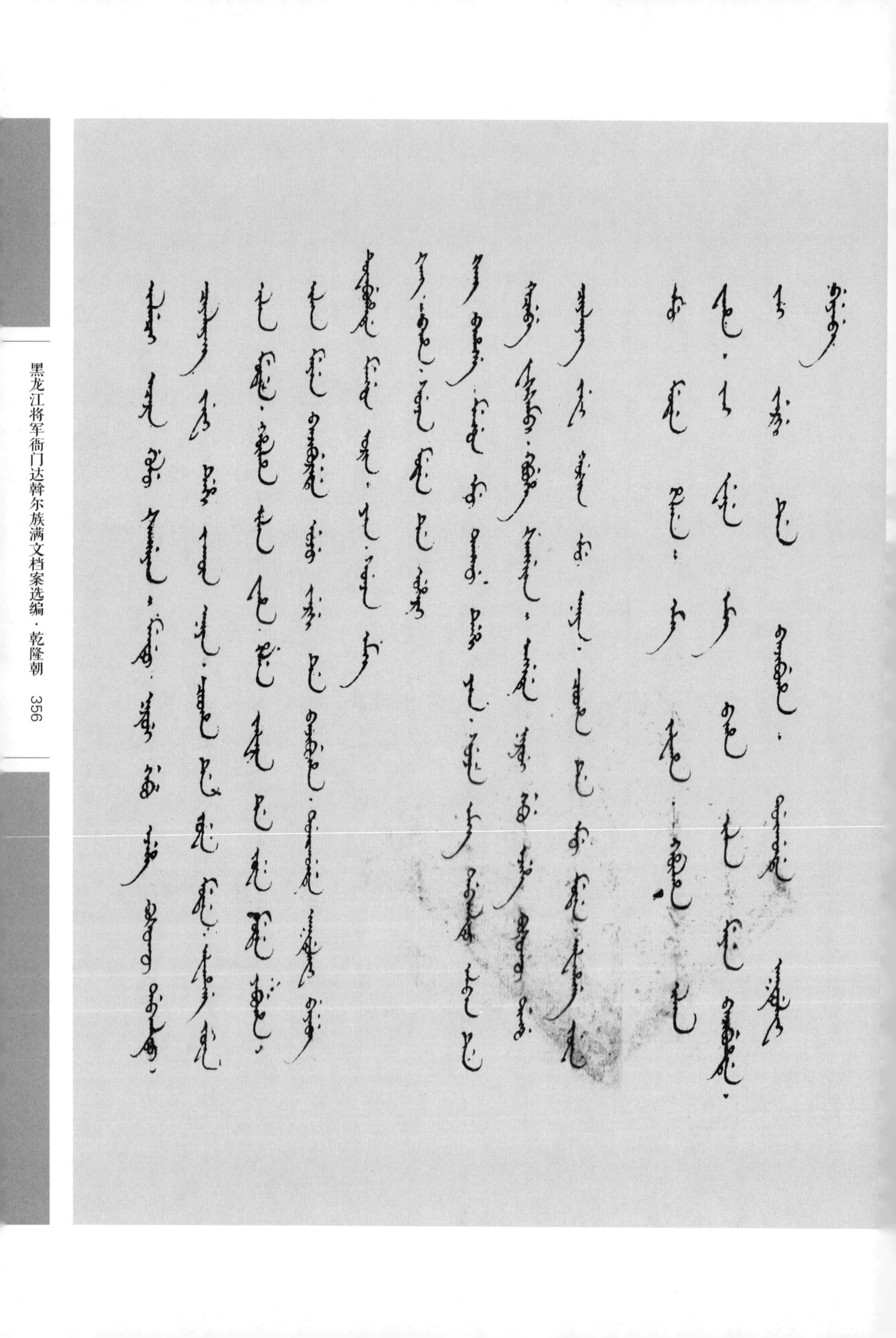

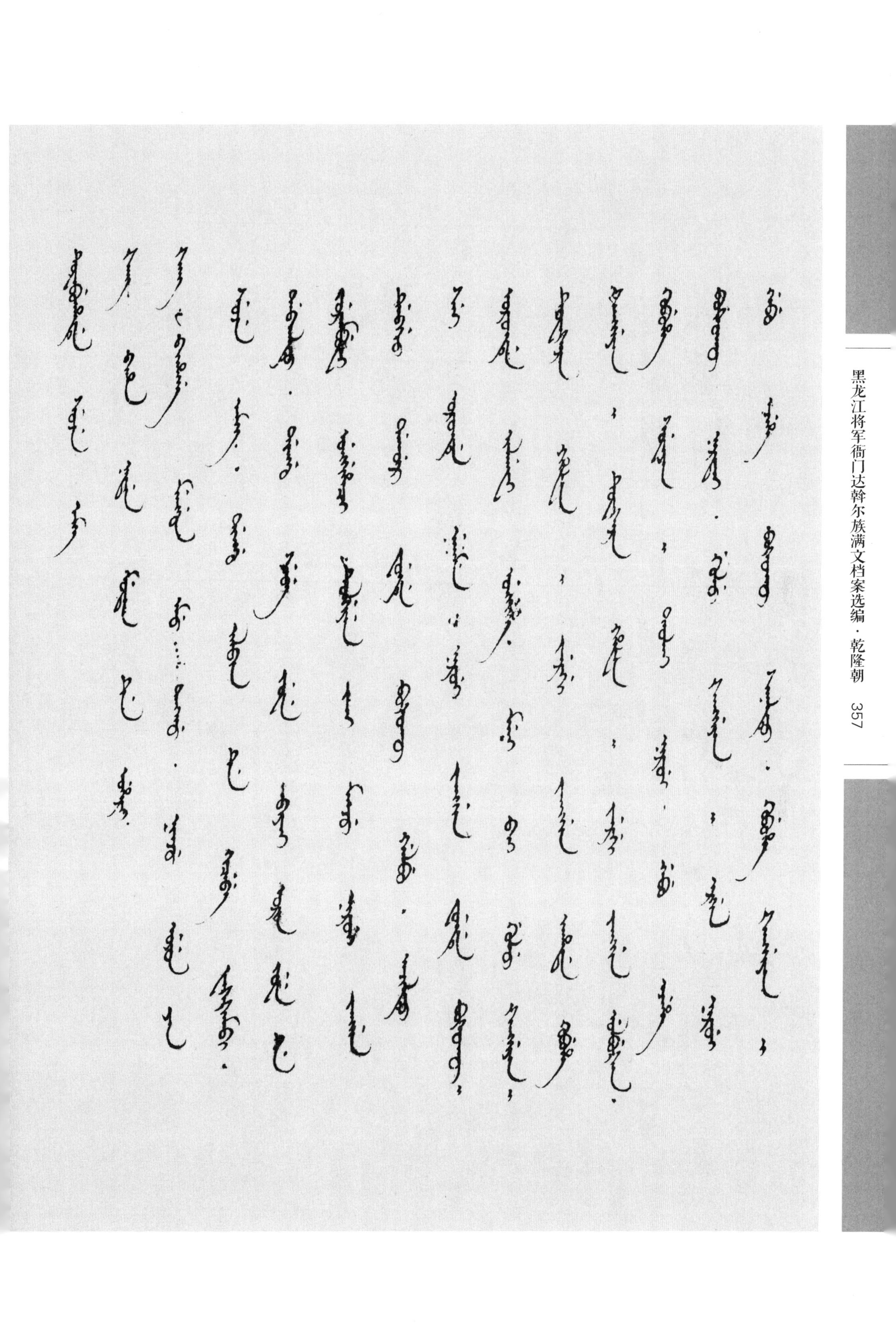

[illegible]

[illegible]

[illegible]

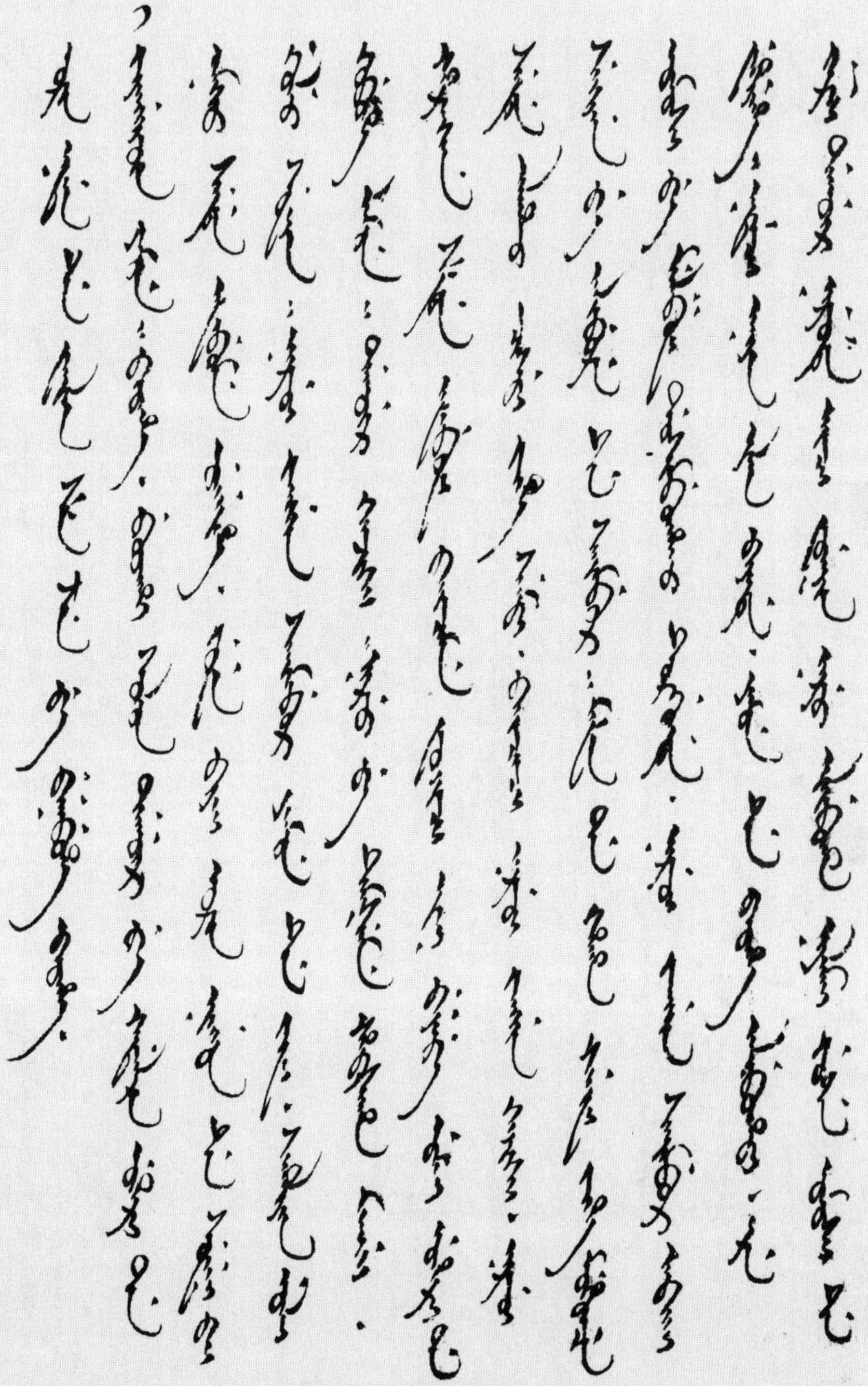

乾隆十年二月二十七日

二八二 黑龙江将军衙门为严饬正黄旗达斡尔佐领赛木布尔擅离职守事札布特哈索伦达斡尔总管纳木球等文

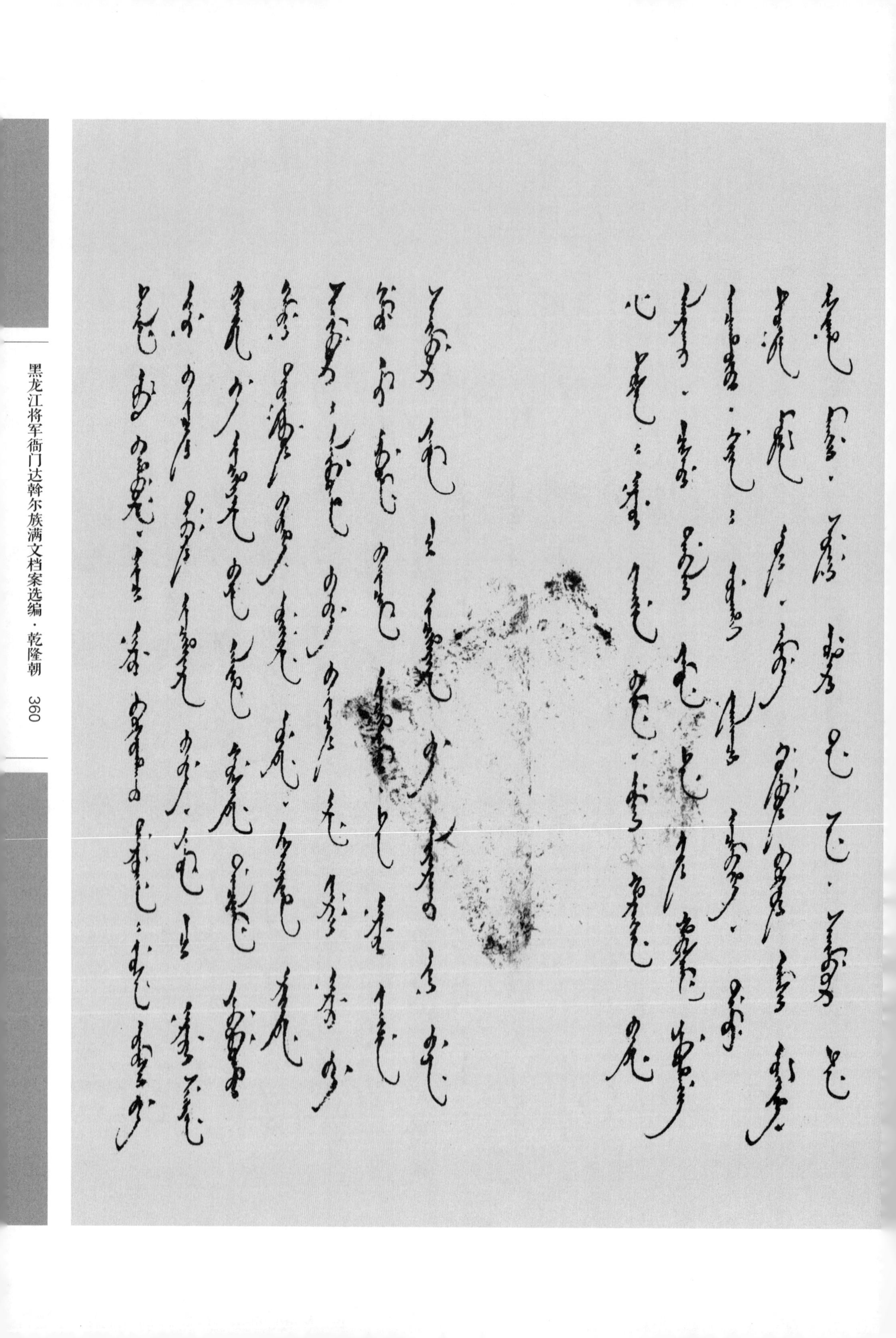

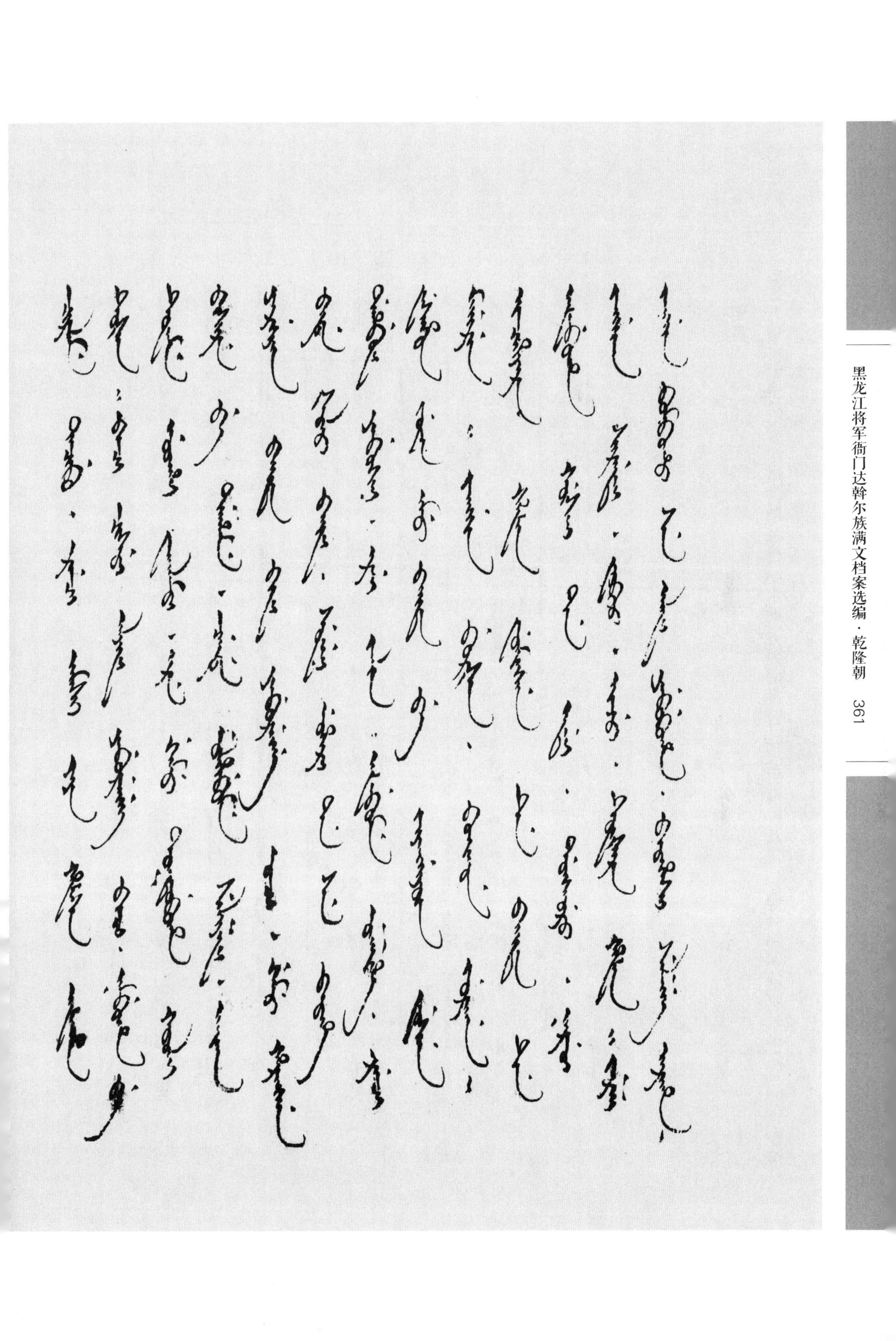

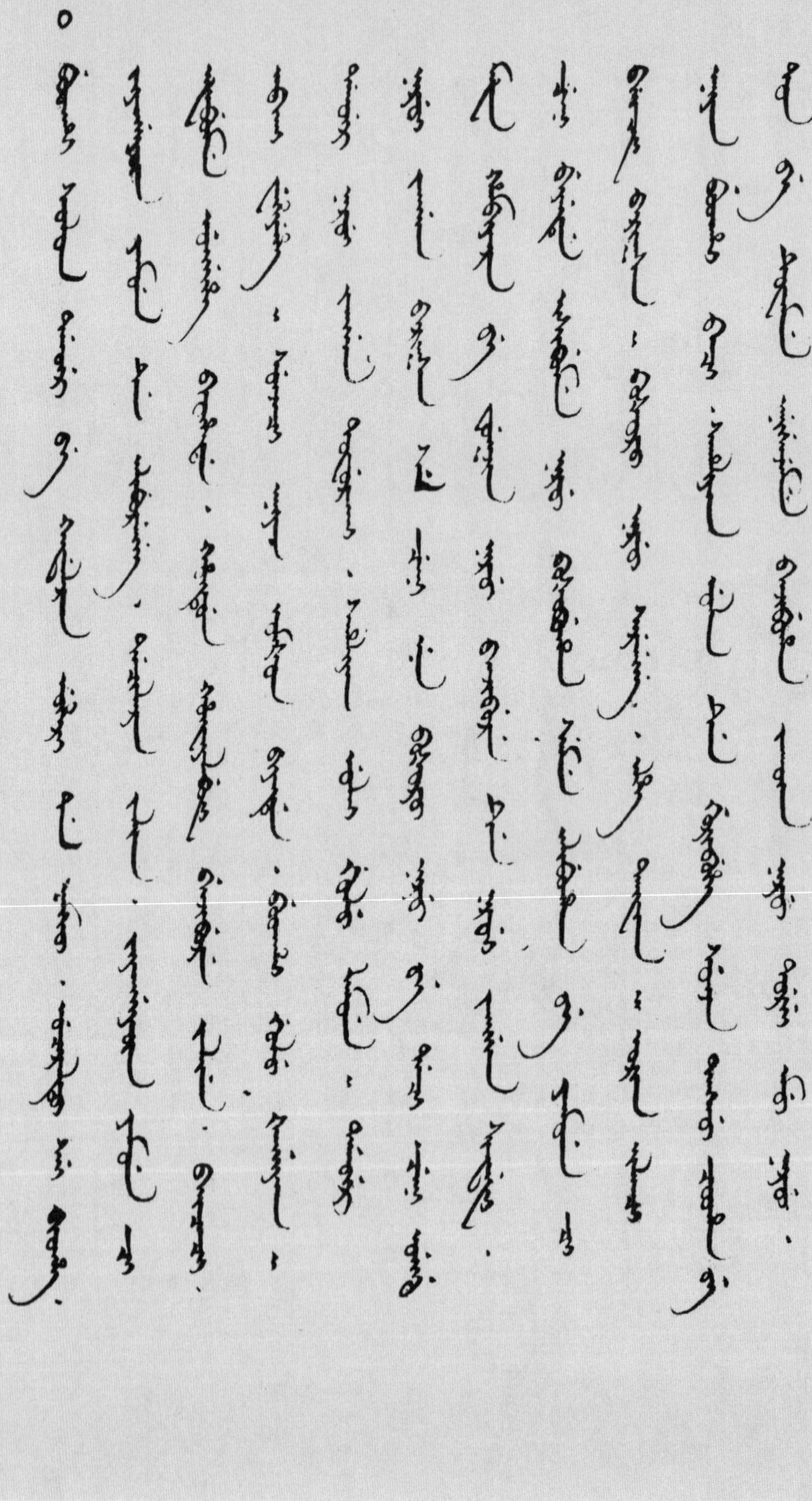

乾隆十年三月初一日

二八三　布特哈索伦达斡尔总管纳木球等为请将骁骑校巴磊等从正白旗达斡尔佐领托多尔凯家谱除名事呈黑龙江将军衙门文

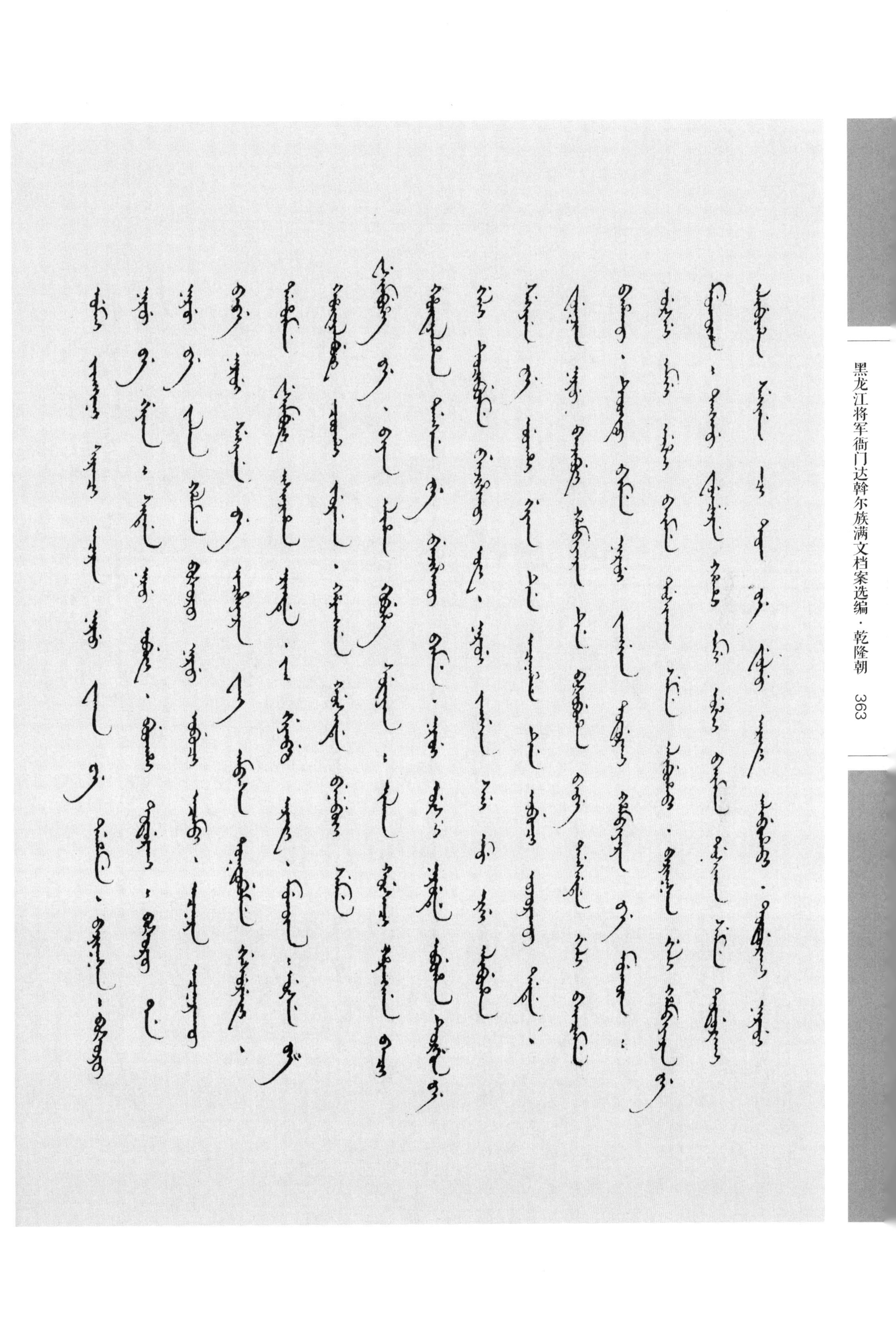

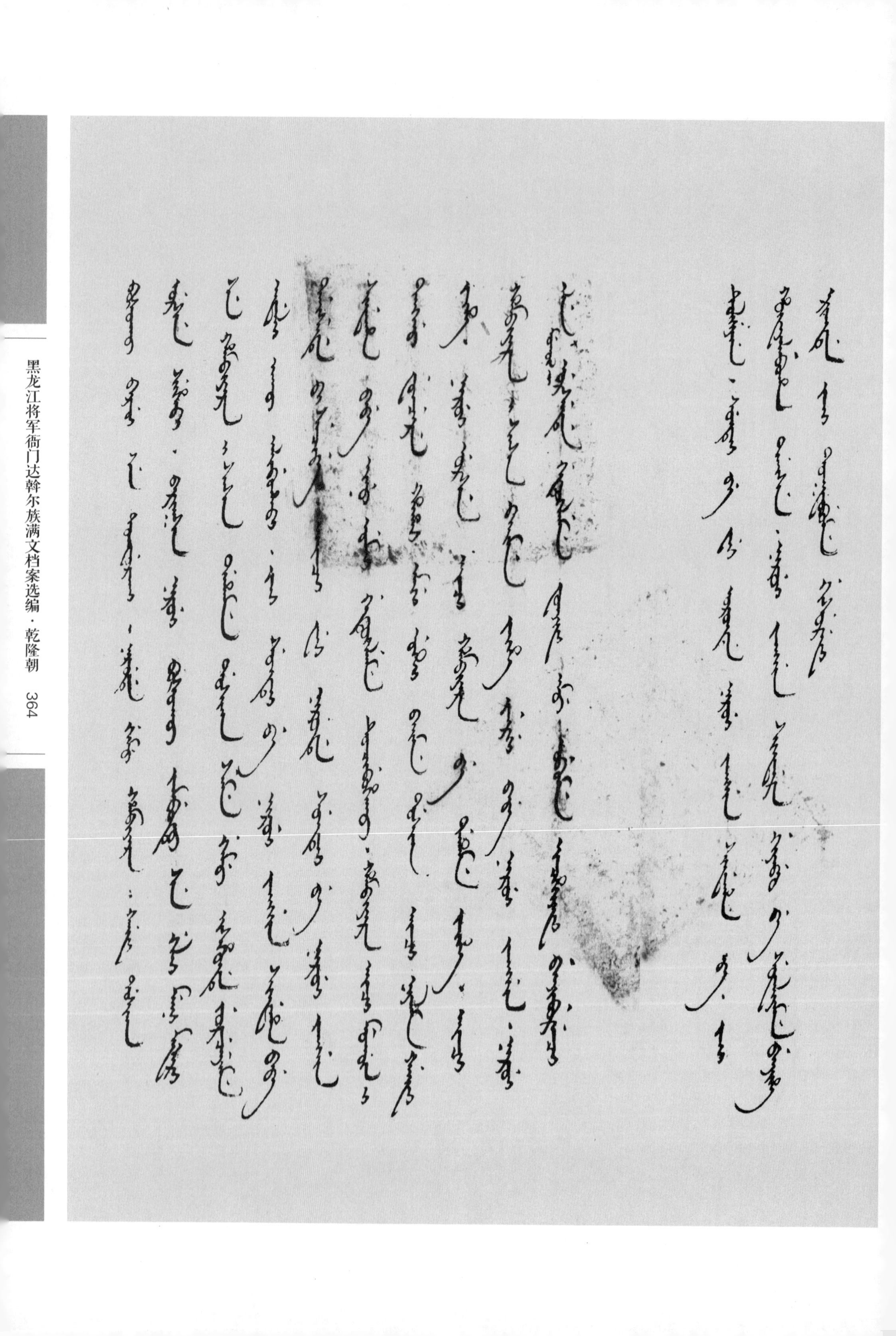

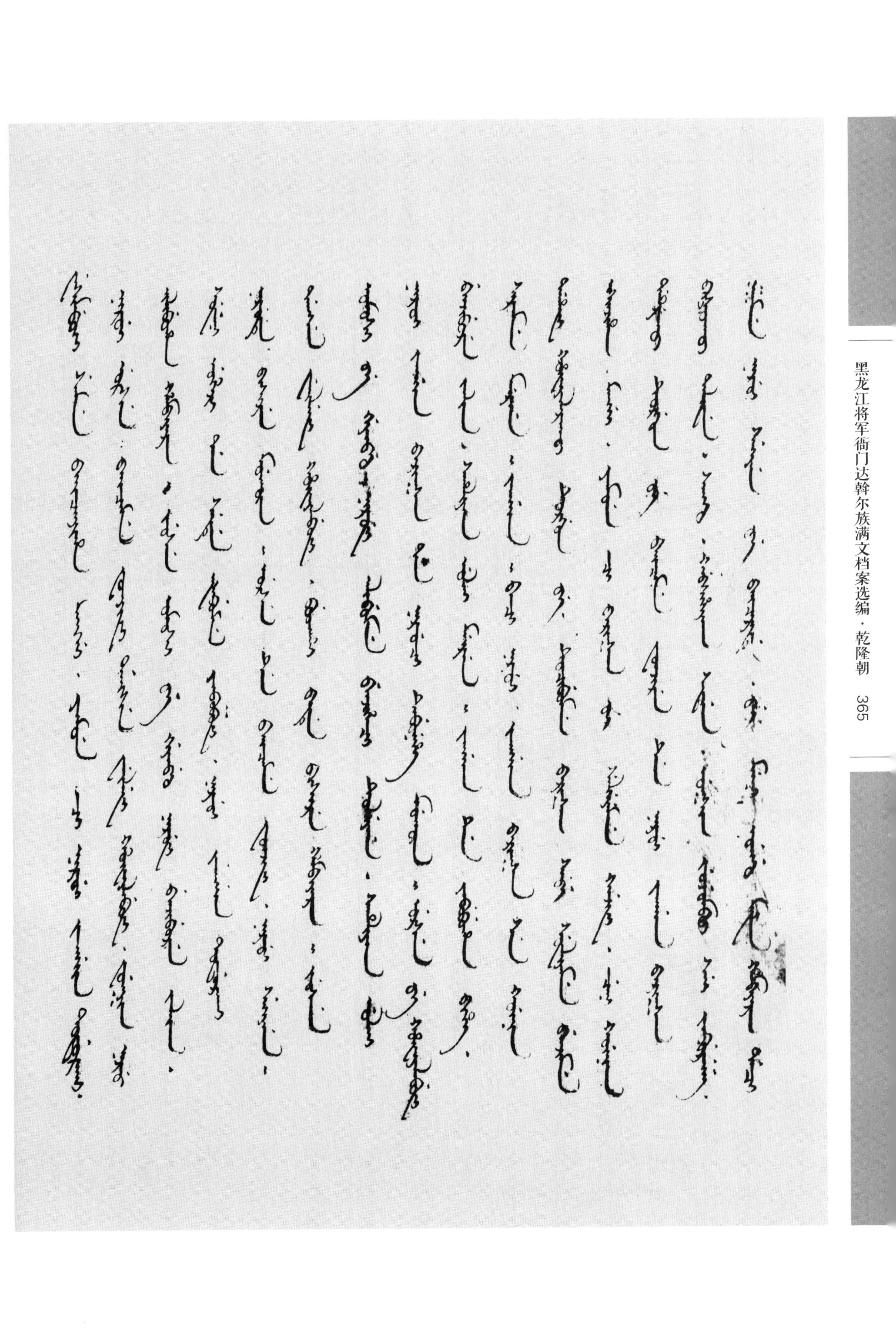

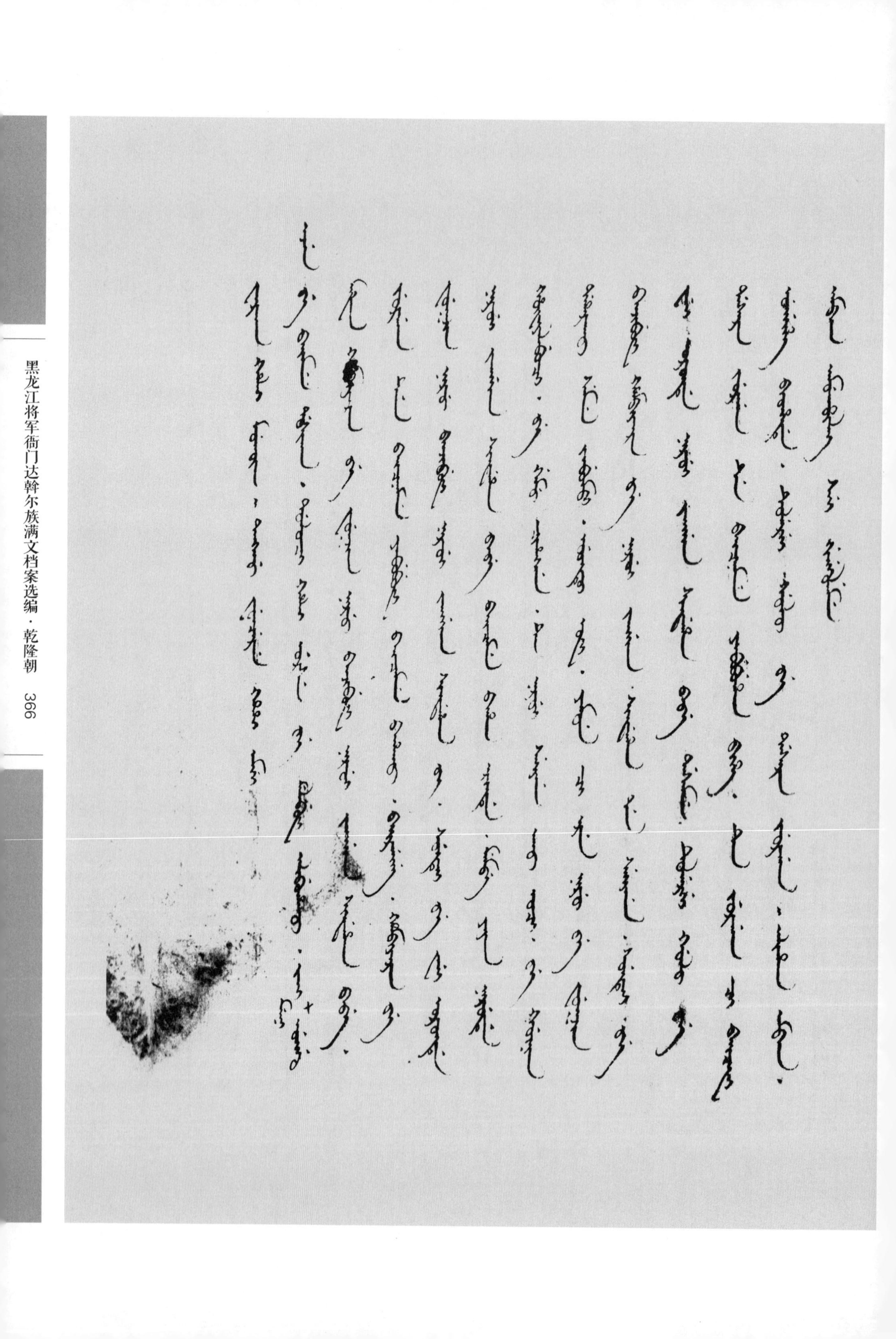

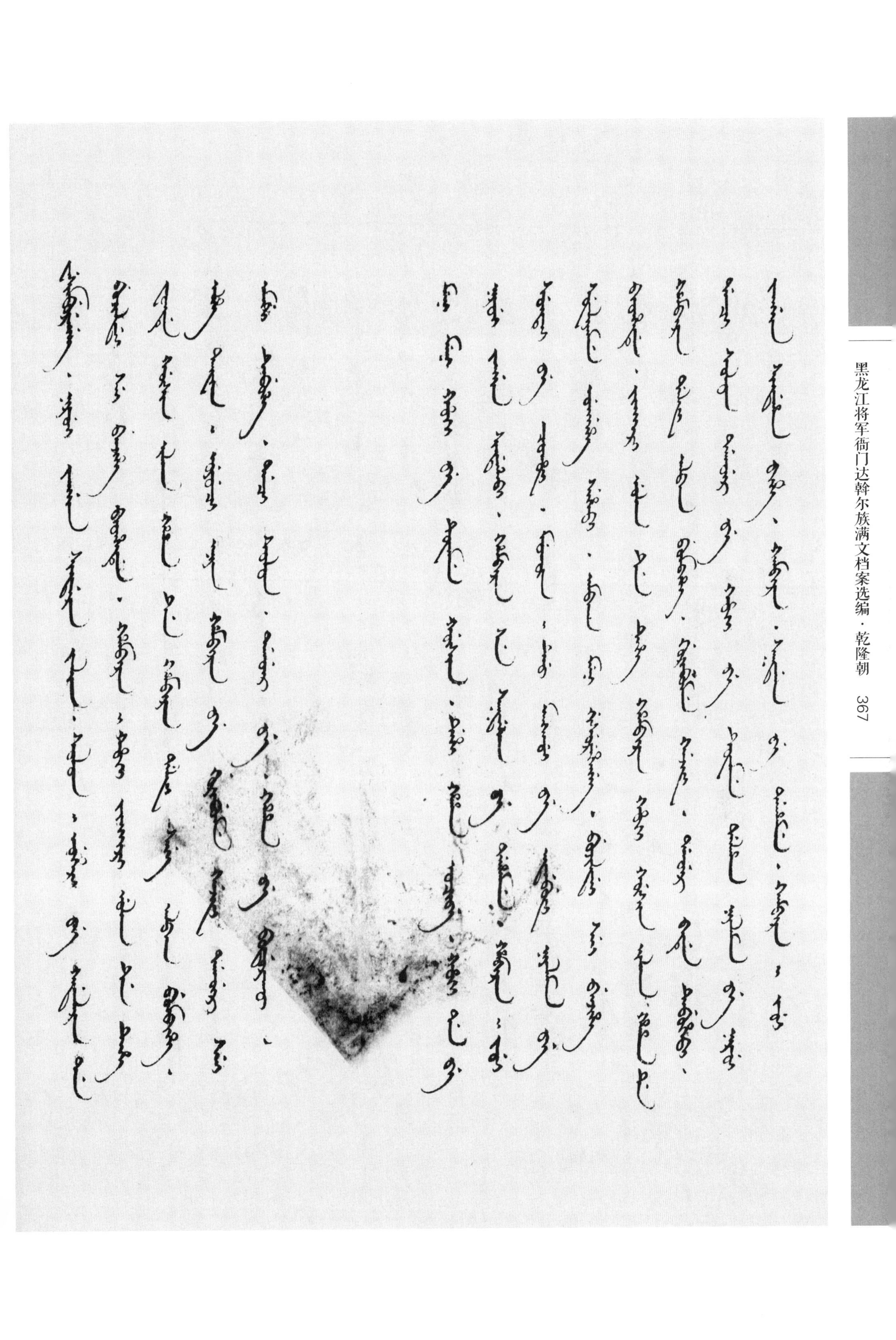

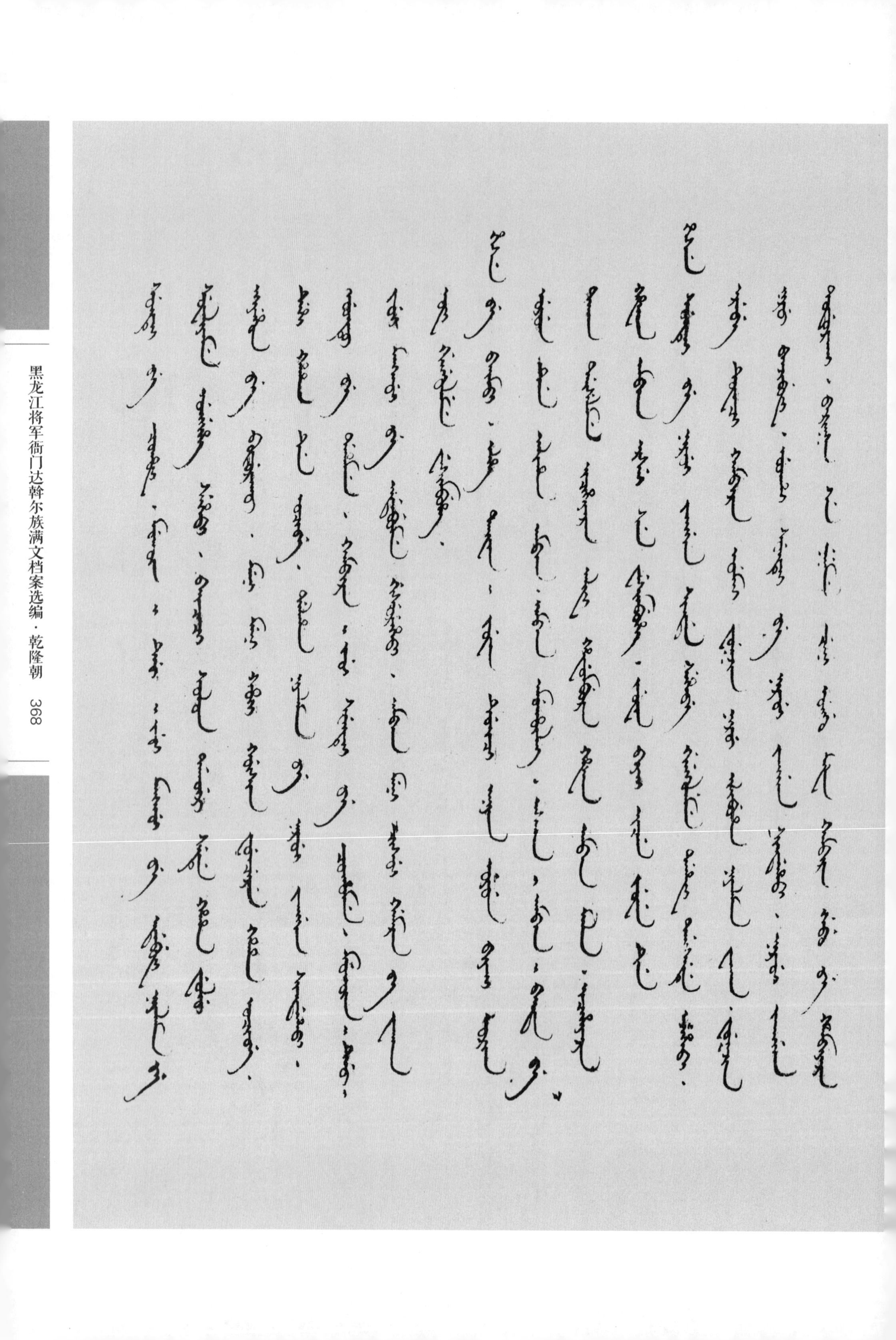

[illegible]

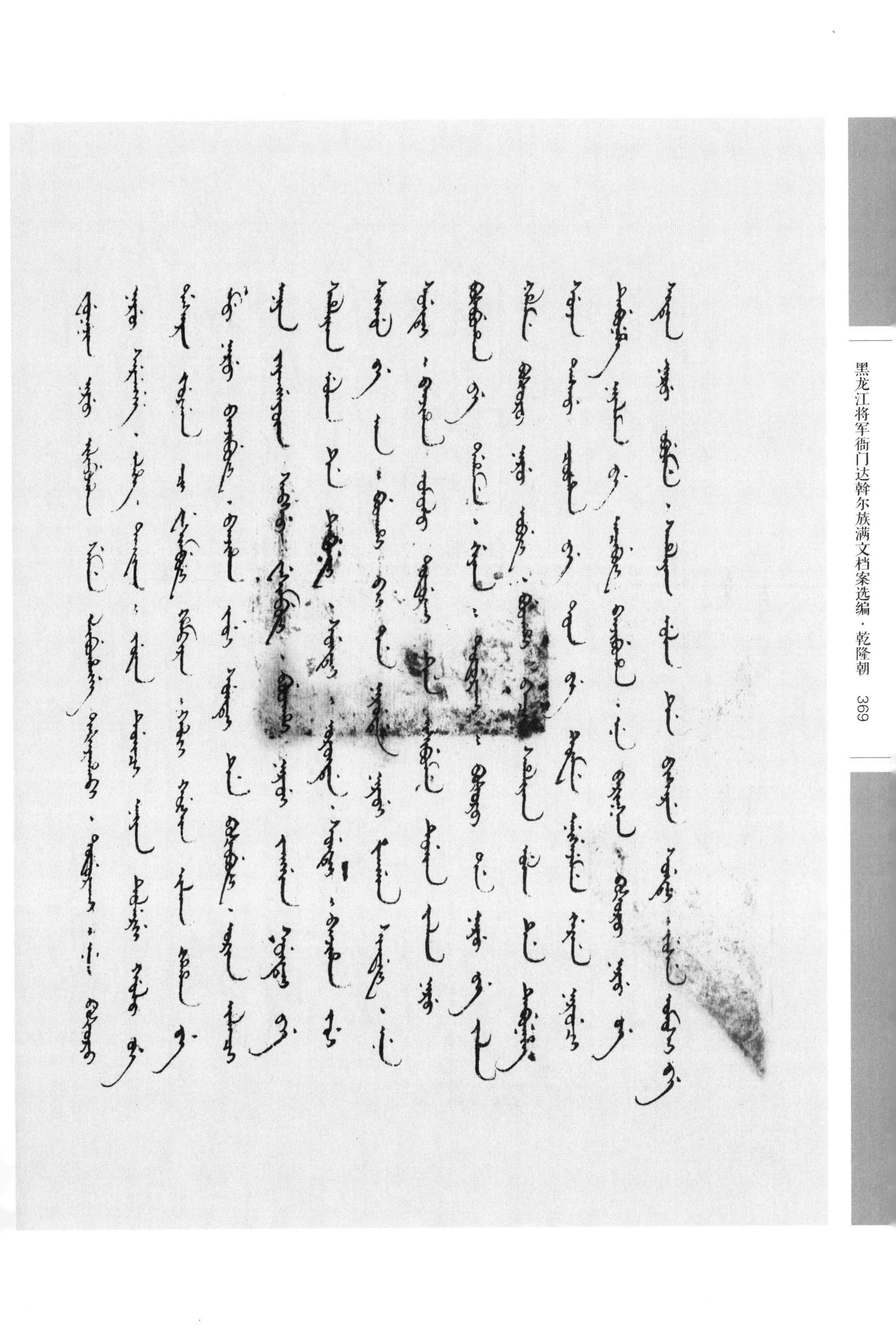

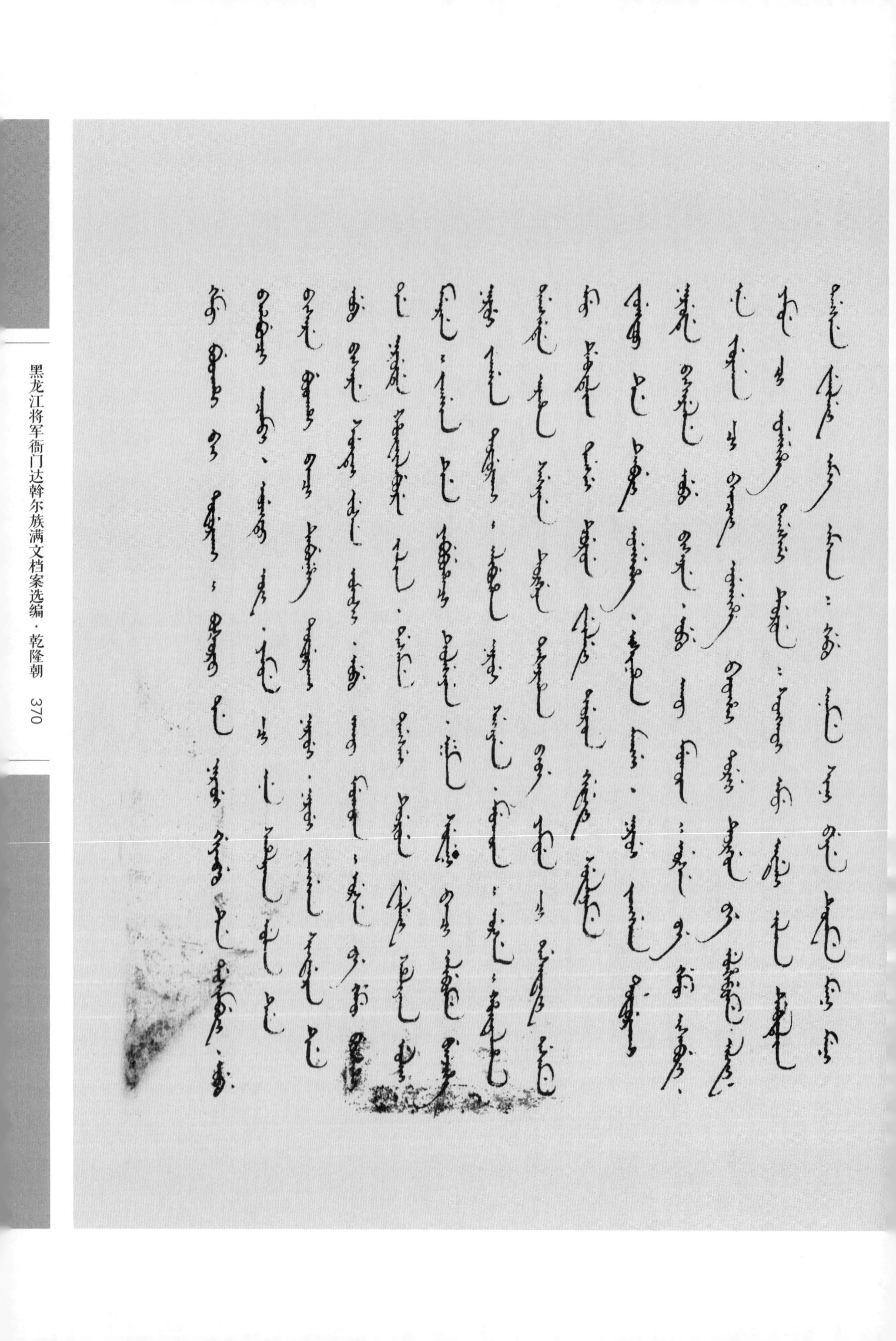

[illegible]

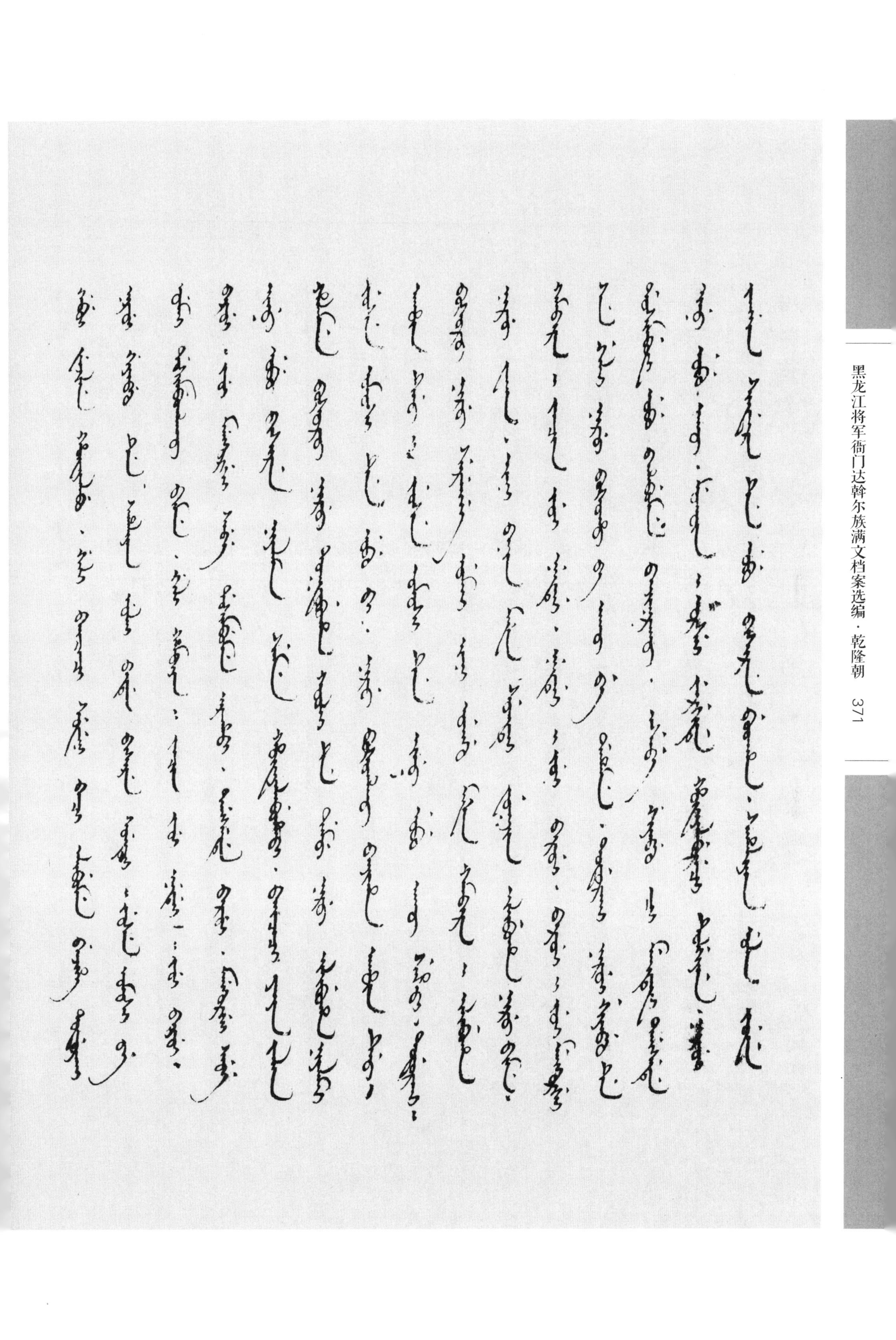

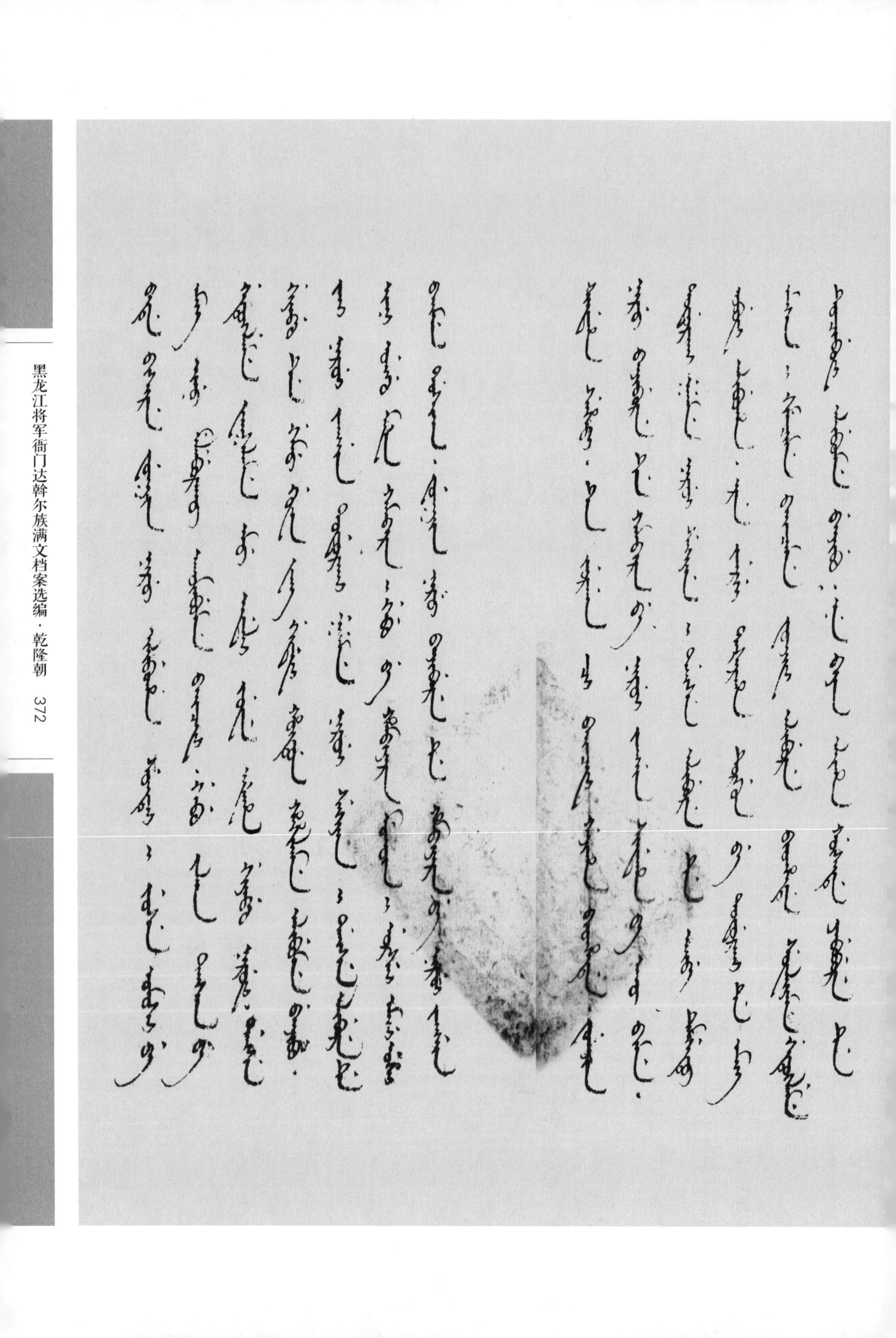

[illegible]

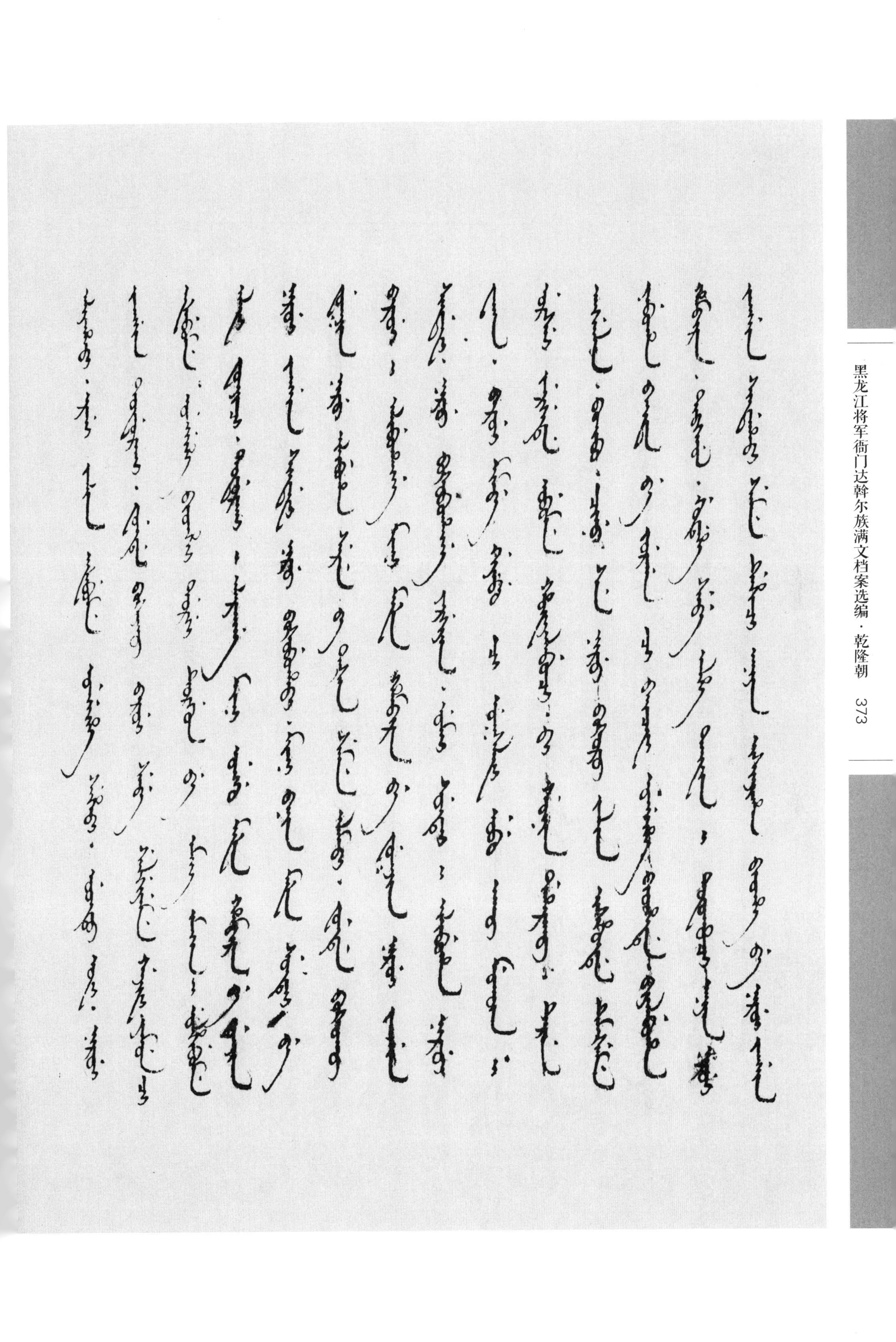

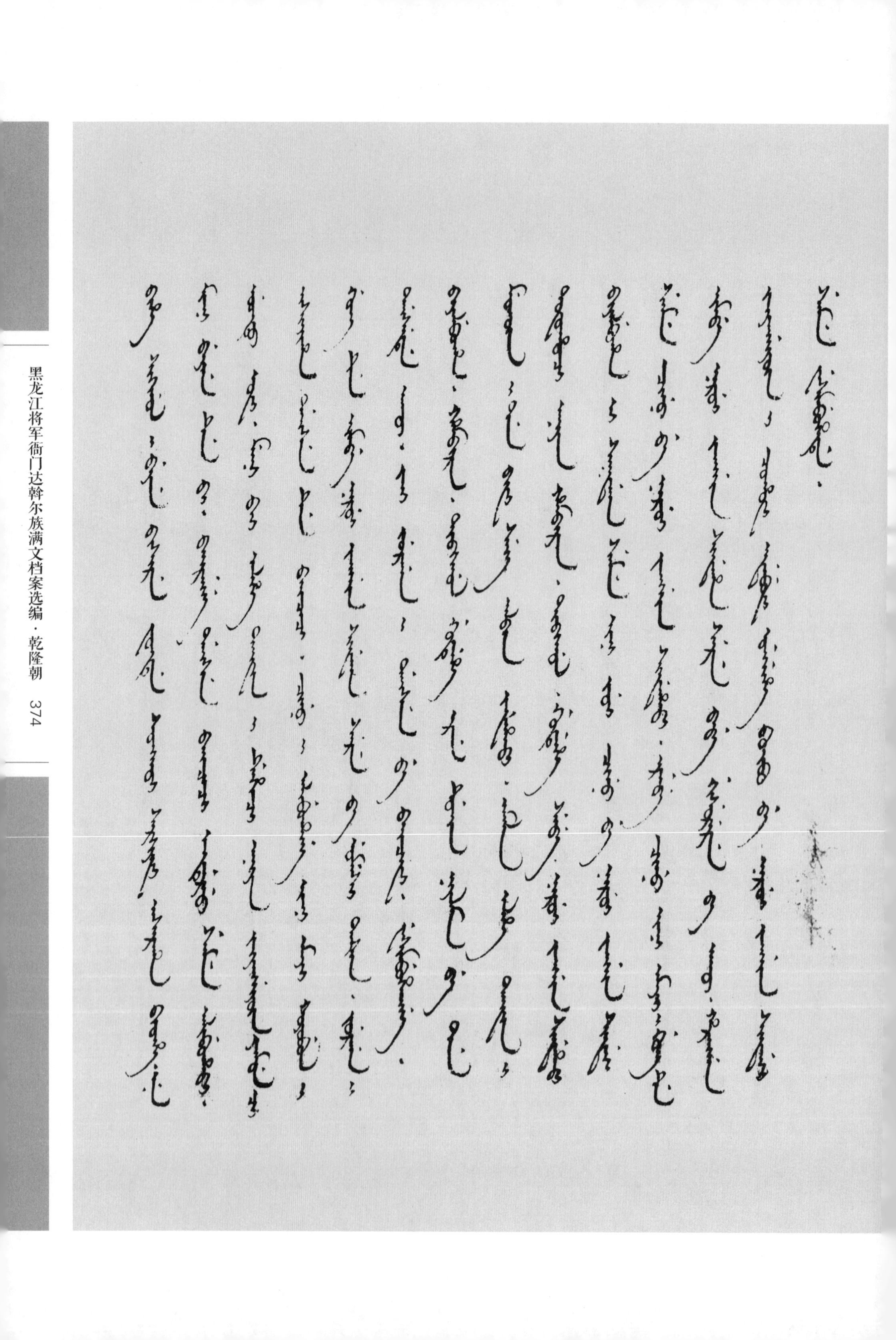

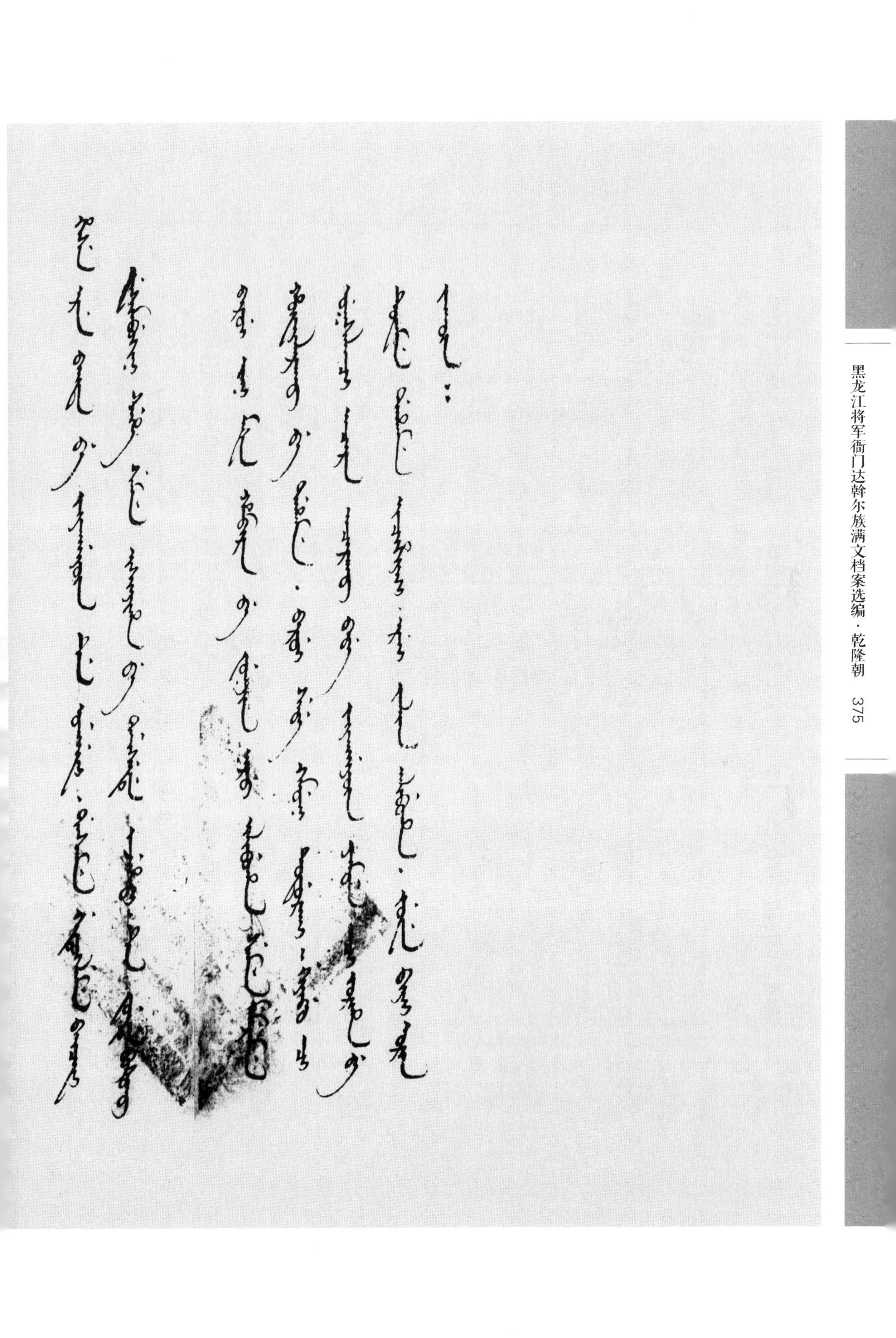

二八四　黑龙江副都统衙门为正蓝旗达斡尔骁骑校等出缺拣员补放事咨黑龙江将军衙门文

乾隆十年三月初三日

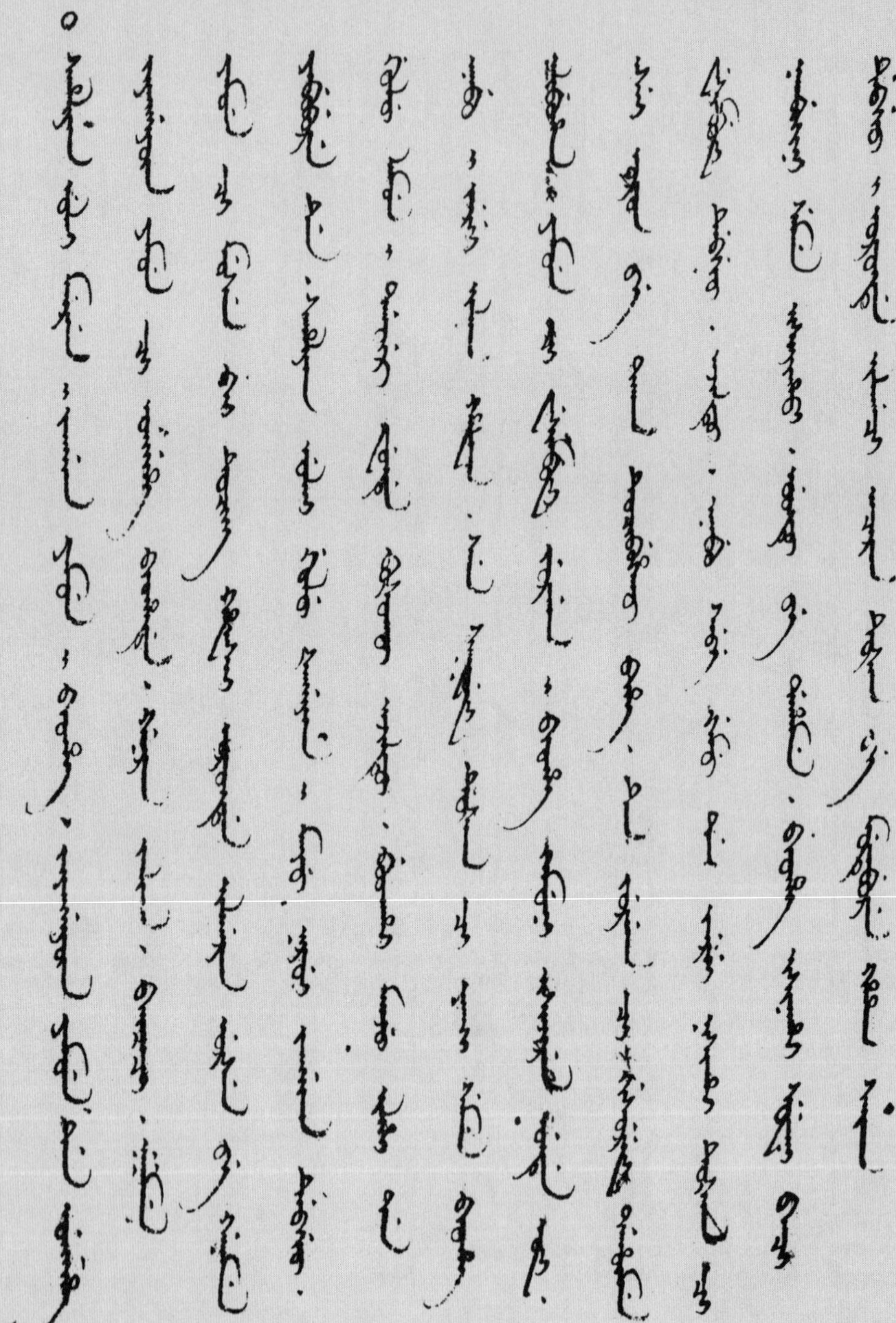

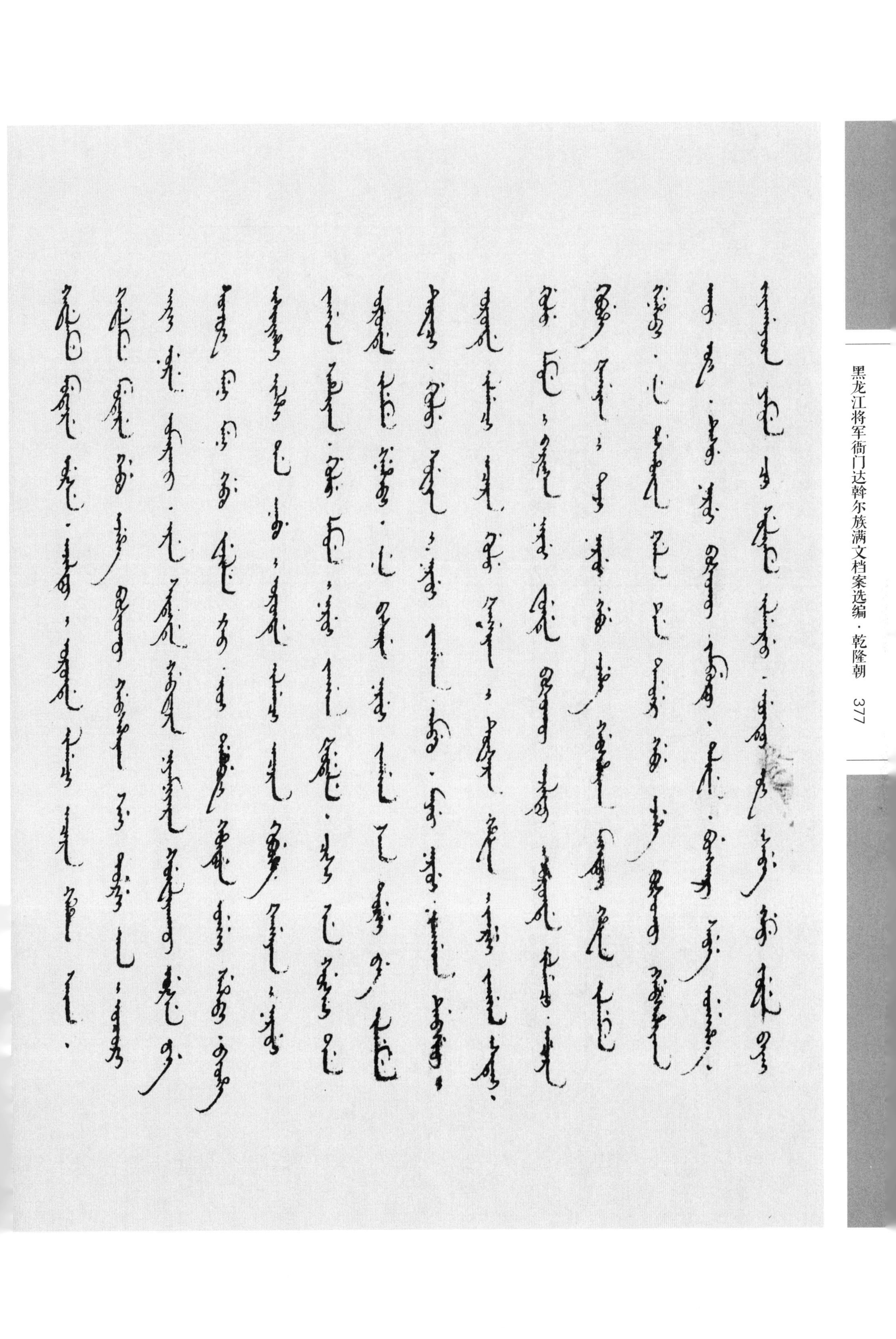

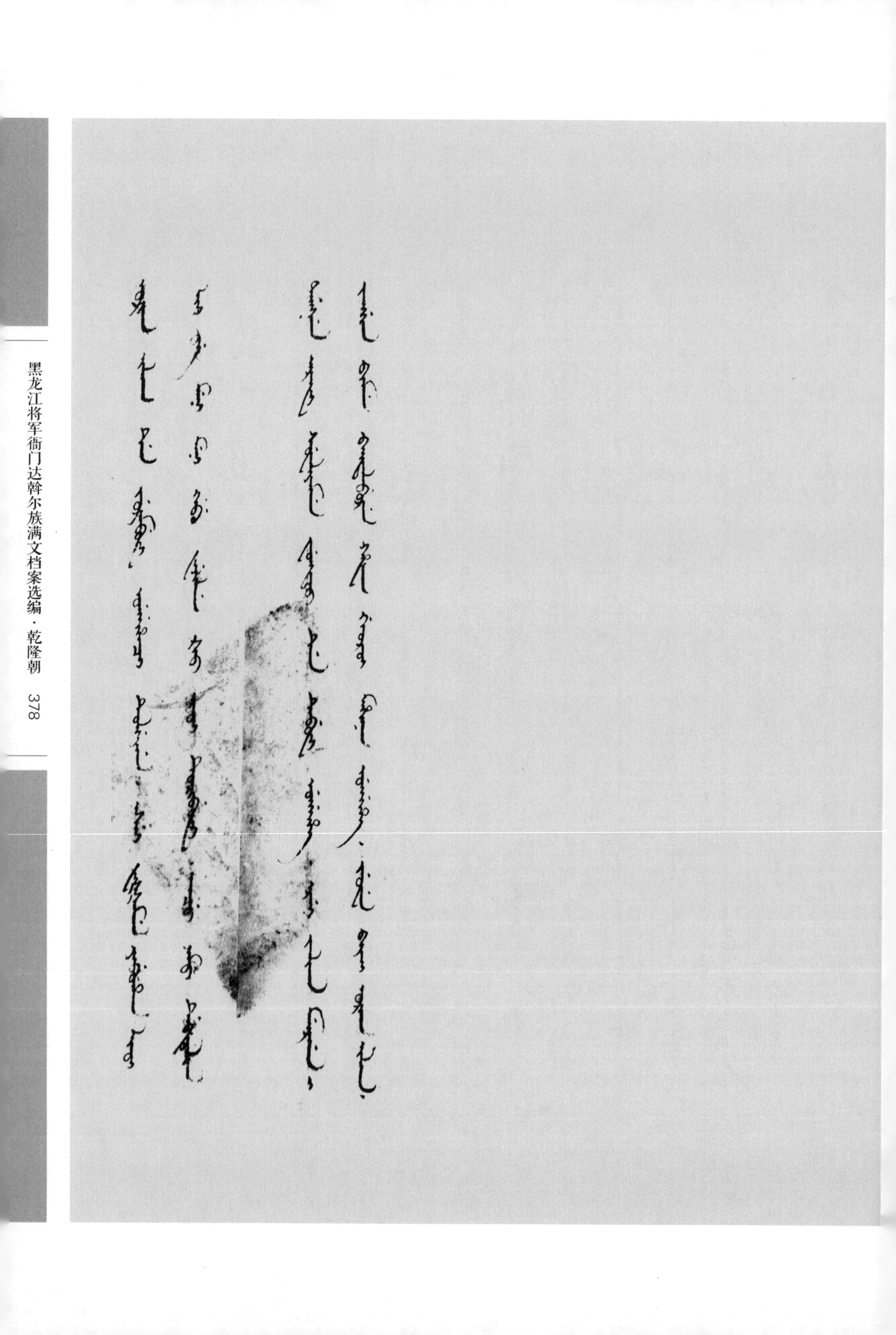

[illegible]

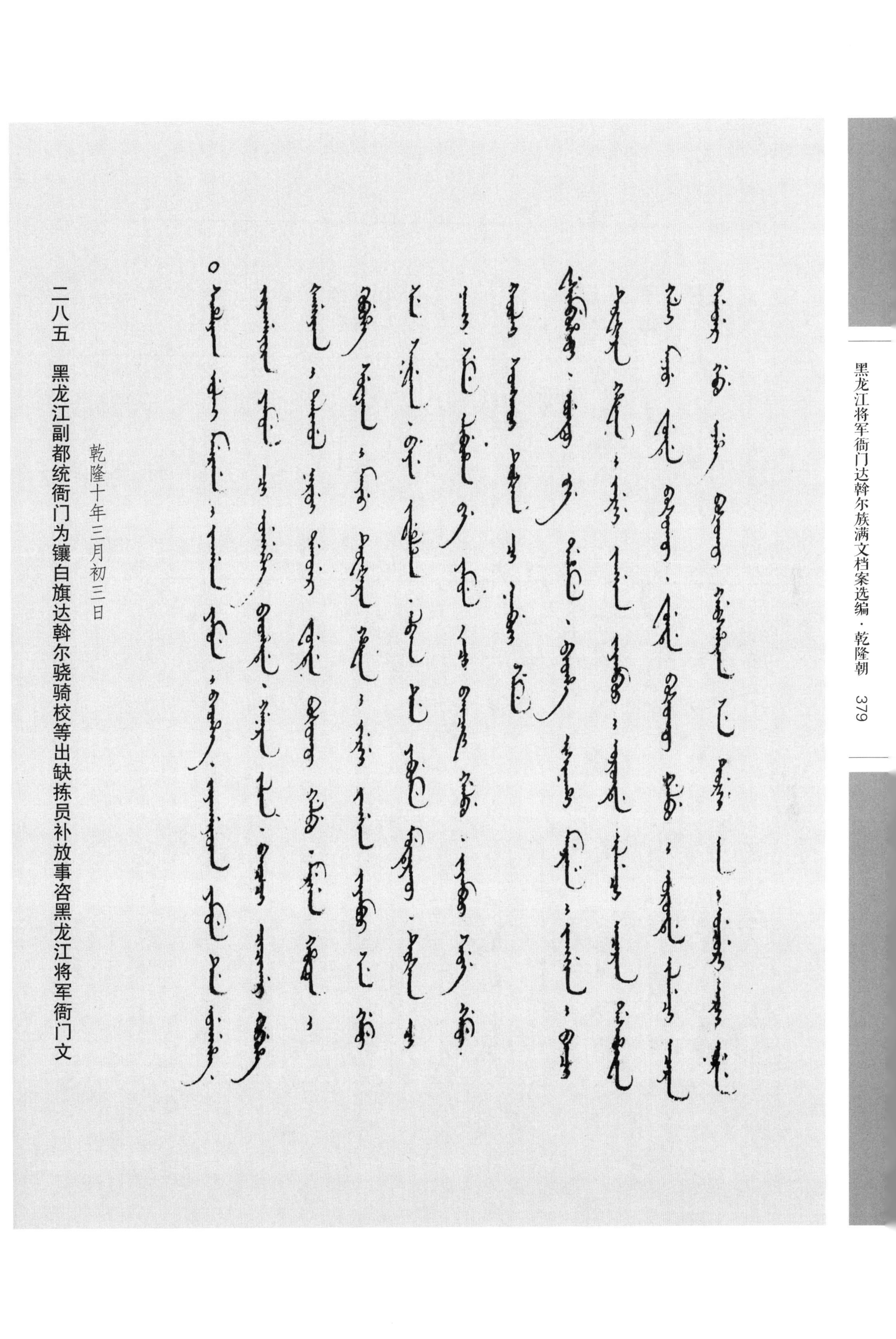

二八五 黑龙江副都统衙门为镶白旗达斡尔骁骑校等出缺拣员补放事咨黑龙江将军衙门文

乾隆十年三月初三日

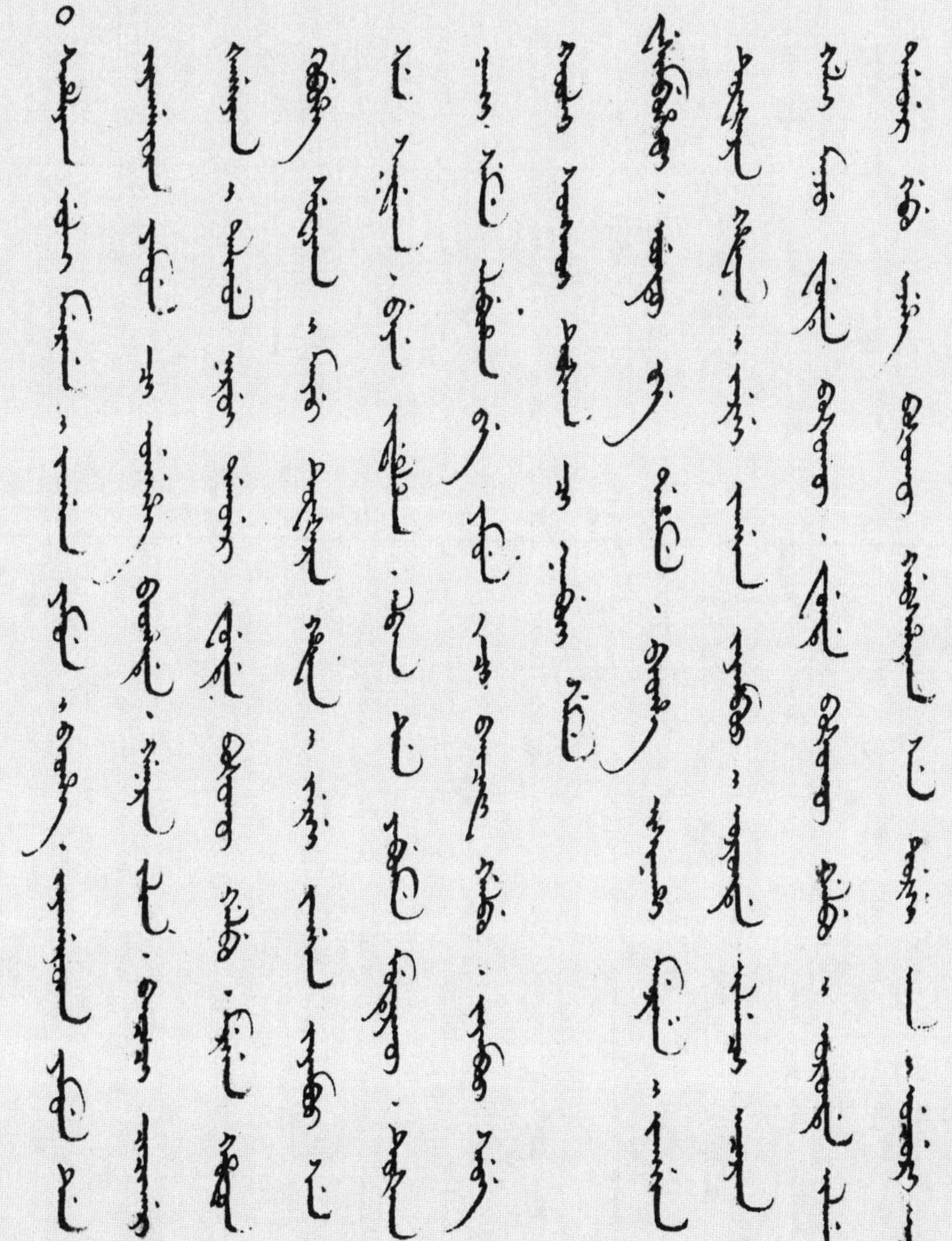

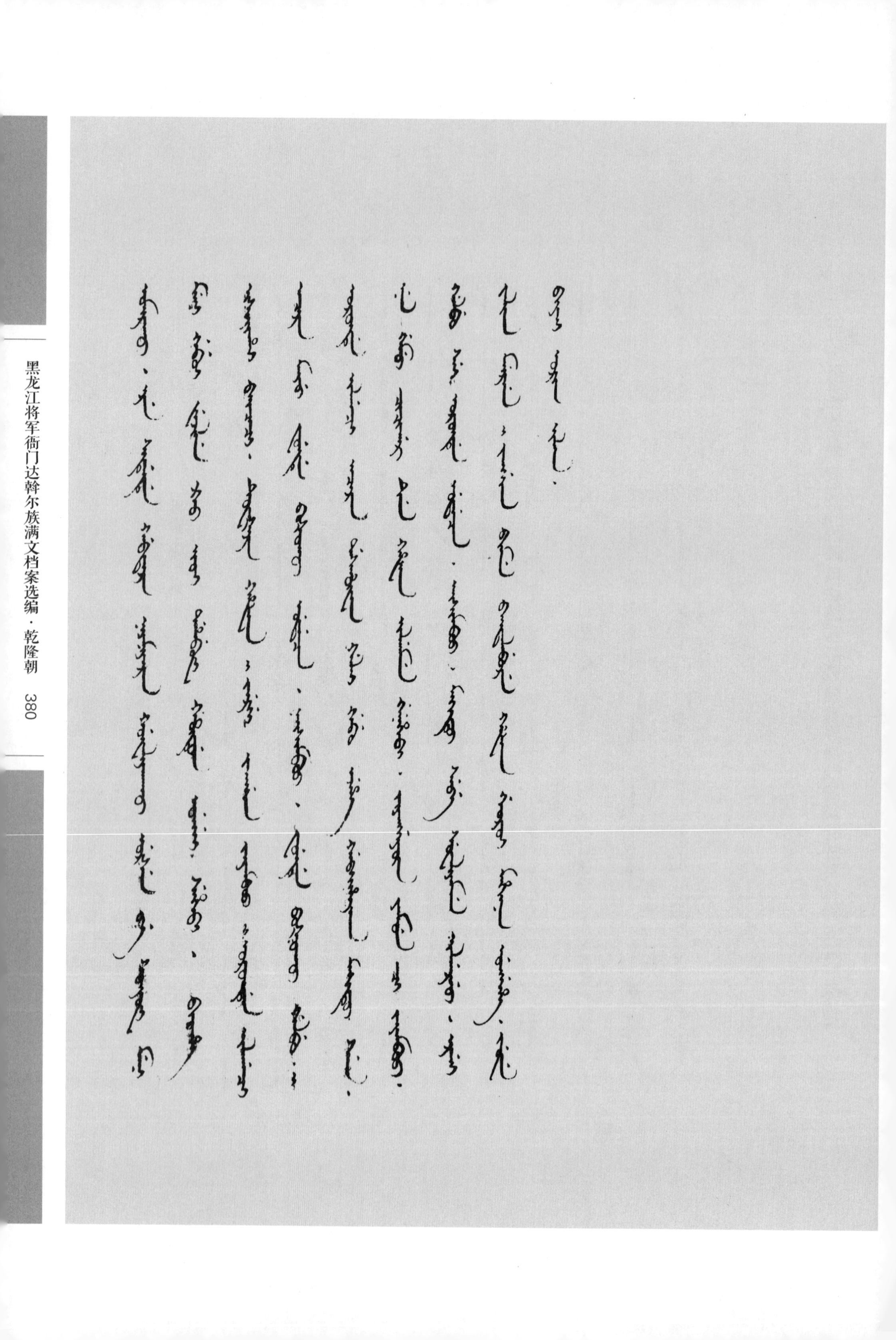

[illegible]

二八六 黑龙江将军衙门为镶蓝旗达斡尔佐领巴赉降级调用送部引见事咨兵部文

乾隆十年三月初五日

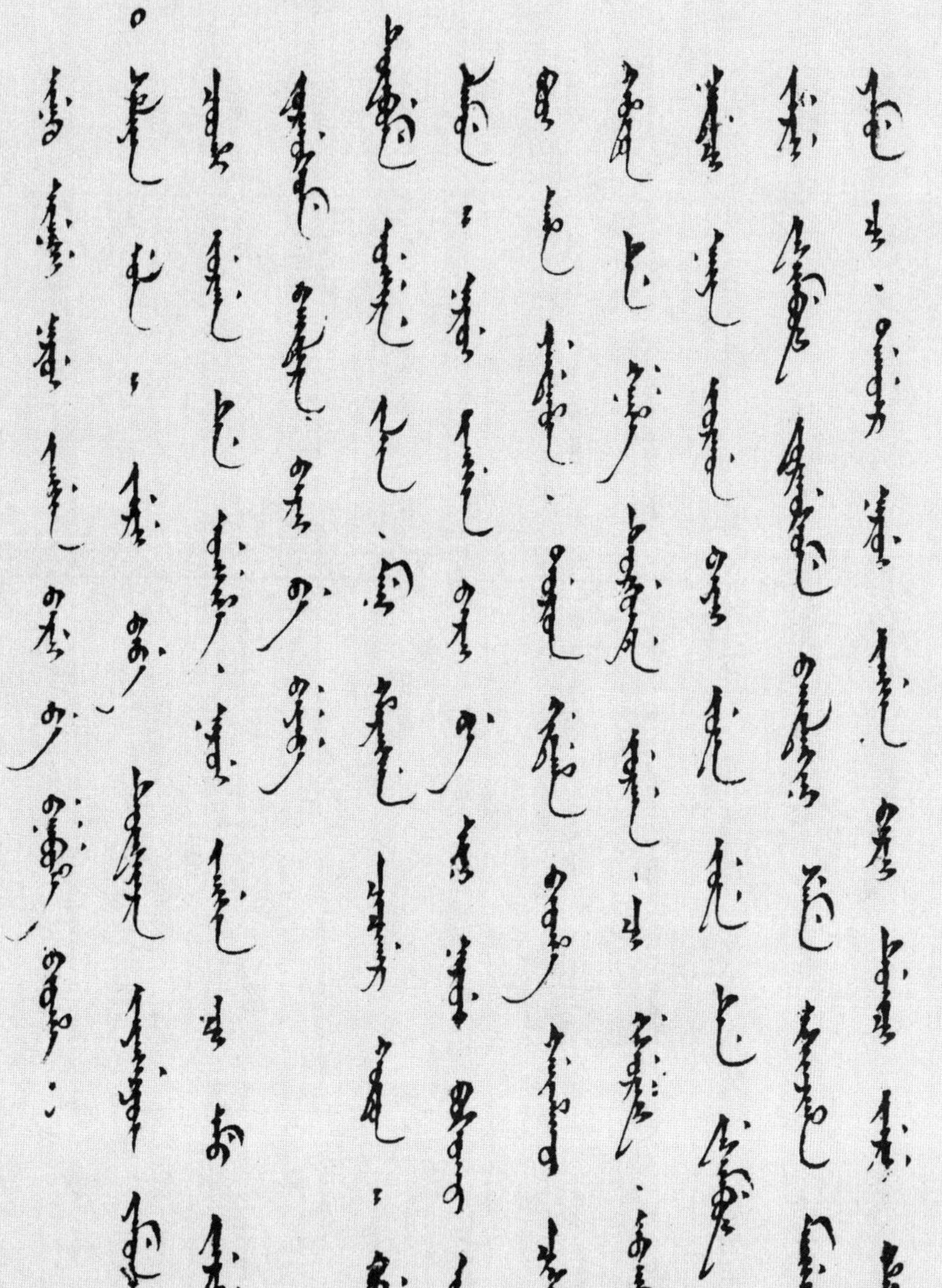

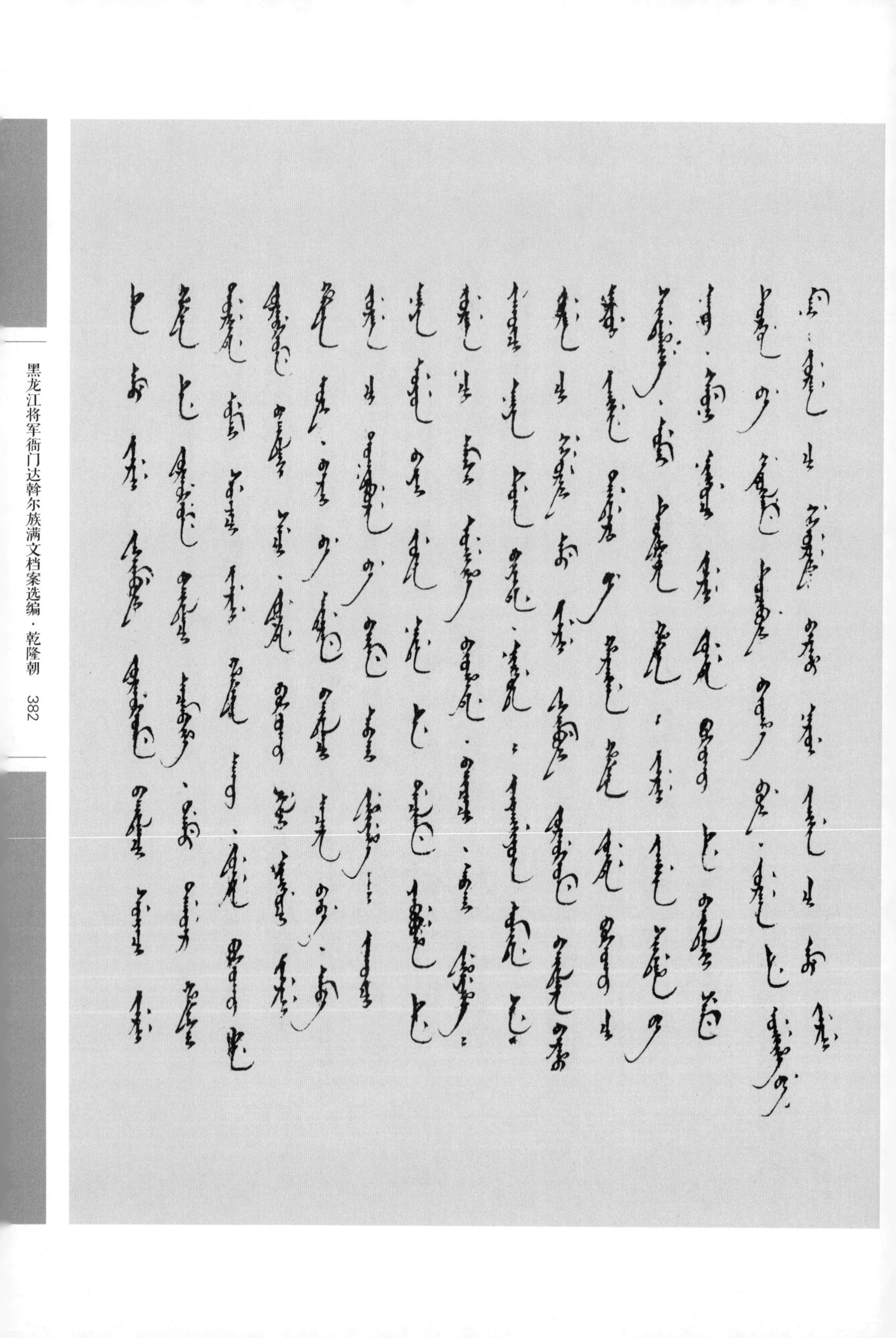

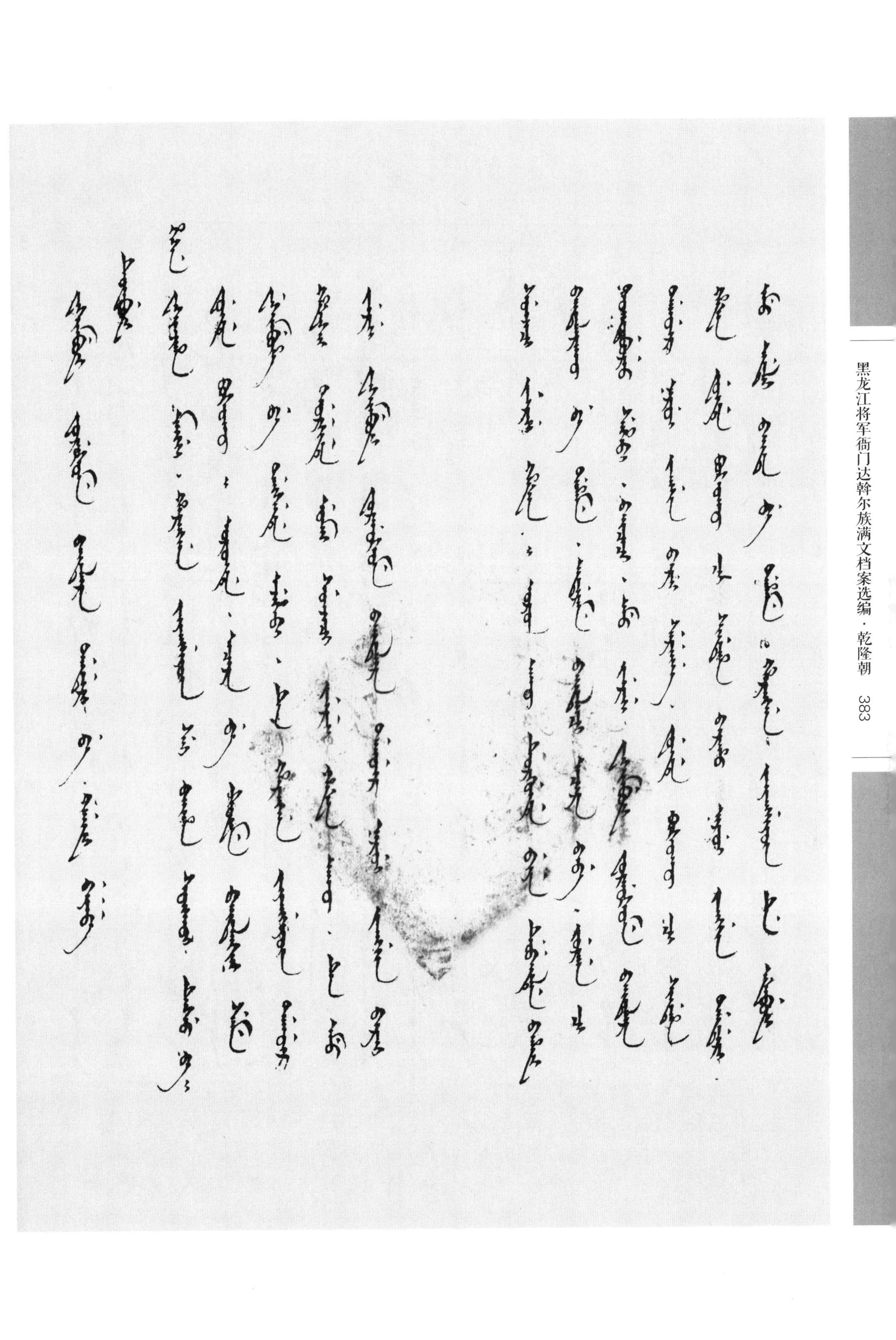

[illegible]

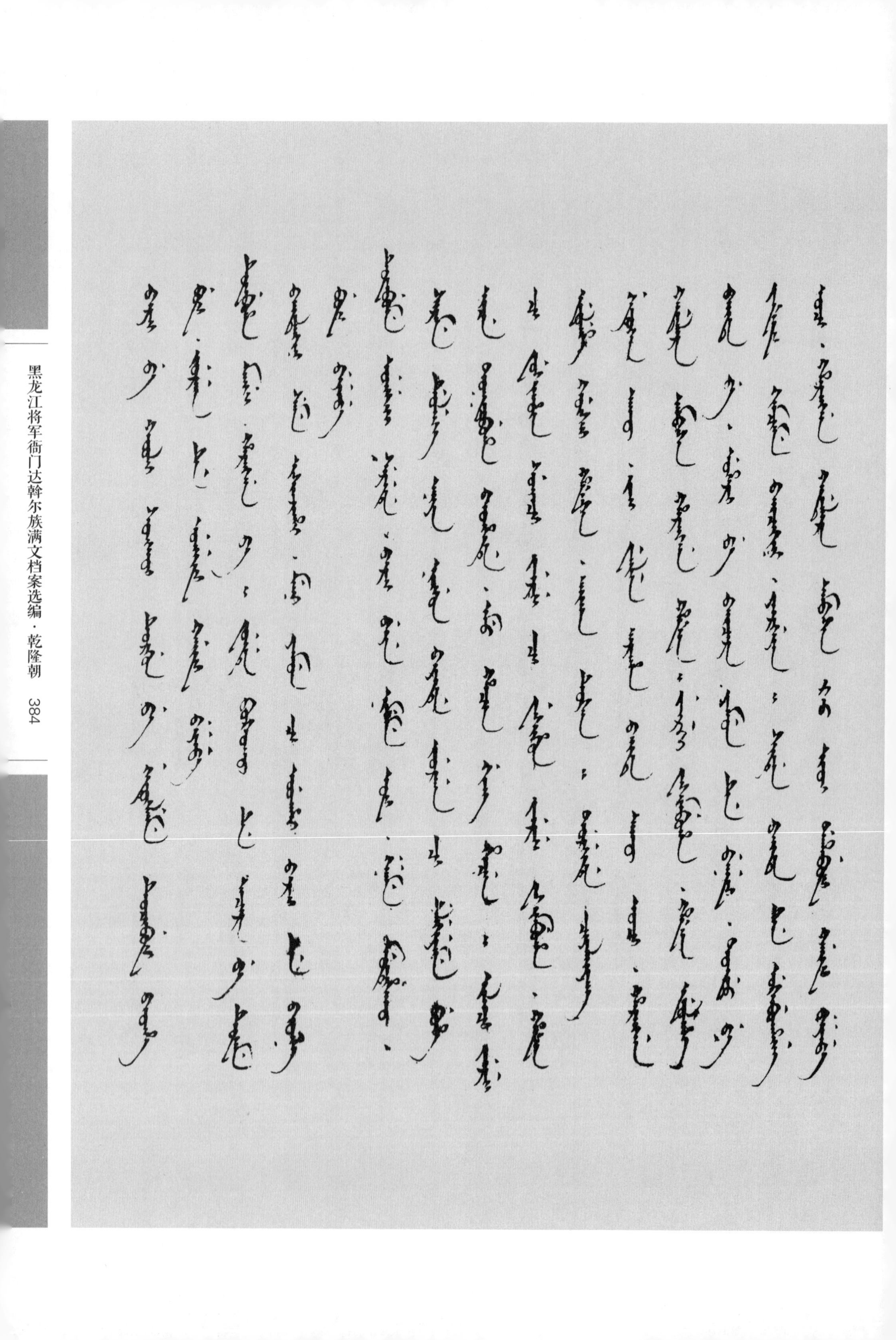

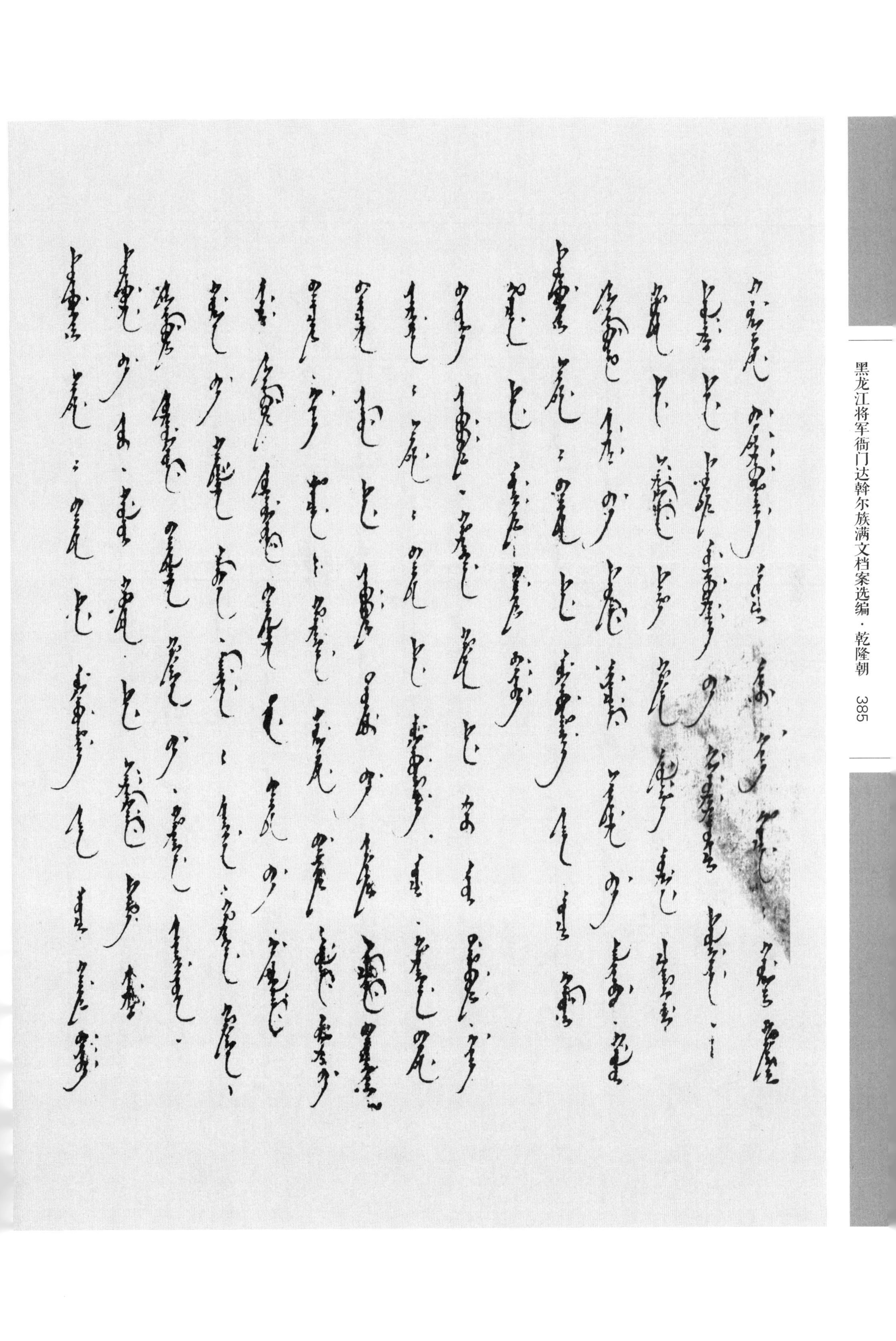

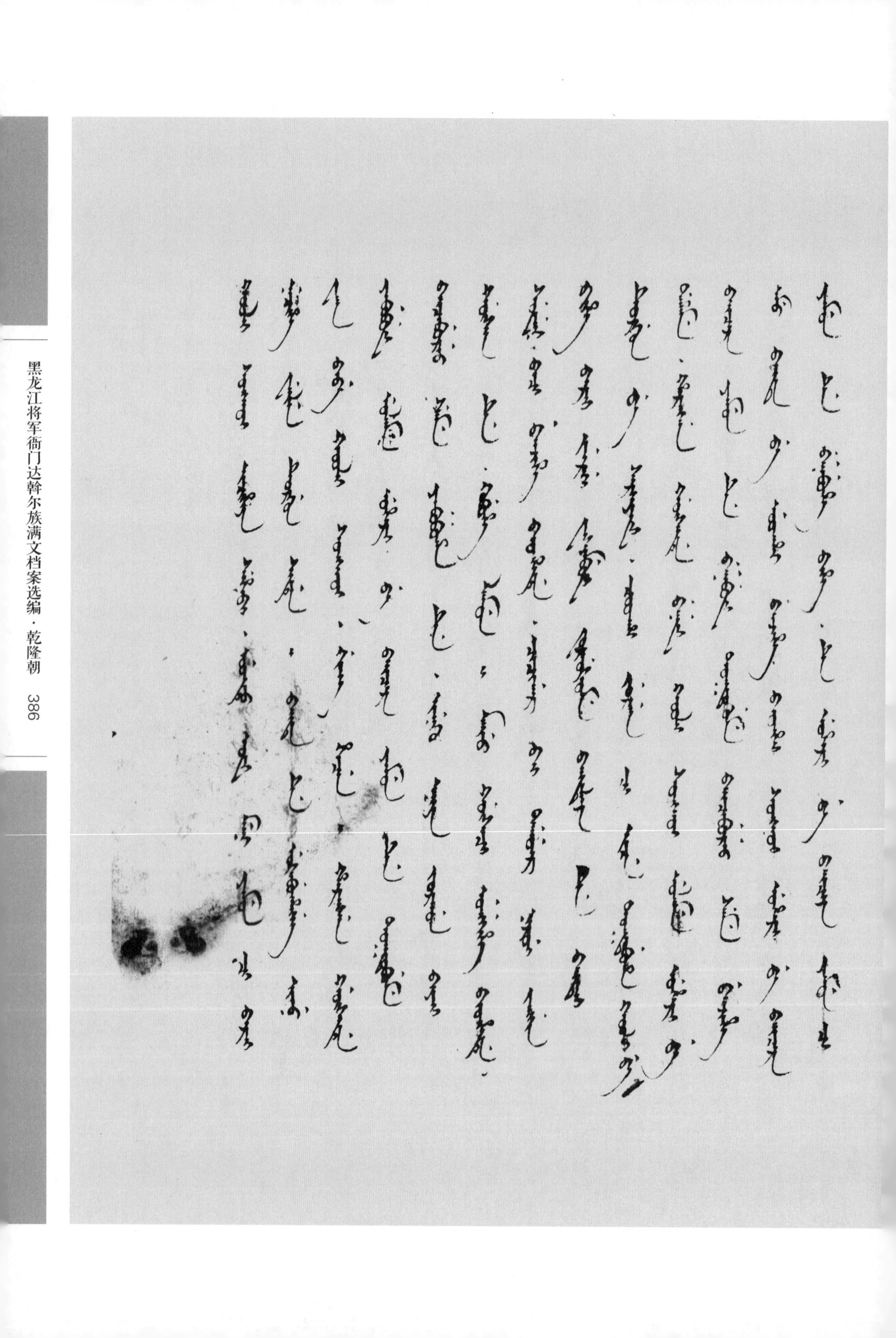

[illegible]

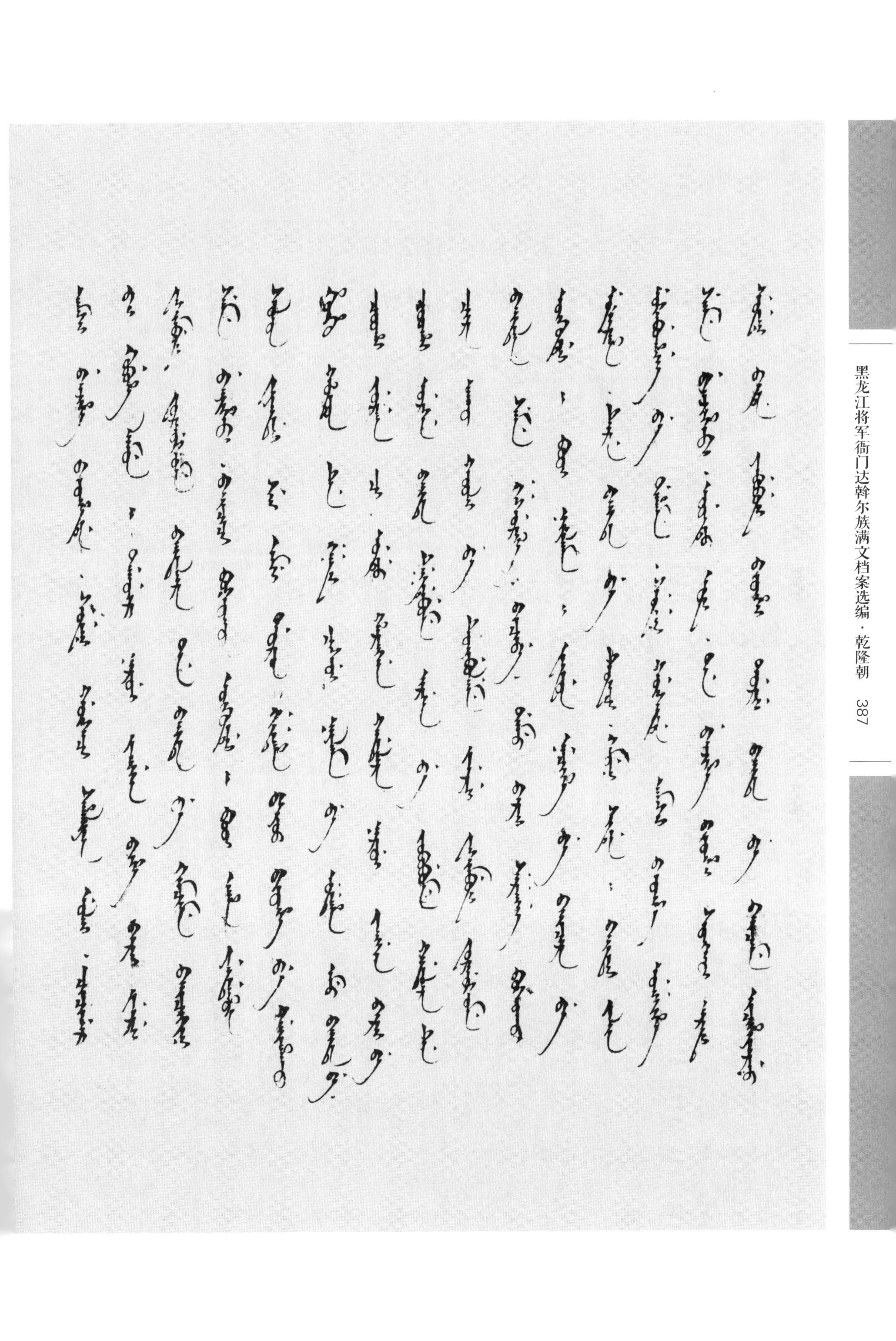

[illegible]

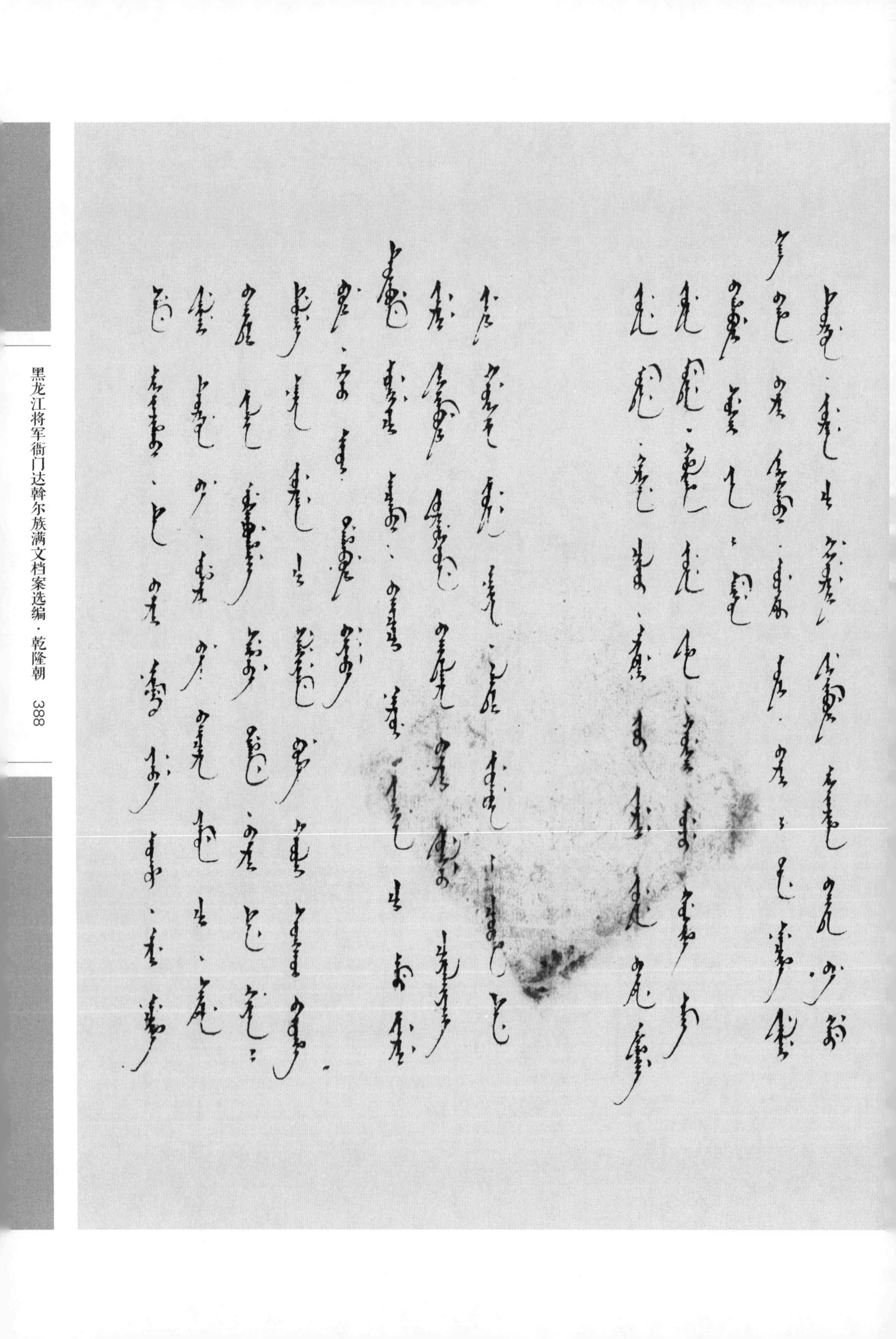

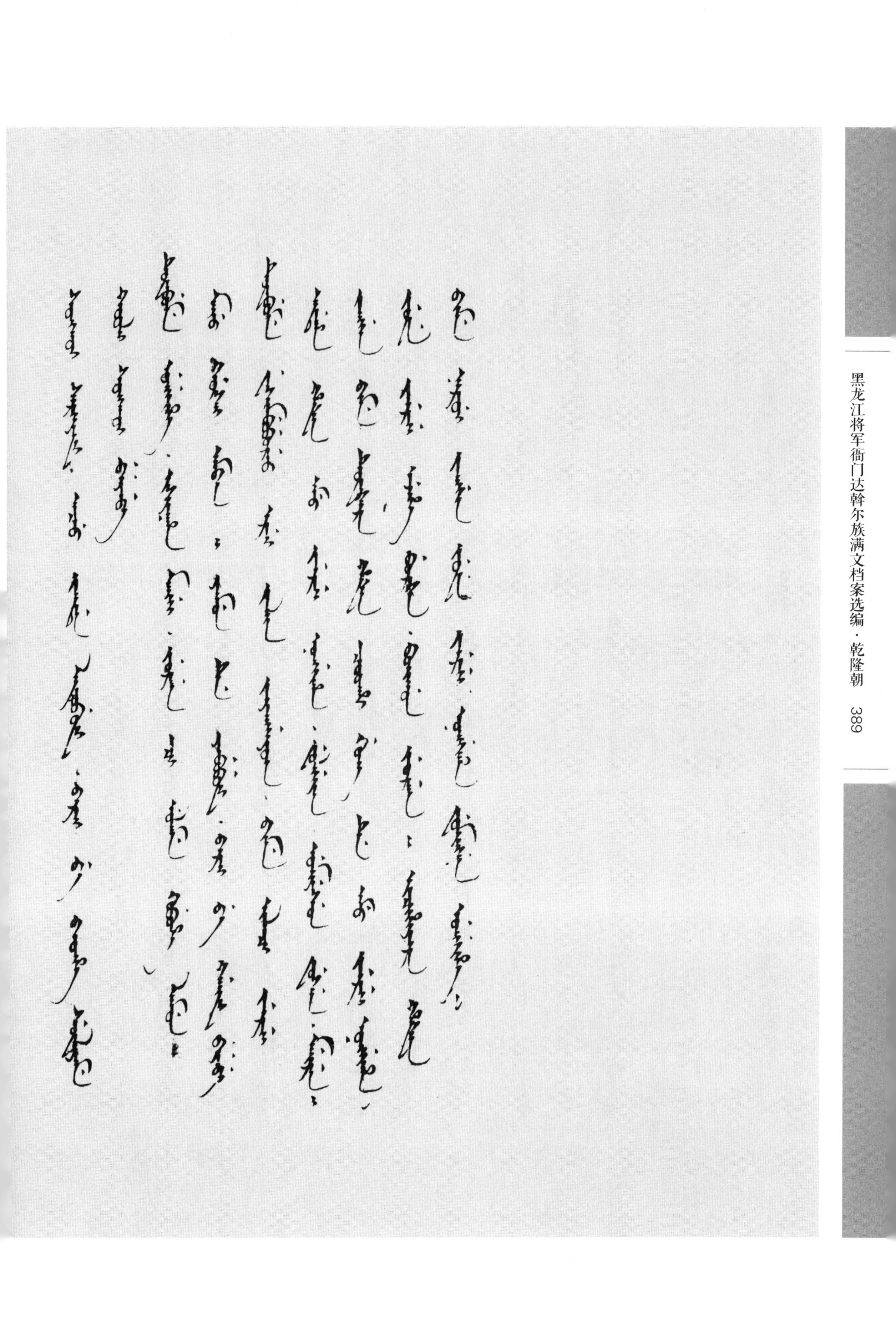

[illegible]

二八七 黑龙江将军傅森等奏请查明齐齐哈尔镶白旗达斡尔佐领塔里乌勒源流并解送家谱折

乾隆十年三月初十日

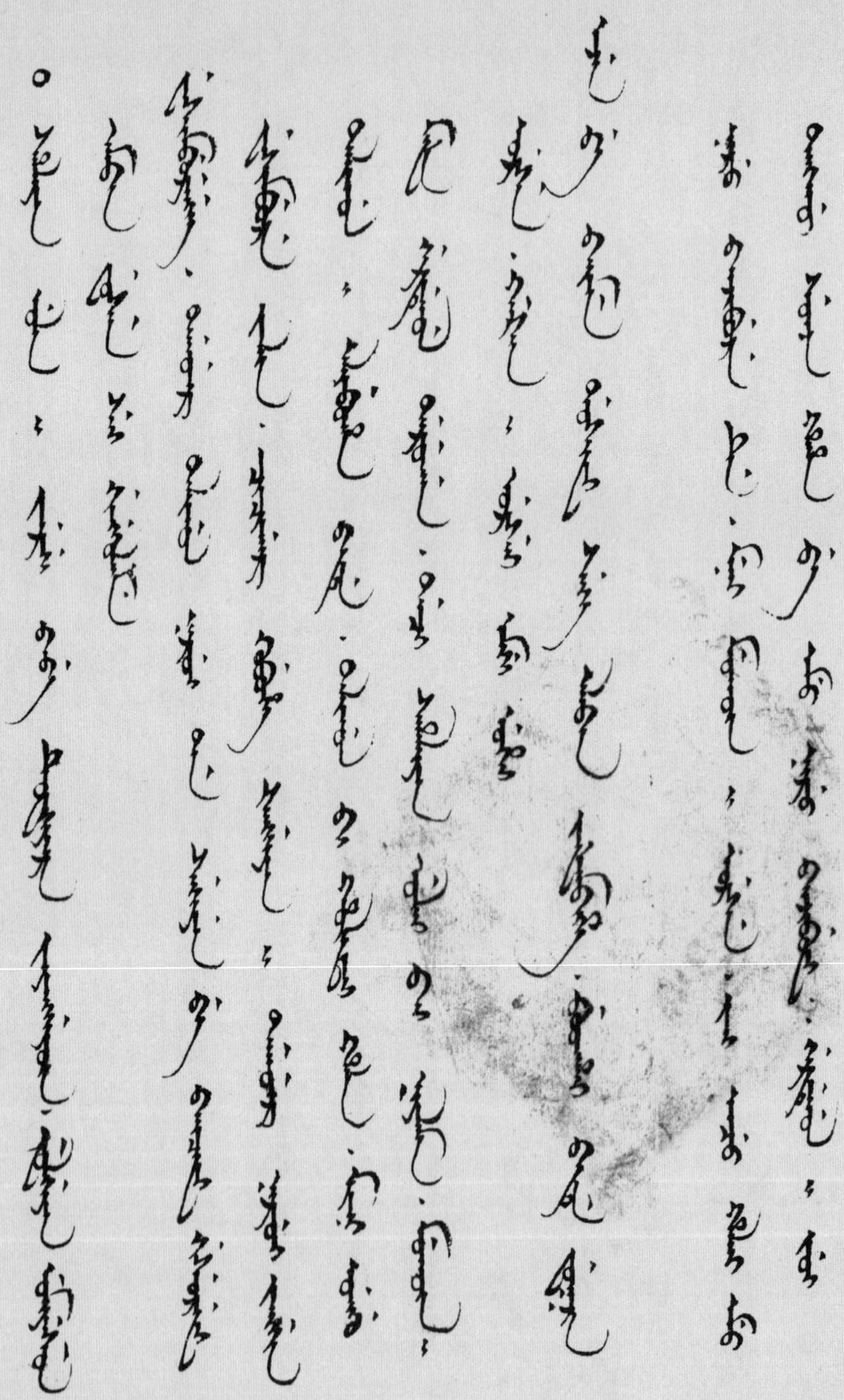

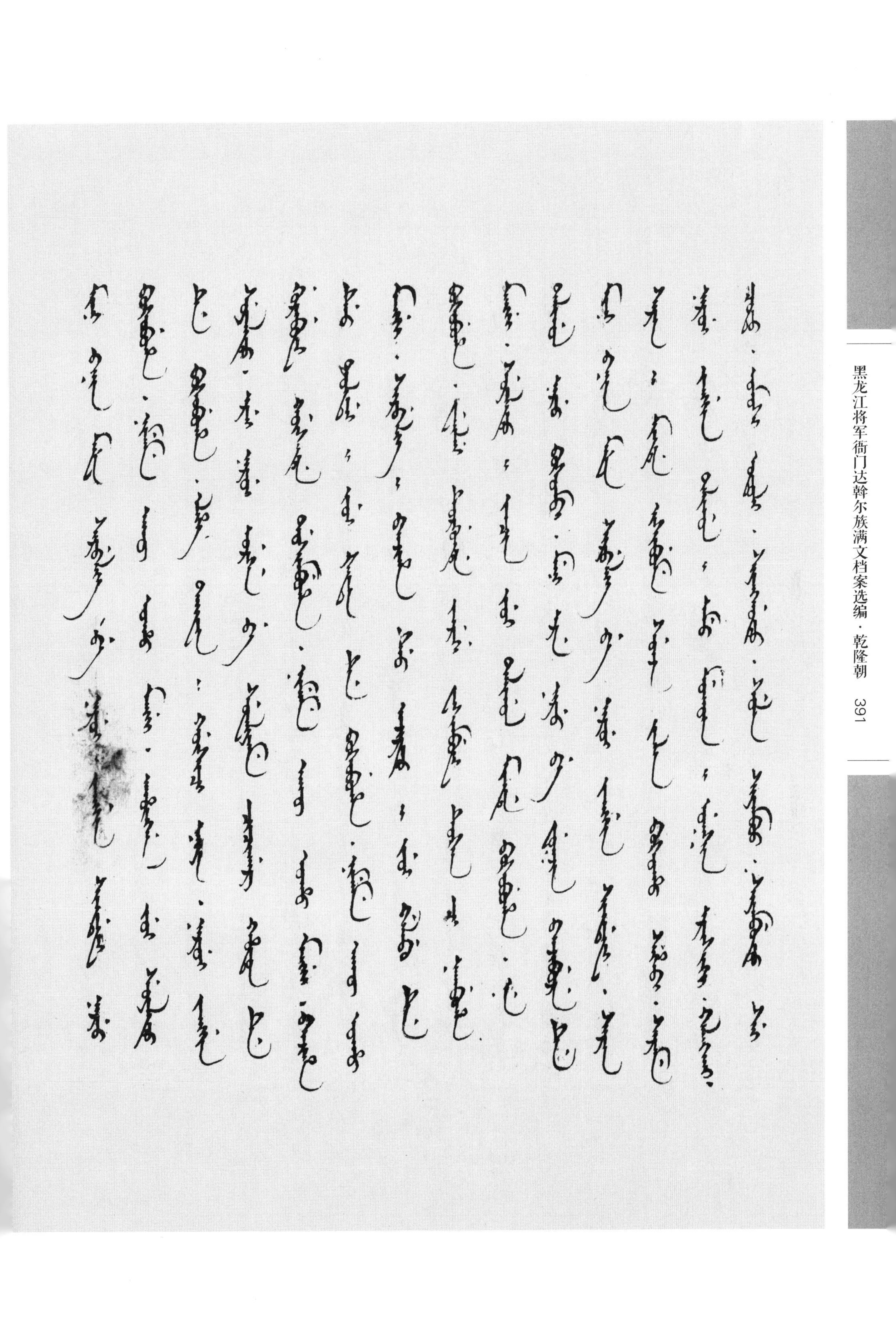

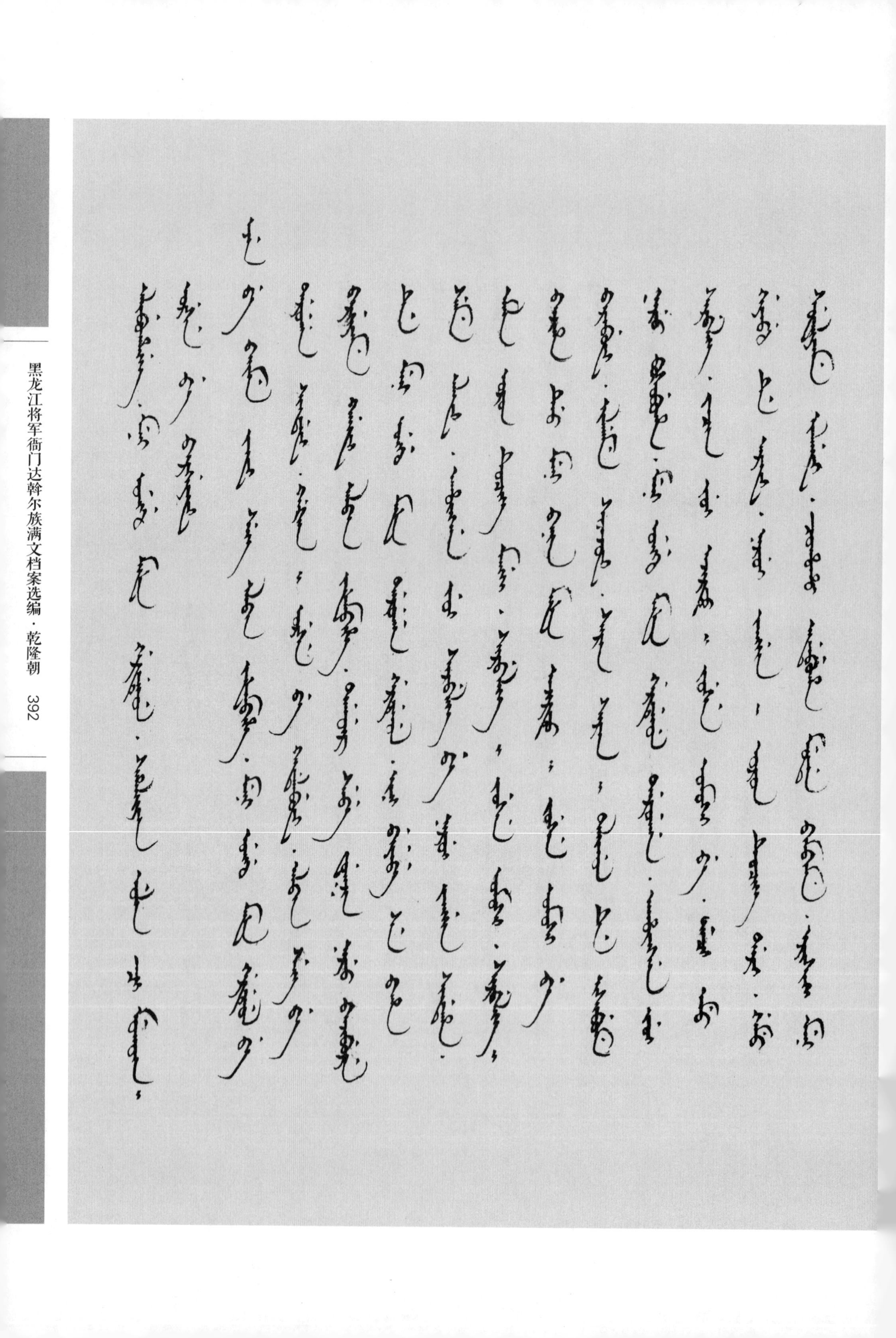

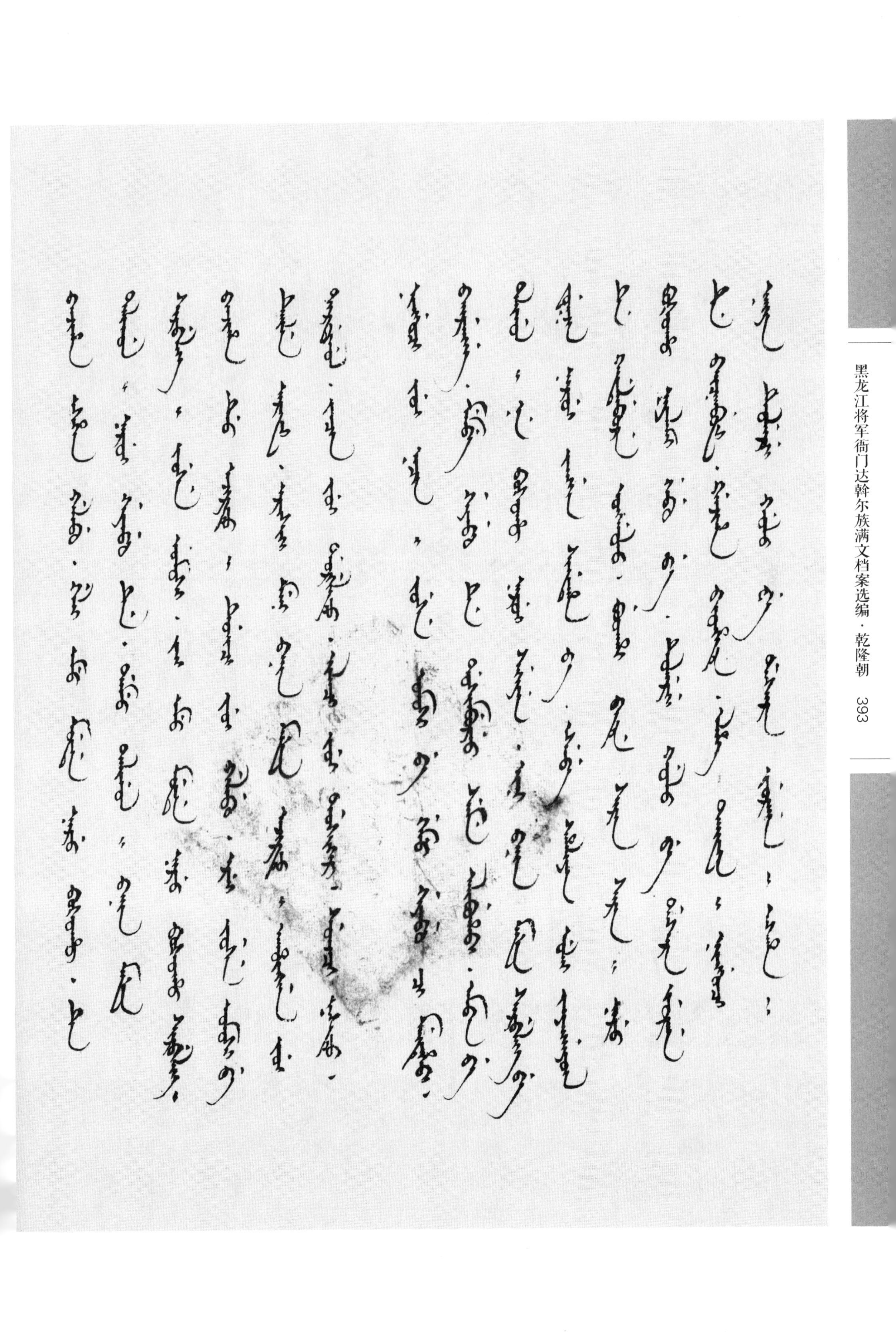

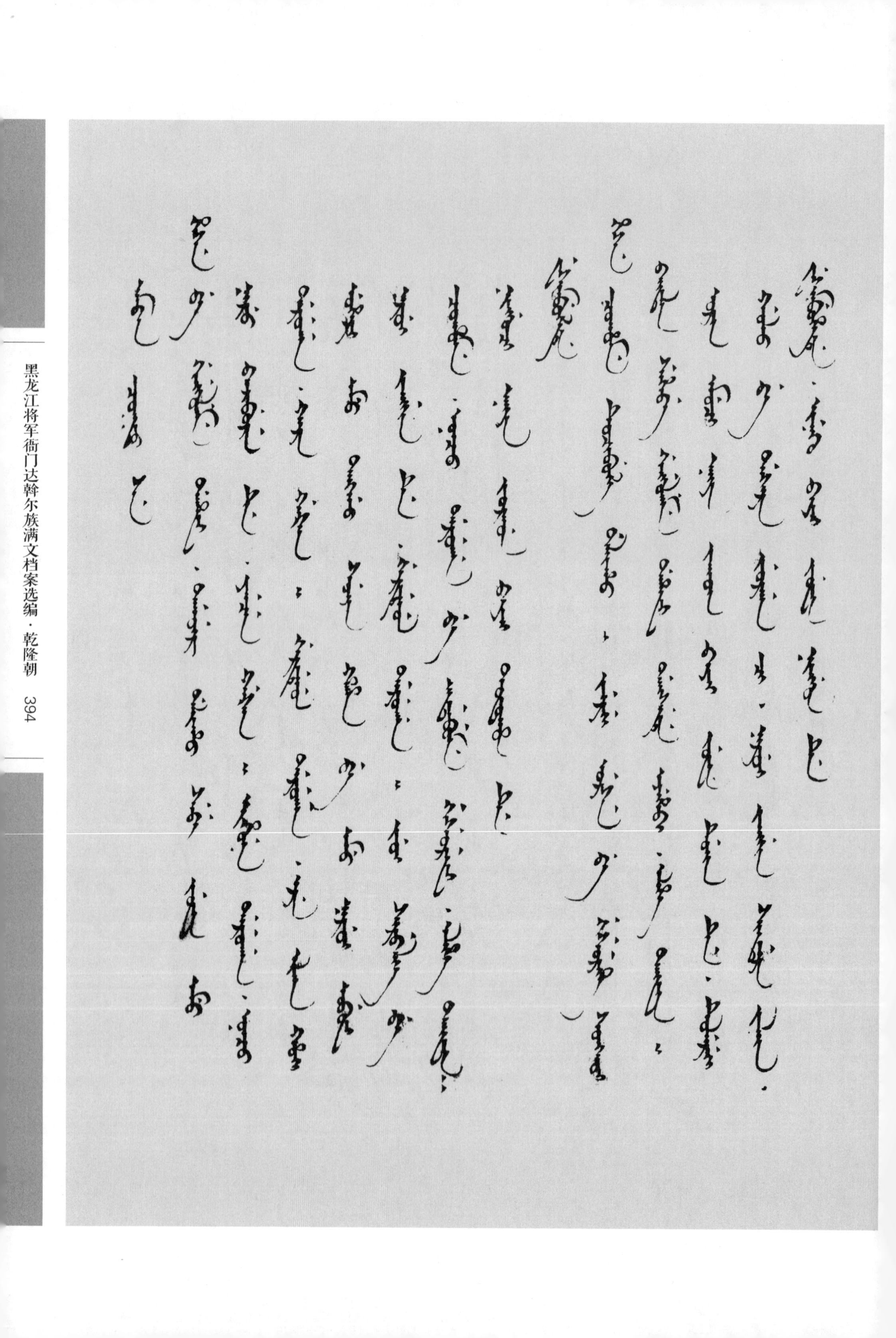

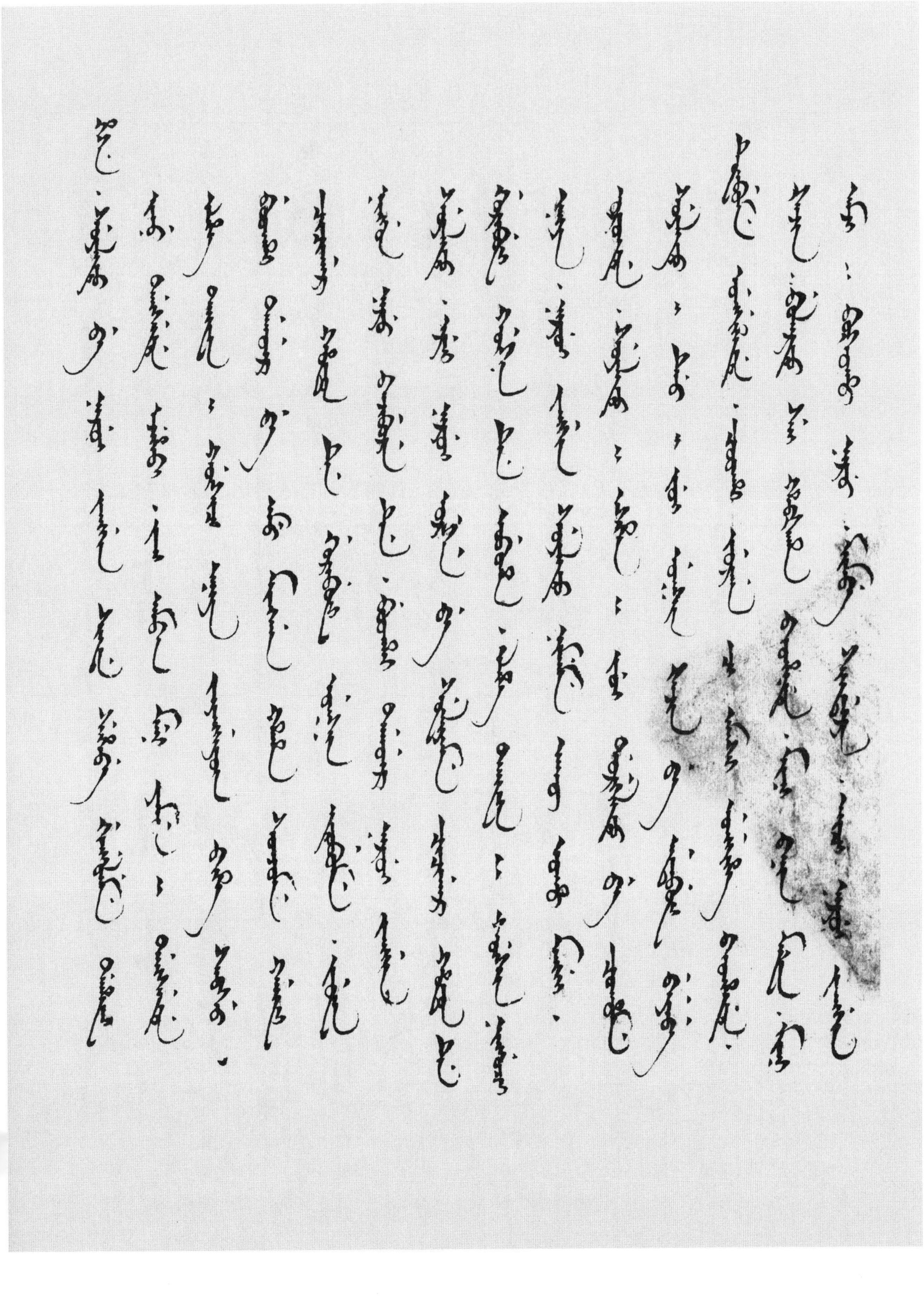

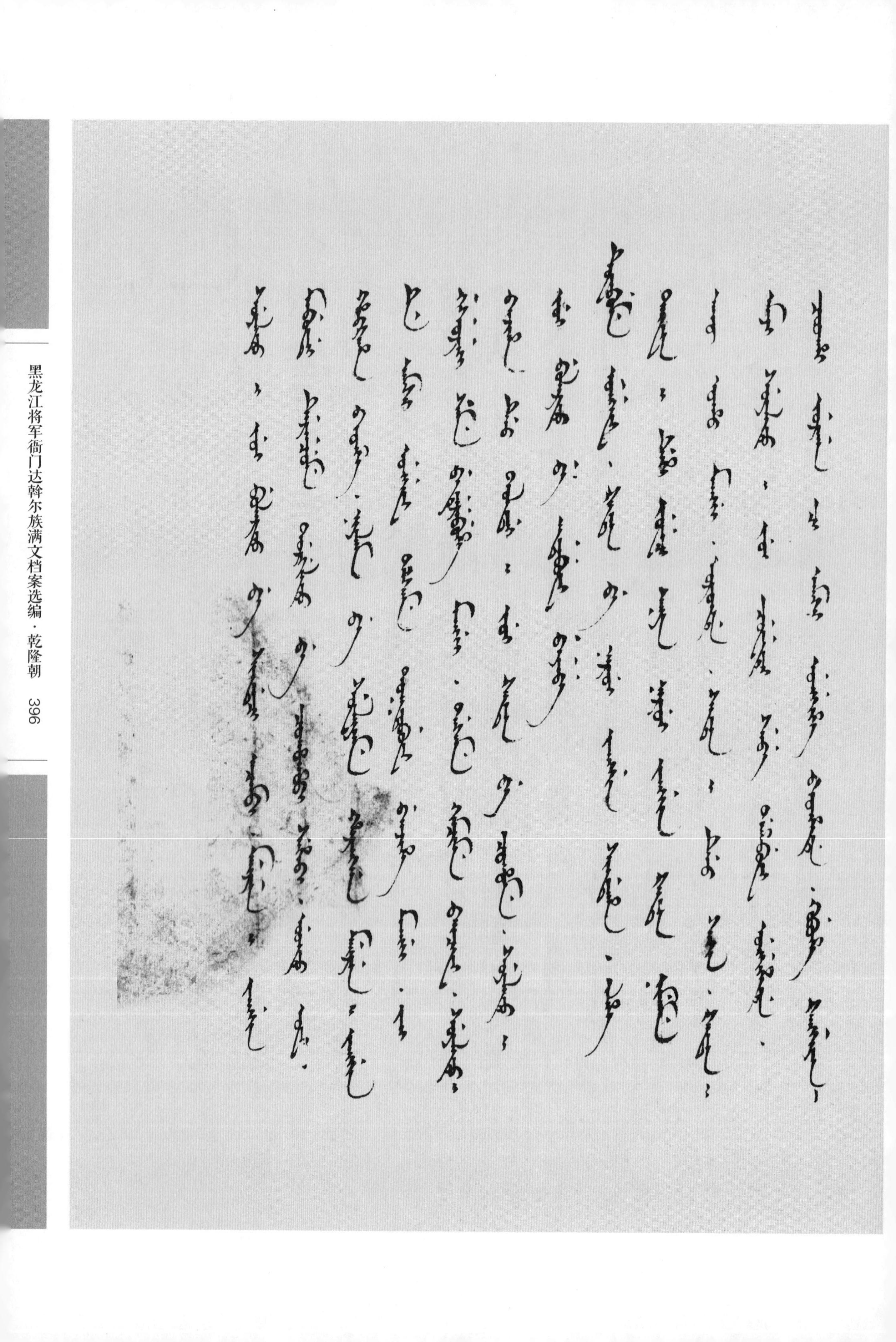

[illegible]

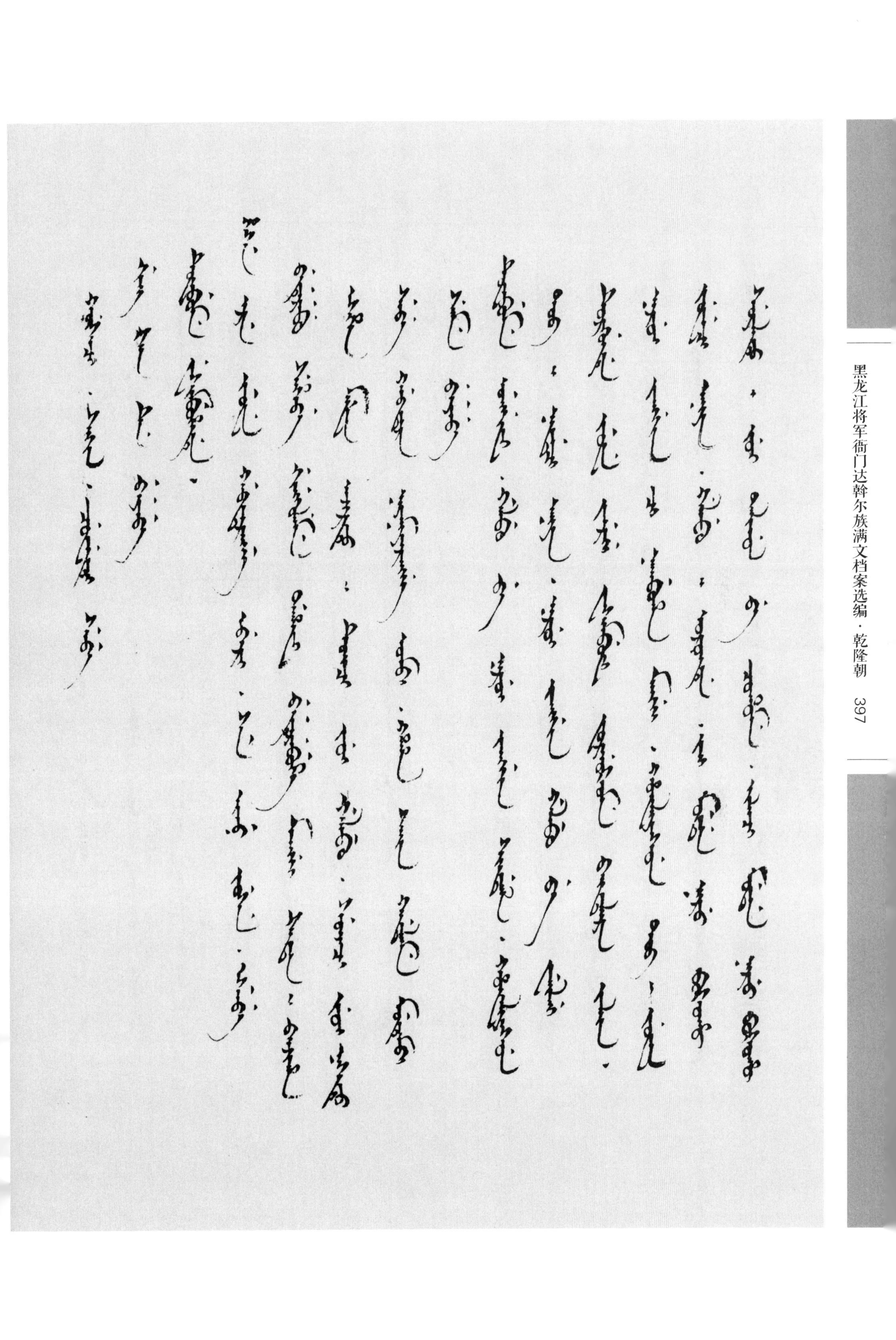

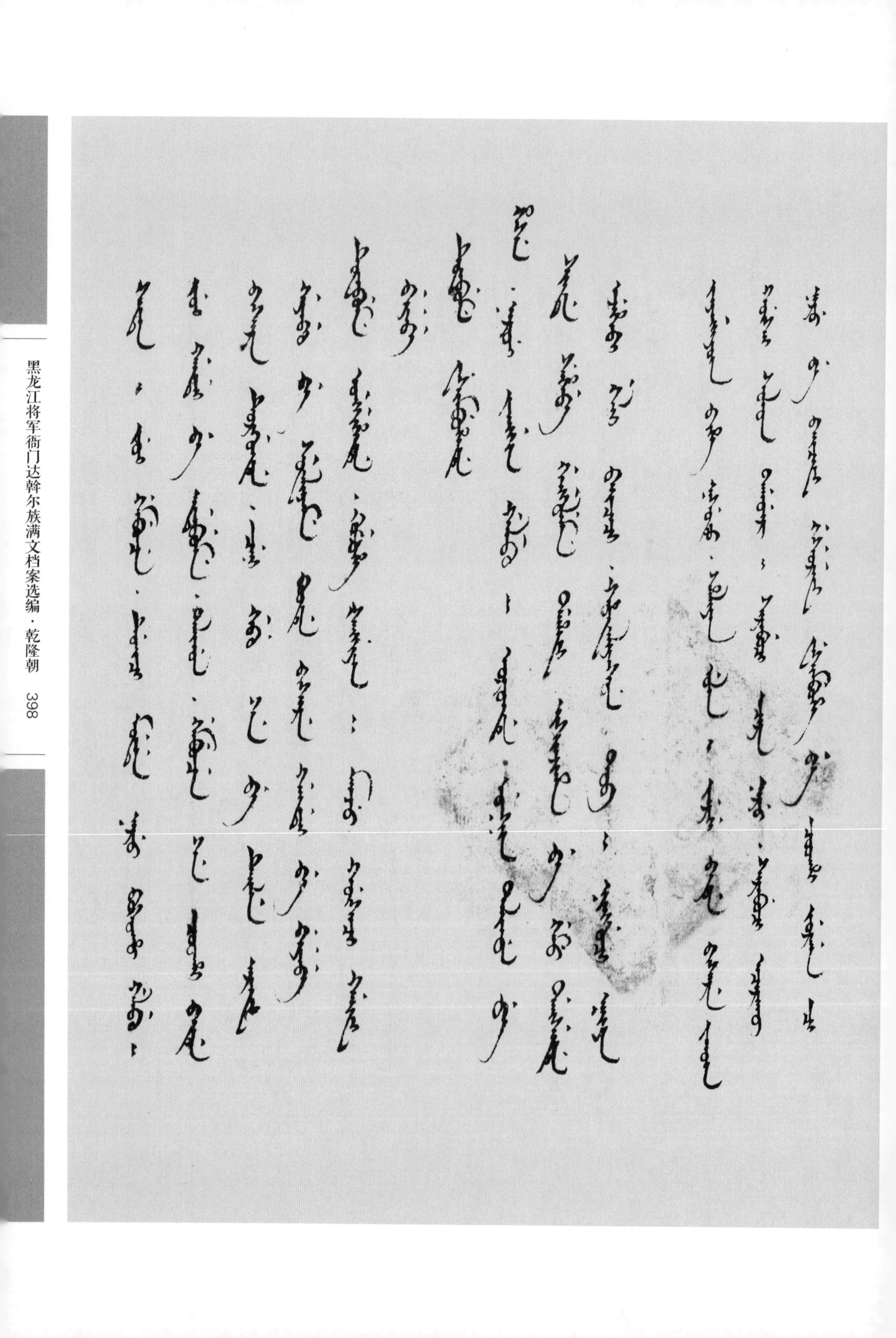

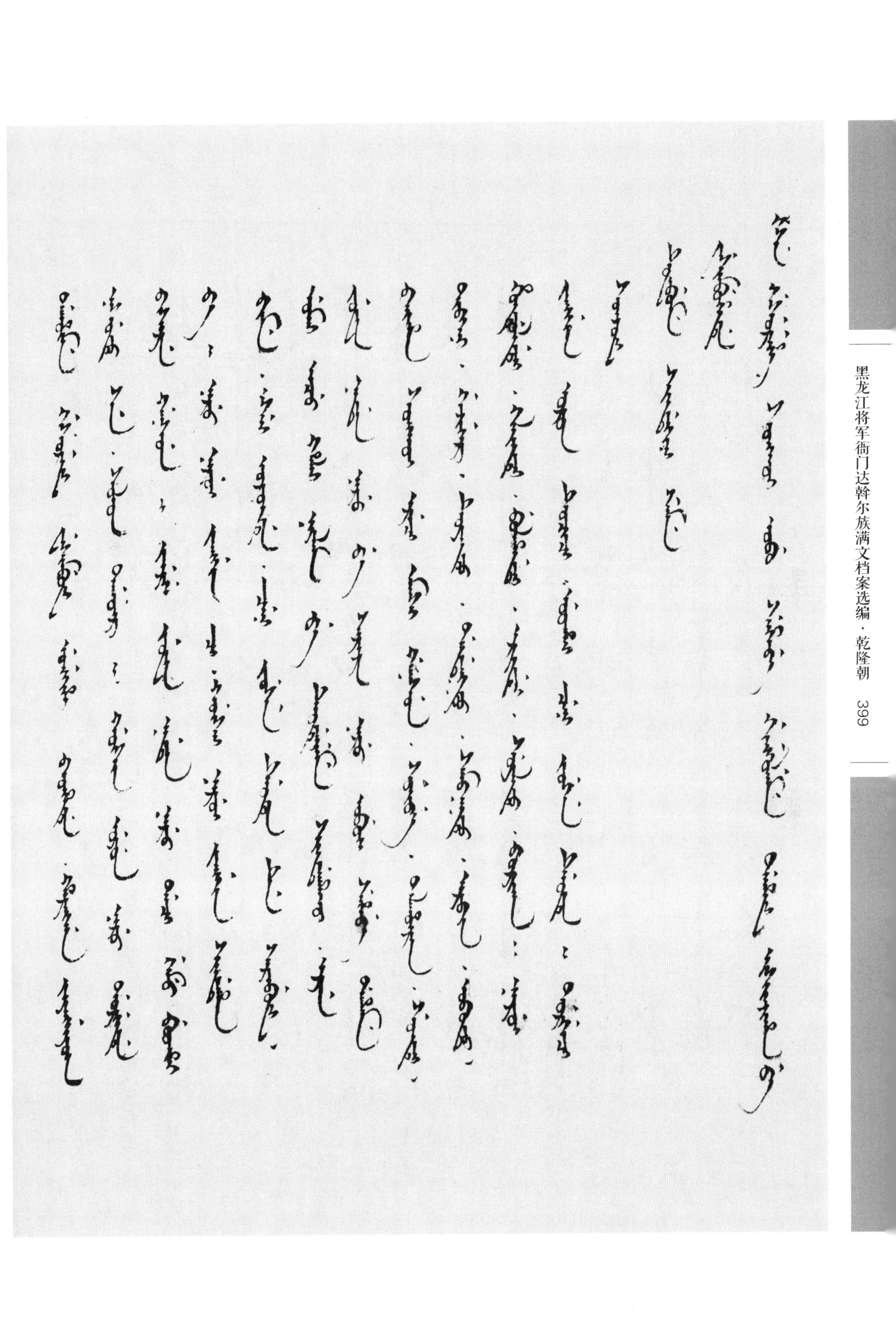

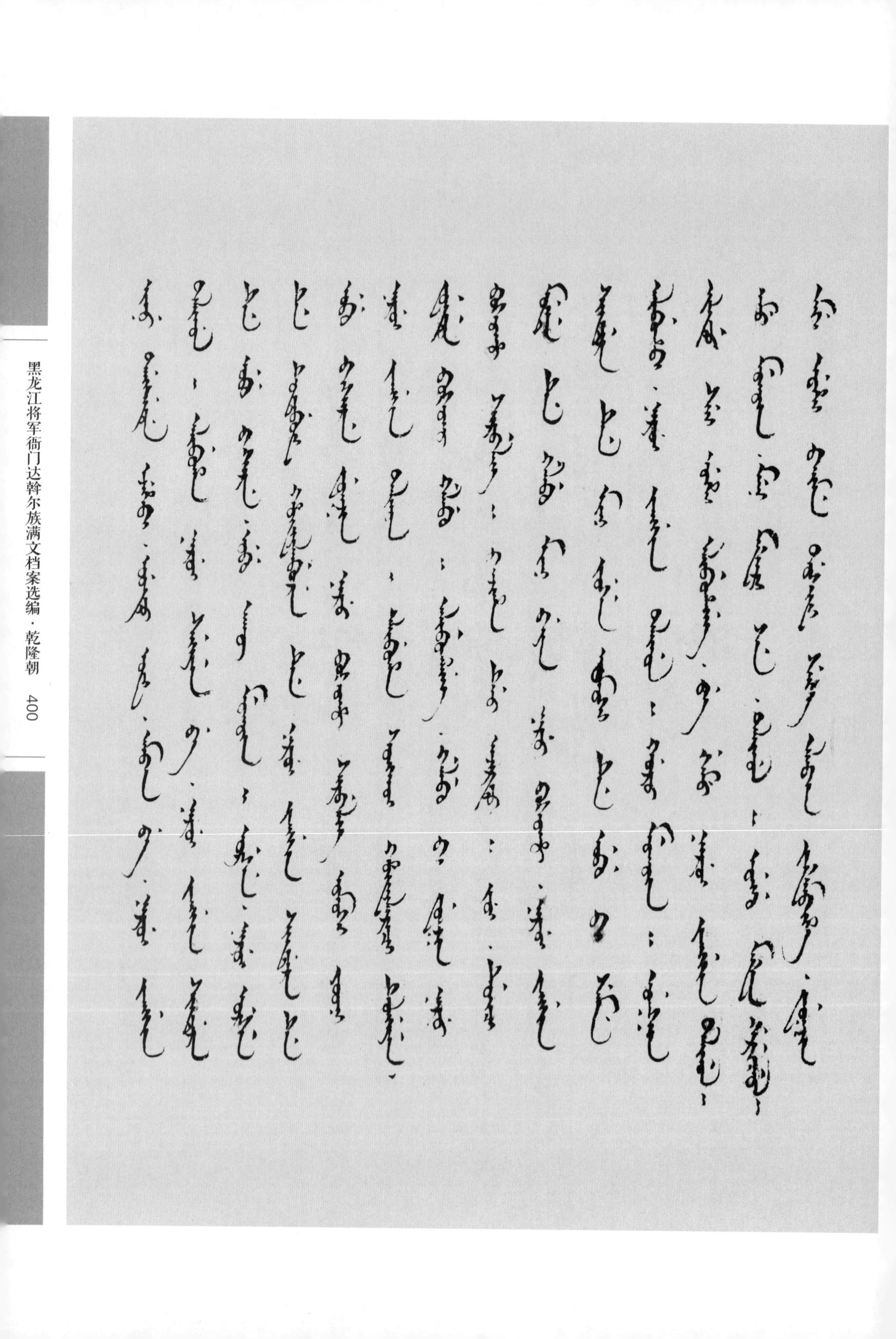

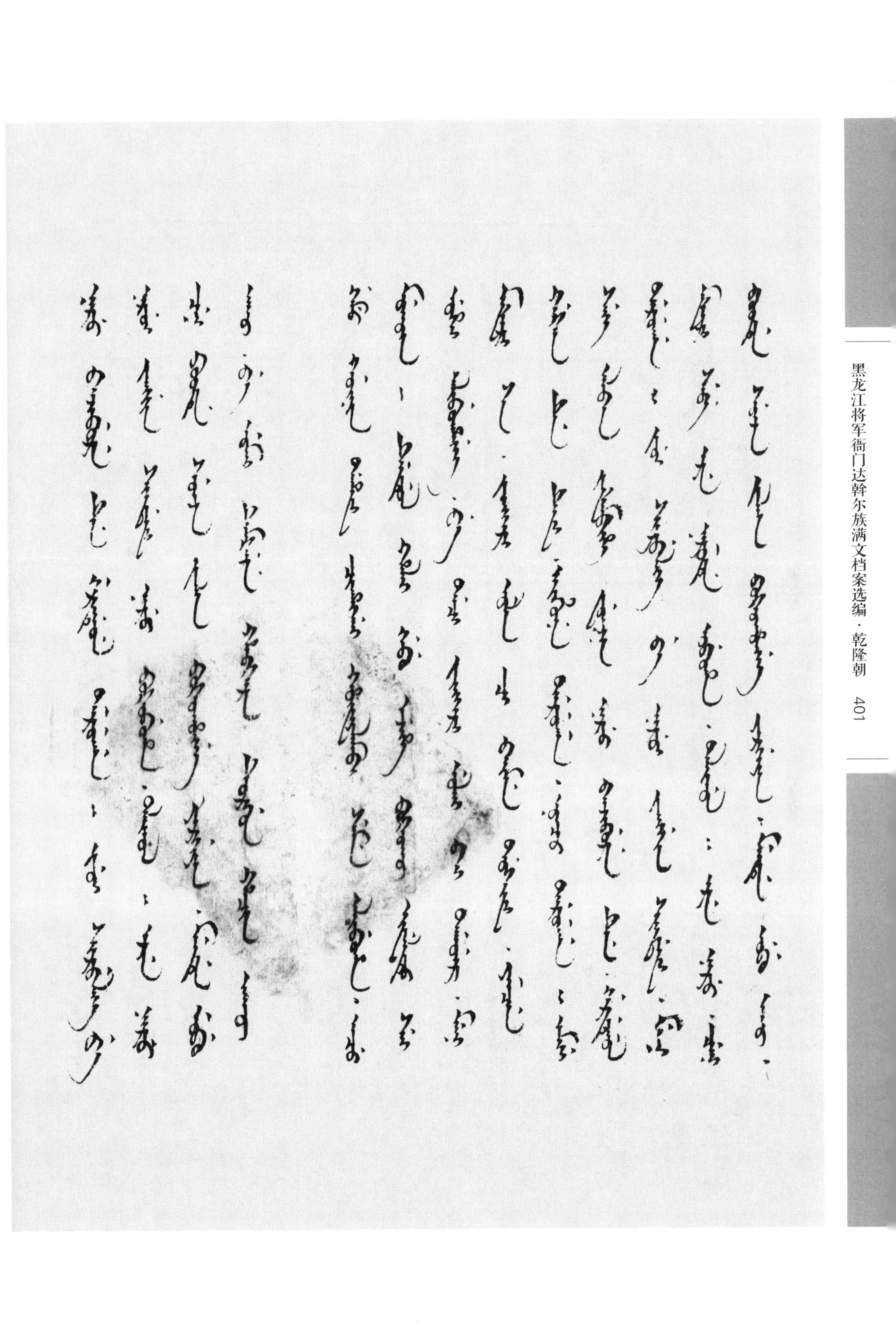

[illegible]

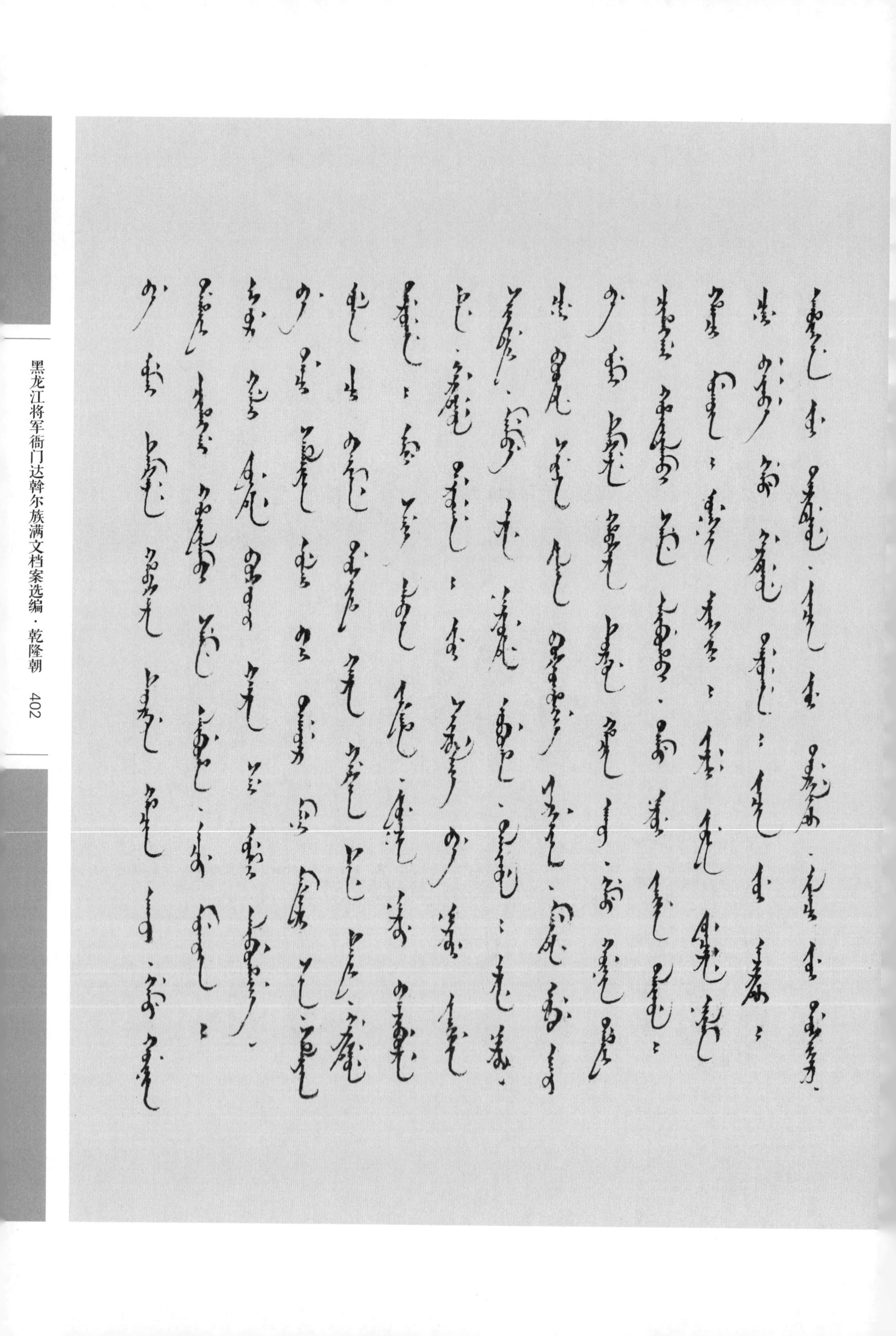

[illegible]

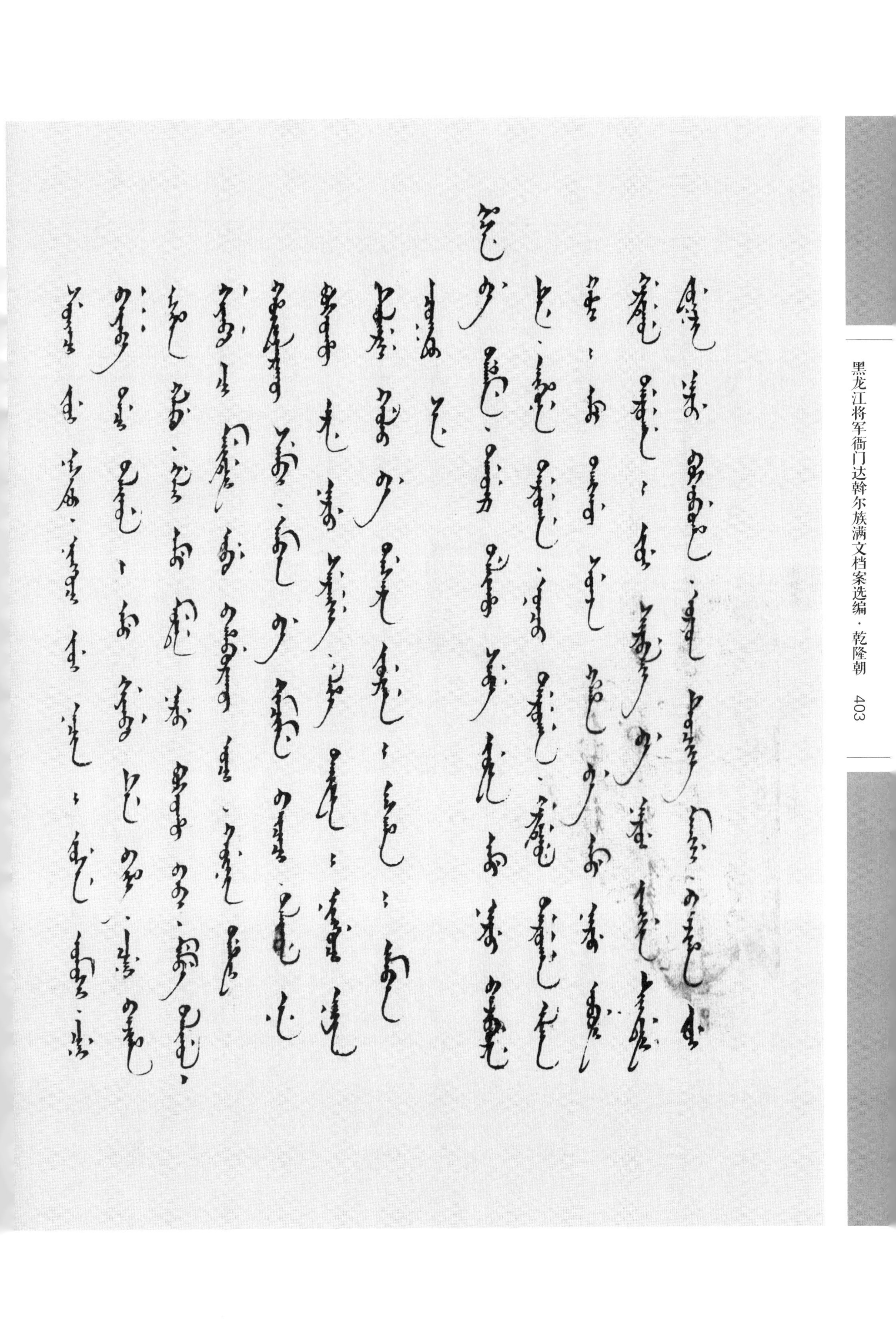

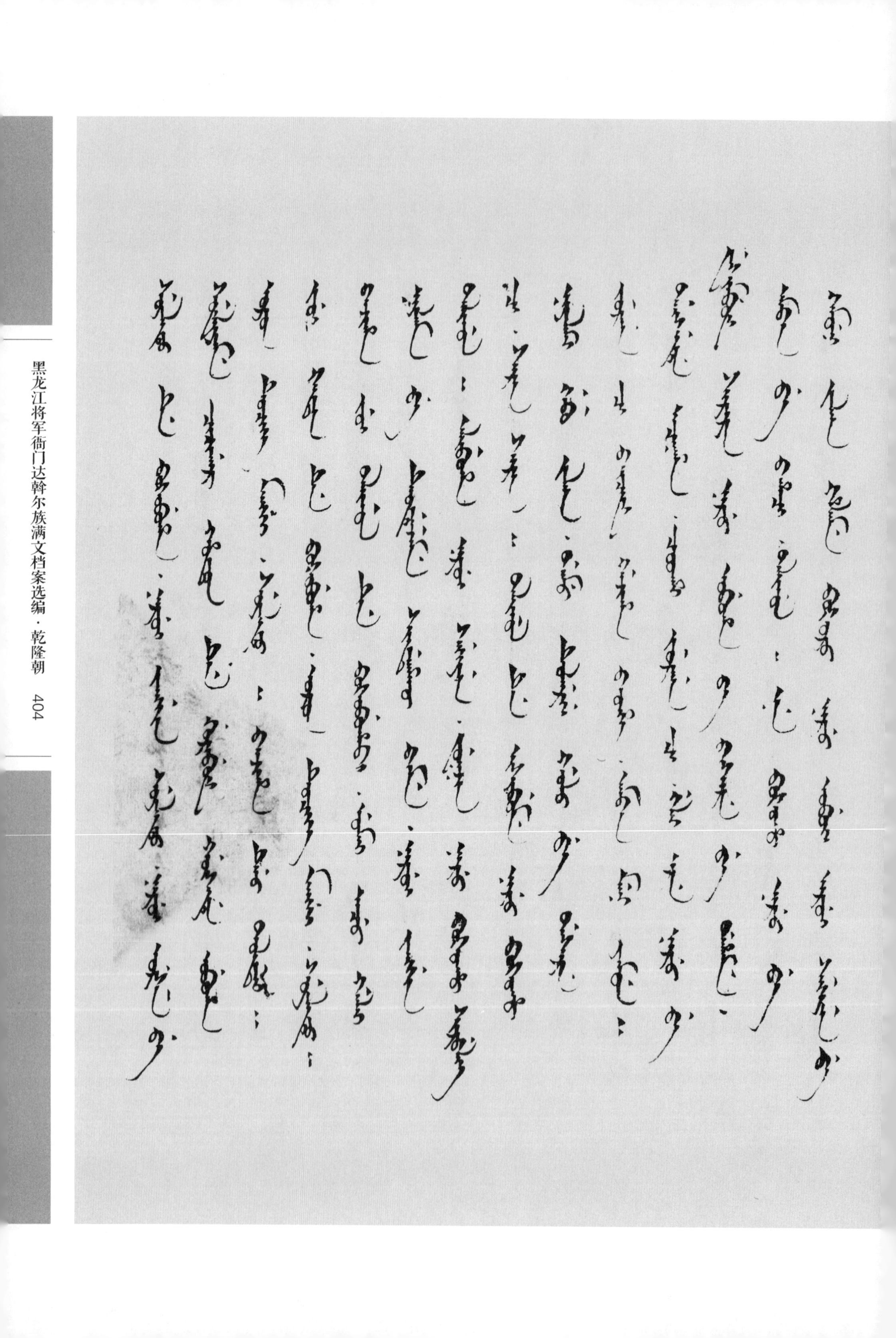

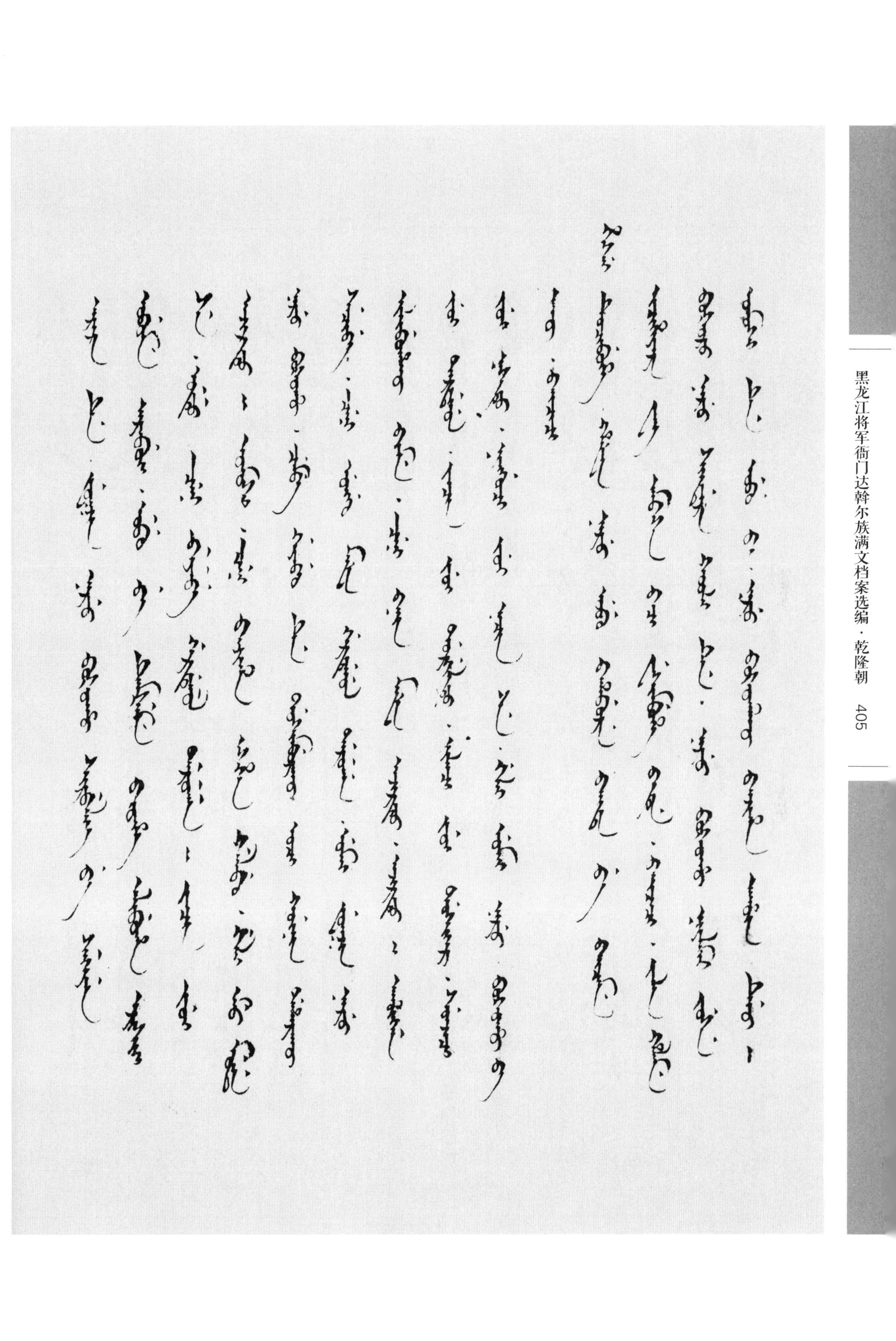

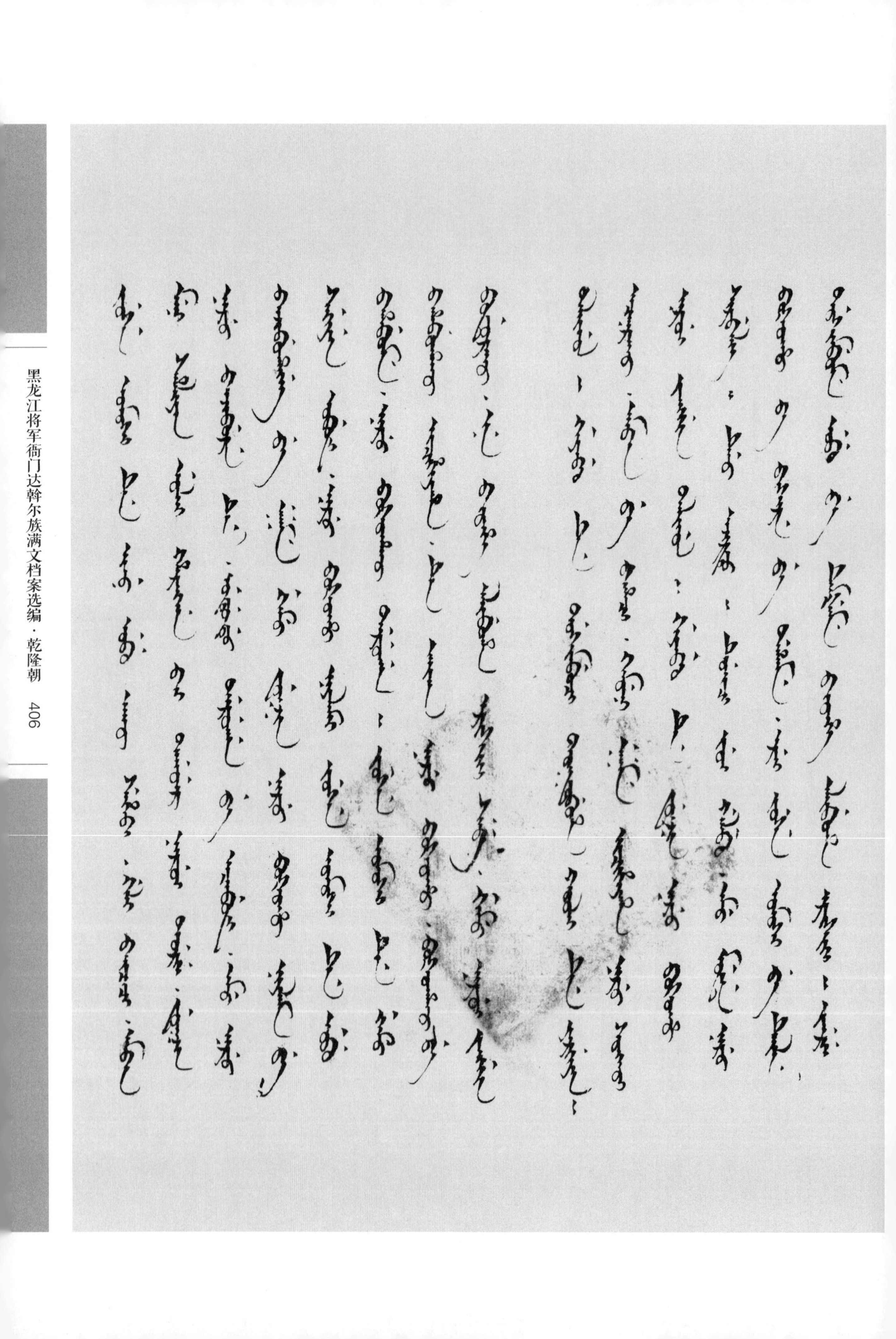

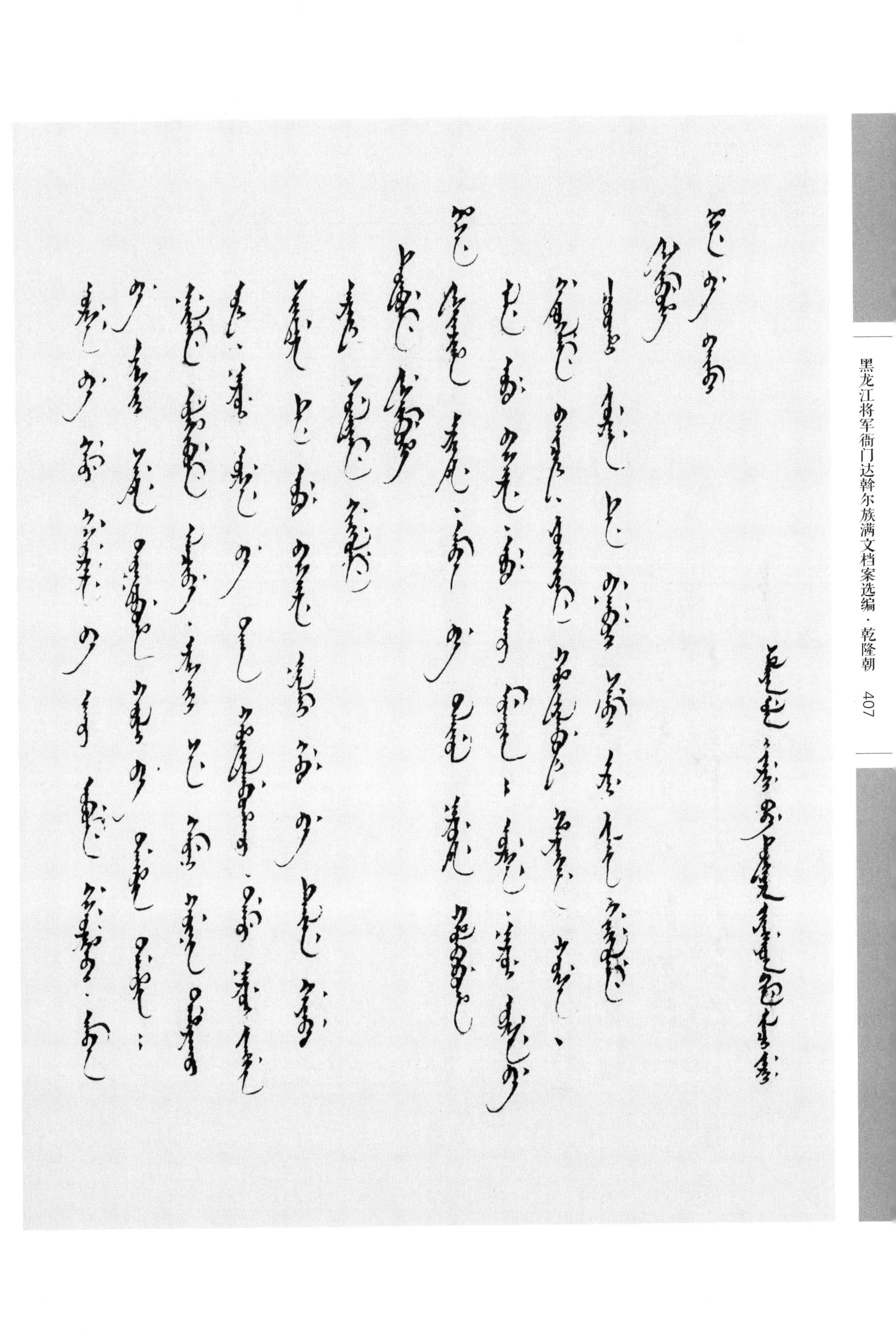

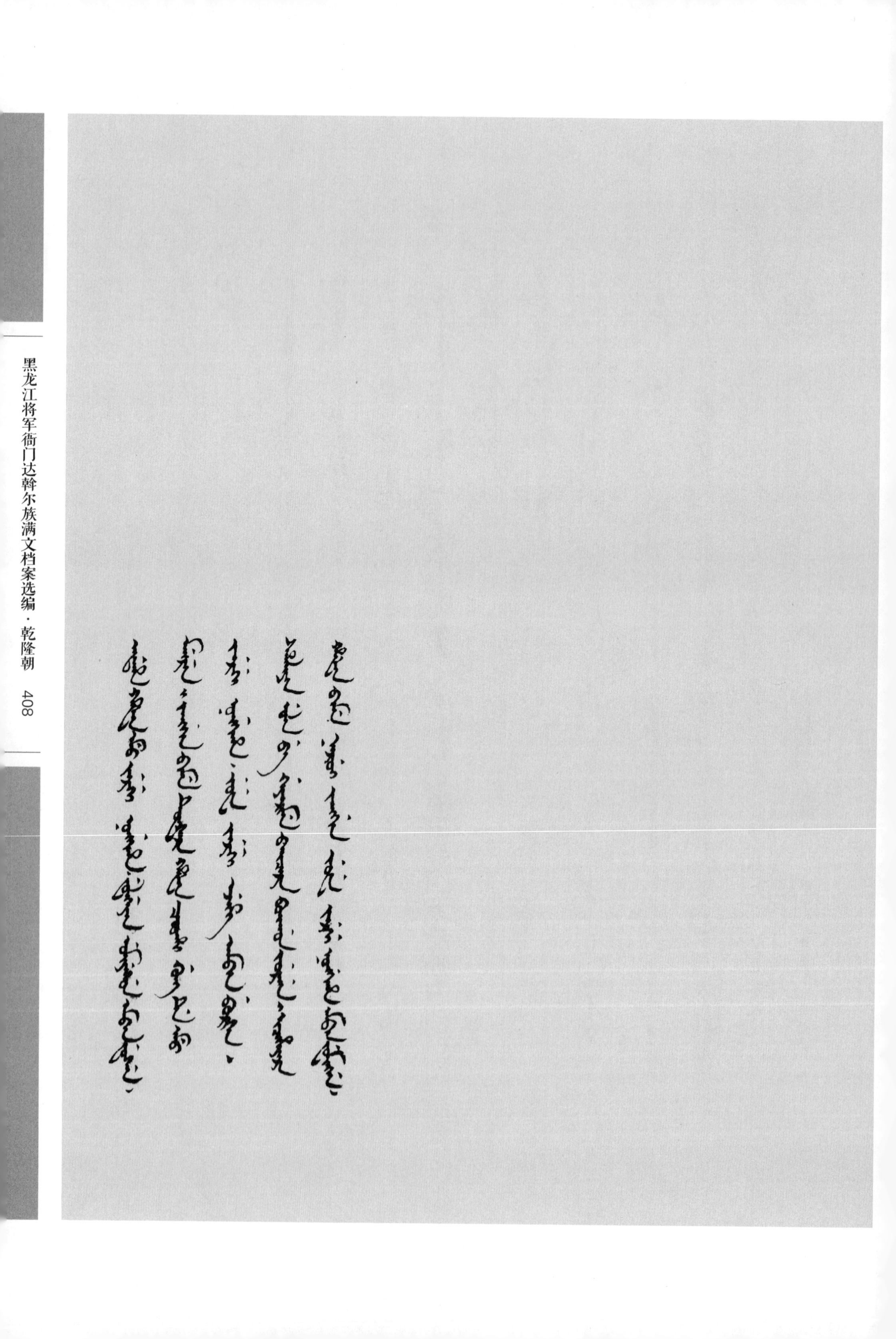

[illegible]

[illegible]

[illegible]

[illegible]

[illegible]

二八八 黑龙江将军傅森等奏请查明墨尔根镶白旗达斡尔佐领安泰源流并解送家谱折

乾隆十年三月初十日

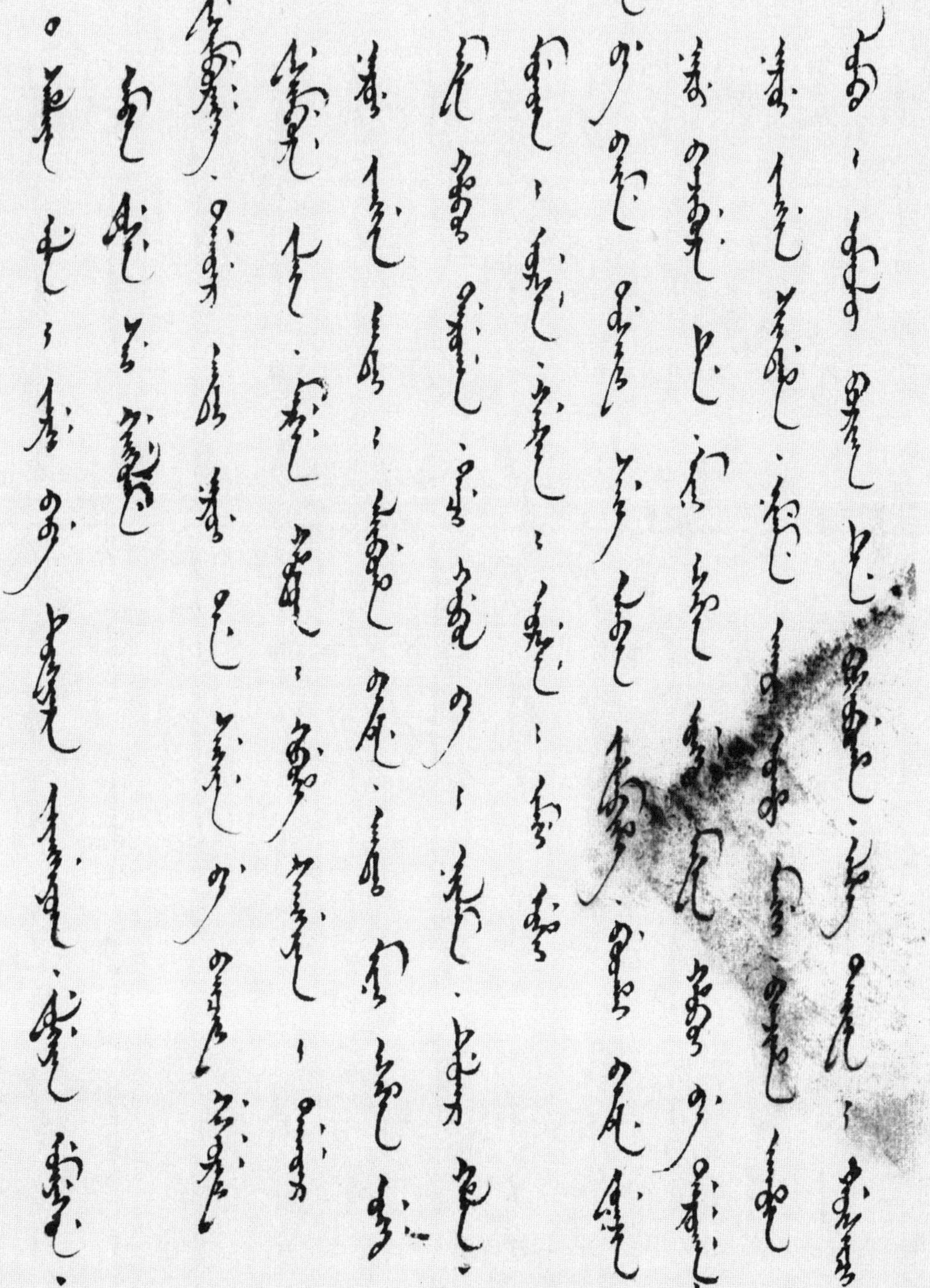

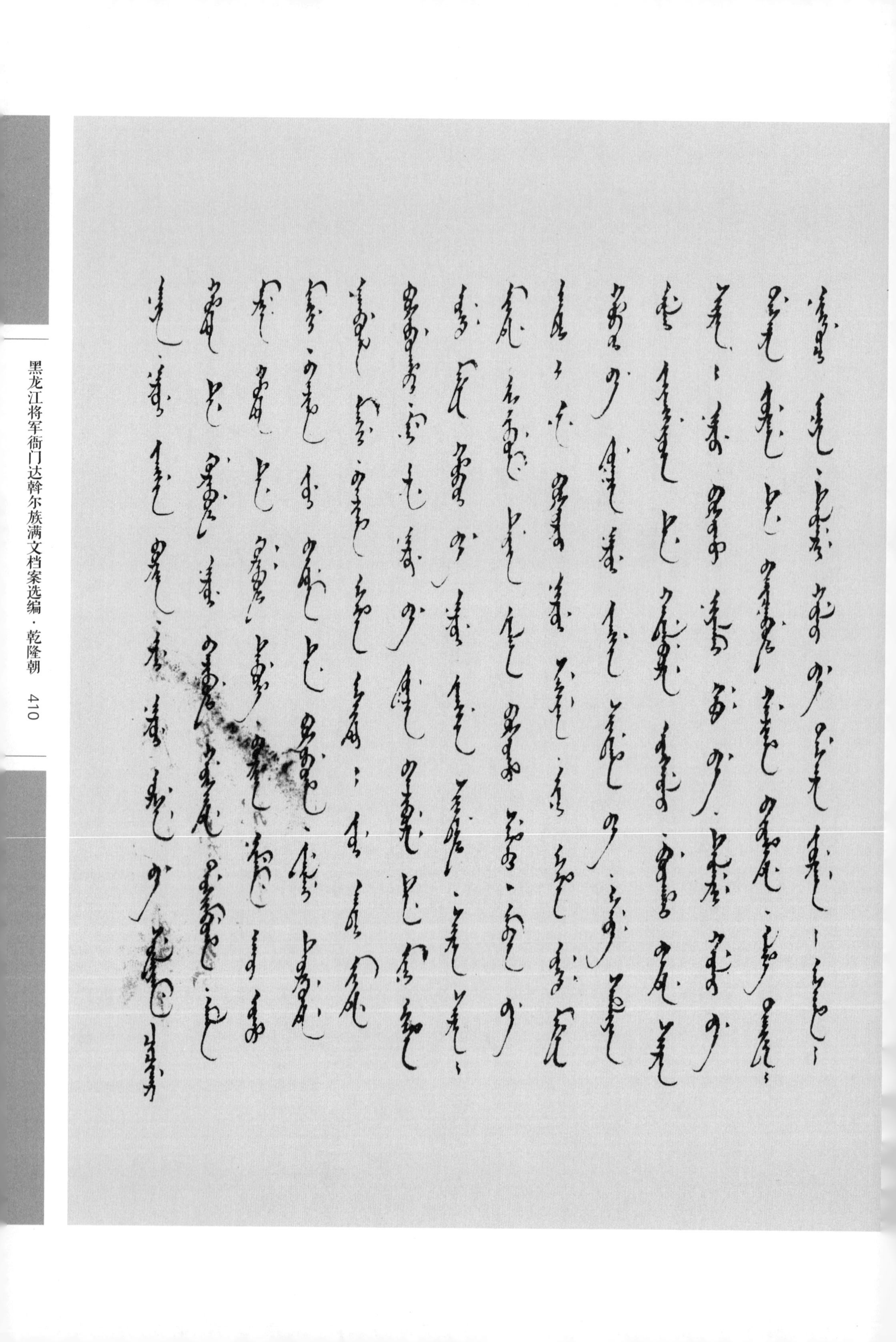

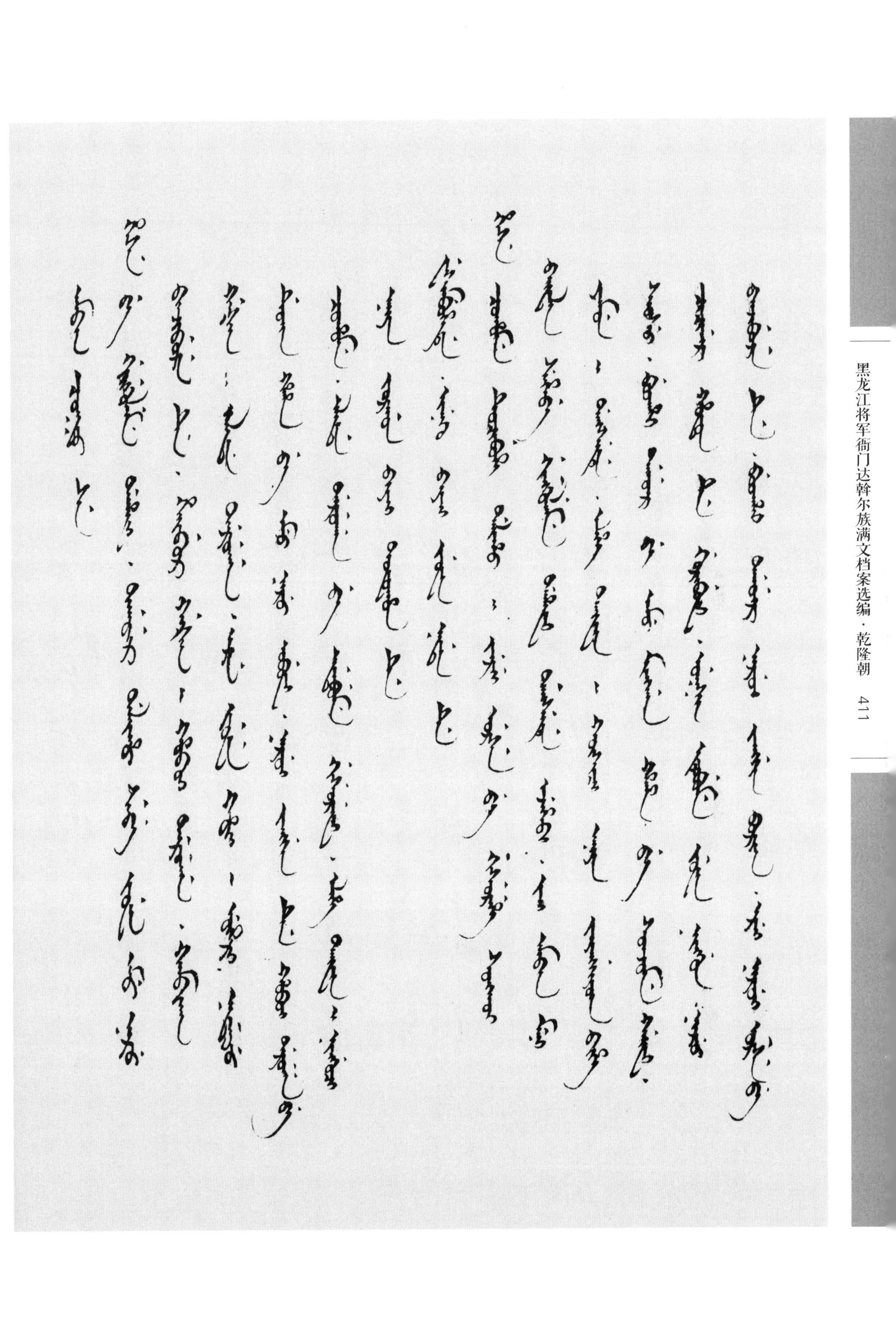

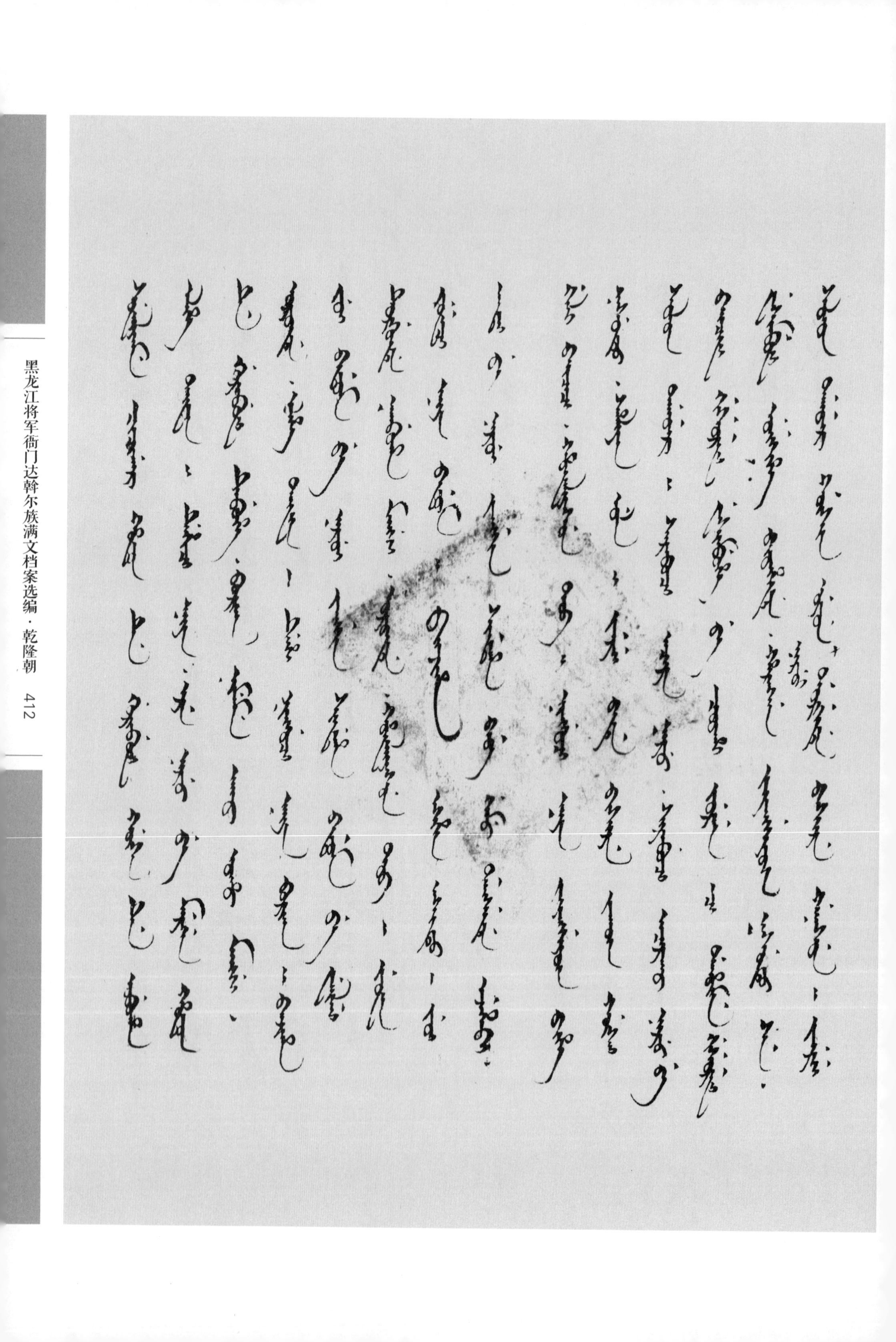

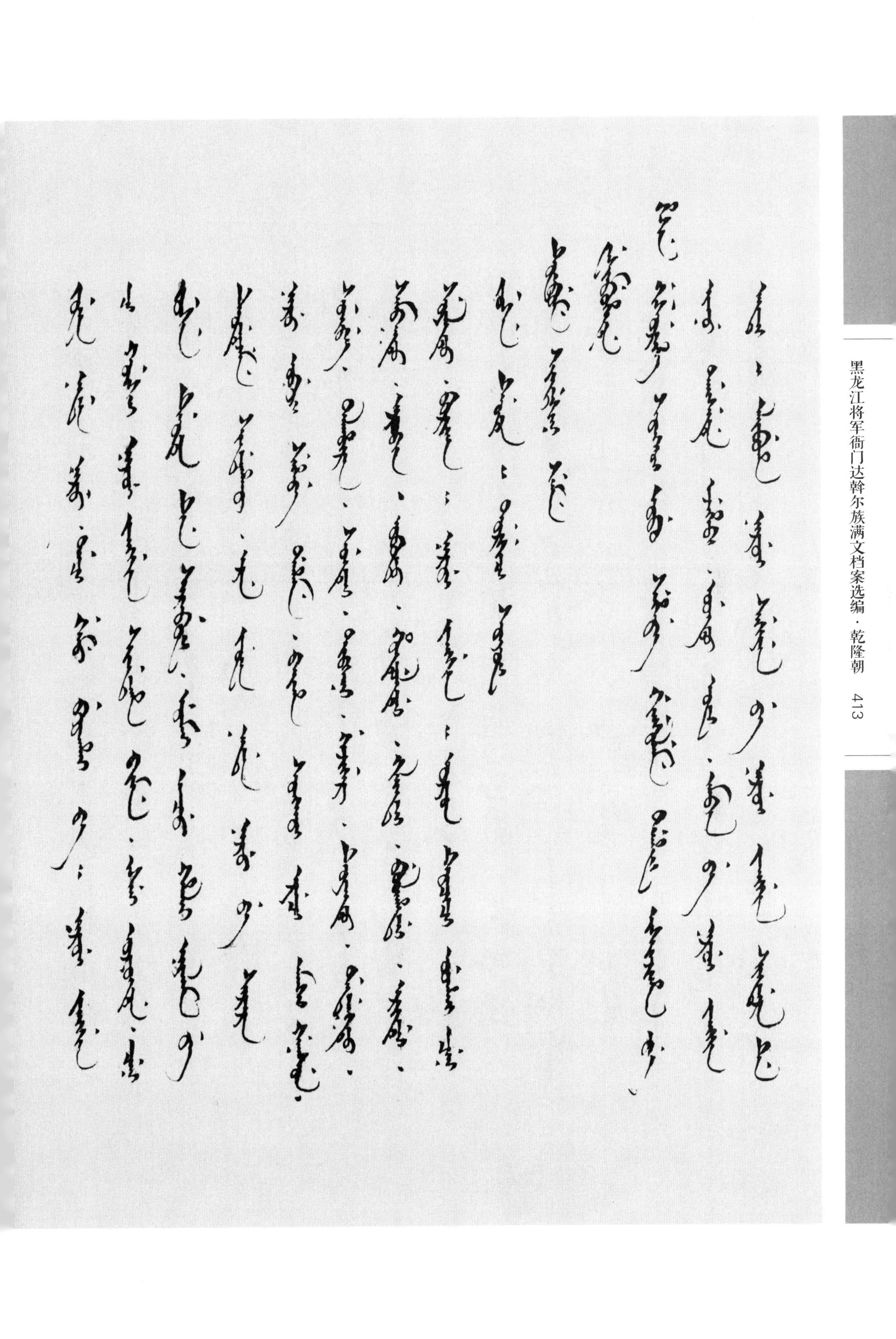

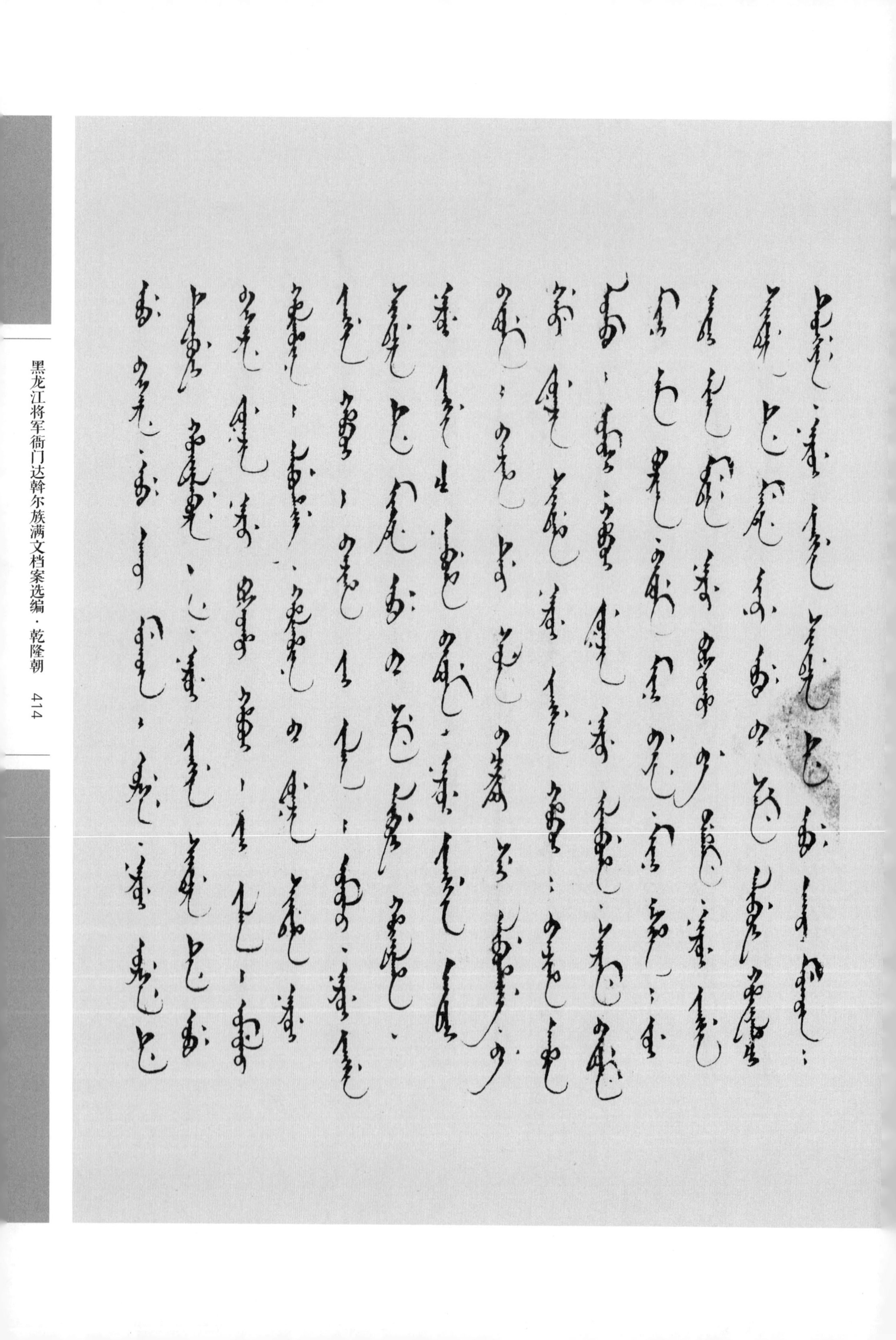

[illegible]

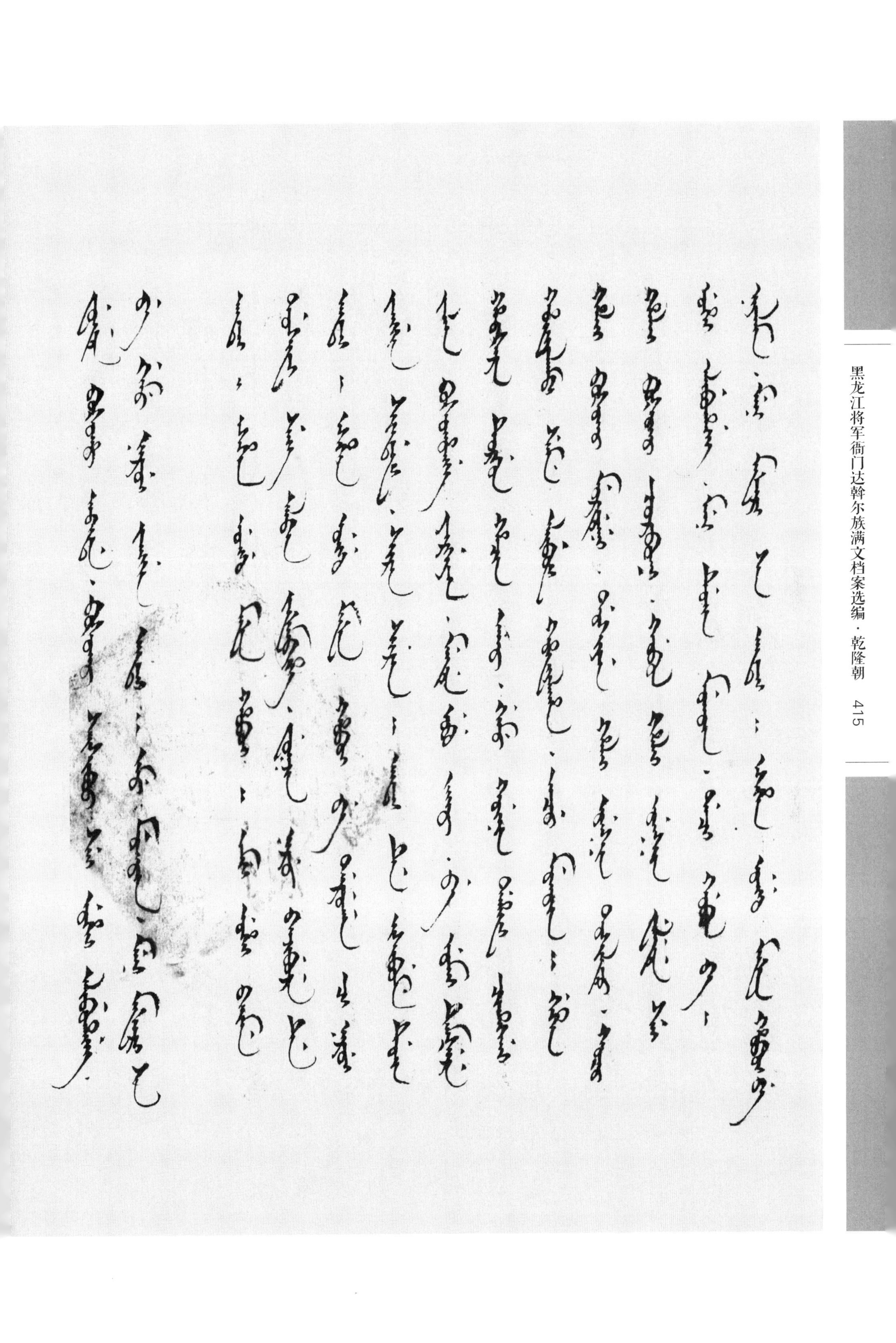

[illegible]

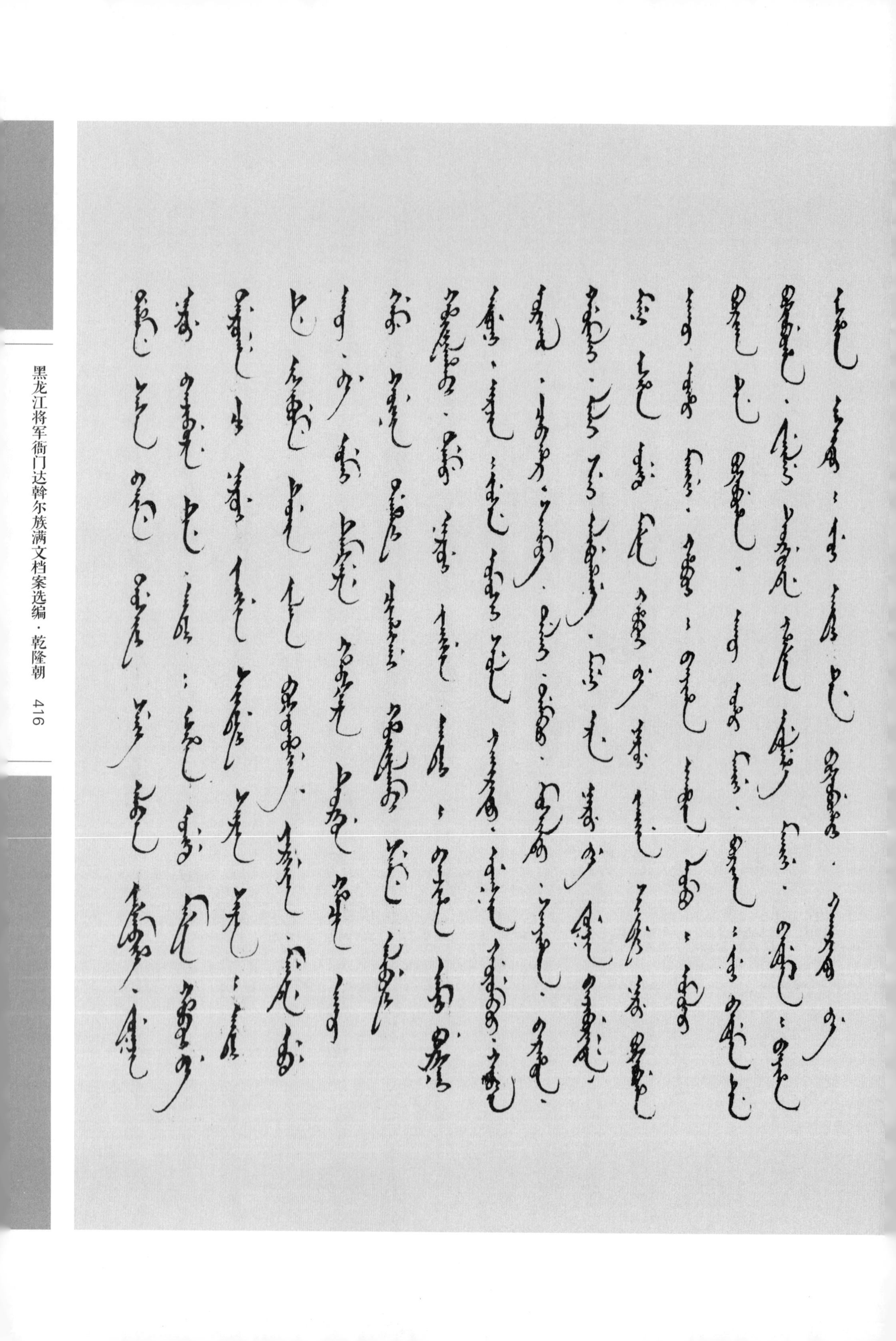

[illegible]

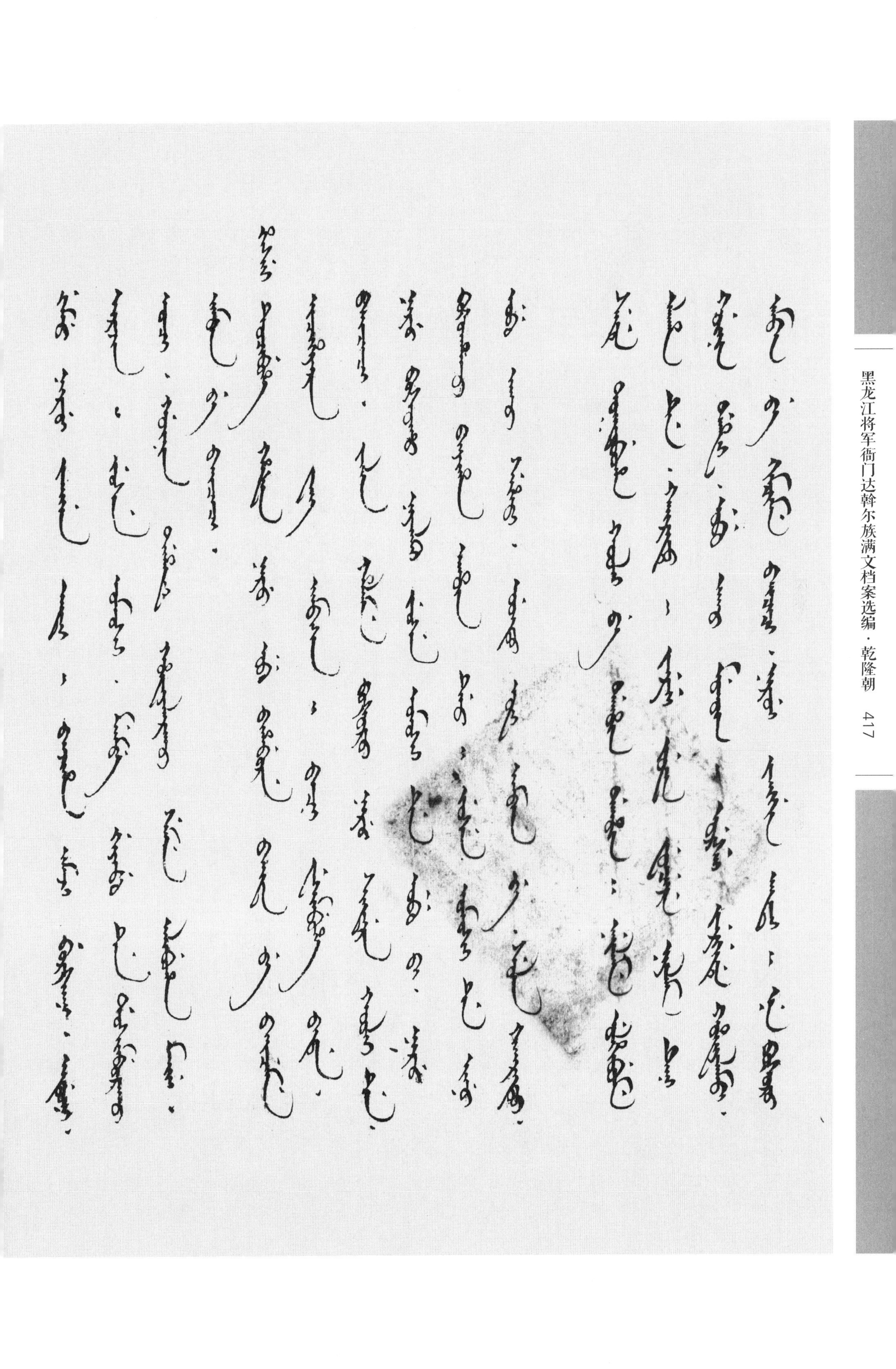

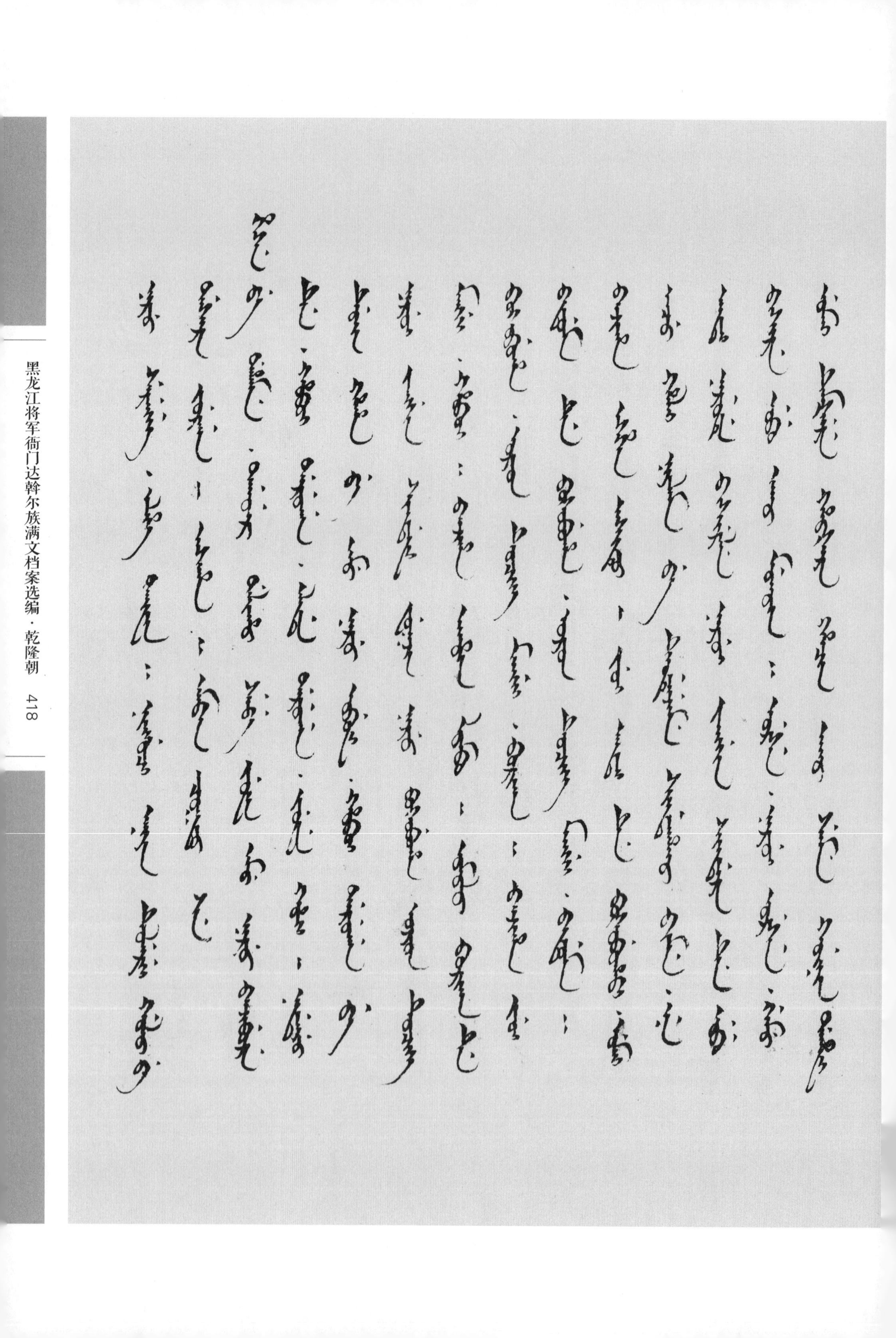

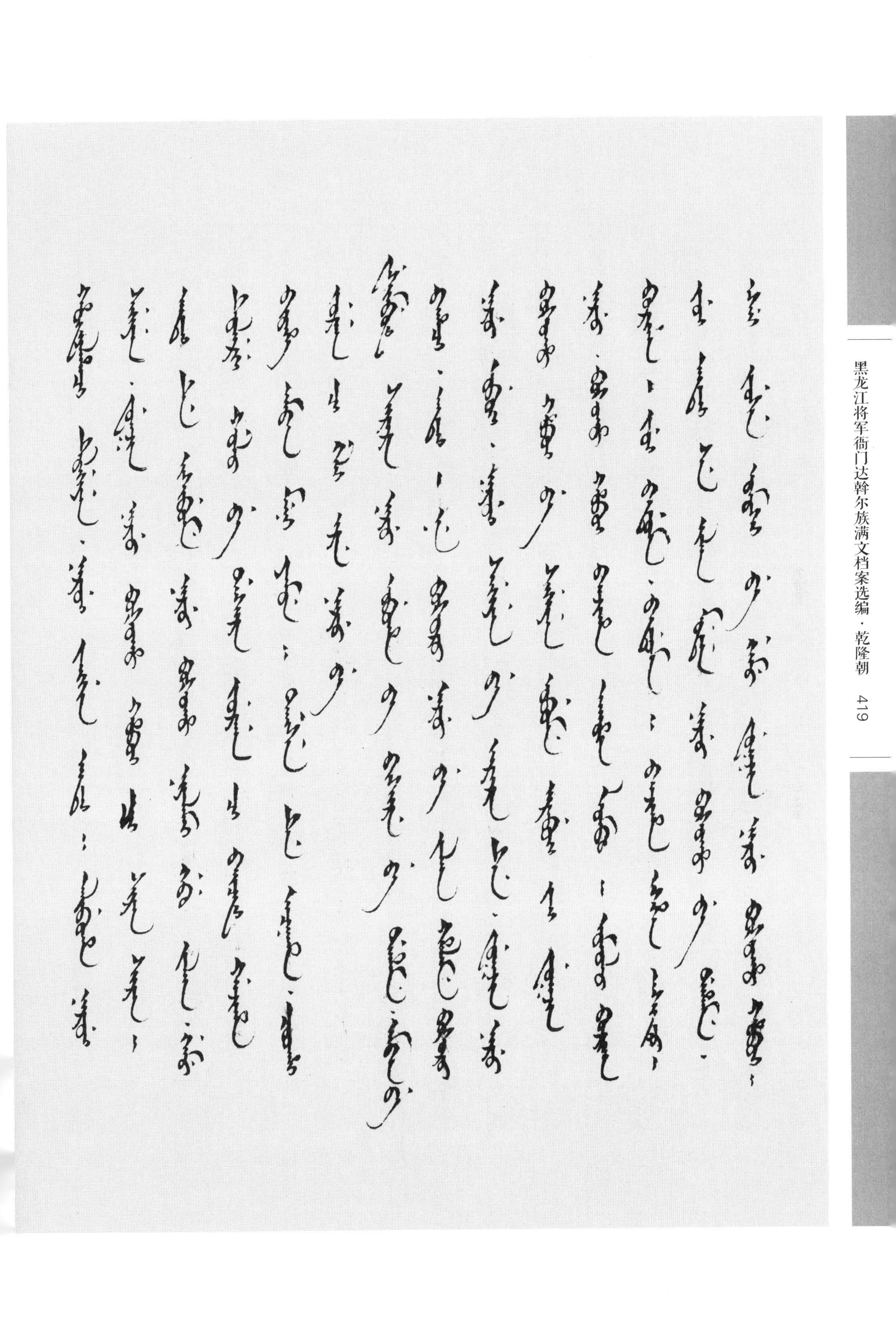

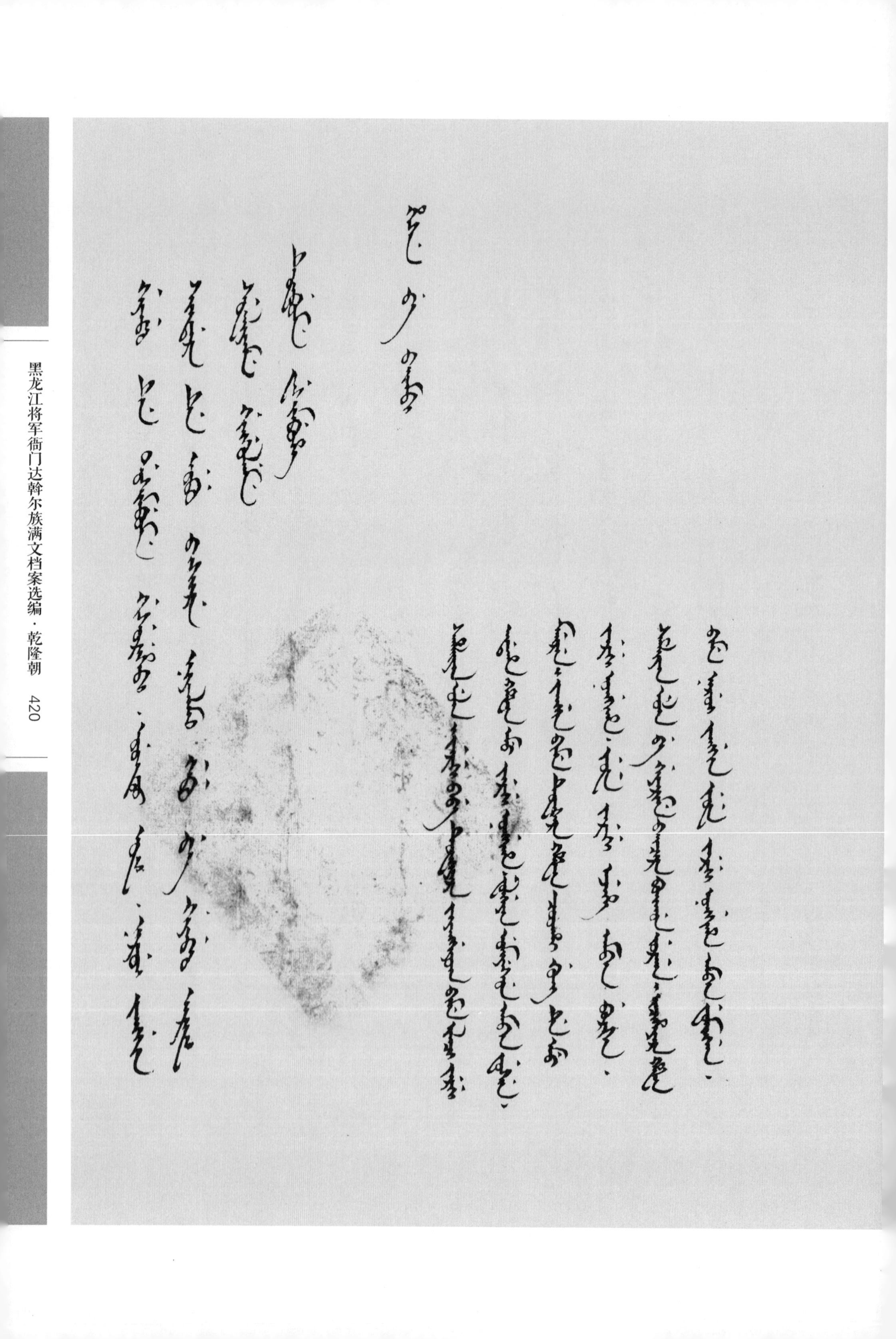

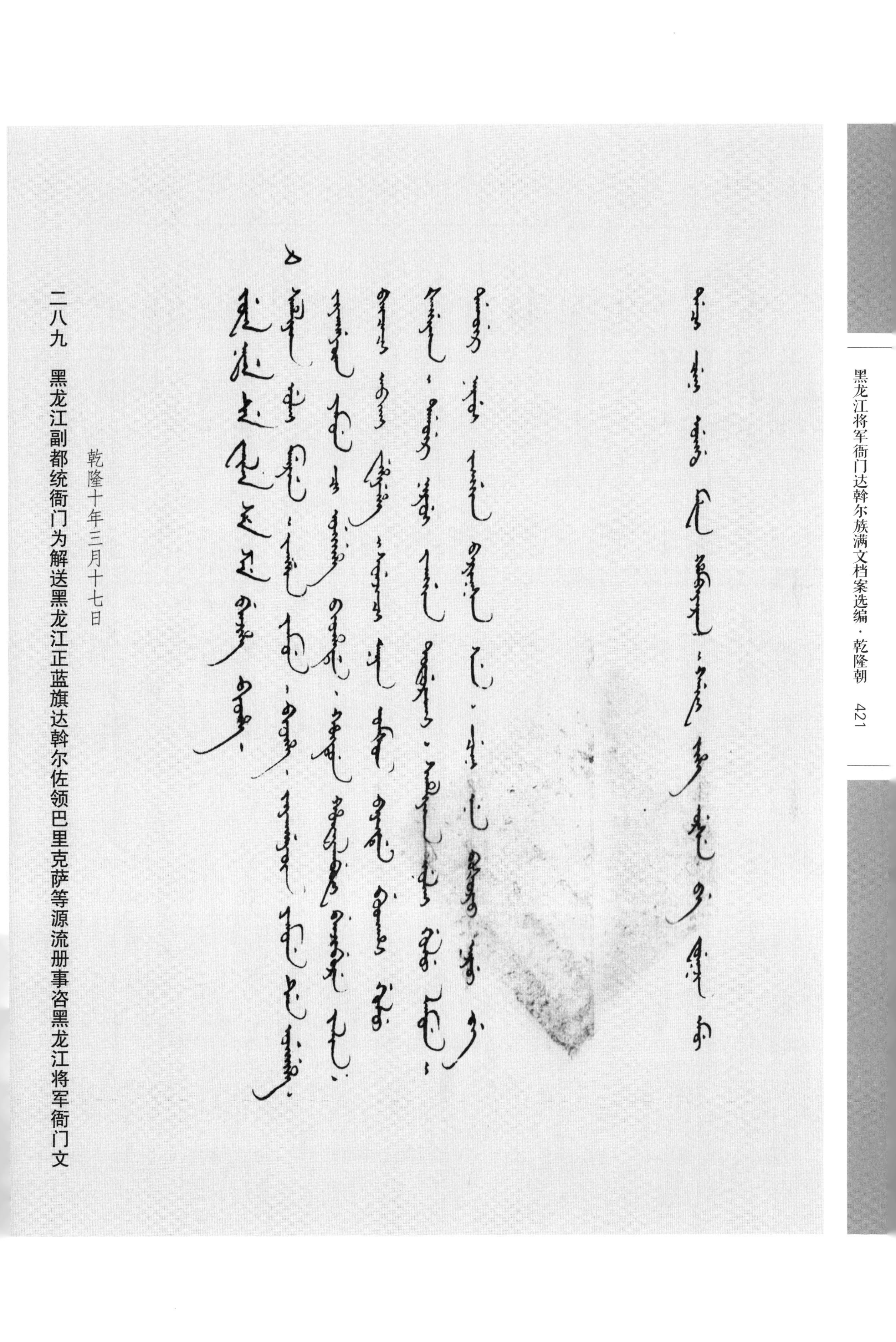

二八九 黑龙江副都统衙门为解送黑龙江正蓝旗达斡尔佐领巴里克萨等源流册事咨黑龙江将军衙门文

乾隆十年三月十七日

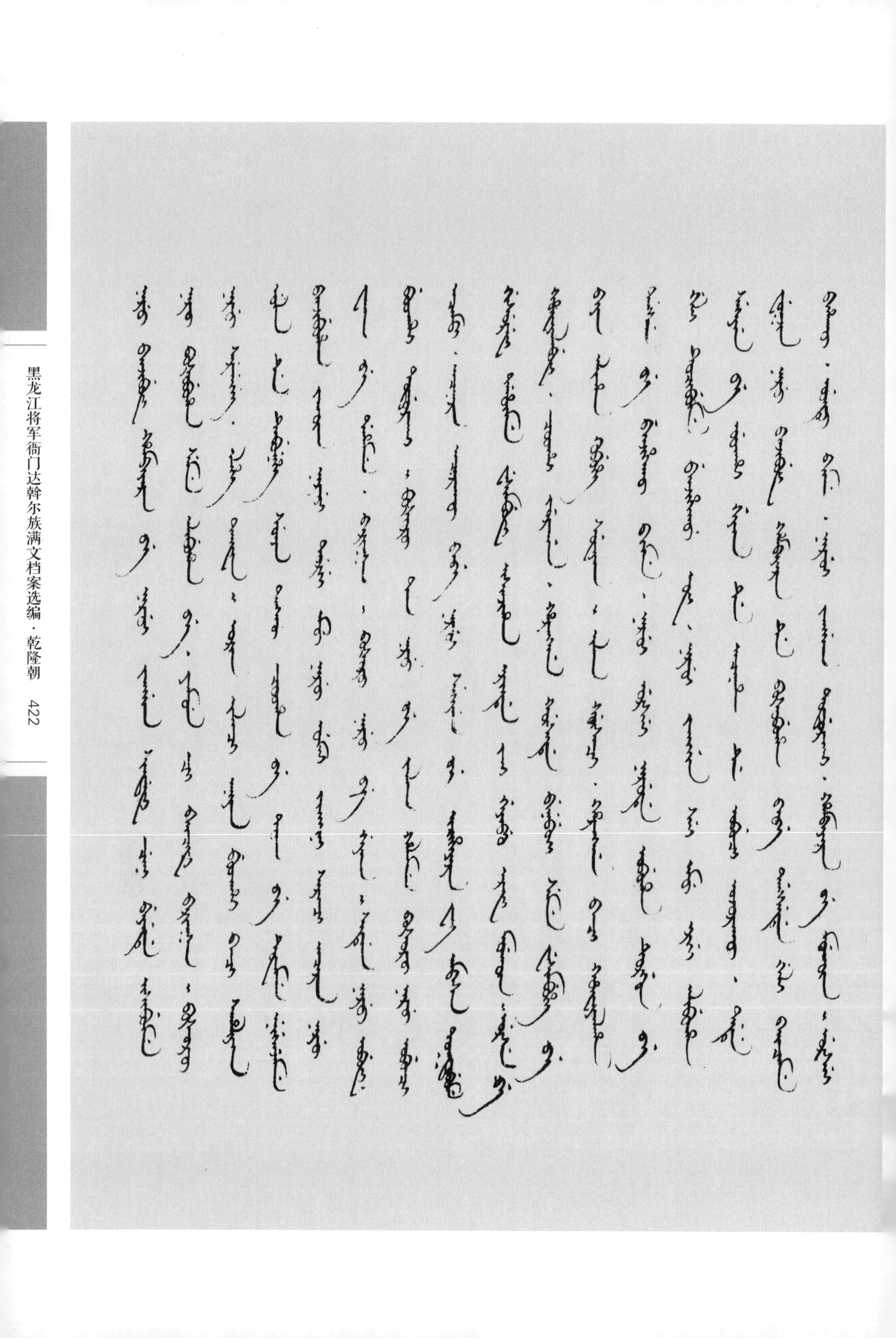

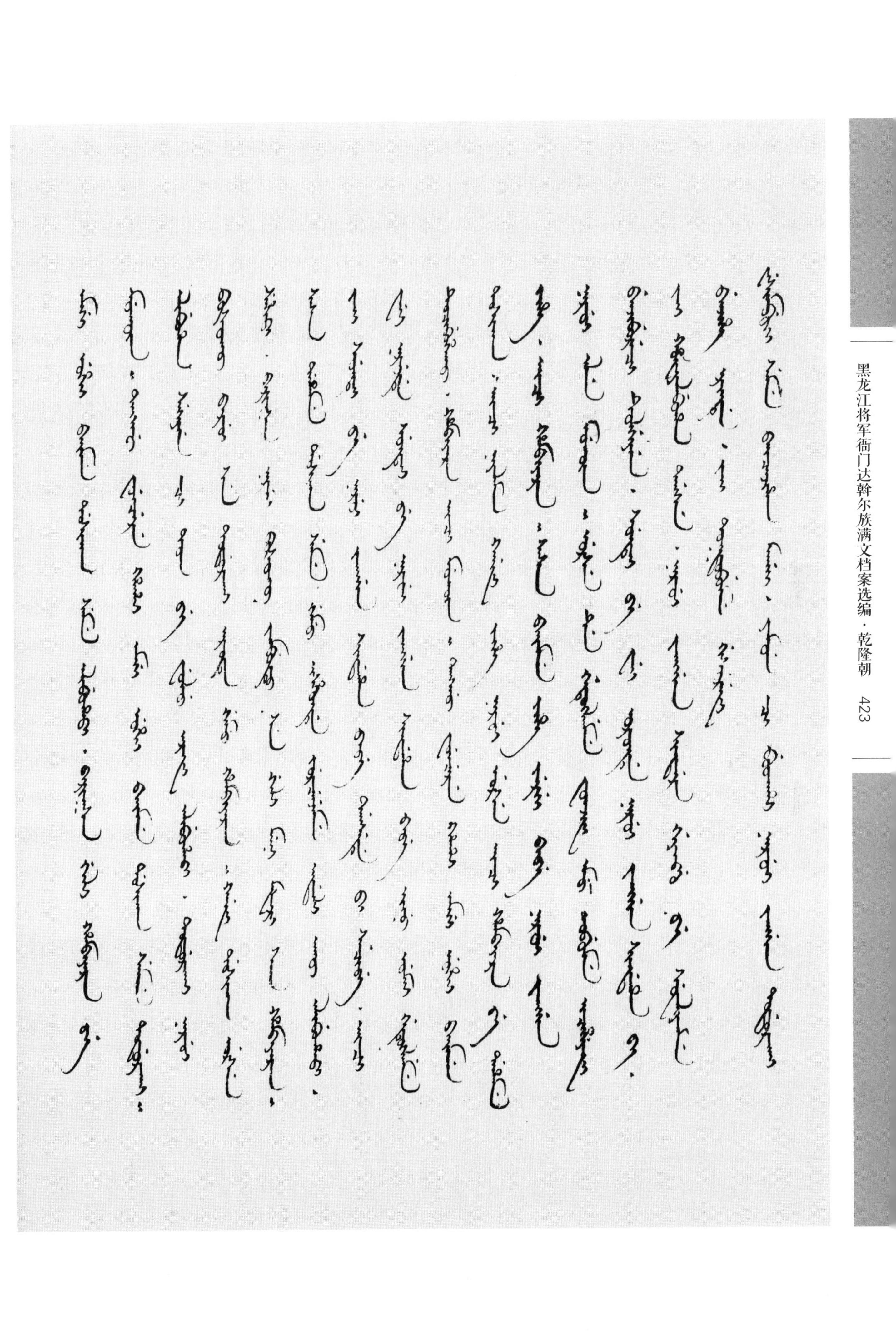

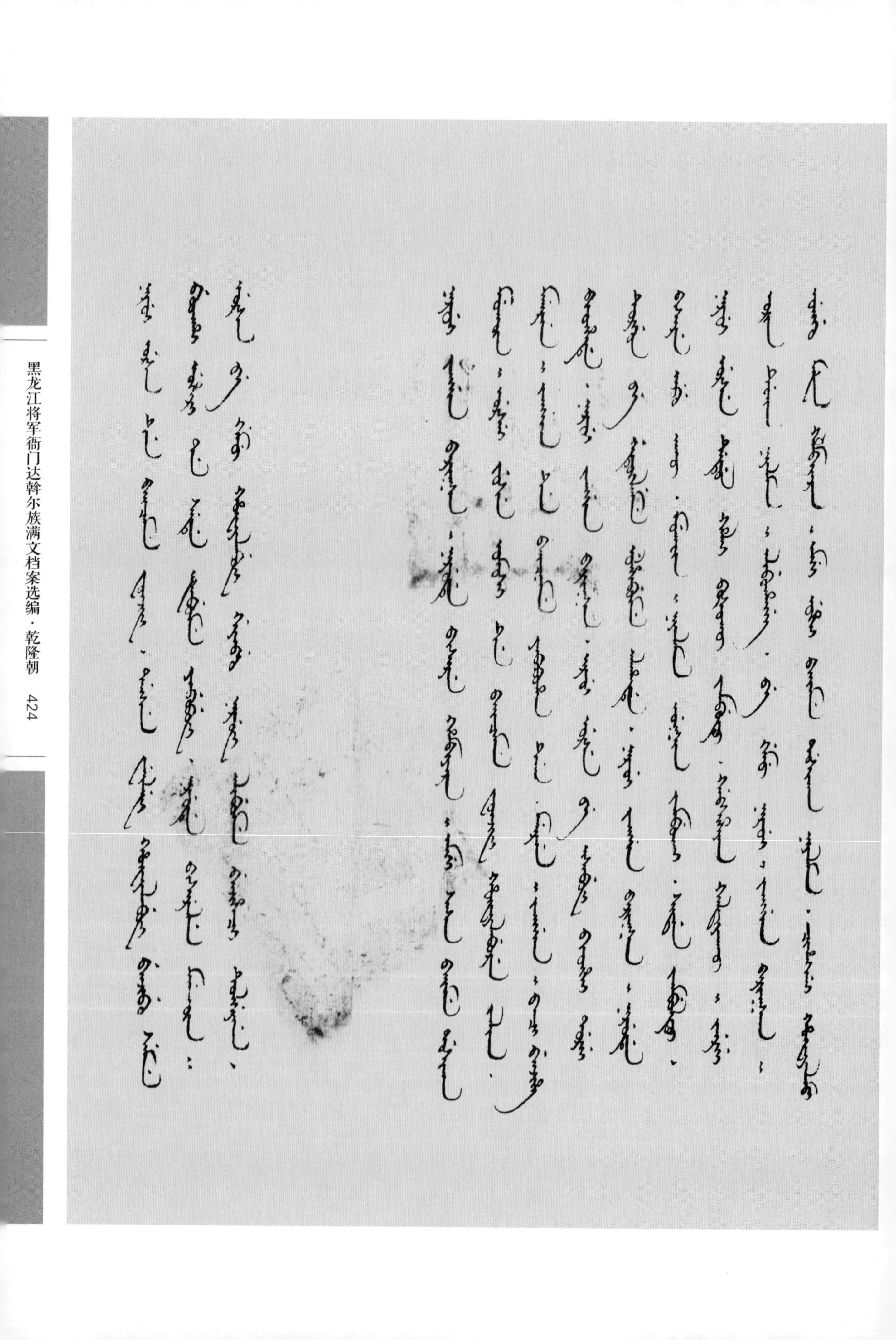

[illegible]

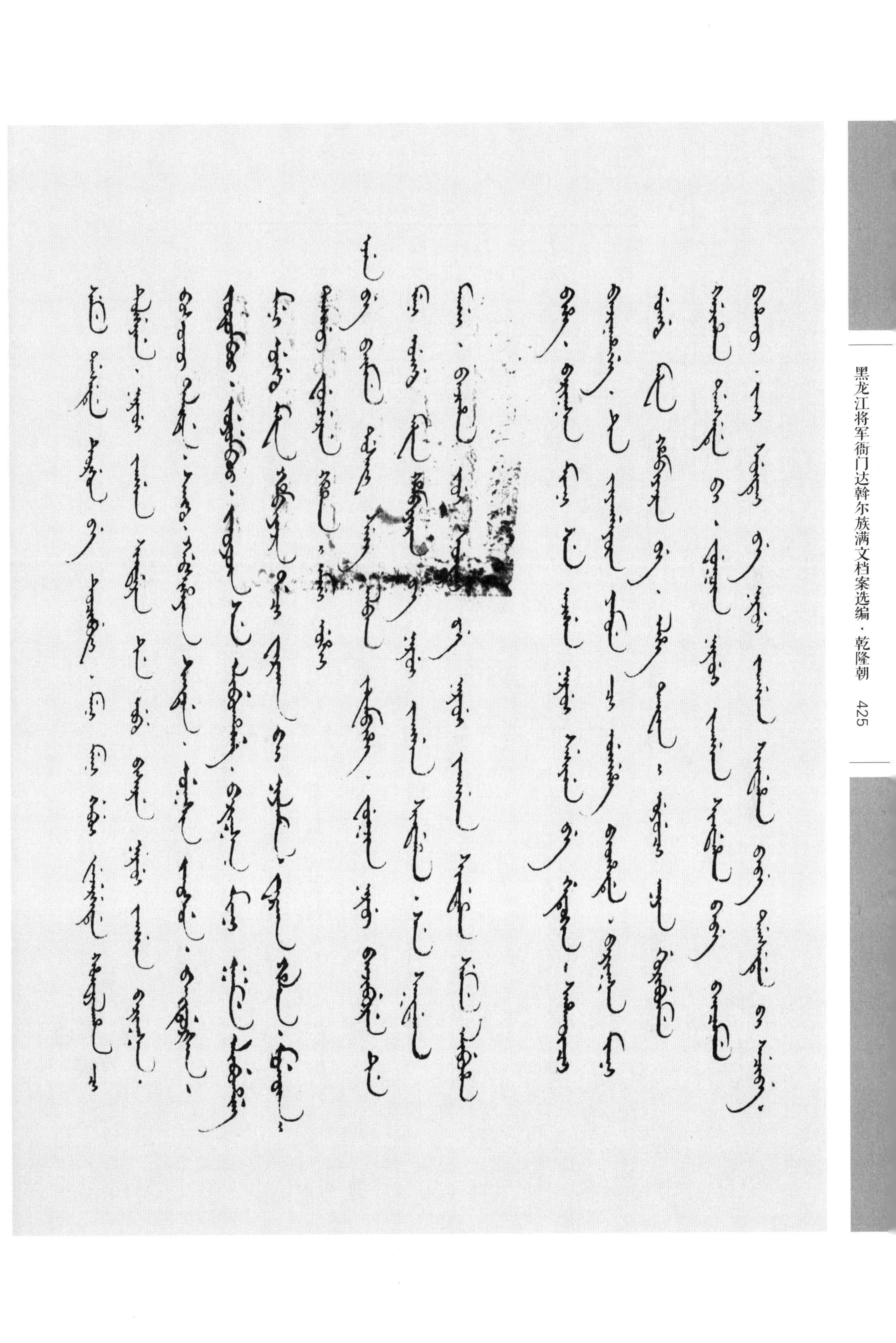

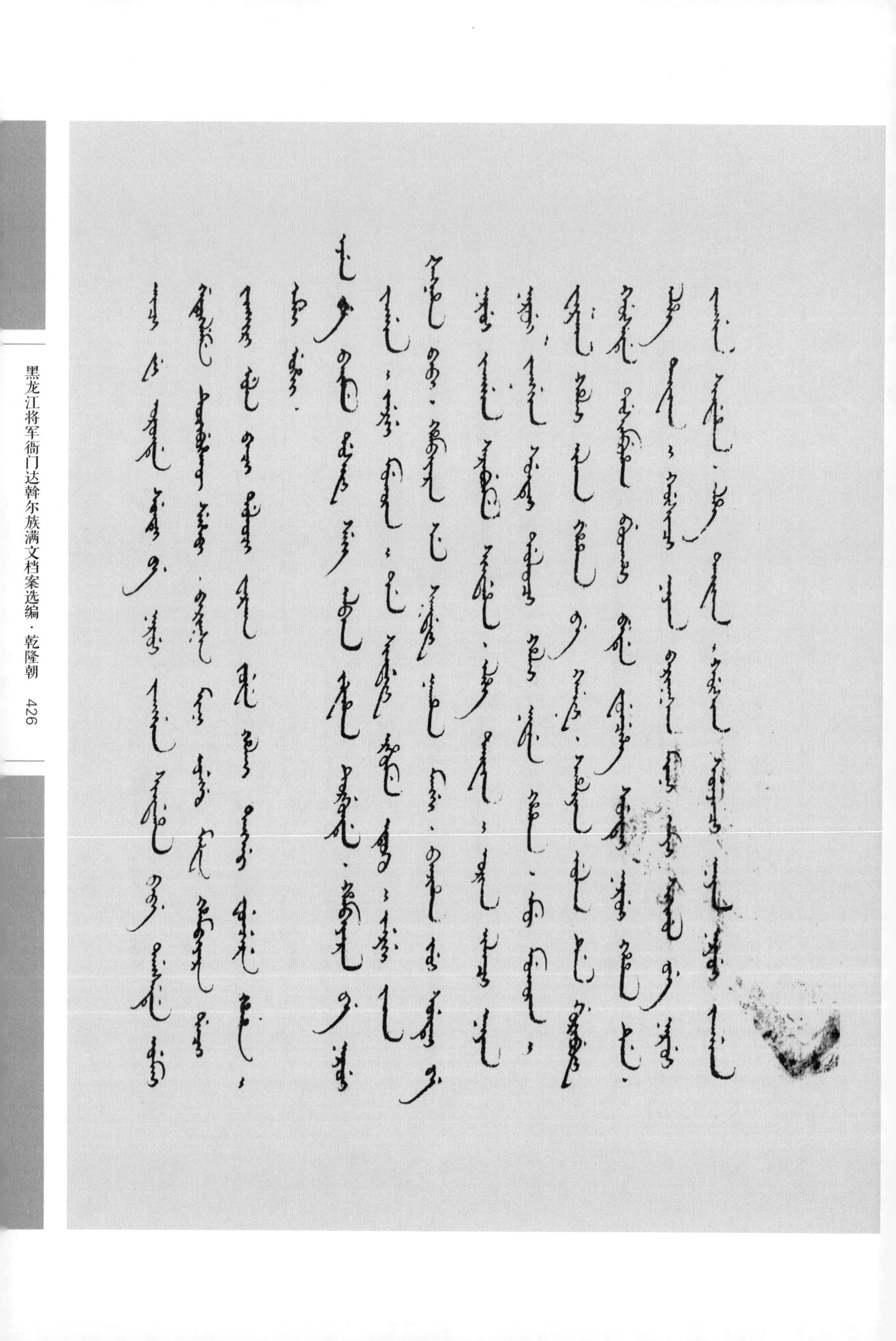

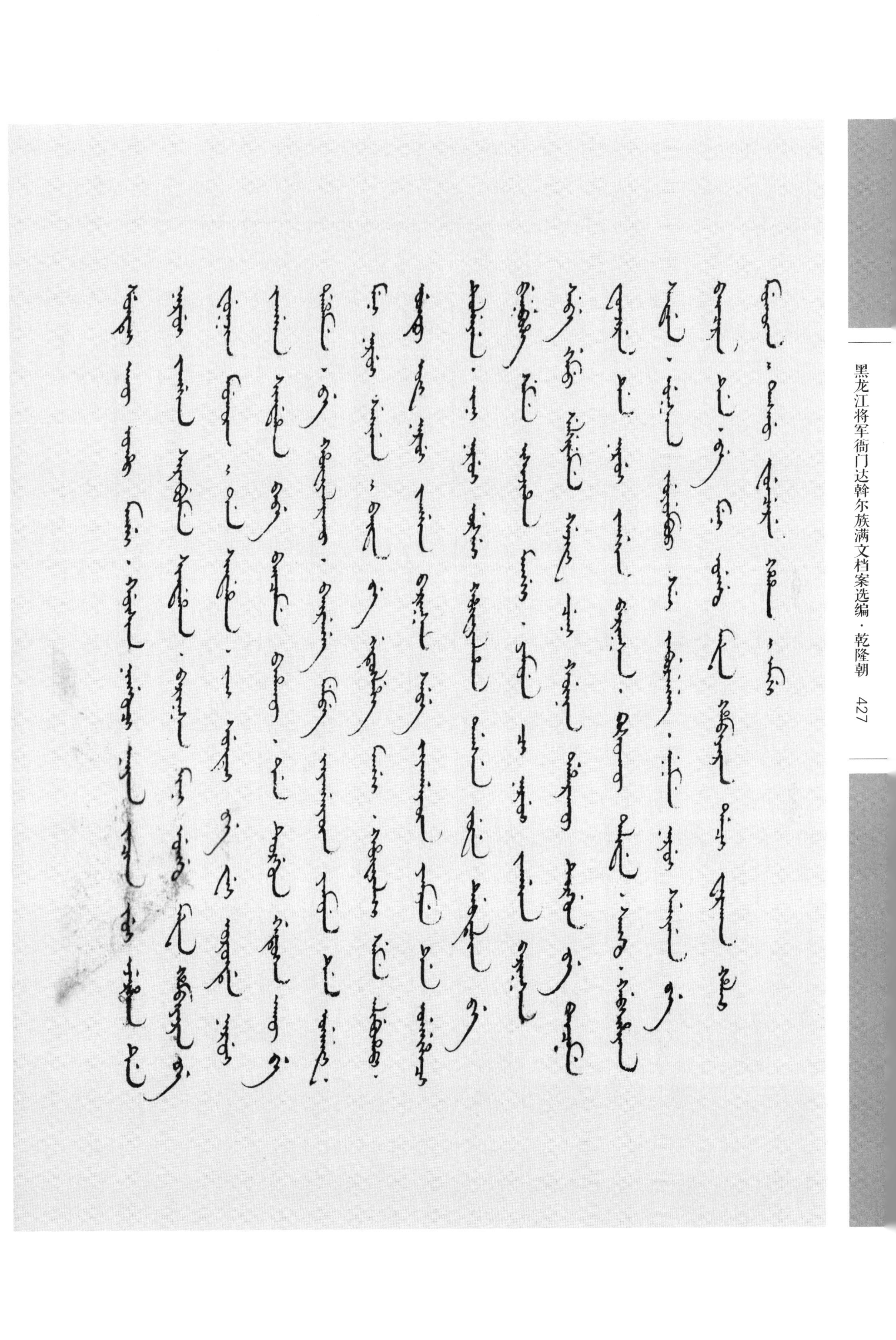

[illegible]

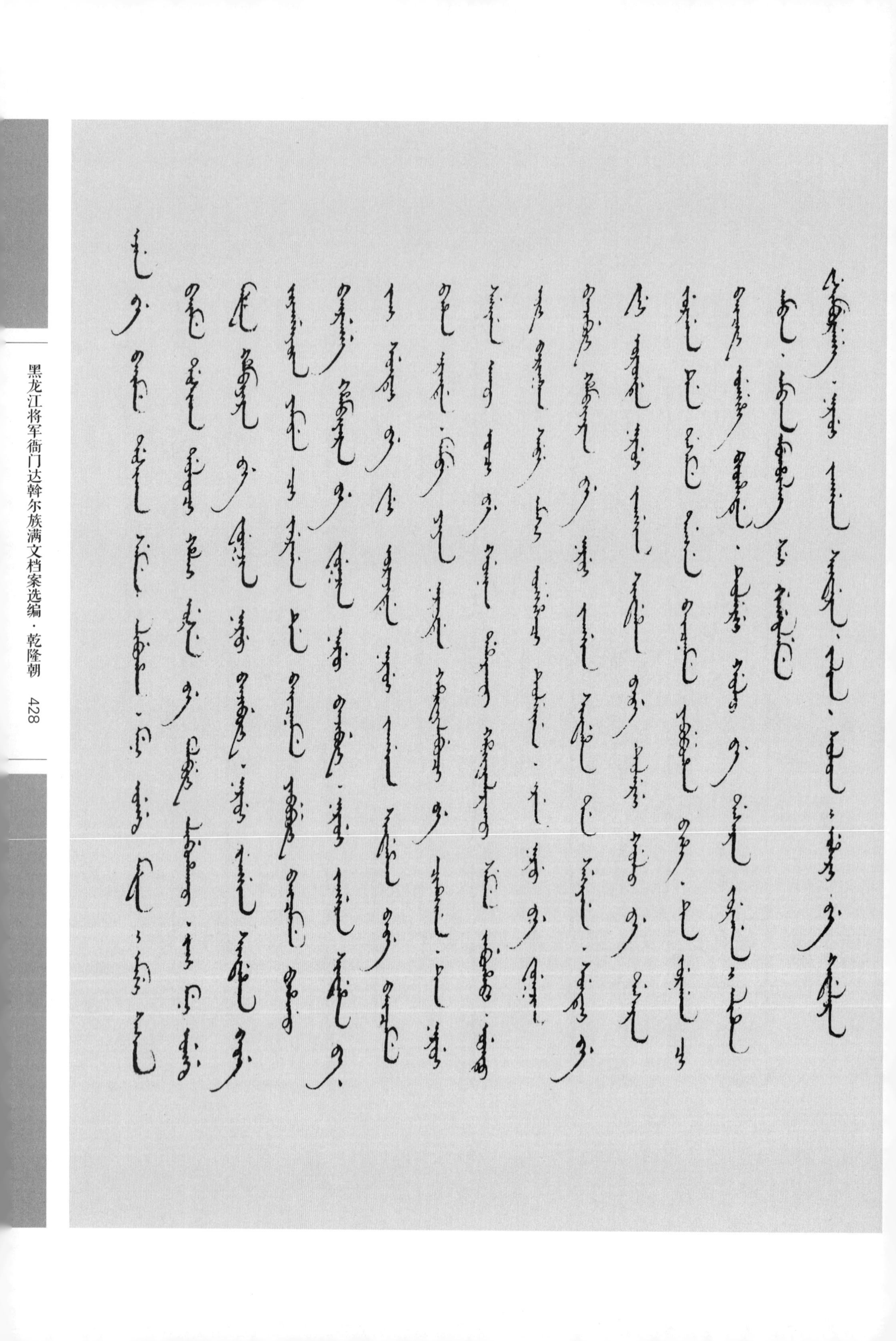

[illegible]

[illegible]

[illegible]

[illegible]

[illegible]

[illegible]

[illegible]

[illegible]

[illegible]

[illegible]

[illegible]

[illegible]

[illegible]

[illegible]

[illegible]

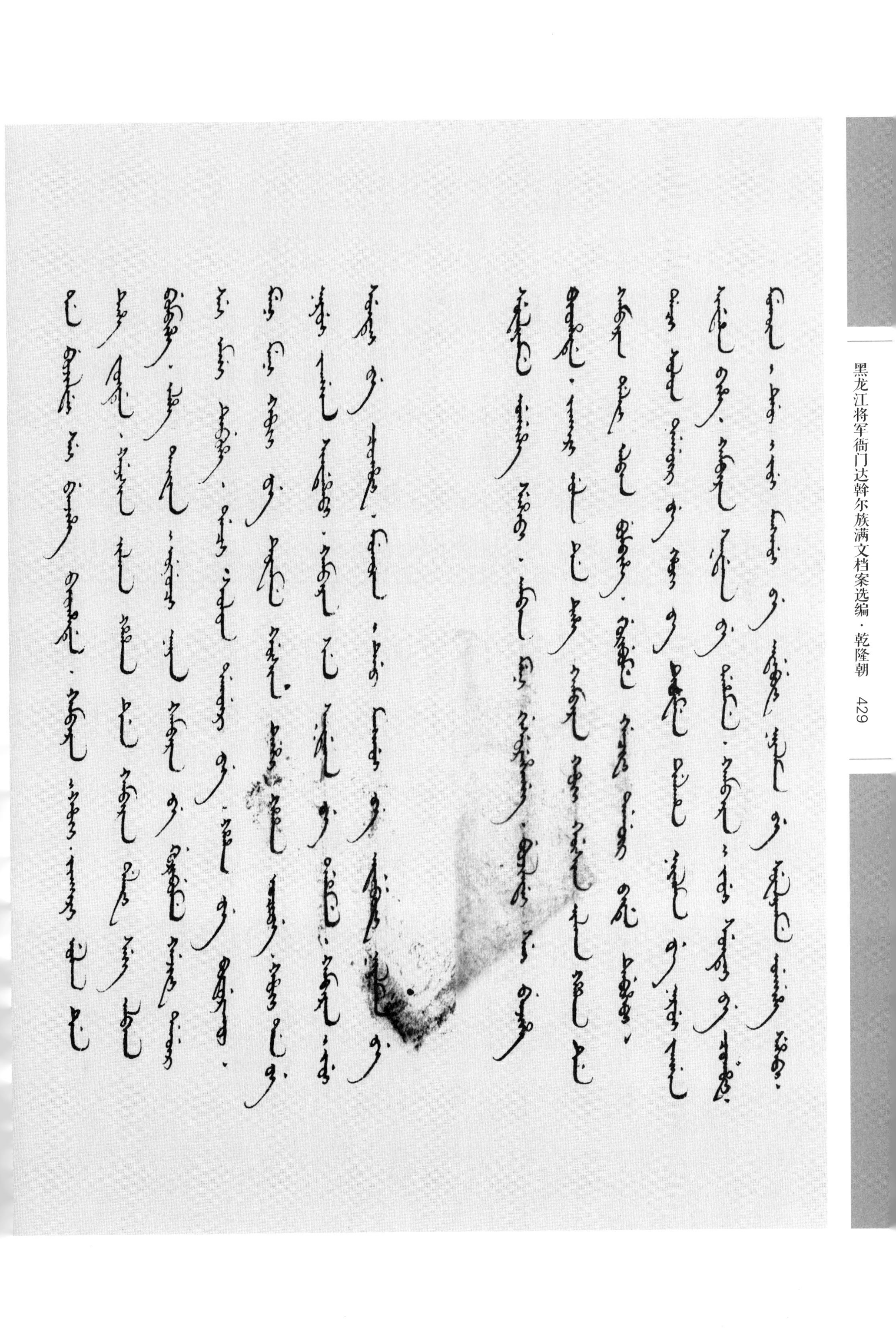

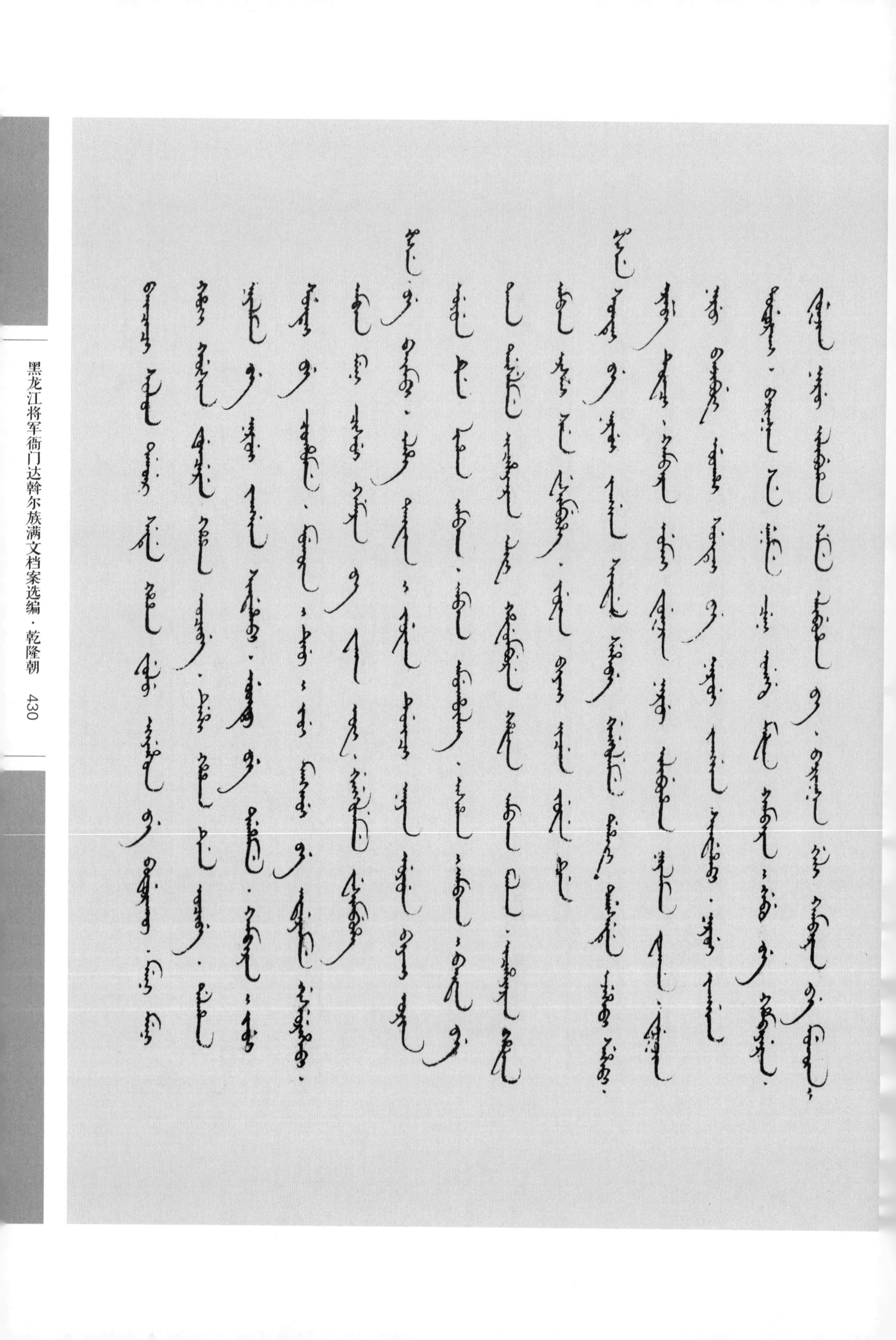

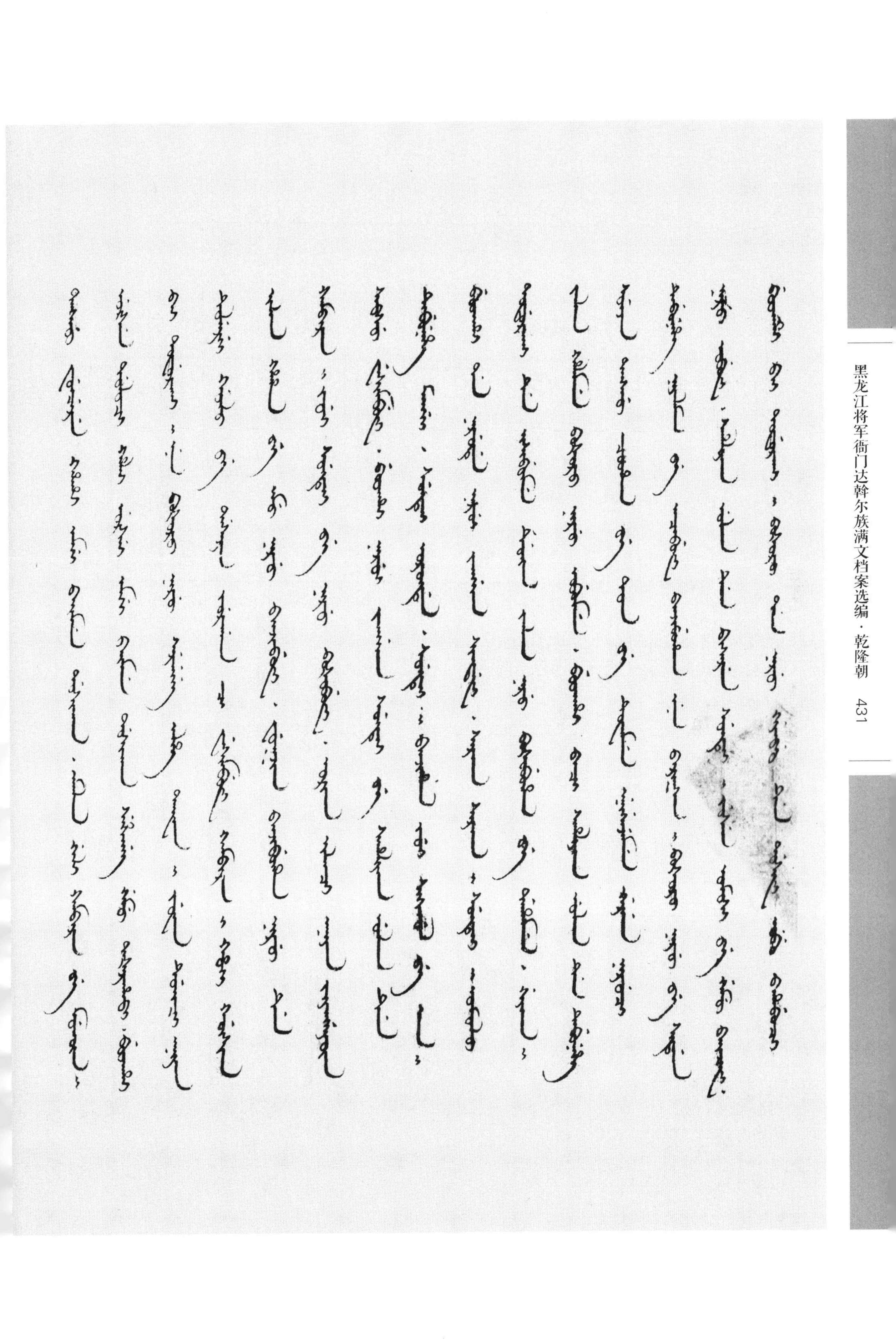

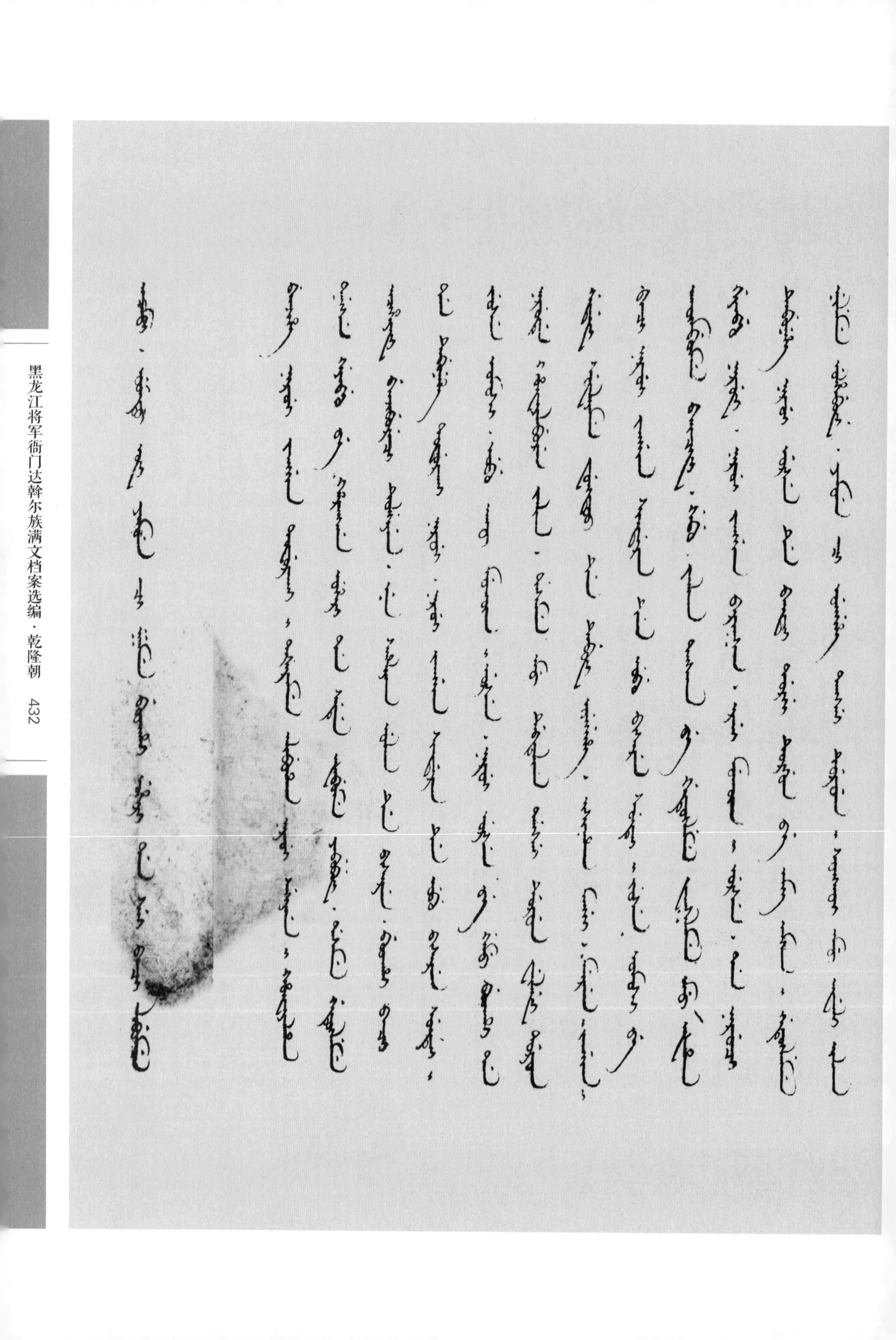

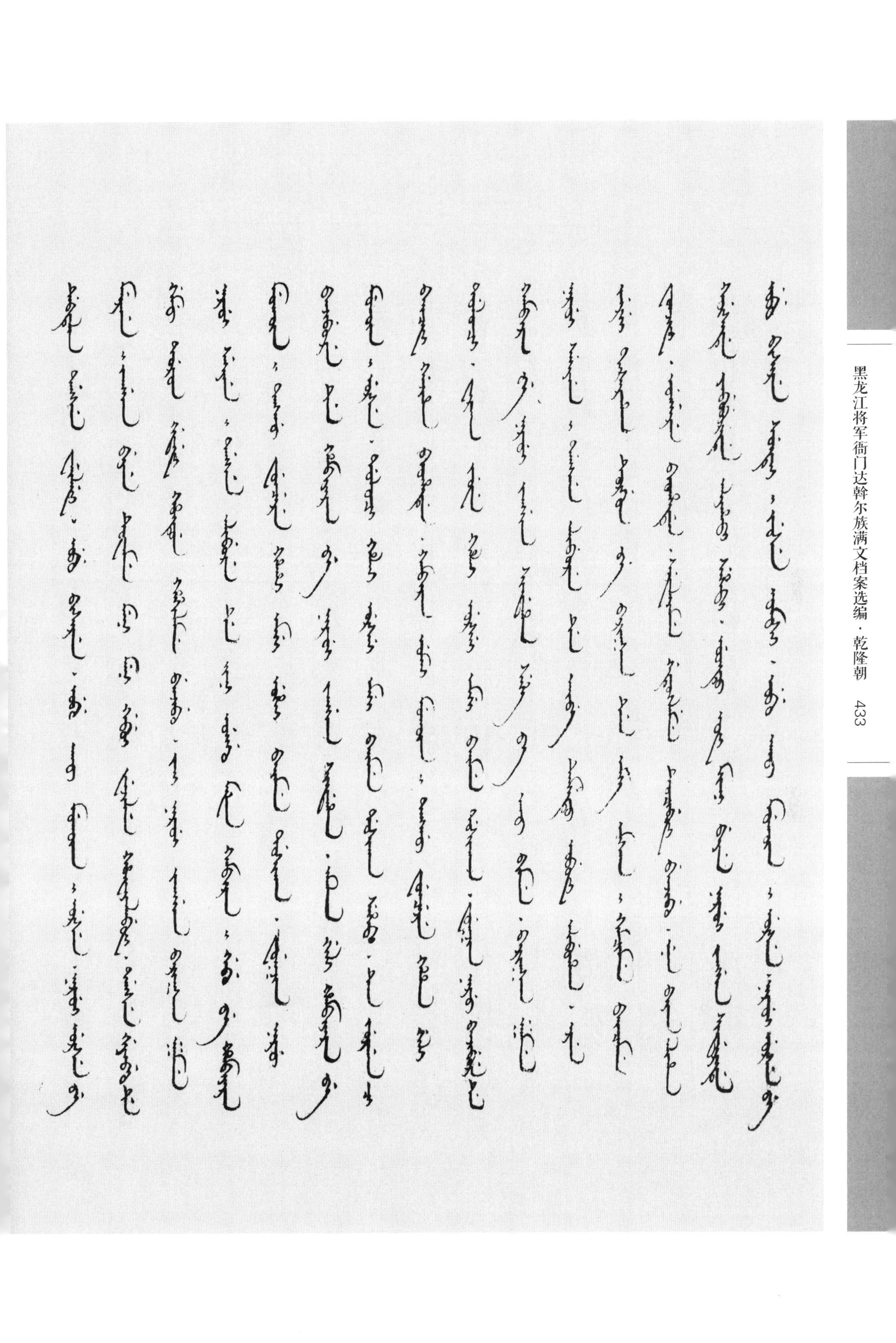

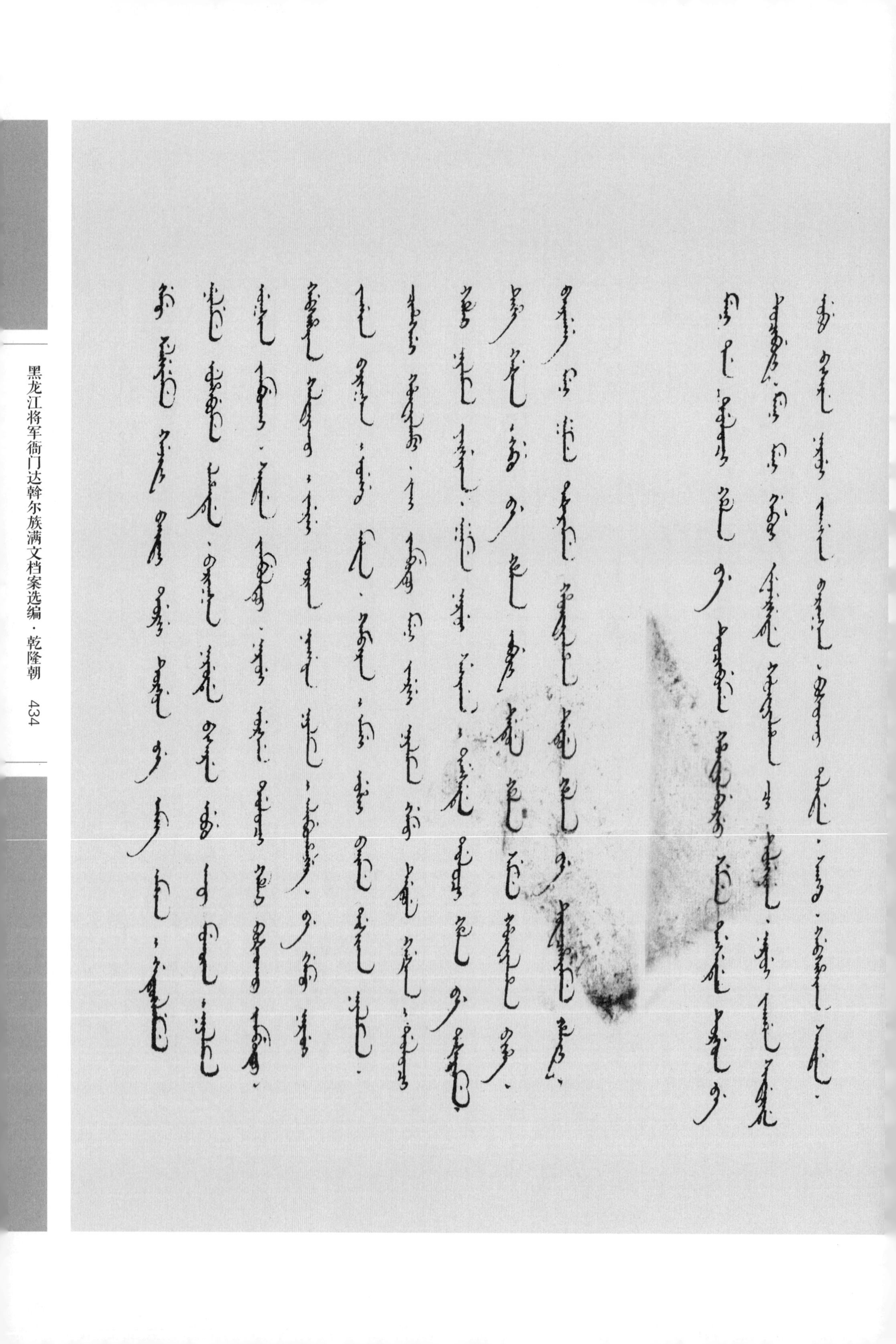

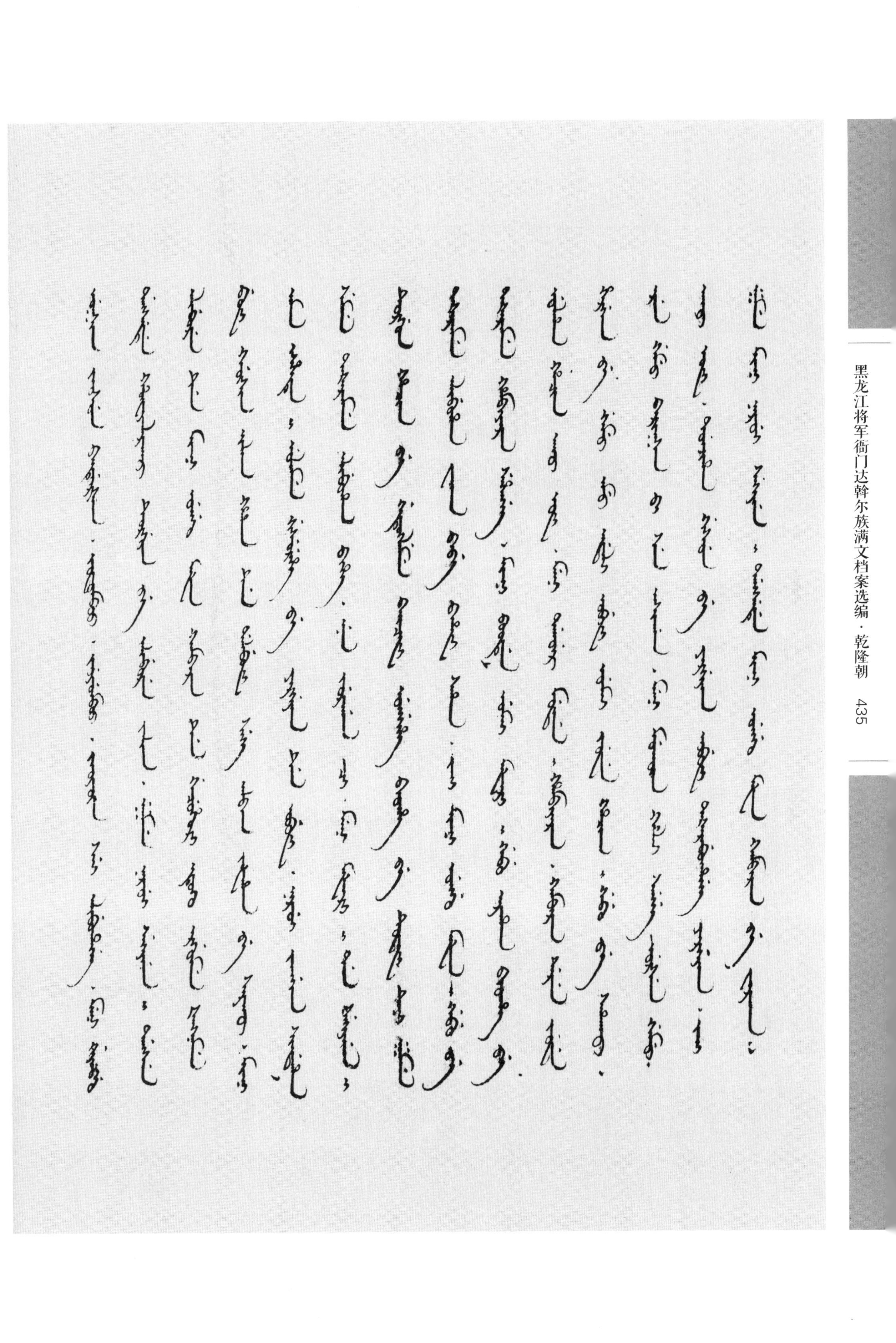

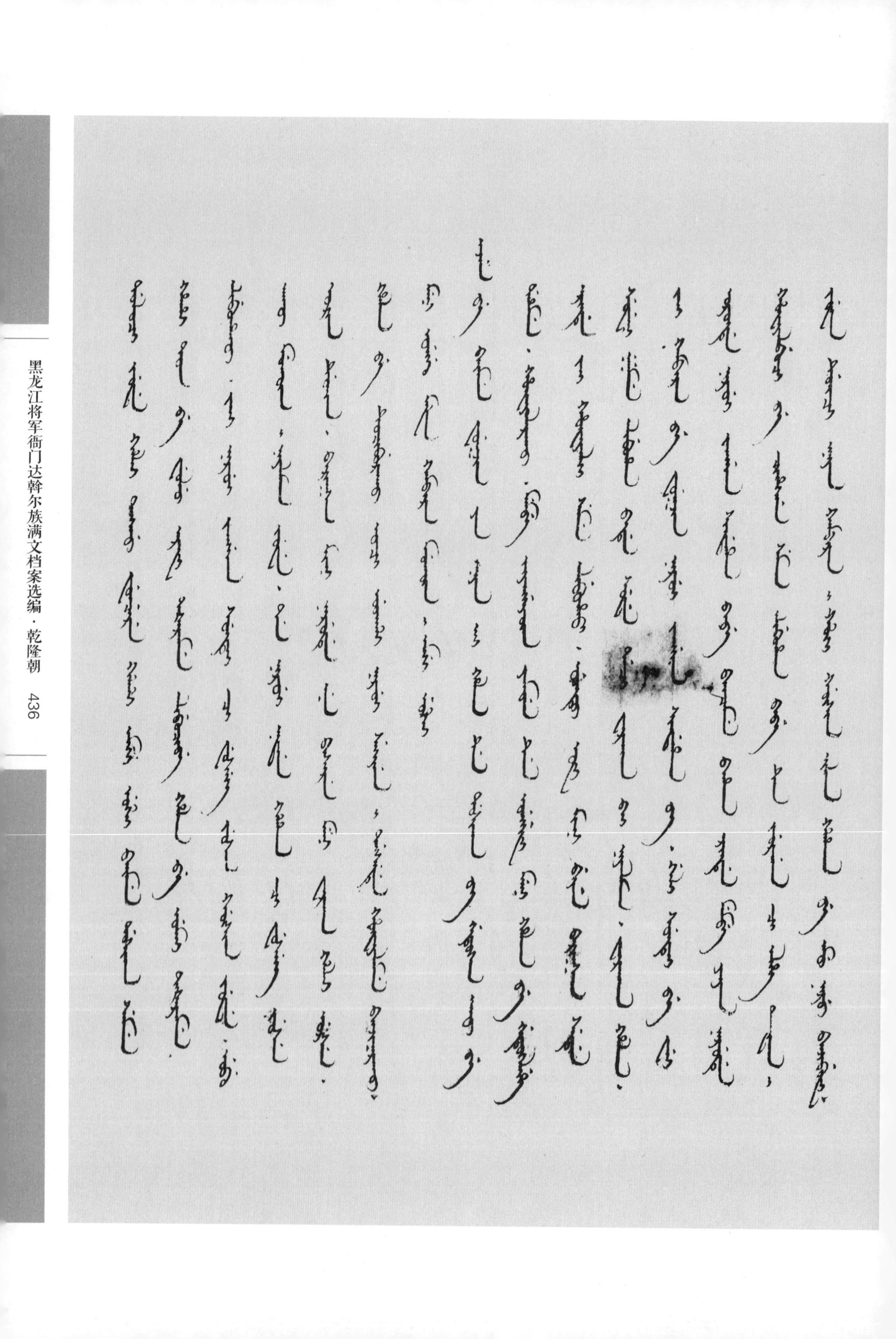

[illegible]

[illegible]

[illegible]

[illegible]

[illegible]

[illegible]

[illegible]

[illegible]

[illegible]

[illegible]

[illegible]

[illegible]

[illegible]

[illegible]

[illegible]

[illegible]

[illegible]

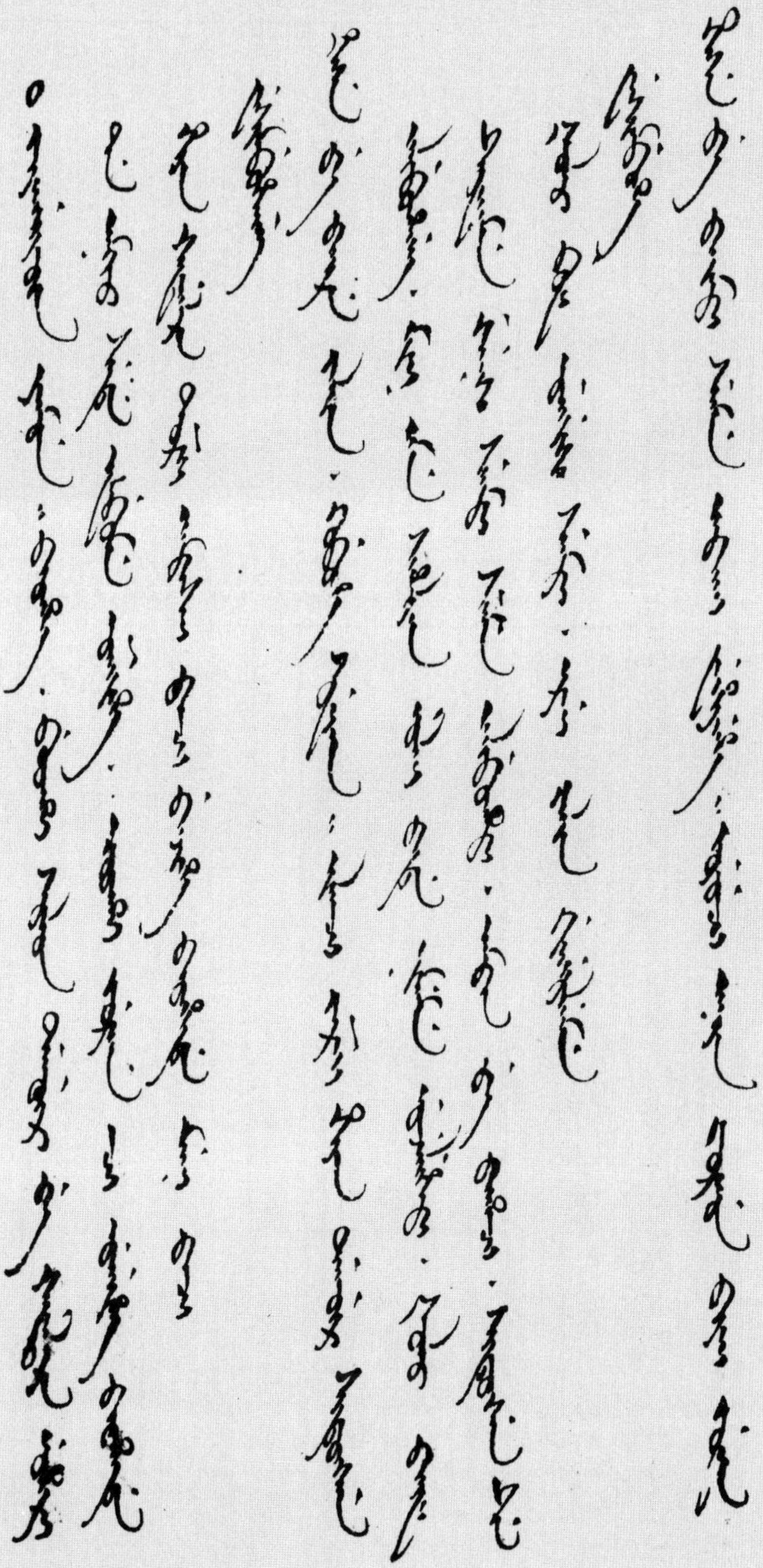

乾隆十年三月二十日

二九〇 黑龙江将军衙门为镶黄旗三等达斡尔侍卫锡通阿赴黑龙江探母病情事札布特哈索伦达斡尔总管纳木球等文

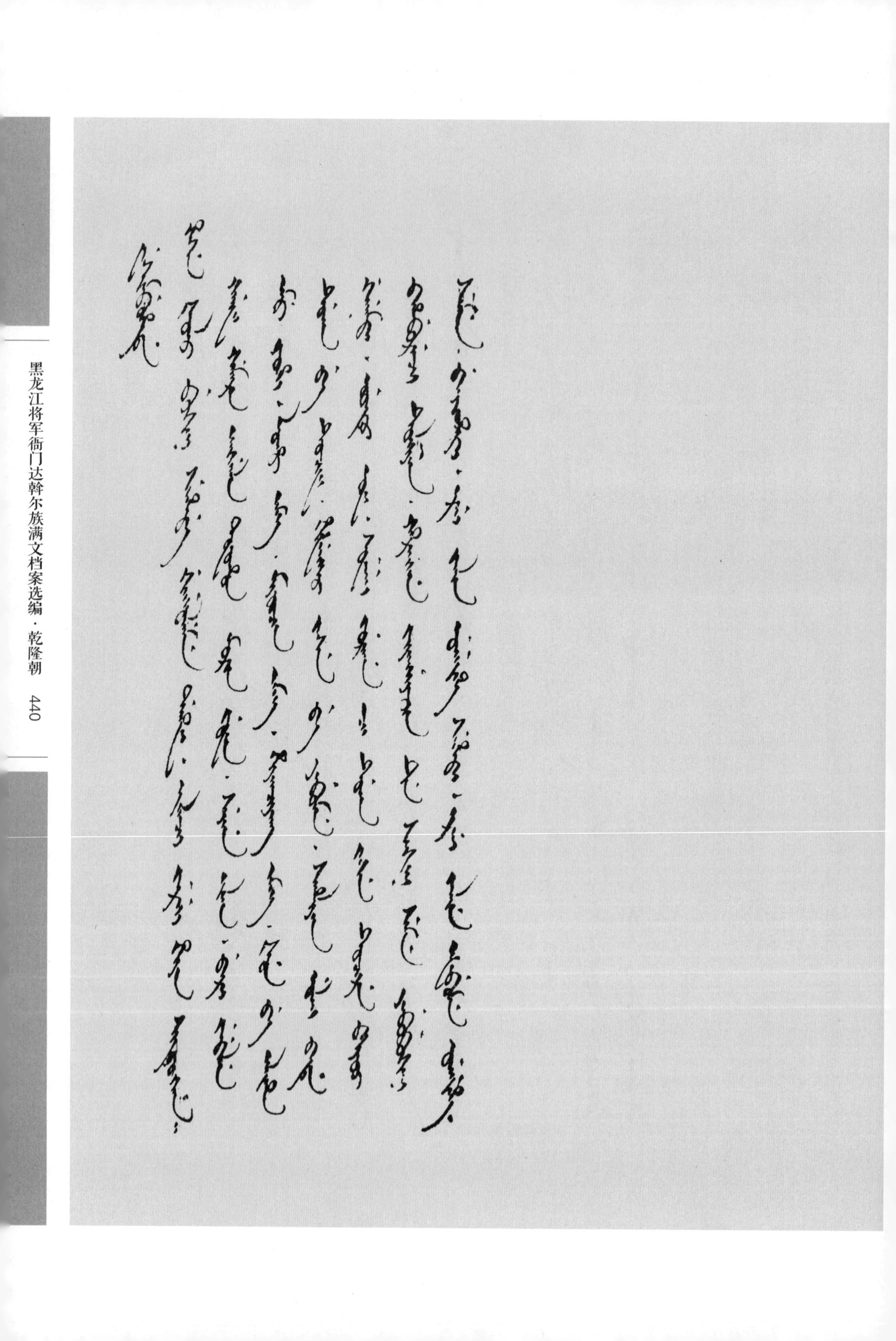

[illegible]

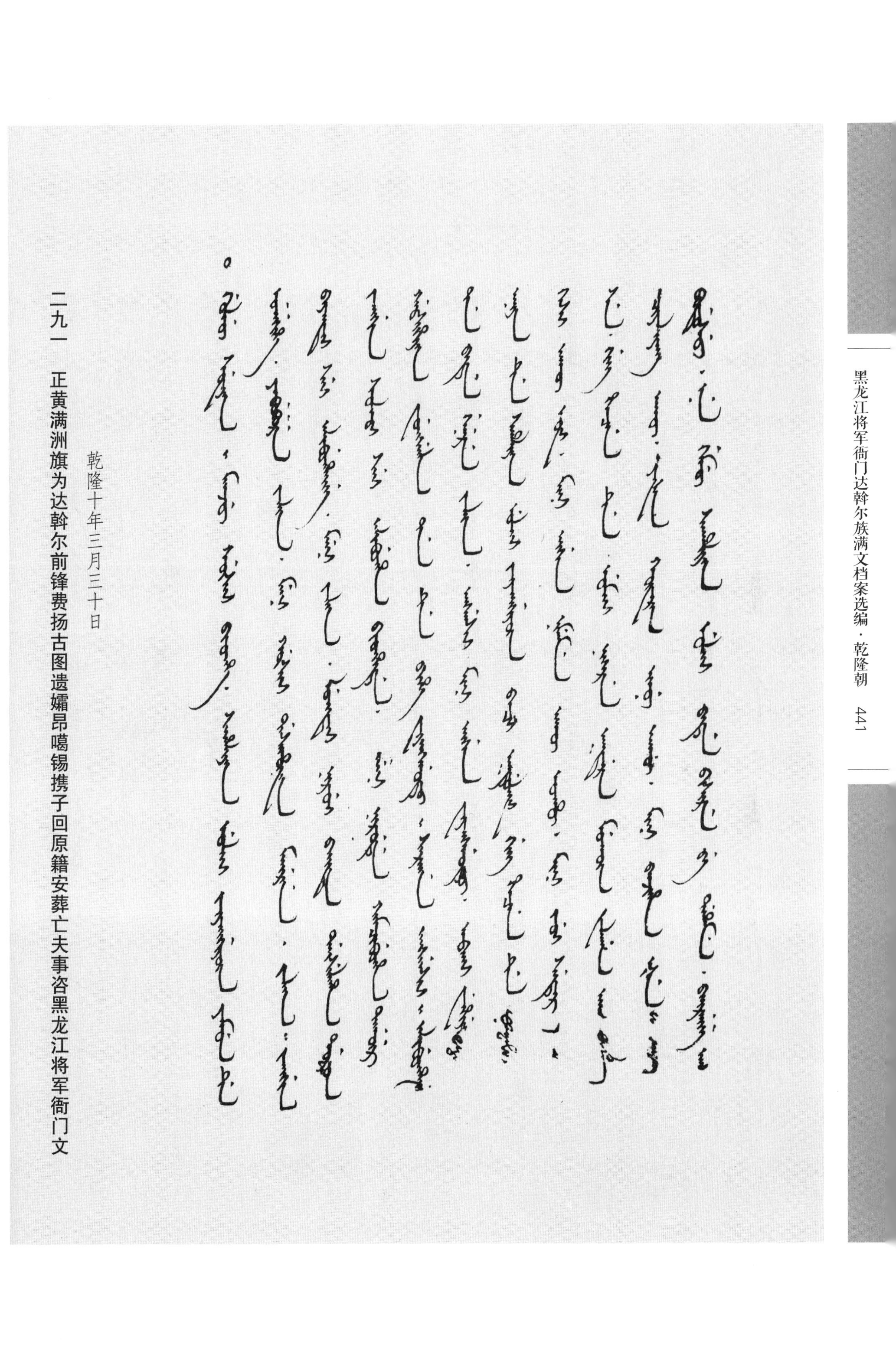

二九一　正黄满洲旗为达斡尔前锋费扬古图遗孀昂噶锡携子回原籍安葬亡夫事咨黑龙江将军衙门文

乾隆十年三月三十日

[illegible]

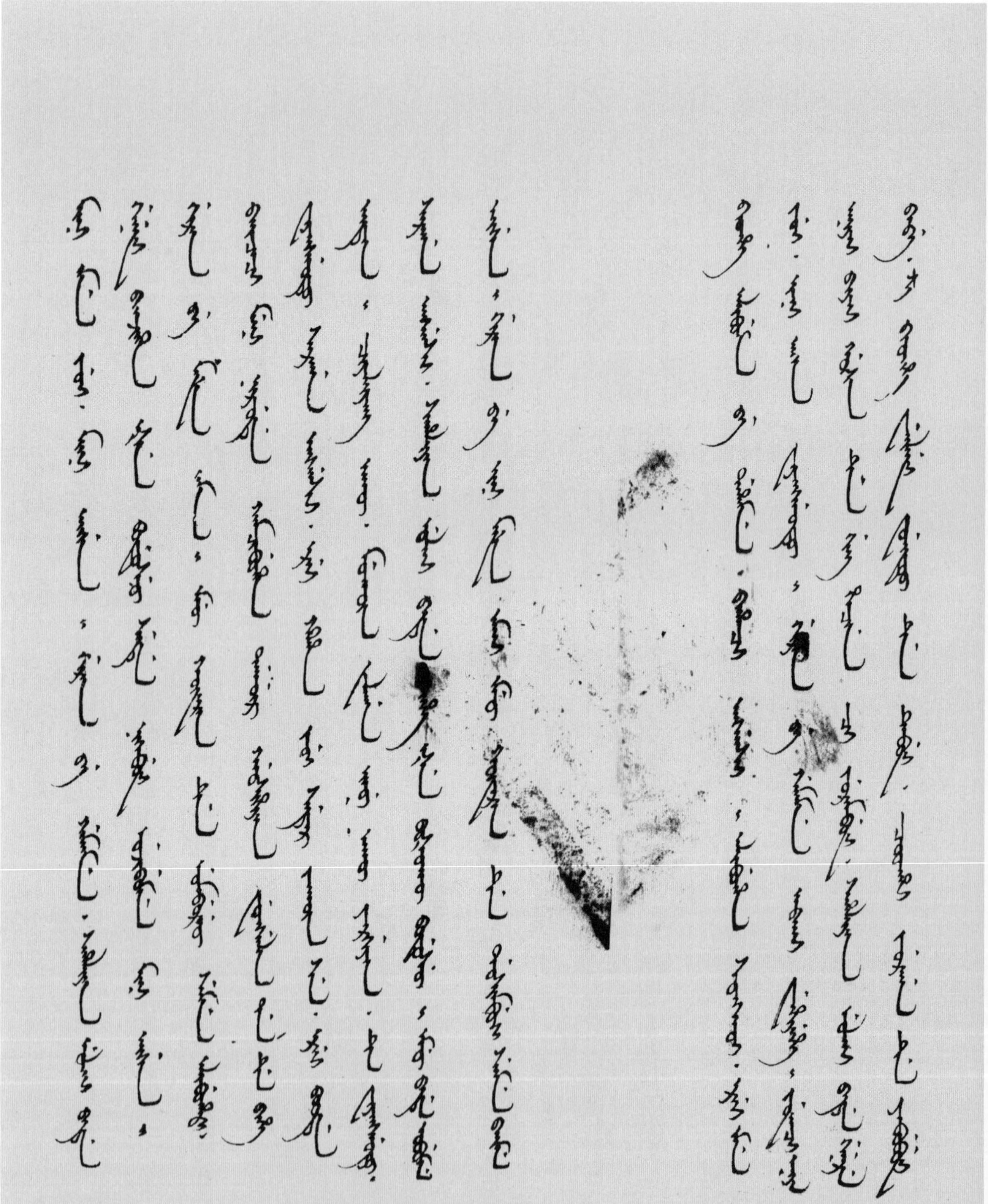

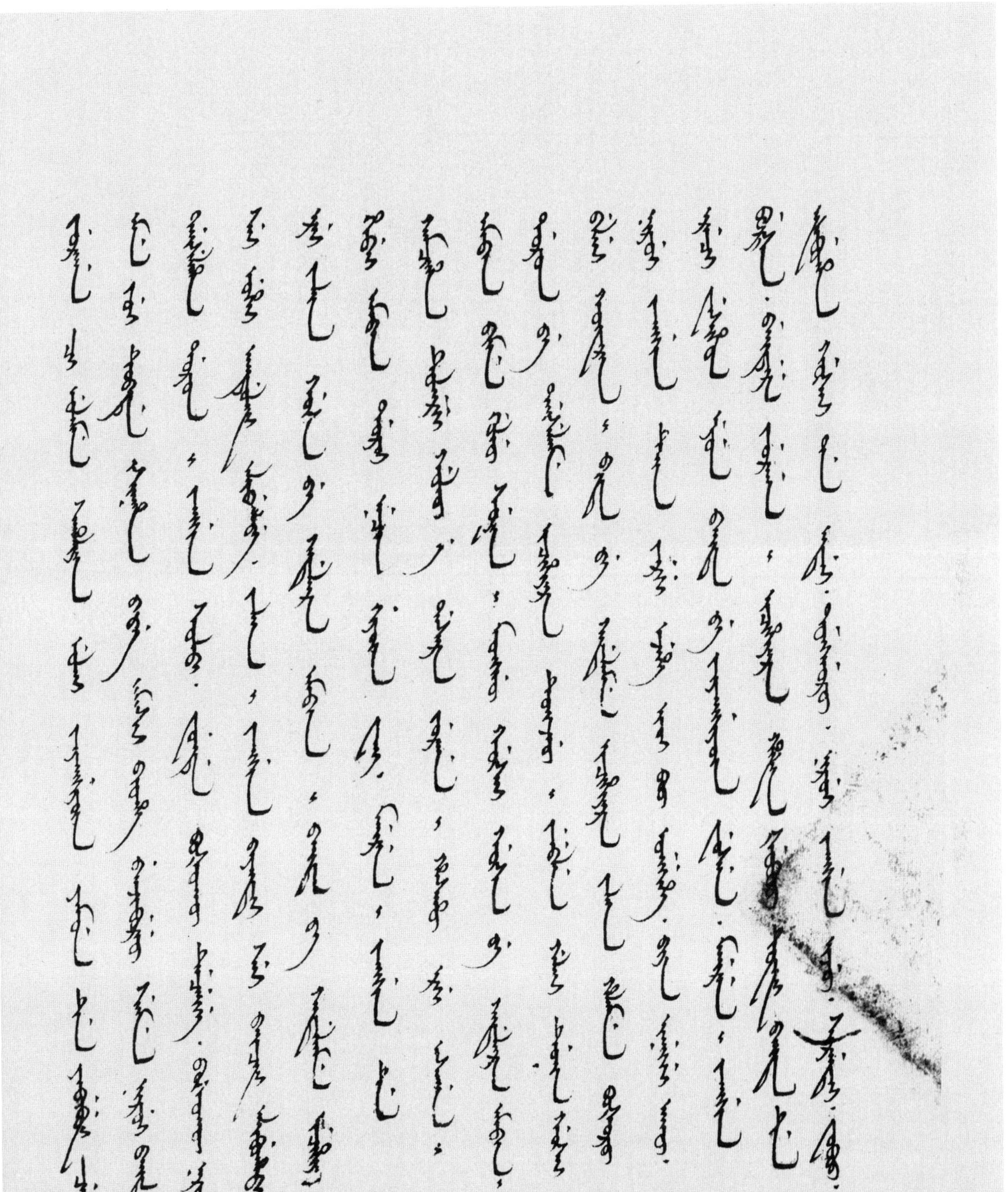

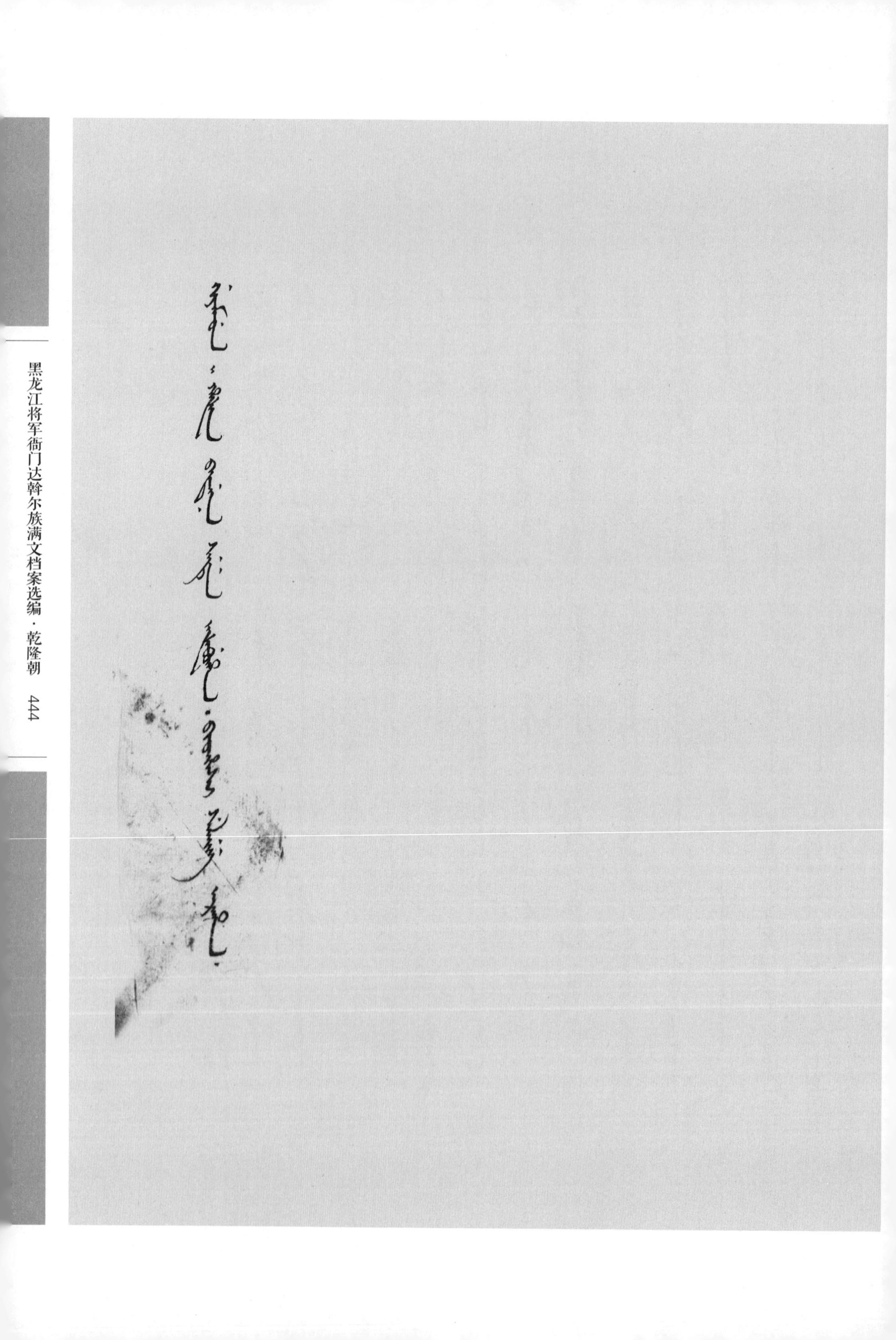

[illegible]

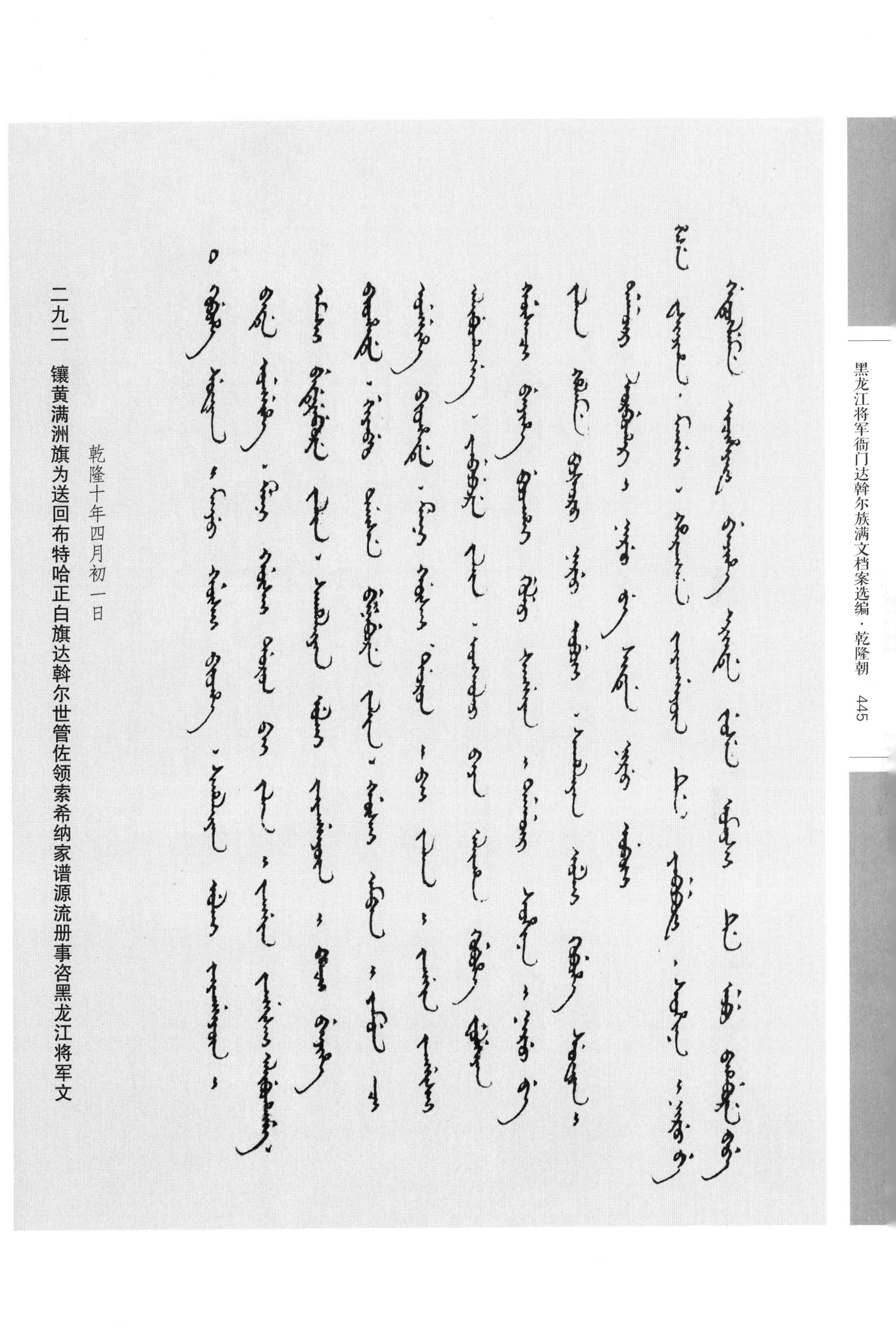

[illegible]

二九二 镶黄满洲旗为送回布特哈正白旗达斡尔世管佐领索希纳家谱源流册事咨黑龙江将军文

乾隆十年四月初一日

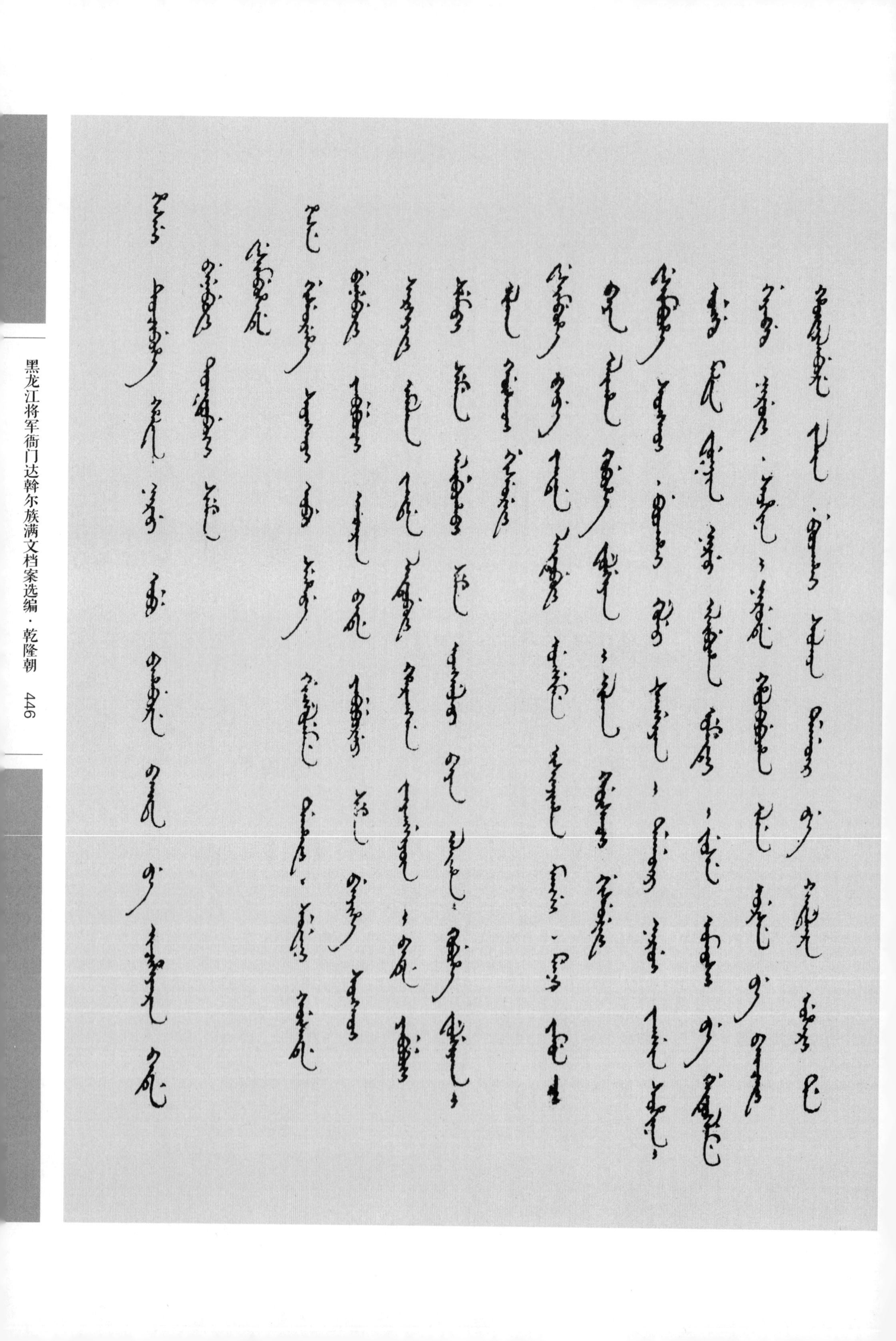

[illegible]

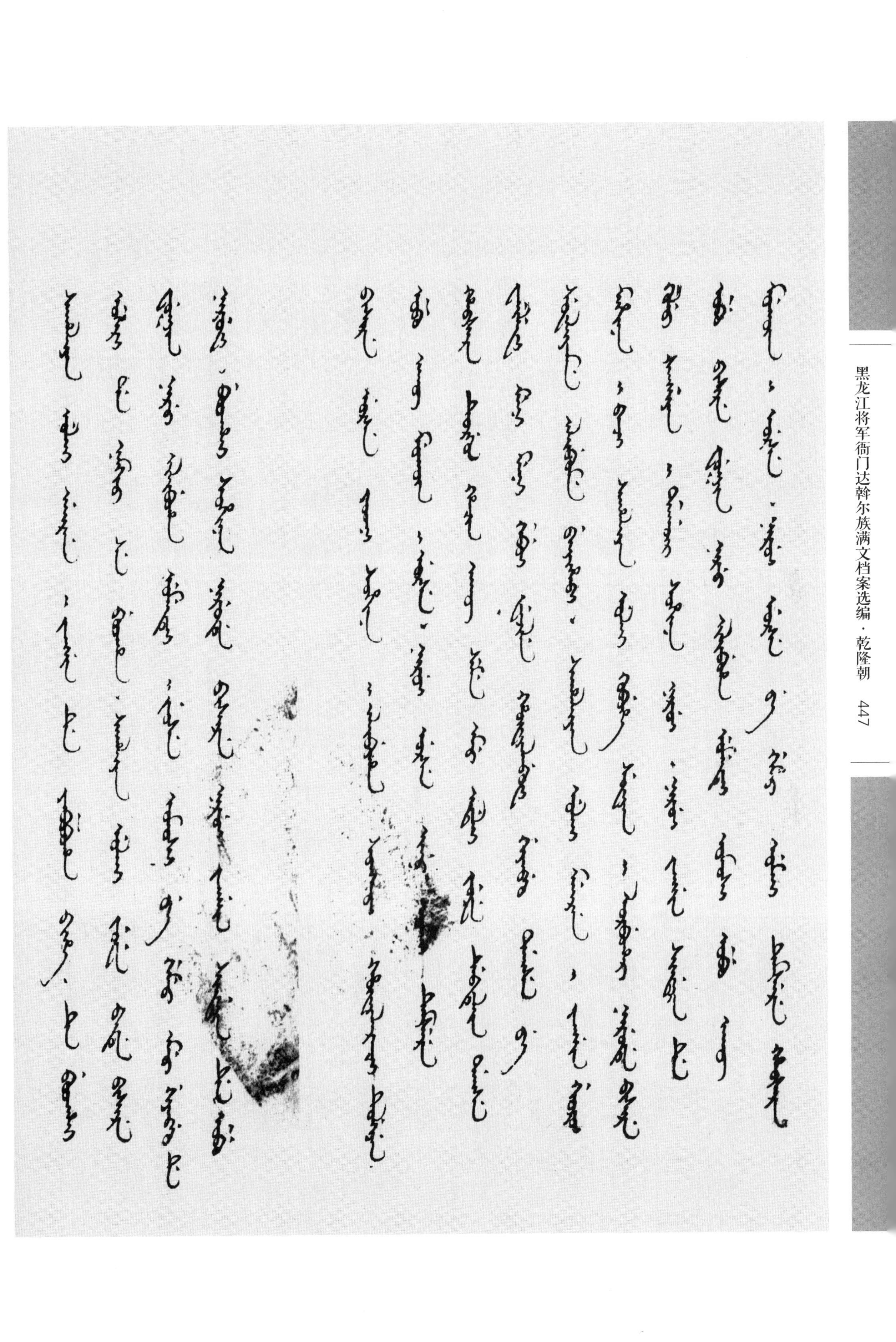

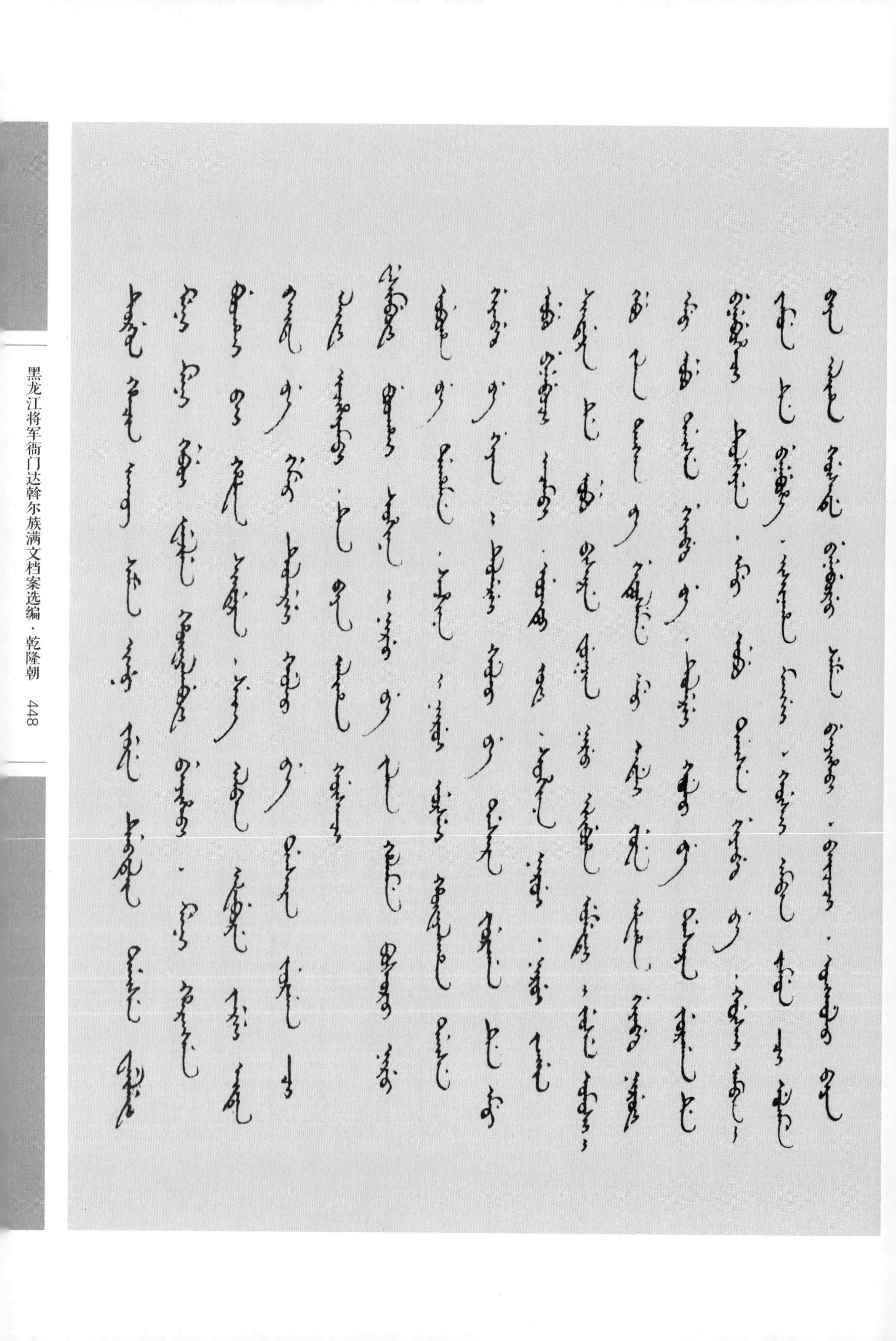

[illegible]

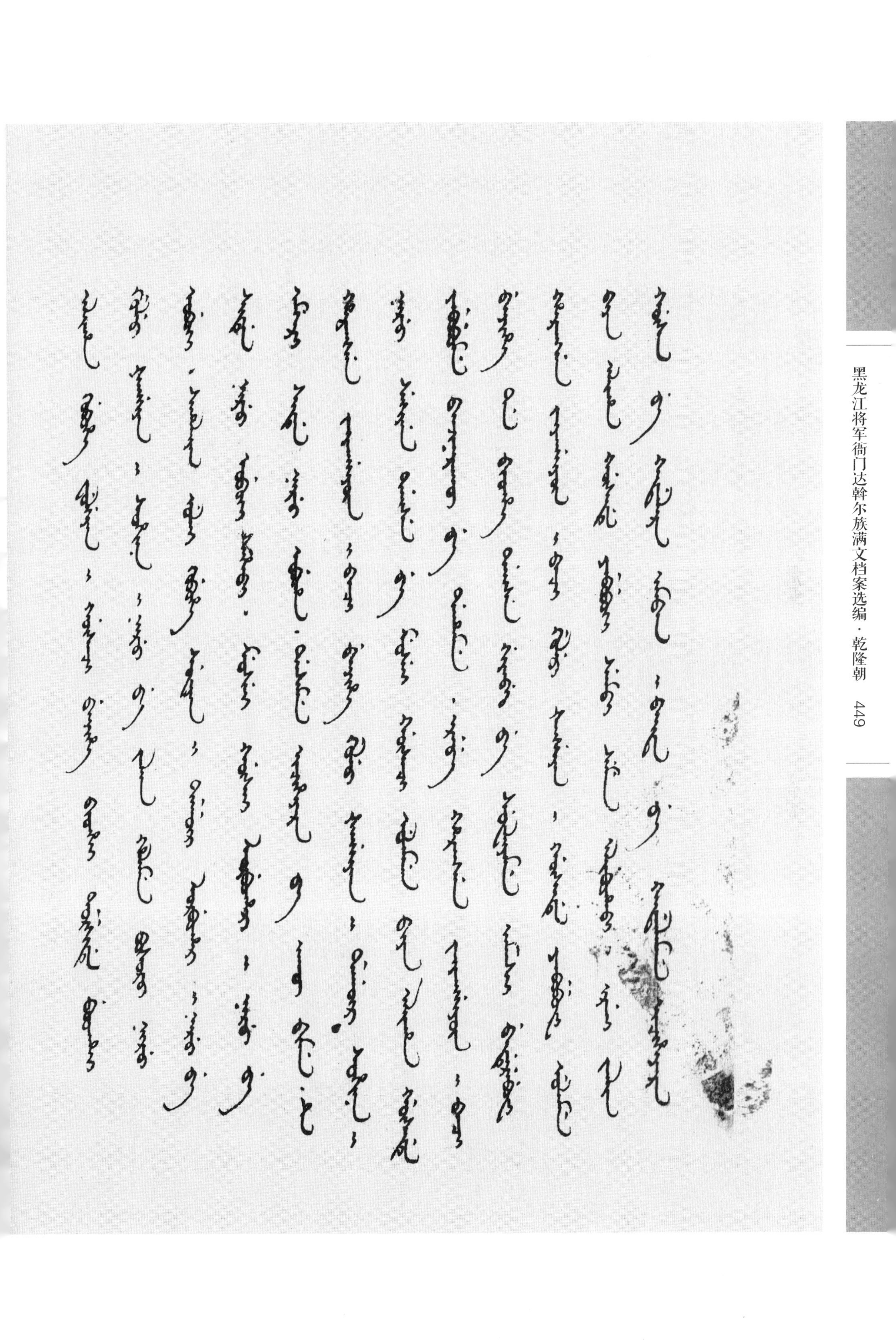

[illegible]

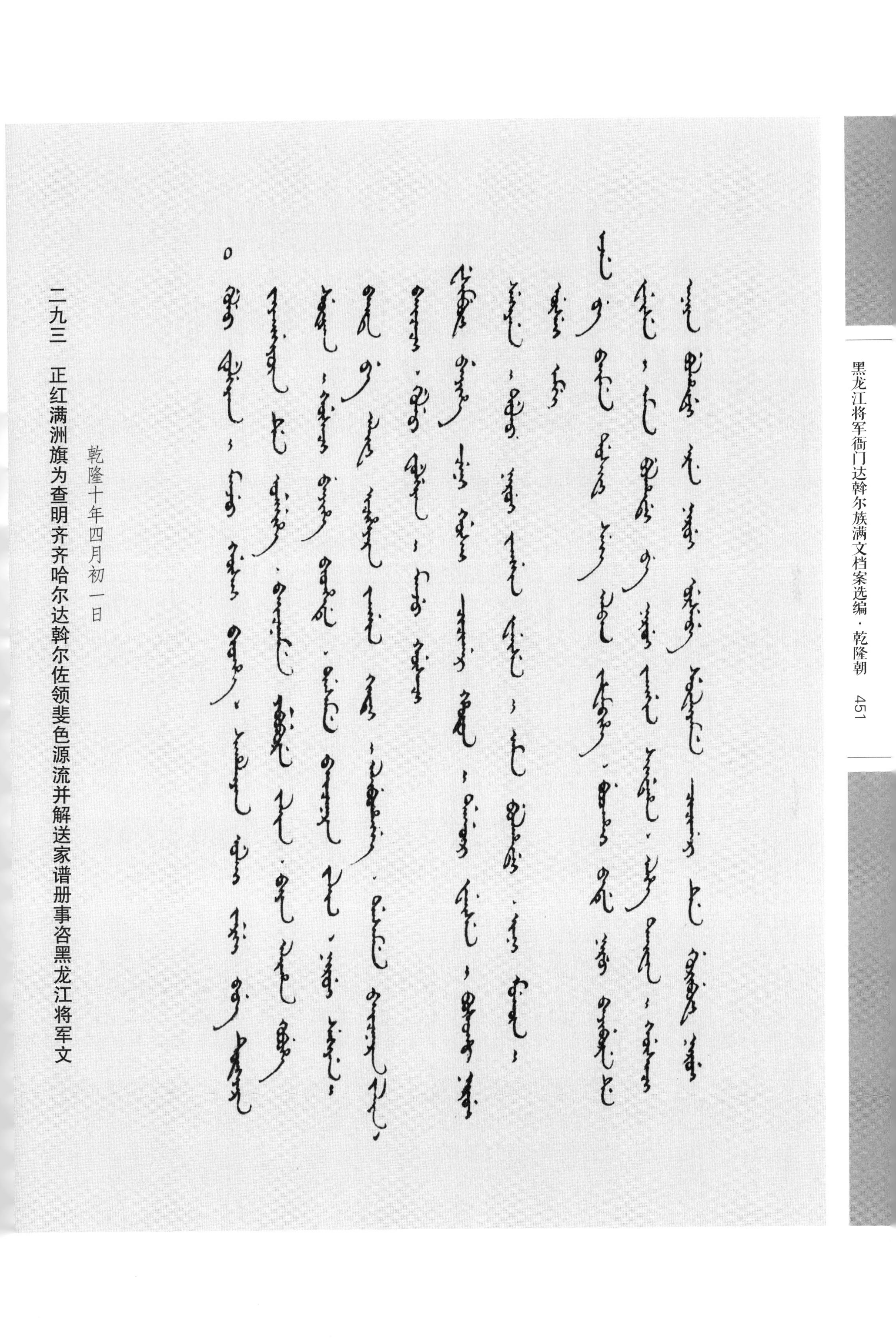

二九三 正红满洲旗为查明齐齐哈尔达斡尔佐领斐色源流并解送家谱册事咨黑龙江将军文

乾隆十年四月初一日

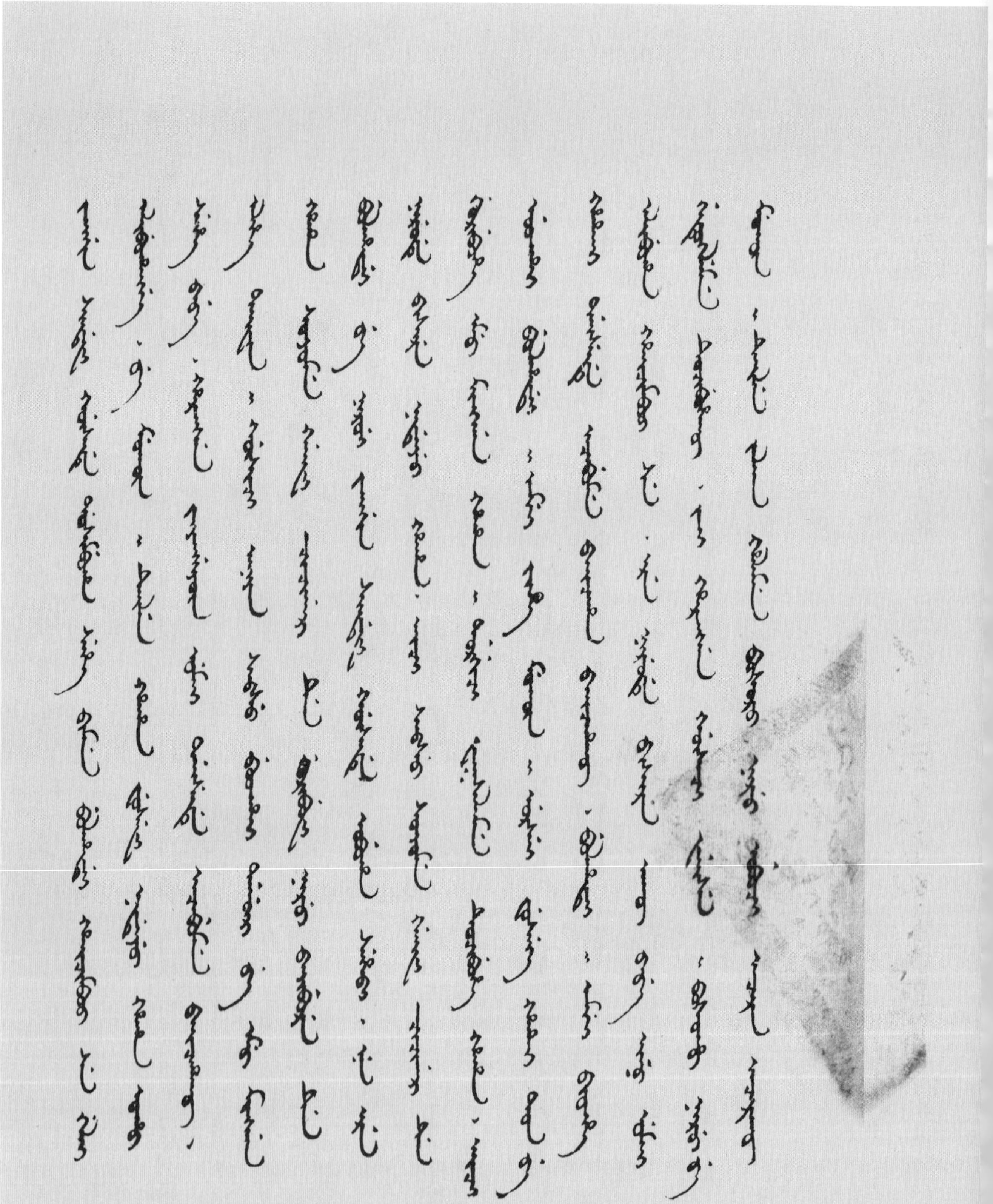

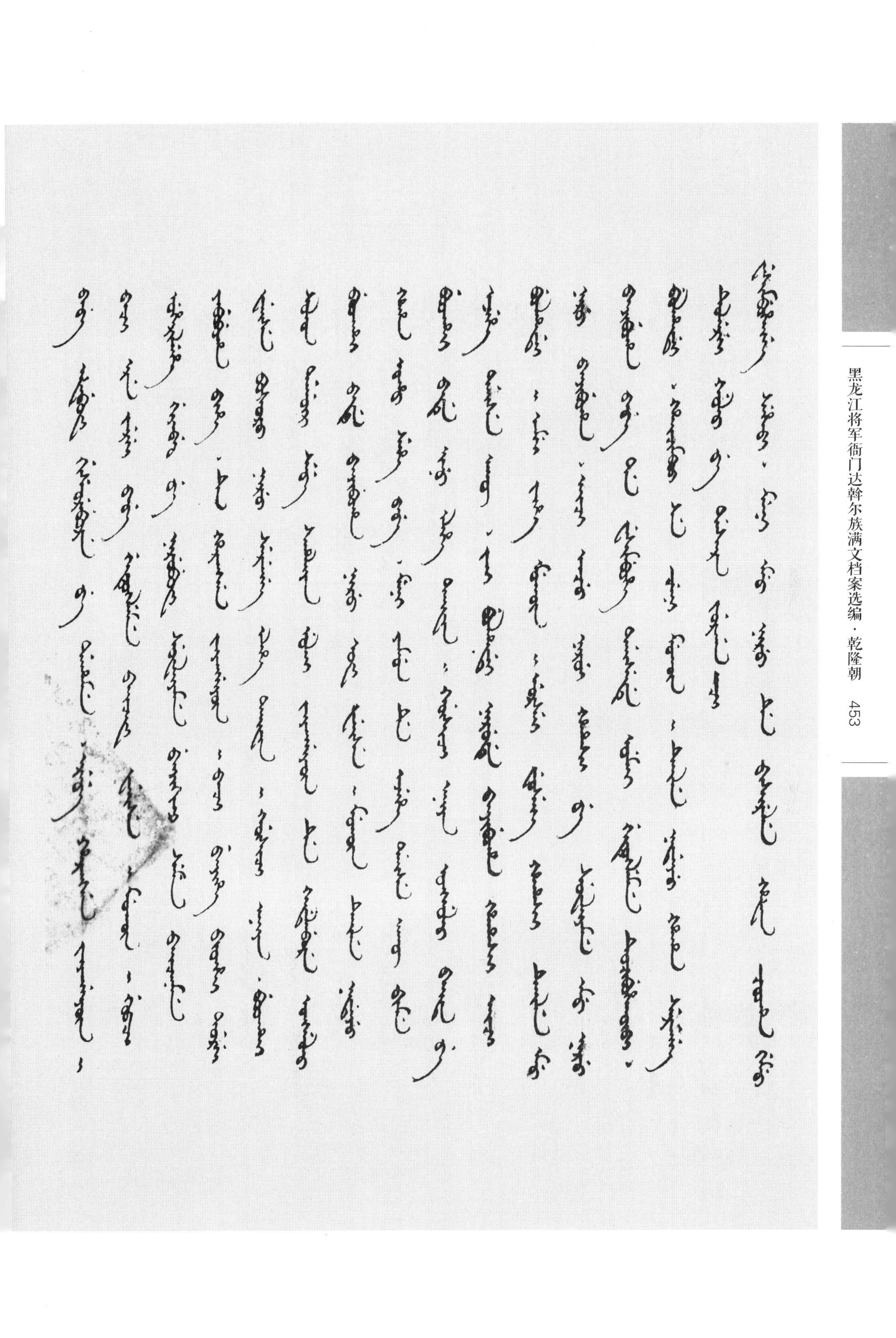

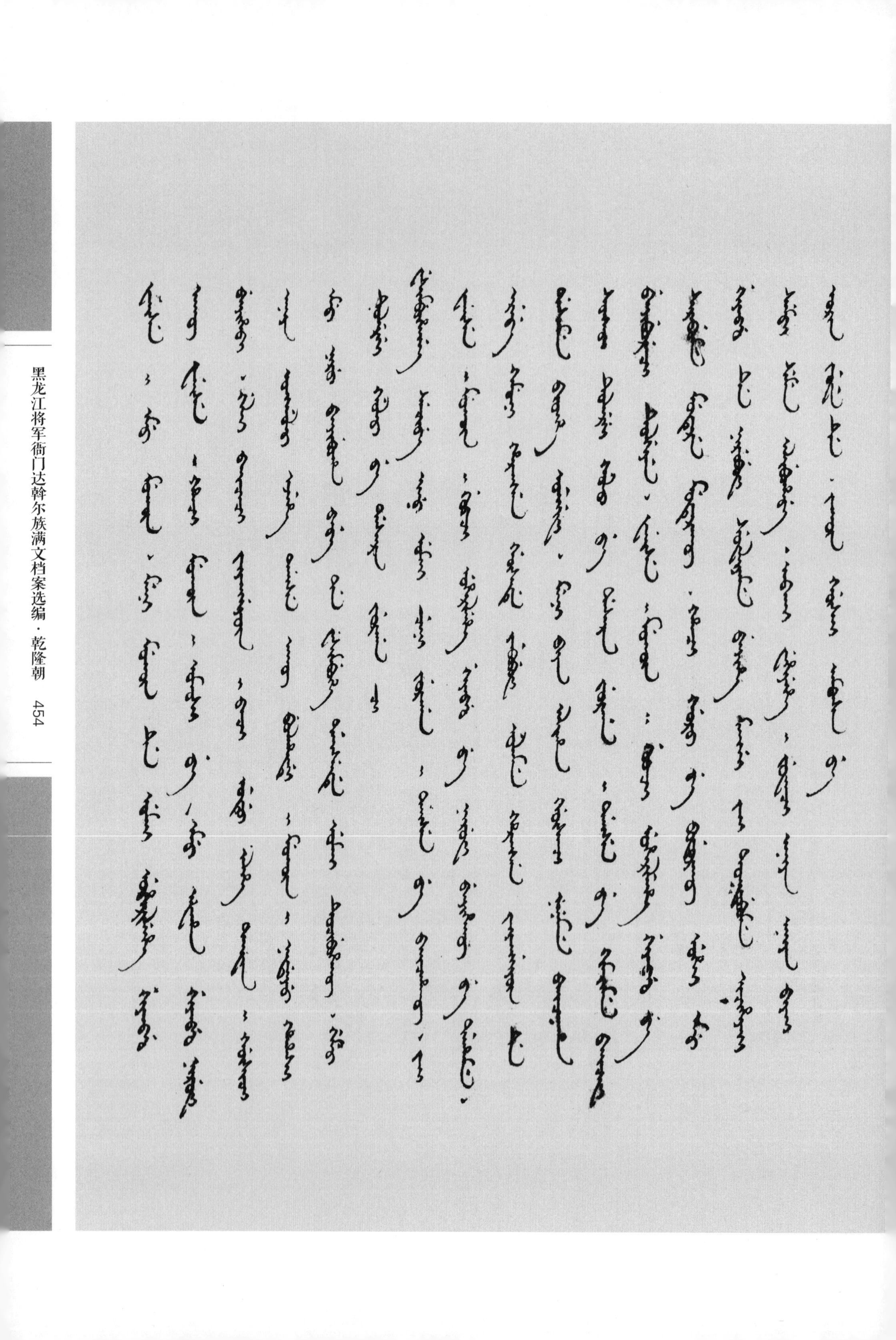

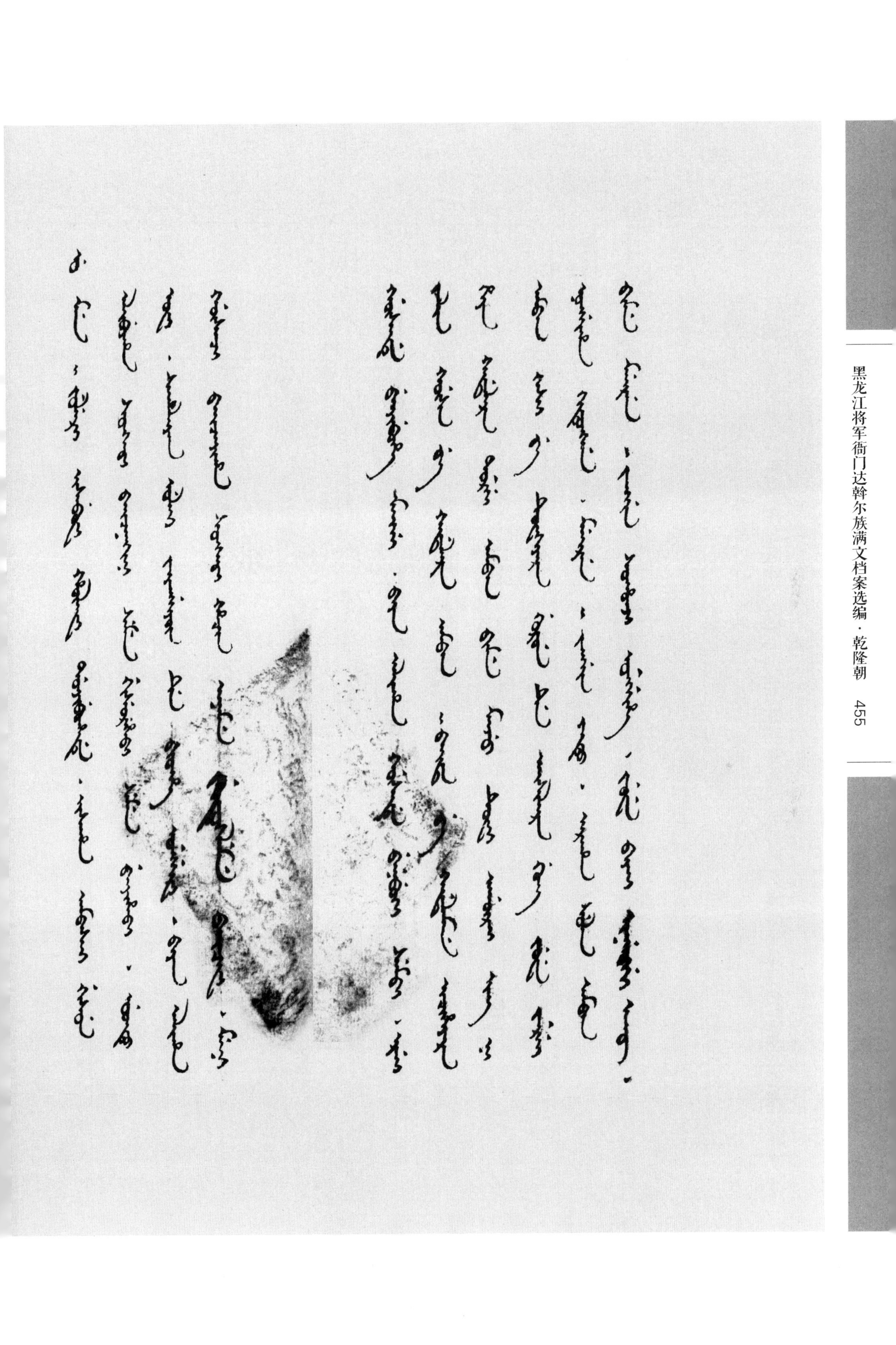

[illegible]

二九四　布特哈索伦达斡尔总管纳木球等为领取布特哈索伦达斡尔总管等员俸禄钱粮事呈黑龙江将军衙门文

乾隆十年四月初一日

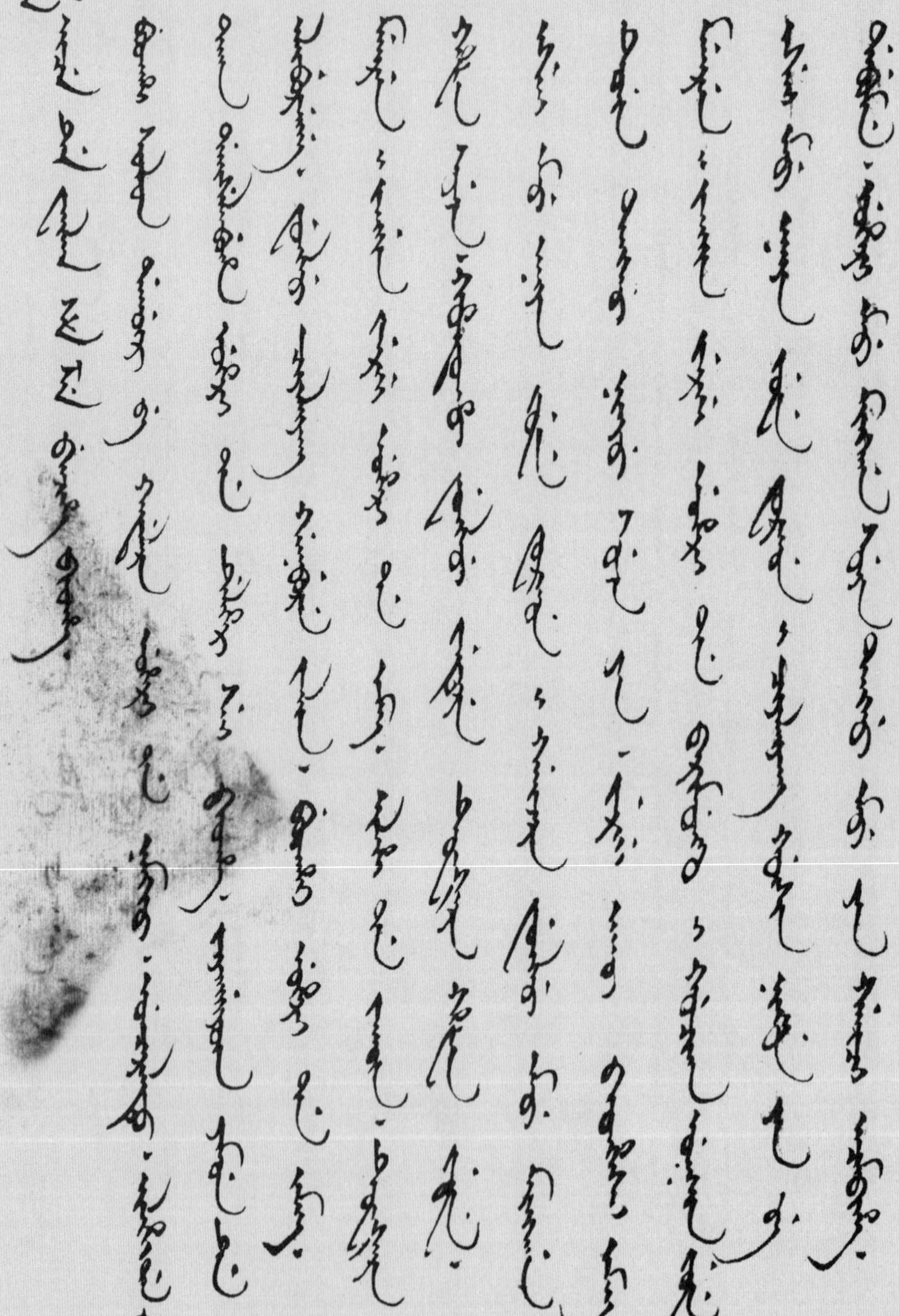

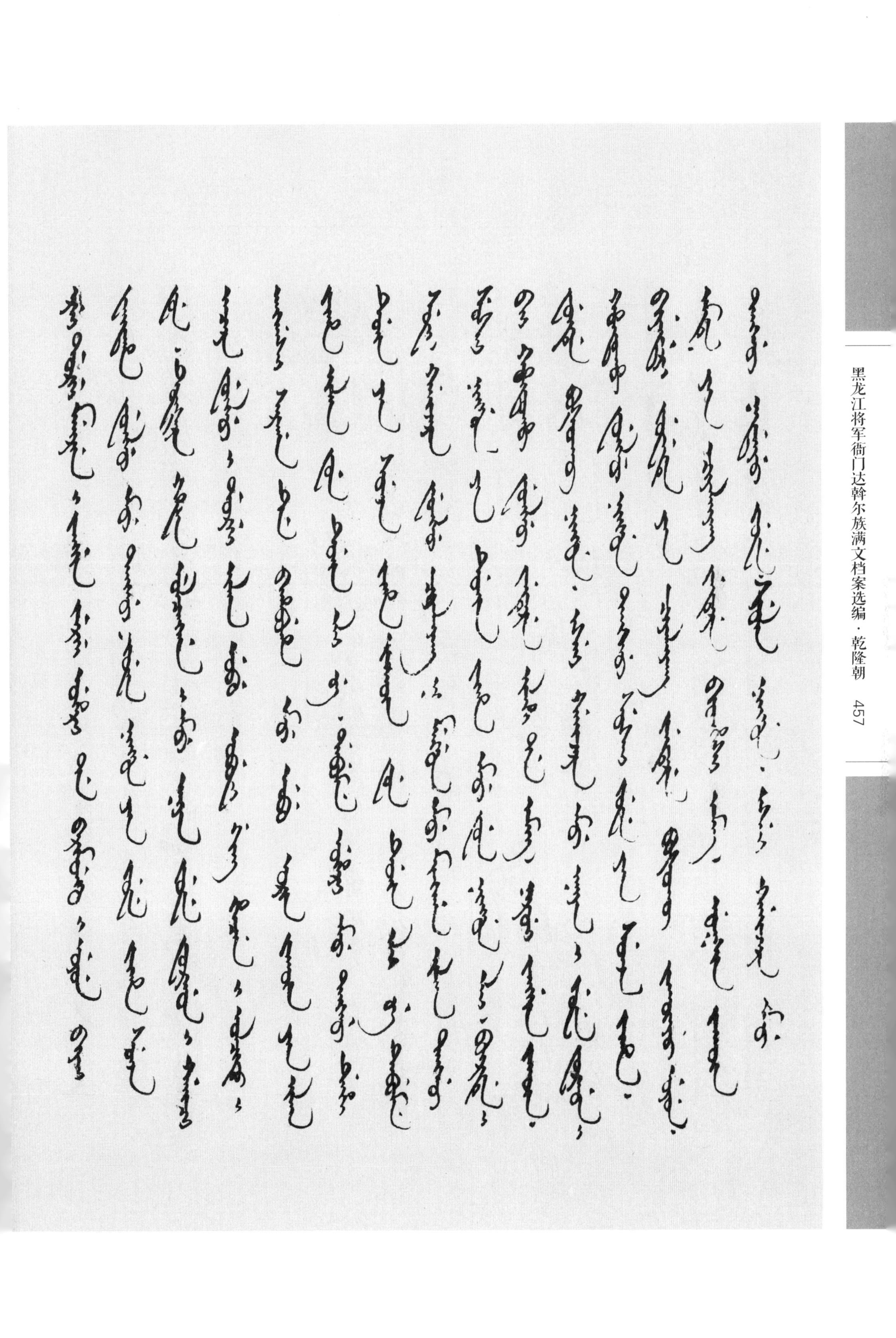

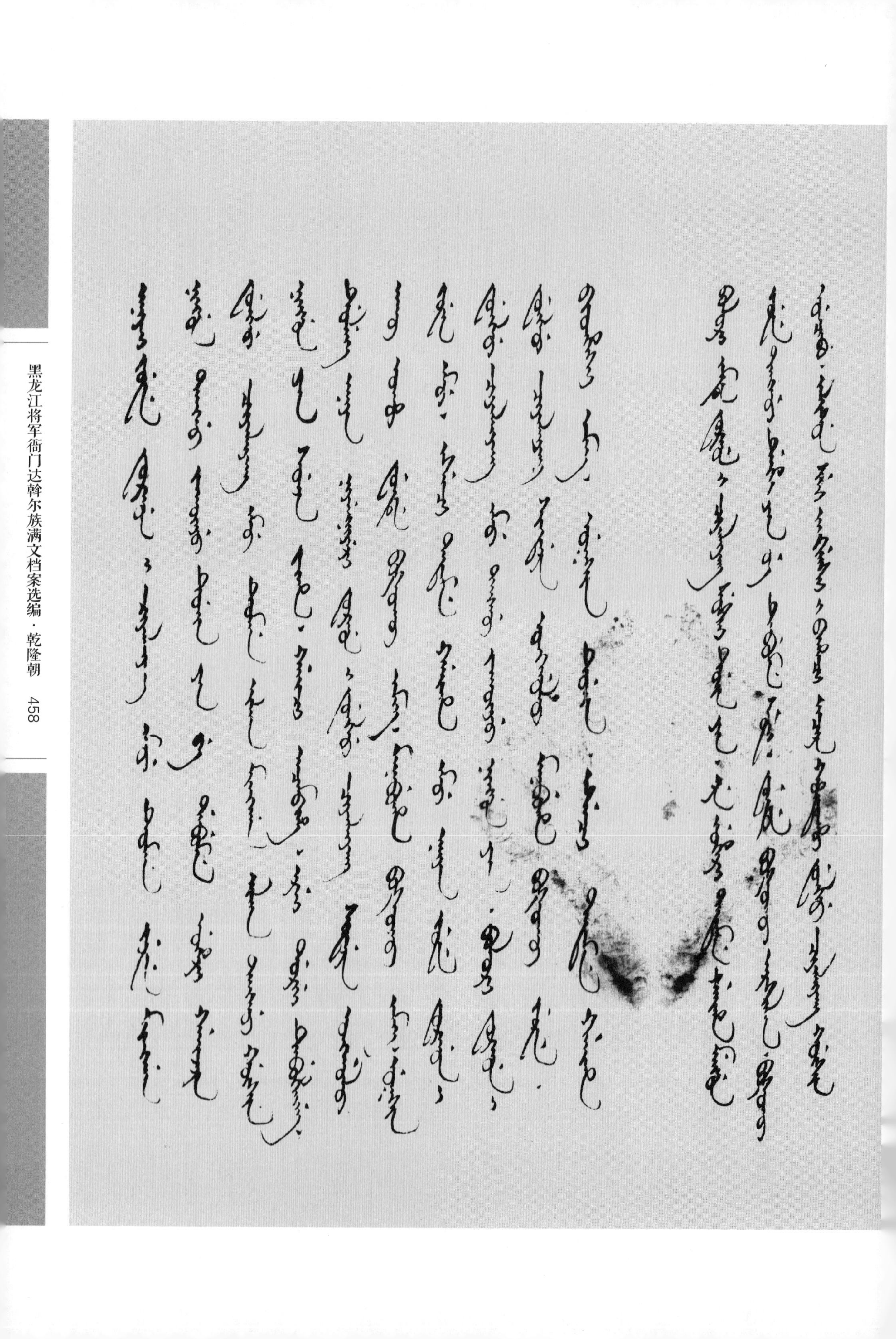

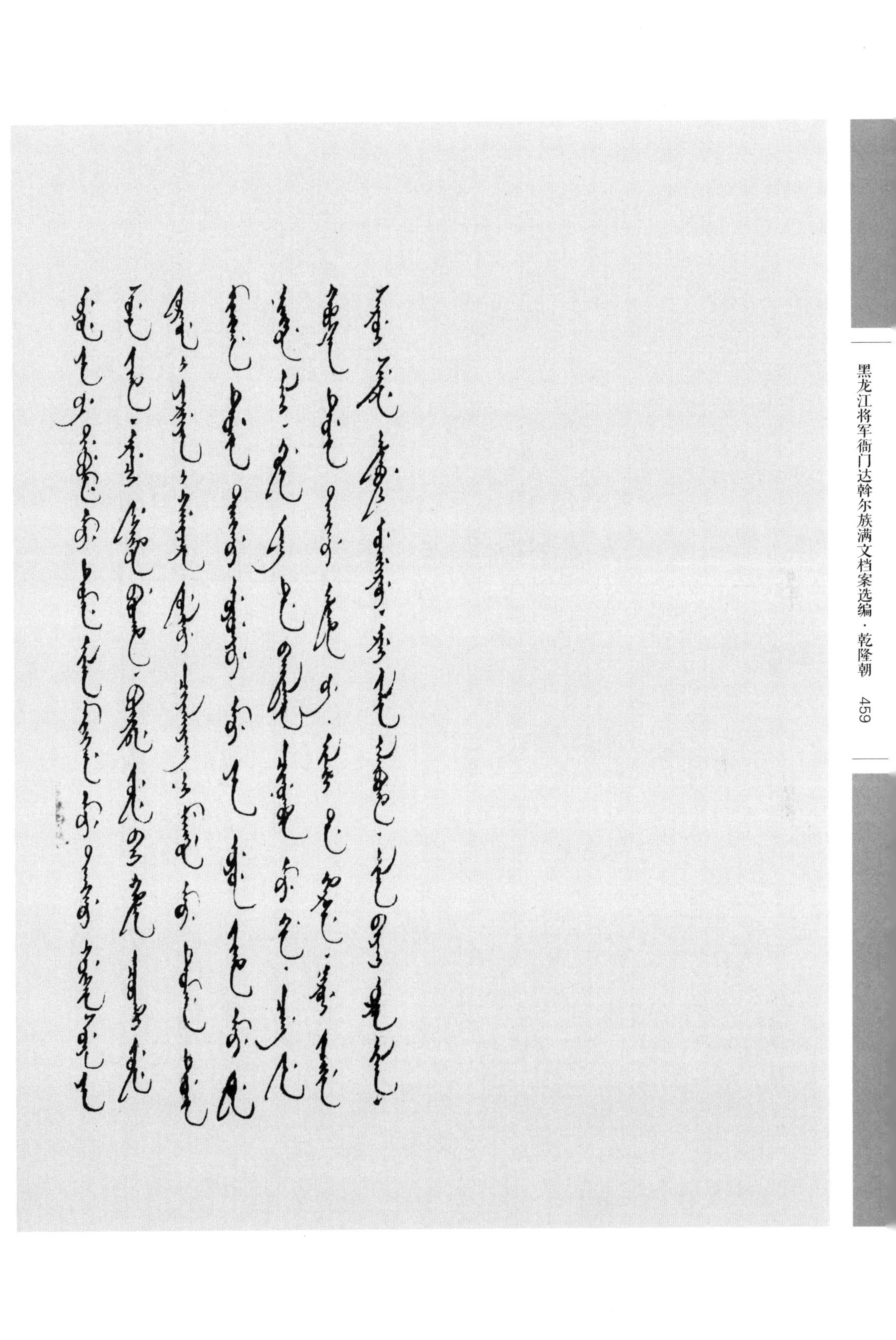

[illegible]

二九五 黑龙江将军衙门为令查明正白旗达斡尔佐领布拉尔等源流并解送家谱事咨黑龙江副都统文

乾隆十年四月初三日

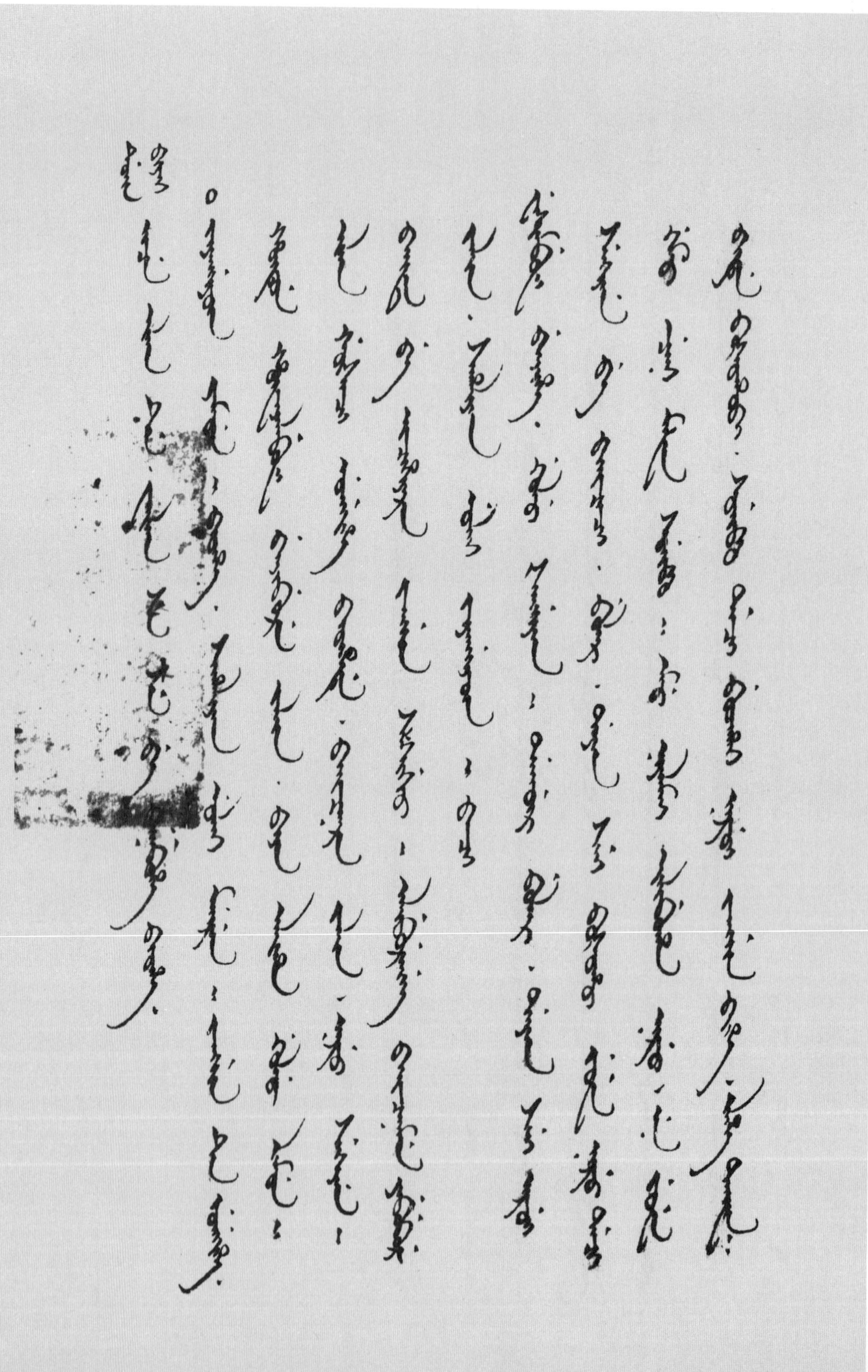

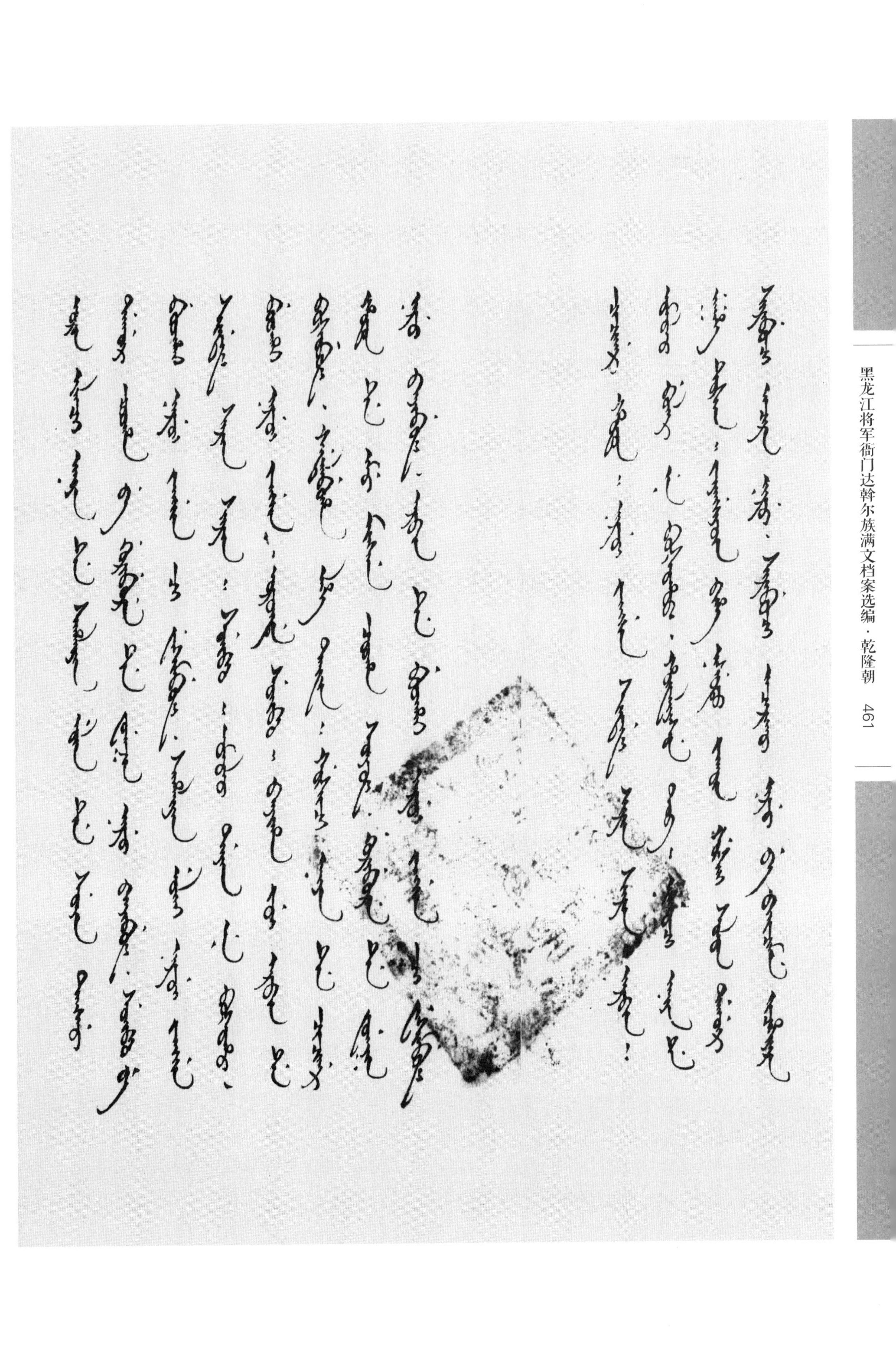

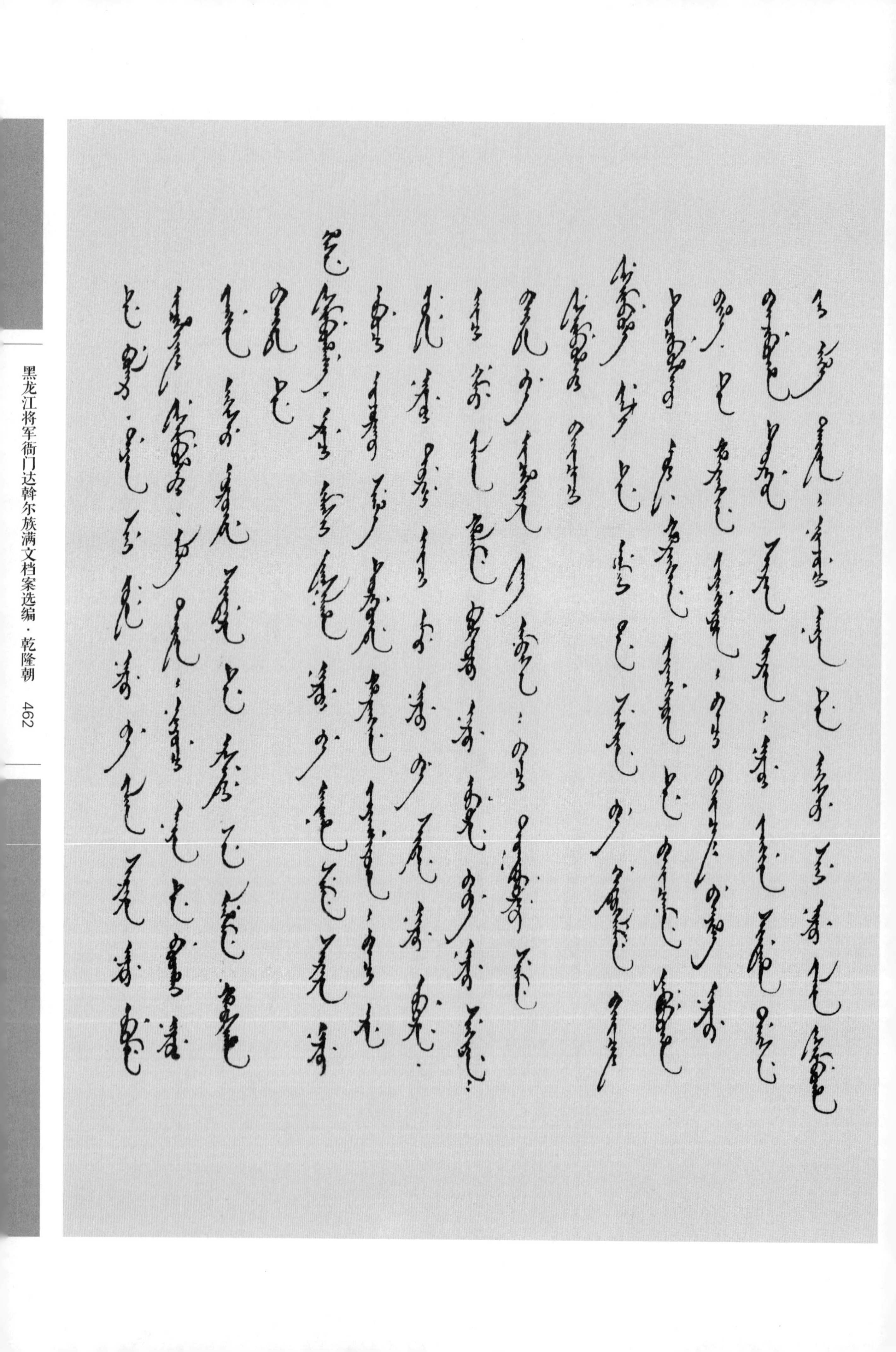

[illegible]

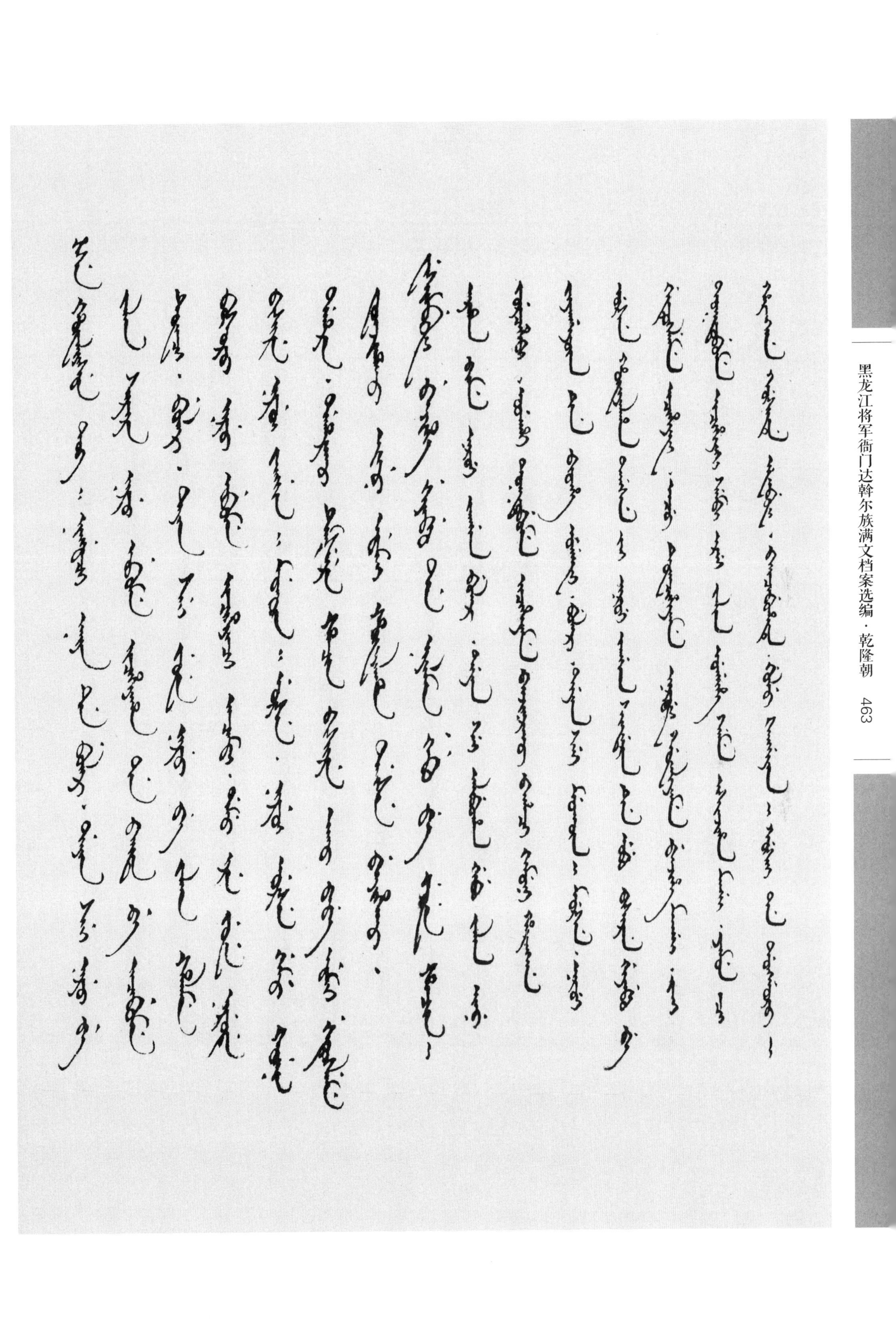

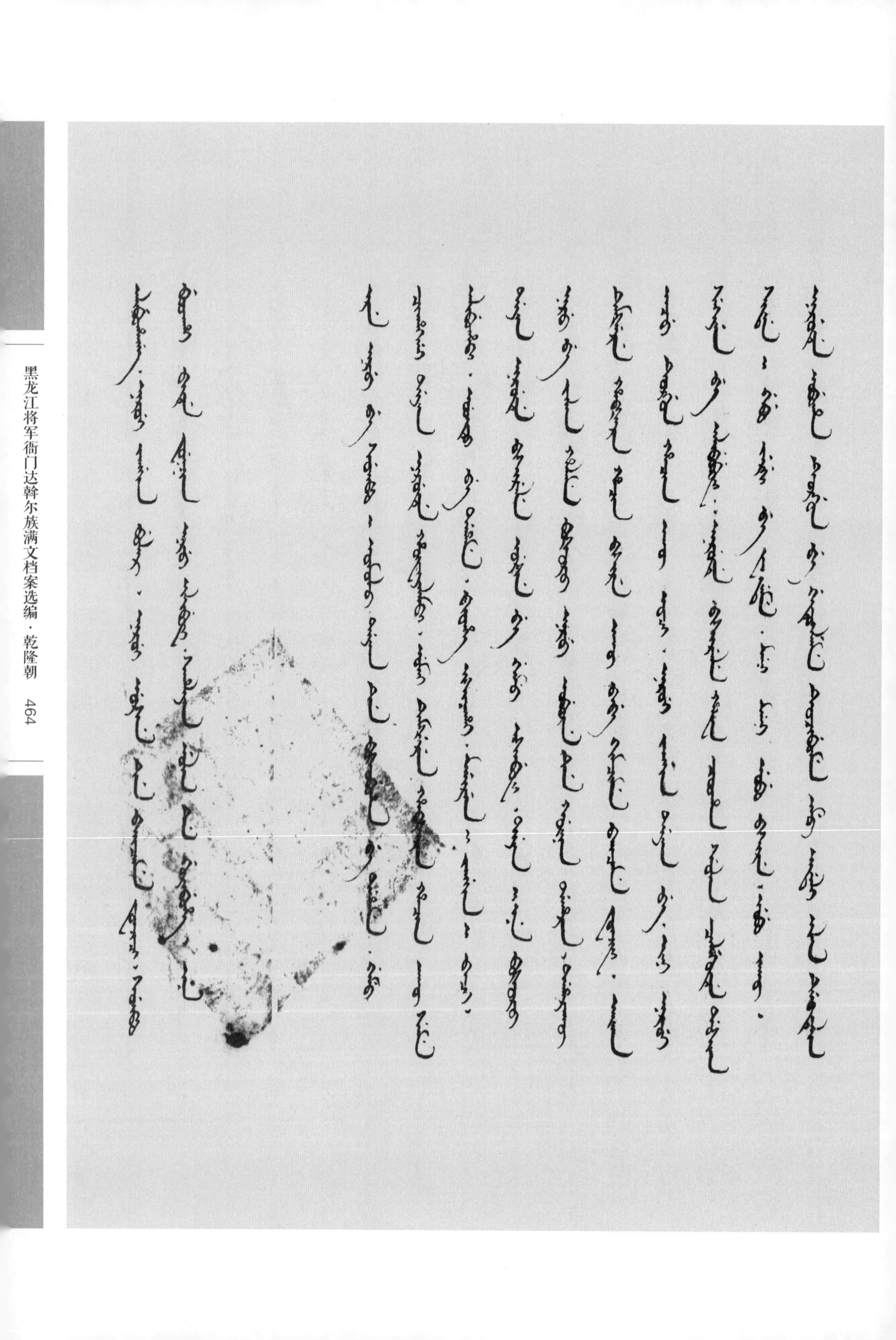

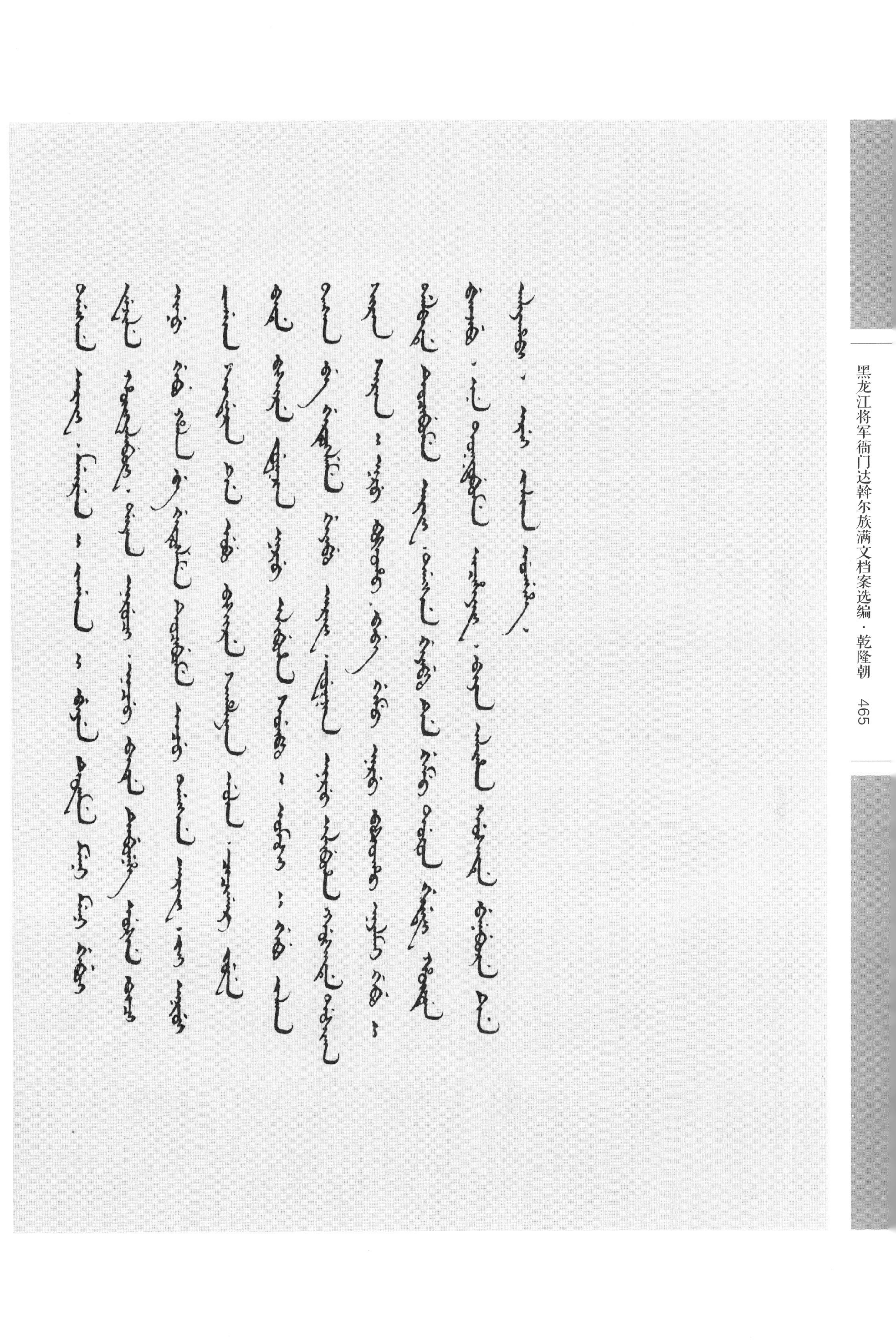

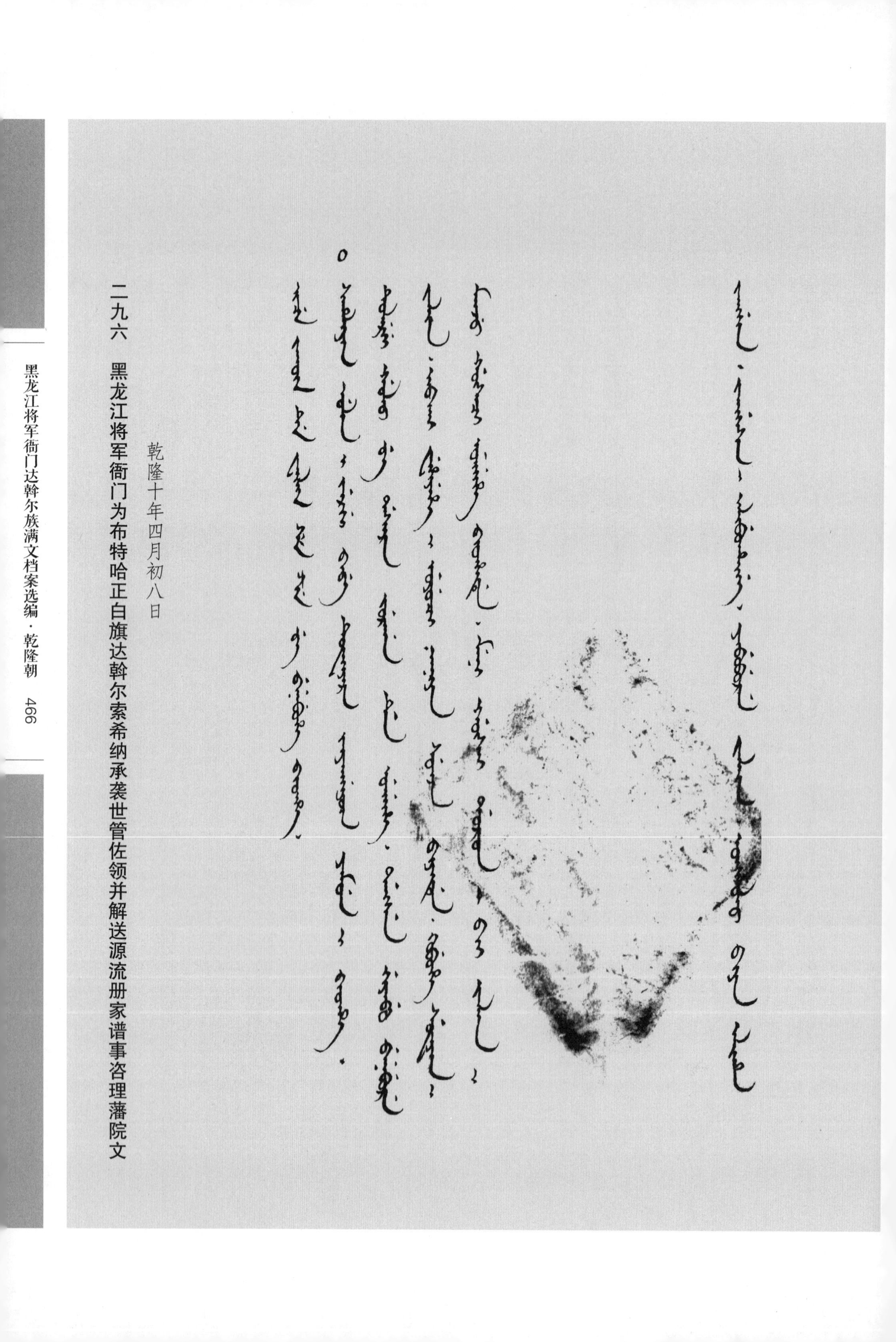

二九六 黑龙江将军衙门为布特哈正白旗达斡尔索希纳承袭世管佐领并解送源流册家谱事咨理藩院文

乾隆十年四月初八日

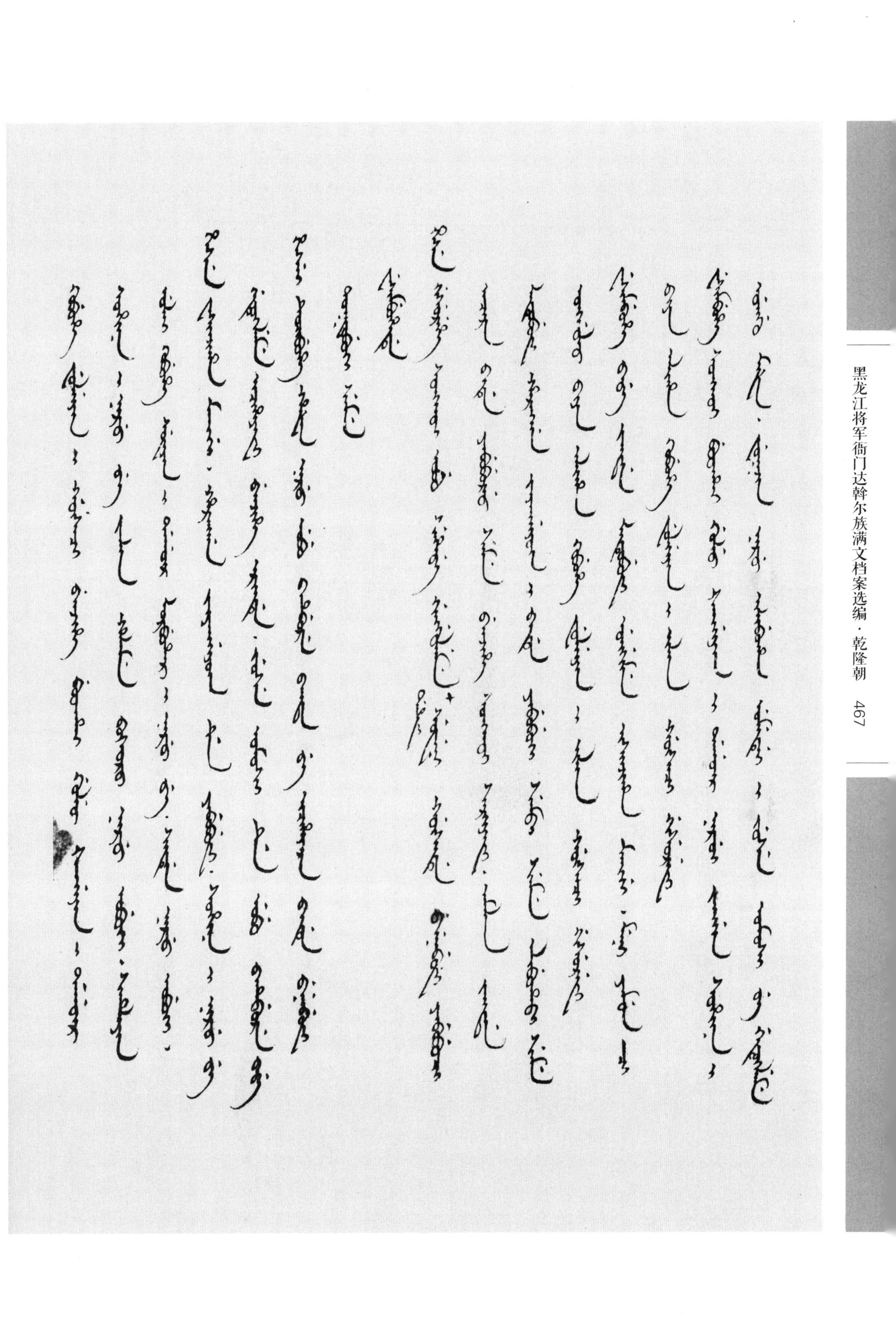

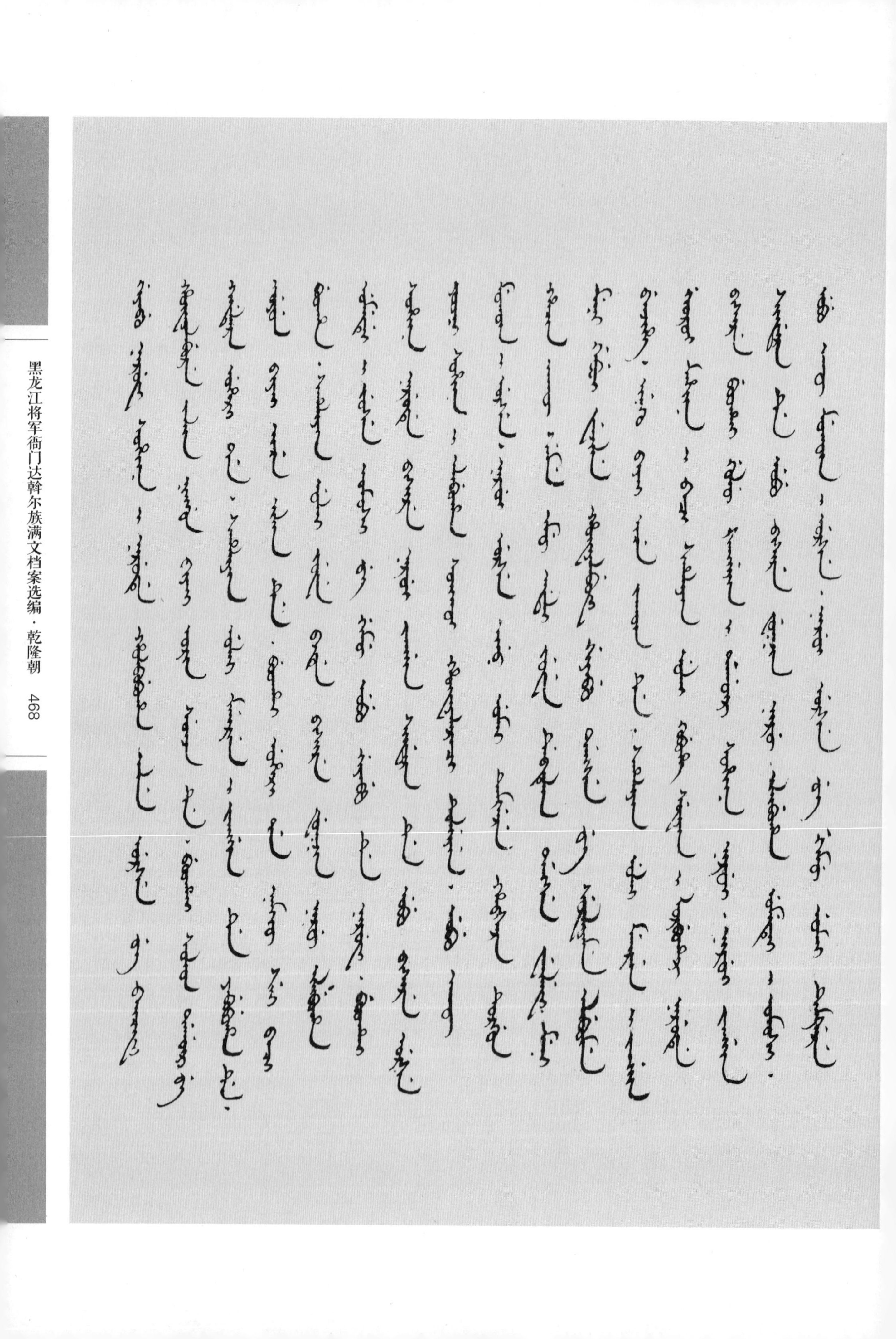

[illegible]

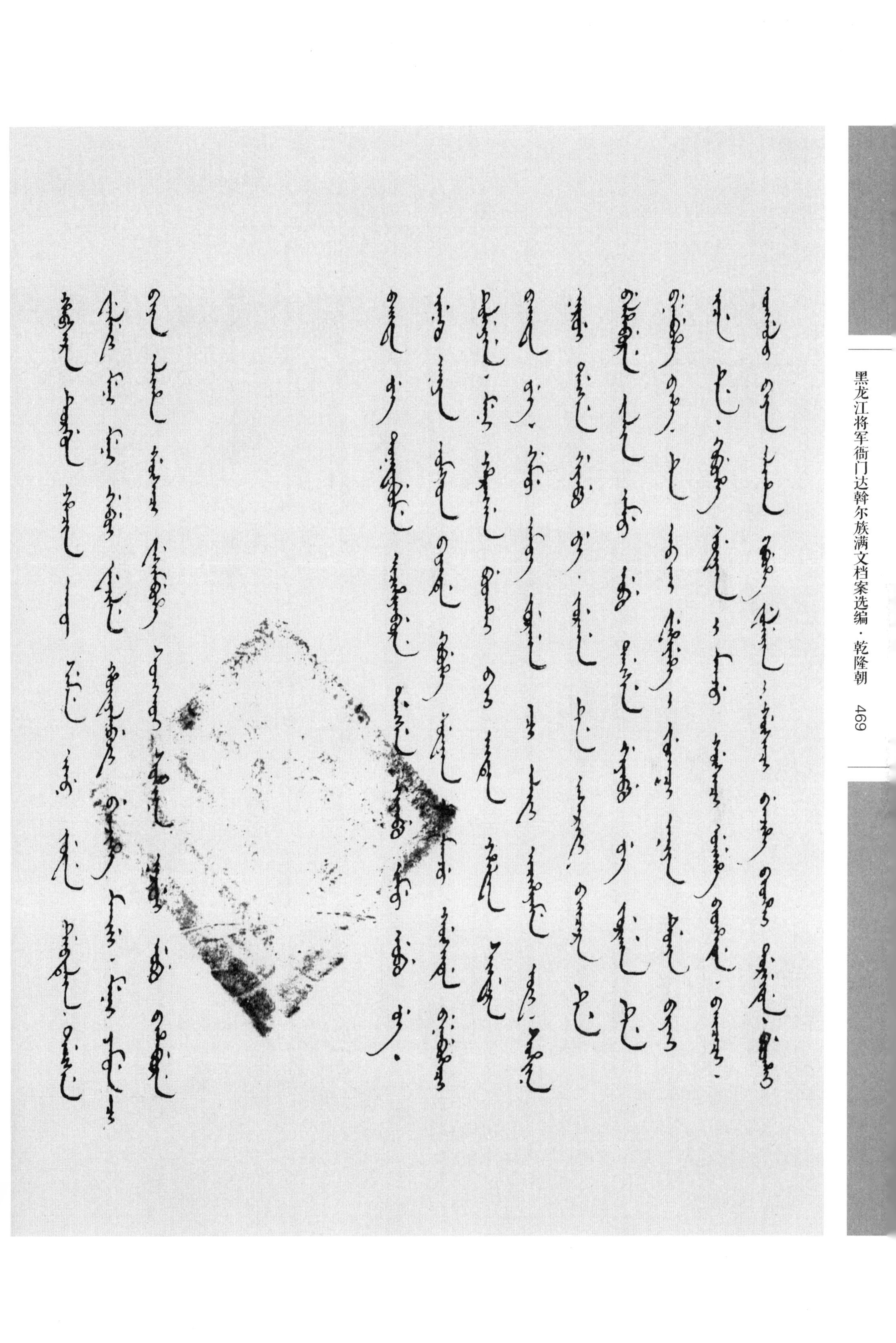

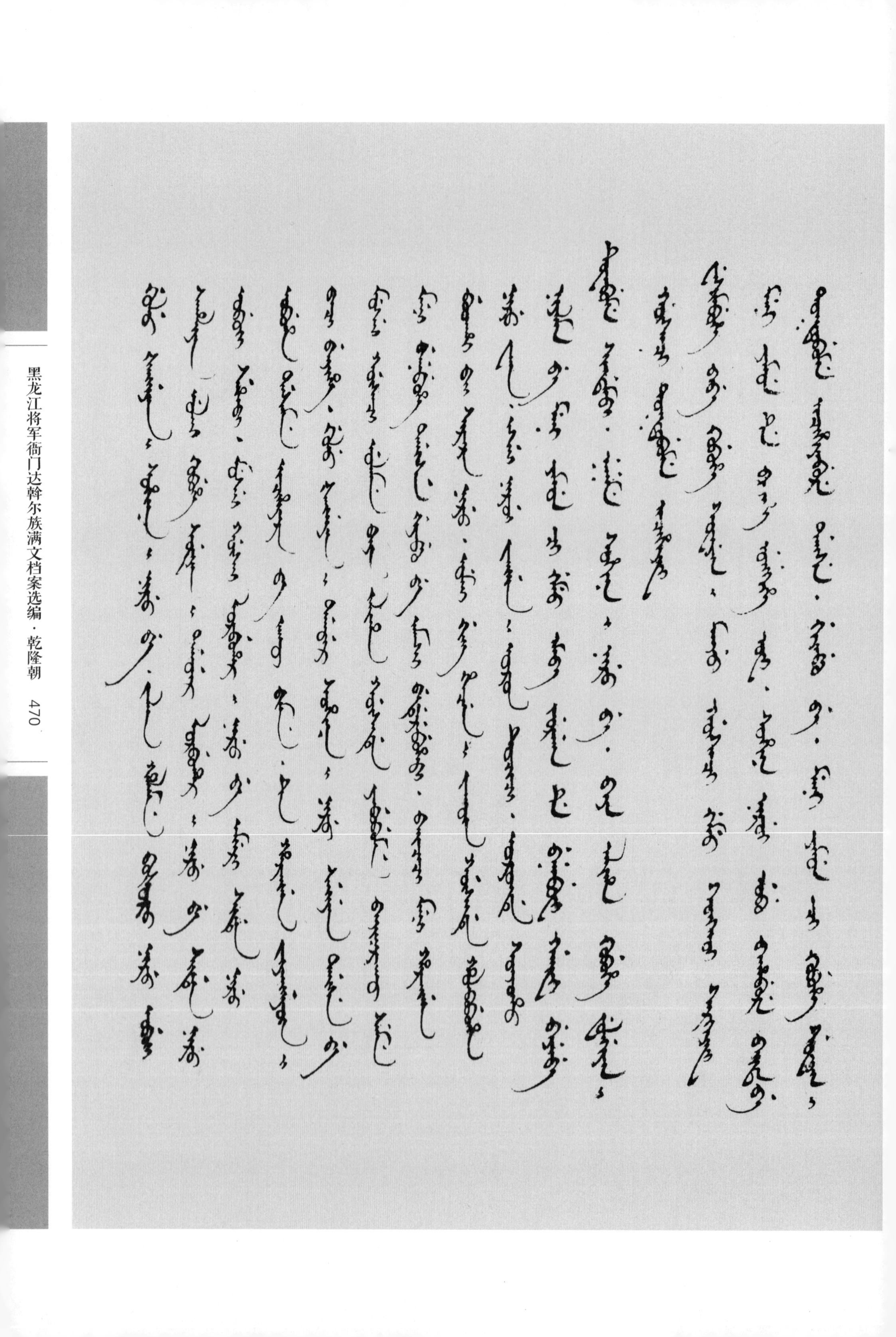

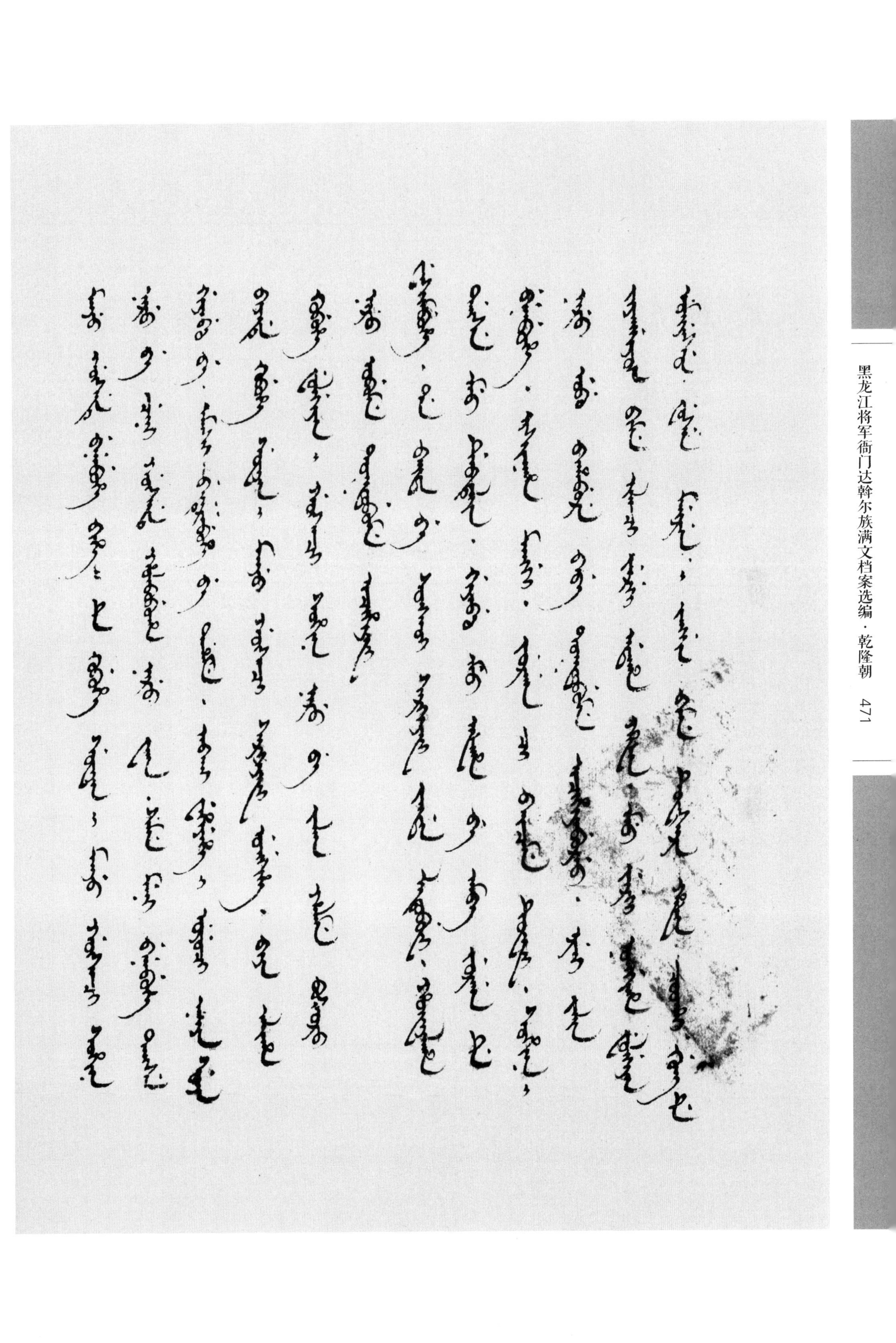

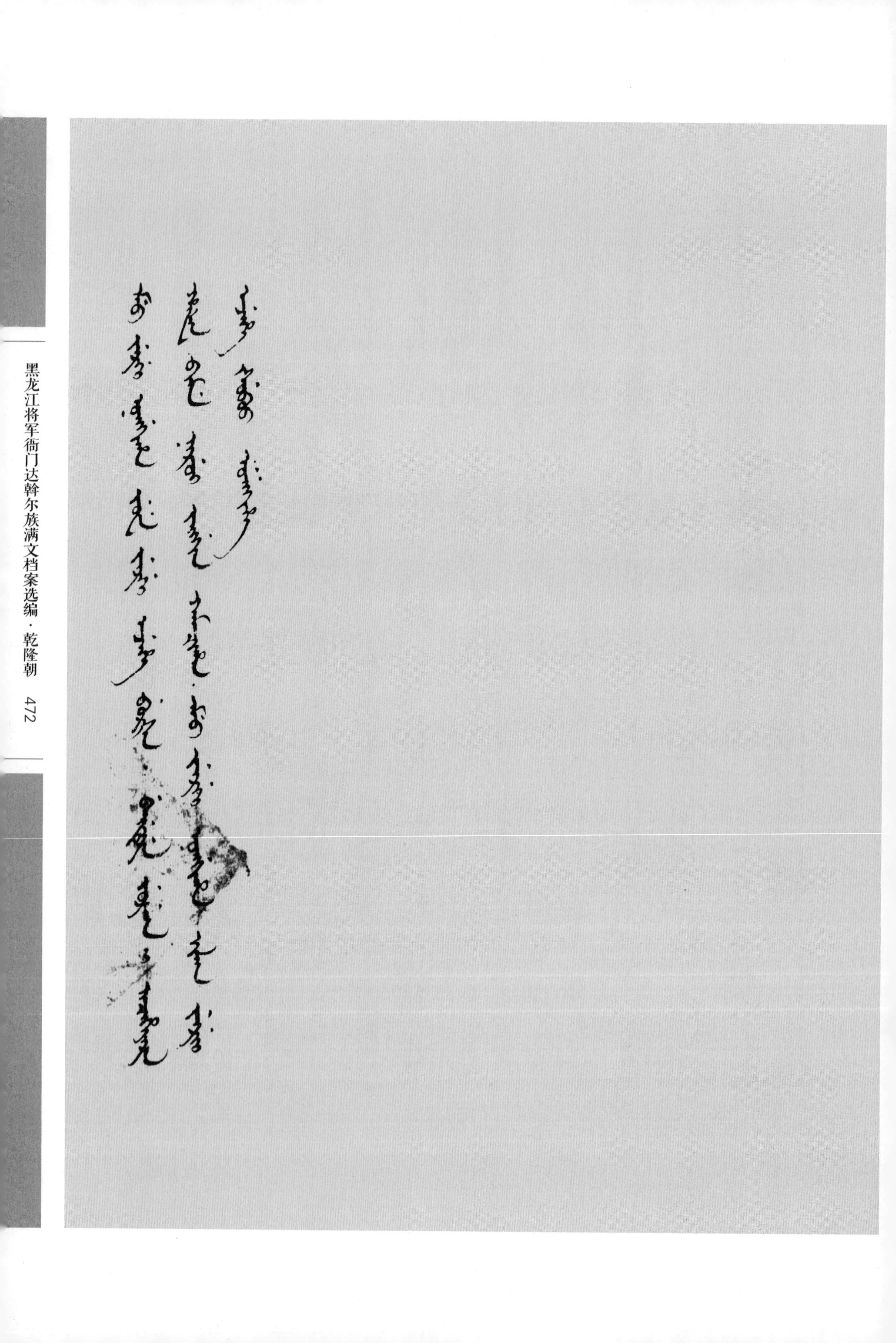

二九七　黑龙江将军衙门为支拨布特哈索伦达斡尔官兵应领俸禄钱粮事札布特哈索伦达斡尔总管纳木球等文

乾隆十年四月初九日

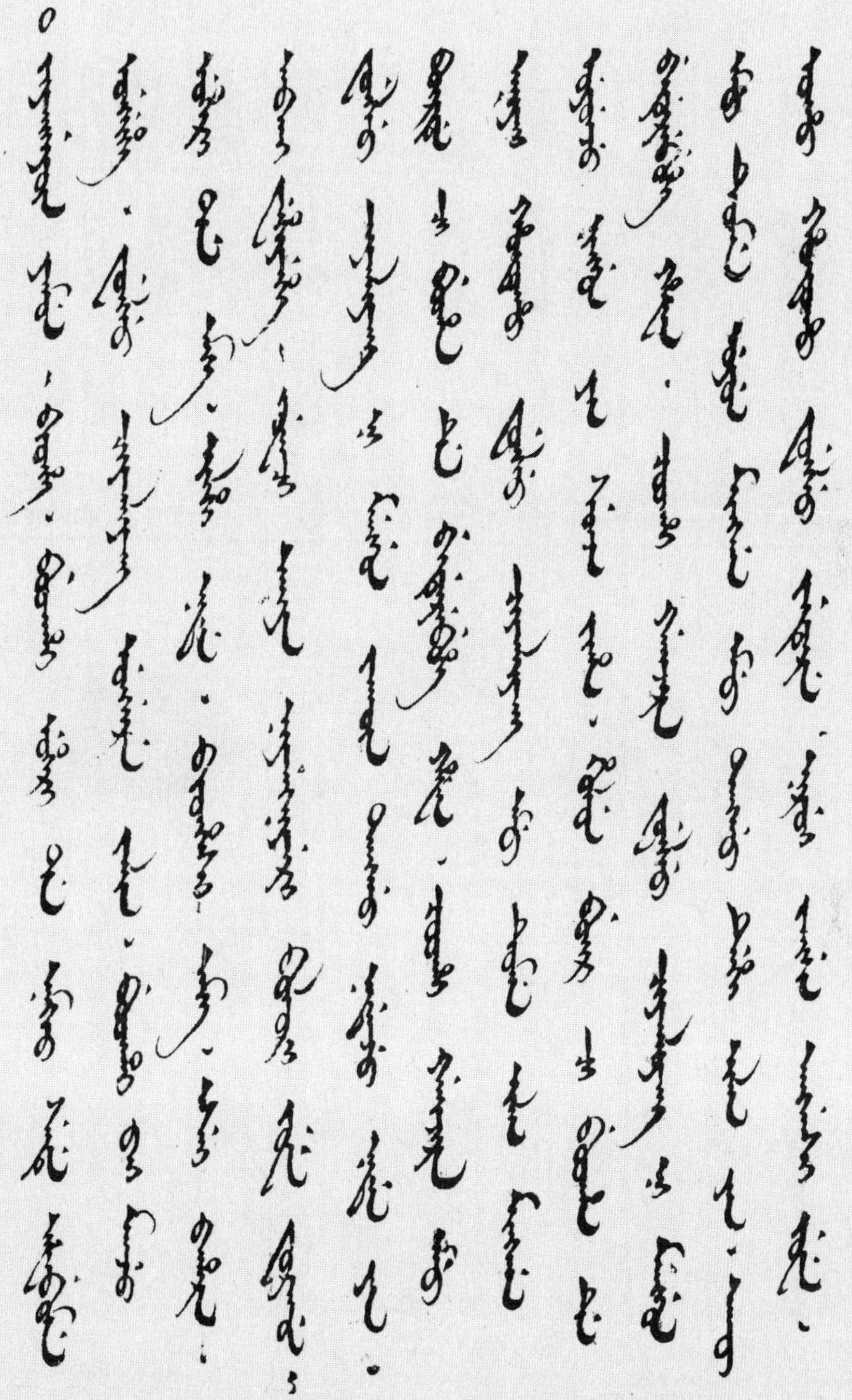

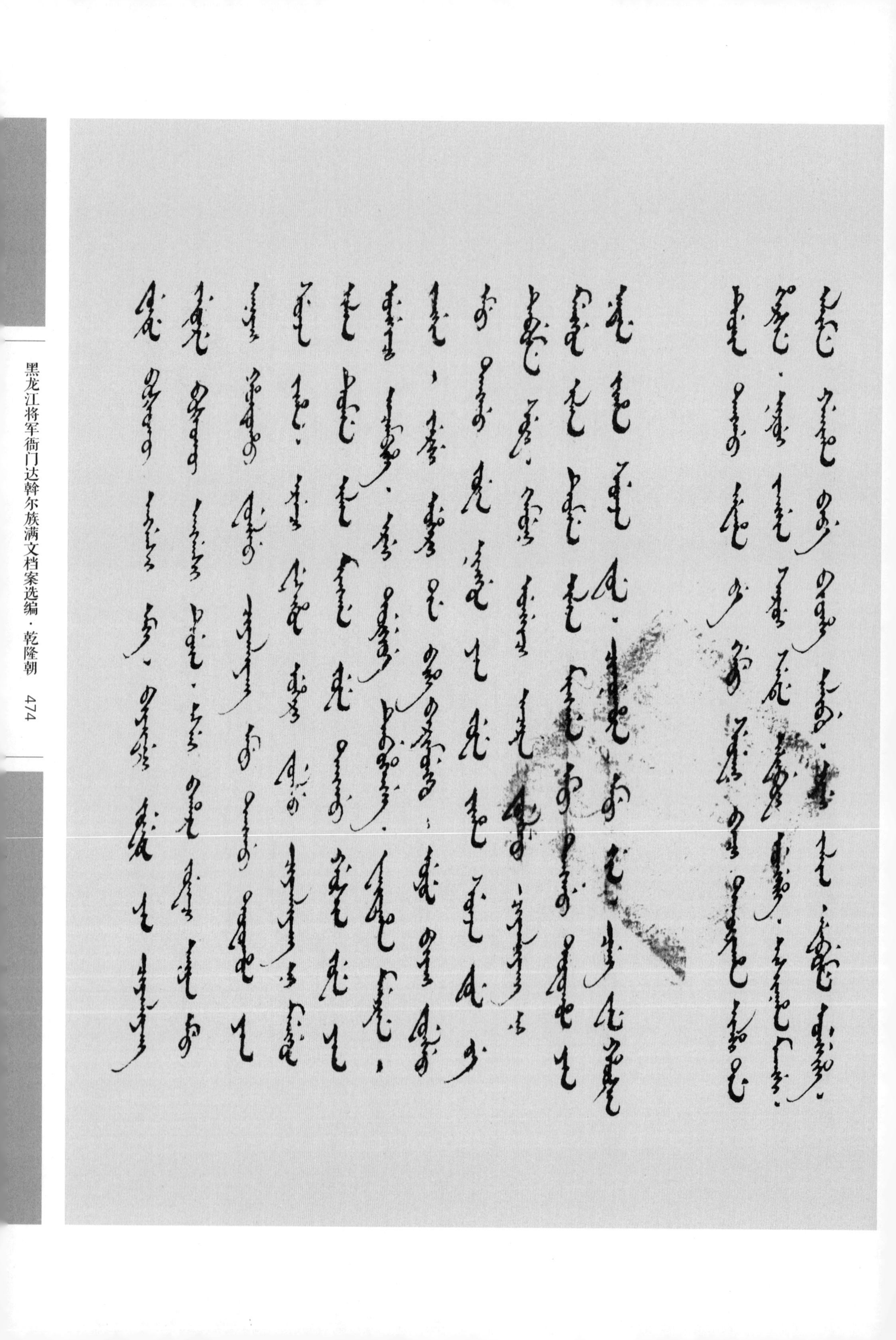

二九八　黑龙江将军衙门为报达斡尔前锋费扬古图遗孀携子送亡夫尸骨抵达齐齐哈尔日期事咨正黄旗满洲都统衙门文

乾隆十年四月十四日

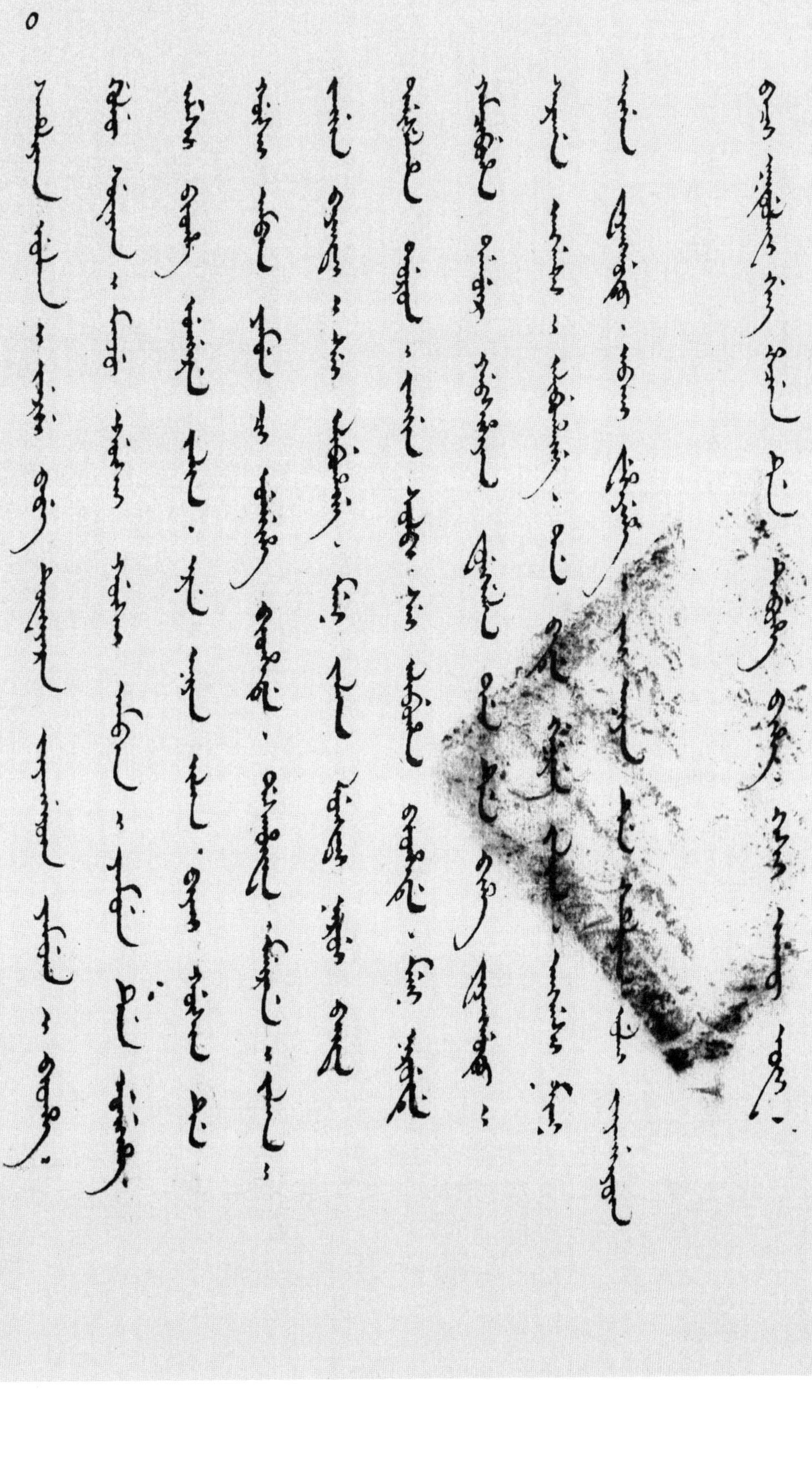

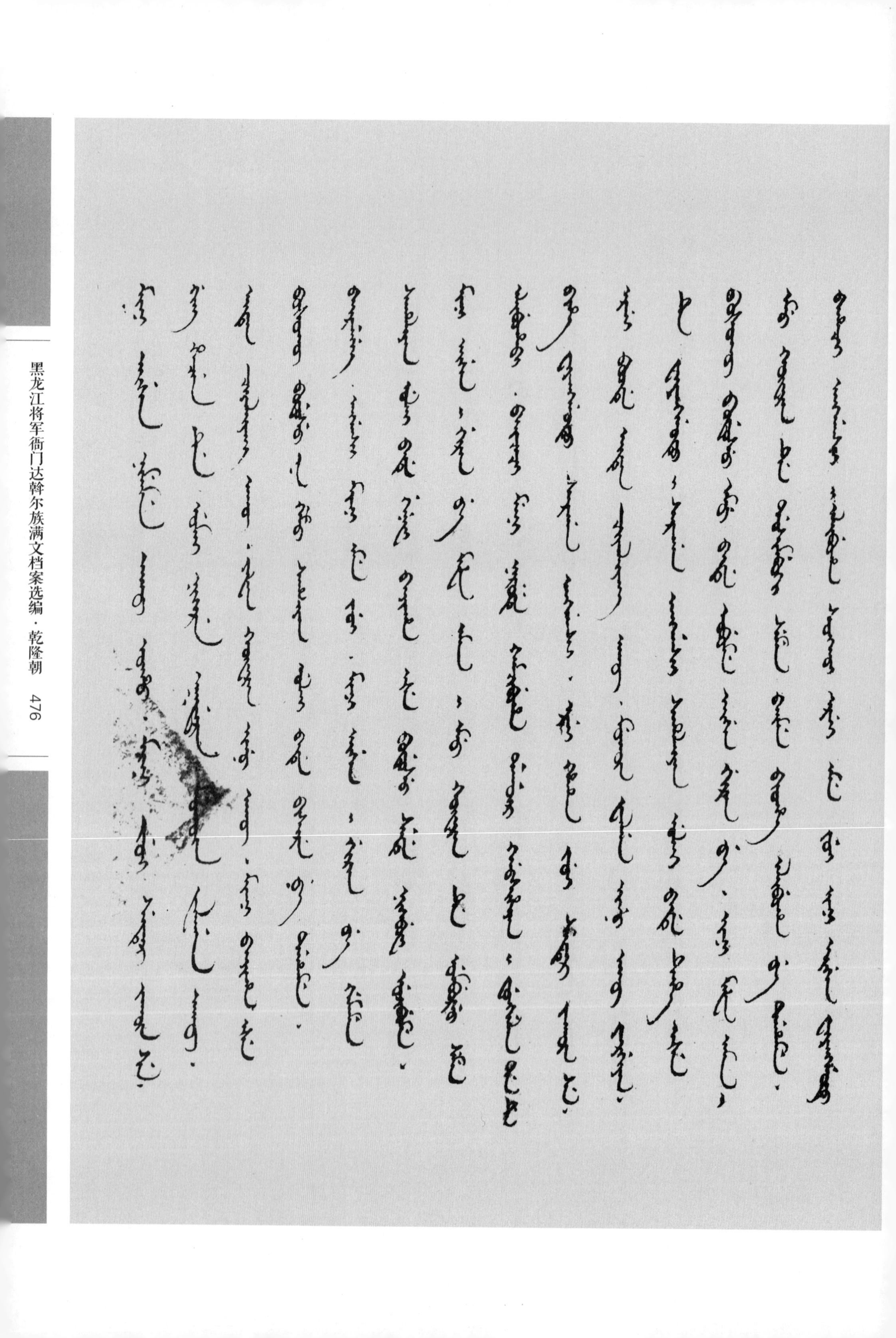

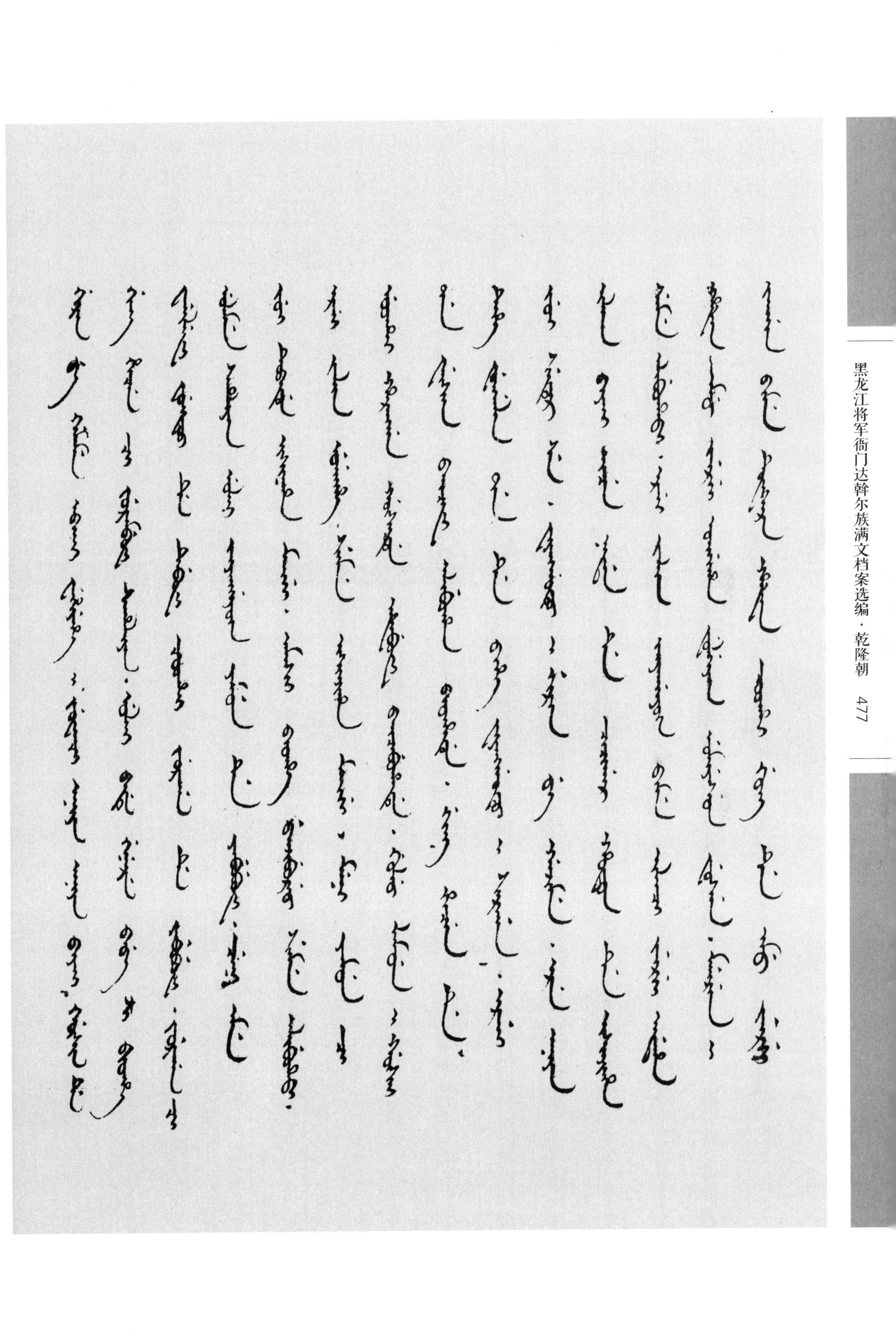

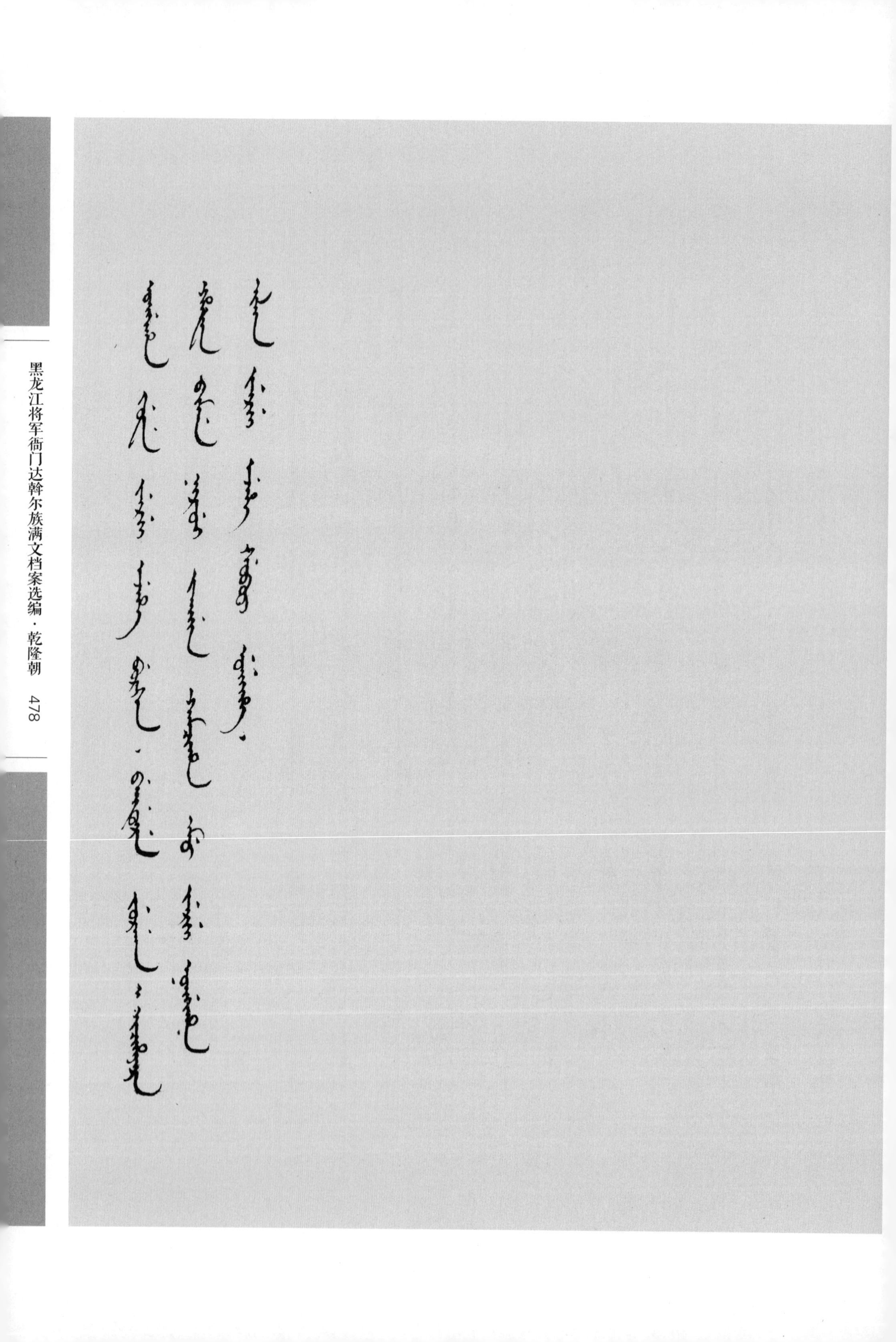

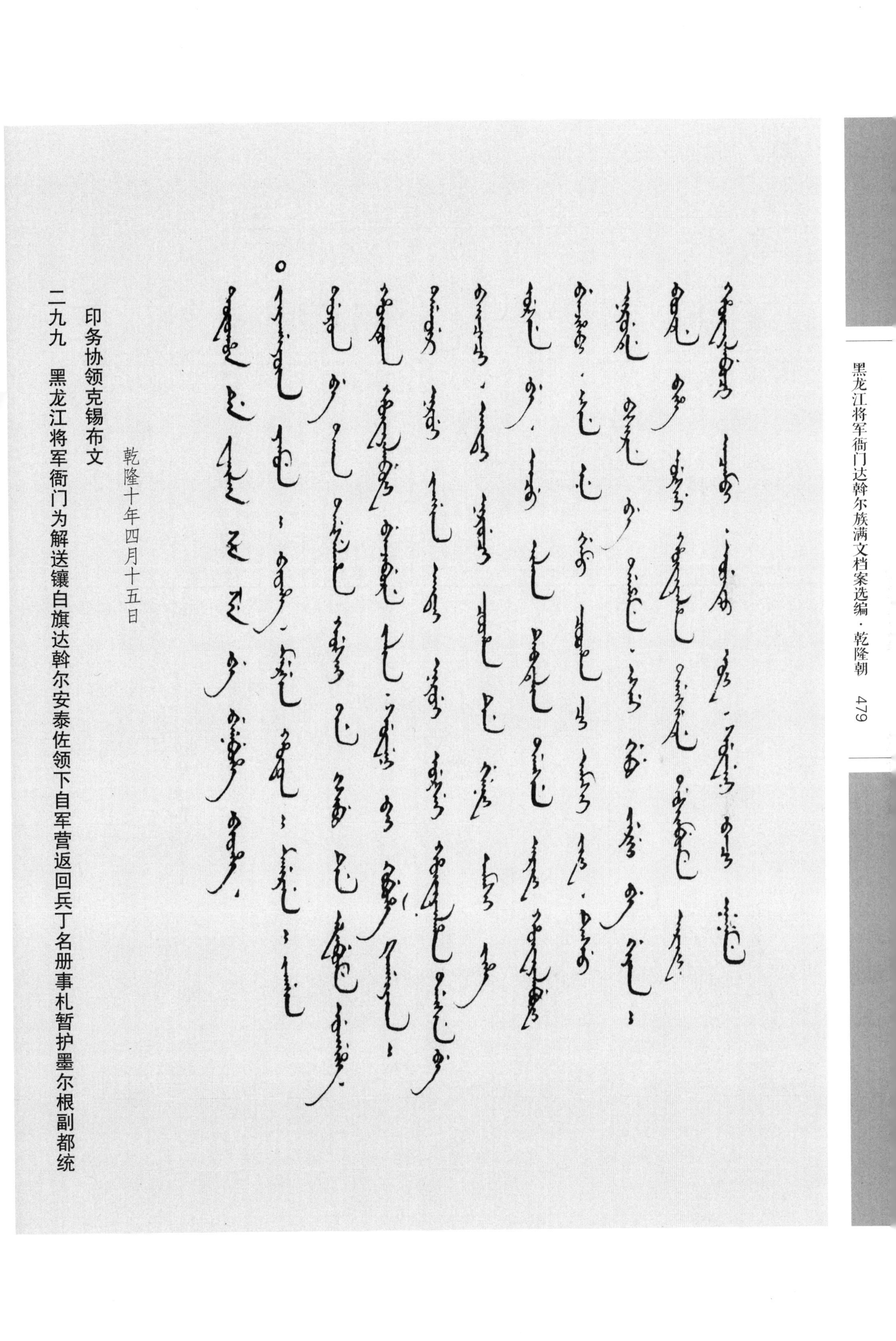

二九九 黑龙江将军衙门为解送镶白旗达斡尔安泰佐领下自军营返回兵丁名册事札暂护墨尔根副都统

印务协领克锡布文

乾隆十年四月十五日

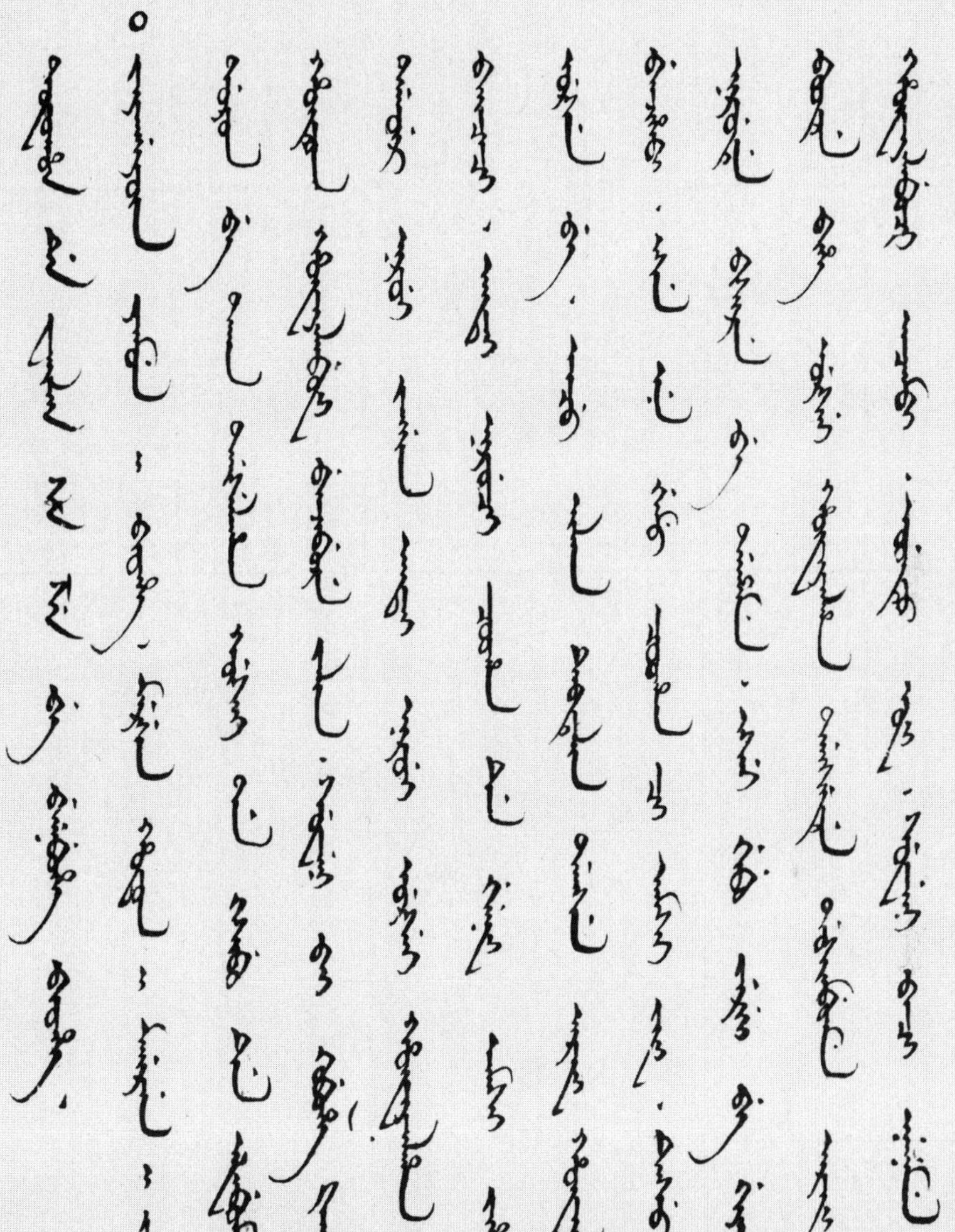

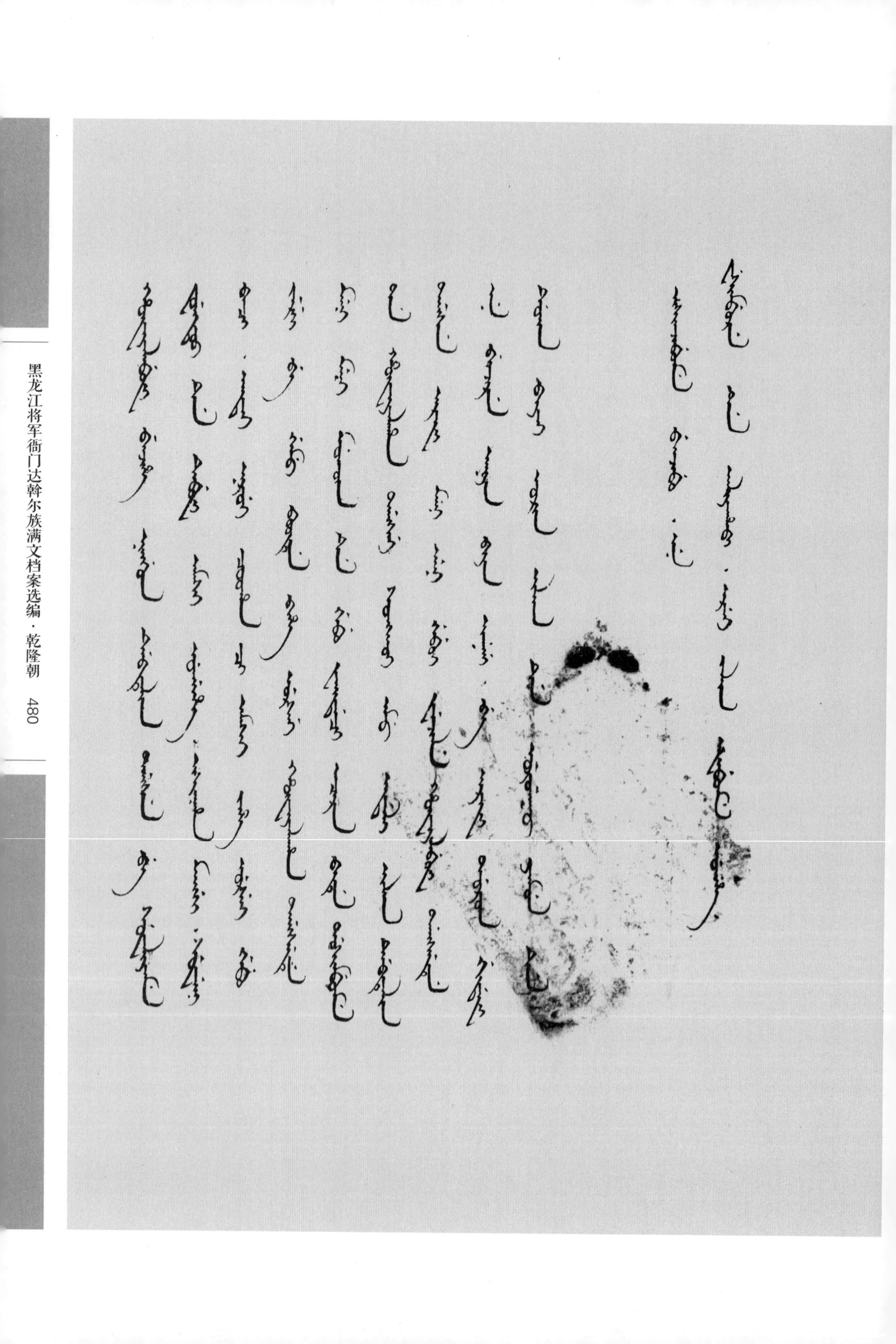

[illegible]

三〇〇 暂护墨尔根副都统印务协领克锡布为解送镶白旗达斡尔安泰佐领下自军营返回兵丁名册事呈黑龙江将军衙门文

乾隆十年四月二十一日

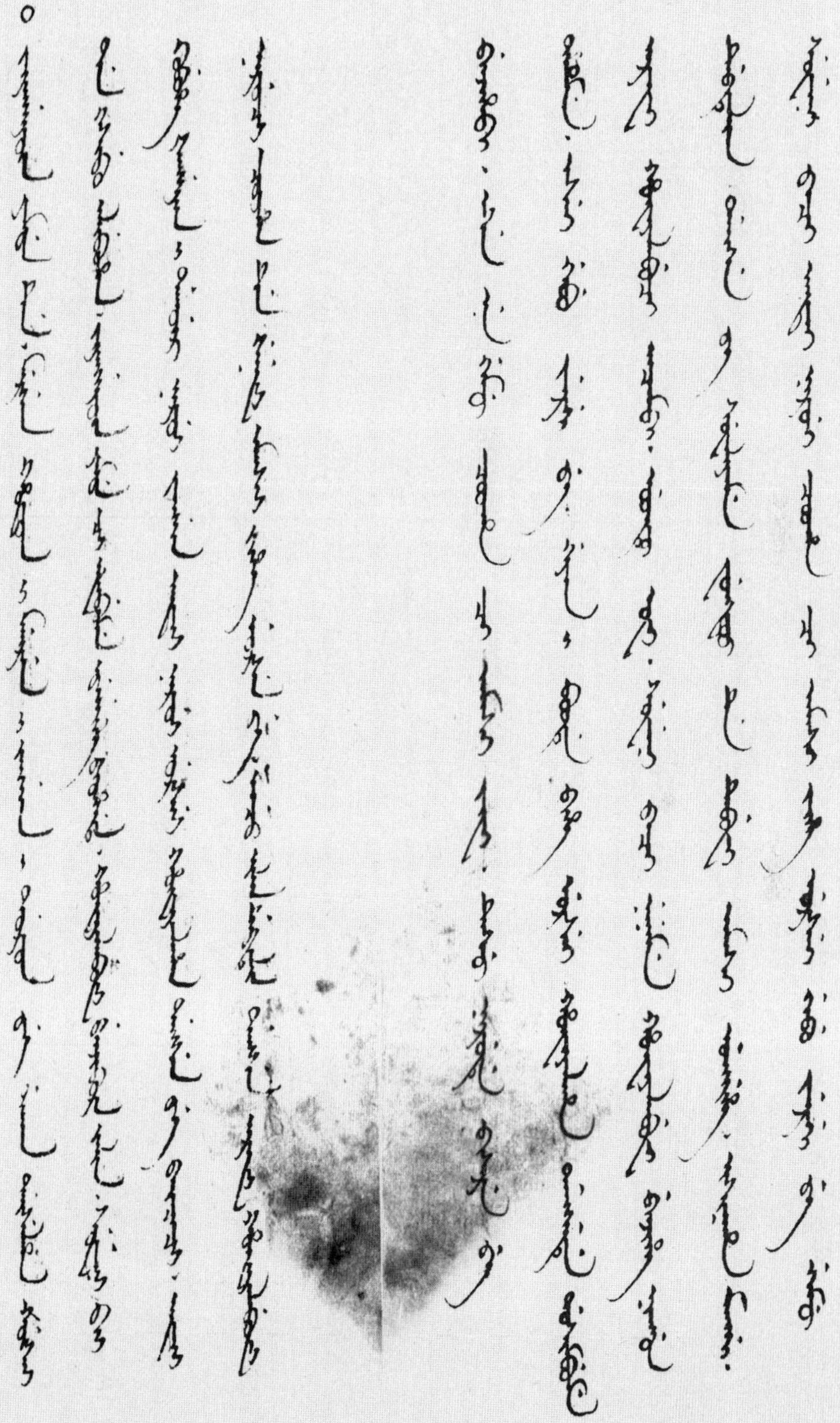

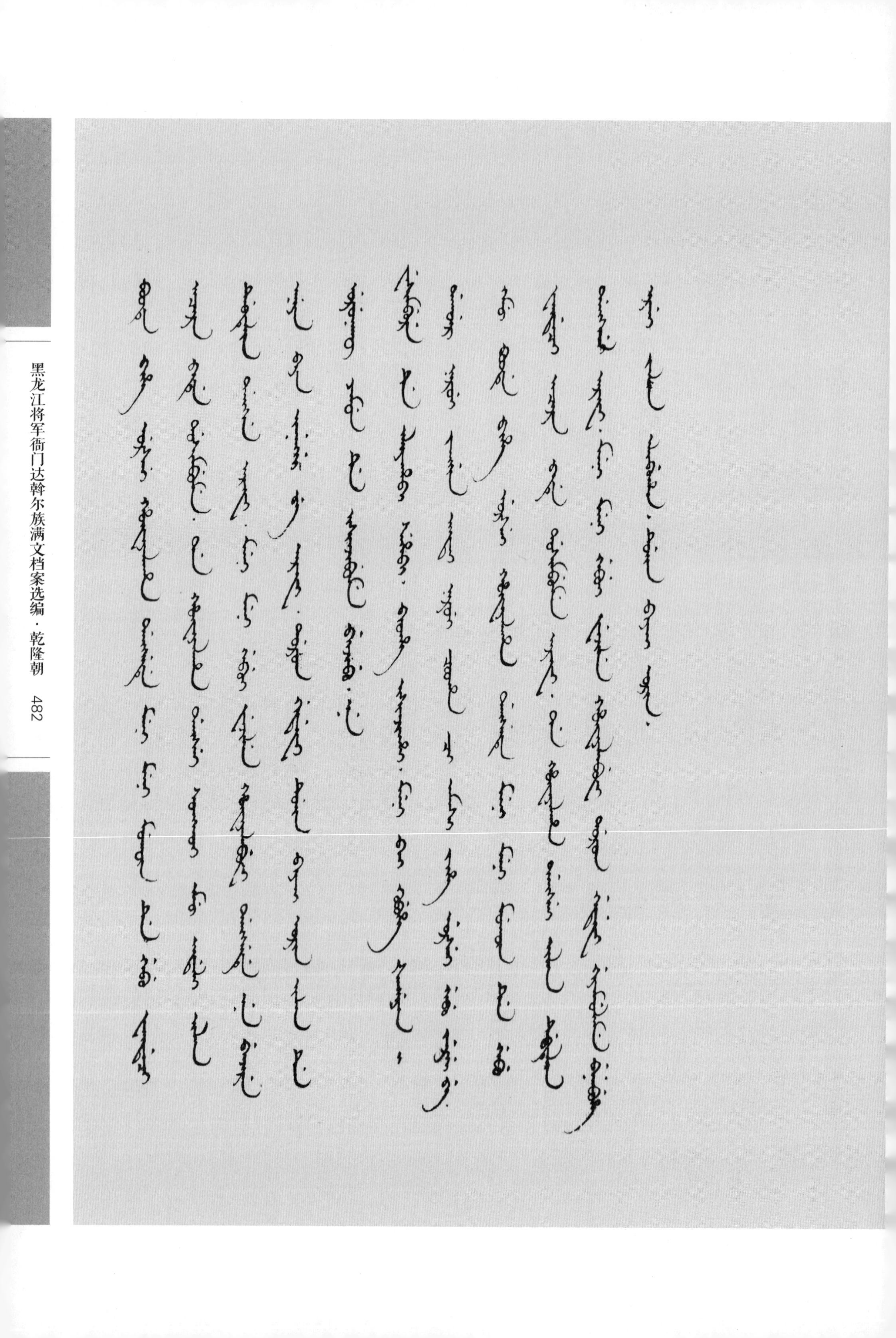

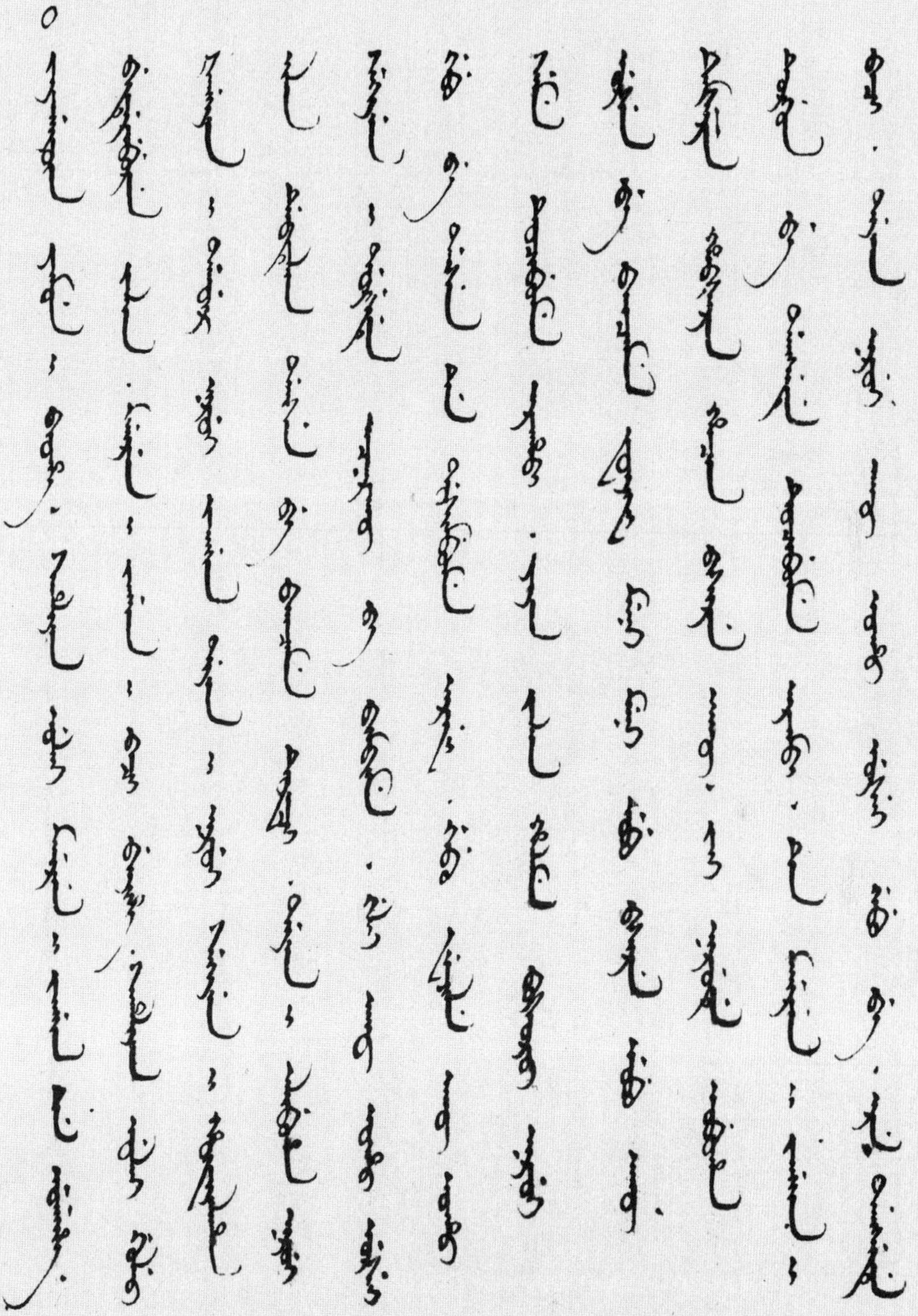

乾隆十年四月二十四日

统文

三〇一 黑龙江将军衙门为送回黑龙江正白旗达斡尔佐领达彦源流册并重造新册解送事咨黑龙江副都

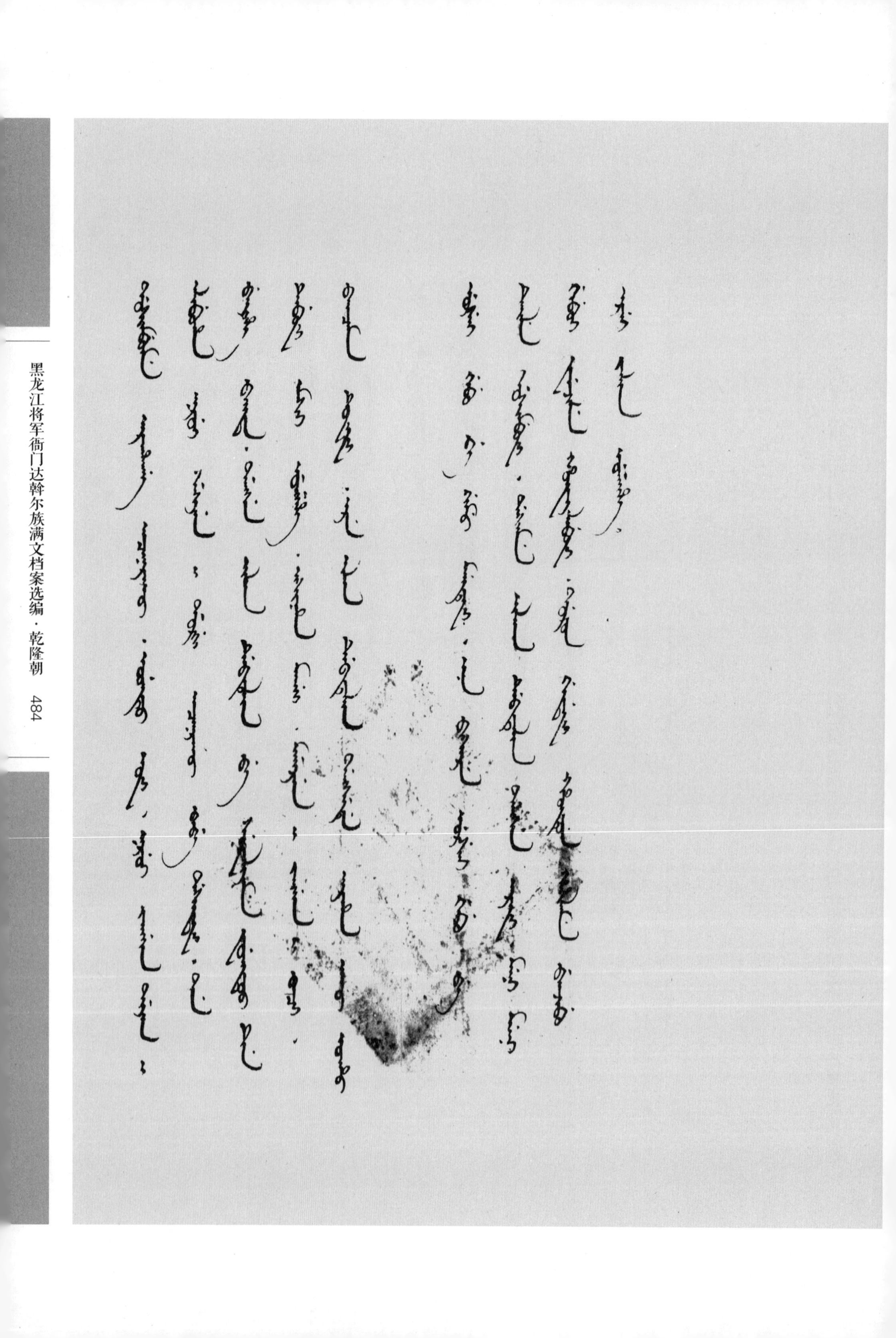

三〇二 黑龙江将军衙门为送回布特哈正白旗达斡尔佐领托多尔凯源流册并重造新册解送事咨黑龙江副都统文

乾隆十年四月二十四日

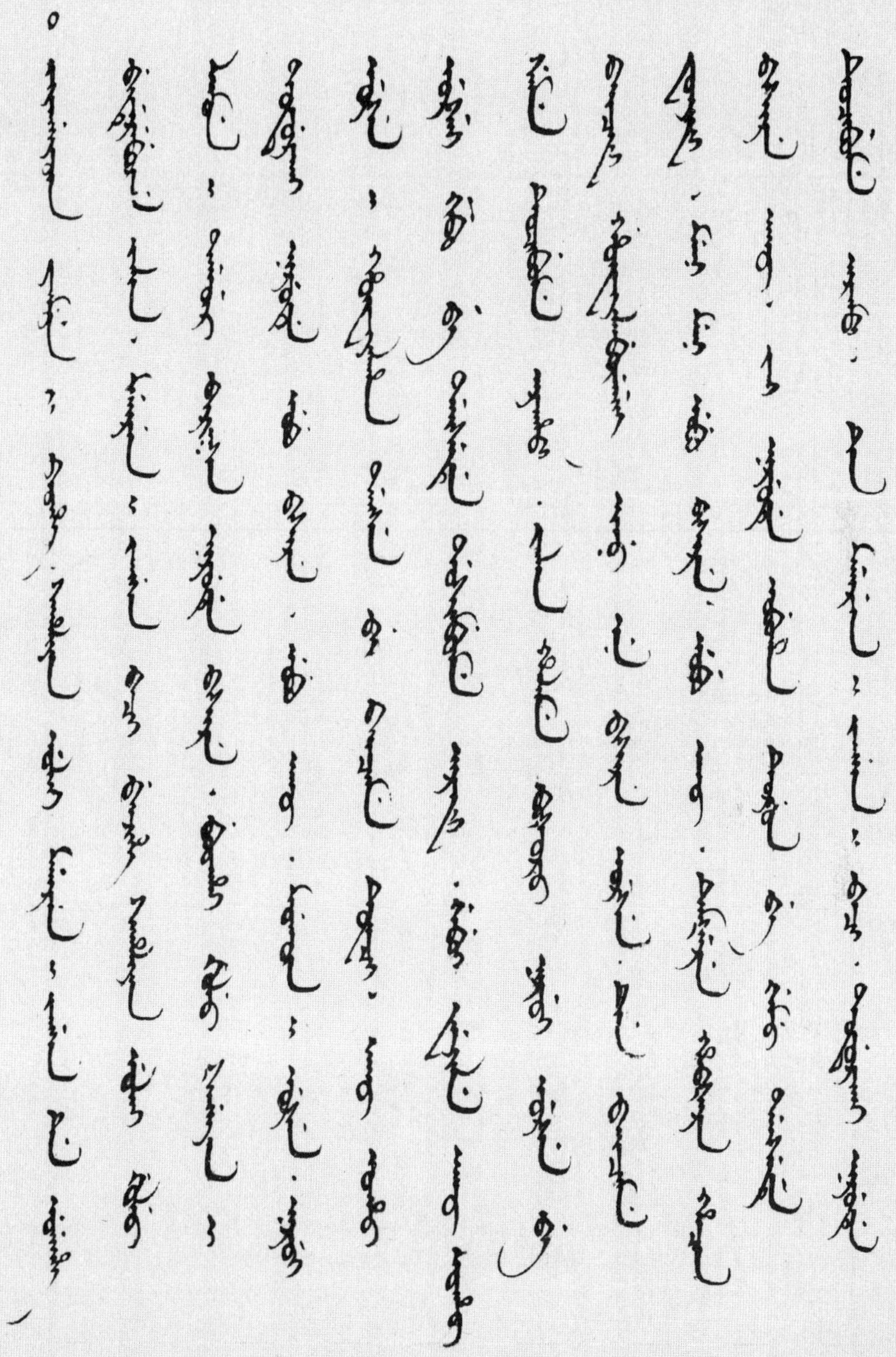

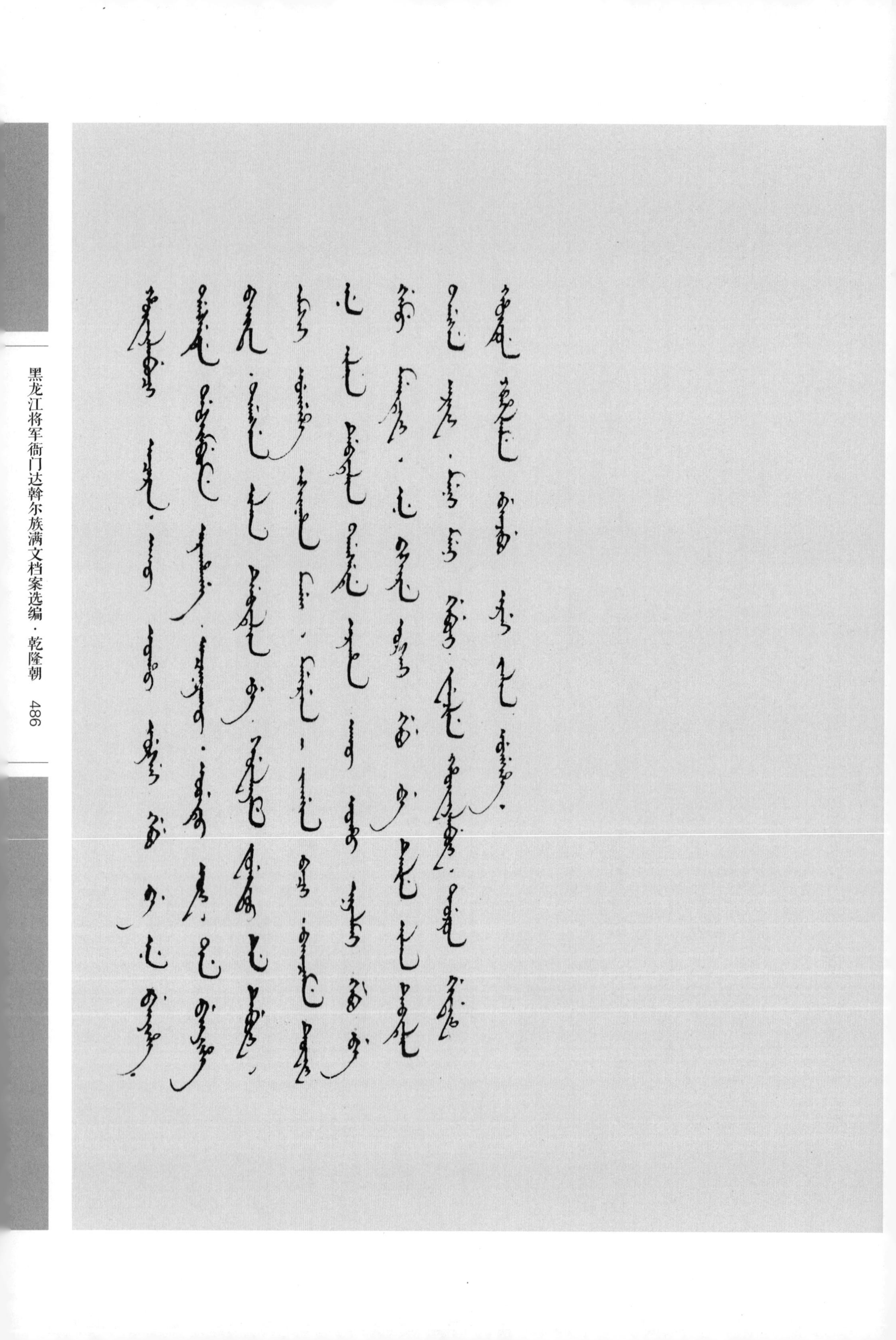

[illegible]

三〇三　黑龙江将军衙门为解送黑龙江正白旗达斡尔佐领达彦源流册事咨正白旗满洲都统衙门文

乾隆十年四月二十八日

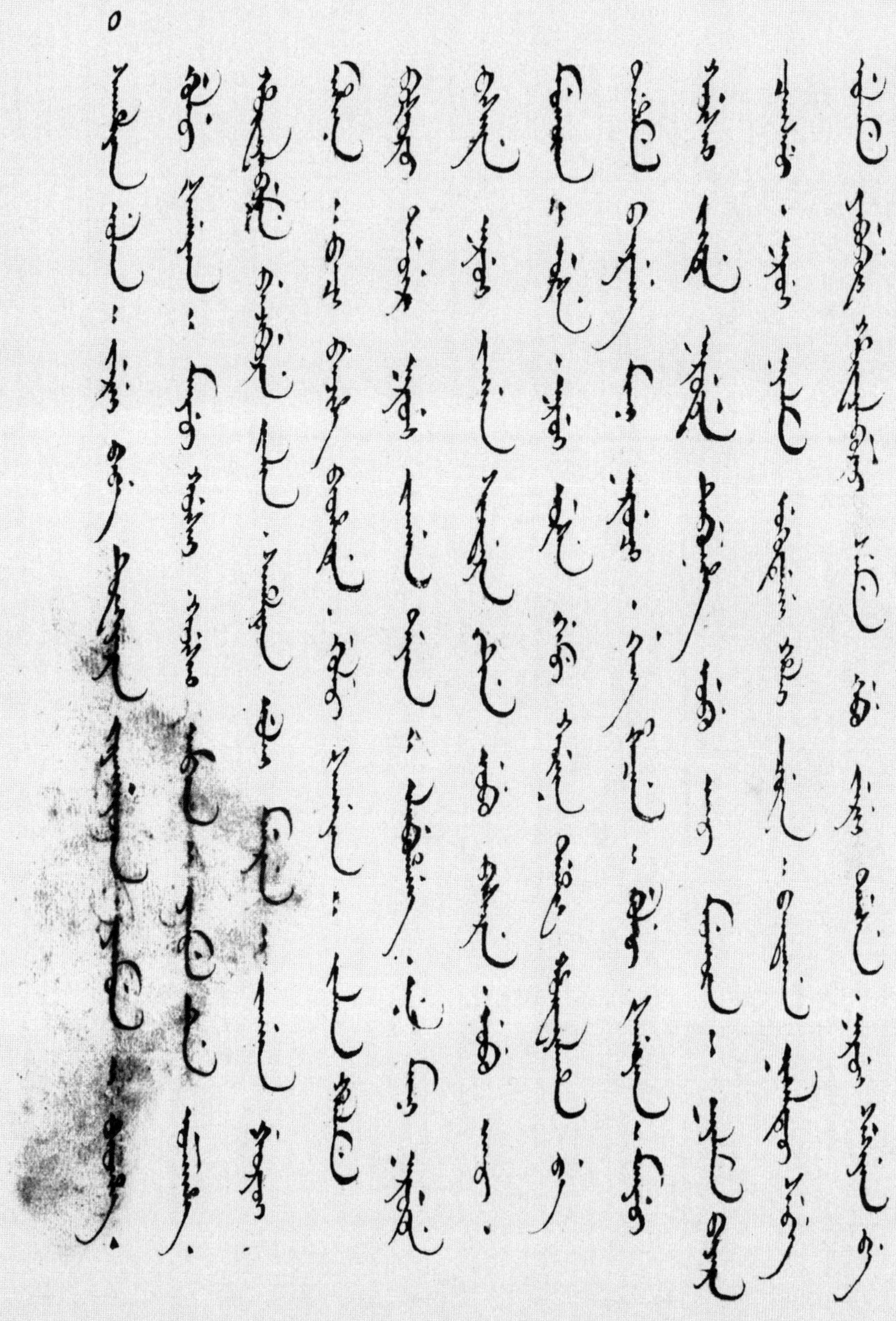

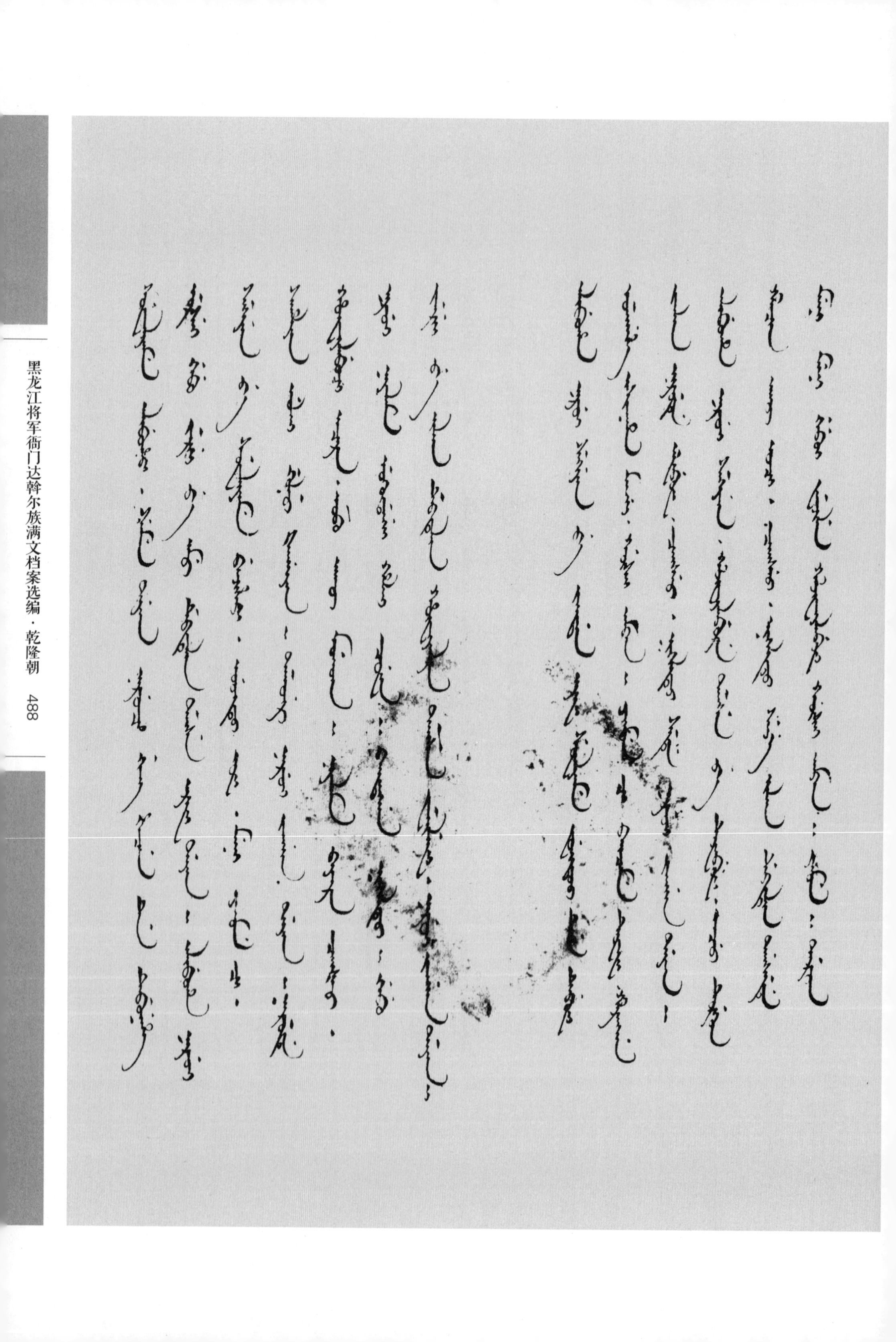

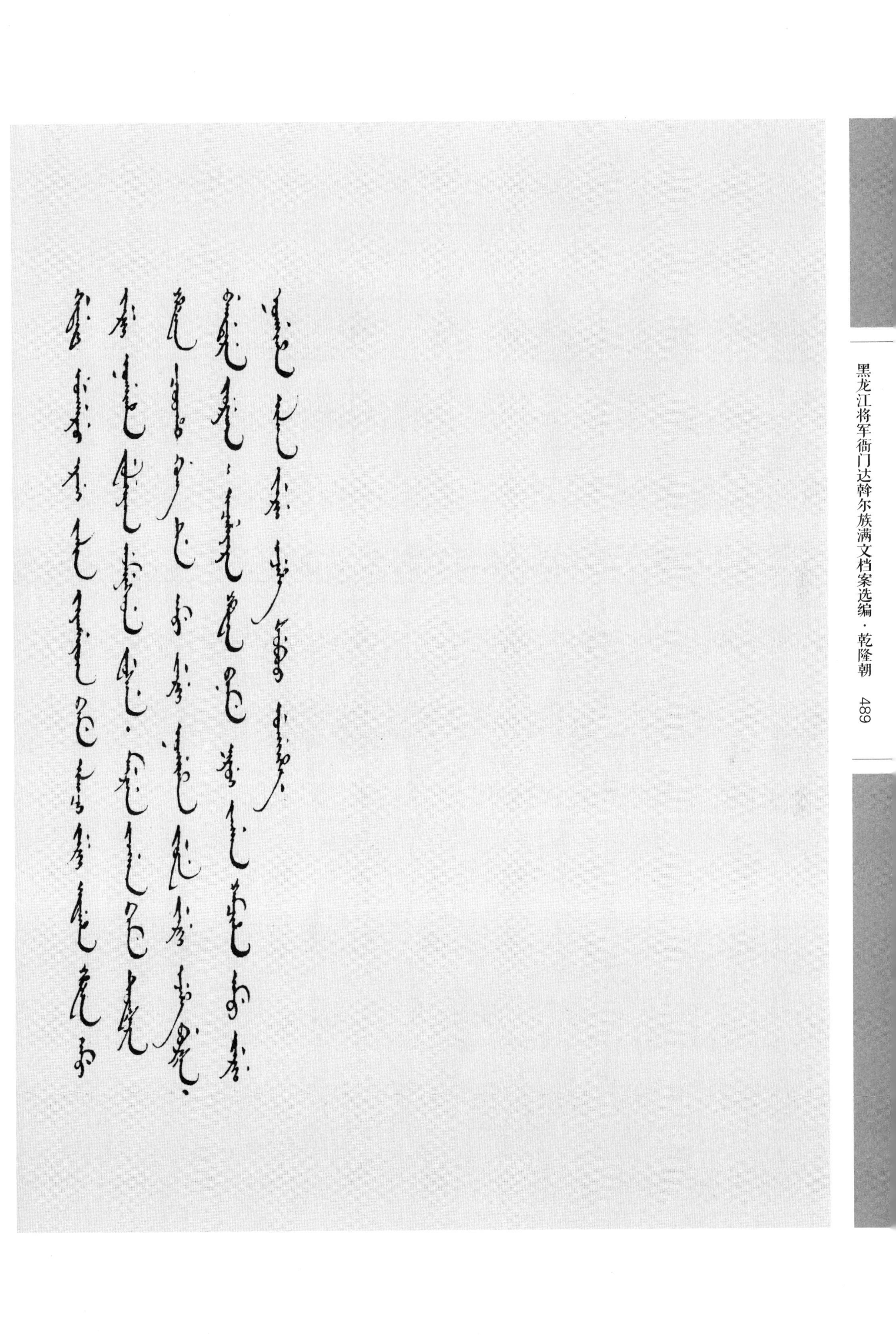

[illegible]

[illegible]

[illegible]

[illegible]

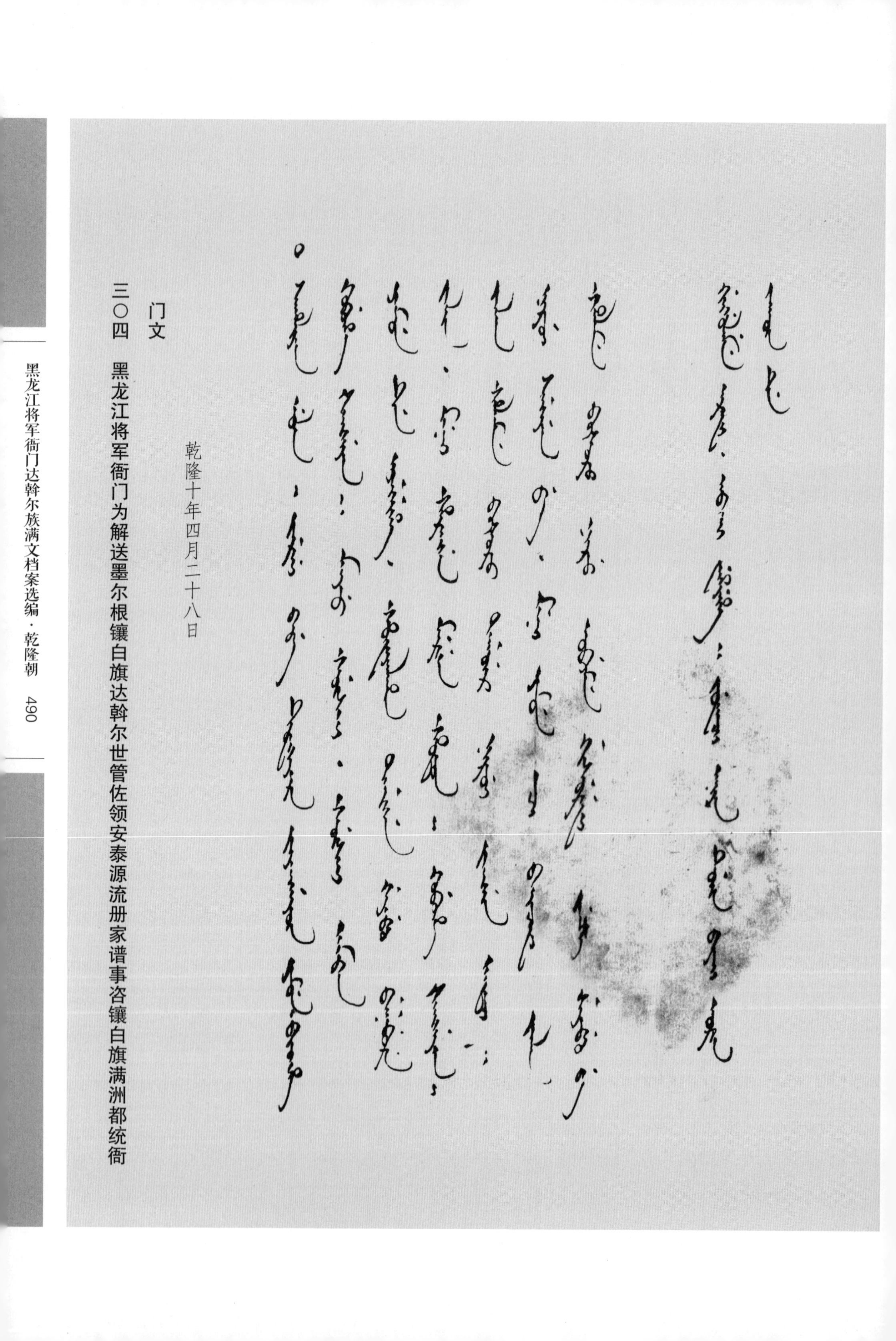

三〇四 黑龙江将军衙门为解送墨尔根镶白旗达斡尔世管佐领安泰源流册家谱事咨镶白旗满洲都统衙门文

乾隆十年四月二十八日

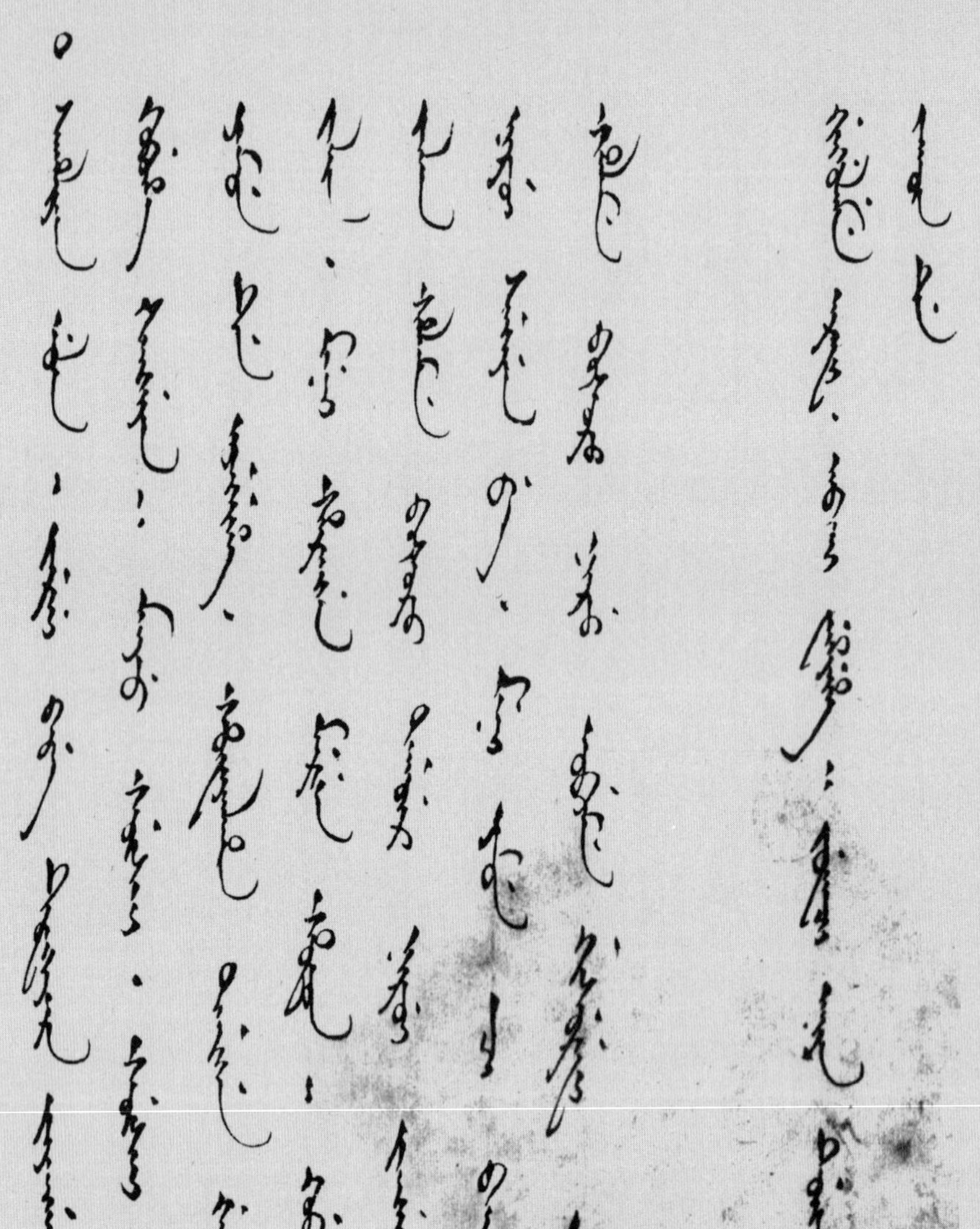

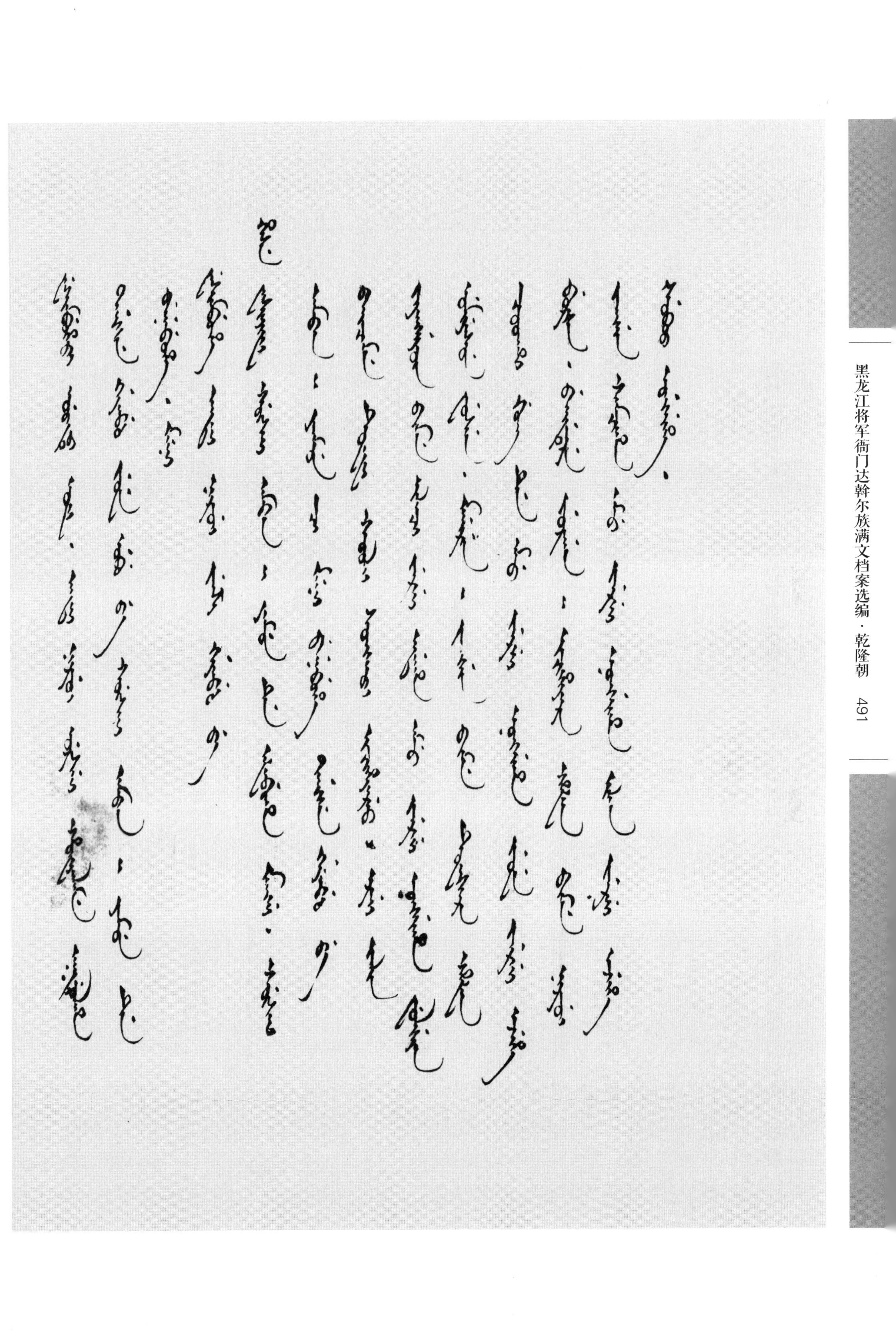

三〇五　暂护墨尔根副都统印务协领克锡布为选派索伦达斡尔兵丁随进木兰围并造送花名册事呈黑龙江将军衙门文

乾隆十年五月初三日

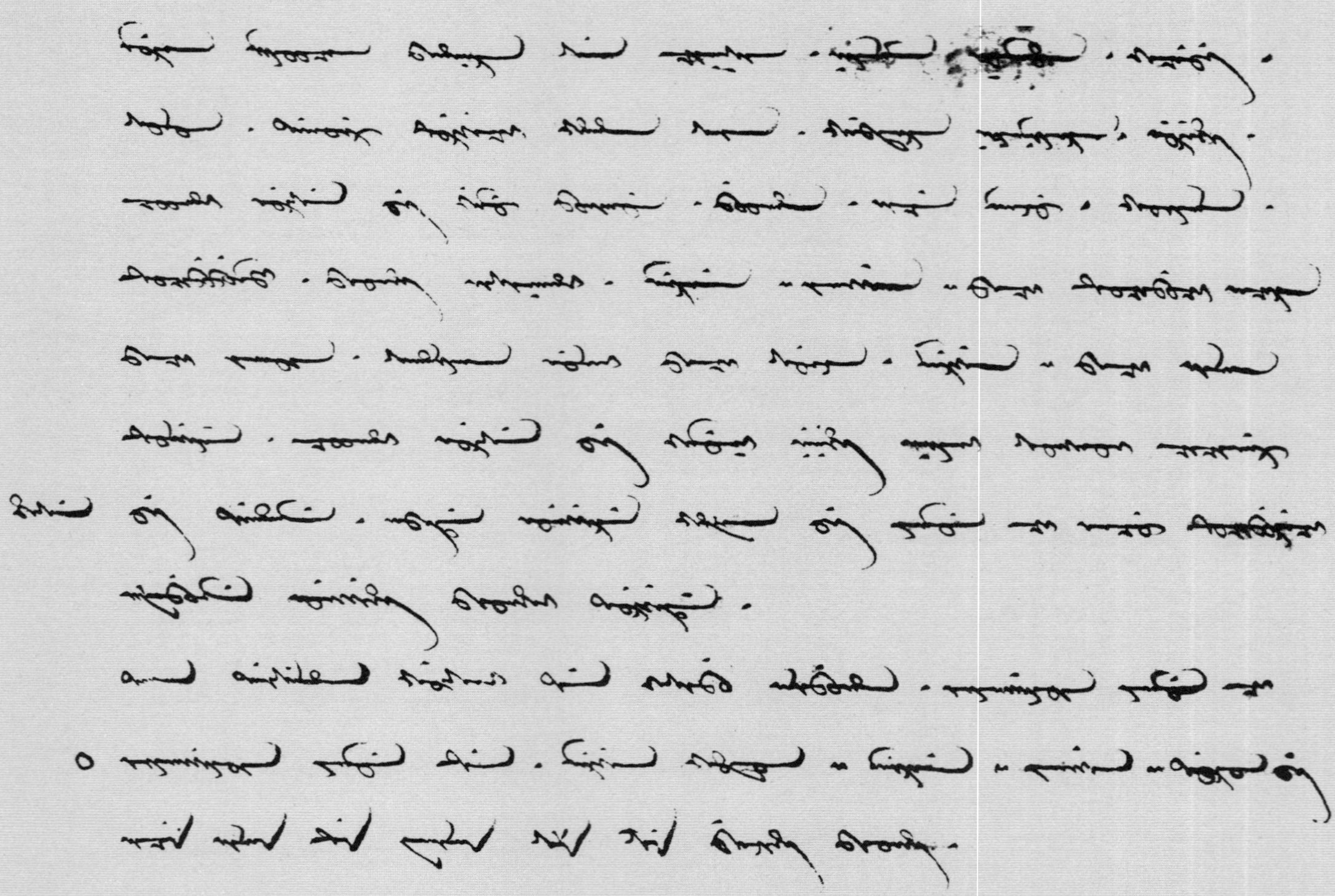

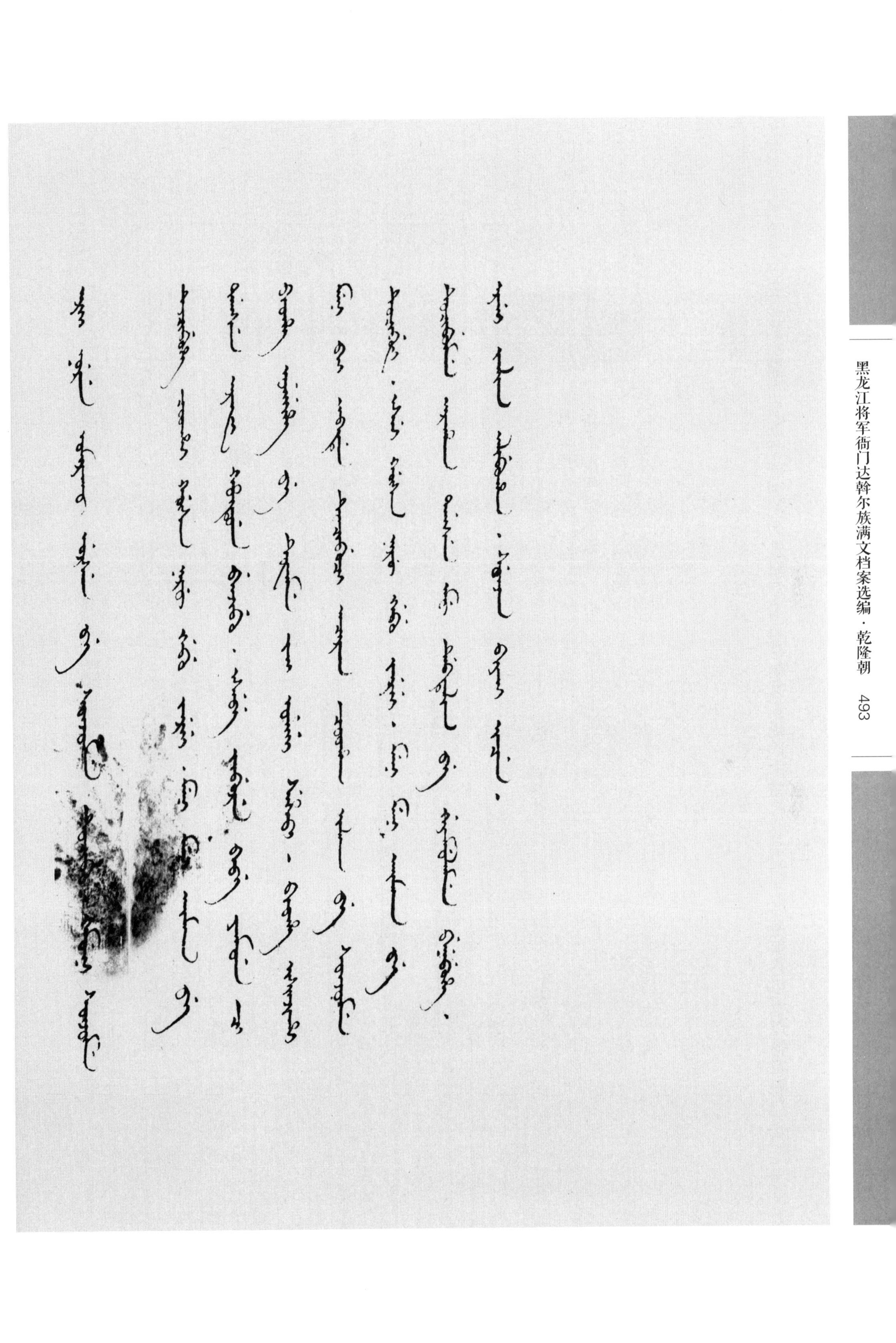

[illegible]

三〇六 黑龙江副都统衙门为选派索伦达斡尔兵丁随进木兰围并解送花名册事咨黑龙江将军衙门文

乾隆十年五月初五日

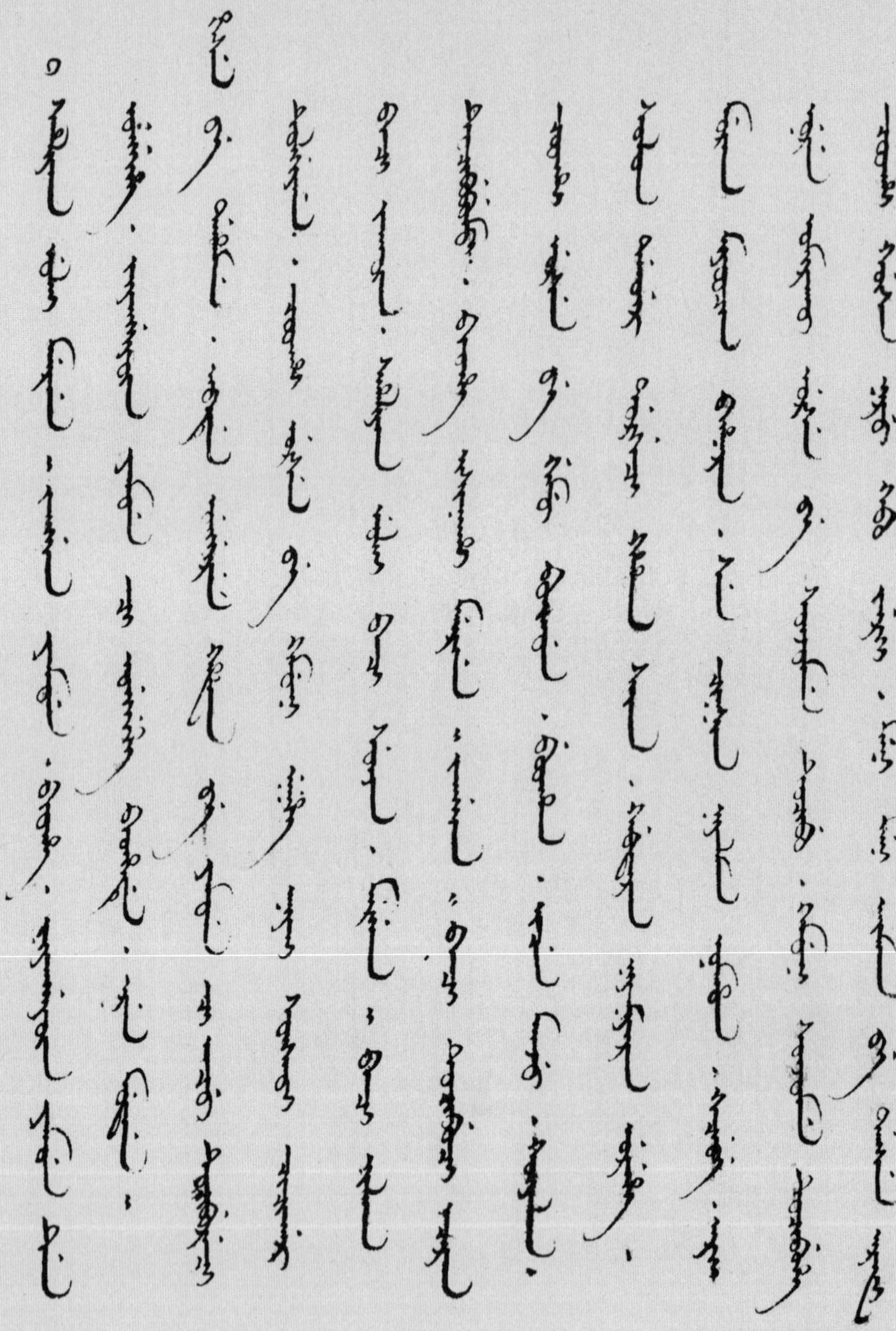

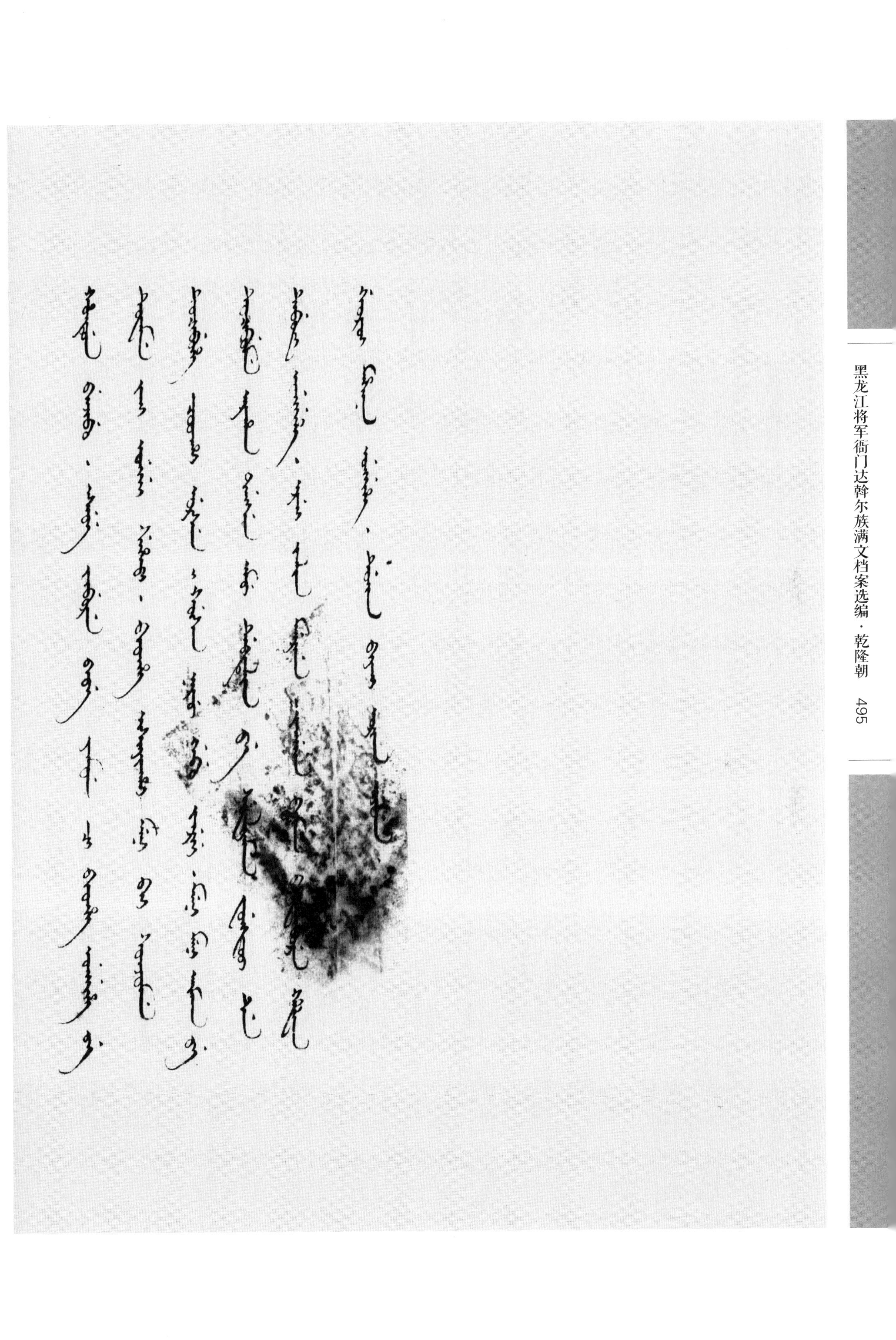

[illegible]

[illegible]

[illegible]

[illegible]

[illegible]

[illegible]

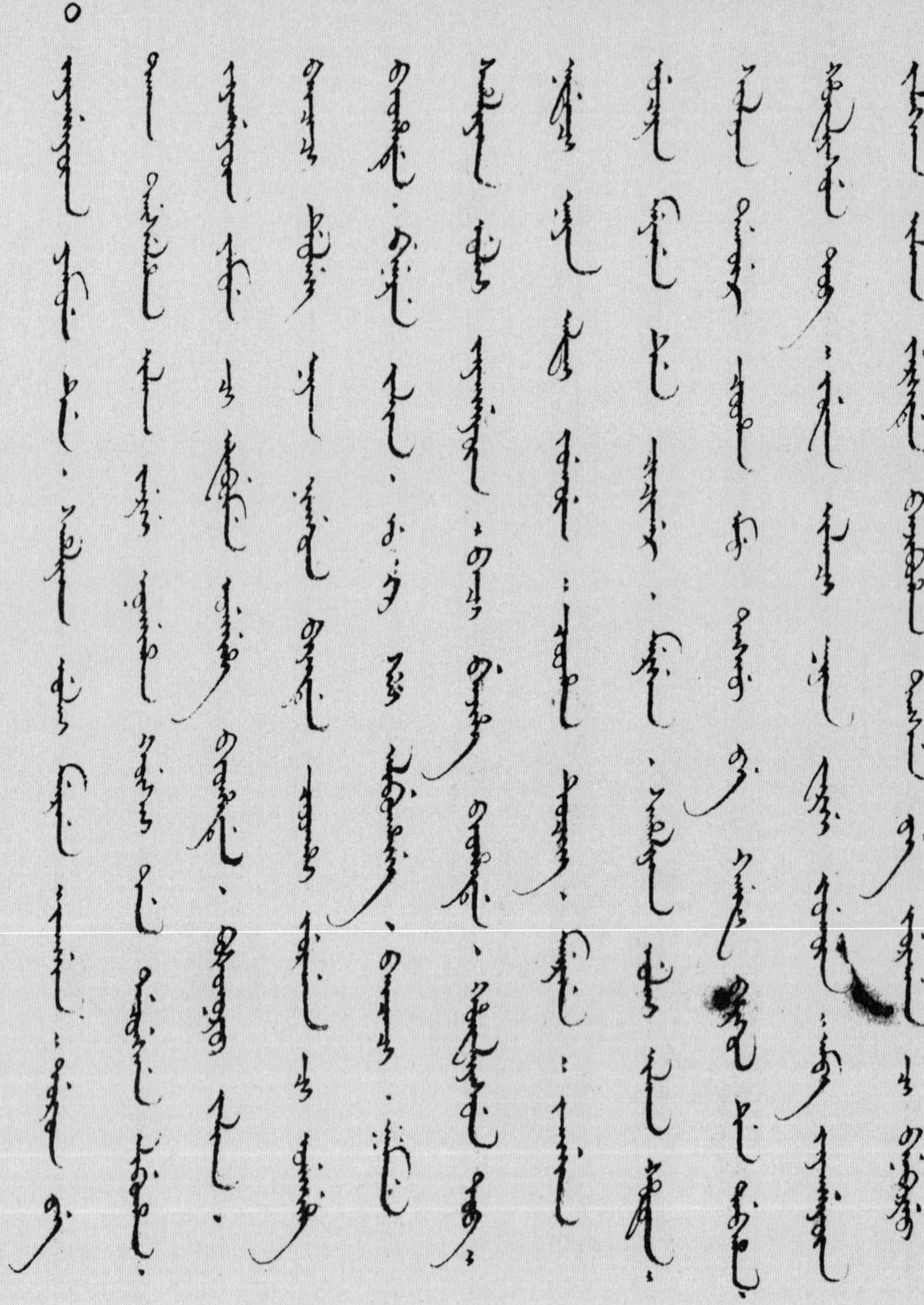

乾隆十年五月初六日

龙江将军衙门文

三〇七　暂护黑龙江副都统印务协领达冲阿为造送雍正年间出征巴里坤索伦达斡尔官兵花名册事呈黑

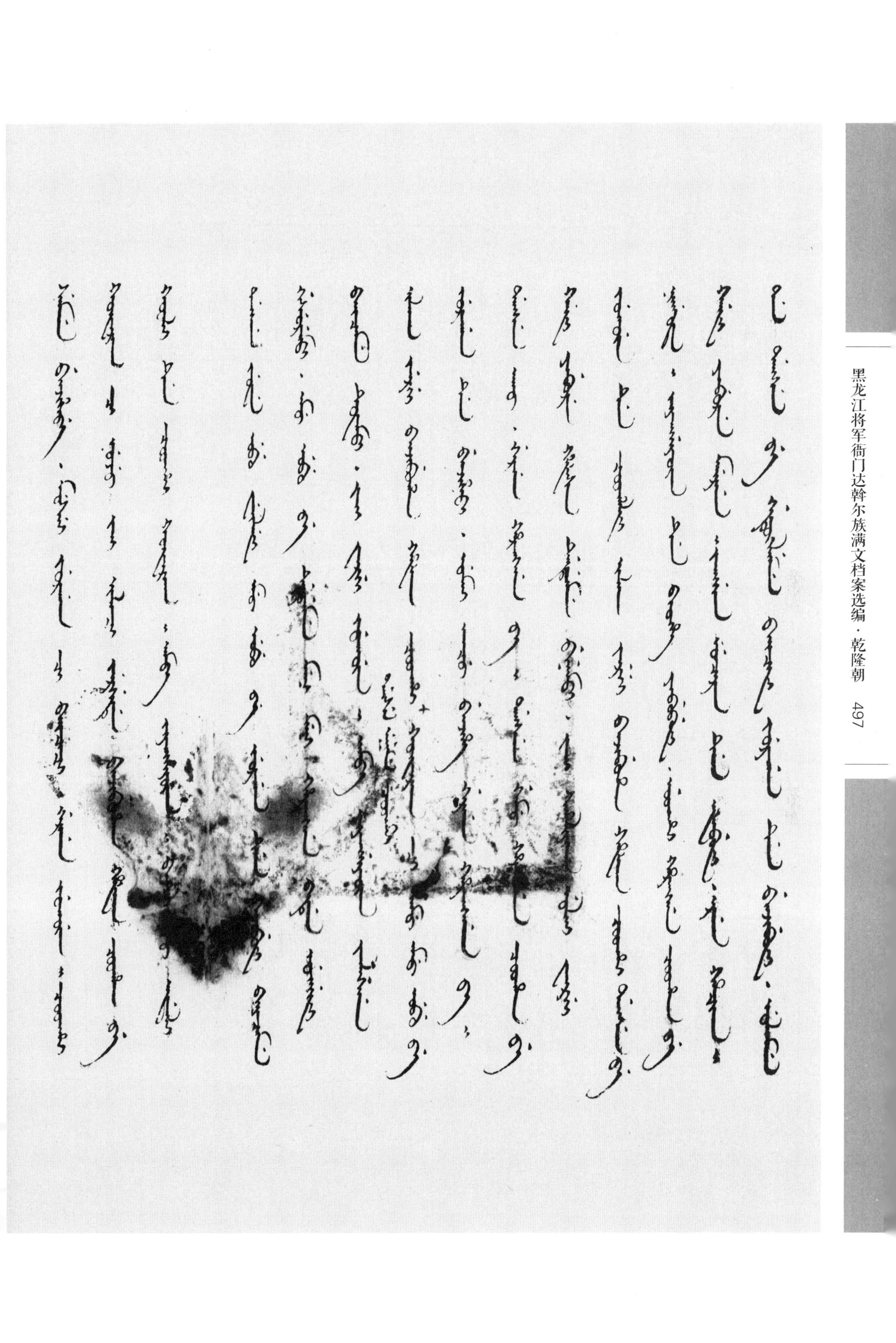

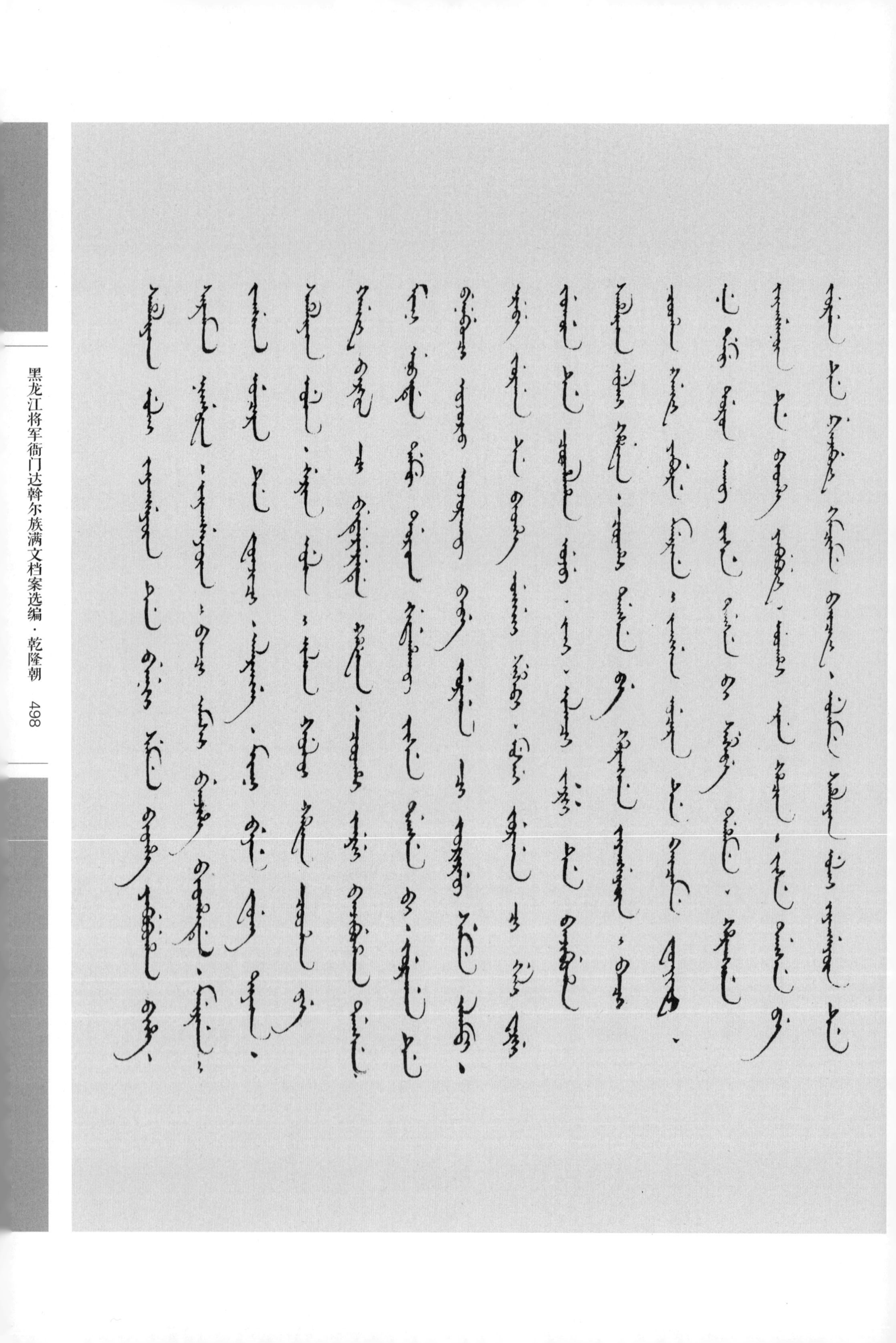

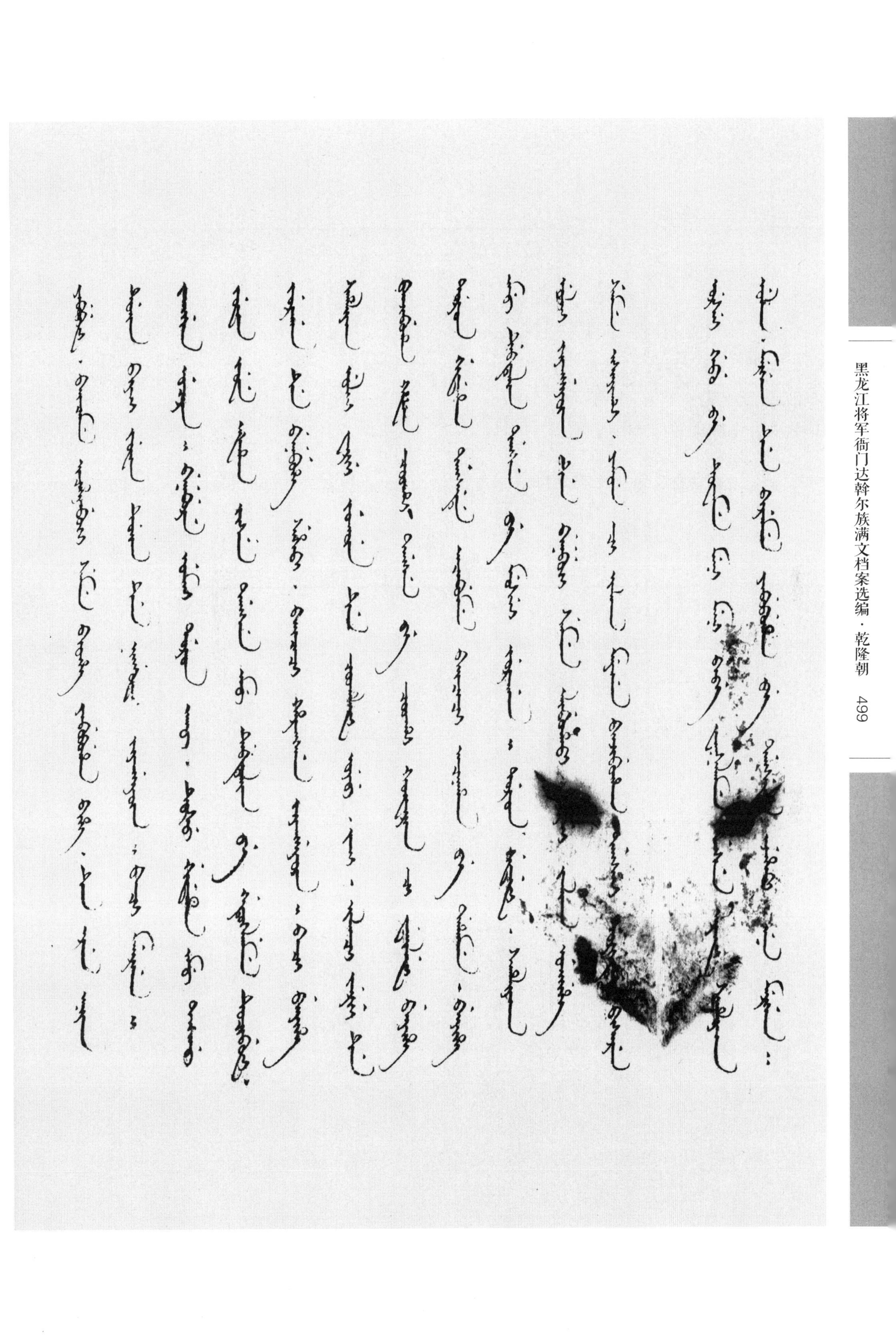

[illegible]

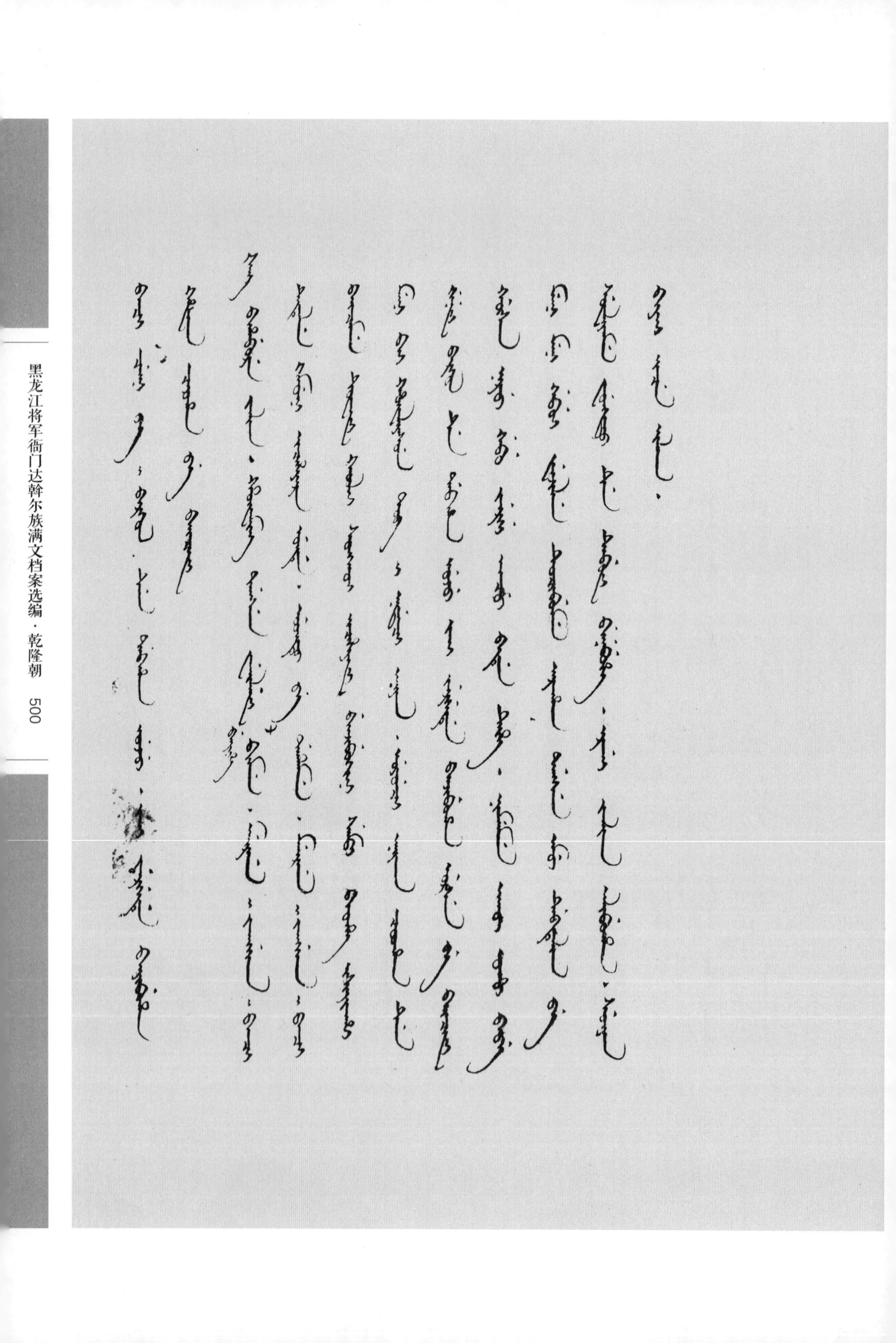

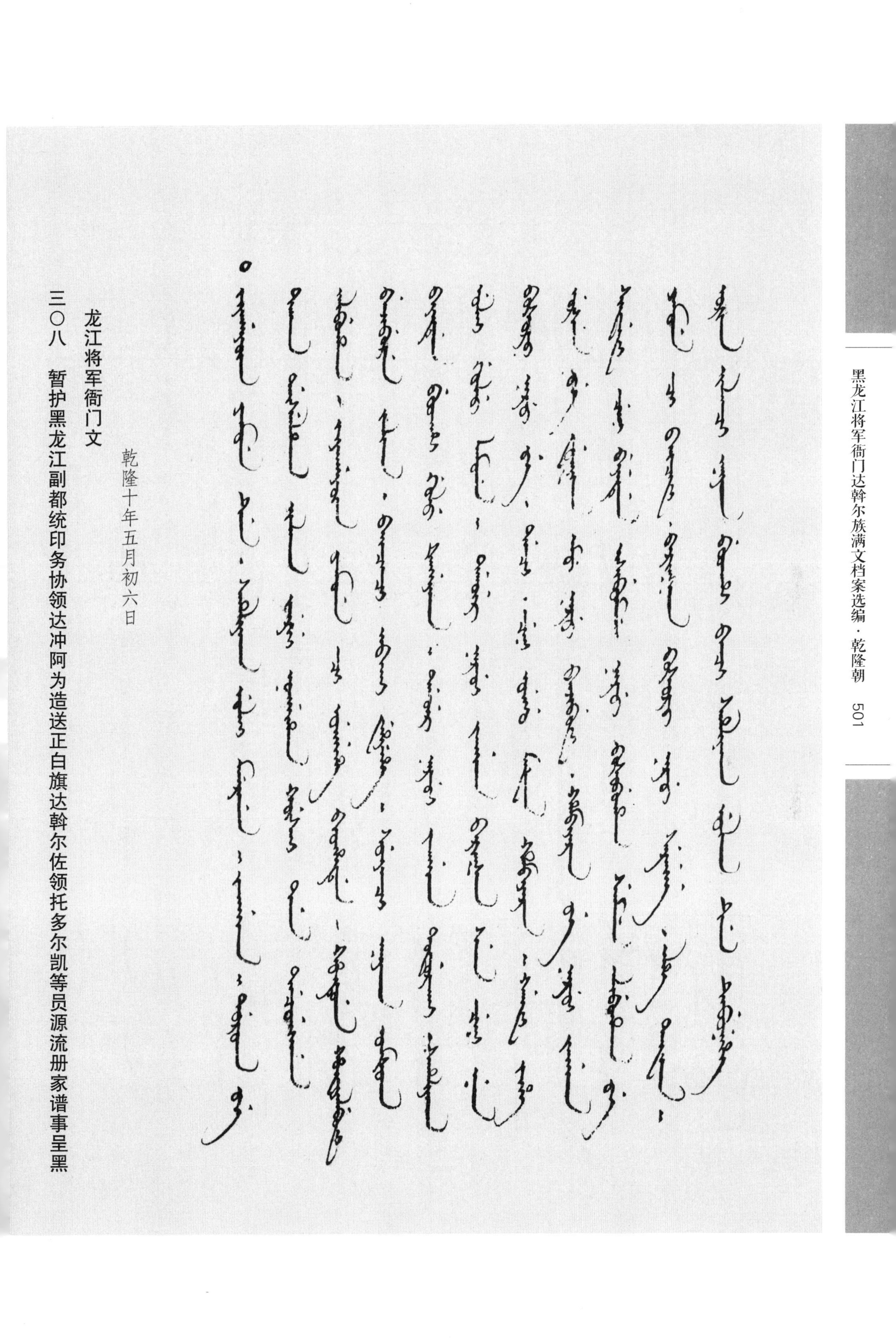

三〇八 暂护黑龙江副都统印务协领达冲阿为造送正白旗达斡尔佐领托多尔凯等员源流册家谱事呈黑龙江将军衙门文

乾隆十年五月初六日

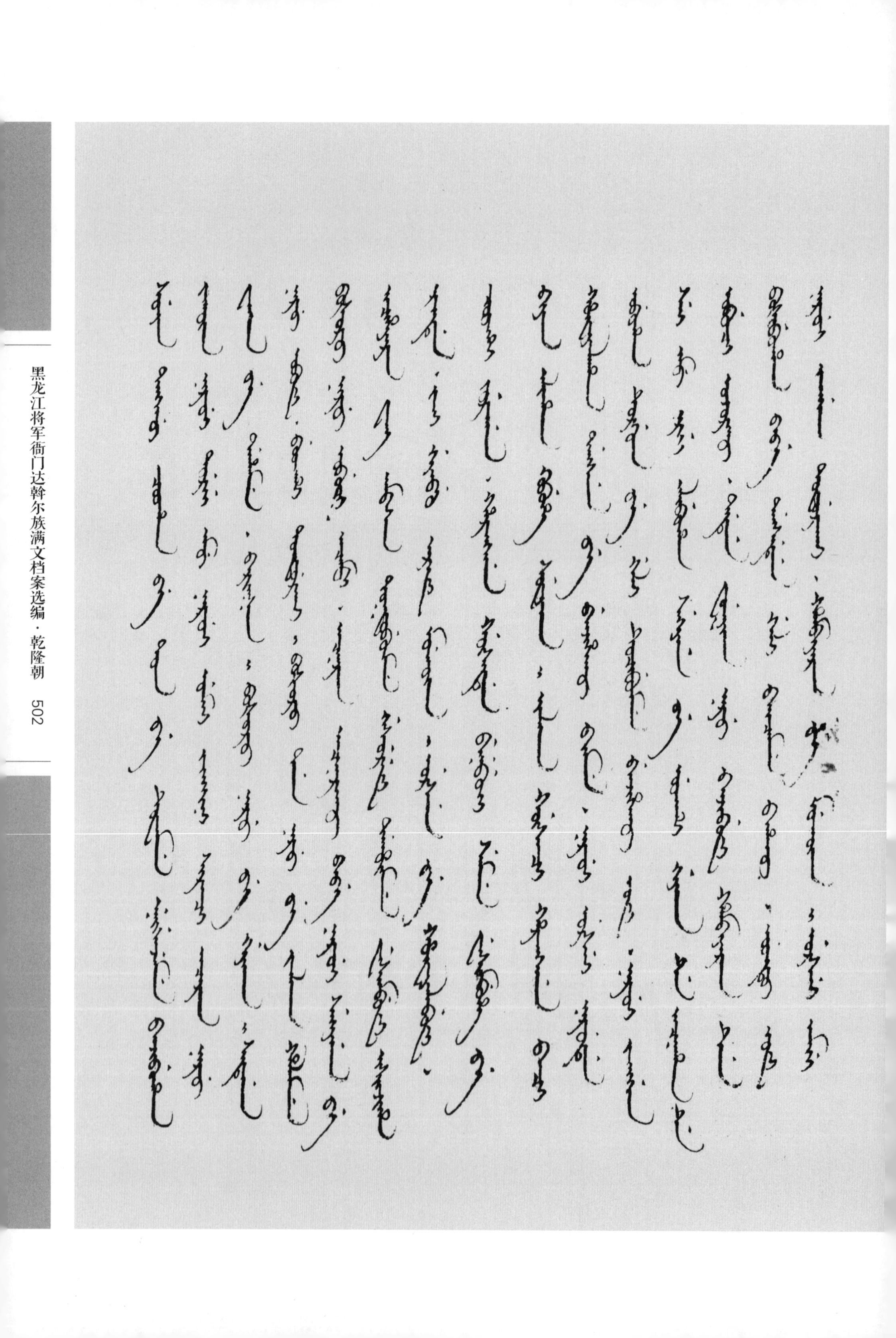

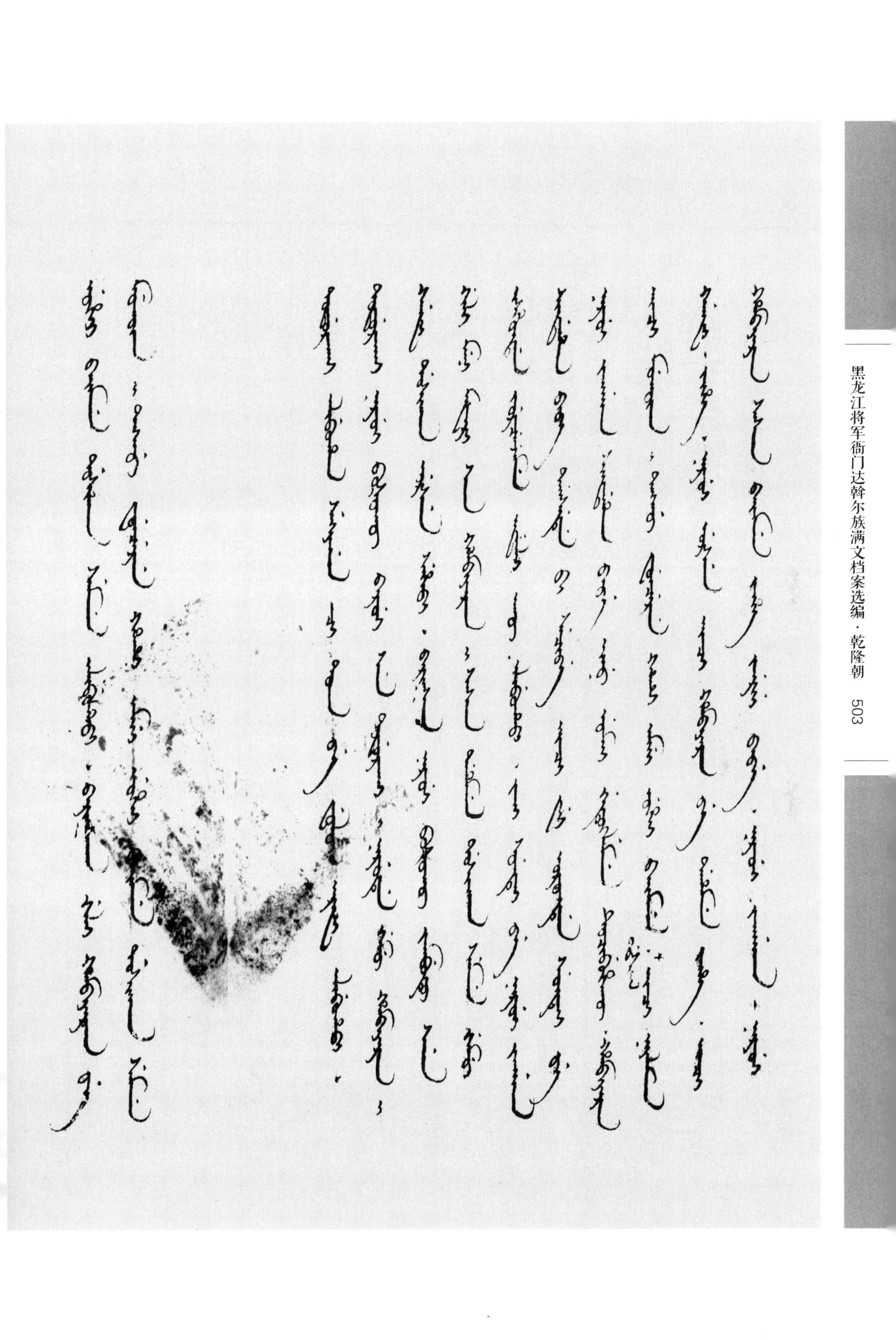

[illegible]

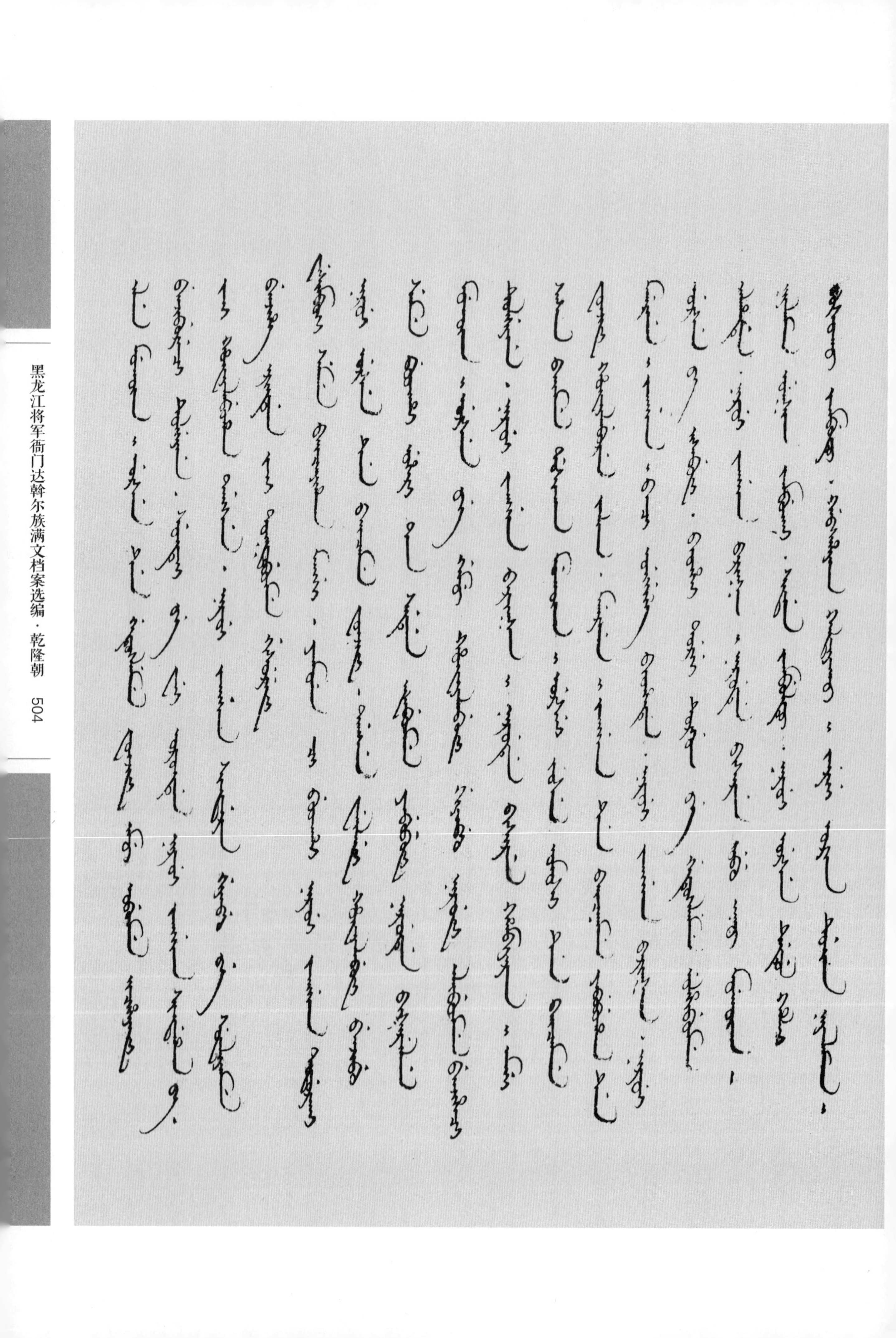

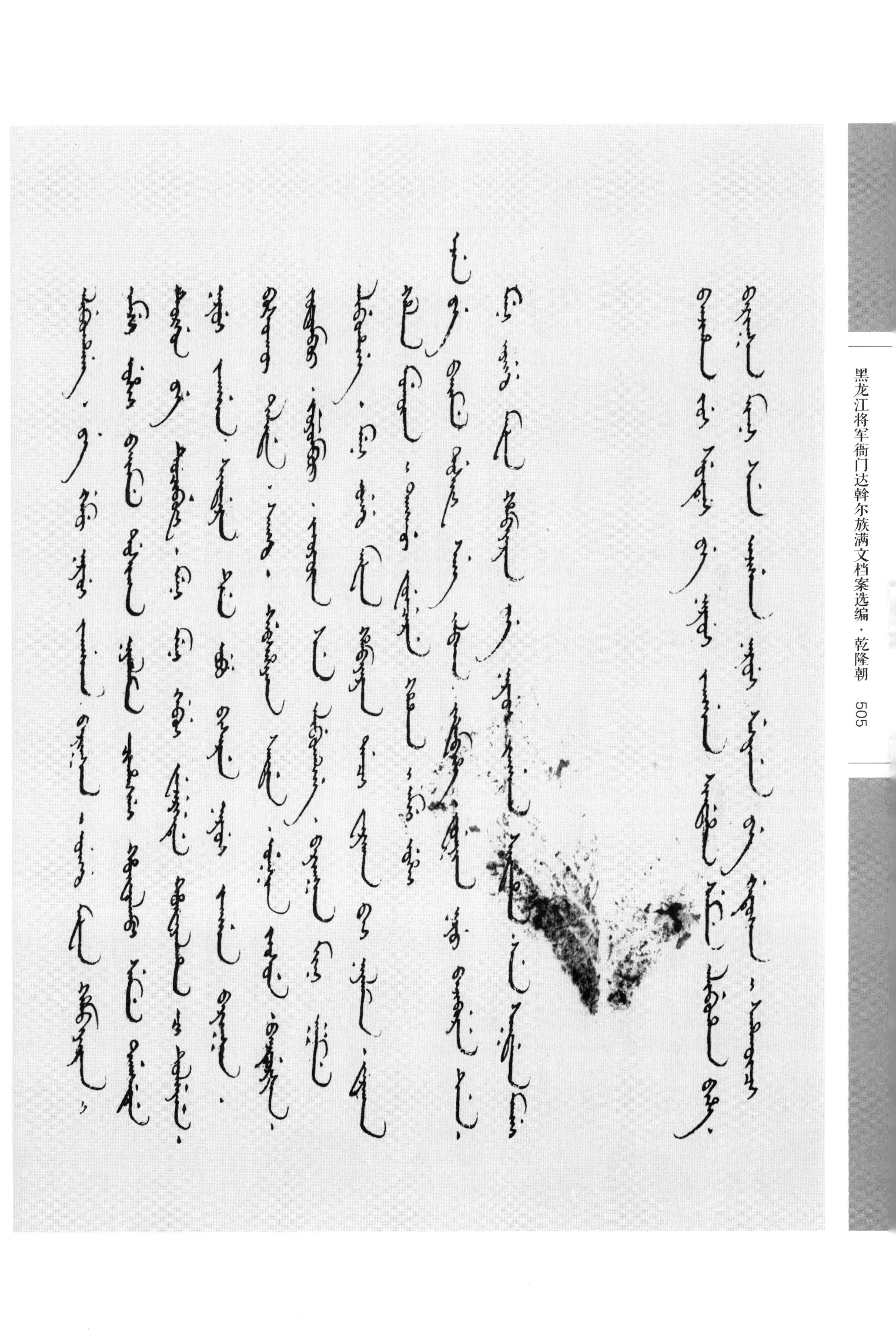

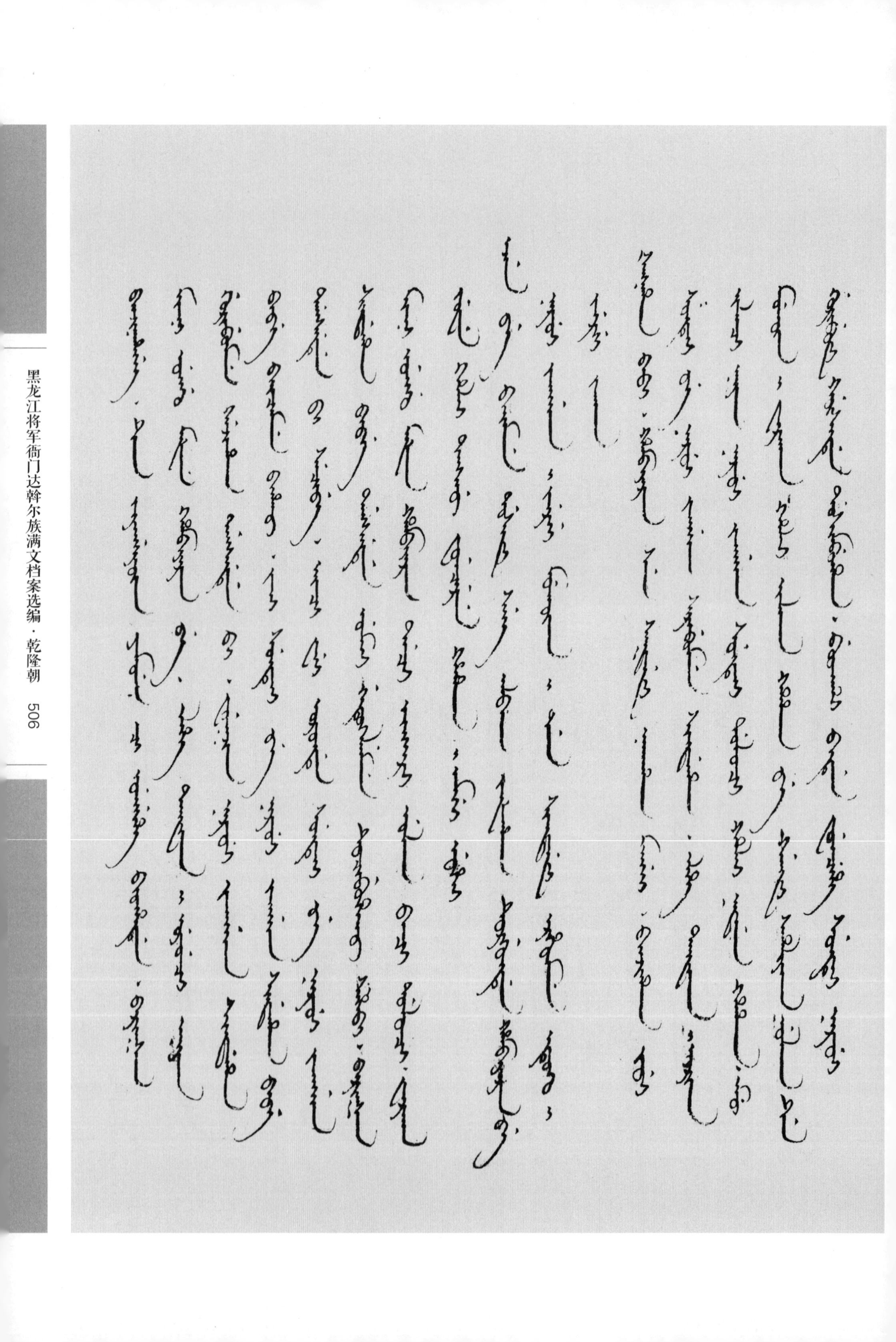

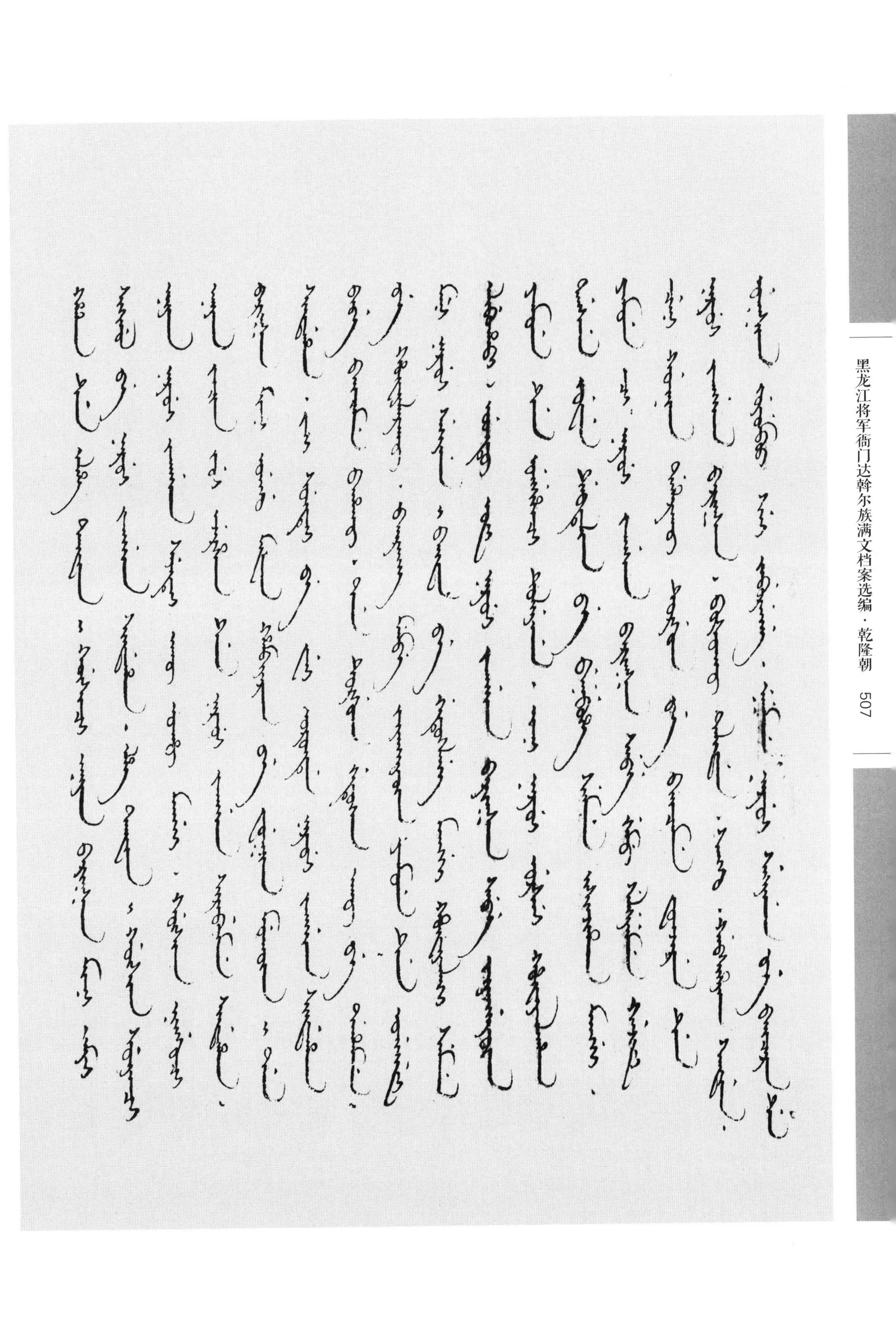

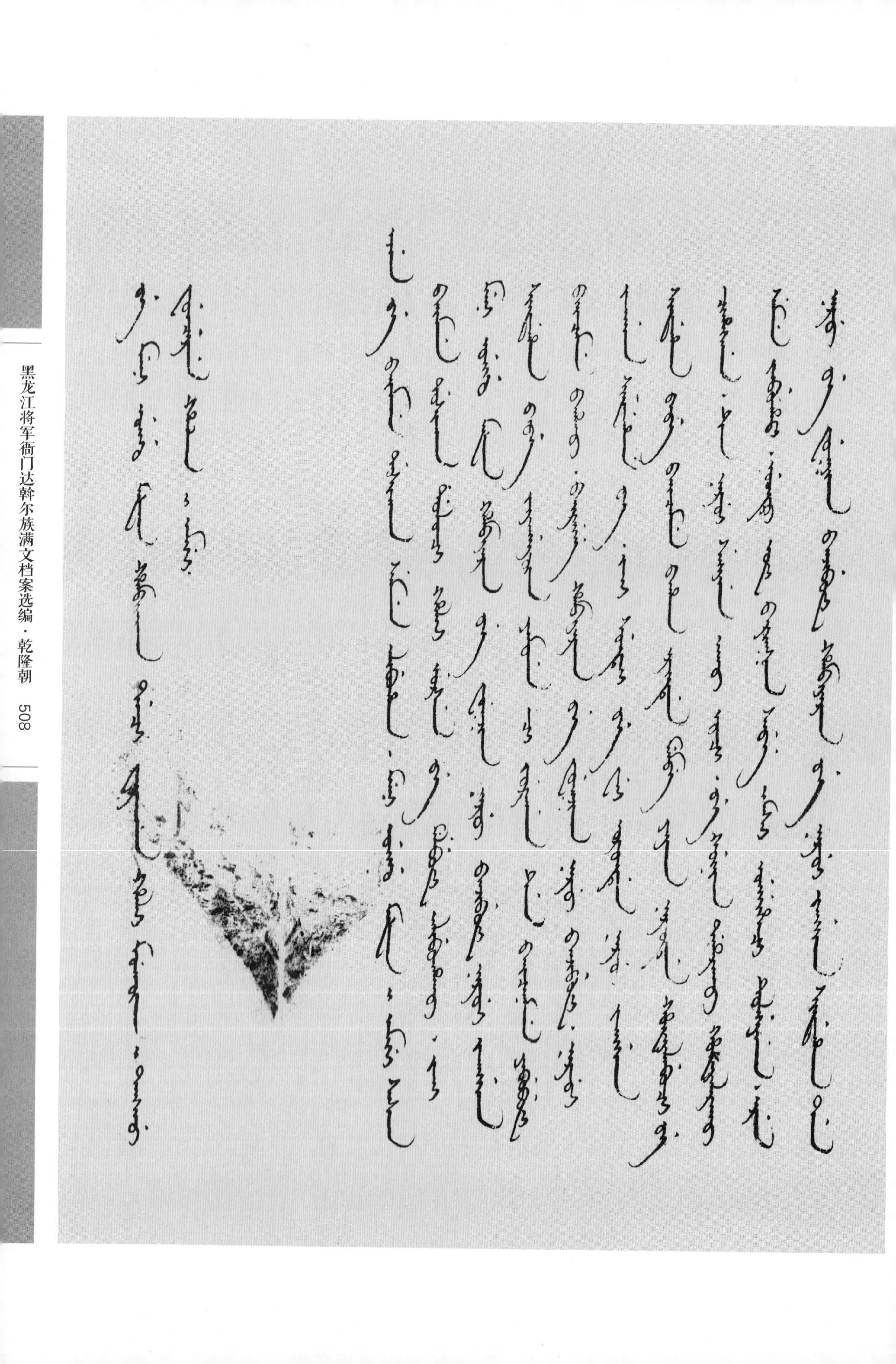

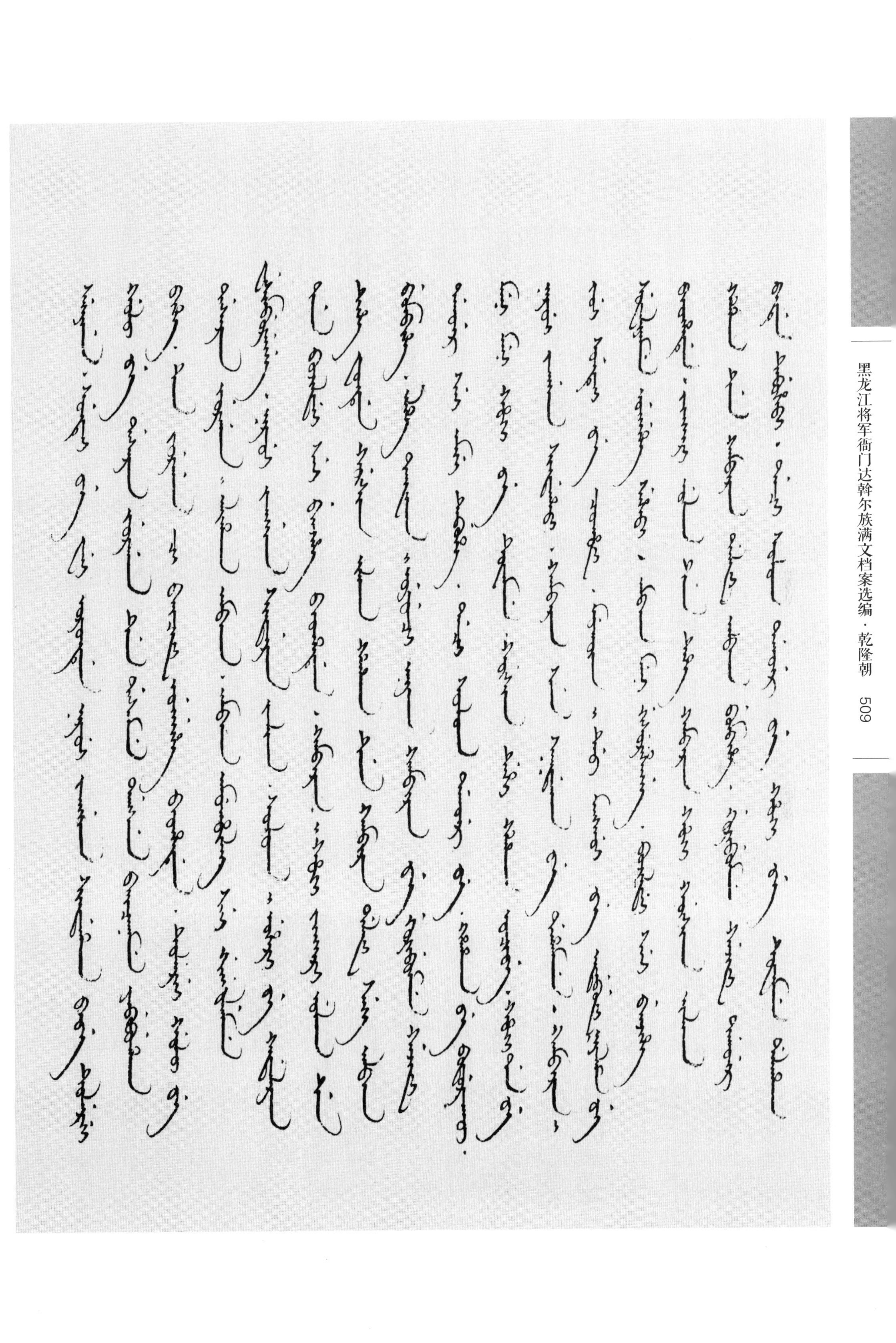

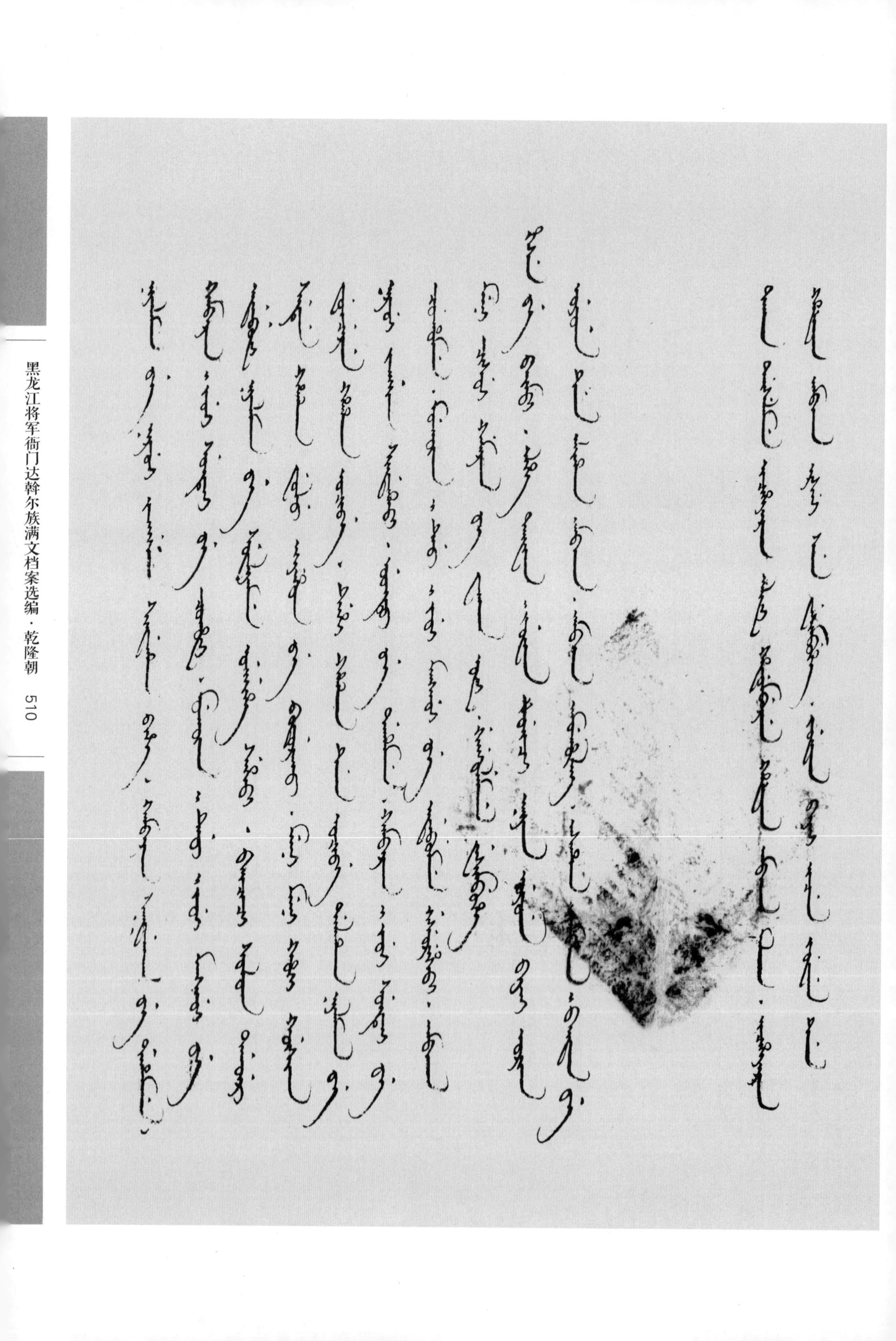

[illegible]

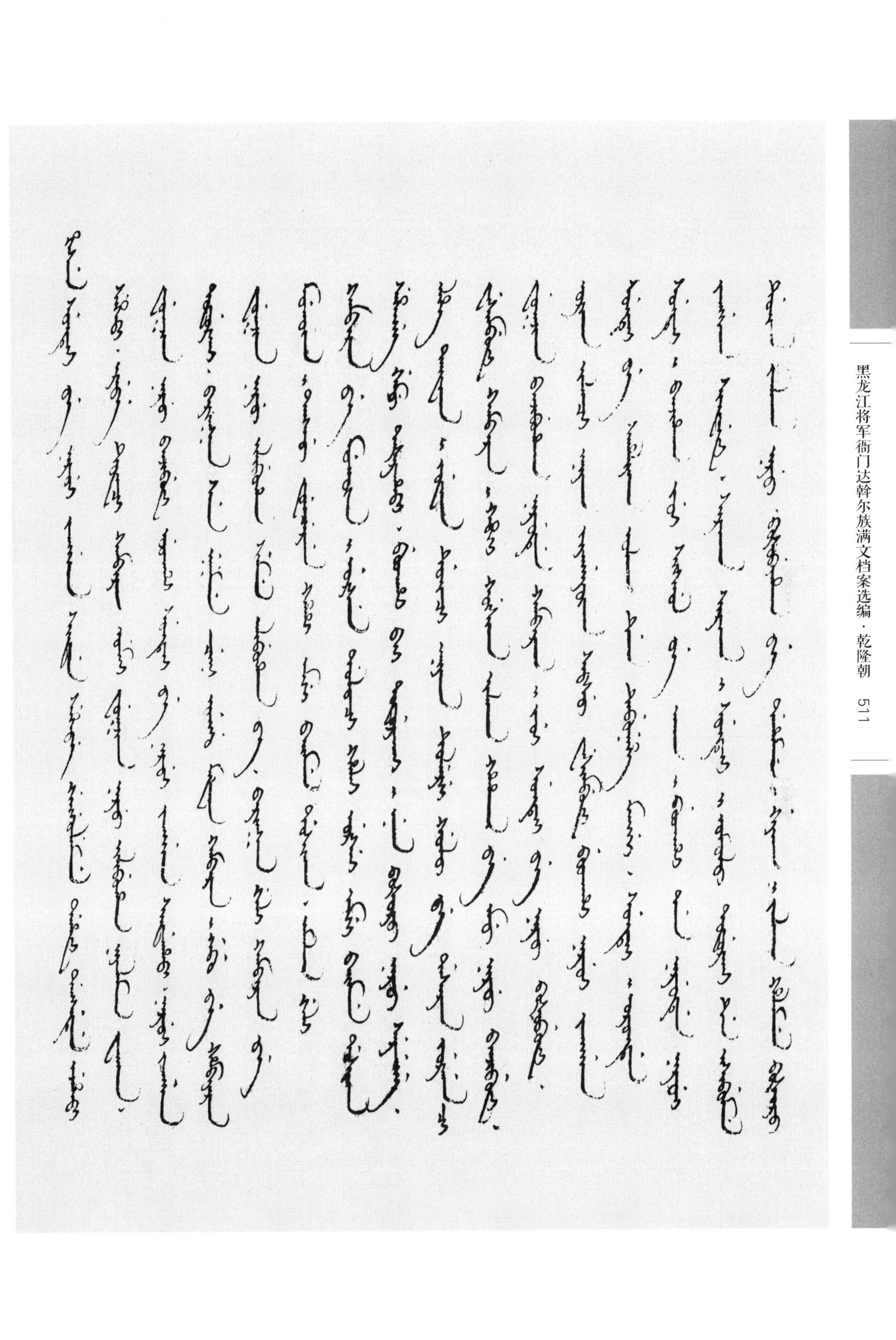

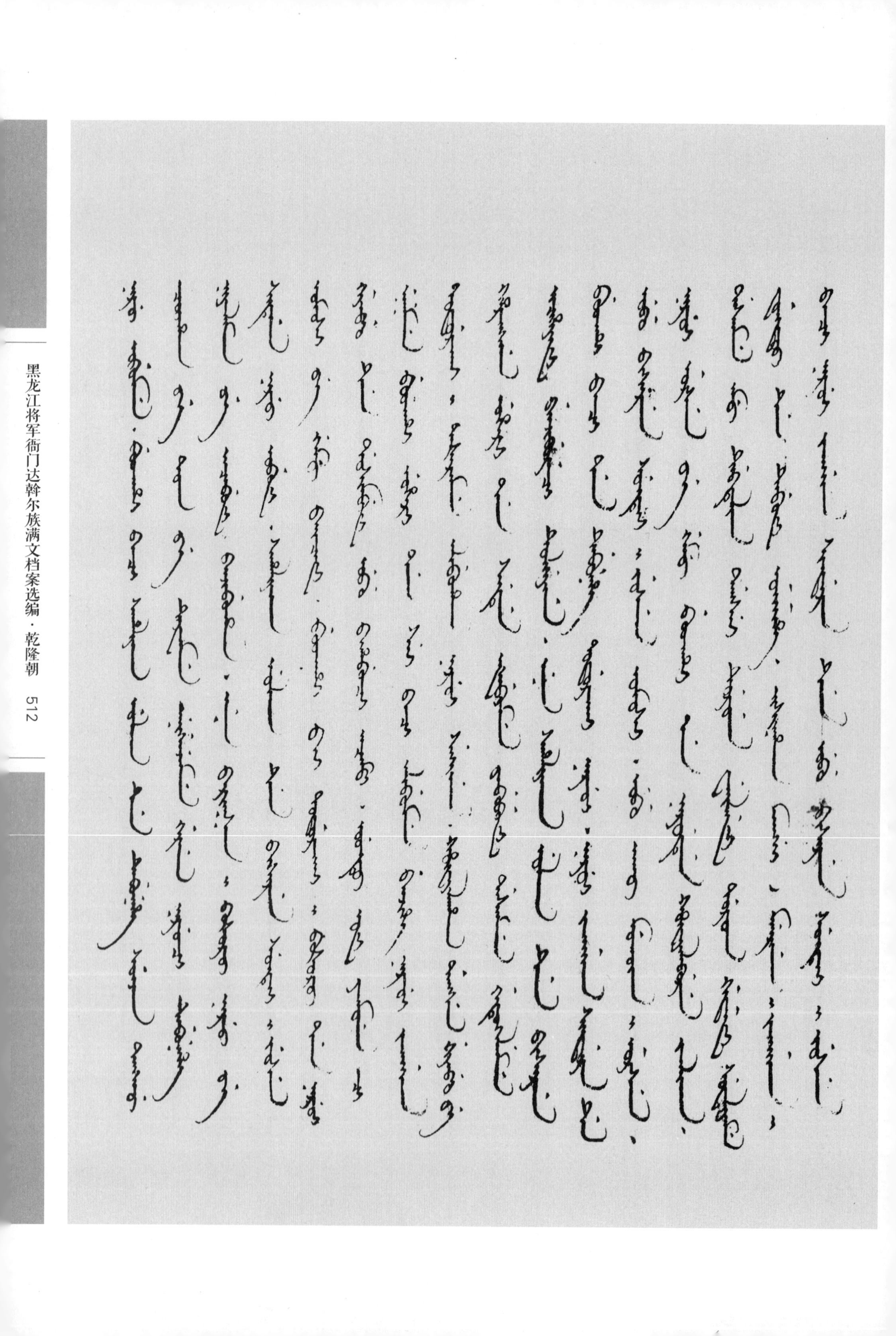

[illegible]

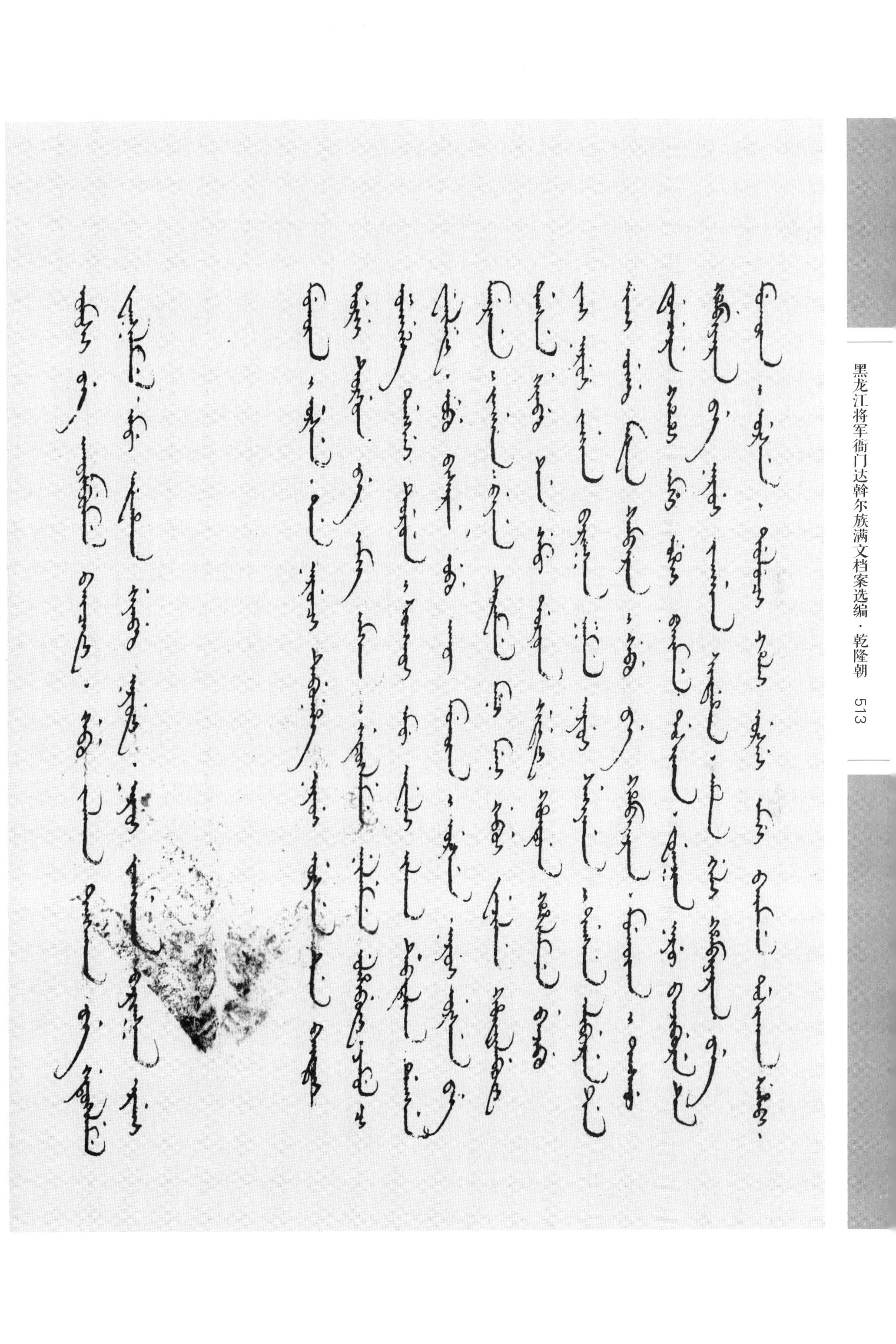

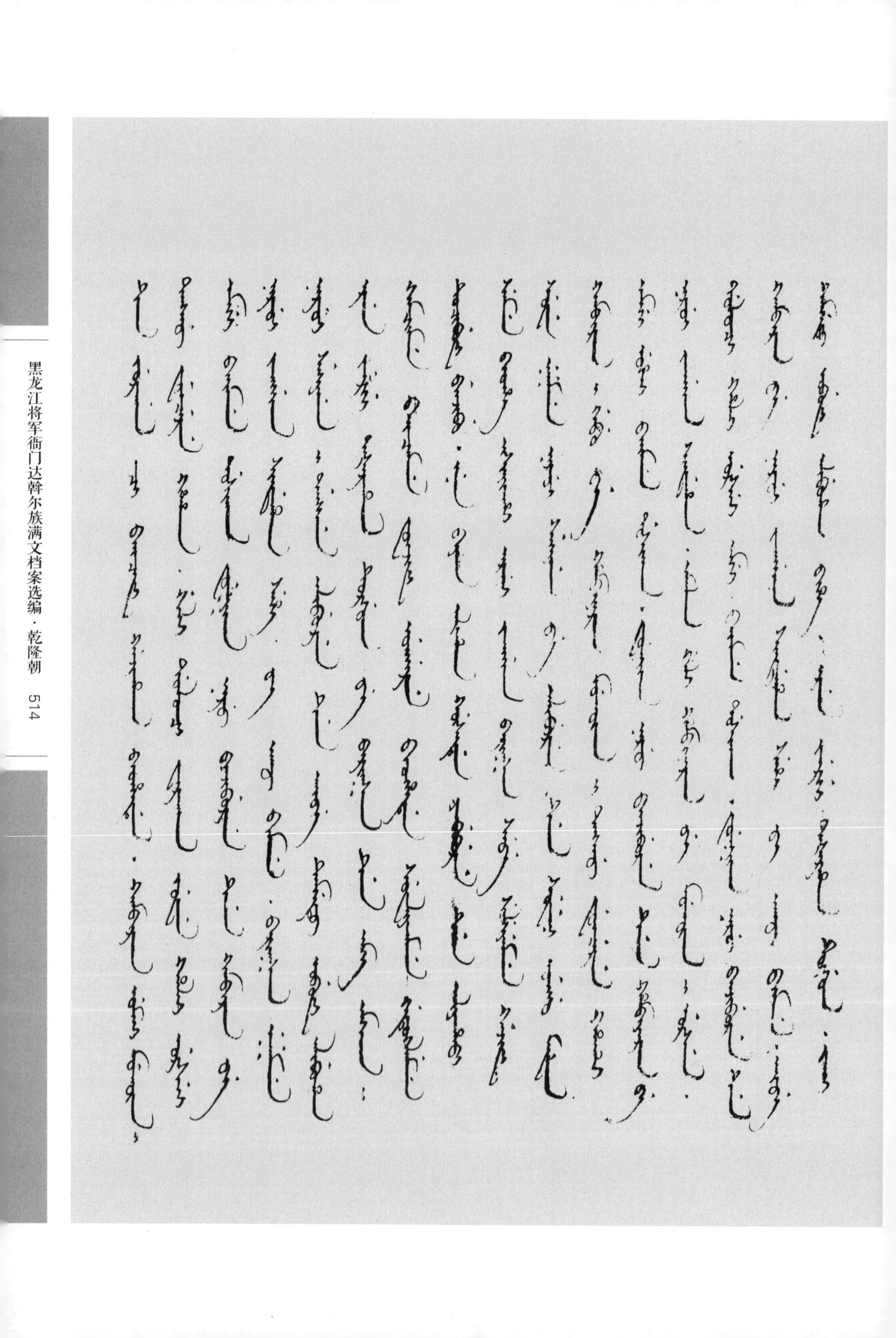

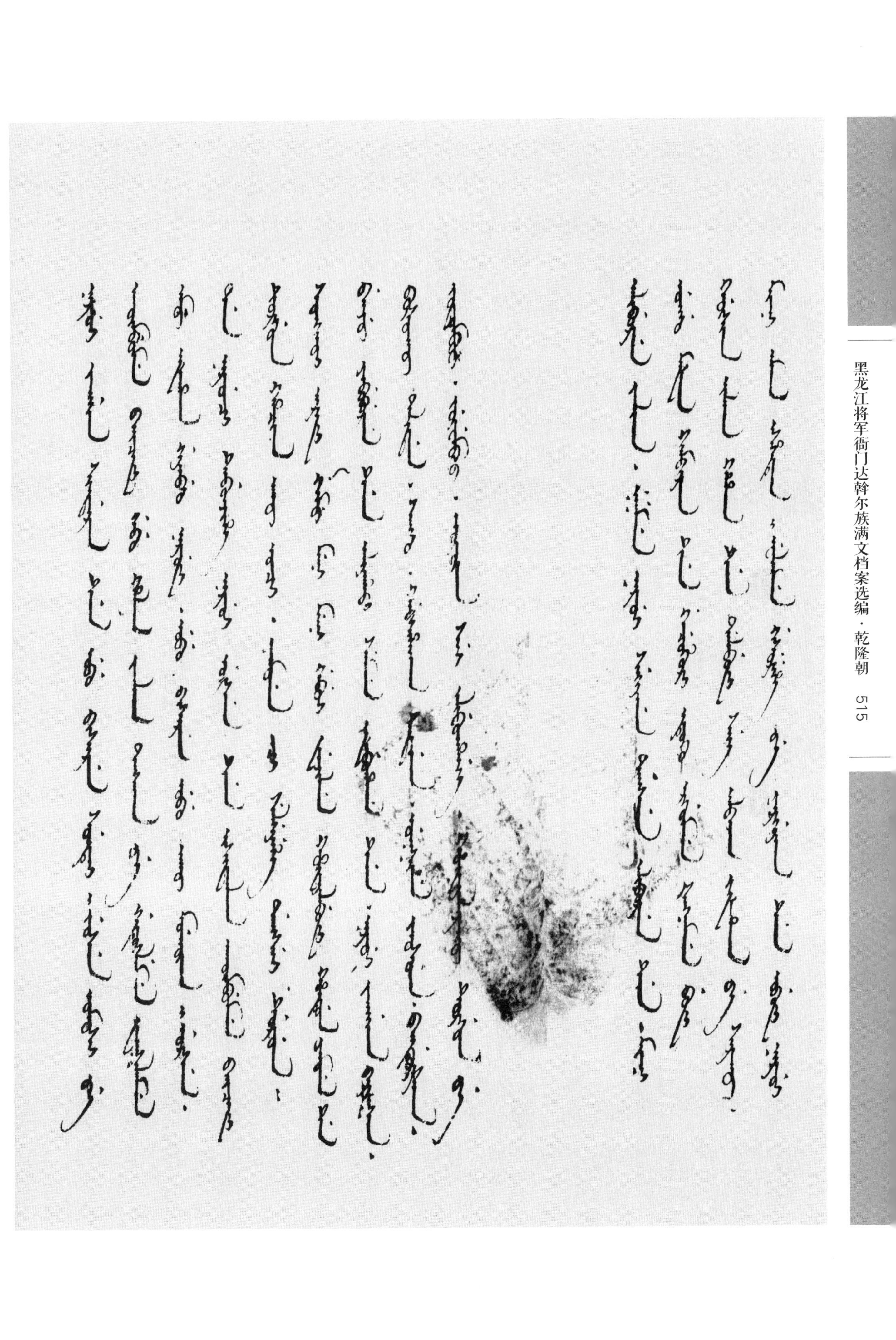

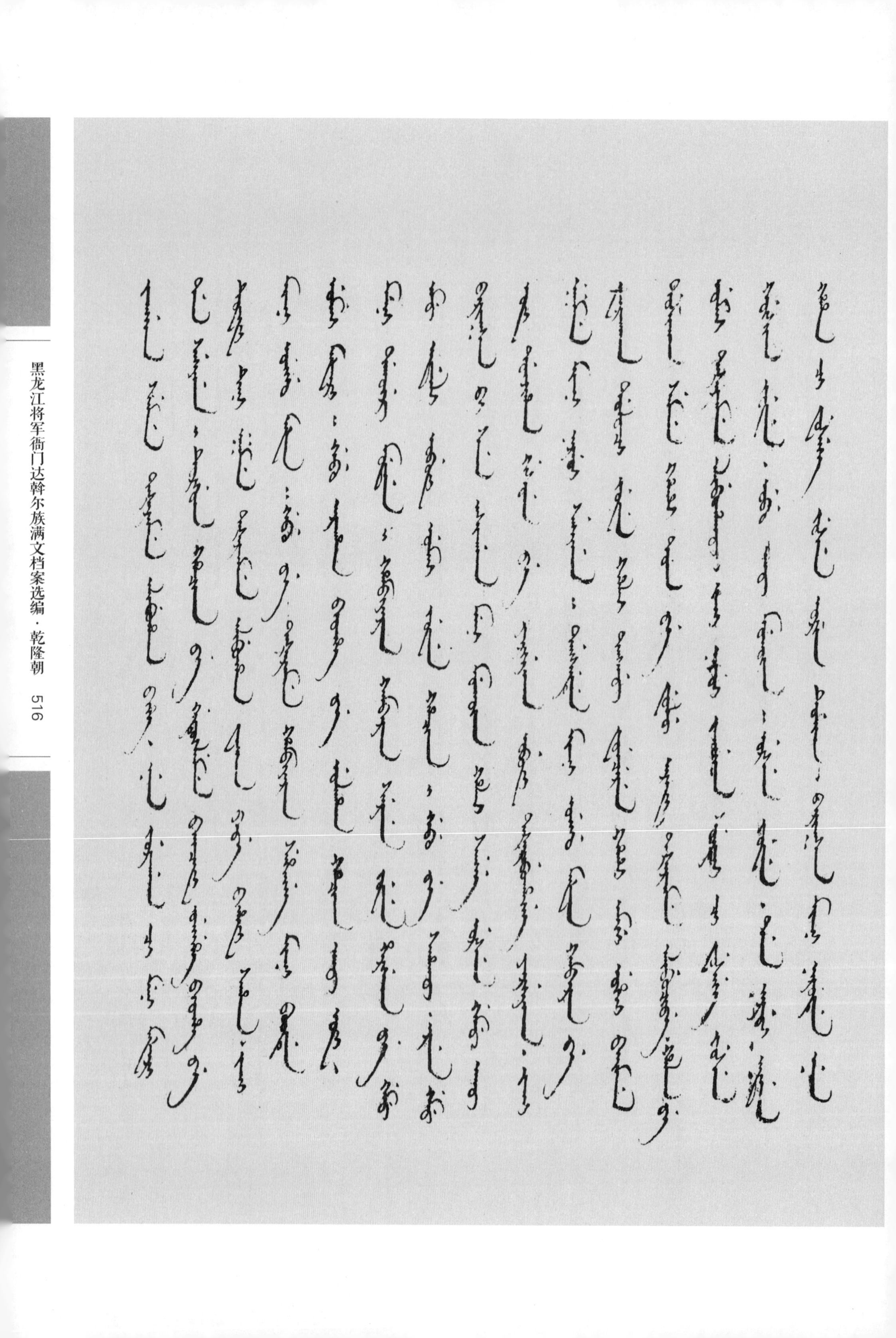

[illegible]

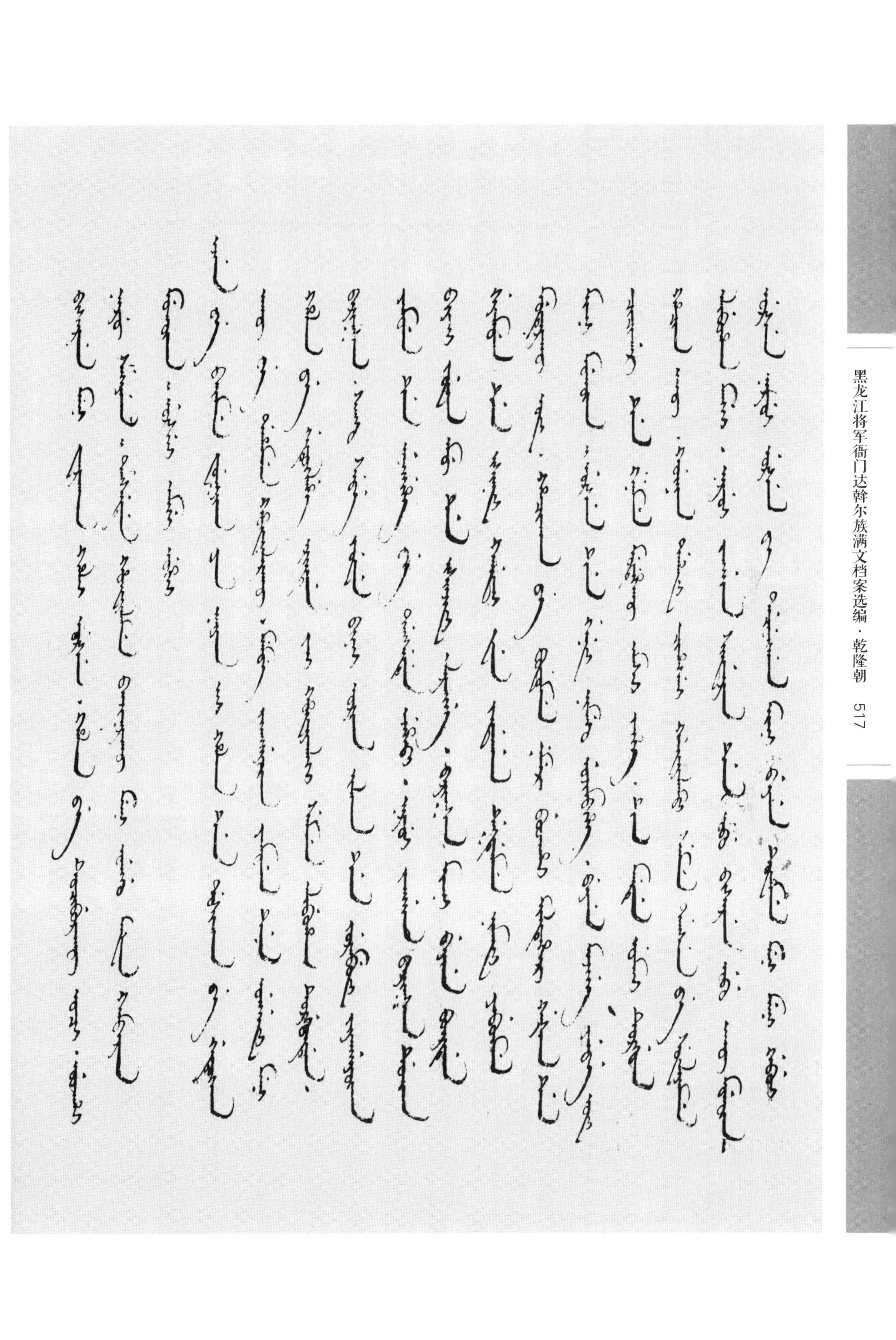

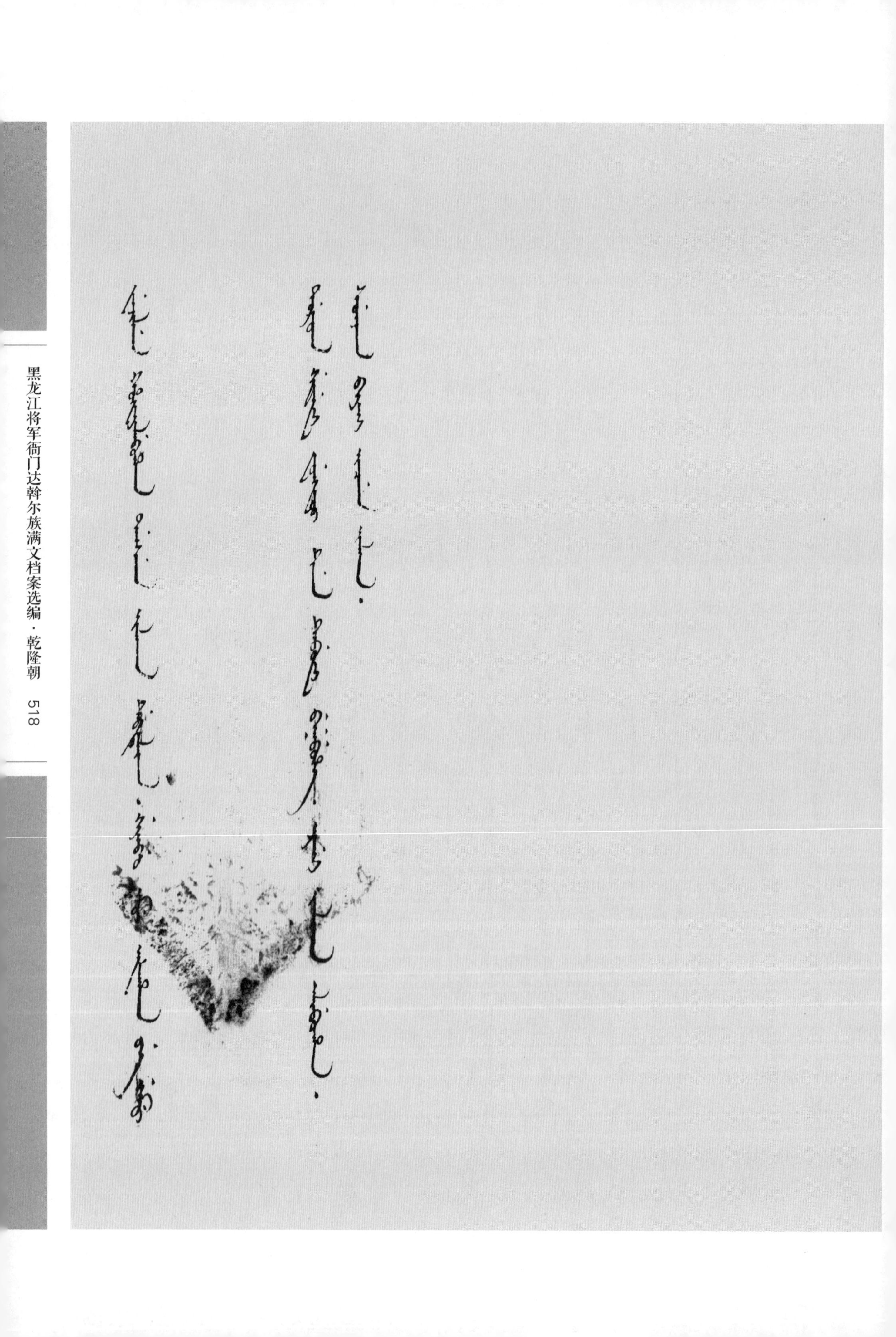

三〇九　暂护黑龙江副都统印务协领达冲阿为造送正白旗达斡尔佐领布拉尔达彦等源流册家谱事呈黑龙江将军衙门文

乾隆十年五月初六日

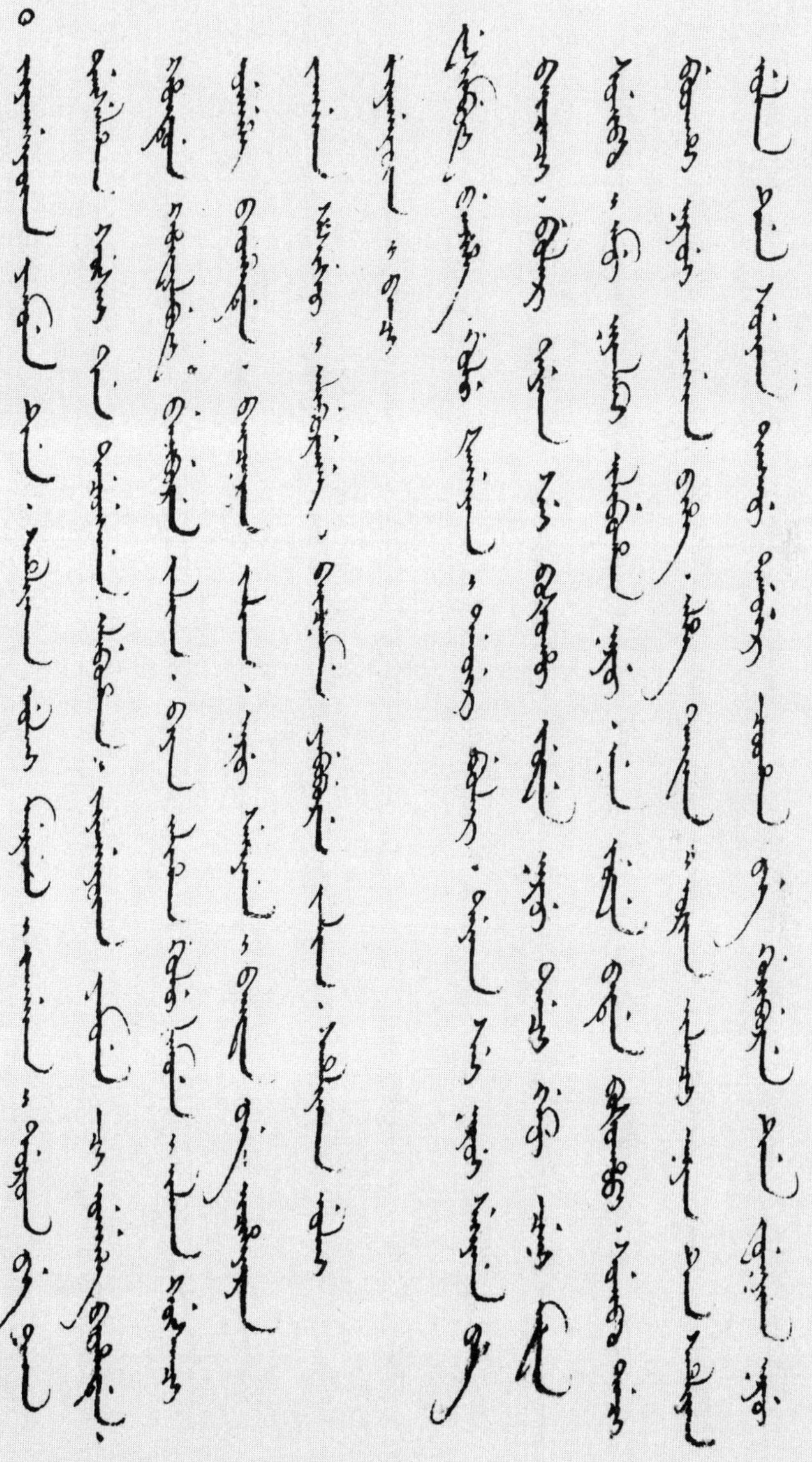

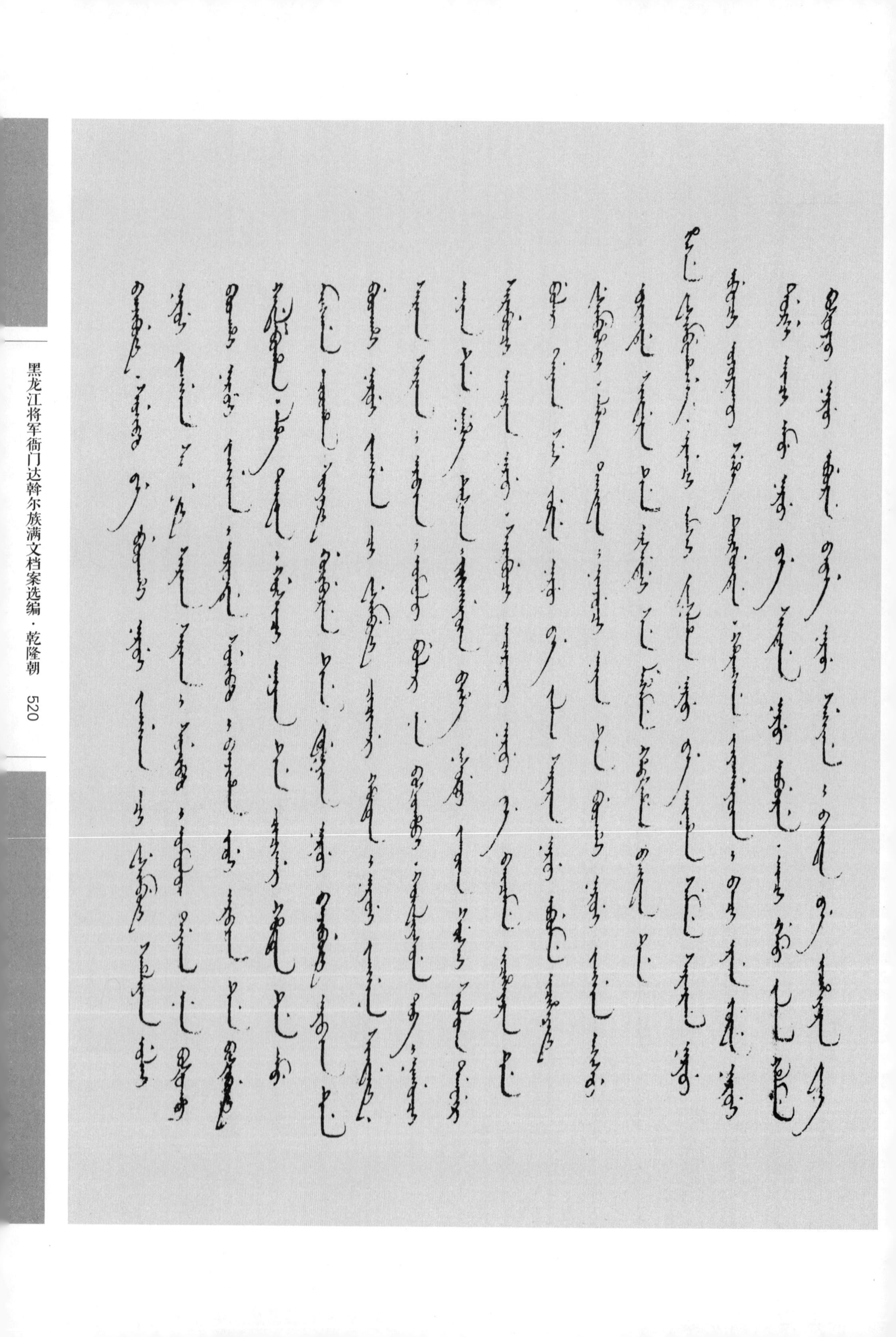

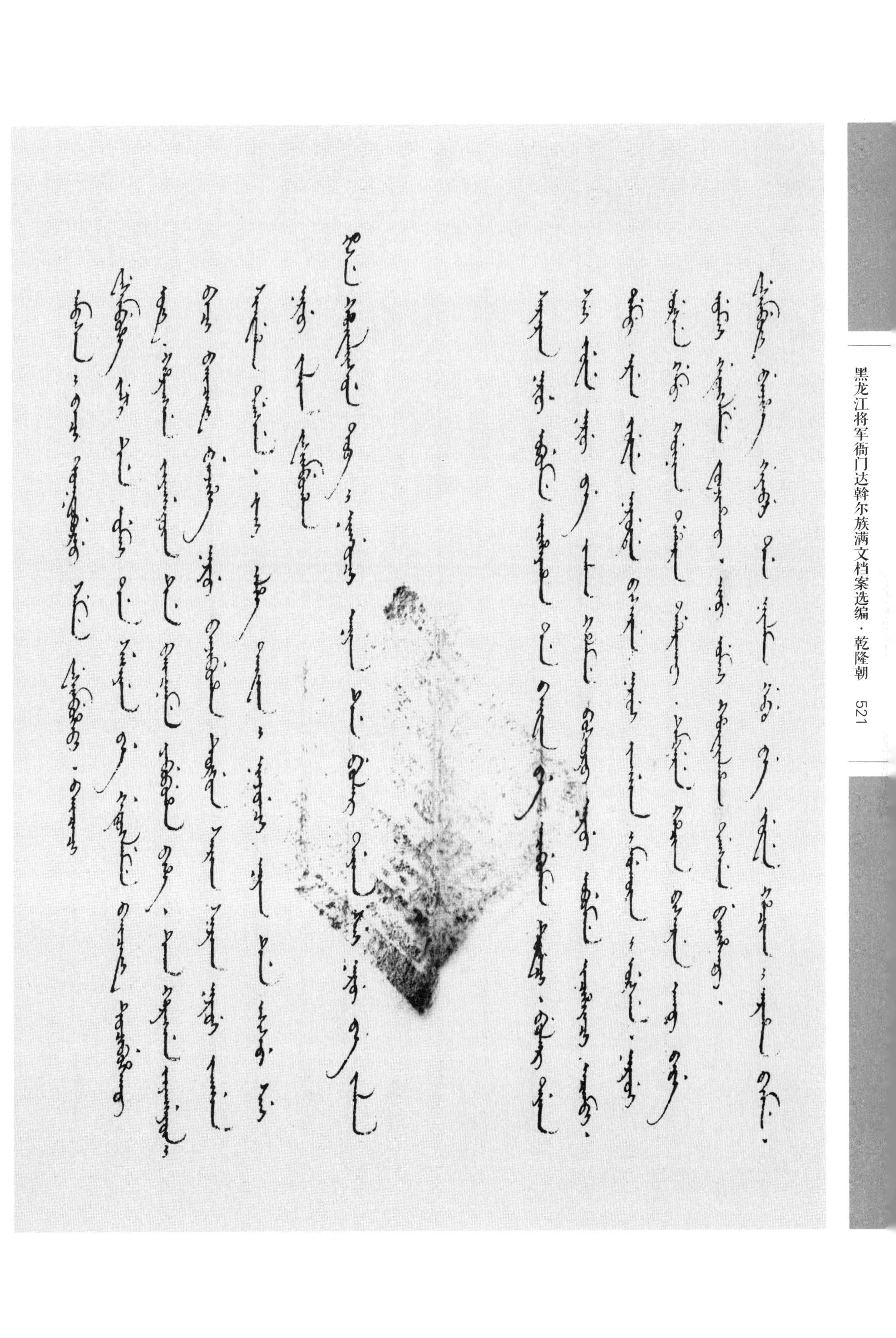

[illegible]

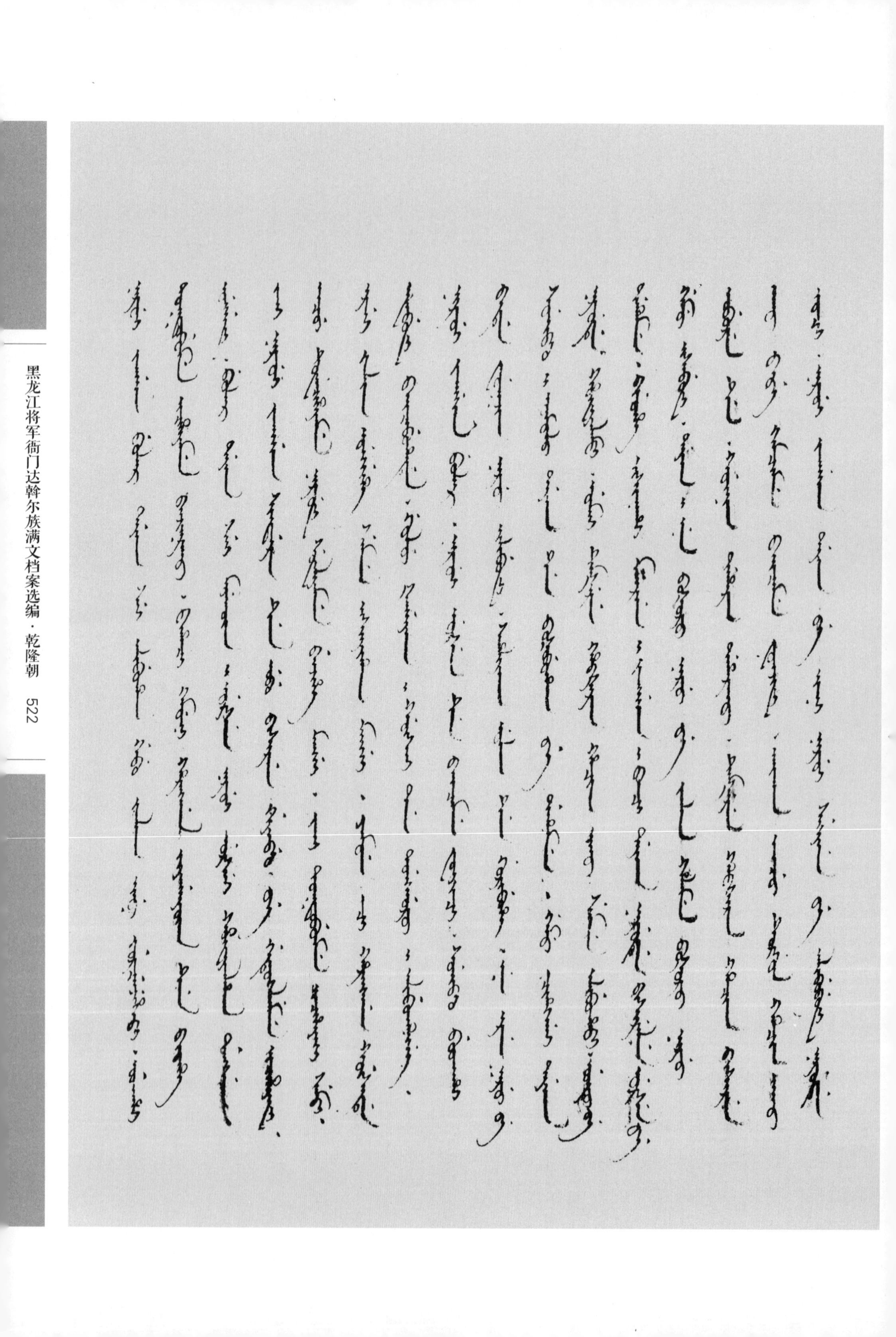

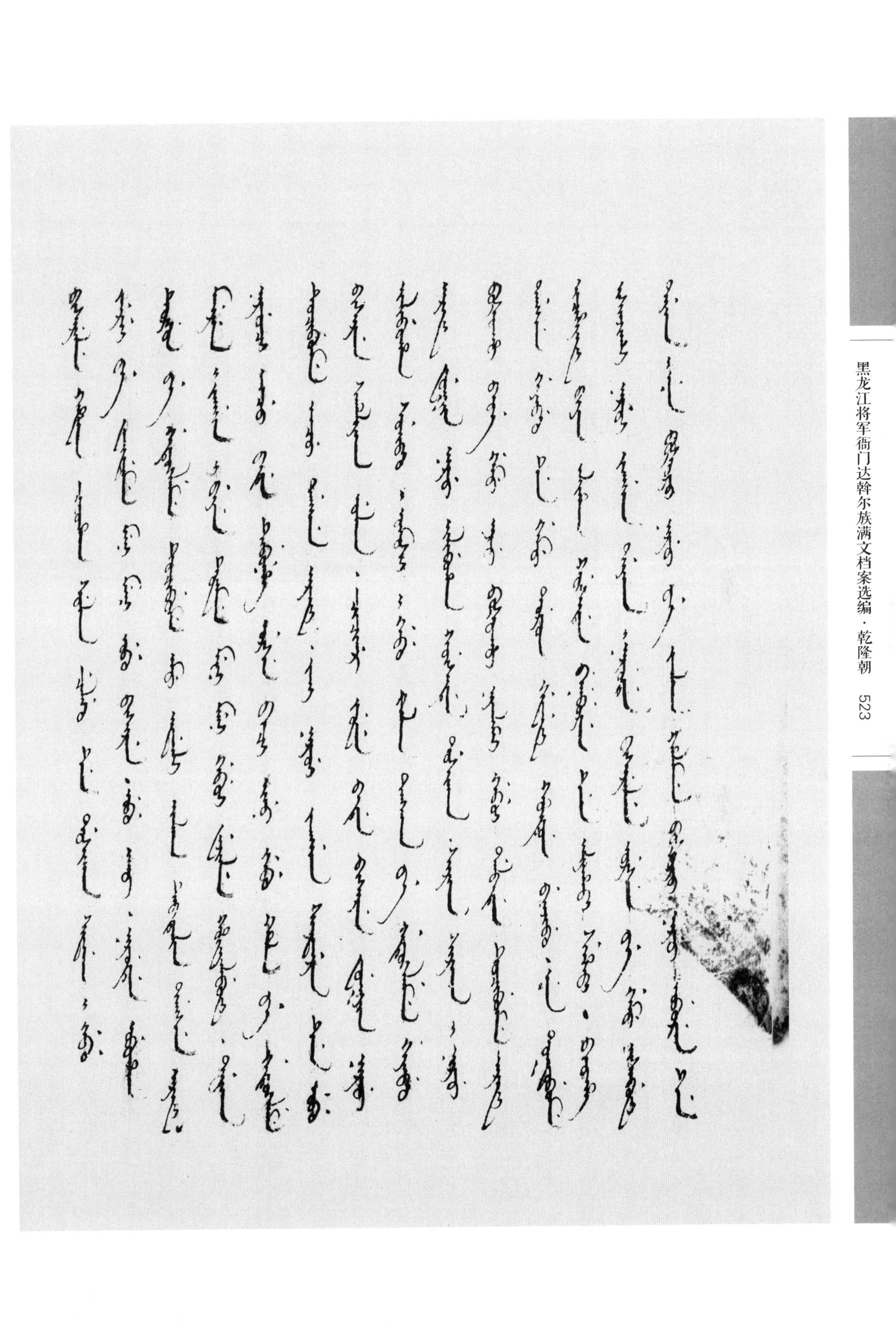

[illegible]

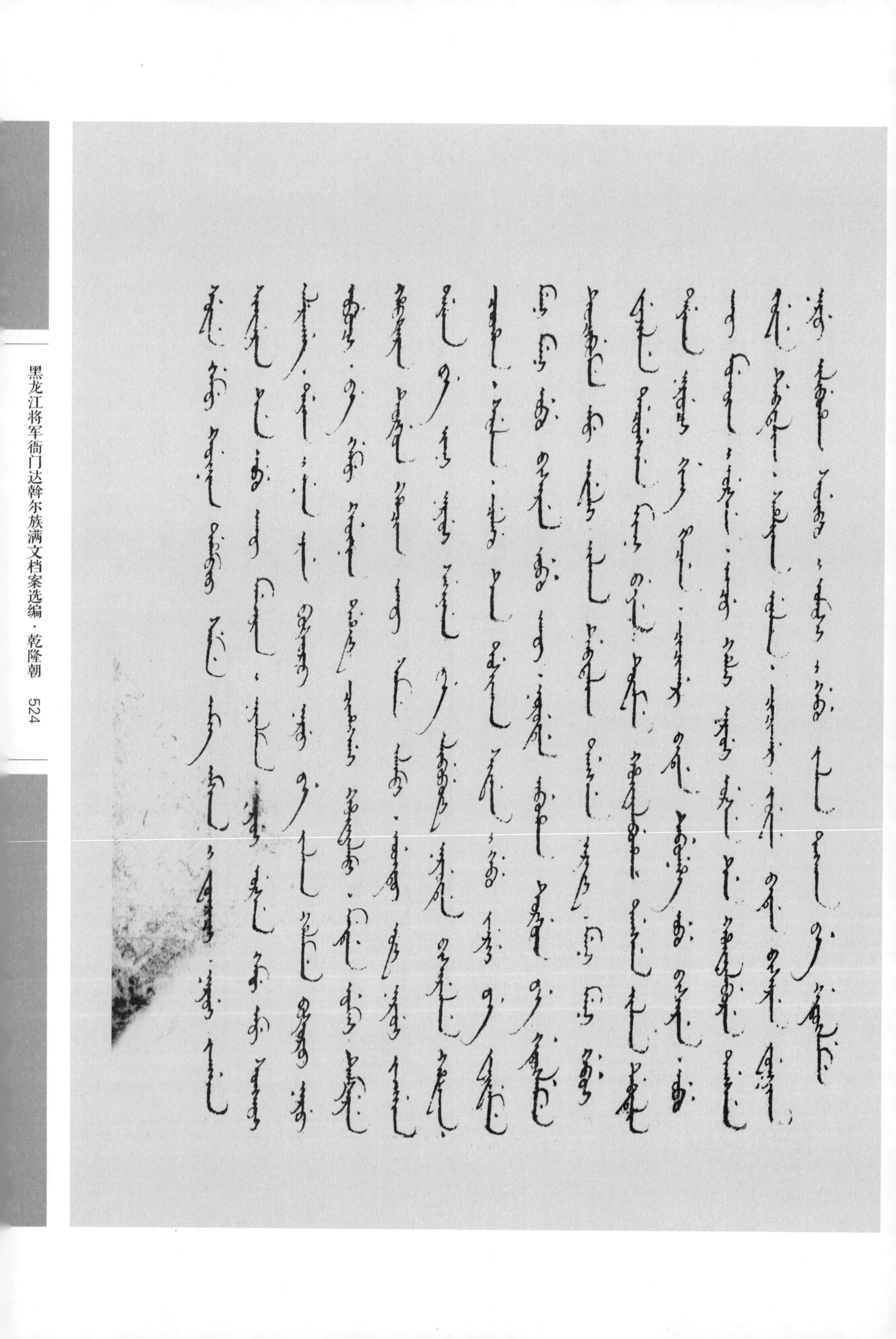

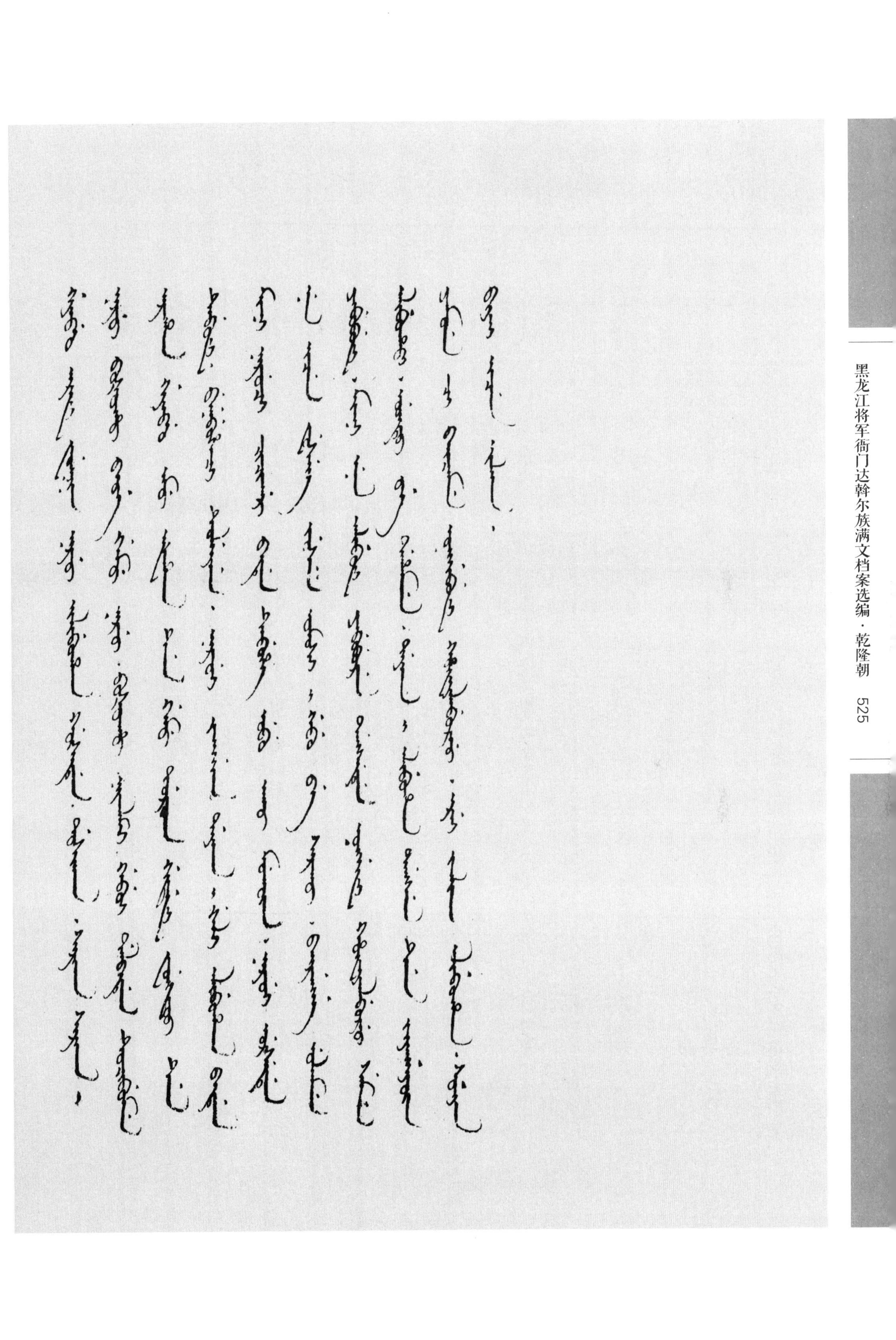

三一〇 布特哈索伦达斡尔总管纳木球等为报索伦达斡尔各旗所出官缺数目事呈黑龙江将军衙门文

乾隆十年五月十五日

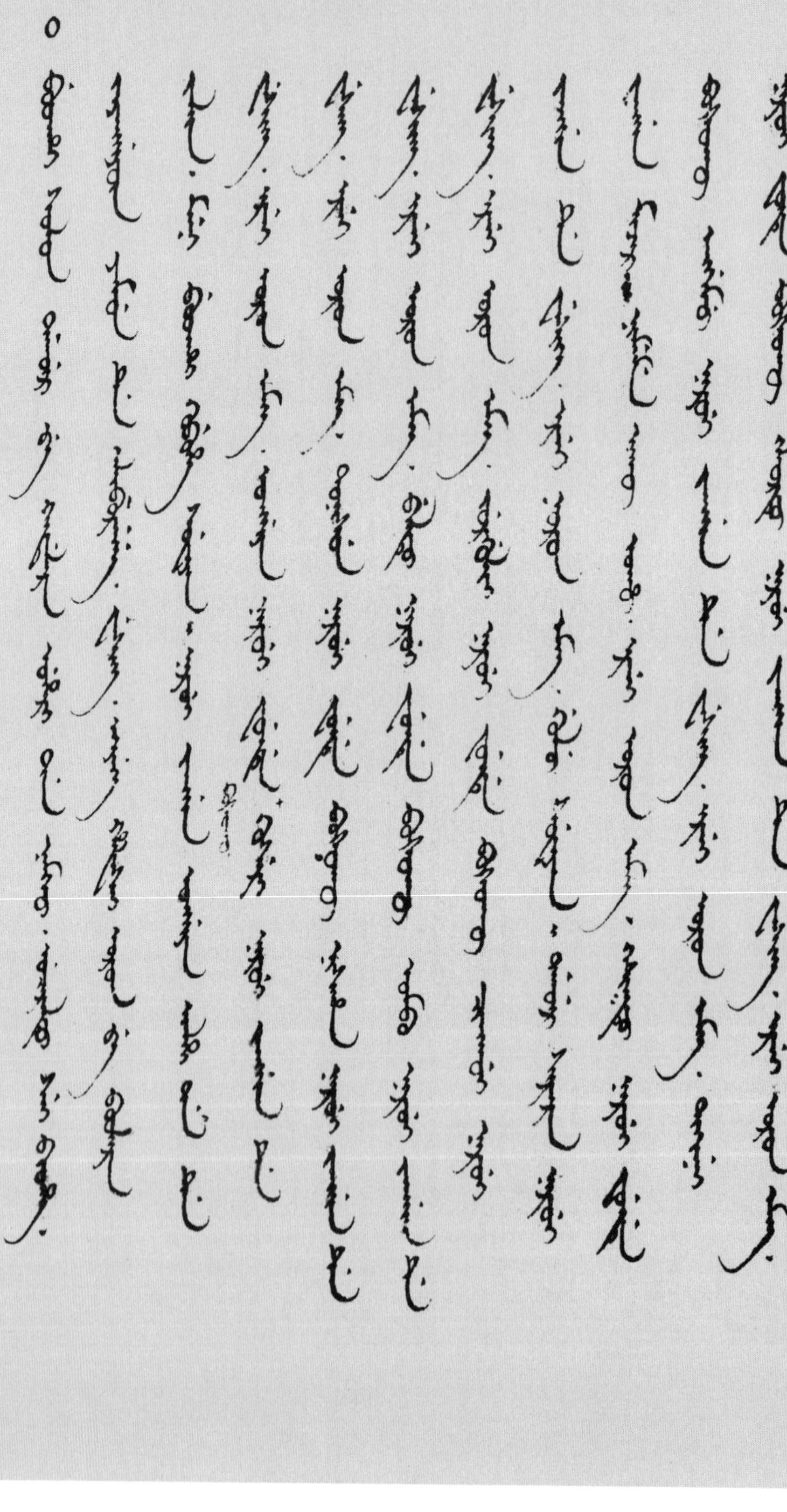

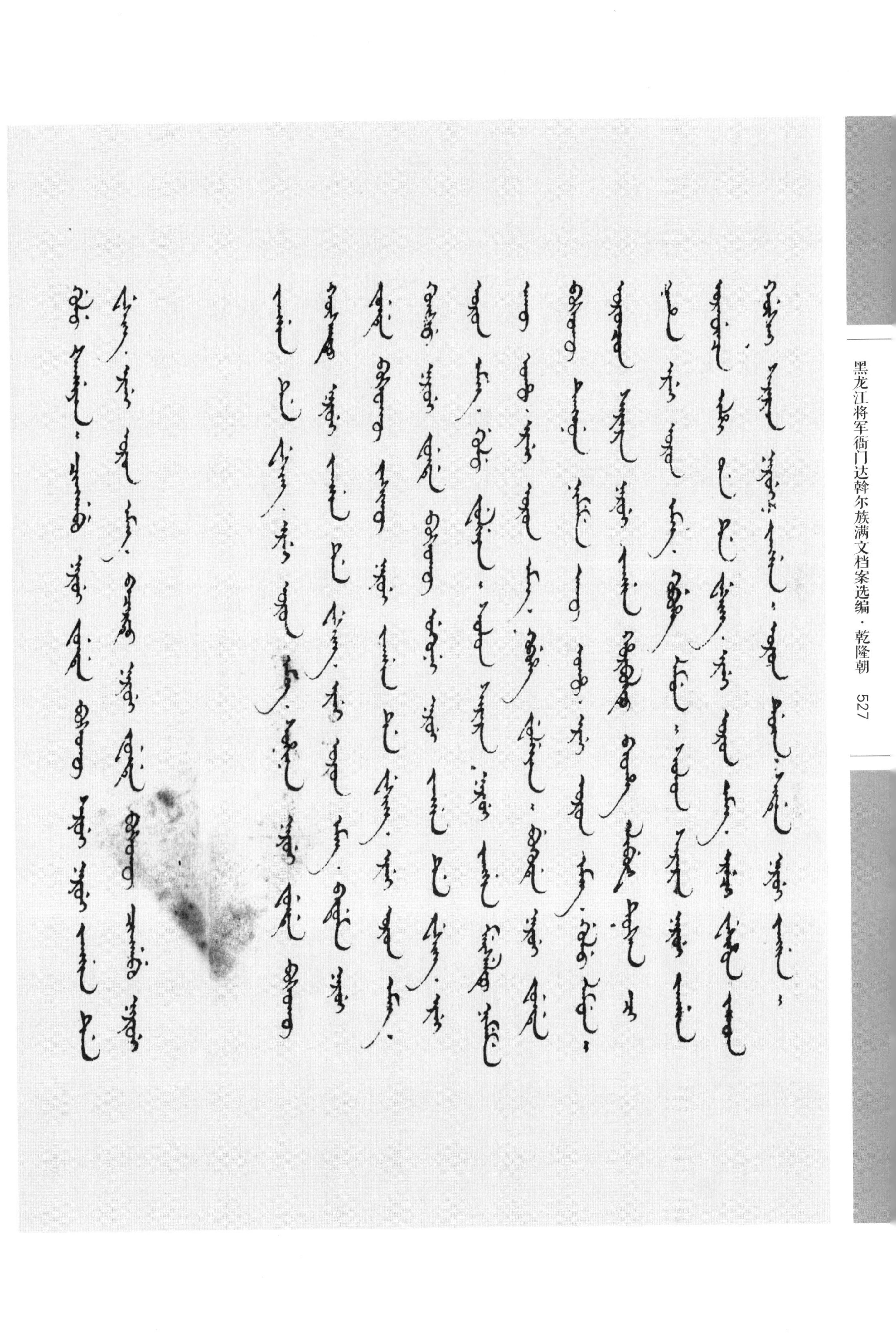

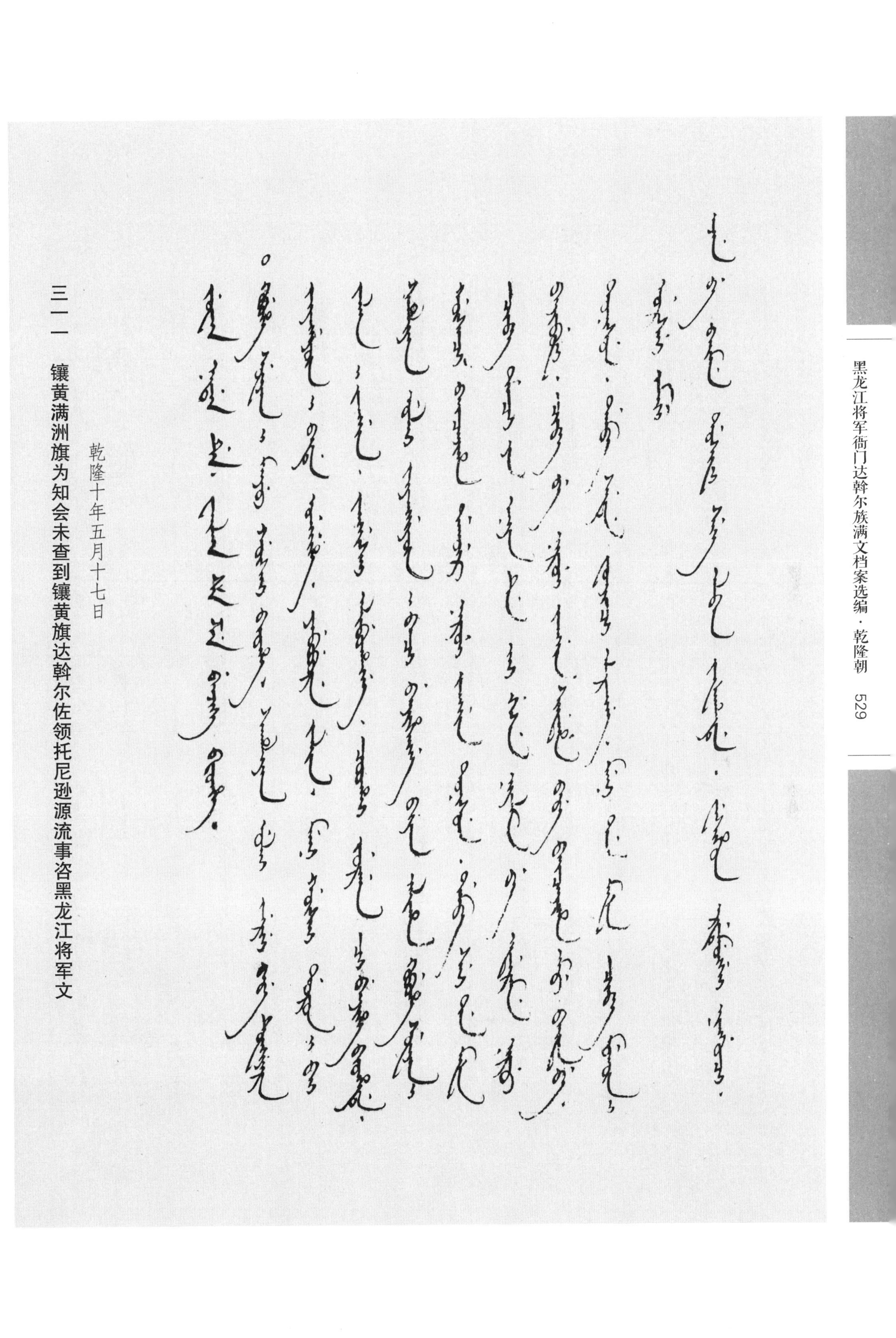

三一一　镶黄满洲旗为知会未查到镶黄旗达斡尔佐领托尼逊源流事咨黑龙江将军文

乾隆十年五月十七日

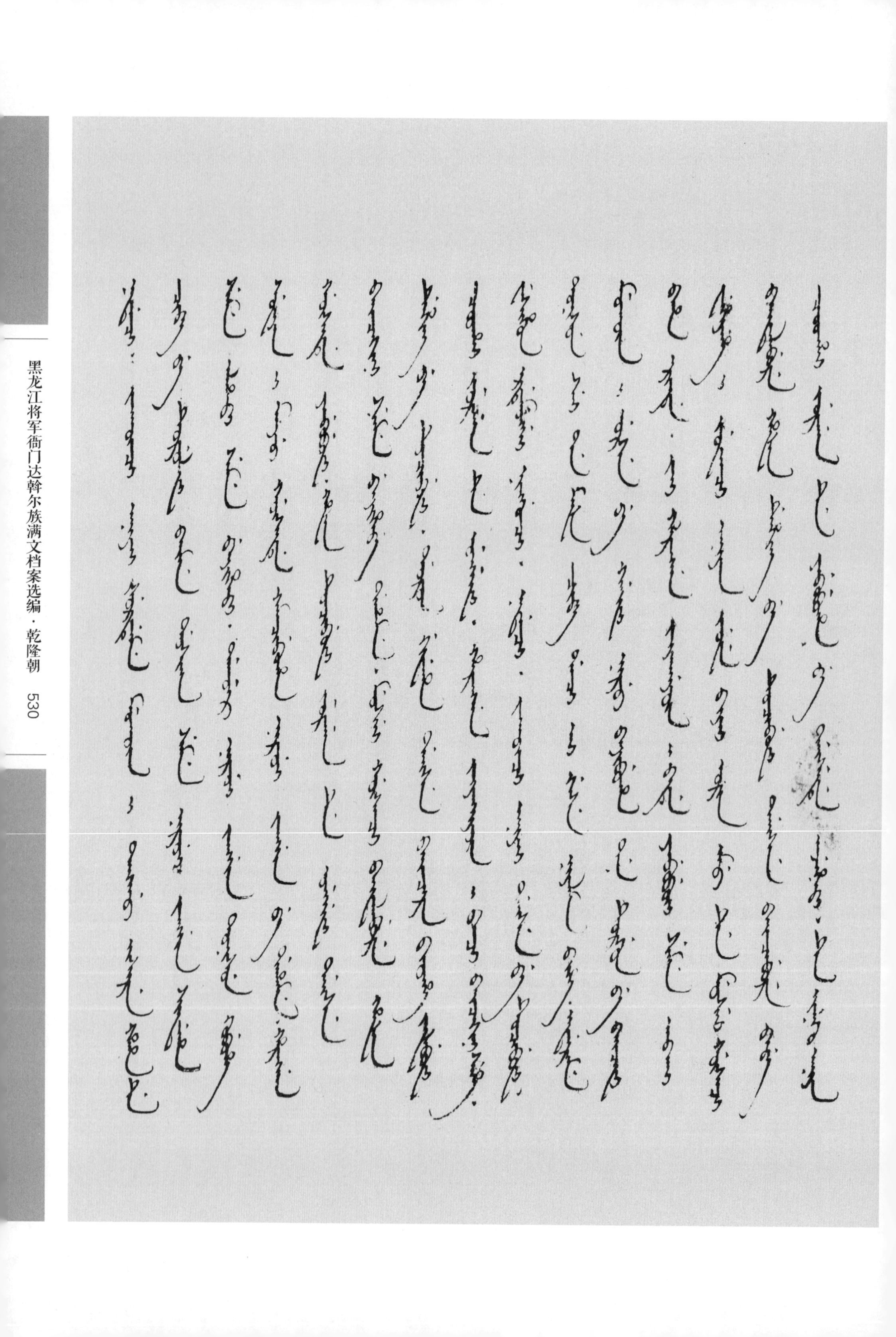

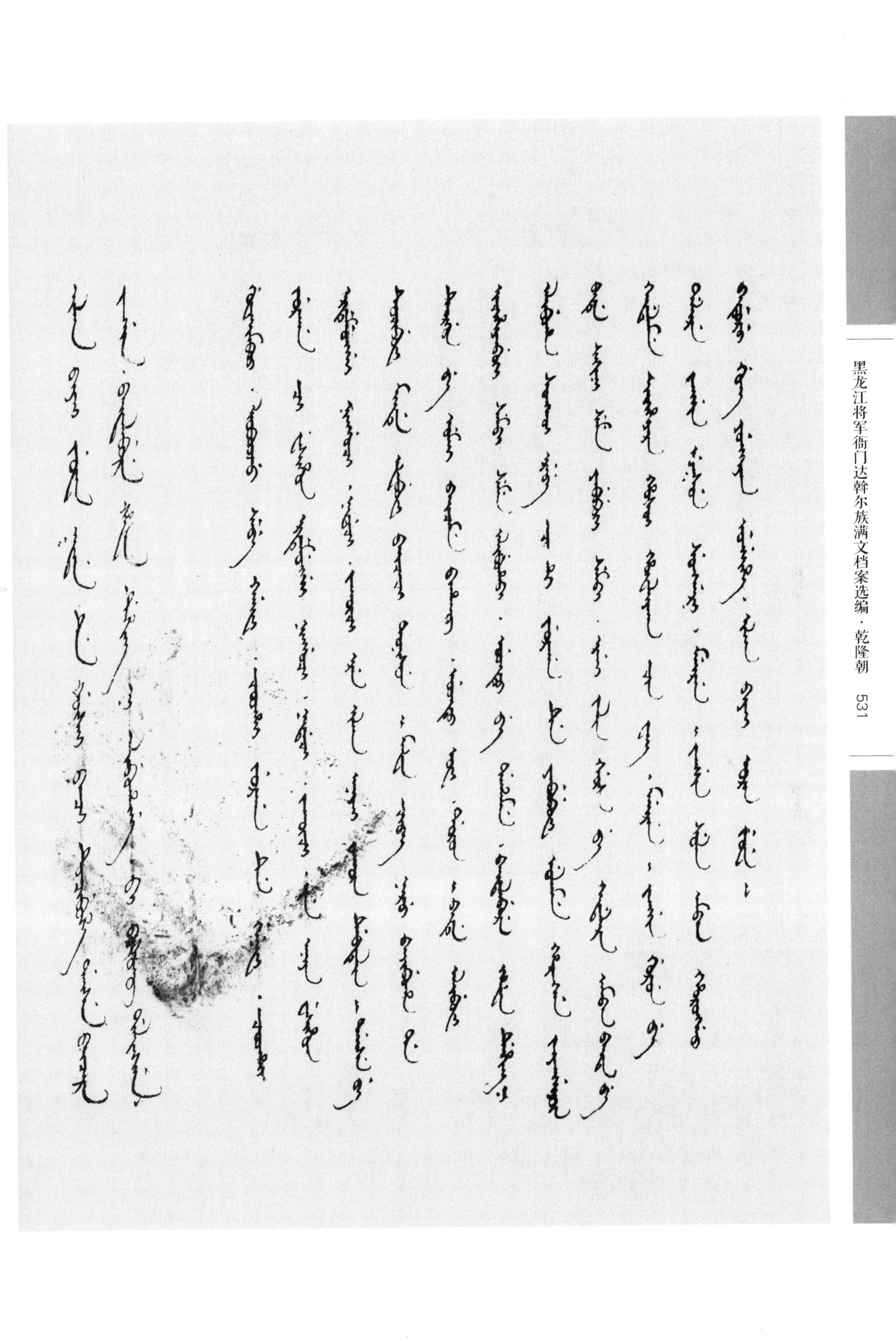

三一二 布特哈索伦达斡尔总管纳木球等为解送正白旗达斡尔托多尔凯佐领源流册家谱事呈黑龙江将军衙门文

乾隆十年五月十七日

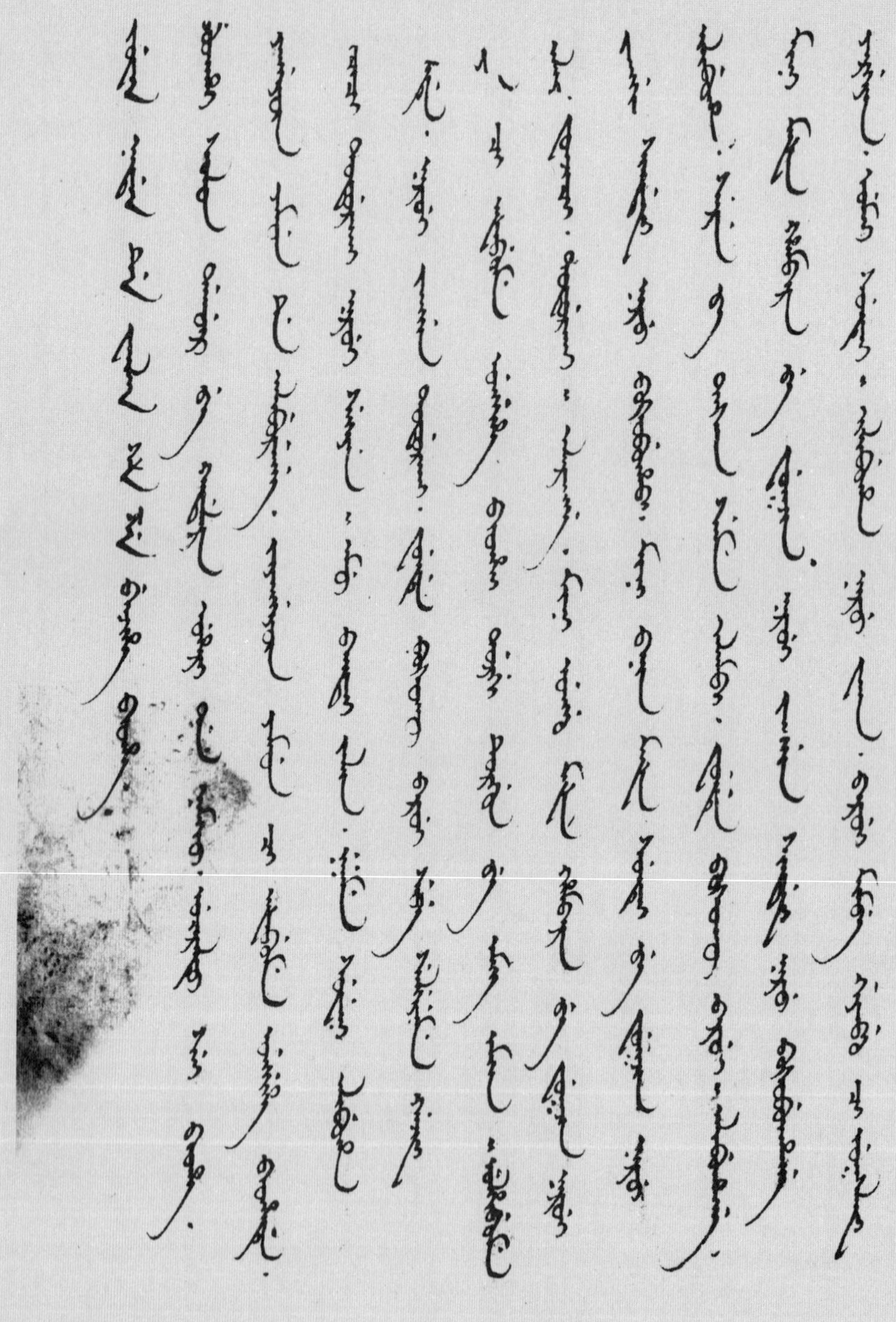

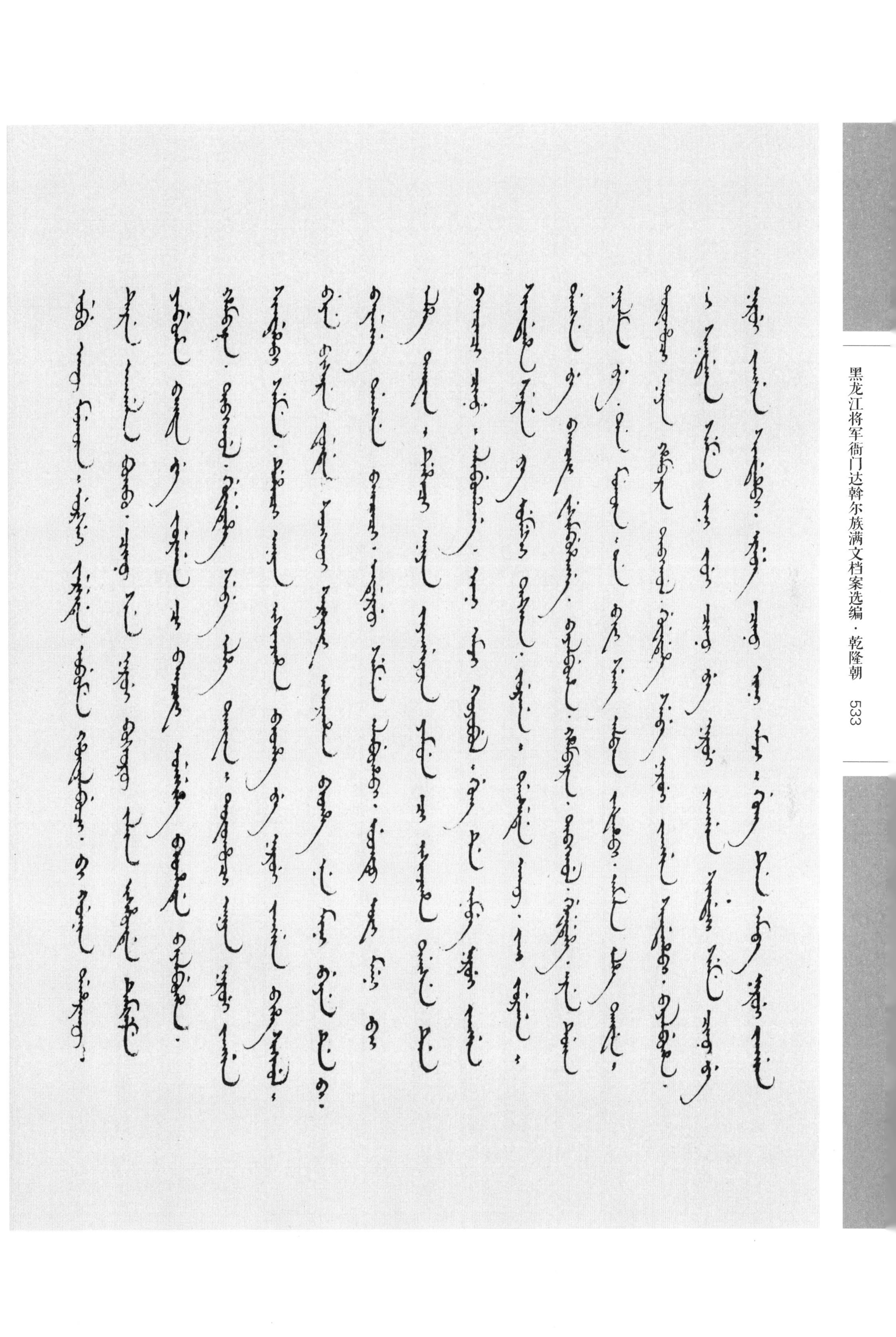

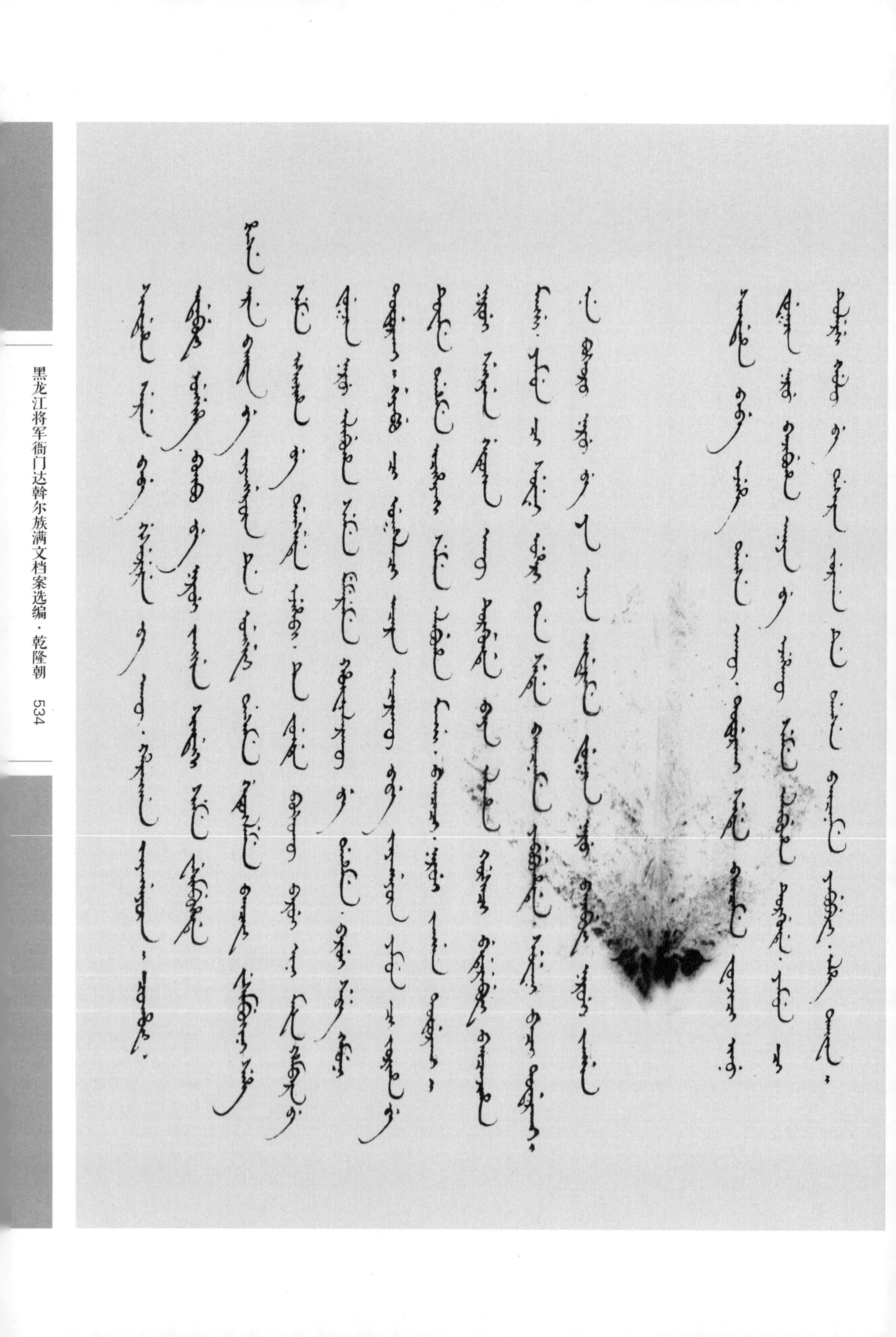

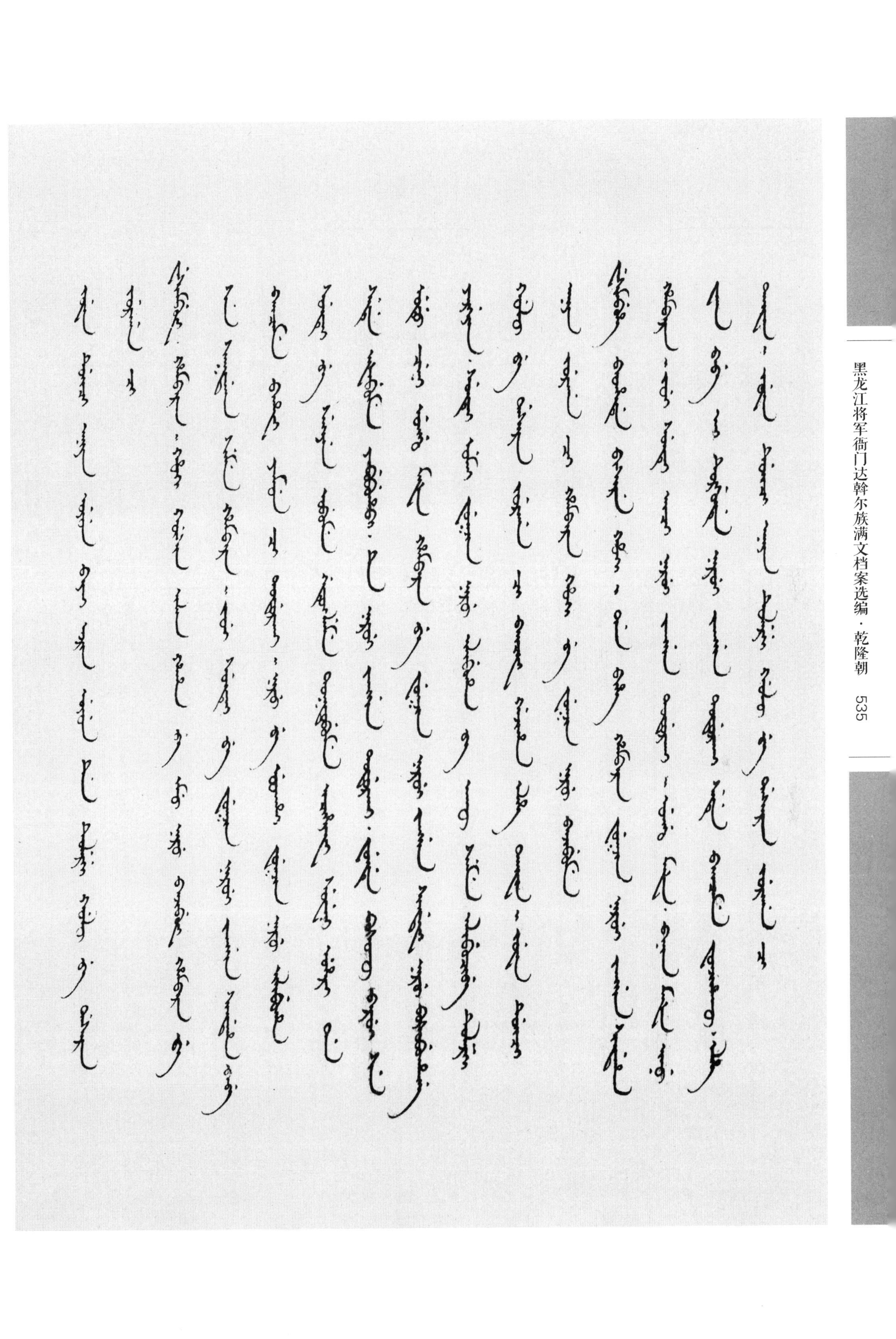

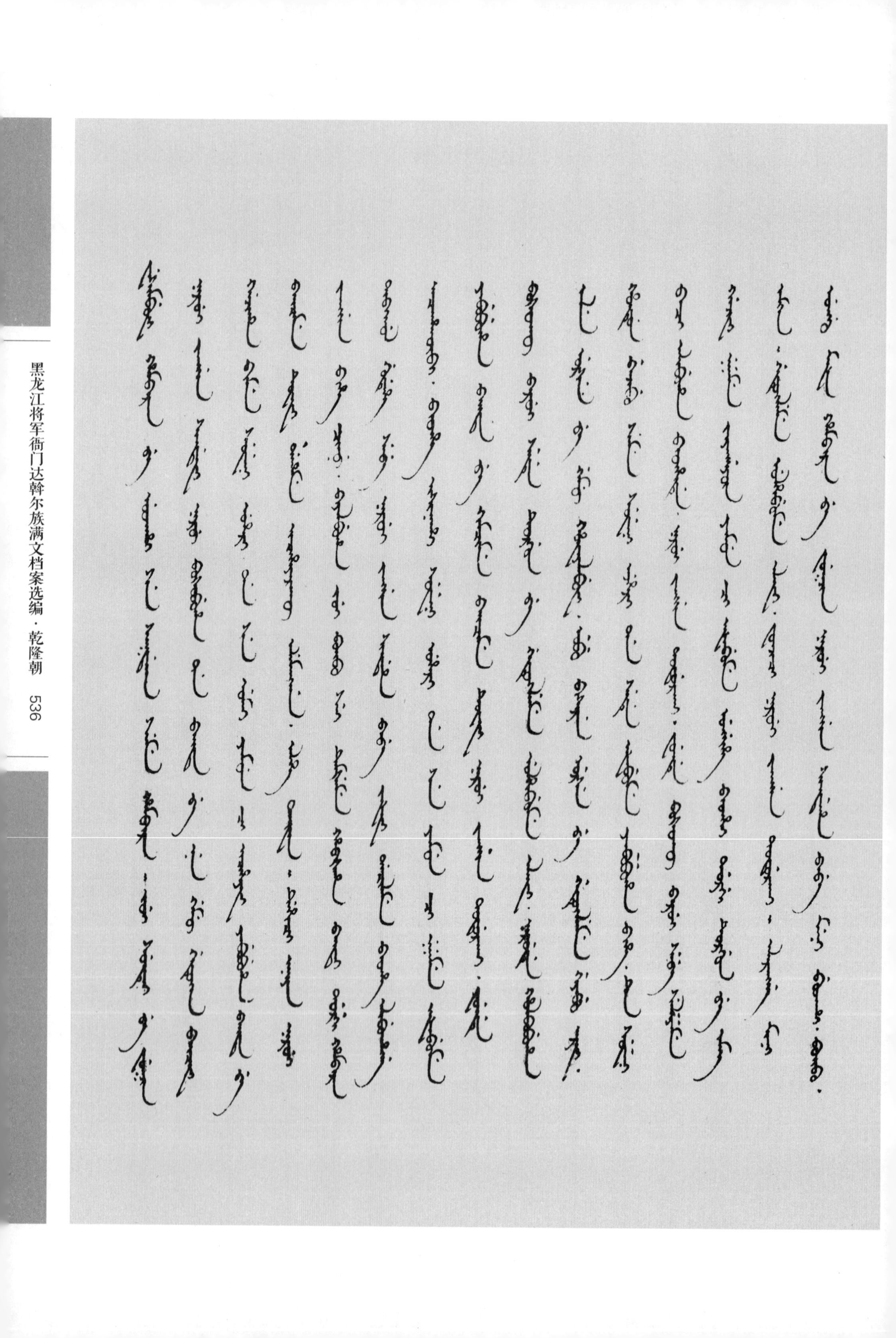

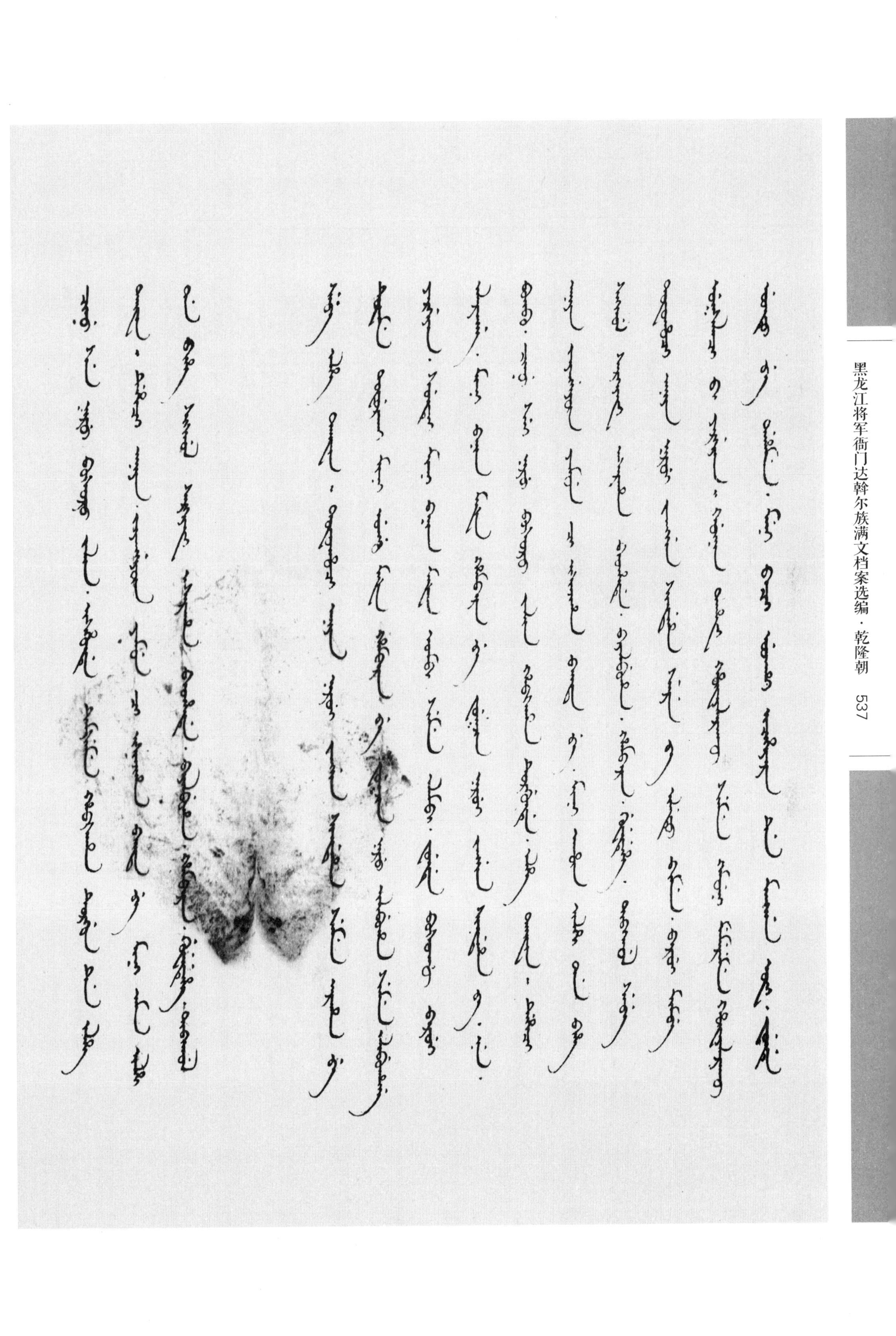

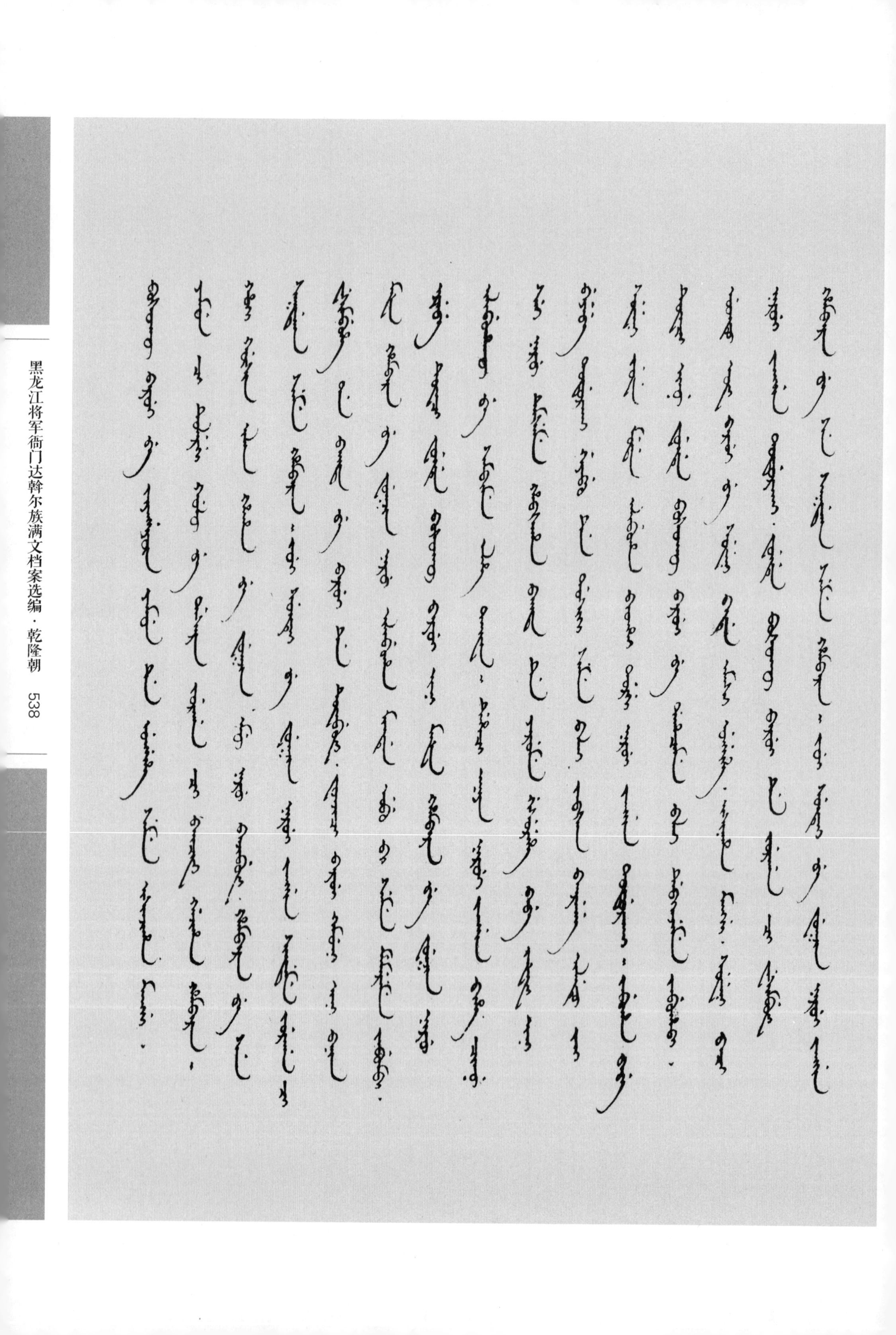

[illegible]

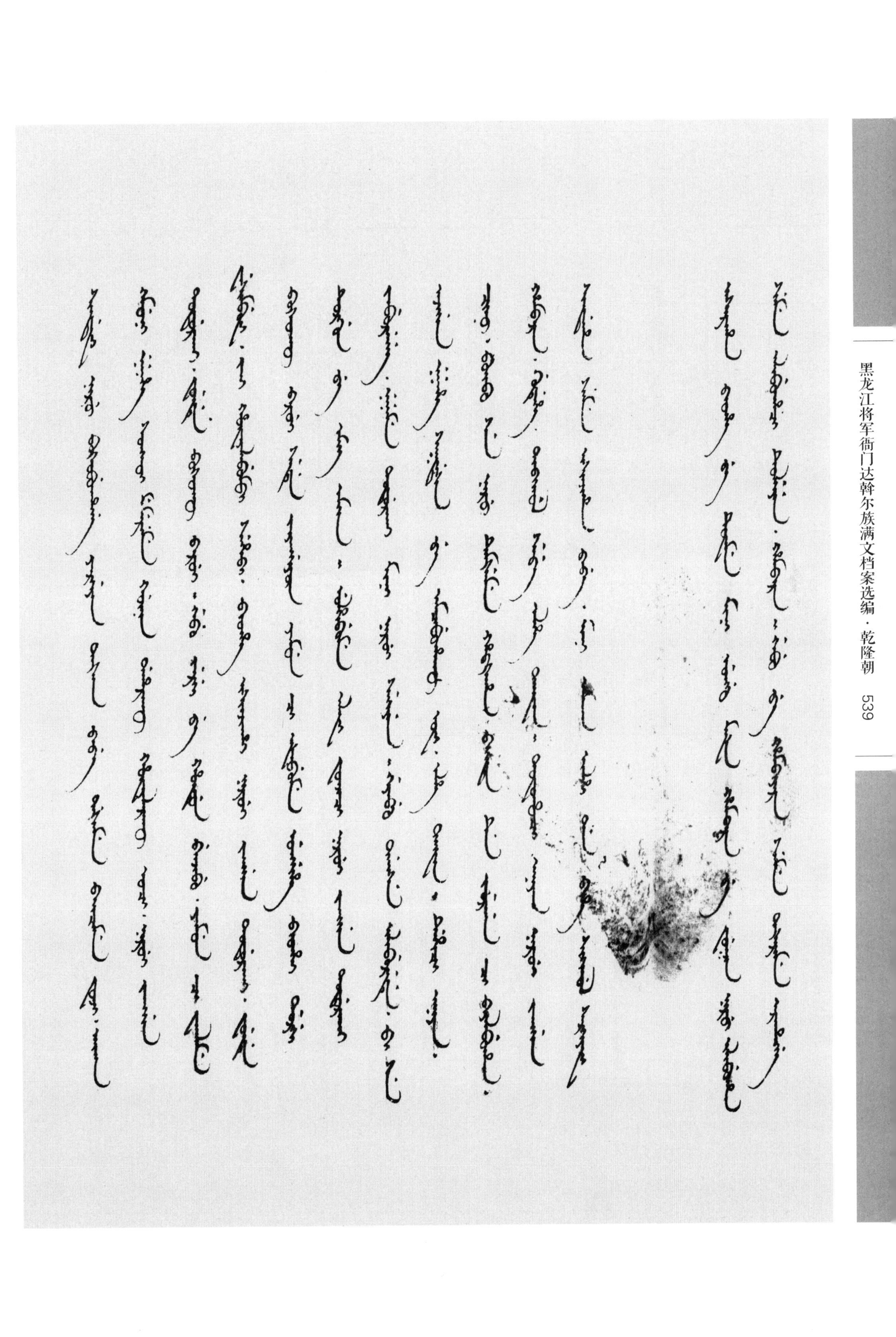

[illegible]

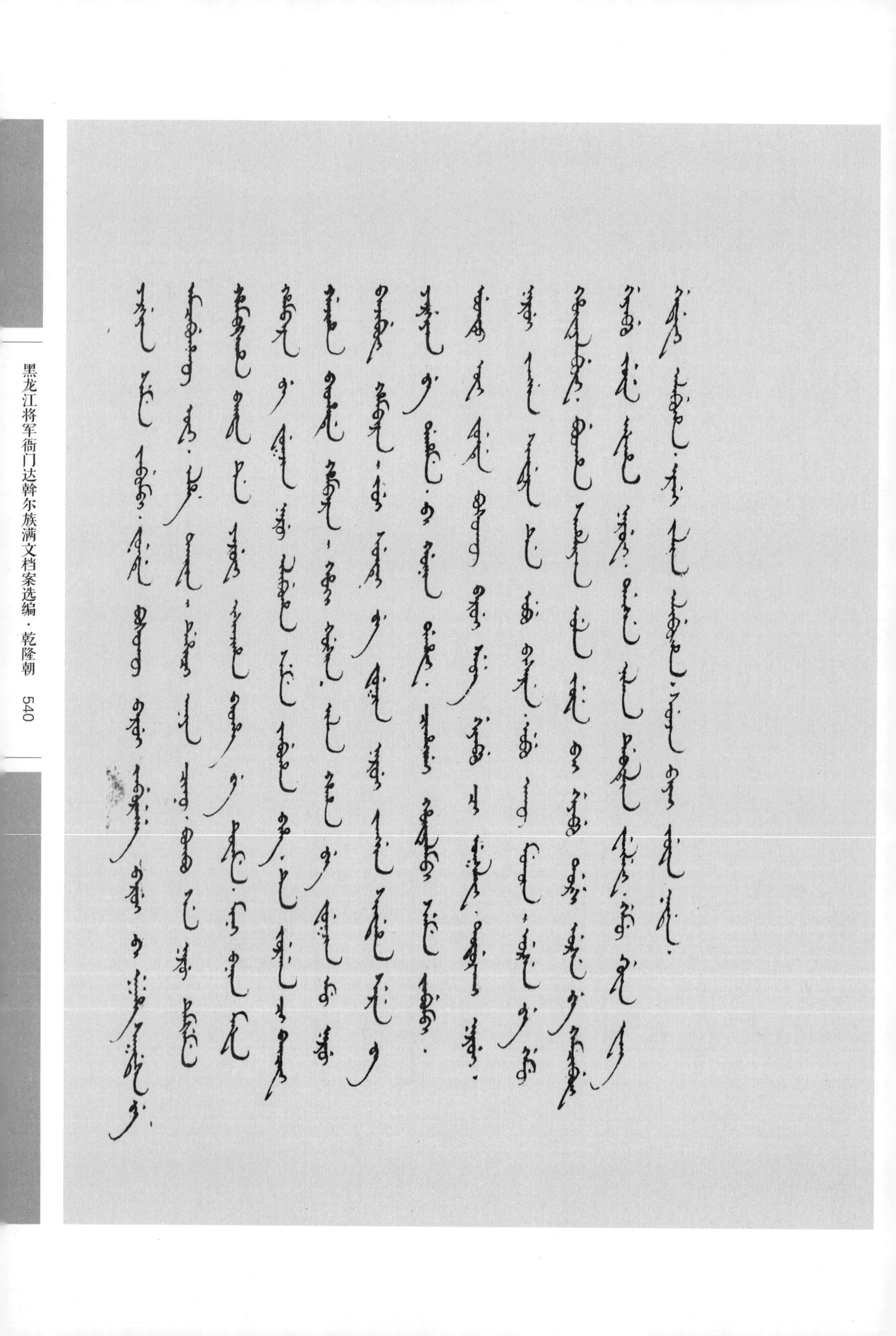

[illegible]

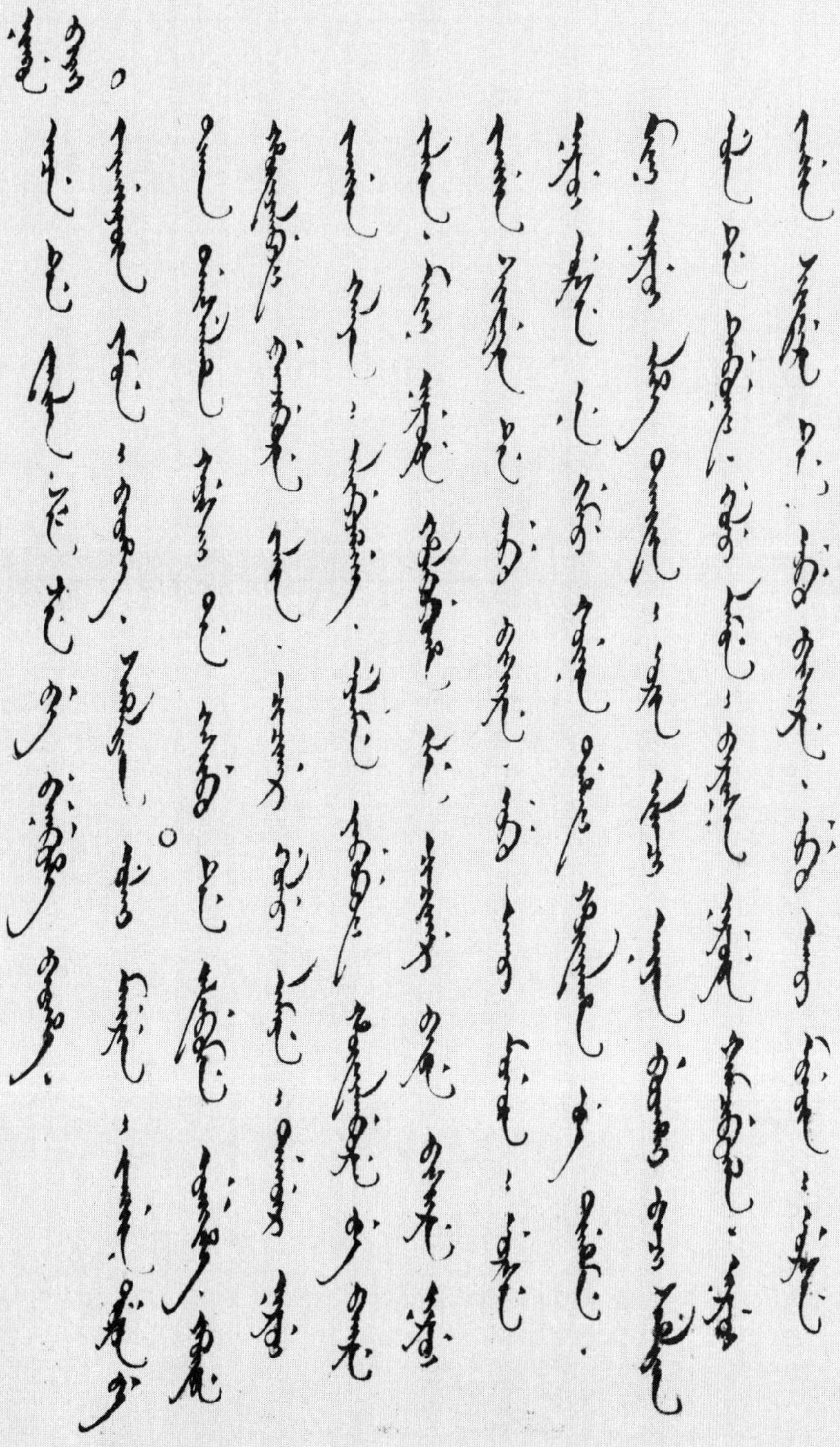

乾隆十年六月初一日

印务协领克锡布文

三一三 黑龙江将军衙门为令解送齐齐哈尔正蓝旗达斡尔喀勒扎等佐领源流册事札暂护黑龙江副都统

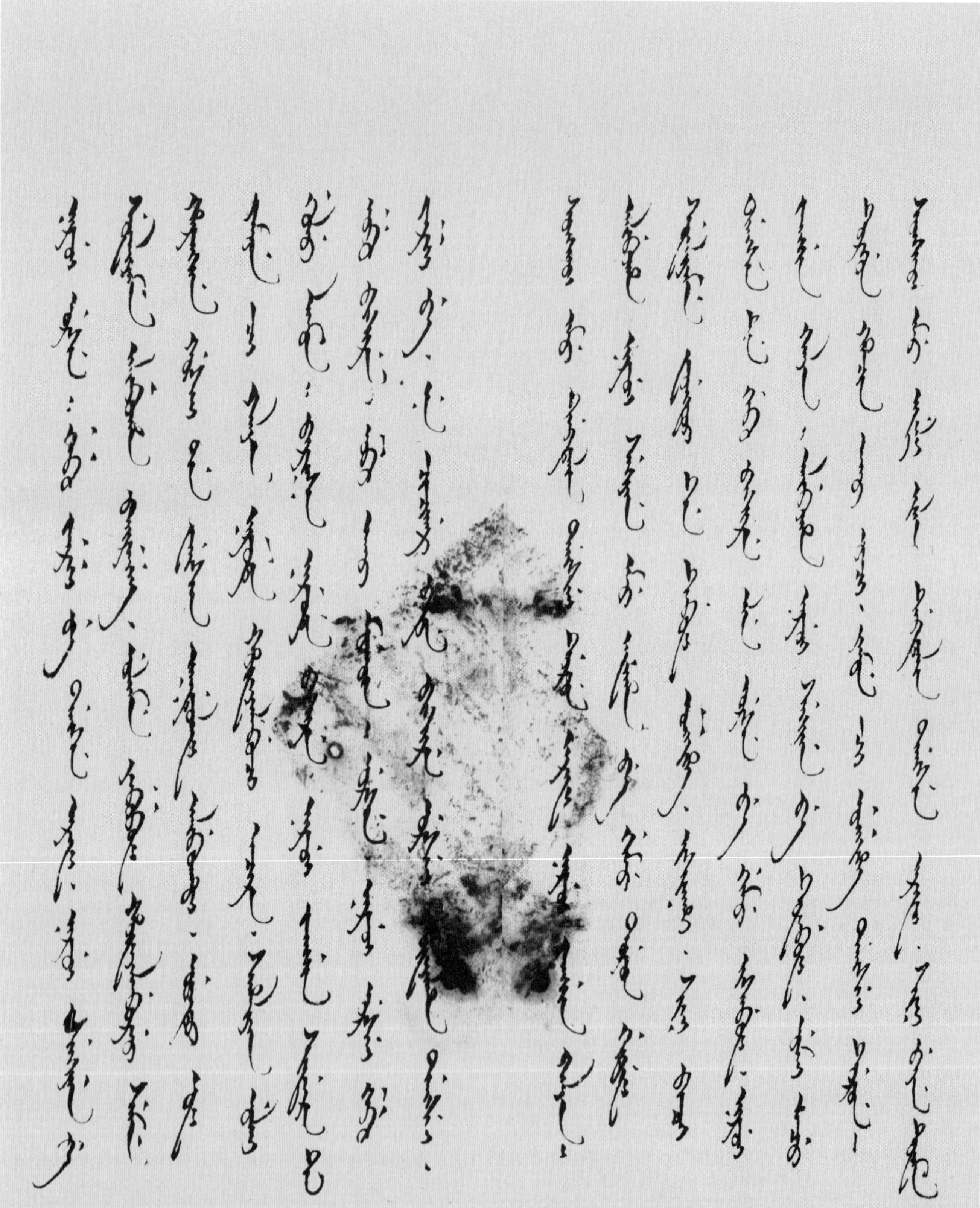

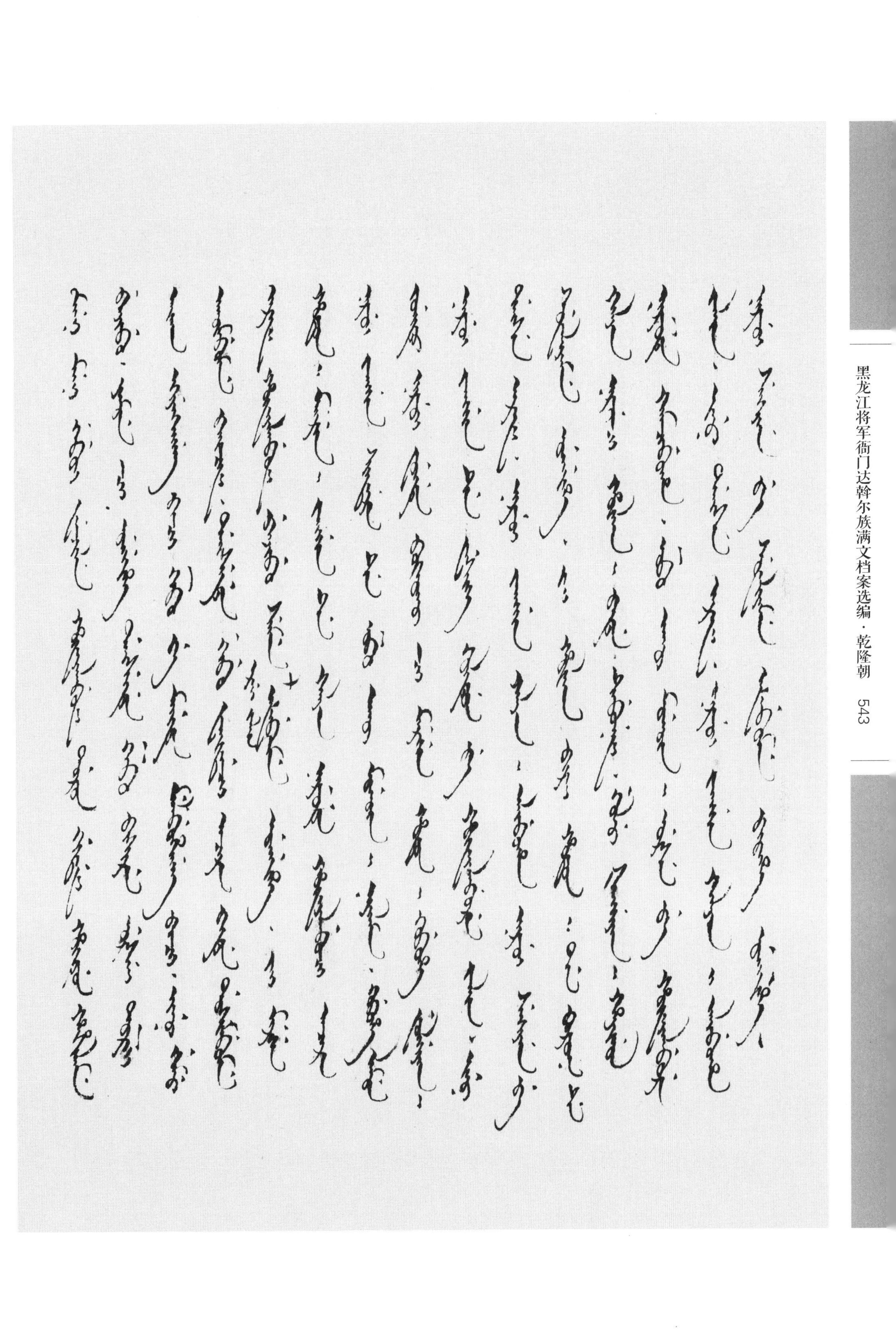

[illegible]

三一四　黑龙江将军衙门为报赴木兰围场效力镶黄旗达斡尔佐领阿弥拉等启程日期事咨兵部文

乾隆十年六月初六日

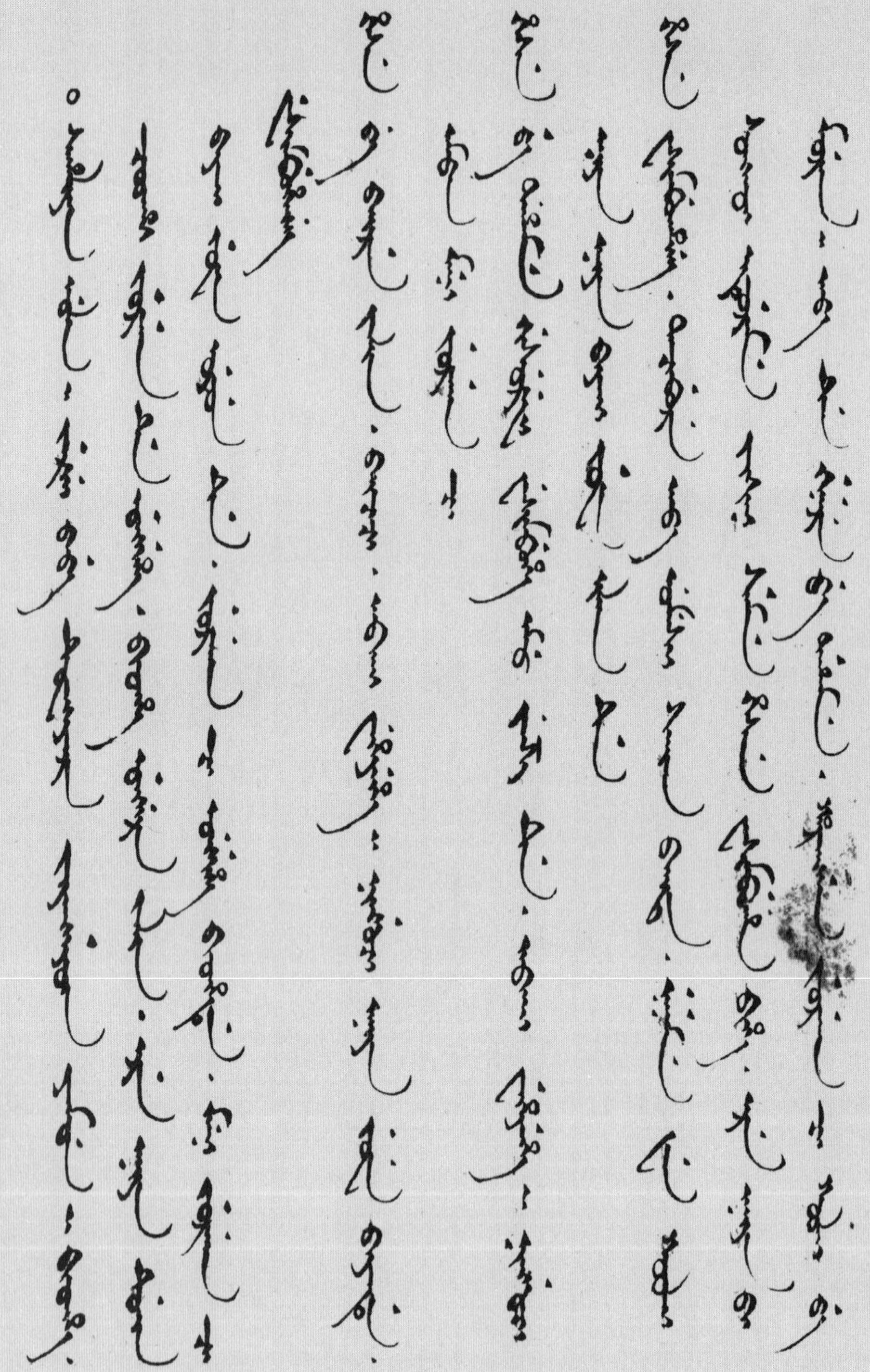

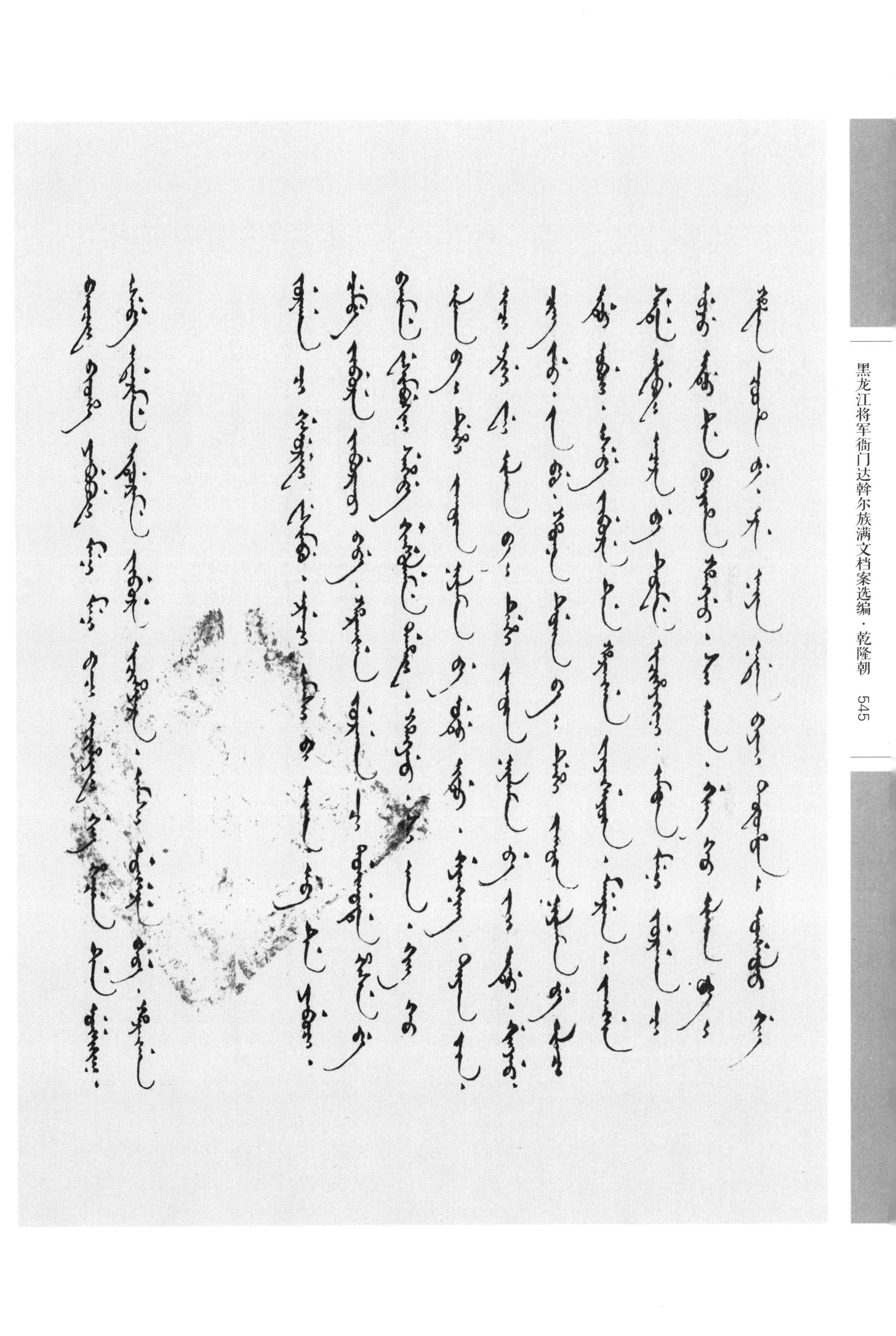

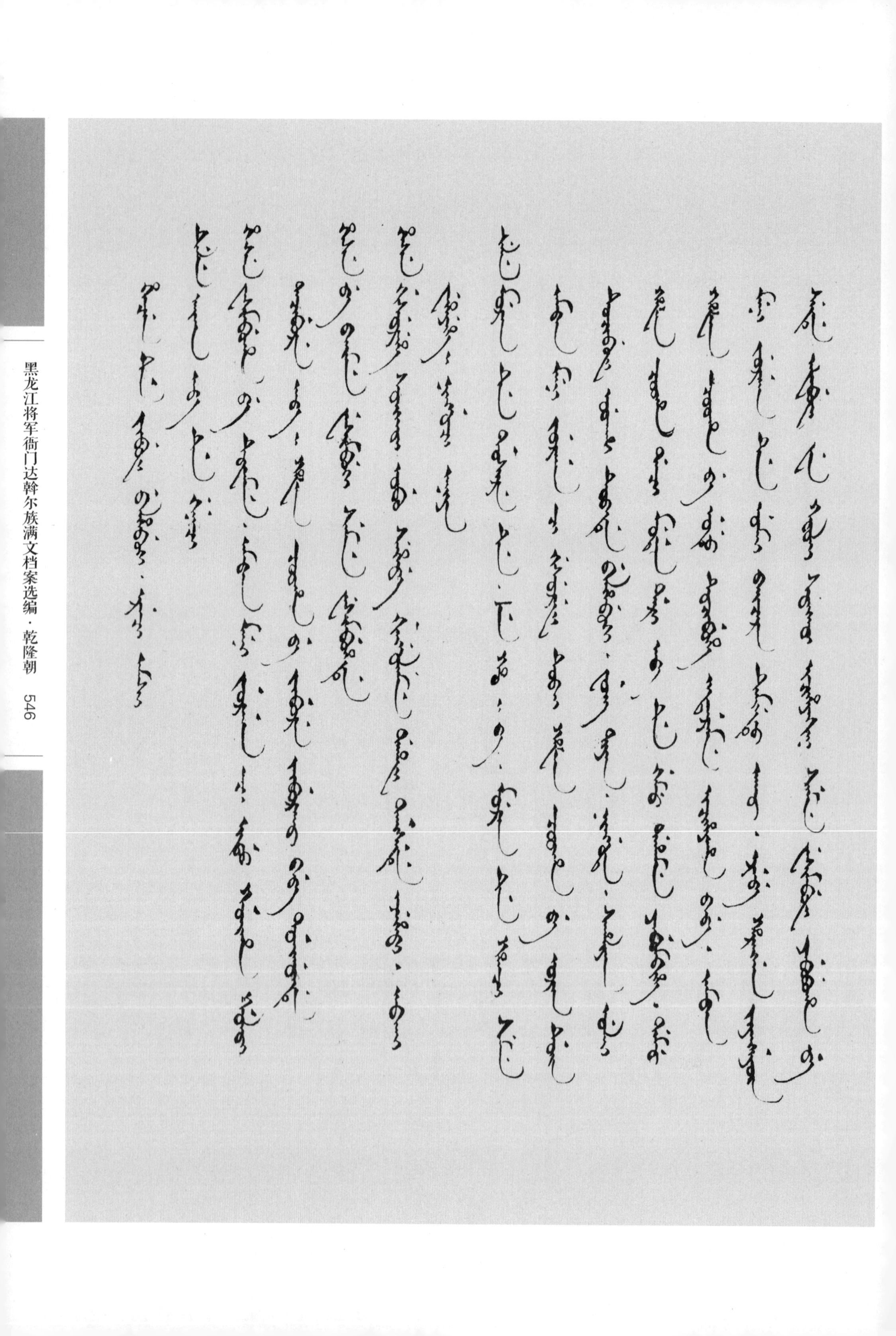

[illegible]

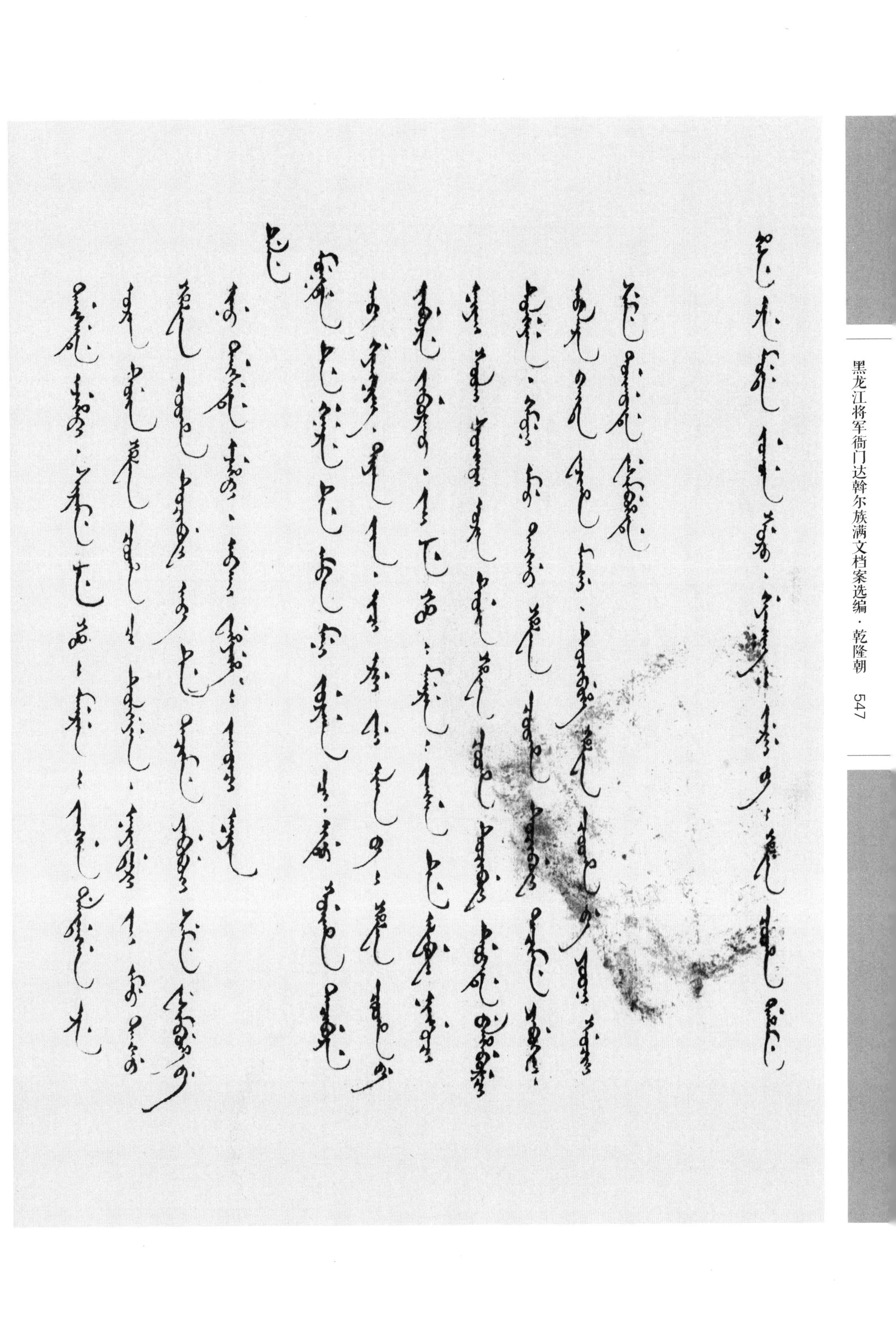

[illegible]

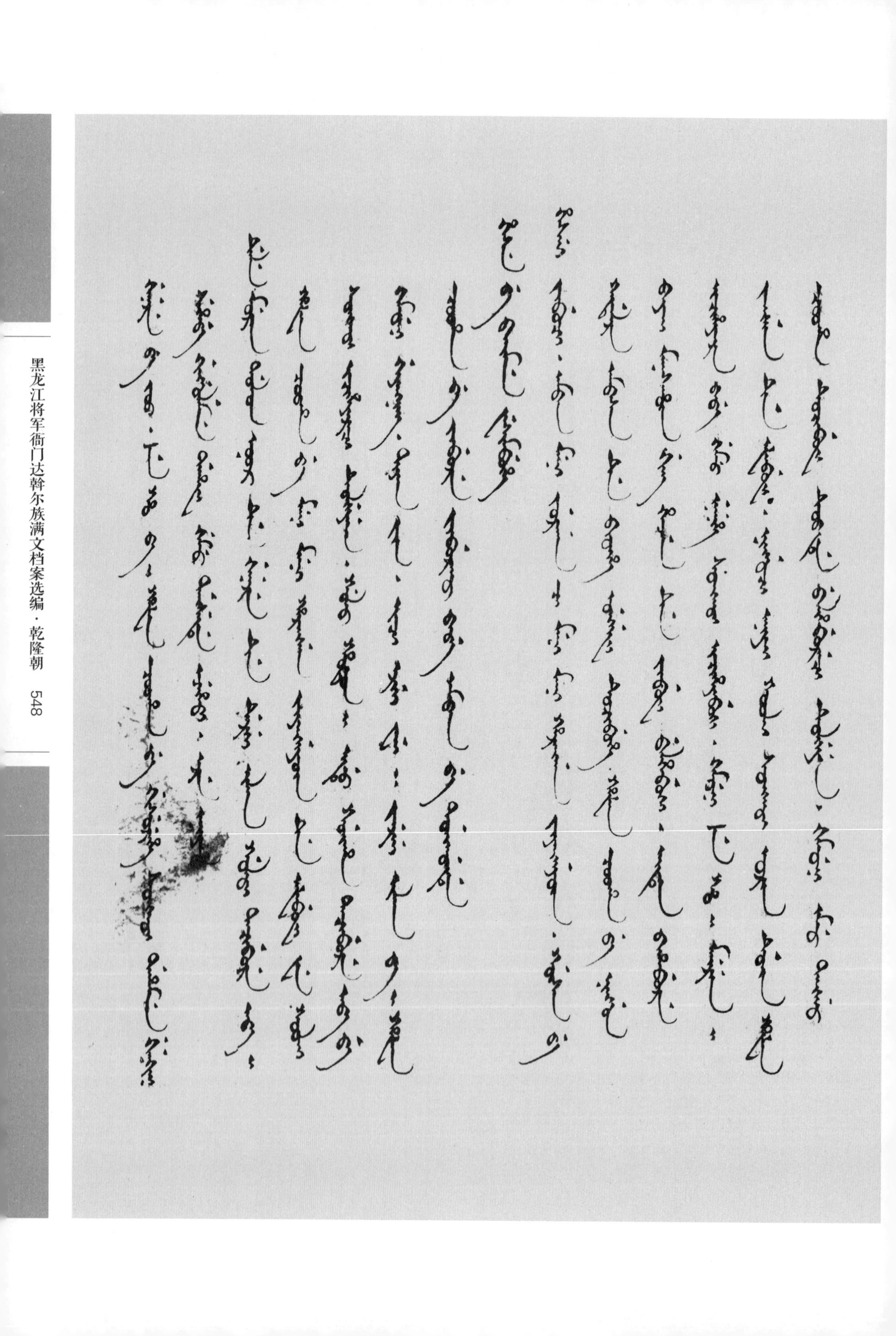

ᡤᡳᠰᡠᠨ ᠪᡝ ᡨᡝᡵᡝ᠂ ᡨᡝᡳ ᠰᡝ ᠪᡝ ᠰᠠᡳᠨ ᠪᡝ ᡤᡳᠰᡠᡵᡝᠮᡝ ᠪᠣᡳᡥᠣᠨ ᡤᡝᠰᡝ

ᠪᠣᠯᠣᡵᡳ ᡤᡳᠰᡠᡵᡝᡥᡝ ᠪᡳᡨᡥᡝ ᠪᡝ ᠪᡝᡳᡩᡝᡵᡝ ᠮᡝᠨᡳ᠂ ᠪᠠᡳᠴᠠᠮᡝ ᡨᡠᠸᠠᠴᡳ

ᡤᡝᠮᡠ ᡤᡳᠰᡠᡵᡝᡥᡝ ᠪᡳᡨᡥᡝ ᠮᡝᠨᡳ ᠪᡳ ᠪᡝ ᡩᡝ ᡤᡳᠰᡠᡵᡝᠮᡝ ᡨᡠᠸᠠᠮᡝ ᡥᡝᠰᡝ

ᡨᡝᠨᡳ ᠪᠠᡳᡨᠠ ᠪᡝ ᠰᡝᠮᡝ ᠪᡝᡳᡩᡝᠮᡝ ᡤᡳᠰᡠᡵᡝᡥᡝ ᡩᡝ ᡨᡠᠸᠠᡥᠠ ᠪᡝ

ᡨᡝᡵᡝ ᡳᠰᡳᠨᠵᡳᡶᡳ᠂ ᡥᡝᠰᡝ ᡳ᠂ ᠰᡝᠮᡝ ᠪᡝᡳᡩᡝᡥᡝ ᡩᡝ ᠪᡳ ᡤᡝᠮᡠ ᠪᡝ

ᠪᡝᡳᡩᡝᠮᡝ ᡨᡝᡵᡝ᠂ ᡨᡝᠨᡳ ᠰᡝᠮᡝ ᡤᡳᠰᡠᡵᡝᡥᡝ ᡩᡝ ᡨᡝᡵᡝ᠂ ᡥᡝᠰᡝ ᠪᡝ ᡨᡝ ᠪᡝ ᠪᠠᡳᠮᡝ

ᡥᡝᠰᡝ ᠪᡝ ᠪᠠᡳᠮᡝ ᠸᡝᠰᡳᠮᠪᡠᡥᡝ

ᡥᡝᠰᡝ᠂ ᡨᡝᡵᡝ ᠰᡝᠮᡝ ᡤᡳᠰᡠᡵᡝᡥᡝ ᡳ ᡥᡝᠰᡝ ᡥᡝᠰᡝ ᠪᡝᡳᡩᡝᠮᡝ ᡨᡝᡵᡝ᠂ ᠪᡳ

ᠮᡝᠨᡳ ᡨᡝᡵᡝ ᡤᡳᠰᡠᡵᡝᡥᡝ ᠪᡳᡨᡥᡝ ᠪᡝᡳᡩᡝᡵᡝ᠂ ᠪᡝᡳᡩᡝᠮᡝ ᡨᡝᡵᡝ ᠪᡳ ᠪᡝᡳᡩᡝᡥᡝ

ᠪᡝᡳᡩᡝᠮᡝ ᡨᡠᠸᠠᡥᠠ ᡳᠰᡳᠨᠵᡳᡶᡳ᠂ ᡨᡝᡵᡝ ᠪᡳ ᠪᡝᡳᡩᡝᡵᡝ ᠸᡝᠰᡳᠮᠪᡠᡥᡝ

ᡨᡝᡵᡝ ᠪᡝᡳᡩᡝᡥᡝ ᠪᡳᡨᡥᡝ ᠪᡝᡳᡩᡝᡥᡝ᠂ ᡨᡝᡵᡝ ᠪᡳ ᡨᡝᠨᡳ ᠪᡝᡳᡩᡝᡥᡝ ᡤᡳᠰᡠᡵᡝᡥᡝ ᠪᡳ᠂

ᡨᡝᡵᡝ ᡨᡝᡵᡝ ᡤᡳᠰᡠᡵᡝᡥᡝ ᠪᡝᡳᡩᡝᠮᡝ᠂ ᡩᡝ ᠪᡳ ᡨᡝᡵᡝ ᠪᡝᡳᡩᡝᡵᡝ ᠪᡝ ᡨᡝᡵᡝ ᠪᡳ

ᡨᡝᡵᡝ ᡨᡝᡵᡝ᠂ ᡤᡳᠰᡠᡵᡝᡥᡝ ᡨᡝᡵᡝ ᠪᡝᡳᡩᡝᠮᡝ ᡨᡝᡵᡝ ᠪᡳ ᠪᡝᡳᡩᡝᡥᡝ ᠪᡳ

ᡨᡝᡵᡝ ᡤᡳᠰᡠᡵᡝᡥᡝ ᡨᡝᡵᡝ ᠪᡝᡳᡩᡝᠮᡝ ᠪᡳ᠂ ᡨᡝᡵᡝ ᠪᡝᡳᡩᡝᠮᡝ᠂ ᡨᡝᡵᡝ ᠪᡳ ᠪᡝᡳᡩᡝᡥᡝ

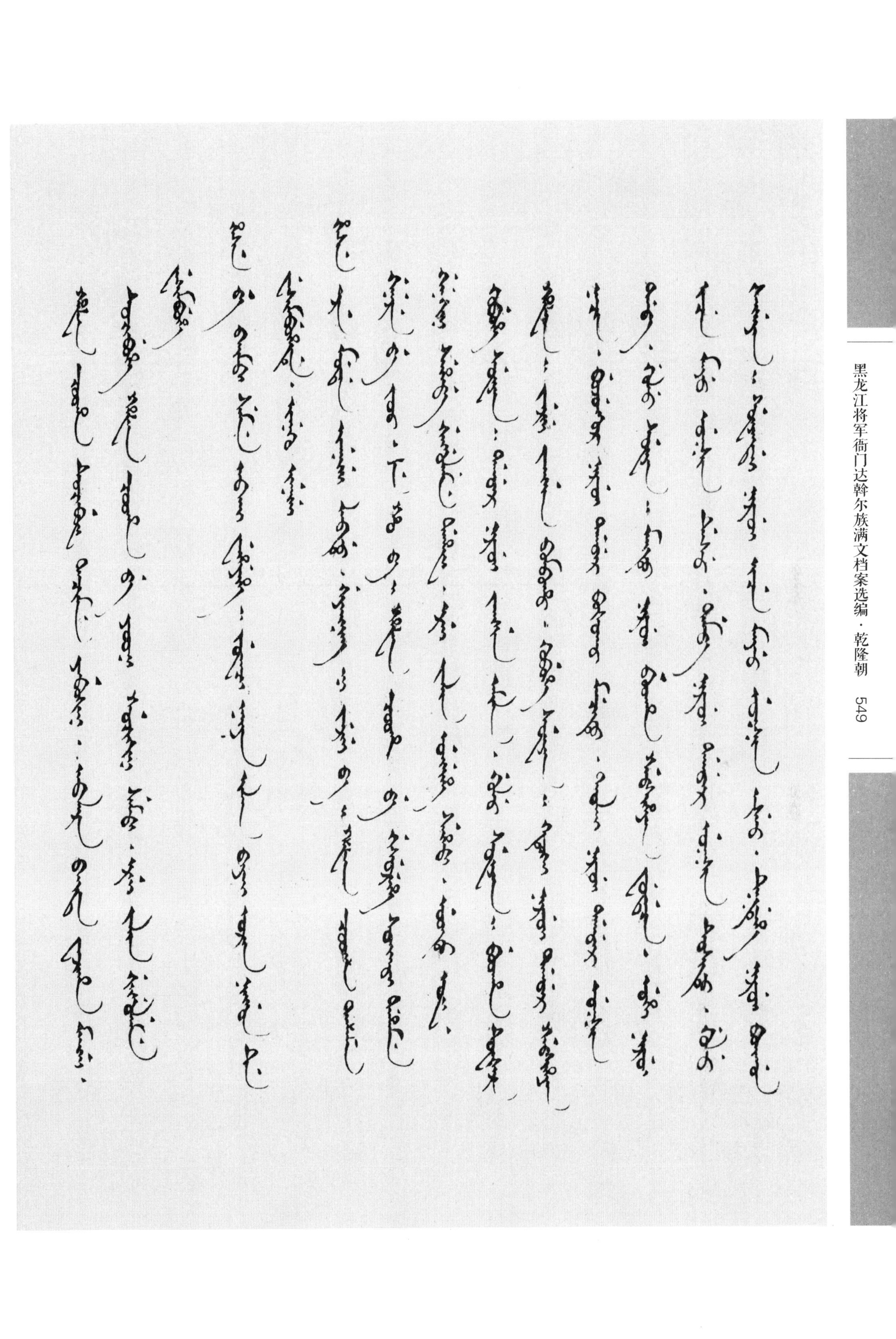

[illegible]

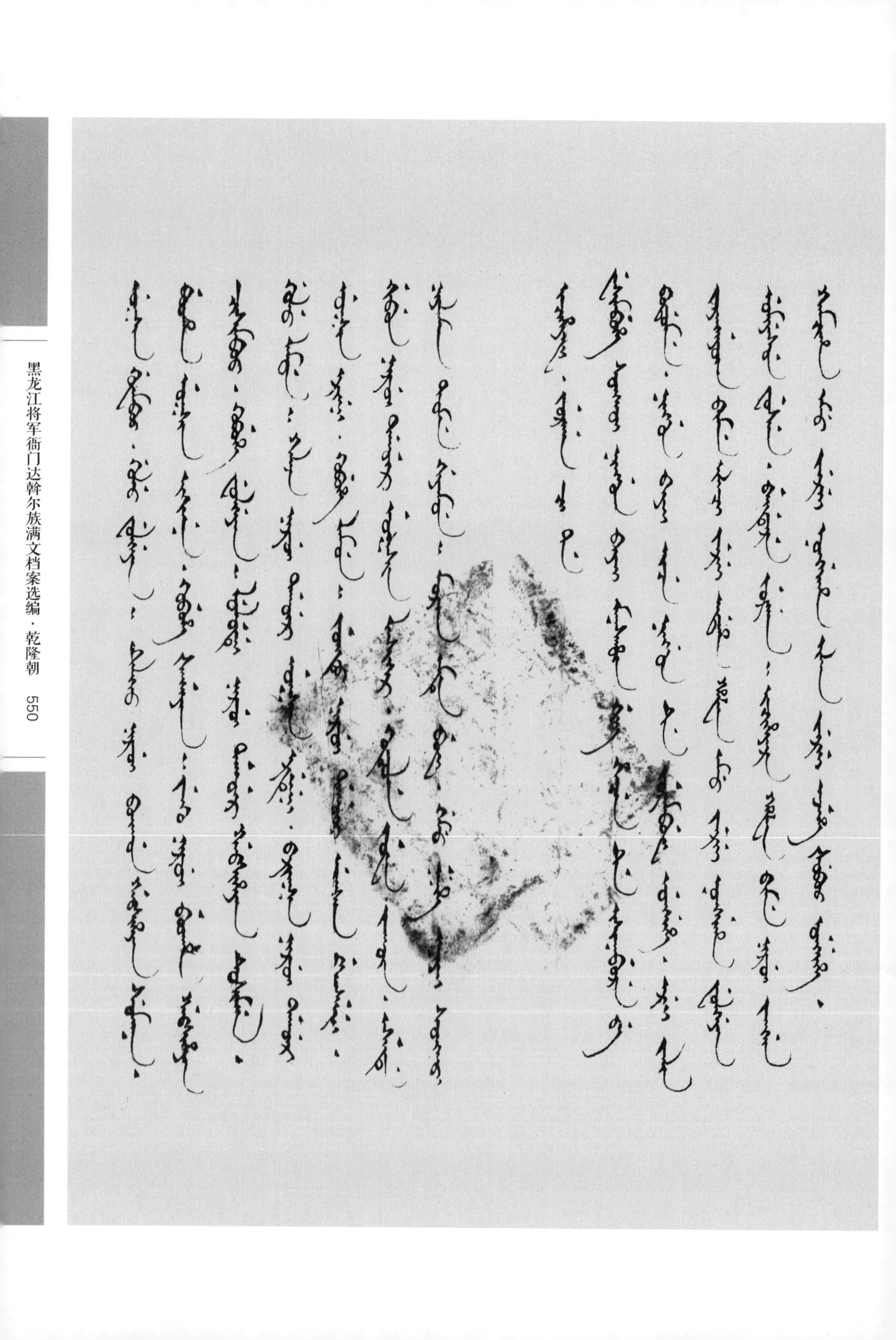

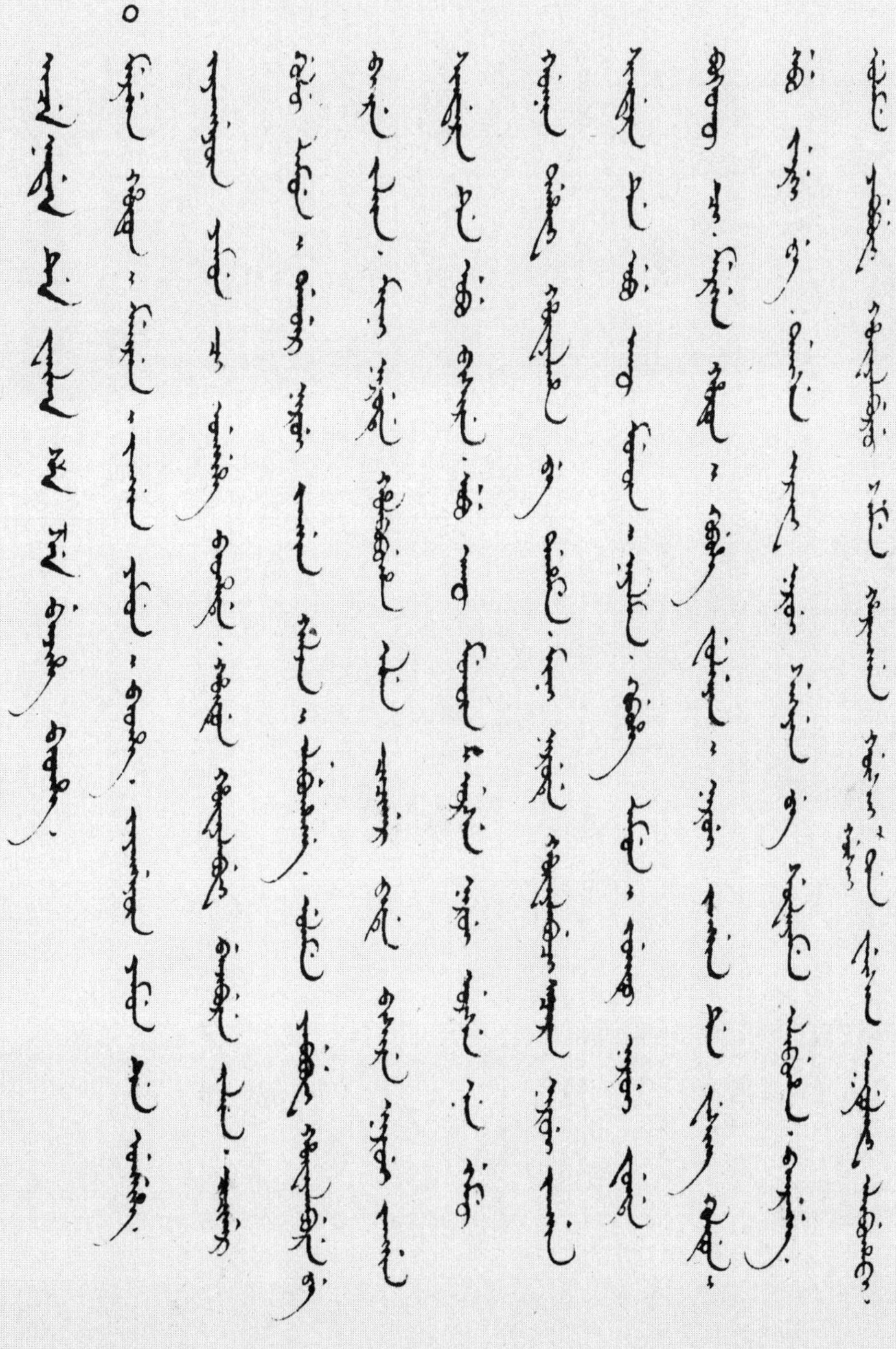

三一五 墨尔根副都统衙门为解送墨尔根镶红旗达斡尔库勒敦佐领源流册事咨黑龙江将军衙门文

乾隆十年六月初七日

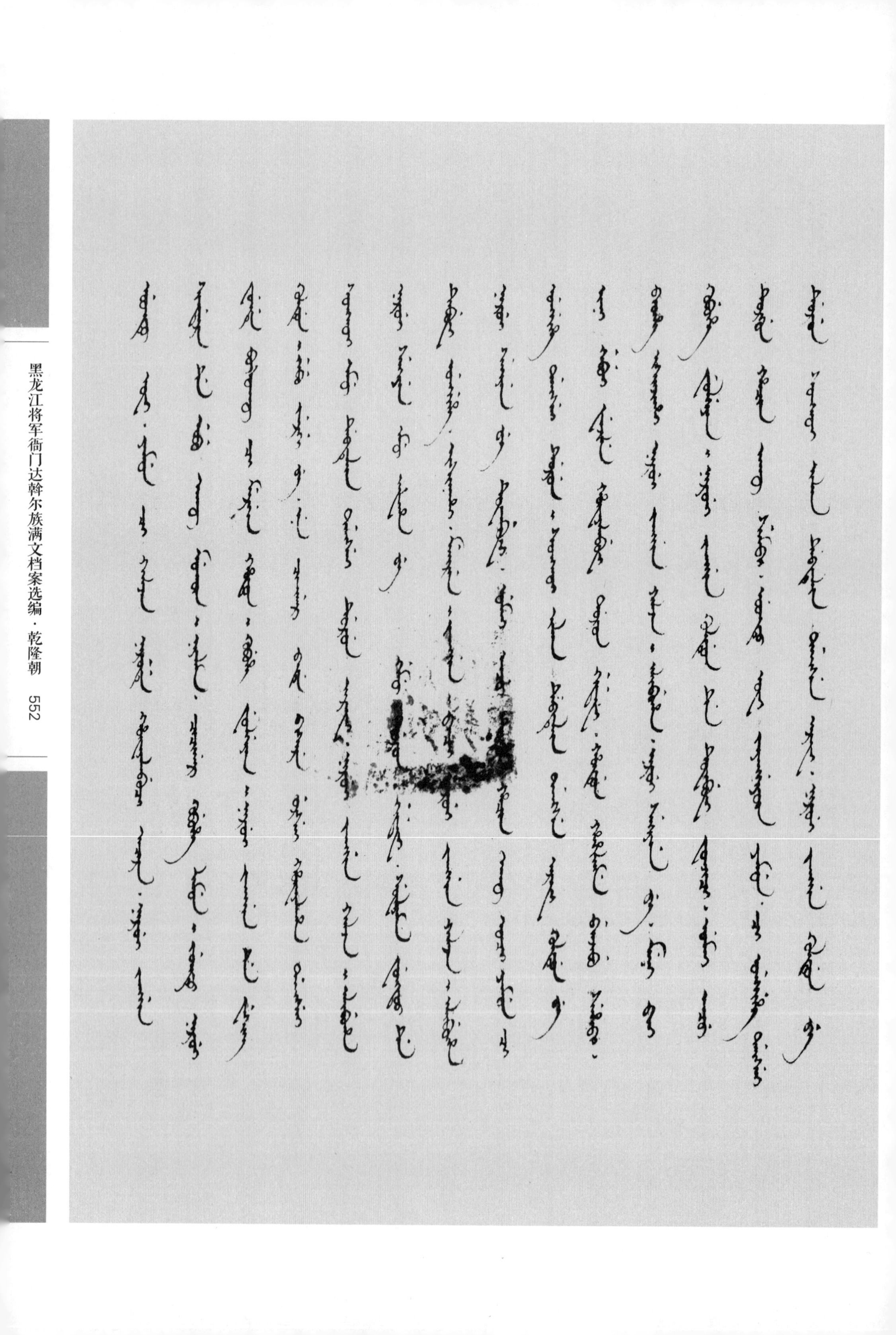

[illegible]

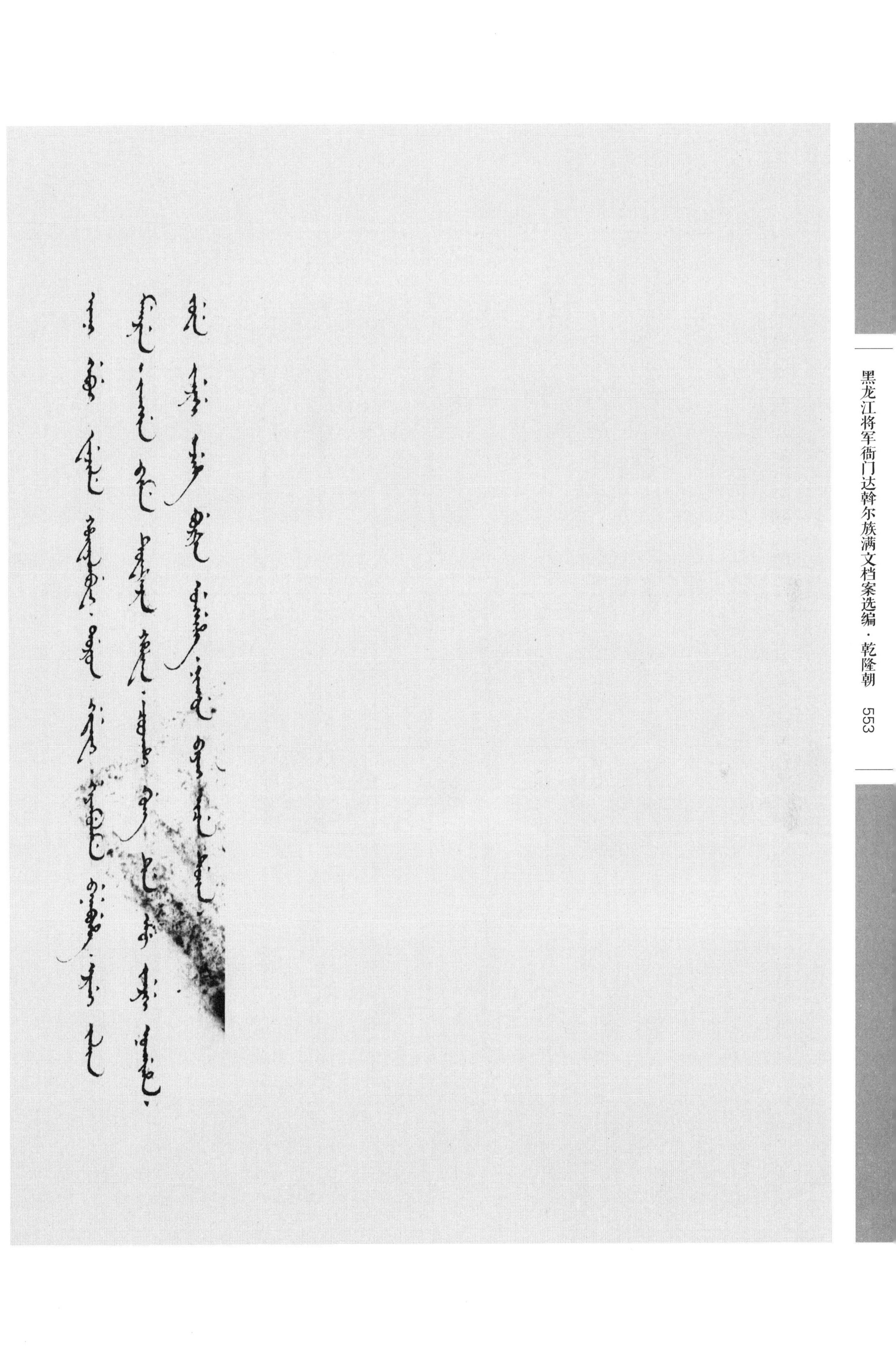

[illegible]

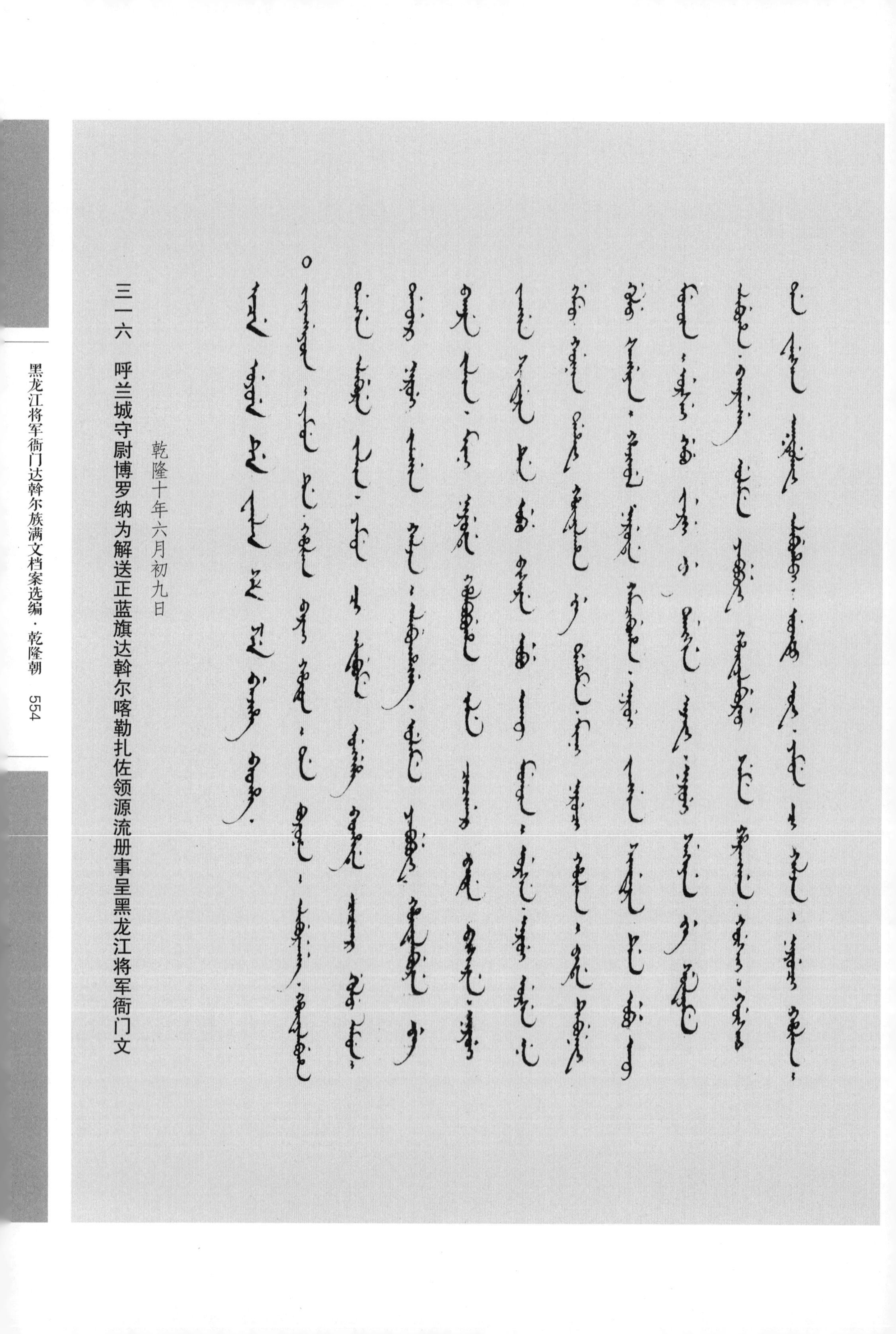

三一六 呼兰城守尉博罗纳为解送正蓝旗达斡尔喀勒扎佐领源流册事呈黑龙江将军衙门文

乾隆十年六月初九日

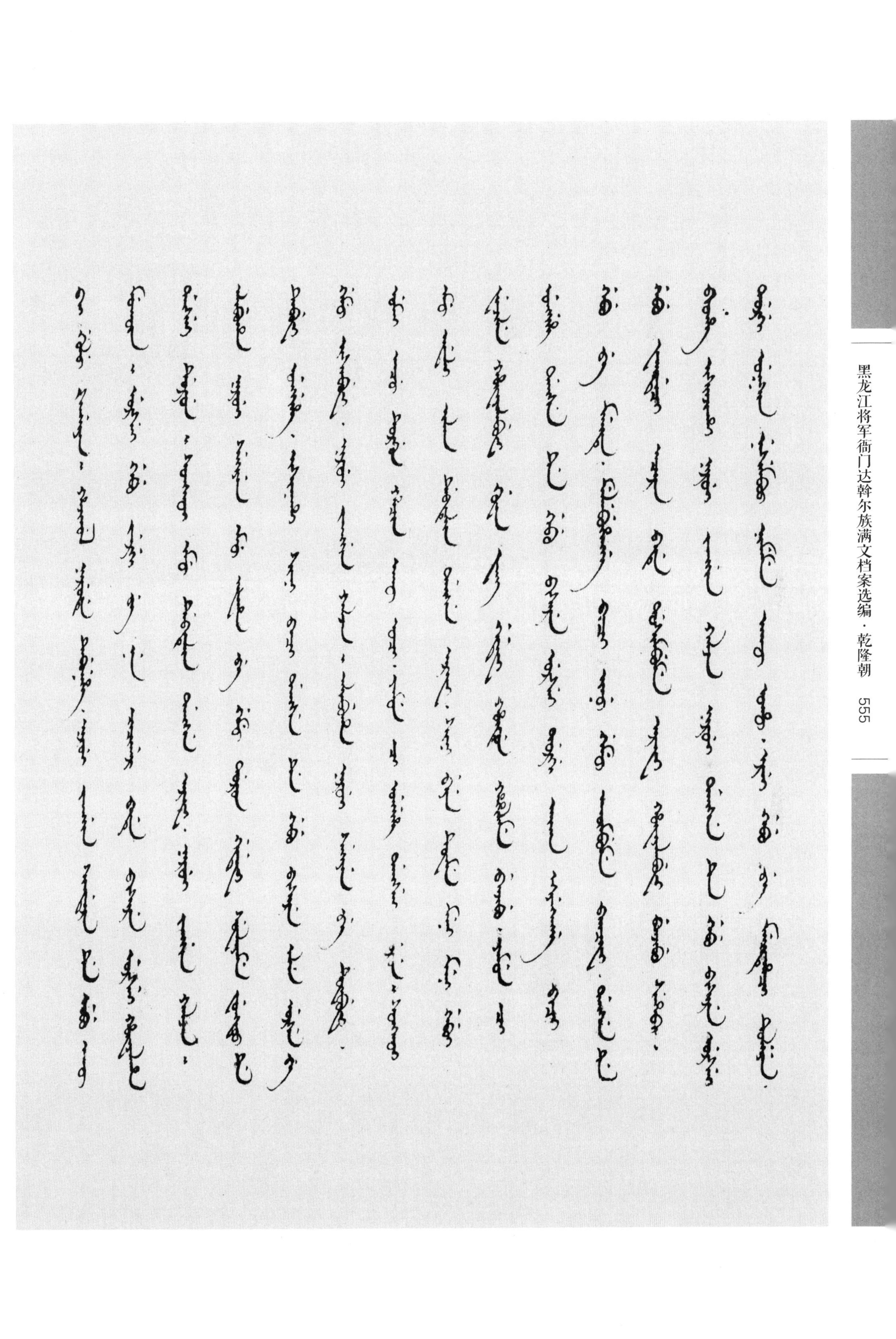

[illegible]

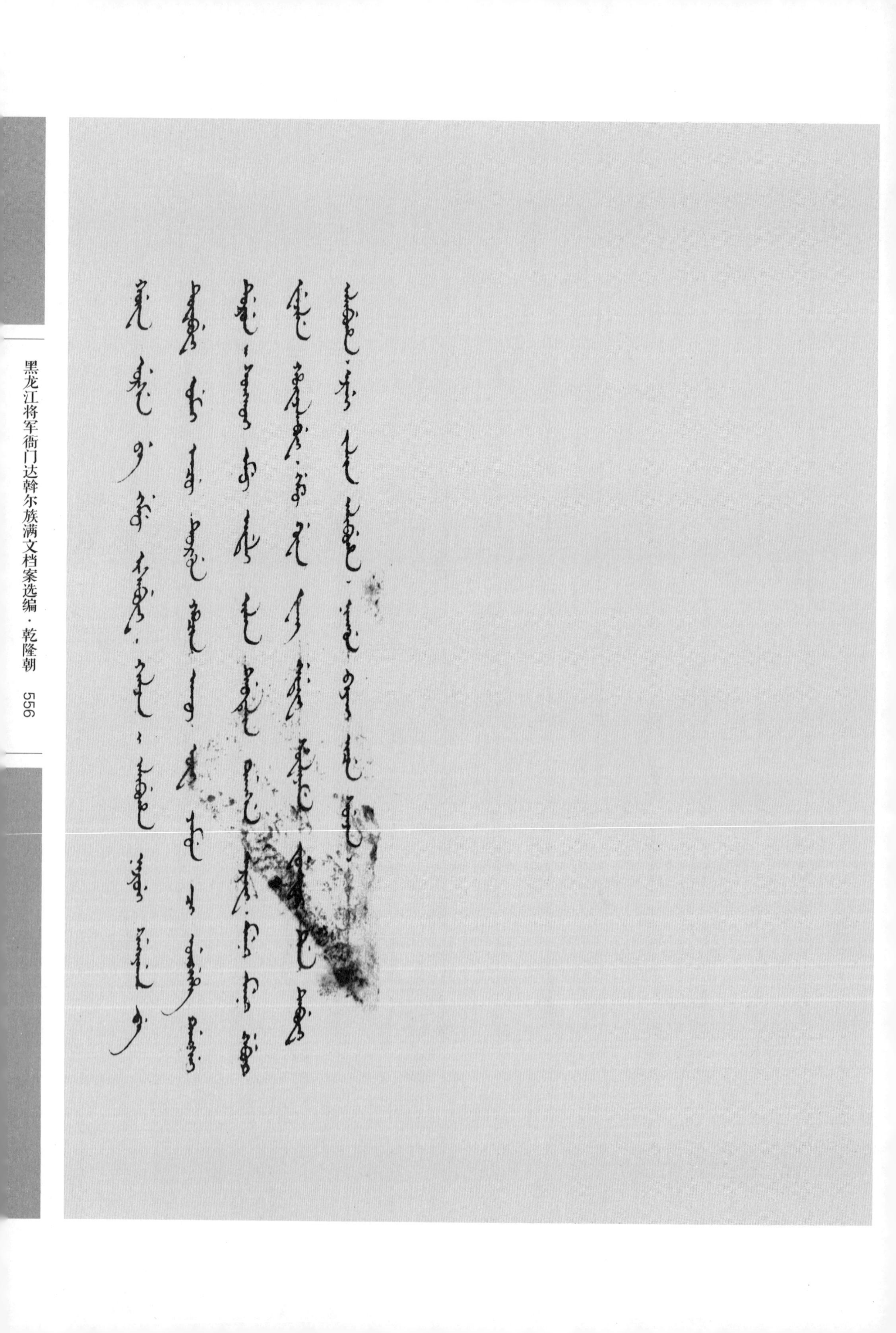

[illegible]

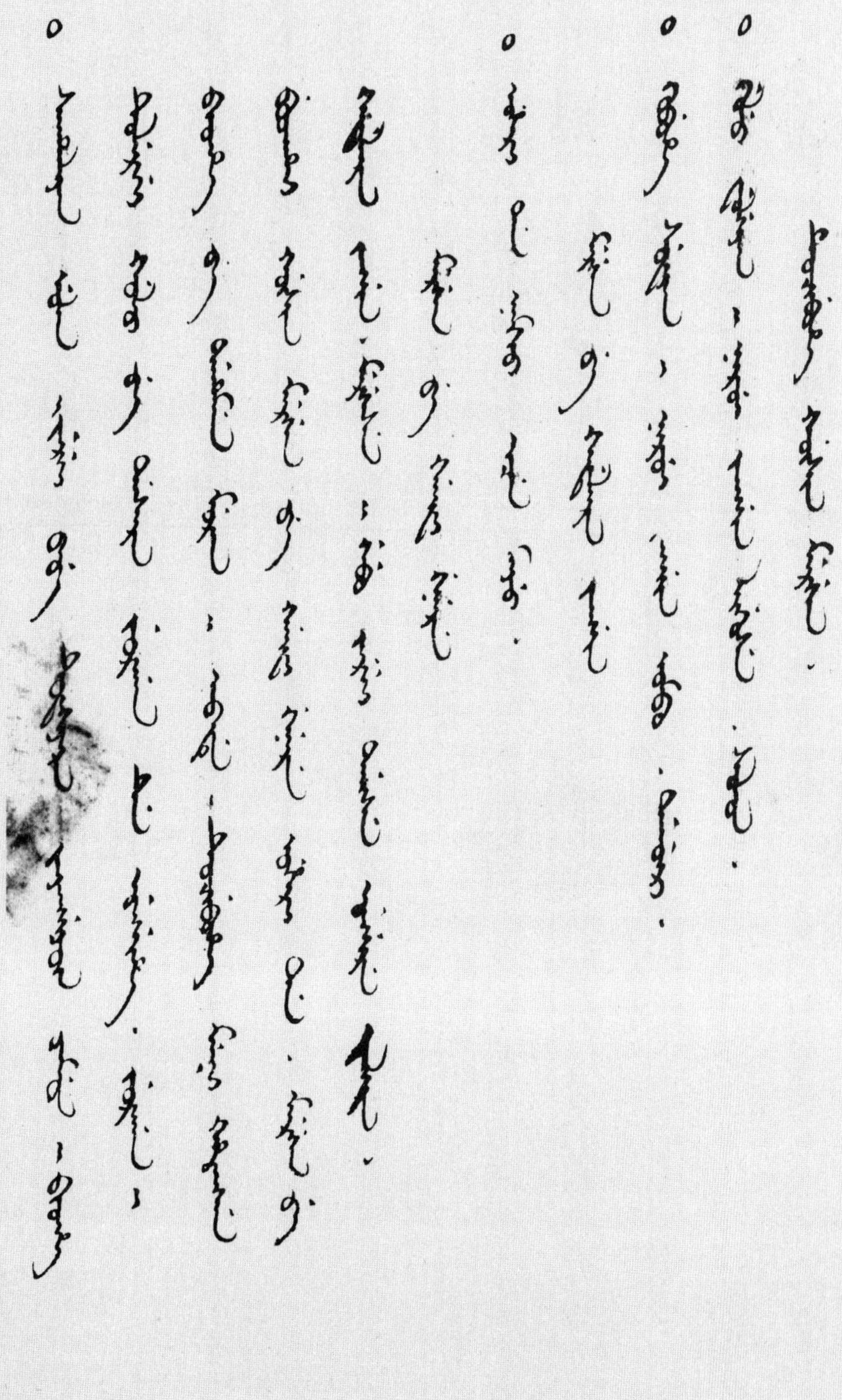

三一七 黑龙江将军衙门为咨送赴木兰围场效力索伦达斡尔兵丁花名册事咨理藩院文

乾隆十年六月十五日

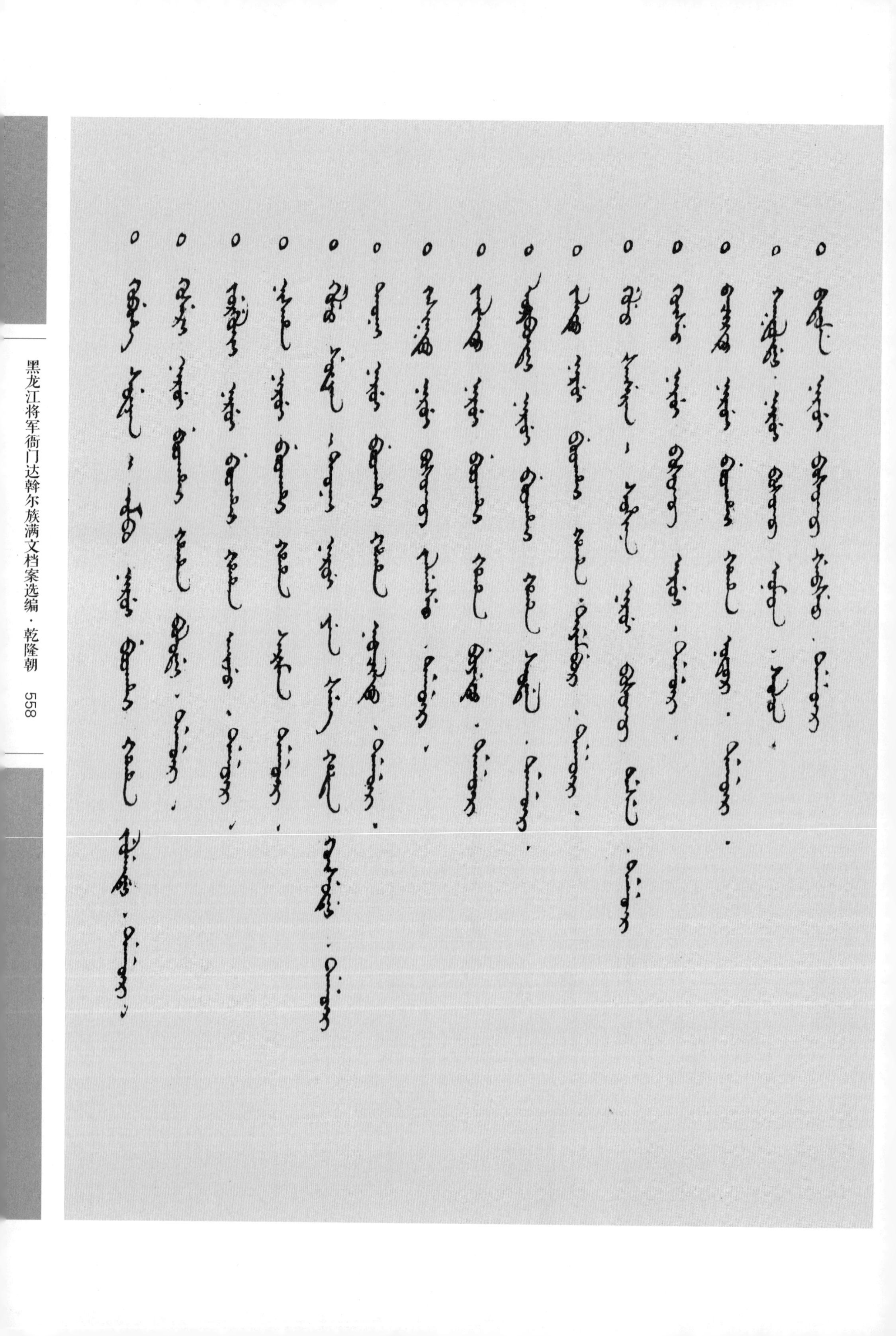

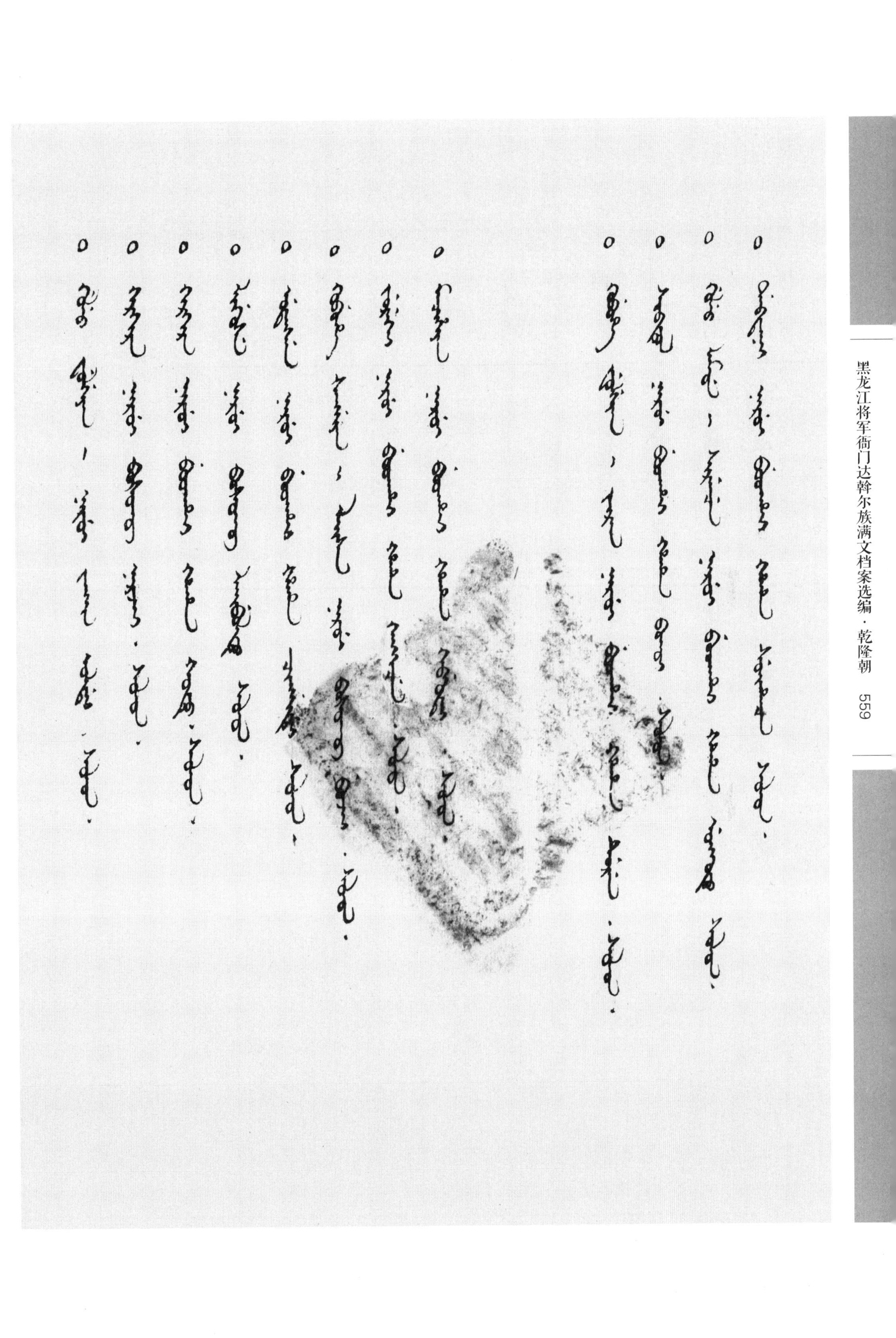

○ [illegible]

○ [illegible]

○ [illegible]

○ [illegible]

○ [illegible]

○ [illegible]

○ [illegible]

○ [illegible]

○ [illegible]

○ [illegible]

○ [illegible]

○ [illegible]

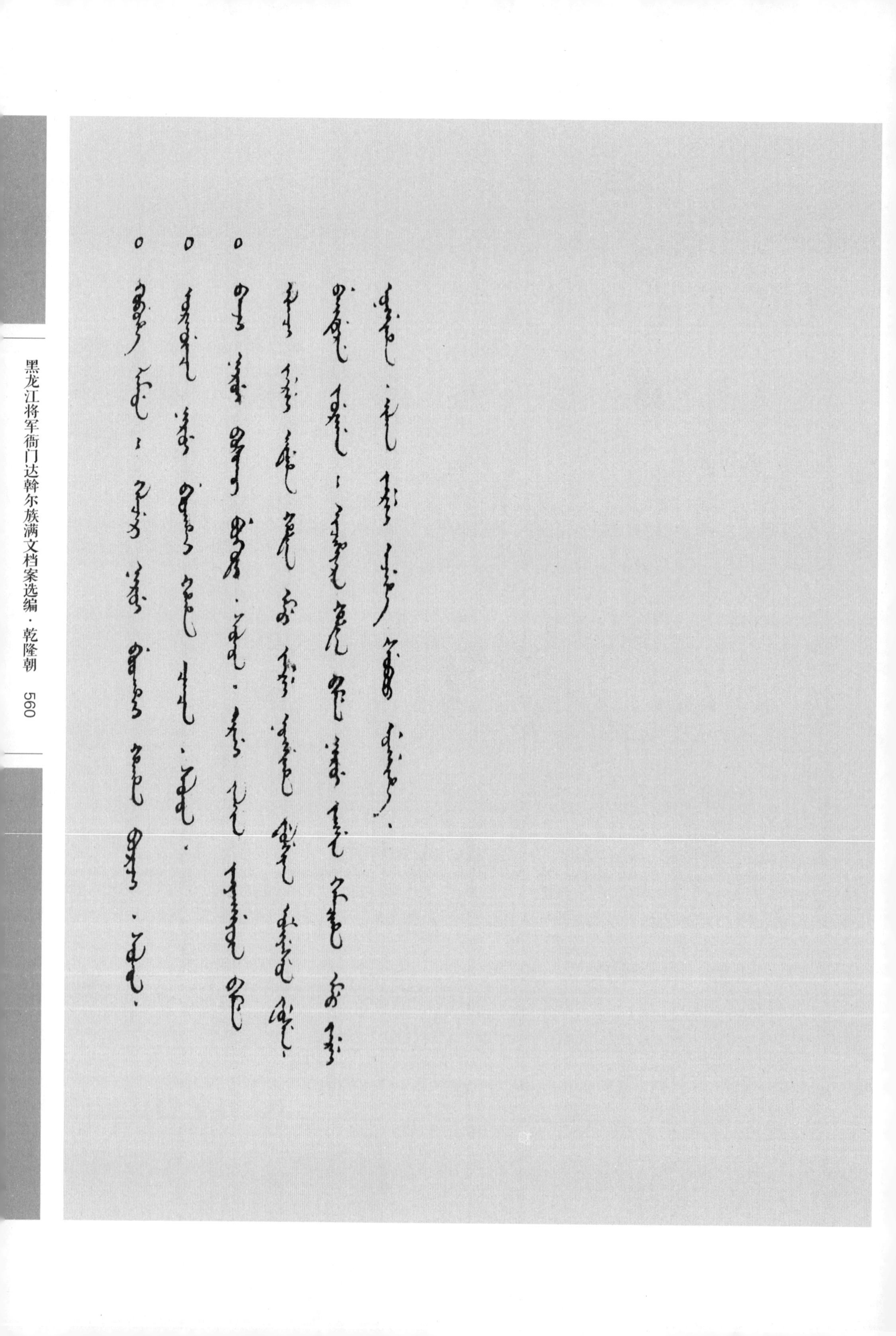

[illegible]

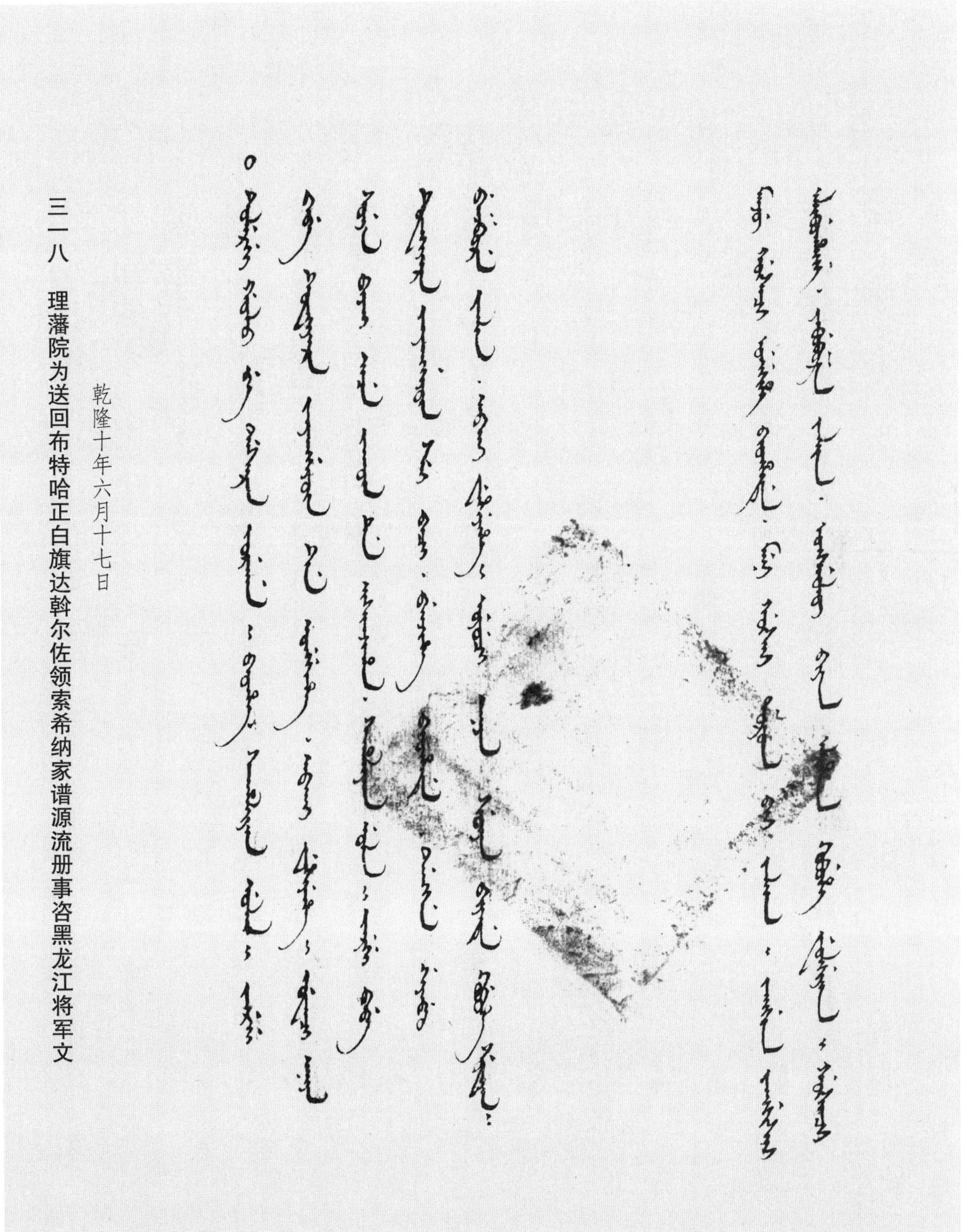

三一八 理藩院为送回布特哈正白旗达斡尔佐领索希纳家谱源流册事咨黑龙江将军文

乾隆十年六月十七日

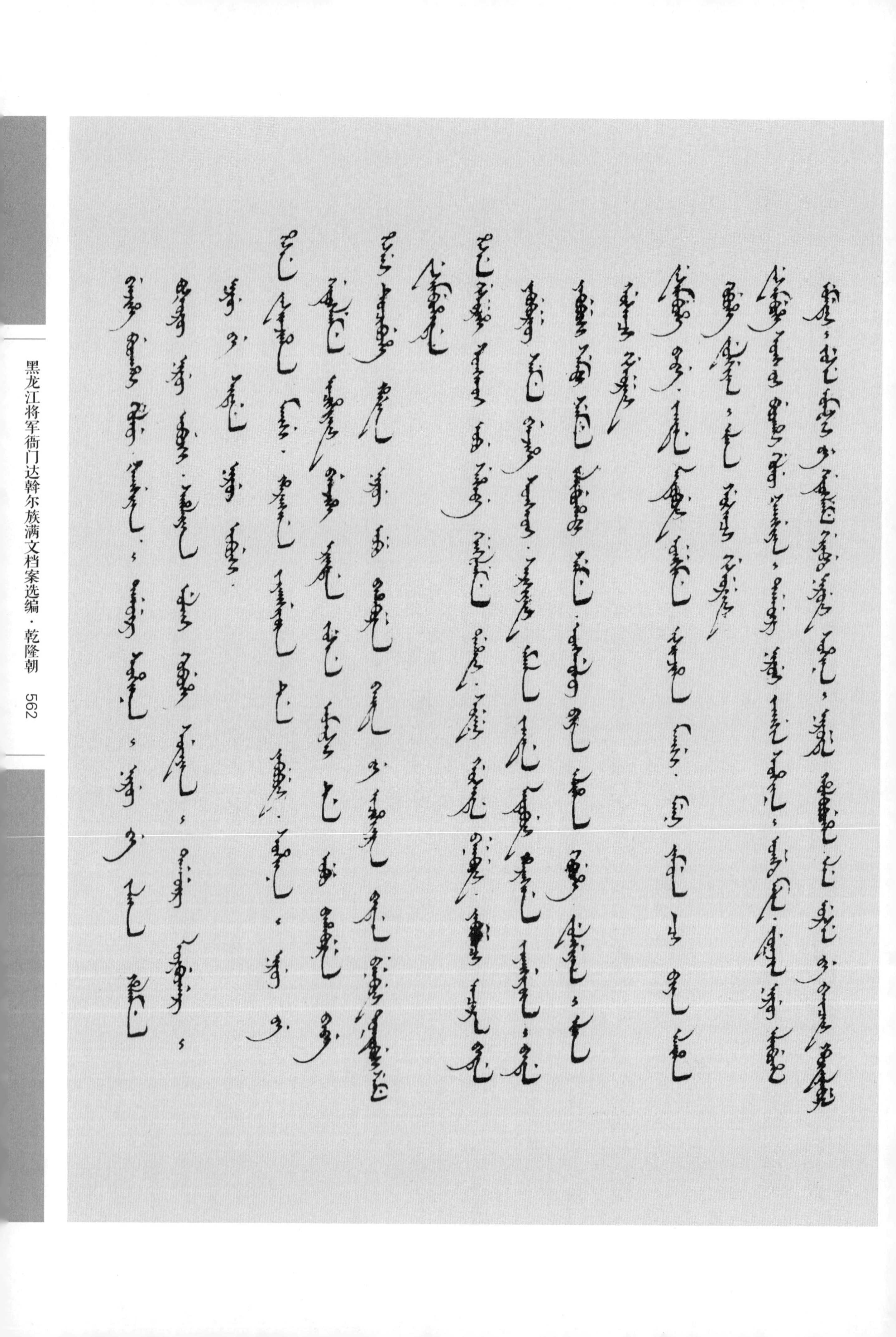

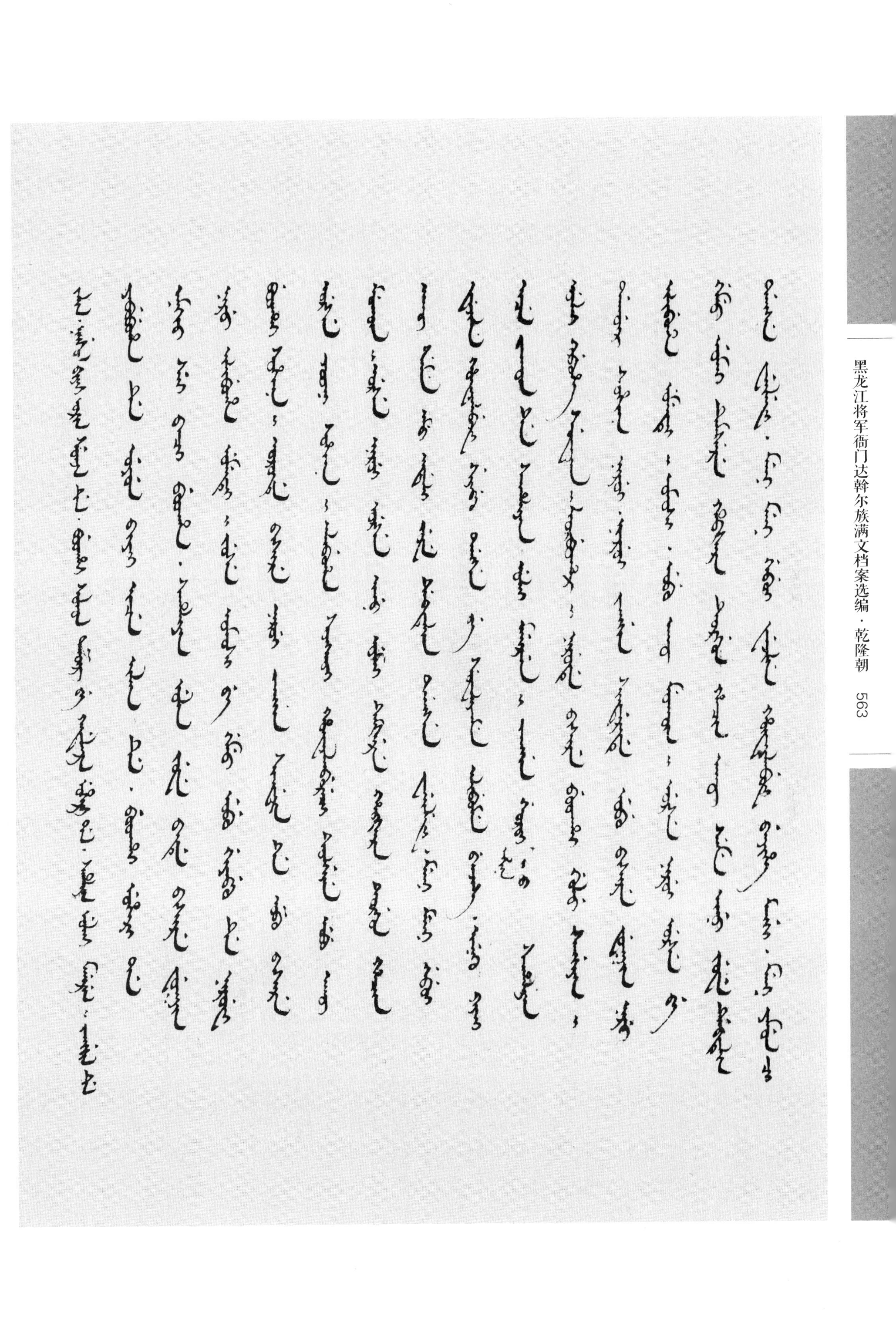

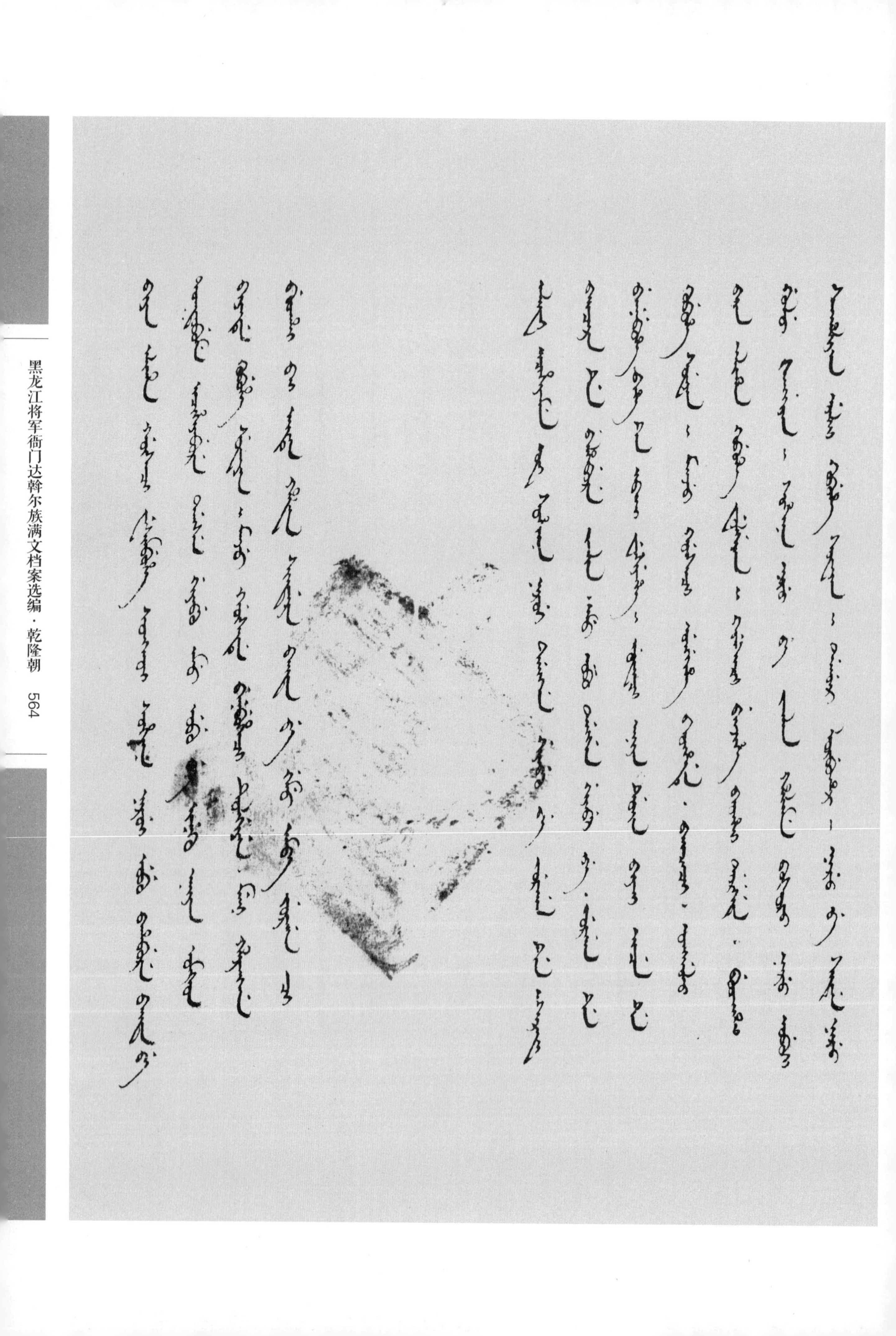

[illegible]

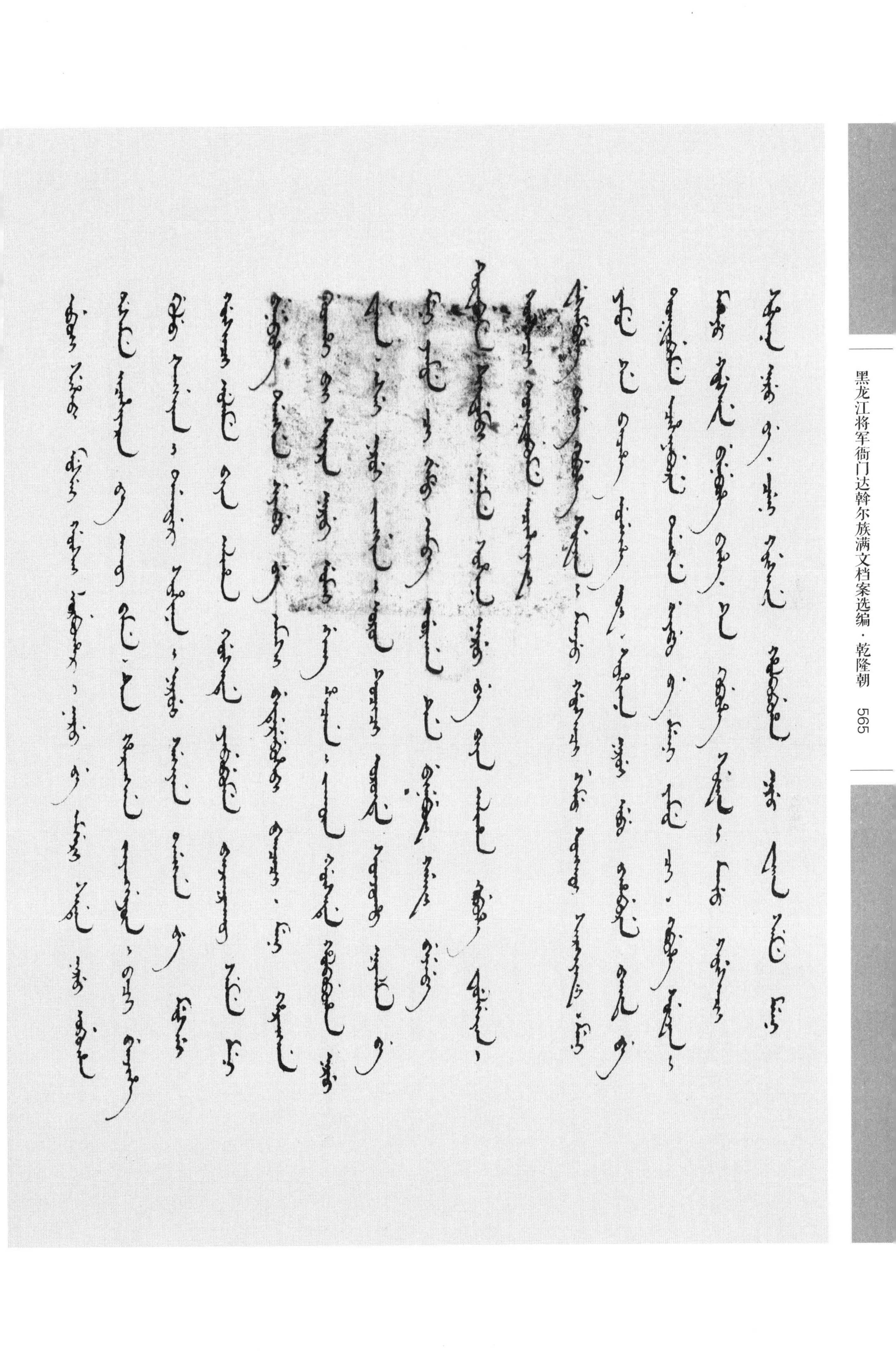

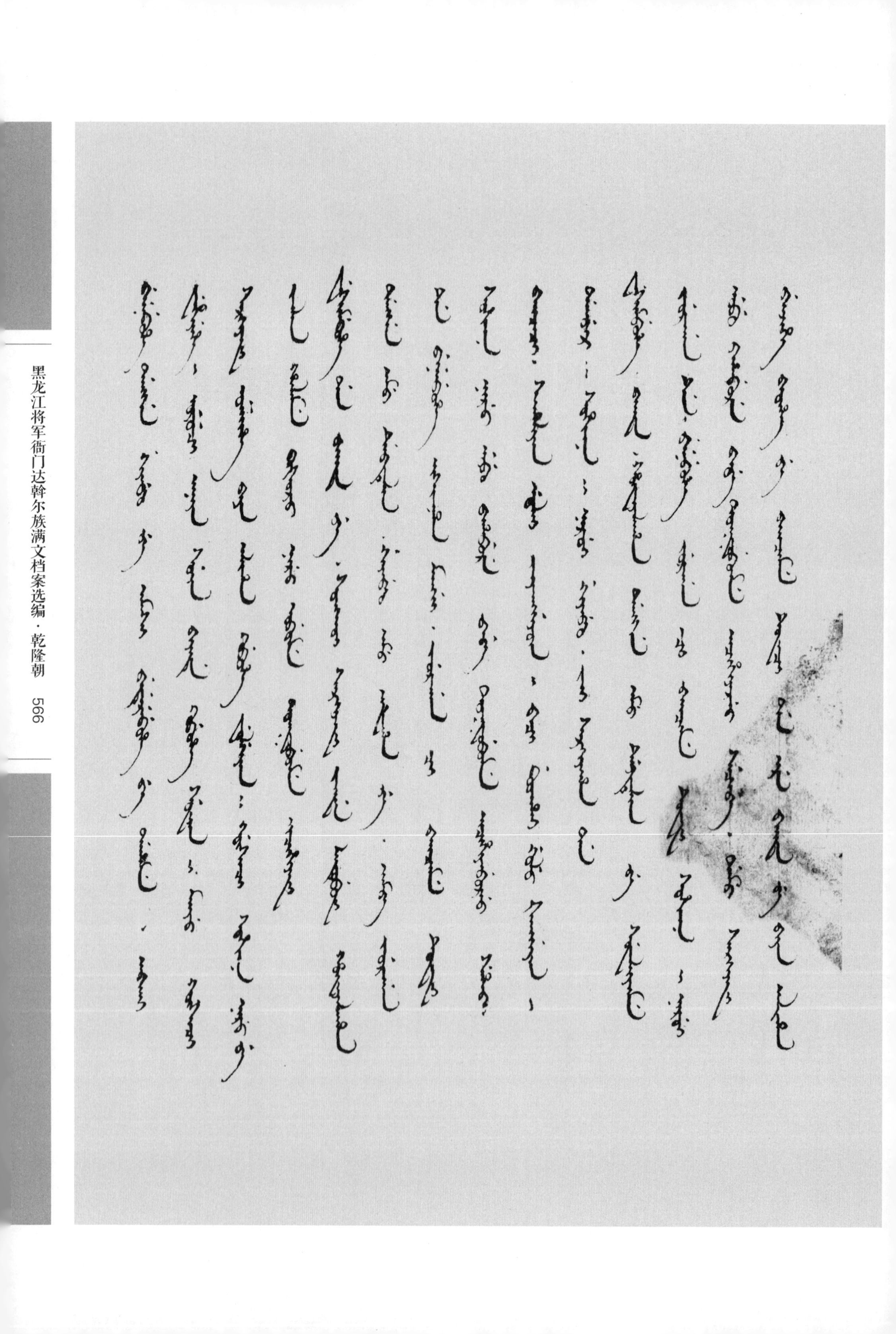

[illegible]

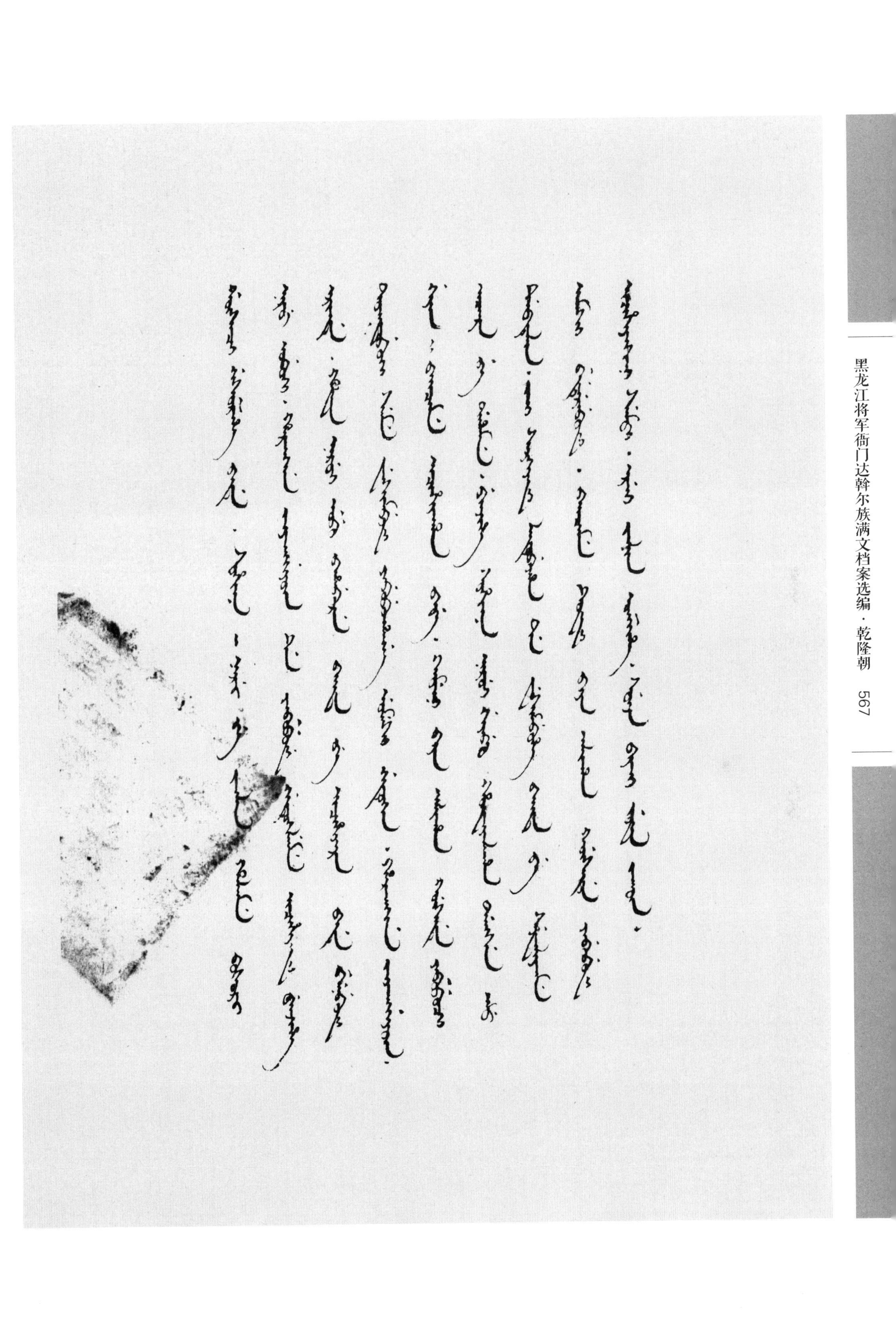

[illegible]

三一九 布特哈索伦达斡尔总管纳木球等为查报布特哈索伦达斡尔牧放马匹数目事呈黑龙江将军衙门文

乾隆十年六月十七日

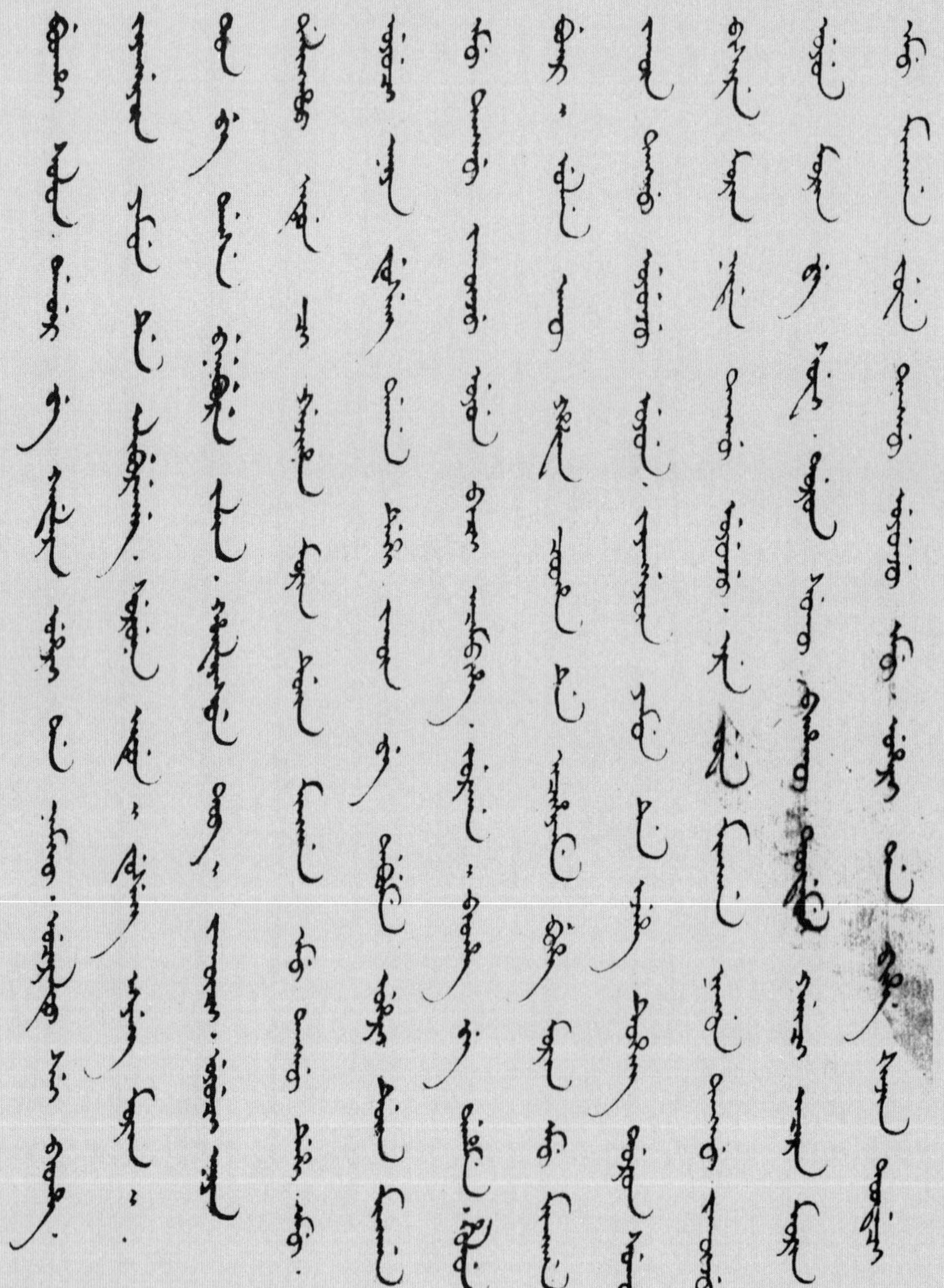

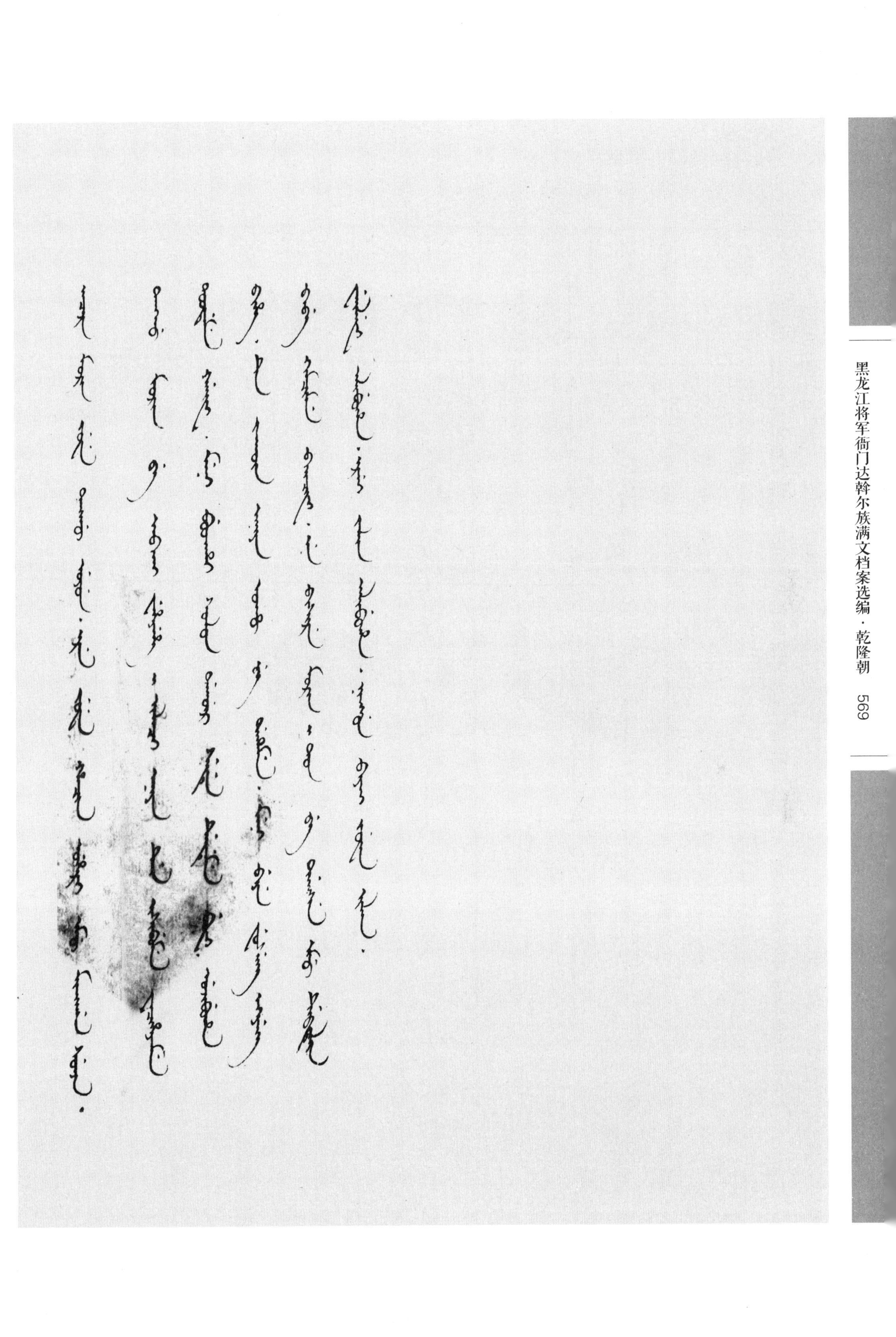

[illegible]

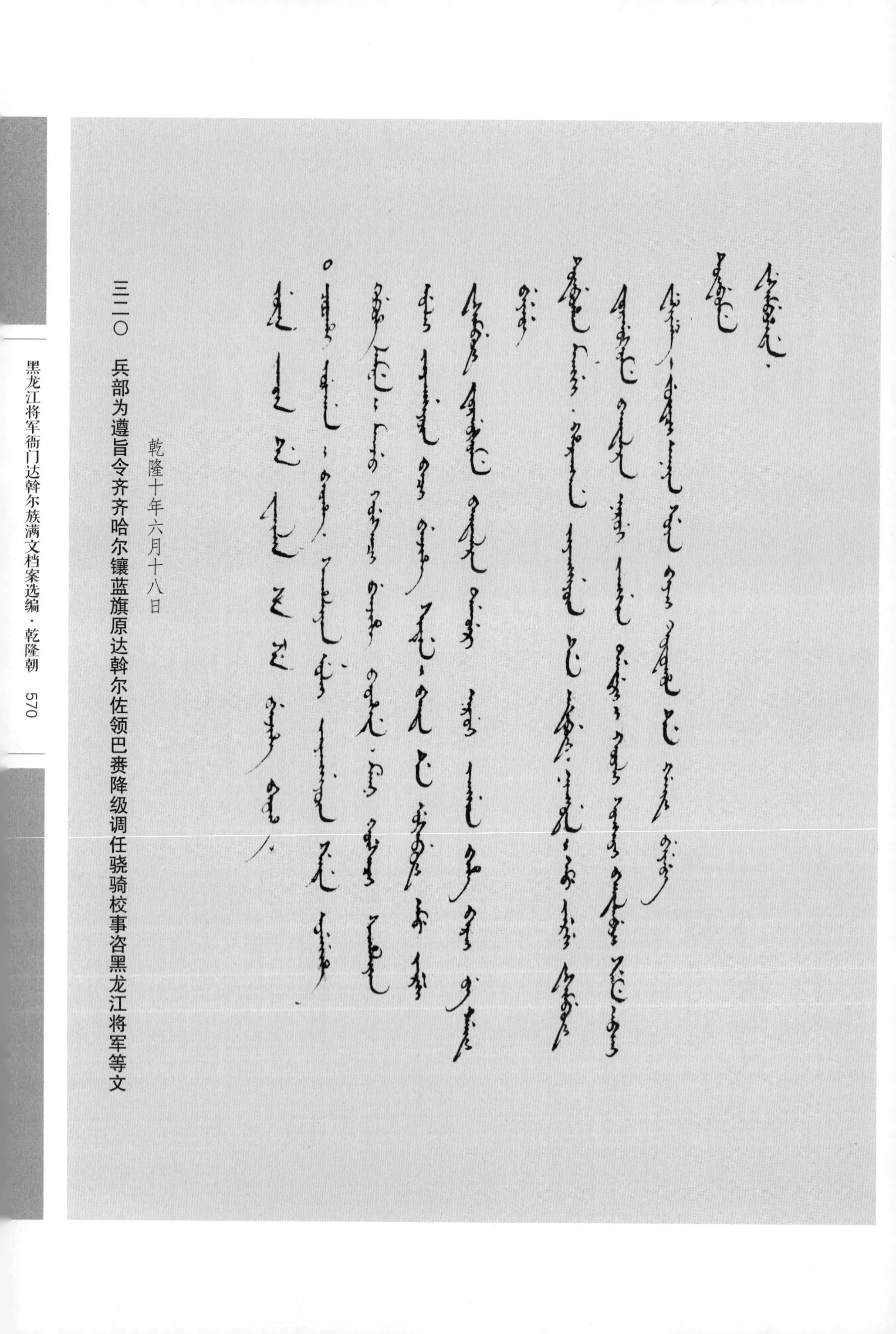

三二〇　兵部为遵旨令齐齐哈尔镶蓝旗原达斡尔佐领巴赉降级调任骁骑校事咨黑龙江将军等文

乾隆十年六月十八日

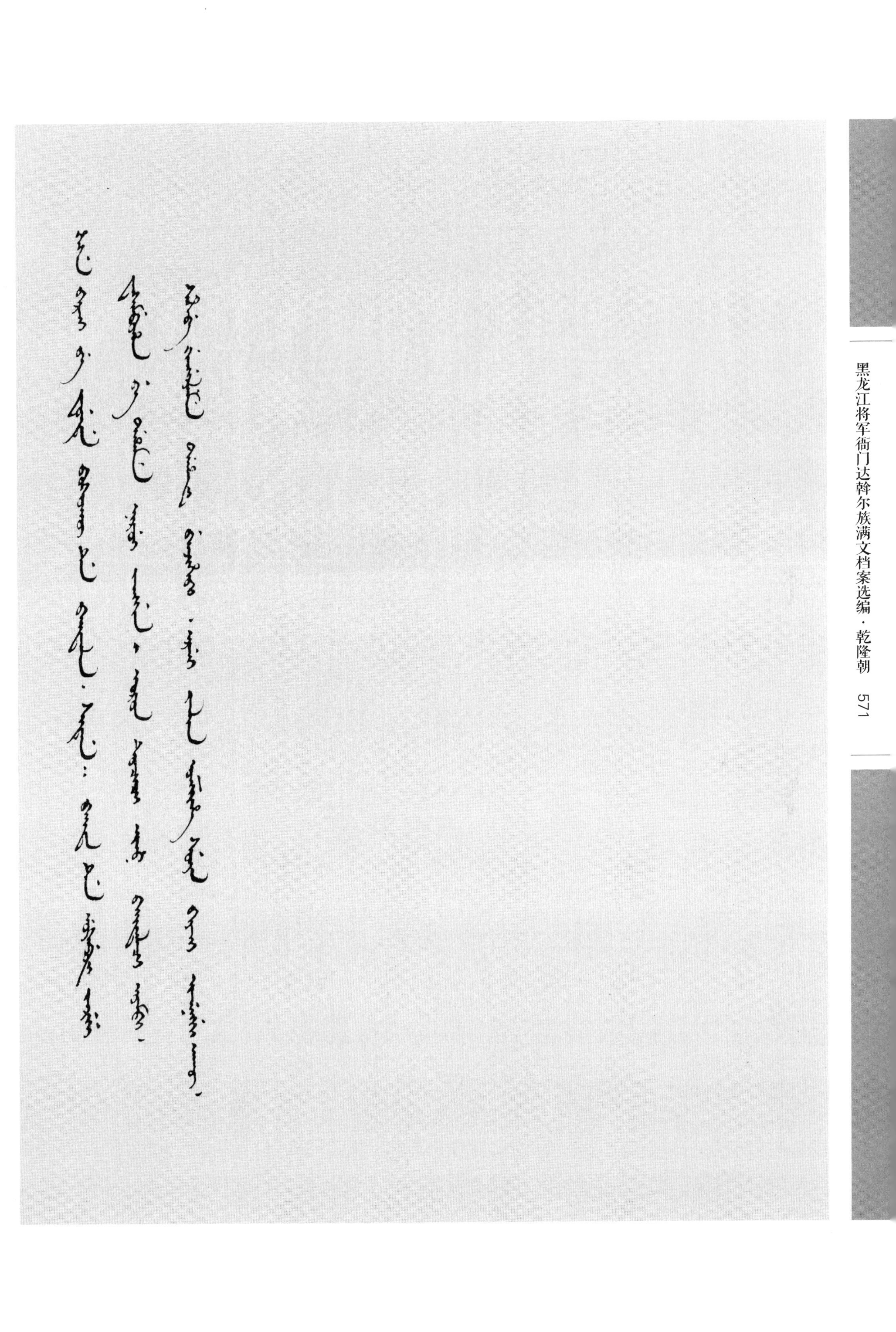

[illegible] ᠵᠠᠯᡳᠨ᠉ [illegible]

[illegible]

[illegible]

三二一 镶蓝满洲旗为知会齐齐哈尔镶蓝旗原达斡尔佐领巴赉降级调任骁骑校事咨黑龙江将军衙门文

乾隆十年六月十八日

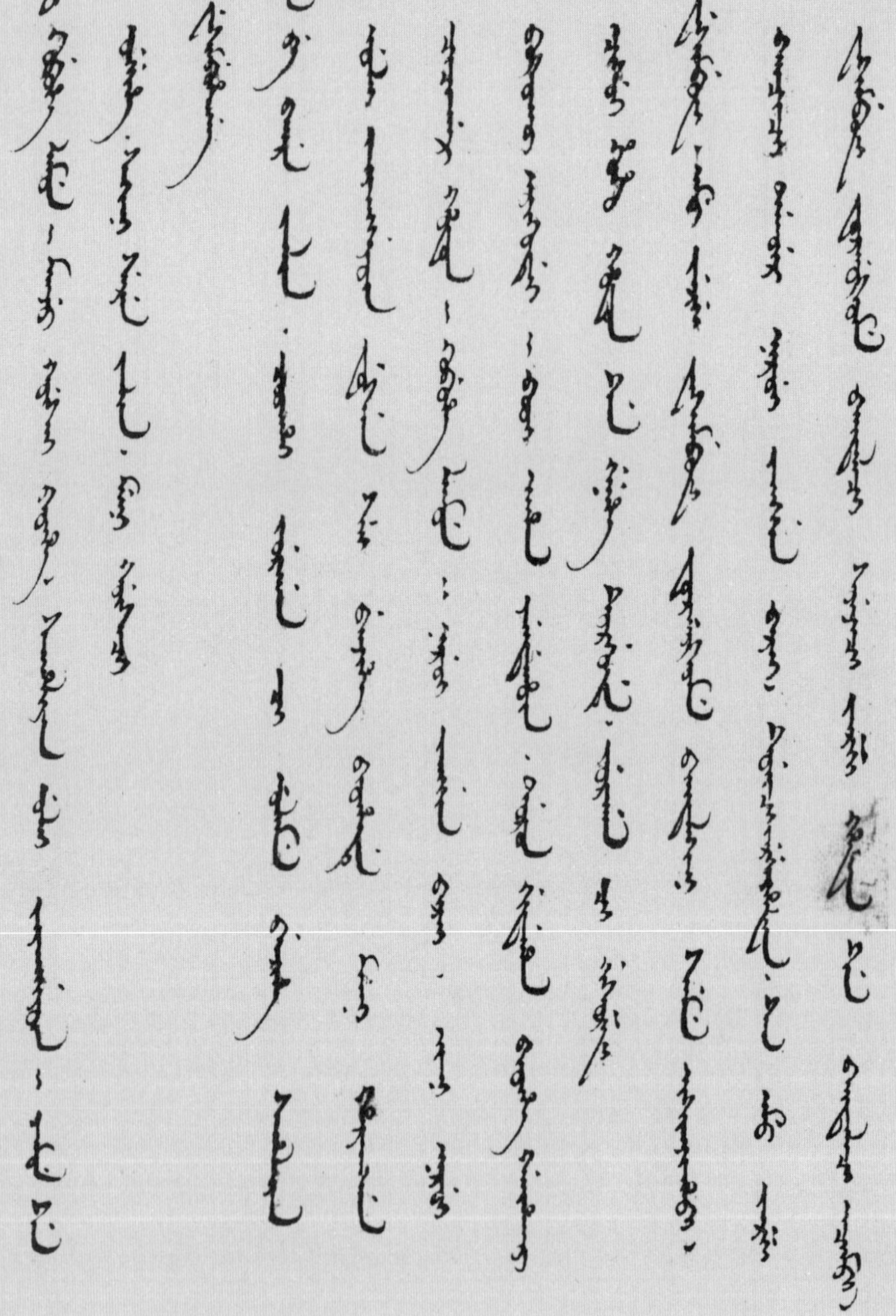

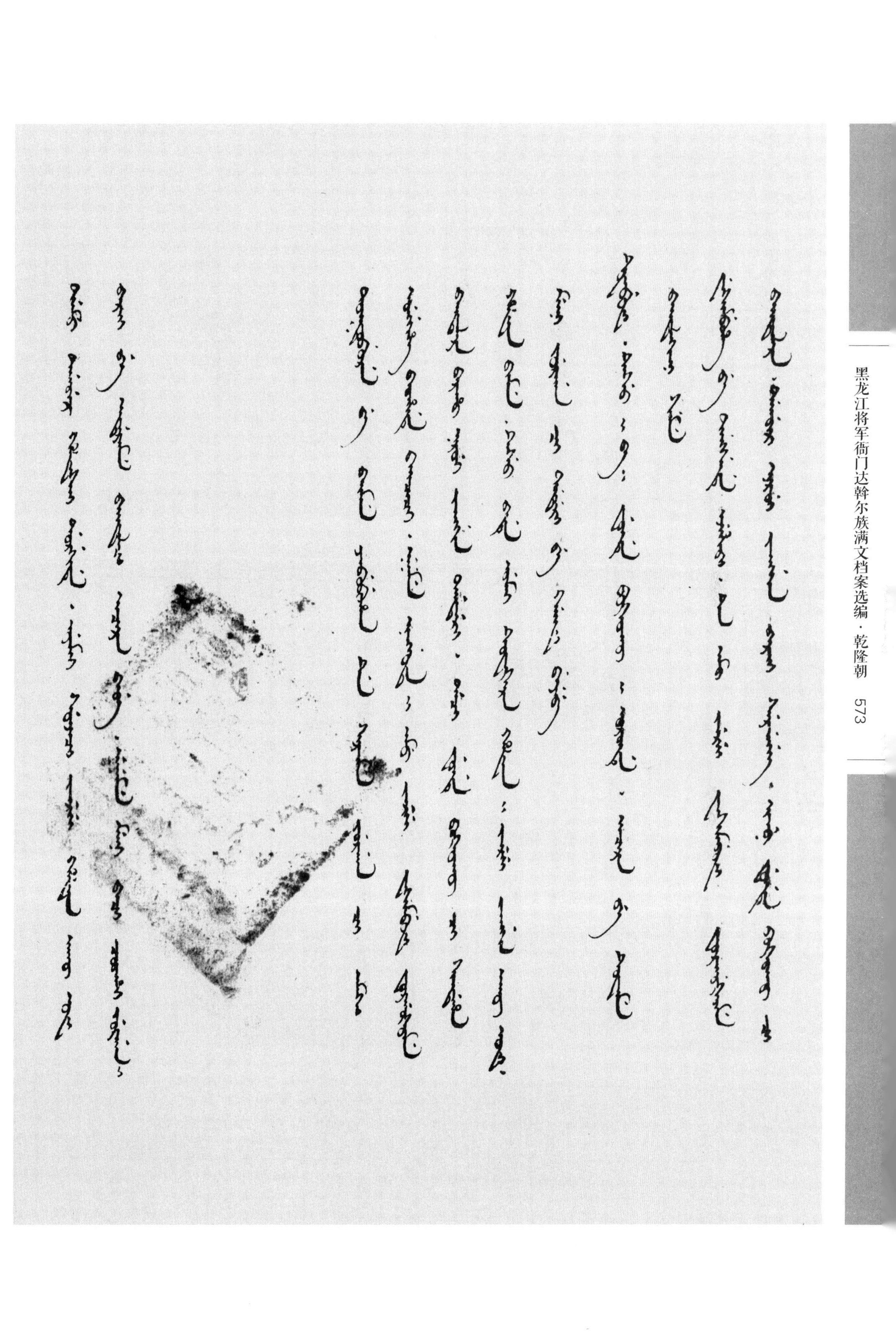

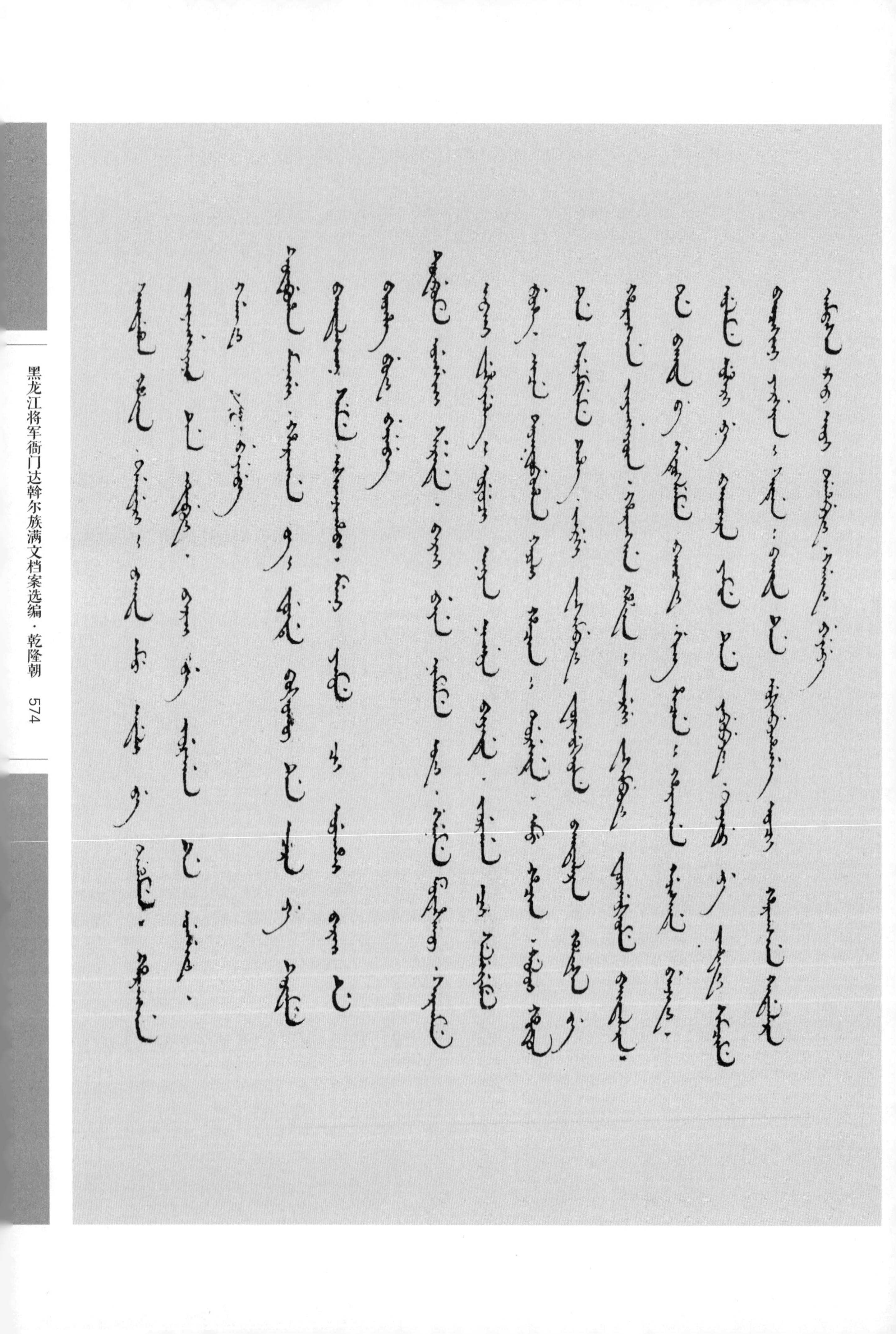

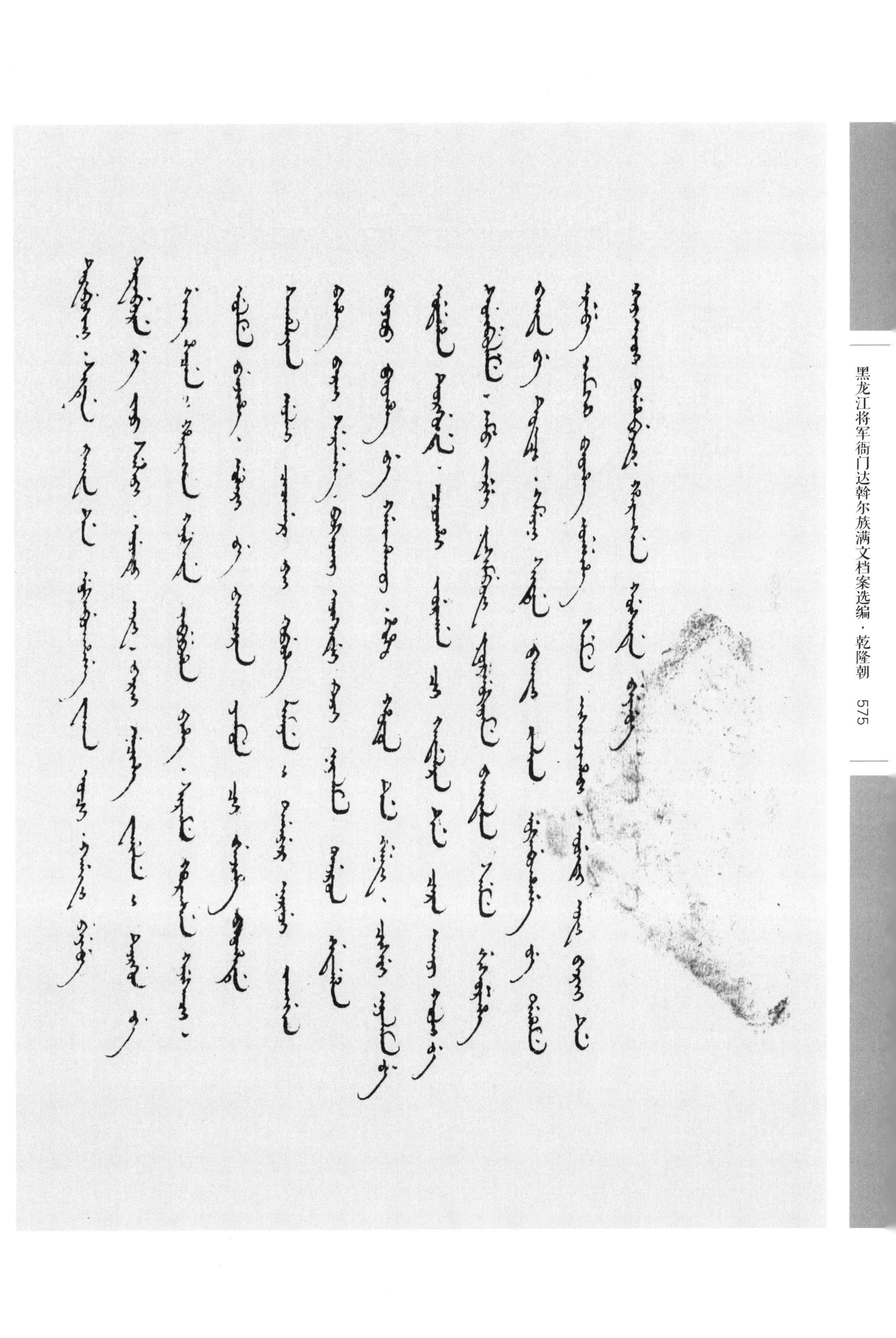

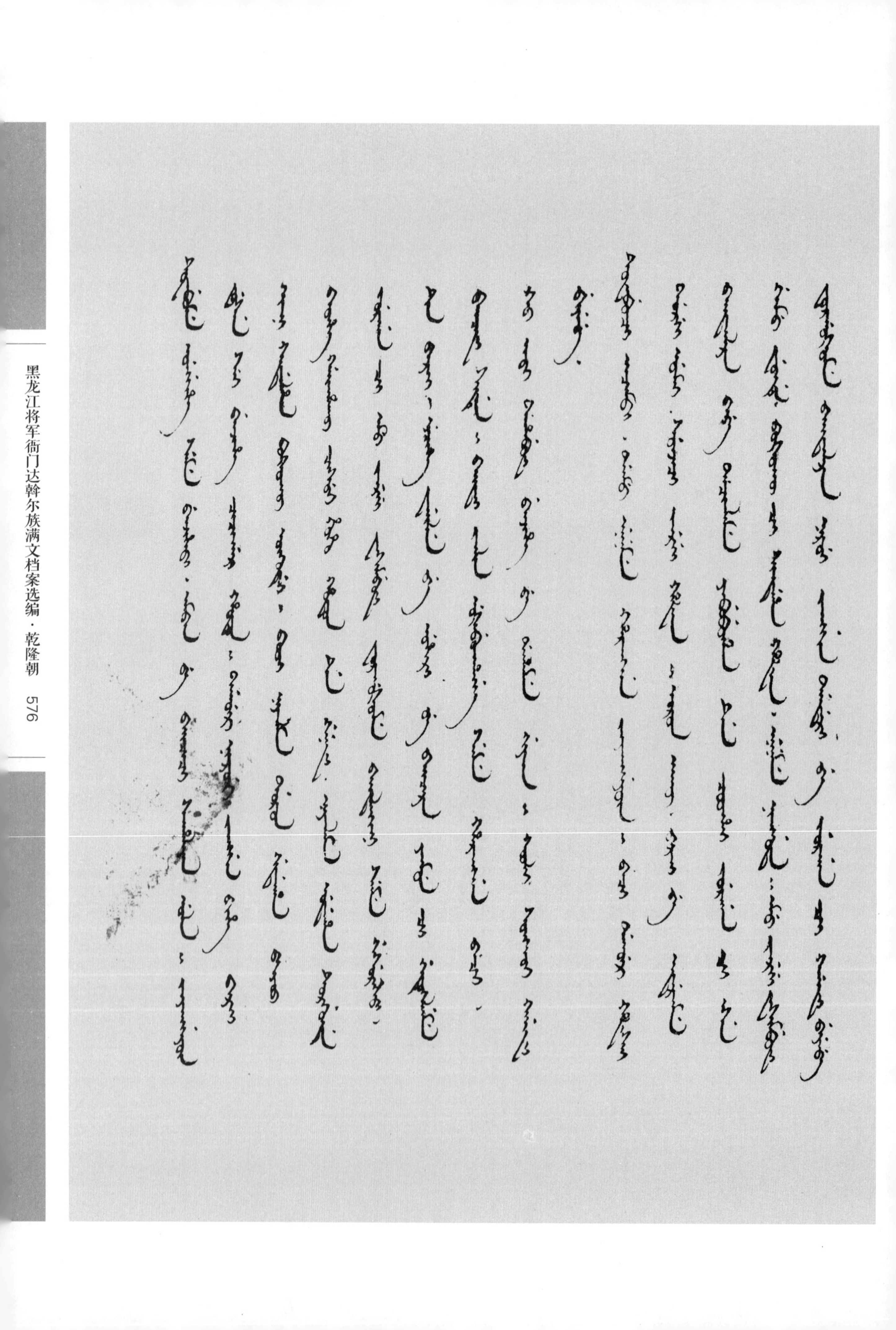

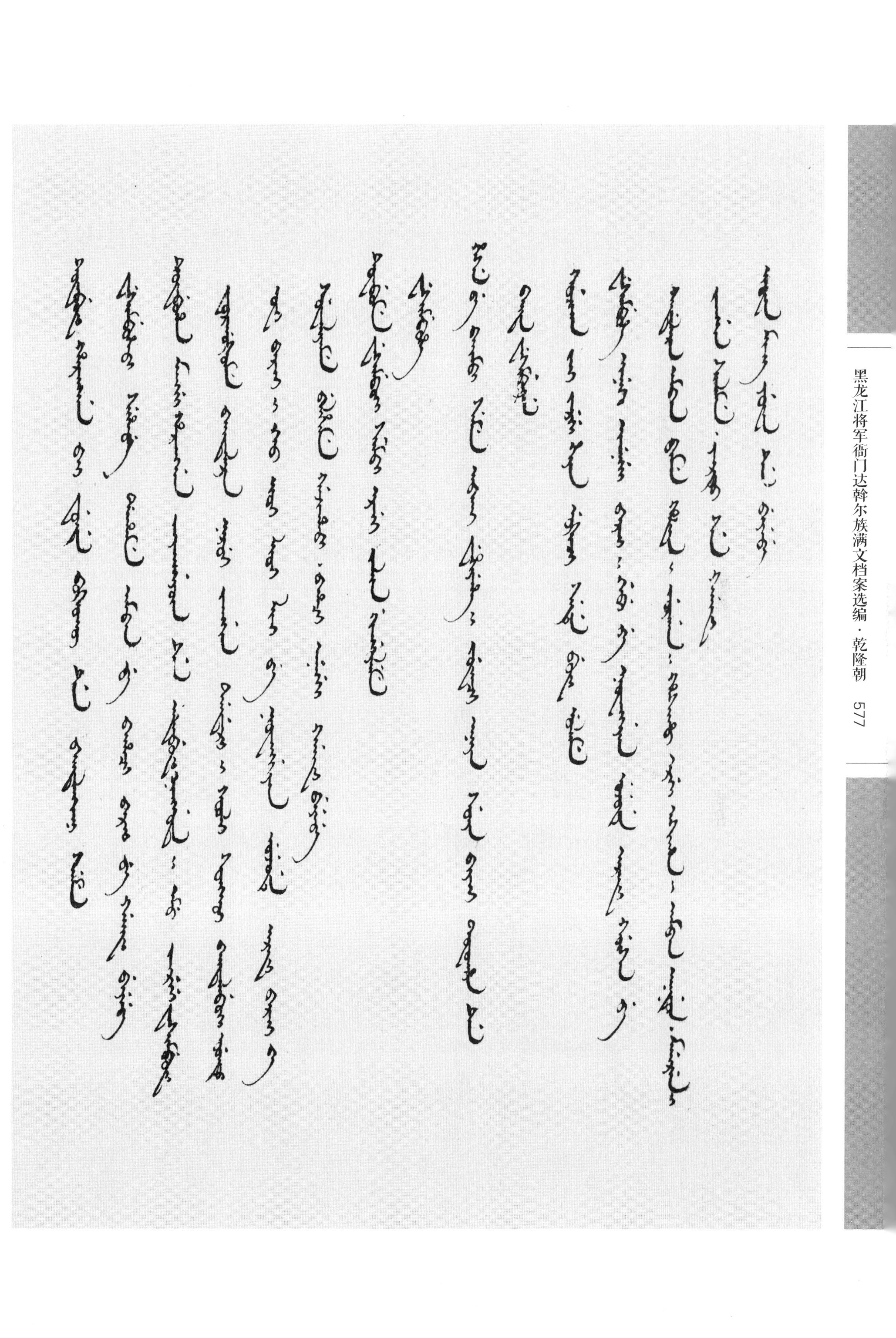

[illegible]

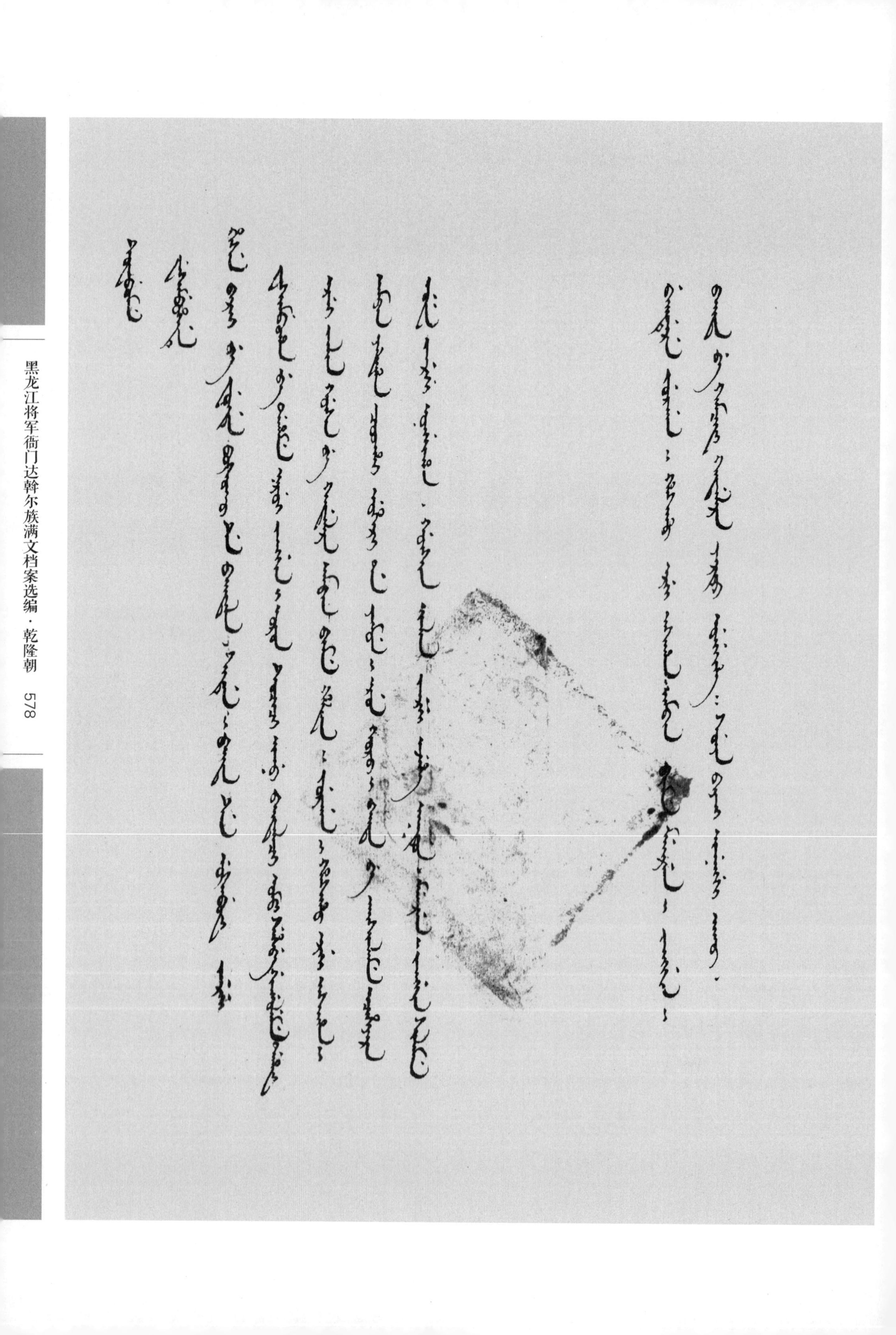

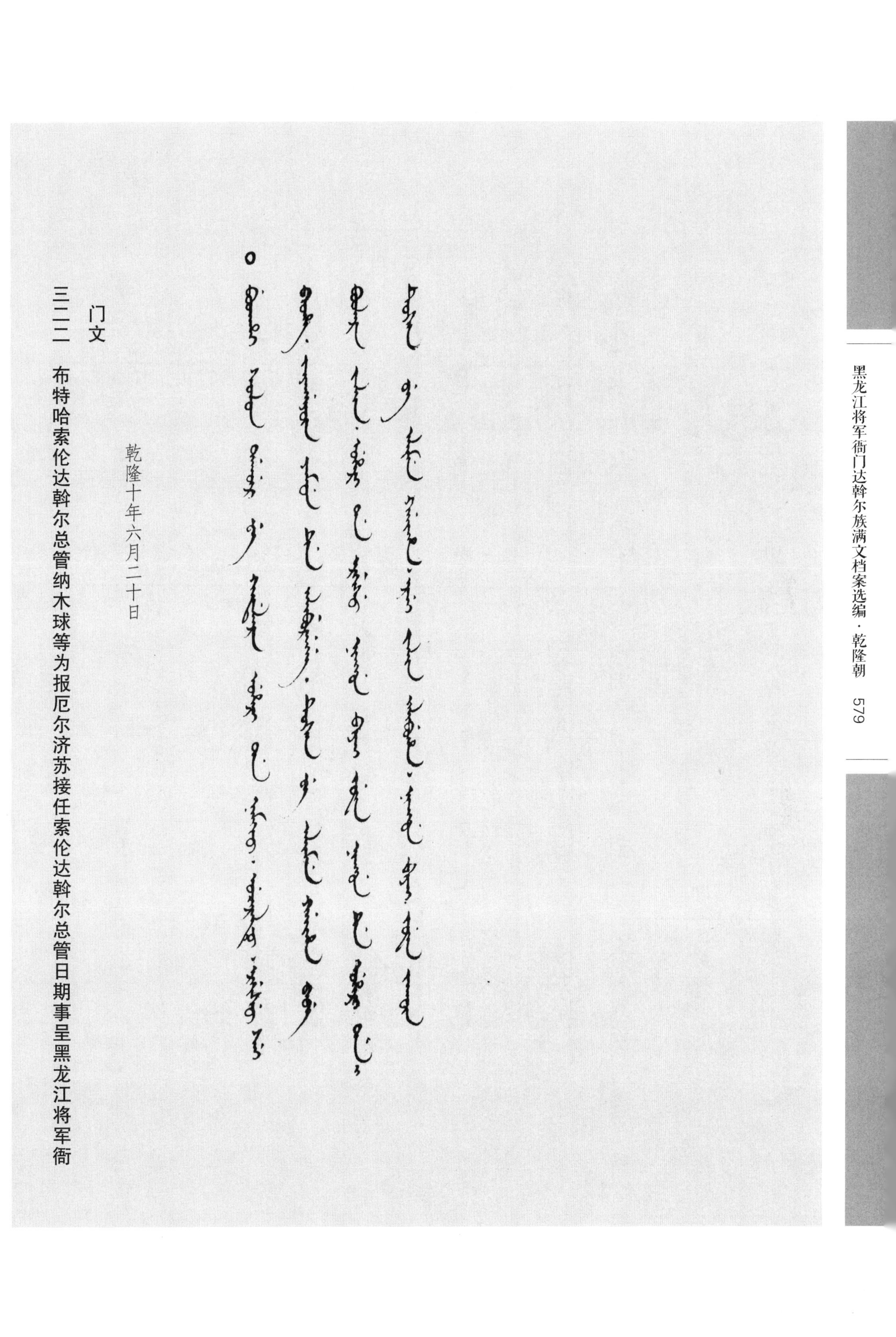

三二二　布特哈索伦达斡尔总管纳木球等为报厄尔济苏接任索伦达斡尔总管日期事呈黑龙江将军衙门文

乾隆十年六月二十日

三一三 正白满洲旗为咨催查明达斡尔布拉尔等佐领源流事咨黑龙江将军衙门文

乾隆十年六月二十七日

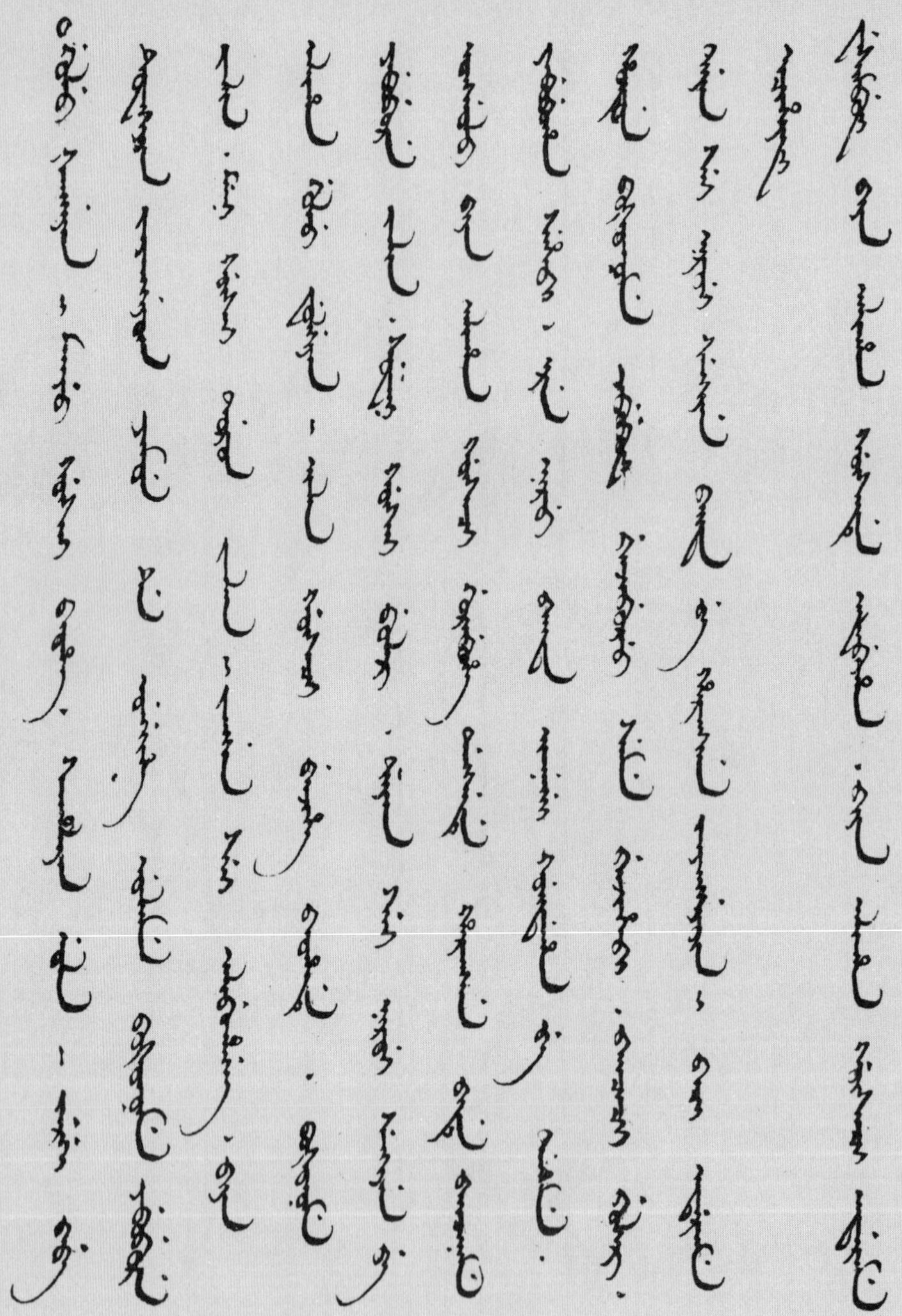

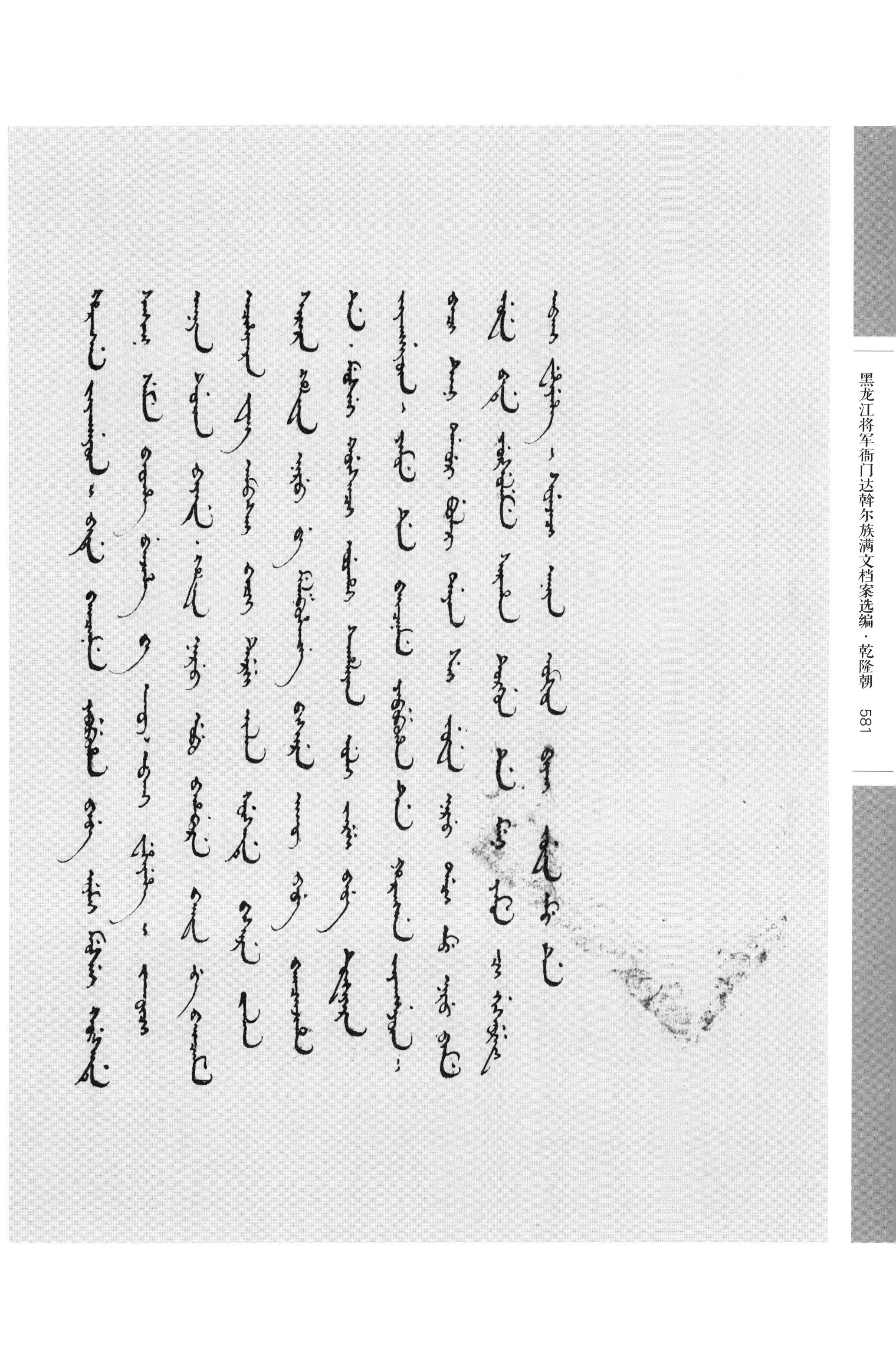

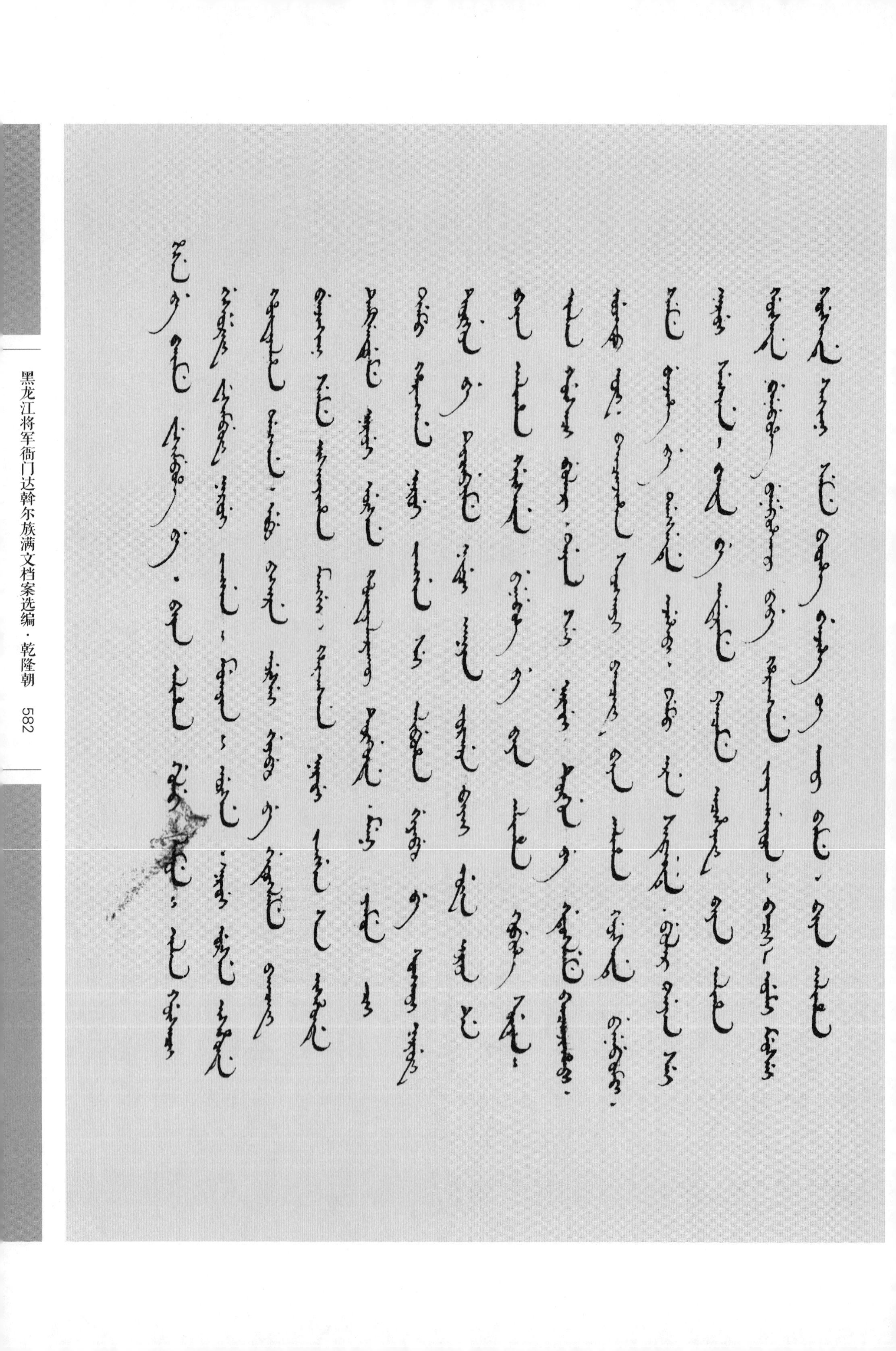

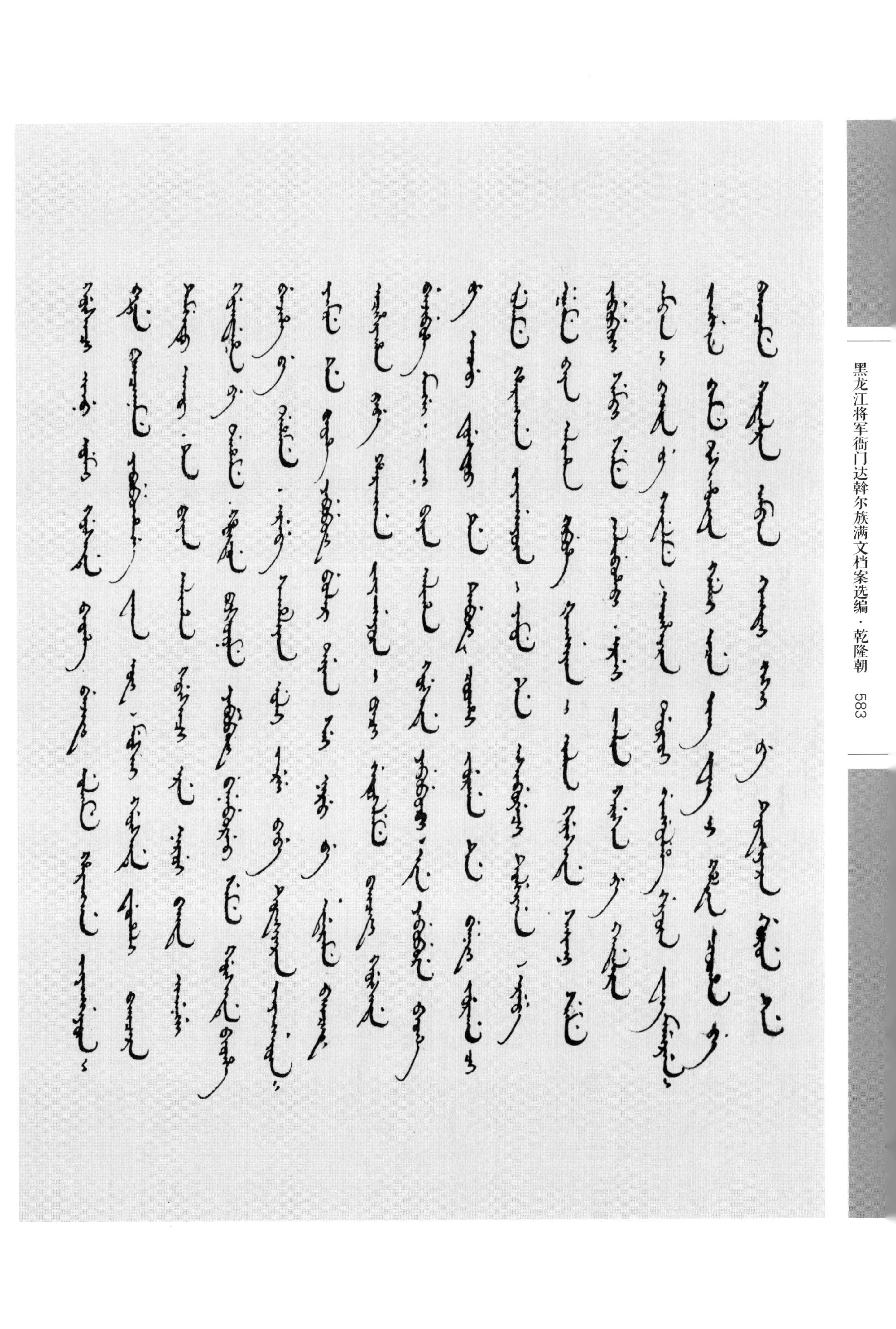

[illegible]

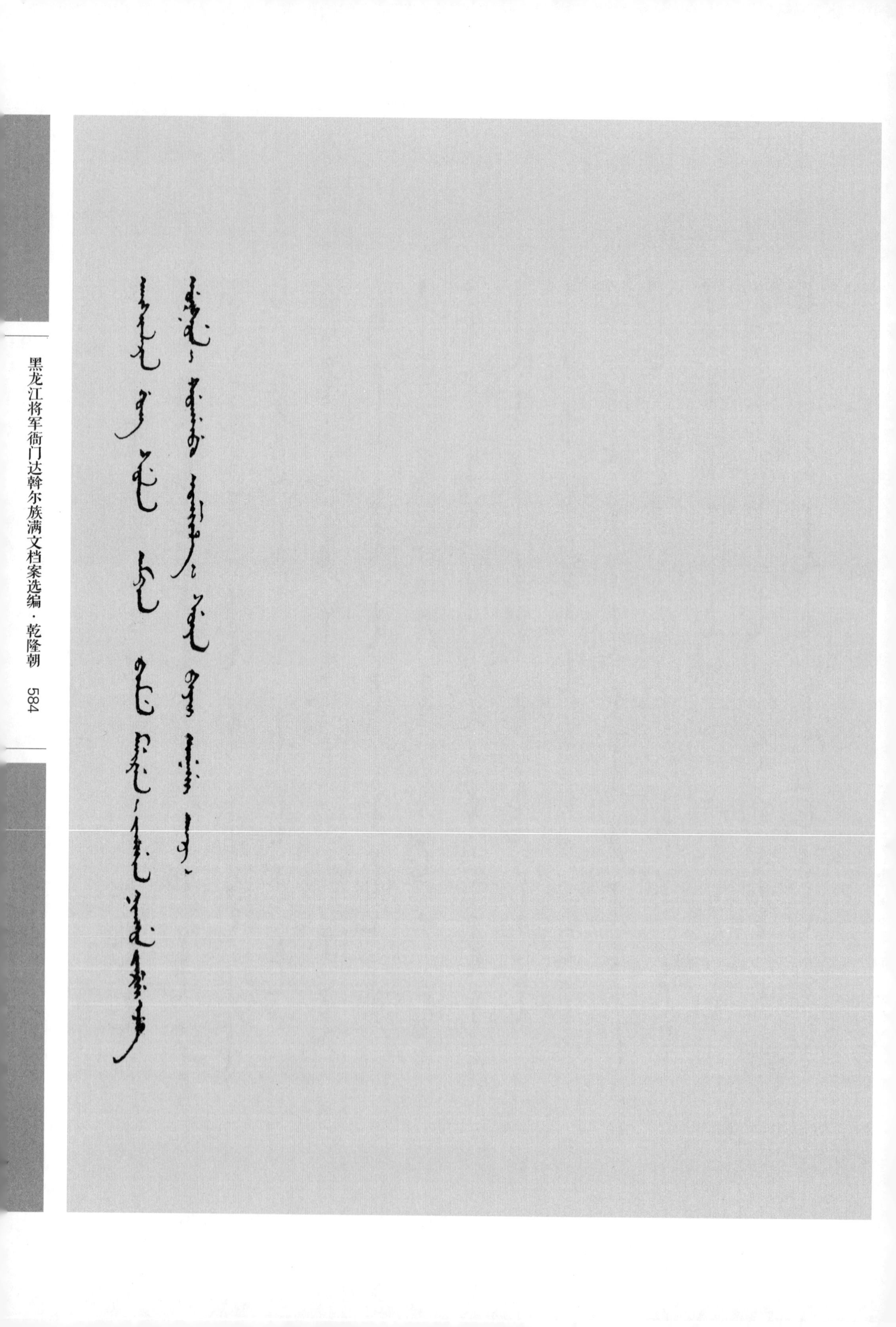

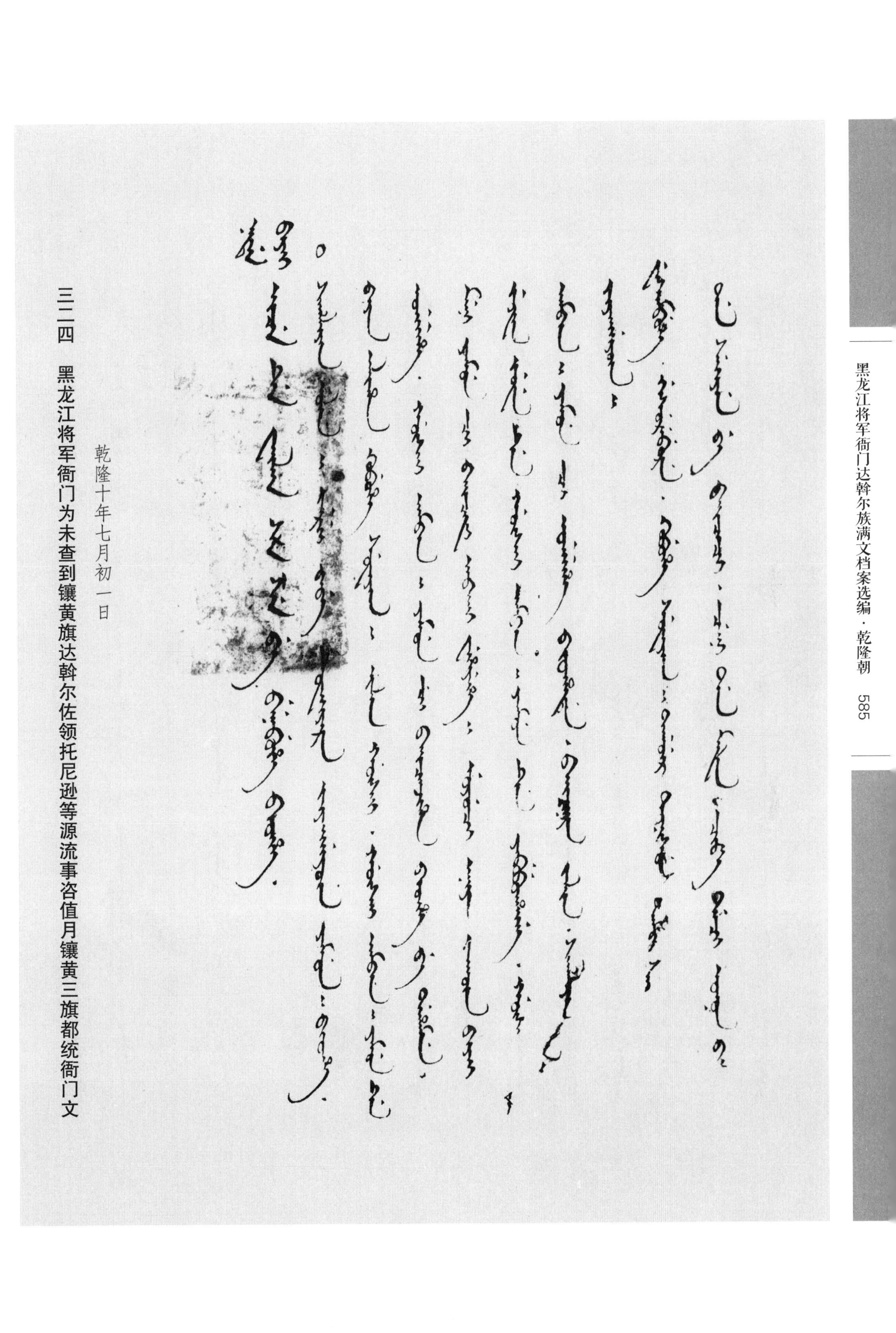

三二四　黑龙江将军衙门为未查到镶黄旗达斡尔佐领托尼逊等源流事咨值月镶黄三旗都统衙门文

乾隆十年七月初一日

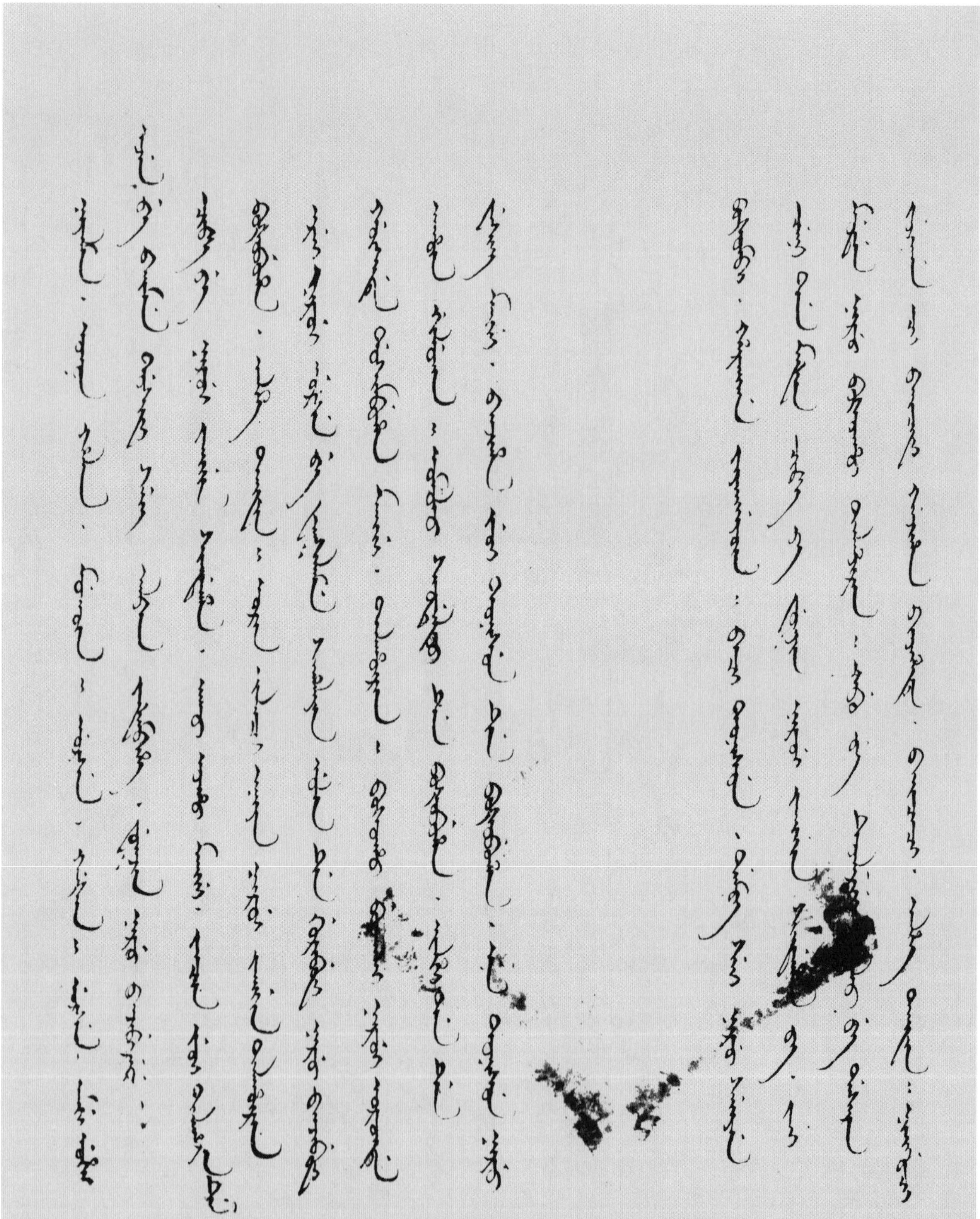

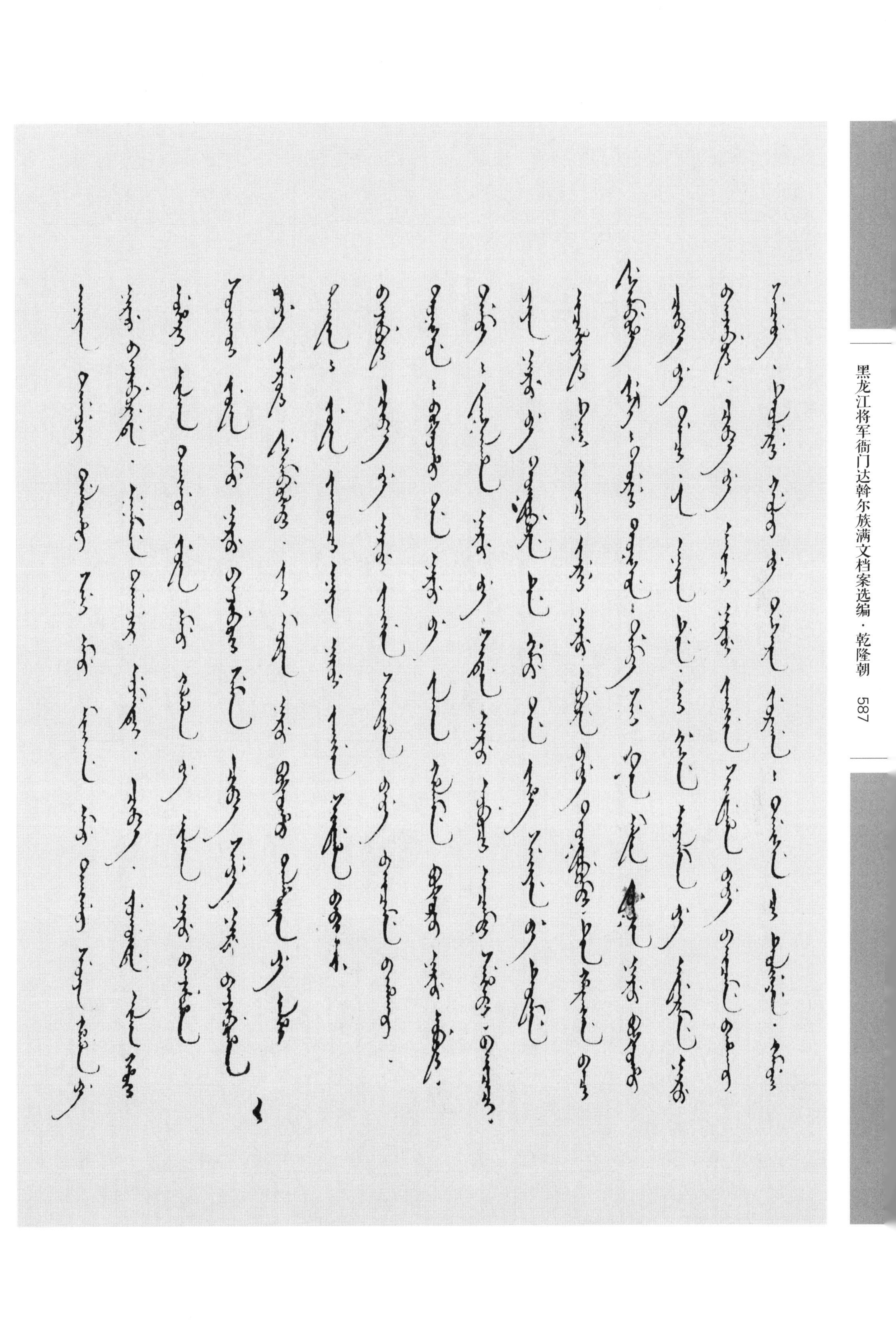

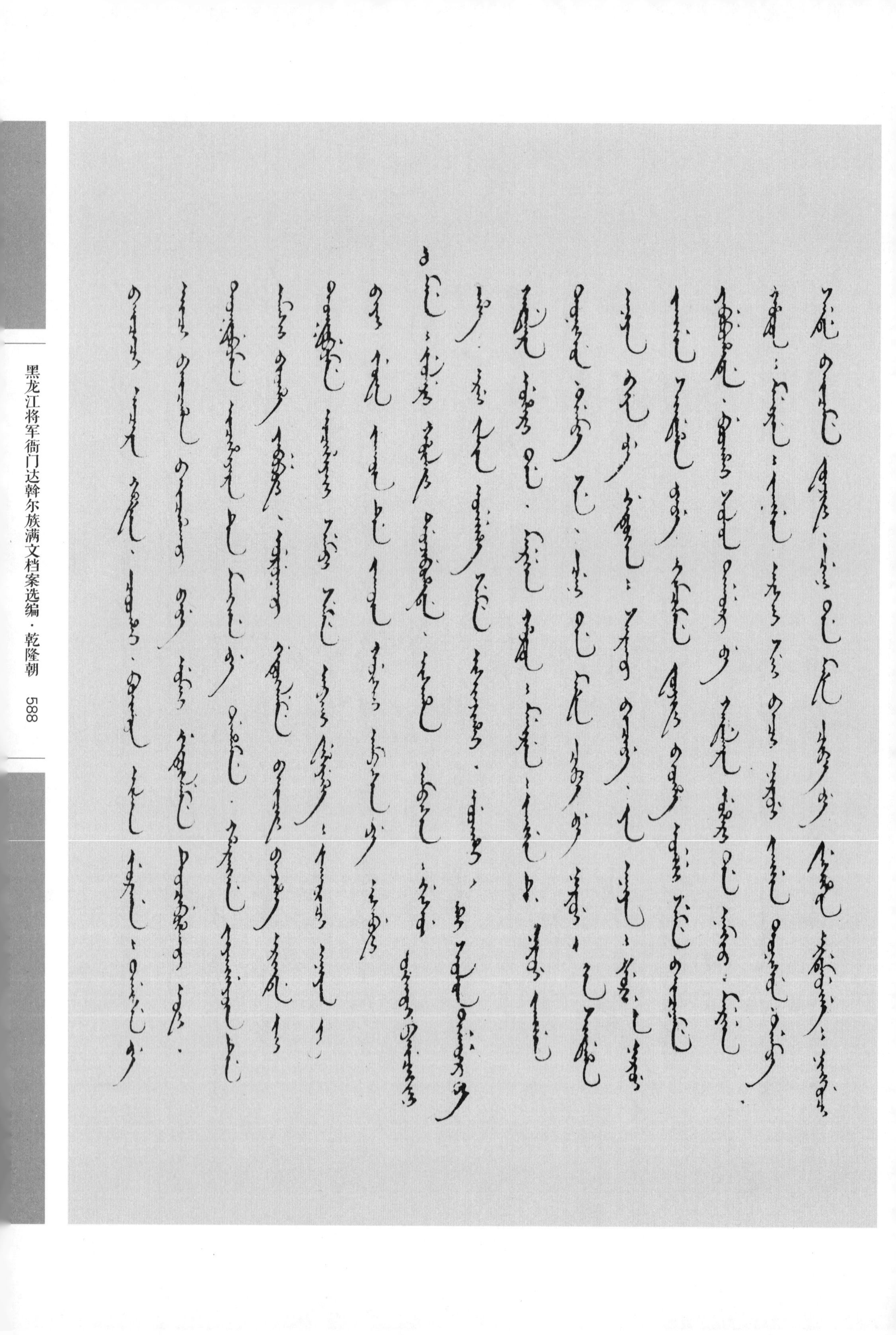

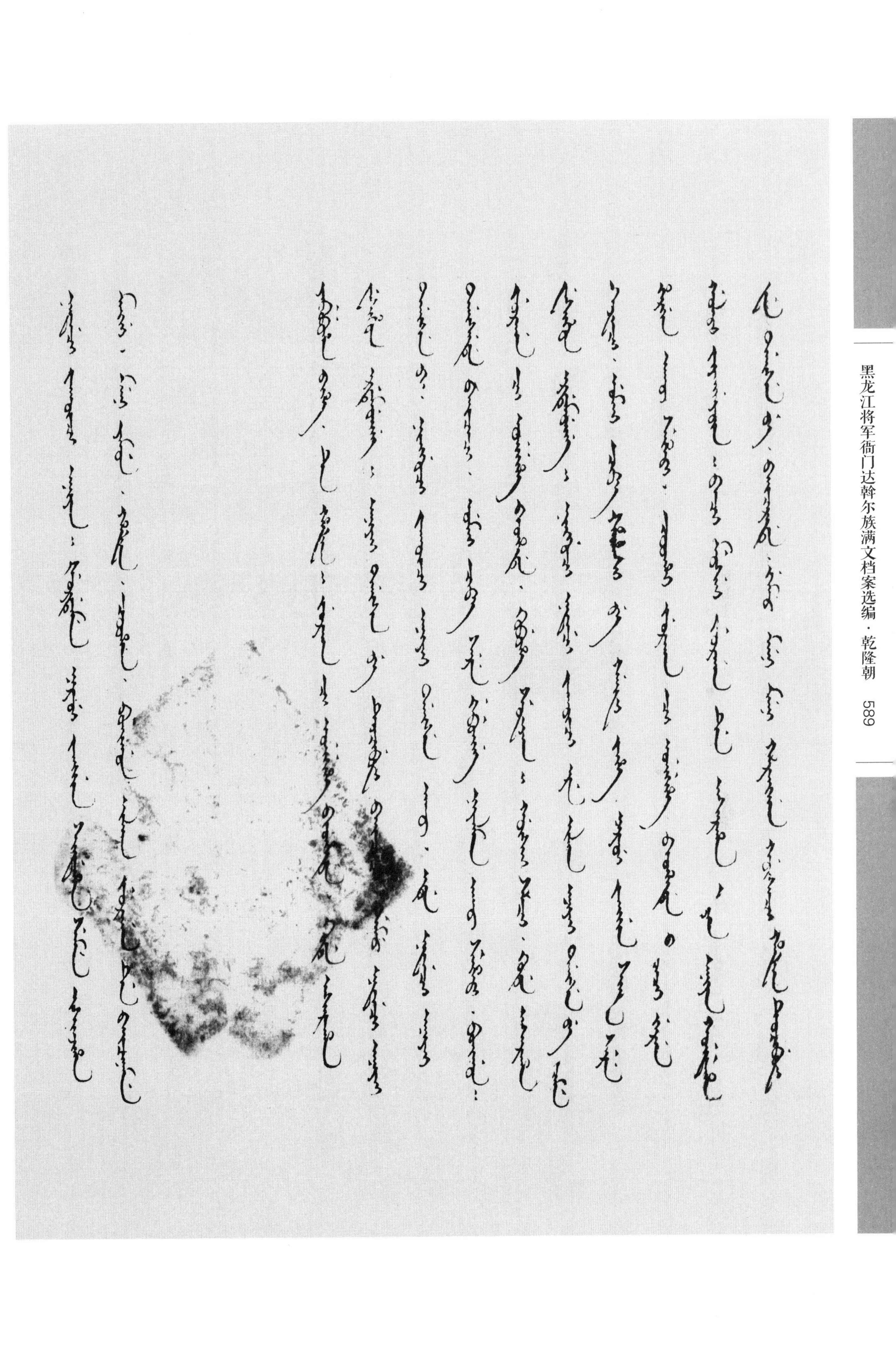

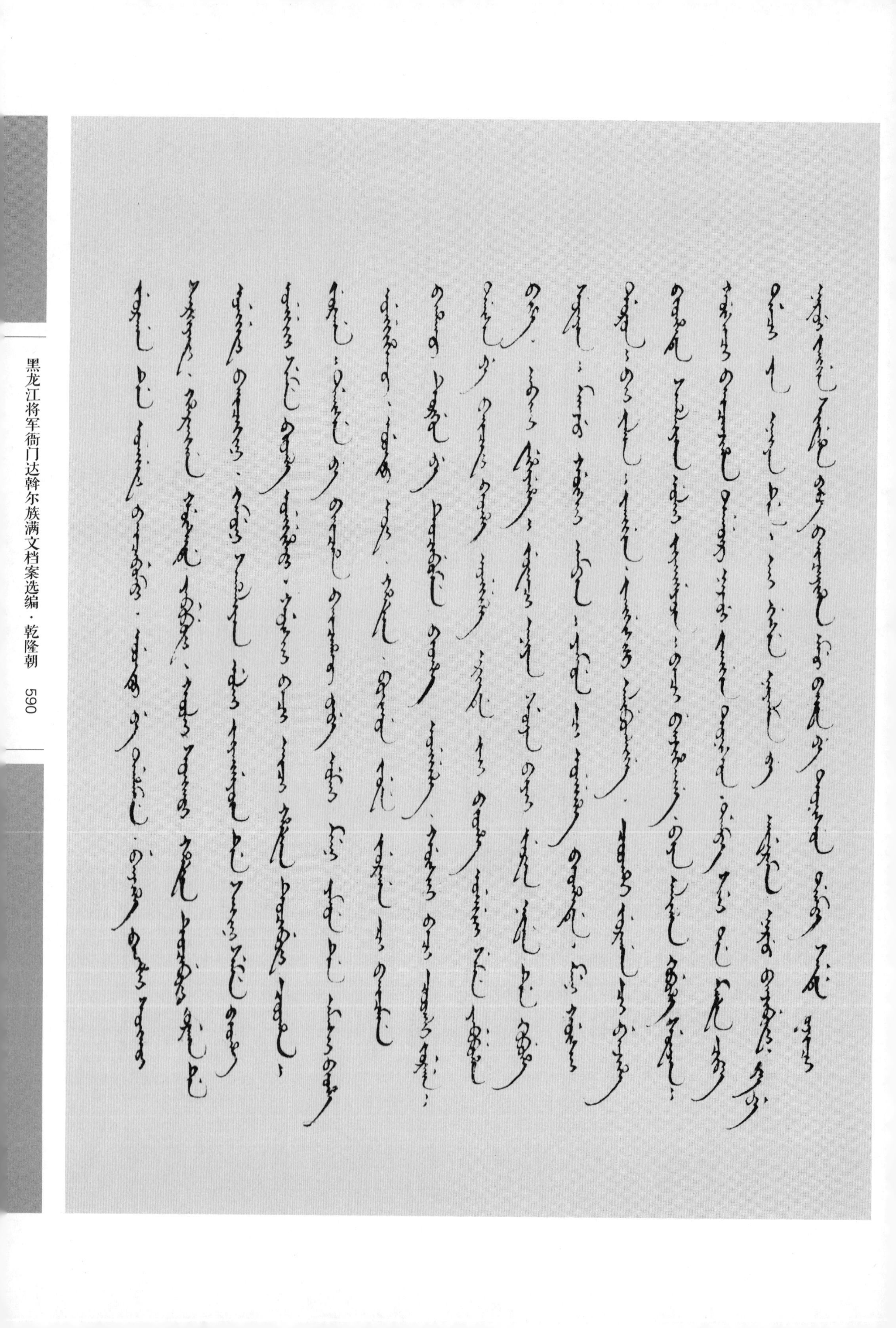

[illegible]

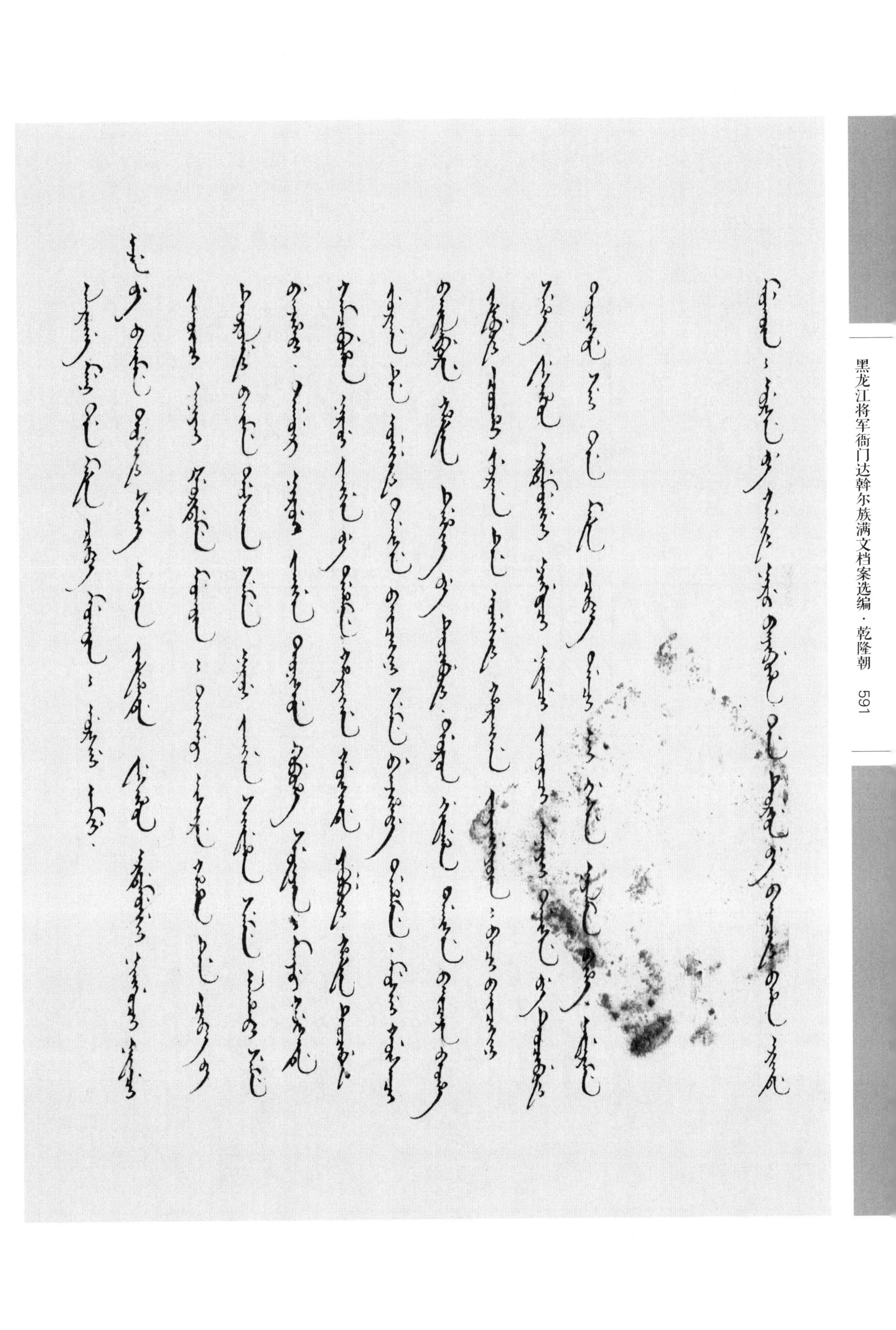

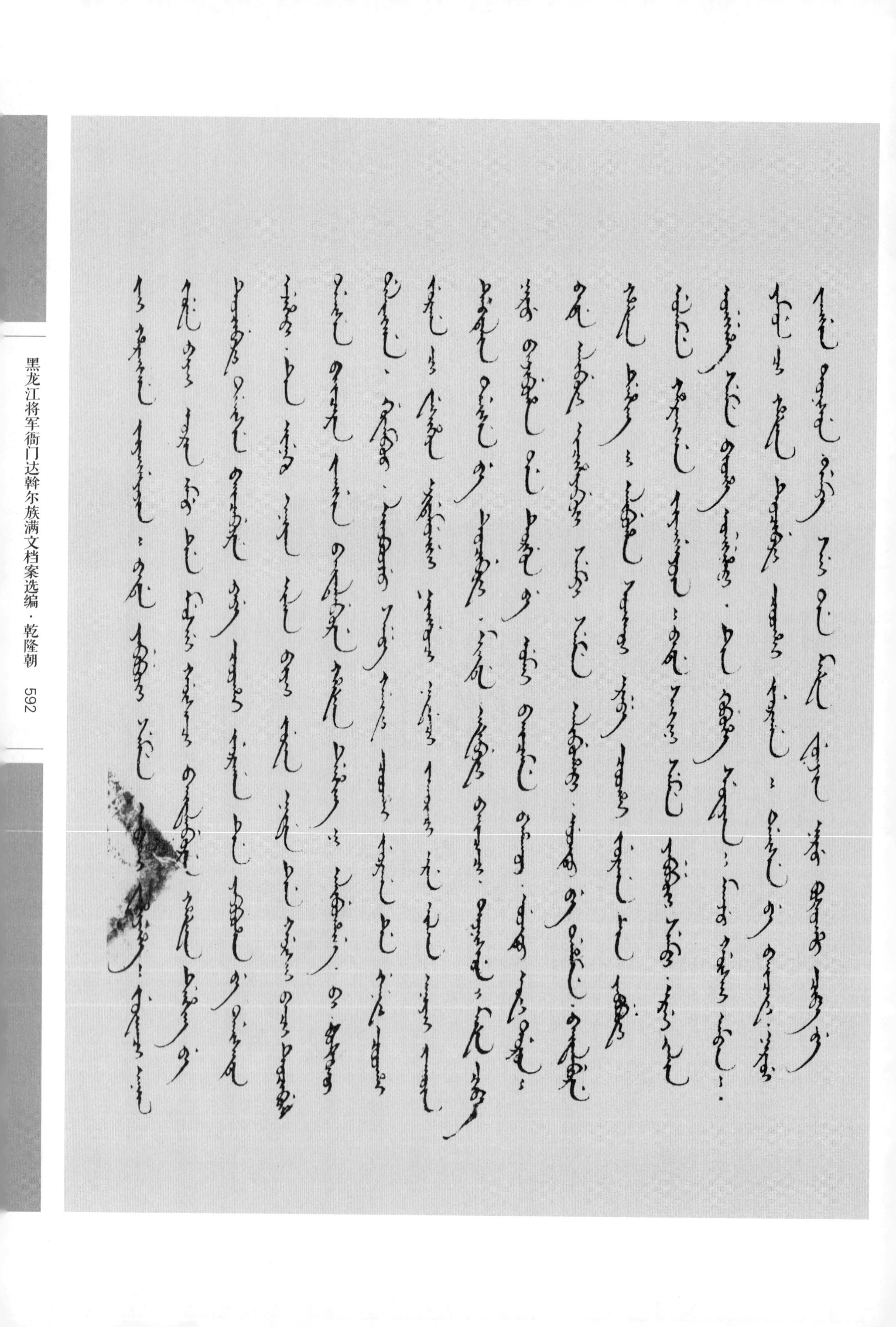

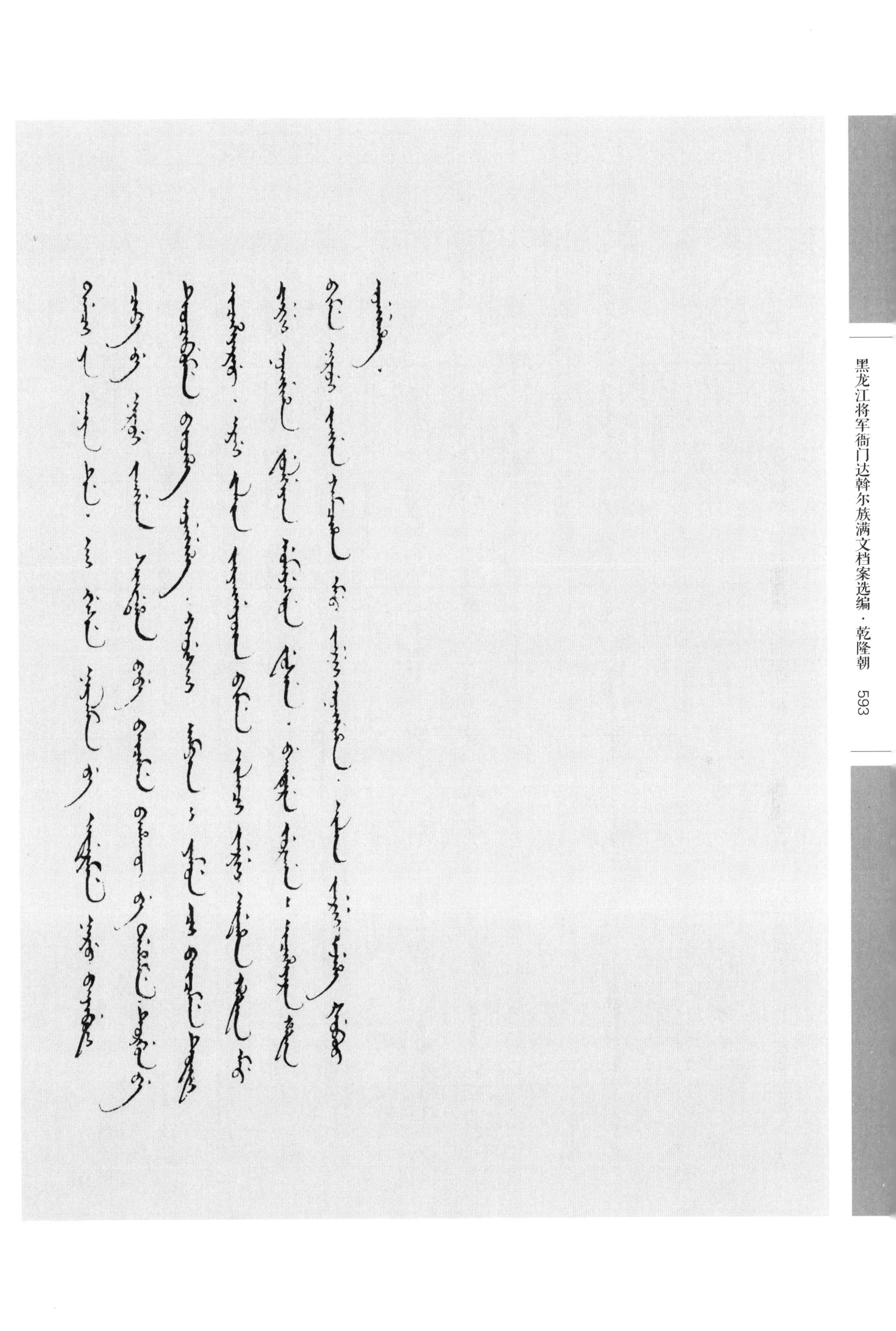

[illegible]

三二五　布特哈索伦达斡尔总管乌察喇勒图等为报索伦达斡尔等捕貂丁数并派员解送貂皮事呈黑龙江将军衙门文

乾隆十年七月初一日

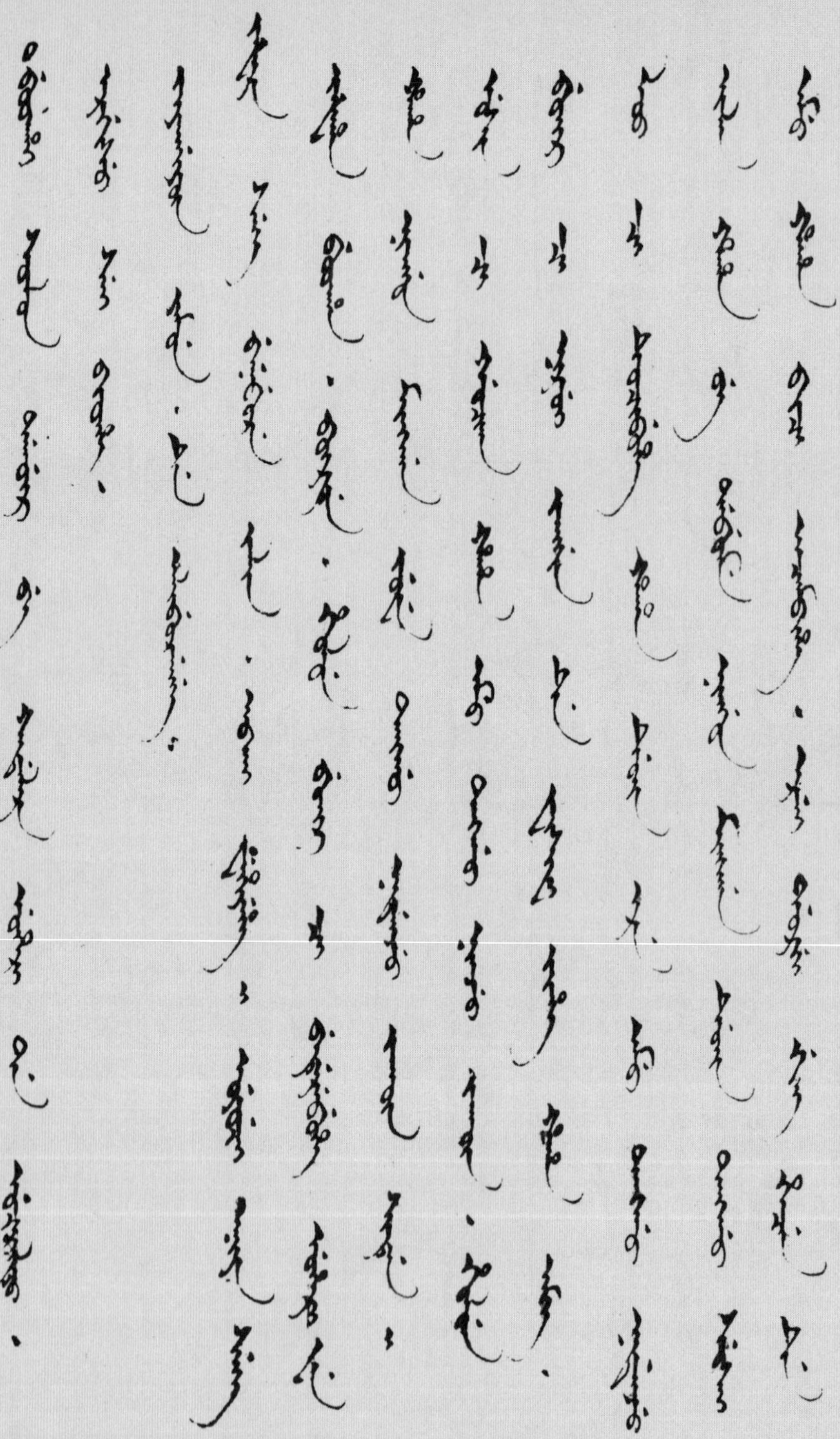

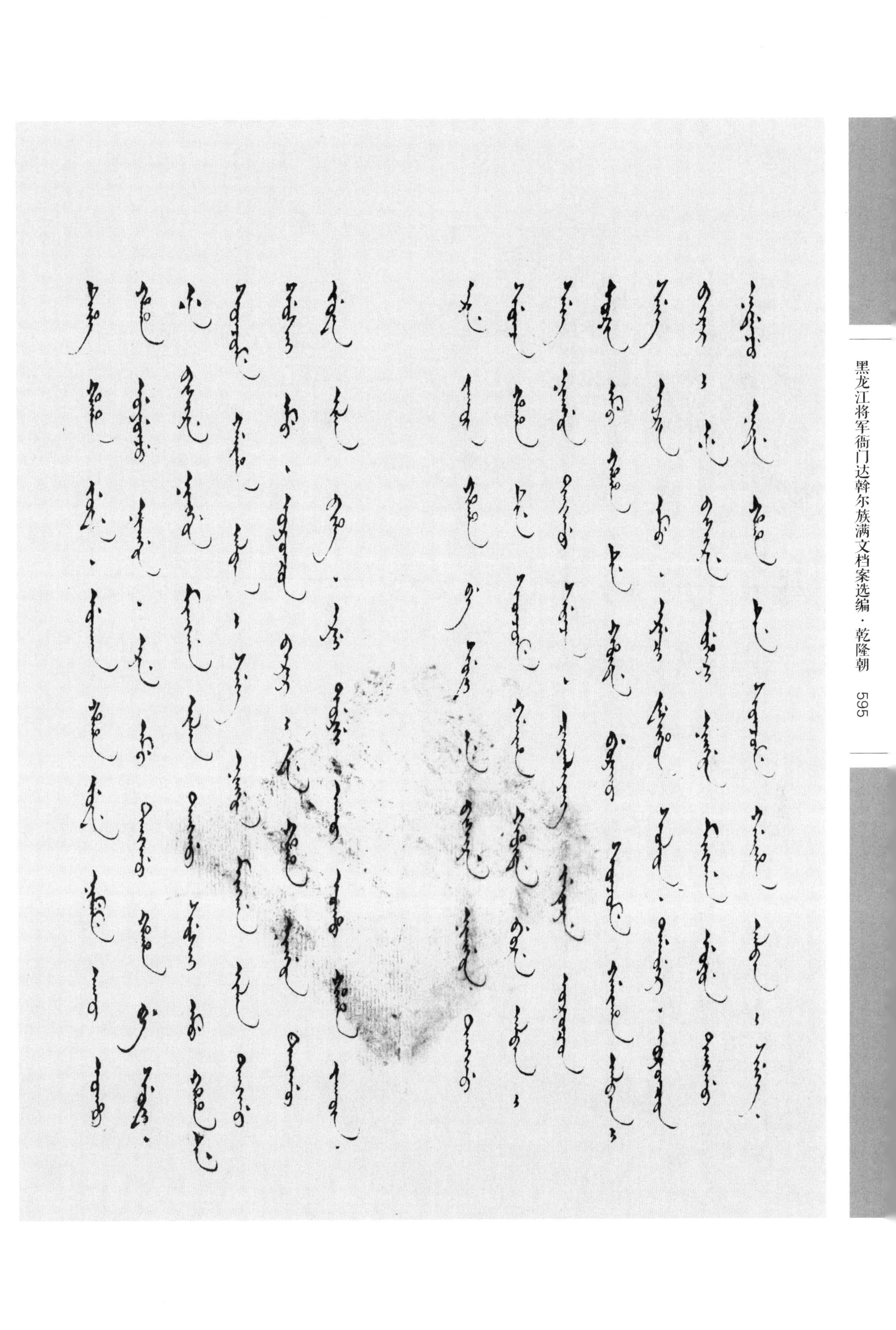

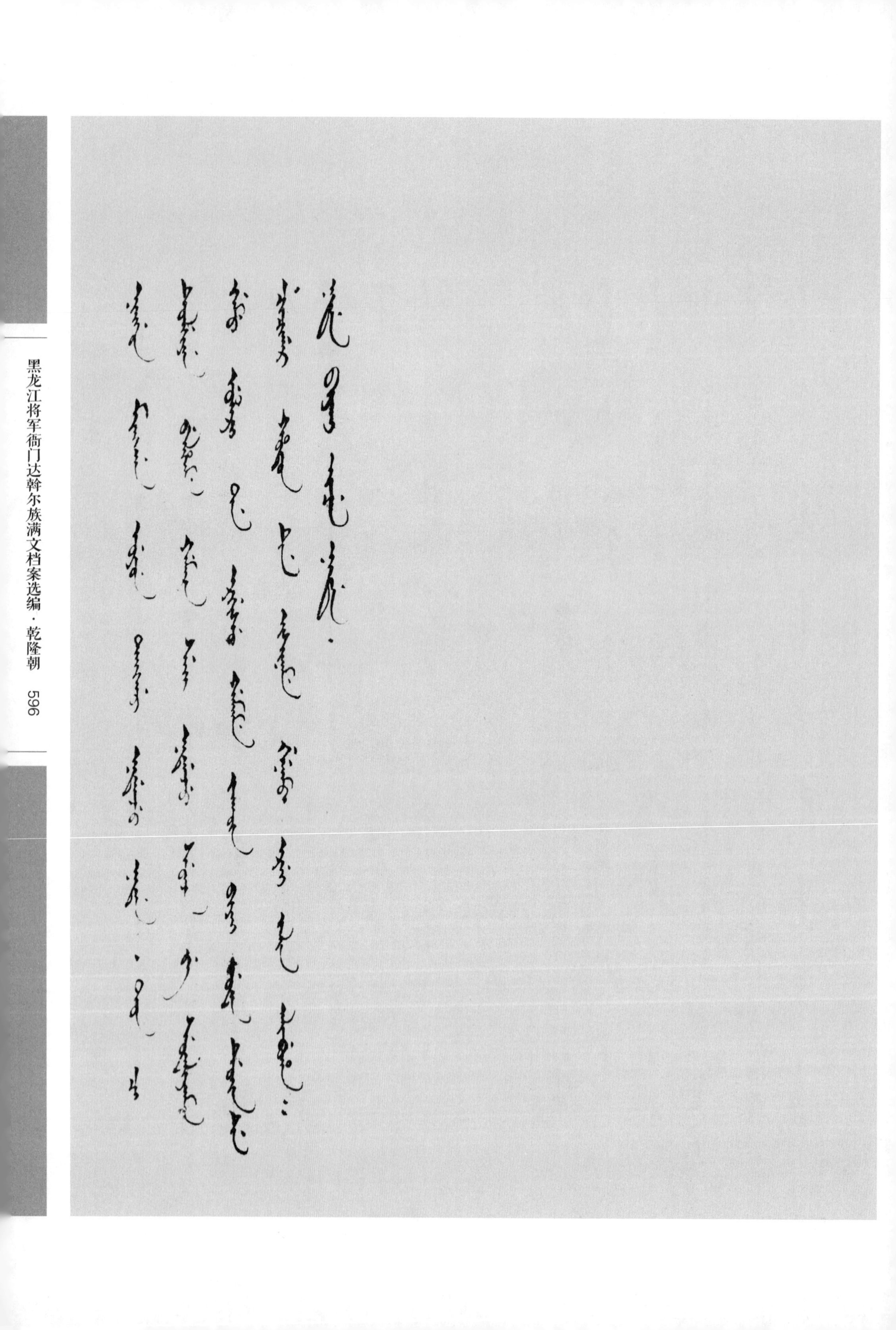

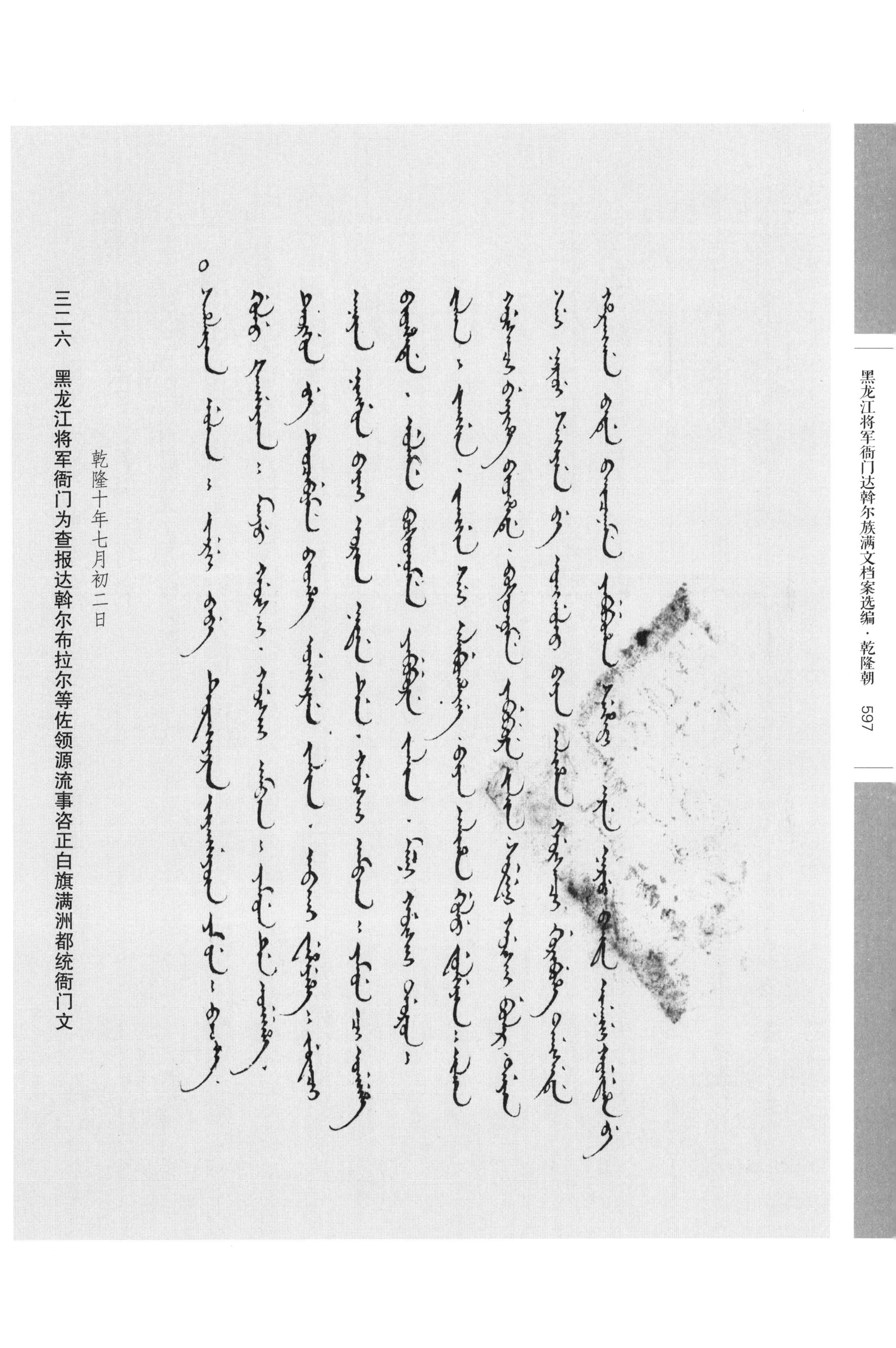

三二六　黑龙江将军衙门为查报达斡尔布拉尔等佐领源流事咨正白旗满洲都统衙门文

乾隆十年七月初二日

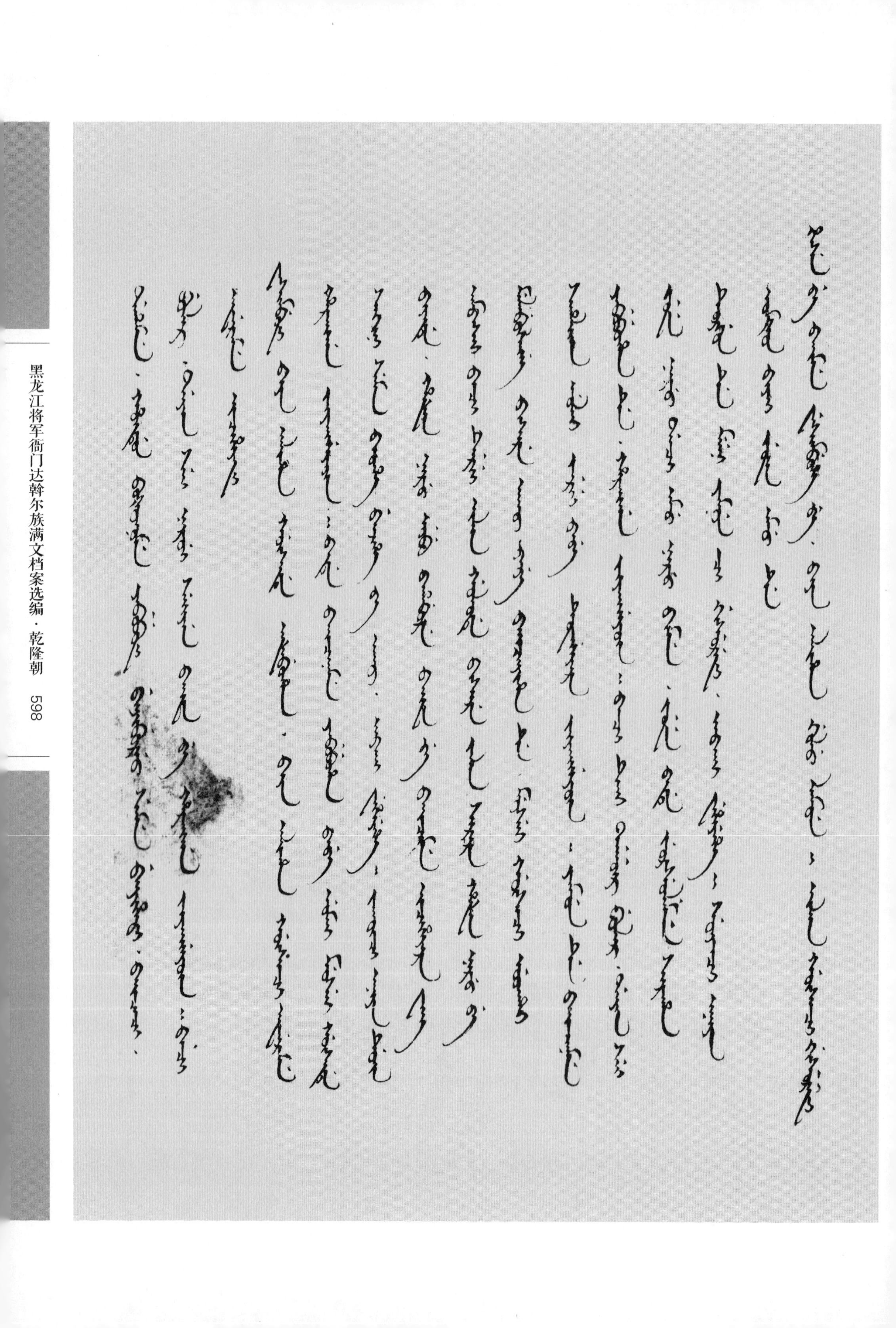

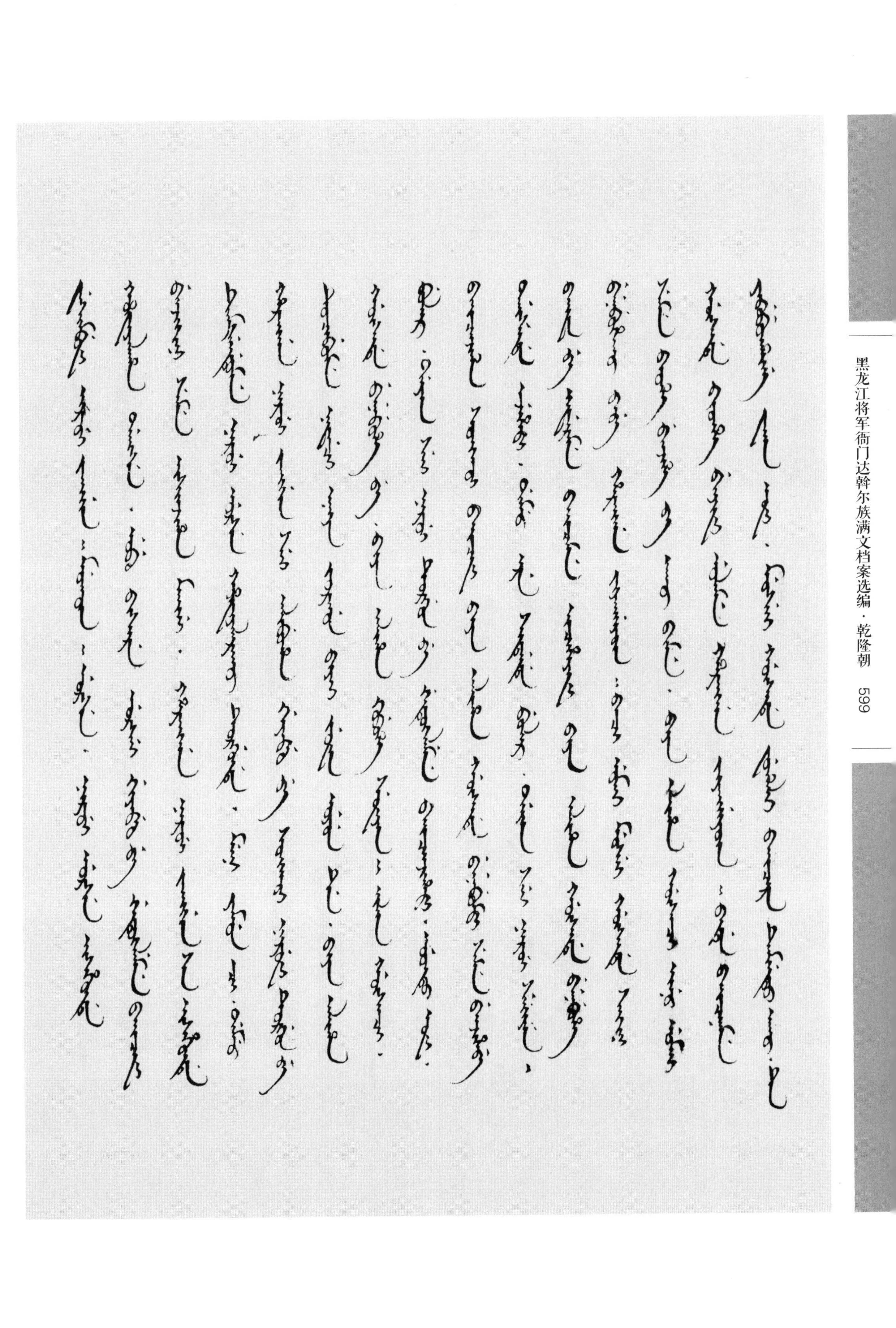

[illegible]

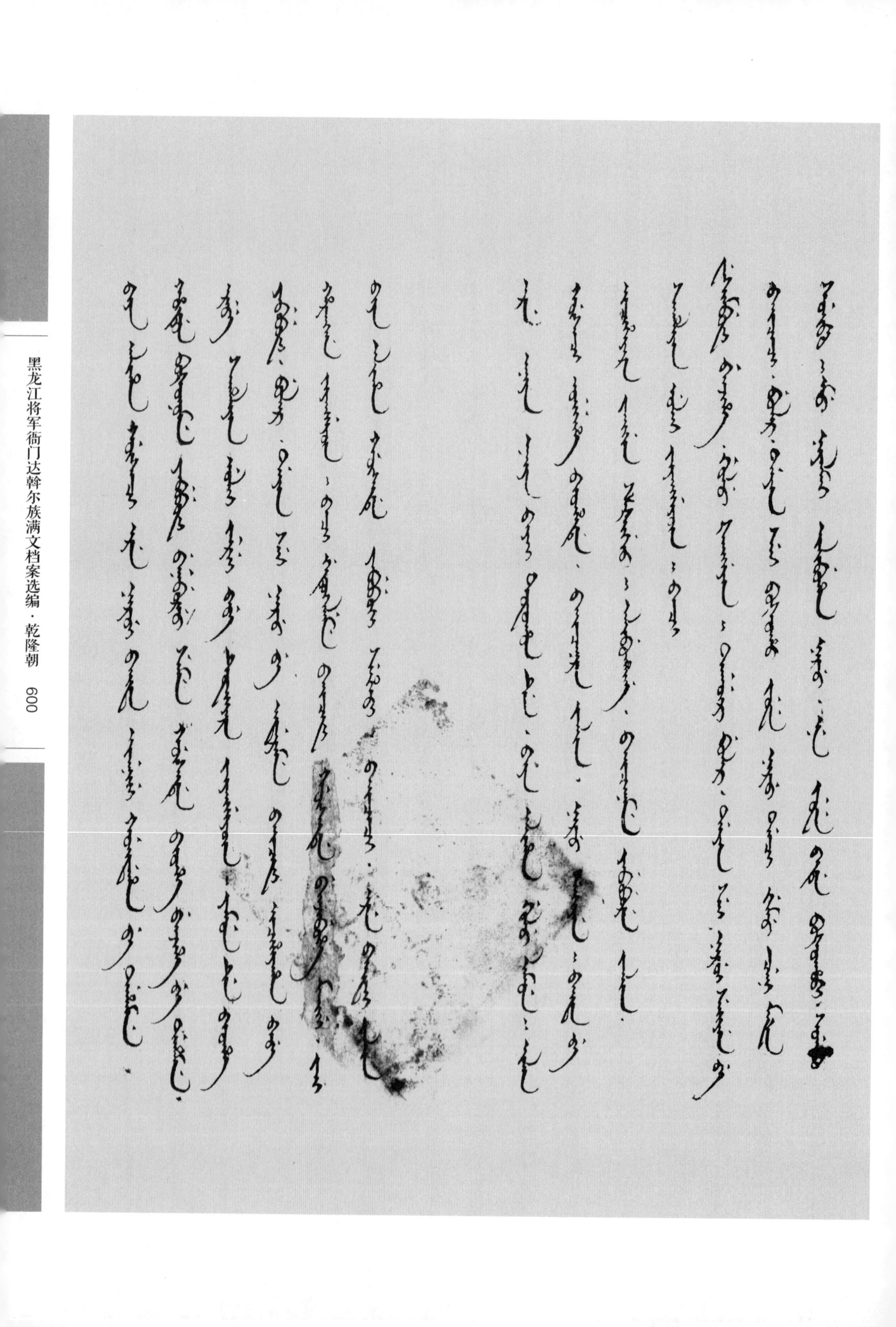

[illegible]

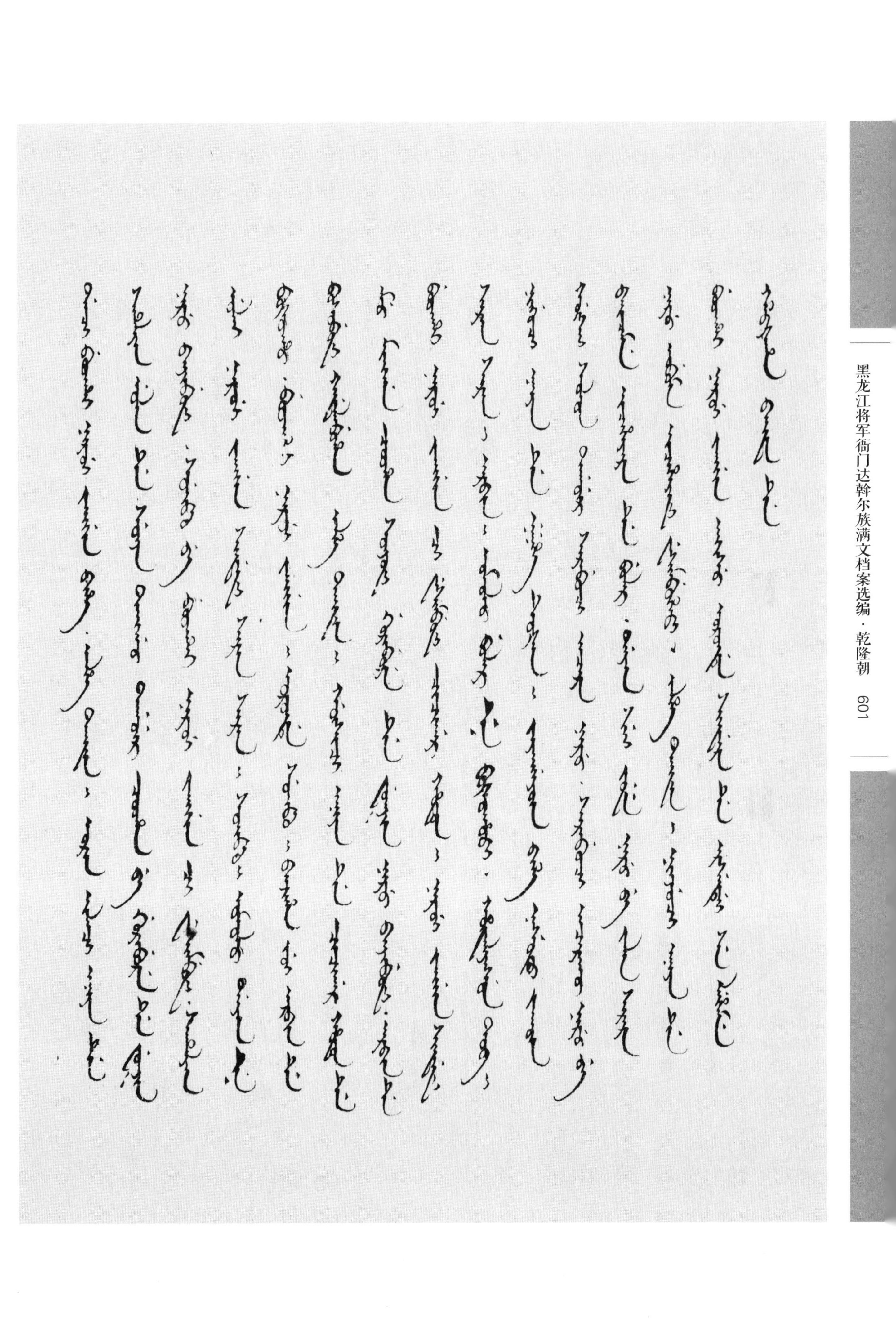

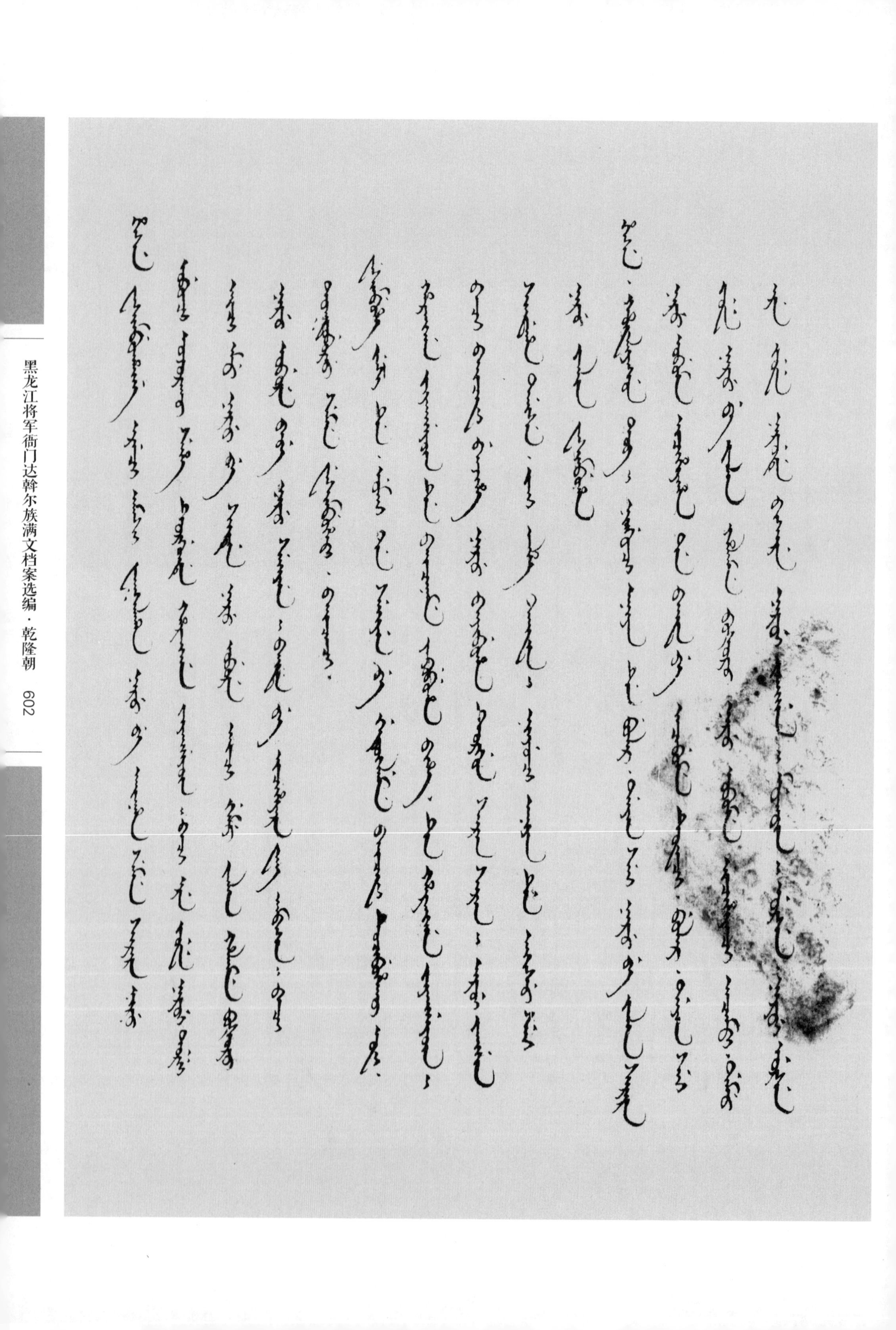

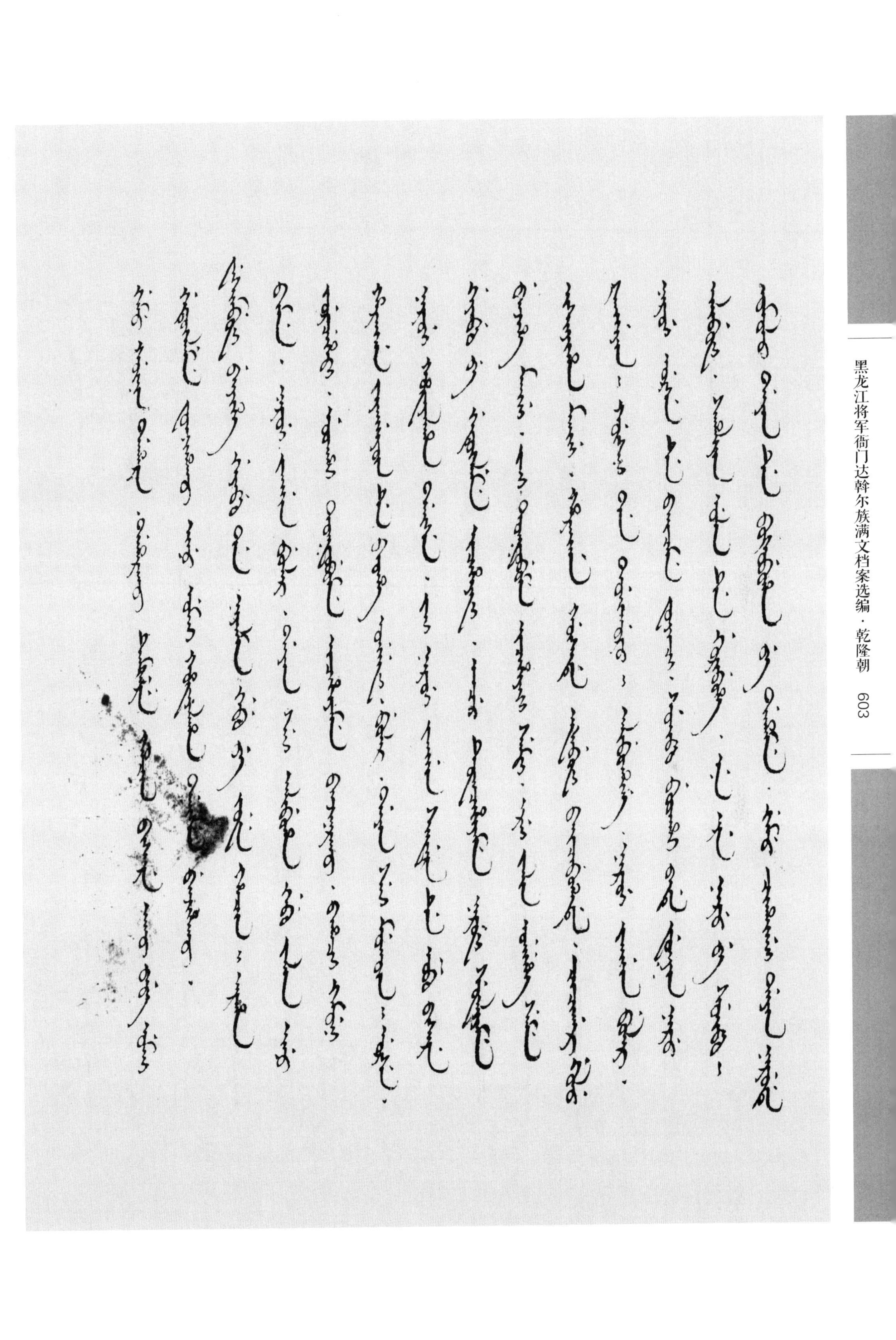

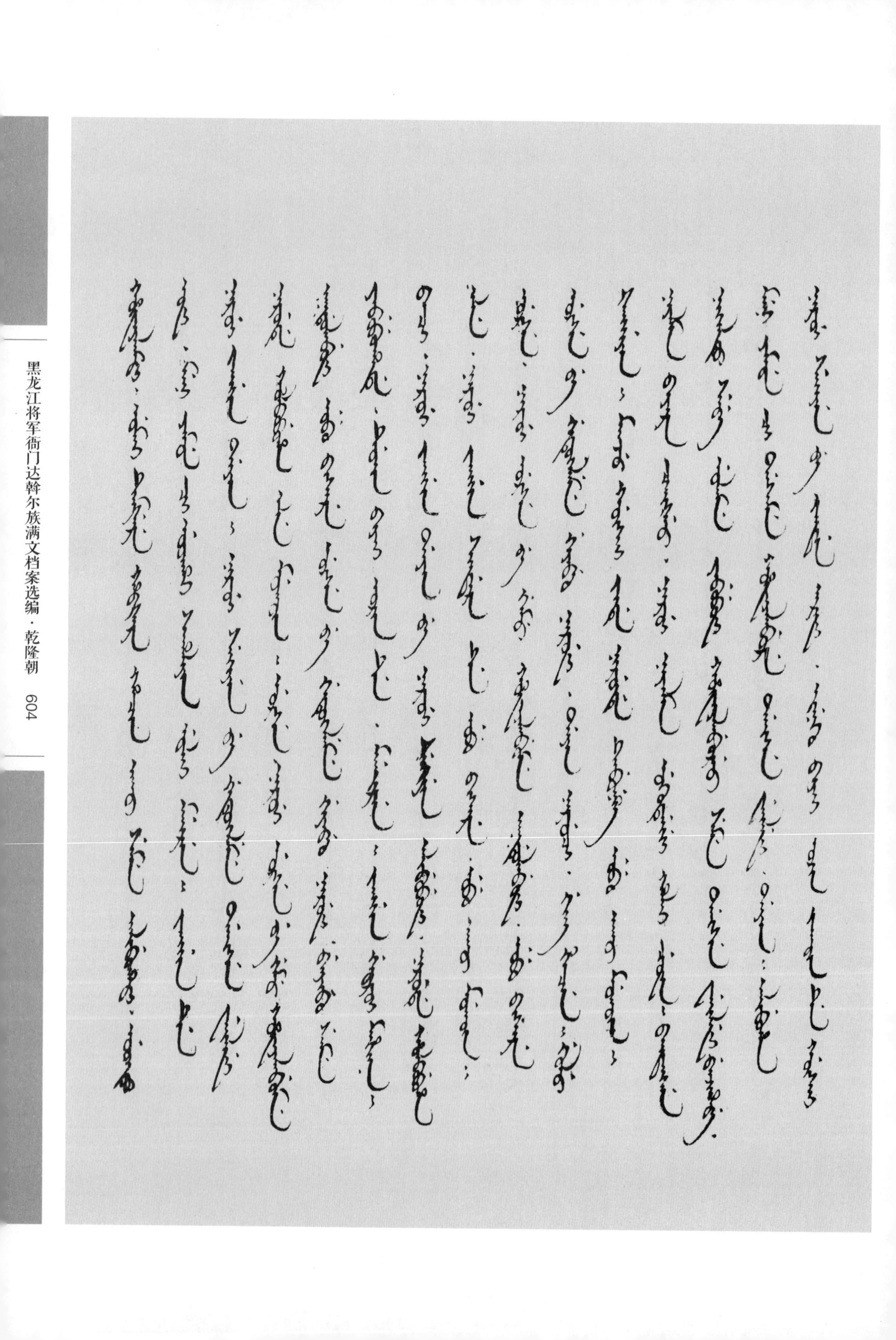

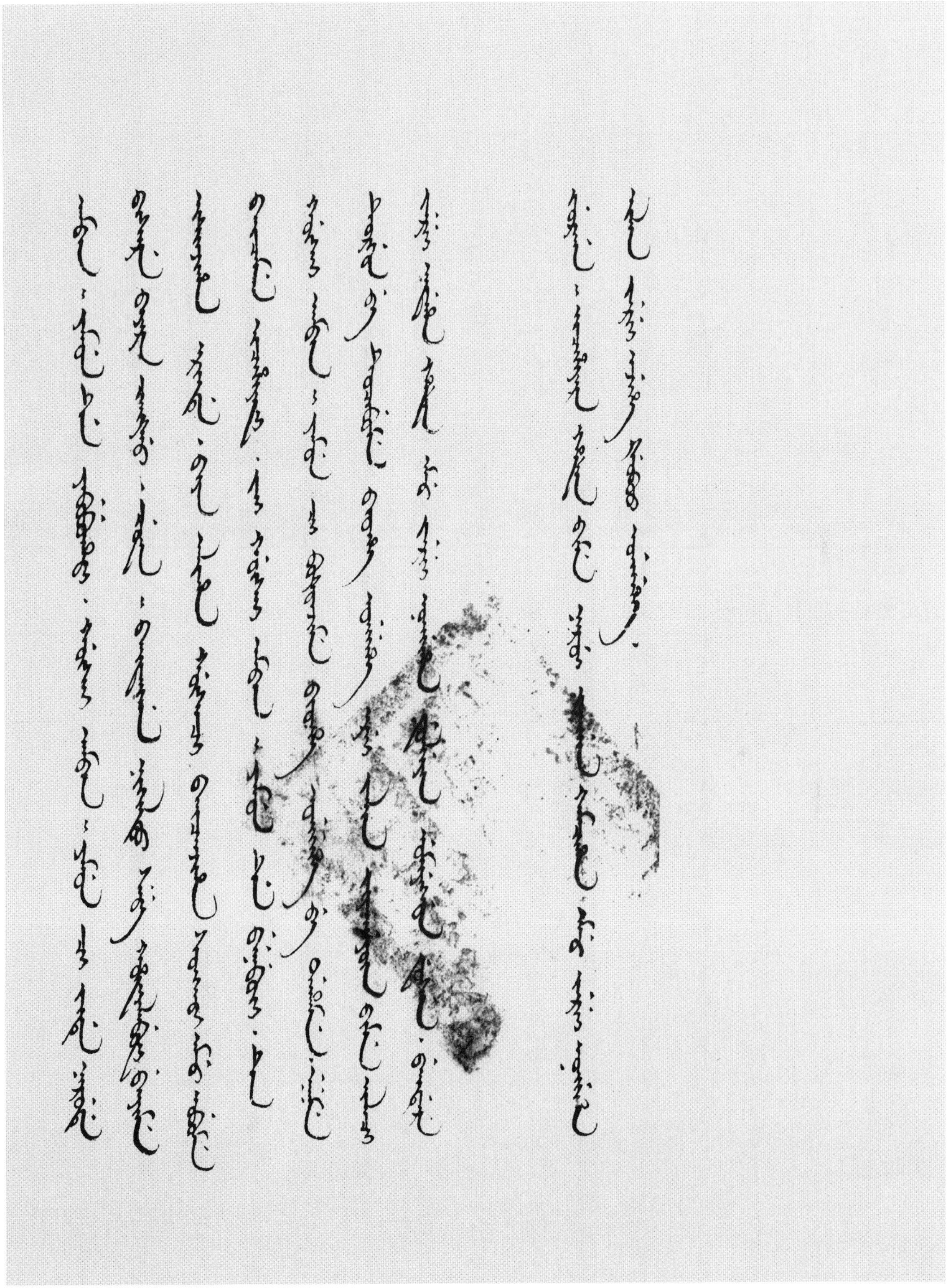

三二一七 黑龙江将军衙门为查明黑龙江达斡尔斐色佐领源流并解送家谱事咨正红旗满洲都统衙门文

乾隆十年七月初二日

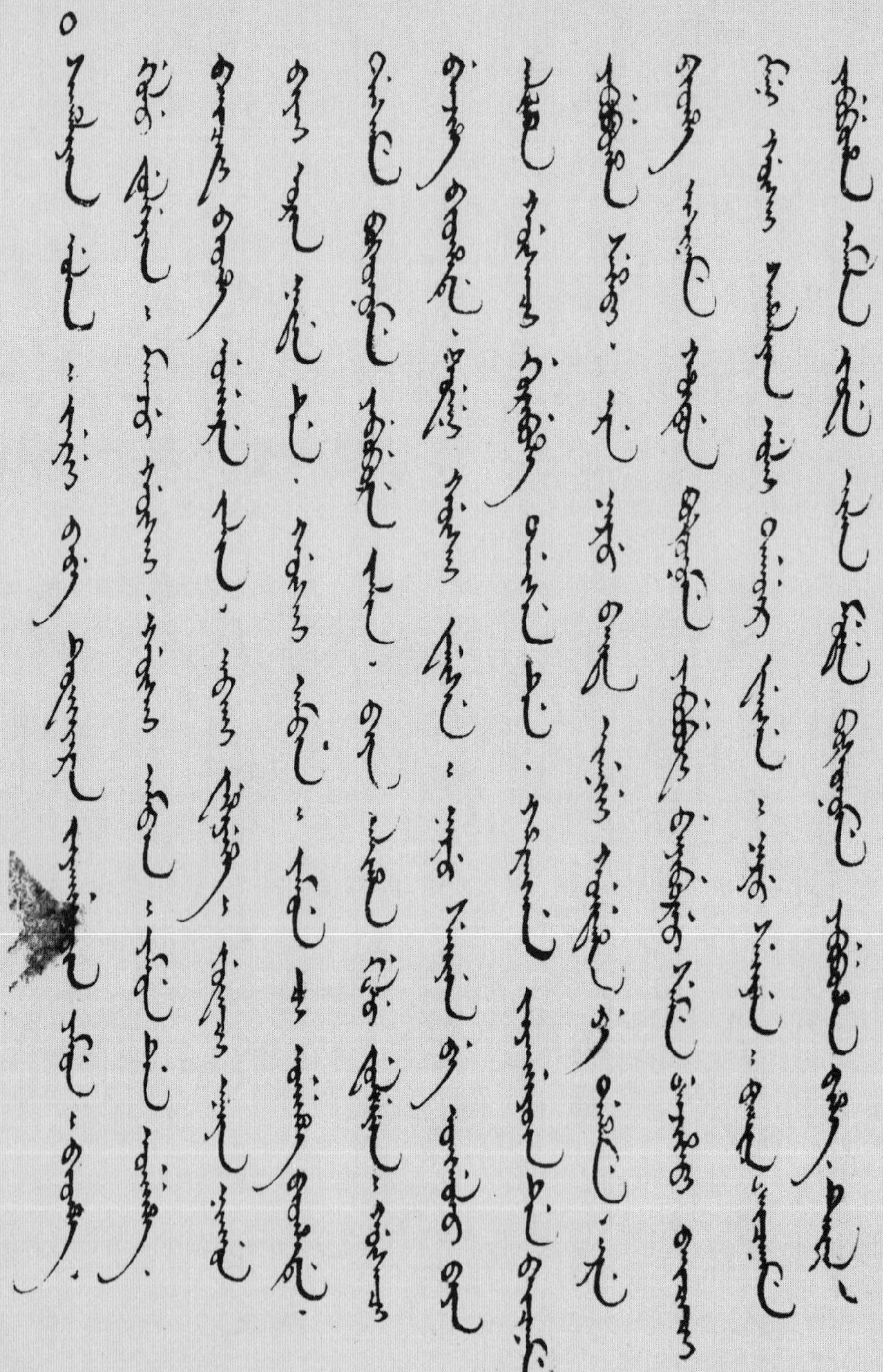

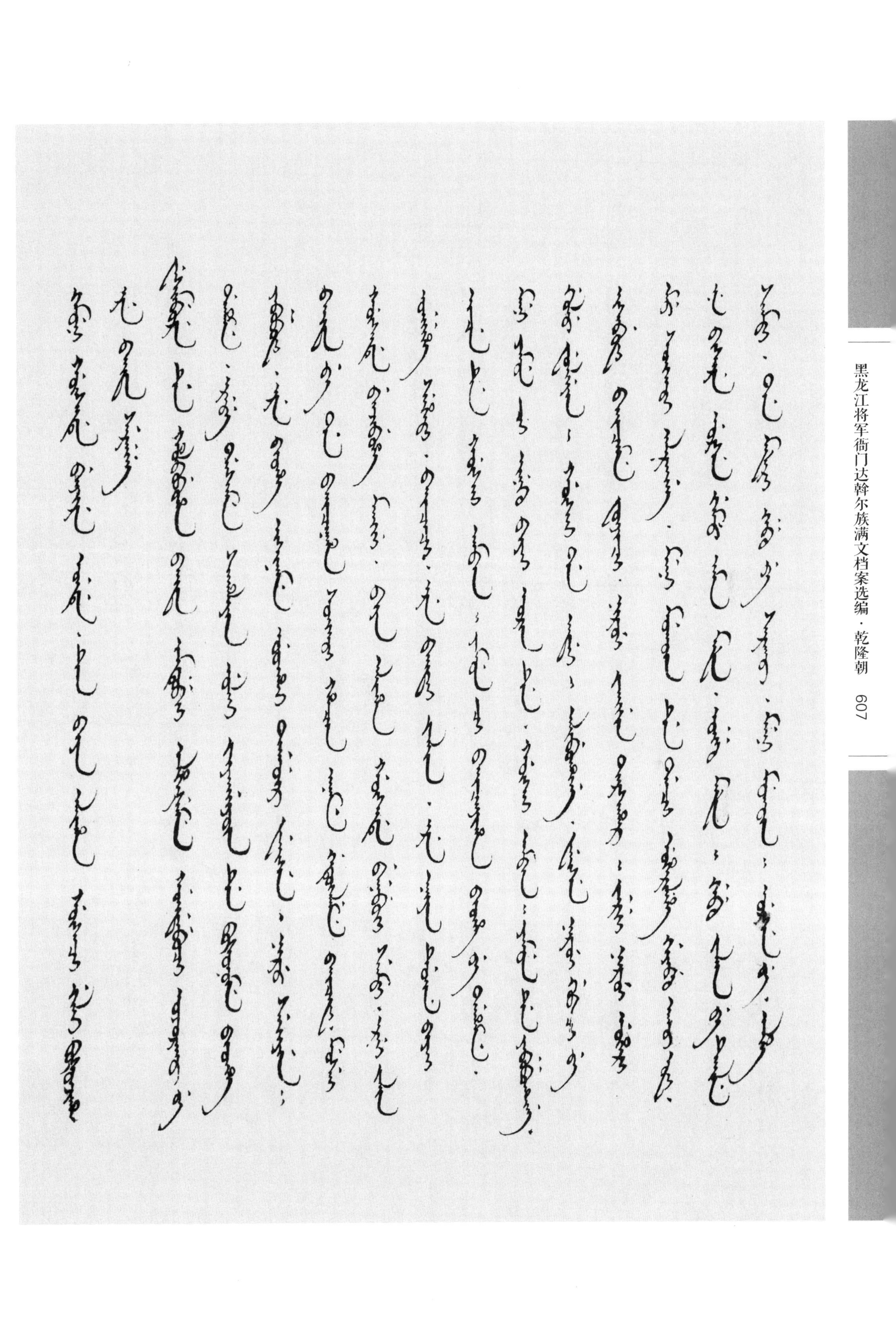

[illegible]

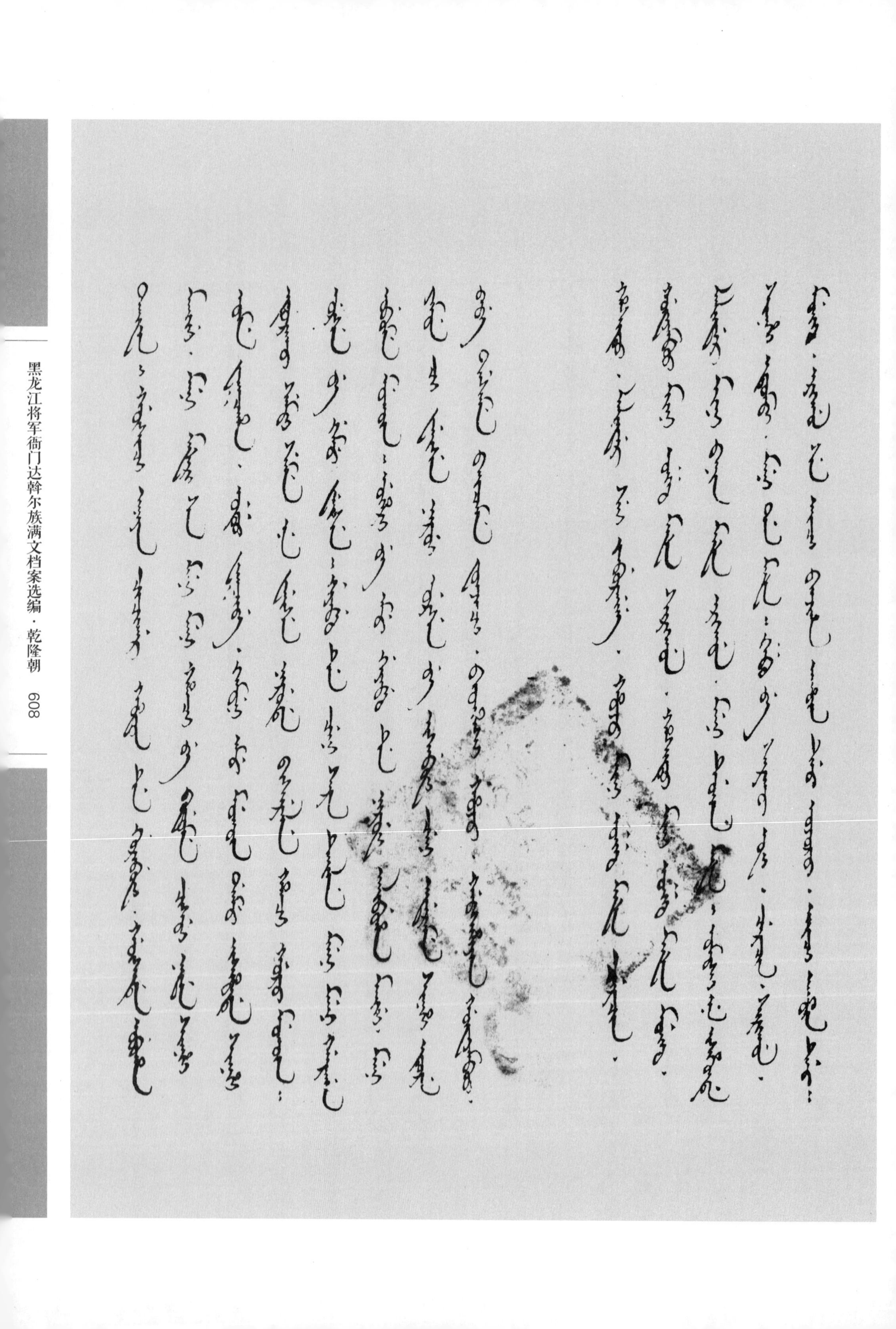

[illegible]

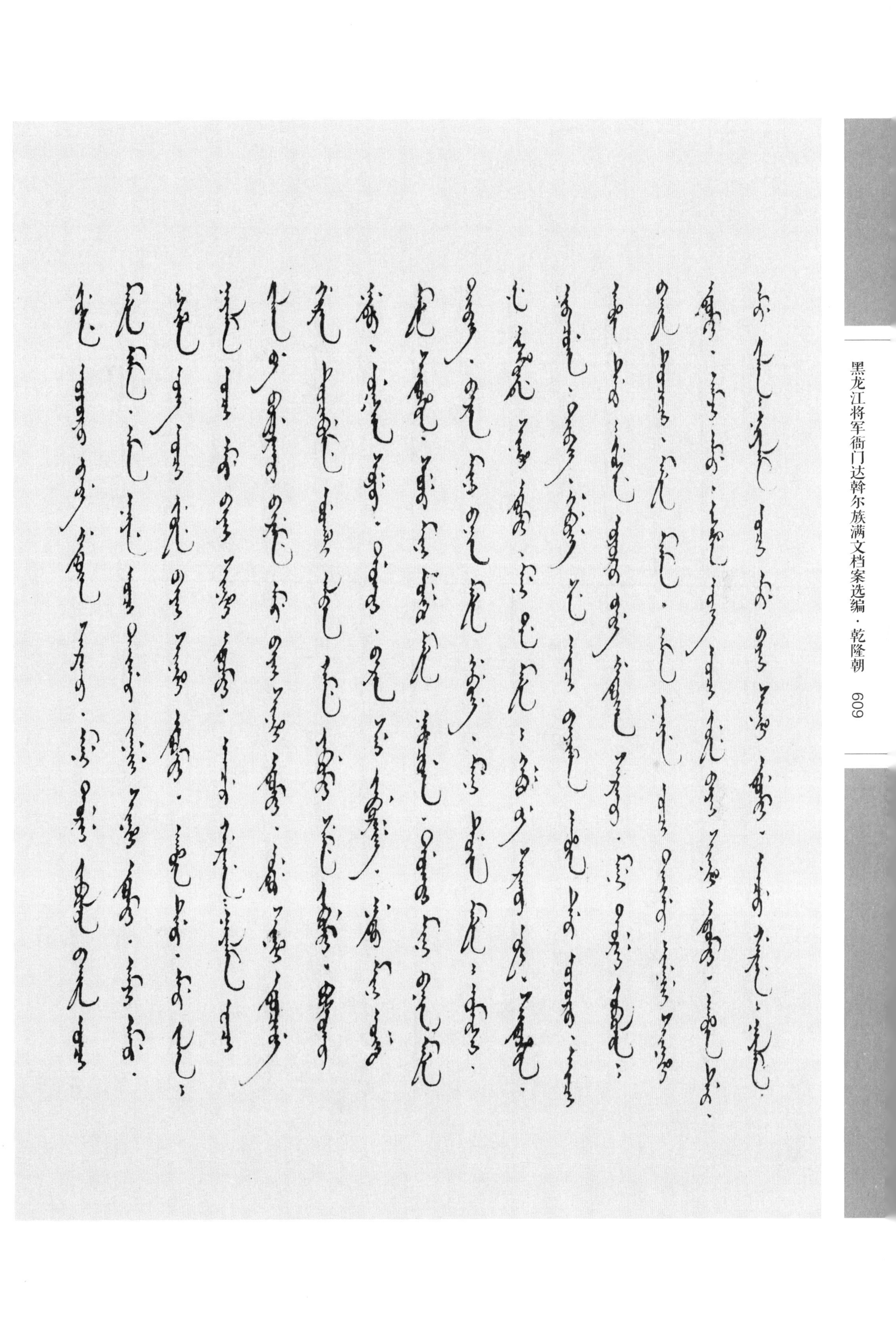

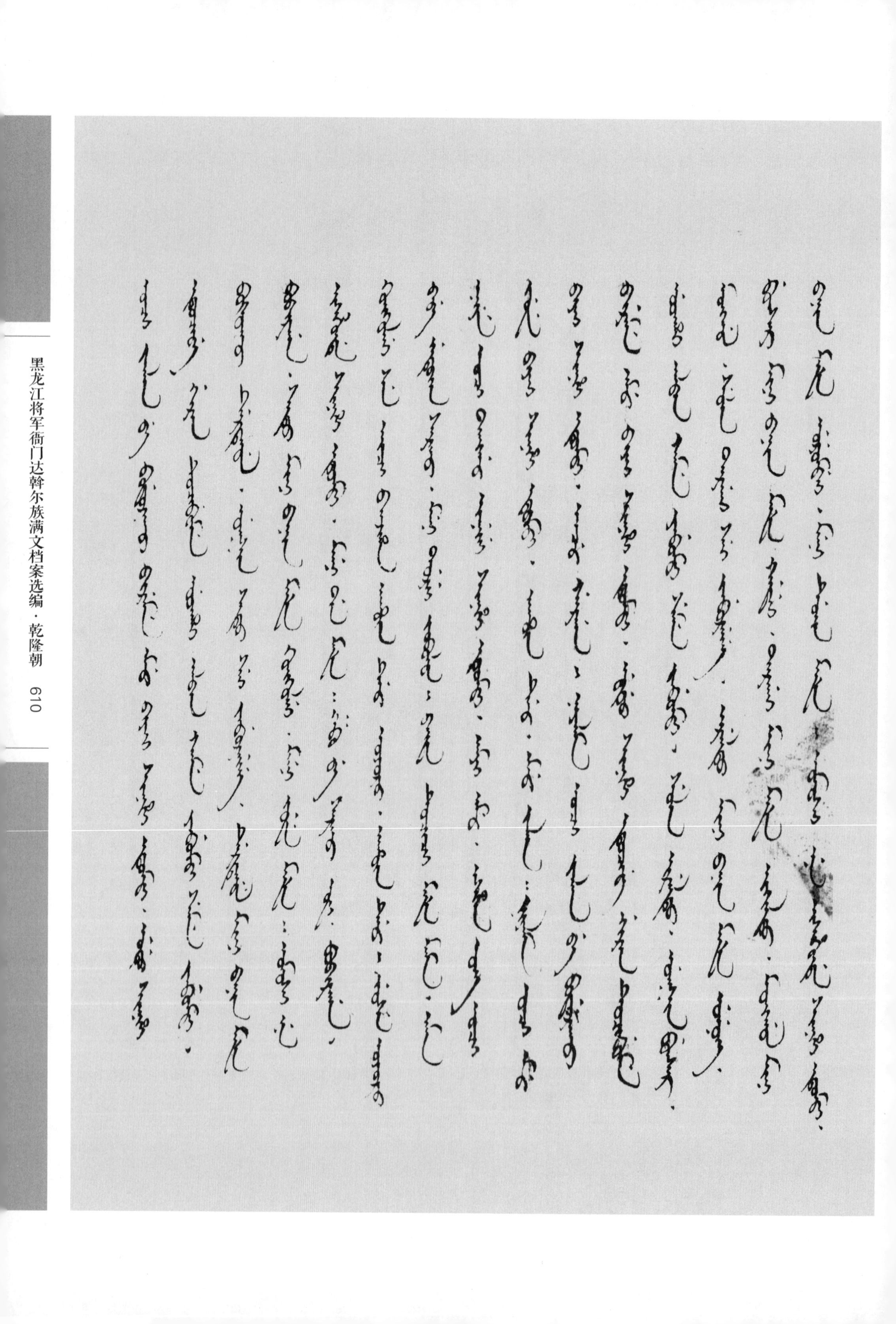

[illegible]

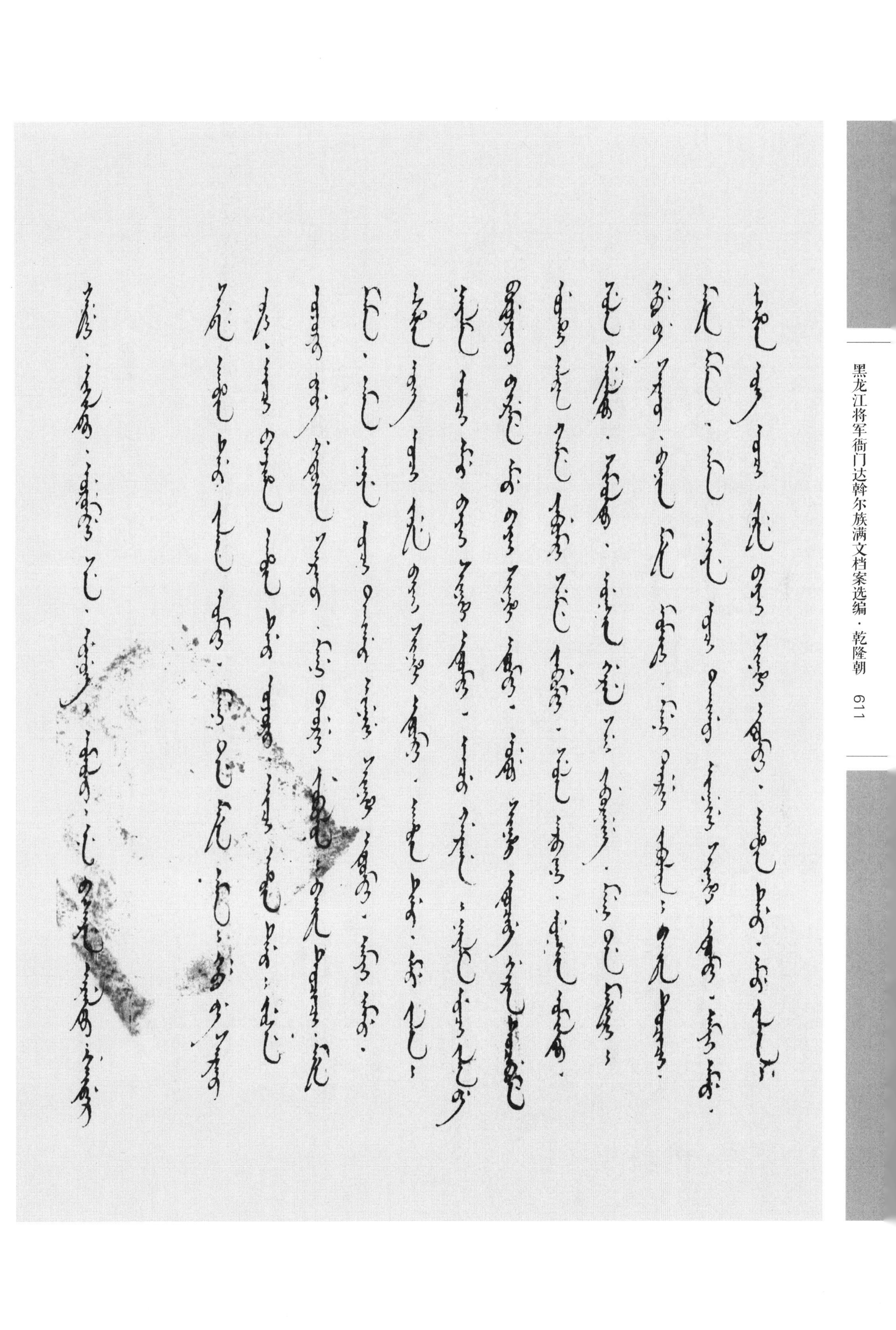

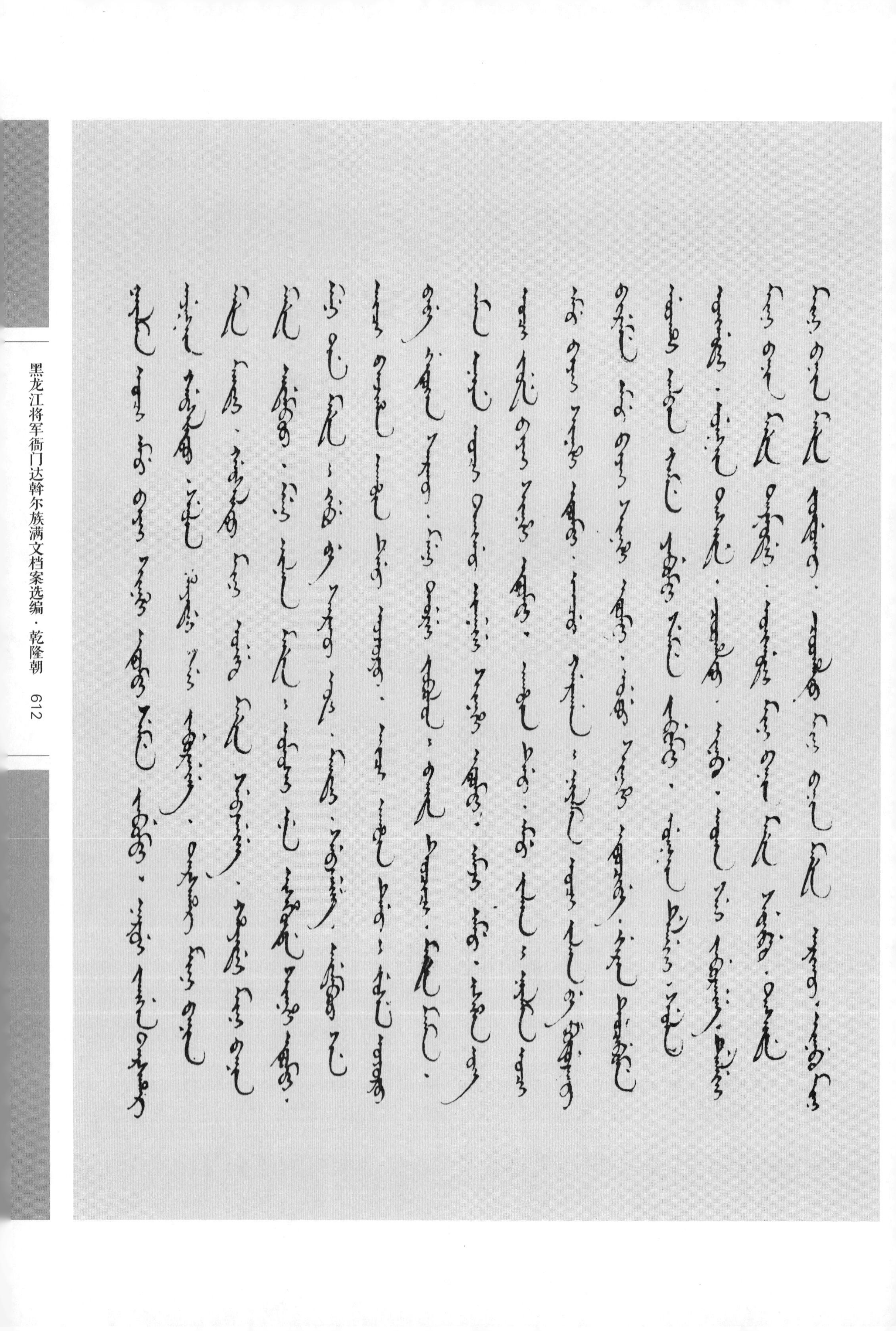

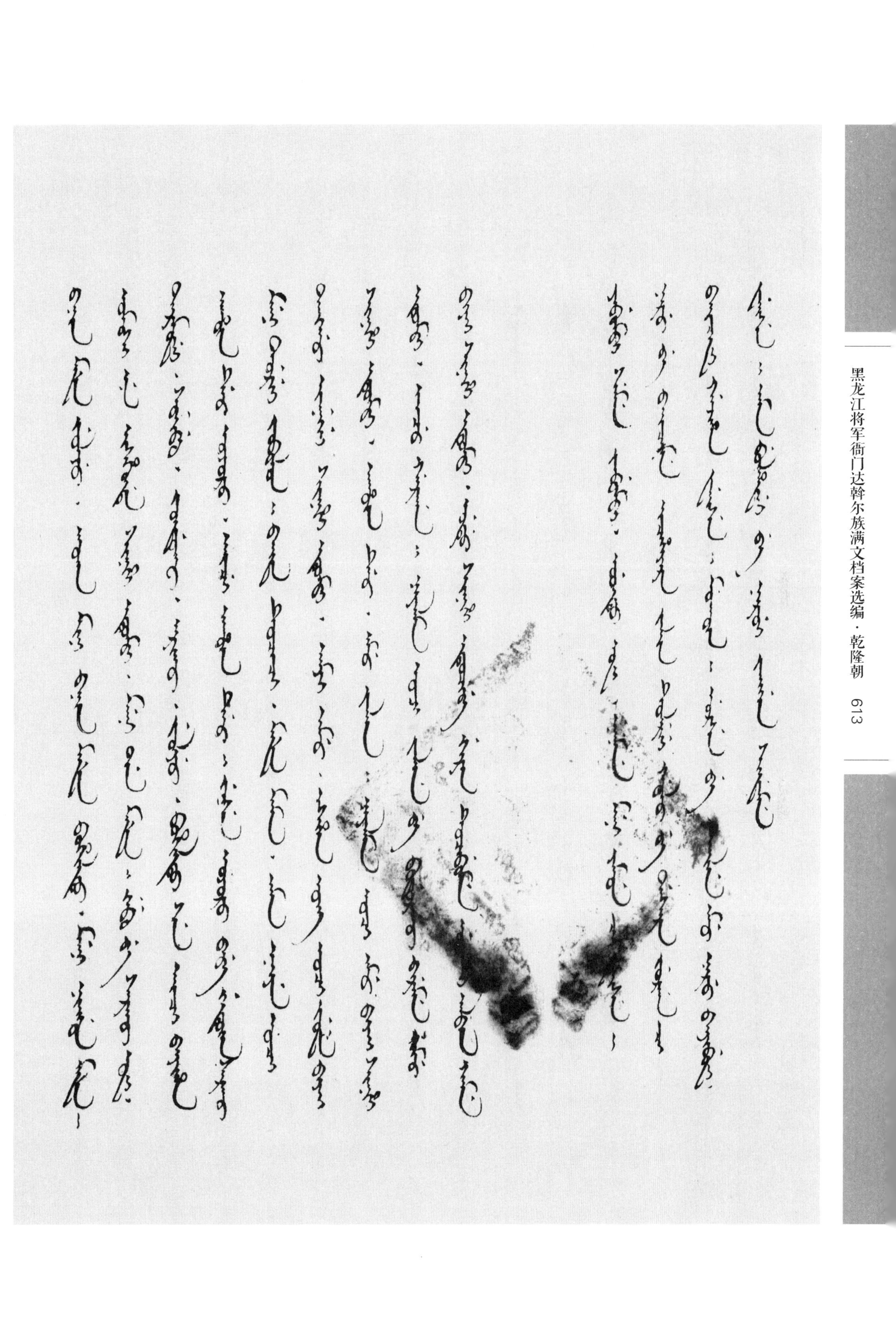

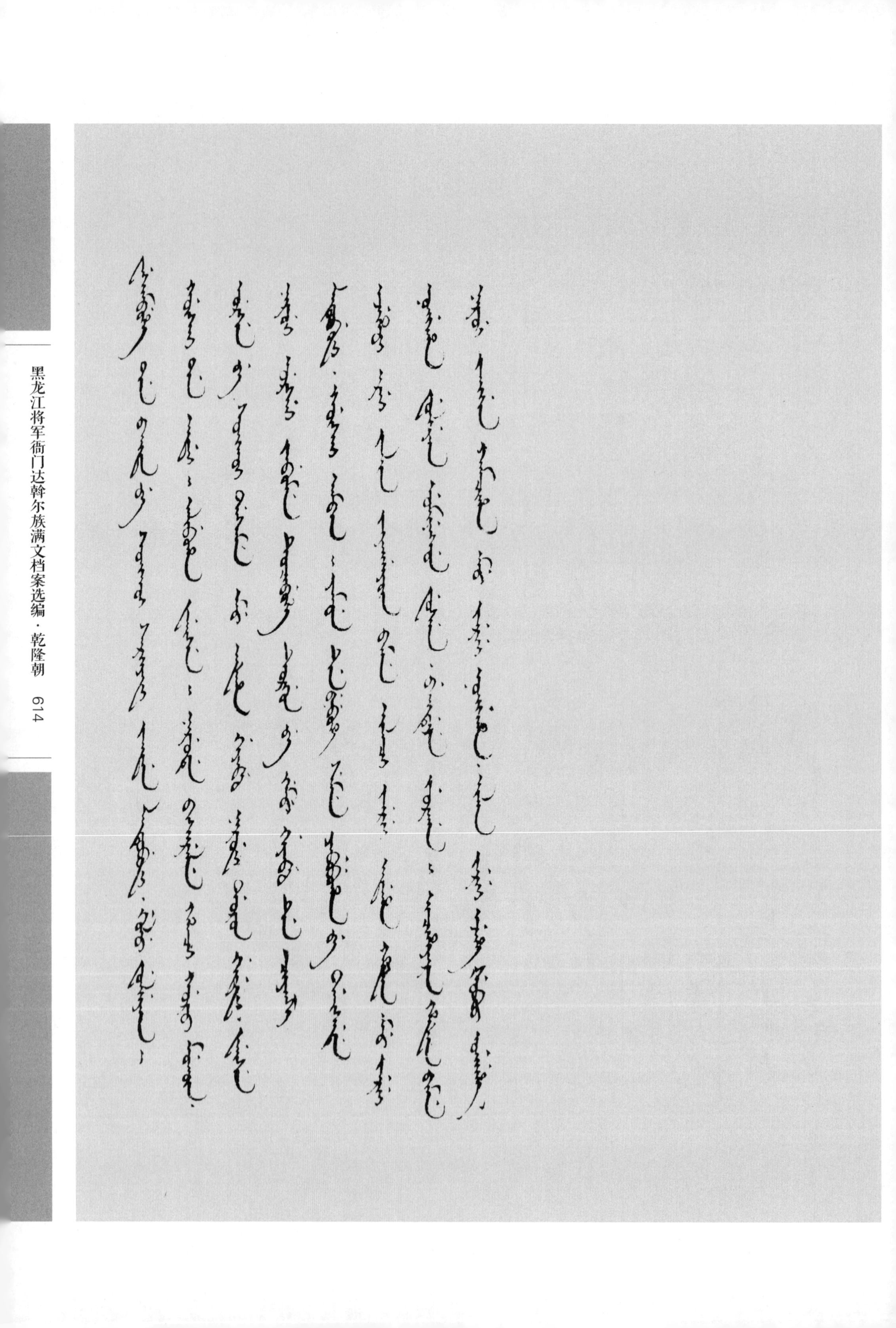

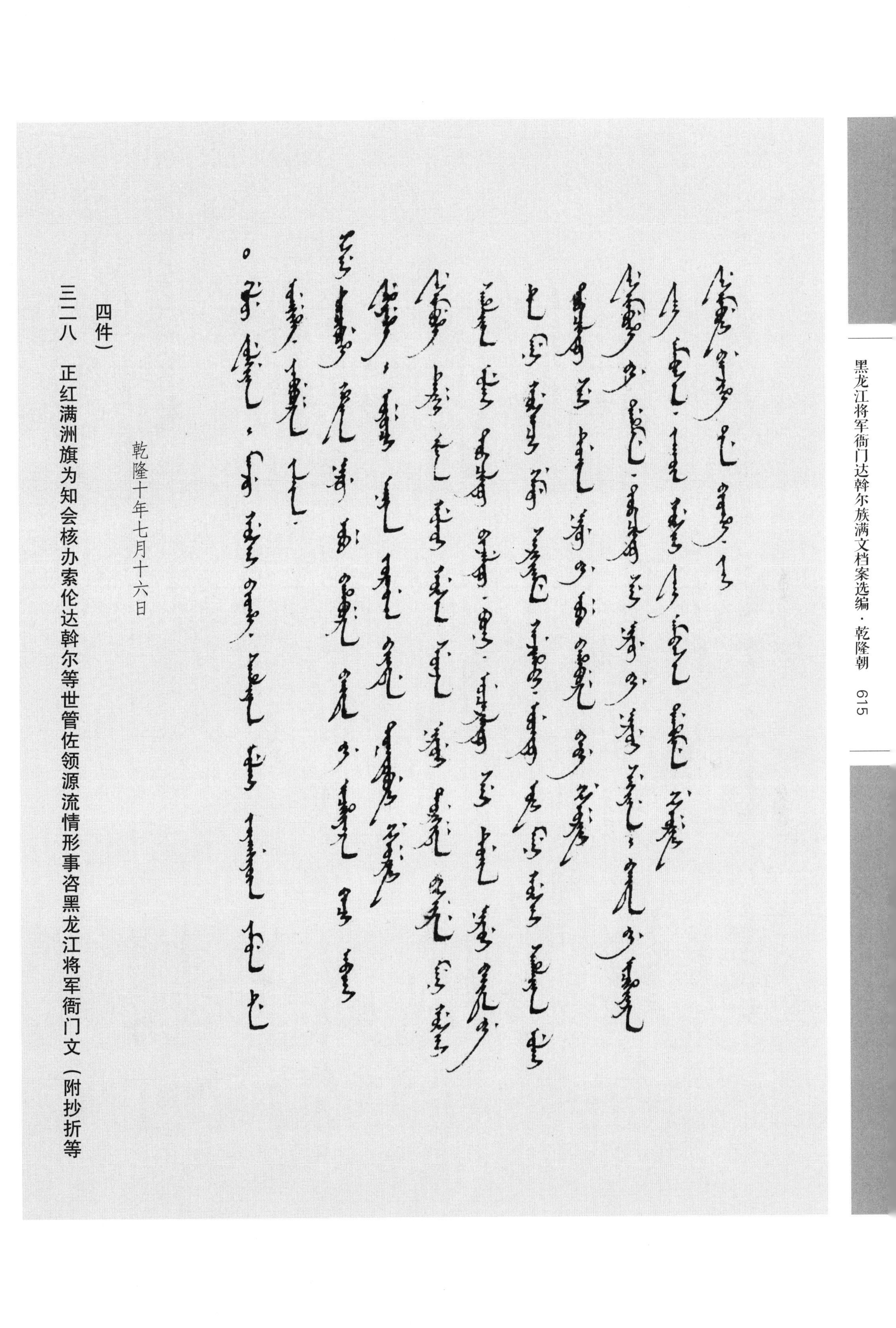

三二八 正红满洲旗为知会核办索伦达斡尔等世管佐领源流情形事咨黑龙江将军衙门文（附抄折等四件）

乾隆十年七月十六日

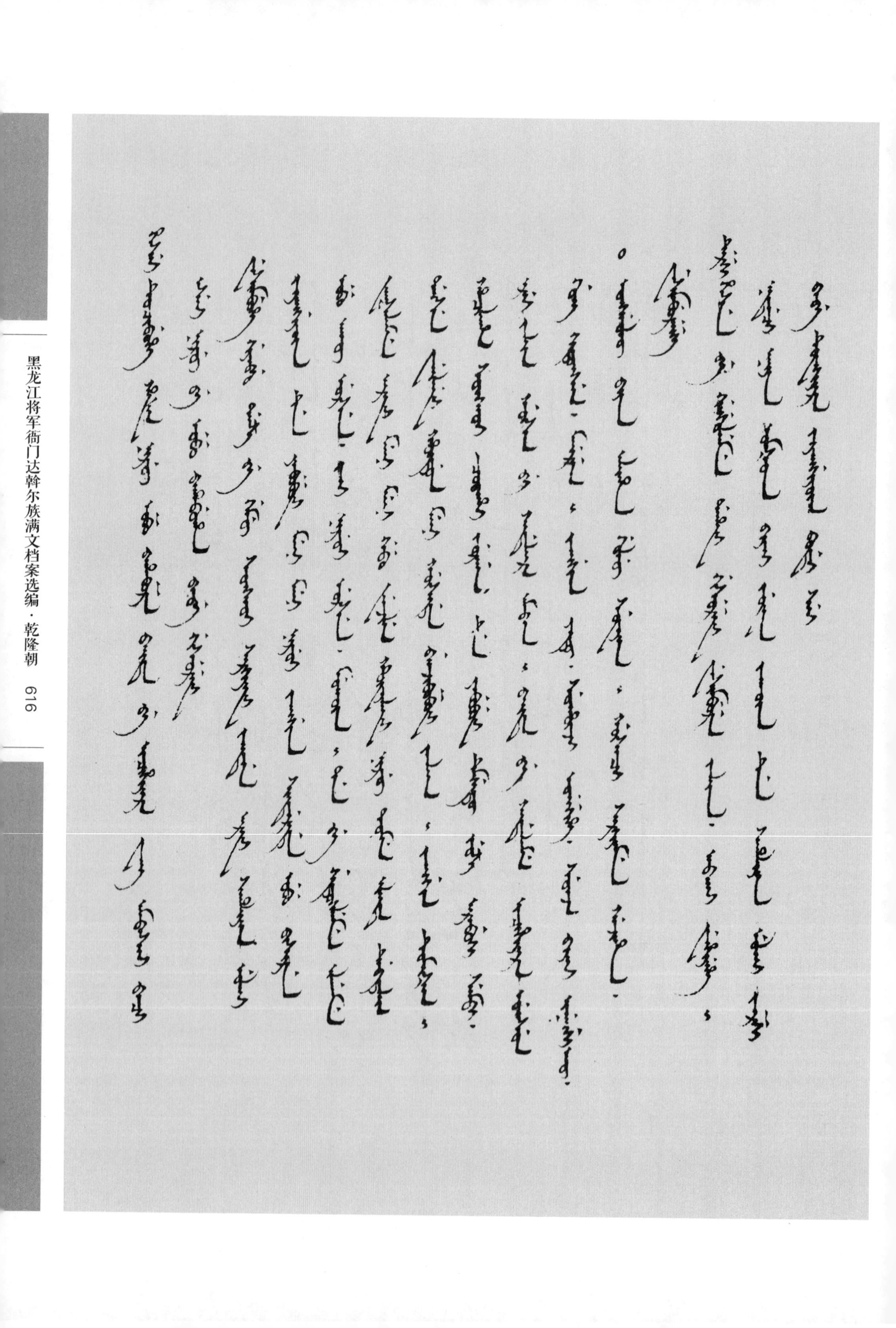

[illegible]

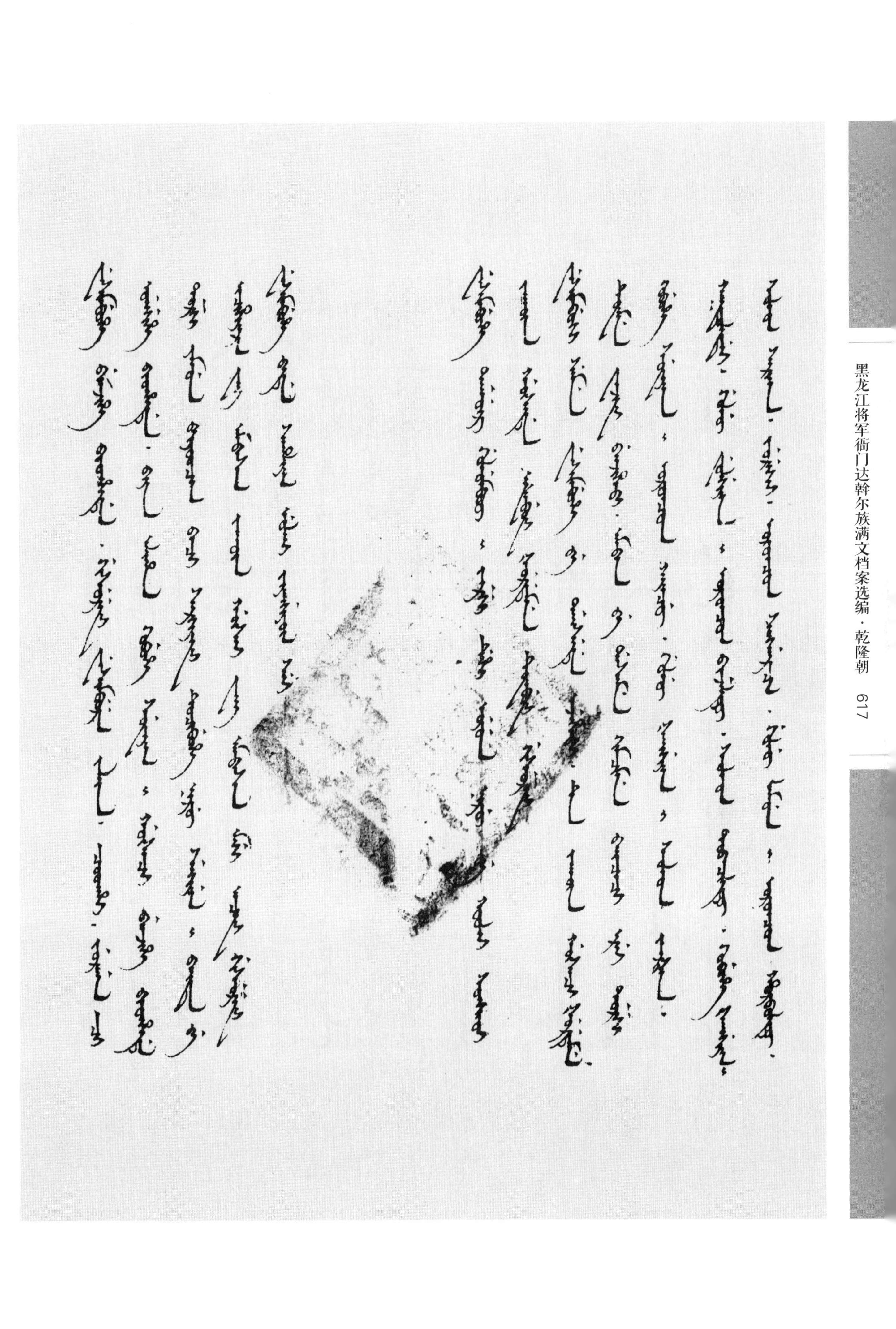

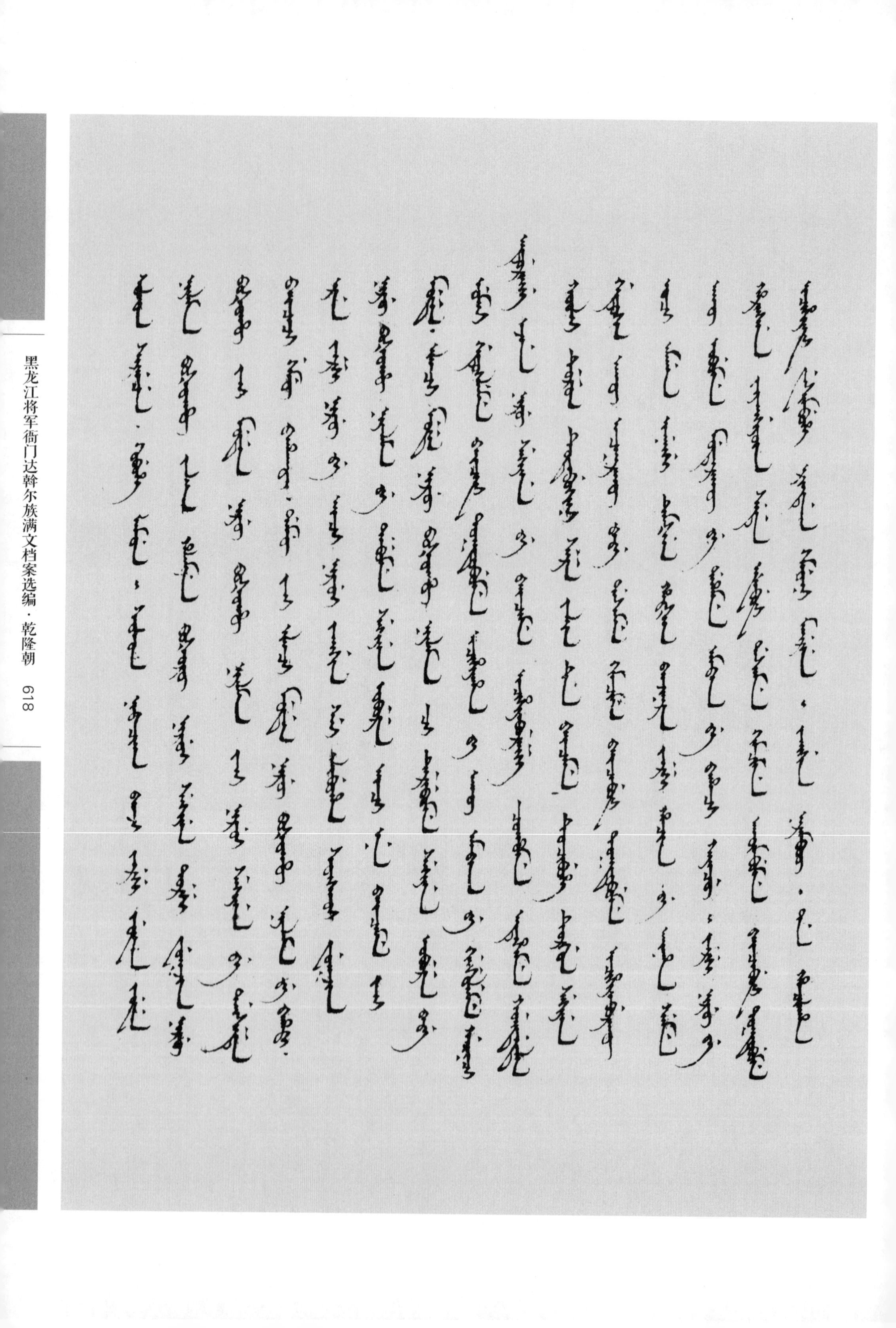

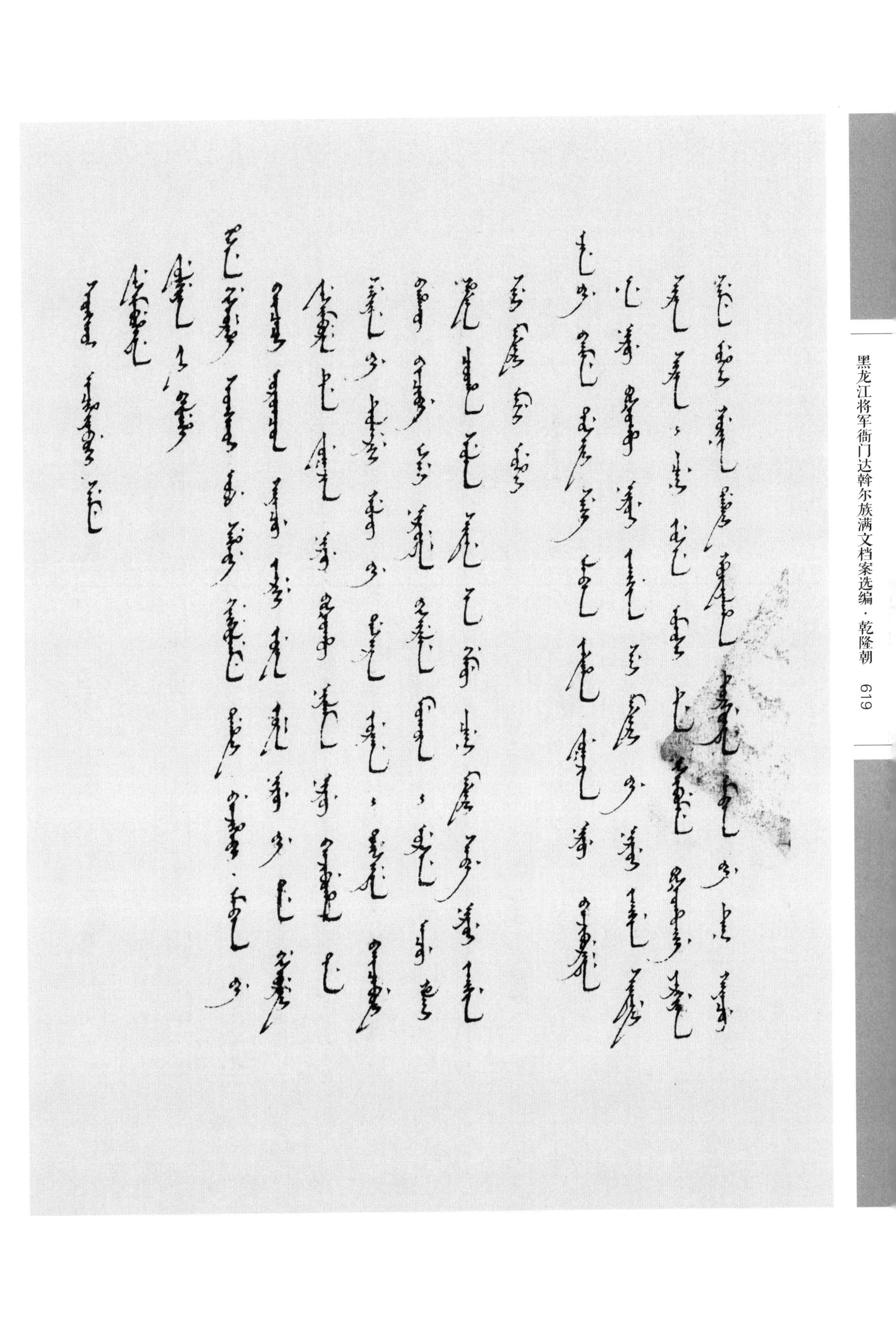

[illegible]

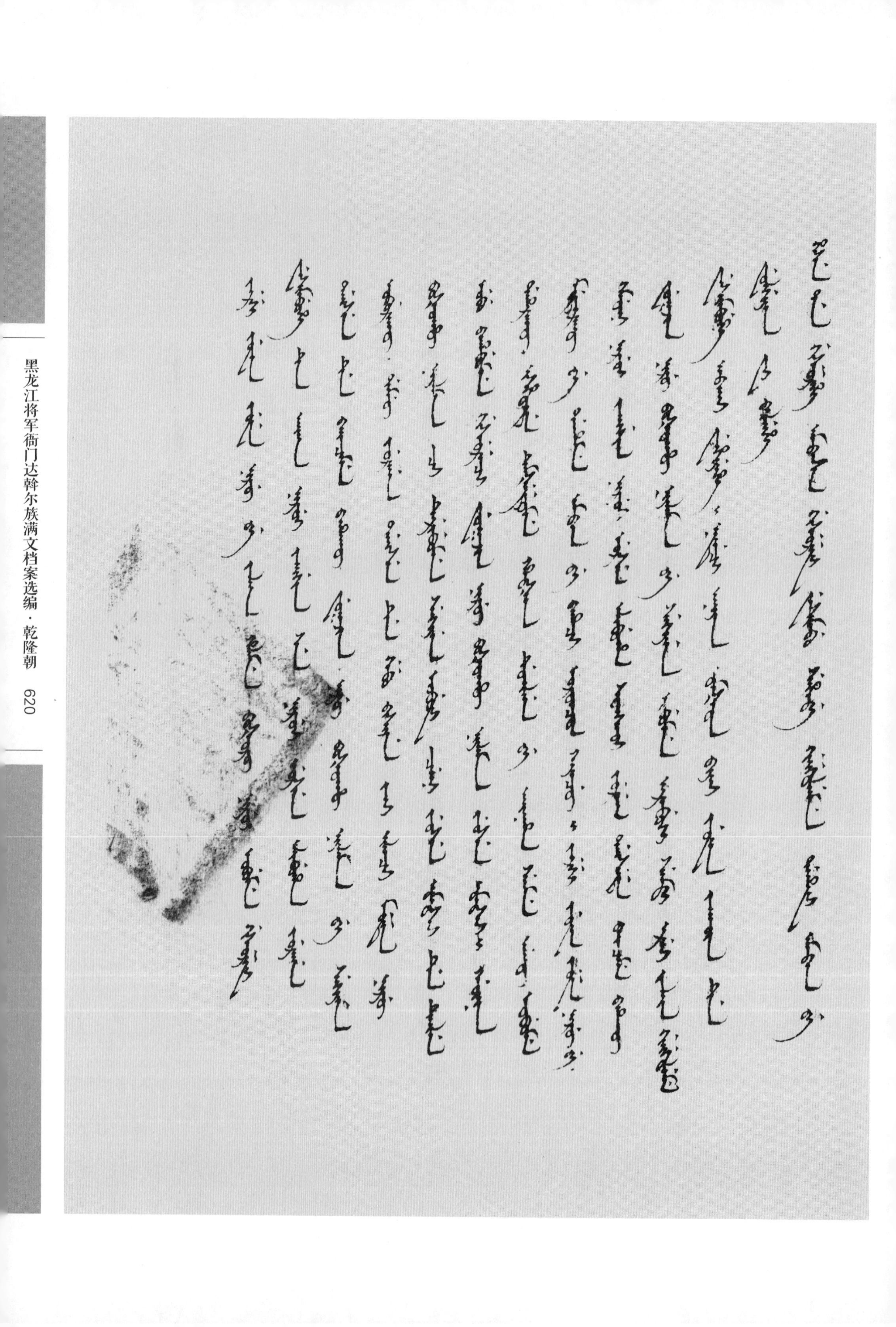

ᠰᡝᠮᡝ ᡨᡠᠸᠠᠴᡳ ᡤᡳᠰᡠᠨ ᠪᡝ ᡥᠠᠯᠠ ᠨᡳᠶᠠᠯᠮᠠ ᠪᡝ ᡝᡵᡝ ᠪᡳᠴᡳ ᡤᡝᡵᡝᠨ ᠠᠪᡴᠠᡳ ᠠᡴᡡ

ᠪᠠᡳᠴᠠᠮᡝ ᡨᡠᠸᠠᠴᡳ ᠴᡳ ᠠᠴᠠᠮᡝ ᡝᠯᡥᡝ ᠪᠠᠨᡳᠨ ᡩᡝ ᠪᡳᠮᡝ ᠪᠣᡳᡤᠣᠨ ᠣᠪᡠᡶᡳ

ᡤᡝᠮᡠ ᠰᡳᠨᡤᡤᡳ ᡤᡳᠰᡠᠨ ᠰᡳᠮᡝ ᠪᡝ ᠠᡵᠠᡥᠠ ᡳ ᠪᡳᠴᡳ

ᡩᡝ ᠪᡳ ᡝᠵᡝᡥᡝ ᠠᠮᠪᠠ ᡳ ᠪᠠᡳᠴᠠᠮᡝ ᡨᡠᠸᠠᠴᡳ ᠪᡝ ᠰᡝᠮᡝ ᠰᠠᡵᡤᠠᠨ ᡳ

ᡨᡠᡵᡤᡠᠨ ᠠᡴᡡ ᡳᠯᡳᠨᡳ ᡳᠴᡳ ᠣᠴᡳ ᡥᡝᡵᡤᡝᠨ ᡤᡳᠰᡠᠨ ᡩᡝ ᠪᡳᠮᡝ ᠠᡴᡡ ᡥᡝᠯᡝ

ᡨᡠᡵᡤᡠᠨ ᠰᡝᠮᡝ ᠪᡝ ᠪᡳᠮᡝ ᡝᠵᡝᡥᡝ ᡳ ᠪᡳᡨᡥᡝ ᠪᡝ ᠠᠯᡳᠮᡝ ᡤᠠᡳᡥᠠ ᡩᡝ

ᠪᡳᡥᡝ ᡤᡝᠮᡠ ᡠᡴᠰᡠᡵᠠ ᡤᡳᠰᡠᠨ ᡳ ᠪᡝ ᡨᡠᡵᡤᡠᠨ ᡳᠯᡳᠮᡝ ᡳᠴᡳ ᡤᡳᠰᡠᡵᡝᡥᡝ

ᠪᡝ ᠪᠠᡳᠴᠠᠮᡝ ᡨᡠᠸᠠᠴᡳ ᡤᡳᠰᡠᠨ ᠪᡝ ᡨᡠᡵᡤᡠᠨ ᡳᠴᡳ ᡩᡝ ᠠᠴᠠᠮᡝ

ᡤᡝᠮᡠ ᠰᡝᠮᡝ ᡝᡵᡝ ᠪᠠᡳᡨᠠ ᠪᡝ ᠠᡵᠠᡥᠠ ᠠᡴᡡ ᡩᡝ ᠪᡳᠴᡳ ᠰᡝᠮᡝ

ᠪᠠᡳᠴᠠᠮᡝ ᡩᡝ ᡨᡠᠸᠠᠴᡳ ᠪᡝ ᡥᡝᠯᡝ ᠪᡳ ᡳ ᠪᡝ ᠠᡵᠠᠮᡝ ᠪᡳᠮᡝ ᡳᠴᡳ ᡤᡳᠰᡠᡵᡝ

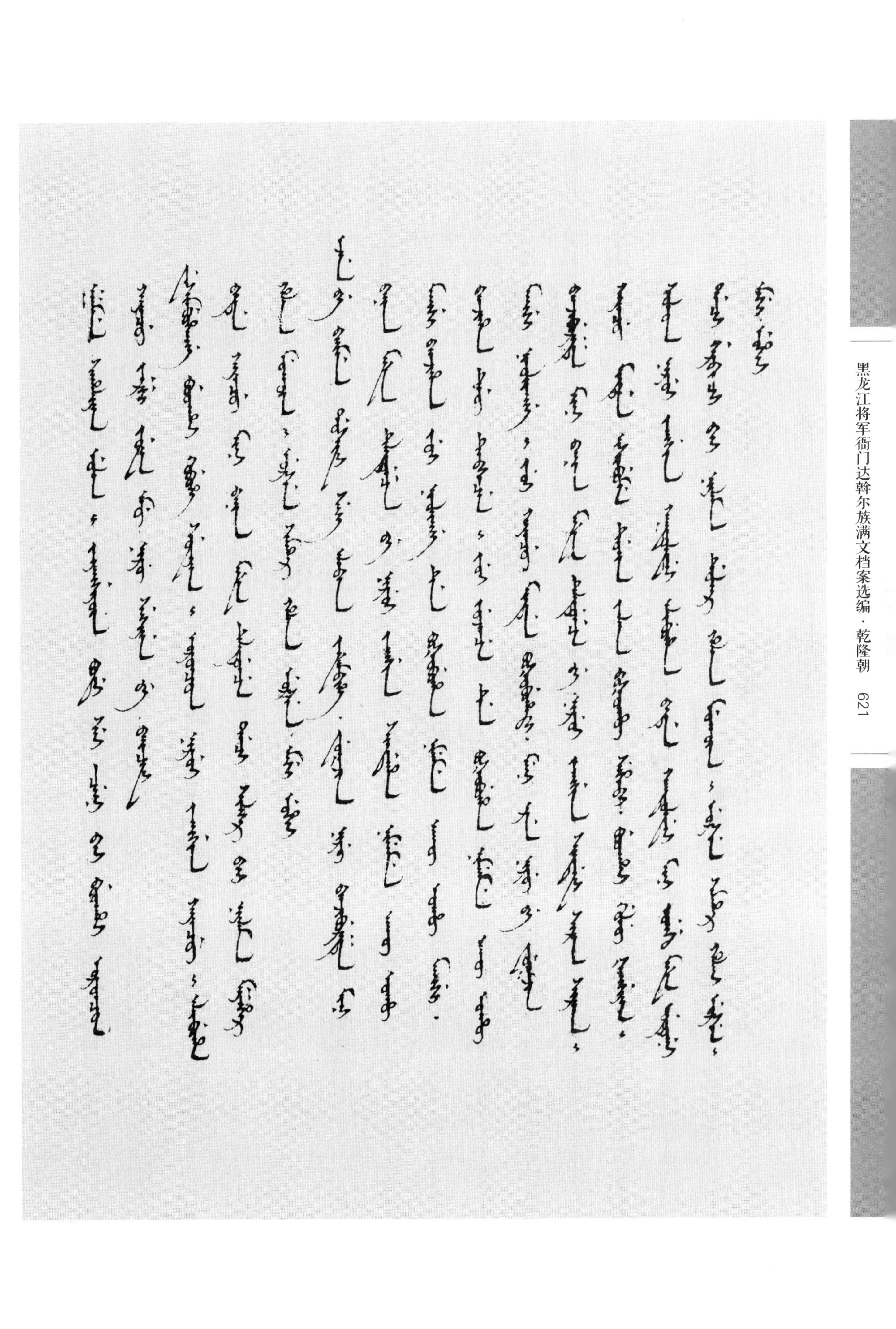

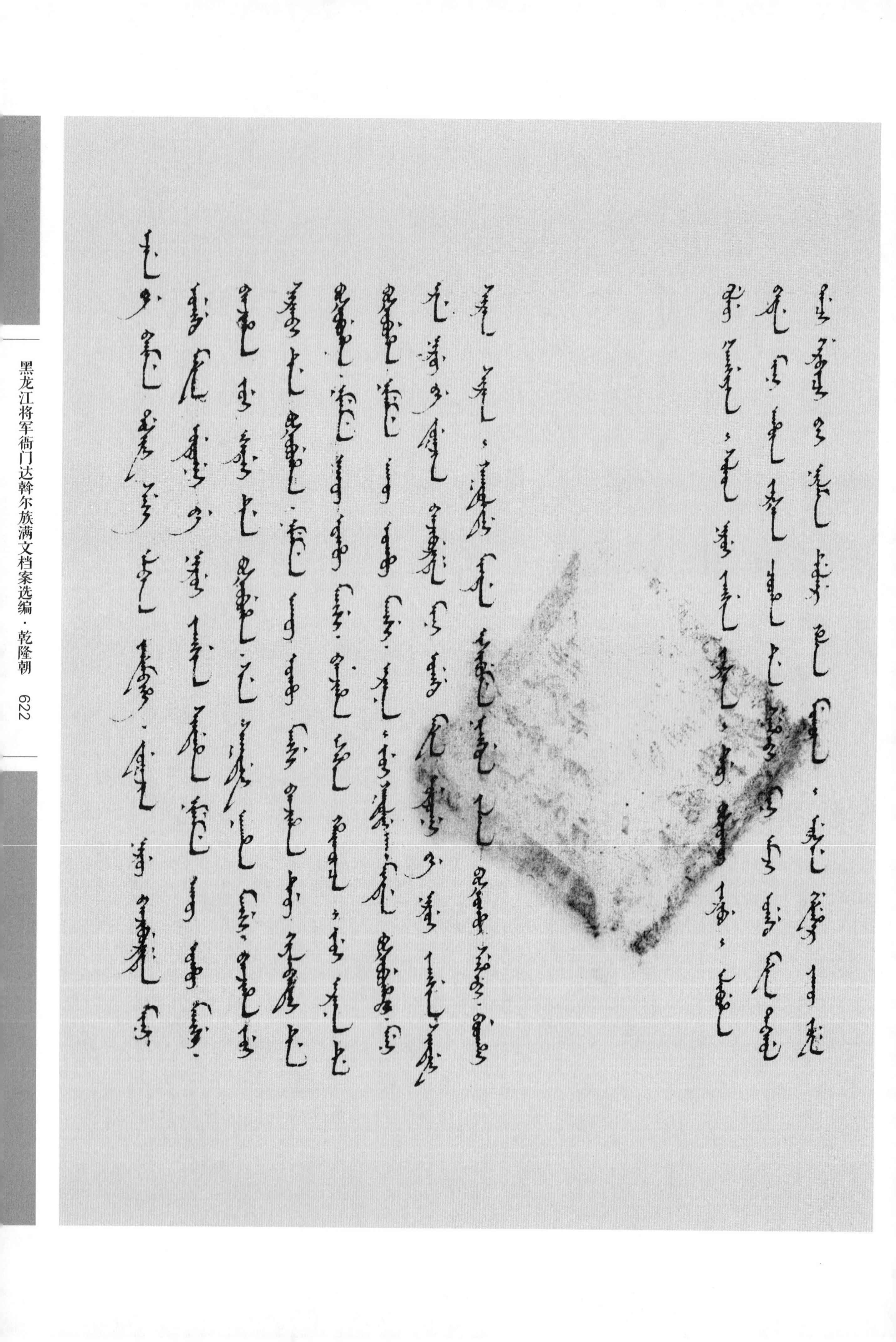

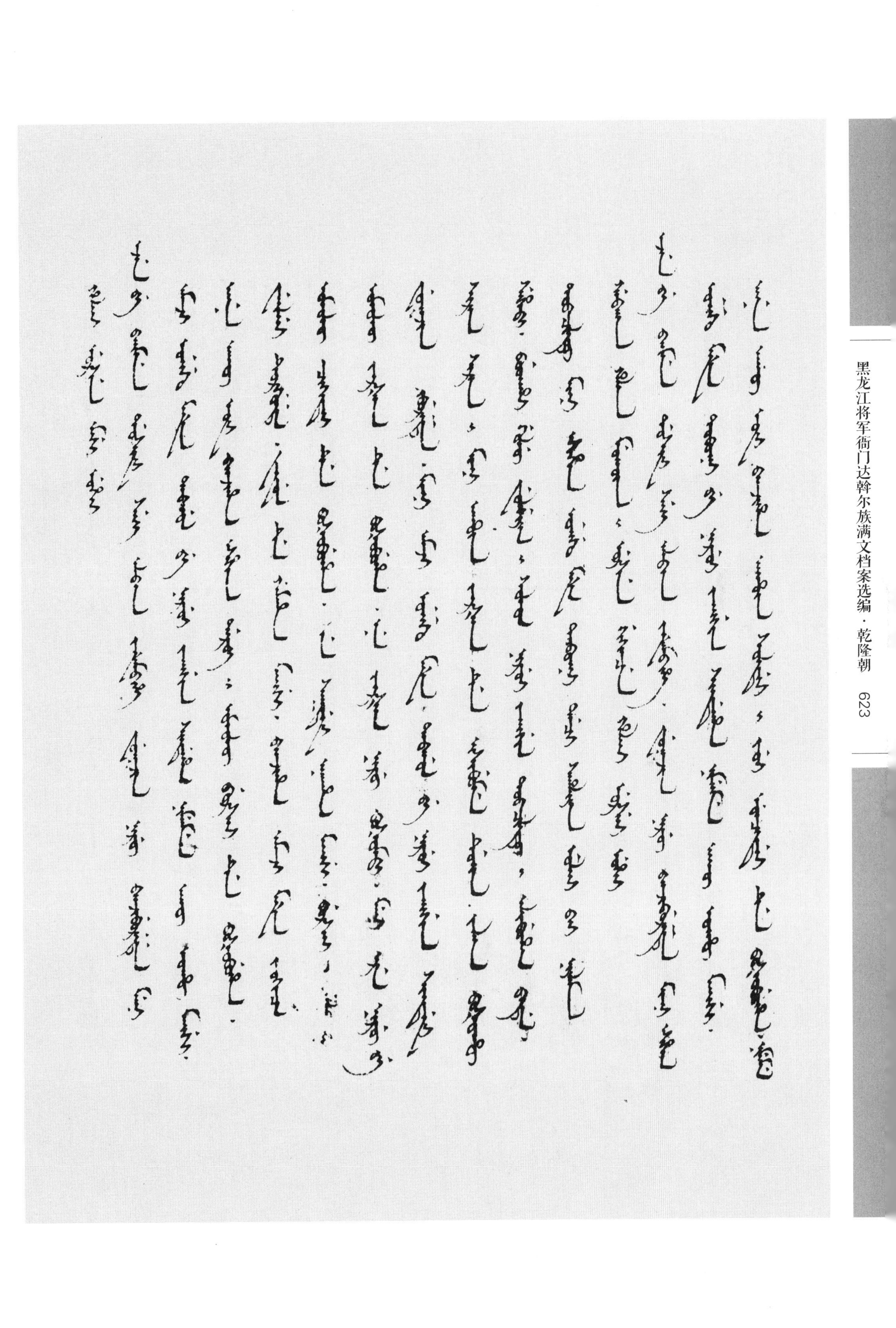

[illegible]
[illegible]
[illegible]
[illegible]
[illegible]
[illegible]
[illegible]
[illegible]
[illegible]
[illegible]
[illegible]
[illegible]
[illegible]
[illegible]
[illegible]

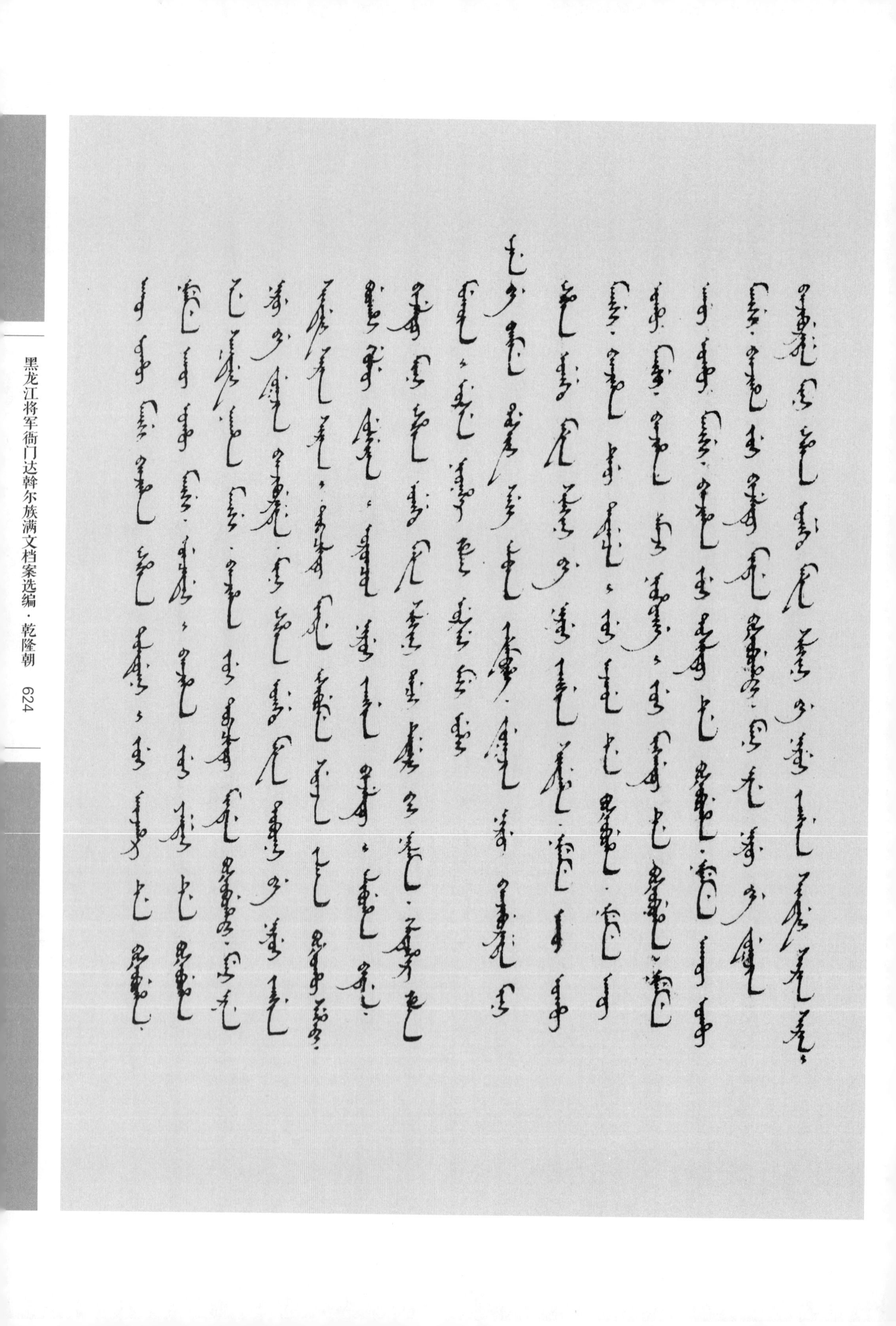

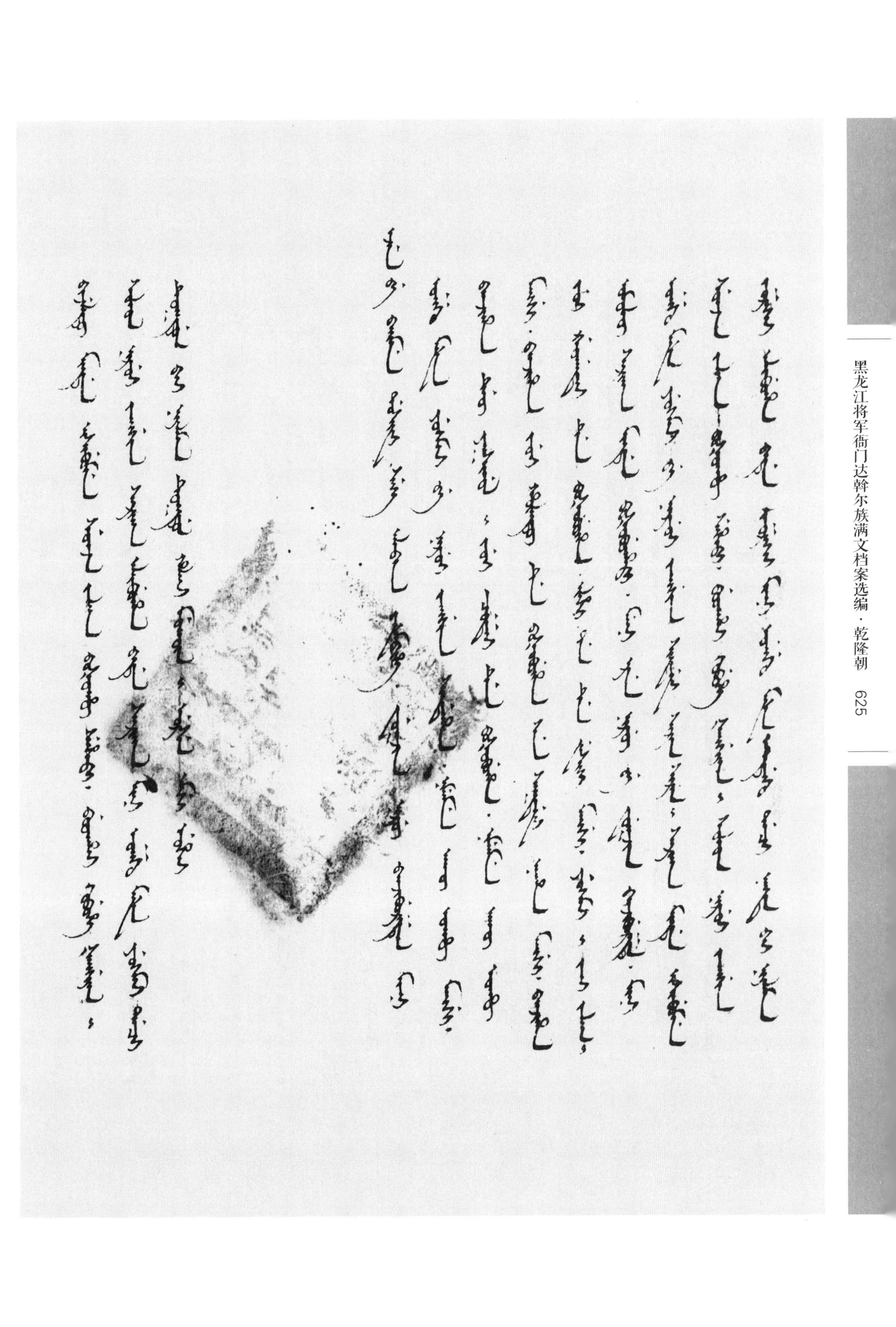

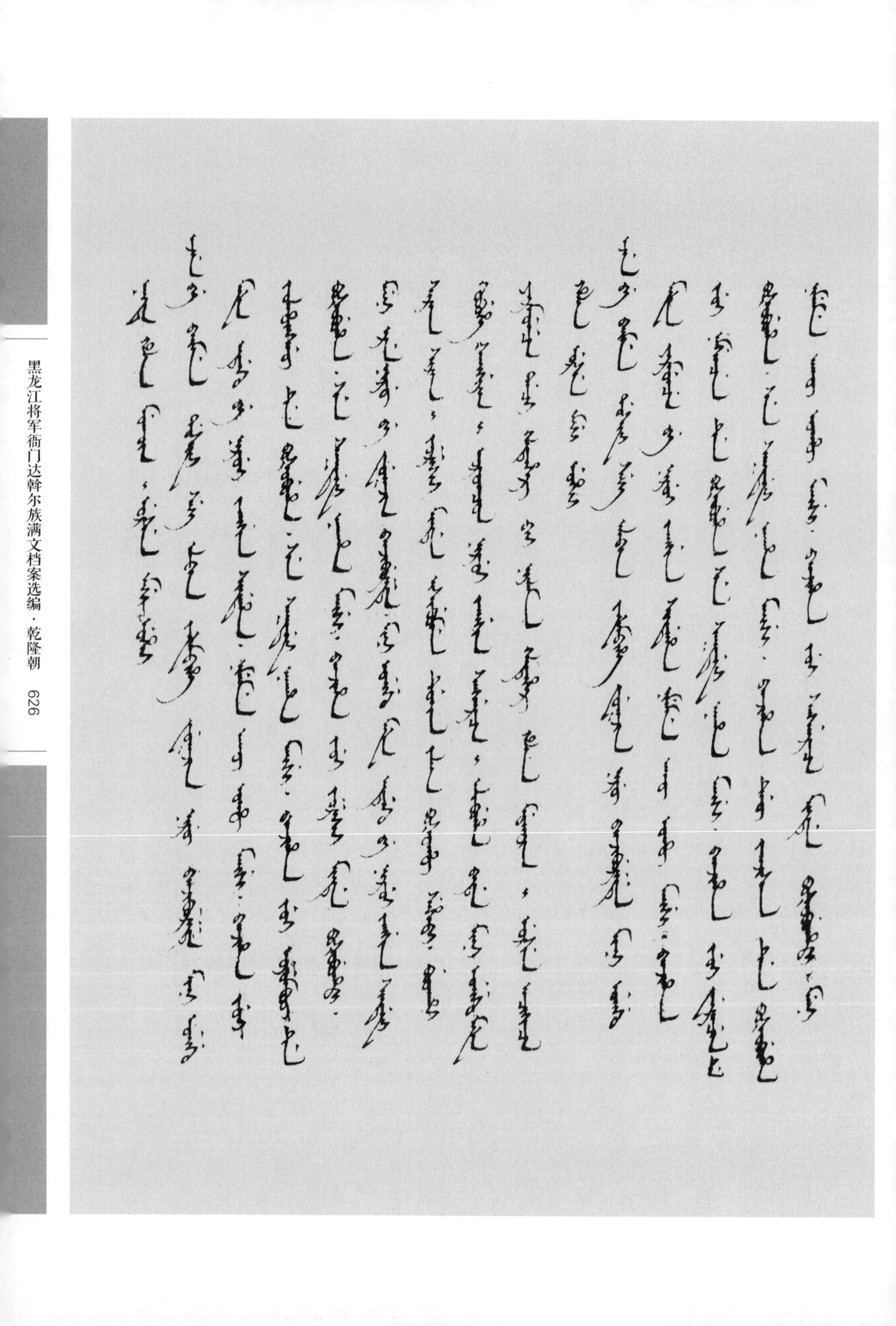

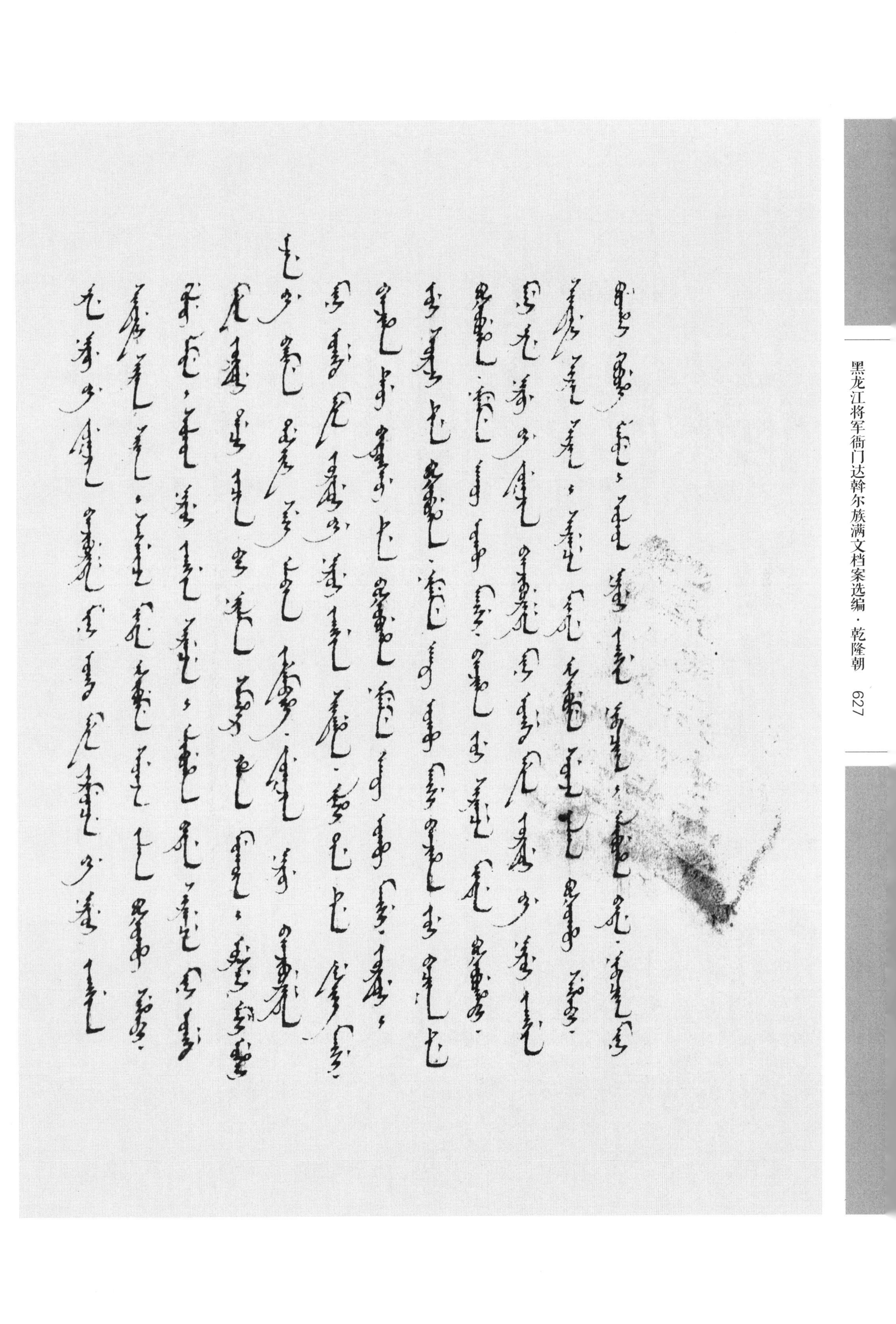

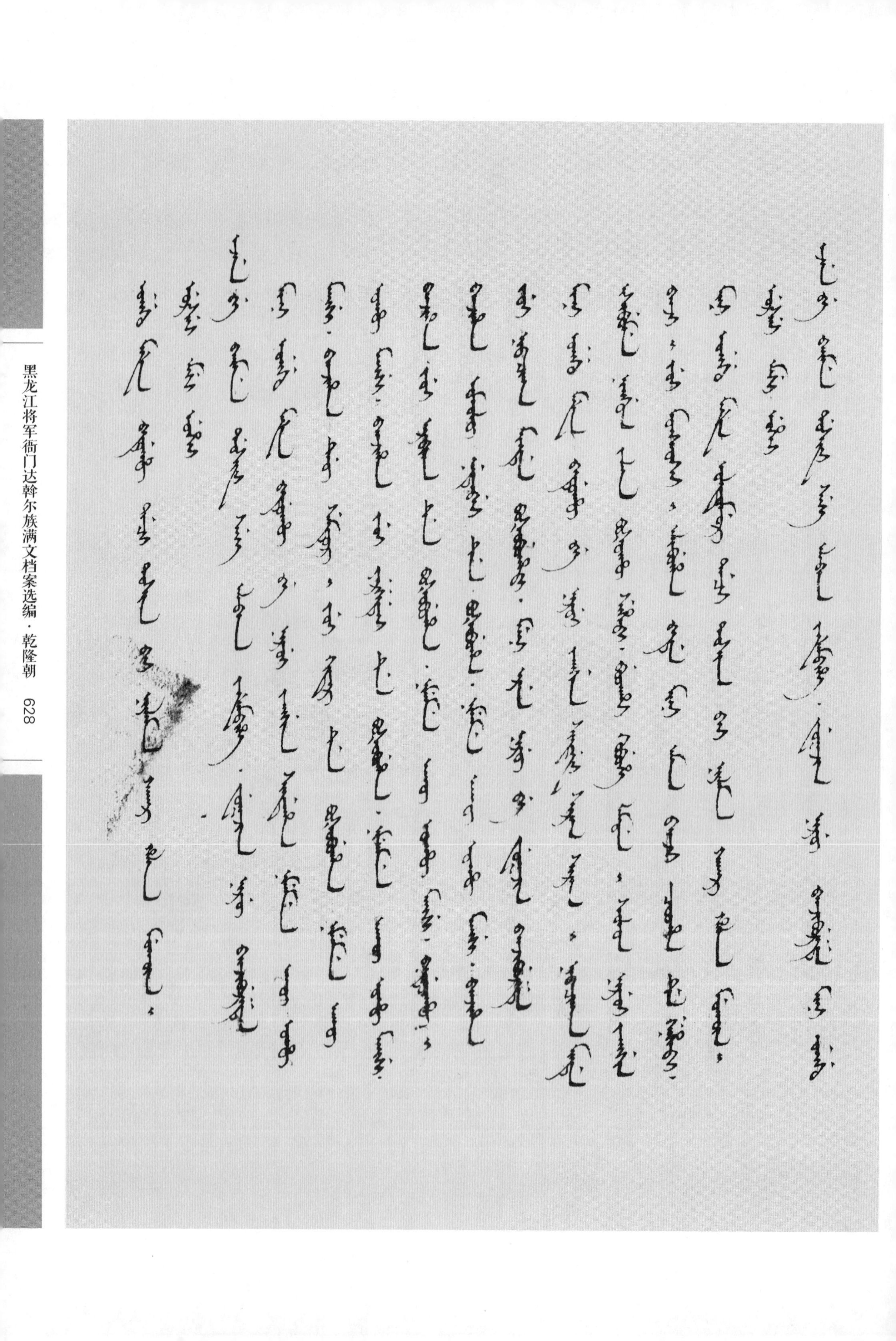

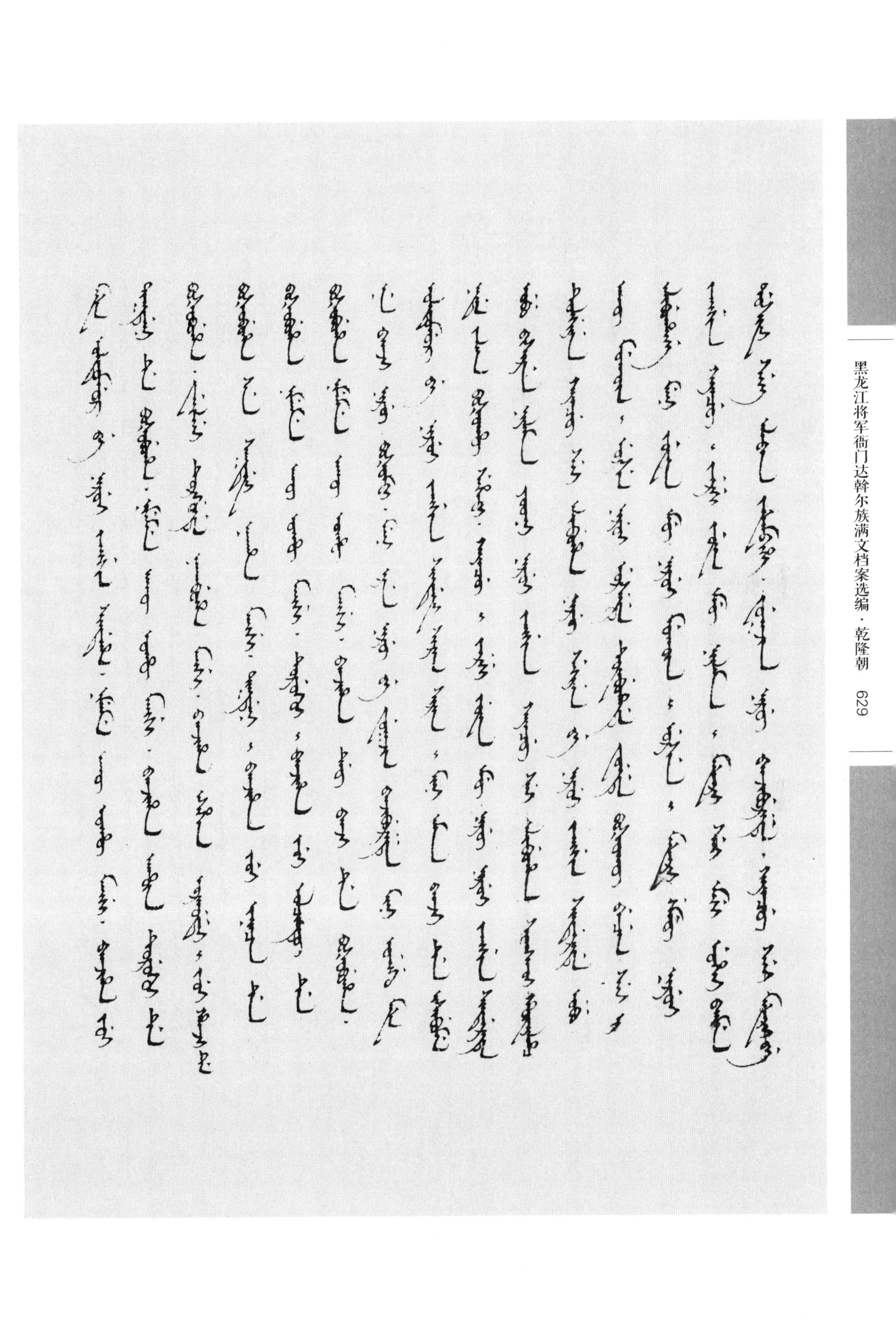

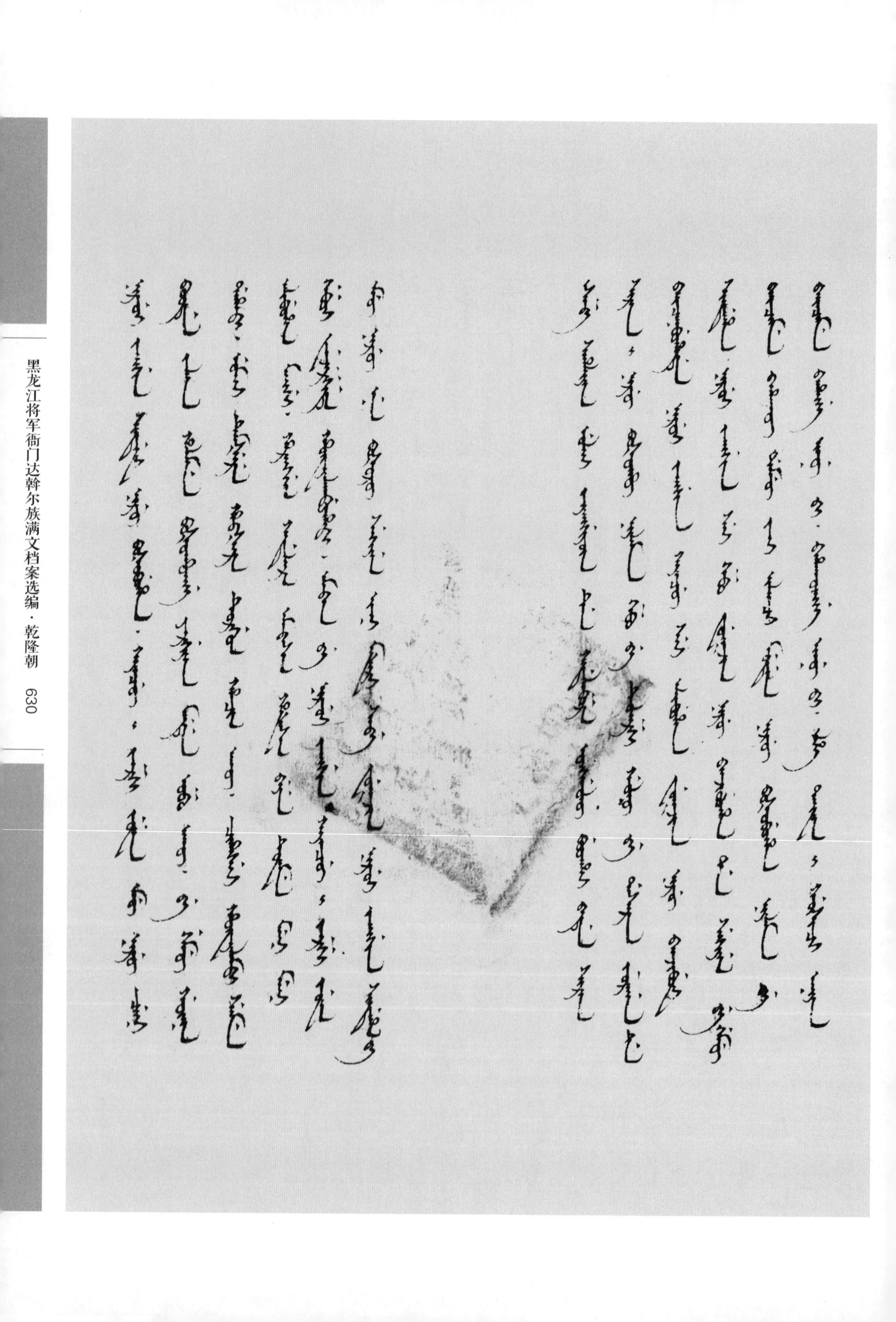

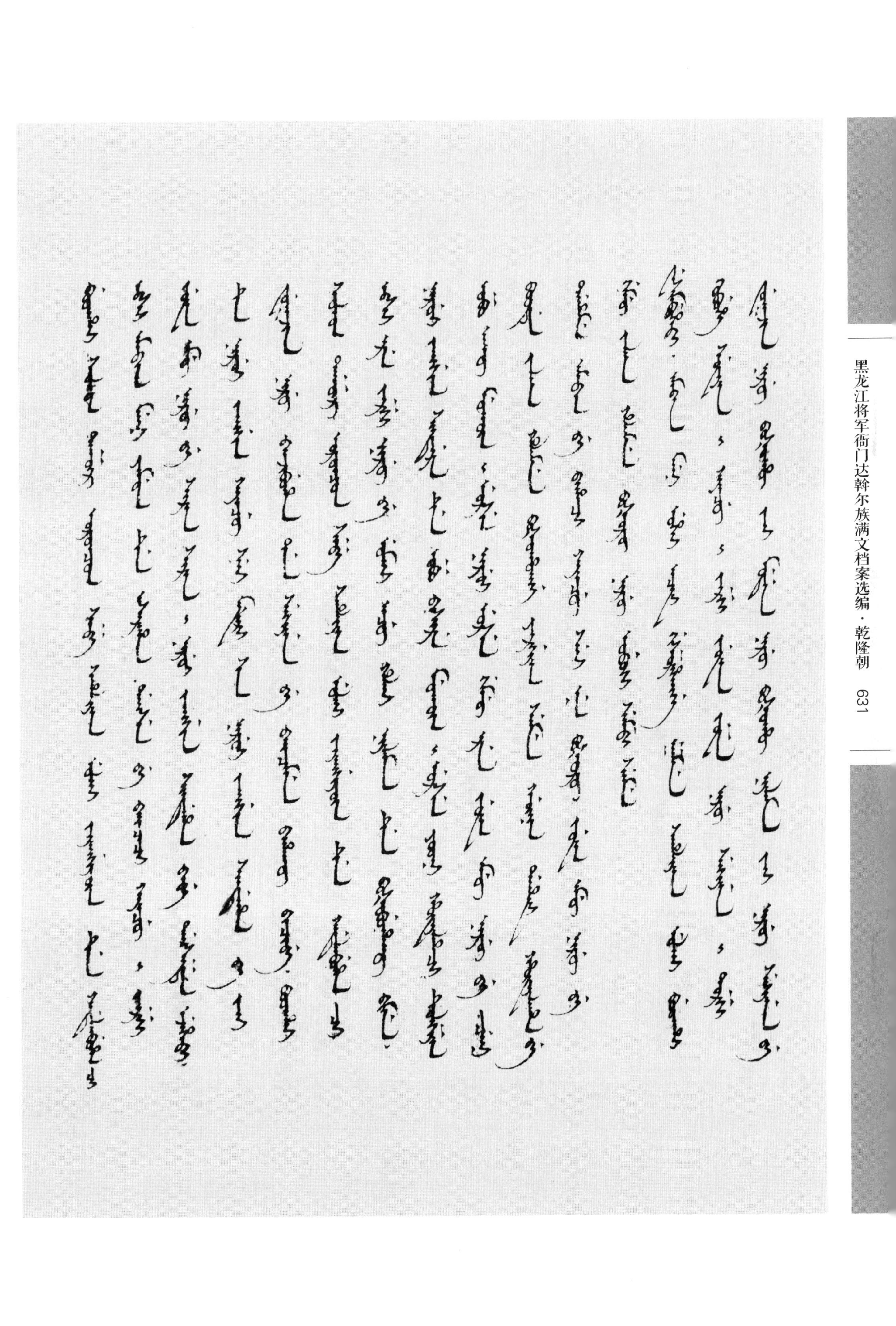

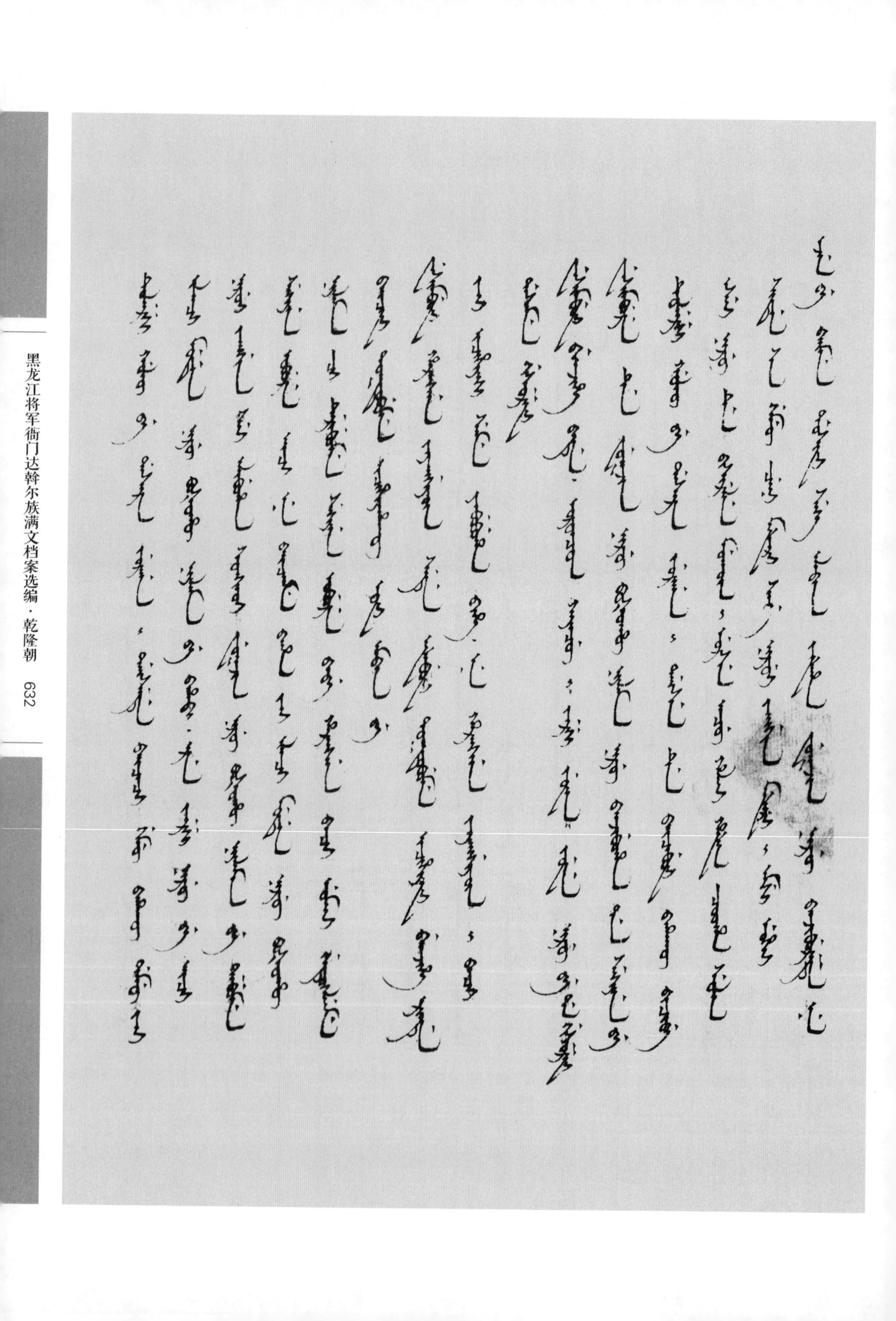

[illegible]

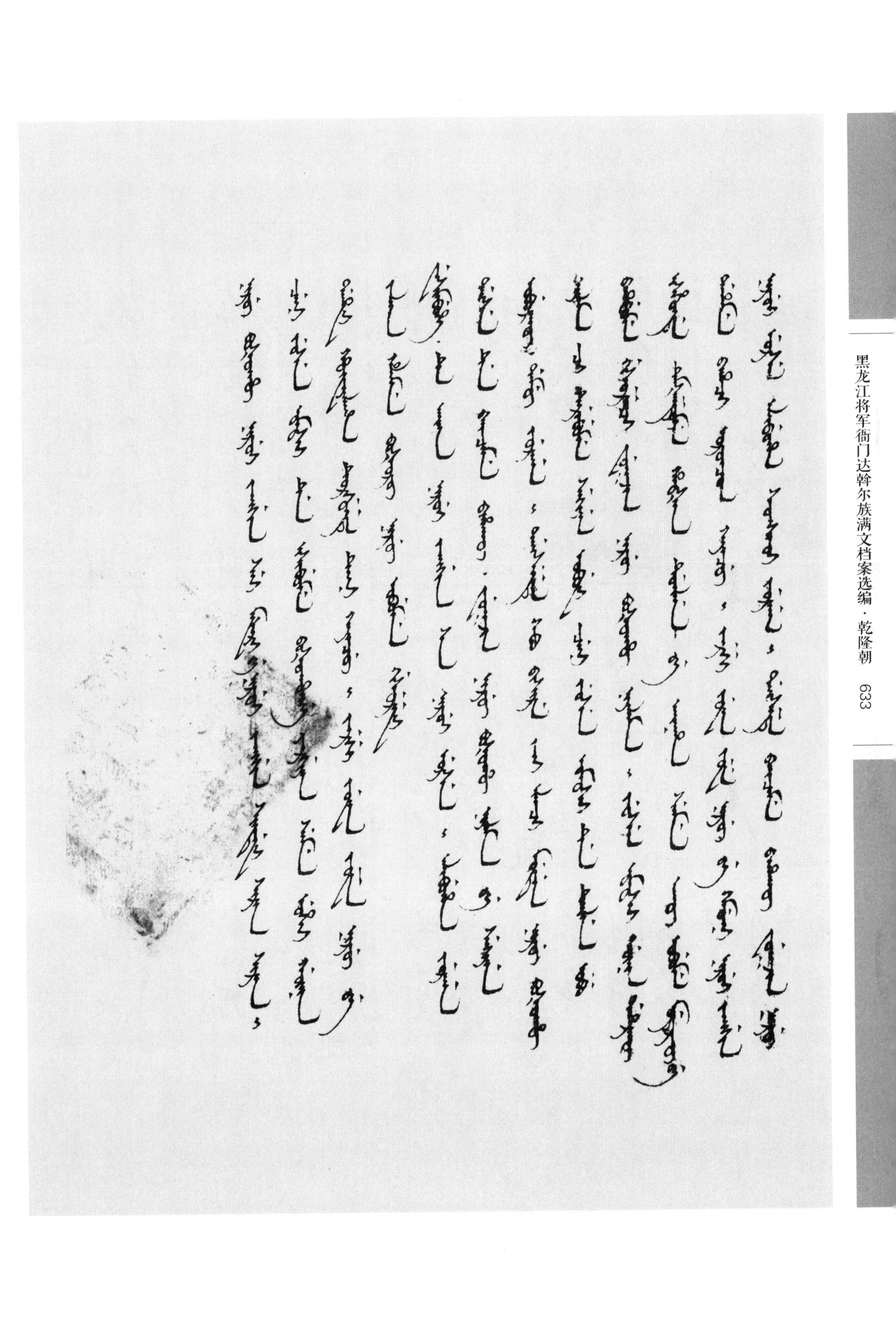

[illegible]

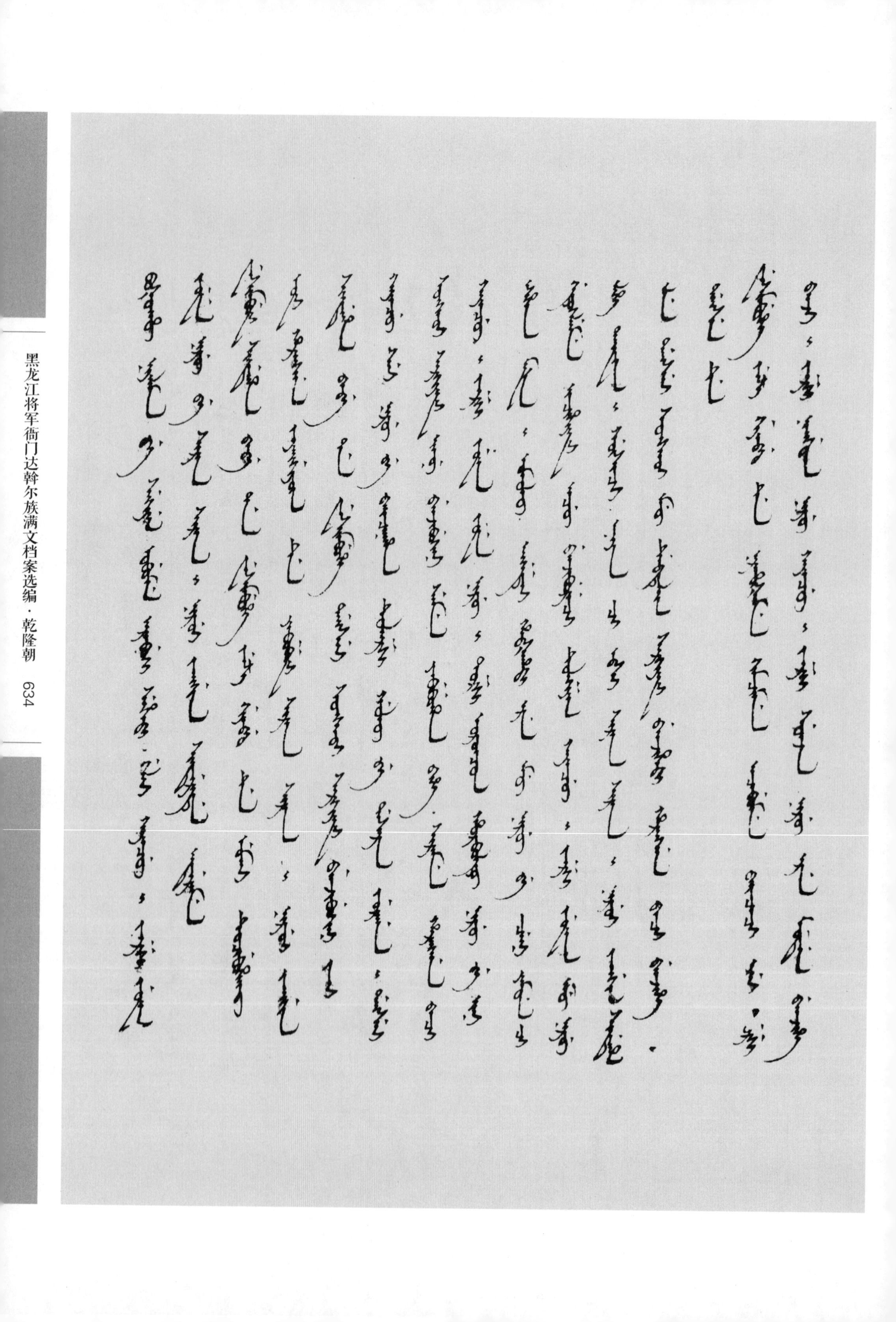

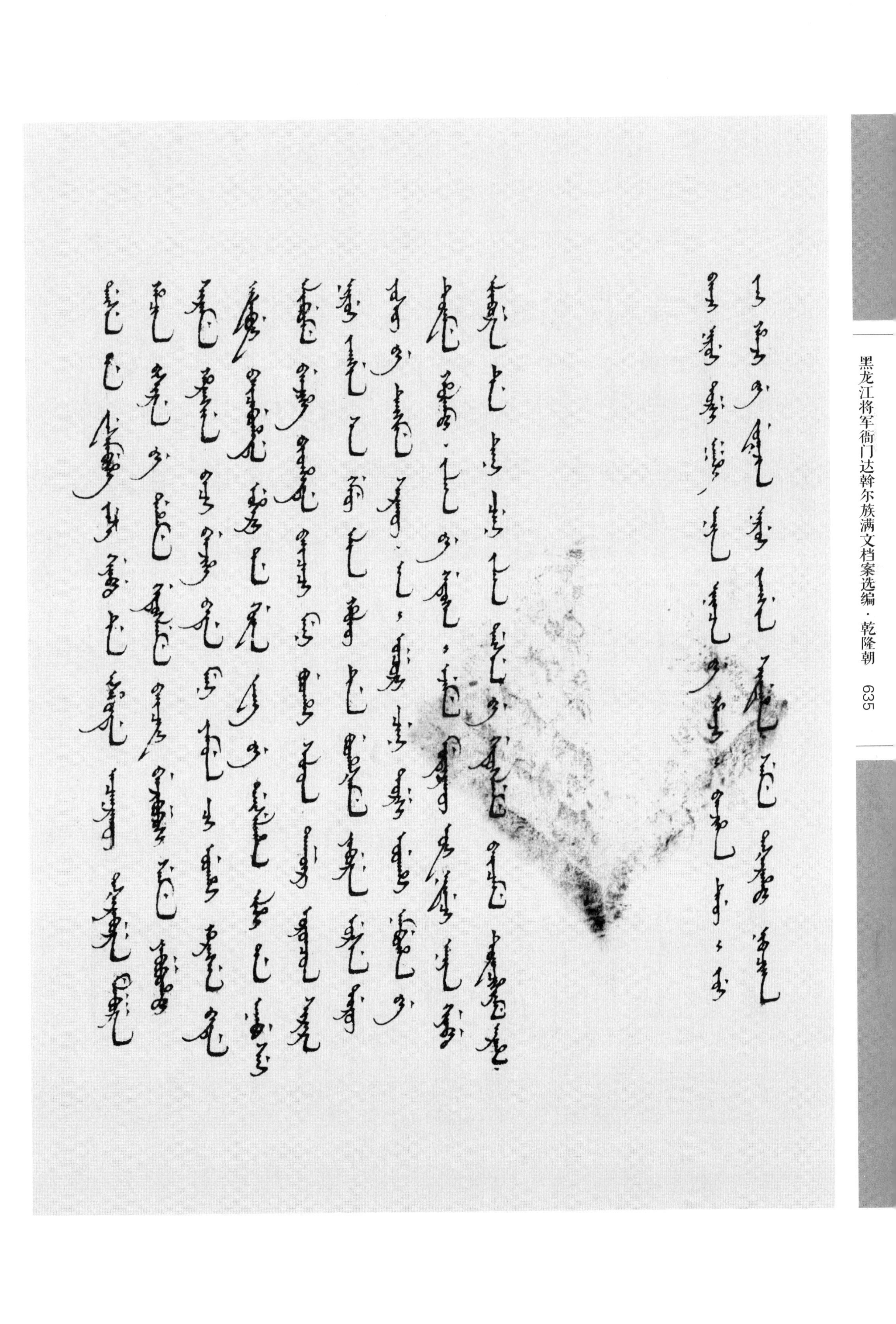

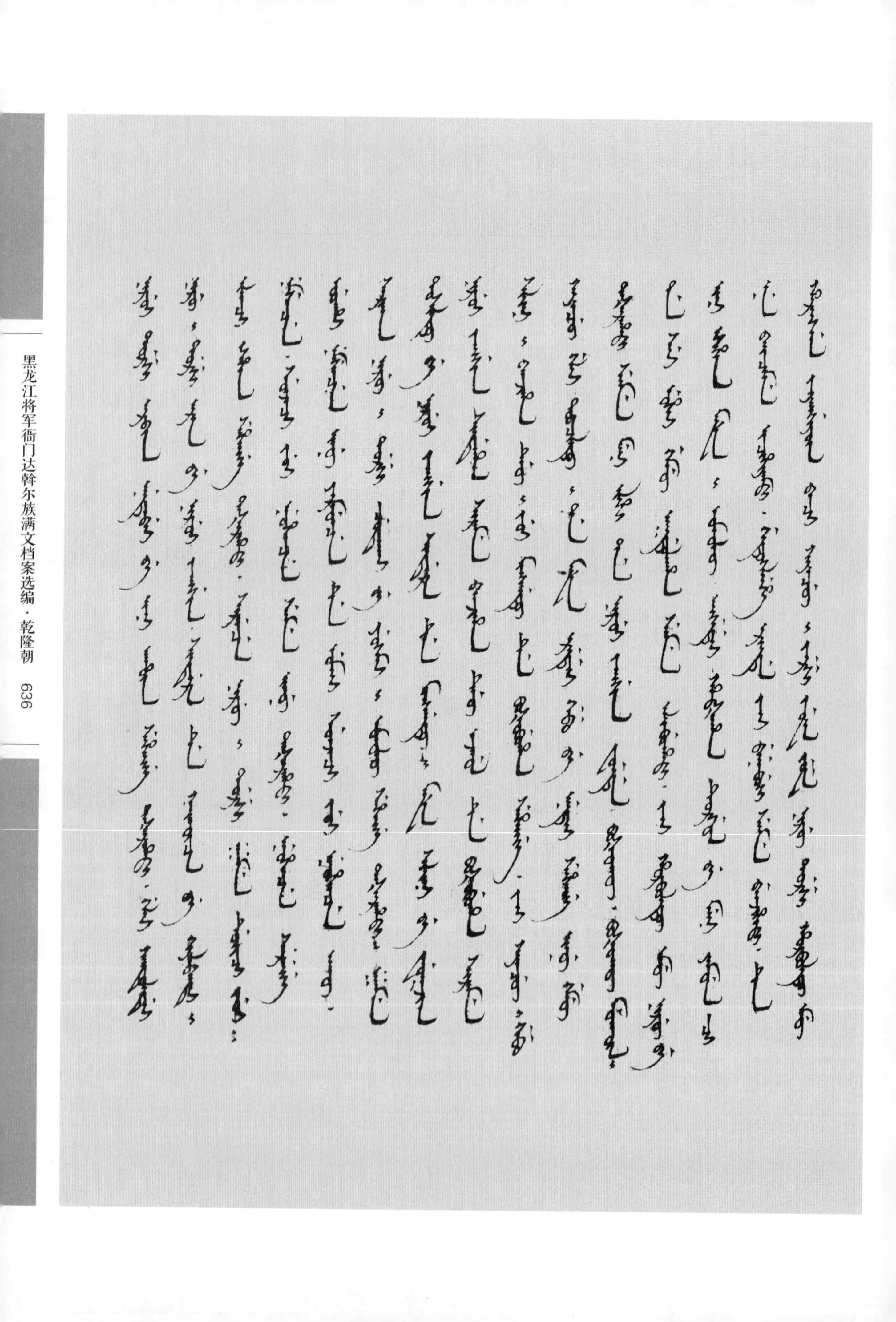

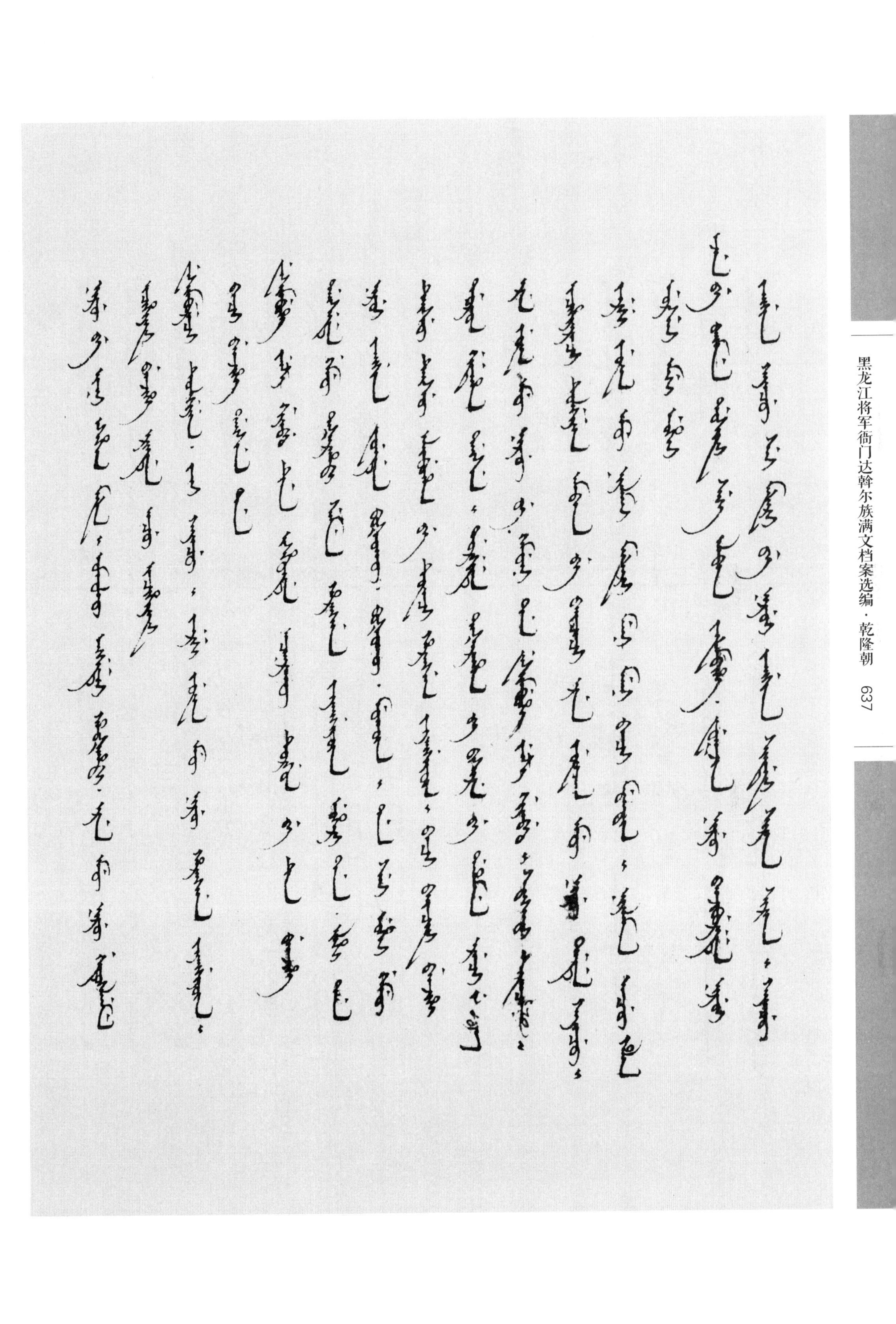

[illegible]

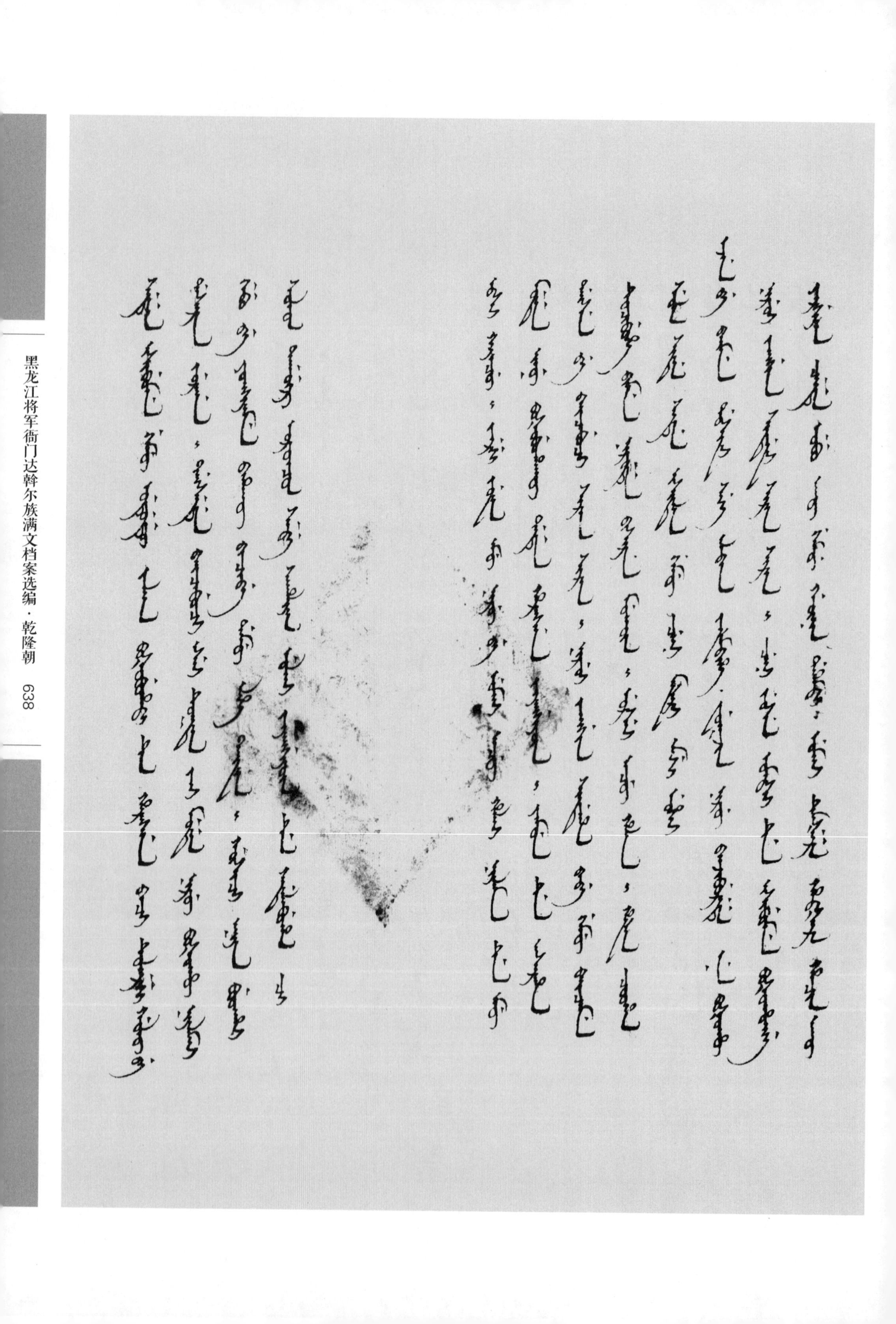

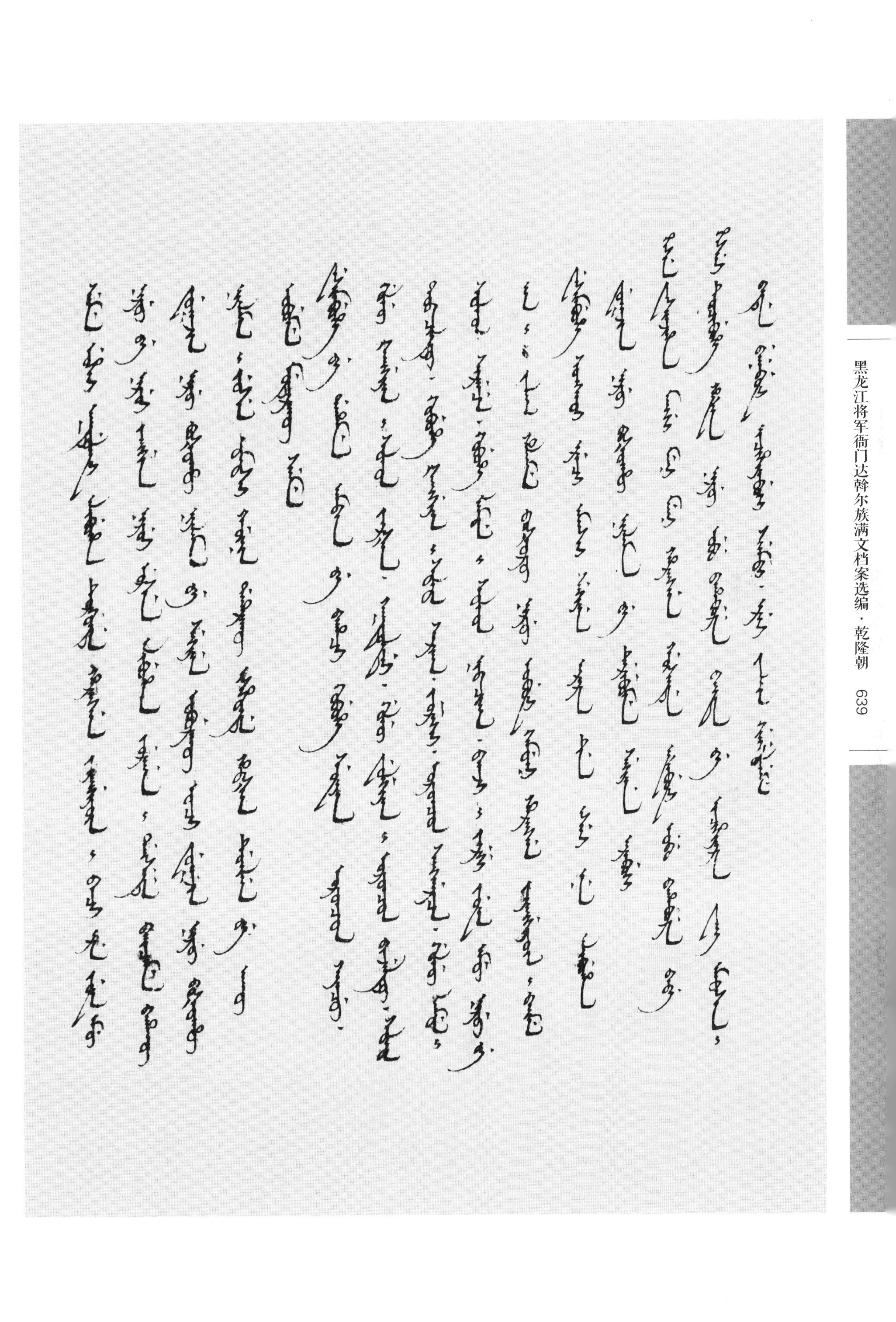

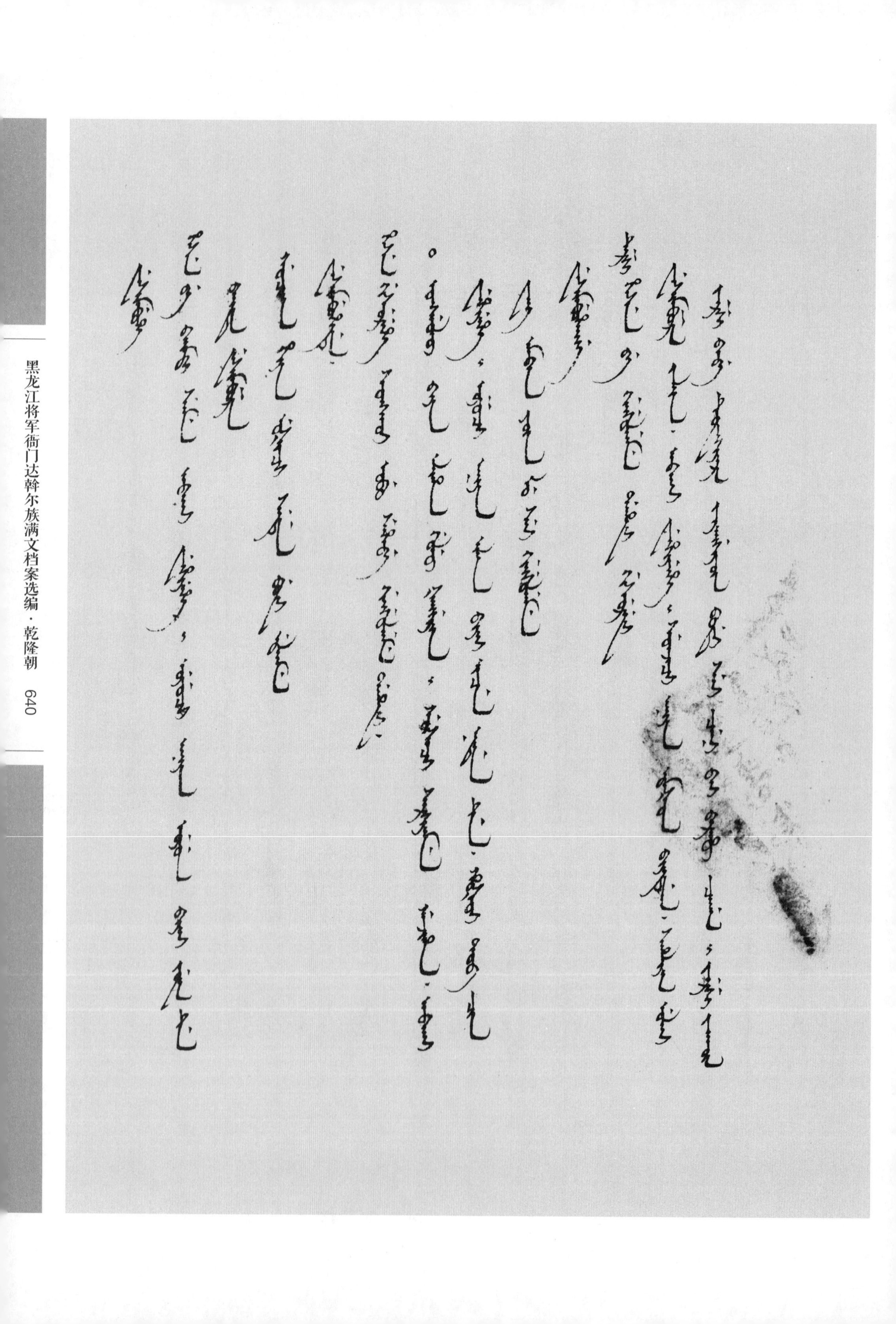

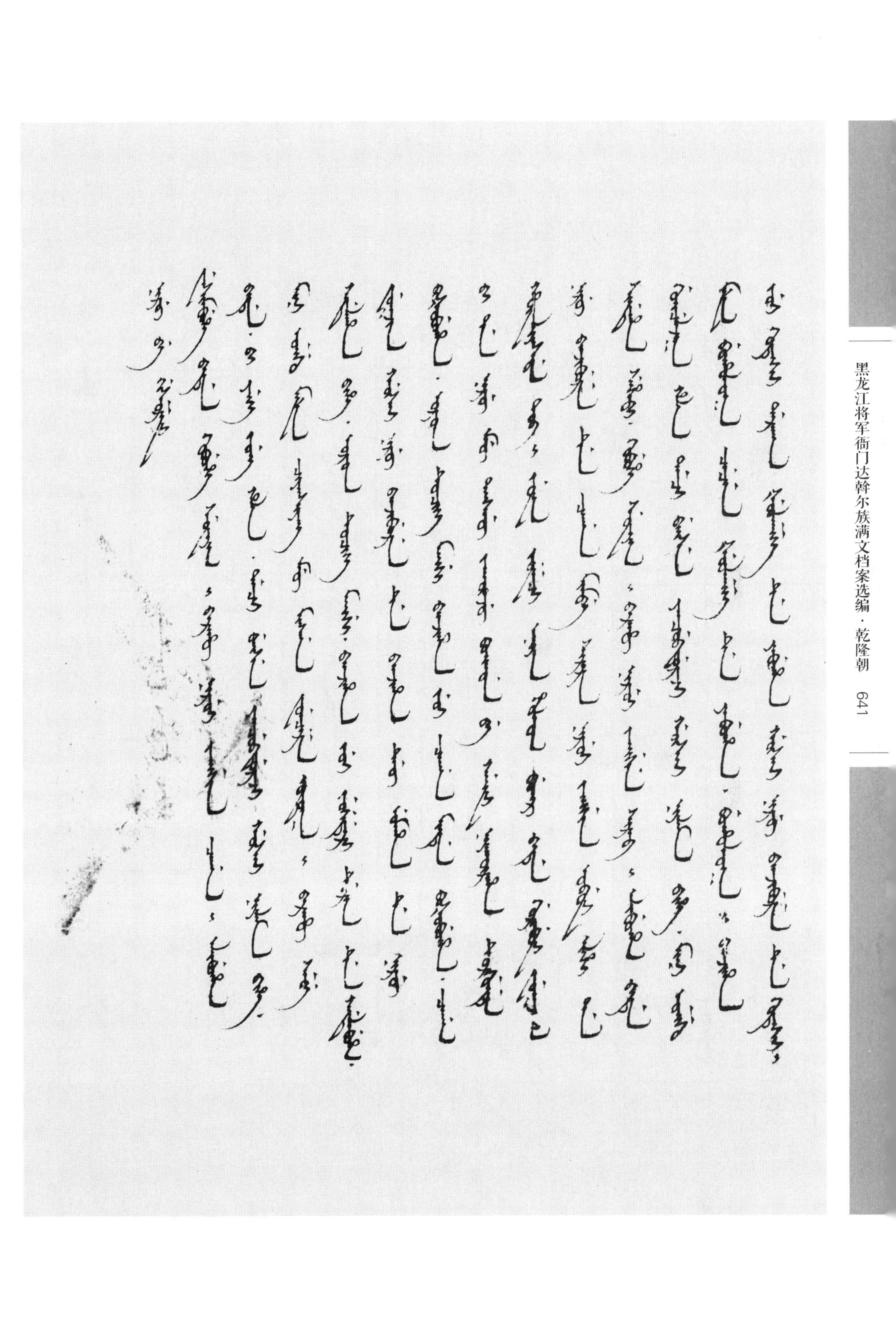

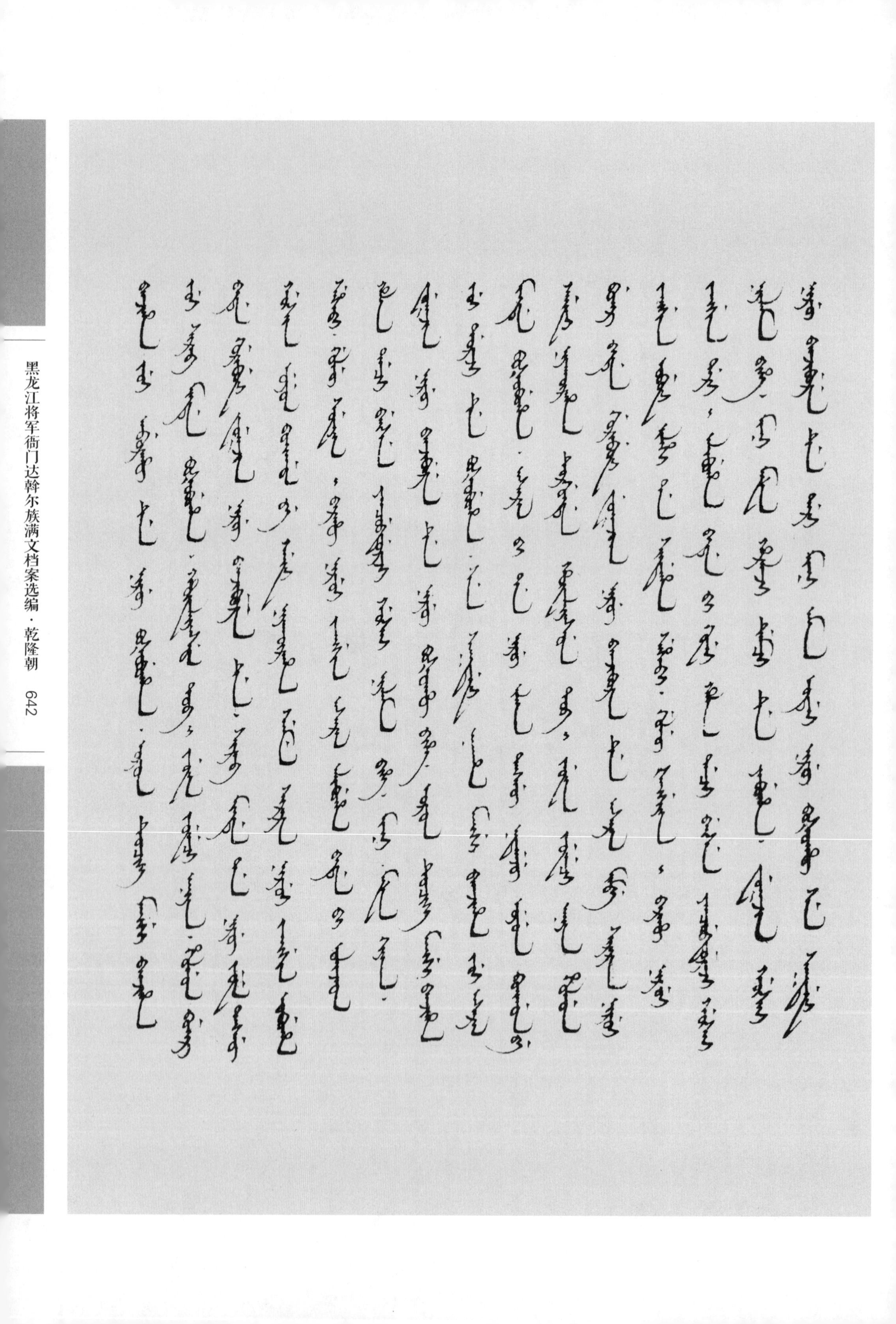

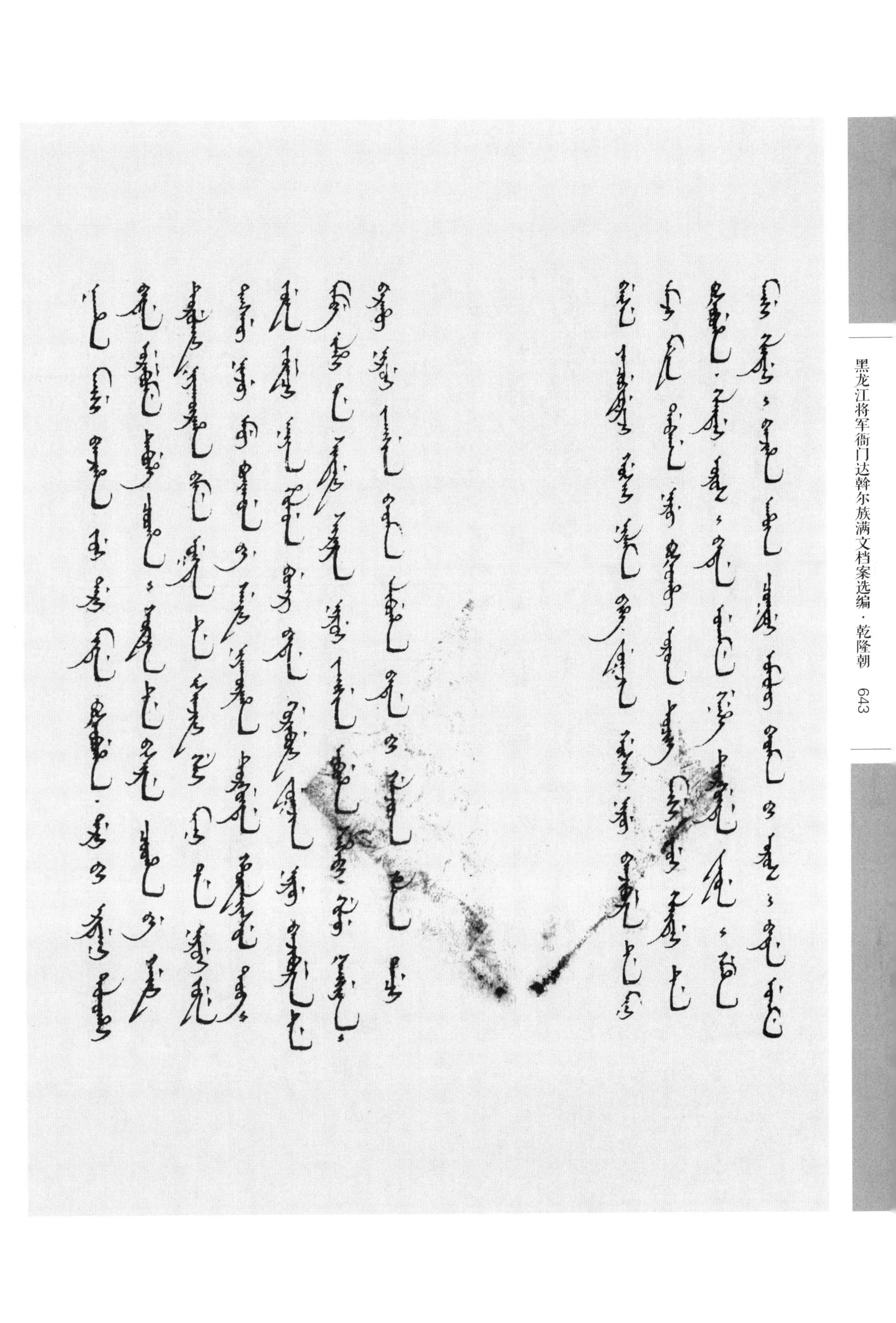

[illegible]

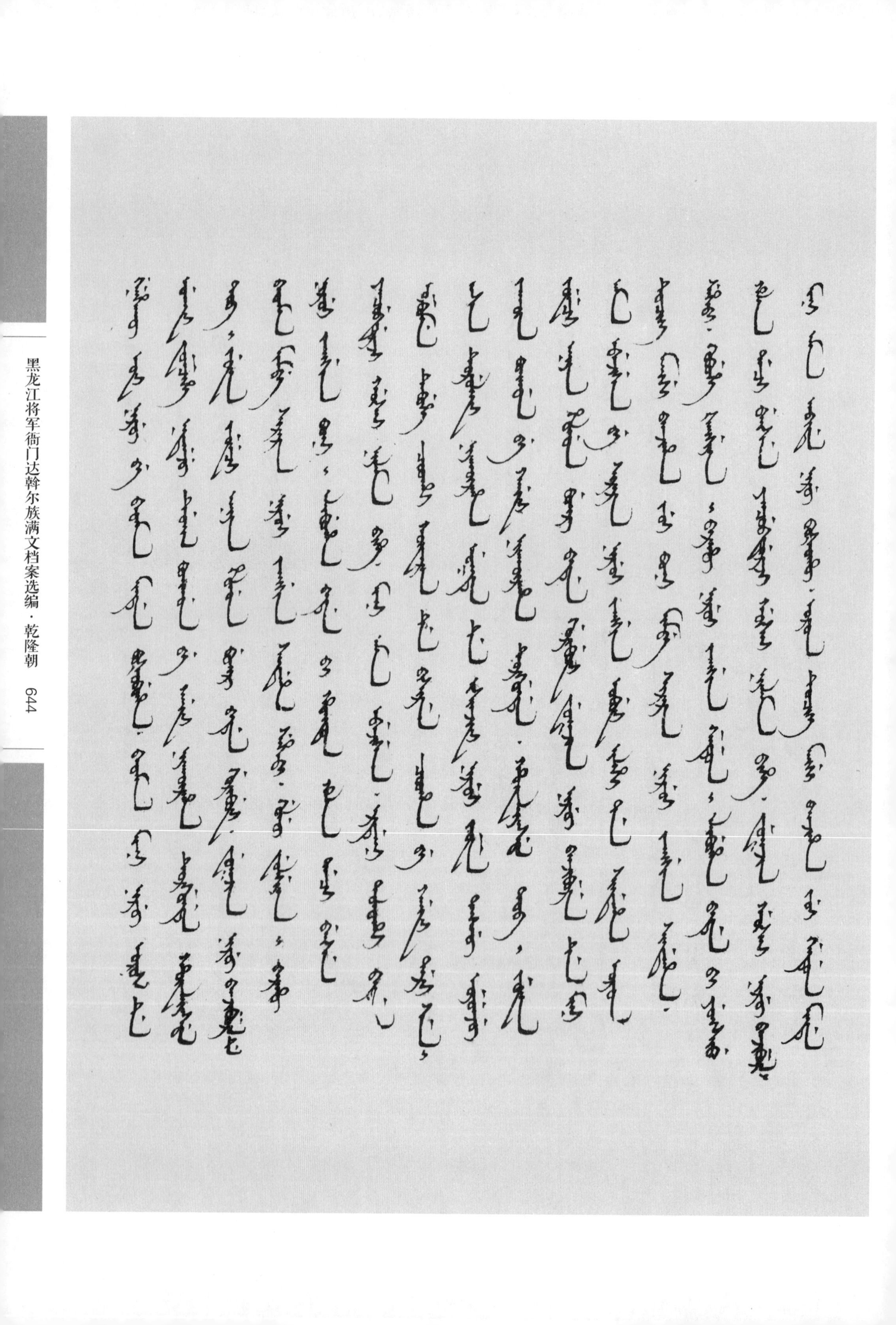

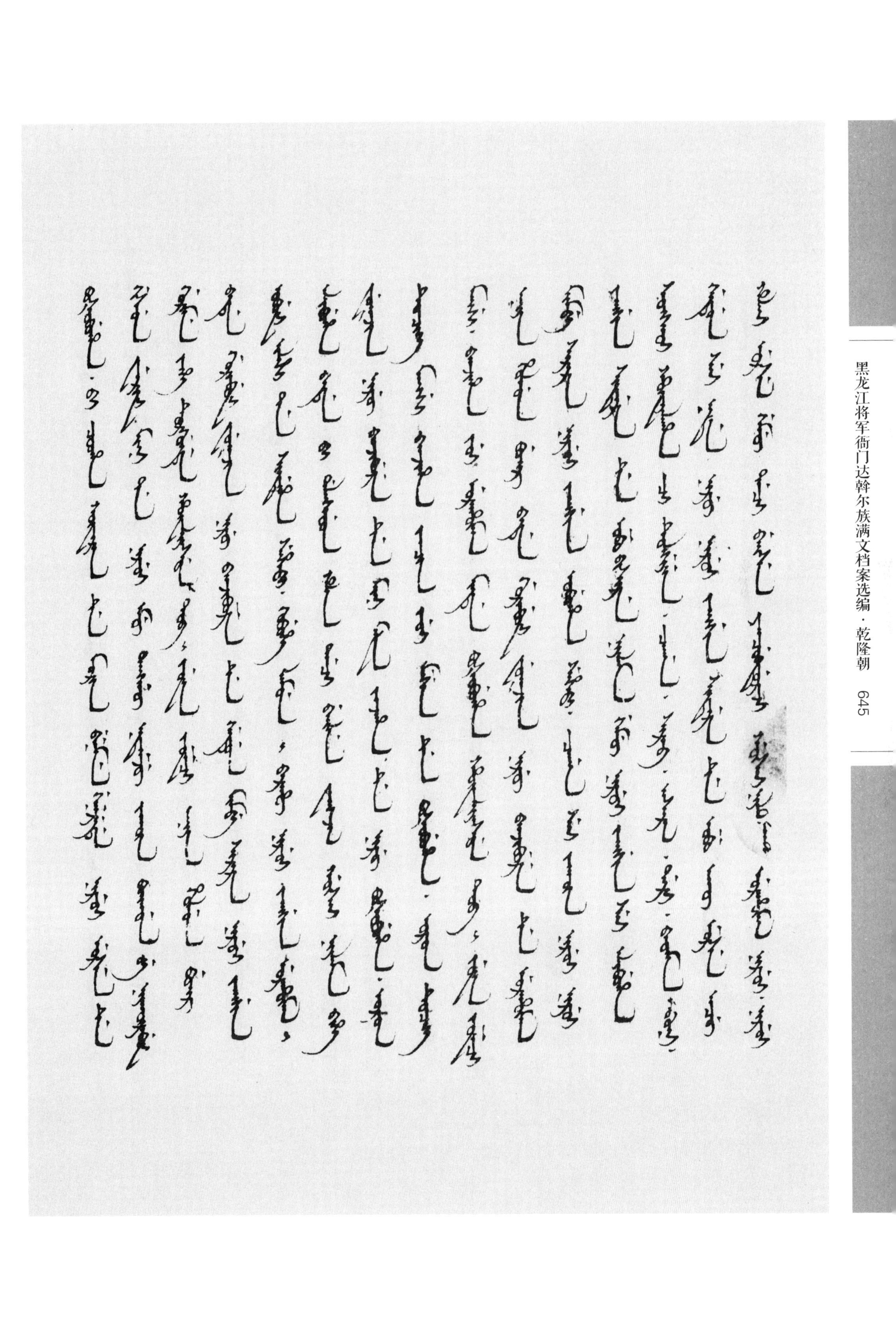

[illegible]

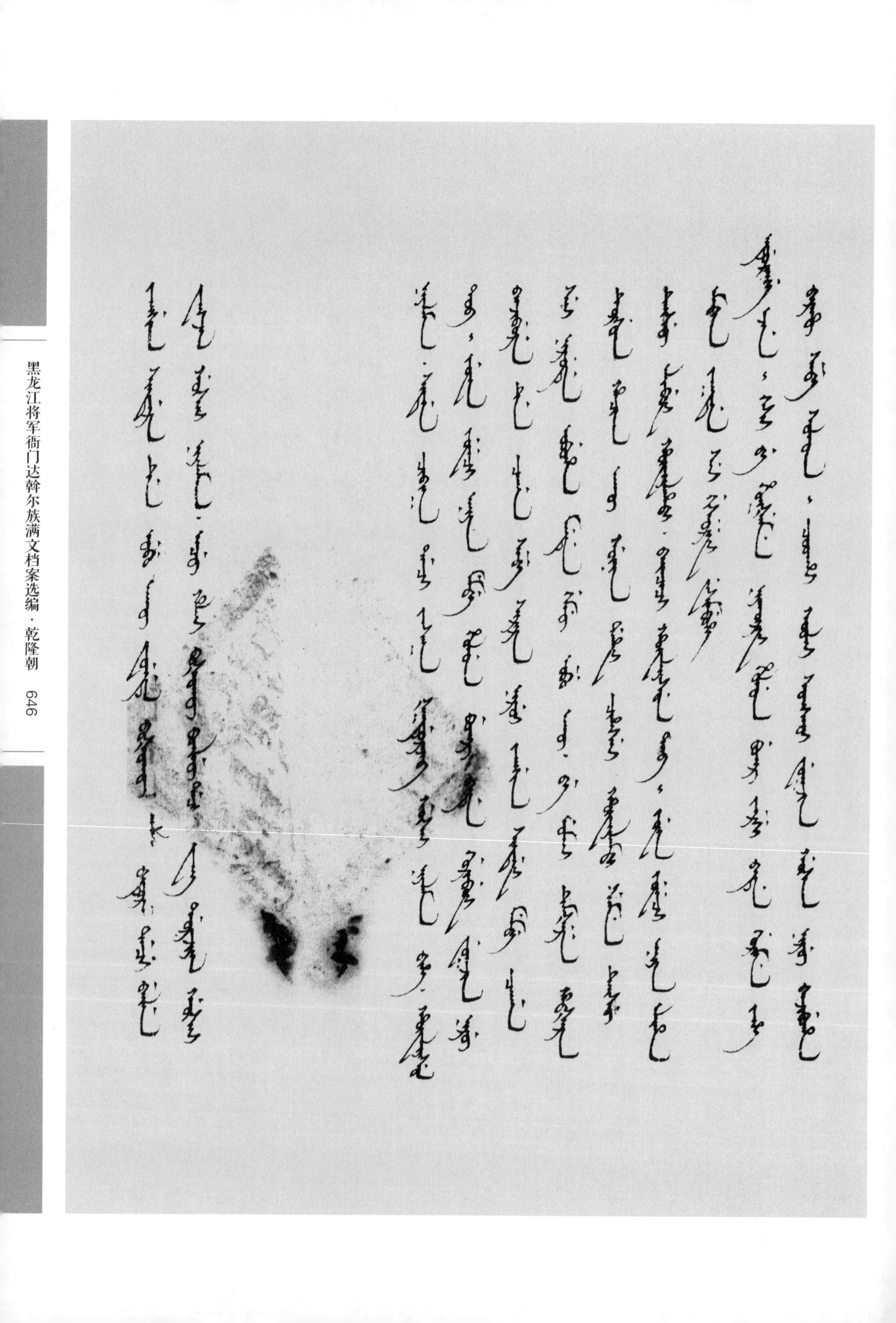

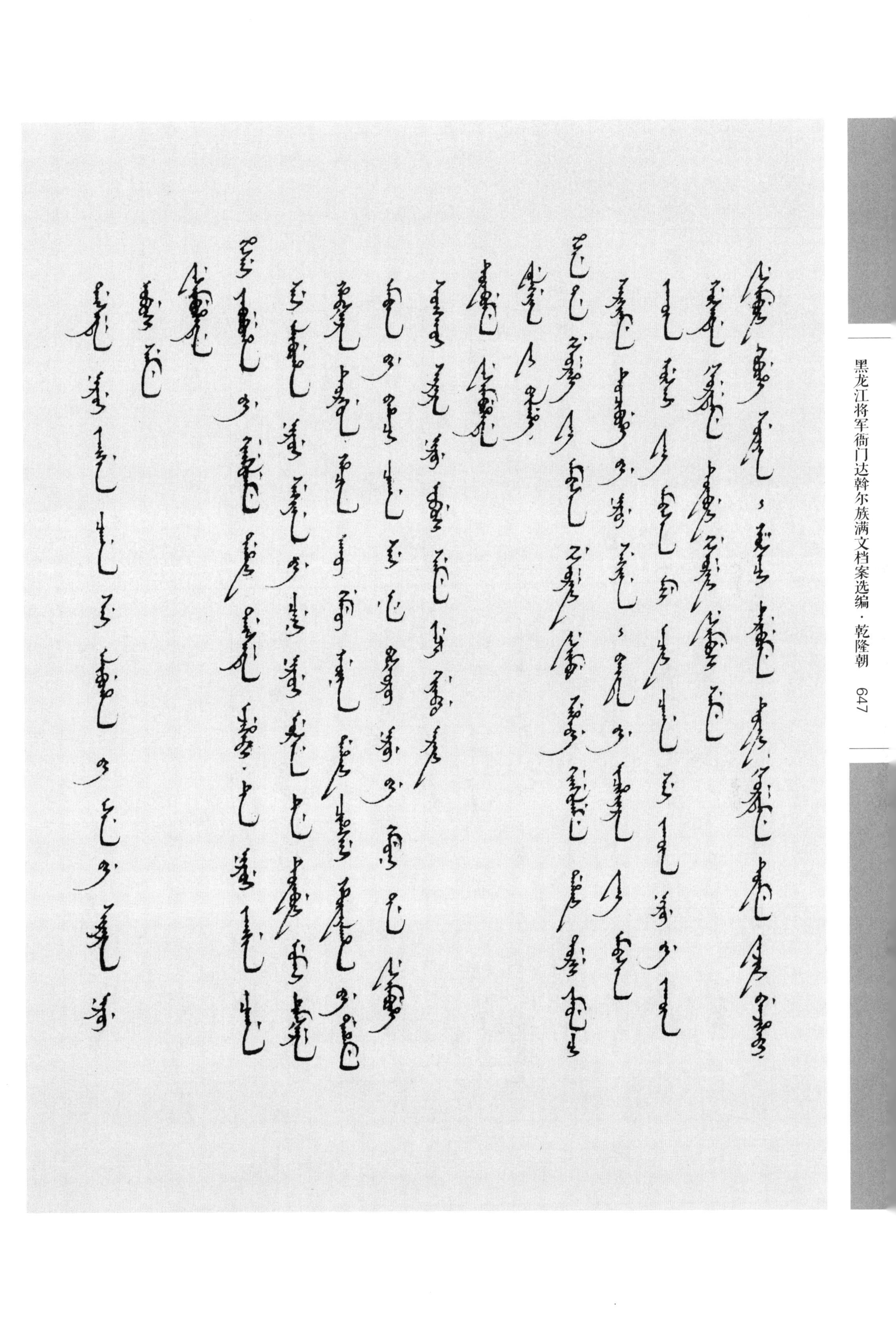

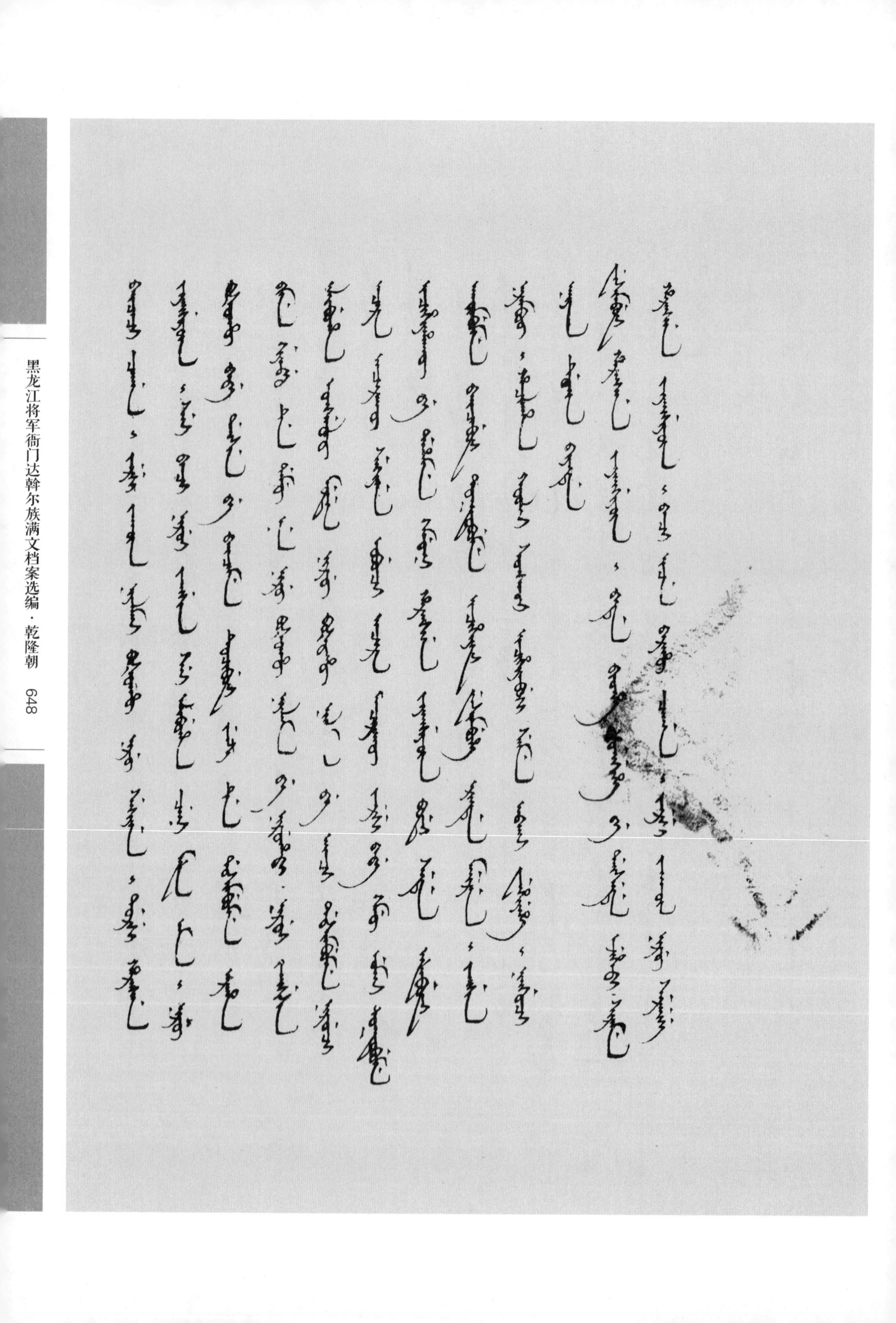

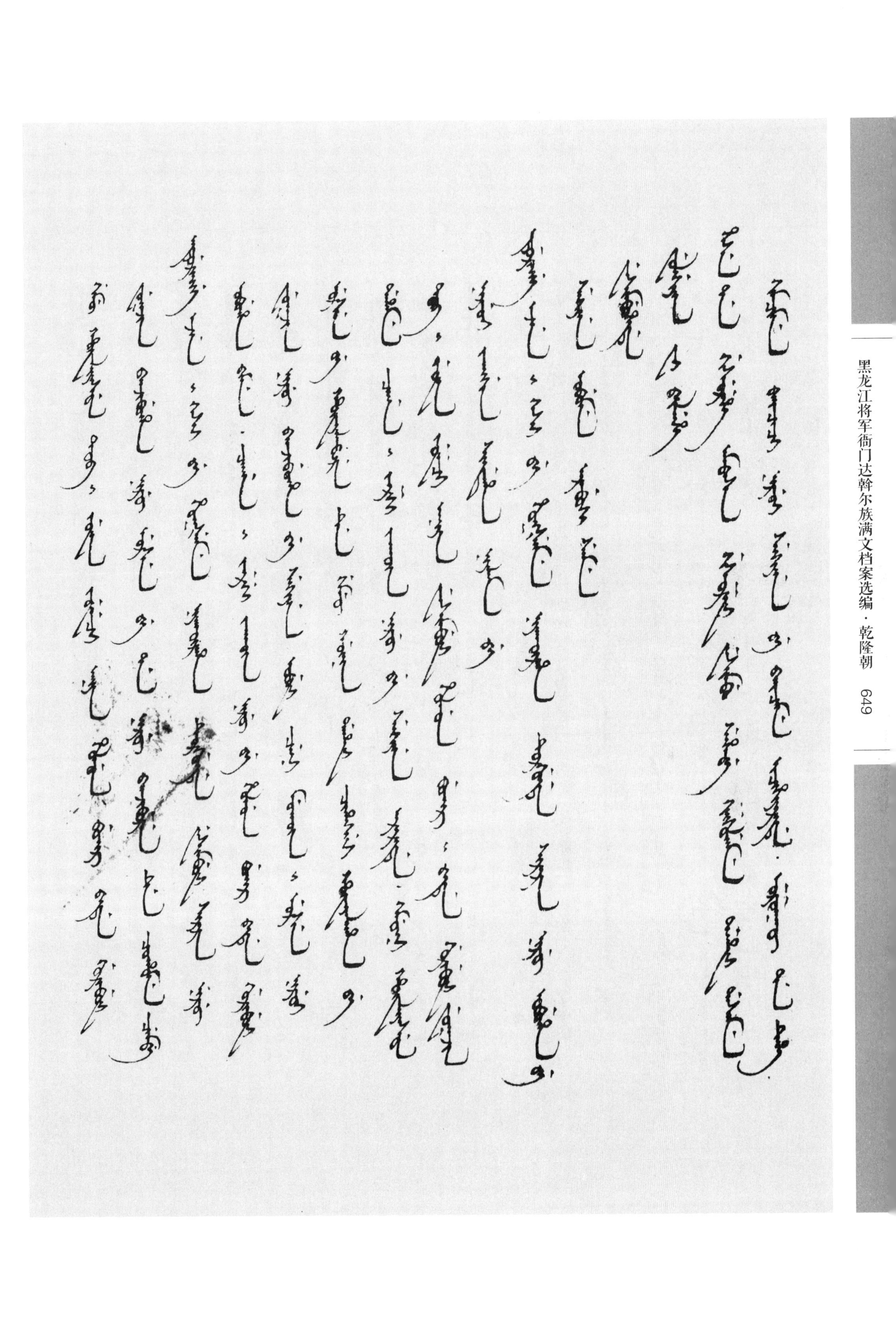

[illegible]

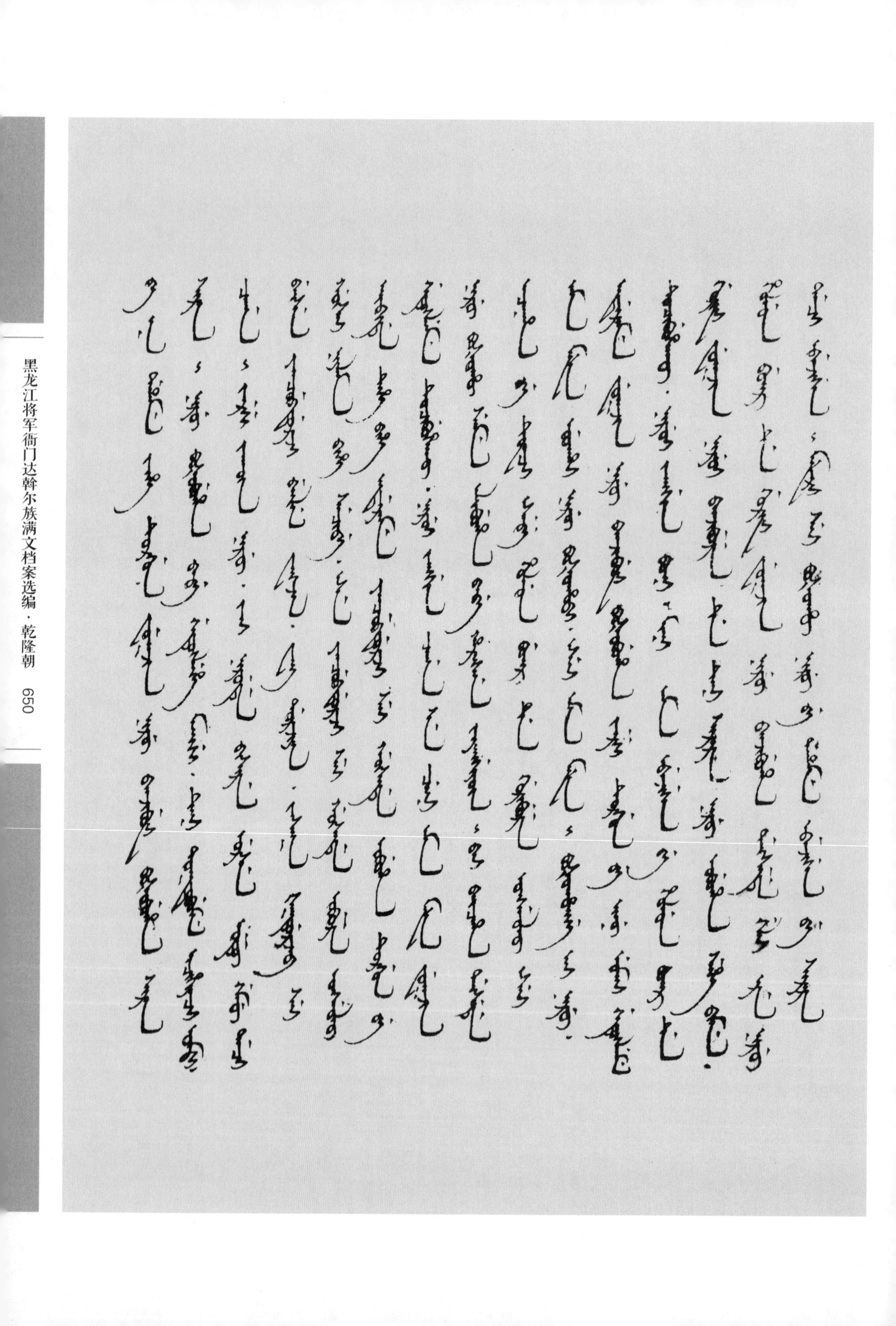

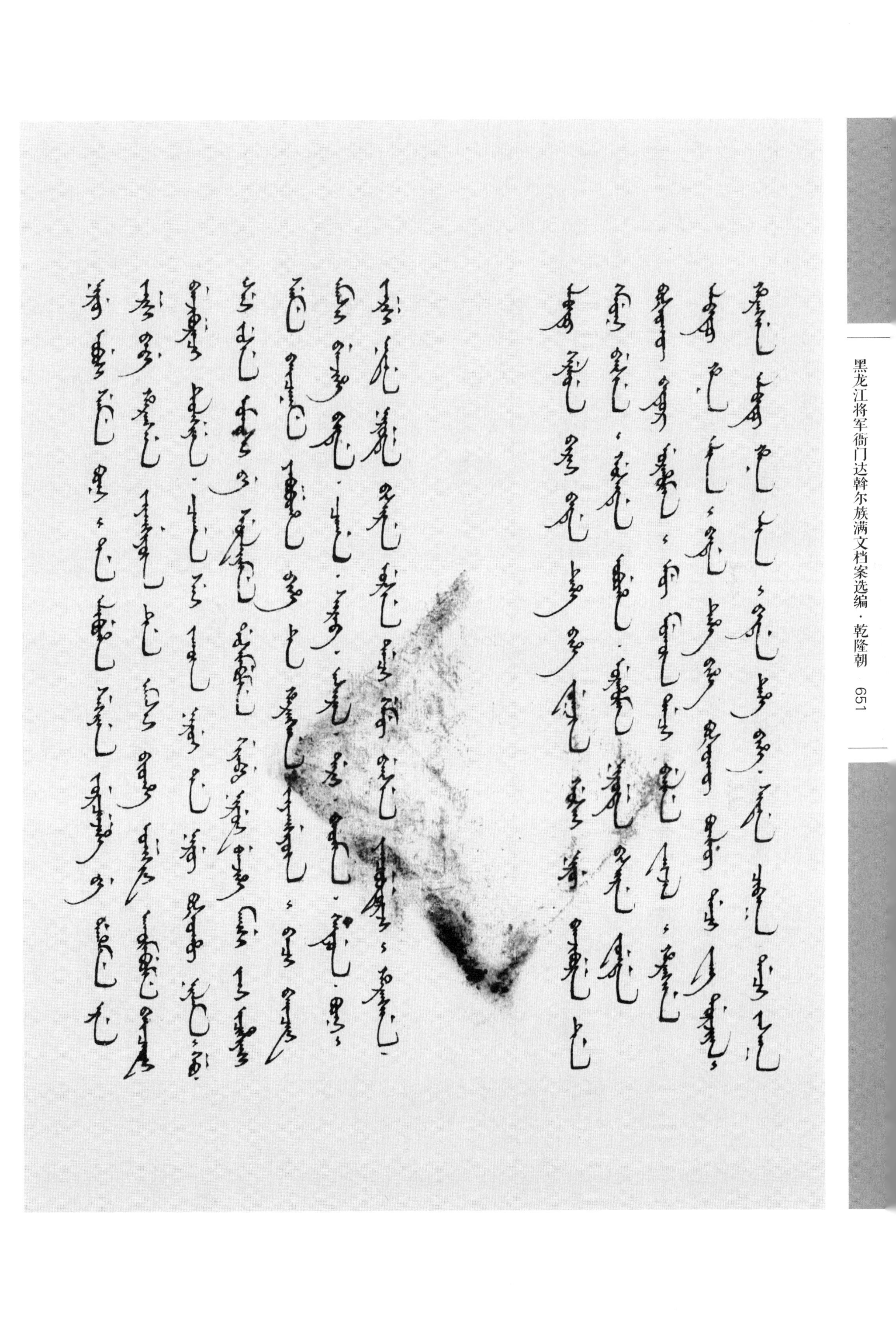

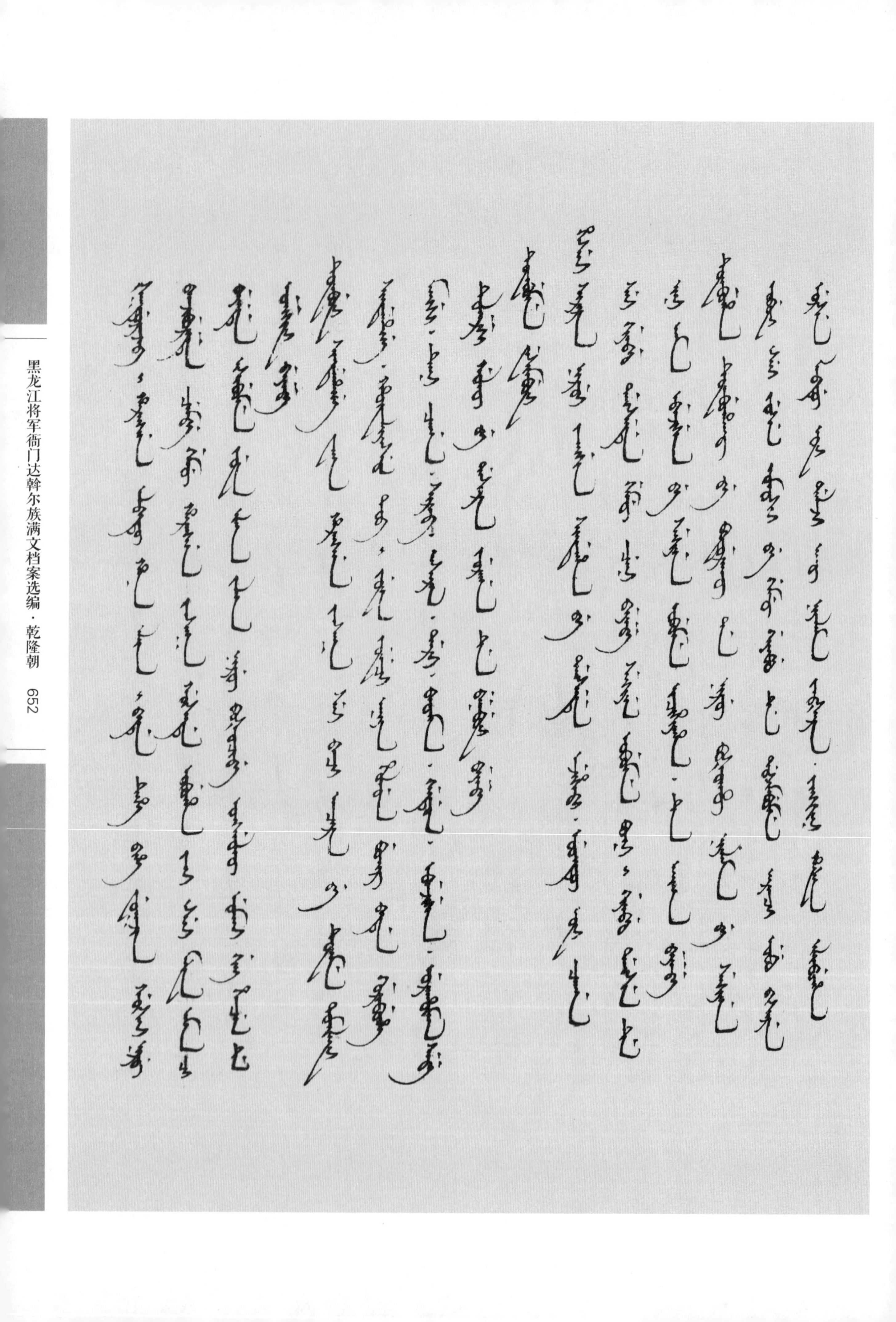

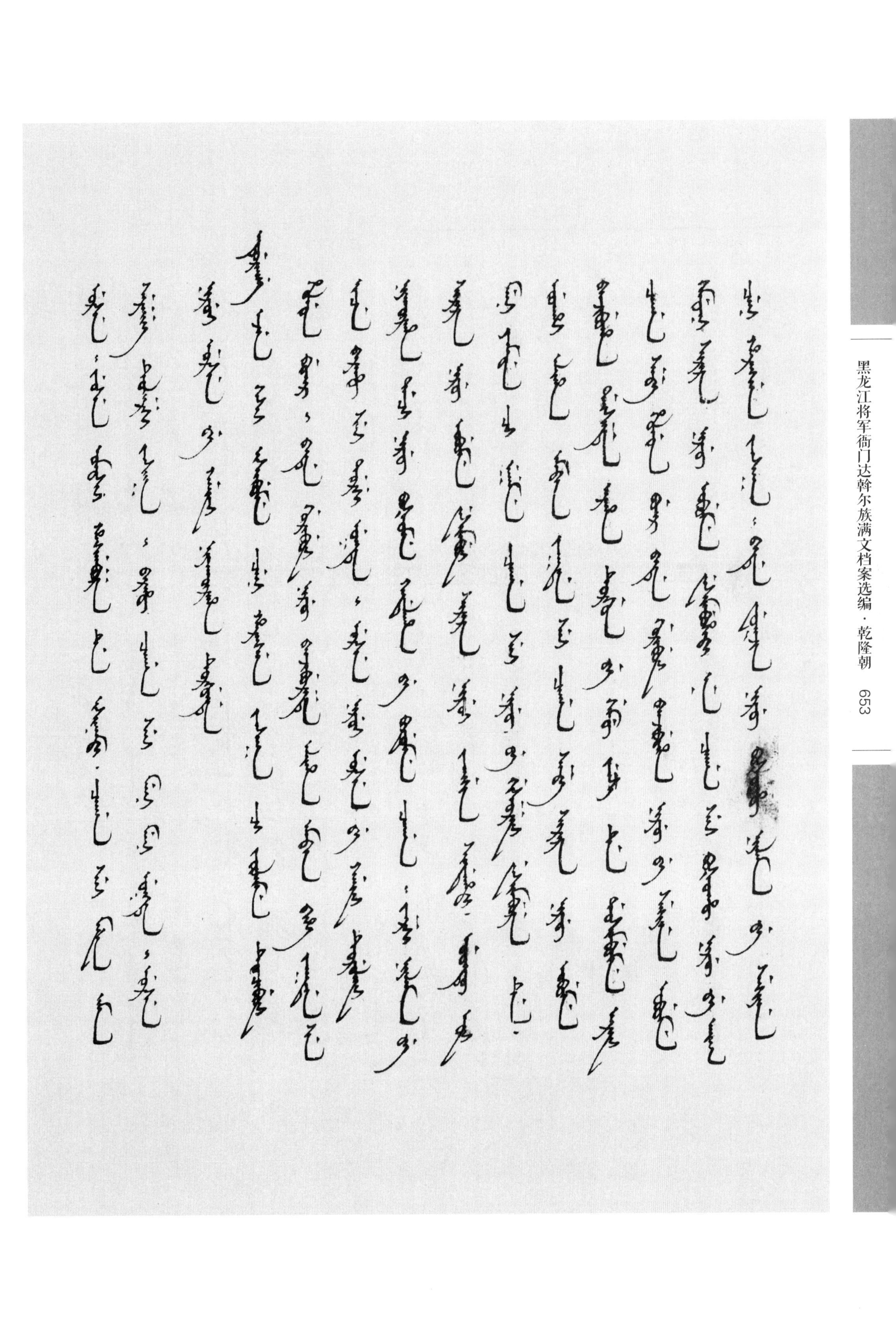

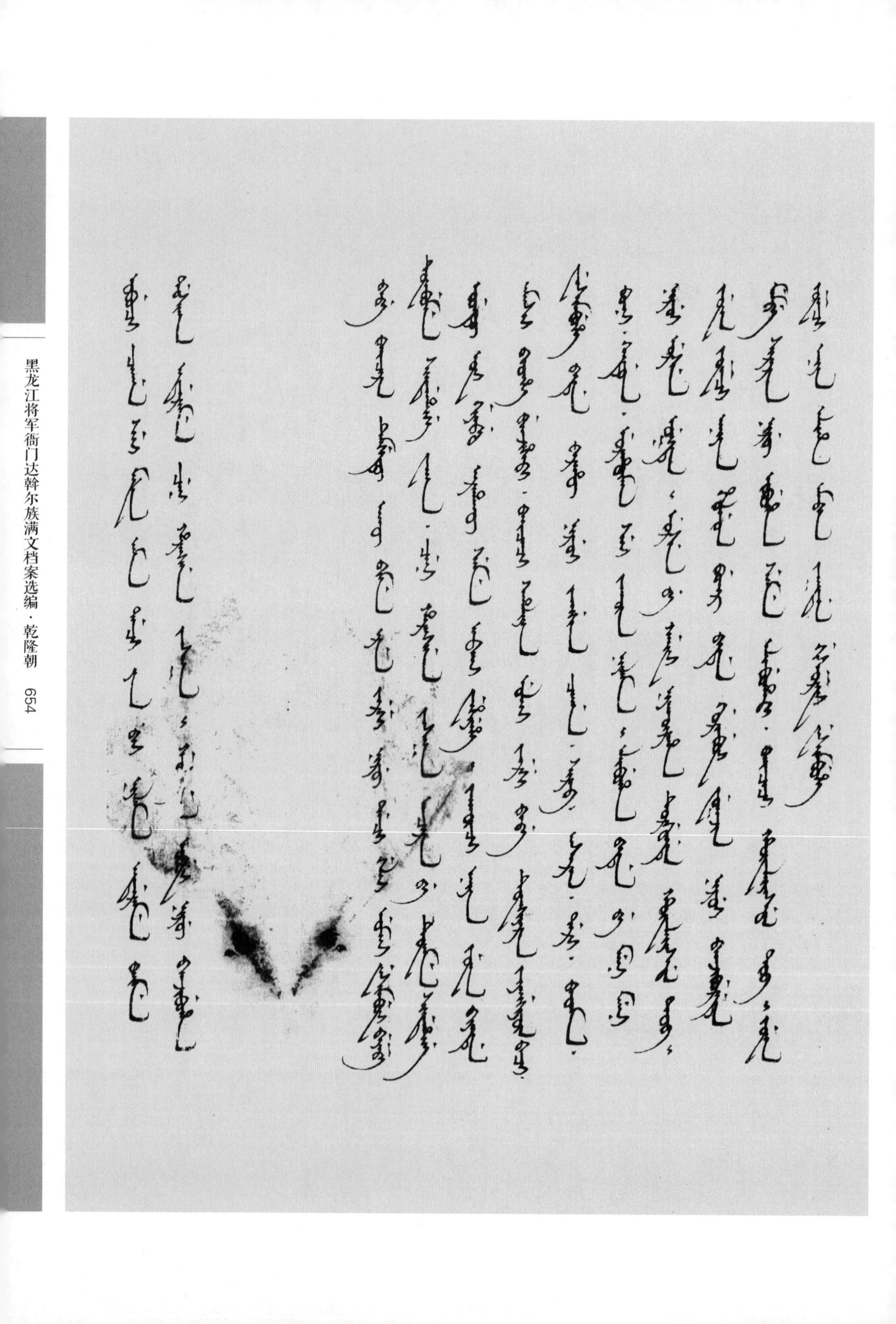

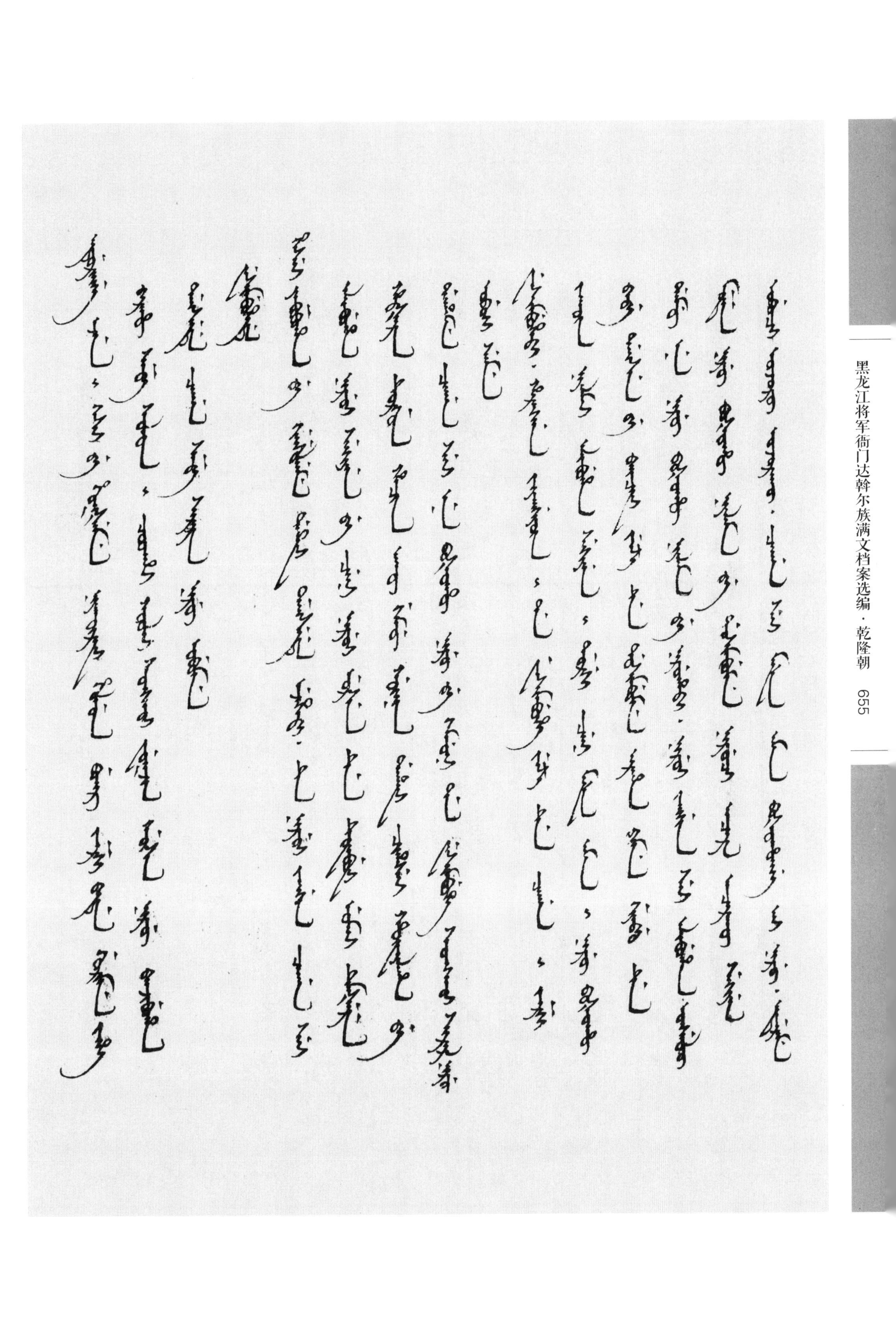

[illegible]

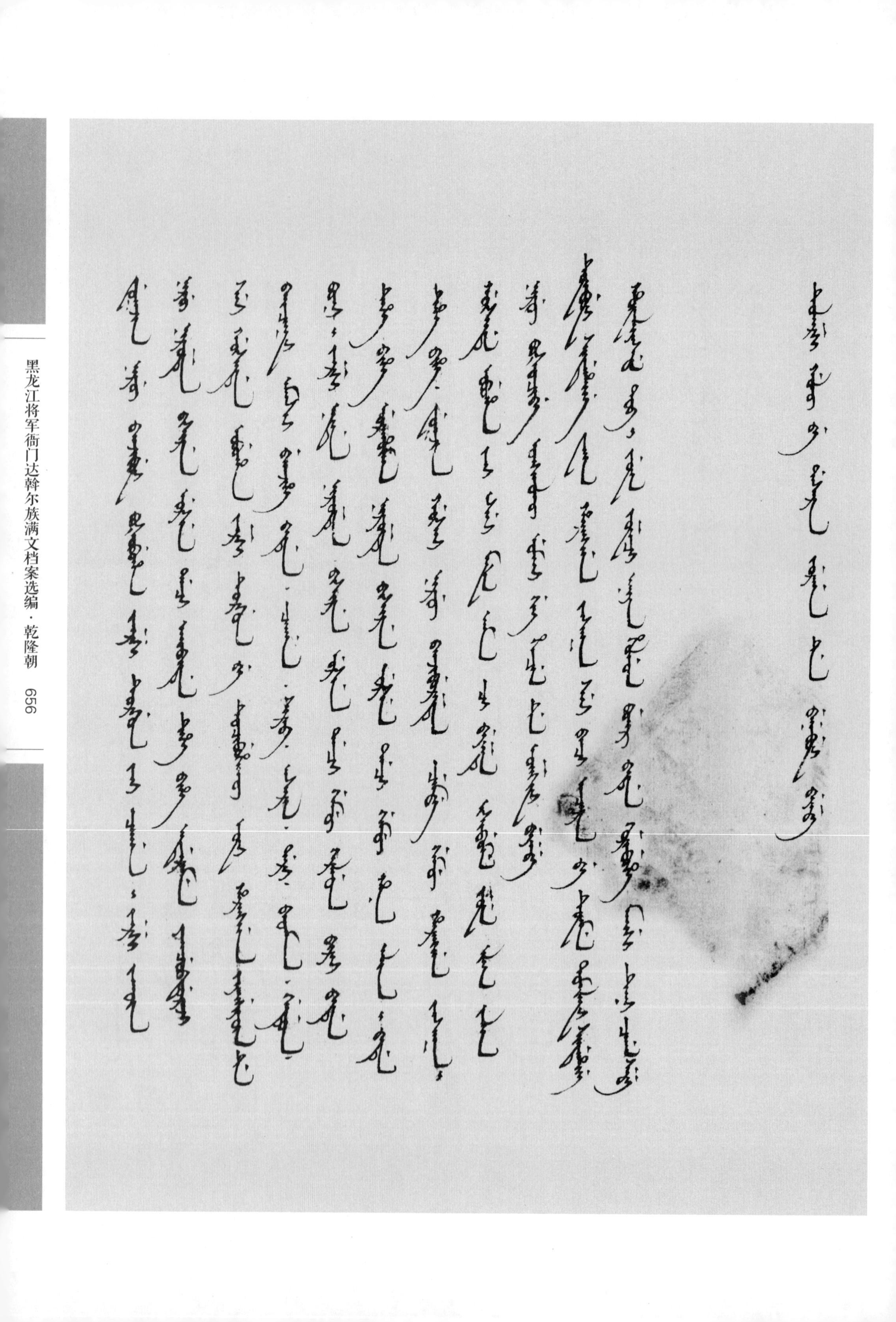

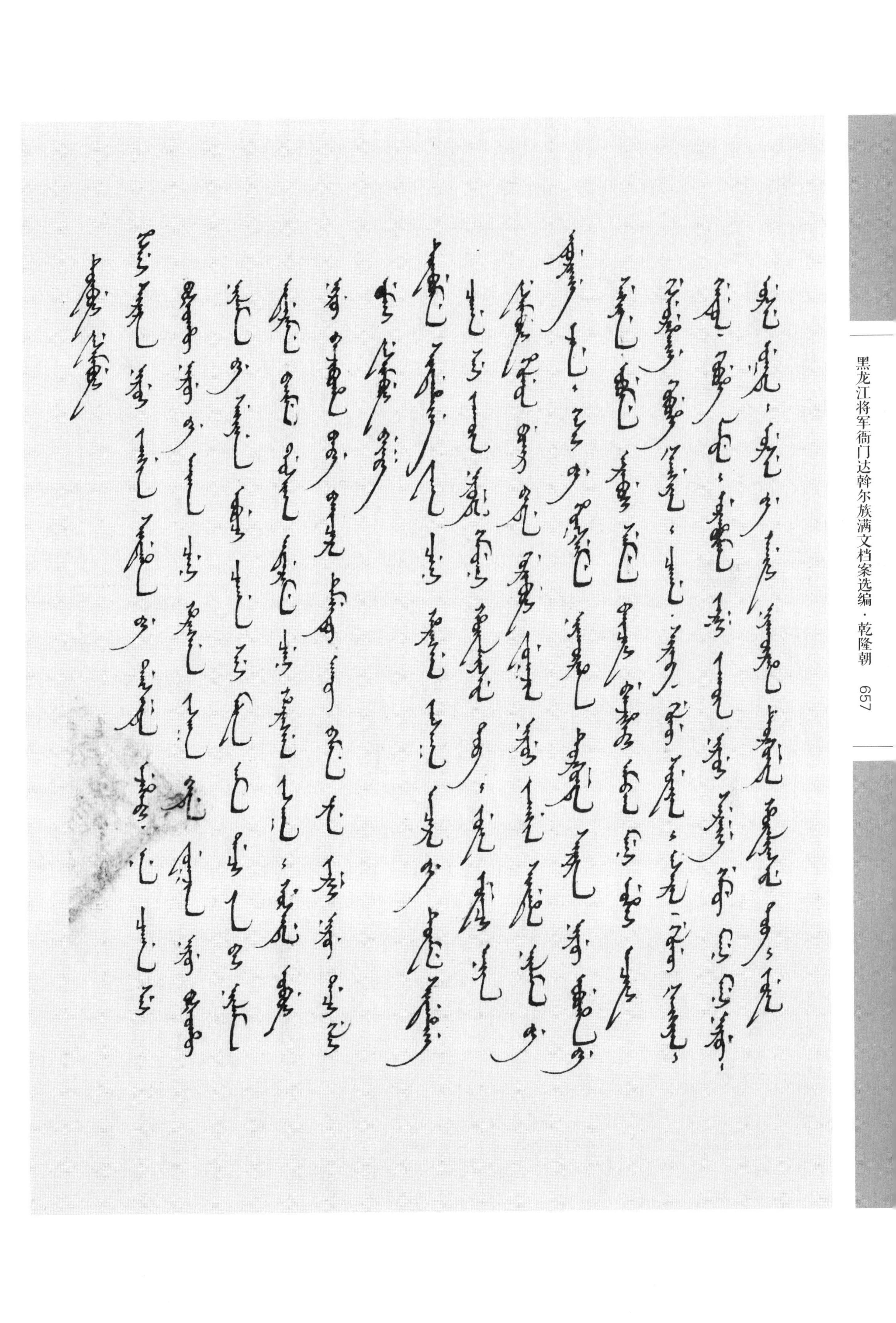

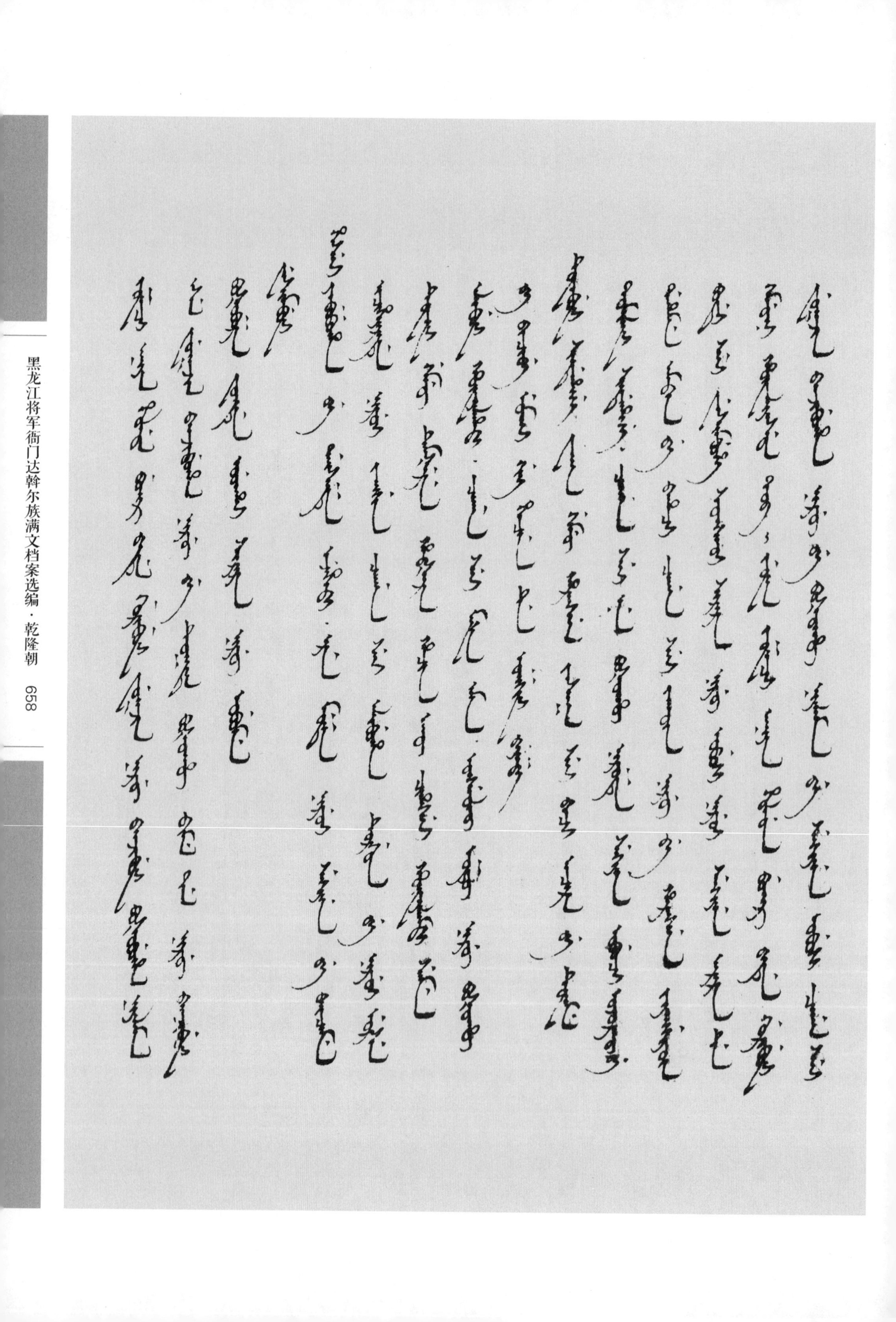

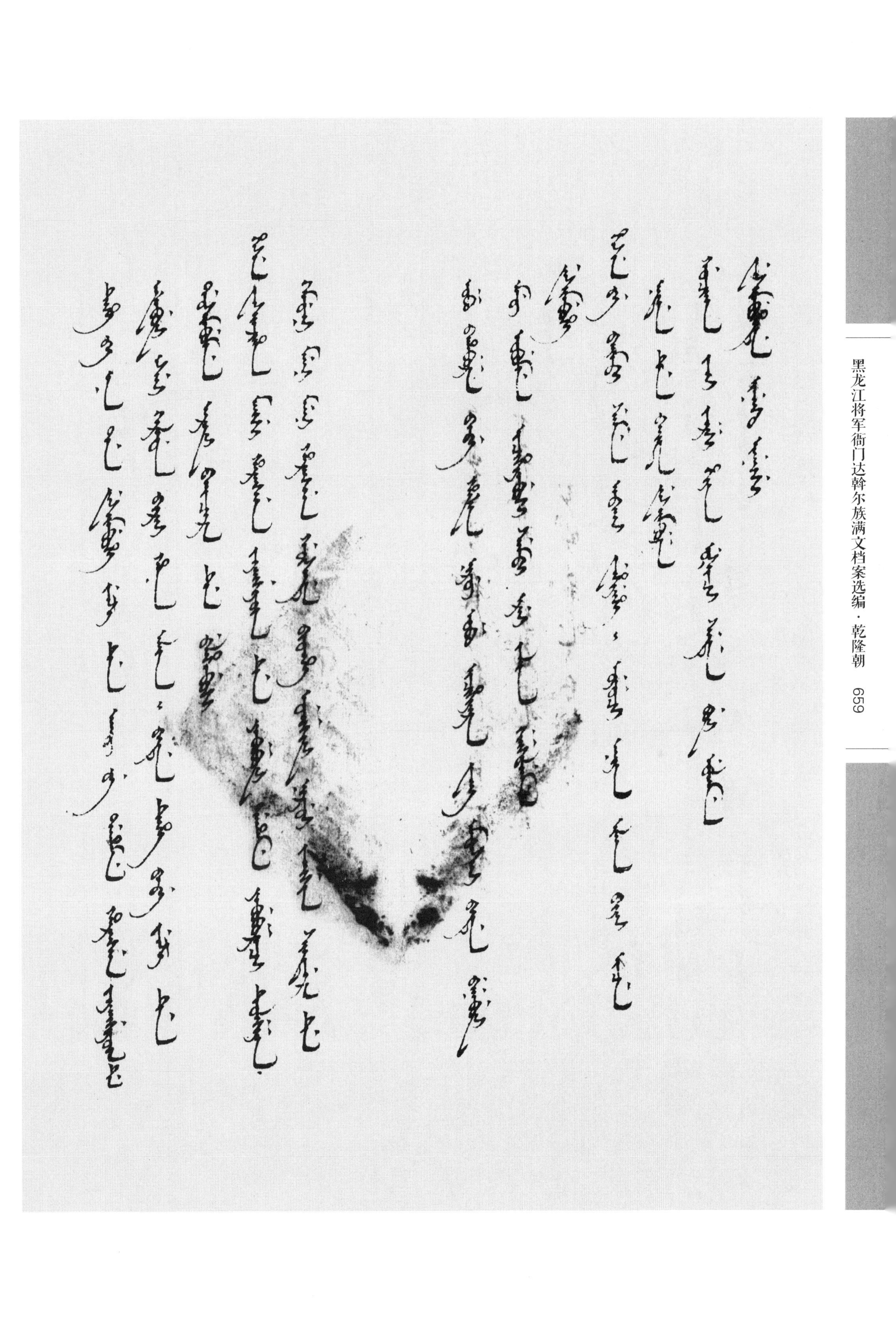

[illegible]

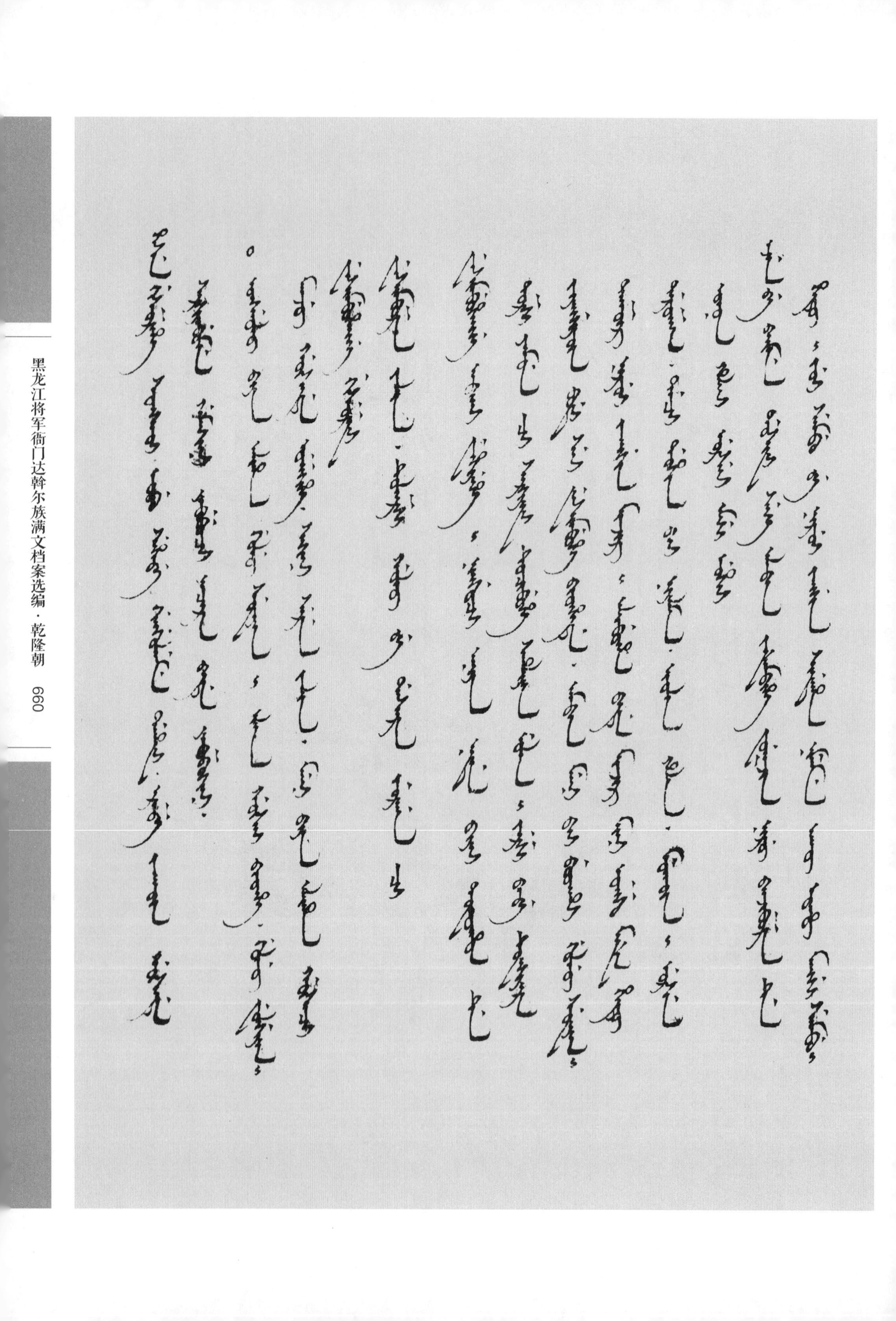

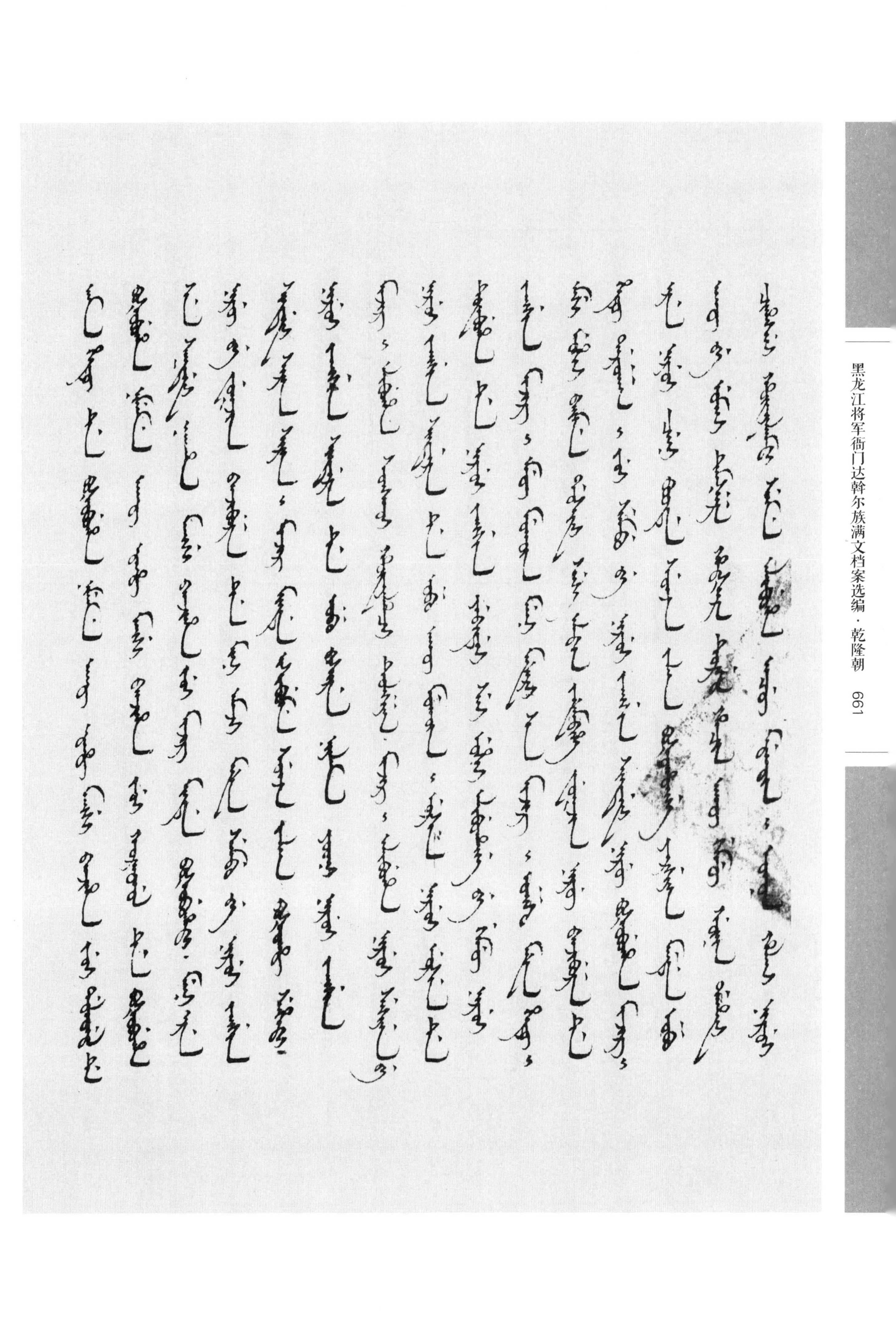

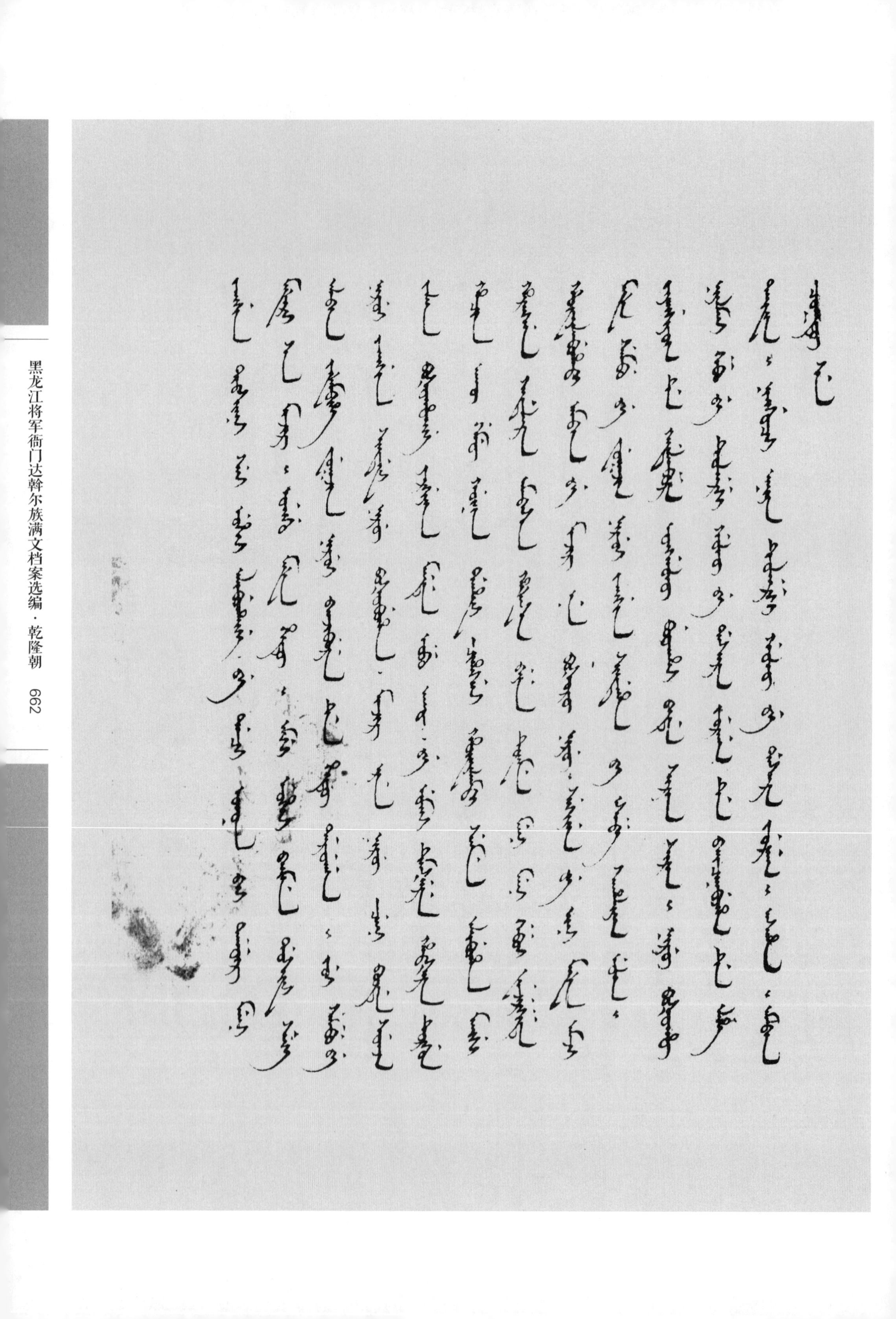

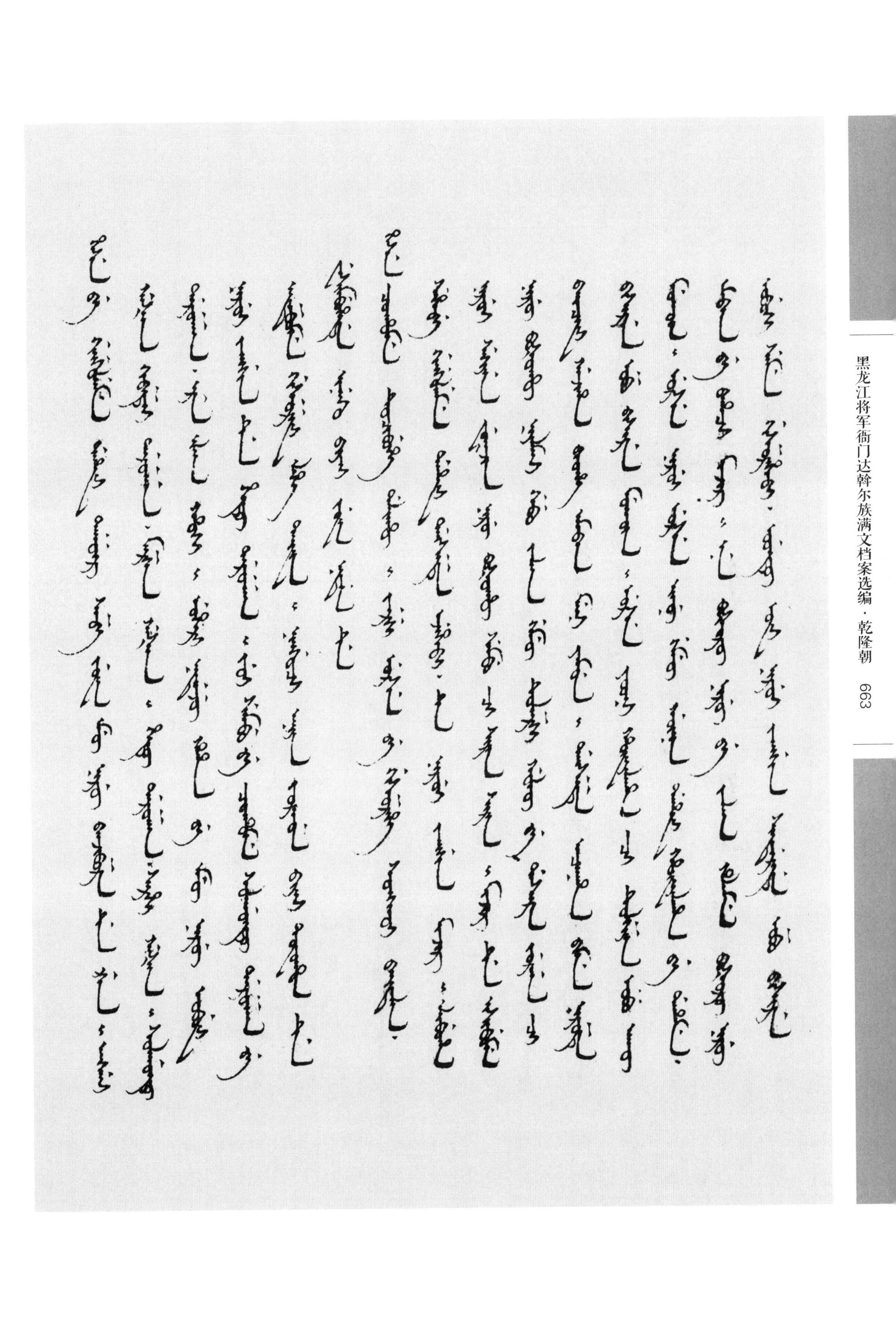

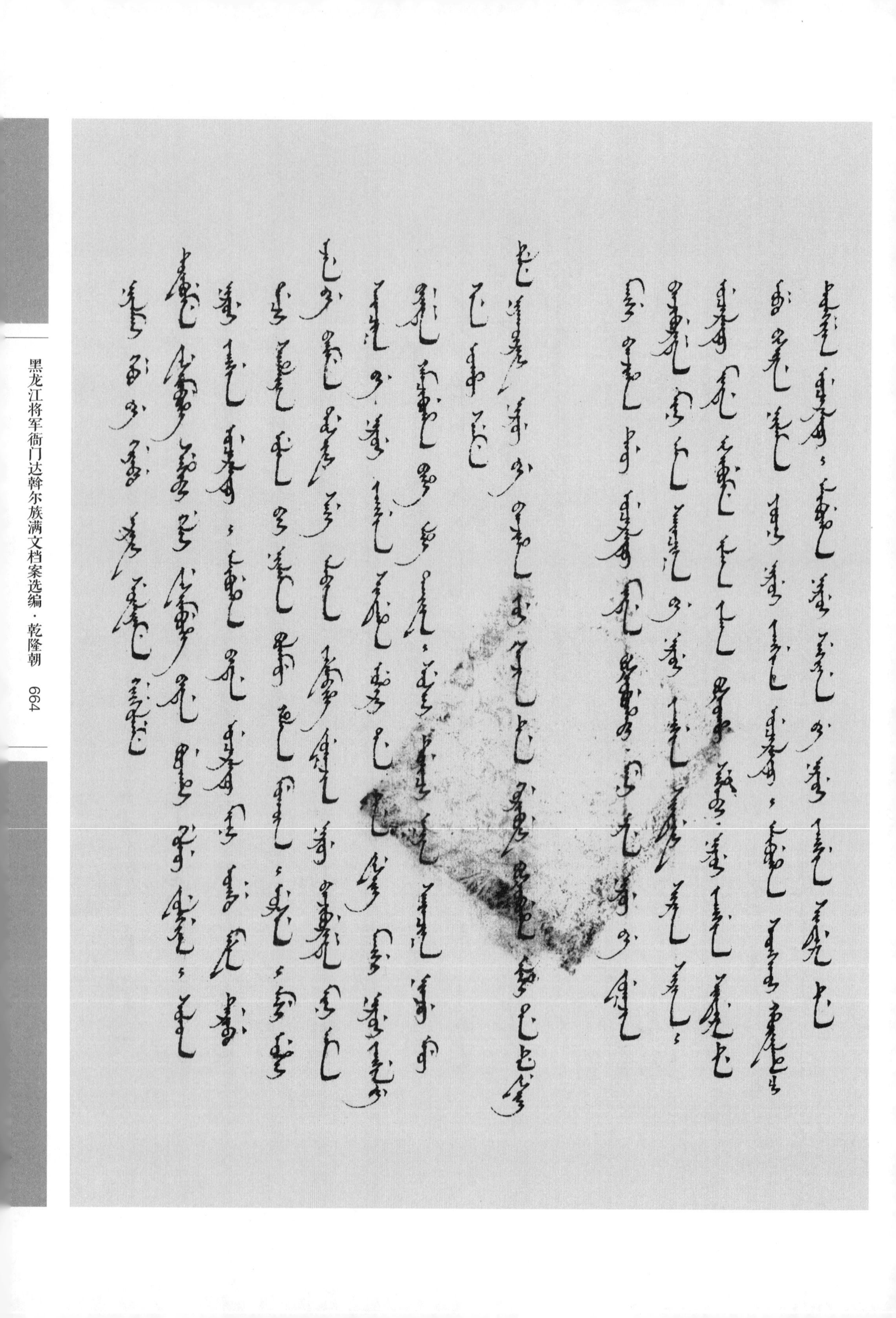

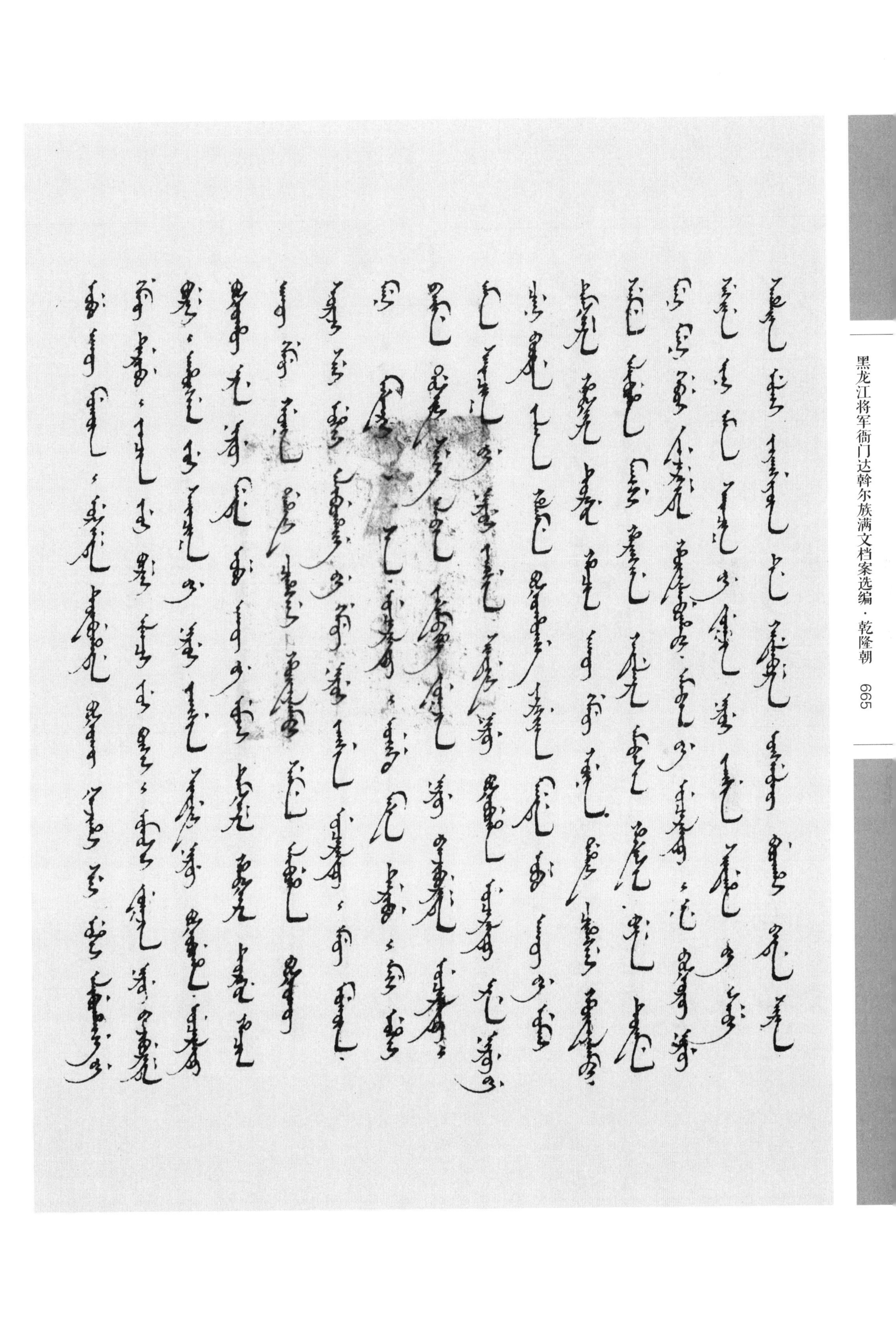

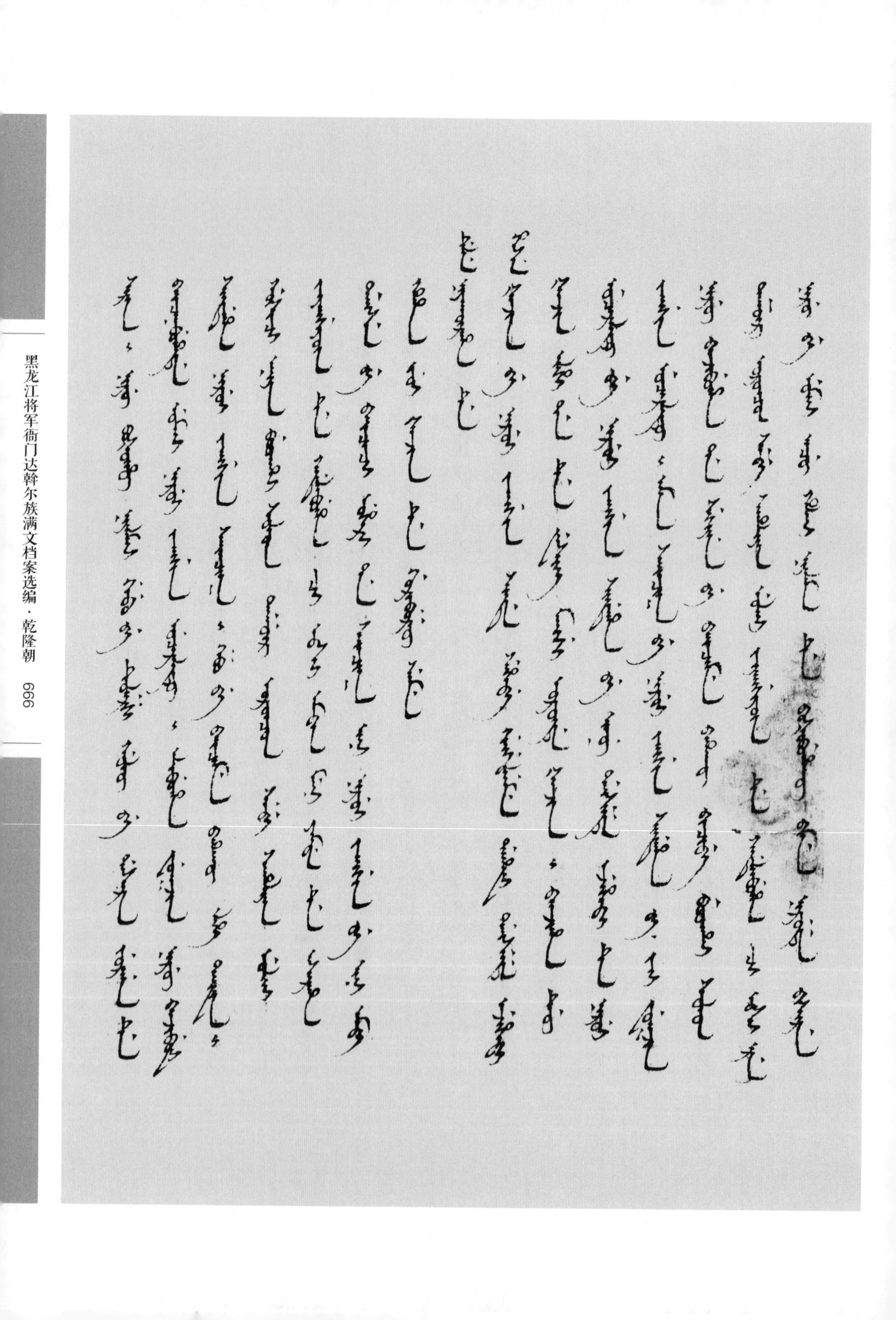

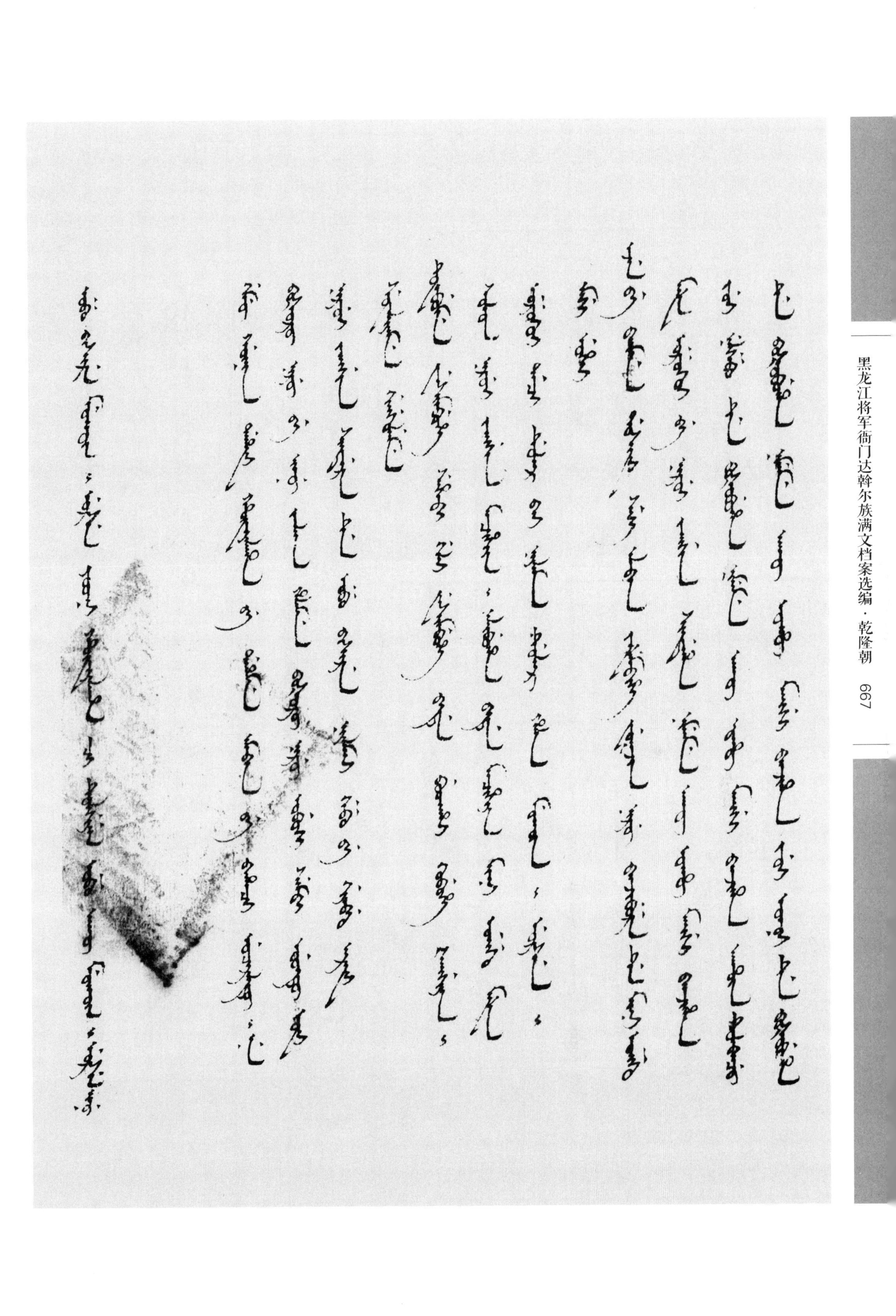

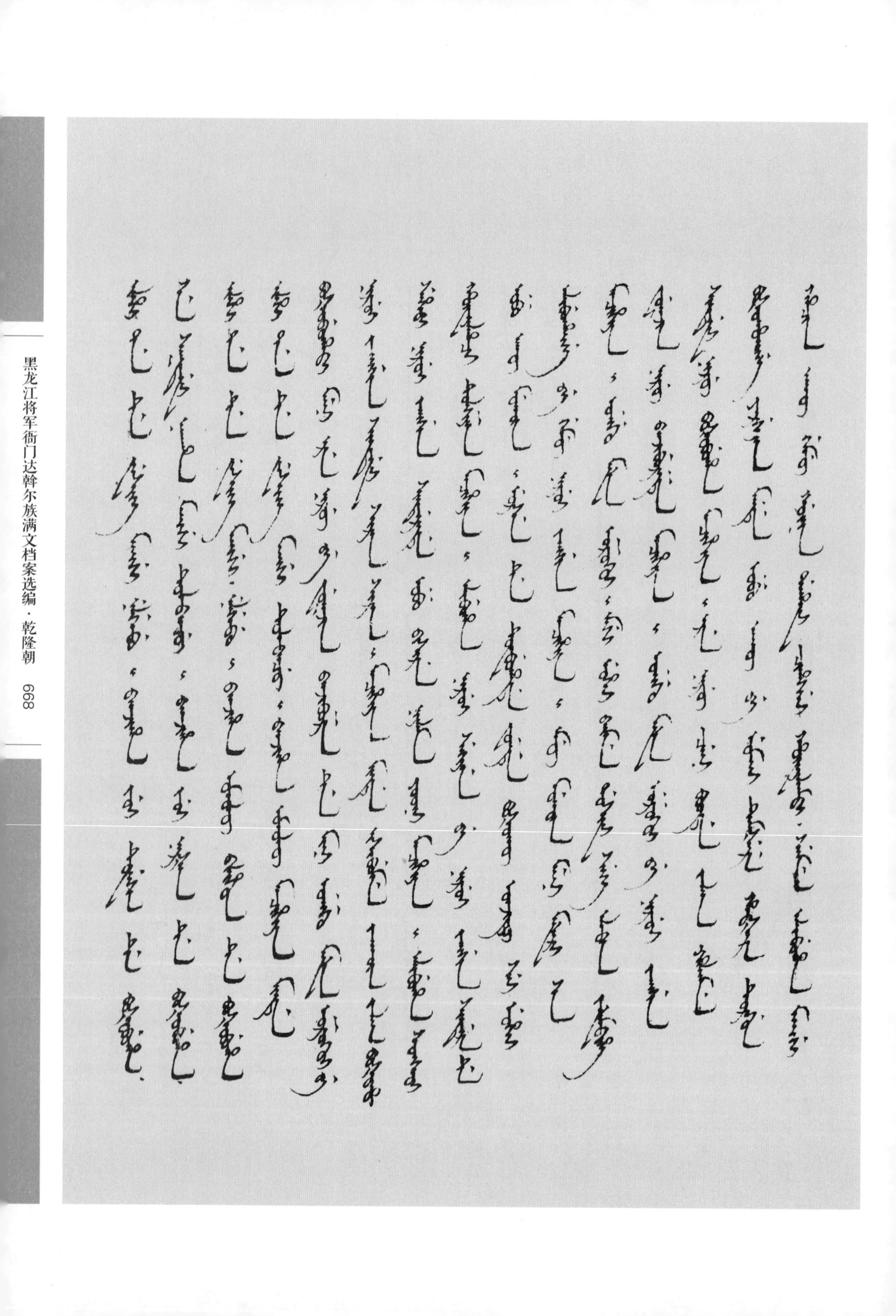

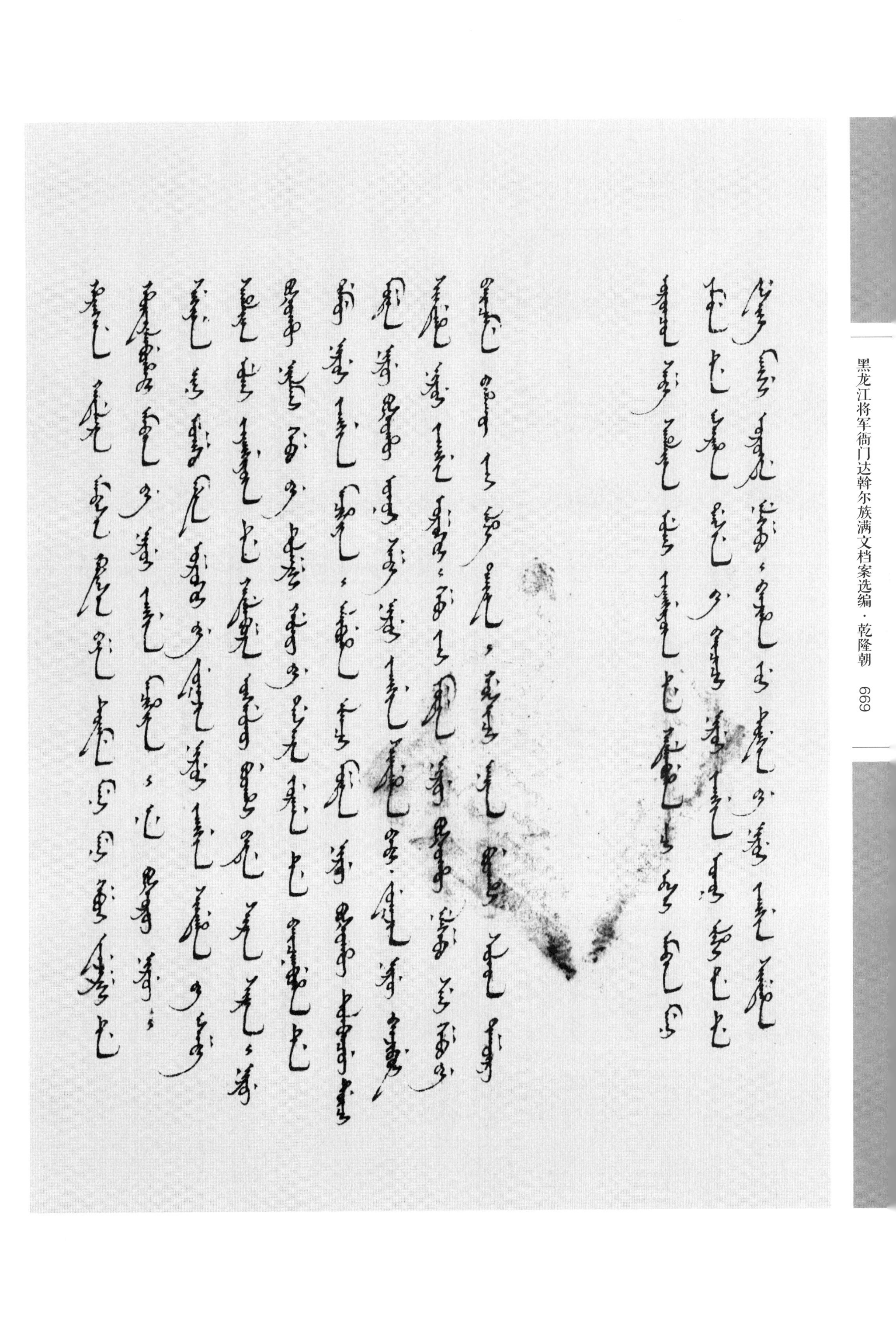

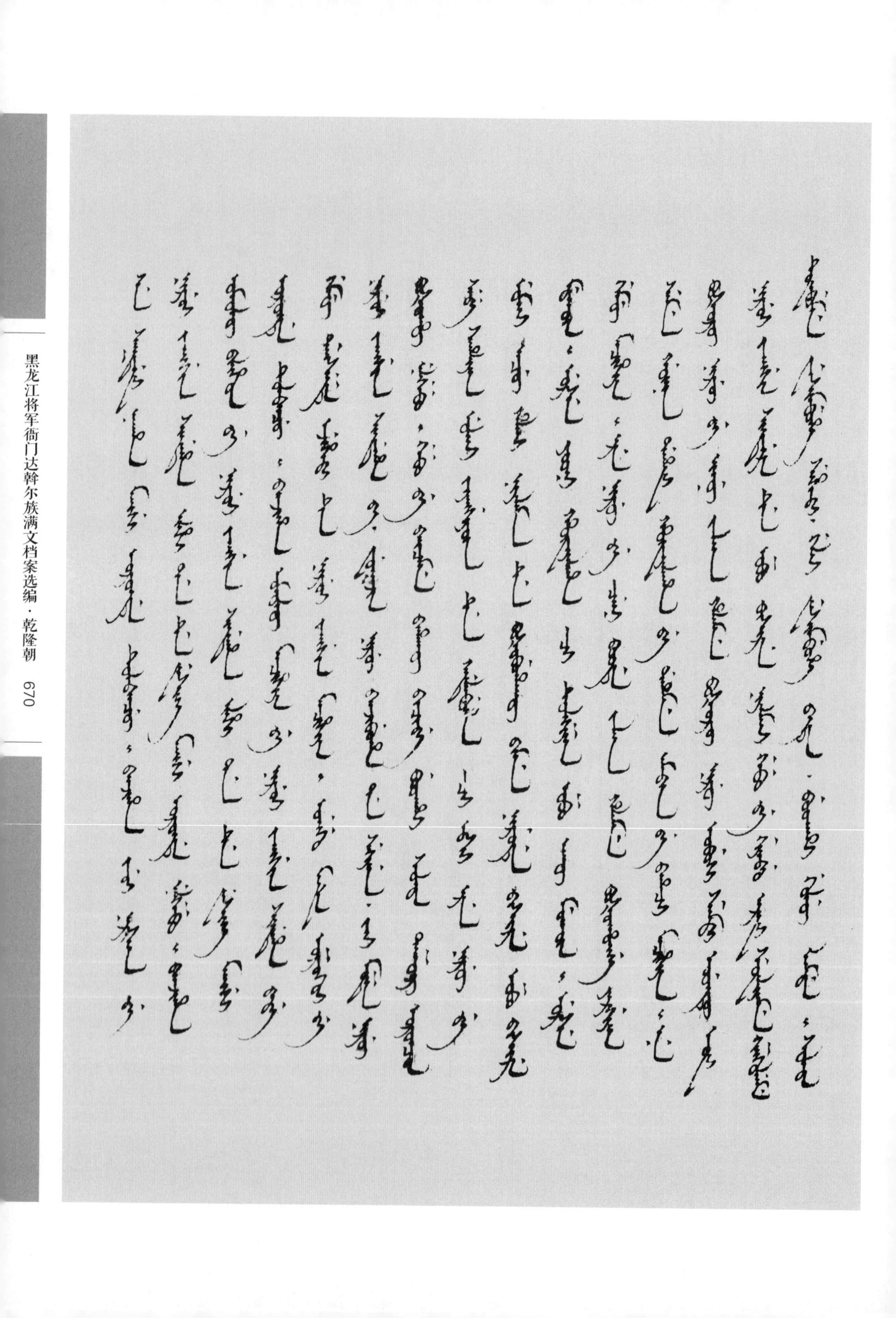

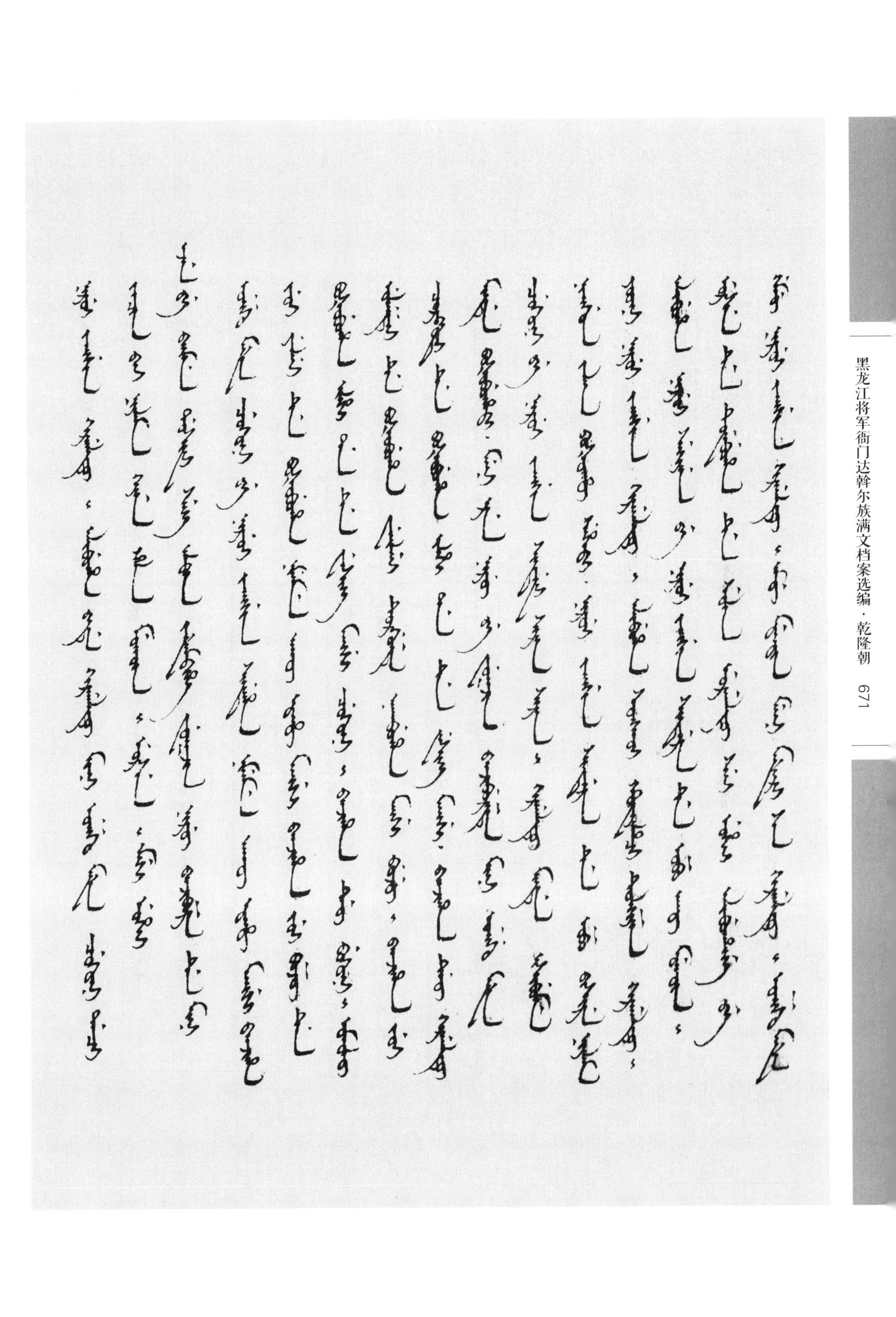

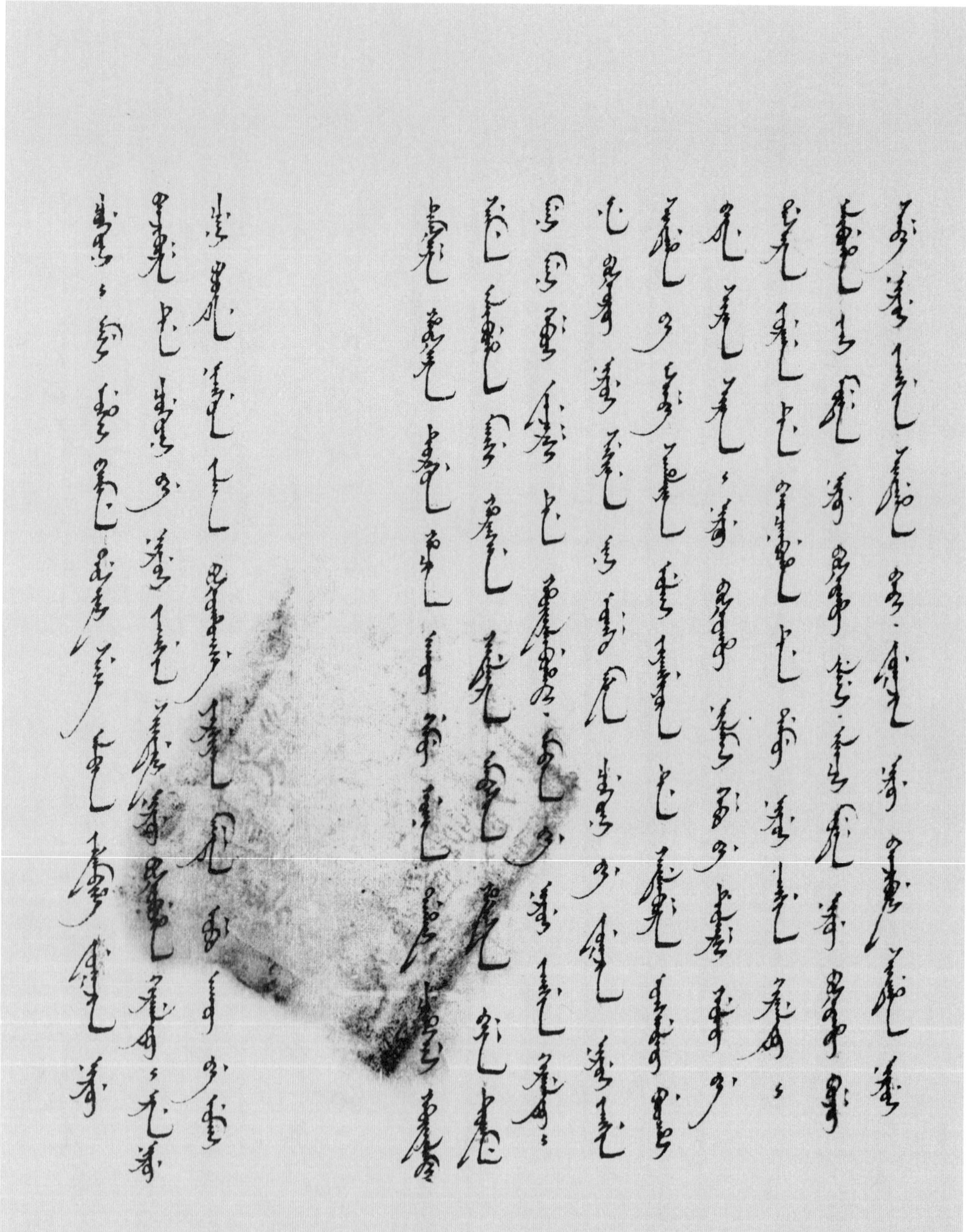

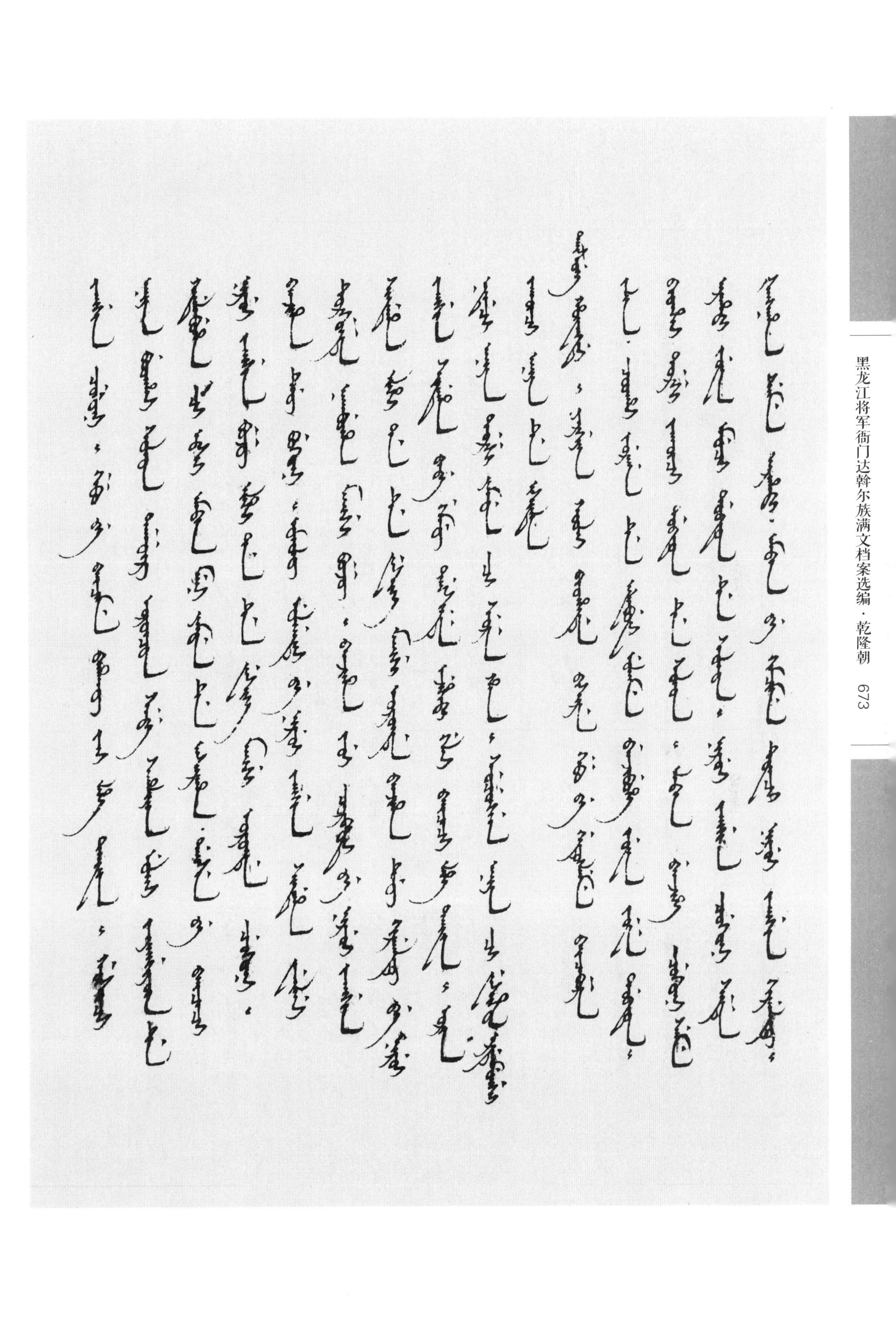

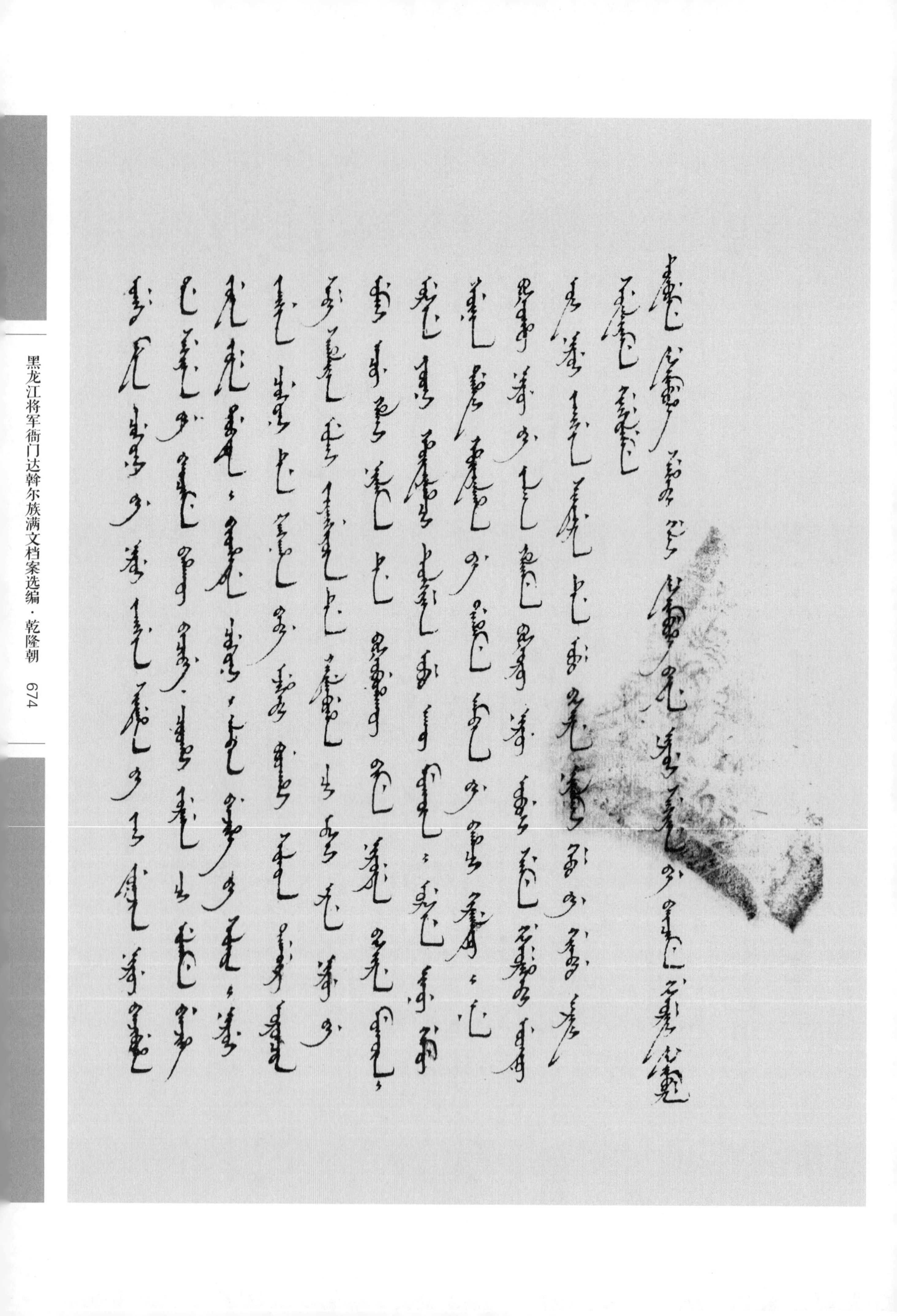

[illegible]

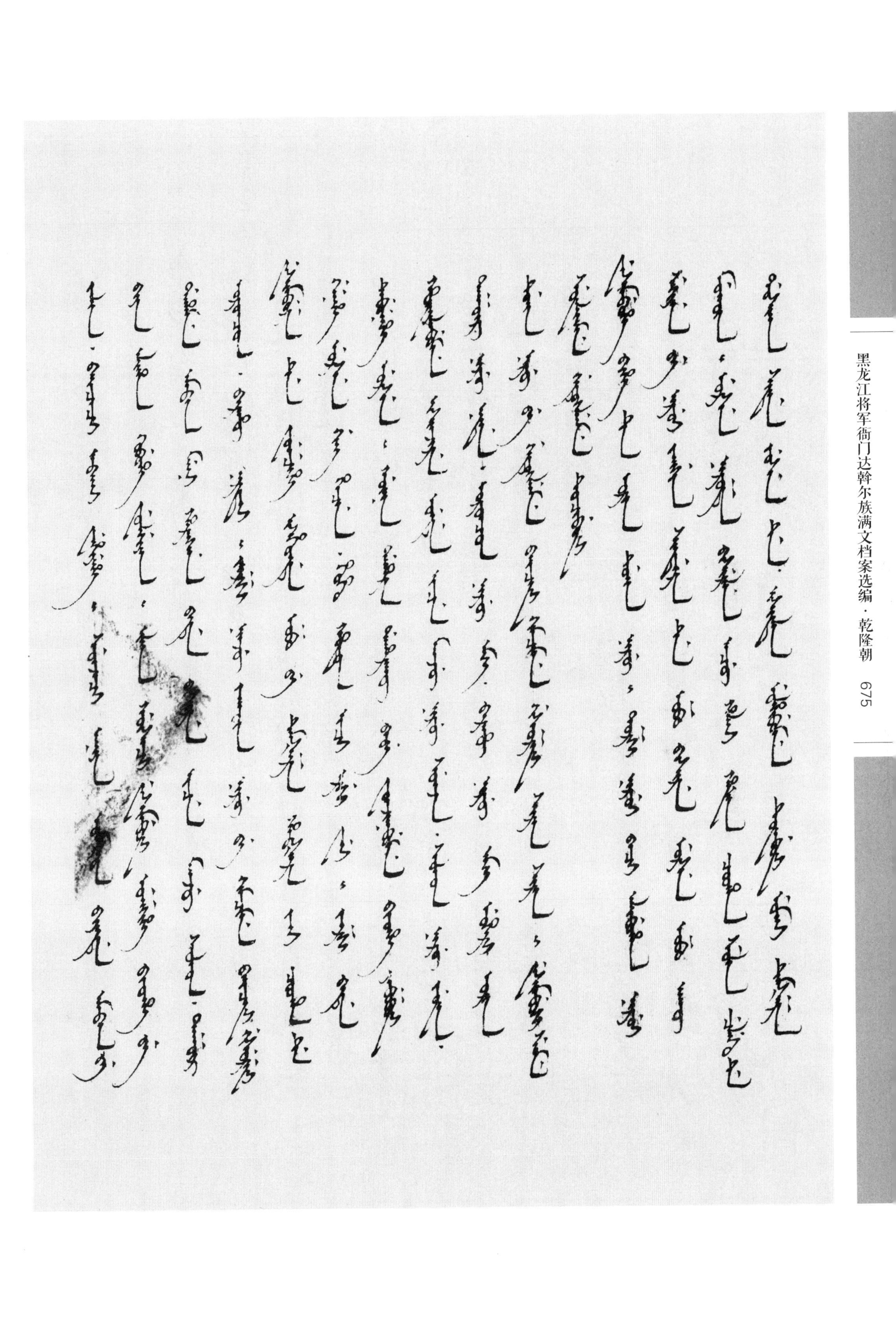

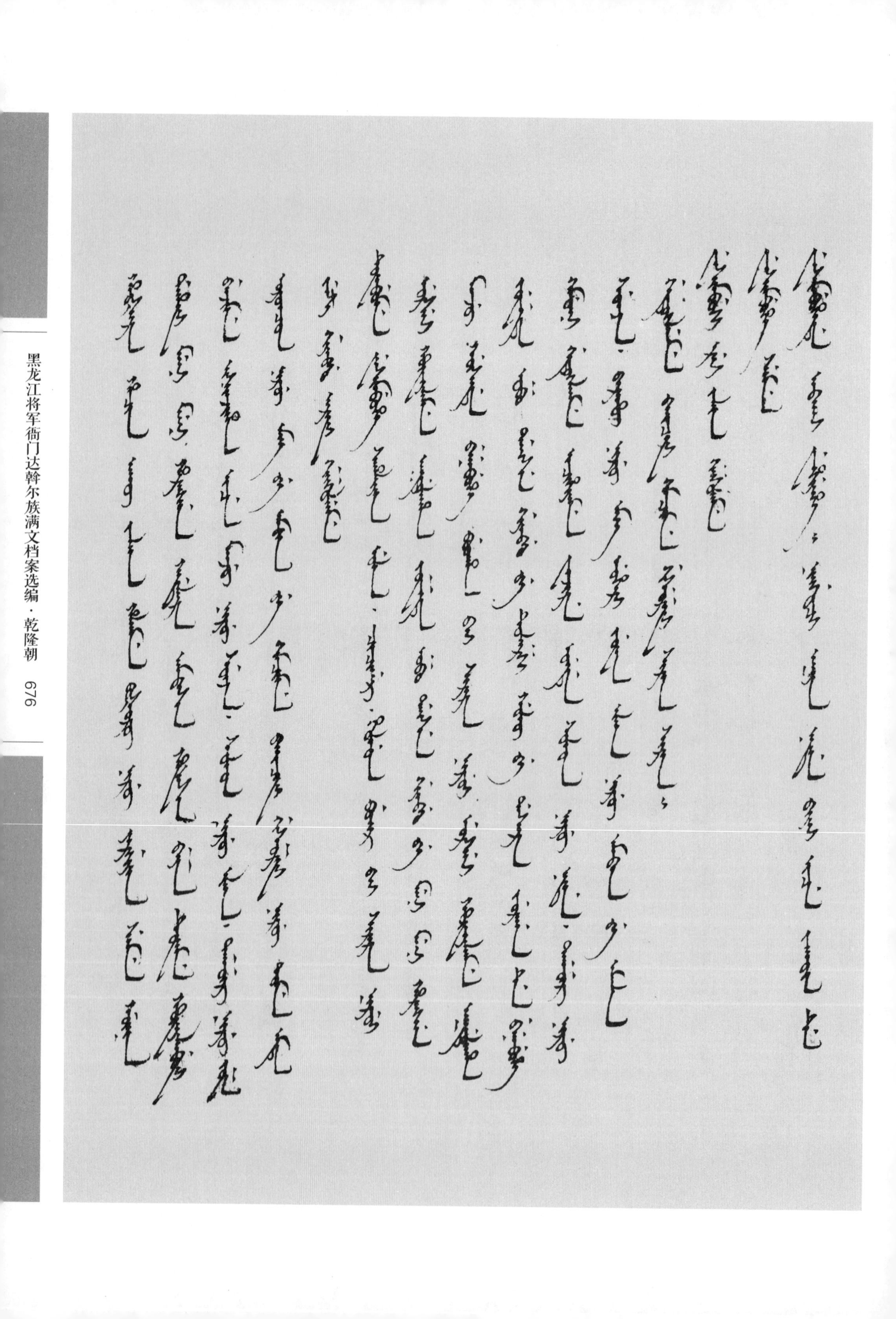

[illegible]

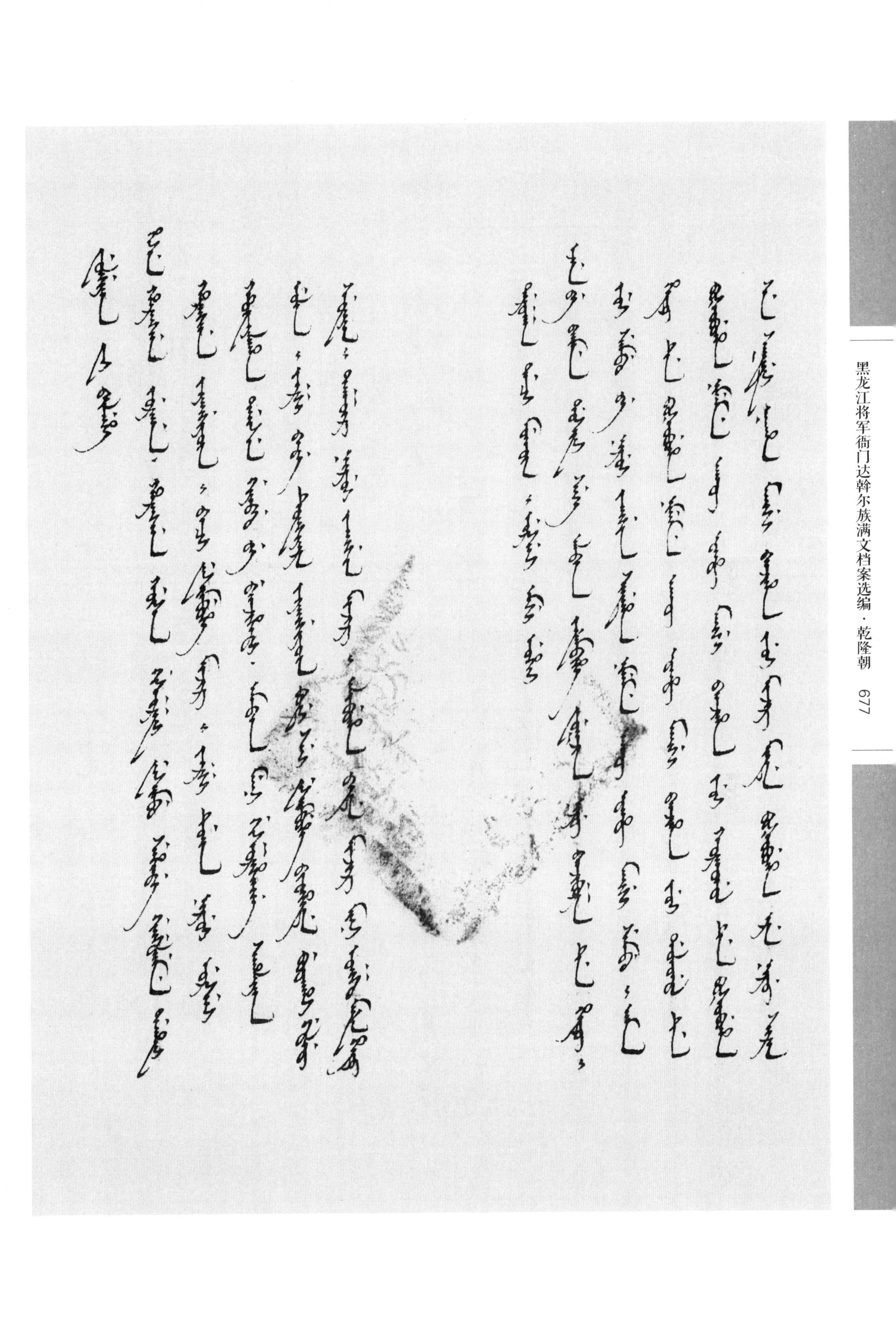

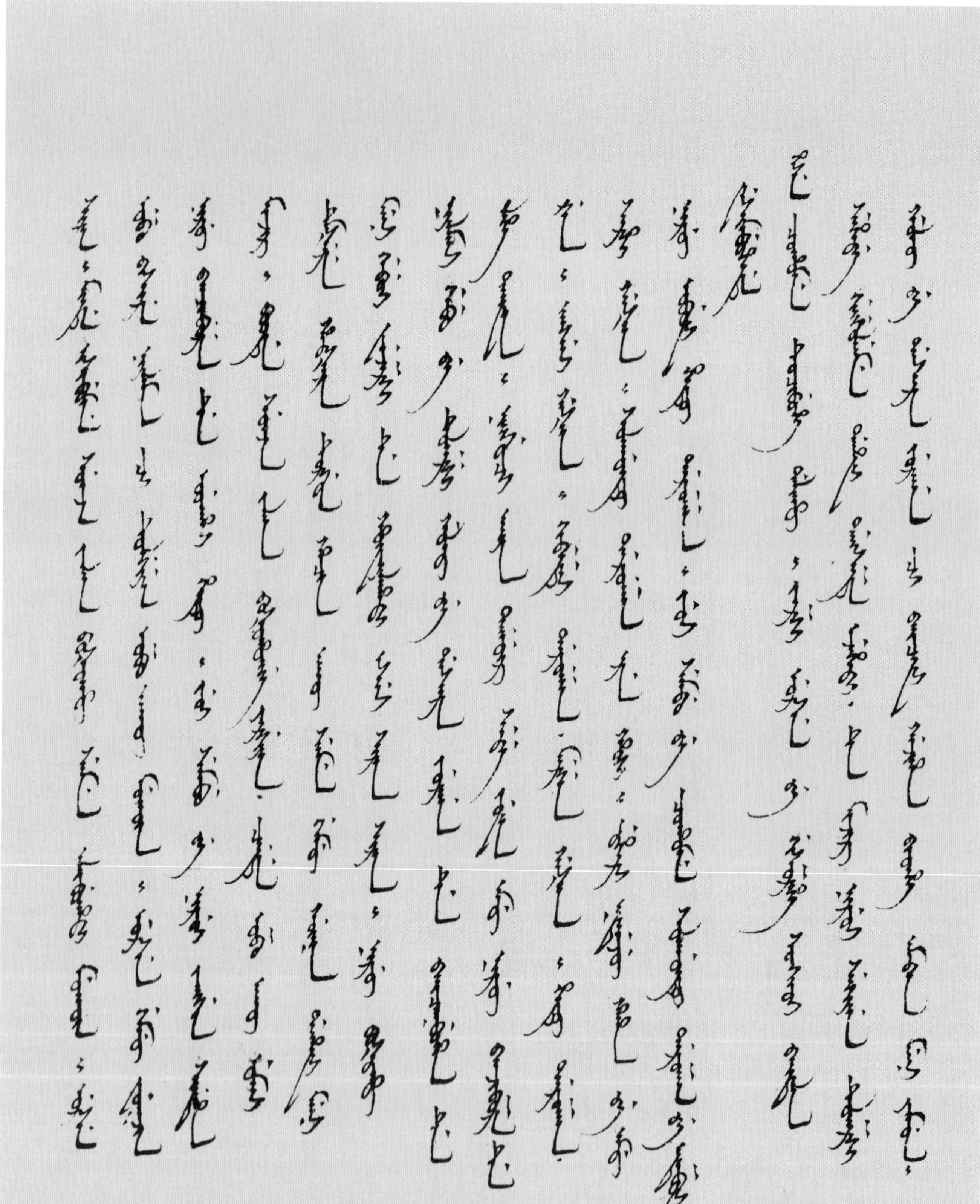

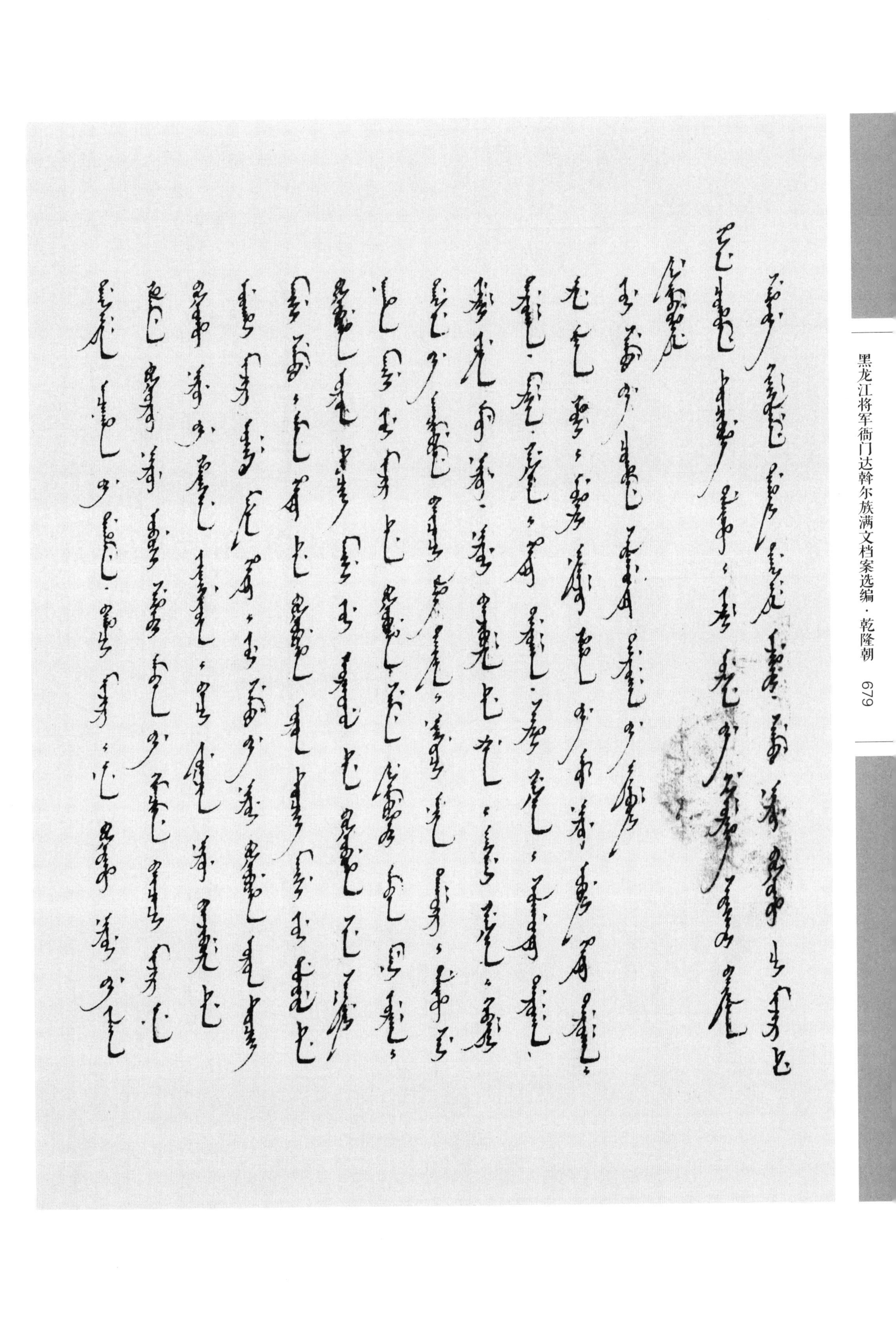

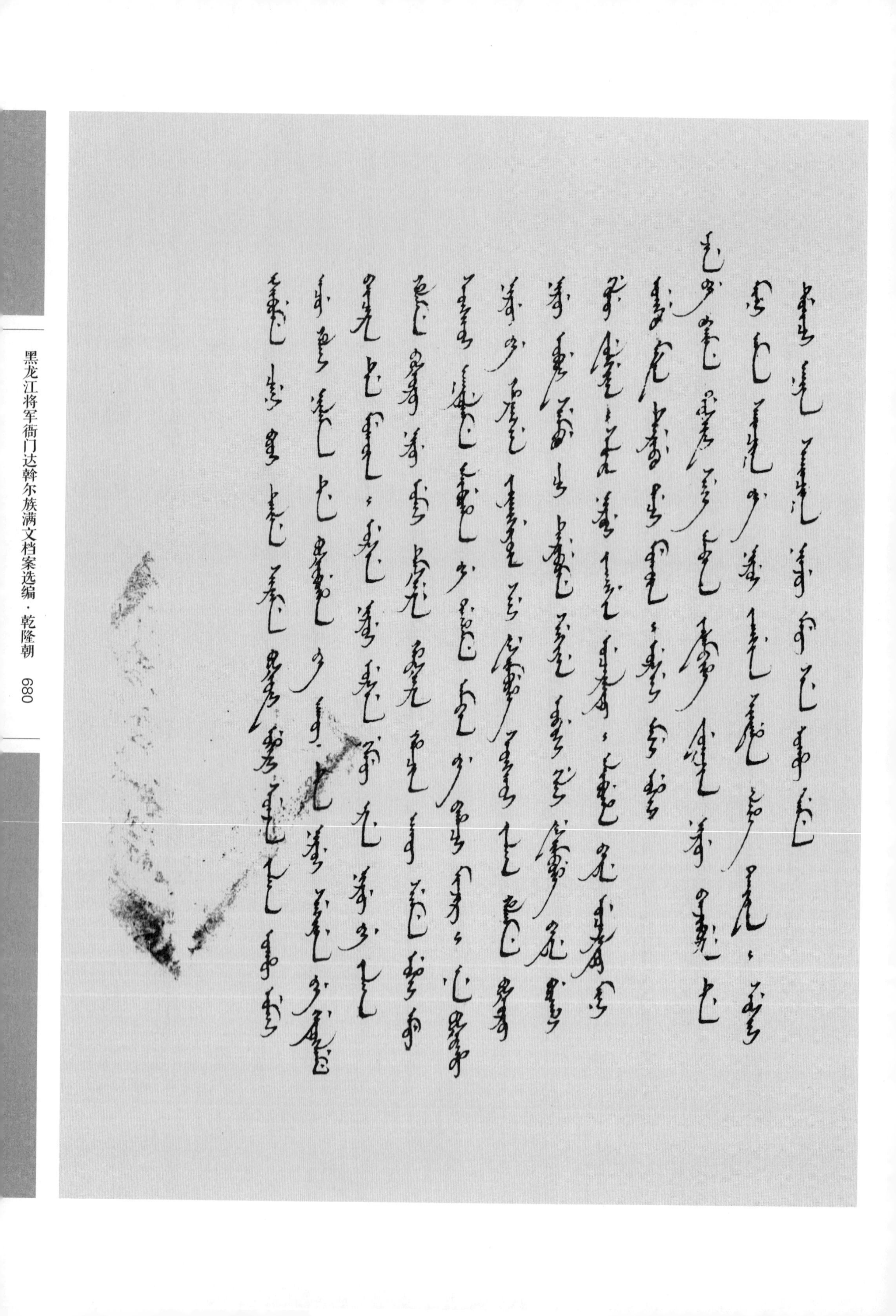

[illegible]

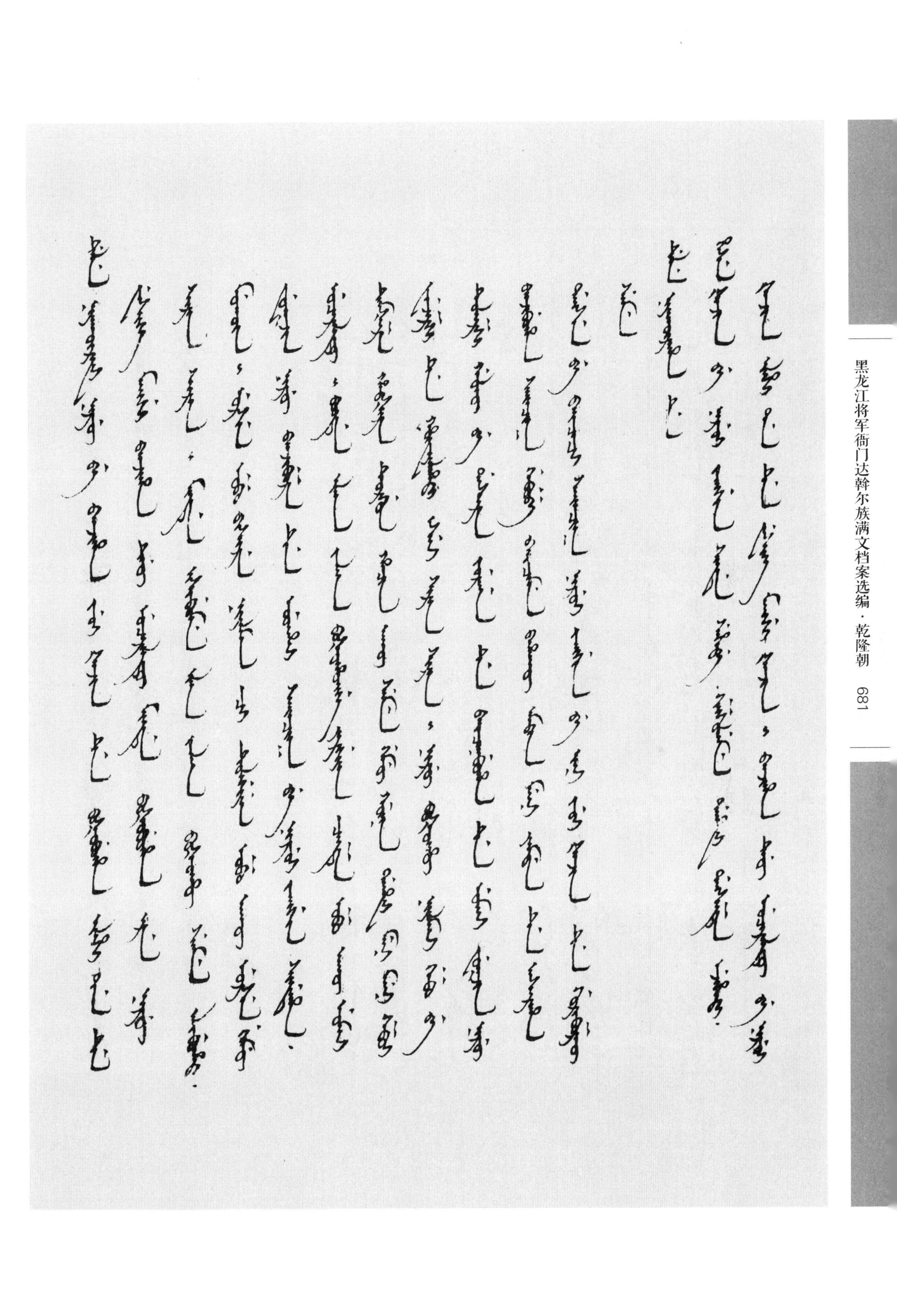

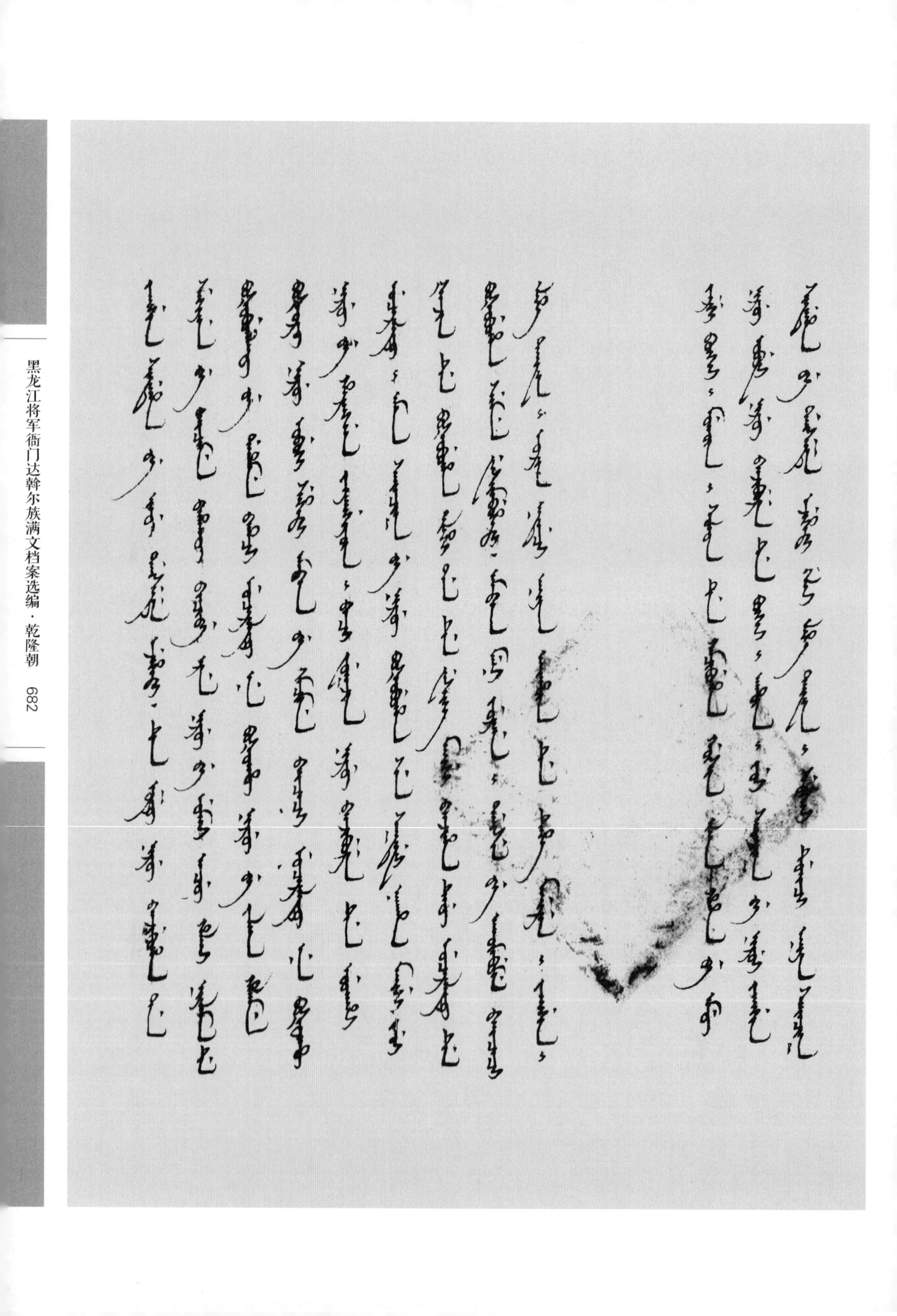

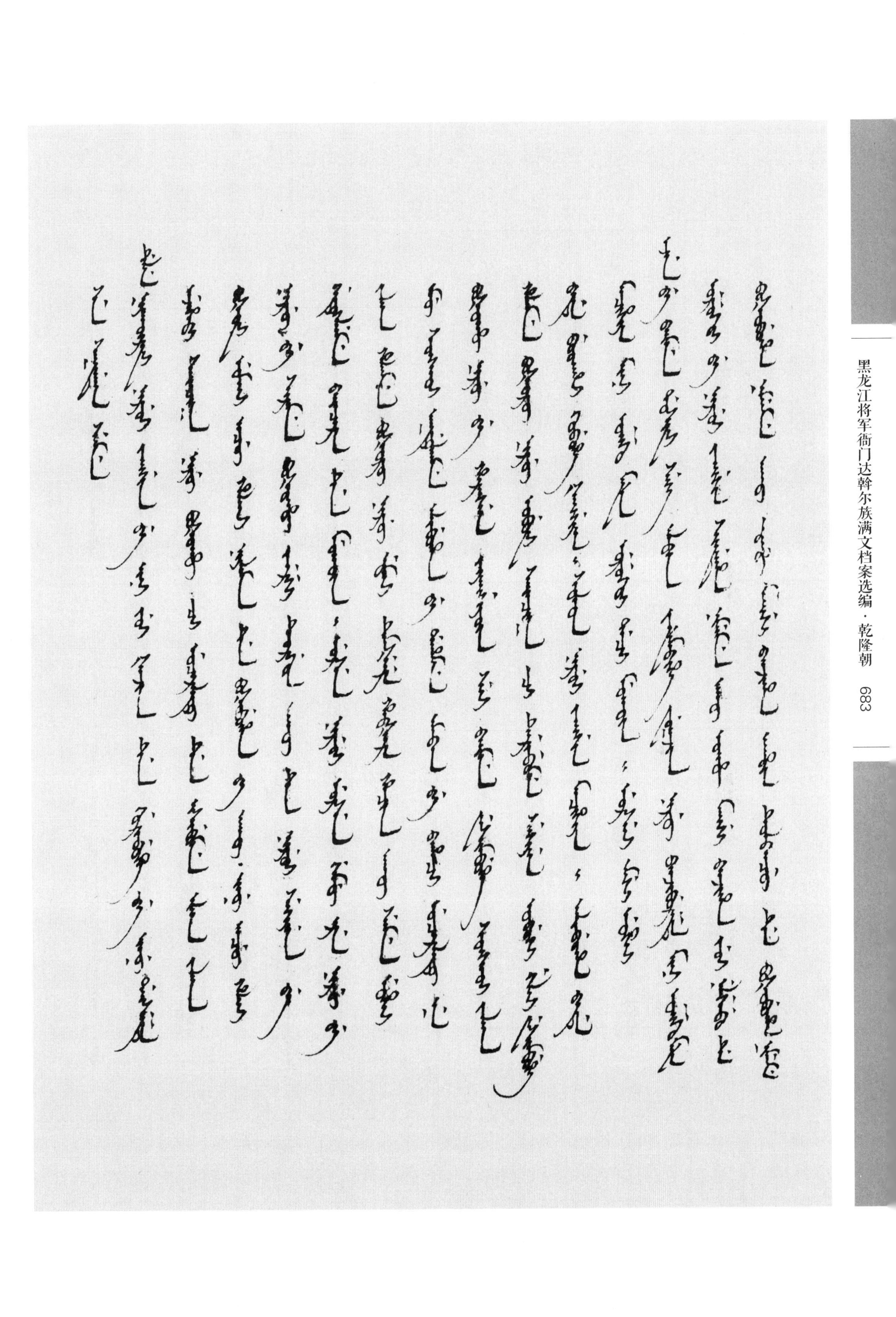

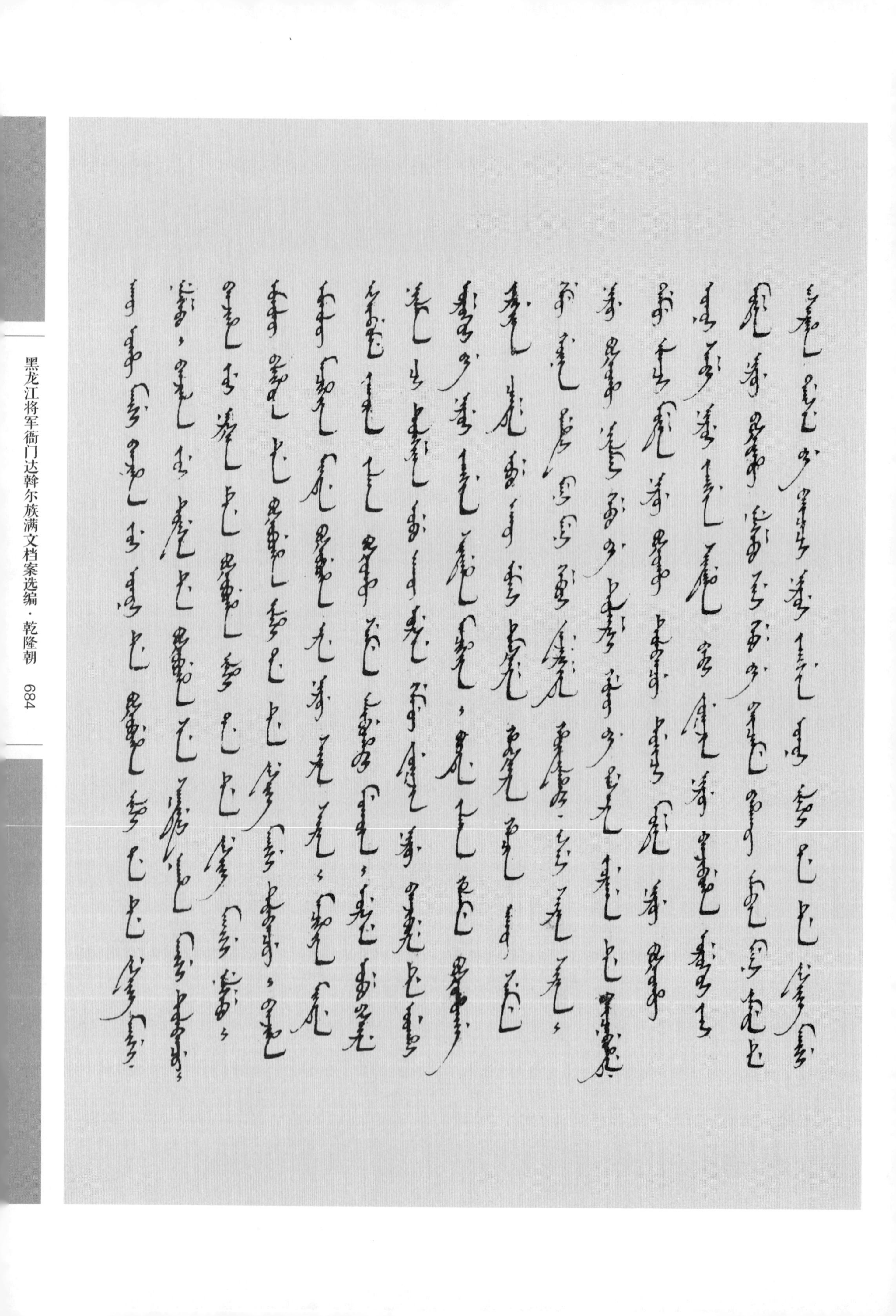

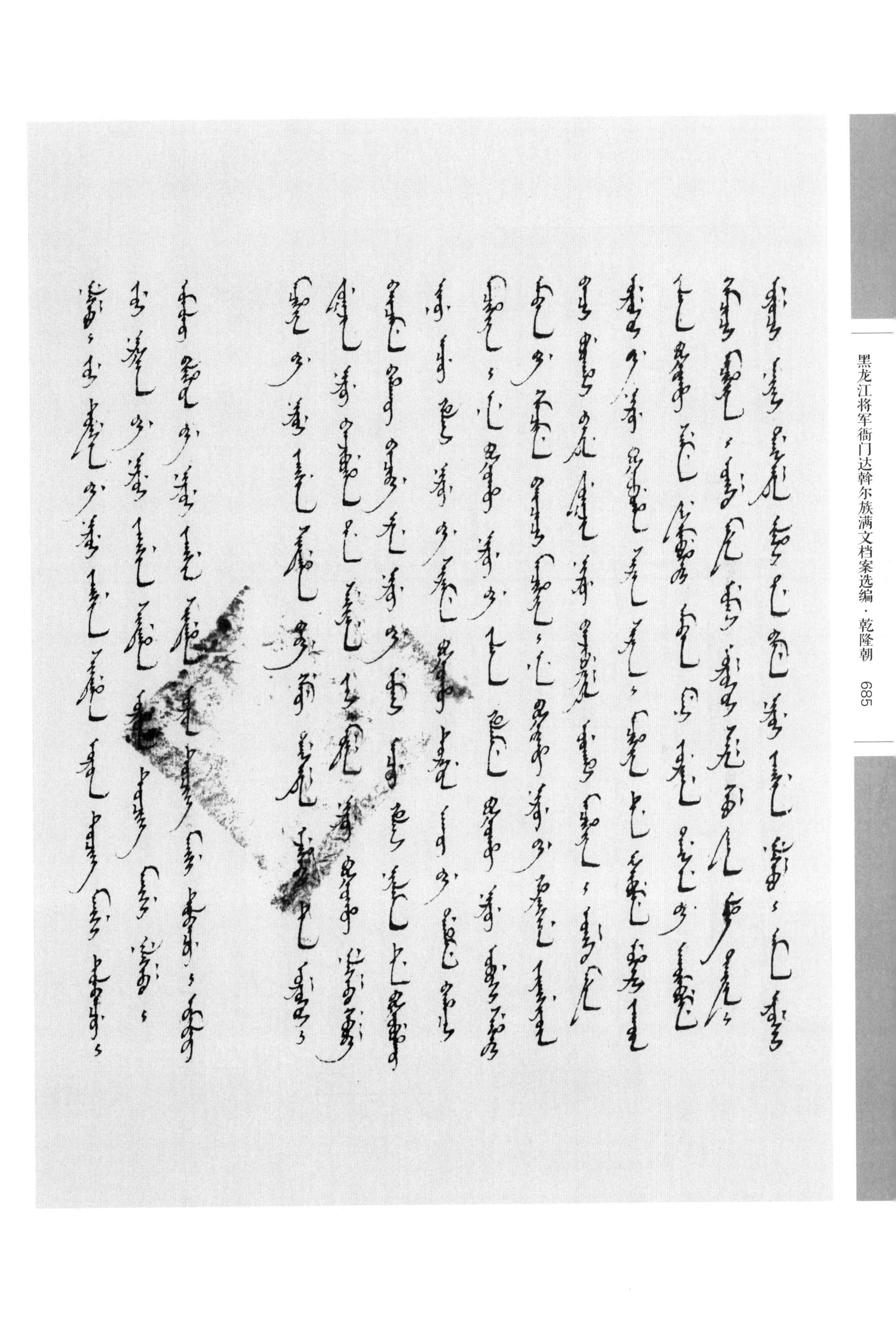

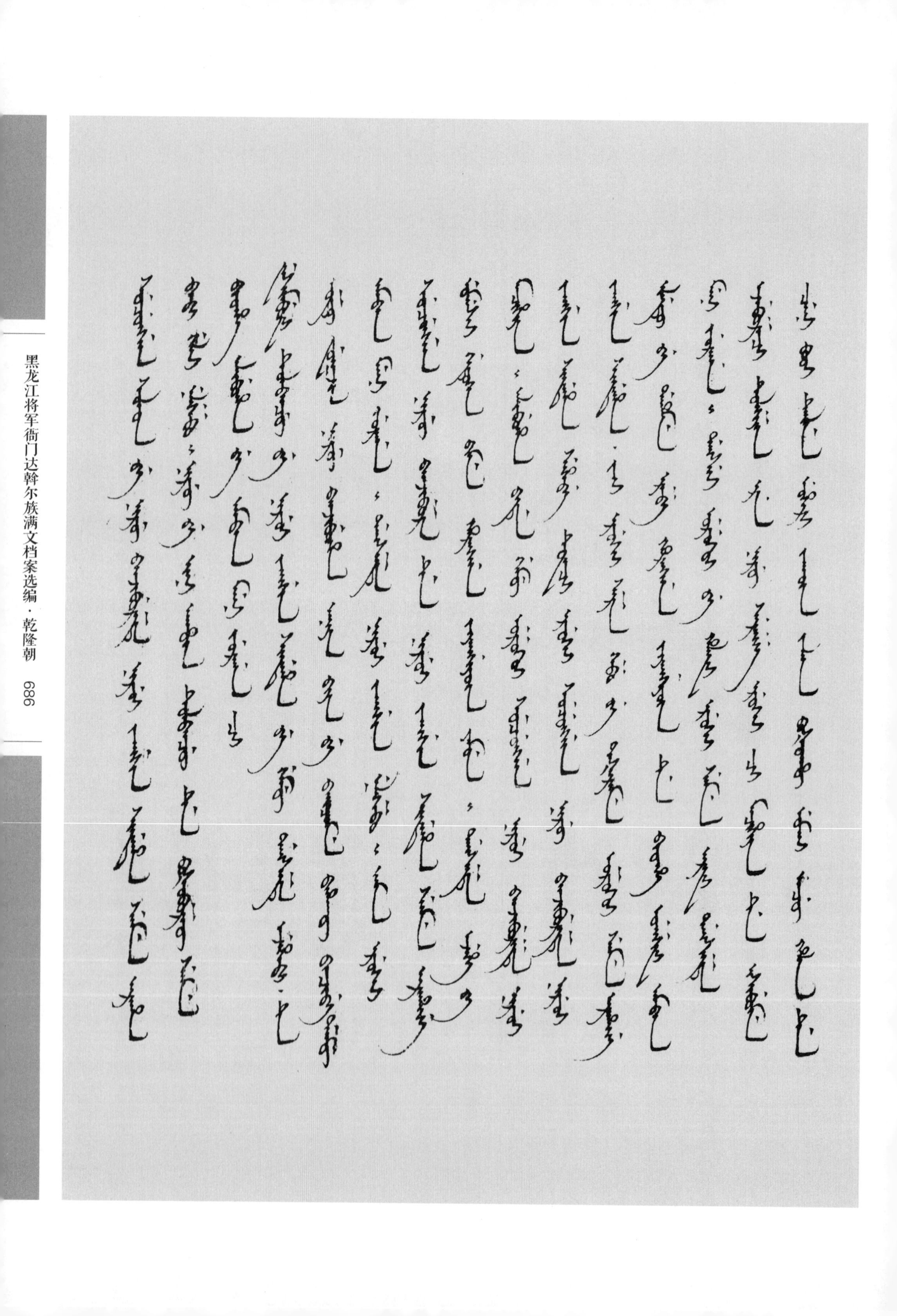

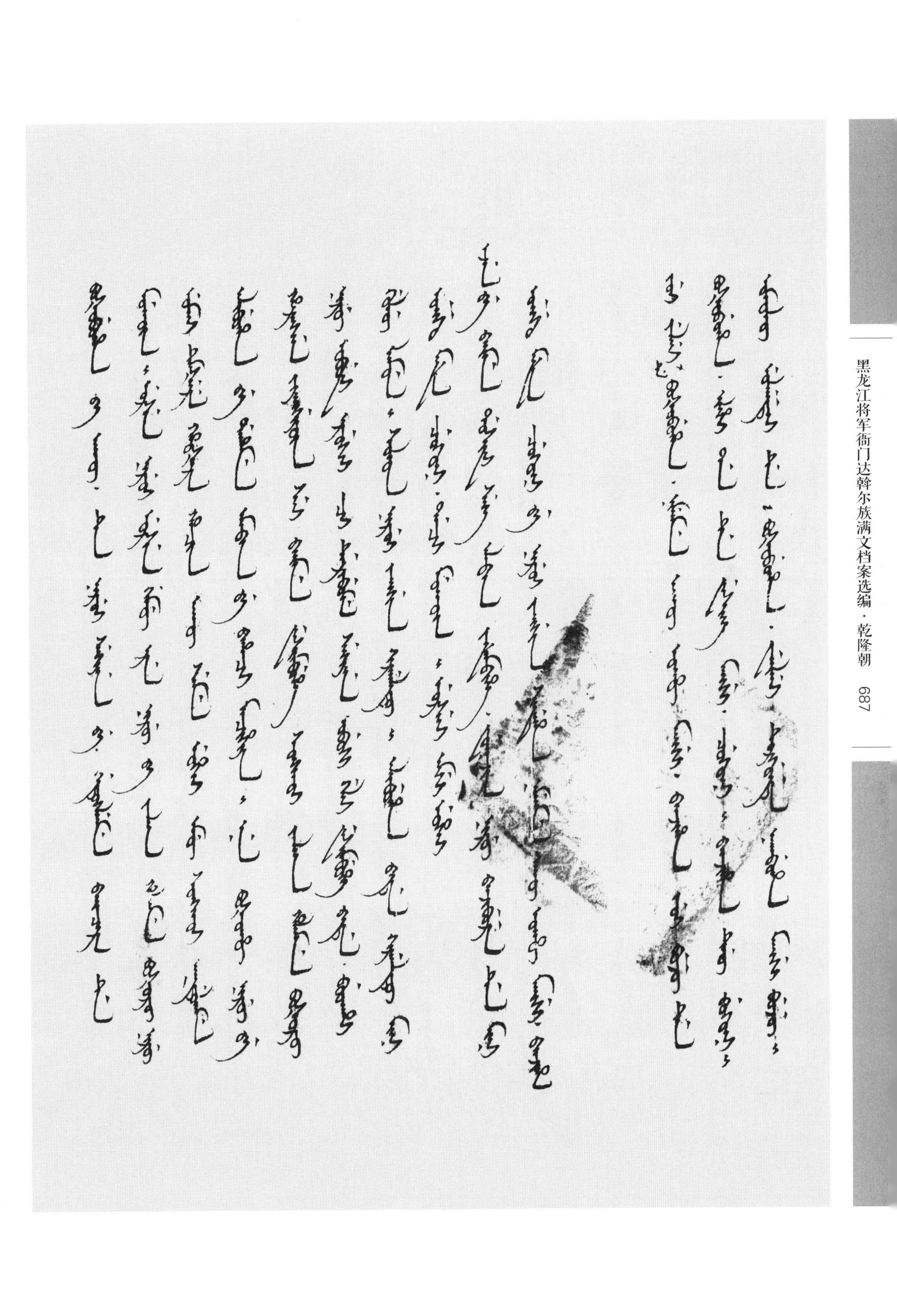

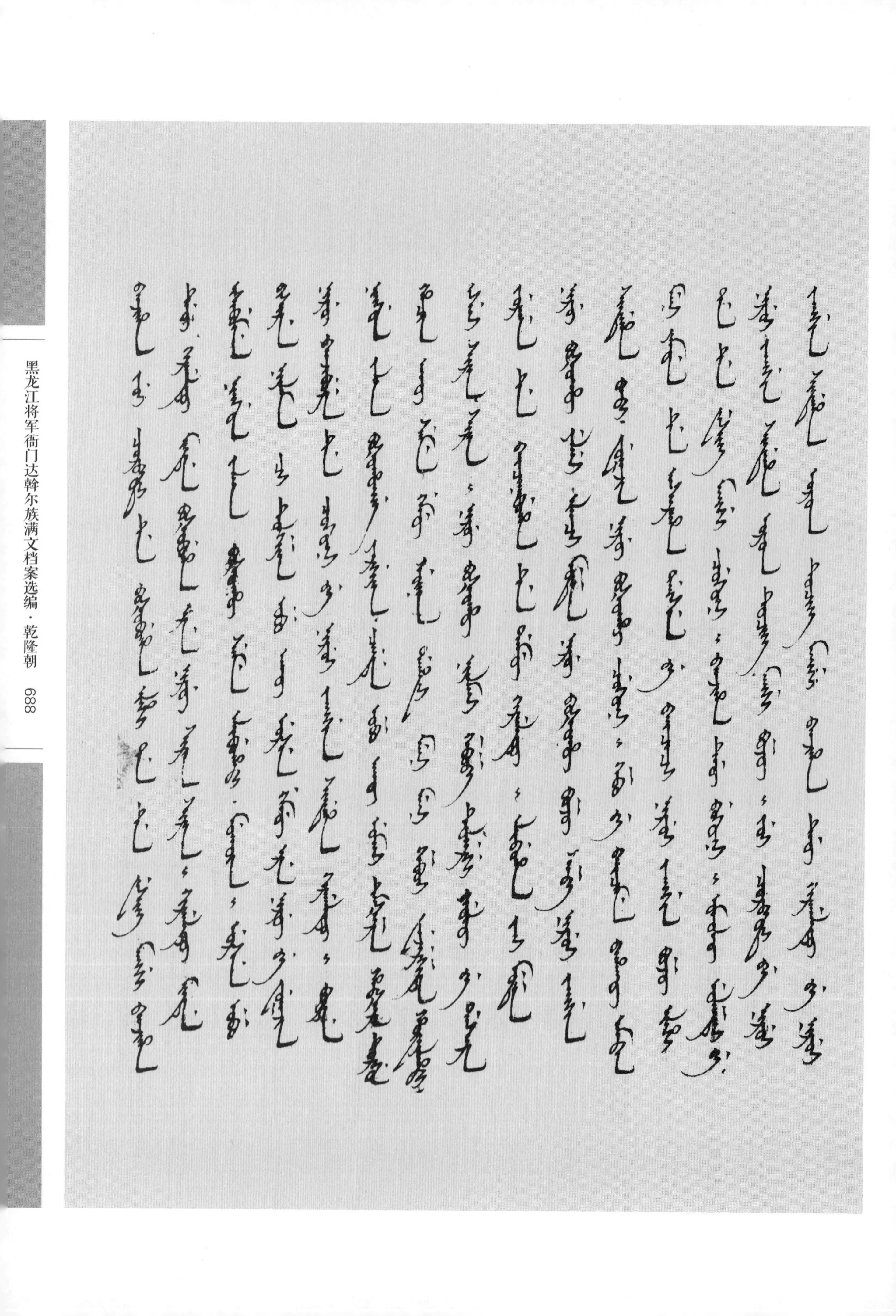

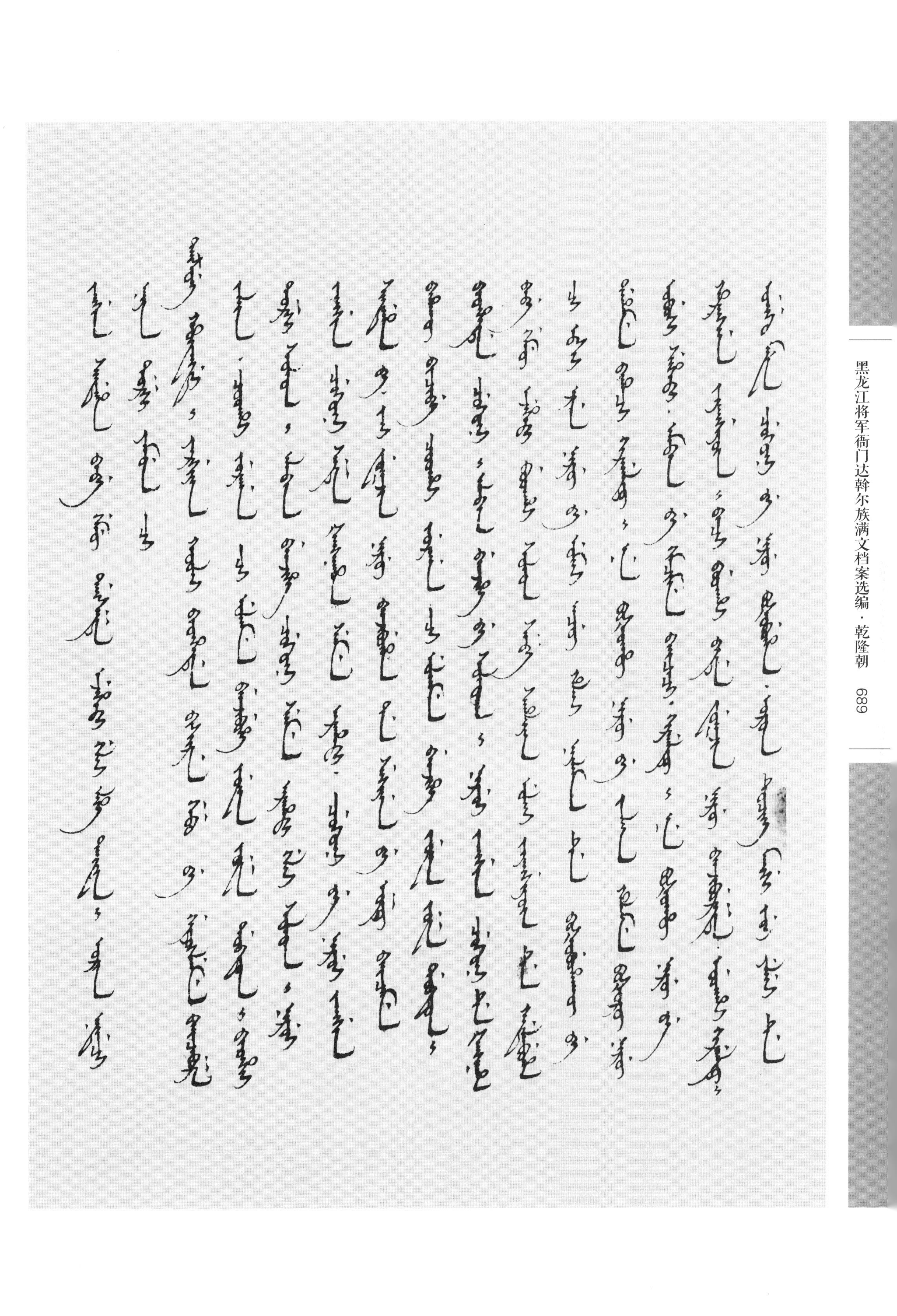

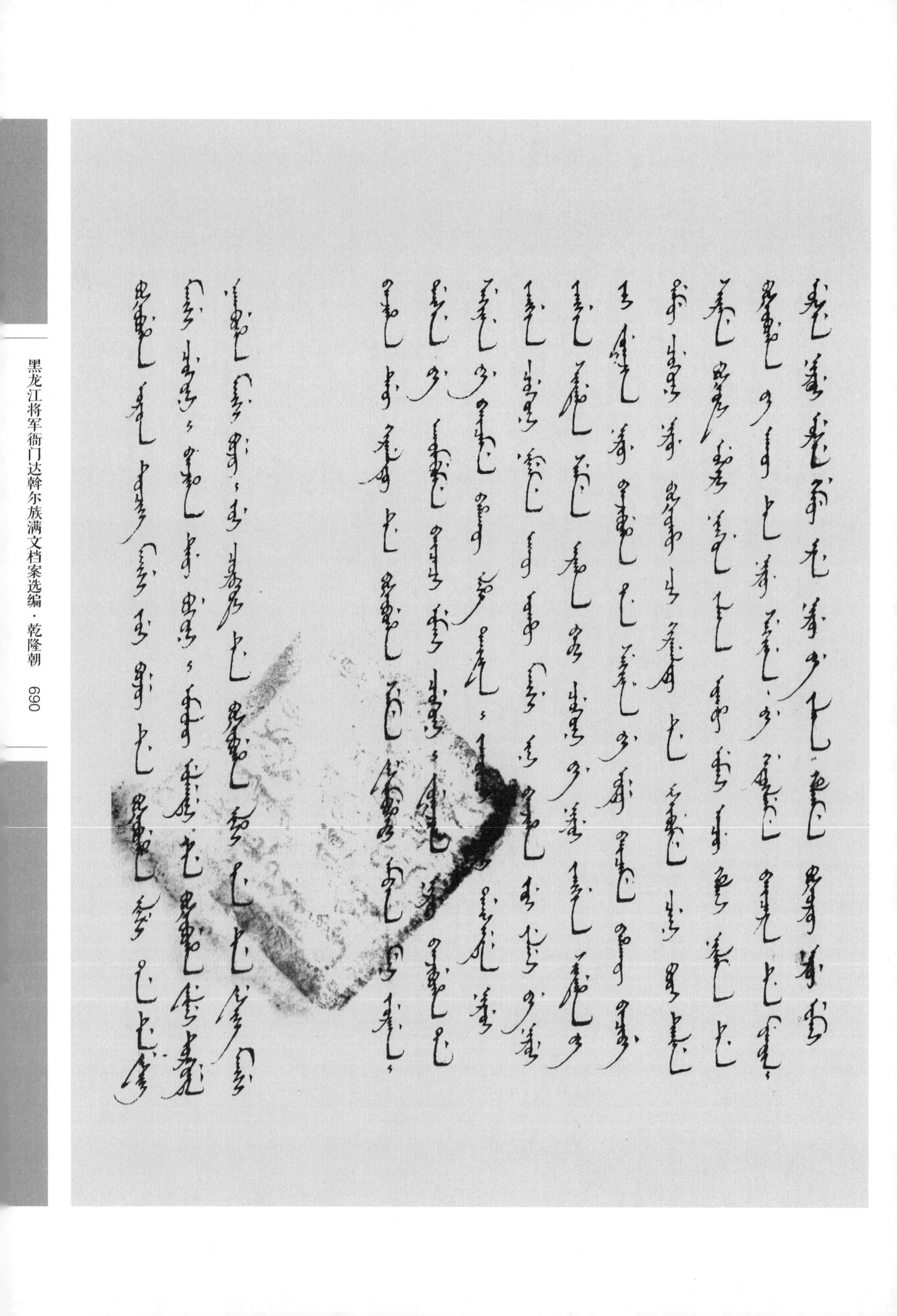

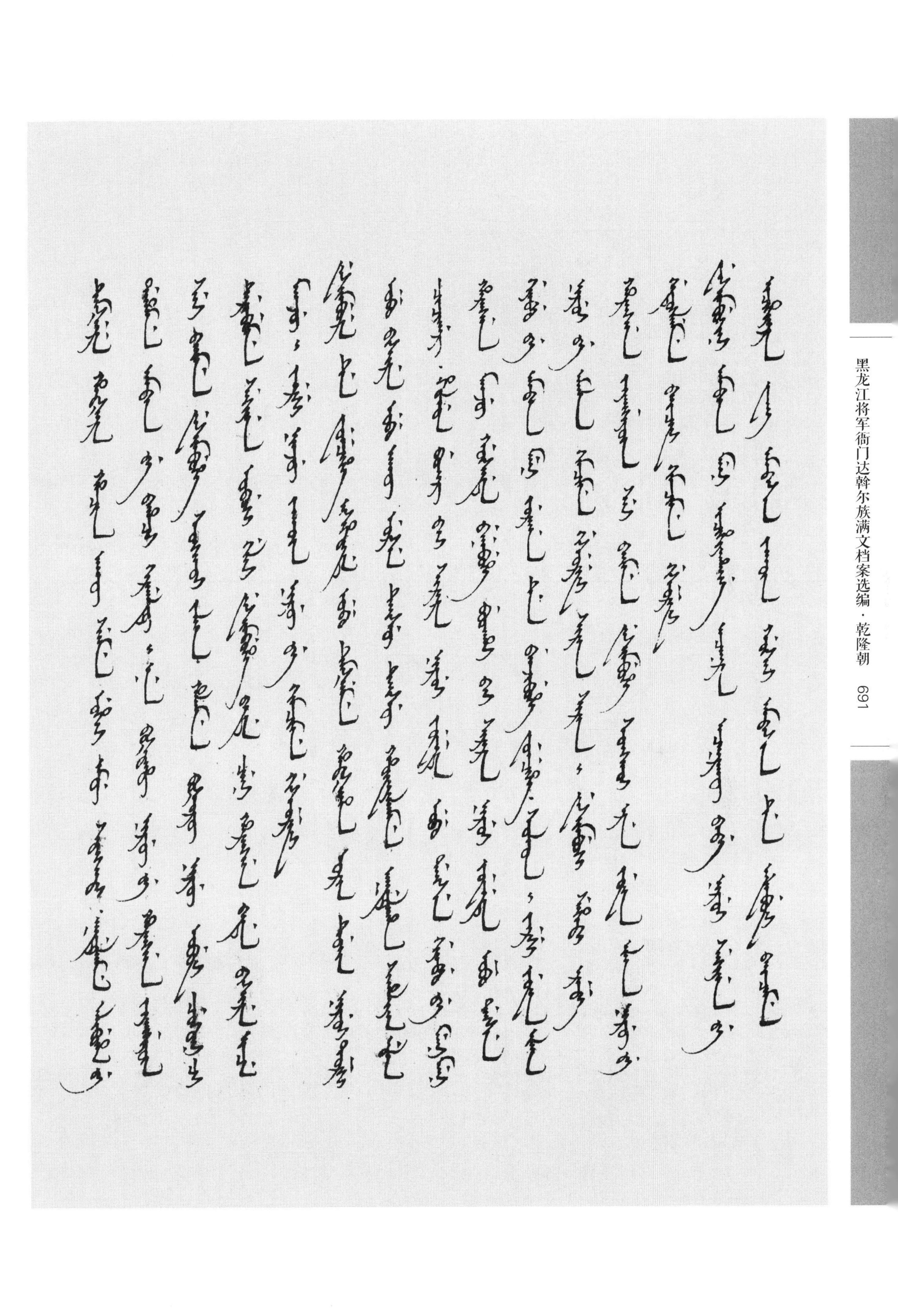

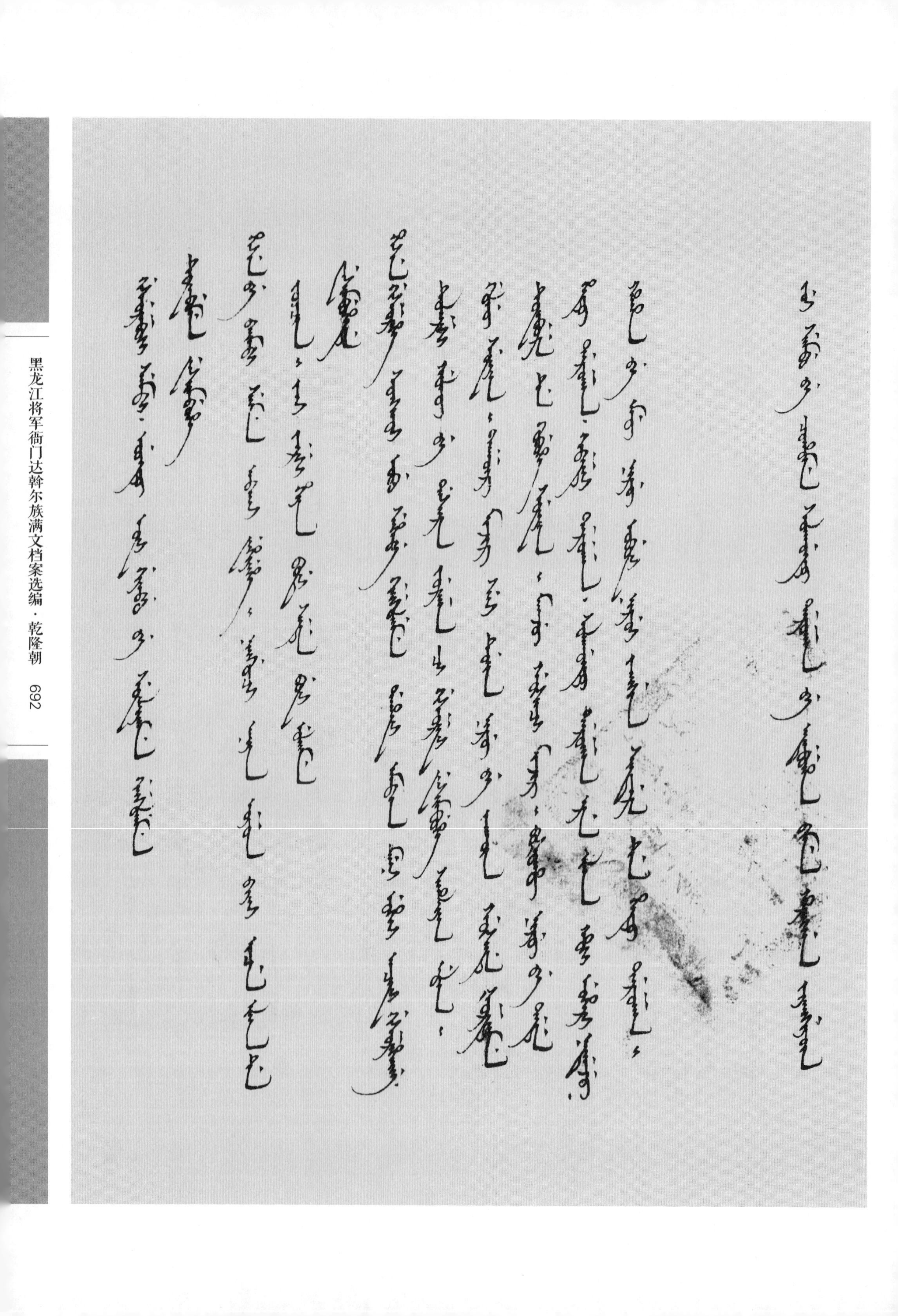

[illegible]

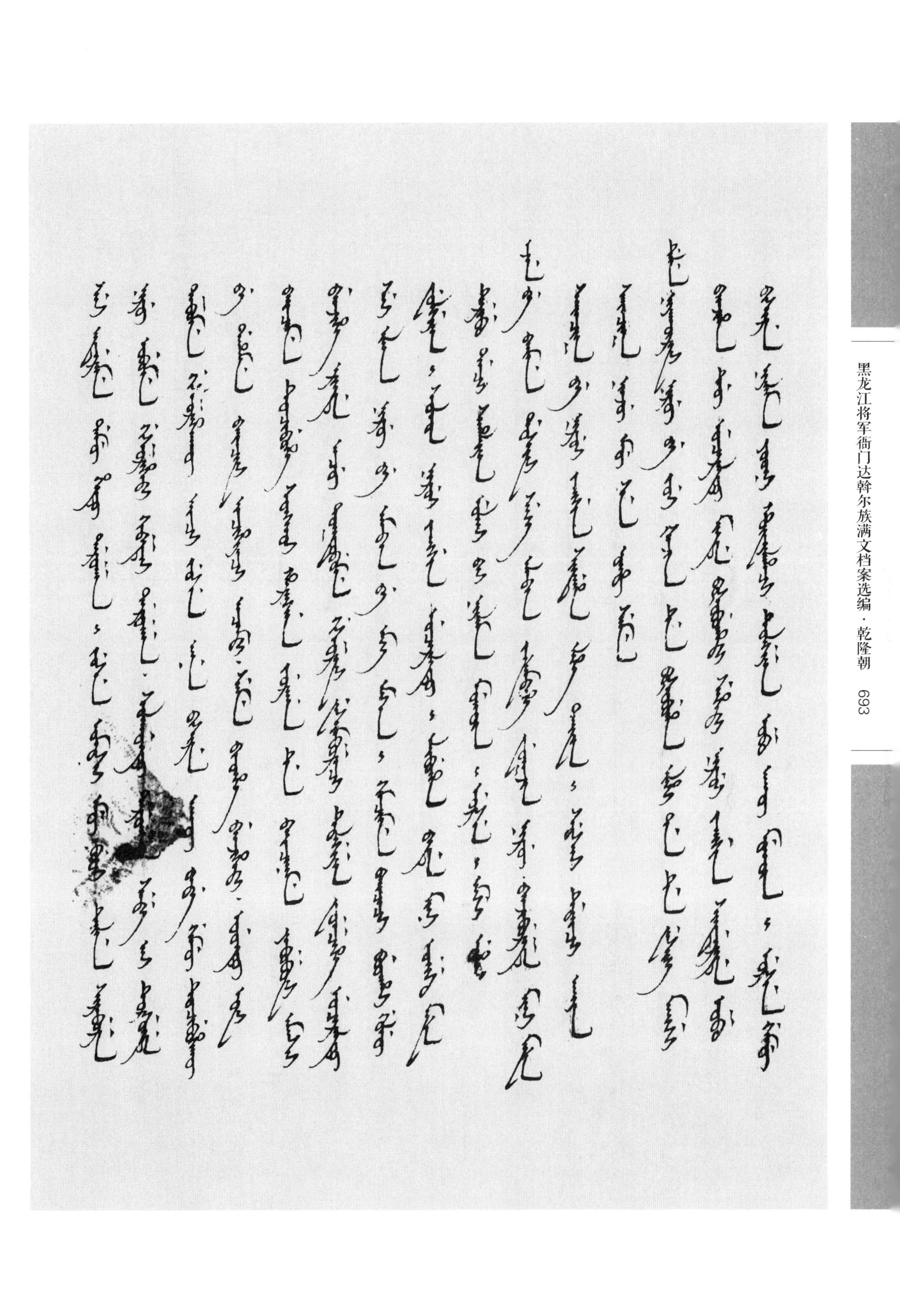

[illegible]

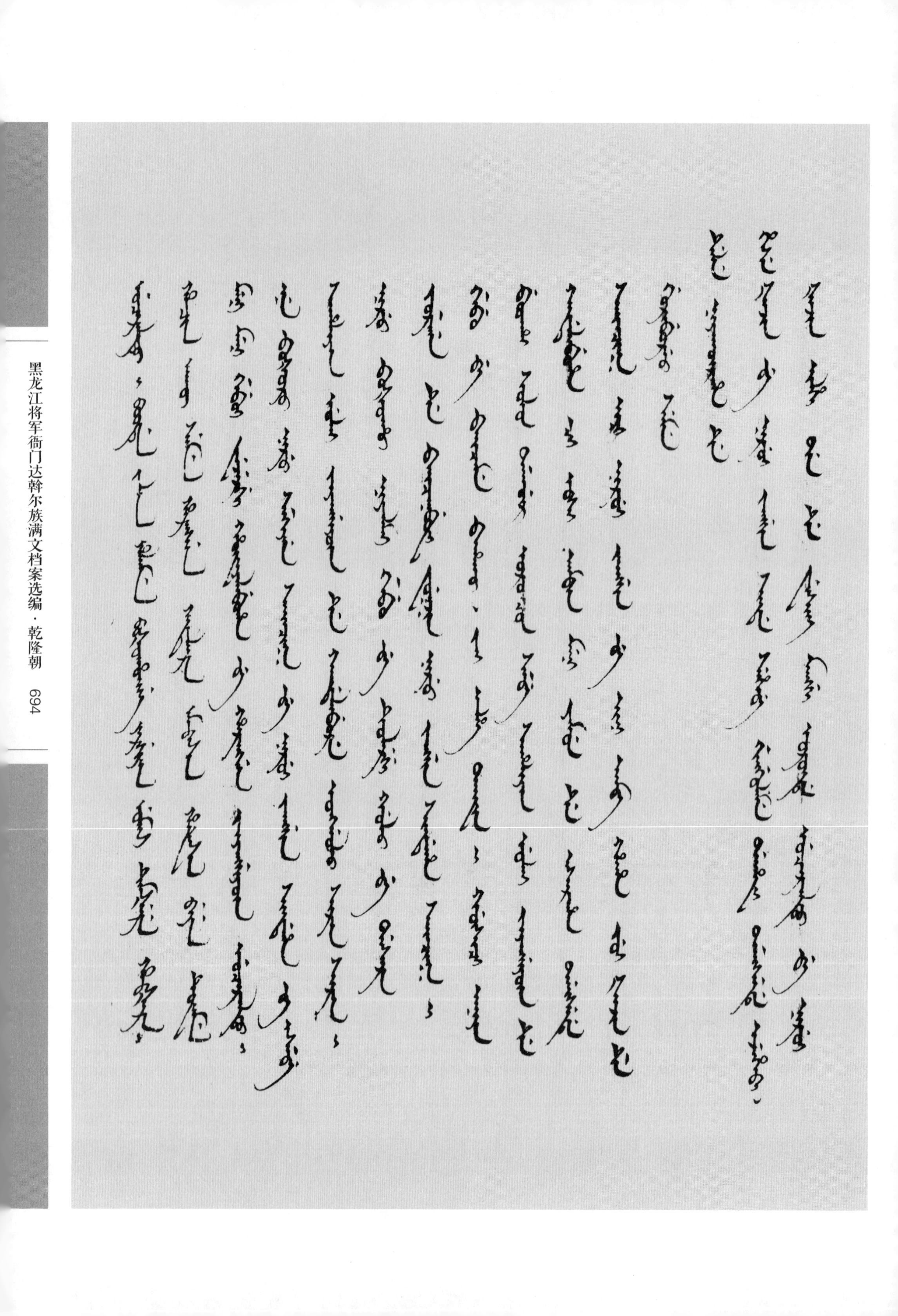

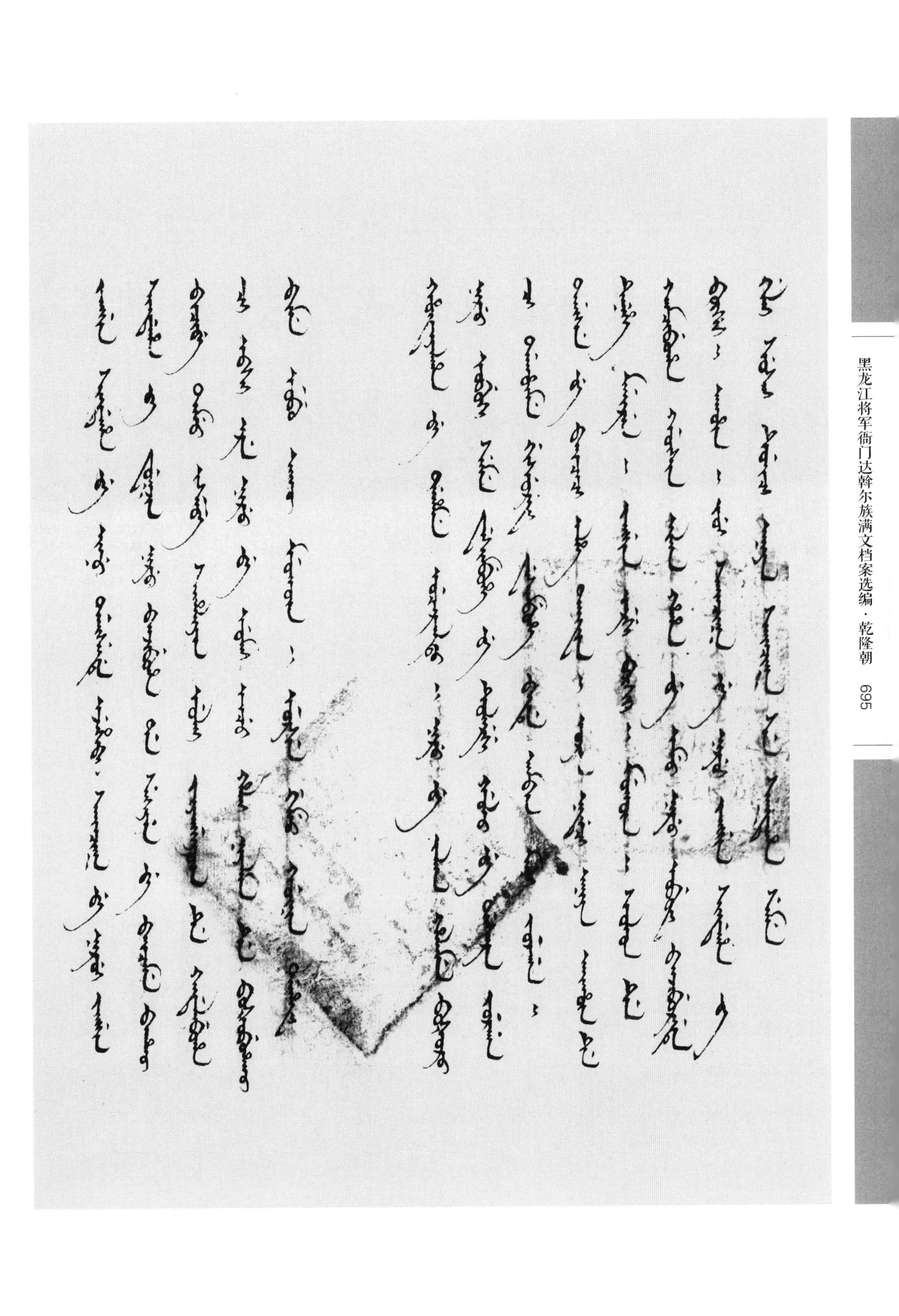

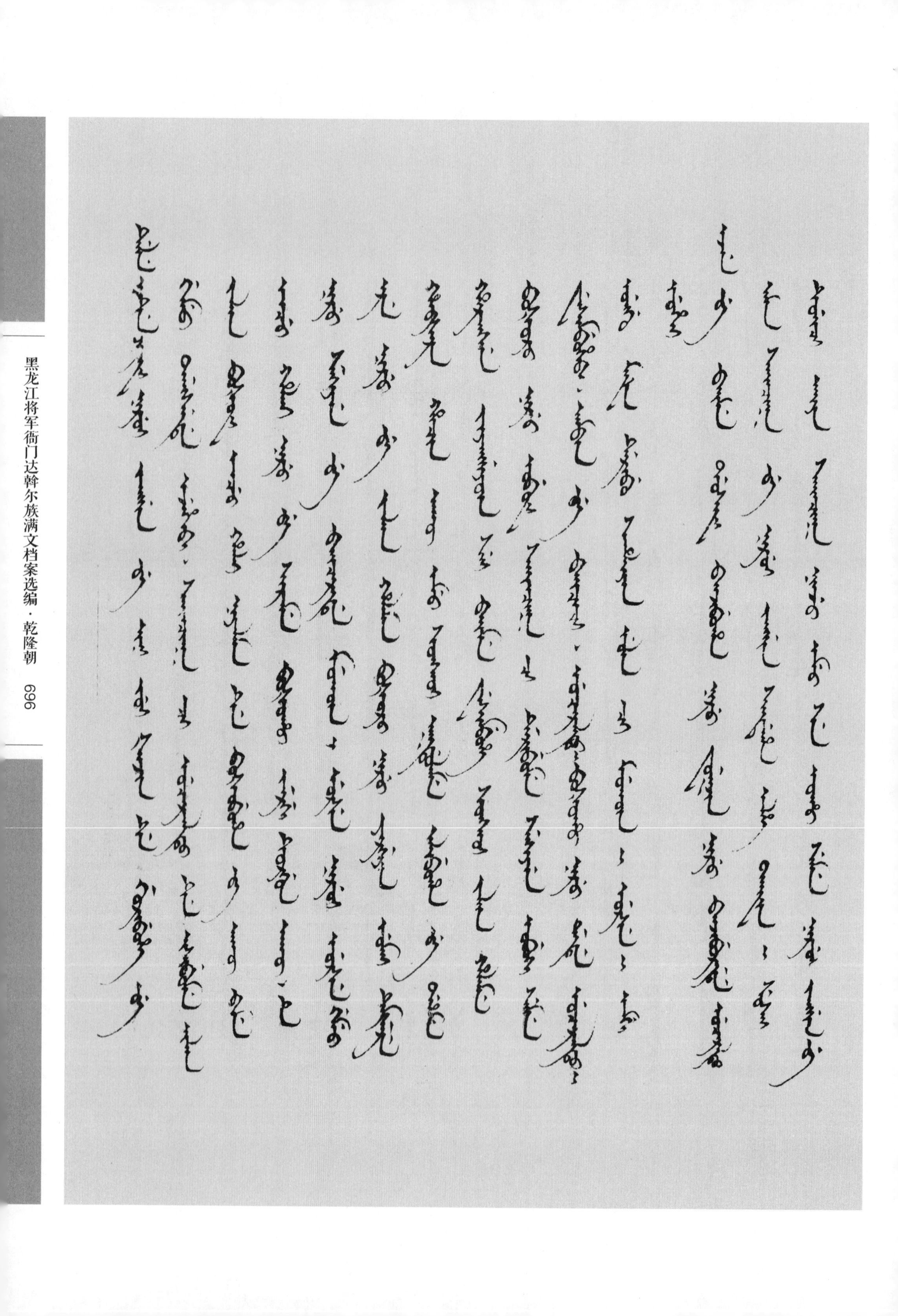

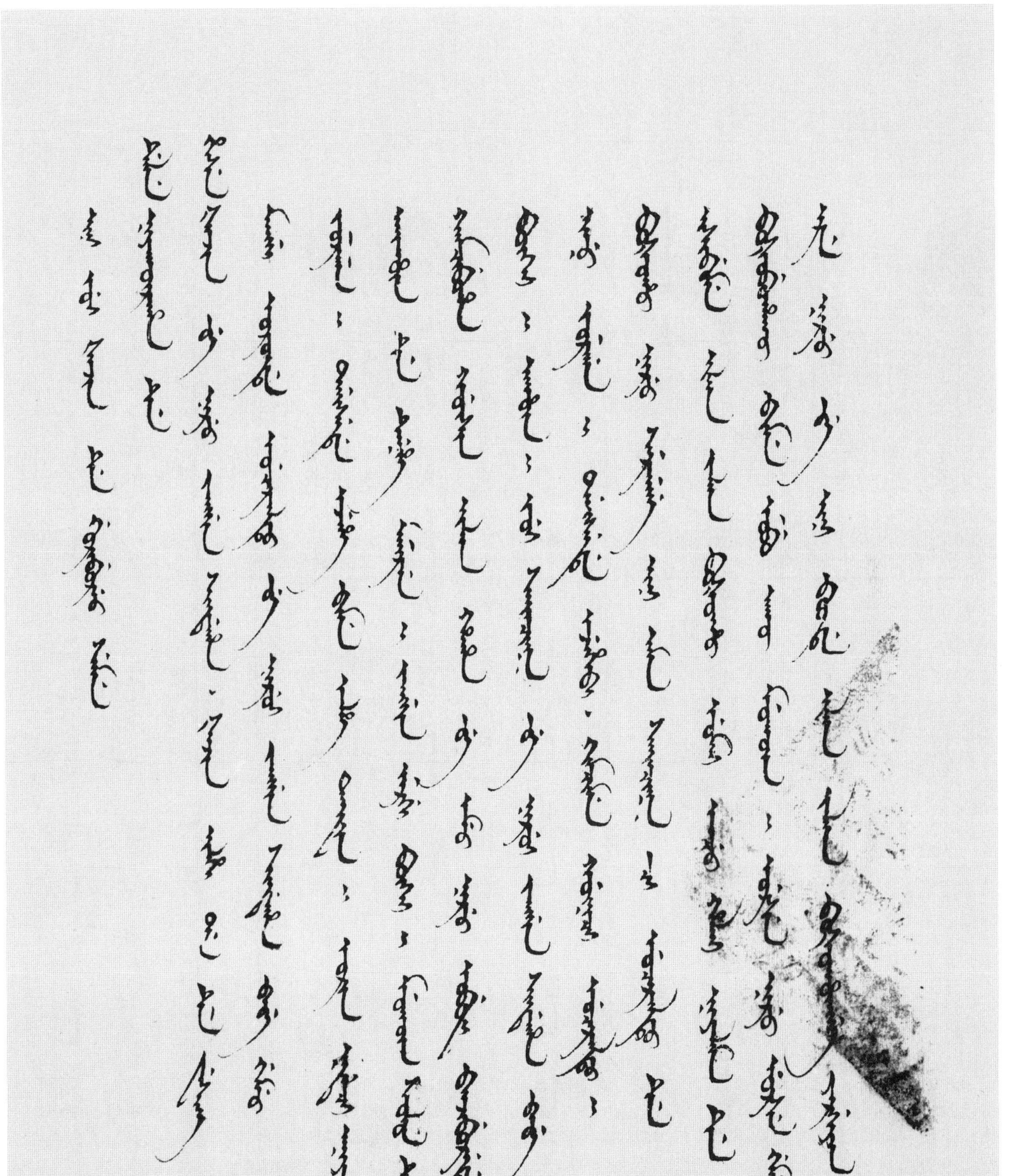

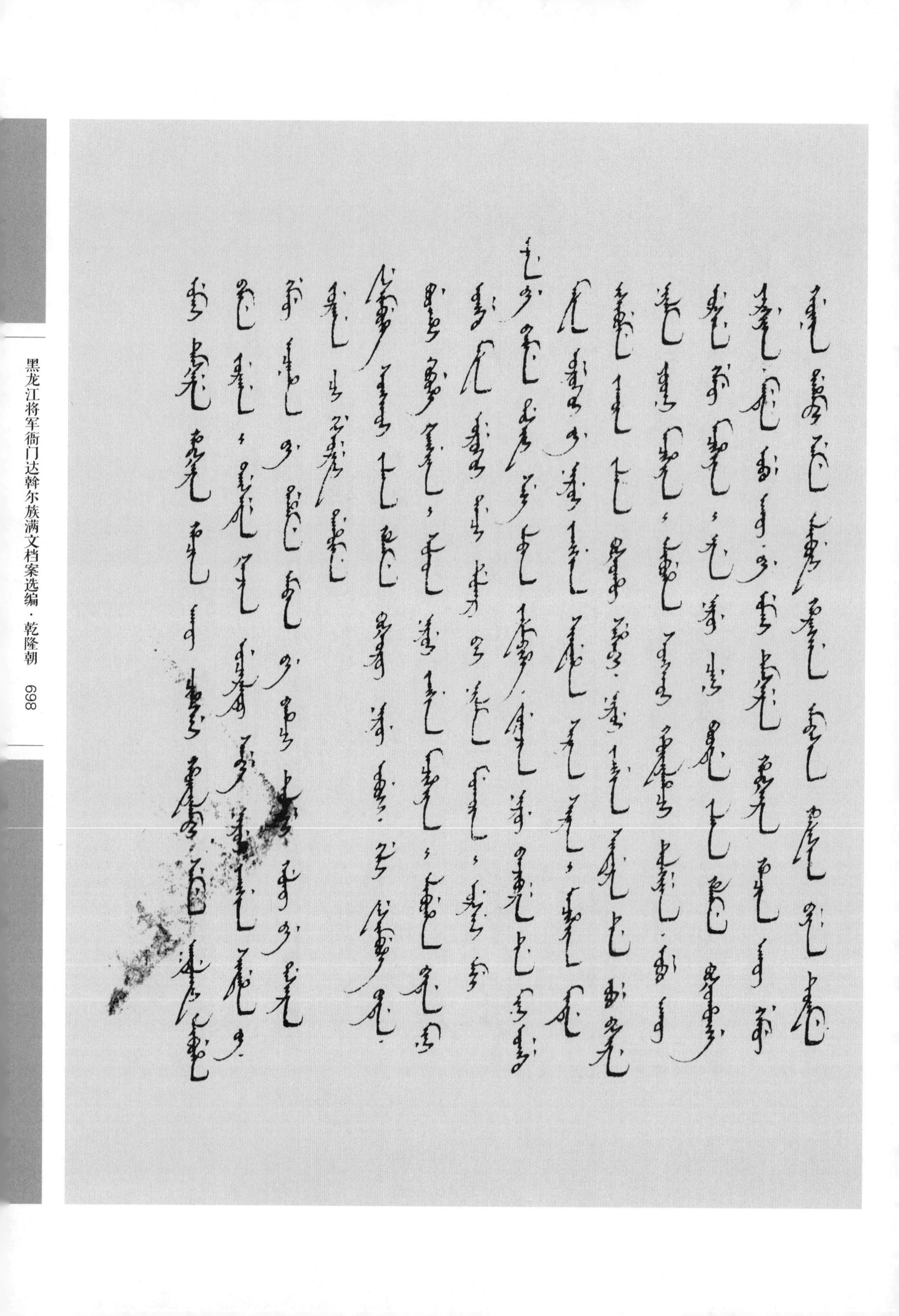

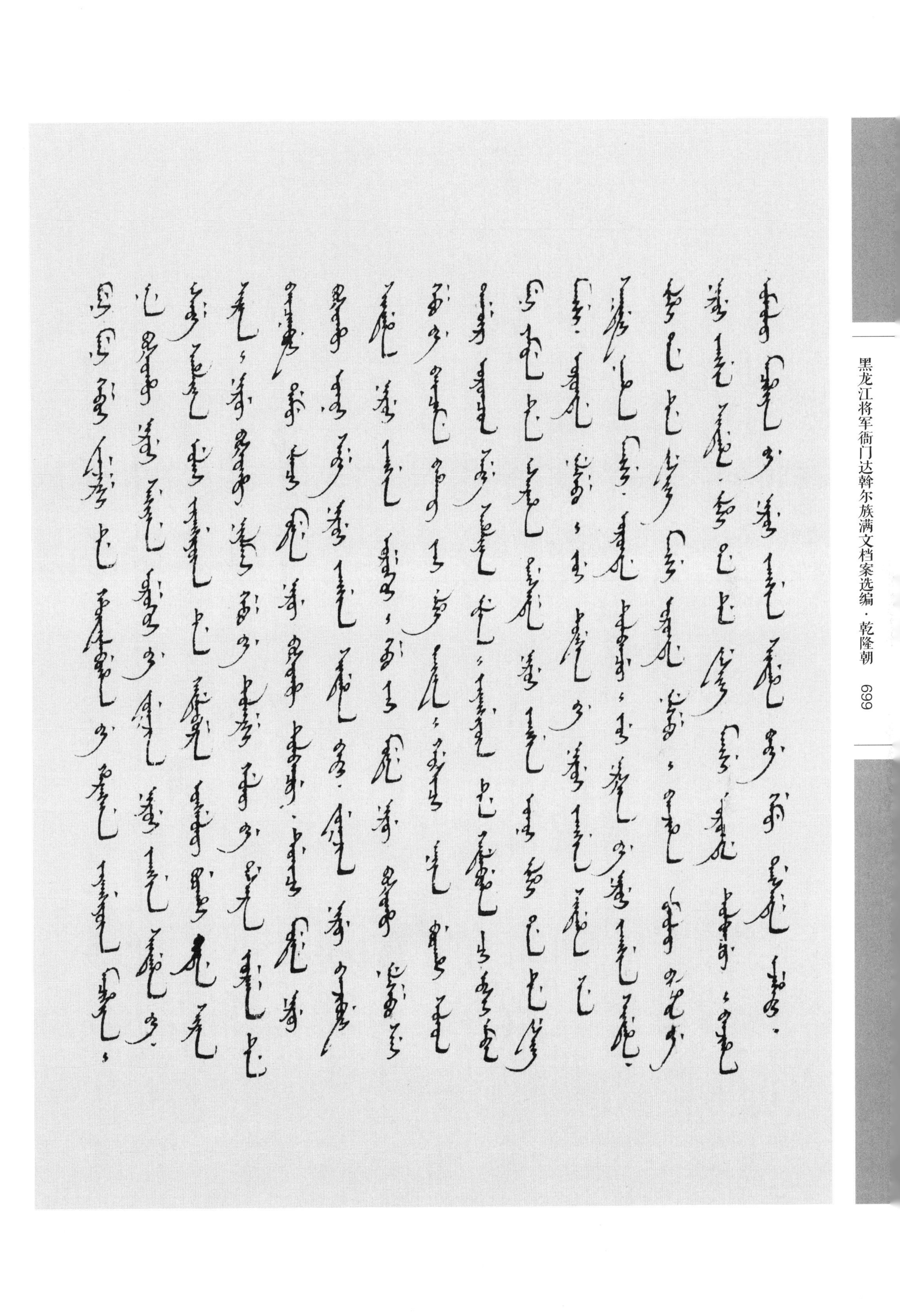

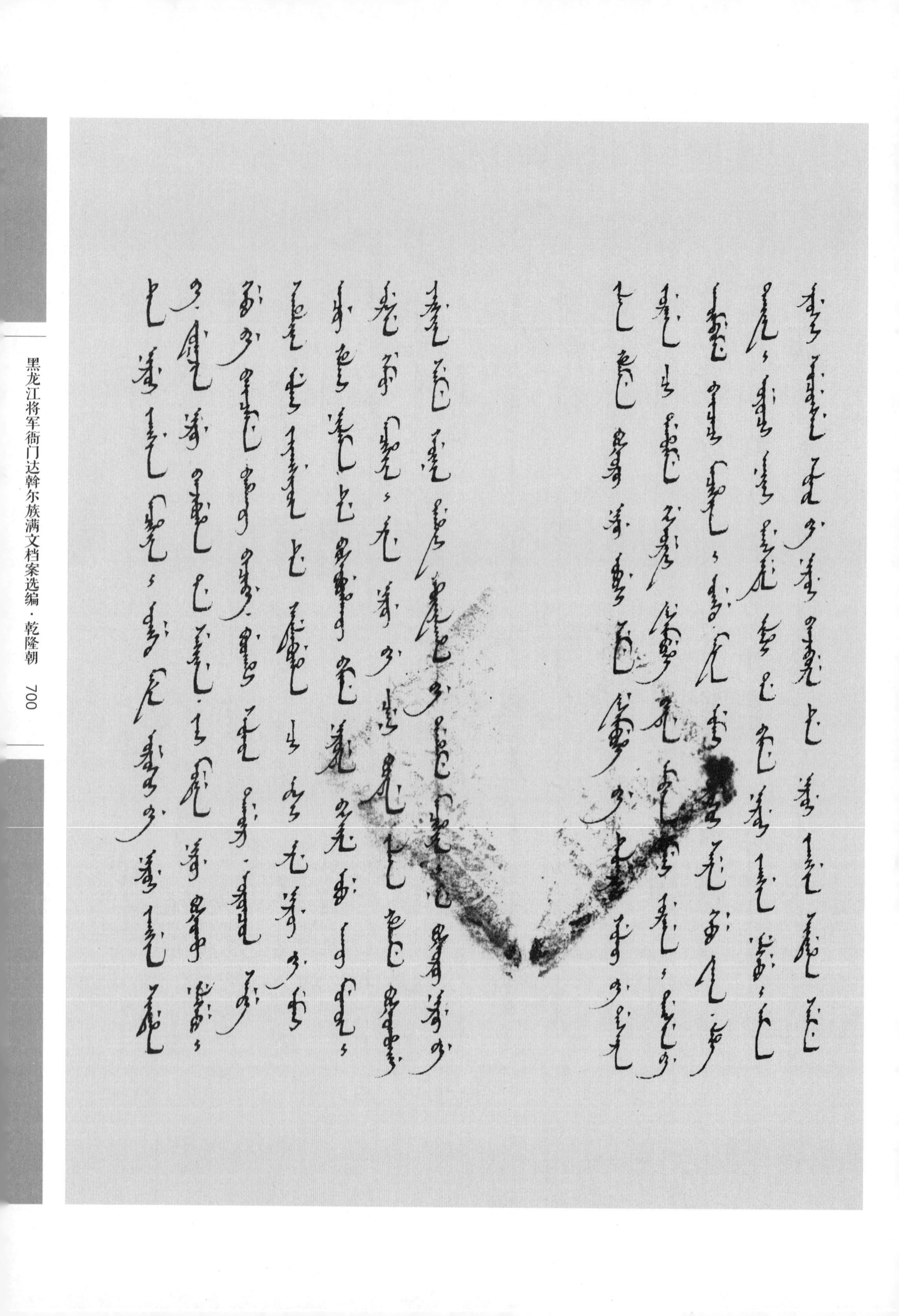

[illegible]

[illegible]

[illegible]

[illegible]

[illegible]

[illegible]

[illegible]

[illegible]

[illegible]

[illegible]

[illegible]

[illegible]

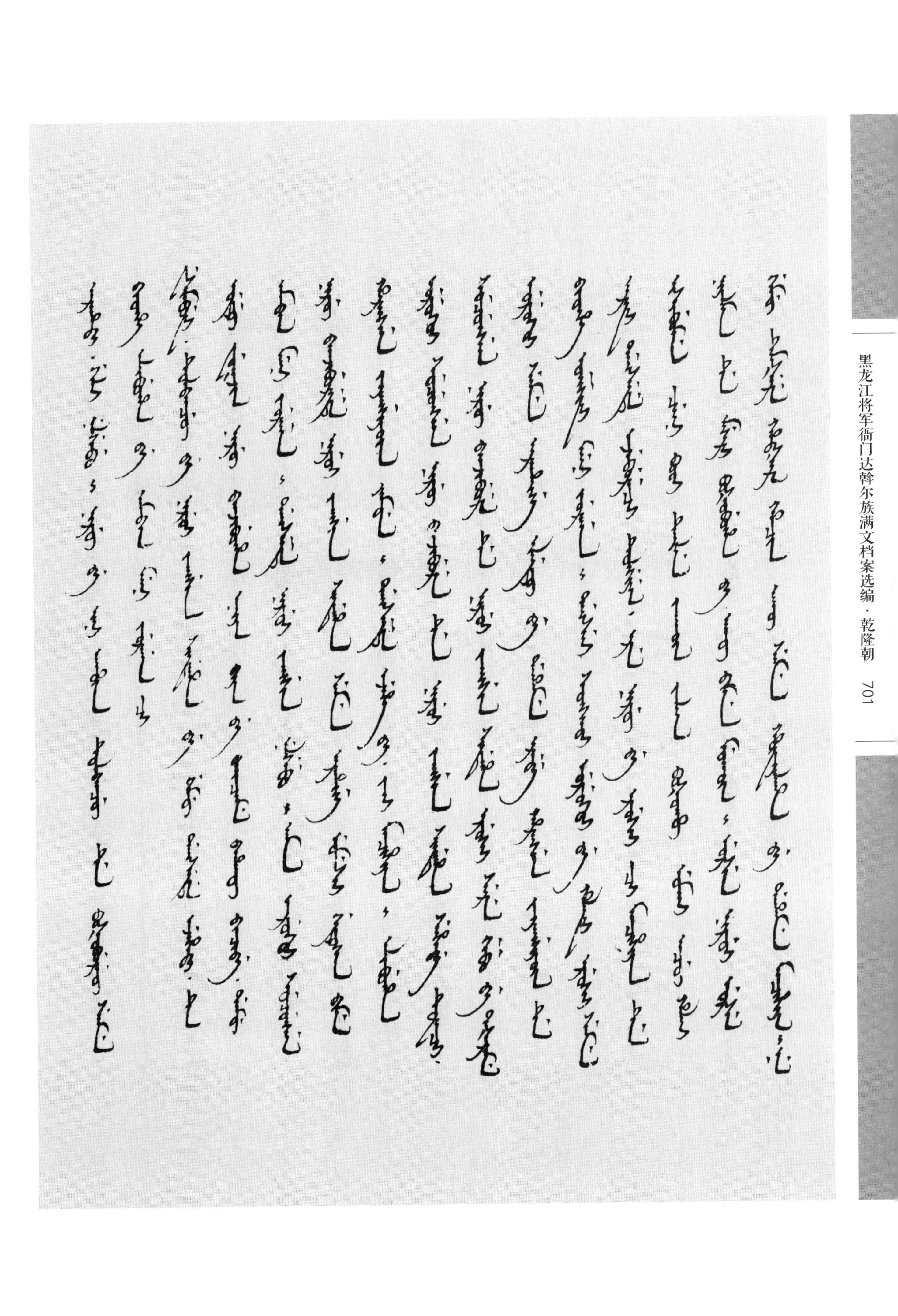

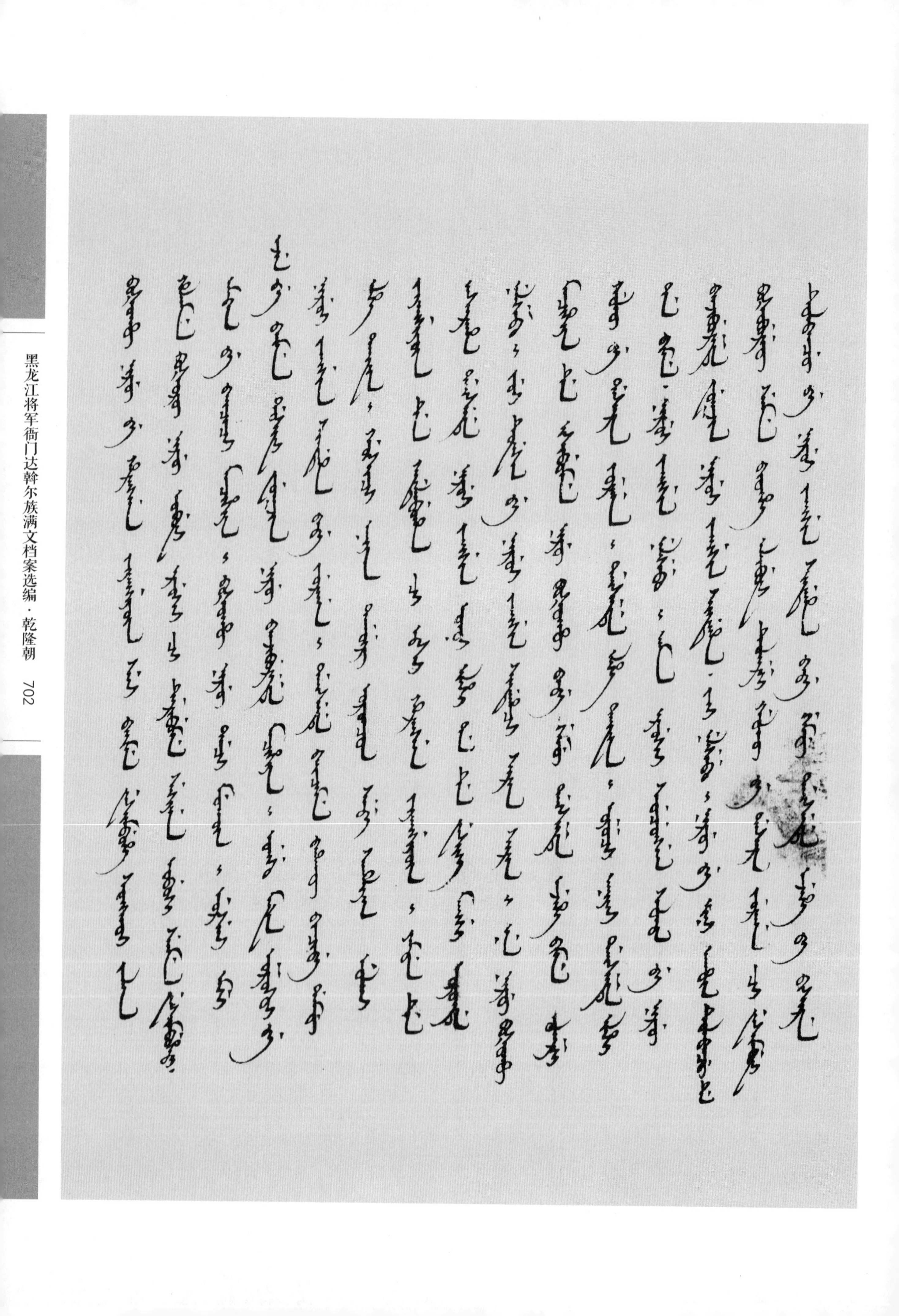

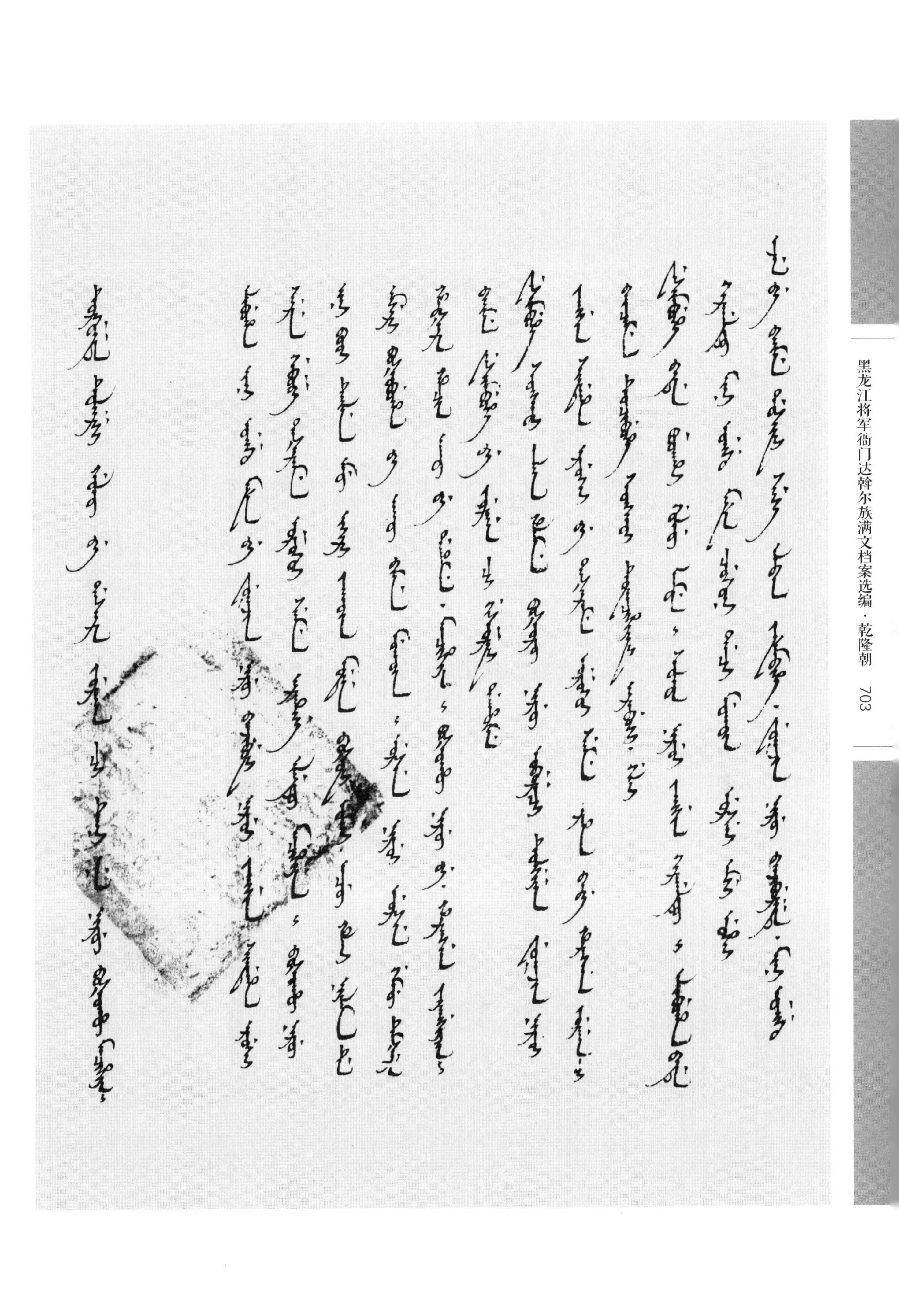

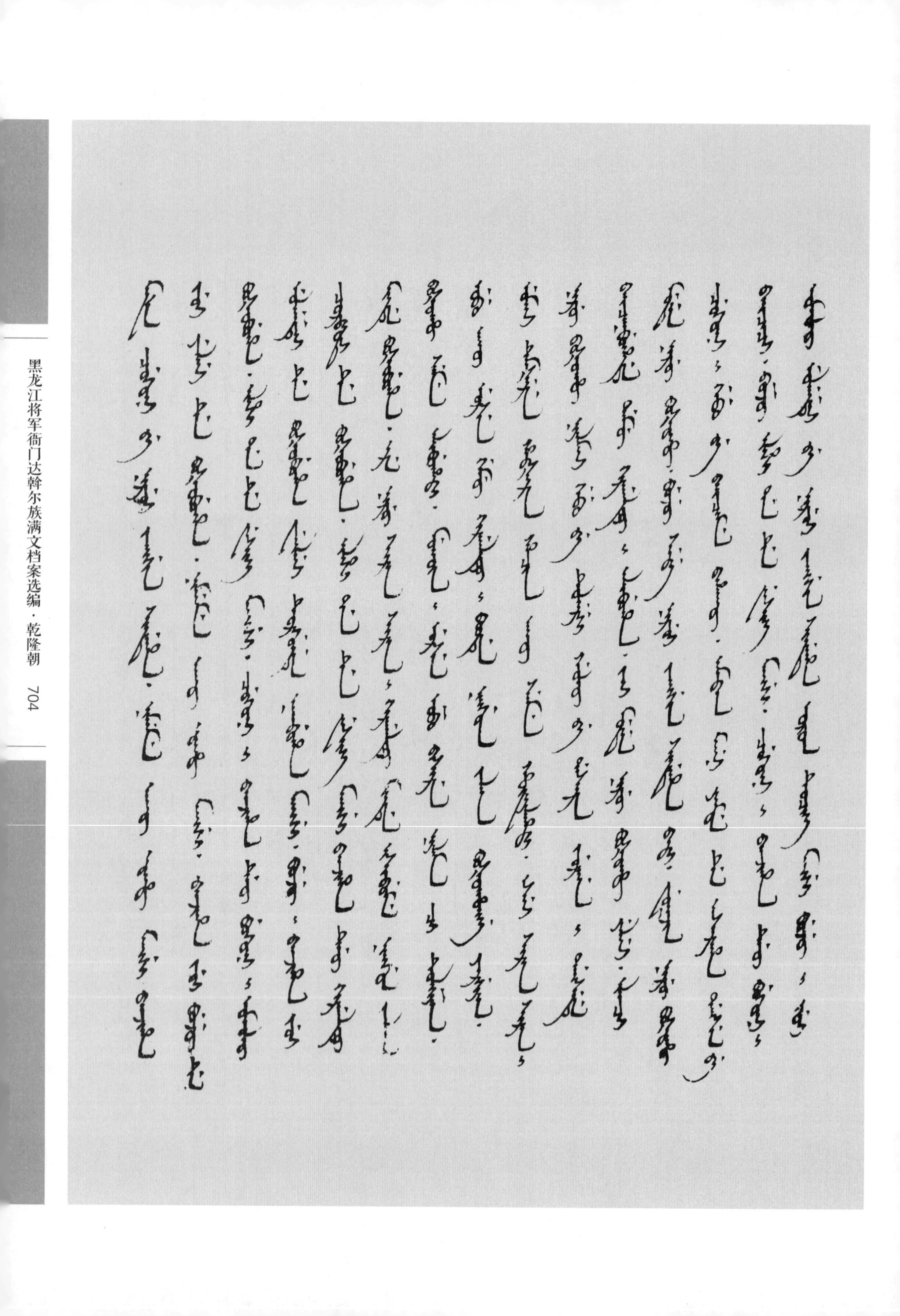

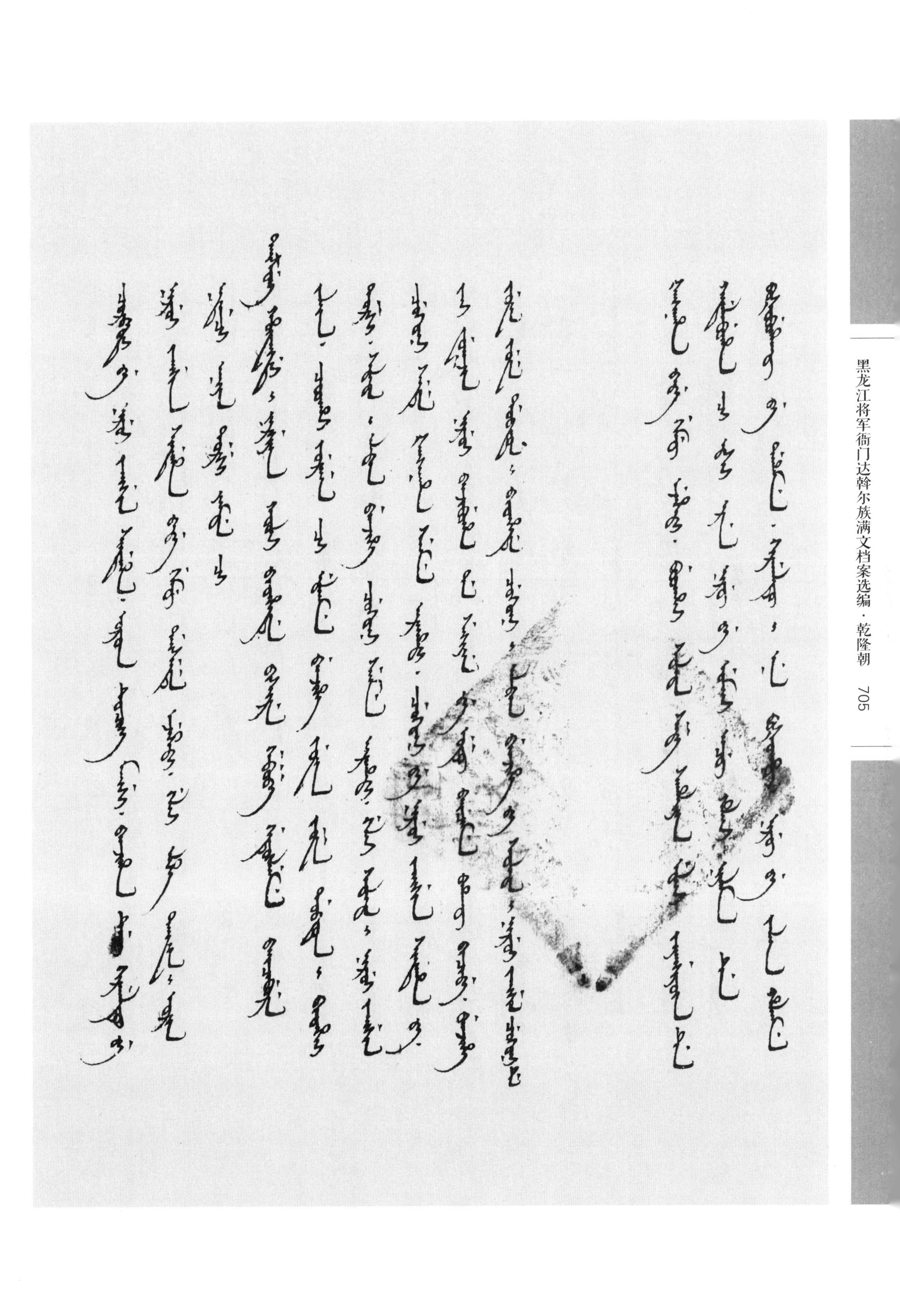

[illegible]

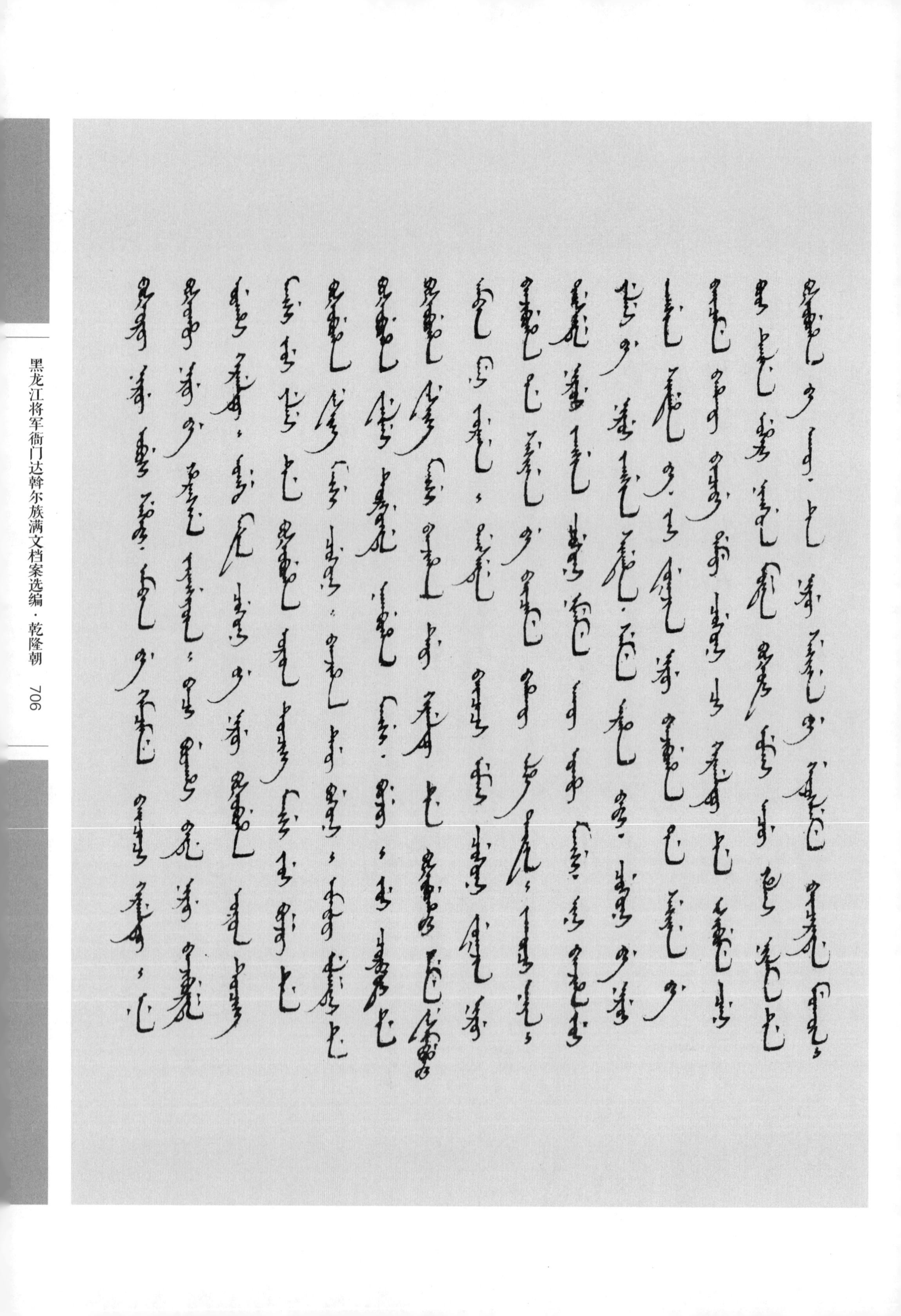

[illegible]

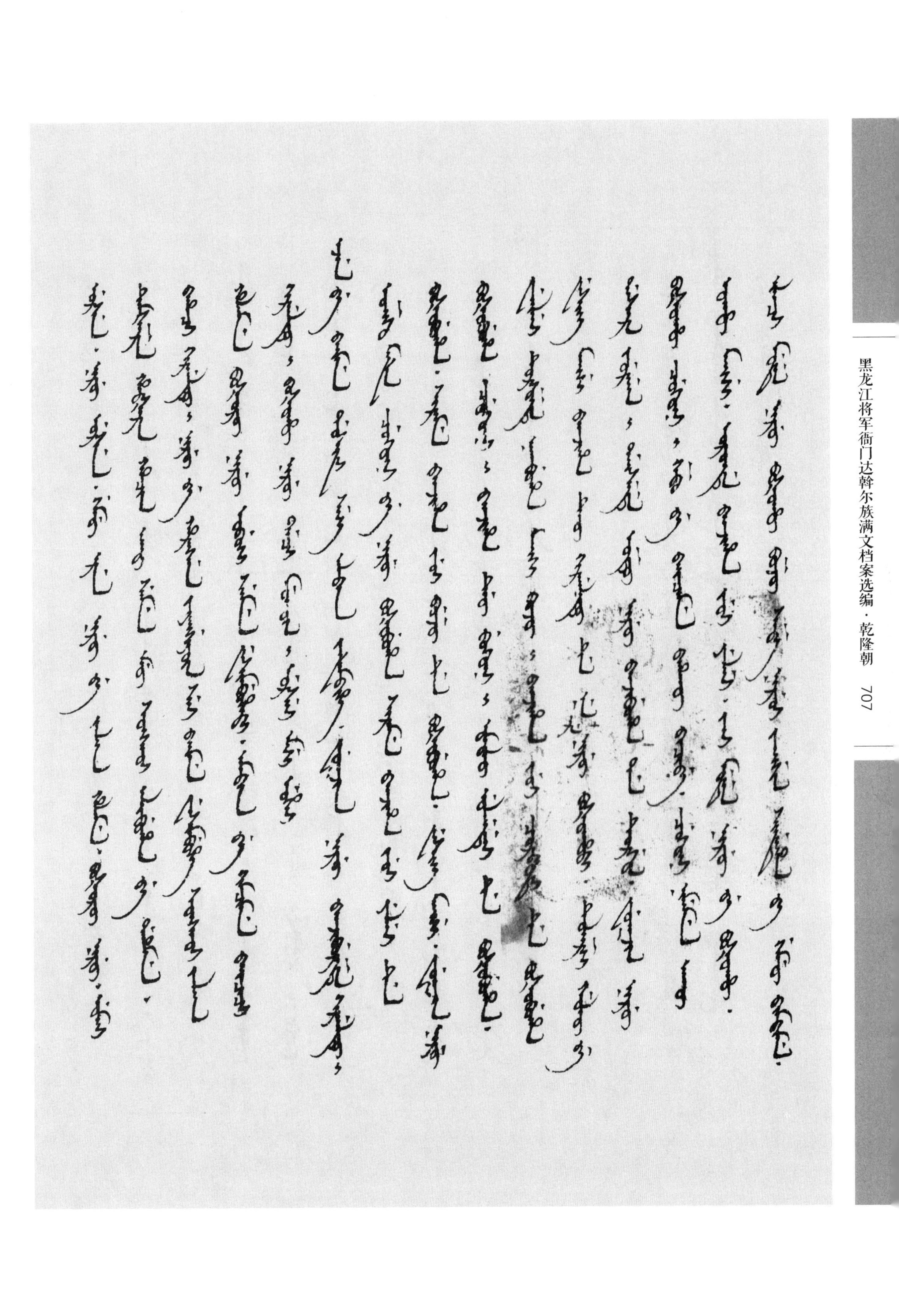

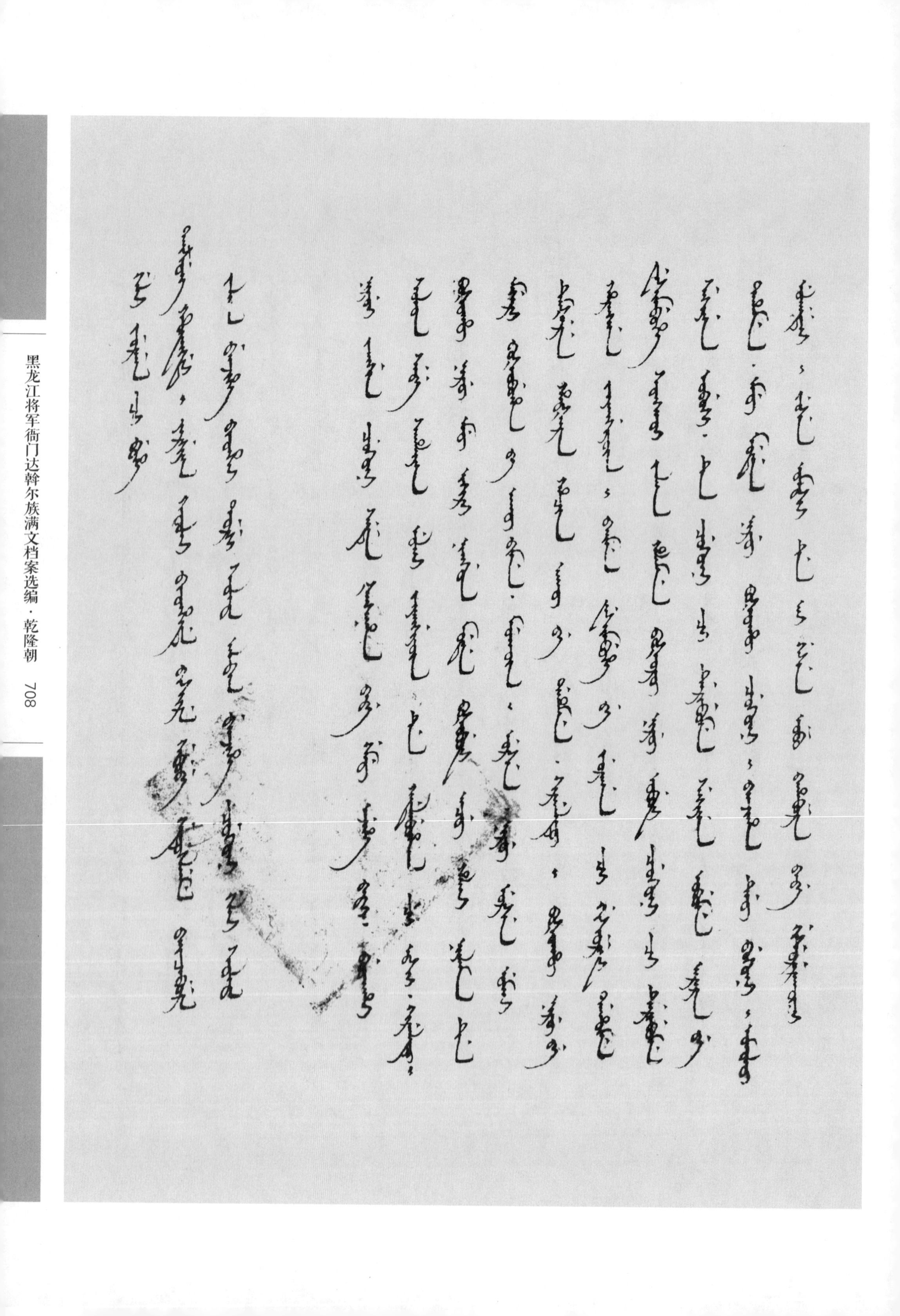

[illegible]

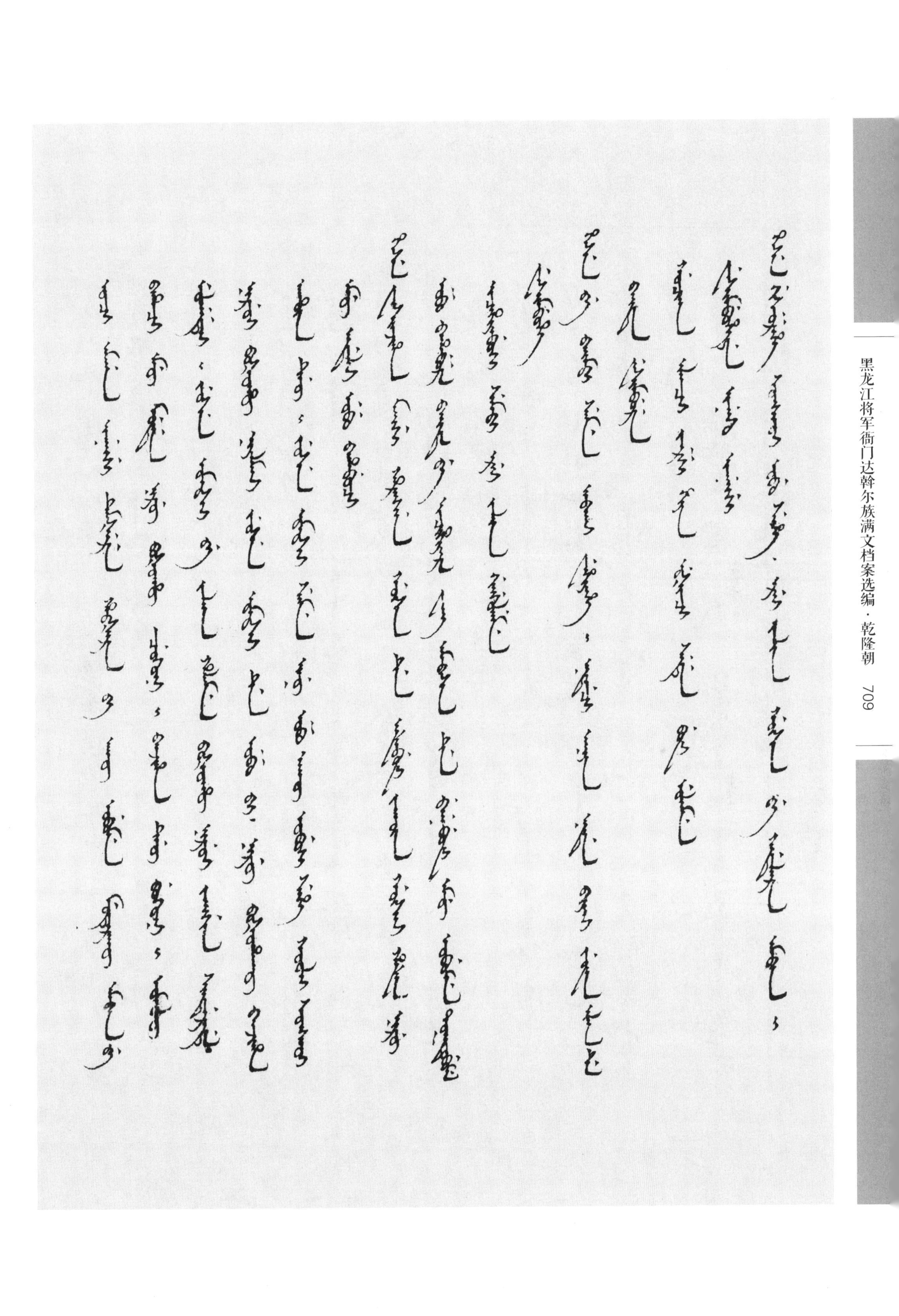

[illegible]

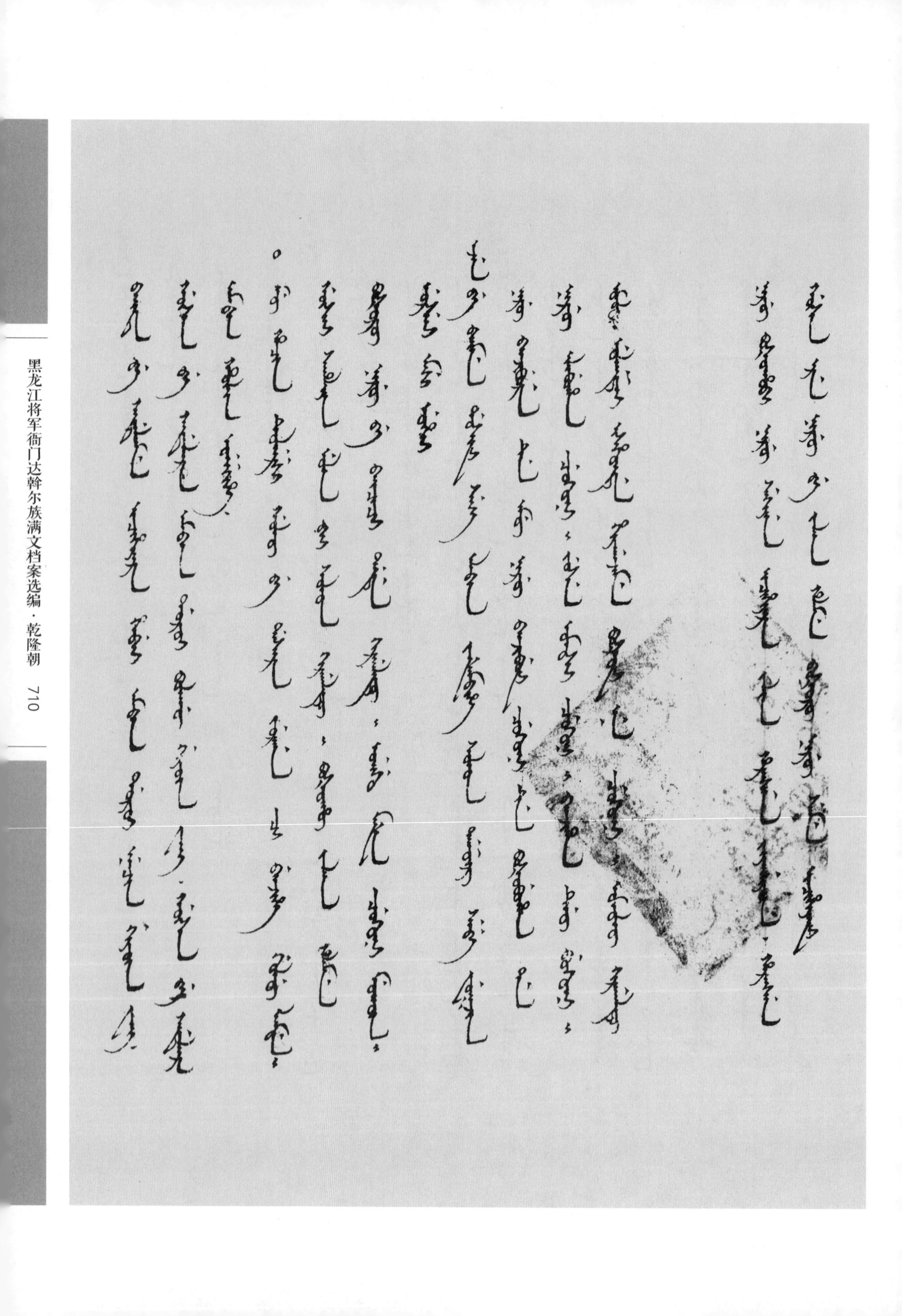

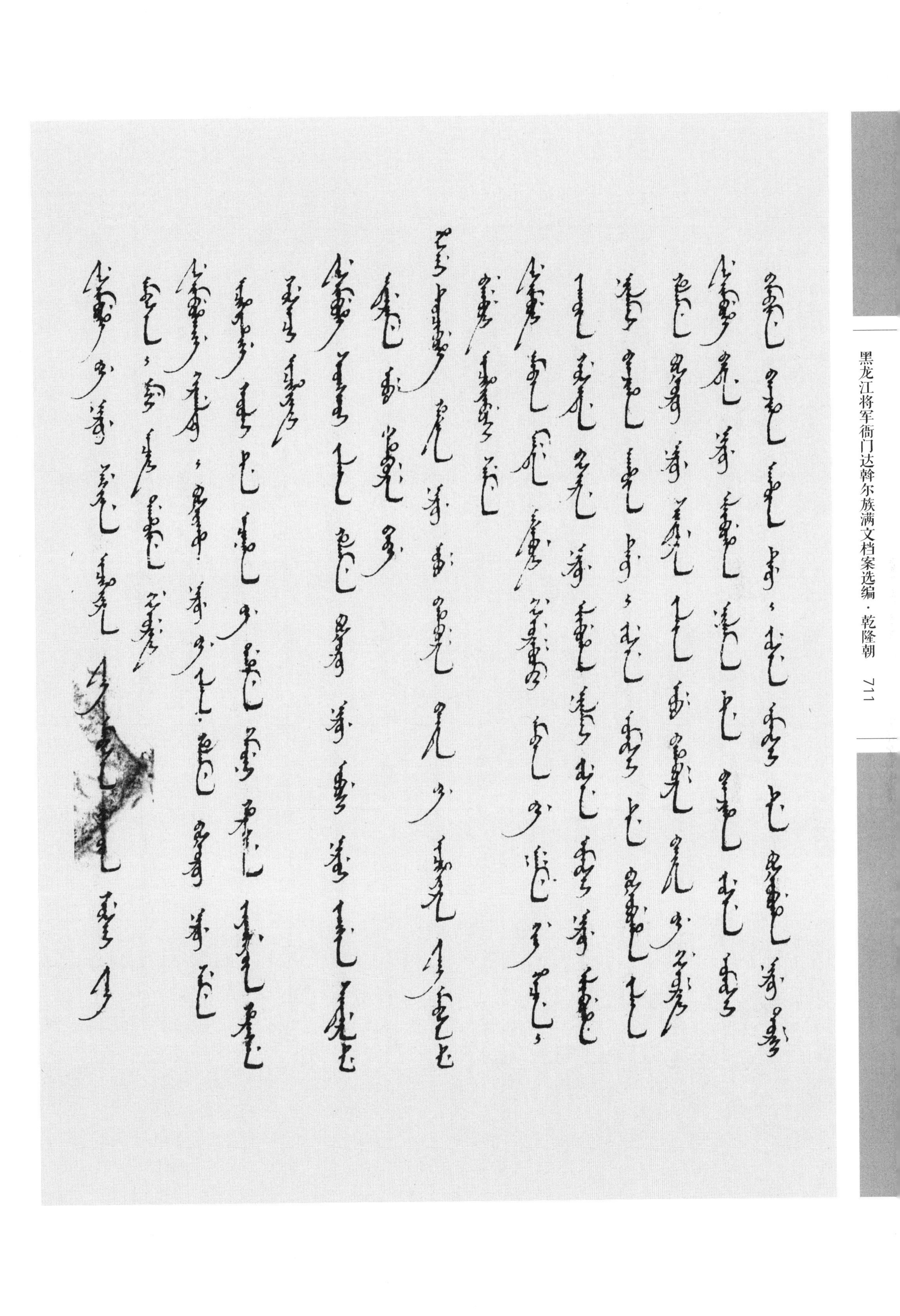

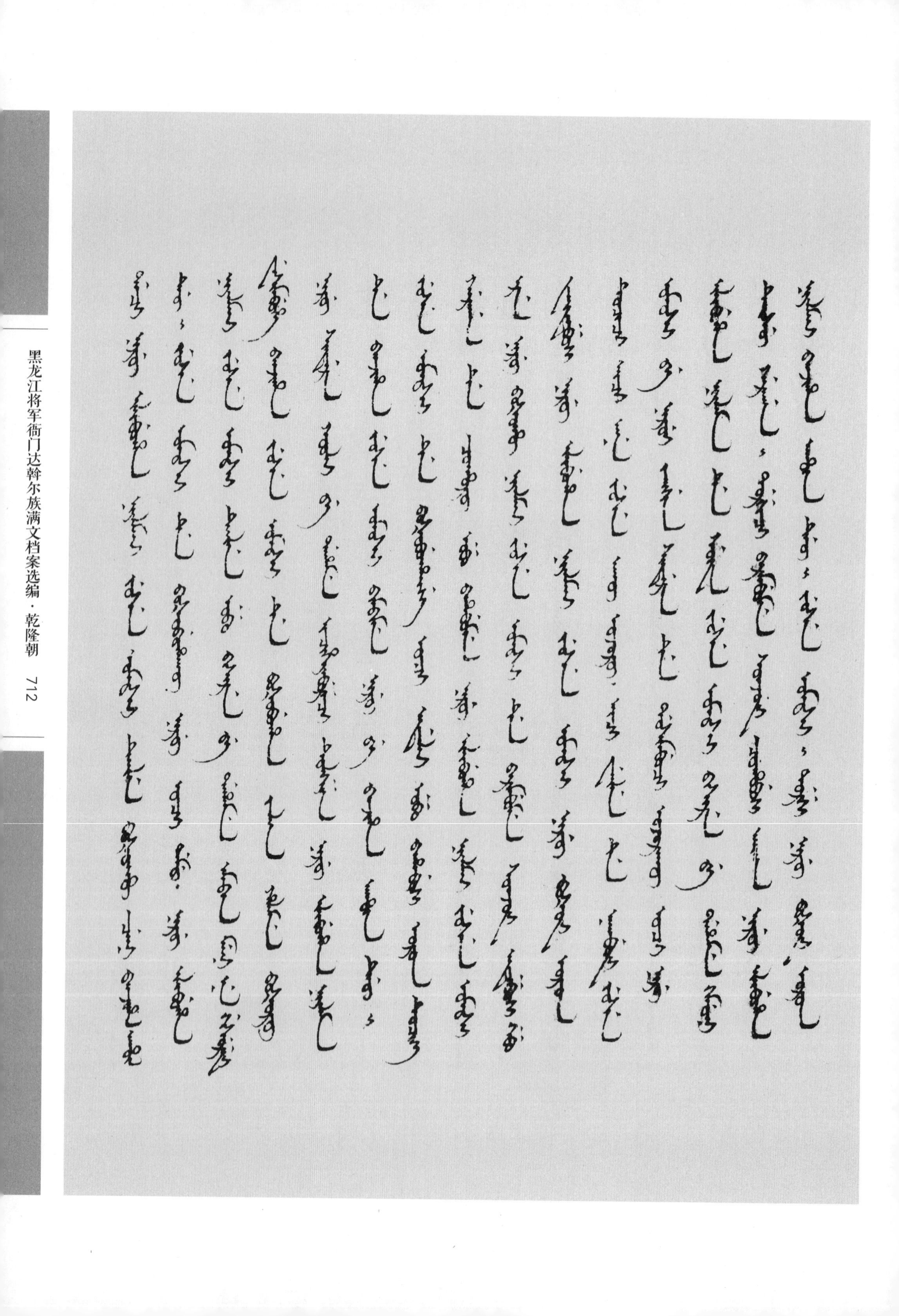

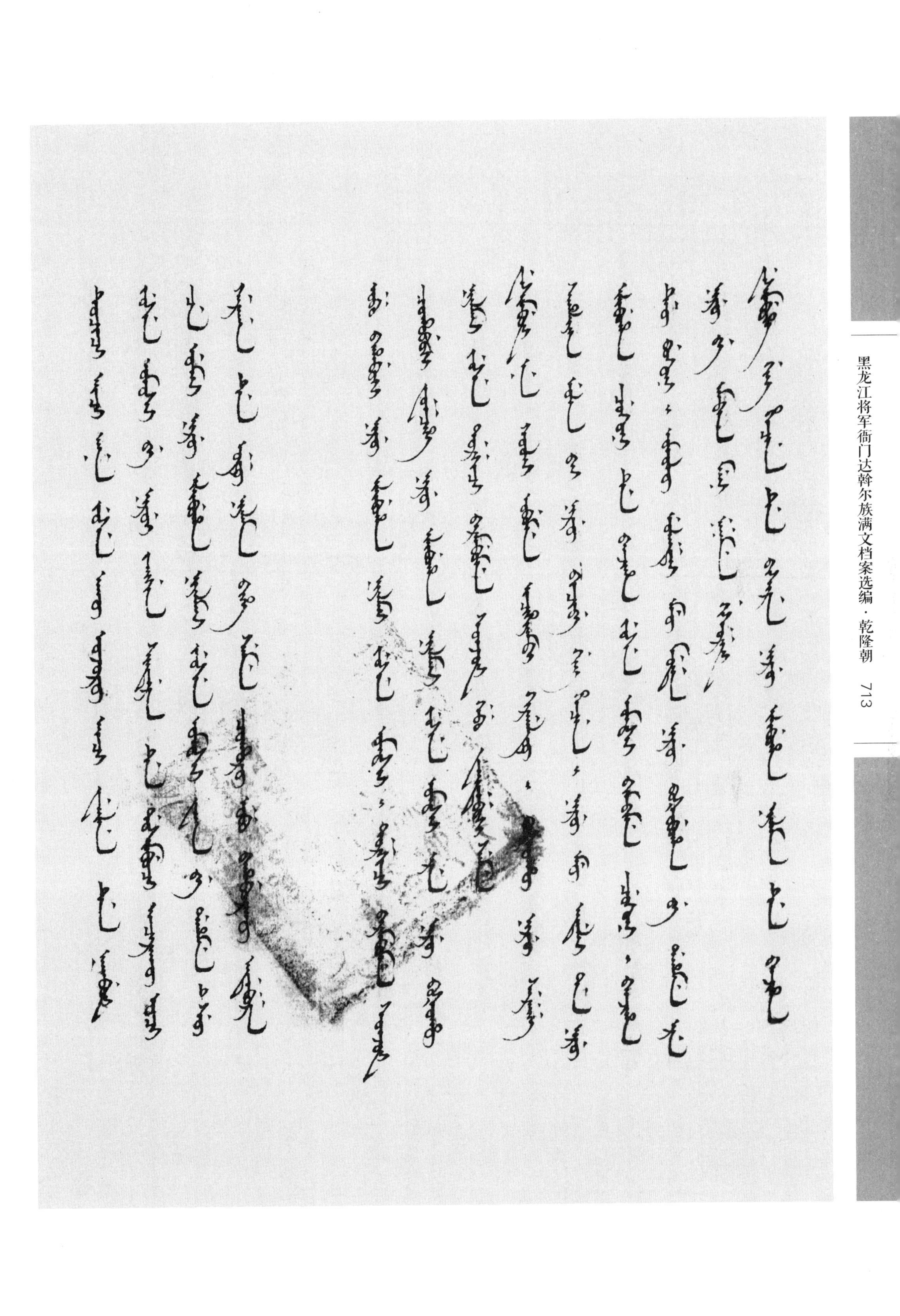

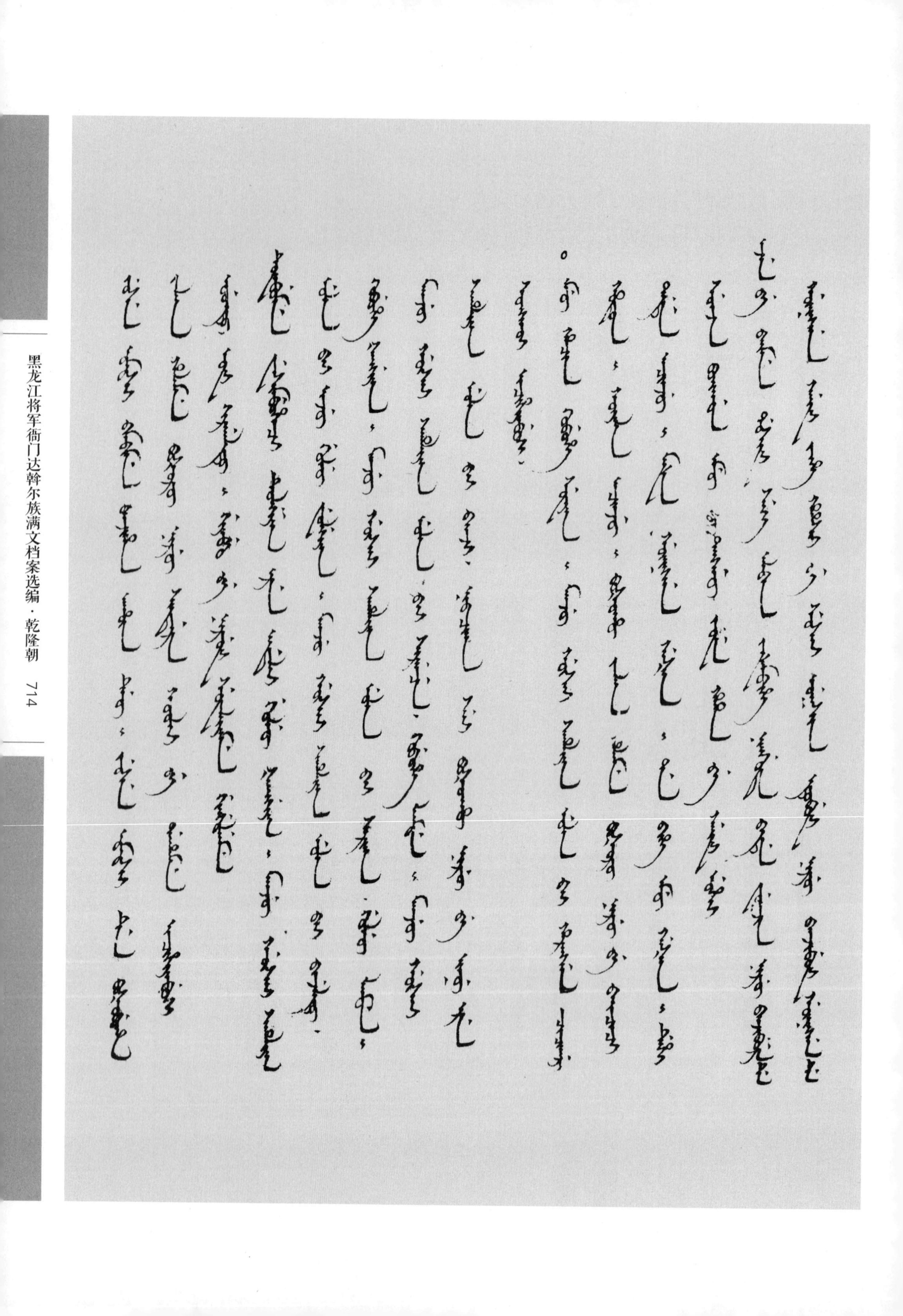

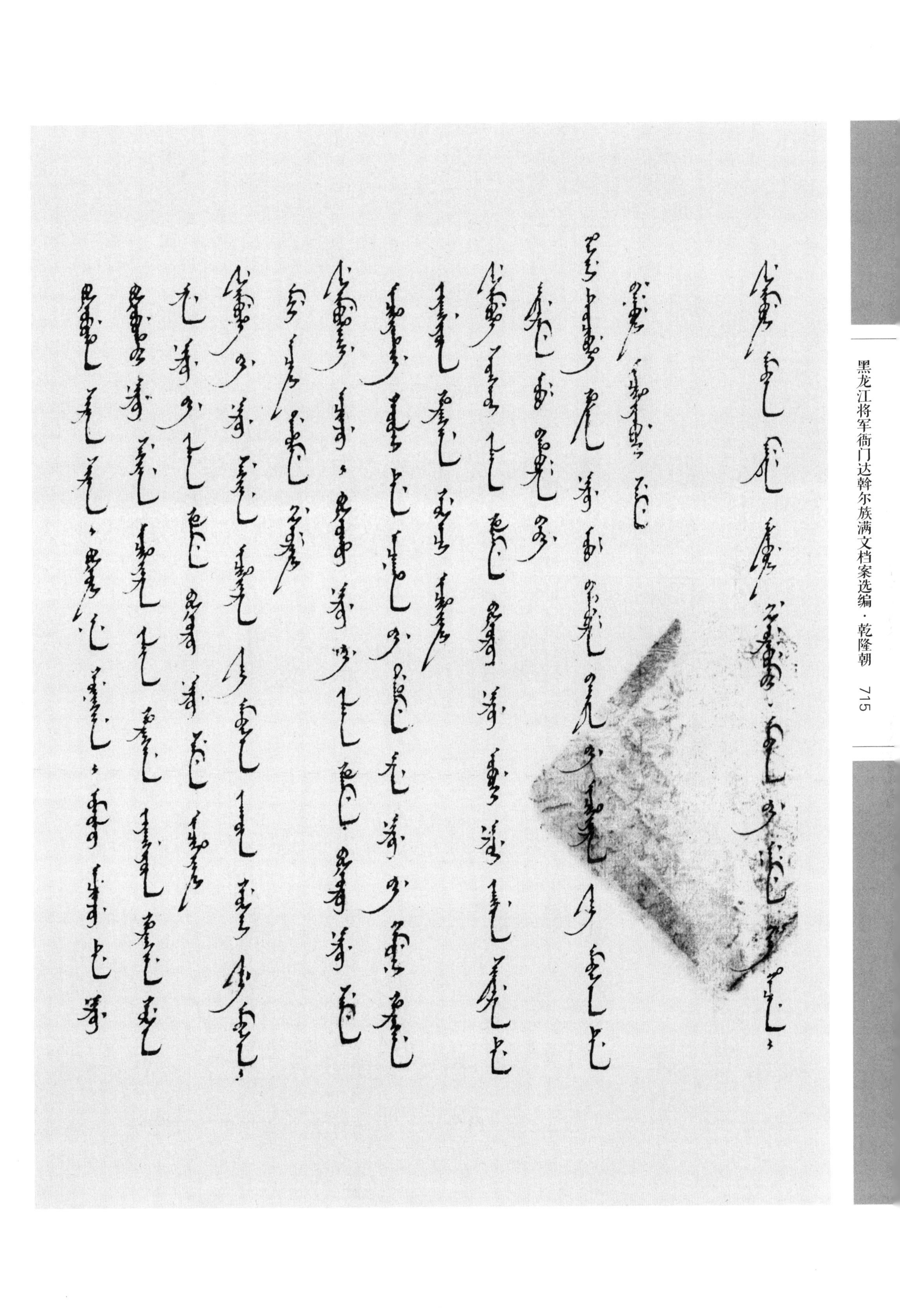

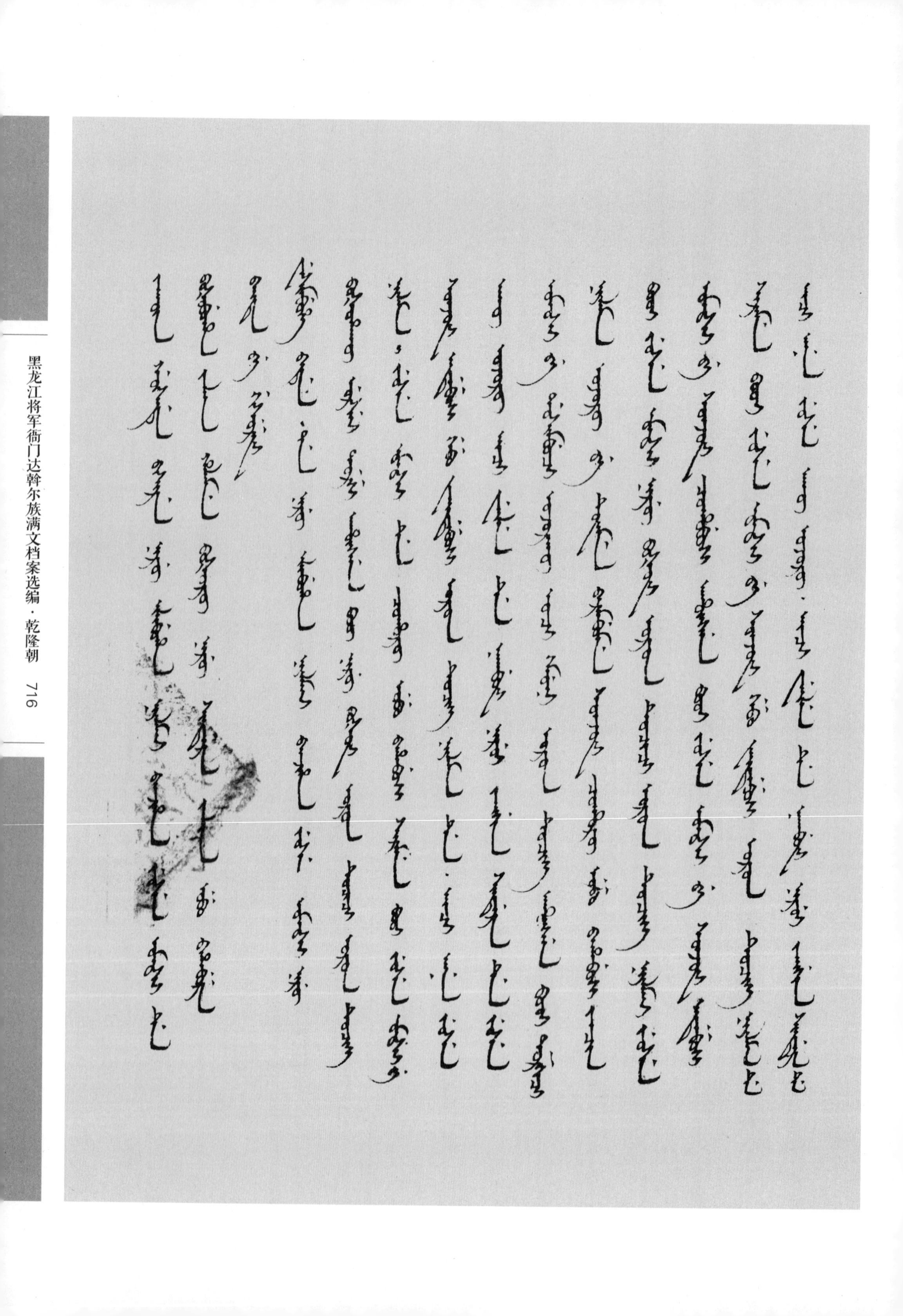

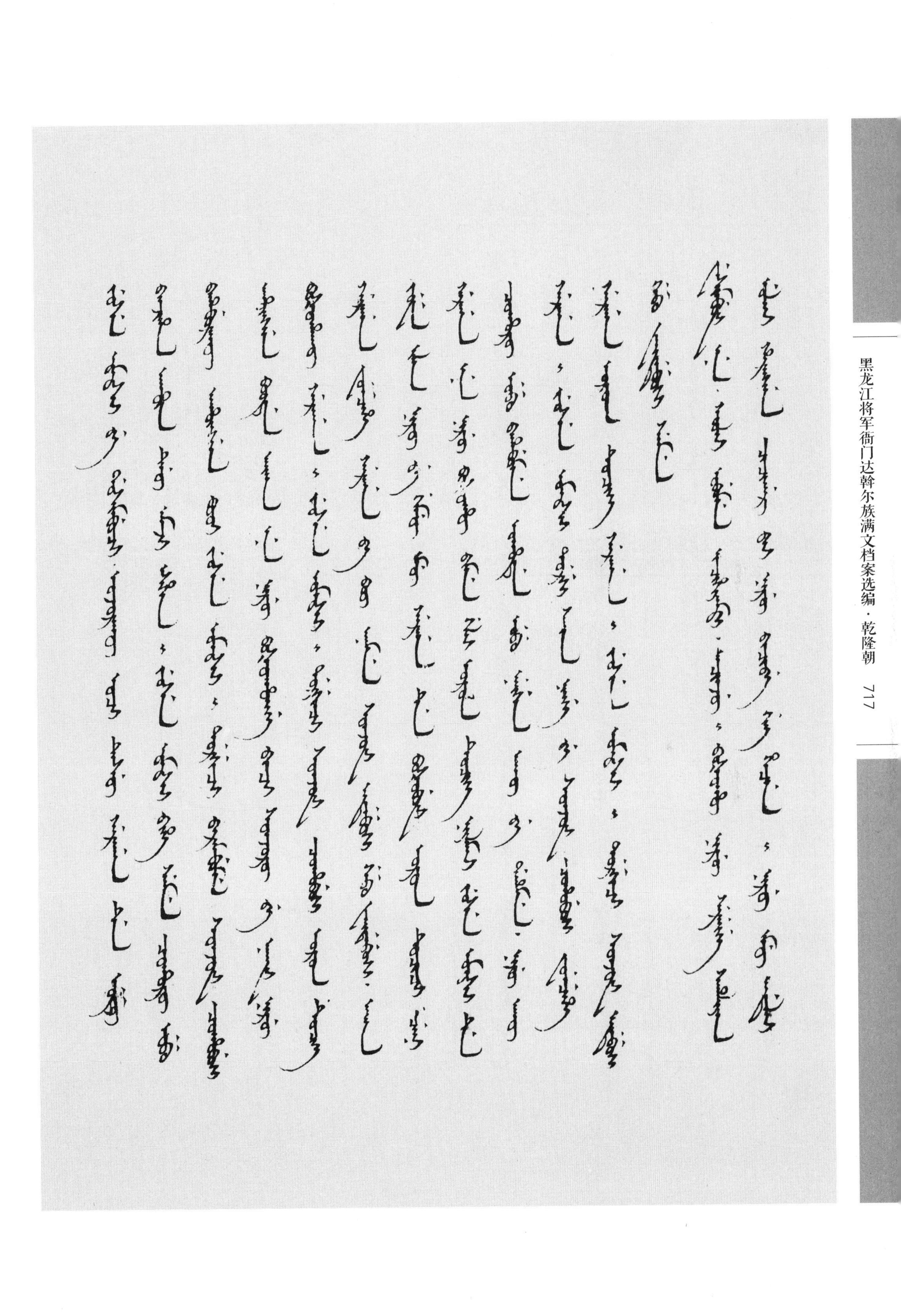

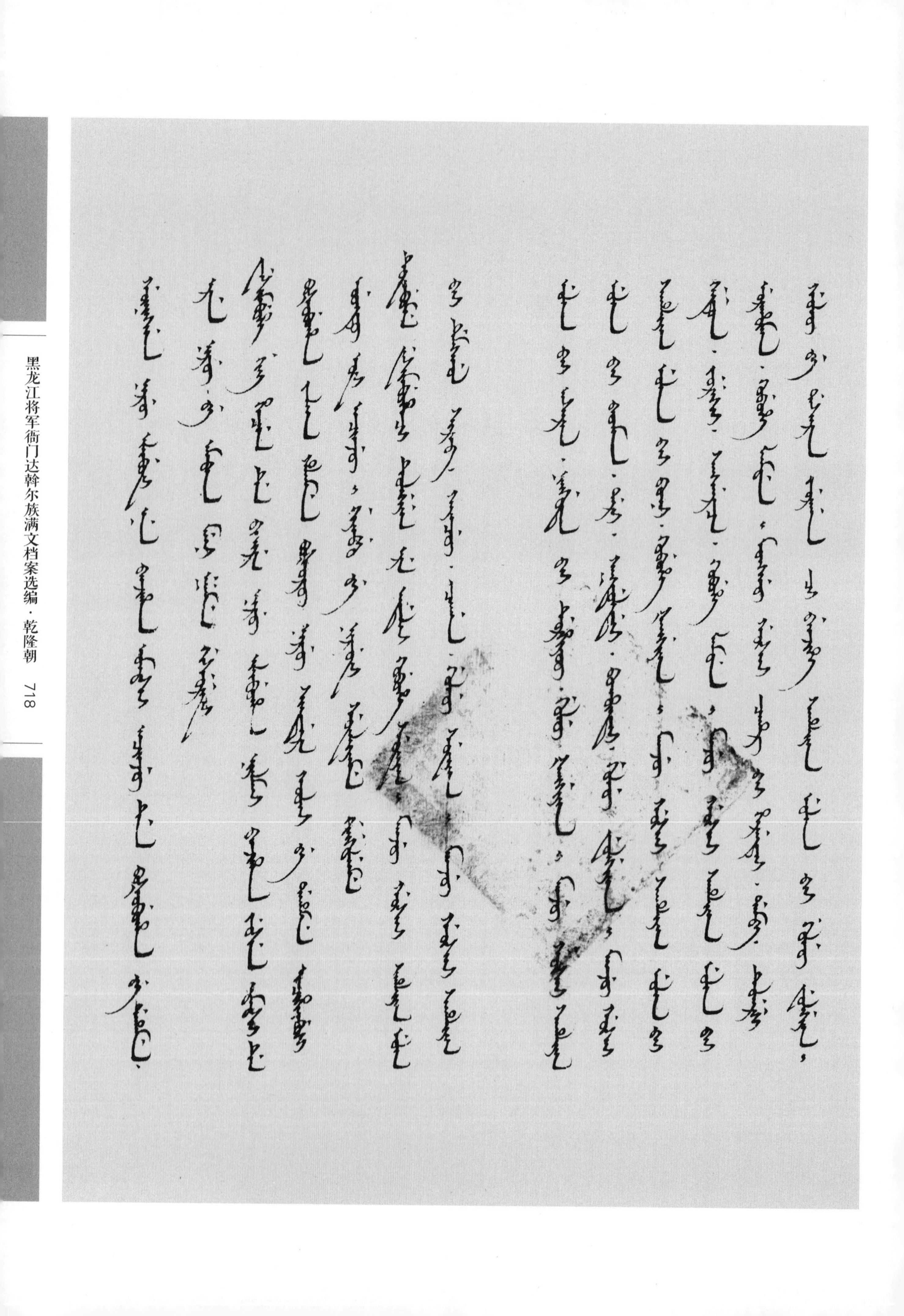

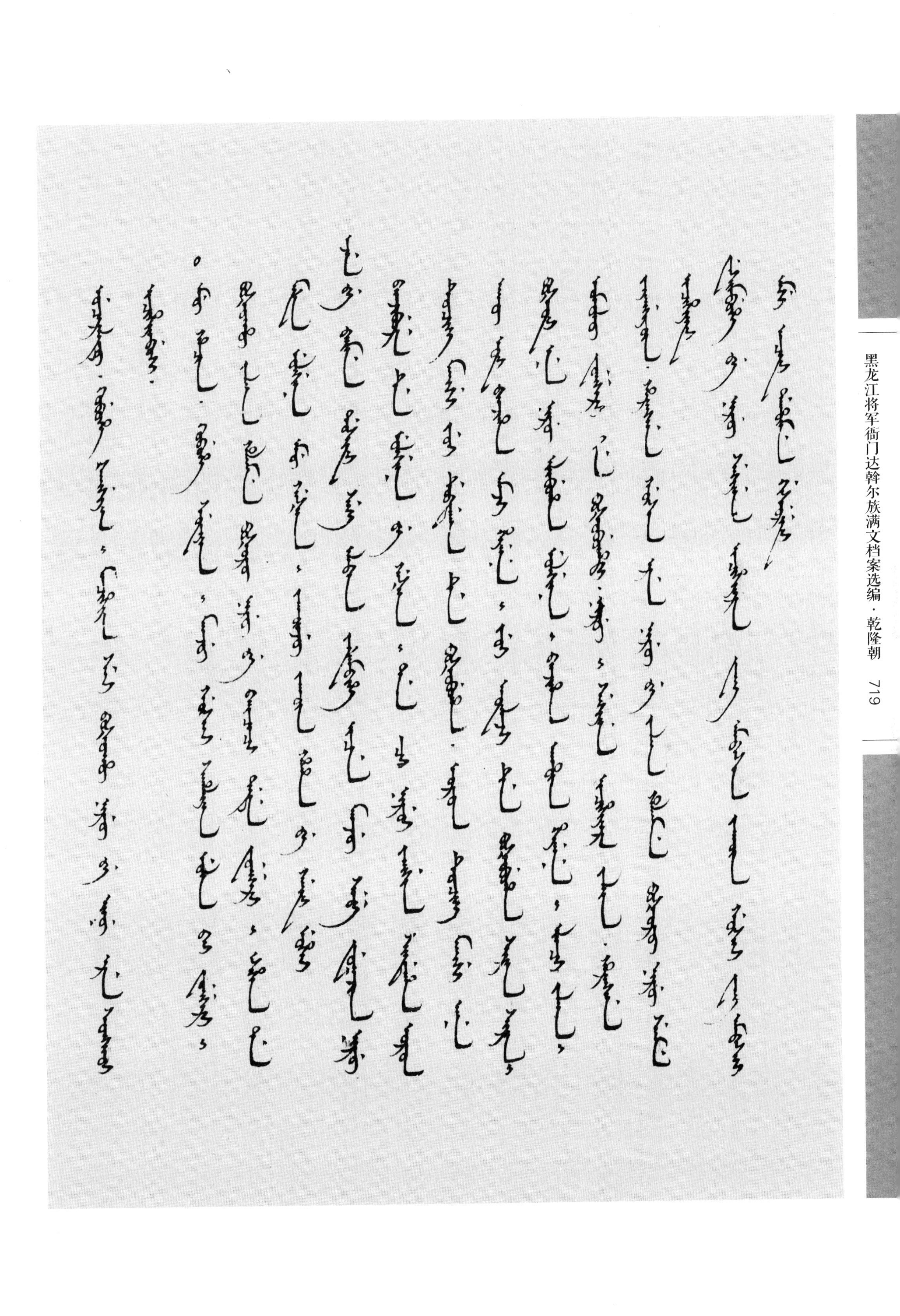

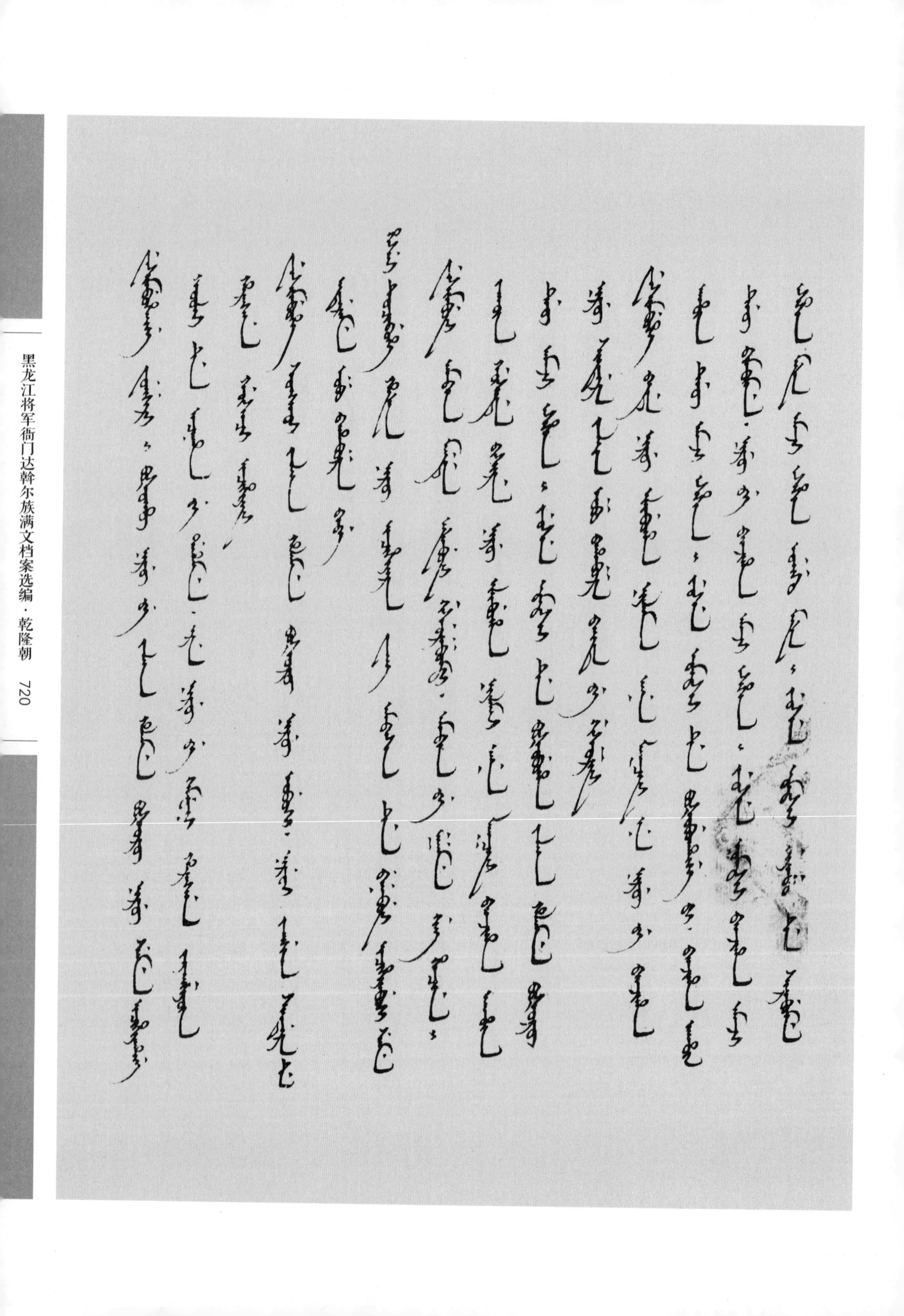

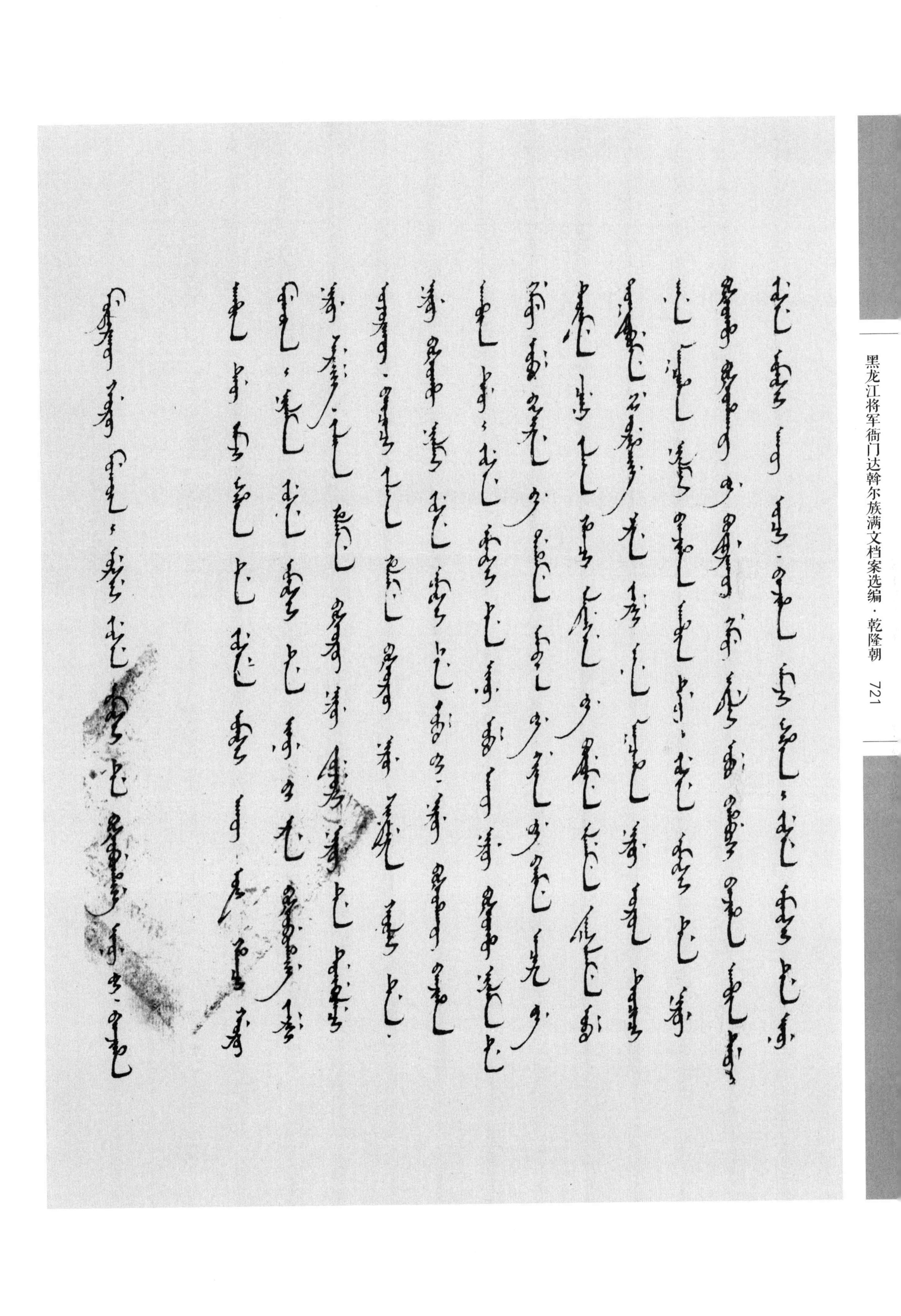

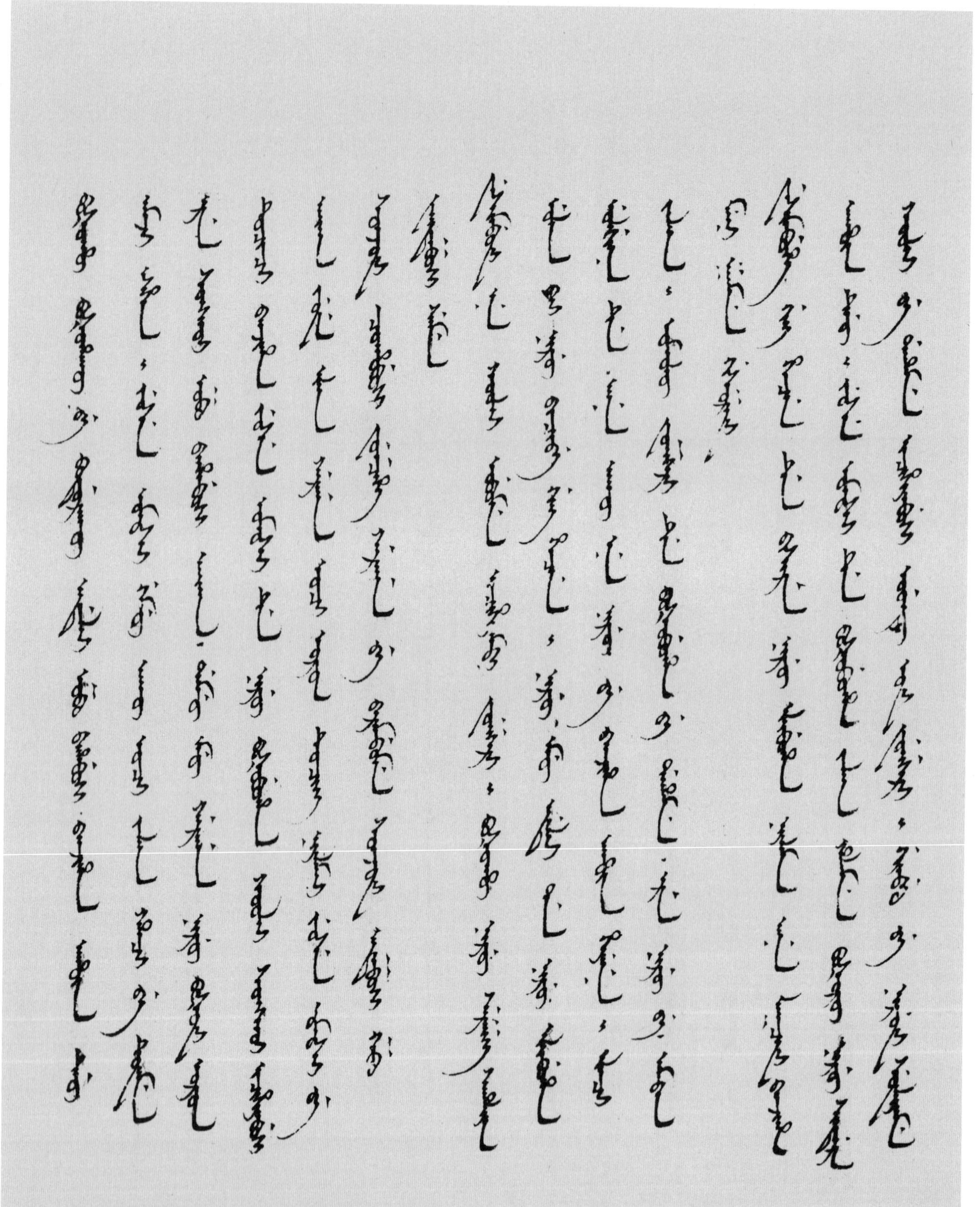

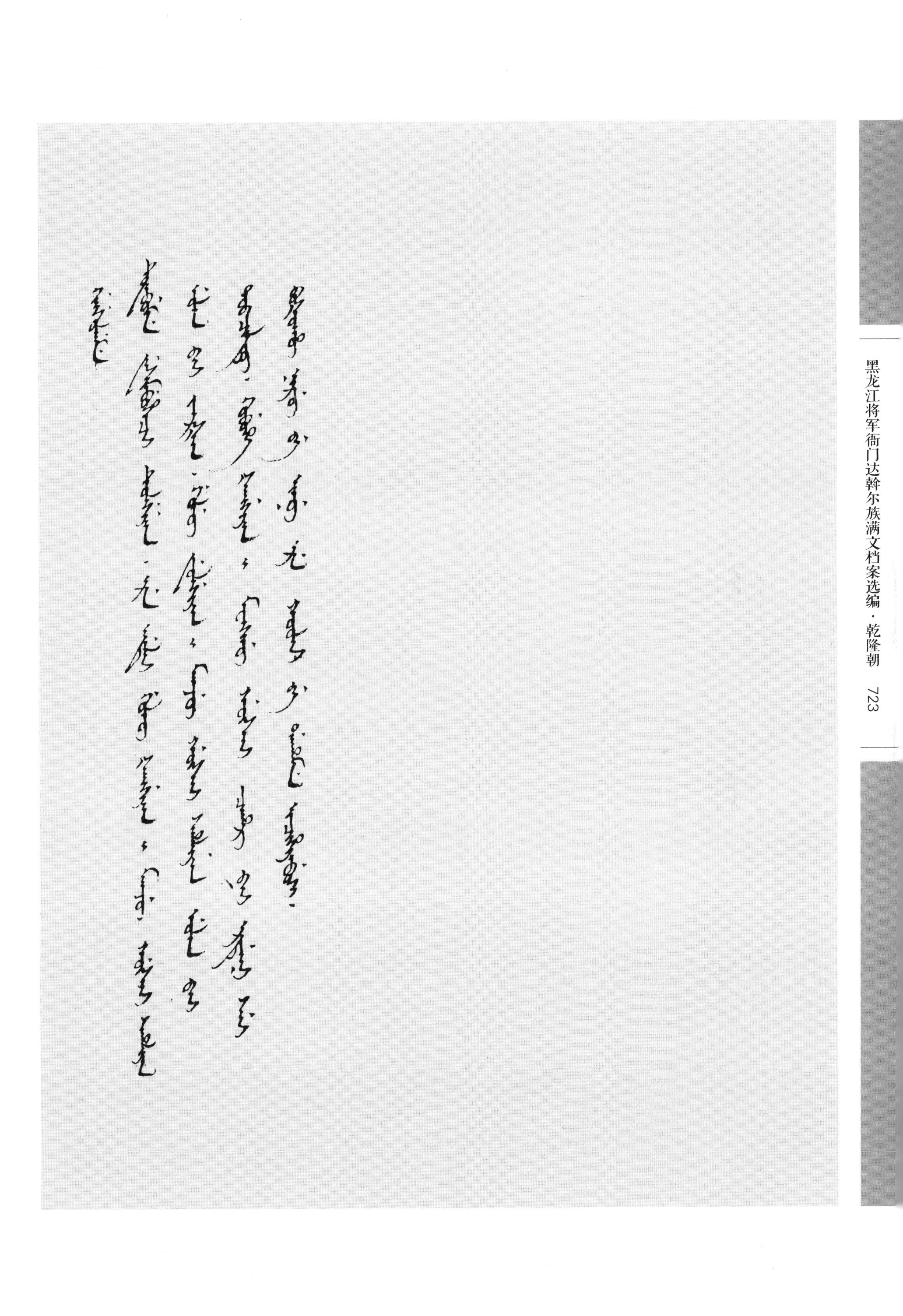